中国乡村振兴年鉴（2022）

主　编：史　丹　曲永义

副主编：杨世伟　刘　勇

李鹏飞　杨　雪

经济管理出版社

图书在版编目（CIP）数据

中国乡村振兴年鉴．2022/史丹，曲永义主编．—北京：经济管理出版社，2021.8
ISBN 978-7-5096-8236-4

Ⅰ.①中…　Ⅱ.①史…②曲…　Ⅲ.①农村—社会主义建设—中国—2022—年鉴　Ⅳ.①F320.3-54

中国版本图书馆 CIP 数据核字（2021）第 175519 号

组稿编辑：杨　雪
责任编辑：杨　雪　詹　静
责任印制：黄章平
责任校对：董杉珊　蔡晓臻

出版发行：经济管理出版社
　　　　　（北京市海淀区北蜂窝 8 号中雅大厦 A 座 11 层　100038）
网　　址：www. E-mp. com. cn
电　　话：（010）51915602
印　　刷：北京晨旭印刷厂
经　　销：新华书店
开　　本：880mm×1230mm/16
印　　张：48
字　　数：1323 千字
版　　次：2022 年 9 月第 1 版　　2022 年 9 月第 1 次印刷
书　　号：ISBN 978-7-5096-8236-4
定　　价：980.00 元

编辑委员会

《中国乡村振兴年鉴》编撰说明

一、编撰意义

2017年10月18日，习近平总书记在党的十九大报告中提出实施乡村振兴战略。党的十九大报告指出，农业、农村、农民问题是关系国计民生的根本性问题，必须始终把解决好"三农"问题作为全党工作重中之重。时任中央宣讲团成员、中央农村工作领导小组办公室主任、中央财经领导小组办公室副主任韩俊表示，解决好"三农"问题一直是全党工作的重中之重，并在此基础上提出"乡村振兴战略"，政策意图明确、清晰，党的十九大报告中讲到七大战略，乡村振兴战略是其中之一。这是决胜全面建成小康社会、全面建设社会主义现代化强国的一项重大战略任务。这是以习近平同志为核心的党中央对"三农"工作做出的一个新的战略部署和新的要求，意义非常重大。

落实乡村振兴战略是一项系统工程，涉及方方面面，既有国家层面的政策制定，又有地方层面的政策执行；既有整体规划布局，又有具体行动方案；既有法律法规解读，又有案例经验借鉴。经济管理出版社组织专家学者编撰《中国乡村振兴年鉴（2022）》（以下简称《年鉴》），旨在展现自2017年以来我国乡村振兴的全貌。

二、年鉴特色

《年鉴》旨在对我国的乡村振兴落实情况进行总体介绍，为各省（自治区、直辖市）的乡村振兴建设提供参考和借鉴。《年鉴》的特点如下：

（1）权威性。《年鉴》成立了专门的编辑委员会，由来自中国社会科学院、中国科学院、中国农业科学院以及中国人民大学等十余所高校和科研院所的专家组成，由《年鉴》编辑部专职负责本年鉴的出版工作，数据全部来源于公开资料，兼顾学术的严谨性和权威性。

（2）全面性。《年鉴》包括总体现状、政策体系、理论成果、地区概览、典型案例、机构和专家介绍、大事记、索引和附录，全方位概括了我国乡村振兴战略的落实情况。每一部分都尽量做到全面兼顾，如在现状分析部分列出大量我国乡村振兴取得的阶段性成果数据；在政策体系部分尽量完整地列出自2017年以来关于乡村振兴战略的国家、省、市各层级的重要法律政策。

（3）实用性。《年鉴》列出了50篇期刊论文、30本图书、43个典型案例、30家机构（其中，正文介绍了25家、彩页介绍了5家）、18位专家、几百条政策索引，既有理论研究成果，又有实践案例和经验借鉴；既可以作为工具书查阅，又具有很强的实践指导意义。

三、年鉴内容

由经济管理出版社出版的《中国乡村振兴年鉴（2022）》是一部全方位、多角度记录中国乡村振兴建设的大型年鉴，是目前较权威的集总体现状、政策体系、理论成果、地区概览、典型案例、机构和专家介绍、大事记、索引和附录为一体的年鉴体工具书。

《年鉴》包括八个部分，第一部分为总体现状，对乡村振兴战略进行了概述，总结了我国乡村振兴取得的阶段性成果，并构建了乡村振兴综合指数评价体系，基于省际数据进行了乡村振兴综合指数评价。第二部分为政策体系，收集了中央和地方（省、市、县三级）近年来出台的法律、法规和政策文件，对政策进行了概述。第三部分为理论成果，收录了近几年具有代表性的有关乡村振兴方面的50篇期刊论文、30本图书，介绍了其主要内容。第四部分为地区概览，介绍31个省份以及部分市（区）在落实国家乡村振兴战略方面取得的成绩。第五部分为典型案例，从八个方面列出了43个乡村振兴典型案例，总结其成绩和可供借鉴的经验。第六部分为机构和专家介绍，列出了为乡村振兴理论与实践做出贡献的30家机构和18位专家，介绍其做法或成就。第七部分为大事记，按照时间顺序梳理自2017年我国提出乡村振兴战略以来发生的与乡村振兴相关的重大事件。第八部分为索引和附录。

目前，2022年《年鉴》的编撰工作已经完成，其间得到了国家相关部门领导、专家、学者的大力支持，在此表示感谢。

四、诚邀编者

一年一度的《年鉴》编撰工作任务重、时间紧，为了把《年鉴》编撰工作做得更好，我们诚挚邀请全国各省份机关、团体、企业及专家学者共同参与，投身于《年鉴》的编撰工作，将工作成果、典型案例、成功经验、专题论述、指标数据、人物介绍等以稿件形式及时发送给我们，我们将根据《年鉴》要求选择性录用。

我们设定的编者职责和可以参与编写的内容版块主要有：

（1）各省市联络人，提供各省市乡村振兴阶段性成果、乡村振兴规划、乡村振兴概况，以数据为主；提供各省市乡村振兴的典型案例（以县、乡、镇、村为主）、典型机构（或企业）、典型人物的相关介绍。

（2）机构（或企业）联络人，提供本机构（或企业）或者其他机构（或企业）在乡村振兴方面取得的成果、具体做法和经验启示。

（3）案例推荐者，推荐乡村振兴的典型案例（以县、乡、镇、村为主）、典型机构（或企业）、典型人物，提供相关详细资料。

（4）专家推荐者，推荐在乡村振兴领域做出突出贡献的专家学者，需要经过专家本人同意后提供最新的专家学者信息。理论专家和实践专家均可。

以上提供的资料和信息必须真实有效，联络人和推荐者必须实名，写明工作单位，我们将在年鉴的相关内容处标注资料提供者信息。为《年鉴》做出较大贡献的编者，将被邀请担任当年年鉴的编委。

五、联系我们

稿件可以发送至邮箱，也可关注下方微信公众号，通过"联系我们"—"联系方式"投稿。

联系人：杨　雪

邮　箱：jjgl2013@163.com

微信公众号：

《中国乡村振兴年鉴》编辑部

2021年11月25日

目　　录

第一部分　中国乡村振兴的总体现状

在此部分，我们对国家乡村振兴战略进行了概述，详细介绍了我国乡村振兴取得的阶段性成果，构建了我国乡村振兴综合评价体系，然后基于省际数据对我国乡村振兴综合指数进行了评价，并对评价结果进行了分析。

一、乡村振兴战略概述

"乡村振兴"中"乡村"范围的界定，根据《中华人民共和国乡村振兴促进法》中的释义，"本法所称乡村，是指城市建成区以外具有自然、社会、经济特征和生产、生活、生态、文化等多重功能的地域综合体，包括乡镇和村庄等"。乡村是具有自然、社会、经济特征的地域综合体，兼具生产、生活、生态、文化等多重功能，与城镇互促互进、共生共存，共同构成人类活动的主要空间。

党的十八大以来，面对我国经济发展进入新常态带来的深刻变化，以习近平同志为核心的党中央推动"三农"工作理论创新、实践创新、制度创新，坚持把解决好"三农"问题作为全党工作重中之重，切实把农业农村优先发展落到实处；坚持立足国内保证自给的方针，牢牢把握国家粮食安全主动权；坚持不断深化农村改革，激发农村发展新活力；坚持把推进农业供给侧结构性改革作为主线，加快提高农业供给质量；坚持绿色生态导向，推动农业农村可持续发展；坚持在发展中保障和改善民生，让广大农民有更多获得感；坚持遵循乡村发展规律，扎实推进生态宜居的美丽乡村建设；坚持加强和改善党对农村工作的领导，为"三农"发展提供坚强政治保障。这些重大举措和开创性工作，推动农业农村发展取得历史性成就、发生历史性变革，为党和国家事业全面开创新局面提供了有力支撑。

同时，应当清醒地看到，当前我国农业农村基础差、底子薄、发展滞后的状况尚未根本改变，经济社会发展中最明显的短板仍然在"三农"，现代化建设中最薄弱的环节仍然是农业农村。主要表现在：农产品阶段性供过于求和供给不足并存，农村一二三产业融合发展深度不够，农业供给质量和效益亟待提高；农民适应生产力发展和市场竞争的能力不足，农村人才匮乏；农村基础设施建设仍然滞后，农村环境和生态问题比较突出，乡村发展整体水平亟待提升；农村民生领域欠账较多，城乡基本公共服务和收入水平差距仍然较大，脱贫攻坚任务依然艰巨；国家支农体系相对薄弱，农村金融改革任务繁重，城乡之间要素合理流动机制亟待健全；农村基层基础工作存在薄弱环节，乡村治理体系和治理能力亟待强化。

在此背景下，党的十九大作出中国特色社会主义进入新时代的科学论断，提出实施乡村振兴战略的重大历史任务。根据《乡村振兴战略规划（2018—2022年）》，乡村振兴的发展目标分阶段完成。①第一阶段：到2020年，乡村振兴的制度框架和政策体系基本形成，各地区各部门乡村振兴的思路举措得以确立，全面建成小康社会的目标如期实现。到2022年，乡村振兴的制度框架和政策体系初步健全。国家粮食安全保障水平进一步提高，现代农业体系初步构建，农业绿色发展全面推进；农村一二三产业融合发展格局初步形成，乡村产业加快发展，农民收入水平进一步提高，脱贫攻坚成果得到进一步巩固；农村基础设施条件持续改善，城乡统一的社会保障制度体系基本建立；农村人居环境显著改善，生态宜居的美丽乡村建设扎实推进；城乡融合发展体制机制初步建立，农村基本公共服务水平进一步提升；乡村优秀传统文化得以传承和发展，农民精神文化生活需求基本得到满足；以党组织为核心的农村基层组织建设明显加强，乡村治理能力进一步提升，现代乡村治理体系初步构建。探索形成一批各具特色的乡村振兴模式和经验，乡村振兴取得阶段性成果。②第二阶段：到2035年，乡村振兴取得决定性进展，农业农村现代化基本实现。农业结构得到根本性改善，农民就业质量显著提高，相对贫困进一步缓解，共同富裕迈出坚实步伐；城乡基本公共服务均等化基本实现，城乡融合发展体制机制更加完善；乡风文明达到新高度，乡村治理体系更加完善；农村生态环境根本好转，生态宜居的美丽乡村基本实现。③第三阶段：到2050年，乡村全面振兴，农业强、农村美、农民富全面实现。

实施乡村振兴战略，是解决新时代我国社会主要矛盾、实现"两个一百年"奋斗目标和中华民族伟大复兴中国梦的必然要求，具有重大现实意义和深远历史意义。

1. 乡村振兴战略的意义

实施乡村振兴战略是建设现代化经济体系的重要基础，是建设美丽中国的关键举措，是传承中华优秀传统文化的有效途径，是健全现代社会治理格局的固本之策，是实现全体人民共同富裕的必然选择。全面实施乡村振兴战略，是为了促进农业全面升级、农村全面进步、农民全面发展，加快农业农村现代化，全面建设社会主义现代化国家，开展促进乡村产业振兴、人才振兴、文化振兴、生态振兴、组织振兴，推进城乡融合发展等活动，总要求是产业兴旺、生态宜居、乡风文明、治理有效、生活富裕，发展理念和目标是坚持中国共产党的领导，贯彻创新、协调、绿色、开放、共享的新发展理念，走中国特色社会主义乡村振兴道路，促进共同富裕。

2. 乡村振兴战略遵循的原则

根据《中华人民共和国乡村振兴促进法》，乡村振兴战略遵循的原则是：坚持农业农村优先发展，在干部配备上优先考虑，在要素配置上优先满足，在资金投入上优先保障，在公共服务上优先安排；坚持农民主体地位，充分尊重农民意愿，保障农民民主权利和其他合法权益，调动农民的积极性、主动性、创造性，维护农民根本利益；坚持人与自然和谐共生，统筹山水林田湖草沙系统治理，推动绿色发展，推进生态文明建设；坚持改革创新，充分发挥市场在资源配置中的决定性作用，更好发挥政府作用，推进农业供给侧结构性改革和高质量发展，不断解放和发展乡村社会生产力，激发农村发展活力；坚持因地制宜、规划先行、循序渐进，顺应村庄发展规律，根据乡村的历史文化、发展现状、区位条件、资源禀赋、产业基础分类推进。

3. 乡村振兴战略的工作机制

根据《中华人民共和国乡村振兴促进法》，乡村振兴工作机制是：国家建立健全中央统筹、省负总责、市县乡抓落实的乡村振兴工作机制。国务院农业农村主管部门负责全国乡村振兴促进工作的统筹协调、宏观指导和监督检查；国务院其他有关部门在各自职责范围内负责有关的乡村振兴促进工作。县级以上地方人民政府农业农村主管部门负责本行政区域内乡村振兴促进工作的统筹协调、指导和监督检查；县级以上地方人民政府其他有关部门在各自职责范围内负责有关的乡村振兴促进工作。

4. 乡村振兴战略的主要内容

根据《乡村振兴战略规划（2018—2022年）》，乡村振兴战略的主要内容包括：①加快农业现代化步伐。坚持质量兴农、品牌强农，深化农业供给侧结构性改革，构建现代农业产业体系、生产体系、经营体系，推动农业发展质量变革、效率变革、动力变革，持续提高农业创新力、竞争力和全要素生产率。②发展壮大乡村产业。以完善利益联结机制为核心，以制度、技术和商业模式创新为动力，推进农村一二三产业交叉融合，加快发展根植于农业农村、由当地农民主办、彰显地域特色和乡村价值的产业体系，推动乡村产业全面振兴。③建设生态宜居的美丽乡村。牢固树立和践行绿水青山就是金山银山的理念，坚持尊重自然、顺应自然、保护自然，统筹山水林田湖草系统治理，加快转变生产生活方式，推动乡村生态振兴，建设生活环境整洁优美、生态系统稳定健康、人与自然和谐共生的生态宜居美丽乡村。④繁荣发展乡村文化。坚持以社会主义核心价值观为引领，以传承发展中华优秀传统文化为核心，以乡村公共文化服务体系建设为载体，培育文明乡风、良好家风、淳朴民风，推动乡村文化振兴，建设邻里守望、诚信重礼、勤俭节约的文明乡村。⑤健全现代乡村治理体系。把夯实基层基础作为固本之策，建立健全党委领导、政府负责、社会协同、公众参与、法治保障的现代乡村社会治理体制，推动乡村组织振兴，打造充满活力、和谐有序的善治乡村。⑥保障和改善农村民生。坚持人人尽责、人人享有，围绕农民群众最关心最直接最现实的利益问题，加快补齐农村民生短板，提高农村美好生活保障水平，让农民群众有更多实实在在的获得感、幸福感、安全感。⑦完善城乡融合发展政策体系。顺应城乡融合发展趋势，重塑城乡关系，更好激发农村内部发展活力、优化农村外部发展环境，推动人才、土地、资本等要素双向流动，为乡村振兴注入新动能。

《国民经济和社会发展第十四个五年规划和二〇三五年远景目标的建议》提出农村优先发展农业，全面推进乡村振兴，具体内容包括：①走中国特色社会主义乡村振兴道路，全面实施乡村振兴战略，强化以工补农、以城带乡，推动形成工农互促、城乡互补、协调发展、共同繁荣的新型工农城乡关系，加快农业农村现代化。②提高农业质量效益和竞争力。适应确保国计民生要求，以保障国家粮食安全为底线，健全农业支持保护制度。坚持最严格的耕地保护制度，深入实施藏粮于地、藏粮于技战略，加大农业水利设施建设力度，实施高标准农田建设工程，强化农业科技和装备支撑，提高农业良种化水平，健全动物防疫和农作物病虫害防治体系，建设智慧农业。强化绿色导向、标准引领和质量安全监管，建设农业现代化示范区。推动农业供给侧结构性改革，优化农业生产结构和区域布局，加强粮食生产功能区、重要农产品生产保护区和特色农产品优势区建设，推进优质粮食工程。完善粮食主产区利益补偿机制。保障粮、棉、油、糖、肉、奶等重要农产品供给安全，提升收储调控能力。开展粮食节约行动。发展县域经济，推动农村一二三产业融合发展，丰富乡村经济业态，拓展农民增收空间。③实施乡村建设行动。把乡村建设摆在社会主义现代化建设的重要位置。强化县城综合服务能力，把乡镇建成服务农民的区域中心。统筹县域城镇和村庄规划建设，保护传统村落和乡村风貌。完善乡村水、电、路、气、邮政、通信、广播电视、物流等基础设施，提升农房建设质量。因地制宜推进农村改厕、生活垃圾处理和污水治理，实施河湖水系综合整治，改善农村人居环境。提高农民科技文化素质，推动乡村人才振兴。④深化农村改革。健全城乡融合发展机制，推动城乡要素平等交换、双向流动，增强农业农村发展活力。落实第二轮土地承包到期后再延长30年政策，发展多种形式适度规模经营，加快培育家庭农场、农民合作社等新型农业经营主体，健全农业专业化社会化服务体系，实现小农户和现代农业有机衔接。建立健全城乡统一的建设用地市场，积极探索实施农村集体经营性建设用地入市制度。建立土地征收公共利益用地认定机制，缩小土地征收范围。探索宅基地所有权、资格权、使用权分置实现形式。保障进城落户农民土地承包权、宅基地使用权、集体收益分配权，鼓励依法自愿有偿转让。深化农村集体产权制度改革，发展新型农村集体经济。健全农村金融服务体系，发展农业保险。⑤实现巩固拓展脱贫攻坚成果同乡村振兴有效衔接。建立完善农村低收入人口和欠发达地区帮扶机制，保持财政投入力度总体稳定，接续推进脱贫地区发展。健全防止返贫动态监测和精准帮扶机制，做好易地扶贫搬迁后续帮扶工作，加强扶贫项目资金资产管理和监督，推动特色产业可持续发展。健全农村社会保障和救助制度。在西部地区脱贫县中集中支持一批乡村振兴重点帮扶县，增强其巩固脱贫成果及内生发展能力。坚持和完善东西部协作和对口支援、社会力量参与帮扶等机制。

二、中国乡村振兴取得的阶段性成果

　　2020 年是我国"十三五"规划收官之年，也是我国乡村振兴战略规划第一阶段目标验收之年，结果表明，我国的乡村振兴已经完成第一阶段总体目标，成果丰硕，发展态势良好。

　　截至 2021 年 9 月，我国乡村振兴取得了显著的阶段性成果：①农业供给侧结构性改革取得新进展，农业综合生产能力明显增强。国家统计局数据显示，截至 2021 年，我国粮食总产量连续 7 年保持在 1.3 万亿斤以上，农业结构不断优化，农村新产业、新业态、新模式蓬勃发展，农业生态环境恶化问题得到初步遏制，农业生产经营方式发生重大变化。农村改革取得新突破，农村土地制度、农村集体产权制度改革稳步推进，重要农产品收储制度改革取得实质性成效，农村创新创业和投资兴业蔚然成风，农村发展新动能加快成长。②城乡发展一体化迈出新步伐。"十三五"期间，我国户籍制度改革进展顺利、成效显著。1 亿人进城落户任务提前完成，1 亿多农业转移人口自愿有序实现了市民化。城乡居民收入相对差距缩小，农村消费持续增长，农民收入和生活水平明显提高。③脱贫攻坚开创新局面。贫困地区农民收入增速持续快于全国平均水平，集中连片特困地区内生发展动力明显增强，现行标准下 9899 万农村贫困人口实现脱贫。农村公共服务和社会事业达到新水平，农村基础设施建设不断加强，人居环境整治加快推进，教育、医疗卫生、文化等社会事业快速发展。

（一）脱贫攻坚战取得决定性成就

　　2020 年第四季度，新疆、云南、宁夏、四川、广西、甘肃 6 个省份贫困县相继"清零"。2020 年 11 月 23 日，贵州省最后 9 个深度贫困县退出贫困县行列，标志着我国如期完成了脱贫攻坚目标任务。按照每人每年生活水平 2300 元（2010 年不变价）的现行农村贫困标准计算，2020 年我国实现 551 万贫困人口脱贫，52 个贫困县摘帽，其中西部地区贫困人口减少 323 万人，中部地区贫困人口减少 181 万人，东部地区贫困人口减少 47 万人，"三区三州"深度贫困地区建档立卡贫困人口减少 43 万人。全国 832 个贫困县全部摘帽，12.8 万个贫困村全部出列，现行标准下 9899 万农村贫困人口实现脱贫，绝对贫困现象历史性地消除了。[1] 2020 年贫困地区[2]农村居民人均可支配收入 12588 元，比 2019 年增长 8.8%，扣除价格因素，实际增长 5.6%。[3]

　　脱贫攻坚扭转了 20 世纪 80 年代以来贫困人口减到 3000 万左右就减不动的趋势，如期实现

　　① 2020 中国农业经济发展报告 ［EB/OL］. ［2021-03-30］. http：//agri. jl. gov. cn/xwfb/xyyw/gnyw/202103/t20210330_7981737. html.

　　② 贫困地区包括集中连片特困地区和片区外的国家扶贫开发工作重点县，原共有 832 个县。2017 年开始将新疆阿克苏地区纳入贫困监测范围（资料来源于中华人民共和国 2020 年国民经济和社会发展公报）。

　　③ 中华人民共和国 2020 年国民经济和社会发展统计公报 ［EB/OL］. ［2021-02-28］. http：//www. stats. gov. cn/xxgk/sjfb/zxfb2020/202102/t20210228_1814159. html.

了近 1 亿人脱贫。建档立卡贫困人口中，90%以上得到了产业扶贫和就业扶贫支持，2/3 以上主要靠外出务工和产业脱贫，发展能力稳步提高。① 与此同时，各项配套政策出台，为我国乡村振兴提供强有力的支持，并进一步巩固脱贫攻坚的成果。

一是增加财政投入。2021 年中央财政将原专项扶贫资金调整为衔接推进乡村振兴补助资金，规模达到 1561 亿元，比 2020 年专项扶贫资金增加 100 亿元。深化东西部地区协作，2021 年 9 月底，累计投入财政和社会资金 230 多亿元。各地加大资金保障力度，为巩固拓展脱贫攻坚成果提供有力支撑。②

二是强化人才支撑。2021 年 5 月，《关于向重点乡村持续选派驻村第一书记和工作队的意见》印发，各地区各部门尽锐出战，推进驻村干部选派轮换，截至 8 月底，全国在岗驻村工作队 17.2 万个，驻村干部 56.3 万人。③

三是增加务工机会。自 2021 年以来，各地区各部门落实好援企稳岗、以工代训等政策，加大在岗培训，积极开展劳务协作。截至 2021 年 9 月底，脱贫劳动力务工总量达 3103 万人，提前超额完成全年任务。强化易地扶贫搬迁群众的后续帮扶，有劳动力的脱贫群众已就业 400 多万，实现了每个家庭至少有 1 名劳动力就业。④

四是精准动态帮扶。2021 年确定 160 个国家乡村振兴重点帮扶县，制定了 14 项倾斜支持政策。各地防贫保障网越织越密。各地重点强化对脱贫不稳定户、边缘易致贫户和突发严重困难户的动态监测帮扶。到 2021 年 9 月底，全国纳入监测对象约 500 万人，其中 76%已消除返贫风险。⑤

1. 截至 2020 年 11 月，建档立卡贫困人口 2004 万人

2020 年 11 月 23 日国务院新闻办公室新闻发布会指出，截至目前，全国共有 2004 万建档立卡贫困人口纳入低保或特困人员救助供养范围；困难残疾人生活补贴和重度残疾人护理补贴制度分别惠及困难残疾人 1153 万人、重度残疾人 1433 万人；2019 年、2020 年新增的困难群众救助补助资金 158.2 亿元，已全部安排到"三区三州"等深度贫困地区；全国农村低保平均标准为每人每年 5842 元、每个月约 487 元。⑥

2020 年是脱贫攻坚收官之年，为了防止出现盲区和死角，在正常按季度比对之外，原国务院扶贫开发领导小组办公室对 2019 年底未脱困人口、脱贫不稳定户、边缘户和无劳动能力但未纳入低保或特困的贫困家庭又做了一次更加精细的比对，督促指导各地加强监测、摸底和排查，进一步查漏补缺，各地共摸排 361 万人，新纳入兜底保障范围的超过 100 万人。⑦

2. 截至 2020 年 9 月，纳入动态监测帮扶对象约 500 万人

为了巩固脱贫攻坚成果，2020 年 3 月，原国务院扶贫开发领导小组印发了《关于建立防止返贫监测和帮扶机制的指导意见》，分别从监测对象、监测范围、帮扶措施等方面作出了明确的规定。该意见明确：①监测对象。以家庭为单位，主要监测建档立卡已脱贫但不稳定户，收入略高于建档立卡贫困户的边缘户。②监测范围。人均可支配收入低于国家扶贫标准 1.5 倍左右的家庭，以及因病、因残、因灾等引发的刚性支出明显超过上年度收入和收入大幅缩减的家庭。监测对象规模一般为建档立卡人口的 5%左右，深度贫困地区原则上不超过 10%。③监测程序。以县级为单位组织开展，通过农户申报、乡村干部走访排查、相关行业部门筛查预警等途径，

---

① 近 1 亿贫困人口实现脱贫，接续推进乡村全面振兴 [EB/OL].［2021-02-19］.http：//www.gov.cn：8080/xinwen/2021-02/19/content_5587664.htm.

②③④⑤ 脱贫基础更稳固　乡村振兴动力足（奋斗百年路　启航新征程·巩固拓展脱贫攻坚成果）[EB/OL].［2021-12-01］.http：//yn.people.com.cn/n2/2021/1201/c378439-35030206.html.

⑥⑦ 两千多万贫困人口纳入低保或特困人员救助供养　脱贫攻坚兜底保障取得决定性成效 [EB/OL].［2020-11-24］.http：//www.gov.cn/xinwen/2020-11/24/content_5563651.htm.

由县级扶贫部门确定监测对象，录入全国扶贫开发信息系统，实行动态管理。

2020 年我国建立了防止返贫动态监测和帮扶机制，截至 2021 年 9 月底，对认定的 500 多万易返贫致贫人口进行精准帮扶、动态清零，坚决守住不发生规模性返贫的底线，其中 76% 的返贫监测对象已消除返贫风险。①

3. 2021 年确定国家乡村振兴重点帮扶县 160 个

综合考虑人均地区生产总值、人均一般公共预算收入、农民人均可支配收入等指标，统筹考虑脱贫摘帽时序、返贫风险等因素，结合各地实际，经中央农村工作领导小组批准同意，2021 年 8 月 27 日国家乡村振兴局发布 160 个国家乡村振兴重点帮扶县名单。这 160 个国家乡村振兴重点帮扶县，分布在内蒙古、广西、重庆、四川、贵州、云南、陕西、甘肃、青海、宁夏 10 个省（自治区、直辖市）（见表 1-1）。重点帮扶县是乡村全面振兴急需补齐的突出短板，需要强化政策倾斜，加强监测评估，做好巩固拓展脱贫攻坚成果同乡村振兴有效衔接工作，让脱贫基础更加稳固、成效更可持续。

表 1-1　160 个国家乡村振兴重点帮扶县名单

省份	数量	国家乡村振兴重点帮扶县名单
内蒙古	10	巴林左旗、库伦旗、鄂伦春自治旗、化德县、商都县、四子王旗、科尔沁右翼前旗、科尔沁右翼中旗、扎赉特旗、正镶白旗
广西	20	马山县、融水苗族自治县、三江侗族自治县、德保县、那坡县、凌云县、乐业县、田林县、隆林各族自治县、靖西市、昭平县、凤山县、东兰县、罗城仫佬族自治县、环江毛南族自治县、巴马瑶族自治县、都安瑶族自治县、大化瑶族自治县、忻城县、天等县
重庆	4	城口县、巫溪县、酉阳土家族苗族自治县、彭水苗族土家族自治县
四川	25	金川县、黑水县、壤塘县、阿坝县、若尔盖县、红原县、道孚县、炉霍县、甘孜县、新龙县、德格县、白玉县、石渠县、色达县、理塘县、盐源县、普格县、布拖县、金阳县、昭觉县、喜德县、越西县、甘洛县、美姑县、雷波县
贵州	20	水城区、正安县、务川仫佬族苗族自治县、关岭布依族苗族自治县、紫云苗族布依族自治县、织金县、纳雍县、威宁彝族回族苗族自治县、赫章县、沿河土家族自治县、松桃苗族自治县、晴隆县、望谟县、册亨县、锦屏县、剑河县、榕江县、从江县、罗甸县、三都水族自治县
云南	27	东川区、会泽县、宣威市、昭阳区、鲁甸县、巧家县、盐津县、大关县、永善县、镇雄县、彝良县、宁蒗彝族自治县、澜沧拉祜族自治县、武定县、元阳县、红河县、金平苗族瑶族傣族自治县、绿春县、马关县、广南县、泸水市、福贡县、贡山独龙族怒族自治县、兰坪白族普米族自治县、香格里拉市、德钦县、维西傈僳族自治县
陕西	11	略阳县、镇巴县、汉滨区、紫阳县、岚皋县、白河县、丹凤县、商南县、山阳县、镇安县、柞水县
甘肃	23	靖远县、会宁县、麦积区、秦安县、张家川回族自治县、古浪县、庄浪县、静宁县、环县、镇原县、通渭县、渭源县、岷县、武都区、文县、宕昌县、西和县、礼县、永靖县、东乡族自治县、积石山保安族东乡族撒拉族自治县、临潭县、舟曲县
青海	15	同仁市、尖扎县、泽库县、共和县、玛沁县、班玛县、甘德县、达日县、玛多县、玉树市、杂多县、称多县、治多县、囊谦县、曲麻莱县
宁夏	5	红寺堡区、同心县、原州区、西吉县、海原县

资料来源：国家乡村振兴局。

4. 2021 年下发衔接推进乡村振兴补助资金约 1561 亿元

数据显示，为了支持巩固拓展脱贫攻坚成果与乡村振兴有效衔接，2021 年中央财政下达衔

---

① 全国防止返贫监测对象约 500 万人　76% 已消除返贫风险 [EB/OL]．[2021-10-20]．https：//share.gmw.cn/economy/2021-10/20/content_35246924.htm.

接推进乡村振兴补助资金 1560.95 亿元，比 2020 年原中央财政专项扶贫资金增长 7%，重点向巩固拓展脱贫攻坚成果任务重、乡村振兴底子薄的地区倾斜。①

乡村振兴补助资金下发的原则是：①加大力度。过渡期内，财政支持政策和资金规模将保持总体稳定。2021 年，中央财政专门选取衔接推进乡村振兴补助资金，规模约达到 1561 亿元，比 2020 年原中央财政专项扶贫资金约增加了 100 亿元。②突出重点。现有财政转移支付继续向脱贫地区倾斜，突出支持国家乡村振兴重点帮扶县，推动均衡发展。继续支持脱贫县统筹使用涉农财政资金，推动乡村振兴。③有效衔接。把做好巩固拓展脱贫攻坚成果同乡村振兴有效衔接摆在突出重要位置，抓紧抓好。落实农村低收入人口常态化帮扶，支持防止致贫返贫监测预警，加大易地扶贫搬迁后续扶持力度，支持脱贫地区产业发展，稳定脱贫人口就业，帮助持续增收。②

同时，为了支持高标准农田建设，2021 年中央财政下达农田建设补助资金 770.8 亿元，比 2020 年增长 12.9%。资金分配向粮食主产省倾斜，支持改善项目区农田基础设施条件，提升耕地质量，提高粮食综合生产能力。此外，2021 年中央财政下拨 2394.49 亿元，支持农业高质量发展。资金主要用于支持各地开展农业生产发展、农业资源及生态保护、动物防疫和渔业生产发展等工作；下达农业生产和水利救灾资金 12 亿元，支持地方开展农作物重大病虫害防治、水利抗旱救灾等。③

5. 截至 2020 年底累计选派第一书记和驻村干部约 300 万名

为适应"三农"工作新形势、新任务、新要求，2021 年 5 月 11 日中共中央办公厅印发了《关于向重点乡村持续选派驻村第一书记和工作队的意见》，要求健全常态化驻村工作机制，为全面推进乡村振兴、巩固拓展脱贫攻坚成果提供坚强组织保证和干部人才支持。

选派范围为：对脱贫村、易地扶贫搬迁安置村（社区），继续选派第一书记和工作队，将乡村振兴重点帮扶县的脱贫村作为重点，加大选派力度。对其中巩固脱贫攻坚成果任务较轻的村，可从实际出发适当缩减选派人数。各地要选择一批乡村振兴任务重的村，选派第一书记或工作队，发挥示范带动作用。对党组织软弱涣散村，按照常态化、长效化整顿建设要求，继续全覆盖选派第一书记。对其他类型村，各地可根据实际需要作出选派安排。

国家乡村振兴局副局长洪天云表示，全国自脱贫攻坚战以来，截至 2020 年底已累计选派了第一书记和驻村干部大约 300 万名，在岗的大约 90 万名。第一书记和驻村工作队在推动落实脱贫攻坚政策、组织实施扶贫项目、激发贫困群众内生动力、提升贫困村的治理水平等方面发挥了重要作用，并涌现了一大批优秀代表人物。在党中央、国务院表彰的全国脱贫攻坚先进个人里，有 369 名驻村干部获得表彰，占表彰个人的 18.6%。④

6. 截至 2021 年 9 月脱贫劳动力务工总量达 3103 万人

人力资源和社会保障部统计数据显示，截至 2021 年 9 月底，我国脱贫劳动力务工总量达 3103 万人，提前超额完成全年任务。

一方面是我国经济持续稳定恢复，带动劳动力市场回暖，带来了更大就业空间。自 2021 年

---

① 中央财政已下达衔接推进乡村振兴补助资金 1560.95 亿元［EB/OL］.［2021-05-22］. https：//m. thepaper. cn/baijiahao_12810371.

② 规模 1561 亿元，中央财政专门设立衔接推进乡村振兴补助资金［EB/OL］.［2021-03-08］. https：//m. thepaper. cn/newsDetail_forward_11612907.

③ 中央财政衔接推进乡村振兴补助资金超 1500 亿元　下达农田建设补助资金 770.8 亿元［EB/OL］.［2021-05-22］. https：//baijiahao. baidu. com/s？id=1700420202034386405&wfr=spider&for=pc.

④ 国家乡村振兴局副局长洪天云出席国务院政策例行吹风会并答记者问［EB/OL］.［2021-03-02］. https：//www. thepaper. cn/newsDetail_forward_11526413.

以来，随着我国经济持续稳定恢复，就业形势保持总体稳定、好于预期：1月至9月，全国城镇新增就业1045万人，完成全年目标任务的95%，与2020年同期相比，增加147万人，增幅为16%。第三季度恢复态势更加积极，重点群体就业保持稳定。同时，新动能呈现蓬勃生机，为劳动者提供了更多就业选择。第三季度，服务业进一步恢复改善，9月，服务业生产指数同比增长5.2%，比上个月加快0.4个百分点，有效扩大了就业容量。①

另一方面是政府各项配套措施为脱贫劳动力就业提供强大保障。2020年以来，各地人力资源和社会保障部门按照"应培尽培、能培尽培"原则，对准备外出务工的脱贫人口开展定向定岗培训、急需紧缺职业专项培训、专项技能培训和创业培训。随着培训力度不断加大、技能水平持续提升，带来更高水平的就业。此外，2020年以来，各地对跨省务工的脱贫劳动力延续落实交通费补助政策，点对点、"一站式"运送农民工安全返岗，并对确实难以实现市场化就业的脱贫劳动力，继续提供公益性岗位。

7. 2020年贫困地区农村居民人均可支配收入达12588元，年均增长11.6%

数据显示，2021年前三季度，我国脱贫地区特色产业稳步发展，脱贫劳动力稳岗就业形势较好，推动脱贫人口外出务工3103万人，脱贫人口收入增速继续高于全国农村平均水平。②

2021年4月6日，国务院新闻办公室发布的《人类减贫的中国实践》白皮书显示，我国贫困人口收入水平持续提升。贫困地区农村居民人均可支配收入，从2013年的6079元增长到2020年的12588元，年均增长11.6%，增长持续快于全国农村，增速比全国农村高2.3个百分点。贫困人口工资性收入和经营性收入占比逐年上升，转移性收入占比逐年下降，自主增收脱贫能力稳步提高。少数民族和民族地区脱贫攻坚成效显著，2016~2020年，内蒙古自治区、广西壮族自治区、西藏自治区、宁夏回族自治区、新疆维吾尔自治区和贵州、云南、青海三个多民族省份贫困人口累计减少1560万人。28个人口较少民族全部实现整族脱贫。③

8. 截至2020年改造贫困地区学校10.8万所

党的十八大以来，我国实施了产业扶贫、就业扶贫、东西协作、央地帮扶等一系列精准扶贫的举措，不仅"扶贫"，还"扶智"与"扶志"。教育扶贫方面，改造贫困地区学校10.8万所，帮助800多万名贫困家庭初高中毕业生接受职业教育培训，重点高校定向招收贫困地区学生70多万名，贫困家庭辍学的学生全部劝返就读，提高贫困地区"造血"能力。对于老弱病残则进行兜底保障，全国共有近2000万贫困人口纳入低保或特困人员救助供养范围。农村低保标准大幅提高，从2015年的3177.6元提高到2020年的5841.7元。④

（二）城乡融合进一步加快

改革开放以来，我国城乡融合发展的体制机制和政策体系不断健全，工农互促、城乡互补、协调发展、共同繁荣的新型工农城乡关系加快形成，城乡差距不断缩小。

1. 2020年我国常住人口城镇化率达到64%

"十三五"期间，我国的城镇化快速发展。2019年国民经济和社会发展统计公报显示，2019

---

① 脱贫劳动力务工总量达3103万人 重点群体就业保持稳定［EB/OL］.［2021-11-14］. http://www.gov.cn/xinwen/2021-11/14/content_5650794.htm.

② 脱贫基础更稳固 乡村振兴动力足［EB/OL］.［2021-12-02］. http://www.xsx.gov.cn/zfbm/fpb/gzdt/202112/t20211203_71907471.html.

③ 我国贫困地区农村居民人均可支配收入12588元［EB/OL］.［2021-04-06］. https://baijiahao.baidu.com/s? id=1696255206659052870&wfr=spider&for=pc.

④ 智库报告｜2020中国农业经济发展报告发布［EB/OL］.［2021-04-01］. https://baijiahao.baidu.com/s? id=1695821398849060347&wfr=spider&for=pc.

年我国城镇人口占总人口比重（城镇化率）为 60.60%，比上年末提高 1.02 个百分点。这也是我国城镇化率首次突破 60% 大关。这也意味着我国提前一年实现常住人口城镇化率达到 60% 的目标。

"十三五"期间，我国户籍制度改革进展顺利、成效显著。公安部数据显示，1 亿人落户任务提前完成，1 亿多农业转移人口自愿有序实现了市民化，户籍人口城镇化率由 2013 年的 35.93% 提高到 2019 年的 44.38%。① 2020 年我国常住人口城镇化率达到 64%。②

2. 2020 年城乡居民收入消费差距比 2019 年缩小 0.08

国家统计局发布的《中华人民共和国 2020 年国民经济和社会发展统计公报》显示，2020 年全国居民人均可支配收入 32189 元，比上年增长 4.7%，扣除价格因素，实际增长 2.1%。全国居民人均可支配收入中位数③ 27540 元，增长 3.8%。按常住地分，城镇居民人均可支配收入 43834 元，比上年增长 3.5%，扣除价格因素，实际增长 1.2%。城镇居民人均可支配收入中位数 40378 元，增长 2.9%。农村居民人均可支配收入 17131 元，比上年增长 6.9%，扣除价格因素，实际增长 3.8%。农村居民人均可支配收入中位数 15204 元，增长 5.7%。城乡居民人均可支配收入比值为 2.56，比上年缩小 0.08。④

按全国居民五等分收入分组⑤，低收入组人均可支配收入 7869 元，中间偏下收入组人均可支配收入 16443 元，中间收入组人均可支配收入 26249 元，中间偏上收入组人均可支配收入 41172 元，高收入组人均可支配收入 80294 元。全国农民工人均月收入 4072 元，比上年增长 2.8%。⑥

2020 年全国居民人均消费支出 21210 元，比上年下降 1.6%，扣除价格因素，实际下降 4.0%。其中，人均服务性消费支出⑦ 9037 元，比上年下降 8.6%，占居民人均消费支出的比重为 42.6%。按常住地分，城镇居民人均消费支出 27007 元，下降 3.8%，扣除价格因素，实际下降 6.0%；农村居民人均消费支出 13713 元，增长 2.9%，扣除价格因素，实际下降 0.1%。全国居民恩格尔系数为 30.2%，其中城镇为 29.2%，农村为 32.7%。

相较于 2010 年，2020 年全国居民人均可支配收入实现了一倍增长，达到了 32189 元，完成了党的十八大提出的到 2020 年城乡居民人均收入翻一番的目标。受新冠肺炎疫情影响，2020 年第一季度至第三季度，全国居民人均可支配收入累计实际增速为负，在党中央和各级政府的不懈努力下，采取多项保就业和社会保障措施，终于在第四季度实现实际增速转正。其中，全国农村居民人均可支配收入 17131 元，是 2010 年的 2.73 倍。2020 年实际增长 3.8%，高于城镇居民 2.6 个百分点。近年来，农村居民收入增长速度连续快于城镇居民，2020 年城乡居民收入比值进一步缩小到 2.56，比上年缩小 0.08。⑧

将居民收入五等分后可以发现，2020 年农村低收入组人均可支配收入增速高达 9.8%。从收

---

① 城镇化率 44.38%：我国提前完成一亿人口落户目标［EB/OL］.［2020-10-07］. http：//www.gov.cn/xinwen/2020-10/07/content_5549654.htm.

② 党领导新中国"三农"工作的历史经验与启示［EB/OL］.［2021-10-14］. http：//www.moa.gov.cn/xw/zwdt/202110/t20211014_6379436.htm.

③ 人均收入中位数是指将所有调查户按人均收入水平从低到高（或从高到低）顺序排列，处于最中间位置调查户的人均收入。

④⑥ 2020 年全国居民人均可支配收入 32189 元 比上年增长 4.7%［EB/OL］.［2021-02-28］. https：//www.chinanews.com.cn/cj/2021/02-28/9420837.shtml.

⑤ 全国居民五等份收入分组是指将所有调查户按人均收入水平从低到高顺序排列，平均分为五个等份，处于最低 20% 的收入家庭为低收入组，依此类推依次为中间偏下收入组、中间收入组、中间偏上收入组、高收入组。

⑦ 服务性消费支出是指住户用于餐饮服务、教育文化娱乐服务和医疗服务等各种生活服务的消费支出。

⑧ 2020 中国农业经济发展报告发布——推进农业农村现代化［EB/OL］.［2021-03-30］. https：//m.thepaper.cn/baijiahao_11964871.

入结构来看，人均工资性收入达到6974元，占农村居民可支配收入比例最高，约为40.7%，较上年名义增长5.9%；人均经营净收入次之，达6077元，占比35.5%；人均转移净收入3661元，占比21.4%，转移净收入的较快增长也带动了农村居民收入的稳定增长；人均财产净收入419元，占比最低，约为2.4%。保就业的政策促进了工资性收入的回升，也使得农民工月均收入增长2.8%。①

（三）农业现代化水平进一步提高

近年来，我国农业现代化步伐明显加快：一是农业生产基础设施全面加强。建成高标准农田8亿亩，有效灌溉面积由1949年的2.39亿亩增至2019年的10.3亿亩，增长了3.3倍。农业生产基本实现机械化，主要农作物耕种收综合机械化率达到71%，农机总动力超过10亿千瓦。②

二是农业全面转型升级。各地以农业农村资源为依托，做强农产品加工业，做精乡村休闲旅游业，做大农产品电商，促进一二三产业融合发展。农产品加工业稳定发展，2021年1~9月，规模以上农副食品加工业同比增长8.6%。新产业、新业态持续发展，乡村休闲旅游业基本恢复到2019年同期水平，农产品网络零售额保持两位数增长。产业融合发展稳步推进，创建了50个国家现代农业产业园、50个优势特色产业集群、298个农业产业强镇，促进了产镇融合、产村融合。③

三是农业科技取得重大发展。全国农业科技进步贡献率超过60%。农业生产的化肥、农药利用率明显提升，农作物良种覆盖率超过96%，秸秆综合利用率超过86%，农膜回收率超过80%。④

1. 2020年农村承包地颁证率超过96%

农业农村部数据显示，我国农村承包地确权登记颁证工作取得显著成效。截至2020年11月，全国2838个县（市、区）、3.4万个乡镇、55万多个行政村已基本完成承包地确权登记颁证工作，将15亿亩承包地确权给2亿农户，并颁发土地承包经营权证书。全国农村承包地颁证率已超过96%。⑤

按照党中央、国务院部署，我国从2014年开始启动整省试点并逐步全面推开，中央农村工作领导小组办公室、农业农村部会同相关部门意见，提出"2年扩大试点、3年全面推开"总体思路，实现全国"一盘棋"梯次推进。每年组织现场会或视频会部署工作，建立县市月报制度，不定期开展专项检查，并委托第三方抽样评估。2019年指导各地开展"回头看"，解决了388.7万承包农户证书未发放、1420万亩土地暂缓确权、322万户确权信息不准等问题。⑥

2. 2020年农产品加工转化率接近68%

随着乡村振兴战略规划的实施，我国乡村富民产业发展势头良好。《乡村振兴战略规划实施报告（2018—2019年）》指出，当前乡村富民产业蓬勃发展，农村一二三产业加快融合，农产品加工转化率接近68%，乡村休闲旅游的游客数量和营业收入大幅增长，农村电商等新产业、新业态方兴未艾，乡村产业高质量发展态势逐步显现。

---

① 2020中国农业经济发展报告发布——推进农业农村现代化［EB/OL］.［2021-03-30］. https：//m. thepaper. cn/baijiahao_11964871.

②④ 党领导新中国"三农"工作的历史经验与启示［EB/OL］.［2021-10-14］. http：//www. moa. gov. cn/xw/zwdt/202110/t20211014_6379436. htm.

③ 国新办就2021年前三季度农业农村经济运行情况举行发布会［EB/OL］.［2021-10-20］. http：//www. scio. gov. cn/xwfbh/xwbfbh/wqfbh/44687/47214/index. htm.

⑤⑥ 中央农办、农业农村部：全国农村承包地颁证率已超96%［EB/OL］.［2020-11-02］. http：//country. people. cn/n1/2020/1102/c419842-31916034. html.

2020 年 11 月 10 日，全国农产品加工业发展推进会召开，会议提出，力争到 2025 年，农产品加工业与农业产值比从 2.3∶1 提高到 2.8∶1，农产品加工转化率从 67.5% 提高到 80%，农产品加工业结构布局进一步优化，自主创新能力显著增强，市场竞争力大幅提高，基本接近发达国家水平。①

3. "十三五"期间农业科技进步贡献率突破 60%

2021 年 11 月 19 日发布的《"十三五"中国农业农村科技发展报告》显示，"十三五"时期，我国农业农村科技创新组织方式不断创新，治理能力不断提升，农业科技发展势头强劲，农业科技进步贡献率突破 60%，综合研判，如期实现《国家中长期科学和技术发展规划纲要（2006—2020 年）》中关于农业科技发展的既定目标。

农业的稳定增长得益于农业现代化的不断推进，主要体现在良种科技攻关、现代技术应用以及农业组织化程度的提高。2020 年，我国选育出多个亩产超过 1000 公斤的超级稻新品种，农作物良种覆盖率超过 96%。同时，农业应用技术不断更新，农作物耕种收综合机械化率达到 71%。② 全国农业社会化服务组织发展迅速，生产托管服务正在搭建小农户与现代农业的桥梁。纵向来看，农业生产效率和农业竞争力正在不断提高。具体体现在：

一是农业科技转型发展。农业科技支撑引领从"一农"向"三农"转变；支撑引领从"数量型"向"质量型"转变；从"资源消耗型"向"内涵式发展"转变。支撑目标任务从粮食安全、重要农产品有效供给的生产领域，扩展到支撑脱贫攻坚、促进农民增产增收，支撑生态宜居、改善农村人居环境等方面。

二是创新体系效能在改革中稳步提升。"十三五"时期农业科技体系不断重塑、提升。例如深化学科群建设，提升原始创新能力，已建成的 42 个综合性重点实验室、335 个专业性重点实验室、269 个农业科学观测实验站按照规划深入运行，创新基础条件大幅度改善、协同机制不断健全。先后建成江苏南京、山西太谷、四川成都、广东广州、湖北武汉 5 个国家现代农业产业科技创新中心，凝聚产业上中下游的力量，推动科技与产业、企业、人才、金融"五个融合"，打造"农业硅谷"和区域经济增长极。

三是农业科技整体实力进入世界前列。农业农村科技总体上呈现出高新技术发展加快、农业科技成果产出加快的特点，科技创新取得了一系列重大成果。2015～2020 年农业领域获得国家科技"三大奖"159 项，颁发神农奖 540 项、丰收奖 1631 项。

4. 2019 年农作物耕种收综合机械化率超过 70%

2020 年 6 月 10 日，农业农村部、国家发展和改革委员会等单位联合发布的《乡村振兴战略规划实施报告（2018—2019 年）》显示，从 2019 年开始，全国农作物耕种收综合机械化率超过 70%，提前一年实现"十三五"目标，小麦、水稻、玉米三大粮食作物生产基本实现机械化。

2019 年，农业农村部围绕保障粮食安全，深入实施主要农作物全程机械化推进行动，新创建 153 个全程机械化示范县，遴选形成了 27 个全程机械化生产模式。其中，在支持恢复生猪生产方面，农业农村部出台《关于加大农机购置补贴力度支持生猪生产发展的通知》，将部分畜禽粪污资源化利用和生猪生产机具装备纳入补贴范围。在甘蔗种植方面，加快推进生产全程机械化，甘蔗收获环节"无机可用"问题基本解决。

农机购置补贴对于引导农业转型升级具有重要作用。农业农村部统计数据显示，2019 年我

---

① 全国农产品加工业发展推进会提出力争到 2025 年农产品加工转化率提高到 80%［EB/OL］.［2020-11-11］. http：//www. gov. cn/xinwen/2020-11/11/content_5560539. htm.

② 2020 中国农业经济发展报告发布［EB/OL］.［2021-03-30］. http：//agri. jl. gov. cn/xwfb/xyyw/gnyw/202103/t20210330_7981737. html.

国支持江西等 6 省开展标准化骨架大棚补贴试点，在 26 个省份开展 39 种农机创新产品补贴试点，在 20 个省份开展植保无人机规范应用试点。同时，完善了农机购置补贴资金管理使用方式，农民购机筹资能力进一步增强。

根据 2018 年 12 月 29 日国务院印发的《关于加快推进农业机械化和农机装备产业转型升级的指导意见》，我国力争到 2025 年全国农作物耕种收综合机械化率达到 75%，粮棉油糖主产县（市、区）基本实现农业机械化，丘陵山区县（市、区）农作物耕种收综合机械化率达到 55%，设施农业、畜牧养殖、水产养殖和农产品初加工机械化率总体达到 50% 左右。

5. 2019 年秸秆综合利用率达到 85%

2020 年 6 月 10 日，农业农村部、国家发展和改革委员会等单位联合发布的《乡村振兴战略规划实施报告（2018—2019 年）》显示，2019 年全国秸秆综合利用率达到 85%，完成"十三五"秸秆综合利用目标任务，露天焚烧现象显著减少；力争到 2030 年，全国建立起完善的秸秆收储运用体系，形成布局合理、多元利用的秸秆综合利用产业化格局，基本实现全量利用。

农业农村部发布的《关于全面做好秸秆综合利用工作的通知》要求，要科学制定秸秆综合利用年度实施方案；要充分利用秸秆综合利用中央财政资金，遴选一批秸秆资源量大、综合利用潜力大的县（区、市），因地制宜确定秸秆利用方式，推动县域秸秆综合利用率达到 90% 以上或比上年提高 5 个百分点；要实施好财政部、农业农村部以绿色生态为导向的农业补贴制度改革方案，进一步加大对秸秆还田、收储运、加工利用等方面的支持力度；要根据本地农业种植制度，形成适合本地的秸秆深翻还田、免耕还田、堆沤还田等技术规程，研发推广秸秆青黄贮饲料、打捆直燃、成型燃料生产等领域新技术等。

6. 2020 年化肥农药利用率超过 40%，使用量零增长

2015 年以来，农业农村部持续开展化肥农药使用量零增长行动。经科学测算，2020 年水稻、小麦、玉米三大粮食作物化肥利用率为 40.2%，农药利用率为 40.6%，比 2015 年分别提高了 5 个和 4 个百分点。[1]

"十三五"期间，我国农业投入品结构持续优化，科学施肥用药技术加快推广。农业农村部开展有机肥替代化肥行动，推进高效低风险农药替代化学农药，2020 年有机肥施用面积超过 5.5 亿亩次，高效低风险农药占比超过 90%。大力开展和推广测土配方施肥、机械深施、水肥一体化等技术，推进绿色防控和精准科学用药。配方肥占三大粮食作物施用总量的 60% 以上，主要农作物病虫害绿色防控覆盖率达 41.5%。"十三五"期间，原农业部每年在 300 个县开展化肥减量增效示范，在 233 个重点县开展有机肥替代化肥试点，在 600 个县建设统防统治与绿色防控融合示范基地，在 150 个县开展果菜茶全程绿色防控试点。组织专家制定技术方案，指导农民和新型经营主体掌握关键技术，组织开展"百万农民科学用药培训行动"，力争到 2025 年化肥农药利用率再提高 3 个百分点，推动农业生产方式全面绿色转型。[2]

7. 2020 年农产品质量安全例行监测合格率达到 97.8%

2021 年 1 月 14 日，农业农村部发布的 2020 年全年国家农产品质量安全例行监测（风险监测）结果显示，2020 年农产品例行监测合格率为 97.8%，同比上升 0.4 个百分点，全国农产品质量安全水平继续稳定向好。

2020 年农业农村部组织开展了 4 次国家农产品质量安全例行监测（风险监测），全年共监测了 31 个省份和 5 个计划单列市，共 304 个大中城市的 2639 个菜果茶生产基地、1609 辆蔬菜和水果运输车、781 个屠宰场、821 个养殖场、2567 辆（个）水产品运输车或暂养池、4013 个农产

---

[1][2] 利用率过 40%：化肥农药使用量零增长行动实现目标 [EB/OL].[2021-01-17]. http://www.gov.cn/xinwen/2021-01/17/content_5580552.htm.

品批发（农贸）市场，抽检蔬菜、水果、茶叶、畜禽产品和水产品五大类产品 132 个品种 130 项参数 34794 个样品。监测结果显示，蔬菜、水果、茶叶、畜禽产品、水产品抽检合格率分别为 97.6%、98.0%、98.1%、98.8%、95.9%。

从监测品种看，抽检的蔬菜中，甘蓝类、食用菌和瓜类蔬菜全年总体合格率较高，分别为 99.7%、99.7%和 99.5%。抽检的畜禽产品中，猪肉、猪肝、牛肉、羊肉、禽肉和禽蛋合格率分别为 99.5%、99.6%、99.4%、99.3%、98.9%和 97.1%。抽检的大宗养殖水产品中，鲢鱼全部合格，鳙鱼、罗非鱼、草鱼和鲤鱼抽检合格率分别为 99.6%、98.5%、97.9%和 97.5%。

农业农村部要求地方农业农村部门对监测发现的突出问题进行督办，坚持问题导向，有针对性地开展监督抽查，依法查处不合格农产品及其生产单位。针对重点区域、重点品种、重点危害因子，加强风险监测力度，强化巡查检查，对发现的问题加大专项整治力度，严厉打击使用禁用药物、非法添加有毒有害物质、私屠滥宰和注水注药等违法违规行为。

8. 2020 年农产品贸易额达 2468.3 亿美元，创历史新高

2020 年，我国农产品贸易额达 2468.3 亿美元，同比增长 8%。其中，进口额达 1708 亿美元，增长 14%；出口额达 760.3 亿美元，下降 3.2%；贸易逆差扩大 32.9%。农产品贸易额创历史新高，进口额增长为 2013 年以来的最高增速。①

分品种看，谷物、畜产品、食用油籽等大宗农产品的进口增长幅度很大，仅水产品进口显著减少。谷物进口 3579.1 万吨，大幅增长 99.8%，进口额达 95.2 亿美元，增长 80.9%；其中，小麦进口 837.6 万吨，同比增长 140.2%；玉米进口 1129.6 万吨，同比增长 135.7%；大米进口 294.3 万吨，同比增长 15.6%；大麦进口 807.9 万吨，同比增长 36.3%；高粱进口 481.3 万吨，同比增长 478.6%。畜产品进口额达 475.7 亿美元，增长 31.3%；其中，猪肉进口 430.4 万吨，同比增长 1.2 倍；牛肉进口 211.8 万吨，同比增长 27.6%。食用油籽进口 1.1 亿吨，同比增长 13.8%，进口额达 432.7 亿美元，增长 12.7%；其中，大豆进口突破 1 亿吨，达到 10032.7 万吨，比 2019 年的 8851.3 万吨增长 13.3%，进口额达 395 亿美元，数量与数额均创新高；食用植物油进口 1169.5 万吨，同比增长 1.5%，进口额达 87.2 亿美元，增长 17.6%。水产品进口额达 155.6 亿美元，减少 16.8%。由于疫情原因，水产品管控从紧，抑制了水产品进口增长。农产品出口普遍遇冷，仅水果出口优势依旧。2020 年，水果出口 83.5 亿美元，增长 12.1%。②

近年来我国根据自身资源禀赋不断优化贸易结构。2020 年，农产品进出口结构与 2019 年相比基本保持稳定，主要进口产品为食用油籽、肉类、水产品、乳制品和水果；主要出口产品为水产品、蔬菜、水果和畜产品。

农产品前五大进口市场依次为巴西、美国、东盟、欧盟、澳大利亚。中国和"一带一路"沿线国家的农业合作进一步加强，"一带一路"沿线国家作为粮食等重要农产品进口来源的地位日益增强。③

（四）农村产业继续壮大

我国农业发展呈现新局面，产量进一步提高，产业链进一步延长，产业融合深化，信息化水平提升，人才创新创业活力增强，发展态势良好。

一是农业产值进一步加大，结构进一步优化。从 1949 年到 2020 年，全国粮食产量由

---

① ②　2020 中国农业经济发展报告发布——推进农业农村现代化 [EB/OL]. [2021-03-30]. https：//m. thepaper. cn/baijiahao_11964871.

③　我国粮食生产实现"十七连丰"连续 6 年保持在 1.3 万亿斤以上 [EB/OL]. [2020-12-11]. http：//nyncj. my. gov. cn/xwzx/nyyw/25669881. html.

2263.6亿斤跃升到13390亿斤，人均粮食占有量由209公斤增至474公斤。粮、棉、油、肉、蛋、奶、菜、果、茶和水产品等总产量稳居世界前列。①

二是各类农业主体不断壮大。注重发挥龙头企业、农民合作社等农业产业化联合体在深化农业转型升级、产业融合方面的重要作用。截至2021年2月，全国已培育创建农业产业化联合体7000多个，其中京津冀区域900多个。②

三是产业融合项目不断增多、效益增强。目前，我国已经形成多主体参与、多要素聚集、多业态发展、多模式创新、多层次推进的立体式产业融合格局，截至2021年7月，农业农村部已支持建设优势特色产业集群100个、现代农业产业园200个、农业产业强镇（乡）1100多个。其中，京津冀区域建设优势特色产业集群8个、现代农业产业园14个、农业产业强镇60个。③

四是新产业、新产品不断增多、优势凸显。乡村特色产业方面，各地积极发展特色种养和特色食品，传承手工技艺，弘扬特色文化，截至2020年，农业农村部累计认定全国"一村一品"示范村镇十一批次，共3673个。④ 农产品精深加工业方面，产业链不断延伸，2020年农产品加工业营业收入23.2万亿元。⑤ 乡村休闲旅游业方面，出现创意农业、亲子体验、功能农业、康老农业等业态，2020年乡村休闲旅游接待游客约26亿人次，营业收入6000亿元。⑥

五是信息化水平不断提高。自农业农村部启动实施"互联网+"农产品出村进城工程以来，2020年农业农村部择优推选了110个县开展试点，建立健全适应农产品网络销售的供应链体系、运营服务体系和支撑保障体系，提升农村信息化水平⑦。其中，电子商务发展成绩尤其亮眼，根据商务部数据2020年全国农村网络零售额达1.79万亿元。

六是人才创业活力不断增强。培育了大批高素质农民，吸引"双创"人才来农村创业，培养了一批数字农业技术人才。"十三五"期间，累计举办示范培训班1600余期，培训16万余人；培育高素质农民500万人；培训创业致富带头人57.86万人。⑧

1. 2021年粮食产量再创新高

国家统计局发布的数据显示，2020年我国第一产业增加值77754亿元，增长3.0%。同时，第一产业投资额达13302亿元，比2019年增长19.5%。

其中，粮食总产量再创新高。国家统计局2021年12月6日发布的《关于2021年粮食产量数据的公告》显示，2021年全国粮食总产量13657亿斤，比2020年增加267亿斤，增长2.0%，全年粮食产量再创新高，连续7年保持在1.3万亿斤以上。其中，秋粮产量10178亿斤，比2020年增加191亿斤，增长1.9%。从全国粮食播种面积、单位面积产量和总产量三个方面来看：①全国粮食播种面积117632千公顷（176447万亩），比2020年增加863千公顷（1295万亩），增长0.7%。其中，谷物播种面积100177千公顷（150266万亩），比2020年增加2213千公顷（3320万亩），增长2.3%。②全国粮食单位面积产量5805公斤/公顷（387公斤/亩），比2020

---

① 我国粮食生产实现"十七连丰"连续6年保持在1.3万亿斤以上［EB/OL］.［2020-12-11］.http：// nyncj.my.gov.cn/xwzx/nyyw/25669881.html.

②⑦ 关于政协第十三届全国委员会第四次会议第0986号（农业水利类107号）提案答复的函［EB/OL］.［2021-07-19］.http：//www.moa.gov.cn/govpublic/XZQYJ/202107/t20210719_6372183.htm.

③ 对十三届全国人大四次会议第3985号建议的答复［EB/OL］.［2021-07-23］.http：//www.moa.gov.cn/govpublic/XZQYJ/202107/t20210723_6372657.htm.

④ 截至2021年，全国"一村一品"示范村镇前十批共计3274个，加上第十一批399个，合计3673个。资料来源：关于政协第十三届全国委员会第四次会议第0986号（农业水利类107号）提案答复的函［EB/OL］.农业农村部［2021-07-19］.http：//www.moa.gov.cn/govpublic/XZQYJ/202107/t20210719_6372183.htm.

⑤⑥ 对十三届全国人大四次会议第3536号建议的答复［EB/OL］.农业农村部［2021-07-15］.http：//www.moa.gov.cn/govpublic/XZQYJ/202107/t20210715_6371961.htm.

⑧ 对十三届全国人大四次会议第5643号建议的答复［EB/OL］.农业农村部［2021-07-28］.http：//www.moa.gov.cn/govpublic/KJJYS/202107/t20210728_6373010.htm.

年增加 71.5 公斤/公顷（4.8 公斤/亩），增长 1.2%。其中，谷物单位面积产量 6316 公斤/公顷（421 公斤/亩），比 2020 年增加 20.8 公斤/公顷（1.4 公斤/亩），增长 0.3%。③全国粮食总产量 68285 万吨（13657 亿斤），比 2020 年增加 1336 万吨（267 亿斤），增长 2.0%。其中谷物产量 63276 万吨（12655 亿斤），比 2020 年增加 1602 万吨（320 亿斤），增长 2.6%。2021 年全国及各省（自治区、直辖市）粮食产量情况如表 1-2 所示。

表 1-2　2021 年全国及各省（自治区、直辖市）粮食产量

	播种面积（千公顷）	总产量（万吨）	单位面积产量（公斤/公顷）
全国总计	117631.5	68285.1	5805.0
北京	60.9	37.8	6196.8
天津	373.5	249.9	6690.3
河北	6428.6	3825.1	5950.1
山西	3138.1	1421.2	4529.1
内蒙古	6884.3	3840.3	5578.3
辽宁	3543.6	2538.7	7164.4
吉林	5721.3	4039.2	7060.1
黑龙江	14551.3	7867.7	5406.9
上海	117.4	94.0	8004.7
江苏	5427.5	3746.1	6902.0
浙江	1006.7	620.9	6167.6
安徽	7309.6	4087.6	5592.0
福建	835.1	506.4	6064.0
江西	3772.8	2192.3	5810.8
山东	8355.1	5500.7	6583.7
河南	10772.3	6544.2	6075.0
湖北	4686.0	2764.3	5899.1
湖南	4758.4	3074.4	6461.0
广东	2213.0	1279.9	5783.3
广西	2822.9	1386.5	4911.7
海南	271.4	146.0	5379.8
重庆	2013.2	1092.8	5428.4
四川	6357.7	3582.1	5634.3
贵州	2787.7	1094.9	3927.5
云南	4191.4	1930.3	4605.4
西藏	187.2	106.5	5688.0
陕西	3004.3	1270.4	4228.7
甘肃	2676.8	1231.5	4600.6
青海	302.4	109.1	3607.4
宁夏	689.3	368.4	5345.2
新疆	2371.7	1735.8	7318.9

注：此表中部分数据因四舍五入，分省份合计数与全国数略有差异。
资料来源：国家统计局。

2. 截至 2021 年 7 月培育创建农业产业化联合体 7000 多个①

近年来，农业农村部会同有关部门，加强指导，加大扶持，积极培育各类融合主体。一是壮大龙头企业队伍。鼓励龙头企业延长产业链、提升价值链，将农村一二三产业融合发展作为农业产业化国家重点龙头企业的认定指标。截至 2021 年 7 月认定国家重点龙头企业 1547 家。同时，指导各地加强省、市、县级龙头企业培育，壮大龙头企业队伍。截至 2021 年 7 月 19 日，全国县级以上龙头企业超过 9 万家，其中，京津冀区域 4700 多家。在 5.8 万家市级以上龙头企业中，26% 为一二三产业融合发展的企业。

二是发展农民合作社。截至 2021 年 2 月底，全国依法登记的农民合作社达到 225.1 万家，组建联合社 1.4 万家。在 158 个县开展全国农民合作社质量提升整县推进试点。会同财政部，持续通过农业生产发展资金支持 15.7 万家县级以上农民合作社示范社（联合社）改善生产条件，提升技术应用和生产经营能力。支持引导农民合作社发展适度规模经营，提升规模化、组织化、品牌化水平。

三是培育农业产业化联合体。各地积极组织龙头企业，联合农民合作社、家庭农场、广大小农户，组建农业产业化联合体，开展规模化生产、专业化加工、品牌化营销、全程化服务，构建分工协作、优势互补、联系紧密的利益共同体。截至 2021 年 7 月，全国已培育创建农业产业化联合体 7000 多个，其中，京津冀区域 900 多个。

3. 截至 2020 年底农业社会化服务组织总量达到 90 万个

我国的农业规模经营在现阶段呈现经营规模化和服务规模化齐头并进的态势。根据农业农村部的统计，截至 2020 年底，全国农业社会化服务组织总量达到 90 万个，生产托管服务面积超过 16 亿亩次，其中，服务粮食作物面积达 9 亿亩次。服务带动小农户超 7000 万户。2020 年，农业生产托管财政专项资金达到 45 亿元，在 29 个省份实施。生产托管的试点地区，粮食全程托管亩均增产 10% 至 20%，节约成本 150 元至 300 元。通过促进先进农业生产技术，包括绿色技术的使用，有效实现小农户与现代农业的有机衔接，农业生产托管服务取得成效。②

4. 截至 2021 年 12 月，共认定全国"一村一品"示范村镇 3673 个，主导产业产值超过 7000 亿元

2021 年 11 月 10 日农业农村部组织开展第十一批全国"一村一品"示范村镇认定和全国"一村一品"示范村镇监测工作。经各省（自治区、直辖市）农业农村部门遴选推荐、专家审核和网上公示，决定认定北京市顺义区龙湾屯镇山里辛庄村等 399 个村镇为第十一批全国"一村一品"示范村镇。届时，经农业农村部认定的全国"一村一品"示范村镇达到十一批次，共 3673 个。据统计，截至 2021 年 12 月，我国已认定 3673 个全国"一村一品"示范村镇主导产业产值超过 7000 亿元。其中，超 10 亿元的示范镇有 174 个，超 1 亿元的示范村有 249 个。这些示范村镇主导产业突出、发展特色鲜明、品牌效应明显，对促进产业兴旺发挥了重要作用。③

5. 截至 2021 年 11 月共认定全国乡村特色产业十亿元镇 265 个、亿元村 385 个

2021 年 11 月 10 日，农业农村部组织开展第十一批全国"一村一品"示范村镇认定和全国"一村一品"示范村镇监测工作，推介河北省唐山市乐亭县中堡镇等 174 个镇为 2021 年全国乡村特色产业十亿元镇、北京市房山区大石窝镇南河村等 249 个村为 2021 年全国乡村特色产业亿

① 关于政协第十三届全国委员会第四次会议第 0986 号（农业水利类 107 号）提案答复的函 ［EB/OL］. ［2021-07-19］. http://www.moa.gov.cn/govpublic/XZQYJ/202107/t20210719_6372183.htm.

② 2020 中国农业经济发展报告发布——推进农业农村现代化 ［EB/OL］. ［2021-03-30］. https://m.thepaper.cn/baijiahao_11964871.

③ 农业农村部关于公布第十一批全国"一村一品"示范村镇及 2021 年全国特色产业十亿元镇亿元村名单的通知 ［EB/OL］. ［2021-11-10］. http://www.moa.gov.cn/govpublic/XZQYJ/202111/t20211111_6381882.htm.

元村①。届时，农业农村部共认定全国乡村特色产业十亿元镇 265 个、亿元村 385 个。②

6. 截至 2021 年 7 月推介乡村特色产品 1730 个、能工巧匠 370 名

近年来，农业农村部会同有关部门，向社会发布全国乡村特色产品和能工巧匠目录，推介全国乡村特色产品 1730 个、能工巧匠 370 名，旨在挖掘农村各类非物质文化遗产资源，保护传统工艺，发展乡土特色产业，创响"土字号""乡字号"特色品牌精神。③

（1）乡村特色产品。遴选推介的乡村特色产品应具有浓厚的乡土气息、鲜明的地域特色、优良的产品品质和较大的开发潜力，主要包括特色种植、特色养殖、特色食品和特色手工产品等。其中，特色种植产品和特色养殖产品应获得地理标识、绿色食品或有机农产品认证，特色食品和特色手工产品应入选省级以上（含省级）非物质文化遗产名录。①特色种植产品。主要包括特色粮薯豆、油料、蔬菜、果品、食用菌、道地中药材、茶、咖啡、棉麻、林特花木等。②特色养殖产品。主要包括特色畜禽产品和特色水产品。其中，特色畜禽产品主要包括特色草食畜、猪、禽、蜂、蚕茧等，以及列入《国家畜禽遗传资源目录》的特种畜禽产品等。特色水产品主要包括青、草、鳙、鲢四大家鱼之外的特色水产品，不包括《国家重点保护水生野生动物名录》所列物种。③特色食品。经过特殊工艺加工，具有地域特点、文化内涵、独特风味的特色食品，包括乡土卤制品、酱制品、豆制品、腊味、民族特色奶制品等。④特色手工产品。采用传统特色手工技艺生产的，具有地域、民族、历史和文化特色的手工艺产品，包括手工编织、刺绣、剪纸、蜡染、陶艺、雕刻等。

（2）乡村能工巧匠。遴选推介的乡村能工巧匠应是省级以上（含省级）非物质文化遗产传承人，包括铁匠、铜匠、木匠、篾匠、陶艺师、剪纸工、年画工等。手工技艺精湛。能够在传承中创新、在创新中发展传统手工技艺，代表乡土工艺的较高水平。坚守工匠精神。能够长期坚守、潜心研究、追求卓越，发扬工匠精神，有积极的职业态度。弘扬乡土文化。在行业内有较大影响，积极推动手工技艺产业化，是带动乡土文化产业发展和农民增收致富的"领头雁"。

7. 2020 年农产品加工业、休闲旅游业营收分别达到 23.2 万亿元、6000 亿元

近年来，我国农业发展出现多类型融合业态，跨界配置农业和现代产业要素，促进产业深度交叉融合，形成"农业+"多业态发展态势。发展"农业+"林牧渔，催生鸭稻共生、蟹稻共生、渔稻共生等内部循环型农业，全国稻渔综合养殖空间已超过 3000 万亩。发展"农业+"加工流通，催生中央厨房、直供直销等外部延伸型农业。2020 年，农产品加工业营业收入 23.2 万亿元，规模以上农产品加工企业 7.3 万家。④农产品精深加工业方面，中央财政每年安排 1.3 亿元，支持 181 名岗位科学家围绕 50 种农产品开展农产品加工技术研究与推广应用。⑤乡村休闲旅游业方面，推进农业与休闲旅游、生态涵养、教育科普、文化传承、健康养生深度融合，出现创意农业、亲子体验、功能农业等业态，举办"春观花""夏纳凉""秋采摘""冬农趣"系列精品线路推介活动，累计推介精品旅游景点线路 1000 多条。⑥2020 年休闲旅游接待游客约 26

---

① 农业农村部关于公布第十一批全国"一村一品"示范村镇及 2021 年全国特色产业十亿元镇亿元村名单的通知［EB/OL］.［2021-11-10］. http://www.moa.gov.cn/govpublic/XZQYJ/202111/t20211111_6381882.htm.

② 2021 年以前共推介全国乡村特色产业十亿元镇 91 个、亿元村 136 个，加上 2021 年的十亿元镇 174 个、亿元村 249 个，合计有十亿元镇 265 个、亿元村 385 个。资料来源：对十三届全国人大四次会议第 2282 号建议的答复［EB/OL］.［2021-07-15］. http://www.moa.gov.cn/govpublic/XZQYJ/202107/t20210715_6371971.htm.

③ 关于政协第十三届全国委员会第四次会议第 0986 号（农业水利类 107 号）提案答复的函［EB/OL］.［2021-07-19］. http://www.moa.gov.cn/govpublic/XZQYJ/202107/t20210719_6372183.htm.

④ 对十三届全国人大四次会议第 3536 号建议的答复［EB/OL］.［2021-07-15］. http://www.moa.gov.cn/govpublic/XZQYJ/202107/t20210715_6371961.htm.

⑤⑥ 关于政协第十三届全国委员会第四次会议第 0986 号（农业水利类 107 号）提案答复的函［EB/OL］. 农业农村部［2021-07-19］. http://www.moa.gov.cn/govpublic/XZQYJ/202107/t20210719_ 6372183.htm.

亿人次，营业收入 6000 亿元。①

8.2021 年农村网络零售额同比增长 16.3%

2021 年以来，我国农村电商呈现加快发展新态势。商务部发布的商务大数据监测显示，前三季度全国农村网络零售额 14293.1 亿元，同比增长 16.3%；全国农产品网络零售额 3043.9 亿元，同比增长 1.5%。② 农村网络零售额的火爆增长有以下几方面的因素：

一是疫情冲击加速电商下沉。根据阿里研究院的数据，截至 2020 年 6 月底，全国共出现 5425 个淘宝村，1756 个淘宝镇，分布于 28 个省（自治区、直辖市）。电子商务平台整体上提振了农村的消费市场。③ 2021 年，中央一号文件中进一步提出全面促进农村消费，要发展线上线下相结合的服务网点，推动便利化、精细化、品质化发展。

二是农村网络基础设施建设逐步完善。截至 2021 年 6 月，农村地区互联网普及率为 59.2%，行政村通光纤和 4G 的比例均超过了 99%，越来越多的村民享受到数字化带来的便利和实惠。④

三是电商服务点增多。截至 2021 年 7 月，全国 832 个脱贫县已建设各类电商服务点超过 10 万个，农产品上行、工业品下行通道进一步畅通。人流、物流、资金流向脱贫地区延伸，促进一家一户小生产有效对接大市场，从"产什么，卖什么"向"市场需要什么，生产什么"转变，有力带动脱贫地区农业增效、农民增收。⑤

四是农村创业活力增强，电商专业人才增多。截至 2020 年底，全国农村网商（店）达 1520.5 万家，综合示范带动农村就地创业就业 3600 万人，累计带动 618.8 万脱贫群众增收。2021 年以来，各地农村创业创新支持力度不断加大，越来越多的返乡下乡人员运用互联网等现代化手段带动乡亲们增收。此外，2019 年以来，商务部推动全国电子商务公共服务平台建设应用，开展惠民惠企行动，统筹电商平台、专业培训机构等多类服务资源，面向涉农主体在内的广大中小企业和个人免费提供农村电商课程和相关服务，人才振兴助推电商发展。⑥

9.截至 2021 年累计举办示范培训班 1600 余期，培训 16 万余人

乡村振兴，关键在人。2021 年，中共中央办公厅、国务院办公厅印发《关于加快推进乡村人才振兴的意见》，把信息技术培训、人才培养作为乡村人才振兴的重要内容。近年来，农业农村部会同中央组织部大力开展农村实用人才带头人和大学生村官示范培训，重点遴选农村基层组织负责人、新型农业经营和服务主体带头人、乡村能工巧匠、返乡入乡"双创"人员、大学生村官等作为培训对象，提升各类人才的脱贫致富带动能力，为农村培养了一大批留得住、用得上、干得好的农村实用人才带头人。截至 2021 年，累计举办示范培训班 1600 余期，培训 16 万余人。其中，2018 年起举办农业农村实用人才带头人电子商务专题培训班，累计举办 14 期，培训学员 1500 人。农业农村部于 2015 年起在全国范围内启动农民手机应用技能培训，通过线上线下结合，采用农民喜闻乐见的方式，切实提高了广大农民运用手机查询信息、网络营销、获

---

① 对十三届全国人大四次会议第 3536 号建议的答复 [EB/OL]. [2021-07-15]. http：//www.moa.gov.cn/govpublic/XZQYJ/202107/t20210715_6371961.htm.

② 农村网络零售额同比增长 16.3% [EB/OL]. [2021-12-10]. http：//www.news.cn/tech/20211210/624e655d42d04eb088a68b2f9c5a6239/c.html.

③ 2020 年淘宝村、淘宝镇名单公布！河源老隆镇、阳明镇、仙塘镇上榜 [EB/OL]. [2020-09-03]. https：//www.thepaper.cn/newsDetail_forward_9037889.

④ 第 48 次《中国互联网络发展状况统计报告》发布：我国网民规模超十亿 [EB/OL]. [2021-08-27]. http：//news.cctv.com/2021/08/27/ARTIAQ8bIAmQ68Vs88OMHnRa210827.shtml.

⑤ 对十三届全国人大四次会议第 5029 号建议的答复 [EB/OL]. [2021-11-12]. http：//www.moa.gov.cn/govpublic/FZJHS/202111/t20211112_6382089.htm.

⑥ 对十三届全国人大四次会议第 2167 号建议的答复 [EB/OL]. [2021-07-13]. http：//www.moa.gov.cn/govpublic/XZQYJ/202107/t20210713_6371729.htm.

取服务、便捷生活的能力，截至 2021 年 9 月，累计培训受众超过 1 亿人次。①

10. "十三五"期间累计培育高素质农民 500 万人

近年来，农业农村部积极会同教育部等部门，大力发展面向农民的学历教育和继续教育，着力构建乡村"终身学习"体系。一是积极推进面向农民的学历教育。2019 年，农业农村部联合教育部启动百万高素质农民学历提升行动计划，面向农村"两委"班子成员、新型农业经营主体带头人、基层农技人员、返乡农民工等，依托高等职业院校采取弹性学制和灵活多元的人才培养模式，培养一批留得住、用得上、干得好、带得动的乡村振兴带头人，2019～2020 年，累计完成高职扩招录取高素质农民 6.6 万人。联合教育部推介百所乡村振兴人才培养优质校，引导职业院校等教育培训机构，聚焦乡村人才振兴需求，优化学科专业布局结构，创新人才培养模式，提升人才培养质量。二是大力开展高素质农民培育。近年来，农业农村部联合财政部实施高素质农民培育计划，重点对种养大户、家庭农场经营者、农民合作社带头人等新型农业经营主体负责人以及院校毕业生、返乡农民工、退役军人等返乡入乡群体开展全产业链培训，着力提升农民综合素质和就业创业能力。优化集中学习、线上学习、实习实训、案例观摩交流等培训方式，提高培训质量。建立高素质农民培育师资库，加大师资培训力度，不断提高教育培训能力。"十三五"期间，全国各级累计培育高素质农民 500 万人。②

11. 截至 2020 年底累计培训创业致富带头人 57.86 万人

近年来，农业农村部会同人力资源和社会保障部、国家乡村振兴局等部门大力开展乡村双创人才培训，为乡村振兴注入新鲜血液。2020 年，农业农村部联合人力资源和社会保障部等 8 部门印发《关于深入实施农村创新创业带头人培育行动的意见》，提出实施返乡入乡创业带头人培养计划，对具有发展潜力和带头示范作用的返乡入乡创业人员，依托普通高校、职业院校、优质培训机构、公共职业技能培训平台等开展创业培训。将农村创新创业带头人纳入创业培训重点对象，支持有意愿人员参加创业培训。符合条件的，按规定纳入职业培训补贴范围，所需资金从职业技能提升行动（2019～2021 年）专账资金列支。此外，农业农村部依托高素质农民培育计划，对返乡农民工、退役军人等群体开展创业培训，提升就业创业能力。2020 年，中央财政投入 23 亿元，培育高素质农民超过 65 万人，其中，培训返乡入乡创新创业者 5.3 万人。国家乡村振兴局（原国务院扶贫办）大力开展贫困村创业致富带头人培训，截至 2020 年底，全国共培训创业致富带头人 57.86 万人，覆盖全国 12.8 万个贫困村，带动 523.43 万贫困人口就业增收。③

（五）乡村环境进一步改善

"十三五"期间，农村基础设施建设和公共服务发生了翻天覆地的变化。乡村水、电、路、气、房、讯等基础设施建设全面升级，具备条件的建制村道路硬化率达 100%，而且全部通电、通光纤和 4G 网络，农民生活更加便利。农村人居环境得到巨大改善，2020 年全国农村卫生厕所普及率超过 68%，农村生活垃圾收运处置体系覆盖全国 90% 以上的行政村，95% 以上的村庄开展了清洁行动，农村环境有了明显改善。④

---

① 对十三届全国人大四次会议第 1245 号建议答复的摘要［EB/OL］.［2021-09-03］. http：//www. moa. gov. cn/govpublic/SCYJJXXS/202109/t20210903_6375575. htm.

②③ 关于政协第十三届全国委员会第四次会议第 2308 号（农业水利类 387 号）提案答复的函［EB/OL］.［2021-09-07］. http：//www. moa. gov. cn/govpublic/KJJYS/202109/t20210907_6375919. htm.

④ 这个五年，怎样把乡村建设得更美丽宜居［EB/OL］.［2022-03-26］. https：//news. gmw. cn/2022-03/26/content_35613958. htm.

1. 2021 年农村集中供水率达到了 88%，自来水普及率达到了 83%

"十三五"期间，累计安排农村饮水安全巩固提升中央补助资金 280 亿元，带动地方投入 1600 多亿元。截至 2019 年底，共建成农村供水工程 1060 多万处。到 2020 年 6 月，全国贫困人口饮水安全问题得到全面解决。① 2021 年，在"十三五"取得的成绩的基础上，我国农村饮水安全水平进一步提高，建成了比较完备的农村供水工程体系，共提升了 2.7 亿农村人口供水保障水平，其中解决了 1710 万建档立卡贫困人口饮水安全问题，1095 万人饮用高氟水和苦咸水的问题，农村集中供水率达到了 88%，自来水普及率达到了 83%，农村供水保障水平得到了显著提升。②

2. 截至 2021 年 10 月农村公路总里程增至 438 万千米

交通运输部统计数据显示，党的十八大以来，我国新改建农村公路 235.7 万千米，农村公路总里程达到了 438 万千米，占全国公路总里程的 84.3%③。全国农村公路累计投入车购税资金 7021 亿元，解决了 1040 个乡镇、10.5 万个建制村通硬化路难题，新增 5 万余个建制村通客车，实现了具备条件的乡镇和建制村全部通硬化路、通客车的目标，农民群众"出行难"的问题得到历史性解决。④

农村公路飞速发展离不开政策扶持。党的十八大以来，我国大幅提高贫困地区交通建设中央投资补助标准，安排支持贫困地区公路建设的车购税资金超过 1.47 万亿元，约占同期全国公路建设车购税资金的 61%，带动全社会投资超过 6 万亿元。国家高速公路、普通国道补助标准分别由"十二五"时期平均占项目总投资的 15%、30%，提高到"十三五"时期的 30%、50% 左右。乡镇、建制村通硬化路平均补助标准均提高到工程造价的 70% 以上。⑤

除此之外，数据显示，2016 年至 2020 年，国家支持贫困地区改造建设了国家高速公路 1.7 万千米、普通国道 5.3 万千米，新改建内河航道 3100 余千米。93.1% 的贫困县实现了二级及以上公路覆盖，许多贫困县通了高速公路，不少地方还通了铁路、建了机场，干支衔接的高等级内河航道网络不断完善。⑥

3. 截至 2020 年 3 月，农村地区互联网普及率达 46.2%

随着信息基础设施建设的持续深入，农村地区宽带用户接入速率和普及水平明显提升。农业农村部统计数据显示，截至 2019 年底，全国行政村通光纤和通 4G 比例均超过 98%，贫困村通宽带比例达到 99%，实现了全球领先的农村网络覆盖。农村每百户拥有计算机和移动电话分别达到 29.2 台和 246.1 部。农业遥感、导航和通信卫星应用体系初步确立，适合农业观测的高分辨率遥感卫星"高分六号"成功发射。截至 2020 年 3 月，我国农村网民规模为 2.55 亿，农村地区互联网普及率达 46.2%。当前，我国 5G 技术正加快发展和商用推广，正在成为产业互联网提速发展的"高速公路"。⑦

---

① "十三五"时期推进美丽宜居乡村建设情况如何？［EB/OL］.［2021-08-18］. https://m.thepaper.cn/baijiahao_14105296.

② 水利部：由农村饮水安全转变成农村供水保障［EB/OL］.［2021-09-09］. http://www.farmer.com.cn/2021/09/09/99877902.html.

③ "四好农村路"带来好生活［EB/OL］.［2021-10-13］. http://paper.ce.cn/jjrb/html/2021-10/13/content_451245.htm.

④ 2021 年全国推动"四好农村路"高质量发展现场会在兰考召开［EB/OL］.［2021-10-23］. http://m.news.cn/ha/2021-10/23/c_1127987976.htm.

⑤⑥ 交通，为脱贫攻坚夯实基础［EB/OL］.［2021-10-08］. https://difang.gmw.cn/qh/2021-10/08/content_35215743.htm.

⑦ 农业现代化辉煌五年系列宣传之十二：为现代农业插上数字化翅膀［EB/OL］.［2021-05-24］. http://www.ghs.moa.gov.cn/ghgl/202105/t20210524_6368217.htm.

4. 截至 2020 年底全国农村卫生厕所普及率超 68%

2021 年 4 月 7 日，农业农村部召开全国农村厕所革命问题摸排整改工作视频会，会议指出，2018 年《农村人居环境整治三年行动方案》实施以来，农村厕所革命取得积极进展。截至 2020 年底，全国农村卫生厕所普及率达 68% 以上，每年提高约 5 个百分点，累计改造农村户厕 4000 多万户。①

5. 截至 2020 年底全国开展了清洁行动的村庄达到 95% 以上

2021 年 2 月 18 日，中央农村工作领导小组办公室、农业农村部印发《关于通报表扬 2020 年全国村庄清洁行动先进县的通知》，对北京市延庆区等全国 106 个措施有力、成效突出、群众满意的村庄清洁行动先进县（区）予以通报表扬。

该通知显示，自 2018 年 12 月中央农村工作领导小组办公室、农业农村部等 18 个部门联合印发《农村人居环境整治村庄清洁行动方案》以来，重点是发动农民群众开展"三清一改"（清理农村生活垃圾、清理村内塘沟、清理畜禽养殖粪污等农业生产废弃物，改变影响农村人居环境的不良习惯），着力解决村庄环境脏乱差问题。截至 2020 年，各地采取有效措施，迅速组织推进，动员近 4 亿人次，全国 95% 以上的村庄开展了清洁行动，绝大多数村庄实现干净整洁有序，圆满完成《农村人居环境整治三年行动方案》目标任务。全国农村脏乱差的局面得到了扭转，村庄基本实现了干净、整洁、有序。②

6. 截至 2020 年底农村生活垃圾收运处置体系行政村占比超过 90%③

2020 年 12 月 20 日，农业农村部发布的数据显示，《农村人居环境整治三年行动方案》目标任务基本完成，农村生产生活垃圾和生活污水得到有效治理，人居环境基本实现干净整洁有序。最新统计数据显示，2020 年全国农村生活垃圾收运处置体系已覆盖全国 90% 以上的行政村，较 2017 年提高 16 个百分点。

例如，安徽歙县 2020 年通过农村生活垃圾处理 PPP 项目运营，建立起覆盖全县 182 个行政村的全域收转运体系。通过政府购买服务，当地建立了前端清扫保洁、中端垃圾收集和末端垃圾转运的村庄保洁机制。在清运过程中，垃圾运输设备全程密闭，真正实现"垃圾不落地"。河南兰考因地制宜，通过建设高标准村镇废弃物处置中心，将秸秆、稻草、树枝等在本村镇就地进行粉碎打包，为末端企业提供原材料。经过分类处置，兰考每天减少垃圾焚烧 200 多吨，财政每年少支出焚烧费用 600 多万元。

（六）乡村文化进一步繁荣

2021 年 6 月 10 日，文化和旅游部印发的《"十四五"公共文化服务体系建设规划》提出以文化繁荣助力乡村振兴。全面落实乡村振兴战略，按照有标准、有网络、有内容、有人才的要求，健全乡村公共文化服务体系。充分发挥县乡村公共文化设施、资源、组织体系等方面的优势，强化文明实践功能，推动与新时代文明实践中心融合发展。深入开展乡镇综合文化站专项治理，完善效能建设长效机制。提升基层综合性文化服务中心功能。因地制宜建设文化礼堂、文化广场、乡村戏台、非遗传习场所等主题功能空间。保护利用乡村传统文化，盘活乡村文化资源，重塑乡村文化生态。加强"中国民间文化艺术之乡"建设管理，开展"艺术乡村"建设

---

① 全国农村卫生厕所普及率达 68% 以上　累计改造农村户厕 4000 多万户［EB/OL］．［2021-04-23］. https：//news. cctv. com/2021/04/23/ARTIQjOuQJtAlee5lMTQAuIg210423. shtml.

② 中央农办、农业农村部通报表扬 106 个全国村庄清洁行动先进县［EB/OL］．［2021-02-20］. http：//finance. people. com. cn/n1/2021/0220/c1004-32032784. html.

③ 全国农村生活垃圾收运处置体系已覆盖全国 90% 以上行政村［EB/OL］．［2020-12-20］. http：//news. cctv. com/2020/12/20/ARTIEz1jqAhluqP1ZqLOrWo0201220. shtml.

试点，使艺术融入乡土，提升乡村文化建设品质。鼓励开展乡村节日民俗活动，举办"村晚"等群众广泛参与的文化活动。紧密结合美丽乡村建设，培育乡村网红，开展民族民俗文化旅游示范区建设试点，规划打造一批兼具教育性、艺术性、体验性的乡村旅游线路，推进乡村文化和旅游融合发展。

从目前的实际情况来看，我国的教育脱贫、文化脱贫取得良好效果，全国脱贫家庭辍学学生持续保持动态清零；面向西部地区和贫困地区的特岗计划规模达到 10 万人；高校专项计划累计招生 82 万人；各地的非遗扶贫就业工坊达到 2000 所以上，直接带动约 50 万人就业，20 多万贫困户脱贫①；建成村综合文化服务中心 54.9 万个，制修订村规民约的行政村比例达到 98%。②

1. 近十年农村教育财政投入平均保持在 12% 以上

农村教育财政投入逐年增加，近十年平均增长率保持在 12% 以上。2018 年，中央财政教育转移支付高达 3076 亿元，其中，80% 用于中西部农村和贫困地区；农村普通小学生生均公共财政预算教育事业费达到 1.01 万元，较 2015 年增加 1525.9 元；农村普通初中生生均公共财政预算教育事业费达到 1.39 万元，较 2015 年增加 2563.35 元。截至 2020 年，农村义务教育学校专任教师本科以上学历占比达 65.7%。截至 2019 年，农村地区幼儿园数量达到 98688 所，小学数量达到 88631 所，初中数量达到 14477 所；全国九年义务教育巩固率 94.80%，较 2015 年提高 1.8 个百分点。③

2. 2021 年全国脱贫家庭辍学学生持续保持动态清零④

2018 年，我国小学学龄儿童净入学率达 99.95%，九年义务教育巩固率 94.2%，相关指标已经达到世界上高收入国家平均水平，控辍保学剩下的都是"硬骨头"。

为确保控辍保学工作有力度、见实效，教育部与 13 个省份签订了《打赢教育脱贫攻坚战合作备忘录》，将控辍保学作为重要任务写入备忘录，同时，教育部印发《关于打赢脱贫攻坚战进一步做好农村义务教育有关工作的通知》《关于禁止妨碍义务教育实施的若干规定》，教育部、原国务院扶贫开发领导小组办公室联合印发《关于解决建档立卡贫困家庭适龄子女义务教育有保障突出问题的工作方案》，落实政府控辍保学法定职责，指导全国 2811 个县（占比 95%）"一县一案"制定了控辍保学工作方案。健全中小学生学籍信息管理系统和国家人口基础信息库比对核查机制，建立统一的控辍保学工作台账和在线管理平台，并确立了控辍保学工作台账月报制度，实行动态更新、销号管理，提高精准控辍水平。突出重点抓控辍，确定全国 374 个县（区）作为控辍保学国家重点监测县，将残疾儿童、留守儿童、直过民族地区适龄儿童等作为重中之重，优先帮扶。提升质量抓控辍，全面加强乡村小规模学校和乡镇寄宿制学校建设，健全学习困难学生帮扶制度，避免学生因为学习困难或厌学而辍学。组织开展劝返复学专项行动，辍学学生数量大幅减少。

从教育部新闻发布会上获悉，为守住义务教育有保障特别是控辍保学"底线"，教育部组织开展开学季专项行动，建立"一生一表"工作档案，督促各地持续做好劝返复学工作。2021 年，全国脱贫家庭辍学学生持续保持动态清零。

---

① 全国已设立超 2000 所非遗扶贫就业工坊，带动了 20 多万贫困户脱贫 [EB/OL]. [2020-06-02]. https://www.ihchina.cn/news_details/20894.html.

② 首个乡村振兴战略规划实施报告发布，98% 的村制修订村规民约 [EB/OL]. [2020-06-23]. https://www.thepaper.cn/newsDetail_forward_7968508.

③ 加快补上农村发展短板 持续推进美丽宜居乡村建设 [EB/OL]. [2021-09-09]. https://m.thepaper.cn/baijiahao_14438204.

④ "专项整治漠视侵害群众利益问题"系列之七"娃娃上学的事终于妥当了" [EB/OL]. [2019-11-20]. http://www.gxjjw.gov.cn/staticpages/20191120/gxjjw5dd4eb25-144621.shtml.

3. 2019 年特岗计划规模达到 10 万人

"十三五"期间，为发挥教师队伍在实现"义务教育有保障""发展教育脱贫一批"中的积极作用，推动"三区三州"等深度贫困地区教师队伍建设取得显著成效，中西部 22 个省份 725 个集中连片特困地区县全部实施了乡村教师生活补助政策，受益教师达到 127.21 万人。2019 年特岗计划规模达到 10 万人，银龄讲学计划实施范围扩大至 14 个省份和新疆生产建设兵团，招募 3120 名退休教师到农村开展教育支援；国培计划覆盖至所有深度贫困县，全国中小学教师信息技术应用能力提升工程创新培训平台单位对口"三区三州"地区开展教师信息教育教学培训，为贫困地区打造一大批本土化高素质基础教育师资；实施援藏援疆万名教师支教计划，2018～2019 年首批向西藏新疆选派 4031 名支教教师。2019 年，印发《关于进一步加强援疆教师补充工作的通知》，启动实施第二批万名教师支教计划；边远贫困地区、边疆民族地区和革命老区人才支持计划教师专项计划选派 2 万多名教师到贫困县支教，累计选派达 15 万名。①

4. 截至 2021 年底高校专项计划累计招生 82 万人

近年来，教育部联合农业农村部继续面向农村和脱贫地区实施高校专项计划，累计招生 82 万人。每年招收西藏、新疆学生 2 万余人，其中，招收农牧民子女不少于 70%，建档立卡贫困家庭子女不少于 30%。实施民族预科及贫困地区民族专项招生计划，每年安排"三区三州"所在省份招生计划近 3.4 万人。每年定向招收培养西藏、新疆基层青年干部攻读公共管理硕士 300 余人。②

开展中西部农村订单定向免费本科医学生招生培养工作，累计培养 6.3 万余人。推进卓越农林人才教育培养计划 2.0，支持建设 196 个涉农国家级一流本科专业建设点，加快培养急需紧缺涉农专业人才。继续开展"红色筑梦之旅"，对接农户 105 万户、企业 2.1 万余家，签署合作协议 3 万余项。③

5. 截至 2020 年 6 月设立了非遗扶贫就业工坊 2000 所以上，带动约 50 万人就业④

我国拥有数量众多、种类丰富的非遗项目，其中 73% 以上保存在传统乡村。湘西苗绣、海伦剪纸、奉节木雕、坝漆制作技艺、佤族织锦、汉中藤编技艺等缘于历史的馈赠，我国乡村地区蕴藏着丰厚的非遗资源。但是，这些"宝藏"的价值并未得到充分发掘。虽然大众对于传统文化 IP 的认可度不断提高，以"国潮"、文旅为突破口，非遗经济在城市大放异彩，但是在农村，尤其是偏远山村，由于发展理念落后、交通不够便利、文化氛围不足等原因，一些独具特色的非遗项目仍"藏在深闺人未识"，甚至趋于没落。

不过，在国家乡村振兴局、文化和旅游部的支持下，贫困乡村的非遗项目焕发生机。2021 年以来，"十四五"非遗保护工作路径逐渐明晰，传统村落非遗保护融入乡村振兴战略。国家加大脱贫地区非遗保护的专业支持，鼓励建设非遗就业工坊带动就业增收。同时，与美丽乡村建设相结合，支持利用非遗发展乡村旅游等业态。截至 2020 年 6 月，全国设立的非遗扶贫就业工坊已经超过 2000 所，带动非遗项目也超过了 2200 个，培训了将近 18 万人，带动将近 50 万人就业，带动了 20 多万贫困户脱贫。⑤

6. 截至 2019 年建成村综合文化服务中心 54.9 万个，制修订村规民约行政村比例达到 98%

2020 年 6 月 10 日，农业农村部、国家发展和改革委员会等单位编写发布的《乡村振兴战略

①②　参见《脱贫攻坚网络展——教育扶贫》，网址 http://fpzg.cpad.gov.cn/429463/430986/430999/index.html。

③　推进卓越农林人才教育培养计划 2.0　加快培养急需紧缺涉农专业人才 [EB/OL]．[2021-12-30]．https://news.cctv.com/2021/12/30/ARTIRKOLijrA3H2Rz2cP04g4211230.shtml.

④　乡村非遗"富矿"待深挖 [EB/OL]．[2021-08-20]．http://finance.jrj.com.cn/2021/08/20162433287429.shtml.

⑤　文旅部：全国已设立超 2000 所非遗扶贫就业工坊 [EB/OL]．[2021-06-01]．https://baijiahao.baidu.com/s? id=1668286084689698123&wfr=spider&for=pc.

规划实施报告（2018—2019 年）》显示，当前乡村文化繁荣发展，98%的村制修订村规民约，农村婚丧礼俗改革持续深化，建成 54.9 万个村综合文化服务中心，优秀乡村文化保护传承力度明显加强，中国农民丰收节成为弘扬农耕文化的金字招牌。

7. 截至 2019 年底全国艺术表演团体赴农村演出约 171.27 万场

"十三五"期间，农村公共文化服务取得显著成绩。截至 2019 年底，全国艺术表演团体共演出 296.80 万场，其中，赴农村演出 171.27 万场，较 2015 年增加 32.19 万场；国内观众 12.30 亿人次，其中，农村观众 7.68 亿人次，较 2015 年增加 1.83 亿人次。推进戏曲进乡村，全年为国家级贫困县的 12984 个乡镇配送 8 万场戏曲演出。①

（七）乡村治理水平进一步提高

根据 2019 年中共中央办公厅、国务院办公厅印发的《关于加强和改进乡村治理的指导意见》，我国乡村治理的指导思想是：以习近平新时代中国特色社会主义为指导，全面贯彻党的十九大和十九届二中、三中全会精神，紧紧围绕统筹推进"五位一体"总体布局和协调推进"四个全面"战略布局，按照实施乡村振兴战略的总体要求，坚持和加强党对乡村治理的集中统一领导，坚持把夯实基层基础作为固本之策，坚持把治理体系和治理能力建设作为主攻方向，坚持把保障和改善农村民生、促进农村和谐稳定作为根本目的，建立健全党委领导、政府负责、社会协同、公众参与、法治保障、科技支撑的现代乡村社会治理体制，以自治增活力、以法治强保障、以德治扬正气，健全党组织领导的自治、法治、德治相结合的乡村治理体系，构建共建共治共享的社会治理格局，走中国特色社会主义乡村善治之路，建设充满活力、和谐有序的乡村社会，不断增强广大农民的获得感、幸福感、安全感。

总体目标是：到 2020 年，现代乡村治理的制度框架和政策体系基本形成，农村基层党组织更好发挥战斗堡垒作用，以党组织为领导的农村基层组织建设明显加强，村民自治实践进一步深化，村级议事协商制度进一步健全，乡村治理体系进一步完善。到 2035 年，乡村公共服务、公共管理、公共安全保障水平显著提高，党组织领导的自治、法治、德治相结合的乡村治理体系更加完善，乡村社会治理有效、充满活力、和谐有序，乡村治理体系和治理能力基本实现现代化。

目前，我国乡村振兴治理取得一定效果，各地呈现百花齐放的状态。为了让良好的乡村治理经验得到广泛交流，相关主体发挥引领带动作用，中央农村工作领导小组办公室、农业农村部、中共中央宣传部、民政部、司法部联合发布了"全国乡村治理示范乡（镇）""全国乡村治理示范村"名单，司法部、民政部联合发布了"全国民主法治示范村（社区）"名单，对我国乡村治理工作有极大的促进作用。

1. 截至 2021 年底共认定"全国乡村治理示范乡（镇）"199 个、"全国乡村治理示范村"1992 个

根据 2019 年 12 月 24 日中央农村工作领导小组办公室、农业农村部、中共中央宣传部、民政部、司法部发布的《关于公布全国乡村治理示范村镇名单的通知》，在各地创建并推荐上报基础上，经复核和公示，中央农村工作领导小组办公室、农业农村部、中共中央宣传部、民政部、司法部共同研究认定北京市平谷区刘家店镇等 99 个乡（镇）为全国乡村治理示范乡镇，北京市海淀区温泉镇白家疃村等 998 个村为全国乡村治理示范村。

根据 2021 年 10 月 29 日中央农村工作领导小组办公室、农业农村部、中共中央宣传部、民

---

① "十三五"时期推进美丽宜居乡村建设情况报告［EB/OL］．［2021-08-20］．https：//www.bijie.gov.cn/bm/bjsfpkfb/dt_5127474/tzgg_5127476/202108/t20210820_69677761.html.

政部、司法部、国家乡村振兴局发布的《关于公布第二批全国乡村治理示范村镇名单的通知》，在各地创建并推荐上报基础上，经复核和公示，认定北京市门头沟区清水镇等100个乡（镇）为第二批全国乡村治理示范乡镇，北京市朝阳区黑庄户乡小鲁店村等994个村（嘎查）为第二批全国乡村治理示范村。

届时，中央农村工作领导小组办公室、农业农村部、中共中央宣传部、民政部、司法部、国家乡村振兴局共认定两批全国乡村治理示范乡镇（村），全国乡村治理示范乡镇共计199个，全国乡村治理示范村共计1992个。总体而言，2019年开展第一批全国乡村治理示范村镇创建以来，示范村镇在各地成为乡村治理工作中大家学习的身边榜样，为推动全国面上的乡村治理工作发挥了很好的引领带动作用。

2. 截至2021年底共认定全国民主法治示范村（社区）八批，共4380个

为加强党的全面领导，推进法治乡村建设，教育引导农村干部群众办事依法、遇事找法、解决问题用法、化解矛盾靠法，为全面依法治国奠定坚实基础，为全面实施乡村振兴战略提供良好法治环境，司法部、民政部共认定八批"全国民主法治示范村（社区）"，合计4380个。

"全国民主法治示范村（社区）"评选是我国"全国法治乡村建设"的重要内容，"全国法治乡村建设"将以"民主法治示范村建设"为载体，推动法治精神进村入户到人。从2019年开始，"全国法治乡村建设"在"民主法治示范村"中又注入了新的内涵，其中包括：要有一个好支部、一套完善的村规民约、一张清晰明了的小微权力清单、一个起作用的法律顾问、一个管用的村民说事平台等内容。

同时，"全国法治乡村建设"将提高乡村公共法律服务资源普惠和精准配置，大力推进村居法律顾问制度，提升群众法律服务获得感；着力健全农村多元化矛盾纠纷解决机制，实现矛盾纠纷就地解决；加强"数字法治·智慧司法"建设，提高法治乡村建设的智能化水平。

3. 截至2020年底在乡镇所执业的基层法律服务工作者达到2.8万多人①

机构队伍。截至2020年底，全国共有基层法律服务机构1.4万多家，其中，乡镇所8700多家，占59.5%；街道所5900多家，占40.5%。全国基层法律服务工作者6.3万人，其中，在乡镇所执业的基层法律服务工作者2.8万多人，占44.4%；在街道所执业的基层法律服务工作者3.5万多人，占55.6%。

基层法律服务业务。2020年，全国基层法律服务工作者共办理诉讼案件67.3万多件；办理非诉讼法律事务12.7万多件；为7.2万多家党政机关、人民团体、企事业单位担任法律顾问；参与仲裁5.4万多件。

2020年，基层法律服务工作者共提供各类公益法律服务45.6万多件，其中，办理法律援助案件15.3万多件，参与人民调解24.9万多件，参与接待和处理信访案件5.4万多件。基层法律服务工作者为15万多个村（居）担任法律顾问，为弱势群体提供免费法律服务46万多件。

（八）农民生活更加富裕

"十三五"期间，农民收入大幅增长，1949年我国农民人均纯收入仅为43.8元，2020年达到17131元。居民消费水平明显提升，农村居民人均消费支出从1949年的116元增加到2020年的13713元，年均增长6.96%。农村居民恩格尔系数从1954年的68.6%降到2020年的32.7%。农村义务教育全面普及，城乡基本养老、居民基本医疗保险全覆盖，人均预期寿命由1949年的

---

① 2020年度律师、基层法律服务工作统计分析［EB/OL］．［2021-06-11］．http：//www.moj.gov.cn/pub/sfbgw/zwxxgk/fdzdgknr/fdzdgknrtjxx/202106/t20210611_427394.html.

35 岁提高到 2020 年的 77 岁。① 此外，2020 年农村低保水平达到每人每年 5842 元，2019 年我国乡镇卫生院达到 3.6 万个，农村居民的生活保障、医疗保障水平明显提高。

1. 2020 年农村居民人均可支配收入达到 17131 元，同比增长 6.9%

国家统计局公布的数据显示，2020 年，我国农村居民人均可支配收入 17131 元，比上年增长 6.9%，扣除价格因素，实际增长 3.8%。农村居民人均可支配收入中位数 15204 元，增长 5.7%。

2021 年前三季度农村居民人均可支配收入达到 13726 元，扣除价格因素实际增长 11.2%，高于城镇居民收入增速 2.5 个百分点。农村外出务工总量和收入水平实现双增长，外出劳动力总量达到 1.83 亿人，同比增长 2%，月均收入达到 4454 元，同比增长 10.4%。同时，脱贫地区特色产业稳步发展，脱贫劳动力稳岗就业形势较好，推动脱贫人口外出务工 3103 万人，脱贫人口收入增速继续高于全国农村平均水平。②

2. 2021 年第一季度农村居民人均消费支出增长 21.1%，大幅反弹③

在我国统筹疫情防控和经济社会发展取得重大成果、居民收入增长持续稳定恢复的基础上，居民消费支出同比大幅反弹。2021 年第一季度，全国居民人均消费支出 5978 元，比上年同期名义增长 17.6%，扣除价格因素，实际增长 17.6%，比 2019 年第一季度增长 8.0%，两年平均增长 3.9%，扣除价格因素，两年平均实际增长 1.4%。但从增长趋势看，第一季度居民消费已经扭转上年同期以来连续四个季度下降的局面，呈现恢复性增长态势。

分城乡看，城镇居民人均消费支出 7495 元，增长 15.7%，扣除价格因素，实际增长 15.8%；农村居民人均消费支出 4039 元，增长 21.1%，扣除价格因素，实际增长 21.1%。农村居民消费增长快于城镇居民，名义增速和实际增速分别高于城镇居民 5.4 个和 5.3 个百分点。

3. 2020 年农村低保平均标准为每人每年 5842 元④

2020 年 11 月 23 日，民政部副部长在国务院新闻办公室新闻发布会上透露，全国农村低保的平均标准为每人每年 5842 元，全国月人均补差为 289 元。

社会救助兜底保障是脱贫攻坚的重要内容，也是最后一道防线。民政部坚持做到"不落一户、不落一人"，完善低保等社会救助制度，把所有符合条件的贫困人口全部纳入兜底保障范围。据统计，全国共有 2004 万建档立卡贫困人口纳入了低保或者特困人员救助供养范围，其中，老年人、未成年人、重病患者、重度残疾人占 67%。

民政部督促指导农村低保标准低的地方稳步提高标准，实现与扶贫标准有效衔接。现在，全国市县一级的农村低保标准全部已经达到或者超过扶贫标准，而且是动态的超过。此外，强化因人因户精准施策，根据致困原因分类解决不同群体遇到的困难。对于获得低保以后生活仍然困难的老年人、未成年人、重度残疾人和重病患者，还可以适当增发低保金。对于因刚性支出较大而致贫的家庭，在核算家庭收入的时候，可以适当扣减因病、因残所增加的刚性支出。对于贫困人口就业、参加扶贫项目的工作成本，在核算家庭收入的时候也要适当扣减。另外，对于已经纳入低保范围的建档立卡贫困人口，家庭人均收入超过低保标准以后，

---

① 党领导新中国"三农"工作的历史经验与启示 ［EB/OL］. ［2021-10-14］. http：//www.moa.gov.cn/xw/zwdt/202110/t20211014_6379436.htm.

② 农业农村部：前三季度农村居民人均可支配收入达 13726 元 实际增长 11.2% ［EB/OL］. ［2021-10-20］. https：//finance.ifeng.com/c/8AUUEbyhAgK.

③ 方晓丹：居民收入增长持续稳定恢复　居民消费支出恢复性反弹 ［EB/OL］. ［2021-04-16］. https：//finance.ifeng.com/c/85UOpHPgoQo.

④ 民政部：目前全国农村低保平均标准为每人每年 5842 元 ［EB/OL］. ［2020-11-23］. https：//m.gmw.cn/2020-11/23/content_1301829605.htm.

正常情况应该退出低保，但可以给予一段时间的"渐退期"，如再延长半年享受低保，等他稳定脱贫以后再退出。对于贫困群众遭遇的突发性、临时性生活困难，强化临时救助措施，开展小额先行救助。

4.2019 年乡镇卫生院达到 3.6 万个

农村基层医疗卫生设施明显改善，农民健康水平不断提高。截至 2019 年底，全国 3.02 万个乡镇共设 3.6 万个乡镇卫生院，床位 137.0 万张，卫生人员 144.6 万人（其中，卫生技术人员 123.2 万人）；每千农村人口乡镇卫生院床位达 1.48 张，较 2015 年增加 0.1 张；每千农村人口乡镇卫生院人员达 1.56 人，较 2015 年增加 0.09 人。全国 53.3 万个行政村共设 61.6 万个村卫生室，村卫生室人员达 144.6 万人，平均每村卫生室人员 2.35 人，较 2015 年增加 0.09 人。①

三、中国乡村振兴综合指数评价

《中华人民共和国乡村振兴促进法》第六十八条规定："国家实行乡村振兴战略实施目标责任制和考核评价制度。上级人民政府应当对下级人民政府实施乡村振兴战略的目标完成情况等进行考核，考核结果作为地方人民政府及其负责人综合考核评价的重要内容。"第六十九条规定："国务院和省、自治区、直辖市人民政府有关部门建立客观反映乡村振兴进展的指标和统计体系。县级以上地方人民政府应当对本行政区域内乡村振兴战略实施情况进行评估。"

鉴于乡村振兴实践效果的影响因素众多，应该建立多元化、立体化的评价体系，评价方法也应客观、科学。在查阅众多的文献和资料后，本年鉴采用综合指数法来作为乡村振兴实践效果的评价方法。综合指数法是利用一种规则将数据无量纲化，区别各个指标的相对重要性，并采用某种方法赋予一定的权重，然后加权计算得到综合指数的方法。综合指数法通过建立多层级的指标体系、科学合理的计算方法，能客观反映待评价对象的真实情况。

具体步骤是：首先选取合适的评价指标，确定评价指标体系，然后收集所有评价指标的原始数据（统计值），再根据科学合理的方法确定这些评价指标的权重，最后用加权平均的方法计算最终的指数值，并以此为判断依据进行排名。

（一）综合指数指标体系的构建

1. 文献综述

目前，国内学术界关于构建乡村振兴评价指标体系的研究已初具规模，我们分别从研究的空间和时间尺度、评价指标、评价方法等方面对主要文献进行梳理②。从研究的空间和时间尺度来看，空间尺度涵盖了全国、省域、市域、县域、乡镇和村庄六级，时间尺度多为某一年份或某一时间节点，也有针对一个地区多年的评价分析。闫周府等利用构建的评价指标体系计算了 2016 年全国及 30 个省份的乡村振兴指数③。陈秧分等④、贾晋等⑤在研究中均评价了 2015 年我

① 加快补上农村发展短板 持续推进美丽宜居乡村建设 [EB/OL]. [2021-08-17]. http://www.ghs.moa.gov.cn/ghgl/202108/t20210817_6374183.htm.

② 毛锦凰. 乡村振兴评价指标体系构建方法的改进及其实证研究 [J]. 兰州大学学报（社会科学版），2021，49（3）：47-58.

③ 闫周府，吴方卫. 从二元分割走向融合发展——乡村振兴评价指标体系研究 [J]. 经济学家，2019（6）：90-103.

④ 陈秧分，黄修杰，王丽娟. 多功能理论视角下的中国乡村振兴与评估 [J]. 中国农业资源与区划，2018（6）：201-209.

⑤ 贾晋，李雪峰，申云. 乡村振兴战略的指标体系构建与实证分析 [J]. 财经科学，2018（11）：70-82.

国 30 个省份的乡村振兴水平。毛锦凰等在研究中测算了我国 31 个省份 2016 年的乡村振兴水平[1]。陈培彬等以福建省 9 个地市为研究对象，将 2014~2018 年的数据均值作为数据样本，计算了 9 个地市乡村振兴战略实施成效的综合得分[2]。陈俊梁等则将研究的地市范围扩展至一个区域，对 2017 年长三角地区的苏、浙、皖三省 40 个地市的乡村振兴水平进行了实证评价和分析比较[3]。陈炎伟等将研究视角放在县域层面上，对 2017 年福建省 46 个县域的乡村振兴发展绩效进行了综合评价[4]。易小燕等通过构建县域层面的乡村振兴评价指标体系分析了广东德庆县 2009~2017 年的发展水平[5]。沈剑波等通过建立乡村振兴水平评价模型，对山东省肥城市安庄镇等 5 个乡镇调研当期的乡村振兴水平进行了评价[6]。张挺等[7]、郑兴明[8]将研究尺度缩小至村庄，前者基于 11 个省份的 35 个乡村的实地调研数据进行了实证评价分析，后者基于福建省 3 个县市的 6 个村庄的调研数据验证了评价指标体系的可行性及可信度。

综合来看，学者们在一级指标子系统的选择上达成广泛共识，即将产业兴旺、生态宜居、乡风文明、治理有效、生活富裕作为一级指标，而二级指标的选择则相对多样，评价内容包含了《乡村振兴战略规划（2018—2022 年）》中涉及的主要方面（见表 1-3）。

表 1-3　《乡村振兴战略规划（2018—2022 年）》的主要指标

分类	序号	主要指标	单位	2016 年基期值	2020 年目标值	2022 年目标值	2022 年比 2016 年增加［累计提高百分点］	属性
产业兴旺	1	粮食综合生产能力	亿吨	>6	>6	>6	—	约束性
	2	农业科技进步贡献率	%	56.7	60	61.5	［4.8］	预期性
	3	农业劳动生产率	万元/人	3.1	4.7	5.5	2.4	预期性
	4	农产品加工产值与农业总产值比	—	2.2	2.4	2.5	0.3	预期性
	5	休闲农业和乡村旅游接待人次	亿人次	21	28	32	11	预期性
生态宜居	6	畜禽粪污综合利用率	%	60	75	78	［18］	约束性
	7	村庄绿化覆盖率	%	20	30	32	［12］	预期性
	8	对生活垃圾进行处理的村占比	%	65	90	>90	［>25］	预期性
	9	农村卫生厕所普及率	%	80.3	85	>85	［>4.7］	预期性

① 毛锦凰，王林涛．乡村振兴评价指标体系的构建——基于省域层面的实证 [J]．统计与决策，2020，36（19）：181-184.

② 陈培彬，谢源，王海平，等．福建省乡村振兴实施成效分析及其优化路径——基于 2015—2019 年 9 地市面板数据 [J]．世界农业，2020（1）：98-107.

③ 陈俊梁，林影，史欢欢．长三角地区乡村振兴发展水平综合评价研究 [J]．华东经济管理，2020，34（3）：16-22.

④ 陈炎伟，王强，黄和亮．福建省县域层面的乡村振兴发展绩效分析研究 [J]．福建论坛（人文社会科学版），2019（9）：182-190.

⑤ 易小燕，陈印军，向雁，等．县域乡村振兴指标体系构建及其评价——以广东德庆县为例 [J]．中国农业资源与区划，2020，41（8）：187-195.

⑥ 沈剑波，王应宽，朱明，等．乡村振兴水平评价指标体系构建及实证 [J]．农业工程学报，2020，36（3）：236-243.

⑦ 张挺，李闽榕，徐艳梅．乡村振兴评价指标体系构建与实证研究 [J]．管理世界，2018，34（8）：99-105.

⑧ 郑兴明．基于分类推进的乡村振兴潜力评价指标体系研究——来自福建省 3 县市 6 个村庄的调查数据 [J]．社会科学，2019（6）：36-47.

分类	序号	主要指标	单位	2016年基期值	2020年目标值	2022年目标值	2022年比2016年增加［累计提高百分点］	属性
乡风文明	10	村综合性文化服务中心覆盖率	%	—	95	98	—	预期性
	11	县级及以上文明村和乡镇占比	%	21.2	50	>50	［>28.8］	预期性
	12	农村义务教育学校本科以上学历专任教师的比例	%	55.9	65	68	［12.1］	预期性
	13	农村居民教育文化娱乐支出占比	%	10.6	12.6	13.6	［3］	预期性
治理有效	14	村庄规划管理覆盖率	%	—	80	90	—	预期性
	15	建有综合服务站的村占比	%	14.3	50	53	［38.7］	预期性
	16	村党组织书记兼任村委会主任的村占比	%	30	35	50	［20］	预期性
	17	有村规民约的村占比	%	98	100	100	［2］	预期性
	18	集体经济强村比重	%	5.3	8	9	［3.7］	预期性
生活富裕	19	农村居民恩格尔系数	%	32.2	30.2	29.2	［-3］	预期性
	20	城乡居民收入比	%	—	2.72	2.67	-0.05	预期性
	21	农村自来水普及率	%	79	83	85	［6］	预期性
	22	具备条件的建制村通硬化路的比例	%	96.7	100	100	［3.3］	约束性

注：①本指标体系和《乡村振兴战略规划（2018—2022年）》中非特定称谓的"村"均指村民委员会和涉农居民委员会所辖地域。②后续专栏中定量指标未说明年份的均为2022年目标值。

从评价方法来看，赋权方法的现有研究运用了包括主观赋权法、客观赋权法和综合赋权法在内的所有主流赋权方法。主观赋权法主要依据专家的知识经验对各指标的重要程度进行比较，直接分配权重或构造出判断矩阵来计算权重，是评价指标对于评价目标相对重要程度的量化体现，主要包括德尔菲法、层次分析法、环比评分法等。客观赋权法是基于一定的数学理论，在对指标实际数据进行定量分析的基础上确定指标权重的方法，可以保证权重的绝对客观性，主要包括熵权法、主成分分析法、因子分析法、变异系数法等。综合赋权法是基于主观赋权法、客观赋权法各自的优势，将两者所得的权重进行综合集成，或根据一种权重对另一种权重进行部分修正的方法。指标得分计算方法主要涉及加权求和法和TOPSIS法，TOPSIS法也称理想解法，以各评测对象与理想解的接近程度为计算评测对象指标得分的依据，是一种多目标决策或评价的方法。

在前面提及的文献中，郑兴明在研究中运用层次分析法与德尔菲法相结合的方法确定各项指标的相对权重，采用加权求和法建立乡村振兴潜力评价综合指数的求值模型。陈炎伟等根据层次分析法的要求，结合10/10-18/2标度法构造判断矩阵，然后计算出具体权重，最后基于加权求和法计算指标得分。陈秋分等、贾晋等在省份截面数据的基础上，运用熵权法对选取的评价指标进行赋权，前者通过加权求和法计算指标得分，后者在指标得分计算中采用了TOPSIS法。陈培彬等、陈俊梁等基于地市统计资料，选择采用因子分析法计算因子及综合得分。闫周府等基于省域数据，运用几何平均方法将通过主成分分析法和德尔菲法计算的指标权重进行综合集成，从而形成最终的权重序列，最后采用加权求和法得到全国及各省份乡村振兴指数。张挺等、毛锦凰等采用层次分析法与熵权法相结合的综合赋权法进行指标赋权，前者是计算两种权重的算术平均值，后者是根据加法集成法用两种权重的线性组合来表示综合权重；前者运用加权求和法计算指标得分，后者运用 TOPSIS 法计算指标得分。

通过对以上主流研究文献的回顾和梳理可以发现，学术界对于构建省域和市域乡村振兴评价指标体系的研究相对较多，涉及县域及以下行政区的研究相对较少；评价指标的选取各有侧重，综合起来反映了相关战略规划涉及的主要方面，但部分指标数据的可得性较差；评价指标权重的确定逐渐从主观或客观赋权方法的单一应用向两者的综合应用转变，但综合的方法存在较大差异。省域和市域的研究虽然有利于从宏观上把握乡村振兴战略的实施成效，但对内部乡村发展差异较大地区的政策参考价值十分有限。从乡镇和村域层面构建的评价指标体系虽然在很大程度上考虑了区域乡镇和村庄之间的异质性，对政策制定具有极高的参考价值，但获取数据的时间及人力成本较大，大规模运用的可操作性不强。相较于省级和地市级等较高级别的行政区，县级行政区具有数量多、发展环境多元、政府部门统计业务相对有限、信息公开量小等特征，这些特征也对评价研究中评价指标的遴选和赋权方法的应用提出了更高的要求。

2. 指标体系构建的原则

本年鉴在选用乡村振兴评价指标时，参考了以上提及的文献成果，并梳理了各指标间的内在逻辑，结合现有的资料和数据，决定在指标选取时遵从以下原则：①对接国家法律法规、相关政策的原则。在国家出台的乡村振兴相关法律或文件中，主要提及的指标有"全面建成小康社会统计监测指标体系"、《乡村振兴战略规划（2018—2022 年）》中的"乡村振兴战略规划主要指标"等。我们要从这些指标入手对接国家法律和政策。②均衡与重点并存原则。乡村振兴就是开展促进乡村产业振兴、人才振兴、文化振兴、生态振兴、组织振兴，推进城乡融合发展等活动，所以产业兴旺、生态宜居、乡风文明、治理有效、生活富裕五个方面的指标都要涉及，要全面均衡。但是，这五方面指标下面的子指标如何设计，需要重点选取，如产业兴旺方面的指标可以从农业生产水平、三产融合水平、农业科技应用水平、农业收入水平等方面来体现，有针对性地选取相应的指标。③权威性原则。所有指标对应的所有数据必须是能公开获取的，是权威部门发布、有统一规范的统计尺度的数据，否则影响数据的真实性和可信度。④数据可得性原则。部分指标虽然有很好的解释力，但是数据难获得或者获取成本很高，这类数据暂时不予考虑。在客观公正、具有权威性的数据来源中，我们挑选可得性较强的数据指标。

基于以上原则，结合目前中国乡村振兴统计数据的可得性情况，本年鉴决定从宏观和微观两种视角来分别制定乡村振兴综合指数评价指标体系。宏观方面是指从省际或市际层面进行乡村振兴综合指数评价，通过收集各省或各市数据来进行省际比较或市际比较。微观方面是指从县际、镇（乡）际或村际层面进行乡村振兴综合指数评价，通过收集各县、各镇（乡）或各村数据来进行县际比较、镇（乡）际比较或村际比较。宏观方法和微观方法各有优劣：①省际或市际乡村振兴综合指数评价的优点是数据可得性强且数据可长期跟踪，可持续性较强，而且数据不易受人为主观性影响，比较客观公正，其比较结果能客观反映省际或市际乡村振兴的实践效果，对于各级的乡村振兴政策执行情况有很好的宏观指导和监督作用；缺点是其对乡村振兴实践的具体解释力有限，过于宏观，不能探究其内在原因，需要结合微观方面的综合指数来进行评价。②县际、镇（乡）际或村际乡村振兴综合指数评价的优点是能下沉到乡村振兴实践的一线，得到乡村振兴实践的第一手资料，能更精准地反映各级地方政府的乡村振兴实践情况，对于政策的研判和改进具有很强的指导作用；缺点是其指标体系中的很多数据不易得到，无法从官方的统计数据资料中获取，必须通过问卷调查、现场走访、历史资料查证等方式获取，数据获取成本较高，因此，范围小、样本量不大等问题突出，并且很难长期持续。另外，在此类评价指标中还有部分主观性评价指标，这些指标随意性较大，对指标的制定者和调查者有较高的要求。

3. 省际或市际乡村振兴综合指数评价指标体系

省际或市际乡村振兴综合指数评价可以用于比较各省之间、各市之间的乡村振兴实践效果，具有宏观层面的指导作用。

为了评价乡村振兴的实践效果，我们选取了产业兴旺、生态宜居、乡风文明、治理有效和生活富裕5个子系统。①在产业兴旺方面，一共选取了6个评价指标，我们用第一产业全员劳动生产率衡量生产效率水平，用第一产业法人单位平均产值衡量产业规模，用农村居民可支配收入中的经营性收入占比代表创业活力，用乡村就业人员在第一产业中的占比衡量就业吸引力，这些方面比较全面地反映了现代化农业发展对高效率、规模化、高吸引力的要求。此外，为了衡量粮食生产水平和机械化水平，我们还选取了粮食作物单位面积产量、单位耕地面积机械总动力两个指标，此部分数据主要来源于《中国统计年鉴》和《中国农村统计年鉴》。②在生态宜居方面，我们从生活环境宜居和生态环境宜居两方面选取了集中供水的行政村占比、村庄燃气普及率、村庄人均硬化道路面积、污水处理率、生活垃圾无害化处理率、绿化覆盖率6个评价指标。其中，村庄燃气普及率、村庄人均硬化道路面积是村级数据，污水处理率、绿化覆盖率、生活垃圾无害化处理率是建制镇级数据。③在乡风文明方面，我们从教育水平、文化设施投入水平、文化设施覆盖水平、信息化水平、居民的文化消费水平五个方面选取了乡镇小学专任教师师生比、农村地区每十万人乡镇文化站拥有量、农村地区广播电视实际用户数占家庭总户数的比重、农村家庭互联网宽带接入率、农村居民人均教育文化娱乐支出占生活消费支出的比重5个评价指标。④在治理有效方面，我们从乡村治理整体水平和法治与文明水平两方面衡量，选取了"全国乡村治理示范乡镇、村"相对占比、"全国民主与法治示范村"相对占比2个评价指标。我们梳理了两批"全国乡村治理示范乡镇、村"以及八批"全国民主与法治示范村"在各省份的分布情况，并利用相对占比的概念剔除了行政单位数在全国的占比这一影响因素，衡量了各省份的乡村治理、民主与法治的实际水平。因为乡村治理是一个系统性过程，国家级评选有统一的标准和评选流程，此数据比较有公信力和权威性。⑤在生活富裕方面，我们从收入水平、支出水平、支出结构和富裕程度、生活保障水平、医疗保障水平、富裕程度方面，选取了农村居民人均可支配收入、农村居民人均生活消费支出、农村居民恩格尔系数、农村地区人均最低生活保障支出、农村地区每千人乡镇卫生院床位数、农村居民每百户家用汽车拥有量6个评价指标。

以上数据主要来源于《中国统计年鉴》、《中国农村统计年鉴》、《中国城乡建设统计年鉴》以及民政部和农业农村部网站等。省际或市际乡村振兴综合指数评价指标体系如表1-4所示。

表1-4 省际或市际乡村振兴综合指数评价指标体系

目标	子系统	评价指标	代码	单位	指标解释	指标意义	属性
乡村振兴综合指数	产业兴旺（A）（6项）	第一产业全员劳动生产率	A1	万元/人	第一产业产值/第一产业就业人员数	代表生产效率	+
		第一产业法人单位平均产值	A2	百万元	第一产业产值/第一产业法人单位数	代表产业规模	+
		农村居民可支配收入中的经营性收入占比	A3	%		代表创业活力	+
		乡村就业人员在第一产业中的占比	A4	%	第一产业乡村就业人数/乡村就业总人数	代表就业吸引力	+

目标	子系统	评价指标	代码	单位	指标解释	指标意义	属性
乡村振兴综合指数	产业兴旺（A）（6项）	粮食作物单位面积产量	A5	吨/公顷	粮食作物总产量/粮食作物播种面积	代表粮食生产水平	+
		单位耕地面积机械总动力	A6	千瓦时/公顷	农业机械总动力/耕地面积	代表机械化水平	+
	生态宜居（B）（6项）	集中供水的行政村占比	B1	%		代表生活设施适宜性	+
		村庄燃气普及率	B2	%		代表生活设施适宜性	+
		村庄人均硬化道路面积	B3	平方米	村庄硬化道路面积/村庄常住人口数	代表基础设施完善程度	+
		污水处理率①	B4	%		代表污染治理水平	+
		生活垃圾无害化处理率②	B5	%		代表绿色清洁水平	+
		绿化覆盖率③	B6	%		代表生态宜居性	+
	乡风文明（C）（5项）	乡镇小学④专任教师师生比	C1		乡村专任小学教师数/在校学生数	代表教育水平	+
		农村地区每十万人乡镇文化站拥有量	C2	个	乡镇文化站数/农村人口	代表文化设施投入水平	+
		农村地区广播电视实际用户数占家庭总户数的比重	C3	%		代表文化设施覆盖水平	+
		农村家庭互联网宽带接入率	C4	%	农村地区互联网宽带接入户数/（村总户数+镇总户数）	代表信息化水平	+
		农村居民人均教育文化娱乐支出占生活消费支出的比重	C5	%	人均教育文化娱乐消费支出/人均总消费支出	代表居民的文化消费水平	+
	治理有效（D）（2项）	"全国乡村治理示范乡镇、村"⑤相对占比	D1		各地"全国乡村治理示范乡（镇）、村"占全国的比例/（乡数+镇数）占全国的比例	代表乡村治理整体水平	+
		"全国民主与法治示范村"⑥相对占比	D2		各地区"全国民主与法治示范村（街道）"占全国的比例/乡镇级行政单位数占全国的比例	代表文明与法治水平	+

---

① 此处为建制镇污水处理率。
② 此处为建制镇生活垃圾无害化处理率。
③ 此处为建制镇绿化覆盖率。
④ 包括村小学和镇小学。
⑤ 此名单由中共中央农村工作领导小组办公室、农业农村部、中共中央宣传部、民政部、司法部五部门联合发布，共两批，此处为两批合计数。
⑥ 此名单由司法部、民政部联合发布，共八批，此处为八批合计数。

续表

目标	子系统	评价指标	代码	单位	指标解释	指标意义	属性
乡村振兴综合指数	生活富裕（E）（6项）	农村居民人均可支配收入	E1	元		代表收入水平	+
		农村居民人均生活消费支出	E2	元		代表支出水平	+
		农村居民恩格尔系数①	E3		人均食品烟酒消费支出/人均消费支出	代表支出结构和富裕程度	-
		农村地区人均最低生活保障支出	E4	万元	农村最低生活保障支出/农村人口	代表生活保障水平	+
		农村地区每千人乡镇卫生院床位数②	E5	张	乡镇医院床位数/该地区农村人口数	代表医疗保障水平	+
		农村居民每百户家用汽车拥有量	E6	辆		代表富裕程度	+

4. 县际、乡（镇）际、村际乡村振兴综合指数评价指标体系

县际、乡（镇）际、村际乡村振兴综合指数评价可以用于比较市级以下行政单位的乡村振兴实践效果。相比于宏观性指标，微观性指标不仅能用于整体评价，还能从内在的逻辑中分析出原因，便于找出问题，调整方向。

在指标的选取方法上，一方面可以结合现有学者关于乡村振兴微观层面的评价研究进行指标选取；另一方面可以根据《乡村振兴战略规划（2018—2022年）》、国家"十四五"发展规划等国家政策文件中涉及的相关指标，从长期性、动态发展的角度来选取。

值得注意的是，基于微观层面的乡村振兴综合指数评价，可以考虑通过调查问卷、现场调查、历史数据调取等方式获取数据，数据获取渠道相对更加多元化，但因为数据主观性较强，可信度一般，权威性比较低，所以一定要根据具体需要构建更加多层次、多元化的指标体系。我们可以参考如表1-5所示的指标体系③，并根据评价、调查或研究的目的，有针对性地选取评价指标。

表1-5　乡村振兴综合指数评价指标体系（县级及以下行政单位）

乡村振兴综合指数	产业兴旺	生产水平	①农林牧渔业总产值综合指数；②农业劳动生产率；③人均农产品占有量；④农产品单位面积产量；⑤畜牧业产值占农业总产值比重；⑥农产品加工业产值与农业总产值之比；⑦高标准农田占比；⑧农作物耕种收综合机械化率；⑨土地适度规模经营比重；⑩农田灌溉用水有效利用系数
		产业融合	①非农产值占总产值比重；②非农产业收入占农民收入比重；③农产品的商品转化率；④休闲农业和乡村旅游年接待人次；⑤开展旅游接待的乡村占比；⑥农村网络零售额增长率

---

① 恩格尔系数在59%以上的为贫困，50%～59%的为温饱，40%～50%的为小康，30%～40%的为富裕，低于30%的为较富裕。

② 乡镇卫生院床位数数据来源于《中国统计年鉴》，但北京市、上海市无数据。根据《北京统计年鉴》可知，北京市从2010年开始，原卫生院数据并入社区卫生服务中心（站）等其他卫生机构，所以，此处北京市、上海市的乡镇卫生院数据，我们用社区卫生服务中心的数据代替。

③ 毛锦凰. 乡村振兴评价指标体系构建方法的改进及其实证研究［J］. 兰州大学学报（社会科学版），2021，49（3）：47-58.

乡村振兴综合指数	产业兴旺	人才吸引	①农村中农业从业人员比重；②乡村劳动力供给强度；③农户参加农村专业合作经济组织比重；④农民合作社辐射带动农户比例；⑤农业社会化服务对农户覆盖率；⑥经营性收入占农村居民可支配收入比重
		科技水平	①农业科技进步贡献率；②农业研发经费投入占比；③每万人口农业科技人员数
		产品质量	①农产品安全抽检合格率；②"三品一标"农产品认证率
		品牌管理	①农产品区域公用品牌价值；②省级以上农产品企业品牌数量
		对外开放	①人均农产品出口额；②农产品出口率
	生态宜居	绿色生态	①环境空气质量优良率；②村庄绿化覆盖率；③森林覆盖率；④人均绿地面积；⑤PM2.5浓度；⑥乡村河流水质
		生活设施	①农村自来水普及率；②农村燃气普及率；③安全饮用水普及率；④人均硬化道路面积；⑤农村居民年人均生活用电量
		生产污染	①化肥施用强度；②农药施用强度；③禽畜粪污综合利用率；④农作物秸秆综合利用率
		生活污染	①生活垃圾集中处理乡村占比；②生活污水集中处理乡村占比；③卫生厕所普及率；④旱厕改造率
	乡风文明	基础设施	①有图书馆、文化站的乡镇占比；②每万人乡镇文化站拥有量；③乡镇综合文化中心覆盖率；④农村地区广播电视实际用户数占家庭总户数的比重；⑤通宽带村庄数量占比；⑥农村家庭互联网宽带接入率
		文化娱乐	①发展业余文化组织的乡村占比；②农村居民平均每人观看艺术团体下乡表演的次数；③人均教育文化娱乐消费支出占比
		教育培训	①农村居民平均受教育程度；②学龄儿童净入学率；③农村居民高中及以上学历占比；④文盲人口占15岁及以上人口的比重；⑤小学专任教师师生比；⑥初中专业教师师生比；⑦高中专任教师师生比；⑧高素质农民培训力度；⑨法治宣传教育活动的开展次数
		社会风气	①县级及以上文明村和乡镇占比；②"星级文明户（文明家庭）"所占比例；③离婚率；④农民纠纷发生率；⑤"黄赌毒"发生率；⑥万人刑事案件立案数；⑦每万人口平均信访量；⑧有敬老院村占行政村比重
		文化传承	①发展地方优秀特色文化的农村财政投入比例；②地方优秀特色文化的市场转化率
	治理有效	组织发展	①村党组织书记兼任村委会主任的村占比；②村委会成员获专科及以上文凭的比例；③村民委员会中党员比例；④人民调解委员会数量；⑤村民监督委员会覆盖率
		治理水平	①已编制村庄规划的行政村占比；②集体经济强村占比；③全国民主法治示范村占行政村比例；④农村居民治安满意度；⑤农民专业合作社密度；⑥农村基尼系数；⑦村务公开满意度
		参与程度	①村民选举投票率；②有村规民约的乡村占比；③村民监督委员会覆盖率；④农民对村务公开的满意度；⑤村民参与一事一议制度的比重；⑥党员大会等自治制度普及率
	生活富裕	收入与消费	①农村居民人均可支配收入；②人均可支配收入实际增长率；③城乡居民收入比；④工资性收入占比；⑤财产性收入占比；⑥人均生活消费支出；⑦人均消费支出实际增长率；⑧农村居民消费价格总综合指数；⑨农村居民恩格尔系数
		生活质量	①平均每百户拥有家用汽车数量；②平均每百户拥有的移动电话数量；③人均住房面积
		生活保障	①农村基本养老保险参保率；②农村居民医疗保险参保率；③农村地区人均最低生活保障支出；④农村居民最低生活保障标准与农村居民人均衣食住行消费支出比；⑤农村养老机构服务水平密度；⑥具备条件的建制村通公共交通比例；⑦每千人口卫生技术人员数；⑧每千人乡镇卫生院床位数；⑨农民医疗服务满意度

（二）基于省际数据的我国乡村振兴综合指数评价

鉴于县级及以下乡村振兴综合指数评价指标体系的数据可得性较差，数据获取成本太高，时间精力有限，本年鉴采用省级乡村振兴综合指数评价指标体系对我国 31 个省份的乡村振兴综合指数进行评价，收集的原始数据均为 2020 年的各省份数据[①]。

1. 数据来源

在数据来源方面，为了合理有效，我们查阅了公开的数据资料，并且全部来源于权威部门。根据表 1-4 的省际乡村振兴综合指数评价指标体系，查阅《中国统计年鉴》、《中国城乡建设统计年鉴》、《中国农村统计年鉴》和民政部网站等，获得所有评价指标的原始数据。值得注意的是，部分原始数据的统计方法有特别说明，可以参考表 1-4。

2. 确定熵权

本年鉴在选取确定权重的方法时，为遵从权威性原则，采用熵权法确定各评价指标的权重。熵权法是一种客观赋权法，根据熵的特性，评价指标的信息熵越小，则该指标提供的信息量越大，在综合评价中的作用机理越大，所占权重越高，此方法减少了主观人为因素的干扰，能全方位地反映指标信息。具体步骤如下：

第一步，由于原始评价指标的计量单位不统一，因此，先利用极差法对各项指标进行标准化处理。由于正向指标和负向指标所代表的含义不同，故采取不同的算法对数据进行标准化处理。

$$\text{正向指标：} Y_{ij} = \frac{X_{ij} - \min(X_{ij})}{\max(X_{ij}) - \min(X_{ij})}$$

$$\text{负向指标：} Y_{ij} = \frac{\max(X_{ij}) - X_{ij}}{\max(X_{ij}) - \min(X_{ij})}$$

其中，i 代表地区，j 代表评价指标；X_{ij} 为第 i 个地区第 j 项指标的初始值，Y_{ij} 为标准化后的数值。

第二步，计算各评价指标 Y_i 的信息熵 E_j。

$$E_j = \ln \frac{1}{n} \sum_{i=1}^{n} \left[\frac{Y_{ij}}{\sum_{i=1}^{n} Y_{ij}} \ln \left(\frac{Y_{ij}}{\sum_{i=1}^{n} Y_{ij}} \right) \right]$$

其中，n 为地区 i 的数量。

第三步，计算各评价指标的熵权 W_j。

$$W_j = \frac{1 - E_j}{\sum_{j=1}^{m} (1 - E_j)}$$

其中，m 为评价指标 j 的数量；$1-E_j$ 为差异系数。

值得注意的是，此处的熵权有评价指标相对于目标层的熵权，也有评价指标相对于各子系统的熵权，我们分别进行计算（见表 1-6）。

值得注意的是，由于熵具有可加性，我们将评价指标相对于目标层的熵权进行加总，可以得到各子系统的熵权，分别为 0.1945、0.2110、0.2346、0.1377、0.2221，权重比较均衡，表明评价有效。

---

① 限于本年鉴篇幅有限，原始数据在此处未列出，若读者有需要，可联系本年鉴编辑部，邮箱为 jjgl2013@ 163. com。

表1-6 评价指标相对于目标层、子系统的熵权

目标层	子系统	评价指标	相对于子系统熵权	相对于目标层熵权	子系统熵权
乡村振兴综合指数	A	A1	0.1890	0.0368	0.1945
		A2	0.2383	0.0463	
		A3	0.0932	0.0181	
		A4	0.1184	0.0230	
		A5	0.1226	0.0238	
		A6	0.2386	0.0464	
	B	B1	0.0574	0.0121	0.2110
		B2	0.3312	0.0699	
		B3	0.2085	0.0440	
		B4	0.1673	0.0353	
		B5	0.1609	0.0340	
		B6	0.0746	0.0158	
	C	C1	0.3906	0.0779	0.2346
		C2	0.2511	0.0646	
		C3	0.2010	0.0517	
		C4	0.0746	0.0192	
		C5	0.0826	0.0212	
	D	D1	0.3615	0.0498	0.1377
		D2	0.6385	0.0879	
	E	E1	0.1985	0.0441	0.2221
		E2	0.1619	0.0360	
		E3	0.0671	0.0149	
		E4	0.3065	0.0681	
		E5	0.1429	0.0317	
		E6	0.1230	0.0273	

3. 计算指数

计算乡村振兴综合指数和各子系统指数，公式为：

$$U_i = \sum_{j=1}^{n} W_j Y_{ij}$$

（三）我国乡村振兴综合指数评价结果及分析

1. 各省份评价结果及分析

根据计算结果[1]，我们对各个省份的指数进行结果分析。

其中，北京、上海、江苏、浙江、天津进入前五名，乡村振兴综合指数均超过0.5，表现优异。综合来看，乡村振兴综合指数较高的省份基本集中在东部地区，经济比较发达，乡村能享受到城乡融合发展、产业融合发展过程中基础设施、生活保障、人才、科技、财政等各方面的

---

[1] 限于本年鉴篇幅有限，各省份乡村振兴综合指数和子系统指数在此处未列出，若读者有需要，可联系本年鉴编辑部，邮箱为jjgl2013@163.com。

红利，有很强的区位优势。而乡村振兴综合指数较低的省份基本集中在西部地区，城市发展的辐射范围较大，城乡联动发展受限，乡村振兴难度系数较大，未来有很大的提升空间。

另外，此次选择的乡村振兴综合指数评价指标体系大部分都是相对值，如人均值、单位面积值、师生比等，北京、上海、天津等地区的农村人口、耕地面积、农村地区在校学生人数数值都比较小，所以相对值偏大，导致统计结果对这些地区相对有利。

从子系统来看，产业兴旺、生态宜居、乡风文明、治理有效、生活富裕的子系统指数分析结果如下。

在产业兴旺方面，江苏、海南、广东、湖南、福建、山东、浙江、新疆、黑龙江、湖北排名前十，产业兴旺指数均在 0.47 以上，第一产业发展较好。

从产业发展较好的省份来看，一方面，这些省份在某方面的表现遥遥领先，如浙江的第一产业生产效率最高，广东的第一产业规模最大，黑龙江的创业活力最强，新疆的粮食生产水平排名第二，湖南的机械水平排名第一等；另一方面，这些省份在生产效率、产业规模、创业活力、就业吸引力、粮食生产水平、机械化水平方面均衡发展，如江苏、海南在六个方面的表现都名列前茅，所以总体排名靠前。反之，非均衡化发展会导致产业发展水平受限，如吉林省的创业活力第一，但是其生产效率和产业规模较小，所以总体排名靠后。因此，产业兴旺的内在核心是发展和均衡并重，需要建立现代化农业产业体系，实现产业体系、生产体系、经营体系现代化齐头并进，此外，还需要进一步推进"三产"融合，进而提高产值规模、创业活力等。

从产业发展不足的省份来看，一方面是由于非农产业优势突出，农业发展受到资源、人力、财政投入等方面的局限，不具备发展基础。比如，第一产业创业活力和就业吸引力的指标，对于非农产业十分发达的省份而言，农业对创业者和就业人员的吸引力很弱，因此，这些指标的数值很小。另一方面是由于农业发展基础薄弱，如部分西部地区省份，农业发展先天不足，未来需要政府在产业发展政策方面重点倾斜。

在生态宜居方面，江苏、上海、福建、山东、天津排名前五，生态宜居指数均在 0.64 以上，表明这些省份在生活设施、绿色生态和污染治理方面有良好表现；部分西部地区省份排名靠后，需要国家在基础设施经费投入、生态治理经费投入等方面有所倾斜。

在乡风文明方面，吉林、北京、黑龙江、辽宁、西藏排名前五，乡风文明指数均超过 0.39，表明这些省份的教育水平、文化设施投入和覆盖水平、信息化水平和文化消费水平比较高。

从乡风文明程度较高的省份来看，由于我们选取的指标中涉及人均量、师生比等相对指标，人口基数较小的省份，往往数据偏高，如吉林、黑龙江、辽宁在乡镇小学专任教师师生比方面遥遥领先，这可能跟当地出生率低、人口流失量大、在校学生人数不多有关。西藏的每十万人乡镇文化站拥有量远远高于其他省份，达到 29.3，而最低的山东仅有 3.2，前者是后者的 9 倍，这与西藏人口偏少有关。

从乡风文明程度较低的省份来看，情况可能正好相反，如部分人口大省，与人均值相关的指标数据都偏低，导致整体水平被拉低。因此，这些省份未来的乡村振兴工作的重点应该是继续增加文化设施、人才等方面的投入力度，继续提升文化产品的普及率，激活文化消费水平。

在治理有效方面，上海、天津、北京、海南、江苏排名前五，治理有效指数均超过 0.48。数据来源于由中央农村工作领导小组办公室、农业农村部、中共中央宣传部、民政部、司法部五部门联合发布的"全国乡村治理示范乡镇、村"名单，以及由司法部、民政部联合发布的"全国民主与法治示范村"名单，来源公开透明，具有公信力。为了剔除行政单位数对该指标的影响，我们用相对占比来衡量，指标评价更为科学合理。总体来看，我国各省份乡村治理水平差距较大，而且与其他四个子系统相比指数偏小，因此，未来我国乡村振兴工作的重点就是提高乡村治理水平。第一，增加政策的引导作用，需要各地出台更加细化的乡村治理方面的政策文件，提高检查监督力度。第二，培养更多的基层组织人才，引导更多的专业人才投身乡村，对现有的基层管理人员进行专业化培训，提高乡（镇）和村级行政单位人员在党政、法治、人治等方面的认知能力、管理水平。第三，要注意激活村民的主动参与性，乡村治理的重点是人治，要提高村民参与各项事务的积极性，培养新型农民，注重发挥乡贤等典型人物在村民中的影响力。

在生活富裕方面，北京、上海、浙江、天津、江苏排名前五，生活富裕指数均超过 0.49，表明农村居民的收入、消费水平较高，消费结构较为合理，生活保障水平也较高。总体来看，生活富裕指数跟经济发展水平密切相关，经济较发达地区受地区整体发展的影响，农村居民人均收入消费水平、生活保障水平相应较高；经济落后地区由于城市发展尚且不足，农村经济较难被带动。

2. 四大区域评价结果及分析

按照国家统计局的地区划分标准，将北京、天津、河北、上海、江苏、浙江、福建、山东、广东和海南 10 个省份划分为东部地区，将山西、安徽、江西、河南、湖北和湖南 6 个省份划分为中部地区，将内蒙古、广西、重庆、四川、贵州、云南、西藏、陕西、甘肃、青海、宁夏、新疆 12 个省份划分为西部地区，将辽宁、吉林和黑龙江 3 个省份划分为东北地区。按照此分类标准，将各省份的乡村振兴综合指数和各子系统指数进行算术平均，得到四大区域的乡村振兴综合指数和各子系统指数的均值，以进一步分析四大区域的乡村振兴综合指数和各子系统指数情况（见表 1-7）。

表 1-7　四大区域的乡村振兴综合指数及各子系统指数

四大区域	乡村振兴综合指数平均值	四大区域	产业兴旺指数平均值	四大区域	生态宜居指数平均值
东部地区	0.4723	东部地区	0.4902	东部地区	0.6224
东北地区	0.3216	东北地区	0.4365	中部地区	0.3408
中部地区	0.2926	中部地区	0.4097	西部地区	0.3164
西部地区	0.2651	西部地区	0.3502	东北地区	0.2624
四大区域	乡风文明指数平均值	四大区域	治理有效指数平均值	四大区域	生活富裕指数平均值
东北地区	0.4761	东部地区	0.4811	东部地区	0.4882
西部地区	0.2911	中部地区	0.1754	中部地区	0.2956
东部地区	0.2856	东北地区	0.1434	西部地区	0.2460
中部地区	0.2504	西部地区	0.1277	东北地区	0.2324

从表 1-7 可以看出，乡村振兴综合指数均值最高的是东部地区，然后是东北地区，最低的是西部地区。东部地区和西部地区的均值差异明显，比值约为 1.78。东北地区远远落后于东部地区，略优于中部地区，表明东北地区的乡村振兴近些年来有很大的改善，但是仍有很大的进步空间。中部地区和西部地区是今后乡村振兴的重点关注区域，有关的乡村振兴政策应该有所倾斜。

产业兴旺指数均值最高的是东部地区，其次为东北地区，然后是中部地区，西部地区最低。东部地区指数均值与西部地区指数均值的比值约为 1.40，差异比较明显，表明西部地区的第一产业发展严重不足。为了提高乡村振兴的实践效果，西部地区需要狠抓产业振兴，出台配套的产业振兴政策，加快第二、第三产业向第一产业融合。值得注意的是，东北地区的第一产业发展良好，优势明显，需要继续保持优势。

生态宜居指数均值最高的是东部地区，其次是中部地区，东北地区最低。值得注意的是，东部地区生态宜居指数均值远远高于其他地区，差不多是中部地区的 2 倍，表明东部地区乡村的整体生活环境和生态环境良好。东北地区生态宜居指数均值最低，可能与其内部各省份同质化发展有关，各省份乡村生态宜居水平差异不大并且水平普遍不高。未来，东北地区乡村振兴的重点是推进绿色生态发展，增加生活设施建设投入，进一步提高污染治理水平。

乡风文明指数均值最高的是东北地区，其次是西部地区，中部地区最低。东北地区乡村文明指数均值远高于其他地区，是西部地区的 1.64 倍，这可能与东北地区近年来人口流失比较严重、人均指标整体偏高有关，不过这也真实反映了东北地区乡村的教育水平、文化设施投入水平、信息化水平和居民文化消费水平整体较高。中部地区乡村文明指数均值最低，表明今后中部地区乡村振兴工作的重点是提高乡风文明水平。中部地区的很多省份人口众多，需要根据人口增加教育、文化投入，并在政策上向教育、文化等领域倾斜，从人才、财政、金融等各方面为教育、文化产业的发展提供支撑。

治理有效指数均值最高的是东部地区，其次是中部地区，西部地区最低。值得注意的是，东部地区治理有效指数均值遥遥领先，大约是中部地区的 3 倍，表明在乡村治理方面，四大区域差距较大，东部地区各省份优势明显，中部地区、东北地区、西部地区的治理水平普遍不高。由此看来，未来我国乡村振兴工作的重点是提高乡村治理水平，东部地区各级行政单位在乡村治理方面的成功经验可以提供给其他省份各级行政单位借鉴，在基层组织管理、人才管理、村民参与度等方面多组织交流活动，相关基层管理人员定期参加学习培训，争取尽快提升我国的乡村治理水平。

生活富裕指数均值最高的是东部地区，其次是中部地区，东北地区最低。东部地区的生活富裕指数均值约是中部地区的 1.65 倍，四大区域差异明显。这可能与当前我国四大区域经济发展不平衡有关，这种不平衡短期之内不会消除，农村居民在收入、消费水平和结构、生活保障方面的差距可能长期存在。党的十九大提出，到 21 世纪中叶，全体人民共同富裕基本实现，共同富裕就是按照经济社会的发展规律循序渐进，解决地区差距、城乡差距、收入差距等问题。未来，农村居民和城市居民之间、四大区域各省份居民之间的收入、消费、社会保障等差距将逐步缩小。

第二部分　中国乡村振兴的政策体系

在此部分，一方面，我们按照时间节点梳理了乡村振兴方面的重要政策；另一方面，从产业振兴、人才发展、文化发展、组织建设、基础设施建设、生态环境治理、金融支持、土地规划、特定地区发展九个方面整理了乡村振兴战略不同领域的支持政策，以期描述中国乡村振兴政策体系的全貌。

关于国家乡村振兴政策和 31 个省的乡村振兴政策，我们进行了整理汇编，请读者按本年鉴第八部分"索引和附录"中的索引自行查阅。

一、乡村振兴相关重要政策

2017 年之后，国家和地方政府以及相关部门出台了很多关于乡村振兴方面的政策，部分政策对国家乡村振兴政策体系构建具有决定性意义。我们按照时间先后顺序整理出的相关重要政策如下：

2017 年 10 月 18 日，党的十九大报告《决胜全面建成小康社会　夺取新时代中国特色社会主义伟大胜利》首次提出实施乡村振兴战略。农业农村农民问题是关系国计民生的根本性问题，必须始终把解决好"三农"问题作为全党工作重中之重。要坚持农业农村优先发展，巩固和完善农村基本经营制度，保持土地承包关系稳定并长久不变，第二轮土地承包到期后再延长三十年。确保国家粮食安全，把中国人的饭碗牢牢端在自己手中。加强农村基层基础工作，培养造就一支懂农业、爱农村、爱农民的"三农"工作队伍。

2018 年 2 月 4 日，国务院中央一号文件《中共中央　国务院关于实施乡村振兴战略的意见》提出，到 2020 年，乡村振兴取得重要进展，制度框架和政策体系基本形成；到 2035 年，乡村振兴取得决定性进展，农业农村现代化基本实现；到 2050 年，乡村全面振兴，农业强、农村美、农民富全面实现。

2018 年 9 月 26 日，中共中央、国务院印发的《乡村振兴战略规划（2018—2022 年）》是实施乡村振兴战略的第一个五年规划，提出了农业科技进步贡献率等 22 项具体指标，首次建立了乡村振兴指标体系。按照集聚提升、城郊融合、特色保护、搬迁撤并四种类型，明确了分类推进乡村振兴的方法和步骤。围绕乡村振兴"人、地、钱"等要素供给，提出了推动城乡融合发展、加快城乡基础设施互联互通、推进城乡基本公共服务均等化的政策举措。从落实各方责任、强化法治保障、动员社会参与、开展评估考核等方面提出了明确要求。同时，从聚焦阶段任务、把握节奏力度等方面，对梯次推进乡村振兴作了部署，强调既尽力而为，又量力而行，有序实现乡村振兴。

2019 年 1 月 3 日印发的《中共中央　国务院关于坚持农业农村优先发展做好"三农"工作

的若干意见》明确指出，坚持农业农村优先发展是实施乡村振兴战略的总方针，是解决城乡发展不平衡、农村发展不充分的根本出路，是加快推进农业农村现代化的必然选择。着眼决胜全面建成小康社会的发展全局，坚持农业农村优先发展，抓好各项硬任务的落实，对确保第一个百年奋斗目标如期实现意义重大。

2019 年 2 月 11 日，中国农业农村部、国家发展和改革委员会、科学技术部、财政部、商务部、国家市场监督管理总局、国家粮食和物资储备局联合印发的《国家质量兴农战略规划（2018—2022 年）》指出，要以推进农业供给侧结构性改革为主线，大力推进农业绿色化、优质化、特色化、品牌化，加快推动农业发展质量变革、效率变革、动力变革，全面提升农业质量效益和竞争力。到 2022 年，质量兴农制度框架基本建立，初步实现产品质量高、产业效益高、生产效率高、经营者素质高、国际竞争力强，农业高质量发展取得显著成效。到 2035 年，质量兴农制度体系更加完善，现代农业产业体系、生产体系、经营体系全面建立，农业质量效益和竞争力大幅提升，农业高质量发展取得决定性进展，农业农村现代化基本实现。

2019 年 6 月 17 日，国务院印发的《关于促进乡村产业振兴的指导意见》提出了六个方面任务举措。一是突出优势特色，培育壮大乡村产业。做强现代种养业，做精乡土特色产业，提升农产品加工流通业，优化乡村休闲旅游业，培育乡村新型服务业，发展乡村信息产业。二是科学合理布局，优化乡村产业空间结构。强化县域统筹，推进镇域产业聚集，促进镇村联动发展，支持贫困地区产业发展。三是促进产业融合发展，增强乡村产业聚合力。培育多元融合主体，形成"农业+"多业态发展态势，打造产业融合载体，构建利益联结机制。四是推进质量兴农绿色兴农，增强乡村产业持续增长力。健全绿色质量标准体系，大力推进标准化生产，培育提升农业品牌，强化资源保护利用。五是推动创新创业升级，增强乡村产业发展新动能。强化科技创新引领，促进农村创新创业。六是完善政策措施，优化乡村产业发展环境。健全财政投入机制，创新乡村金融服务，有序引导工商资本下乡，完善用地保障政策，健全人才保障机制。

2020 年 7 月 9 日，农业农村部印发的《全国乡村产业发展规划（2020—2025 年）》提出了乡村产业发展目标：到 2025 年，乡村产业体系健全完备，乡村产业质量效益明显提升，乡村就业结构更加优化，农民增收渠道持续拓宽，乡村产业内生动力持续增强。农产品加工业营业收入达到 32 万亿元，农产品加工业与农业总产值比达到 2.8：1，主要农产品加工转化率达到 80%。培育一批产值超百亿元、千亿元优势特色产业集群。乡村休闲旅游业年接待游客人数超过 40 亿人次，经营收入超过 1.2 万亿元。农林牧渔专业及辅助性活动产值、农产品网络销售额均达到 1 万亿元。返乡入乡创新创业人员超过 1500 万人。

2020 年 12 月 16 日，中共中央、国务院印发的《关于实现巩固拓展脱贫攻坚成果同乡村振兴有效衔接的意见》明确提出，脱贫攻坚目标任务完成后，设立 5 年过渡期。到 2025 年，脱贫攻坚成果巩固拓展，乡村振兴全面推进，脱贫地区经济活力和发展后劲明显增强，乡村产业质量效益和竞争力进一步提高，脱贫地区农民收入增速高于全国农民平均水平。

2020 年 7 月 3 日，中央农村工作领导小组办公室、农业农村部、国家发展和改革委员会、财政部、中国人民银行、中国银行保险监督管理委员会、中国证券监督管理委员会 7 个部门联合印发《关于扩大农业农村有效投资加快补上"三农"领域突出短板的意见》。该意见着重提出要加快高标准农田、农产品仓储保鲜冷链物流设施、现代农业园区、动植物保护、沿海现代渔港、农村人居环境整治、农村供水保障、乡镇污水处理、智慧农业和数字乡村、农村公路、农村电网 11 个方面的农业农村重大工程项目建设。该意见从扩大地方政府债券用于农业农村规模、保障财政支农投入等方面提出了扩大农业农村有效投资的政策措施。文件确定，把乡村建设摆在社会主义现代化建设的重要位置，全面推进乡村产业、人才、文化、生态、组织振兴，充分发挥农业产品供给、生态屏障、文化传承等功能，走中国特色社会主义乡村振兴道路，加快农业农村现代化，加快形成工农互促、城乡互补、协调发展、共同繁荣的新型工农城乡关系，促进农业高质高效、乡村宜居宜业、农民富裕富足。

2021年2月，中共中央办公厅、国务院办公厅印发了《关于加快推进乡村人才振兴的意见》。到2025年，乡村人才振兴制度框架和政策体系基本形成，乡村振兴各领域人才规模不断壮大、素质稳步提升、结构持续优化，各类人才支持服务乡村格局基本形成，乡村人才初步满足实施乡村振兴战略基本需要。

2021年3月12日发布的《中华人民共和国国民经济和社会发展第十四个五年规划和2035年远景目标纲要》提到，要坚持农业农村优先发展，全面推进乡村振兴。走中国特色社会主义乡村振兴道路，全面实施乡村振兴战略，强化以工补农、以城带乡，推动形成工农互促、城乡互补、协调发展、共同繁荣的新型工农城乡关系，加快农业农村现代化。

2021年3月26日，财政部、国家乡村振兴局、国家发展和改革委员会、国家民族事务委员会、农业农村部、国家林业和草原局联合印发《中央财政衔接推进乡村振兴补助资金管理办法》，对衔接资金使用管理作出全面规定。该衔接资金管理办法明确指出，在资金用途上，重点支持培育和壮大欠发达地区特色优势产业并逐年提高资金占比，支持健全防止返贫致贫监测和帮扶机制、"十三五"易地扶贫搬迁后续扶持、脱贫劳动力就业增收，以及补齐必要的农村人居环境整治和小型公益性基础设施建设短板等。

2021年4月29日，《中华人民共和国乡村振兴促进法》经第十三届全国人民代表大会常务委员会第二十八次会议通过，2021年6月1日起正式实施。全文包括产业发展、人才支撑、文化繁荣、生态保护、组织建设、城乡融合等内容。该法是中国历史上第一个关于推动"农业发展、农村振兴、农民致富"的法律规范，是我国第一部直接以"乡村振兴"命名的法律，标志着乡村振兴战略迈入有法可依、依法实施的新阶段。

2021年9月7日，中国银行保险监督管理委员会印发的《支持国家乡村振兴重点帮扶县工作方案》指出，银行保险机构要大力支持重点帮扶县巩固拓展脱贫攻坚成果同乡村振兴有效衔接。支持重点帮扶县发展优势特色产业，夯实产业发展基础。信贷投放要聚焦服务实体经济发展，符合产业发展方向。支持保险公司发挥保险资金长期投资的优势，积极参与重点帮扶县经济社会建设。

2021年12月4日，国家乡村振兴局、中华全国工商业联合会印发《"万企兴万村"行动倾斜支持国家乡村振兴重点帮扶县专项工作方案》。该方案指出，以"万企兴万村"行动为平台，动员引导民营企业与重点帮扶县开展帮扶对接，帮助发展产业，参与乡村建设，促进就业创业，开展消费帮扶，救助困难群众，助力重点帮扶县巩固拓展脱贫攻坚成果，防止发生规模性返贫，尽快补齐区域性发展短板，在全社会营造民营企业参与乡村振兴的良好氛围。

通过对乡村振兴战略相关文件的梳理，可见乡村振兴战略体系已基本成形，即坚持农业农村优先发展，按照产业兴旺、生态宜居、乡风文明、治理有效、生活富裕的总要求，建立健全城乡融合发展体制机制和政策体系，加快推进农业农村现代化。最终实现让农业成为有奔头的产业，让农民成为有吸引力的职业，让农村成为安居乐业的美丽家园的目标。

二、乡村振兴不同领域的相关政策

国家和各省份从产业振兴、人才发展、文化发展、组织建设、基础设施建设、生态环境治理、金融支持、土地规划、特定地区发展九个方面构筑乡村振兴战略不同领域的支持政策，形成完善的政策体系。具体的国家和各省市的政策信息汇总见第八部分"索引和附录"中的"索引"。

（一）乡村振兴产业振兴方面的相关政策

1. 国家层面

2018年9月26日印发的《乡村振兴战略规划（2018—2022年）》提到要发展壮大乡村产业。以完善利益联结机制为核心，以制度、技术和商业模式创新为动力，推进农村一二三产业交叉融合，加快发展根植于农业农村、由当地农民主办、彰显地域特色和乡村价值的产业体系，推动乡村产业全面振兴。

2019年6月17日，国务院印发了《关于促进乡村产业振兴的指导意见》。该意见提出六个方面任务举措。一是突出优势特色，培育壮大乡村产业。做强现代种养业，做精乡土特色产业，提升农产品加工流通业，优化乡村休闲旅游业，培育乡村新型服务业，发展乡村信息产业。二是科学合理布局，优化乡村产业空间结构。强化县域统筹，推进镇域产业聚集，促进镇村联动发展，支持贫困地区产业发展。三是促进产业融合发展，增强乡村产业聚合力。培育多元融合主体，形成"农业+"多业态发展态势，打造产业融合载体，构建利益联结机制。四是推进质量兴农绿色兴农，增强乡村产业持续增长力。健全绿色质量标准体系，大力推进标准化生产，培育提升农业品牌，强化资源保护利用。五是推动创新创业升级，增强乡村产业发展新动能。强化科技创新引领，促进农村创新创业。六是完善政策措施，优化乡村产业发展环境。健全财政投入机制，创新乡村金融服务，有序引导工商资本下乡，完善用地保障政策，健全人才保障机制。

2021年3月12日发布的《中华人民共和国国民经济和社会发展第十四个五年规划和2035年远景目标纲要》提到，要加快发展现代产业体系，巩固壮大实体经济根基。坚持把发展经济着力点放在实体经济上，加快推进制造强国、质量强国建设，促进先进制造业和现代服务业深度融合，强化基础设施支撑引领作用，构建实体经济、科技创新、现代金融、人力资源协同发展的现代产业体系。

2021年4月7日，农业农村部等部门联合印发的《关于推动脱贫地区特色产业可持续发展的指导意见》提出，到2025年，脱贫地区特色产业发展基础更加稳固，产业布局更加优化，产业体系更加完善，产销衔接更加顺畅，农民增收渠道持续拓宽，发展活力持续增强。壮大一批有地域特色的主导产业，建成一批绿色标准化生产基地，培育一批带动力强的农业企业集团，打造一批影响力大的特色品牌。

2021年5月20日，中华全国供销合作总社印发的《关于促进巩固拓展脱贫攻坚成果同乡村振兴有效衔接的实施意见》提出，着力推进乡村特色产业发展，积极开展产业帮扶。主动参与脱贫地区乡村特色产业规划，根据资源禀赋和区域布局，重点围绕棉花、茶叶、果品、食用菌、蜂产品等供销合作社传统优势业务，大力培育龙头企业、农民专业合作社等经营主体，加快发展对低收入人口有明显带动作用的特色产业。通过实施"中国茶叶品牌计划""果业振兴百县行动"等，帮助提升脱贫地区特色农副产品品质和品牌价值。鼓励系统企业在脱贫地区建设农产品加工、仓储物流、产地批发市场等项目。充分发挥供销合作社系统产业主体众多、经营服务网络健全等独特优势，参与做好易地搬迁后续扶持工作，聚焦原深度贫困地区、大型特大型安置区，从产业发展方面加大帮扶力度，持续巩固易地搬迁脱贫成果，帮助搬迁群众稳得住、有就业、逐步能致富。

2. 省级层面

部分省份发布了乡村振兴产业振兴方面的相关政策。例如：2019年8月3日，河南省人民政府办公厅印发了《关于深入推进农业供给侧结构性改革大力发展优势特色农业的意见》。该意见按照布局区域化、生产标准化、发展产业化、经营规模化要求，以优质小麦、优质花生、优质草畜、优质林果为重点，发挥优势，突出重点，建设一批优势特色农林产品生产基地。到2025年，优势特色农业发展取得重大进展，十大优势特色农业产值达到6500亿元；产业结构基本适应市场需求，粮经饲结构调整到59.1∶38.5∶2.4；畜牧业产值占农业总产值比重达到35%左右；农产品加工业产值与农业总产值之比达到4.5∶1左右；农村居民人均可支配收入超过全国平均水平，基本实现农业大省向农业强省转变。

2021年4月20日，内蒙古自治区党委农村牧区工作领导小组办公室印发的《内蒙古自治区"十四五"农牧业优势特色产业集群建设规划（2021—2025）》提出，通过聚焦五大奶产业带、重点支持大型玉米精深加工龙头企业高质量发展等措施，做强做优奶、玉米等千亿级产业集群；通过重点培育优势产区肉羊精深加工龙头企业，支持向日葵加工和种业龙头企业发展，重点支持优势产区肉牛精深加工龙头企业做大做强，继续完善原绒贴息收储政策，构建集种薯繁育、规模化种植、加工、储运、营销为一体的马铃薯产业链等措施，做大做强肉羊、向日葵、肉牛、羊绒、马铃薯等百亿级产业集群。

2021年6月18日，浙江省发展和改革委员会、浙江省农业农村厅印发的《浙江省农业农村现代化"十四五"规划》提出，要壮大农业特色优势产业。做精特色优势产品。根据资源禀赋、产业基础和消费市场细分，发展特色蔬菜、名优茶叶、精品水果、优质菌菇、道地中药材、水产品等特色优势产品，健全产品体系、推进全产业链发展，提高产业附加值和竞争力。因地制宜布局提升1500个生态茶园、精品果园、特色菌园、道地药园和美丽牧场。大力发展现代高效林业。加快发展森林休闲健康养生产业和林下经济，培育森林康养产业体系，建成省级以上森林康养基地100家。推广"一亩山万元钱"林下经济模式，构建"林下种、林中养、林上采、林间游"的立体发展格局。培育发展500个现代林业经济示范区、100个森林康养基地等全产业链发展平台。

2021年7月24日，四川省人民政府印发了《四川省"十四五"推进农业农村现代化规划》，加快发展高质高效现代特色农业，提升产业链供应链现代化水平。针对四川十大特色优势产业——川粮油、川猪、川茶、川菜、川酒、川竹（花卉）、川果（蚕桑）、川药、川牛羊（禽兔蜂饲草）、川鱼，提出"推动优势特色产业集聚发展""推进农产品加工业提质增效""加快农村商贸物流发展""推动农村一二三产业融合发展""高水平发展都市农业""推进成渝现代高效特色农业带建设"等措施，已培育一批"一村一品"示范村镇，培育省级产业强镇200个，争创国家级产业强镇75个、国家级优势特色产业集群10个，创建国家级休闲农业重点县10个。

2021年8月6日，湖北省农业产业化工作联席会议办公室印发《重点农业产业链实施方案》，进一步明确了湖北茶叶、优质稻米、菜籽油、小龙虾、柑橘、蔬菜（食用菌、莲、魔芋）、中药材、生猪、家禽及蛋制品9条重点产业链工作专班、专家团队名单、产业链产业图谱。

（二）乡村振兴人才发展方面的相关政策

1. 国家层面

2018年9月26日印发的《乡村振兴战略规划（2018—2022年）》提到，要强化乡村振兴人才支撑。实行更加积极、更加开放、更加有效的人才政策，推动乡村人才振兴，让各类人才在乡村大施所能、大展才华、大显身手。包括培育新型职业农民；加强农村专业人才队伍建设；鼓励社会人才投身乡村建设。

2018年12月29日，教育部印发的《高等学校乡村振兴科技创新行动计划（2018—2022

年）》提出要服务乡村振兴发展，完善乡村振兴人才培养模式，加强实践教学体系建设，提升人才培养能力，加快培养不同类型农林人才，打造一支懂农业、爱农村、爱农民的乡村振兴人才队伍。

中共中央办公厅、国务院办公厅在 2019 年 2 月印发的《加快推进教育现代化实施方案（2018—2022 年）》提出要实施乡村振兴战略教育行动，大力发展现代农业职业教育，推进服务乡村振兴战略的高等农林教育改革，加快乡村振兴急需紧缺人才培养。

2021 年 2 月，中共中央办公厅、国务院办公厅印发的《关于加快推进乡村人才振兴的意见》提出了目标任务，到 2025 年，乡村人才振兴制度框架和政策体系基本形成，乡村振兴各领域人才规模不断壮大、素质稳步提升、结构持续优化，各类人才支持服务乡村格局基本形成，乡村人才初步满足实施乡村振兴战略基本需要。

2021 年 3 月 12 日发布的《中华人民共和国国民经济和社会发展第十四个五年规划和 2035 年远景目标纲要》明确表明要激发人才创新活力。贯彻尊重劳动、尊重知识、尊重人才、尊重创造方针，深化人才发展体制机制改革，全方位培养、引进、用好人才，造就更多国际一流的科技领军人才和创新团队，培养具有国际竞争力的青年科技人才后备军。健全以创新能力、质量、实效、贡献为导向的科技人才评价体系。加强学风建设，坚守学术诚信。深化院士制度改革。健全创新激励和保障机制，构建充分体现知识、技术等创新要素价值的收益分配机制，完善科研人员职务发明成果权益分享机制。加强创新型、应用型、技能型人才培养，实施知识更新工程、技能提升行动，壮大高水平工程师和高技能人才队伍。支持发展高水平研究型大学，加强基础研究人才培养。实行更加开放的人才政策，构筑集聚国内外优秀人才的科研创新高地。

2. 省级层面

部分省份发布了乡村振兴人才发展方面的相关政策。例如：2020 年 10 月 5 日，中共海南省委办公厅、海南省人民政府办公厅印发的《关于大力发展农村市场主体壮大农村集体经济的十八条措施》提出要实施更加开放的人才政策。包括鼓励驻村第一书记和乡村振兴工作队员、扶贫工作队员自愿长期扎根基层；允许主要从事科技创新或科技创新成果转化工作的高校、科研院所等事业单位专业技术人员离岗下乡领办、创办、兴办农村集体经济项目，可以知识产权、资金等要素入股、参股，获取股份收益；支持符合条件的退休人员参与农村集体经济发展；支持大学生下乡创新创业；支持能人下乡发展农村集体经济。

2020 年 10 月 30 日，内蒙古自治区人民政府办公厅印发的《农业高质量发展三年行动方案（2020 年—2022 年）》提出要培育高素质农牧民。依托国家高素质农民培育工程，重点培育农牧业经理人等经营管理型、种植大户等专业生产型和从事生产经营性服务等技能服务型的高素质农牧民，年均培训 2 万人以上。健全完善农牧民教育培训体系，组织开展师资和管理者培训。统筹整合涉农高校、中高等农业职业院校等教育资源，以基层组织带头人、乡村产业带头人及青年农牧民为重点，大力促进高素质农牧民学历提升。

2021 年 11 月 15 日，中共江苏省委办公厅、江苏省人民政府办公厅印发的《关于加快推进乡村人才振兴的实施意见》提出要拓展乡村人才来源渠道，包括拓宽途径育才。实施卓越农林人才教育培养计划 2.0，进一步完善科教结合、产教融合等协同育人模式。创新渠道引才。引导老党员、老干部、人大代表、经济文化能人等扎根乡村，鼓励企业家、专家学者、规划师、离退休人员等以投资兴业、援建项目等多种方式投入乡村振兴，吸引农民工、大学生、退伍军人等返乡入乡创业。搭建平台聚才。依托省"333 工程""双创计划"、海智计划农村行动、农业高新技术产业示范区、农业产业科技创新示范园、农业科技园区、农业产业园区等引进、培育农业科技领军人才。县域统筹用才。强化县域专业人才统筹使用，根据部署探索赋予乡镇更加灵活的用人自主权，鼓励从上往下跨层级调剂行政事业编制，推动资源服务管理向基层倾斜。

（三）乡村振兴文化发展方面的相关政策

1. 国家层面

2019 年 6 月，中共中央办公厅、国务院办公厅印发的《关于加强和改进乡村治理的指导意见》提出要加强农村文化引领。加强基层文化产品供给、文化阵地建设、文化活动开展和文化人才培养。传承发展提升农村优秀传统文化，加强传统村落保护。结合传统节日、民间特色节庆、农民丰收节等，因地制宜广泛开展乡村文化体育活动。加快乡村文化资源数字化，让农民共享城乡优质文化资源。挖掘文化内涵，培育乡村特色文化产业，助推乡村旅游高质量发展。加强农村演出市场管理，营造健康向上的文化环境。

2021 年 3 月 8 日，文化和旅游部、国家发展和改革委员会、财政部发布的《关于推动公共文化服务高质量发展的意见》提出，要加强乡村文化治理。紧紧围绕乡村振兴战略，将乡村文化建设融入城乡经济社会发展全局，融入乡村治理体系。深入开展乡镇综合文化站专项治理。结合实际，适当拓展乡村基层综合性文化服务中心旅游、电商、就业辅导等功能。坚持"见人见物见生活"，加强乡村地区非物质文化遗产保护和利用。开展乡村艺术普及活动，依托中国民间文化艺术之乡，推进"艺术乡村"建设，提升乡村文化建设品质。建立艺术家、策展人等专业人士与民间文化艺术之乡的对接机制，挖掘乡土底蕴，传承乡村文脉。开展"村晚"等富有文化特色的农村节庆活动，形成具有区域影响力的乡村名片，打造节庆新民俗。整合优质资源与力量，持续开展"戏曲进乡村"等送文化下基层活动。结合全国乡村旅游重点村镇建设，打造特色乡村文化和旅游品牌，拓展乡村文化和旅游发展新模式。坚持平等、参与、共享的原则，加强对城市新生代外来务工人员的文化帮扶，推动他们更好融入城市，成为城乡文化交流的重要力量。

2021 年 4 月 29 日，文化和旅游部印发的《"十四五"文化和旅游发展规划》提出，要健全现代公共文化服务体系。坚持政府主导、社会参与、重心下移、共建共享，优化城乡文化资源配置，统筹加强公共文化设施软硬件建设，创新实施文化惠民工程，不断完善覆盖城乡、便捷高效、保基本、促公平的现代公共文化服务体系，提高公共文化服务的覆盖面和实效性。包括：①健全基层公共文化设施网络；②促进公共文化服务提质增效；③广泛开展群众文化活动；④加快公共数字文化建设；⑤推动公共文化服务社会化发展。

2021 年 6 月 10 日，文化和旅游部印发的《"十四五"公共文化服务体系建设规划》提出，以文化繁荣助力乡村振兴。全面落实乡村振兴战略，按照有标准、有网络、有内容、有人才的要求，健全乡村公共文化服务体系。充分发挥县乡村公共文化设施、资源、组织体系等方面的优势，强化文明实践功能，推动与新时代文明实践中心融合发展。

2. 省级层面

部分省份发布了乡村振兴文化发展方面的相关政策。例如：2020 年 11 月 10 日，中共海南省委办公厅、海南省人民政府办公厅印发《关于加强和改进乡村治理的实施意见》。该意见提出，要传承弘扬乡土文化。深化拓展"我们的节日"主题活动，办好黎族苗族传统节日"三月三"、农民丰收节等节庆活动，弘扬民俗文化，激发家国情怀。办好"群艺大舞台""东西南北中广场文艺会演""海南原创广场舞大赛"等品牌群众文化活动，发展海南乡村传统体育活动，丰富基层文化体育产品供给。加强传统村落、乡村文物资源等保护开发，打造乡村旅游精品线路，助推乡村旅游高质量发展。建设海南省数字图书馆，提升农民群众获取优质数字文化资源的便捷性。加强对流动（大篷车）演出队、民办琼剧院团和农村庙会、公期等节庆活动的巡查管理。推进基层综合性文化服务中心、农民体育健身设施建设。实施海南传统工艺振兴计划和非遗传承人群研培计划。

2021 年 8 月 25 日，四川省人民政府印发《关于新时代支持革命老区振兴发展的实施意见》。该意见提出，要打造红色文化精品展陈，实施红色教育培训和主题文艺精品创作计划，支持重大革命历史题材文艺作品创作生产，打造红色主旋律影片、精品剧目，编纂出版革命老区有关出版物。推动党史"七进+"活动，支持革命老区建设红色传承教育培训基地，促进红色文化和革命精神代代相传。

（四）乡村振兴组织建设方面的相关政策

1. 国家层面

2021 年 2 月 21 日，《中共中央　国务院关于全面推进乡村振兴加快农业农村现代化的意见》发布。文件指出，要充分发挥农村基层党组织领导作用，持续抓党建促乡村振兴。有序开展乡镇、村集中换届，选优配强乡镇领导班子、村"两委"成员特别是村党组织书记。在有条件的地方积极推行村党组织书记通过法定程序担任村民委员会主任，因地制宜、不搞"一刀切"。与换届同步选优配强村务监督委员会成员，基层纪检监察组织加强与村务监督委员会的沟通协作、有效衔接。坚决惩治侵害农民利益的腐败行为。坚持和完善向重点乡村选派驻村第一书记和工作队制度。加大在优秀农村青年中发展党员力度，加强对农村基层干部激励关怀，提高工资补助待遇，改善工作生活条件，切实帮助解决实际困难。

2021 年 12 月 4 日，国家乡村振兴局、中华全国工商业联合会联合印发的《"万企兴万村"行动倾斜支持国家乡村振兴重点帮扶县专项工作方案》提出要加强组织领导。把支持重点帮扶县专项工作纳入"万企兴万村"行动统一领导，制定专项年度工作计划，召开相关会议研究部署工作，确定专人负责，举办对接活动，统筹推进各项工作。实现重点帮扶县对接全覆盖后，要继续加大动员力度，引导更多民营企业与行政村对接。继续保持原"万企帮万村"精准扶贫行动结对帮扶关系总体稳定，巩固拓展帮扶成效。加强统计监测和工作调度，及时掌握工作进展情况，解决存在的困难问题，西部省份乡村振兴局定期向国家乡村振兴局报告工作进展情况。

2. 省级层面

加强组织领导。各级党委农办、农业农村和乡村振兴部门要从乡村振兴的大局出发，把发展壮大新型农村集体经济作为"三农"工作的一项重要任务列入重要议事日程，加强重大政策制定和统筹协调，做好政策执行情况检查督查，切实履行指导农村集体经济组织发展和集体资产管理职责。要在当地党委、政府领导下，主动与相关部门加强协调沟通，争取在财政、土地、金融、税费等方面获得支持，为发展壮大新型农村集体经济提供保障。

部分省份发布了乡村振兴组织建设方面的相关政策。例如：2021 年 5 月 31 日，天津市人民政府办公厅印发《天津市推进农业农村现代化"十四五"规划》。文件提出，要切实加强党对"三农"工作的全面领导，建立健全农村工作领导体制机制，把"重中之重"的要求贯穿规划实施全过程。各涉农区党委、政府和市各有关部门要切实扛起推动规划落实的责任，明确分工，主动作为，确保目标任务落实落地。建立市农业农村委牵头协调、市级有关部门各负其责、各涉农区政府落实属地责任合力推进、上下联动的工作机制，形成规划实施强有力的组织保障。加大宣传力度，创新宣传方式，营造全面推进乡村振兴、加快农业农村现代化的良好社会氛围。

（五）乡村振兴基础设施建设方面的相关政策

1. 国家层面

2019 年 5 月，中共中央办公厅、国务院办公厅发布了《数字乡村发展战略纲要》。该文件提出了战略目标，到 2025 年，数字乡村建设取得重要进展。乡村 4G 深化普及、5G 创新应用，城乡"数字鸿沟"明显缩小。初步建成一批集创业孵化、技术创新、技能培训等功能于一体的新农民新技术创业创新中心，培育形成一批叫得响、质量优、特色显的农村电商产品品牌，基本形成乡村智慧物流配送体系。乡村网络文化繁荣发展，乡村数字治理体系日趋完善。到2035年，数字乡村建设取得长足进展。城乡"数字鸿沟"大幅缩小，农民数字化素养显著提升。农业农村现代化基本实现，城乡基本公共服务均等化基本实现，乡村治理体系和治理能力现代化基本实现，生态宜居的美丽乡村基本实现。

2021年2月21日，《中共中央　国务院关于全面推进乡村振兴加快农业农村现代化的意见》发布。文件指出，要加强乡村公共基础设施建设。继续把公共基础设施建设的重点放在农村，着力推进往村覆盖、往户延伸。实施农村道路畅通工程。有序实施较大人口规模自然村（组）通硬化路。加强农村资源路、产业路、旅游路和村内主干道建设。推进农村公路建设项目更多向进村入户倾斜。继续通过中央车购税补助地方资金、成品油税费改革转移支付、地方政府债券等渠道，按规定支持农村道路发展。继续开展"四好农村路"示范创建。全面实施路长制。开展城乡交通一体化示范创建工作。加强农村道路桥梁安全隐患排查，落实管养主体责任。强化农村道路交通安全监管。实施农村供水保障工程。加强中小型水库等稳定水源工程建设和水源保护，实施规模化供水工程建设和小型工程标准化改造，有条件的地区推进城乡供水一体化，到2025年农村自来水普及率达到88%。完善农村水价水费形成机制和工程长效运营机制。实施乡村清洁能源建设工程。加大农村电网建设力度，全面巩固提升农村电力保障水平。推进燃气下乡，支持建设安全可靠的乡村储气罐站和微管网供气系统。发展农村生物质能源。加强煤炭清洁化利用。实施数字乡村建设发展工程。推动农村千兆光网、第五代移动通信（5G）、移动物联网与城市同步规划建设。完善电信普遍服务补偿机制，支持农村及偏远地区信息通信基础设施建设。加快建设农业农村遥感卫星等天基设施。发展智慧农业，建立农业农村大数据体系，推动新一代信息技术与农业生产经营深度融合。完善农业气象综合监测网络，提升农业气象灾害防范能力。加强乡村公共服务、社会治理等数字化智能化建设。实施村级综合服务设施提升工程。加强村级客运站点、文化体育、公共照明等服务设施建设。

2021年6月8日，住房和城乡建设部、农业农村部、国家乡村振兴局联合发布《关于加快农房和村庄建设现代化的指导意见》。文件指出，要盘活利用闲置农房提供公共活动空间，降低公共建筑建设成本，拓展村民公共活动场所的提供渠道。鼓励村庄公共活动场所综合利用，室外公共场所可兼做集市集会、文体活动、农作物晾晒与停车等用途；室内公共活动场所，除必须独立设置之外的，可兼顾托幼、托老、集会、村史展示、文化娱乐等功能。村庄道路及其他基础设施应满足村民的生产生活需求，村内道路应通畅平整。有条件的地区应积极推动宽带、通信、广电等进村入户。

2. 省级层面

部分省份发布了乡村振兴基础设施建设方面的相关政策。例如：2020年4月10日，河南省印发了《河南省人民政府办公厅关于加快推进农业信息化和数字乡村建设的实施意见》。文件指出，要加强农业农村信息基础设施建设，增强信息保障能力。加快新一代信息基础设施建设。实施新一代农业农村信息基础设施建设工程，推进"全光网河南"全面升级，构建覆盖农村的高速光纤宽带网，实现20户以上自然村百兆以上宽带网络接入和4G网络全覆盖。加快窄带物联网建设，推进互联网协议第六版规模部署，推动5G在农村地区应用。大力推进北斗卫星导航系统和农业遥感技术在农业农村应用。加大农业农村信息基础设施保护力度。

2021年1月26日，山东省出台了《关于全面推进乡村振兴加快农业农村现代化的实施意见》。文件指出，要加强乡村公共基础设施建设。持续推进"四好农村路"建设，启动实施农村公路五年提质增效工程，2021年新改造农村公路1万千米。强化农村道路交通安全监管。开展农村供水工程建设，推动城乡供水一体化，2021年农村自来水普及率稳定保持在97%以上，到

2025 年城乡供水一体化率提高到 70% 以上。实施乡村清洁能源建设行动，全面实施乡村电气化提升工程，推进燃气下乡，加强煤炭清洁化利用，2021 年农村地区清洁取暖率达到 40% 以上，打造 10 个绿色能源村镇。加大 5G 网络建设力度，大力发展千兆光纤网络，到 2025 年农村地区 80% 的家庭具备千兆接入能力。推进农村客运公交化、文化体育、公共照明等综合服务设施建设。建立完善农村基础设施长效管护机制。加强农房建设质量监管，建立健全农村危房动态监测机制，3 年内完成农村房屋安全隐患排查整治，保障群众住房安全。推进数字乡村试点建设，加快智慧农业发展。建立农业农村大数据体系，推动新一代信息技术与农业生产经营深度融合，推动全产业链深度数字化变革。加强农业农村遥感应用工作，提升农业农村管理现代化水平。完善农业气象综合监测网络，提升农业气象灾害防范能力。

（六）乡村振兴生态环境治理方面的相关政策

1. 国家层面

2018 年 2 月，中共中央办公厅、国务院办公厅印发《农村人居环境整治三年行动方案》。该行动方案提出，到 2020 年，实现农村人居环境明显改善，村庄环境基本干净整洁有序，村民环境与健康意识普遍增强。东部地区、中西部城市近郊区等有基础、有条件的地区，人居环境质量全面提升，基本实现农村生活垃圾处置体系全覆盖，基本完成农村户用厕所无害化改造，厕所粪污基本得到处理或资源化利用，农村生活污水治理率明显提高，村容村貌显著提升，管护长效机制初步建立。中西部有较好基础、基本具备条件的地区，人居环境质量较大提升，力争实现 90% 左右的村庄生活垃圾得到治理，卫生厕所普及率达到 85% 左右，生活污水乱排乱放得到管控，村内道路通行条件明显改善。地处偏远、经济欠发达等地区，在优先保障农民基本生活条件基础上，实现人居环境干净整洁的基本要求。

2019 年 2 月 19 日发布的《中共中央　国务院关于坚持农业农村优先发展做好"三农"工作的若干意见》提出，要加大农业面源污染治理力度，开展农业节肥节药行动，实现化肥农药使用量负增长。发展生态循环农业，推进畜禽粪污、秸秆、农膜等农业废弃物资源化利用，实现畜牧养殖大县粪污资源化利用整县治理全覆盖，下大力气治理白色污染。扩大轮作休耕制度试点。创建农业绿色发展先行区。实施乡村绿化美化行动，建设一批森林乡村，保护古树名木，开展湿地生态效益补偿和退耕还湿。全面保护天然林。加强"三北"地区退化防护林修复。扩大退耕还林还草，稳步实施退牧还草。实施新一轮草原生态保护补助奖励政策。落实河长制、湖长制，推进农村水环境治理，严格乡村河湖水域岸线等水生态空间管理。

2021 年 11 月 2 日印发的《中共中央　国务院关于深入打好污染防治攻坚战的意见》提出，到 2025 年，生态环境持续改善，主要污染物排放总量持续下降，单位国内生产总值二氧化碳排放比 2020 年下降 18%，地级及以上城市细颗粒物（PM2.5）浓度下降 10%，空气质量优良天数比率达到 87.5%，地表水 Ⅰ~Ⅲ 类水体比例达到 85%，近岸海域水质优良（一、二类）比例达到 79% 左右，重污染天气、城市黑臭水体基本消除，土壤污染风险得到有效管控，固体废弃物和新污染物治理能力明显增强，生态系统质量和稳定性持续提升，生态环境治理体系更加完善，生态文明建设实现新进步。

2021 年 12 月，中共中央办公厅、国务院办公厅印发的《农村人居环境整治提升五年行动方案（2021—2025 年）》提出，到 2025 年，农村人居环境显著改善，生态宜居美丽乡村建设取得新进步。农村卫生厕所普及率稳步提高，厕所粪污基本得到有效处理；农村生活污水治理率不断提升，乱倒乱排得到管控；农村生活垃圾无害化处理水平明显提升，有条件的村庄实现生活垃圾分类、源头减量；农村人居环境治理水平显著提升，长效管护机制基本建立。东部地区、中西部城市近郊区等有基础、有条件的地区，全面提升农村人居环境基础设施建设水平，农村卫生厕所基本普及，农村生活污水治理率明显提升，农村生活垃圾基本实现无害化处理并推动分类处理试点示范，长效管护机制全面建立。中西部有较好基础、基本具备条件的地区，农村人居环境基础设施持续完善，农村户用厕所愿改尽改，农村生活污水治理率有效提升，农村生活垃圾收运处置体系基本实现全覆盖，长效管护机制基本建立。地处偏远、经济欠发达的地区，农村人居环境基础设施明显改善，农村卫生厕所普及率逐步提高，农村生活污水垃圾治理水平有新提升，村容村貌持续改善。

2021年12月29日，国家能源局、农业农村部、国家乡村振兴局联合印发的《加快农村能源转型发展助力乡村振兴的实施意见》提出，到2025年，建成一批农村能源绿色低碳试点，风电、太阳能、生物质能、地热能等占农村能源的比重持续提升，农村电网保障能力进一步增强，分布式可再生能源发展壮大，绿色低碳新模式新业态得到广泛应用，新能源产业成为农村经济的重要补充和农民增收的重要渠道，绿色、多元的农村能源体系加快形成。

2. 省级层面

部分省份发布了乡村振兴生态环境治理方面的相关政策。例如：2018年5月18日，中共海南省委办公厅、海南省人民政府办公厅印发《海南省农村人居环境整治三年行动方案（2018—2020年）》。文件指出，按照每500人配1名保洁员的标准，实现所有村庄卫生清扫保洁收运体系全覆盖；所有行政村配建公共厕所（含附属式公厕），创建椰级乡村旅游点的自然村完成公厕建设，基本完成剩余24.85万户农户厕所无害化改造，厕所粪污基本得到处理或资源化利用；所有建制镇建成污水处理设施及配套管网。

2020年4月9日，中共北京市委、北京市人民政府印发的《关于抓好"三农"领域重点任务确保如期高质量实现全面小康的行动方案》强调，要完成农村人居环境整治三年行动计划。落实"清脏、治乱、增绿、控污"要求，农村人居环境普遍达到干净整洁有序。统筹推进农村"厕所革命"和污水治理，年内达标改造农村公厕755座、户厕2万户左右，全市90%以上的行政村公共卫生厕所达到三类以上标准，98%的户厕达到卫生厕所要求，解决300个左右村庄生活污水治理问题。推动农村生活垃圾分类处理，累计创建1500个垃圾分类示范村，完成162处非正规垃圾堆放点治理，99%的行政村生活垃圾得到有效处理。抓好396个城乡接合部地区村庄、125个农村集市等重点部位的人居环境整治。

2021年6月7日，江西省人民政府办公厅印发的《江西省开展美丽乡镇建设五年行动方案》提出，要全面整治主次干道、大街小巷、镇村接合部、集贸市场、房前屋后、公园广场、车站码头、建筑工地、学校周边和公共厕所等重点区域的环境卫生；健全日常保洁机制，加大重点区域保洁力度；合理配置垃圾箱、垃圾转运等收运设施；推进城乡环卫"全域一体化"第三方治理；示范类乡镇实现生活垃圾"零填埋"，积极推进农村生活垃圾分类减量和资源化利用。加快完善乡镇镇区及周边村生活污水管网系统，强化污水管网入户收集，因地制宜实施雨污分流改造，全面排查整治生活污水直排、乱排等情况；提升类镇区生活污水处理率力争达到50%以上，示范类镇区生活污水实现"零直排"。

（七）乡村振兴金融支持方面的相关政策

1. 国家层面

2019年1月29日，中国人民银行、中国银行保险监督管理委员会、中国证券监督管理委员会、财政部、农业农村部五部门联合印发了《关于金融服务乡村振兴的指导意见》。该指导意见指出，要坚持农村金融改革发展的正确方向，健全适合乡村振兴发展的金融服务组织体系，积极引导涉农金融机构回归本源；明确重点支持领域，切实加大金融资源向乡村振兴重点领域和薄弱环节的倾斜力度，增加农村金融供给；围绕农业农村抵质押物、金融机构内部信贷管理机制、新技术应用推广、"三农"绿色金融等，强化金融产品和服务方式创新，更好满足乡村振兴多样化融资需求；充分发挥股权、债券、期货、保险等金融市场功能，建立健全多渠道资金供给体系，拓宽乡村振兴融资来源；加强金融基础设施建设，营造良好的农村金融生态环境，增强农村地区金融资源承载力和农村居民金融服务获得感。

2021年3月22日，中共中央、国务院发布《关于实现巩固拓展脱贫攻坚成果同乡村振兴有效衔接的意见》。文件指出，要做好金融服务政策衔接。继续发挥再贷款作用，现有再贷款帮扶政策在展期期间保持不变。进一步完善针对脱贫人口的小额信贷政策。对有较大贷款资金需求、符合贷款条件的对象，鼓励其申请创业担保贷款政策支持。加大对脱贫地区优势特色产业信贷和保险支持力度。鼓励各地因地制宜开发优势特色农产品保险。对脱贫地区继续实施企业上市"绿色通道"政策。探索农产品期货期权和农业保险联动。

2021年6月29日，中国人民银行、中国银行保险监督管理委员会、中国证券监督管理委员会、财政部、农业农村部、乡村振兴局联合印发《关于金融支持巩固拓展脱贫攻坚成果　全面推进乡村振兴的意见》。该意见对原金融精准扶贫产品和金融支农产品、民生领域贷款产品等进行整合优化，以小额信用贷款、产业带动贷款、新型农业经营主体贷款、民生领域贷款、农村资产抵押质押贷款、农业农村基础设施建设贷款、保险产品等十类金融产品为重点，充分发挥信贷、债券、股权、期货、保险等金融子市场合力，增强政策的针对性和可操作性。

2021年9月7日，中国银行保险监督管理委员会办公厅印发了《支持国家乡村振兴重点帮扶县工作方案》。该工作方案大力支持巩固拓展脱贫攻坚成果同乡村振兴有效衔接。银行保险机构要充分发挥自身优势，大力支持重点帮扶县发展优势特色产业，特别是吸纳脱贫人口就业、带动脱贫人口增收能力较强的产业和企业，积极支持引入优质企业，夯实重点帮扶县产业发展基础。信贷投放要聚焦服务实体经济发展，符合产业发展方向，对国家明确禁止的领域不得发放贷款。支持保险公司发挥保险资金长期投资的优势，积极参与重点帮扶县经济社会建设。

2021年12月29日，国家能源局、农业农村部、国家乡村振兴局联合印发了《加快农村能源转型发展助力乡村振兴的实施意见》。该意见提到，要加大财政金融支持力度。各级政府将农村能源建设纳入经济社会发展规划，加强对脱贫地区农村能源的支持。鼓励金融机构创新融资方式和服务模式，将支持县域乡村能源产业发展和能源基础设施建设作为绿色金融服务重点，对优质农村能源项目在贷款准入、期限、利率等方面给予差异化支持。

2. 省级层面

部分省份发布了乡村振兴金融支持方面的相关政策。例如：2018年5月22日，西藏自治区人民政府办公厅印发《西藏自治区人民政府办公厅关于创新农村基础设施投融资体制机制的实施意见》。文件指出，要发挥政府投资的引导和撬动作用，采取直接投资、投资补助、资本金注入、财政贴息、以奖代补、先建后补、无偿提供建筑材料等多种方式支持农村基础设施建设。支持设立农村基础设施建设投资基金。建立规范的地方政府举债融资机制，推动地方融资平台转型改制和市场化融资，重点向农村基础设施建设倾斜。稳步推进政府专项债券管理改革，鼓励试点发行项目融资和收益自平衡的专项债券，支持符合条件、有一定收益的乡村公益性项目建设。利用政府债务限额，发行一般债券支持农村道路建设，发行专项债券支持满足条件的农村供水、污水垃圾处理设施建设。支持符合条件的企业发行企业债券，用于农村供电、电信设施建设。通过财政拨款、特许或委托经营等渠道筹措资金，设立不向社会征收的政府性农村基础设施维修养护基金。由企业承担的公益性项目或业务，政府通过完善价格调整机制、安排财政补贴、政府购买服务、特许或委托经营等方式予以支持。鼓励有条件的地区将农村基础设施与产业、园区、乡村旅游等进行捆绑，实行一体化开发和建设，实现相互促进、互利共赢。

2018年10月15日，内蒙古自治区发布的《内蒙古自治区人民政府办公厅关于金融支持乡村振兴战略的指导意见》指出，围绕乡村振兴战略的重点领域和关键环节，不断加大金融产品、服务模式的创新推广力度，提高金融服务乡村振兴战略的精准性、实效性。积极探索以履约保函、知识产权抵押、股权质押等方式，开展能效融资、碳排放权融资、排污权融资等创新型信贷产品，有效提高涉农涉牧企业信贷可得性。鼓励运用大数据等新型信息技术支持乡村振兴融资服务。

2021 年 6 月 30 日，吉林省印发了《关于深化农村金融综合改革服务乡村振兴的实施意见》。该意见提出，要提升农村基础金融支柱服务效能。推动"吉农金服"农村数字金融综合服务平台加快发展，完善服务功能，支持其与政府相关部门、相关金融机构就农业保险、社会保障、涉农补贴等大数据资源开展应用，开发面向农户和新型农业经营主体的数字化金融服务产品。拓展农村基础金融网络，实现重点地区村级全覆盖，全省县域全覆盖。提升基础金融服务站建设质量，利用大数据优化信贷模型，降低涉农主体融资成本，"十四五"期间，利用全省农村基础金融网络发放贷款 50 亿元。

（八）乡村振兴土地规划方面的相关政策

1. 国家层面

2019 年 5 月 29 日，自然资源部办公厅印发了《自然资源部办公厅关于加强村庄规划促进乡村振兴的通知》。文件指出，要优化调整用地布局。允许在不改变县级国土空间规划主要控制指标情况下，优化调整村庄各类用地布局。涉及永久基本农田和生态保护红线调整的，严格按国家有关规定执行，调整结果依法落实到村庄规划中。探索规划"留白"机制。各地可在乡镇国土空间规划和村庄规划中预留不超过 5% 的建设用地机动指标，村民居住、农村公共公益设施、零星分散的乡村文旅设施及农村新产业新业态等用地可申请使用。对一时难以明确具体用途的建设用地，可暂不明确规划用地性质。建设项目规划审批时落地机动指标、明确规划用地性质，项目批准后更新数据库。机动指标使用不得占用永久基本农田和生态保护红线。

2020 年 9 月，中共中央办公厅、国务院办公厅印发《关于调整完善土地出让收入使用范围优先支持乡村振兴的意见》。该文件指出，要提高土地出让收入用于农业农村比例。以省（自治区、直辖市）为单位确定计提方式。各省（自治区、直辖市）可结合本地实际，从以下两种方式中选择一种组织实施：一是按照当年土地出让收益用于农业农村的资金占比逐步达到 50% 以上计提，若计提数小于土地出让收入 8% 的，则按不低于土地出让收入 8% 计提；二是按照当年土地出让收入用于农业农村的资金占比逐步达到 10% 以上计提。

2021 年 3 月，《中共中央 国务院关于实现巩固拓展脱贫攻坚成果同乡村振兴有效衔接的意见》公开发布。该意见明确要做好土地支持政策衔接。坚持最严格耕地保护制度，强化耕地保护主体责任，严格控制非农建设占用耕地，坚决守住 18 亿亩耕地红线。以国土空间规划为依据，按照应保尽保原则，新增建设用地计划指标优先保障巩固拓展脱贫攻坚成果和乡村振兴用地需要，过渡期内专项安排脱贫县年度新增建设用地计划指标，专项指标不得挪用；原深度贫困地区计划指标不足的，由所在省份协调解决。过渡期内，对脱贫地区继续实施城乡建设用地增减挂钩节余指标省内交易政策；在东西部协作和对口支援框架下，对现行政策进行调整完善，继续开展增减挂钩节余指标跨省域调剂。

2021 年 3 月 12 日发布的《中华人民共和国国民经济和社会发展第十四个五年规划和 2035 年远景目标纲要》提出，要建立健全城乡统一的建设用地市场，统筹推进农村土地征收、集体经营性建设用地入市、宅基地制度改革。改革土地计划管理方式，赋予省级政府更大用地自主权，探索建立全国性的建设用地、补充耕地指标跨区域交易机制。建立不同产业用地类型合理转换机制，增加混合产业用地供给。

2. 省级层面

部分省份发布了乡村振兴土地规划方面的相关政策。例如：2021年5月17日，江西省人民政府办公厅印发《优先保障农业农村产业发展用地的若干措施》。文件指出，要支持各地统筹考虑农业农村发展空间布局，把县域作为城乡融合发展的重要切入点，科学编制国土空间规划，因地制宜合理安排建设用地规模、结构和布局及配套公共服务设施、基础设施，有效保障农村产业融合发展用地需要。规模较大、工业化程度高、分散布局配套设施成本高的产业项目要进产业园区；具有一定规模的农产品加工项目要向县城或有条件的乡镇城镇开发边界内集聚；直接服务种植养殖业的农产品加工、电子商务、仓储保鲜冷链、产地低温直销配送等项目，原则上应集中在行政村村庄建设边界内；利用农村本地资源开展农产品初加工、发展休闲观光旅游而必需的配套设施，可在不占用永久基本农田和生态保护红线、不突破国土空间规划建设用地指标等约束条件、不破坏生态环境和乡村风貌的前提下，在村庄建设边界外安排少量建设用地。新编县、乡级国土空间规划确保安排不低于10%的新增建设用地规模，重点保障乡村产业发展用地。各地要按照农业产业点状分布的特点，在县、乡级国土空间总体规划中预留不低于5%建设用地规划指标，重点保障乡村产业建设用地。各地制定土地利用年度计划时，可安排不少于5%新增建设用地指标，保障乡村重点产业和项目用地。对以农、林、牧、渔业产品初加工为主的工业项目，各地可按照土地出让底价不低于所在地土地等别相对应标准的70%执行。

2021年8月16日，黑龙江省人民政府办公厅印发了《黑龙江省人民政府办公厅关于切实加强高标准农田建设提升粮食安全保障能力的实施意见》。文件提出，到2022年，全省建成1亿亩集中连片、旱涝保收、节水高效、稳产高产、生态友好的高标准农田；到2025年，建成1.11亿亩高标准农田，改造提升1800万亩标准低的老项目区，以此稳定保障1600亿斤以上粮食产能；到2035年，通过持续改造提升，全省高标准农田保有量进一步提高，不断夯实粮食安全保障基础。

（九）乡村振兴特定地区发展方面的相关政策

1. 国家层面

2021年2月20日发布的《国务院关于新时代支持革命老区振兴发展的意见》提出，到2025年，革命老区脱贫攻坚成果全面巩固拓展，乡村振兴和新型城镇化建设取得明显进展，基础设施和基本公共服务进一步改善，居民收入增长幅度高于全国平均水平，对内对外开放合作水平显著提高，红色文化影响力明显增强，生态环境质量持续改善。到2035年，革命老区与全国同步基本实现社会主义现代化，现代化经济体系基本形成，居民收入水平显著提升，基本公共服务实现均等化，人民生活更加美好，形成红色文化繁荣、生态环境优美、基础设施完善、产业发展兴旺、居民生活幸福、社会和谐稳定的发展新局面。

2021年3月17日，国务院台湾事务办公室等11部门联合出台《关于支持台湾同胞台资企业在大陆农业林业领域发展的若干措施》。文件指出，支持有条件的地区设立海峡两岸乡村振兴合作基地，深化两岸农业融合发展，促进乡村产业振兴、人才振兴、文化振兴、生态振兴、组织振兴。

2. 省级层面

部分省份发布了乡村振兴特定地区发展方面的相关政策。例如：2018年7月18日，内蒙古自治区人民政府办公厅印发《关于促进少数民族聚居地区繁荣发展的意见》，从总体要求、重点任务、政策措施、组织保障等方面，对促进少数民族聚居地区繁荣发展做出部署。这体现了各民族之间平等、团结、共同繁荣的民族关系，反映了我国坚持落实民族区域自治制度，由此也看出了政府大力支持民族地区发展。

2019 年 5 月 21 日，广西壮族自治区人民政府、广东省人民政府印发《全面对接粤港澳大湾区粤桂联动　加快珠江—西江经济带建设三年行动计划（2019—2021 年）》。文件提出，到 2021 年，经济带综合实力明显增强，区域合作发展水平显著提升，大湾区的腹地作用逐渐凸显，成为我国西南、中南地区的重要增长极。

2021 年 11 月 25 日，贵州省文化和旅游厅印发了《贵州省推进乡村旅游与传统村落和少数民族特色村寨深度融合发展实施方案》。文件提出，要最大限度发挥贵州中国传统村落、中国少数民族特色村寨数量均居全国第一的优势，到 2025 年，在中国传统村落、少数民族特色村寨创建省级以上乡村旅游重点村 200 个，在中国传统村落新增标准级以上民宿、客栈、农家乐 200 家以上，打造 50 个乡村旅游与传统村落和少数民族特色村寨深度融合发展示范点，在全省形成特色突出、风情浓郁、效益显著的乡村旅游与传统村落、民族特色村寨深度融合发展格局，成为贵州文旅融合发展的一大特点和乡村旅游的亮丽名片。

第三部分 中国乡村振兴的理论成果

在此部分，我们从期刊论文和图书两大理论成果的主要载体入手，总结了乡村振兴的理论研究现状，并列示了具有代表性的50篇期刊论文和30本图书。由于篇幅有限，我们仅列示了期刊论文和图书的重要信息，若读者感兴趣，可以自行查阅。

一、期刊论文

（一）研究现状

自2017年10月18日在党的十九大报告中习近平同志提出了乡村振兴战略以来，"乡村振兴"一直是学术界研究的热点。研究现状如何，有哪些主题是研究热点，哪些期刊刊发的文章较多，哪些学者发文量较大，哪些机构研究成果丰硕，哪些基金资助力度较大，我们通过以下分析，一一解答。

本年鉴以中国知网数据库收录的文献为研究样本，检索的条件是主题为"乡村振兴"，检索的时间范围为2016~2021年，期刊主要是知网收录的SCI、EI、北大核心、CSSCI、CSCD期刊，检索时间为2022年1月4日，文献发表时间截止到2021年12月31日，共检索到论文9318篇。

本年鉴基于文献计量学研究方法，借助CiteSpace可视化软件，从时间分布、主要主题、次要主题、期刊分布、来源类别、学科分布、主要作者、研究机构、基金来源等方面，对我国乡村振兴学术研究进行可视化分析，结果分析如下：

1. 总体趋势

从图3-1可以看出，2017~2021年，知网收录的关于乡村振兴研究的SCI、EI、北大核心、CSSCI、CSCD期刊论文的发文量逐年上升。特别是在2017年至2019年，发文量呈几何倍数增长，

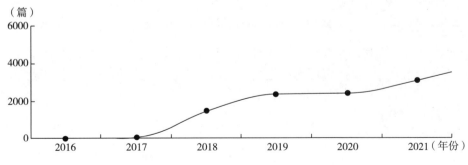

图3-1 2016~2021年我国乡村振兴学术研究的发文量

这可能与我国各级政府推行和落实乡村振兴战略的各项政策措施有关。2017 年 10 月 18 日，在党的十九大报告中，习近平同志提出了乡村振兴战略；2018 年 2 月 4 日，中央一号文件《中共中央 国务院关于实施乡村振兴战略的意见》发布；2018 年 3 月 5 日，国务院总理李克强在作政府工作报告时提出，大力实施乡村振兴战略，促进农业稳定发展和农民增收。此后，关于乡村振兴的学术研究如火如荼，发文量不断攀高（见表 3-1）。

表 3-1　2016~2021 年我国乡村振兴学术研究的发文量

年份	发表篇数
2016	2
2017	42
2018	1438
2019	2358
2020	2394
2021	3084

2. 主题分布

（1）主要主题分布。

关于乡村振兴的学术研究，主要主题分别是"乡村振兴""乡村振兴战略""脱贫攻坚""乡村治理""中国共产党""乡村旅游"等。除此之外，"职业教育""有效衔接""高质量发展""民族地区""实现路径""城乡融合"等也是研究热点（见图 3-2）。

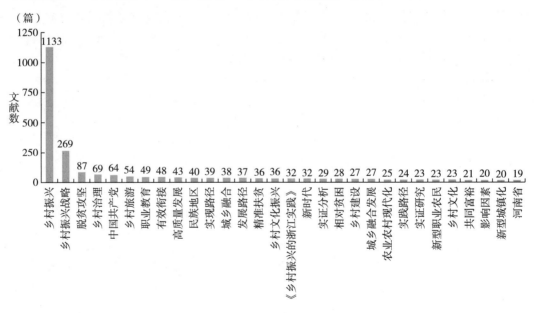

图 3-2　刊发量排名前 30 的主要主题

从研究主题来看，乡村振兴学术研究不仅与"脱贫攻坚"和"精准扶贫"方面的研究紧密相连，还与"城乡融合""农业农村现代化""新型城镇化""共同富裕"等方面的研究交叉融合，"产业兴旺、生态宜居、乡风文明、治理有效、生活富裕"也是研究热点，如"乡村治理""乡村旅游""乡村文化振兴"等。

（2）次要主题分布。

次要主题主要有"乡村振兴""乡村振兴战略""乡村治理""相对贫困""高质量发展""脱贫攻坚"等，其中还结合了一些特别细分且为当今热点的主题，如"基层治理""乡土文化""职业院校""村干部"等，这些研究为今后的乡村振兴细化研究提供了思路（见图3-3）。

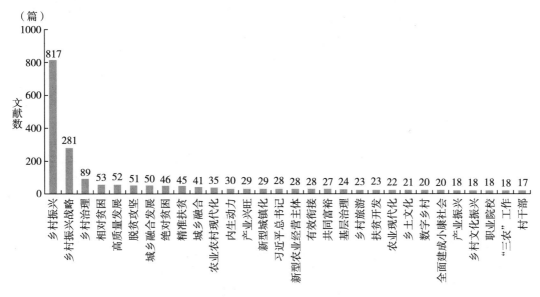

图 3-3 刊发量排名前 30 的次要主题

3. 期刊分布

刊发乡村振兴相关论文最多的是《中国农业资源与区划》《农业经济问题》《南京农业大学学报（社会科学版）》《经济地理》《贵州社会科学》等期刊。分布的期刊类别比较广泛，既有农业类的期刊，又有经济管理类的期刊，还有《改革》《图书与情报》《社会学研究》等党政类、传媒类、社会学类的期刊（见图3-4）。

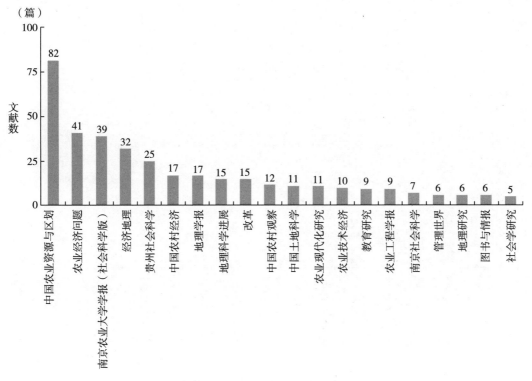

图 3-4 刊发量排名前 20 的期刊

4. 学科分布

刊发的论文涉及农业经济、政党及群众组织、旅游、文化、宏观经济管理与可持续发展、金融、中国共产党、建筑科学与工程等学科，学科分布十分广泛，表明乡村振兴学术研究已经引起各个学科的广泛关注（见图3-5）。

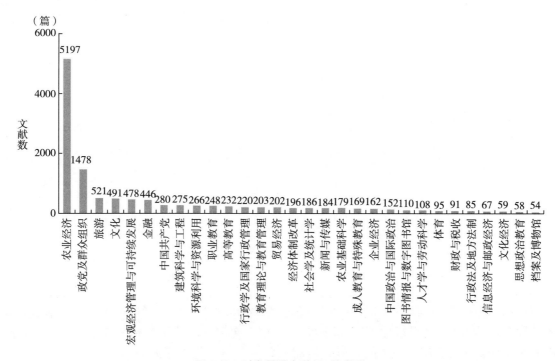

图3-5　刊发量排名前30的学科

5. 研究层次分布

刊发的论文主要集中在应用研究、开发研究—政策研究两个方面，开发研究、应用研究—政策研究、工程研究、开发研究—行业研究方面也有不少涉及，其余方面则分布较少，表明目前的乡村振兴研究还是以应用型研究为主（见图3-6）。

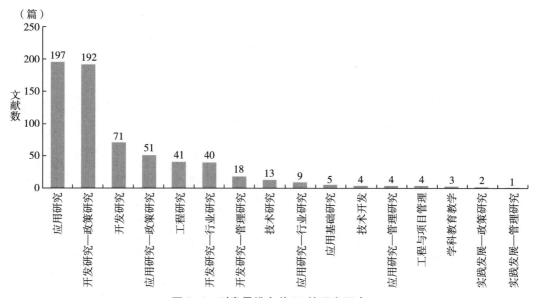

图3-6　刊发量排名前20的研究层次

6. 来源类别

文献主要来源于核心期刊和中文社会科学引文索引期刊（CSSCI 期刊），占比分别为 58.82% 和 40.61%，具有权威性和代表性（见图 3-7）。

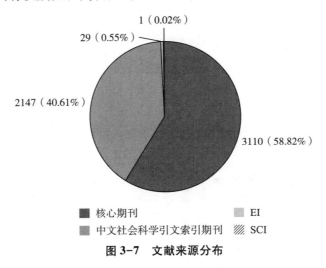

图 3-7　文献来源分布

7. 作者分布

部分作者发表了多篇论文，在此领域坚持长期研究，取得丰硕成果。作者单位不仅有大学、学术研究机构，还有政府研究机构（见图 3-8）。

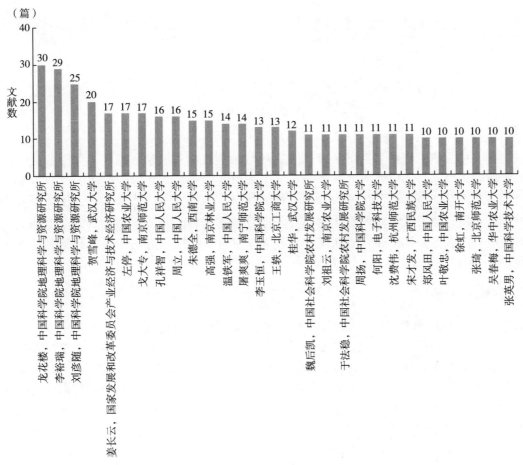

图 3-8　发文量在 10 篇及以上的作者及发文情况（部分）

8. 机构分布

刊发量最多的是中国人民大学、中国农业大学、武汉大学、华中师范大学、中国科学院地理科学与资源研究所、西南大学、北京师范大学、北京大学、四川大学，刊发量均在100篇及以上。中国社会科学院农村发展研究所和中国农业科学院农业经济与发展研究所的刊发量也达到了96篇和64篇，研究成果十分丰硕。由此可以看到，除了农业类大学和研究机构以外，一些综合性大学，如中国人民大学、武汉大学、北京大学等，也在乡村振兴方面成果丰硕（见图3-9）。

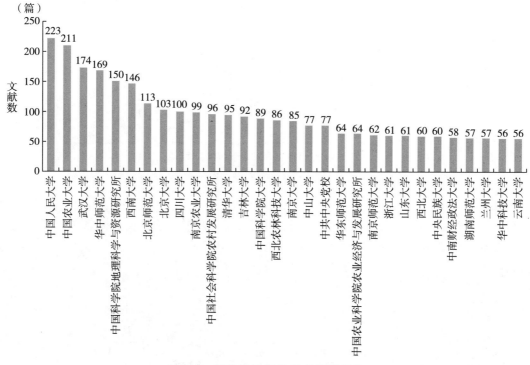

图 3-9　刊发量排名前 30 的研究机构

9. 基金来源

乡村振兴相关论文的基金主要来源于国家社会科学基金和国家自然科学基金、教育部人文社会科学研究项目基金，这三项占据了所有基金来源的70%以上，除此之外，还有中央高校基本科研业务费专项资金项目、全国教育科学规划课题、中国博士后科学基金、国家重点研发计划这类基金资助，也占据了较大的比例，另外还有各省的各类基金资助，资助基金的类别十分多样。由此可以看出，从中央到地方政府，各级单位对乡村振兴方面的学术研究都是大力支持的（见图3-10）。

（二）论文精选

基于知网收录的 SCI、EI、北大核心、CSSCI、CSCD 期刊论文，以"乡村振兴"为主题，时间跨度为 2016~2021 年，可以检索到 9318 篇文章，我们按照被引用量从高到低排序，前 50 篇文章如表 3-2 所示，这些论文的被引用量全部在 120 次以上。

由表 3-2 可知，很大一部分是对乡村振兴战略的意义、内涵、逻辑、实施路径、政策解读、障碍因素、评价体系等方面进行了分析，有一部分从城镇化、城乡融合、农业农村现代化等方面分析了我国乡村振兴的现状，还有一部分从产业、文化、乡村治理、人居环境、乡村旅游、土地治理等更细的方面分析了我国乡村振兴的具体实践。总体而言，在 2017 年国家提出乡村振兴战略以后，这些文章奠定了我国乡村振兴学术理论研究的基础，具有举足轻重的地位。

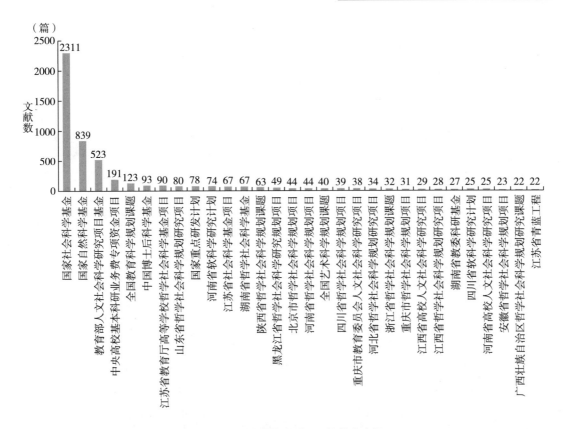

图 3-10　刊发量排名前 20 的基金来源

表 3-2　知网收录的主题为"乡村振兴"的论文

序号	篇名	作者	刊名	发表时间
1	中国新时代城乡融合与乡村振兴	刘彦随	地理学报	2018-03-26 14：20
2	新时代中国乡村振兴战略论纲	叶兴庆	改革	2018-01-15
3	准确把握中国乡村振兴战略	黄祖辉	中国农村经济	2018-04-25 13：50
4	乡村价值定位与乡村振兴	张军	中国农村经济	2018-02-02 10：18
5	实施乡村振兴战略，推进农业农村现代化	陈锡文	中国农业大学学报（社会科学版）	2018-02-02 11：12
6	乡村振兴战略的关键点、发展路径与风险规避	刘合光	新疆师范大学学报（哲学社会科学版）	2018-01-06 09：59
7	乡村振兴：从衰落走向复兴的战略选择	张强、张怀超、刘占芳	经济与管理	2018-01-09 11：14
8	实施乡村振兴战略的系统认识与道路选择	郭晓鸣、张克俊、虞洪、高杰、周小娟、苏艺	农村经济	2018-01-25
9	乡村振兴战略下的乡土文化价值再认识	索晓霞	贵州社会科学	2018-01-01
10	关于实施乡村振兴战略的几个问题	贺雪峰	南京农业大学学报（社会科学版）	2018-05-14

续表

序号	篇名	作者	刊名	发表时间
11	中国乡村振兴及其地域空间重构——特色小镇与美丽乡村同建振兴乡村的案例、经验及未来	王景新、支晓娟	南京农业大学学报（社会科学版）	2018-03-08
12	乡村旅游引导乡村振兴的研究框架与展望	陆林、任以胜、朱道才、程久苗、杨兴柱、杨钊、姚国荣	地理研究	2019-01-25 15：45
13	城乡融合与乡村振兴：理论探讨、机理阐释与实现路径	何仁伟	地理研究	2018-11-15 17：34
14	乡村振兴与脱贫攻坚的有机衔接及其机制构建	豆书龙、叶敬忠	改革	2019-01-15
15	新时代乡村振兴战略的实施路径及策略	唐任伍	人民论坛·学术前沿	2018-02-02
16	论土地整治与乡村振兴	龙花楼、张英男、屠爽爽	地理学报	2018-10-15 11：15
17	乡村振兴战略中的产业融合和六次产业发展	周立、李彦岩、王彩虹、方平	新疆师范大学学报（哲学社会科学版）	2018-01-08 15：53
18	城市化进程中的乡村衰落现象：成因及治理——"乡村振兴战略"实施视角的分析	姜德波、彭程	南京审计大学学报	2017-12-25 10：36
19	文化治理视角下的乡村文化振兴：价值耦合与体系建构	吴理财、解胜利	华中农业大学学报（社会科学版）	2019-01-05
20	基层党组织与乡村治理现代化：基于乡村振兴战略的分析	蔡文成	理论与改革	2018-05-09 14：31
21	乡村振兴评价指标体系构建与实证研究	张挺、李闽榕、徐艳梅	管理世界	2018-08-15
22	明确发展思路，实施乡村振兴战略	罗必良	南方经济	2017-10-25
23	乡村振兴战略的若干维度观察	郭晓鸣	改革	2018-03-15
24	新时代中国特色乡村振兴战略探究	陈龙	西北农林科技大学学报（社会科学版）	2018-05-10
25	谁的乡村建设——乡村振兴战略的实施前提	贺雪峰	探索与争鸣	2017-12-20
26	实施乡村振兴战略的科学内涵与实现路径	钟钰	新疆师范大学学报（哲学社会科学版）	2018-01-26 16：37
27	城镇化与旅游发展背景下的乡村文化研究：学术争鸣与研究方向	黄震方、黄睿	地理研究	2018-02-26 11：04
28	乡村振兴视域下乡村文化重塑的必要性、困境与路径	吕宾	求实	2019-03-10
29	乡村振兴战略思想的理论渊源、主要创新和实现路径	张海鹏、郜亮亮、闫坤	中国农村经济	2018-11-30
30	中国新型城镇化高质量发展的规律性与重点方向	方创琳	地理研究	2019-01-25 15：45
31	聚焦乡村振兴战略 探究农业农村现代化方略——"乡村振兴战略研讨会"会议综述	熊小林	中国农村经济	2018-02-02 10：18
32	实施乡村振兴战略的几个抓手	张晓山	人民论坛	2017-11-25

序号	篇名	作者	刊名	发表时间
33	乡村振兴战略的全域旅游：一个分析框架	刘棣子	改革	2017-12-15
34	乡村振兴战略：历史沿循、总体布局与路径省思	叶敬忠	华南师范大学学报（社会科学版）	2018-03-25
35	新时代乡村振兴战略的新要求——2018年中央一号文件解读	刘晓雪	毛泽东邓小平理论研究	2018-03-31
36	乡村振兴战略下农村人居环境整治	于法稳	中国特色社会主义研究	2019-04-11
37	土地利用转型与乡村振兴	龙花楼、屠爽爽	中国土地科学	2018-07-15
38	乡村振兴战略背景下乡村旅游的发展逻辑与路径选择	银元、李晓琴	国家行政学院学报	2018-10-25 09：06
39	乡村振兴战略中的农业地位与农业发展	陈秧分、王国刚、孙炜琳	农业经济问题	2018-01-23
40	脱贫攻坚与乡村振兴有机衔接：逻辑关系、内涵与重点内容	汪三贵、冯紫曦	南京农业大学学报（社会科学版）	2019-09-25
41	大力实施乡村振兴战略	朱泽	中国党政干部论坛	2017-12-06
42	激活参与主体积极性，大力实施乡村振兴战略	刘合光	农业经济问题	2018-01-23
43	乡村振兴战略的主要含义、实施策略和预期变化	李周	求索	2018-03-10
44	改革开放40年来中国城镇化与城市群取得的重要进展与展望	方创琳	经济地理	2018-09-29 16：17
45	基于社会主要矛盾变化的乡村振兴战略：内涵及路径	蒋永穆	社会科学辑刊	2018-03-15
46	乡村振兴—乡村旅游系统耦合机制与协调发展研究——以湖南凤凰县为例	李志龙	地理研究	2019-03-20
47	如何走好新时代乡村振兴之路	魏后凯	人民论坛·学术前沿	2018-02-02
48	精准脱贫与乡村振兴的内在逻辑及有机衔接路径研究	庄天慧、孙锦杨、杨浩	西南民族大学学报（人文社会科学版）	2018-12-06
49	乡村振兴战略的时代意义	范建华	行政管理改革	2018-02-10
50	当前乡村振兴的障碍因素及对策分析	朱启臻	人民论坛·学术前沿	2018-02-02

由于本年鉴篇幅有限，以下仅节选了表3-2所列论文的摘要和关键词，读者若需要查看原文，可以去中国知网自行下载。

1.《中国新时代城乡融合与乡村振兴》

作者：刘彦随

作者单位：中国科学院地理科学与资源研究所　北京师范大学地理科学学部

摘要：城市与乡村是一个有机体，只有两者可持续发展，才能相互支撑。依据人地关系地域系统学说，城乡融合系统、乡村地域系统是全新认知和理解城乡关系的理论依据。针对日益严峻的"乡村病"问题，全面实施乡村振兴，既是推进城乡融合与乡村持续发展的重大战略，又是破解"三农"问题，决胜全面建成小康社会的必然要求。本文探讨了新时代城乡融合与乡村振兴的基础理论，剖析了乡村发展面临的主要问题，提出了问题导向的中国城乡融合与乡村振兴科学途径及研究前沿领域。结果表明：①城乡融合与乡村振兴的对象是一个乡村地域多体系统，包括城乡融合体、乡村综合体、村镇有机体、居业协同体，乡村振兴重在推进城乡融合系统优化重构，加快建设城乡基础网、乡村发展区、村镇空间场、乡村振兴极等所构成的多级目标体系。②中国"三农"问题本质上是一个乡村地域系统可持续发展问题，当前乡村发展正面临主要农业生产要素高速非农化、农村社会主体过快老弱化、村庄建设用地日益空废化、农村水土环境严重污损化和乡村贫困片区深度贫困化"五化"难题。③乡村是经济社会发展的重要基础，城乡融合与乡村振兴战略相辅相成，乡村振兴应致力于创建城乡融合体制机制，推进乡村极化发展，按照产业兴旺、生态宜居、乡风文明、治理有效、生活富裕的要求，构建乡村地域系统转型—重构—创新发展综合体系。④乡村振兴地理学研究应着眼于乡村地域系统的复杂性、综合性、动态性，探究以根治"乡村病"为导向的新型村镇建设方案、模式和科学途径，为实现新时代中国乡村振兴战略提供理论参考。

关键词：城乡融合系统；乡村地域系统；村镇有机体；乡村振兴极；乡村振兴战略；乡村地理学

2.《新时代中国乡村振兴战略论纲》

作者：叶兴庆

作者单位：国务院发展研究中心农村经济研究部

摘要：以乡村振兴战略统领未来国家现代化进程中的农业农村发展，是解决我国发展不平衡不充分问题、满足人民日益增长的美好生活需要的要求。与新农村建设的总要求相比，乡村振兴的总要求不仅体现在字面的调整上，更体现在内涵的深化上，可以说是其升级版。在城乡二元结构仍较为明显的背景下，要促进农业农村现代化跟上国家现代化步伐，必须牢牢把握农业农村优先发展和城乡融合发展两大原则。要抓好"人、地、钱"三个关键，促进乡村人口和农业从业人员占比下降、结构优化，加快建立乡村振兴的用地保障机制，建立健全有利于各类资金向农业农村流动的体制机制。要特别关注边远村落和贫困群体。

关键词：新时代；国家发展战略；乡村振兴战略

3.《准确把握中国乡村振兴战略》

作者：黄祖辉

作者单位：浙江大学中国农村发展研究院　浙江大学公共管理学院

摘要：准确把握中国乡村振兴战略，关系到乡村振兴战略实施的效率。首先是把握好乡村振兴战略与城市化战略的关系，其次是把握好"二十字"方针的科学内涵及其内在关系，最后是协调好乡村振兴战略的实施路径。本文认为，乡村振兴战略要以党的十九大精神为统领，在具体的实施中，要从区域新型城镇化战略和乡村差异化发展的实际出发。乡村振兴战略"二十字"方针所体现的五大具体目标任务具有相互联系性，因此，既要准确把握"二十字"方针的科学内涵，又要把握好"二十字"方针中五大目标任务的相互关系。在具体的实施过程中，还应重视"三条路径"的协调推进，即"五个激活"驱动、"五位一体"协同和"五对关系"把控的协调推进。

关键词：乡村振兴战略；新型城镇化战略；中国

4.《乡村价值定位与乡村振兴》

作者：张军

作者单位：中国社会科学院农村发展研究所

摘要：经济建设、文化建设、生态建设、福祉建设和政治建设既是全面振兴乡村的重要内容，又是解决人民日益增长的美好生活需要和不平衡不充分的发展之间矛盾的主要抓手之一。为了保障乡村振兴的实施和可持续发展，调动全社会广泛参与乡村振兴，建议在国家层面上制定相关法律法规，编制乡村振兴规划，设置乡村振兴机构，采取主要领导负责制；在制度层面上以市场经济为基础，创新乡村振兴体制机制。

关键词：乡村；价值；乡村振兴

5.《实施乡村振兴战略，推进农业农村现代化》

作者：陈锡文

作者单位：中国人民政治协商全国委员会　中国人民政治协商全国委员会经济委员会　中国农业大学国家农业农村发展研究院

摘要：中国农业发展新年论坛每年都会引起很大的反响，很高兴能有机会参加2018年的新年年会。今年论坛的主题是关于乡村振兴战略，党的十九大报告中关于乡村振兴战略的篇幅虽然不长，但是内容非常丰富、非常重要。我想借这个机会，就乡村振兴谈两点个人的认识，供大家参考。第一是为什么中央要在这个时候提出实施乡村振兴战略；第二是在乡村振兴的过程中，怎样实现农业农村的现代化。

6.《乡村振兴战略的关键点、发展路径与风险规避》

作者：刘合光

作者单位：中国农业科学院农业经济与发展研究所

摘要：乡村振兴战略是我党在新时代建设现代化强国的重大战略构想。本文分析了乡村振兴战略对化解我国社会发展主要矛盾的作用、乡村振兴战略的四大关键点、四大路径和四种误区。建议抓好战略关键点，遵循战略实施阻力最小的路线图，踏准四大路径，规避潜在的风险，深入实施乡村振兴战略，打造适应新时代要求的城乡融合发展新格局。

关键词：乡村振兴战略；新时代；社会发展主要矛盾；全面建成小康社会

7.《乡村振兴：从衰落走向复兴的战略选择》

作者：张强　张怀超　刘占芳

作者单位：首都经济贸易大学城市经济与公共管理学院

摘要：乡村振兴是相对于农村衰落而言的。农村衰落主要表现为农村居住人口过度减少而导致的空心化、老龄化等现象。实现乡村振兴，需要将快速工业化、城镇化阶段以解决"促进农业劳动力就业转移问题"为主的指导思想转变为新时期以解决"转移后问题"为主的指导思想；需要对国民经济分配格局做出重大调整，更快地补齐农村基础设施和公共服务的各项短板；需要改变各种发展要素主要由农村向城市单向流动的局面，创造城乡要素双向流动、相互融通的新格局，在激发农村内部动力和积极性的同时，更加开放地吸引、吸纳农村外部的资源。

关键词：乡村振兴；城乡融合；人口流动；农村病

8.《实施乡村振兴战略的系统认识与道路选择》

作者：郭晓鸣　张克俊　虞洪　高杰　周小娟　苏艺

作者单位：四川乡村振兴战略研究智库

摘要：一个国家在推进工业化、城镇化过程中乡村衰退现象并不是必然会出现的规律，关键是找准调整工农城乡关系和乡村振兴的时机。中国特色社会主义进入新时代，实施乡村振兴战略既高度契合了工业化、城镇化与城乡关系的演变规律，又是党中央着眼于"四化同步"、全面实现现代化而做出的重大战略部署。四川是全国农业大省和农村人口大省，实施乡村振兴战略既有全国一般性特征，又有自身的特殊性道路选择。四川实施乡村振兴战略的道路应是：以深度贫困和衰退重点地区为乡村振兴的重点区域，以村庄整治、建设生态宜居村庄为突破口，以推进城乡融合发展为根本路径，以激活要素为乡村振兴的关键，以壮大乡村集体经济为重要抓手。

关键词：城乡关系；乡村振兴；道路选择

9.《乡村振兴战略下的乡土文化价值再认识》

作者：索晓霞

作者单位：贵州省社会科学院

摘要：乡土文化正面临一个机遇与挑战共存的历史时空，对乡土文化价值的再认识，是我国进入新的历史阶段提出的新要求。时间之轴、空间维度、整体视野、内部关照是乡土文化价值再认识的基本路径。乡土文化是乡村振兴凝心聚力的黏合剂和发动机，是城乡融合发展的巨大文化资本，是中国特色乡村文明的多样性文化构成，是中国生态文明建设离不开的传统文化基因。保护乡土文化的多样性就是保护一体多元的中华文化的多样性。在乡村振兴战略推进过程中要保护好乡土文化，乡村振兴战略需要传统乡土文化的现代转型。

关键词：乡村振兴；乡土文化；价值；再认识

10.《关于实施乡村振兴战略的几个问题》

作者：贺雪峰

作者单位：武汉大学社会学院

摘要：当前中国农村和农民已经发生巨大分化，不再存在于一个抽象而统一的乡村，因此，实施乡村振兴战略必须因地制宜，需要进行深入分析。总体而言，当前中国仍然处在快速城镇化的阶段，实施乡村振兴战略显然不是要对已经得到较好发展的乡村和具备较好发展资源条件的乡村进行锦上添花式的建设，而是要着力为占中国农村和农民大多数的中西部一般农业型农村地区雪中送炭；也不是要为具备进城能力的农民提供更多利益，而是要为缺少进城机会与能力的农民提供保障。乡村振兴战略尤其不是也不能是资本下乡、城市富人下乡的市场通道。

关键词：乡村振兴；乡村建设；城市化；资本下乡；农民分化

11.《中国乡村振兴及其地域空间重构——特色小镇与美丽乡村同建振兴乡村的案例、经验及未来》

作者：王景新[1]　支晓娟[2]

作者单位：1. 浙江大学土地与国家发展研究院　2. 河海大学公共管理学院

摘要：中国农村全面复兴始于中华人民共和国成立，特色小镇与美丽乡村同建，推进中国乡村振兴进入地域空间重构和综合价值追求的新阶段。农业产业多元价值追求拓展为农村地域空间内一、二、三产业融合发展，农村现代化推向特色小镇和美丽乡村同步规划建设新阶段，农民与市民的收入水平、生活品质、权益保障和基本公共服务等方面的差距全面缩小；农村地域空间内同时嵌入了"四化同步推进""城乡一体化""基本公共服务均等化""留得住绿水青山""记得住乡愁"等多重愿景，伟大复兴中国梦赋予"乡村振兴"的重大历史使命将逐步实现。下一步，应该以县域为单元，以乡村振兴为重心，以特色小镇和美丽乡村同步规划建设为抓手，制定更加具体可行的"乡村振兴"计划和推进政策。

关键词：特色小镇建设；乡村振兴；空间重构

12.《乡村旅游引导乡村振兴的研究框架与展望》

作者：陆林[1]　任以胜[1]　朱道才[1,2]　程久苗[1]　杨兴柱[1]　杨钊[1]　姚国荣[3]

作者单位：1. 安徽师范大学地理与旅游学院　2. 安徽财经大学经济学院　3. 安徽师范大学经济管理学院

摘要：中国特色社会主义进入新时代，城乡发展不平衡、乡村发展不充分等问题日益突出，实施乡村振兴战略是解决人民日益增长的美好生活需要和不平衡不充分的发展之间矛盾的必然要求。发展乡村旅游能够有力地契合和服务新时代国家发展战略，促进农业提质增效、农民增收致富、农村繁荣稳定，加快统筹城乡融合发展步伐，是实现乡村振兴的重要途径。系统梳理国内外乡村旅游引导乡村振兴的相关研究成果，针对内容深度相对薄弱、功能拓展比较泛化、时代特征不够显著等问题，把握新时代乡村旅游发展的新特点、新使命、新要求，充分考虑中国是一个发展中的经济大国、人口大国、农业大国的基本国情，构建融合地理学、旅游学、经济学、社会学、管理学等相关学科理论的新时代中国乡村旅游引导乡村振兴的研究框架，归纳乡村旅游引导乡村振兴的五个重点研究内容，即乡村旅游引导乡村振兴的学理和逻辑机理研究、乡村旅游引导乡村经济振兴的路径研究、乡村旅游引导乡村生态宜居的路径研究、乡村旅游引导乡村治理体系重构的路径研究、乡村旅游引导乡村振兴的政策体系研究。五个重点研究内容包括理论层面、实践层面和保障层面，在相互联系、相互影响、相互作用中共同促进城乡融合发展，实现乡村振兴的科学、持续、健康发展。掌握和运用科学的方法论，汲取科学方法论的智慧和营养，构建多方法综合集成的方法体系，确保数据采集的真实性和数据处理的科学性，是新时代乡村旅游引导乡村振兴研究的关键。

关键词：乡村旅游；乡村振兴；"三农"问题；城乡融合；新时代

13.《城乡融合与乡村振兴：理论探讨、机理阐释与实现路径》

作者：何仁伟

作者单位：北京市社会科学院市情调查研究中心　西昌学院资源与环境学院

摘要：缩小城乡差距，促进城乡均衡发展，实现城乡居民生活质量等值，是乡村振兴和城乡融合发展的重要目标。通过基础理论分析，探讨了城乡融合与乡村振兴的科学内涵，剖析了城乡融合与乡村振兴的相互关系，构建了城乡空间均衡模型，提出了中国城乡融合与乡村振兴实现途径及需要深入研究的方向。结果表明：①城乡融合发展是基于空间布局优化和制度供给创新的经济、社会、环境全面融合发展，"乡村振兴五边形"和"人—地—钱—业"是乡村振兴的核心内涵；城乡融合与乡村振兴战略相互支撑，城乡融合和乡村振兴的过程是城乡空间动态均衡的过程。②城乡发展的空间均衡模型可以较好地阐释促进城乡融合发展、实施乡村振兴的关键问题，通过城乡要素的重新优化配置和人口的流动，城乡人均综合发展效益逐渐趋于相等；城乡等值线可以进一步解释城乡发展空间均衡的动态过程与传导机理。③从政策制度构建、"点轴"渐进扩散、分区分类推进、典型发展模式提炼等方面探讨乡村振兴的科学路径，可以为中国乡村振兴战略实施提供理论参考。

关键词：城乡融合；乡村振兴；城乡等值化；空间均衡；实施路径

14.《乡村振兴与脱贫攻坚的有机衔接及其机制构建》

作者：豆书龙　叶敬忠

作者单位：中国农业大学人文与发展学院

摘要：乡村振兴与脱贫攻坚衔接的必要性主要体现在基层实践现实需要、制度衔接理论诉求与社会主义本质要求三个层面。以内容共融、作用互构和主体一致为表征的互涵式关系为两者衔接奠定了理论可行性。在实践可行性方面，乡村振兴可以借鉴脱贫攻坚的有效经验实现稳健推进，而脱贫攻坚亦能够利用乡村振兴机遇谋求纵深发展。虽然乡村振兴和脱贫攻坚在有机衔接方面取得了积极进展，但是仍然存在着体制机制衔接不畅、产业发展升级困难和内生动力难以激发等问题。为此，应该在体制机制统筹落实、产业发展多元鼓励和主体意识积极培育等方面精准发力，推动乡村振兴与脱贫攻坚的有机衔接。

关键词：乡村振兴；脱贫攻坚；衔接机制

15.《新时代乡村振兴战略的实施路径及策略》

作者：唐任伍

作者单位：浙江师范大学经济与管理学院

摘要：党的十九大提出乡村振兴战略是中华民族伟大复兴、实现中国梦的必然要求，是厚植中华文明根基、发展现代文明的需要，是实现城乡、区域和人的均衡发展的必要条件，是推动新型城市化、实现中国经济可持续发展的需要，是实现中国充分发展的必由之路。深化农村体制机制创新和改革，运用现代科学技术加快推进农业现代化，注入先进文化，活化乡村精气神，建设现代乡村文明，建立现代乡村治理体系，实现乡村治理体系和治理能力现代化，是实现乡村振兴的路径。实施乡村振兴战略，必须借鉴国外成功的经验，创新实施理念，精心谋划，精准试策，建设田园综合体，加强乡村振兴的制度建设。

关键词：新时代；乡村振兴战略；现代化乡村治理体系

16.《论土地整治与乡村振兴》

作者：龙花楼[1,2]　张英男[1,3]　屠爽爽[1,4]

作者单位：1. 中国科学院地理科学与资源研究所　2. 中国科学院精准扶贫评估研究中心 3. 中国科学院大学　4. 广西师范学院北部湾环境演变与资源利用教育部重点实验室

摘要：乡村振兴的核心目的是系统构建人口、土地、产业等多种发展要素的耦合格局。土地整治在乡村振兴过程中肩负着为人口集聚、产业发展提供资源支撑的基础性作用。本文基于影响乡村发展的关键要素，阐释了新时代乡村振兴和土地整治的内涵及其互馈关系，剖析了乡村振兴背景下土地整治的区域实施路径。最后就未来乡村振兴视角下土地整治的方向进行了展望与讨论。结论如下：①乡村振兴的内涵在于为应对乡村内部要素的流失与衰退，通过经济、政治及文化建设等手段激发内部动力，吸纳外部资源来重新组合、优化配置和高效利用乡村人口、土地和产业等发展要素，从而优化要素结构、提升地域功能、重塑乡村形态，实现乡村地域经济、社会及生态的全面复兴和城乡融合发展的新格局；②乡村振兴视角下的土地整治要激活乡村人口、土地和产业等关键发展要素，统筹物质空间振兴与精神内核提升；③开展农村土地整治要与区域自然本底条件和社会经济发展阶段相适应，按照分区统筹、分类施策的原则在国土空间开发格局的框架下因地制宜地采取相应的模式与路径；④未来有必要重塑土地整治的价值取向，在统一空间规划体系下统筹土地整治规划与乡村振兴规划，大力发展土地整治与多功能农业相结合的新模式。

关键词：乡村转型发展；乡村振兴；土地整治；土地利用转型；发展要素；区域模式

17.《乡村振兴战略中的产业融合和六次产业发展》

作者：周立　李彦岩　王彩虹　方平

作者单位：中国人民大学农业与农村发展学院

摘要：党的十九大提出的乡村振兴战略是对乡村衰落的有力回应。推进乡村产业振兴，实现产业兴旺，是乡村振兴战略的实施要点。全球乡村衰落是因为产业分割条件下农业多功能性的丧失。通过产业融合重拾农业多功能性，是乡村产业振兴的关键。中国乡村振兴战略的实施应当把握新时代，满足新需求，创造新供给，培育新业态。借鉴日韩两国乡村振兴的经验，发挥六次产业中的加法效应和乘法效应，促进乡村产业创造新供给，培育乡村一二三产业融合的新业态，从而发挥出农业的多功能性，实现农业价值增值，推动乡村振兴战略的实现。

关键词：乡村振兴战略；产业融合；六次产业；农业多功能性

18.《城市化进程中的乡村衰落现象：成因及治理——"乡村振兴战略"实施视角的分析》

作者：姜德波　彭程

作者单位：南京审计大学经济与贸易学院

摘要：党的十九大报告提出了"实施乡村振兴战略"。乡村振兴是"中国梦"不可或缺的组成部分，城市化进程中的乡村衰落现象不容忽视，乡村问题的解决关系到乡村振兴战略能否实现和现代乡村能否建成。为此，本文剖析了我国乡村衰落的成因，探索了乡村振兴战略落实的办法，提出了现代乡村建设的可能路径。

关键词：党的十九大报告；乡村振兴战略；现代乡村；城市化；城乡统筹；中国梦；"三农"问题；乡村衰落现象；乡村社会治理

19.《文化治理视角下的乡村文化振兴：价值耦合与体系建构》

作者：吴理财　解胜利

作者单位：华中师范大学湖北经济与社会发展研究院/政治与国际关系学院

摘要：乡村振兴战略是解决新时代"三农"问题的新指针和整体性治理的新方略，而乡村文化振兴是乡村振兴的题中之义。在文化治理视角下阐述乡村文化振兴与乡村振兴的多重价值目标耦合，发现乡村文化产业振兴与产业兴旺目标耦合、乡村伦理文化复兴与乡风文明目标耦合、乡村自治文化重建与治理有效目标耦合、乡村农耕文化复兴与生态文明目标耦合，进而提出应通过优化乡村公共文化服务体系，完善乡村农耕文化传承体系，建构乡村现代文化产业体系，创新乡村现代文化治理体系，加快推进乡村文化振兴，为乡村振兴战略的实施提供文化推力和精神动力。

关键词：乡村振兴；乡村文化；文化治理；耦合发展

20.《基层党组织与乡村治理现代化：基于乡村振兴战略的分析》

作者：蔡文成

作者单位：兰州大学马克思主义学院

摘要：乡村治理是国家治理体系的重要组成部分，农村基层党组织是乡村治理的根本力量和治理体系的中心，是实施乡村振兴战略的根本保障。基层党组织的治理能力决定着乡村治理的成效，它是一个综合体系，政治领导力是根本，思想引领力是关键，群众组织力是保障，社会号召力是基础。在乡村治理实践中，存在治理结构协调性、治理主体融合性、治理体系法治化以及治理方式创新性方面的挑战和困境。实施乡村振兴战略，基层党组织必须要树立先进治理理念、优化治理体系、提升治理能力、创新治理方法、营造治理环境，不断推动乡村治理现代化。

关键词：基层党组织；乡村振兴；乡村治理

21.《乡村振兴评价指标体系构建与实证研究》

作者：张挺[1,2]　李闽榕[3]　徐艳梅[4]

作者单位：1. 中国科学院大学　2. 国资委机械工业经济管理研究院发展战略研究所　3. 中智科学技术评价研究中心　4. 中国科学院大学经济与管理学院

摘要：乡村振兴战略的实施成效直接影响农业农村农民问题能否得到有效解决，构建科学、有效的乡村振兴评价指标体系是推进这一战略实施的基础保障。本研究在梳理现有研究成果和实践经验的基础上，从产业兴旺、生态宜居、乡风文明、治理有效、生活富裕 5 个方面，筛选出 15 个三级指标和 44 个四级指标，构建出乡村振兴评价指标体系，并运用该评价指标体系对 11 省份的 35 个乡村进行了实证评价分析。

关键词：乡村振兴；指标体系；熵权法

22.《明确发展思路，实施乡村振兴战略》

作者：罗必良

作者单位：华南农业大学国家农业制度与发展研究院　广东经济学会

摘要：党的十九大报告浓墨重彩地描绘了乡村振兴战略。以习近平同志为核心的党中央始终将"三农"问题作为全党工作的重中之重。随着中国特色社会主义进入新时代，农业农村发展也步入新的历史阶段。党的十九大报告提出了实施乡村振兴战略的总要求，就是坚持农业农村优先发展，努力做到产业兴旺、生态宜居、乡风文明、治理有效、生活富裕。这 20 个字是站在新的历史背景下设定的新的战略目标，具有划时代的里程碑式意义，将为实现"两个一百年"奋斗目标奠定坚实基础。

23.《乡村振兴战略的若干维度观察》

作者：郭晓鸣

作者单位：四川省社会科学院

摘要：乡村振兴战略主要基于要素非农化、劳动力老龄化、农村空心化、环境超载化等深层矛盾，以及不均衡、短期化、虚假性等现实性严峻挑战而提出。乡村振兴是全新战略理念下的创新型发展，必须重点解决农业和农村发展中的突出问题，补齐现实短板，破解重大难题。乡村振兴的关键性战略路径包括全面深化改革为乡村振兴提供关键性动力，健全市场机制为乡村振兴奠定基础性支撑，强化城乡融合为乡村振兴创新体制机制，坚持发展提升为乡村振兴明确目标指向，推进适度规模为乡村振兴提供发展引领。推进乡村振兴战略必须防范过度行政化和过度形式化等潜在风险；应当把构建以乡村振兴规划体系为先导的约束机制、以土地制度改革为重点的动力机制、以优化政策体系为关键的支撑机制、以绿色发展为核心的引领机制作为突破重点。

关键词：乡村振兴战略；"三农"问题；政府作为

24.《新时代中国特色乡村振兴战略探究》

作者：陈龙

作者单位：陕西师范大学西北历史环境与经济社会发展研究院

摘要：乡村振兴战略是我国进入中国特色社会主义新时代的一项重大国家战略，是未来"三农"工作的核心和主线。乡村振兴战略是化解新时代主要矛盾、建设社会主义现代化强国、打破现代化进程中乡村衰落铁律、深化城乡发展规律的必然选择。我国的乡村振兴战略具有独特的内在机理，生态文明、"四化"协同发展、社会主义公有制、庞大的农村人口等基础决定了乡村振兴战略的主要原则和核心路径。乡村振兴战略的主要原则是生态立本、文化传承、创新驱动、改革引领、系统思维，核心路径是实施城镇化协同推进、乡村土地改革和乡村治理改革以及乡村教育振兴、产业振兴和文化振兴战略"六位一体"。

关键词：乡村振兴；中国特色社会主义新时代；"三农"；党的十九大

25.《谁的乡村建设——乡村振兴战略的实施前提》

作者：贺雪峰

作者单位：武汉大学社会学系

摘要：在当前国家资源下乡的背景下，全国各地的乡村建设进行得如火如荼。实际上，当前存在四种差异极大的乡村建设：一是为农民在农村生产生活保底的乡村建设；二是由地方政府打造的新农村建设示范点；三是满足城市中产阶级乡愁的乡村建设；四是借城市中产阶级乡愁来发展的乡村建设。不同类型的乡村建设所要达到的目标其实完全不同。因此，对乡村建设实践进行梳理，具有重要的理论意义和政策意义。当前乡村建设的重点应该是为一般农业地区的农民提供基本生产生活保底。

关键词：资源下乡；乡村建设；基本秩序；三产融合；乡愁；城愁

26.《实施乡村振兴战略的科学内涵与实现路径》

作者：钟钰

作者单位：中国农业科学院农业经济与发展研究所

摘要：当前我国处于工业化中后期、信息化快速发展期、城镇化中期、农业现代化全面推进期，实施乡村振兴战略的发展条件已具备。乡村振兴战略是关乎我国现代化建设的重大战略，是一项长期的历史性任务，有些问题值得我们注意，要意识到乡村发展的复杂性、长期性和内在规律性，要有选择地发展那些具有资源要素条件潜力的村庄。因此，本文提出科学谋划乡村发展的系统规划、壮大农村优势产业、推进城乡融合协调发展、激发乡村多元文明复兴和培育乡村内涵美等政策建议。

关键词：乡村振兴；精准扶贫；产业融合

27.《城镇化与旅游发展背景下的乡村文化研究：学术争鸣与研究方向》

作者：黄震方[1]　黄睿[1,2]

作者单位：1. 南京师范大学地理科学学院江苏省地理信息资源开发与利用协同创新中心
2. 南京旅游职业学院旅游管理学院

摘要：快速城镇化和旅游发展背景下的乡村文化衰落现象已经成为制约国家新型城镇化和乡村旅游发展的重大紧迫问题。以乡村文化保护为主线，通过梳理乡村文化的研究进展，围绕城镇化和旅游发展对乡村文化是"繁荣"还是"衰落"、是"原真"保护还是"创新"利用、是景观"美化"还是文化"重构"等学术争论的焦点问题，提出乡村文化保护利用和恢复重构的研究思路、研究方向及主要科学问题。本文强调应运用区域性、综合性的地理思维和人地关系视角，综合集成多学科理论和多种研究方法与现代技术，聚焦引领性科学问题，关注城镇化对乡村文化胁迫效应测度及其影响过程与机制分析，重视乡村文化的科学保护、旅游活化利用、旅游村镇化与村镇旅游化、特色田园乡村建设和乡村多元价值提升，运用社区恢复力理论构建乡村文化恢复模型，依据文化基因、乡愁记忆等理论和建构主义方法确定乡村文化重构内涵，构建符合中国乡村特点的文化重构模式，从而为乡村振兴、乡村文化保护和乡村旅游持续发展提供理论支撑和实践依据，为国内学者进行乡村文化和乡村旅游研究提供借鉴和启示。

关键词：城镇化；乡村文化；乡村旅游；保护利用；恢复重构

28.《乡村振兴视域下乡村文化重塑的必要性、困境与路径》

作者：吕宾

作者单位：盐城工学院马克思主义学院

摘要：党的十九大报告提出的乡村振兴战略是解决我国"三农"问题的又一重大战略。乡村文化振兴是乡村振兴的重要内容。在城镇化、市场化和现代化的进程中，乡村文化面临城市文化的冲击，日益呈现出衰落之势。从历史维度、现实维度和未来维度的视角分析，乡村文化重塑的必要性显而易见。重塑乡村文化应从重塑农民的文化价值观、促进乡村文化发展、培育乡村文化建设者的主体意识、建立"四位一体"的乡村文化治理模式等方面着手。

关键词：乡村振兴；乡村治理；乡村文化；文化建设；文化治理

29.《乡村振兴战略思想的理论渊源、主要创新和实现路径》

作者：张海鹏[1] 郜亮亮[1] 闫坤[2]

作者单位：1. 中国社会科学院农村发展研究所 2. 中国社会科学院财经战略研究院

摘要：本文讨论了乡村振兴战略思想提出的历史背景、时代意义和理论渊源，在深入阐述其主要内容和创新点的基础上，提出了实现路径。研究表明，乡村振兴战略思想是历史上乡村振兴思想在新阶段的延伸，具有明显的历史跨越性；乡村振兴战略思想是对马克思主义农村发展和城乡融合发展思想，以及历代共产党人农村发展思想的融会贯通。乡村振兴战略思想体系对乡村振兴的发展目标、总要求和重点任务进行了充分阐述。乡村振兴战略思想的创新主要包括：对新时代城乡关系进行科学定位，首次将"三农"工作放到优先位置，首次提出农业农村现代化，对农业农村产业发展提出更高要求，对农村自然环境提出新要求，首次提出"三治"乡村治理思想，以及强调农民的践行主体地位。乡村振兴战略的实现是一个长期过程，需要在坚持新发展理念的基础上深化农村综合改革，建立城乡统一的要素市场，创新振兴乡村产业，建立健全城乡统一的公共服务体系，从而全面实现乡村振兴。

关键词：乡村振兴战略思想；城乡关系；农业农村现代化

30.《中国新型城镇化高质量发展的规律性与重点方向》

作者：方创琳

作者单位：中国科学院地理科学与资源研究所 中国科学院大学资源与环境学院

摘要：中国新型城镇化高质量发展是一种人地和谐、高效低碳、生态环保、节约创新、智慧平安的质量提升型城镇化，是高质量的城市建设、高质量的基础设施、高质量的公共服务、高质量的人居环境、高质量的城市管理和高质量的市民化的有机统一。高质量推进新型城镇化发展需要遵循城镇化发展的四阶段性规律和渐进式规律，实现新型城镇化由数量型向质量型、由"一步到位"向"分步到位"、由激进式向渐进式、由诱发"负效应"向释放"正能量"、由被动型向主动型、由"地为本"向"人为本"的战略转型。考虑到中国新型城镇化发展的显著地域差异，新型城镇化高质量发展客观上要因地制宜、分类指导，可将全国新型城镇化高质量发展区域划分为城市群地区（Ⅰ）、粮食主产区（Ⅱ）、农林牧地区（Ⅲ）、连片扶贫区（Ⅳ）、民族自治区（Ⅴ）五大高质量发展类型区和47个亚区。未来推进中国新型城镇化高质量发展的重点路径包括：增强新型城镇化高质量发展的整体协同性，提高城市群发展质量；推动产城深度融合发展，加快实现基本公共服务均等化，提升城市发展品质与质量；推动城乡深度融合发展，在新型城镇化高质量发展中实现乡村振兴；突出因地制宜，明确不同类型地区城镇化高质量发展的主体功能；创新体制机制，全过程推进城镇化高质量发展；量力而行，以特取胜，规范建设特色小镇，夯实新型城镇化高质量发展的基石；把新型城镇化高质量发展与区域资源环境承载力及高质量保护有机结合起来。

关键词：新型城镇化；高质量发展；四阶段性规律；四渐进性规律；重点方向

31.《聚焦乡村振兴战略 探究农业农村现代化方略——"乡村振兴战略研讨会"会议综述》

作者：熊小林

作者单位：中国社会科学院农村发展研究所

摘要：由中国社会科学院城乡发展一体化智库主办、中国社会科学院农村发展研究所承办的"乡村振兴战略研讨会暨中国社会科学院城乡发展一体化智库第二次理事会"于2017年12月15日在北京召开，来自国内有关研究机构、高校的专家学者及有关部委的政策研究者近80人，以党的十九大精神为指导，围绕如何实施乡村振兴战略、推动农业农村现代化展开了深入的探讨。

32.《实施乡村振兴战略的几个抓手》

作者：张晓山

作者单位：中国社会科学院农村发展研究所

摘要：实施乡村振兴战略要按照产业兴旺、生态宜居、乡风文明、治理有效、生活富裕的总要求，巩固和完善农村基本经营制度，深化农村土地制度改革，深化农村集体产权制度改革；确保国家粮食安全，发展多种形式的适度规模经营，培育新型农业经营主体；健全自治、法治、德治相结合的乡村治理体系。

关键词：乡村振兴；现代农业；美丽乡村

33.《乡村振兴战略的全域旅游：一个分析框架》

作者：刘栋子

作者单位：重庆社会科学院农村发展研究所

摘要：目前国内学术界关于全域乡村旅游尚无明确的概念，更没有明确的评价标准和指标体系。本文在吸收国内外相关研究成果的基础上，对全域乡村旅游的概念进行界定，并根据全域旅游发展理念的要求，综合运用专家咨询法和层次分析法，构建起全域乡村旅游综合评价指标体系，确定各项指标的权重，并对重庆具有代表性的乡村旅游特色镇进行初步实证研究，以期反映乡村区域全域乡村旅游的综合发展水平，为全域乡村旅游的建设评价提供参考。

关键词：乡村振兴战略；全域乡村旅游；旅游指标体系

34.《乡村振兴战略：历史沿循、总体布局与路径省思》

作者：叶敬忠

作者单位：中国农业大学人文与发展学院

摘要：在中国近百年的乡土重建探索中，无论是乡村建设运动、社会主义新农村建设抑或是乡村振兴战略，始终离不开对"发展"议题的关注。乡村建设运动关注的是"乡村如何实现发展"的问题；社会主义新农村建设回答的是"乡村如何更快发展"的问题；而乡村振兴战略则强调"乡村如何更好发展"的问题。追随"发展"议题的切换，乡村振兴战略已经调整为"城市主义"的发展模式，而重视城乡融合基础上的农业农村优先发展，乡村振兴战略也以升级版的内容要求对"三农"各子系统作出总体部署。在具体落实乡村振兴战略时应注意坚守"五不"原则，即乡村振兴不是"去小农化"、不是乡村过度产业化、不能盲目推进土地流转、不能消灭农民生活方式差异、不能轻视基层"三农"工作，应在坚持乡村和农民主体地位的基础上实现农业农村与现代化发展的有机结合。

关键词：乡村振兴战略；发展理念；小农农业；土地流转

35.《新时代乡村振兴战略的新要求——2018 年中央一号文件解读》

作者：刘晓雪

作者单位：上海外国语大学国际关系与公共事务学院

摘要：党的十九大报告首次提出了实施乡村振兴战略的重大决策，中央农村工作会议发出了乡村振兴的动员令，2018 年中央一号文件描绘了乡村振兴战略的宏伟蓝图，2018 年政府工作报告也将"大力实施乡村振兴战略"列为 2018 年重点任务之一。2018 年中央一号文件着眼于四大板块：新时代实施乡村振兴战略的重大意义和总体要求、乡村振兴的重点任务、乡村振兴的制度建设和保障措施、强调坚持和完善党对"三农"工作的领导，全面阐述了乡村振兴的新理念、新目标、新举措和新要求。

关键词：乡村振兴；新要求；中央一号文件

36.《乡村振兴战略下农村人居环境整治》

作者：于法稳

作者单位：中国社会科学院农村发展研究所

摘要：改善农村人居环境，建设美丽宜居乡村，是实施乡村振兴战略的一项重要任务，事关全面建成小康社会，事关广大农民根本福祉，事关农村社会文明和谐。在梳理已有文献基础上，阐述农村人居环境整治的时代价值，剖析当前农村人居环境整治所面临的形势与问题，提出推动农村人居环境整治的对策建议。主要建议包括：完善机制，切实发挥农民的主体地位；制定规划，明确整治的内容及优先序；依据区位，确定整治的技术与模式；科学匡算，为整治提供资金保障；加强监管，确保整治成效的可持续。

关键词：乡村振兴战略；农村人居环境整治；美丽乡村；技术与模式；对策建议

37.《土地利用转型与乡村振兴》

作者：龙花楼[1]　屠爽爽[1,2]

作者单位：1. 中国科学院地理科学与资源研究所　2. 广西师范学院北部湾环境演变与资源利用教育部重点实验室

摘要：研究目的：论述土地利用转型与乡村振兴的关系。研究方法：理论分析及文献研究法。研究结果：论述了土地利用转型的概念内涵，探讨了土地利用转型与乡村振兴两者之间的相互关系，以及实现乡村振兴的土地利用转型路径。研究结论：不同的经济社会发展阶段，对应于不同的区域土地利用形态和土地利用转型阶段，由此必然带来特定的土地利用转型过程；乡村重构是实施乡村振兴战略的重要手段，也是关联土地利用转型和乡村振兴的纽带，依托土地利用转型与乡村重构实现乡村振兴是一项系统工程；乡村社会经济重构过程中生产要素的流动以及行为主体的响应必然带来地域空间结构和土地利用形态的变化，土地利用形态的转变反过来又作用于乡村重构与乡村振兴的实践；实现乡村振兴的土地利用转型路径主要包括重构乡村生产空间实现产业振兴，重构乡村生态空间实现生态振兴，重构乡村生活空间实现组织和文化振兴。

关键词：土地管理；土地利用转型；乡村重构；产业振兴；生态振兴；组织和文化振兴

38. 《乡村振兴战略背景下乡村旅游的发展逻辑与路径选择》

作者：银元　李晓琴

作者单位：成都理工大学

摘要：实施乡村振兴战略既是乡村旅游发展的重大历史机遇，又是必须响应的新要求。根据"驱动力—状态—响应"模型，乡村旅游对乡村振兴战略的响应逻辑是一个螺旋上升、层次推进的过程，体现在乡村旅游按照乡村振兴战略总体要求，在产业定位、空间开发、主客交流、运行机制、经济效益等方面进行调整，以便更好地享受乡村振兴战略"政策红利"，并通过乡村旅游的提升发展推进乡村振兴战略的深入实施。在路径选择上，关键是要把实施乡村振兴战略与推进乡村旅游提升发展、解决制约乡村旅游发展的瓶颈问题有机结合起来，具体包括构建以产业融合为主导的产业体系、完善以政策创新为核心的支撑体系、优化以利益分享机制为重点的治理体系等。

关键词：乡村旅游；乡村振兴；响应；路径

39. 《乡村振兴战略中的农业地位与农业发展》

作者：陈秧分　王国刚　孙炜琳

作者单位：中国农业科学院农业经济与发展研究所

摘要：理论、国际与历史三个维度的分析结果表明，农业的充分发展是促进国民经济增长的基础前提，以多功能农业为基础的乡村发展成为国际主流，乡村发展需要立足当地要素与外部动力。乡村振兴战略在优先农业农村发展、引入非农产业发展的同时，尤其需要处理好乡村振兴与新型城镇化、乡村农业与非农产业、传统农业与特色农业之间的关系，突出农业的基础地位，补足农业现代化短板，保障粮食安全和农产品有效供给，发展适应城乡居民需求、以农业为基础、农民充分参与和受益的新产业、新业态，支撑实现乡村振兴目标。

关键词：乡村振兴；农业发展；乡村发展；城乡关系；工农关系

40. 《脱贫攻坚与乡村振兴有机衔接：逻辑关系、内涵与重点内容》

作者：汪三贵　冯紫曦

作者单位：中国人民大学农业与农村发展学院/中国扶贫研究院

摘要：打赢脱贫攻坚战和实施乡村振兴战略是党的十九大对全面建成小康社会、实现"两个一百年奋斗目标"作出的重大决策部署。党的十八大以来，中国减贫成就斐然，连续六年年度减贫超过一千万人，436个贫困县脱贫摘帽，在体制机制、政策落实、成效认定等方面积累了一定的成功经验，为实现乡村振兴提供了良好的借鉴。脱贫攻坚与乡村振兴有机衔接，要在深刻理解和把握衔接内涵的基础上，实现两者在重点目标、体制机制、政策措施、成效认定等多方面、全方位的有机衔接。

关键词：脱贫攻坚；乡村振兴；有机衔接

41. 《大力实施乡村振兴战略》

作者：朱泽

摘要：党的十九大报告提出实施乡村振兴战略，并以此为主题对"三农"工作进行全面部署，充分体现了以习近平同志为核心的党中央推动"三农"工作的理论创新、实践创新和制度创新。乡村振兴战略是新时代中国特色社会主义伟大事业的重要组成部分，并作为七大战略之一写入了党章，将成为指导当前乃至今后一段时期"三农"工作的基本遵循。

关键词：乡村振兴战略；农村改革；"三农"问题

42.《激活参与主体积极性，大力实施乡村振兴战略》

作者：刘合光

作者单位：中国农业科学院农业经济与发展研究所

摘要：乡村振兴战略是我党在新时代建设社会主义现代化强国的重大战略构想。本文对乡村振兴主体及主体之间的关系进行了界定，分析了激活乡村振兴主体积极性的措施，探讨了这些主体的积极作用。研究表明，总设计师、人民公仆、村干部、村民、各类智囊以及其他参与者是我国乡村建设的重要参与主体，各参与主体在乡村振兴战略实施中各有功用。落实乡村振兴战略构想，需要各参与主体充分协作、共同努力，这样才能把伟大蓝图一步步转化为梦想成真的现实。

关键词：乡村振兴战略；主体；激活；作用

43.《乡村振兴战略的主要含义、实施策略和预期变化》

作者：李周

作者单位：中国社会科学院

摘要：乡村振兴战略是社会主义新农村建设的升级版。产业兴旺旨在繁荣农村经济，生态宜居旨在协调经济生态关系，乡风文明是乡村建设的灵魂，治理有效旨在提升战略实施效果，生活富裕是改革开放的重要目标。实施乡村振兴战略应采用因地制宜策略、规划引导策略、统筹协同策略、市场主导策略、质量提升策略、增量共享策略、全域服务策略和对外开放策略。乡村振兴战略的提出和实施，将会使我国出现现代农民培育、现代农业发展和现代农村建设全域推进的新变化。

关键词：乡村振兴战略；策略；全域推进

44.《改革开放40年来中国城镇化与城市群取得的重要进展与展望》

作者：方创琳

作者单位：中国科学院地理科学与资源研究所 中国科学院大学资源与环境学院

摘要：改革开放40年是我国城镇化发展创造世界奇迹与城市群建设取得显著成就的40年。40年来，我国城镇化水平翻了1.5番，超过了世界平均城镇化水平3.7个百分点，顺利度过了城镇化初期和中期的快速成长阶段，即将迈入后期成熟阶段；在数度调整与改革创新的实践中走出了一条具有中国特色的新型城镇化发展道路；召开了首次中央城镇化工作会议，完成了城市规模划分标准的历史性重大调整；抵御住了来自"伪城镇化"的冲击，通过"去伪存真"提高了城镇化发展质量。40年来，我国城市群的研究与发展顺利完成了从激烈的理论纷争到实践应用的历史性跨越，进入到引领全球城市群发展的21世纪新时代，城市群连续15年被纳入国家新型城镇化的空间主体，国家及国际战略地位得到快速提升，对国家城镇化和经济发展做出了不可替代的巨大贡献。展望未来，我国城镇化与城市群的发展将以改革开放40年来取得的辉煌成就为基础，继续坚定不移地实施新型城镇化战略，推进新型城镇化向高质量、高效率和高水平方向发展；继续将城市群作为国家新型城镇化的空间主体，推进城市群向高度一体化、绿色化、智慧化和国际化方向发展；继续实施乡村振兴战略，从城乡融合发展高度，合并召开中央城乡工作会议，合并编制《城乡融合发展规划》，合并实施城乡融合发展战略，推进新型城镇化与乡村振兴向同步化、融合化、共荣化方向发展，同步提升城市与乡村发展质量，让城市与乡村共同成为人人向往的美好家园。

关键词：城镇化；城市群；重要进展；发展展望；新型城镇化；城乡融合发展；改革开放40年

45.《基于社会主要矛盾变化的乡村振兴战略：内涵及路径》

作者：蒋永穆

作者单位：四川大学马克思主义学院、经济学院

摘要：乡村振兴战略既是适应新时代我国社会主要矛盾变化的必然选择，又是解决当前社会主要矛盾的重大举措。乡村振兴战略的内涵在于从城乡一体化发展转向坚持农业农村优先发展、从推进农业现代化转向推进农业农村现代化、从生产发展转向产业兴旺、从村容整洁转向生态宜居、从乡风文明转向乡风文明、从管理民主转向治理有效、从生活宽裕转向生活富裕的七大根本性转变。而实施乡村振兴战略的着力点则在于顺应和把握社会主要矛盾和"三农"主要矛盾的变化，统筹推进农村经济、政治、文化、社会、生态文明建设，走中国特色乡村振兴之路，从而有效破解农业农村发展不平衡、不充分的问题，不断满足农民日益增长的美好生活需要。具体来说，可以从坚持和完善农村基本经营制度的底线；深化农村土地制度改革；构建现代农业产业体系、生产体系、经营体系；培育新型农业经营主体；健全自治、法治、德治相结合的乡村治理体系；加强"三农"工作队伍建设六条关键路径入手重点突破。

关键词：社会主要矛盾；乡村振兴；农业农村现代化

46.《乡村振兴—乡村旅游系统耦合机制与协调发展研究——以湖南凤凰县为例》

作者：李志龙

作者单位：湖南商学院旅游管理系

摘要：发展乡村旅游是实现乡村振兴这一伟大战略的重要路径选择。通过乡村振兴与乡村旅游体系维度解构及动力机制分析，解析两者的相互关系及作用机制。以湘西凤凰县作为研究案例地，本文分别构建了乡村振兴评价指标体系和乡村旅游评价指标体系。根据2001~2017年的面板数据，分别计算了其综合评价指数、协调度、协调发展度，依此将凤凰县乡村振兴—乡村旅游系统耦合过程划分为三个阶段，并分析了三个阶段的特征。根据演化速度函数及反映两者变化趋势差异的剪刀差，解析了乡村振兴—乡村旅游耦合系统的演化过程。通过案例研究，解释了乡村振兴—乡村旅游耦合系统的作用机制与演化规律，旨在为乡村振兴之乡村旅游路径选择提供政策参考。

关键词：乡村振兴；乡村旅游；耦合；凤凰县

47.《如何走好新时代乡村振兴之路》

作者：魏后凯

作者单位：中国社会科学院农村发展研究所

摘要：中国能否如期全面建成小康社会，能否如期建成富强民主文明和谐美丽的社会主义现代化强国，重点和难点都在农村地区。实施乡村振兴战略是党中央根据当前中国国情和发展阶段变化作出的一项重大战略决策。在人民日益向往美好生活的新时代，我们所需要的乡村振兴不单纯是某一领域、某一方面的振兴，而是既包括经济、社会和文化振兴，又包括治理体系创新和生态文明进步的全面振兴。城市与乡村是一个相互依存、相互融合、互促共荣的生命共同体。实施乡村振兴战略，就是要防止农村凋敝，促进城乡共同繁荣。在实施这一战略的过程中，需要破解人才短缺、资金不足和农民增收难三大难题。

关键词：乡村振兴战略；农业农村现代化；城乡共同繁荣

48.《精准脱贫与乡村振兴的内在逻辑及有机衔接路径研究》

作者：庄天慧　孙锦杨　杨浩

作者单位：四川农业大学经济学院　西南减贫与发展研究中心

摘要：本文探讨了精准脱贫与乡村振兴的内在逻辑关联，并对两者的有机衔接路径进行了探讨。研究认为，两者在理论逻辑上表现为，乡村振兴在协调城乡资源配置实现帕累托最优的过程中，强化了精准脱贫的内生动力，降低了精准脱贫的制度费用；精准脱贫解决了乡村贫困居民的最低生存与发展需求，弥补了乡村振兴的最低短板。在实践逻辑上精准脱贫是乡村振兴

的时序前提和空间基础，乡村振兴通过助力产业脱贫和精神脱贫为精准脱贫提供长效内生动力。精准脱贫与乡村振兴在战略思维和机制体制方面的有机衔接，将为"两个一百年"的奋斗目标的实现提供重要支撑。

关键词：精准脱贫；乡村振兴；帕累托最优；制度交易成本

49.《乡村振兴战略的时代意义》

作者：范建华

摘要：党的十九大把乡村振兴战略作为国家战略提到党和政府工作的重要议事日程上来，并对具体的振兴乡村行动明确了目标任务，提出了具体工作要求。中国过去是一个典型的农业国，中国社会是一个乡土社会，中国文化的本质是乡土文化，故而，振兴乡村显得尤为重要。乡村振兴战略对于中国走出"中等发达国家陷阱"，坚持五大发展理念，建设社会主义现代化强国，实现中华民族伟大复兴中国梦具有十分重大的现实意义和深远的历史意义。

关键词：乡村振兴战略；乡村兴衰；意义

50.《当前乡村振兴的障碍因素及对策分析》

作者：朱启臻

作者单位：中国农业大学人文与发展学院

摘要：乡村振兴战略是一项伟大而艰巨的任务，是全党工作的重中之重，只有动员全党、全社会的力量才能够实现。这是由乡村振兴的艰巨性和复杂性决定的。但必须看到由于长期受"重城市、轻乡村"思维定式的影响，乡村振兴受阻于诸多制度性因素，特别需要破除一系列阻碍乡村振兴的体制机制障碍。所以，中央工作会议强调，要健全城乡融合发展体制机制，清除阻碍要素下乡的各种障碍。中央农村工作会议则进一步明确，破除一切束缚农民手脚的不合理限制和歧视。因此，首先要转变对新阶段城乡关系的认识，把握乡村发展规律，清除影响乡村振兴的障碍因素，把思想统一到党的十九大精神上来。

关键词：乡村振兴；城镇化；障碍因素

二、图书

（一）研究现状

2017年至今，随着国家政策密集出台，乡村振兴战略受到了密切关注，关于乡村振兴的理论和实践类图书很多，有关"乡村产业振兴""乡村人才振兴""乡村文化振兴""乡村生态振兴""乡村组织振兴"的图书层出不穷，农村金融、农村信息化、农村电商方面的图书更是不胜枚举，总体而言，这些书分为三类：

一是政策解读。这类书围绕《中华人民共和国乡村振兴促进法》《乡村振兴战略规划（2018—2022年）》等政策性、纲领性文件进行深入解读，便于读者理解文件内容和实质。政策解读类的图书还能针对不同人群进行细分，如针对农民群体出版的《乡村振兴战略150问》，图文并茂，简明易懂，实用性很强。这类书对于国家乡村振兴政策的宣讲和全面普及起到了十分重要的作用。

二是理论研究。这类书围绕乡村振兴的背景、意义、内涵、实施路径、具体内容、存在的问题、未来趋势以及效果评价等展开详细论述。有的书面面俱到，有的书针对某一方面详细论证；有的书从历史学、政治学、社会学方面展开论述，有的书从经济学、管理学等方面展开论述；有的书从方法论入手，有的书从数据分析入手。理论研究类的图书占据乡村振兴著作的绝大部分，既丰富了如今学术界对于"三农"问题，特别是农村经济发展、农村人才管理、农村组织管理、农村生态治理、农村文化传承等内容的研究，极大拓展了研究的外延，又能对"三农"问题的实践有着指导性意义。

三是实践总结。活跃在乡村的各个主体，如产业规划者、项目咨询者、电商职业经理人、基层党组织管理者等，对于乡村振兴有着独特的理解，他们将亲眼看到的、经手过的实际案例编纂成集，将经验总结出书，以期对后来者有所帮助。这类书有很强的实用性。

本年鉴通过当当网，查找到比较受大众读者认可的，有益于全面了解乡村振兴战略、乡村振兴实践的30本书，期望能对读者有所启发。

（二）图书精选

我们选取的30本书，属于乡村振兴方面的有12本，产业振兴方面的有4本，文化振兴方面的有4本，人才振兴方面的有2本，生态振兴方面的有2本，组织振兴方面的有2本，乡村治理方面的有3本，农村电商方面的有1本。其中，在乡村振兴方面，涉及政策解读的有4本，各个维度分析乡村振兴的有6本，侧重于实践案例的有2本。综合来看，这些书较受大众认可，比较有代表性，可以从这些书中看到我国乡村振兴著作的总体现状。

1. 《〈中华人民共和国乡村振兴促进法〉解读》

作者：刘焕鑫　王瑞贺

出版社：中国农业出版社

出版时间：2021年9月

内容简介：

本书由全国人民代表大会农业与农村委员会、全国人民代表大会常务委员会法制工作委员会、农业农村部牵头并组织编写，共分总则、产业发展、人才支撑、文化繁荣、生态保护、组织建设、城乡融合、扶持措施、监督检查九章，每章按照类别摘录法律原文，从"法律主旨""立法背景""法律解读"三方面对法律条文进行分层释义。附录为乡村振兴法律条款及修订过程中的重要文件，2019~2021年中央一号文件以及《乡村振兴战略规划（2018—2022年）》《中国共产党农村工作条例》等共12项重要内容。本书是"三农"爱好者落实落地乡村振兴相关法律的大容量资料工作手册。

2.《乡村振兴战略导读》

作者：蒲实　袁威

出版社：国家行政管理出版社

出版时间：2021年6月

内容简介：

《乡村振兴战略导读》是作者基于《乡村振兴战略规划（2018—2022年）》，用思维导图梳理了乡村振兴战略的关键要素，并以问答方式系统回答了乡村振兴战略提出的背景、重大意义、总体要求、基本原则、目标内容和路径选择，阐明了作者对"三行动""三计划""九工程"等战略内容的理解，并从政治、制度、投入、规划四个方面介绍了实现乡村振兴战略的保障支撑。全书逻辑层次清晰，内容既有理论深度又通俗易懂，有助于广大读者理解和实践乡村振兴战略。

3.《乡村振兴十人谈——乡村振兴战略深度解读》

作者：温铁军　张孝德

出版社：江西教育出版社

出版时间：2018年12月

内容简介：

本书围绕乡村振兴话题，邀请长期在第一线关注、研究、践行乡村建设的十位专家学者开讲乡村振兴战略十堂课。从全球危机到中国战略转型中的乡村建设，从乡村遇工业文明衰到逢生态文明兴，从发展什么样的农业到建设什么样的农村，从文化建设是重点到产业兴旺的乡村振兴之道，从"双层经营+三位一体"的体制框架到综合性农协的构建是重建乡村社会的基础等观点进行了一次汇聚，为乡村振兴建设的基层领导干部提供了启发和帮助。

4.《乡村振兴战略150问》

作者：《乡村振兴战略150问》编写组

出版社：中国农业出版社

出版时间：2018年9月

内容简介：

《乡村振兴战略150问（插图版）》为乡村战略简明读本，以问答的形式解读乡村战略政策。全书共分八个篇章，分别为综合篇、产业兴旺篇、生态宜居篇、乡风文明篇、治理有效篇、生活富裕篇、脱贫攻坚篇和制度保障篇。

5.《走中国特色社会主义乡村振兴道路》

作者：陈锡文　主编，魏后凯　宋亚平　副主编

出版社：中国社会科学出版社

出版时间：2019年3月

内容简介：

走中国特色社会主义乡村振兴道路是以习近平同志为核心的党中央着眼于党和国家事业全

局，着眼于实现"两个一百年"的奋斗目标，对"三农"工作做出的重大战略部署。习近平总书记对农业农村改革与发展的一系列重大问题提出了具有丰富科学内涵的新思想、新论断、新要求。本书从九个方面系统阐释了习近平总书记关于"三农"的重要论述的核心内容。习近平总书记关于"三农"的重要论述是一个基于历史唯物主义和辩证唯物主义立场、观点和方法的深刻的科学理论体系，是走中国特色社会主义乡村振兴道路的指导思想，是新时代中国特色社会主义思想的重要组成部分。

6.《大国之基：中国乡村振兴诸问题》

作者：贺雪峰

出版社：东方出版社

出版时间：2019 年 10 月

内容简介：

党的十九大报告提出的"乡村振兴战略"和"产业兴旺、生态宜居、乡风文明、治理有效、生活富裕"总要求将是未来一段时期中国"三农"工作的纲要。当前中国农村和农民已经发生巨大分化，不再存在一个抽象而统一的乡村，不同地区的发展十分不平衡，因此，有必要对战略实施过程中所面临的问题进行深入分析。作者认为，乡村振兴战略尤其不是也不能是资本下乡、城市富人下乡的市场通道；在中国现代化进程中，农村是中国现代化的稳定器与蓄水池，农村是农民的基本保障，基本保障是不能市场化的。本书以作者的实地调研为基础，从乡村治理、乡村建设、土地制度和社会结构等多个方面透视了中国农村发展过程中的实际情况，并提出了解决问题的建议。

7.《乡村振兴：推动中国发展的"第五台"发动机》

作者：刘奇

出版社：中国农业出版社

出版时间：2020 年 7 月

内容简介：

乡村与城市相比，不仅具有重要的经济价值、社会价值和文化价值，还具有无可比拟的生态价值，同时又是基础产业的依托、生态宜居的空间、传统文化的载体。八亿多农村人口的消费市场，是中国在世界上独具竞争力的战略储备。

党的十九大把乡村振兴作为实现"两个一百年"奋斗目标的重大战略举措，这将是推进中国经济社会发展的"第五台"发动机。作者从"第五台"发动机的高度对乡村振兴进行了多个方面的论述与展望，提出实施乡村振兴战略就是要把乡村与城市摆在平等的地位上，创新以工促农、以城带乡的体制机制，实现高强度、高频率的城乡相互作用，促使农村、农业和城市、工业有机结合，缩减城乡差别，建立更加可持续的内生增长机制，实现城乡融合发展，作者提出的很多经验和看法对乡村振兴战略的实施具有一定理论指导意义。

8.《乡村振兴的九个维度》

作者：孔祥智 等

出版社：广东人民出版社

出版时间：2018 年 10 月

内容简介：

本书首先全面阐述了乡村振兴战略的背景、内涵、目标和理念，然后对乡村振兴战略的九个要点，即产业兴旺、生态宜居、乡风文明、治理有效、生活富裕、脱贫攻坚、体制机制创新、人才支撑和资金来源一一进行了详细解读，并提出了应对之策。本书提出的通过体制机制创新推进乡村振兴、通过培养新型职业农民实现乡村振兴等观点及通过借力民间资本来为乡村振兴提供金融支撑的建议具有现实意义及可操作性。本书是新时代学习、贯彻、执行乡村振兴战略的优秀参考读物。

9.《乡村振兴方法论》

作者：王立胜

出版社：中共中央党校出版社

出版时间：2021 年 10 月

内容简介：

全书分三篇。第一篇"方法论沉思"，阐释了要从总体上把握乡村振兴战略，以县为单位整体推进乡村振兴，提出了针对性、操作性都很强的农村工作中度理论，阐明了乡村振兴中的时空定位方法和时空工作维度法，并对农村发展中的一些热点难点问题进行了理论结合实际的深度解读。第二篇"社会基础重构"，从实践中提炼总结了乡村振兴中的诸多理论问题，并进行了学术梳理，深度阐释了"社会基础""中国农村现代化社会基础""社会基础重构"等既具有学术含量又具有实践意义的概念。第三篇"'五位一体'整体推进——基于潍坊实践的思考"，从"五位一体"总体布局的高度深入分析作者在潍坊工作时的切身经验，讲述生动实践案例，阐明乡村振兴大局。本书具有很强的实践性、理论性、创新性、实操性，书中既有鲜活的案例、精到的分析，又有新颖的概念、独到的观点，更有一系列很实用的工作方法，对致力于乡村振兴研究的学者、乡村振兴实际工作者都颇具参考价值。

10.《乡村振兴蓝皮书2020》

作者：邓国胜　钟宏武
出版社：经济管理出版社
出版时间：2021年1月

内容简介：

《乡村振兴蓝皮书2020》由总论篇、分论篇和案例篇三大部分组成。总论篇主要描述了我国乡村振兴发展的现状、企业参与乡村振兴的现状、社会组织参与乡村振兴的现状。分论篇构建了乡村振兴综合水平的测量指标体系，并根据指标体系对各地乡村振兴的发展水平进行了评价，形成了百强城市乡村振兴指数，并对百强基金会参与乡村振兴进行了现状分析。案例篇主要选取典型城市的乡村振兴案例、企业参与乡村振兴的典型案例、社会组织参与乡村振兴的典型案例进行呈现。

11.《读懂乡村振兴：战略与实践》

作者：陆超

出版社：上海社会科学院出版社

出版时间：2020年4月

内容简介：

本书犹如一部简明的乡村振兴百科，围绕中国"三农"问题的历史渊源、政策设计、经济理论、地方案例、国际比较等方面，以讲故事、摆事实、表争议的白描式手法，全景式展现了当下中国的乡村振兴图景。

12.《乡村振兴模式创新与实操》

作者：中国市长协会小城市（镇）发展专业委员会　阡陌智库　城脉研究院

出版社：中国农业出版社

出版时间：2020 年 10 月

内容简介：

按照中央要求，各地区各部门要树立"城乡融合、一体设计、多规合一"理念，抓紧编制乡村振兴地方规划和专项规划或方案，做到乡村振兴事事有规可循、层层有人负责。阡陌智库发现，关于城乡融合发展，这是乡村振兴的重要理念基础，但这一理念在部分地区还停留在概念层面，实际运作中仍旧有单一的城市情结、传统的开发情结，需要尽快从观念上做根本扭转；对于抓紧编制的要求，应当谨防运动式的工作推进方式，以免出现"萝卜快了不洗泥"的情况，避免陷入"规划规划，墙上挂挂"的尴尬局面。

基于以上政策背景与现实问题，中国市长协会小城市（镇）发展专业委员会、阡陌智库、城脉研究院决定编撰这本《乡村振兴模式创新与实操》，就是希望通过这本书，向更多基层政府和有关企业提供大量运营模式分析及实战案例，为大家提供一本乡村振兴的实战"工具书"，切实助推全国各地的乡村振兴。本书尤其侧重产业兴旺这一中央核心要求。

13.《乡村旅游：乡村振兴的路径与实践》

作者：杨彦锋　吕敏　龙飞　刘丽敏　张彩虹

出版社：中国旅游出版社

出版时间：2020 年 7 月

内容简介：

乡村旅游蓬勃发展，自文化和旅游部与国家发展和改革委员会 2019 年开展全国乡村旅游重点村建设工作以来，乡村旅游已经成为乡村振兴的主渠道之一，在带动农民就业增收、建设美丽乡村、推动乡风文明以及产业扶贫方面发挥了重要作用。

作者系统梳理了国内外学者关于乡村旅游的论述，在实地考察调研的基础上总结了乡村旅游在中国的实践模式和规划方法。本书适合高校旅游管理专业师生、乡村旅游规划机构、乡村旅游开发运营者阅读，同时也可为地方政府实施乡村振兴战略提供参考。

14.《乡村产业振兴研究》

作者：蒋辉　吴永清
出版社：社会科学文献出版社
出版时间：2021年6月
内容简介：

深入推进乡村振兴背景下的产业兴旺，要客观分析新形势下我国面临的主要社会矛盾在农业和农村领域的具体体现。本书搭建了乡村产业振兴的初步研究框架，阐明了乡村振兴战略和乡村产业振兴的价值，进而对国外乡村振兴的实践进行了总结。本书依托吉首大学湖南乡村振兴战略研究中心完成的湖南省乡村振兴"千村调研计划"收集的数据，从村级层面分析了乡村产业振兴的现状和趋势。在实证分析层面对乡村产业振兴的水平与影响因素进行了探讨，对乡村产业振兴背景下贫困农户生计响应问题进行了客观分析。在案例研究基础上，总结归纳出了乡村产业振兴的典型模式、成功经验与实现路径，进而提出了新时代系统推进乡村产业振兴的政策建议。

15.《乡村产业振兴的引领样板——国家农村产业融合发展示范园创建报告（2020年）》

作者：国家发展和改革委员会农村经济司

出版社：中国计划出版社

出版时间：2021 年 8 月

内容简介：

促进农村一二三产业融合发展是全面推进乡村振兴、加快农业农村现代化的重要任务。为示范带动农村一二三产业融合发展，按照党中央、国务院部署要求，2018 年以来，国家发展和改革委员会会同有关部门先后创建认定了 200 个国家农村产业融合发展示范园。各地区以示范园为载体和平台，积极探寻振兴乡村产业的"对症良方"，通过延伸产业链、提升价值链、拓展多功能，努力走出一条发展方式绿色、产业结构合理、创新驱动有力的乡村产业发展道路，在培育多元融合主体、创新收益分享方式、破解产业融合发展瓶颈、带动农民增收致富等方面探索了有益经验，发挥了样板作用。

16.《产业振兴：绿色安全、优质高效的乡村产业体系建设》

作者：董彦岭

出版社：中原农民出版社

出版时间：2019 年 10 月

内容简介：

产业振兴是乡村振兴的物质基础，产业兴，则经济兴、农村兴。乡村产业振兴就是要形成绿色安全、优质高效的乡村产业体系，为农民持续增收提供坚实的产业支撑。

本书以新时代中国特色社会主义思想为指引，紧扣《乡村振兴战略规划（2018—2022年）》，从夯实农业生产能力基础、加快农业转型升级、提高农产品质量安全、建立现代农业经营体系、强化农业科技支撑、完善农业支持保护制度、推动农村产业深度融合、完善紧密型利益联结机制、激发农村创新创业活力 9 个方面，深入阐述了在新时代如何建设绿色安全、优质高效的乡村产业体系，旨在为省市县乡村各级党政机关提供政策上的分析、具体实施措施，以及可供借鉴的经验和方法，助力乡村产业振兴。本书以问题为导向，是各级党政机关公务员学习贯彻《乡村振兴战略规划（2018—2022 年）》、推进乡村产业振兴的重要参考读物。

17. 《艰难的历程：城市化浪潮下的乡村文化振兴》

作者：戴嘉树　吴琼　郑敬夫

出版社：吉林大学出版社

出版时间：2020 年 11 月

内容简介：

城镇化进程破坏了农村固有的生产生活方式，使乡村文化丧失了生存根基与土壤，传统村落萧条败落，乡村文化传承无以为继，引致乡村记忆危机。撰写此书是为了向社会提供可靠的史料和研究心得，帮助人们后顾前瞻、洞悉变革、知古鉴今，而要完成这样的探索，并非一朝一夕可以成功，需要按照文化传承的规律一步步推进；亦非某单一力量即可完成，需要理论智慧、施政理念、经济物资和文化持有者合力完成。

18. 《乡村文化振兴——如何唤醒乡土记忆》

作者：齐骥

出版社：知识产权出版社

出版时间：2021 年 11 月

内容简介：

本书以百年乡村发展演进为主线，以乡村文化的价值发现和思想传承为主题，以乡村文化振兴的理论创新和实践创造为主旨，回顾全球乡村历史进程中的文化思想，审视中国乡村未来发展的文化动力，呈现当前乡村文化振兴的国家逻辑与创新图景。

19.《多学科视野下的农业文化遗产与乡村振兴》

作者：田阡　苑利

出版社：知识产权出版社

出版时间：2018年8月

内容简介：

农业是国民经济和社会发展的基础，悠久的农业文明创造了一批经济与生态价值高度统一的土地利用系统，体现了独特的动态保护思想以及农业可持续发展的理念，传统农业凝聚着乡土社会中人与生态和谐共生的智慧。在民俗学、人类学、历史学的视野下，农业文化遗产被置于社区生活背景之中，以及人与生态环境的复杂关系之中，由此产生了村民关于生态环境的适应问题，以及传统智慧在现代社会的传承变迁问题。2017年度研究农业文化遗产与民俗论坛以"农业文化遗产学与民俗学视域下的乡土中国"为主题，40多位专家学者从民俗学、历史学、人类学等领域的研究出发，围绕中国农业文化遗产基本理论问题、传统农耕社会风俗、中国古代农耕文明等相关议题展开深入研讨交流，有效助推农业文化遗产保护与活化传承研究。

20.《历史文化村落的乡村振兴路径研究——以菰城村为例》

作者：陆建伟　陈新龙　姚红健

出版社：经济管理出版社

出版时间：2019 年 3 月

内容简介：

菰城村位于浙江省湖州市吴兴区道场乡，曾经因开矿成为远近闻名的富裕村。近年来，随着文化的保护、环境的治理、生产生活方式的转变，"绿水青山"开始变为"金山银山"。菰城村所走过的路和正在经历的变迁，成为了解中国乡村振兴的一个窗口。《历史文化村落的乡村振兴路径研究——以菰城村为例》通过对菰城村历史沿革、乡村记忆、产业兴旺、乡村治理等方面发展变迁的剖析，希望为中国乡村——历史文化村落如何实现乡村振兴提供一条可资借鉴的路径。

《历史文化村落的乡村振兴路径研究——以菰城村为例》既包含理性的思考，又涵盖感性的体悟，为各地乡村振兴的实践者和理论研究者提供了很好的样本。

21.《乡村振兴：人才创新思维与基础创新方法》

作者：张子睿

出版社：民主与建设出版社

出版时间：2021 年 6 月

内容简介：

围绕实施乡村振兴和开展新时代文明实践这两项事关县域和农村发展的工作，基层单位开展人才培训十分必要。基于此，编者策划了"乡村振兴暨新时代文明实践工作者系列读本"，本书为其中一册。

做好县域和农村发展工作，需要提高干部和一线工作人员的思维能力，使其更灵活地应对工作中出现的新问题。掌握创新思维与基础创新方法是开展乡村振兴和新时代文明实践工作的素养。本书介绍了创新思维、系统性思维、创新方法和创造性解决问题的方法，为基层干部和参与乡村振兴、新时代文明实践两项工作的一线工作者拓宽了工作思路。在党的路线方针指引下，结合本地、本岗位的工作不断创新，为给广大人民群众服务提供可借鉴的方法。

22.《乡村振兴与高校人才培养模式创新——阳光学院 SRC-T 模式》

作者：王秉安

出版社：厦门大学出版社

出版时间：2019 年 12 月

内容简介：

本书在四年多的阳光学院服务屏南乡村振兴实践的基础上，对高校人才培养模式创新进行探讨。在对阳光学院应用型人才培养 SRC-T 模式产生过程回顾的基础上，对阳光学院 SRC-T 模式的创新意义、创新原则、创新目标和创新总体思路进行讨论，最后对该模式的效果进行评估，以系统全面地揭示阳光学院 SRC-T 模式创新的内涵和内在规律性。

23.《我们的生态化：二十年转型辑录》

作者：温铁军　张兰英　刘亚慧

出版社：东方出版社

出版时间：2020 年 10 月

内容简介：

中国近代乡村建设史的最近十几年可以看作是当代人在历史偶然选择中的自觉担当，是虽发端于田陌却延续百年的回声。本案例集希望通过对十余年来全国各地、各人开展的若干代表性乡村建设活动的记叙，展现这个时代中常被忽视的历史侧面。如果说百年前的中国出现了不同的乡建先贤，我们这个时代也同样有各种优秀的乡村工作团队和在跌宕中成型的乡建试验点。所以，希望这本文集的出版和写作能体现出足够的包容性，展现这个时代的乡村建设工作尽可能完整的风貌。

本书是中国人民大学重大规划项目"农村与区域发展比较研究"（16XNLG06）的阶段性研究成果，温铁军团队乡建理论的又一实践篇。书中共有 11 个案例，一个村庄一个故事，极具代表性，这些透着浓浓乡土气息的案例希望展现起于青萍之末的乡建实验社区变化的轨迹和完全平民化的乡建人的心路历程，同时让我们看到了近20年乡村的变化。在这些案例中，有的试验是成功的，如梨树县的农村信用合作联社、河南信阳的郝堂村、CSA分享收获农场等；有些还在探索前行，如三岔村、昆山、皮村等；有些乡建直接以失败告终，令人惋惜。乡村建设的志愿者们希望用自己的努力去改变中国乡村的现状，认为这是历史赋予他们这一代的责任。

24.《生态环保助推乡村振兴典型案例汇编》

作者：生态环境部脱贫攻坚领导小组办公室
出版社：中国环境出版集团
出版时间：2020年12月
内容简介：

实施乡村振兴战略是以习近平同志为核心的党中央针对我国城乡发展不协调问题、顺应广大农民对美好生活的向往作出的划时代部署，是新时代"三农"工作的总抓手，是推进农业农村现代化的重大战略，是关系全面建成小康社会和全面建设社会主义现代化强国的全局性、历史性任务。乡村振兴是包括产业振兴、人才振兴、文化振兴、生态振兴和组织振兴的全面振兴，其中，生态振兴是乡村振兴的重要标志，也是以绿色发展引领农业农村现代化的关键所在。优美的生态环境是建设美丽宜居乡村、培育乡村振兴新动能的重要基础，当前农村生态环境突出问题在一定程度上制约着乡村振兴战略的推进实施，生态环境部门肩负着补齐农村生态环境短板，夯实农村绿色发展基础的重要任务。

25.《脱贫攻坚与乡村振兴衔接：组织》

作者：中国扶贫发展中心　全国扶贫宣传教育中心

出版社：人民出版社

出版时间：2020 年 10 月

内容简介：

党的领导是中国特色减贫道路最大的政治优势和制度优势，是中国农业农村发展巨大成就的核心经验。组织振兴是乡村振兴的"第一工程"，是党领导农业农村工作在新时代的重大任务。本书立足于脱贫攻坚与乡村振兴战略衔接的历史交汇期，回顾中国共产党农村基层组织建设的历史传统，重点介绍脱贫攻坚时期抓党建促脱贫的做法与经验，阐明脱贫攻坚与乡村振兴衔接阶段农村基层党组织建设的主要任务与工作重点，展望新时代乡村振兴战略全面实施过程中组织振兴的理念、内容和路径方法。

26.《农村基层党组织工作实用手册》

作者：张荣臣　蒋成会

出版社：红旗出版社

出版时间：2019 年 4 月

内容简介：

本书根据《中国共产党农村基层组织工作条例》编写，从农村基层党组织的地位和工作原则、设置形式和换届选举、职责任务，领导经济建设、精神文明建设、乡村治理，加强领导班子和干部队伍建设、党员队伍建设及其领导和保障等方面进行系统深入的论述，并结合农村基层党组织典型案例、知识链接、常用党务文书等内容，为广大农村基层党组织更好地开展工作提供具体管用的方式方法，是做好农村党务工作的实用指南。本书对于农村基层党组织坚持和加强党对农村工作的全面领导，打赢脱贫攻坚战、深入实施乡村振兴战略，推动全面从严治党向基层延伸，提高党的农村基层组织建设质量，巩固党在农村的执政基础具有十分重要的意义。

27.《乡村治理的社会基础》

作者：贺雪峰

出版社：生活·读书·新知三联书店　生活书店出版有限公司

出版时间：2020 年 5 月

内容简介：

本书共分三篇：上篇为基本概念，包括论述村庄社会关联等；中篇为分析方法，包括村庄权力结构的三层分析等；下篇为实证研究，包括村级治理的村庄基础等。在这21篇文章中，作者探讨了转型期乡村社会性质问题，通过大量实地调查，试图理解当前中国农村的真实图景以及乡村治理的社会基础，站在中国农村本位的立场来观察和理解农村，从乡村治理的社会基础角度来理解农村及农村政策和制度，从而为乡村治理提供理论上的支持。

28.《居危思危：国家安全与乡村治理（修订版）》

作者：温铁军　张俊娜　邱建生

出版社：东方出版社

出版时间：2020年8月

内容简介：

本书为国家社会科学基金重大项目，尝试对全球化条件下中国国家总体安全与乡村治理之间的关系，以及如何构建服务于国家总体安全的乡村治理体系进行系统性的研究。本书涉及国内外宏观形势分析、国家安全与乡村治理的历史比较、乡村文明复兴与乡村治理模式探讨、社会化农业、粮食金融化与粮食安全、中国百年乡村建设思想与实践、当前农业农村政策、农民合作组织、东亚小农结构、农民工等内容。

29.《全国乡村治理示范村镇典型经验（江苏篇）》

作者：农业农村部农村合作经济指导司 江苏省农业农村厅

出版社：河海大学出版社

出版时间：2020 年 9 月

内容简介：

实施乡村振兴战略必须夯实乡村治理根基。党的十九大报告明确提出，要"加强农村基层基础工作，健全自治、法治、德治相结合的乡村治理体系"。《全国乡村治理示范村镇典型经验（江苏篇）》发挥基层党组织战斗堡垒作用，创新乡村治理机制体制，探索"三治"结合有效路径，健全乡村治理体系，是江苏省加强和改进乡村治理智慧的结晶，有效解决了乡村治理面临的一些焦点、难点、痛点、堵点问题，具有较强的实用性、可操作性和可复制性。

30.《农村电商——互联网+三农案例与模式》

作者：魏延安

出版社：中国工信出版集团电子工业出版社

出版时间：2017 年 3 月

内容简介：

从互联网行动方案到电商"国八条"，新兴的农村电商频频被列入发展重点；从商务部的全国电子商务进农村综合示范项目到农业部（现农业农村部）的农业电子商务促进行动，再到国务院扶贫开发领导小组办公室（现国家乡村振兴局）的电商扶贫试点，一系列政策推动农村电商加快发展。本书所要讨论的农村电商是一个大农村概念，泛指县域内涉农电商的总和。为了保持讨论上的层次清晰，将具体分为农村电商的总论、农产品电商、农村电商、县域电商、农村现象、电商扶贫、电商下乡等部分展开讨论。作者既有农村工作的实践经历，又有农村电商的知识储备，因此，本书是一本不可多得的农村电商参考用书。本书适合地方党政干部、农村电商相关从业人员、涉农电商企业负责人与农村电商创业者阅读。

第四部分　中国乡村振兴的地区概览

在此部分，我们从 31 个省、自治区、直辖市（由于资料缺失，香港、澳门、台湾不在我们的研究范围之内）的层面进行横向剖析，介绍了各地区的乡村振兴概况、阶段性成果、乡村振兴规划、下属的部分市（区）乡村振兴概览等，以期从更微观的视角、更纵深的角度来描述我国乡村振兴的实际情况。

一、北京市

北京，简称"京"，是全国的政治中心、文化中心，是世界著名古都和现代化国际城市。北京地处华北大平原的北部，东面与天津市毗连，其余均与河北省相邻。截至 2020 年，北京市下辖 16 个区，总面积 16410.54 平方千米。

（一）北京市经济发展概况

1. 北京市人口与经济概况

《北京市第七次全国人口普查公报（第一号）》数据显示，截至 2020 年 11 月 1 日零时，北京市常住人口为 21893095 人，与 2010 年第六次全国人口普查的 19612368 人相比，增加 2280727 人，增长 11.6%，年平均增长 1.1%。北京市常住人口中，汉族人口为 20845166 人，占 95.2%；各少数民族人口为 1047929 人，占 4.8%。与 2010 年第六次全国人口普查相比，汉族人口增加 2034012 人，增长 10.8%，年平均增长 1%；各少数民族人口增加 246715 人，增长 30.8%，年平均增长 2.7%。

根据《北京市 2020 年国民经济和社会发展统计公报》，2020 年，北京市实现地区生产总值（GDP）36102.6 亿元，按可比价格计算，比 2019 年增长 1.2%。其中，第一产业增加值 107.6 亿元，下降 8.5%；第二产业增加值 5716.4 亿元，增长 2.1%；第三产业增加值 30278.6 亿元，增长 1.0%。三次产业构成为 0.4 ：15.8 ：83.8。2020 年，北京市完成一般公共预算收入 5483.9 亿元，比 2019 年下降 5.7%。其中，增值税 1653.1 亿元，下降 9.2%；企业所得税 1182.5 亿元，下降 3.7%；个人所得税 611.9 亿元，增长 12.5%。2020 年，北京市居民消费价格总水平比 2019 年上涨 1.7%。其中，食品价格上涨 6.1%，非食品价格上涨 0.9%；消费品价格上涨 2.2%，服务项目价格上涨 1.1%。居民人均可支配收入为 69434 元，比 2019 年增长 2.5%。

2. 北京市各区人口与经济概况

截至 2020 年，北京市共辖 16 个市辖区，分别是东城区、西城区、朝阳区、丰台区、石景山区、海淀区、顺义区、通州区、大兴区、房山区、门头沟区、昌平区、平谷区、密云区、怀柔区、延庆区。北京市统计局 2020 年 1~12 月主要经济指标如下：

（1）地区生产总值方面。2020年，海淀区GDP在北京市最高，为8504.6亿元。其次是朝阳区和西城区，GDP分别为7037.9亿元和5061.1亿元。东城区位列第四，为2954.7亿元。北京市其余各区GDP均未超过2000亿元[①]。

（2）地区人口方面。《北京市第七次全国人口普查公报（第二号）》数据显示，2020年11月1日零时，朝阳区常住人口为3452460人，占北京市人口比重为15.8%。海淀区常住人口为3133469人，占北京市人口比重为14.3%。昌平区常住人口为2269487人，占北京市人口比重为10.4%。丰台区常住人口为2019764人，占北京市人口比重为9.2%。大兴区常住人口为1993591人，占北京市人口比重为9.1%。其余各区占北京市人口比重均不超过9%。

（3）一般公共预算收入方面。《关于北京市2020年预算执行情况和2021年预算的报告》数据显示，2020年，朝阳区一般公共预算收入为510.78亿元，财政平衡率101.6%，财政自给能力强。昌平区、门头沟区、怀柔区、通州区、密云区和延庆区财政平衡率均低于50%。其中，延庆区财政平衡率最低，为16.4%。[②]

（4）人均可支配收入方面。2020年，西城区人均可支配收入最高，达90286元。海淀区和东城区次之，分别为86742元和83501元。朝阳区和石景山区排名第四和第五，分别为78721元和78656元。北京市其余各区人均可支配收入均不超过70000元。[③]

3. 北京市产业概况

"十三五"时期北京聚焦"高精尖"，做好"白菜心"，产业数字化、高端化特征凸显。以信息服务业为代表的数字经济成为经济增长的主要支撑，2016~2019年信息服务业增加值年均增长14.2%，占GDP比重由2015年的10.5%提高到2019年的13.5%。现代金融优势持续巩固，科技金融、绿色金融等加快发展，2016~2019年金融业增加值年均增长8.5%，占GDP比重提高到18.5%。工业结构深度调整，"十三五"时期北京市退出一般制造业企业2154家，高技术产业和战略性新兴产业增加值占比分别达到24.4%和23.8%，新一代信息技术和医药健康产业双引擎加快形成，智能制造为北京工业转型升级注入新动力。

在产业方面，《北京市"十四五"时期高精尖产业发展规划》指出，要做大两个国际引领支柱产业。①新一代信息技术。以聚焦前沿、促进融合为重点，突出高端领域、关键环节，扶持壮大一批优质品牌企业和特色产业集群，重点布局海淀区、朝阳区、北京经济技术开发区，力争到2025年新一代信息技术产业实现营业收入2.5万亿元。②医药健康。发力创新药、新器械、新健康服务三大方向，在新型疫苗、下一代抗体药物、细胞和基因治疗、国产高端医疗设备方面构筑领先优势，推动医药制造与健康服务并行发展。北部地区重点布局昌平区、海淀区，南部地区重点布局大兴区、北京经济技术开发区，力争到2025年医药健康产业实现营业收入1万亿元，其中医药制造达到4000亿元。《北京市"十四五"时期高精尖产业发展规划》中还提到要做强"北京智造"四个特色优势产业，具体包括集成电路产业、智能网联汽车产业、智能制造与装备产业、绿色能源与节能环保产业。①集成电路。以自主突破、协同发展为重点，构建集设计、制造、装备和材料于一体的集成电路产业创新高地，打造具有国际竞争力的产业集群。重点布局北京经济技术开发区、海淀区、顺义区，力争到2025年集成电路产业实现营业收入3000亿元。②智能网联汽车。坚持网联式自动驾驶技术路线，推动车端智能、路端智慧和出行革命，加速传统汽车智能化网联化转型。重点布局北京经济技术开发区和顺义、房山等区，培

---

① 北京市统计局公布2020年GDP数据。

② 北京市区域财税形势恢复特征及政策建议［EB/OL］．［2021-10-11］．http://news.10jqka.com.cn/20211011/c633211141.shtml.

③ 资料来源：北京市统计局。

育完备的"网状生态"体系，持续扩大高端整车及配套零部件制造集群规模，支持上游汽车技术研发机构开展前端研发、设计，鼓励汽车性能测试、道路测试等安全运行测试及相关机构建设，建设世界级的智能网联汽车科技创新策源地和产业孵化基地。力争到2025年汽车产业产值突破7000亿元，智能网联汽车（L2级以上）渗透率达到80%。③智能制造与装备。以"优品智造"为主攻方向，全面增强装备的自主可控、软硬一体、智能制造、基础配套和服务增值能力，以装备的智能化、高端化带动北京制造业整体转型升级。重点布局北京经济技术开发区和昌平、房山等区，力争到2025年智能制造与装备产业实现营业收入1万亿元，其中智能装备部分达到3000亿元。④绿色能源与节能环保。以推动绿色低碳发展、加速实现碳中和为目标，以智慧能源为方向，以氢能全链条创新为突破，推进新能源技术装备产业化，打造绿色智慧能源产业集群。重点布局昌平、房山、大兴等区，力争到2025年绿色能源与节能环保产业实现营业收入5500亿元。

此外，北京也在积极推动特色优势产业发展。近几年北京市医药健康产业保持了高质量发展态势，2018年，生物医药企业营业收入达1867.6亿元，同比增长14.3%，在北京市相关产业的增速中排名前列。北京以生物医药产业为核心，以中关村生命园、大兴生物医药基地、亦庄生物医药产业园为主要承载地，高精尖产业资源和环节进一步向海淀、昌平、大兴重点区域集聚，已基本形成北研发、南制造的"一南一北"产业发展格局，始终保持快速增长态势，医药制造业连续多年利润率达19%，居全国第一。南部高端制造业基地以北京经济技术开发区和大兴生物医药基地为核心，在北京生物医药制造业中所占比重超过50%，在高端化药、抗体、疫苗、影像诊疗设备、骨科植（介）入物等细分行业领域引领全国高端。北部生物技术研发创新中心以中关村生命科学园为核心，现已形成完备的项目申请—筛选—孵化—毕业机制，入园企业484家，以国家生物领域重大项目为主要依托，成为国家级生命科学和新医药高科技产业的创新基地。此外，北京还搭建一系列高水平的学术及产业交流平台，如推动中国医疗健康产业投资50人论坛来京设立永久会址；举办"京津冀地区人类遗传资源管理专场培训会"；组织第八期医药健康企业家高研班，累计培训和密切联系454名企业家；召开第十九届北京生命科学领域学术年会、第二十二届和第二十三届北京国际生物医药产业发展论坛，促进业界科学家、企业家、投资家广泛交流，不断活跃产业创新氛围。①

北京市人民政府办公厅印发的《北京市加快医药健康协同创新行动计划（2021—2023年）》提到，2023年，北京医药健康产业创新发展继续保持国内领先，医药健康工业和服务业总营业收入突破3000亿元（不包括新冠疫苗特定条件下增量），产业创新力、竞争力、辐射力全面提升，基本实现国际化高水平集群式发展。在前沿方面，生命科学领域引进培育多层次创新人才不少于1万人，国家战略科技力量进一步强化，在全球生命科学领域形成北京生物技术创新特色长板。在临床方面，建成20个左右"国内领先、国际一流"的研究型病房，建设1~2家具有国际一流水准的研究型医院，推动北京临床研究能力和效率显著提升。在产业方面，固定资产投资保持稳定增长态势，年销售额超过100亿元的企业达6家，培育2~3家数字医疗标杆企业，新增上市企业25家，创新药和创新医疗器械提交上市申请达到90个，数量保持国内领先。在产业生态方面，新增可上市的工业用地不少于3000亩，新增楼宇空间不少于300万平方米，形成创新要素互动融合的良好产业生态。

---

① 集聚优质资源，北京生物医药健康产业加速发展［EB/OL］.［2019-11-29］. http://kw. beijing. gov. cn/art/2019/11/29/art_1136_453720. html.

（二）北京市乡村振兴阶段性成果

"十三五"时期，北京市粮食产量稳定在31万吨以上。2020年，北京市粮食生产播种面积、产量同比增长5.1%、6.2%，蔬菜生产播产量同比增长23.7%，生猪存栏量同比增长143.9%，稳产保供效果明显。北京市严守150万亩永久基本农田和166万亩耕地保有量底线，坚决遏制耕地"非农化"，同时调整土地出让收入使用范围，用于农业农村比例逐年稳步提高，到2025年将达到8%。为保护耕地农田，北京市设立了市、区两级总田长和市、区、乡镇、村四级田长，组织实施本区域耕地和永久基本农田保护利用工作。[①]

"十三五"期间，北京市农村居民人均可支配收入从20569元增加到28928元，年均增速快于城镇居民，于2018年提前两年实现收入比2010年翻一番目标。低收入农户人均可支配收入提高到17588元，年均增长18.4%，低收入农户收入全部过线，234个低收入村全面消除。[②]

"十三五"期间，北京市实施"百村示范、千村整治"工程，完成3254个村庄人居环境整治任务，美丽乡村建设取得重要进展：无害化卫生户厕覆盖率达到99.34%；全市污水处理设施覆盖的村庄增加到1806个；累计创建垃圾分类示范村1500个、首都绿色村庄1000个。[③] 目前，北京市乡村公路共计13125千米，占公路总里程60%，全市乡村公路中等路以上比例持续保持在90%以上。全市乡村公路列养率已达100%，全市近4000个建制村全部按照"村委会距站点小于2公里"标准实现通客车，城乡交通一体化发展水平在全国名列前茅。[④]

（三）北京市乡村振兴规划

2018年12月30日，中国共产党北京市委员会、北京市人民政府印发《北京市乡村振兴战略规划（2018—2022年）》。该规划提出，以持续推进美丽乡村建设专项行动为抓手，以"清脏、治乱、增绿、控污"为主攻方向，加快补齐农村人居环境短板，努力提高乡村生活品质。该规划提出，适应农村经济社会发展需要，进一步规范完善农村基本服务设施、交通物流设施、"煤改清洁能源"工程、信息化设施建设，加快推进"四好农村路"建设，推动城乡基础设施共建共享、互联互通。根据该规划，北京将充分利用大京郊的空间优势，统筹农村和农业资源，以一二三产业融合为突破口，持续推进农业供给侧结构性改革和都市型现代农业转型升级，努力培育新产业、新业态、新动能，为首都提供丰富多样的休闲农业、乡村旅游和生态服务产品，使京郊农村成为产业兴旺、经济多元、利益共享、创新创业、宜居宜业的城市后花园。该规划要求，严守耕地红线，科学划定永久基本农田，落实永久基本农田特殊保护制度，开展高标准农田建设与土地整理，实施耕地质量提升与保护行动，确保本市基本农田数量不减少，质量不降低。到2022年，耕地质量平均提升0.5个等级，灌溉水利用系数提高到0.75以上。同时，推进农业绿色发展。到2022年，农药利用率提高到45%以上，化学农药用量降低15%以上，化肥利用率提高到40%以上，化肥施用量降低28%以上。该规划要求，坚持服务首都、富裕农民的方针，深入发掘农村产业的生态涵养、休闲观光、文化体验、健康养老等多种功能和多重价值。推动乡村资源全域化整合、品牌化经营、多元化增值。在坚持农地农用的基础上，发展休闲农业、农业文化创意产业，完善农业价值链，推动农村产业高质量发展。加强乡村供水设施建设也是该规划强调的重点任务，要求以城乡一体、

---

①②③ 北京晒乡村振兴成绩单［N］. 北京商报，2021-06-17.

④ 中国新闻网. 北京乡村公路超1.3万公里 已创建66条美丽乡村路［EB/OL］.［2021-05-27］. https：//www.chinanews.com.cn/cj/2021/05-27/9486846.shtml.

镇村集约化供水为导向，通过新建或改扩建集中供水厂、改造村级供水站、更新改造供水管网等，不断完善供水设施。同时，建立健全农村集中供水计量收费和管理维护等机制，增强供水保障能力，确保农村饮用水卫生、安全。为了加快乡村清洁能源建设，该规划提出结合2022年北京冬奥会和冬残奥会延庆赛区周边村庄的煤改清洁能源改造，积极推进山区村庄冬季清洁取暖试点工作。该规划还对加强乡村信息化基础建设做了部署。要求实施数字乡村战略，推进"智慧乡村"建设和"信息进村入户工程"，开发适合"三农"特点的信息技术、产品、应用和服务。同时，推动远程医疗、远程教育等普及应用，建立空间化、智能化的新型农村统计信息综合服务系统。互联网技术正在为现代农业插上飞翅。该规划提出大力发展"互联网+现代农业"，建设北京农业数据中心，做好农业数据采集、分析、研究与发布，集成包含北京农业各产业的信息服务资源，构建全市农业信息资源共建共享平台。同时，大力推进传统涉农企业信息化建设，提高农业资源整合能力和产品服务范围，培育一批具有国际竞争力的涉农服务企业，延展北京农业发展空间。鼓励电子商务平台企业服务下沉农村，推动农民利用资源优势发展特色农产品电子商务。

2021年3月31日，中国共产党北京市委员会、北京市人民政府印发《关于全面推进乡村振兴加快农业农村现代化的实施方案》，围绕促进农业现代化、农村现代化、农民增收和加强党的全面领导，部署18项工作任务，实施系列重大工程、行动计划，确保"开好局、起好步"。该实施方案提出，促进乡村产业融合发展。落实"绿水青山就是金山银山"理念，大力发展生态友好型产业。科学高效利用林地资源，积极探索林药、林菌、林蜂、林禽等多种模式，打造新型农林复合体。支持农业产业化龙头企业带动农民发展农产品初加工、精深加工。推广净菜上市。建设农村电子商务公共服务中心，着力培养一批农村流通类电子商务龙头企业，加快构建以电商平台为引领的农产品现代流通体系。建立北京优农品牌目录，培育提升品牌价值，恢复推广一批"老口味"蔬菜品种，做好地理标志农产品保护和开发。深入推进乡村文化旅游融合，挖掘农业文化遗产、民俗风情等特色元素，发展田园观光、农耕体验、耕读教育、森林康养等业态，更好满足市民到乡消费需求。实施休闲农业"十百千万"畅游行动，打造一批精品主题线路、休闲乡村和示范园区。充分发挥村集体经济组织在乡村民宿发展中的组织引导作用，带动传统农家乐转型升级。开展乡村民宿星级评定，引导规范化、标准化发展，提高乡村旅游现代化服务水平。该实施方案提出，到2025年，率先基本实现农业农村现代化行动取得重要进展，城乡规划一体化、资源配置一体化、基础设施一体化、产业一体化、公共服务一体化、社会治理一体化发展格局基本确立，城乡融合发展体制机制和政策体系更加健全完善。科技创新成为农业鲜明特征，农业科技进步贡献率达到77%，设施农业机械化率达到55%以上，高效设施农业技术、装备、品种自主创新率明显提升，良种覆盖率达到98%以上，蔬菜、猪肉自给率分别达到20%、10%以上，绿色有机产品总量力争翻一番，品种培优、品质提升、品牌打造和标准化生产全面推进。生态宜居的美丽乡村建设深入推进，生活污水处理设施覆盖率达到55%以上，生活垃圾得到有效处理基本实现全覆盖，煤改清洁能源覆盖率达到90%，农村公共卫生等服务短板基本补齐，城乡居民生活基本设施大体相当。农民中等收入群体明显扩大，城乡居民收入比缩小到2.4：1左右，年经营性收入低于10万元的集体经济薄弱村基本消除，郊区"七有""五性"监测评价指数稳步提升，农民获得感、幸福感、安全感明显提高。党对农村工作的全面领导更加坚强有力，自治、法治、德治相结合的现代乡村治理体系更加完善，乡村社会充满活力、和谐有序，京华大地成为习近平新时代中国特色社会主义思想的实践范例，京郊农村成为超大城市乡村治理体系和治理能力现代化的成功范例。

2021年1月27日，北京市第十五届人民代表大会第四次会议批准《北京市国民经济和社会发展第十四个五年规划和二〇三五年远景目标纲要》（以下简称《纲要》）。《纲要》提出要推进乡村振兴，促进城乡融合。全面落实乡村振兴战略，制定率先基本实现农业农村现代化行动方案。划定永久基本农田红线、菜田面积底线，调整农业结构布局，分类制定优化发展区、适度发展区、保护发展区政策。扎实推进第二轮土地承包到期后再延长 30 年试点。实施扶持农村集体经济专项帮扶行动，基本消除年经营性收入小于 10 万元的集体经济薄弱村。推动农村生产生活方式变革，构建连通农村地区与微中心、新市镇、城镇的高效交通网络，把新型城镇体系打造成城乡融合发展的重要节点。补充农村基础设施短板，分片区系统优化集体建设用地复合承载功能，建设符合现代化农村需求的能源、给排水体系，构建城乡一体化公共服务体系。加强美丽乡村建设，注意保住乡村味道，留住乡愁，深入推进"百村示范、千村整治"工程，健全农村人居环境运营管护长效机制。打通城乡人才培养交流通道，进一步提升农村人口知识水平和职业技能。培育乡村旅游、生态旅游、精品民宿等绿色产业，提供更多二三产业就业岗位。发展乡村共享经济、创意文化等新业态，积极引导专业人才下乡创新创业。

（四）北京市部分区乡村振兴概览

1. 北京市平谷区

平谷区，北京市辖区，位于北京市东北部，总面积 948.24 平方千米。平谷区下辖 2 个街道、16 个乡镇和 273 个村庄。根据第七次人口普查数据，截至 2020 年 11 月 1 日，平谷区常住人口为 457313 人。2020 年，平谷区实现地区生产总值 284.1 亿元，按可比价格计算，比 2019 年下降 3.8%。

近年来，平谷区在各方面致力于实现乡村振兴。平谷区希望培养一批掌握现代技能的技术工人，进一步拓宽农民到二三产业的就业渠道，打造乡村振兴共同体。例如，平谷区大华山镇与北京天岳恒房屋经营管理有限公司进行了镇企联建、村企对接签约。签约双方将在党建互助、农产品销售、劳动力安置、文化休闲旅游、基层治理等多个领域展开深入合作，共同打造"乡村振兴共同体"。此次签约后，镇、村、企将建立"直通车"模式，重点围绕乡村"有什么""缺什么"，城市主体"想什么""要什么"，充分发挥大华山镇在农村剩余劳动力、以大桃为主的优质农产品、丰富的生态休闲旅游、文化体验等方面的资源优势，通过搭建村企共建平台，有力带动产业增效、农民增收，实现城乡互动。开通农民技能培训直通车，为有就业意愿的劳动力提供水、电、气、暖等技能培训，并提供实习、就业机会，通过订单、定向培养的方式择优为企业提供稳定的劳动力资源。企业还将设置本地就业岗位，提供话务员岗位，招聘符合条件的适龄女性，解决农村闲置妇女劳动力的就业问题。开通城乡社区直通车，即将大华山镇优质的农副产品直接对接企业服务的广泛的社区客户资源，进而开通优质农产品绿色销售通道。双方以"乡镇+农户+地块+企业员工"的方式，协议开展土地、桃树认养活动，帮助果农打开销售渠道，提高农副产品附加值。推出观光采摘、精品民宿体验、农事体验、夏令营主题活动等多元化的乡村休闲旅游项目，促进社区居民体验乡村休闲旅游。开通资源共享直通车，在民宿共建方面共享资源，充分挖掘大华山镇现有的生态、闲置资源等优势，借助企业先进的设计、管理理念及相应的资金基础实现民宿共建。

未来，平谷区将深化镇企联建、村企对接合作，打造"乡村振兴共同体"，利用资金、人才、管理经验等优势资源，围绕镇村特色优势形成发展项目，壮大农村集体经济，增加农民财产性、经营性收入，拓宽直达型资源流动渠道，打造"京郊好物"等品牌载体，推动"农业+科技""乡村+科技"的融合发展，在北京乡村打造一系列农业科技应用场景，实现科技项目建设与乡村振兴的全面融合，打造"乡村产业振兴共同体"。同时，将建设一批乡村振兴实训基地，培养一批"土专家""田秀才""乡创客"，加快农业农村生产经营、农村二三产业发展、乡村公共服务、乡村治理、农业农村发展五类人才的有效培养，打造乡村人才振兴共同体，以农民就业为抓手，建立点对点、订单式就业服务体系，组建"农民业校"，对农村劳动力进行系统培训，在京郊农民中形成保安、保洁、保姆、的哥、快递等劳务品牌，培养一批掌握现代技能的技术工人，进一步拓宽农民到二三产业的就业渠道，打造"乡村振兴共同体"。

2. 北京市密云区

密云区，隶属北京市，位于北京市东北部，总面积2229.45平方千米，是北京市面积最大的区。根据第七次人口普查数据，截至2020年11月1日，密云区常住人口为527683人。密云区下辖17个镇、2个街道和1个乡（地区办事处）。2020年，密云区地区生产总值338.6亿元，按可比价格计算，比2019年下降1.6%。其中，第一产业增加值12.6亿元，下降10.5%；第二产业增加值85.2亿元，下降18.5%；第三产业增加值240.7亿元，增长6.8%。

近年来，密云区积极践行乡村振兴战略，围绕"美丽乡村"建设，全力推动乡村公路高质量发展。"十三五"时期，密云区共实施乡村公路路面大修工程108项（共187千米），危旧桥改造工程18项，绿化工程8.5千米，消除351千米道路的708处安全隐患，实施水毁修复工程147项，确保道路运行安全顺畅。目前，密云区乡村公路列养率达到100%，全面实现了养护工作程序化、制度化、规范化，提高了乡村公路管理养护水平。同时，密云区积极挖掘乡村公路文化内涵，大力开发乡村公路休闲旅游功能，将生态观光、红酒产业、蜂蜜产业、精品民宿串联起来，实现了公路与旅游和产业的融合。2014年，密云区乡级公路小二路入选北京十大最美乡村路，荣膺全国百条"最美乡村路"称号。2020年，密云区乡级公路久黄路被评为北京市最美乡村路。

乡村人居环境提升与产业转型升级两翼齐飞，坐拥得天独厚的生态优势，密云区按下传统农业转型升级的"加速键"，涌现出了以蔡家洼玫瑰情园、京纯蜜蜂大世界为代表的集休闲观光、产品展销、农业科普为一体的都市型现代园区，逐渐发展成以月季新品种的研发、生产、销售，蜜蜂养殖、蜂产品深加工、蜜蜂文化和蜜蜂旅游等为一体的完整产业链条，实现了产业的集群发展。密云水库为亚洲最大的人工湖，伴随水库南线的建设，密云水库沿线旅游经济的发展规模不断壮大。水库南线的鱼王美食街是众多美食爱好者的打卡地，可以让游客感受到自然的乡土气息和民俗文化。

密云区按照北京市统一部署，深入开展"实施乡村振兴战略、推进美丽乡村建设"三年专项行动，以改善农村人居环境为乡村振兴突破口，立足人文、生态优势，通过发展乡村旅游、打造密云农业特色农产品、提档升级设施农业等系列举措，促进一批新产业、新业态快速成长，为乡村振兴、壮大集体经济奠定了坚实的产业基础①。

3. 北京市怀柔区

怀柔区，北京市市辖区，位于北京市东北部。东邻密云区，南连顺义区，西与昌平区、延庆区搭界，北与河北省赤城县、丰宁满族自治县、滦平县接壤，全区总面积2122.8平方千米。根据第七次人口普查数据，截至2020年11月1日，怀柔区常住人口为441040人。2020年，怀柔区地区生产总值396.6亿元，比上年下降1.3%（不变价）。其中，第一产业增加值4.4亿元，下降31.0%；第二产业增加值159.0亿元，下降3.0%；第三产业增加值233.2亿元，增长0.7%。

2021年4月26日，怀柔区怀柔科学城围绕"聚焦综合性国家科学中心，系统推进'五态'建设，深入践行'两山'理论，保护良好生态环境，抓好农村人居环境整治，推进美丽乡村建设，打造具有首都特色的乡村振兴示范，推动区域绿色发展、创新发展、高质量发展"主题召

---

① 美丽经济加快密云乡村振兴［EB/OL］．［2020 - 05 - 27］．http：//nyncj. beijing. gov. cn/nyj/snxx/gqxx/10808512/index. html.

开现场推进会。区委书记、怀柔科学城党工委书记戴彬彬强调，全区上下要统一思想、凝聚共识，深刻认识、准确把握怀柔当前所处的历史定位，做到老问题有新解、新问题有破解，培养锻造强有力的干部人才队伍，紧密结合"1+3"融合发展和"五态"建设，不折不扣抓具体工作落实，确保"十四五"开好局、起好步。

怀柔区以抓实农村带头人关键少数为切入点，以强化基层党组织政治功能和组织力为着力点，探索实施"头雁领航"工程，以组织振兴助推乡村振兴。坚持本土挖潜和人才回引双措并举，依托乡镇企业、社会组织等机构，通过"产业引才""以亲举贤"等方式，吸引优秀人才返乡创业，拓宽村级干部选人渠道。结合村"两委"换届，提前择优储备包括高校毕业生、党建助理员、退役军人、创业务工青年在内的160余名村级后备人才，其中128名年轻干部进入"两委"班子，一批"双好双强"优秀人才成为村级执政骨干。在换届中坚持把政治标准放在首位，严把村干部入口关，建立镇乡全面初审、部门协同联审、存疑多轮复审工作机制，累计开展19轮4374人资格联审，从源头上净化乡村振兴带头人队伍①。

2021年10月9日，北京市怀柔区人民政府印发《"十四五"时期怀柔区乡村振兴行动计划》。该行动计划提到，"十四五"时期怀柔区将分别引导平原地区、浅山地区、深山地区三类乡镇走特色化发展。一是平原地区建设科学城功能拓展服务型乡镇。平原地区乡镇融合森林、生态廊道、公园、湿地、田园等生态资源，构建蓝绿交织的区域生态空间结构，以服务怀柔科学城为首要任务，建设人性化、高品位、有意趣的公共活动空间，营造富有活力、开放共享、具有归属感的创新环境氛围，塑造自然山水意境与现代科技美感交相辉映的景观风貌。二是浅山地区打造高品质国际文旅特色乡镇。浅山地区乡镇打造以长城文化、生态文化、民俗文化为特色的文化旅游景观带，突出长城文化和民俗风情，推动生态农业与精品旅游联动发展，强化长城保护与特色资源统筹协调，提升休闲旅游发展品质，适度发展乡村特色酒店、国际驿站、休闲山庄等新型业态，完善旅游基础设施，提高接待服务水平，建设具有国际知名度的高品质文化旅游小城镇。三是深山地区发展生态休闲民俗体验乡镇。深山地区乡镇以燕山文化和满族风情为主题，依托以喇叭沟门国家森林公园为代表的满乡森林风貌区高品质山水生态环境和丰富民俗文化资源，构建集自然科普教育、森林康养休闲、民俗文化体验等多种功能于一体的特色旅游体验带。该行动计划还提出，到2025年，怀柔区将以16个"百村示范村"和11个市级示范村为重点，整体完成245个美丽乡村的基础设施和公共服务设施建设任务，农村卫生厕所覆盖率稳定在99%以上，三类及以上公厕比例基本实现全覆盖；生活污水处理设施覆盖率达到60%以上；生活垃圾分类全面实施，垃圾无害化处理率达到100%，保障全区环境卫生水平位居全市生态涵养区前列。

4. 北京市门头沟区

门头沟区，隶属北京市，地处北京西部山区。根据第七次人口普查数据，截至2020年11月1日零时，门头沟区常住人口为392606人。2020年，门头沟区地区生产总值（GDP）251亿元，按不变价格计算，比2019年增长0.2%。其中，第一产业实现增加值2.2亿元，比2019年下降27.6%；第二产业实现增加值66.8亿元，比2019年下降1.1%；第三产业实现增加值182亿元，比2019年增长1.1%。

近年来，门头沟区积极落实乡村振兴战略，成功创建15个市级"乡村振兴示范村"，6个村搬迁工程实现收尾，在8个村（地区）实施取暖煤改电。农村地区生活污水处理设施覆盖率达99.2%。出台"村地区管"实施意见，完成83个村农村土地承包经营权确权登记颁证。8个市

① 抓党建　促振兴 | "头雁领航"工程助推乡村振兴 [EB/OL]．[2021-12-13]．http://nyncj.beijing.gov.cn/nyj/snxx/gzdt/11177859/index.html.

级扶持壮大集体经济试点村全部完成增收任务，2 个林下经济试点村完成种植任务。高质量打赢低收入精准帮扶攻坚战，46 个产业帮扶项目全部完工，全区低收入劳动力就业率 97%，低收入帮扶基金累计救助金额 2657.29 万元，惠及 5.68 万人次。预计全区低收入农户人均可支配收入 1.8 万元，增长 18%，增速在北京市排名前列。

中关村门头沟园引领带动作用明显。园区中关村高新技术企业达到 333 家、"双高新"企业 191 家。北京光环新网科技股份有限公司等 8 家企业入围 2020 北京民营企业 "1+4" 百强榜单，北京芯盾时代科技公司荣登 "新基建产业独角兽百强榜"，北京竞业达数码科技公司登录深圳中小板 A 股市场。实施 18 家老旧厂房改造，打造科创智能产业发展载体。中关村（京西）人工智能园先导园投入运营，企业入驻率达 80%。石龙三期主体结构完工，石龙五期部分地块具备入市条件。建成科技企业孵化器 11 个，德山生物医药孵化器获批国家备案众创空间。成立中关村精雕智造科技创新中心，创新发展考核综合排名位列生态涵养区第一。

"门头沟小院"品牌全面系统塑造。"门头沟小院+"项目覆盖范围增至 41 个村，地区精品民宿迅速拓展至 57 家，其中 21 家在北京市率先完成 "一照两证一系统" 手续，创艺乡居等 4 家民宿达到旅游民宿国家级 "五星" 标准，实现出品便是精品。推出 "10+1+N" 精品民宿扶持政策 2.0 版和田园综合体实施方案，13 个 "门头沟小院+" 田园综合体项目稳步推进。与北京同仁堂集团、北京演艺集团、北京电影学院合作，形成 "门头沟小院+" 康养、文化、演艺等模式，打造 "一民宿一摄影师" 品牌。成功举办两届北京精品民宿发展论坛暨 "门头沟小院" 推介活动，"门头沟小院" 精品民宿影响力显著增强。

环境品质持续提升。门头沟区率先出台文明村居综合考评奖励办法，将农村人居环境整治月度核查与创城同步考核。实施社区环境、背街小巷、乱停车、城乡接合部四大专项整治，圆满完成首都文明办年度测评迎检任务。启动 "黄土不露天" 专项整治行动，绿化硬化面积达 38 万平方米。完成 S1 线门头沟段城市景观提升工程，启动六环路门头沟段沿线景观提升一期工程。试点开展村庄整体风貌提升行动，58 个第一批美丽乡村创建村全部通过市级考核验收，完成 9 个市级挂账城乡接合部村庄环境整治工作。获得 2019 年全国村庄清洁行动先进县称号，成为北京市唯一受国务院办公厅通报表彰的农村人居环境整治激励县。

二、天津市

天津市，简称 "津"，别称津沽、津门，中国 4 个直辖市之一，位于华北地区。全市下辖 16 个区，总面积 11966.45 平方千米。截至 2021 年 5 月，天津市共有 124 个街道、125 个镇、2 个乡、1 个民族乡，合计 252 个乡级区划。

（一）天津市经济发展概况

1. 天津市人口与经济概况

根据 2020 年第七次全国人口普查结果，截至 2020 年 11 月 1 日，天津市常住人口 1386.60 万人，与 2010 年第六次全国人口普查的 1293.82 万人相比，10 年增加了 92.78 万人，增长 7.17%，年平均增长率为 0.69%。汉族人口为 1342.25 万人，占 96.80%；各少数民族人口为 44.35 万人，占 3.20%。常住人口中，居住在城镇的人口有 1174.44 万人，居住在乡村的人口有 212.16 万人，城镇化率为 84.70%，比 2010 年第六次全国人口普查提高了 5.26 个百分点。城镇人口共增加 146.65 万人，增长 14.27%，与同期常住人口相比增长 7.10 个百分点。

根据《2020 年天津市国民经济和社会发展统计公报》，2020 年，天津市生产总值（GDP）14083.73 亿元，比 2019 年增长 1.5%。其中，第一产业增加值 210.18 亿元，下降 0.6%；第二产业增加值 4804.08 亿元，增长 1.6%；第三产业增加值 9069.47 亿元，增长 1.4%。三次产业结构为 1.5∶34.1∶64.4。全年农林牧渔业总产值 476.36 亿元，增长 0.9%；全年全市工业增加值 4188.13 亿元，比上年增长 1.3%，规模以上工业增加值增长 1.6%。2020 年，天津市居民消费价格指数（CPI）同比上涨 2.0%，涨幅比上年回落 0.7 个百分点。全年全市居民人均可支配收入 43854 元，增长 3.4%。其中，城镇居民人均可支配收入 47659 元，增长 3.3%；农村居民人均可支配收入 25691 元，增长 3.6%[①]。

2. 天津市各区人口与经济概况

天津市包括 16 个区，分别为滨海新区、和平区、河东区、河西区、南开区、河北区、红桥区、东丽区、西青区、津南区、北辰区、武清区、宝坻区、静海区、宁河区和蓟州区。天津市各区统计局 2020 年 1～12 月主要经济指标如下：

（1）地区生产总值方面，滨海新区、河西区、和平区居天津市前三名。其中，排名第一的滨海新区遥遥领先于天津市内其他地区，实现地区生产总值 5871.06 亿元；河西区排名第二，全年地区生产总值 989.63 亿元；和平区排名第三，全年地区生产总值达到 828.67 亿元。

（2）财政收入方面，2020 年天津市一般公共预算收入排名前三位的分别是滨海新区、武清区、西青区，成为拉动天津市整体实力跃升的重要动力，其中，滨海新区以 515.49 亿元遥遥领先。

（3）地区人口方面，分区域看，中心城区人口为 4057215 人，占 29.26%；环城四区人口为 3889860 人，占 28.05%；滨海新区人口为 2067318 人，占 14.91%；远郊五区人口为 3851616 人，占 27.78%。[②] 与 2010 年第六次全国人口普查相比，人口增长较多的 5 个区依次为：西青区、津南区、东丽区、北辰区和武清区，分别增加了 510434 人、335003 人、287072 人、240612 人、201900 人。

3. 天津市产业概况

"十三五"时期，天津市现代都市型农业升级发展效果显著。农业供给侧结构性改革深入推进，市人民政府与农业农村部签订的共同推进农业供给侧结构性改革落实京津冀农业协同发展战略合作框架协议全面完成，全市农业现代化水平显著提高。农业产业结构不断优化，农作物品种不断调优，小站稻种植面积由 30 万亩增加到 80 万亩，畜牧业和渔业向绿色化、标准化、规模化方向发展。粮食和重要农产品产能建设持续增强，全面完成粮食生产功能区和基本保障型蔬菜生产功能区划定，建成高标准农田 370 万亩，粮食综合生产能力保持在 200 万吨以上，蔬菜、肉类、禽蛋、牛奶等"菜篮子"产品自给率在大城市中保持较高水平。质量兴农和品牌强农战略大力实施，具有较高知名度和市场竞争力的市级以上农产品品牌达到 170 个，地产农产品抽检合格率达到 98.68%，全市整建制建成"农产品质量安全市"。农业技术装备和科技创新能力持续提升，农业科技进步贡献率达到 68%，农作物耕种收综合机械化率达到 90.15%。现代种业创新发展，培育了水稻、花椰菜、黄瓜、肉羊等一批优势品种，认定农作物种子（苗）生产基地 24 个、畜禽水产良种繁育基地 50 个。农业信息化水平不断提高，建成 3318 个益农信息社，智能农业研究院落地天津。农村改革不断深化，3628 个村集体经济组织改革全部到位，农村产

---

① 2020 年天津市国民经济和社会发展统计公报 ［EB/OL］．［2021-03-17］．http：//stats.tj.gov.cn/tjsj_52032/tjgb/202103/t20210317_5386752.html.

② 中心城区包括：和平区、河东区、河西区、南开区、河北区、红桥区；环城四区包括：东丽区、西青区、津南区、北辰区；远郊五区包括：武清区、宝坻区、宁河区、静海区、蓟州区。

权流转交易市场体系全面建立，承包土地确权颁证全面完成，多种形式土地适度规模经营比重达到65%以上。

乡村产业融合发展取得新突破。现代农业产业园、优势特色产业集群、农业产业强镇、创新创业园区和基地等产业融合载体建设取得新进展。休闲农业、农产品加工、流通产业加快发展，培育认定22个市级休闲农业示范园区和258个市级休闲农业特色村点，休闲农业和乡村旅游接待人数达到1700万人，规模以上农产品加工产值与农业总产值之比达到3.7∶1，京津冀都市圈1小时鲜活农产品物流圈加快构建。以牛顿庄园等为代表的众筹农业、定制农业、电商农业等农业新业态加快培育。农业经营主体发展壮大，市级以上农业产业化龙头企业达到146家、家庭农场总数超过1万家、合作社达到1.13万家。农业对外合作扎实推进，对口支援工作和一批涉外重点农业项目取得新成效。①

根据《天津市国民经济和社会发展第十四个五年规划和二〇三五年远景目标纲要》②，天津市坚持把发展经济着力点放在实体经济上，坚持制造业立市，推进产业基础高级化、产业链现代化，加快制造业高端化、智能化、绿色化、服务化发展，着力构建"1+3+4"现代工业产业体系③，建设制造强市。

（1）着力夯实制造业根基。①强化制造业战略支撑。立足全国先进制造研发基地定位，加快培育战略性新兴产业，改造提升传统优势产业，壮大新动能底盘，巩固工业发展基本盘。到2025年，新一代信息技术形成5000亿级产业集群，装备制造、汽车制造、石油化工分别形成3000亿级产业集群，新材料、现代冶金、轻工纺织分别形成2000亿级产业集群，生物医药、新能源分别形成1000亿级产业集群，航空航天产业形成500亿级产业集群；制造业增加值占地区生产总值的比重达到25%，工业战略性新兴产业增加值占规模以上工业增加值比重达到40%。②增强制造业核心竞争力。实施产业基础再造工程，着力推动核心基础零部件和元器件、关键基础材料、先进基础工艺、工业基础软件、产业技术基础等领域研发创新、重点突破，全面提升工业基础能力。实施优质企业梯次培育工程，打造"专精特新"中小企业，培育制造业单项冠军企业，引育具有生态主导力的领航企业，加快建设引领全球科技和产业发展的世界一流企业。实施质量强市战略，加强品牌、标准、计量、合格评定、专利等体系和能力建设，开展质量提升和工业老字号品牌振兴行动，打造一批国际国内知名品牌。③提升产业链供应链现代化水平。聚焦重点产业和关键领域，构建自主可控、安全高效的产业链，促进产业链创新链价值链协同跃升。坚持重大项目引领、龙头企业带动，实施串链补链强链工程，集中攻坚信息技术应用创新、动力电池、车联网、集成电路等重点产业链，进一步串联关键环节、补齐薄弱环节、强化优势环节，推进全产业链优化升级。加强国际产业安全合作，高水平融入全球产业链、价值链，提升产业国际化水平。

（2）全面构建现代工业产业体系。①大力发展智能科技产业。以人工智能产业为核心，全力打造人工智能先锋城市。到2025年，智能科技产业占规模以上工业和限额以上信息服务业销售收入比重达到30%。②培育壮大新兴产业。打造国内领先的生物医药研发转化基地；打造全国新能源产业高地；建成国内一流新材料产业基地。③巩固提升优势产业。装备制造产业重点发展智能装备、轨道交通装备和海洋装备，打造具有全球影响力的高端装备产业示范基地；汽

---

① 天津市人民政府办公厅关于印发天津市推进农业农村现代化"十四五"规划的通知［EB/OL］.［2021-06-02］. http：//www.tj.gov.cn/zwgk/szfwj/tjsrmzfbgt/202106/t20210602_5468631.html.

② 天津市人民政府关于印发天津市国民经济和社会发展第十四个五年规划和二〇三五年远景目标纲要的通知［EB/OL］.［2021-02-08］. http://www.tj.gov.cn/zwgk/szfwj/tjsrmzf/202102/t20210208_5353467.html.

③ "1+3+4"产业体系：智能科技产业+生物医药、新能源、新材料三大新兴产业+航空航天、高端装备、汽车、石油石化四大优势产业。

车产业坚持电动化、网联化、智能化发展方向，打造全国新能源汽车与智能网联汽车发展高地；石油化工产业着力发展高端化工、精细化工，打造世界一流的南港化工新材料基地和石化产业聚集区；航空航天产业重点发展飞机关键配套协同、直升机研发维修应用、无人机研发制造应用、火箭和航天器等领域，构建具有国际先进研发和制造水平的航空航天产业集群；以应用场景为牵引，大力发展海水淡化产业，构建海水淡化全产业链。④优化发展传统产业。推动冶金、轻纺等传统产业高端化、绿色化、智能化升级。

（二）天津市乡村振兴阶段性成果

"十三五"期间，天津市积极推进东西部扶贫协作和对口支援，累计投入财政帮扶资金126亿元，实施帮扶项目3651个，消费扶贫超过33亿元，助力50个贫困县全部实现脱贫摘帽。天津市困难村结对帮扶任务全面完成。此外，群众居住品质得到提升，完成148万平方米棚户区改造和8624万平方米老旧小区及远年住房提升改造，完成2.1万户农村困难群众危房改造任务，新建棚改安置房11.37万套，发放租房补贴19.65亿元，连续5年提前和延长供暖时间。五年来，天津市地区生产总值年均增长3.8%，固定资产投资年均增长4.8%，城乡居民人均可支配收入年均增长7%。①

天津市现代都市型农业升级发展效果显著。小站稻种植面积由30万亩增加到80万亩，建成高标准农田370万亩，粮食综合生产能力保持在200万吨以上。休闲农业和乡村旅游接待人数达到1700万人。创建美丽村庄1139个，建成150个农村人居环境整治示范村。全市农村居民人均可支配收入达到25691元，"十三五"期间年均增长达到6.8%，收入水平居于全国前列②。天津市大力实施美丽村庄建设，"百村示范、千村整治"工程成效显著，建成150个农村人居环境整治示范村，农村生活垃圾无害化处理率达97%以上，现状保留村生活污水处理设施实现全覆盖。农村"厕所革命"深入推进，累计改造提升农村户厕62.8万座、农村公厕4303座，村民们过上了幸福的小康生活③。

2020年，天津市人居环境持续改善。完成12.2万平方米市区零散棚户区改造和5087户农村困难群众存量危房改造。18个积水片区改造全部完工。建成150个农村人居环境整治示范村。实施农村全域清洁化工程，圆满完成新一轮农村饮水提质增效工程，累计让2061个村、202.2万农村居民喝上"安全水""放心水"。完成农村29.6万座户厕和1510座公厕的改造提升。协作支援助力脱贫。高质量推进东西部扶贫协作和支援合作，全年投入财政帮扶资金32.56亿元，实施帮扶项目1309个，选派干部人才2336人，募集社会帮扶款物4.62亿元。开展"津企陇上行""津企承德行""民营企业西部行""消费扶贫"等活动，完善外出就业"点对点"服务、在津稳岗就业政策跟进工作机制，强化教育医疗帮扶，圆满助力50个结对贫困县、335.65万贫困人口脱贫摘帽，实现"两不愁三保障"。④

小农户种粮水平低，丰收难保障。天津市积极探索农业生产托管服务，进一步促进小农户与现代农业有机衔接。小农户人口少，种粮有困难，产量低，而在村委会统一组织托管耕种后，

① 天津市2021年政府工作报告［EB/OL］．［2021-01-25］．http://www.tj.gov.cn/zwgk/zfgzbg/202102/t20210201_5343672.html.

② 天津：到2025年打造100个乡村振兴示范村［EB/OL］．［2021-08-04］．https://baijiahao.baidu.com/s?id=1707130484330713974&wfr=spider&for=pc.

③ 天津市全面实施乡村振兴战略硕果累累［EB/OL］．［2021-09-23］．https://baijiahao.baidu.com/s?id=1711653507432174471&wfr=spider&for=pc.

④ 2020年天津市国民经济和社会发展统计公报［EB/OL］．［2021-03-17］．http://stats.tj.gov.cn/tjsj_52032/tjgb/202103/t20210317_5386752.html.

小农户不仅省心、省力，还高产。为搞好托管服务，天津市财政对粮食作物生产给予托管服务补助，鼓励小农户将生产环节委托给社会化服务组织统一实施，促进农业增效、农民增收，效果良好。与此同时，天津市积极兴建高标准农田，"藏粮于技、藏粮于地"战略得到落实。2021年，天津市夏粮、秋粮面积累计达到 550 万亩，超额完成农业农村部下达天津市的粮食生产任务。

（三）天津市乡村振兴规划

天津市积极推动各项乡村振兴规划。2019 年，为深入贯彻党中央、国务院《乡村振兴战略规划（2018—2022 年）》的重要部署，按照天津市委员会农村工作领导小组《关于落实乡村振兴战略规划加快推进各级规划编制工作的指导意见》的要求，天津市委员会农村工作领导小组办公室、市农业农村委员会积极与市委员会组织部、市委员会宣传部、市人力资源和社会保障局、市生态环境局等"五大振兴"专项推动组牵头部门沟通协调，推进方案制定工作，天津市委员会农村工作领导小组印发了《天津市乡村"五大振兴"实施方案》，对天津实施乡村振兴战略的工作目标、重点任务、保障措施和职责分工进行了明确。"五大振兴"方案分别为：①"产业振兴方案"，加强农业产业的龙头带动，加快建设产业融合示范园区，扩大农业产业基地规模，着力打造农业特色品牌，大力推进农业对外合作，加强农产品质量安全和农业绿色发展等。②"人才振兴方案"，通过主动引才、协调引才、精准引才加大人才引进力度，加大新型职业农民、农业科研、农技推广等六类人才培养力度，加大人才激励和服务力度，加大人才待遇保障力度等。③"文化振兴方案"，提升农民思想政治素质，加强农村精神文明建设，不断提升农民文明素养，推进乡村传统文化资源传承和特色文化产业发展，大力丰富乡村文化生活等。④"生态振兴方案"，着力强化农村饮用水源保护，深入实施农村人居环境整治，加快推进农业绿色发展，严格治理农业面源污染，积极开展乡村生态保护与修复，加强宣传引导，提升生态环保意识等。⑤"组织振兴方案"，着力增强农村基层党组织政治功能，健全党组织领导下的乡村治理机制，提升农村基层党组织的组织力，完善村级各类组织负责人向党组织述职制度，加强村级组织带头人队伍建设等。《天津市乡村"五大振兴"实施方案》的印发是聚焦党的十九大报告提出"产业兴旺、生态宜居、乡风文明、治理有效、生活富裕"的总要求，对天津实施乡村振兴战略作出的系统部署，强化了顶层规划设计，构建了科学完整的天津"三农"发展体系，将会有力地推动天津农业农村各项工作的扎实开展。

2021 年 9 月 27 日，天津市第十七届人民代表大会常务委员会第二十九次会议审议通过了《天津市乡村振兴促进条例》，将于 2021 年 11 月 1 日起施行。该条例强调突出建设美丽宜居乡村，加强乡村生态保护和环境治理，开展重要生态系统的保护与修复工作，加强绿色生态屏障管控地区的建设、保护和管理，发展节水型农业，推行绿色生产生活方式。改善农村人居环境，深化"百村示范、千村整治"工程和农村全域清洁化工程，建立健全政府、村级组织、企业、农民等各方面参与的共建共管共享机制。鼓励和引导农民采用新型建造技术和绿色建材，建设功能现代、结构安全、成本经济、绿色环保的宜居住房。

"十四五"期间，天津市全面推进农业农村现代化建设，到 2025 年，累计打造 100 个乡村振兴示范村，努力打造绿色、生态、宜居的美好幸福家园，农业农村现代化开启新征程，为大都市乡村振兴探索路径、提供天津样板。①

（1）天津市坚持走质量兴农、科技兴农、绿色兴农、品牌强农之路，着力提高农业质量效

---

① 天津：到 2025 年打造 100 个乡村振兴示范村［EB/OL］.［2021－08－04］. https：//baijiahao. baidu. com/s？id = 1707130484330713974&wfr=spider&for=pc.

益和竞争力。加快建设美丽田园，促进农业高质高效发展。重点实施农业提质行动，确保到"十四五"末期，新建改造提升高标准农田100万亩，继续扩大小站稻种植规模，设施农业面积达到100万亩，蔬菜播种面积达到100万亩，水产养殖面积达到100万亩，生猪存栏达到200万头，农业科技贡献率达到72%，粮食综合生产能力保持在223万吨左右，农业亩均综合效益达到8000元。

（2）加快建设美丽乡村，促进乡村宜居宜业。新增节水灌溉面积40万亩，建设绿色优质安全农产品基地800个，确保地产农产品质量安全总体合格率保持在98%以上，主要农作物秸秆综合利用率达到98%以上，农田残膜回收利用率达到80%以上。升级建设美丽村庄，美丽村庄数量达到2377个，着力改善农村人居环境，开展农村人居环境整治示范村建设，加快补齐农村基础设施和公共服务短板，努力打造绿色、生态、宜居的美好幸福家园。从农村垃圾、污水、"厕所革命"、清洁田园、村容村貌等方面，对全市村庄实施全覆盖整治，推进实现高水平户厕改造愿改尽改、能改尽改，全面完成农村黑臭水体治理，全域实现无垃圾堆存。推动农村公路建设向村覆盖，推动清洁村庄行动制度化、常态化、长效化。

（3）加快建设美丽庭院，促进农民富裕富足。实施增收富民行动。进一步拓宽农民就业渠道、推进农村创新创业步伐、深化农村重点领域改革、强化困难群体帮扶救助等措施，确保农村居民人均可支配收入年均增长6%左右。实施亮丽庭院行动。提升农房风貌，对农房因地制宜按照不同类型开展保护性修缮、改造和活化利用，打造风格独特、韵味十足的特色民居。实施乡村善治行动。强化乡村治理示范村镇典型培育，建成一批高标准乡村治理示范村镇。推广运用积分制，实现村民自治行为标准化、具象化，确保村民自治工作可量化、有抓手。到2025年，全市90%以上村庄实行积分制管理。

（四）天津市部分区乡村振兴概览

1. 天津市滨海新区

滨海新区，是天津市的市辖区、国家级新区和国家综合配套改革试验区，国务院批准的第一个国家综合改革创新区。滨海新区位于天津东部沿海地区，环渤海经济圈的中心地带，总面积2270平方千米，截至2020年11月1日第七次全国人口普查，滨海新区常住人口2067318人。根据滨海新区统计局的数据，2020年，滨海新区全区生产总值比2019年增长0.2%。

"十三五"时期，滨海新区乡村振兴战略扎实推进。①农业产业结构不断优化。大力发展高效种植业、高端畜牧业、现代渔业和种源农业，建成高标准农田26万亩、放心菜基地22个、放心水产品基地28个。建成梦得、神驰等四大奶牛养殖基地，奥群种羊冷冻胚胎技术达到国际领先水平。②农村人居环境不断提升。实施农村人居环境综合整治，建立农村环卫一体化体系，生活垃圾无害化处理率达100%。深入推进厕所革命，改造公厕617座、户厕1.2万座。加强农业面源污染治理，全部完成179家规模化畜禽养殖企业粪污治理和34家工厂化水产养殖尾水治理。全部139个村达到"六有六无"标准，建成10个人居环境示范村。示范镇项目还迁入住1.9万户5.9万人。③精准脱贫攻坚战累计实施产业开发、住房保障、教育教学等精准扶贫项目381个，助力"两市四县"全部提前摘帽。投入资金2亿元，实施产业帮扶项目8个，全面完成44个困难村结对帮扶任务。④街镇发展体制进一步完善。健全街镇财政体制和招商激励办法，建立"街镇吹哨、部门报到"工作机制。⑤加大"两翼"民生投入，实施津汉复线大修、北穿港路东延等工程，建成一批学校、医院等民生设施，"两翼"民生短板加快补齐。①

---

① 2021年政府工作报告［EB/OL］.［2021-01-13］. http：//www.tjbh.gov.cn/contents/13174/479274.html.

2021年，滨海新区坚持深入实施乡村振兴战略，提升"三农"工作水平，提升高标准农田3.7万亩，建成蔬菜保供基地6个，培育家庭农场16个，创建市级示范家庭农场10个。滨海新区深入开展东西部扶贫协作和对口支援工作，累计投入资金超30亿元，实施精准帮扶项目486个，派出党政干部和专技人员399人，助力青海、甘肃"两市四县"全部提前脱贫摘帽。投入资金2亿元，精准实施8个产业帮扶项目，全面完成44个困难村结对帮扶任务。①

滨海新区已形成了特色鲜明、产业聚集的"三区""七园"格局，即北部生态种植和现代水产业聚集区、中部都市休闲农业和农产品加工业聚集区、南部现代畜牧业聚集区，茶淀葡萄种植产业园、汉沽大田蔬菜草莓产业园、大港冬枣产业园、杨家泊镇水产园、南翼畜牧产业园、保税区粮油加工产业园、东疆农产品冷链物流产业园。滨海新区按照"一减三增"思路，到2019年底累计调减粮食作物种植面积6.56万亩，发展高效经济作物2.33万亩、苜蓿等2.98万亩、林木1.25万亩。

自全面实施"乡村振兴"战略以来，滨海新区聚焦优势，补齐短板，推进现代都市型农业发展，调整优化农业结构，深化农村重点领域改革，打造出农业强、农村美、农民富的生动范例。乡村振兴战略是新时代"三农"工作的总抓手。要实现三个转型，坚持"四品"标准，推动创新链、产业链、金融链、人才链、技术链"五链"融合，设立乡村振兴基金，强化专业技术支撑，为乡村振兴提供强力支持。此外，作为全国100个农村集体产权制度改革试点单位之一，滨海新区按照有关要求，12个涉农街镇139个村已全部启动农村集体产权制度改革工作。同时，新区推动农村产权交易，在中塘镇、茶淀街等10个街镇建成农村产权流转交易市场街镇工作站。于2019年底累计完成土地流转18万亩。此外，滨海新区还开展土地仲裁，建成滨海新区农村土地承包经营权仲裁体系。②

根据滨海新区《2022年政府工作报告》，"十四五"时期，滨海新区将全力推进乡村振兴工程，建设融合发展之城，大力发展现代都市型农业。积极发展高效设施种植业、高端畜牧业、现代渔业和种源农业。加快国家现代农业产业园建设，推进国家农业食品创新产业园创建，培育智慧农业、认养农业、订单农业。强化质量兴农、品牌强农，构建"一业一品一园"发展格局。壮大街镇经济综合实力。优化调整街镇行政区划，优化空间布局，明晰主导产业定位，构建一街（镇）一业、产街（镇）融合、职住平衡的街镇发展格局。加大街镇赋能力度，依法依规下放更多审批权限。设立街镇高质量发展资金，加强园区基础设施建设。健全开发区与街镇融合发展机制，大力发展"飞地"经济，实现资源一体配置、成果共享互惠。健全农民增收保障体系。深化农村产权制度改革，探索宅基地所有权、资格权、使用权分置实现形式，大力发展新型农村集体经济。加强农民职业技能培训，支持农民就业创业，建设农民富裕富足先行区。持续提升农村人居环境。深化"百村示范、千村整治"工程，推进示范小城镇和特色小镇建设。深入推进农村生活污水治理、农业面源污染防治等工作，抓好"四好农村路"建设，加快建设美丽乡村。

2. 天津市蓟州区

蓟州区，隶属天津市，位于天津市最北部，地处北京、天津、唐山、承德市之腹心。总面积1590平方千米，截至2020年6月，蓟州区下辖1个街道、26个乡镇。据第七次人口普查数据，截至2020年11月1日，蓟州区常住人口为795516人。根据蓟州区统计局的数据，2020年，蓟州区地区生产总值224.6亿元，同比增长2.3%。

①　2022年政府工作报告［EB/OL］.［2021-12-12］. http://www.tjbh.gov.cn/contents/13174/520376.html.
②　天津滨海新区交出乡村振兴亮丽"成绩单"　预计今年全年农业产值30亿元［EB/OL］.［2019-11-13］. http://www.moa.gov.cn/xw/qg/201911/t20191113_6331794.htm.

2020年，蓟州区取得以下成绩：一是强化发展要素保障。建立信用信息档案539个行政村2526户，投放"惠农e贷"贷款9592万元。发放农创保贴息贷款2.5亿元，开展职业技能培训1.2万人，新增就业8671人。扎实开展海河英才服务月活动，推选优秀农村创新创业带头人32名，科技特派员队伍达到200名。二是补齐基础设施短板。完成143千米乡村公路大修改造，西井峪路入选全国十大最美农村路。农村宽带入户覆盖率达到100%，建成5G站点150个。完成691个村庄规划编制，改造农村困难群体存量危房1280户，建成美丽村庄150个。三是持续改善人居环境。下营镇等6个镇乡被命名为"国家卫生乡镇"，马伸桥西葛岑村等5个村被授予全国文明村镇称号。663个村污水治理工程全部完工，农村户厕改造超额完成任务。垃圾焚烧发电厂二期工程点火运行，全区生活垃圾日处理能力增加50%。52个人居环境示范村全部完成2020年度建设任务。四是拓宽增收致富渠道。建成高端民宿集群4个，罗庄子镇杨家峪村入选中国美丽休闲乡村，7个村成功创建国家乡村旅游重点村。新增市级农业龙头企业1家，培育市级农业产业化联合体1家，新增农户家庭农场140个、市级示范家庭农场27个，家庭农场达2820户。获评全国"互联网+"农产品出村型试点区。①

3. 天津市宁河区

宁河区，位于天津市东北部，地处环渤海经济区核心区域，位居京津唐和曹妃甸工业区中心地带。根据第七次人口普查数据，截至2020年11月1日，宁河区常住人口为395314人。根据天津市宁河区统计局的数据，2020年，宁河区地区生产总值312.78亿元，增长9.0%；公共财政预算收入23.83亿元；固定资产投资159.03亿元，增长9.0%；居民人均可支配收入29608元，增长3.6%。

2020年，宁河区脱贫攻坚胜利收官。对外援建曲卡宁河新村，共建高原夏菜粤港澳大湾区销售基地，帮助甘肃榆中、西藏贡觉脱贫摘帽，连续两年获得甘肃省帮扶先进集体称号，消费扶贫经验成为全国典型。对内帮扶86个困难村达到"三美四全五均等"标准，集体收入全部超过20万元。基本民生保障有力。完成民心工程139项，解决朝阳花园三期、光明路还迁房等问题，新增就业5.8万人。截至2020年底，宁河区乡村振兴进一步深化，完成农村集体产权制度改革，全市首个国家现代农业产业园通过验收，生猪养殖规模、小站稻种植面积、高端种业水平领跑全市。改造危房4021户，建成电网860千米、"四好农村路"504千米，公交客车实现"村村通"，饮水提质增效工程惠及27万人。252个村级生活污水处理设施投入使用，完成"厕所革命"任务，建成京津冀规模最大的农村负压厕所系统，"美丽村庄"实现全覆盖，新型城镇化成为宁河发展的新引擎。②

（1）宁河区七里海镇任凤村。为支持稻渔综合种养，天津市政府对示范基地项目给予补助，每亩最高补助200元。2021年，建设稻渔综合种养示范基地6万亩，辐射带动面积50万亩。宁河区七里海镇任凤村就进行了稻渔综合种养，8000亩小站稻田带动了当地的经济发展。据任凤村的村民介绍，稻蟹立体种养，稻香、蟹肥，稻田蟹最大单体重250克，亩产量15公斤以上，优质小站稻亩产量可达到700公斤以上。③

（2）宁河区东棘坨镇大丛村。最近几年，天津市大力开展小站稻振兴行动计划，选育好品种，推广新技术，积极开展订单农业，让有实力的稻米生产企业和种植大户直接对接，解决了稻谷销售难题，也让稻米加工企业收购到了品质特别好的小站稻，市场销售火爆，经济效益大

① 蓟州区深入实施乡村振兴有序推进城乡融合［EB/OL］．［2021-01-22］．http：//www.tj.gov.cn/sy/zwdt/gqdt/202101/t20210122_5333220.html.

② 宁河区2021年政府工作报告［EB/OL］．［2021-01-22］．http：//www.tjnh.gov.cn/zwgk/zfgzbg/202102/t20210205_5349743.html.

③ 陈忠权．产业兴　村民富　环境美——我市全面实施乡村振兴战略硕果累累［N］．天津日报，2021-09-23（1，4）．

增。天津市宁河区东棘坨镇大丛村 2021 年水稻长势好，丰收在望。①

4. 天津市武清区

武清区是天津市下辖的市辖区，位于天津市西北部。北与北京市通州区、河北省廊坊市香河县相连，南与天津市北辰区、西青区、河北省霸州市比邻，东与天津市宝坻区、宁河区搭界，西与河北省廊坊市安次区接壤。总面积 1574 平方千米。根据第七次人口普查数据，截至 2020 年 11 月 1 日，武清区常住人口为 1151313 人。

近年来，武清区累计财政投资 200 余亿元，大力实施美丽乡村建设行动。投资 101 亿元实施"无煤区建设"，率先在天津市实现了全域无煤化。投资 16.5 亿元实施农村饮用水改造提升工程。投资 32.8 亿元完成 301 个村污水处理设施建设。投资 3.6 亿元实施户厕改造工程，实现了卫生厕所区域全覆盖。投资 14.22 亿元建成 10 个人居环境示范村，农田残膜回收率达 80% 以上，畜禽粪污资源化利用率达 90% 以上，主要农作物秸秆综合利用率达 98% 以上。

截至 2021 年 9 月，武清区已持续实施了两轮次 314 个困难村结对帮扶，在第二轮 200 个困难村和 8 个经济薄弱村帮扶中，坚持对标"三美四全五均等"73 项指标任务，统筹推进 26 个产业项目建成运营，实现了所有帮扶村村集体经营性年收入达 20 万元以上，农民人均可支配收入得到显著提升。所有困难村都建成了"五好党支部"、美丽村庄、平安村庄，农村基层组织建设和乡村治理能力显著提升。此外，武清区全力建好津城"菜篮子""米袋子"生产基地，全力保障粮食和蔬菜等重要农副产品生产供给。建成高标准农田 70.51 万亩，2021 年夏粮面积 42.2 万亩，产量 18.3 万吨，实现了粮食只增不减目标。积极发展设施农业和露天蔬菜生产，年播种蔬菜面积 38 万亩以上，产量 100 万吨以上。建成田水铺、灰锅口、肖赶庄等 10 个"全国一村一品示范村"。②

以武清区南蔡村镇巢粮务村为例，在该村，甘蔗和西瓜套种吸引了很多市民前来采摘。据当地村党支部书记、村委会主任刘天民介绍，"天民果蔬"基地每亩收益达到 10 万元。乡村振兴、产业振兴是关键。巢粮务村大力发展现代都市型农业，积极引进甘蔗和西瓜套种，获得成功。与此同时，大力发展口感番茄、白色草莓、"小兔拔拔"萝卜等优质品种种植，亩效益翻几番。③

三、河北省

河北，简称"冀"，省会石家庄，位于中国华北地区。河北省环抱首都北京，东与天津毗连并紧傍渤海，东南部、南部衔山东、河南两省，西倚太行山与山西为邻，西北部、北部与内蒙古交界，东北部与辽宁接壤，总面积 18.88 万平方千米。

（一）河北省经济发展概况

1. 河北省人口与经济概况

根据《河北省第七次全国人口普查公报》，截至 2020 年 11 月 1 日零时，河北省常住人口为 74610235 人，全省常住人口与 2010 年第六次全国人口普查的 71854210 人相比，增加 2756025 人，增长 3.84%，年平均增长率为 0.38%。河北省常住人口中，汉族人口为 71389092 人，占

---

① ③　陈忠权 . 产业兴　村民富　环境美——我市全面实施乡村振兴战略硕果累累［N］. 天津日报，2021-09-23.
②　陈忠权 . 武清区全面推进乡村振兴［N］. 天津日报，2021-09-10（2）.

95.68%；少数民族人口为 3221143 人，占 4.32%。与 2010 年第六次全国人口普查相比，汉族人口增加 2527759 人，增长 3.67%；少数民族人口增加 228266 人，增长 7.63%。河北省常住人口中，居住在城镇的人口为 44816486 人，占 60.07%；居住在乡村的人口为 29793749 人，占 39.93%。与 2010 年第六次全国人口普查相比，城镇人口增加 13241158 人，乡村人口减少 10485133 人，城镇人口比重提高 16.13 个百分点。

根据《河北省 2020 年国民经济和社会发展统计公报》核算结果，2020 年，河北省生产总值（GDP）实现 36206.9 亿元，比 2019 年增长 3.9%。其中，第一产业增加值 3880.1 亿元，增长 3.2%；第二产业增加值 13597.2 亿元，增长 4.8%；第三产业增加值 18729.6 亿元，增长 3.3%。三次产业比例由 2019 年的 10.1∶38.3∶51.6 调整为 10.7∶37.6∶51.7。

2020 年，河北省居民消费价格比 2019 年上涨 2.1%。其中，城市上涨 2.0%，农村上涨 2.2%。2020 年居民人均可支配收入 27136 元，比 2019 年增长 5.7%。按常住地分，城镇居民人均可支配收入为 37286 元，增长 4.3%；农村居民人均可支配收入为 16467 元，增长 7.1%。河北省居民人均消费支出 18037 元，增长 0.3%。按常住地分，城镇居民人均消费支出 23167 元，下降 1.3%；农村居民人均消费支出 12644 元，增长 2.2%。2020 年，河北省居民恩格尔系数为 27.7%，比 2019 年上涨 1.7 个百分点。其中，城镇为 26.9%，农村为 29.2%。

2. 河北省各市人口与经济概况

截至 2020 年 6 月，河北省下辖 11 个地级市，共有 49 个市辖区、21 个县级市、91 个县、6 个自治县。河北省统计局 2020 年 1~12 月主要经济指标如下：

（1）地区生产总值方面。2020 年河北省地区生产总值（GDP）为 36206.9 亿元，全国排名第十二位，和 2019 年相比，排名上升了一位。2020 年，唐山市的 GDP 突破"七千亿大关"，达到 7210.9 亿元，增量 320.9 亿元。石家庄 2020 年 GDP 为 5935.1 亿元，增量 125.2 亿元。沧州、邯郸、保定、廊坊四个城市可谓河北省的中流砥柱，GDP 均在 3000 亿元以上。

（2）地区生产总值增长率方面。承德市以 5.38% 的增长率排名第一。增长率在 4%~5% 的有唐山市（4.66%）、秦皇岛市（4.58%）、邯郸市（4.32%）、保定市（4.01%）。

（3）地区人口方面。截至 2020 年 11 月 1 日零时，在河北省各市（含定州、辛集）、雄安新区的常住人口中，石家庄市人口超过 1000 万人。人口在 500 万人至 1000 万人之间的地区有 6 个，分别是邯郸市、保定市、唐山市、沧州市、邢台市、廊坊市。其中，人口居前五位的地区合计人口占全省人口比重为 59.40%。与 2010 年第六次全国人口普查相比，人口增长较多的 5 个地区依次为：廊坊、石家庄（不含辛集）、保定（不含定州、雄安新区）、邯郸、沧州，分别增加 1105248 人、1092589 人、268473 人、239307 人、166721 人。

（4）一般公共预算收入方面。公开数据显示，2020 年河北省一般公共预算收入 3826.43 亿元。石家庄排名第一，一般公共预算收入 605.05 亿元，排名第二、第三的分别是唐山市和廊坊市。

3. 河北省产业概况

2020 年，河北省工业企业达到 25.6 万家，工业增加值 11545.9 亿元，占 GDP 比重为 31.9%，其中，规模以上工业企业营业收入达到 4.2 万亿元，位居全国第八，平均每天实现产值 112 亿元。在全部 41 个工业行业大类和 207 个行业中类中，河北省已覆盖 40 个行业大类、184 个行业中类，覆盖率分别达到 97.6% 和 88.9%，构建了以高端装备制造、信息智能、生物医药健康、新能源、新材料、钢铁、石化、食品八大产业为主导的较为完备的产业体系，八大主导产业占规模以上工业增加值比重达到 71.6%。钢材、汽车轮毂、皮卡、乳制品、维生素 C 等产品产量居全国第一。①

产业结构调整和优化取得明显成果，新旧动能转换明显加快。高新技术产业带动作用显著增强，增加值年均增长11.2%，高于规模以上工业6.4个百分点，占规模以上工业的比重由2015年的16%提高至2020年的19.4%。沿海经济带、县域经济引领作用大幅提升，秦皇岛、唐山、沧州规模以上工业占全省比重由2015年的38.6%提高至2020年的47.4%，特色产业集群营业收入达到2.4万亿元，实现县域全覆盖。创建省级以上新型工业化产业示范基地101家，其中，国家级21家，实现11个设区市全覆盖。②

《河北省国民经济和社会发展第十四个五年规划和二〇三五年远景目标纲要》提到要大力发展先进制造业和战略性新兴产业。打好产业基础高级化和产业链现代化攻坚战，包括加强产业基础能力建设；加快提升产业链现代化水平；增强供应链安全性、稳定性。强化优势产业领先地位：①钢铁产业。坚持减量绿色发展方向，进一步推动工艺技术装备升级、产品质量上档、节能减排上水平，支持企业兼并重组，推动主城区钢厂转型升级。促进产能向沿海和铁路沿线地区适度聚集，加强国际产能合作，重点建设唐山、邯郸精品钢铁产业集群和曹妃甸区等临港钢铁产业基地，形成规模适度、装备先进、产品多元、布局合理、环保一流的现代钢铁产业，打造具有全球话语权的钢铁产业链集群。②装备制造产业。坚持承接引进与自主创新并重，做大做强先进轨道交通装备，大力发展工业机器人、特种机器人等智能装备，提升发展节能与新能源汽车、工程装备与专用设备制造，积极发展海洋装备，推进重大装备系统产业化，做强一批整机产品、成套设备。完善协作配套体系，推动企业由装备制造商向综合解决方案提供商转变。重点建设保定、沧州、张家口先进汽车产业基地，唐山轨道交通和机器人制造基地，保定智能网联汽车示范基地，邯郸高档数控机床和农机基地，打造具有国际影响力的装备制造产业链集群。③石化产业。坚持完善链条、节约集聚、绿色安全，做优做强石油化工，延伸煤化工产业链条，有序发展盐化工，大力发展精细化工，加快石化园区建设，开展合格园区认定，推动产业向沿海转移、向园区聚集，加快行业由原料型向材料型转变，重点建设曹妃甸石化、渤海新区合成材料、石家庄循环化工、邢台盐化工等产业基地，初步形成产业集约化、产品差异化、技术高端化、工艺绿色化、生产安全化的现代化工产业体系，打造世界一流的绿色石化产业链集群。④食品产业。坚持标准引领、品牌保护、聚集发展，着眼服务京津、辐射全国，大力发展粮油精深加工食品、高端特色乳制品、焙烤及休闲食品、大众厨房食品、功能保健食品、酒和饮料等，重点建设石家庄乳制品及传统主食、邢台方便健康食品、邯郸休闲健康食品和天然植物提取食品配料、秦皇岛和张家口葡萄酒、衡水功能食品等产业基地，培育一批优势产品、企业和区域品牌，推动河北省由农产品资源大省向食品工业强省转变。

食用菌和鸭梨产业是河北省的优势特色产业，河北省地处食用菌适生带，地貌和气候多样，可低成本、周年栽培多种食用菌，尤其是燕山、太行山地区，气温冷凉，昼夜温差大，是全国越夏香菇集中产区。河北省是梨的原产地，优良的资源禀赋和优越的地理气候条件，造就了河北梨的独特品质，泊头鸭梨、赵县雪花梨等5个主产县特色梨被批准为国家地理标志保护产品，在冀中南平原沙地形成了全国乃至全球最大的梨产业聚集区。河北省拥有全国规模最大的冷库群，总贮果量占全国的1/3。③

---

①② 河北已构建以八大产业为主导的产业体系［EB/OL］.［2021-11-24］. http://gxt.hebei.gov.cn/shouji/xwzx12/tpxw95/891553/index.html.

③ 全国50个优势特色产业集群建设名单出炉 河北两集群上榜［EB/OL］.［2020-05-02］. http://hebei.hebnews.cn/2020-05/02/content_7823539.htm.

（二）河北省乡村振兴阶段性成果

产业扶贫是覆盖面最广、带动人口最多、可持续性最强的扶贫举措。河北省因地制宜实施特色种养、乡村旅游、农村电商、特色手工业、光伏等产业扶贫项目5.3万个，培育扶贫产业园629个、省级现代农业园区96个、省级扶贫龙头企业591家，开通河北扶贫产品线上展馆，建立到村到户扶贫产业清单台账，实现产业扶贫项目贫困户全覆盖。① 河北省提前1年完成"十三五"易地扶贫搬迁安置任务，涉及7市35县（区）的30.2万名搬迁群众全部实现搬迁安置。② 2020年，河北省规划的632个扶贫产业园区全部建成，13.59万易地扶贫搬迁贫困人口全部落实后续帮扶措施。1073个农宅空置率50%以上的"空心村"全部完成治理。河北省贫困地区义务教育阶段控辍保学实现动态清零，所有贫困户实现基本医疗保险、大病保险、医疗救助全覆盖，所有行政村实现标准化卫生室和村医配备全覆盖，累计改造农村危房29.5万户，建成饮水工程3.4万处，79.6万贫困人口受益。③

产业兴旺是乡村振兴的重要基础，是解决农村一切问题的前提。河北省在2021年大力发展科技农业、绿色农业、质量农业、品牌农业，壮大现代都市型农业，抓好12个农业特色优势产业集群、100个现代农业示范园区、100个高端精品。开展农产品加工业提升行动，重点培育100家年产值10亿元以上的农产品加工产业集群。2021年，河北省计划新建2000个美丽乡村，布局创建50个省级乡村振兴示范区，新改造农村户用卫生厕所100万座以上，建设覆盖1万个村庄的农村生活污水处理设施，完成631个农宅空置率30%~50%的"空心村"治理，建设改造农村公路7500千米。④

（三）河北省乡村振兴规划

河北是京畿要地、农业大省，为弘扬脱贫攻坚精神，全面推进乡村振兴，河北省积极推动各项乡村振兴战略规划。

2018年2月，河北省出台《中共河北省委 河北省人民政府关于实施乡村振兴战略的意见》。乡村振兴，产业为先。该意见把推动农业高质量发展放在突出位置，提出实施农业供给侧结构性改革三年行动，优化农业结构布局。大力发展质量农业、着力发展科技农业、加快发展品牌农业，促进一二三产业融合发展。建设美丽宜居乡村，农村生态环境和人居环境双改善。该意见提出，推进绿色发展，优化农村生态环境；改善人居环境，建设美丽宜居乡村。该意见提出，到2020年，乡村振兴取得重要进展，有条件的地区率先基本实现农业现代化。到2035年，乡村振兴取得决定性进展，农业农村基本实现现代化。到2050年，乡村全面振兴，农业强、农村美、农民富全面实现，农业农村现代化强省全面建成。

2018年10月，河北省印发实施了《河北省乡村振兴战略规划（2018—2022年）》及5个工作方案。文件围绕实施乡村振兴"产业兴旺、生态宜居、乡风文明、治理有效、生活富裕"要求，安排了聚焦"四个农业"、强化环境治理、突出地域特色、筑牢组织基础、补齐发

---

① 冀云长镜头｜河北新变①希望田野 生机盎然［EB/OL］.［2021-11-19］. https：//www.thepaper.cn/newsDetall_forward_15459633.

② 河北："十三五"易地扶贫搬迁安置任务完成 30.2万人"挪穷窝"［EB/OL］.［2019-11-26］. http：//gongyi.China.com.cn/2019-11/26/content_40973771.htm.

③ 河北：走好新时代赶考路［EB/OL］.［2021-03-28］. https：//epaper.gmw.cn/gmrb/html/2021-03/28/nw.D110000gmrb_20210328_1-01.htm.

④ 河北践行嘱托全面打赢脱贫攻坚战：旗帜展处梦成真［EB/OL］.［2021-04-30］. http：//www.hebdx.com/2021-04/30/content_8490468.htm.

展短板五个专题，部署了 105 项重大工程、重大行动、重大计划，作为实施河北省乡村振兴的重要载体和有力抓手。文件提出，要充分认识乡村振兴任务的长期性，突出问题导向和目标导向，不搞齐步走，不搞"一刀切"，分类推进乡村振兴。充分考虑不同地区、不同村庄的区位特点、自然禀赋、产业基础、历史文化等，把全省村庄划分为集聚提升类、城郊融合类、特色保护类和搬迁撤并类四类，科学确定不同的发展方向，加强分类指导，确保精准施策。围绕产业兴旺这个乡村振兴的重点，规划提出，要以实施农业供给侧结构性改革三年行动计划为抓手，大力发展现代都市型农业，着力构建现代农业产业体系、生产体系、经营体系，努力建设科技农业、绿色农业、品牌农业、质量农业，走出一条符合河北实际的农业现代化道路，全面提升农业的质量和效益，促进河北省农业由增产导向转为提质导向，加快实现农业大省向农业强省转变。围绕生态宜居这个乡村振兴的关键，规划明确，要践行"绿水青山就是金山银山"理念，着力打造京津冀生态环境支撑区，坚持尊重自然、顺应自然、保护自然，统筹山水林田湖海草系统治理，全面改善农村人居环境，实现"百姓富、生态美"的有机统一，让良好生态成为乡村振兴支撑点。围绕乡风文明这个乡村振兴的保障，规划明确，要大力弘扬燕赵优秀传统文化，持续推进农村思想道德建设和公共文化建设，培育文明乡风、良好家风、淳朴民风，凝聚强大精神力量。围绕治理有效这个乡村振兴的基础，规划提出，坚持自治、法治、德治相结合，加强以党组织为核心的农村基层组织建设，建立健全党委领导、政府负责、社会协同、公众参与、法治保障的新型乡村社会治理体制，推动乡村组织振兴，形成充满活力、和谐有序的现代乡村治理格局。围绕生活富裕这个乡村振兴的根本，规划提出，坚持多兴民生之利、多解民生之忧，按照抓重点、补短板、强弱项的要求，在发展中补齐农村民生短板，在幼有所育、学有所教、劳有所得、病有所医、老有所养、弱有所扶上取得新进展，让农民群众有更多获得感、幸福感、安全感。

2019 年 2 月 23 日，河北省人民政府办公厅印发《关于开展消费扶贫助力打赢脱贫攻坚战的行动方案》，组织动员全省党政机关、企事业单位、社会组织、部队院校等，面向所有贫困县、贫困村，特别是 10 个深度贫困县、206 个深度贫困村，扩大贫困地区产品和服务消费，促进贫困地区和贫困人口稳定脱贫、持续增收、实现更好更快发展。文件通过落实财税支持政策、加大金融支持力度、完善用地支持政策、构建激励引导机制四方面落实支持政策。重点支持特色农业发展、一二三产业融合发展和科技服务等，积极争取发展项目融资与收益自平衡的专项债券，支持符合条件有一定收益的消费扶贫项目建设；积极争取中国农业发展银行等金融机构，通过发放抵押补充贷款等方式支持贫困人口消费扶贫项目建设；加大对贫困人口农产品加工、仓储物流等用地支持力度；统筹相关政策资源和资金项目，以供应链建设为重点，支持开展消费扶贫示范。

（四）河北省部分市（区）乡村振兴概览

1. 河北省石家庄市

石家庄市是河北省省会，国务院批复确定的中国京津冀地区重要的中心城市之一。截至 2020 年，石家庄市下辖 8 个区、13 个县（市），总面积 14464 平方千米（含辛集市），建成区面积 338.16 平方千米。第七次人口普查数据显示，截至 2020 年 11 月 1 日零时，石家庄市常住人口为 11235086 人。

近年来，围绕"结构调优、品种调好、产业调强、效益调高"，石家庄市农业农村局精准发力，打出了一套持续优化产业结构的组合拳。

优化区域布局。谋划"一环两带"现代都市农业发展新思路。"一环"，即环省会都市农业圈，重点推动正定、鹿泉、藁城、栾城结构调整，提升景观设计、线路打造和品牌推介水平；

"两带"，即滹沱河生态休闲农业产业带和西部山区生态农业产业带，重点打造豆蔻年华、稻谷飘香等 12 个主题农业片区，推动都市型现代农业升级发展。①

优化特色产业结构。集中力量打造了优质小麦、精品蔬菜、优质梨等 8 大特色优势产业集群和道地中药材、优势食用菌等 5 个特色优质农产品生产基地，推动了 25 个现代农业示范园区、21 个高端精品建设。

优化农产品品种结构。大力推广"石麦 18""藁优"系列新品种，倾力打造强筋小麦产业发展高地；巩固提升晋州鸭梨和赵县雪花梨两大区域品牌，打造全省最大的梨果产业优势区。②

在巩固拓展脱贫攻坚成果同乡村振兴有效衔接中，石家庄市不断建立健全防止返贫机制，把 4 个脱贫县纳入乡村振兴重点帮扶县，不断落实各项帮扶措施。2021 年，石家庄市脱贫劳动力外出务工人数达 75621 人，超额完成省定目标任务；小额信贷稳中有增，新增小额信贷 883 户 4281 万元；项目建设持续推进，2021 年上半年，各级财政衔接推进乡村振兴补助资金共计 73724 万元，全面推进乡村振兴在脱贫地区落地见效。③

2. 河北省邯郸市

邯郸，河北省辖地级市，是国务院批复确定的河北省南部地区中心城市。截至 2020 年末，邯郸市总面积 12066 平方千米，下辖 6 个区、11 个县，代管 1 个县级市。第七次人口普查数据显示，截至 2020 年 11 月 1 日零时，邯郸市常住人口为 941.40 万。2020 年，邯郸市实现生产总值 3636.6 亿元。

近年来，邯郸市把乡村振兴示范区创建作为全面推进乡村振兴的重要抓手，按照产业兴旺、生态宜居、乡风文明、治理有效、生活富裕的总要求和全域国土整治的理念，结合各县（市、区）自身资源禀赋、产业特色，因地制宜、突出特色，探索形成乡村旅游、特色产业、老旧矿区融合发展、脱贫县易地搬迁四种主导模式。目前，邯郸市已创建乡村振兴示范区 23 个，其中省级 4 个、市级 19 个，示范区总面积 1230.84 平方千米，涵盖 49 个乡镇、589 个村，做到每个县（市、区）都有市级以上乡村振兴示范区。④

邯郸市在中西部县（市、区）依托丰富的山水人文资源，以农耕文化为魂、美丽田园为韵、生态农业为基、古朴村落为形、创新创意为径，开发形式多样、独具特色、个性突出的乡村休闲旅游业态和产品，建设特色鲜明、功能完备、内涵丰富的乡村休闲旅游重点区和旅游带。复兴区沁河生态旅游乡村振兴示范区投资约 40.4 亿元，重点推进沁河河道生态综合治理、康湖生态文明示范区、沁源生态园林等八大生态项目，大力发展乡村旅游产业，带动周边 23 个村庄综合性发展，形成小麦加工、桑树种植加工、魔芋种植加工、元宝枫种植加工、核桃种植加工、泓森槐种植加工等 10 个产业项目。总投资 5000 万元建成的沁河源湿地公园已成为周边城乡居民休闲的好去处。丛台区三陵乡康农旅统合体乡村振兴示范区以打造中原赵文化、康养休闲旅游目的地为目标，以"餐饮娱乐、运动康养，生态观光、休闲度假"为功能定位，打造集餐饮、运动、休闲、娱乐和康养于一体的乡村旅游目的地。该示范区依托三陵乡区位优势和紫山、赵王陵、古石龙等众多文化资源，发展以休闲采摘、民俗康养、电商推介为主的现代都市型农业，成为邯郸近郊乡村旅游新名片。⑤

邯郸市在东部平原县依托资源优势，选择主导产业，建设富有特色、规模适中、带动力强的特色产业集群，开发特色化、多样化产品，提升乡村特色产业的附加值，促进农业多环节增

---

①②③ 推进乡村全面振兴的石家庄实践 ［EB/OL］．［2021-08-13］．http：//www. he. xinhuanet. com/xinwen/2021-08/13/c_1127757292. htm.

④⑤ 河北邯郸："四种模式"创建乡村振兴示范区 ［EB/OL］．［2021-07-06］．http：//he. people. com. cn/n2/2021/0706/c192235-34807125. html.

效、农民多渠道增收。邱县文冠小镇乡村振兴示范区以发展村集体经济为主线，实施"公司+村经济合作社+农户"方式，发展文冠果种植 1.5 万亩，建成了中国北方最大的文冠果生产加工基地。该县聘请湖南农业大学、河南工业大学等全国知名的茶叶、食用油开发与利用专家学者为技术支撑，研发文冠果茶、文冠果油、文冠果胶囊、文冠果护肤油等系列产品，建成文冠果茶、文冠果油加工生产线，年制茶能力 3 万斤，销售收入上亿元。鸡泽县滏阳河流域乡村振兴示范区做优做强特色辣椒产业，建成省级精品现代农业园区，吸引全国十余个省份、几十个品种的鲜椒向本地集聚，现有辣椒加工企业 130 余家，带动当地就业 1 万余人，年加工鲜椒 60 万吨，主要产品 200 多种，年产值达 46 亿元，成为全国知名、北方最大的辣椒种植、加工和产品销售集散地。广平县把发展食用菌作为促进农业结构调整的重点产业，积极引进平菇、香菇、黑皮鸡枞菌、赤松茸等食用菌种植，通过"党支部+合作社+基地+群众"的产业模式，为当地群众创造就业增收路子。目前，食用菌产业已成为当地农业增效、农民增收的支柱产业之一。①

在资源型老工矿区，邯郸市以恢复生态为目的，突出进行山体治理和矿山修复工程，通过占补平衡，让大批土地恢复利用，拓展发展空间，同步推进农村生产、生活、生态建设。峰峰矿区坚持"全域整治，全域修复"，提出修山、修水、修地、修气"四修"并举，按照"宜林则林、宜草则草、宜建则建、宜景则景"原则，采取"生物治理+工程治理"的办法，通过分级削台、砌沟筑坎，客土回填、引水上山，削坡平整、造林绿化等措施，让沟壑变平川、矿山披绿装。共修复矿山及荒山 90 处，铺设引水上山管道 6000 米、造林绿化种植 400 万株，建成北响堂森林公园并成功晋级国家级风景名胜区，建成元宝山森林公园、南响堂森林公园、西山生态园等，将荒山变成了旅游景点。同时，把临水镇东泉头村、清泉村、西泉头村、中清流村、西清流村 5 个村联村并建成两个小区，带动峰峰矿区北部新城建设一体发展。②

在脱贫县中，邯郸市按照易地扶贫搬迁政策，推动一二三产业、兼容生产生活生态，实现工农城乡一体化发展。大名县 215 省道乡村振兴示范区涵盖 2 个易地扶贫搬迁项目，共投资 16.23 亿元，其中金乡水岸社区涉及黄金堤乡 13 个搬迁村庄，完成投资 10.61 亿元，金域蓝湾社区涉及万堤镇 3 个村庄，完成投资 5.47 亿元。依靠易地扶贫搬迁贫困人口后续产业扶持政策，在黄金堤和万堤 2 个安置点周边集中发展加工业、特色种养、电商、装备制造等扶贫产业，引导农户自愿土地流转，建立利益联结机制，实现长期稳定增收；黄金堤安置点建设了工业园区、农业园区、养殖园区、商贸园区，吸纳就业 2450 余人；万堤安置点依托县装备制造园区，吸纳就业 850 余人。同时，引导农产品加工产能向安置点周边集聚，统筹做好劳务输出、技能培训、公益性岗位设立和社会保障政策转移接续工作，对搬迁群众产业、就业、帮扶、培训、服务全程跟踪服务。③

3. 河北省衡水市

衡水，河北省辖地级市，位于河北省东南部，总面积 8836 平方千米。根据第七次人口普查数据，截至 2020 年 11 月 1 日零时，衡水市常住人口为 4212933 人。截至 2020 年末，衡水市辖 2 个市辖区、1 个县级市、8 个县，实现生产总值 1560.2 亿元。

脱贫攻坚以来，衡水市在市、县、乡成立了扶贫开发领导小组，1001 个贫困村全部派驻了驻村工作队，落实帮扶责任人 13800 名，"一对一"帮扶到村到户到人，全市构建起上下贯通、横向到边、纵向到底的扶贫攻坚责任体系。同时，衡水市制定产业扶贫、就业扶贫、科技扶贫、金融扶贫、消费扶贫、社会帮扶等一系列有力举措，努力增强贫困村、贫困户自身造血功能。

①②③　河北邯郸："四种模式"创建乡村振兴示范区 ［EB/OL］. ［2021-07-06］. http://he.people.com.cn/n2/2021/0706/c192235-34807125.html.

在不断加大产业扶贫投入基础上，衡水市突出打造高端化、品牌化、规模化产业，按照"一乡一业、一村一品"的发展模式，因村因户因人分类施策，大力发展特色种养、林果、光伏、旅游、电商、家庭手工业等产业项目。同时，拉长产业链，提升价值链，把贫困户"镶嵌"在产业链上。阜城县与泸州、茅台等大型酿酒企业合作，发展起8万亩酿造高粱种植，引进王致和腐乳加工企业，发展订单农业，带动非转基因大豆种植7万亩，覆盖农户2万户，其中贫困户3200户，实现户均年增收4200元以上。枣强县根据贫困户发展意愿，利用贫困户小额信贷资金为贫困户统一购买奶牛入股奶牛养殖企业，年底给贫困户分红，带动贫困户增收。

同时，衡水市将基层党组织作为脱贫攻坚最前沿阵地，努力把党的政治优势、组织优势、密切联系群众优势转化为脱贫攻坚优势。持续实施"领头羊"工程，推进"企业家村官"计划，在全市范围内选拔了一大批年富力强、文化程度高、经验丰富的民营企业家、致富带头人担任贫困村党组织书记，带领村民共同致富。目前，衡水市企业家型村党组织书记已超过2000名，占比超过40%。①

近年来，衡水市把乡村振兴作为农业农村发展的重大举措，明确提出在全市11个县（市、区）和滨湖新区、高新区分别建一个乡村振兴示范区，打造成为田园综合体展示区、城乡统筹发展的示范区。以此为基础，大力发展果蔬种植、休闲采摘、旅游观光、农耕体验等新业态，深入挖掘利用各自的特色资源，加快改善村庄基础设施和公共环境，建设集循环农业、创意农业、农事体验于一体的田园综合体。以垃圾处理、污水治理、厕所改造、村容村貌提升为重点，深入开展农村人居环境整治行动，让美丽乡村图景既有"面子"更有"里子"。衡水市制定了一系列农村生活垃圾治理的实施方案，对所有村庄及周边区域、铁路公路沿线、自然保护区、饮用水水源保护区、河道沟渠等重点区域开展农村生活垃圾集中治理行动。在农村开展厕所粪污无害化处理，实现粪污资源化利用。深入推进"厕所革命"，改善农村人居环境。

如今，衡水市农村纳污坑塘就实现了动态"清零"，昔日臭水塘成了"后花园"；4994个村庄全部实现生活污水无害化处理能力全覆盖，解决农村生活污水治理难题；推进农村"厕所"革命，完成户厕改造64万座，超额完成了省市确定的各项任务目标；城乡生活垃圾处理实行"村收集、乡（镇）转运、县集中处理"的城乡一体化垃圾处理模式，实现全域专业化运营模式，所有村庄实现了生活垃圾日产日清。②

4. 河北省张家口市

张家口市，河北省辖地级市，地处河北省西北部，是冀西北地区的中心城市，连接京津、沟通晋蒙的交通枢纽。张家口市总面积3.68万平方千米，下辖6区10县。第七次人口普查数据显示，截至2020年11月1日零时，张家口市常住人口为4118908人。

政府公布数据显示，2013年底，张家口19个县区中贫困县区12个，其中国定贫困县11个、省定贫困县1个；4173个行政村中，建档立卡贫困村1723个，占总数的41.2%，建档立卡贫困人口93.9万人。改革开放后，城市经济繁荣发展，吸引了大批农村青壮年蜂拥入城，给本就不富裕的农村带来了严重的"三空"问题，致使边远乡村发展不平衡、不充分。张家口亦不例外。全市4173个行政村，农宅空置率50%以上的"空心村"924个，特别是坝上地区，"远看砖瓦房、近看封门窗"的现象十分普遍，人口流失率达35.3%。

张家口跳出"就扶贫抓扶贫"的思维，以脱贫攻坚统揽社会发展全局，市领导带头给扶贫干部授课、带头遍访所有脱贫攻坚任务重的乡镇，深入一线调研指导，带动各级干部深入基层接地气、查实情、抓扶贫，构建起责任清晰、各负其责、合力攻坚的责任体系。落实领

①② 河北衡水抓产业惠民生扎实推进乡村振兴［EB/OL］．［2021-09-15］．https：//baijiahao.baidu.com/s？id=1710965183933341224&wfr=spider&for=pc.

导干部驻村工作制度，突出领导干部"关键少数"，坚持一户一档摸清底数，一户一策解决问题，一户一干部结对包联。市级领导每季度带头驻村不少于 3 天，县级领导每月不少于 2 天，乡镇党委书记、乡镇长每月下沉贫困村不少于 20 天；驻村干部每月驻村不少于 25 天；派驻工作队的帮扶单位一把手每季度至少到帮扶村走访 1 次。34 名市领导覆盖全市所有贫困县区，508 名县处级干部包联 1008 个村，7133 名乡镇干部包联 4174 个村。全市选派帮扶责任人67559 名，每人每年至少入户走访 6 次，解决贫困户实际问题 30 多万件。通过一系列素质培训，通过一整套扎实有力的措施，脱贫攻坚干部队伍的信心和活力被激活，他们的步伐走得更为沉实和矫健。①

2016 年以来，张家口全市驻村工作队累计引进帮扶资金 55.6 亿元，争取派出单位帮扶资金13.76 亿元，帮助群众办实事 1.87 万件。全市整合产业扶贫资金近 80 亿元，实施产业项目 5749个，培育市场主体 1.2 万家，实现了贫困人口产业收益全覆盖。2020 年 10 月，张家口 12 个贫困县区全部脱贫摘帽，1970 个贫困村全部出列，62.6 万建档立卡贫困人口脱贫，贫困发生率从建档立卡初期的 30.24% 降至 0，张家口的贫困县全部"摘帽"，历史上首次消除区域性整体贫困，460 万张家口人民开启奔向全面小康的新生活。②

5. 河北省唐山市

唐山，简称"唐"，河北省辖地级市，位于河北省东部，总面积为 13472 平方千米。根据第七次人口普查数据，截至 2020 年 11 月 1 日零时，唐山市常住人口为 7717983 人。2020 年，唐山市下辖 7 个市辖区、3 个县级市、4 个县，地区生产总值 7210.9 亿元。

近年来，唐山市坚持农业农村优先发展，以体系化组织、全域化布局、项目化实施、精细化建设、优质化发展、组团化打造、规范化治理、全民化参与思路，助力打造产业强、农民富、乡村美的乡村振兴国家样板。

实现农村基础设施建设和村容村貌的整体提升。谋划了四环、九带、多片重点布局，通过实施乡村振兴"十百千工程"，共打造了 30 个市级示范区、360 个示范村和 3258 个提升村，创建了 5 个省级示范区；通过实施农村人居环境整治提升五年行动，迁西县、迁安市荣膺全国村庄清洁行动先进县称号；通过做亮特色项目，留住乡愁记忆。突出了沿海、平原、山区不同村庄的地理文化内涵，挖掘文化建筑特色，防止了千篇一律、千村一面。在村容村貌上注重内外兼修，以景点的标准打造了精品示范美丽乡村，使农区变景区、田园变公园、农房变客房、资源变资产，乡情、乡景、乡味、乡居联动升级。做实做强乡村产业、做长产业链条、做强"三品"塑造，实现乡村富裕文明。以双十双百做优产业布局，以发展 10 个优势特色产业、建立 10个农产品加工集群、创建 100 个农业高质量发展示范基地、创建产值超 100 亿元乳品产业加工集群工程为抓手，做实做强乡村产业。③

为全面推进乡村振兴、加快农业农村现代化，唐山市委员会、唐山市人民政府印发了《关于全面推进乡村振兴加快农业农村现代化的实施意见》，明确了 2021 年的目标任务。一是统筹推进乡村振兴"十百千"工程和美丽乡村建设，改善农村生产生活条件。大力推进 2 个省级乡村振兴示范区、10 个市级示范区、323 个示范村（美丽乡村）和 1066 个提升村项目建设。推进农村垃圾治理、厕所改造"两个全域达标"，6 座生活垃圾焚烧发电项目已建成投产；截至 2021年底，唐山市累计改造农村户厕 107783 座、公厕 2665 座。推进农村污水管控、村容村貌"两个

---

①② 河北张家口：不等不靠真抓实干　边陲战贫显成效 [EB/OL]．[2021-10-29]．http：//health. people. cn/n1/2021/1029/c441252_32268512. html．

③ 唐山多措并举打造乡村振兴国家示范样板 [EB/OL]．[2021-12-28]．http：//m. hebnews. cn/ts/2021-12/28/content_8698434. htm．

全域提升"，唐山市农村生活污水治理任务 120 个村庄已全部完工；发现并完成整治农村黑臭水体（纳污坑塘）78 条；13 个农宅空置率 30% 至 50% "空心村"已全部完成治理任务。在河北省率先创建丰南、迁安、滦州、汉沽 4 个全域推进县。二是坚持党建引领，不断健全乡村治理体系机制。不断提升基层党组织战斗力，不断完善村级组织架构，不断规范村级综合服务中心，不断提高县级以上文明镇、文明村。三是发展内生动力，乡村改革持续深化。唐山市国家级示范社 26 个，省级示范社 80 个，市级示范社 260 个；家庭农场新增 1893 个，目前全市达到 3962 个，培育 28 个农业产业化联合体，总数已达到 76 个。①

四、山西省

山西，简称"晋"，省会太原，位于中国华北。山西省东与河北为邻，西与陕西相望，南与河南接壤，北与内蒙古毗连，总面积 15.67 万平方千米。

（一）山西省经济发展概况

1. 山西省人口与经济概况

根据《山西省第七次全国人口普查公报》，截至 2020 年 11 月 1 日零时，山西省常住人口为34915616 人，与 2010 年第六次全国人口普查的 35712111 人相比，10 年间减少 796495 人，减少2.23%，年平均增长率为-0.23%。山西省常住人口中，居住在城镇的人口为 21831494 人，占62.53%（2020 年山西省户籍人口城镇化率为 42.90%）；居住在乡村的人口为 13084122 人，占37.47%。与 2010 年第六次全国人口普查相比，城镇人口增加 4670950 人，乡村人口减少5467445 人，城镇人口比重提高 14.48 个百分点。

根据《山西省 2020 年国民经济和社会发展统计公报》，2020 年，山西省实现地区生产总值（GDP）17651.93 亿元，按不变价格计算，比 2019 年增长 3.6%。其中，第一产业增加值 946.68亿元，增长 3.6%，占地区生产总值的比重 5.4%；第二产业增加值 7675.44 亿元，增长 5.5%，占地区生产总值的比重 43.4%；第三产业增加值 9029.81 亿元，增长 2.1%，占地区生产总值的比重 51.2%。山西省 2020 年居民消费价格比 2019 年上涨 2.9%。工业生产者出厂价格下降3.3%。工业生产者购进价格上涨 2.8%。农业生产资料价格上涨 8.1%。2020 年，山西省一般公共预算收入完成 2296.5 亿元，比 2019 年下降 2.2%。税收收入完成 1625.9 亿元，下降 8.8%，其中，国内增值税、企业所得税、个人所得税、资源税和城市维护建设税共计完成税收 1327.7亿元，下降 10.8%。

2. 山西省各市人口与经济概况

山西省共辖 11 个地级市。省会太原市居省境中部，其余 10 个市分别是：大同、朔州、忻州、阳泉、吕梁、晋中、长治、晋城、临汾、运城。山西省统计局 2020 年 1~12 月主要经济指标如下：

（1）地区生产总值方面。2020 年，山西省 GDP 总量达 17651.93 亿元。其中，太原市 GDP总量 4153.25 亿元，位列山西省第一，占山西省经济总量比重为 23.53%，比 2019 年增长 2.6%；长治市、运城市分别以 1711.64 亿元、1643.65 亿元排名第二、第三。山西省共有 10 个地市成

---

① 唐山市农业农村局：全力打造乡村振兴"国家样板"［EB/OL］．［2021-11-16］．http：//fp. hebei. gov. cn/2021-11/16/content_8667838. htm.

为千亿级 GDP 城市，仅有阳泉市未超千亿元。

（2）产业结构方面，山西省 11 个地级市中，第一产业占比相对较少，太原市第一产业占比仅为 0.8%，运城市第一产业占比最高，为 16.3%；长治市、吕梁市、晋城市这 3 个城市第二产业占比高于第一、第三产业，均超过 50%。

（3）地区人口方面，根据《山西省第七次全国人口普查公报》，截至 2020 年 11 月 1 日零时，山西省 11 个市中，常住人口超过 500 万人的市有 1 个，为太原市，常住人口 5304061 人，占全省人口比重为 15.19%，比 2010 年第六次全国人口普查的 11.77% 提高 3.42 个百分点。其余各市常住人口从高到低排序依次为：运城市 4774508 人、临汾市 3976481 人、吕梁市 3398431 人、晋中市 3379498 人、长治市 3180884 人、大同市 3105591 人、忻州市 2689668 人、晋城市 2194545 人、朔州市 1593444 人、阳泉市 1318505 人。

（4）人均可支配收入方面。根据《山西省 2020 年国民经济和社会发展统计公报》，2020 年山西省人均可支配收入为 25214 元，平均每月 2101 元，人均可支配收入为人均 GDP 的 49.90%。太原市 2020 年人均可支配收入为 35473 元，是山西省唯一人均可支配收入超过 3 万元的城市。阳泉市人均可支配收入为 28529 元，是山西省人均可支配收入第二高的城市。大同市人均可支配收入为 24988 元，排名全省第七。

3. 山西省产业概况

煤、焦、冶、电是山西省四大传统支柱产业，也是转型的主战场。近年来，山西省不断挖掘能源资源基础雄厚、电力充沛等比较优势，对基础产业改造提升，助推新兴产业发展壮大。

山西是能源大省，煤炭产业能否实现高质量发展，对于实现能源革命的战略目标意义重大。为此，山西省持续深化煤炭行业供给侧结构性改革，提高全省煤炭先进产能占比，以 5G 通信、先进控制技术为牵引推进智能煤矿建设，推广实施绿色开采技术、安全保障技术，打造一批标杆示范矿井。截至 2020 年底，山西省已有 10 座煤矿、50 个智能综采工作面开展智能化建设试点。在做好煤炭产业高质量发展的同时，山西省实施"5432"制造业千亿产业培育工程，实施非均衡发展战略和优势转换战略，推动高端装备制造、新材料、数字产业、节能环保、现代物流 5 个千亿级战略性新兴产业集群化、高端化、智能化发展，推动节能与新能源汽车、现代医药和大健康、现代煤化工、数字创意 4 个有望突破千亿的产业提速发展，推动有色金属、建材、特色轻工 3 个有望突破千亿的特色优势产业提档升级，推动焦化、钢铁 2 个千亿级传统产业改造提升。与此同时，山西省打造一流产业创新生态，围绕 14 个战略性新兴产业集群，按照清单化项目化方式重点选择发展势头强劲、未来前景广阔的产业集群进行引领突破，精心打造产业创新生态子系统，进而示范带动全省域、全领域一年架梁立柱、三年点上突破、五年创新生态基本成形。[①]

根据《山西省国民经济和社会发展第十四个五年规划和 2035 年远景目标纲要》，实施培育壮大新动能专项行动计划，坚持政策保障、前瞻布局、创新引领、重点突破，打造 14 个战略性新兴产业集群，建设一批全国重要的新兴产业制造基地（见表 4-1）。

表 4-1　14 个战略性新兴产业集群

信息技术应用创新产业	坚持"安全可替代"方向，重点推进中国电子信创产业园、长城智能制造（山西）基地、百信自主安全计算机研发与产业化等项目，拓展在能源、教育、医疗、交通、农业等领域应用试点，建成全国领先的信息技术应用创新产业基地

---

① 产业转型：山西在"老传统""新花样"上下功夫［EB/OL］.［2020-12-23］. http://www.sxjjb.cn/zz/jbsd/news231200.htm.

半导体产业	抢抓国产替代发展机遇，加速实现碳化硅第三代半导体材料、深紫外LED、红外探测等领域的重大产品规模化生产，重点推进碳化硅单晶衬底、外延材料、微波功率放大器芯片、滤波器芯片制造加工等项目，打造抢占国际战略制高点的半导体衬底材料产业基地
大数据融合创新产业	坚持"以算力算法强大大数据应用，以创新生态壮大大数据产业"主线，聚焦数字基础设施升级、数字产业方阵打造、数字化融合应用、数据治理能力提升，依托秦淮、百度等重点项目，建设国家级大数据产业集群
碳基新材料产业	大幅提升煤炭作为原料和材料使用的比例，构建煤（焦炉煤气）—全合成润滑油、高端蜡等具有全国比较优势的产业链条，重点推进高端碳纤维千吨级基地、煤层气生产金刚石等项目，打造国家级碳基新材料制造基地
光电产业	瞄准关键材料、关键工艺、核心器件等重点领域，加快形成"光电材料—光电元器件—系统/设备/终端产品"产业链条，重点推进中科深紫外产业链等项目，打造国家级光电产业基地
特种金属材料产业	聚焦汽车、轨道交通、高端装备、电子信息、通用航空、装配式建筑、矿山机械7大应用领域，打造拳头产品，扩大产业规模，开展行业应用示范，建设国家级特种金属材料产业生产基地
先进轨道交通装备产业	发挥轨道交通装备关键零部件环节的优势地位，围绕电力机车、高速列车、城轨车辆，加快推进高铁轮轴轮对、新一代制动系统等高端产品产业化规模化，重点推进中车轨道交通城轨车辆造修基地等项目，打造全国轨道交通装备重要零部件生产基地
煤机智能制造产业	依托智能矿山建设，围绕煤炭精细化勘探、智能化开采等领域开发新技术和智能化成套装备，实现煤矿和煤机装备智能化联动协同发展，加快建设煤机智能研发、电传动矿用自卸车等项目，打造国内一流的煤机重要整机与零部件生产基地
节能环保产业	以商业模式创新为突破，以再生资源绿色循环利用产业园等重点工程为牵引，以基地园区建设为着力点，推进节能技术和装备、节能服务产业、先进环保技术和装备、资源循环利用等领域，加强链条互补合作，带动上下游产业发展
生物基新材料产业	依托全省生物质资源和煤化工原料基础，加快推进山西合成生物产业生态园区等项目建设，重点发展生物基聚酰胺等产品
光伏产业	加大光伏制造关键技术攻关，加快新技术创新研发应用迭代升级，重点推进以晋能控股电力集团为核心的产业链建设，形成多晶硅—硅片—电池—组件—应用光伏产业链条，打造全国重要的光伏制造基地
智能网联新能源汽车产业	围绕电动、甲醇、燃气三大方向，加大对汽车配套产业及基础设施建设的支持力度，引导企业加大智能化、网联化产品研发力度，打造具有区域特色的智能网联新能源汽车产业集群，建设电动汽车产业集群、氢燃料电池汽车产业集群和区域智能网联汽车产业集聚区
通用航空产业	立足山西省航空产业基础，布局通用航空研发、制造、运营、服务全产业链建设，加快建设太原飞机拆解基地、潇河航天产业装备制造、大同通航全产业链等项目，持续办好尧城（太原）国际通用航空飞行大会，打造全国重要的通用航空产业发展试验示范基地
现代医药和大健康产业	实施医药工业增品种、提品质、创品牌"三品"专项行动，加快发展化学原料药及制剂、中成药及大健康、生物制品和医疗器械等优势产业，加快推进基因重组人血清白蛋白、人源化胶原蛋白等项目，打造全国重要的原料药、中成药、新特药与医疗器械产业集聚区

　　近年来，山西省蔬菜产业围绕深化农业供给侧结构性改革这一主线，依托全省资源优势，积极发展特色露地蔬菜，不断提高蔬菜产品质量和效益，助力乡村振兴发展。环球印象撰写并发布的《中国蔬菜产业投资环境及风险分析报告》数据显示，山西省有27个蔬菜产品通过农产品地理标志登记，以独特的品质得到市场的认可，如云州黄花、忻府辣椒、广灵食用菌等得到消费者青睐。①

　　近年来，云州区黄花销量稳步上升，年销量达到7500吨以上，价格情况良好，干黄花价格超过100元/千克。辣椒是山西省种植面积最大的蔬菜种类之一，种植区域主要集中在忻府、定

---

① 山西省蔬菜产业及优势品种概况［EB/OL］.［2019-12-22］.http：//www.zcqtz.com/news/205556.html.

襄、屯留、泽州等地，产品销往周边省份和全国市场。近几年，山西省辣椒种植面积增加明显，屯留县在政府的大力推动下，辣椒种植面积迅速增加；忻府区斥资兴建辣椒加工园区，由湖南坛坛香加工区和当地 11 家加工企业组成，可年加工鲜椒 22400 吨、干椒 5000 吨。香菇是山西省种植范围最广、产量最大的食用菌之一，比较有亮点的栽培模式主要有反季节香菇高质高效栽培和香菇菌棒加工出口。反季节香菇栽培模式是依托高寒地区夏季气候冷凉、昼夜温差大的气候优势，在山西省中北部以及高海拔区域实行香菇的夏季高效高质栽培模式，填补夏季鲜香菇市场空白。①

山西省市县上下联合，合力推进集群项目建设，集群项目重点在晋中盆地、上党盆地、晋北 3 个集中连片区建设优质高粱生产基地，在晋中盆地建设酒、醋加工集聚。山西省重点推进吕梁白酒、太原食醋等 5 个核心集群，市级牵头打造大同、朔州、长治等 7 个非核心产业集群。为强化项目技术支撑，山西省成立旱作高粱产业集群专家团队，由有关科研和技术推广部门等单位的 50 名专家组成，为旱作高粱产业集群建设项目和酿品精深加工集群发展提供技术咨询、技术指导和技术支撑，推动高粱产业"六新"发展。在高粱产业集群的发展过程中，龙头企业成为引领培育产业融合的主体。集群建设全部由龙头企业牵头组成，产业联盟或产业化联合体承担。通过项目实施，培育了上党高粱、国禾天元等省级农业产业化联合体，形成了集高粱品种研发、生产加工、仓储物流、市场服务全产业链于一体的农业经营组织。②

（二）山西省乡村振兴阶段性成果

2016～2020 年，山西省委员会、山西省人民政府出台 50 多个政策文件，从攻坚目标、行动措施、投入保障等方面构建起了坚决打赢脱贫攻坚战的四梁八柱。5 年间，山西省 58 个贫困县组建造林专业合作社 3378 个，完成造林 820.8 万亩，7 万多名贫困社员人均增收 1.6 万元。退耕还林 473 万亩、造林绿化 1300 万亩，3.18 万建档立卡贫困劳动力受益，每年带动 50 多万贫困人口增收 10 亿元以上。

山西省累计建成集中安置区 1122 个，整村搬迁 3365 个深度贫困自然村，36.2 万人走出大山告别贫困，同步搬迁 11 万人，47.2 万人彻底改变了生存发展环境，实现生产有门路、生活有质量，适应新环境、融入新社区。"十三五"期间，山西省贫困地区公路通车里程 7.3 万千米，具备条件的建制村 100% 通硬化路、100% 通客车，为农民群众打造了一条条脱贫路、致富路、幸福路。累计完成农村危房改造 33.3 万户，全省农村贫困家庭危房得到全部改造，约为 100 万农村贫困人口解决住房安全问题。农村低保连续 5 年提标，山西省平均达到 5319 元，惠及 44.6 万贫困人口。临时救助 145.7 万人次，20.65 万贫困残疾人"两项补贴"应补尽补。③

（三）山西省乡村振兴规划

2018 年 9 月 19 日，山西省委员会、山西省人民政府下发了《山西省乡村振兴战略总体规划（2018—2022 年）》。该总体规划重点围绕"1512"的框架体系展开。"1"是一个统筹。即按照城乡融合的理念，统筹城乡发展空间，建立城乡融合发展格局。"5"是五个重点。即"产业兴旺、生态宜居、乡风文明、治理有效、生活富裕"五大重点任务。产业兴旺强调以农业供给侧结构性改革和农业转型发展为主线，加快推进山西省农业特色发展、高质量发展、融合发展、

① 山西省蔬菜产业及优势品种概况［EB/OL］.［2019-12-22］. http：//www.zcqtz.com/news/205556.html.

② 集团发展　山西高粱产业总产值超 40 亿元［EB/OL］.［2021-02-19］. https：//www.sohu.com/a/451497797_120047202.

③ 书写在三晋大地上的时代答卷——我省脱贫攻坚全纪实［EB/OL］.［2021-02-25］. http：//www.shanxi.gov.cn/yw/sxyw/202102/t20210255_880088.shtml.

开放发展，推动特色农业大省向特色农业强省转变。生态宜居强调全面提升农村人居环境质量，打造农民安居乐业的美丽家园，建设黄土高原美丽新家园。乡风文明强调传承发展提升黄河流域农耕文明。治理有效强调以"三基建设"推动农村"三治"。生活富裕强调把农民作为乡村美好生活的中心与重心，坚持在发展中保障和改善农民生活，创造乡村美好新生活。"1"是一个聚焦。即聚焦深度贫困，坚决打好精准脱贫这一攻坚战。"2"是两大支撑体系。即强化人才和体制机制的有力支撑。

2021年4月，山西省发布的《关于巩固拓展脱贫攻坚成果有效衔接乡村振兴的实施方案》中提出，要增强脱贫县乡村特色产业发展能力。①实施特色种养业提升行动。着力抓好4.5万个产业扶贫项目后续运营，提升带动帮扶能力。农产品精深加工十大产业集群建设项目、农产品五大出口（商贸）平台基地建设向重点帮扶县倾斜布局，建设一批"特""优"种养基地。抓好农产品品种、品质、品牌和标准化生产。大力培育家庭农场、农民合作社等新型经营主体和农业社会化服务主体。②着力抓好农产品产销衔接。深化拓展消费帮扶，持续开展"五进九销"活动，举办脱贫地区消费帮扶产品对接承销展会。发挥线上线下专柜、专区、专馆平台作用，多渠道促进脱贫地区农产品销售。瞄准京津冀、长三角、珠三角等消费市场，签订农产品互购协议，开拓省外消费目的地。提升41个脱贫县国家电商扶贫示范建设水平，开展直播带货、网上主题销售、鲜活农产品走出山西网上行等活动。加大对冷链、物流、仓储、场租等销售流通环节支持力度。③加快发展乡村旅游业。以"黄河、长城、太行"三大板块为重点、以"三个人家"为抓手，依托红色文化、关隘文化、渡口文化、生态文化、历史村镇，创新以"旅游+"为主导的多产业融合，培育一批特色鲜明、带动帮扶能力强的乡村旅游项目，打造一批乡村旅游示范村。④稳步提升光伏产业帮扶实效。管好用好光伏扶贫5479座村级电站、53座集中电站，抓紧确权到村，抓好运维监管，建立大数据监测调度平台，规范完善公益岗位设置管理，确保发电效率高、后续运维好、收益分配准、监管主体实、稳定运行久，持续增加村集体经济收入。"十四五"期间，全省光伏扶贫电站收益每年稳定在18亿元以上。⑤挖掘乡村特色产业潜力。把乡村工匠、非遗文化传承纳入高素质农民培训范围，坚持以实操能力为导向、以实用技能为重点，抓好职业资格评价、职业技能等级认定，培育一批家庭工场、手工作坊、乡村车间、乡村特色建筑队伍，让"土专家""乡创客"和能工巧匠在农村创业中发挥引领作用。⑥提升生态建设项目帮扶效益。全力实施大规模国土绿化彩化财化行动。跟进落实退耕还林奖补、造林绿化务工、森林管护就业、经济林提质增效、特色林产业增收"五大项目"相关政策，持续抓好新造林管护，引导脱贫劳动力参与绿化生态工程建设。大力提升干果经济林、林下经济、种苗花卉、森林康养等产业效益。到2025年，全省脱贫地区聘用生态护林员稳定在1.8万人左右。

2021年4月，山西省发布的《关于全面推进乡村振兴加快农业农村现代化的实施方案》中提到，要实施"特""优"战略构建产业体系。调整优化农业生产结构，加快发展现代特色农业，大力发展高附加值、高品质农产品生产。以农产品精深加工十大产业集群为牵引，科学布局粮食、油料、杂粮、中药材、水（干）果、蔬菜、黄花、食用菌、马铃薯、花卉、牛羊、生猪、林草、渔业等特优种养基地。加大绿色食品、有机农产品、地理标志农产品认证，试行食用农产品达标合格证制度，推动品种培优、品质提升、品牌打造和标准化生产。建立统一的绿色农产品市场准入标准，加强农产品品牌保护。瞄准大城市、大省份，继续北上京津冀、东进长三角、南下粤港澳，设立农产品展示直销中心，建立农产品"绿色直通车"，推动山西省优质农产品进入国内大循环中高端。立足资源特色，顺应发展规律，优化产业布局，大力发展农产品产地初加工和精深加工、休闲农业、电子商务等乡村新产业、新业态，完善利益联结机制，让农民更多分享产业增值收益。依托"黄河、长城、太行"三大板块、"康养山西、夏养山西"等旅游品牌，开发乡村旅游精品线路，创建"中国美丽休闲乡村""山西美丽休闲乡村"，助推一二三产业融合发展。坚持绿色集约发展，提升生产体系。加强有机旱作农业技术集成创新和示范推广，加快创建国家有机旱作农业科研和生产试验区。实施新一轮高标准农田建设规划，多渠道筹集建设资金，提高建设标准和质量。把丘陵山区农田"宜机化"改造纳入高标准农田建设内容。2021 年建设 280 万亩旱涝保收、高产稳产高标准农田。坚持"以水定产、以水定地"，推进灌区节水配套与现代化升级改造，加快发展节水农业。研发引进丘陵山区小型农机和新能源农机等新产品，引进推广一批农业智能机器人和药茶、黄花等特色农业专用机械等新装备，开展薄弱环节农机作业补贴，2021 年主要农作物综合机械化率达到 73.6%。制定"十四五"设施农业发展规划及 2021 年行动计划，以集中连片欠发达地区和冷凉地区为重点，扩大设施农业规模，新增设施农业 5 万亩以上，新增露地蔬菜 20 万亩。坚持不懈推进农业面源污染治理，抓好化肥农药减量，"十四五"期间，畜禽粪污综合利用率提高到 80% 以上，主要农作物秸秆综合利用率稳定在 90% 以上，农膜回收率达到 85% 以上。

（四）山西省部分市（区）乡村振兴概览

1. 山西省大同市①

大同市，位于山西省境最北端，辖区面积 14176 平方千米，辖 4 区 6 县，包括新荣区、平城区、云冈区、云州区、阳高县、天镇县、广灵县、灵丘县、浑源县、左云县。据山西省第七次全国人口普查公报，截至 2020 年 11 月 1 日零时，大同市常住人口为 3105591 人。

近年来，山西省大同市在做优做强黄花产业上持续发力，取得了显著成效。有着 600 多年种植历史的大同黄花，现在已是地理标志产品，仅云州区就种植 17 万亩，研发出黄花系列的酱、面、茶、饼、菜、面膜等多种产品。小黄花作为主导产业带动致富，当地也在完善产业链、提质增值上持续发力。

大同市发展的基本路径可以简要概括为"五个注重、五个聚焦发力"：

注重顶层设计，在夯实产业基础上聚焦发力。一是强化规划引领，编制了《大同市黄花菜产业发展规划》《大同市黄花菜科技与文化发展规划》，坚持一二三产业融合的全产业链布局，优化一产种植业、强化二产加工业、深化三产服务业，努力将大同黄花打造成国家优质高端黄花产业发展样板、国家现代农业样板和农产品向大健康产品升级样板"三个样板"，引领全国黄花产业向更高级形态、更合理结构、更深入融合阶段迈进。二是强化政策扶持，增选黄花为大同市花。市委员会、市政府先后制定出台《关于做优做强黄花产业加快乡村产业振兴助推脱贫攻坚的实施意见》《扶持黄花产业发展十条政策》《关于把黄花产业保护好发展好做成大产业的实施意见》《大同市 2021 年黄花产业高质量发展专项行动》等政策。

注重标准制定，在提升产业质量上聚焦发力。一是突出种植标准化，在全国率先制定《黄花菜种苗生产技术规程》《大同黄花生产技术规程》，并以省级地方标准发布。积极推广黄花专用肥、绿色防控、统防统治等技术，着力提高黄花产量和品质。二是突出加工标准化，制定《大同黄花干制品质量分级标准》《大同干黄花地方质量标准》《大同冻干黄花粉企业标准》等，黄花精深加工产品的有关标准正在陆续制定推出。三是突出品牌标准化，农业农村部确定"大同黄花"为全国百强农产品区域公用品牌、大同黄花产业为全国乡村产业高质量发展"十大典型"之一。

注重提档升级，在延伸产业链条上聚焦发力。一是坚持创新驱动，深化与中国农大、山西农大等院校合作，依托其技术优势、人才优势，共建黄花产业发展研究院、研发中心和中试基

① 山西大同：让黄花成为乡亲们的"致富花"［EB/OL］.［2021－11－01］. http：//health. people. com. cn/n1/2021/1101/c441254-32270409. html.

地，发布了 25 项黄花理论研究、技术研发、产品创新等方面的科研成果，建立了黄花菜全基因组数据库，开展了黄花标准化种植技术和有机植保绿色防控技术攻关，研发了 3 个黄花菜专用肥配方和黄花微生物菌剂。二是坚持龙头带动，市财政局近两年累计投入 1.47 亿元，撬动三利、民之源等龙头企业投资 2 亿多元，用于精深加工、产品研发等。三是坚持农文旅联动，充分挖掘黄花旅游潜质，打造"黄花+"模式，形成多种产业联动增值。持续投入 3000 多万元打造火山黄花田园综合体，建成了以黄花为主要景观的火山天路、忘忧大道、忘忧农场、旅游小镇等集观、赏、游、尝、品于一体的精品旅游点 23 个。

注重市场导向，在拓展营销渠道上聚焦发力。一是深化合作共赢，成立大同黄花协会和大同黄花产业联盟，组织企业、合作社抱团发展。积极联系首都农贸市场，对接黄花销售。二是优化线上布局，开通大同原产地农产品旗舰店，黄花系列产品实现了线上销售。企业通过对接第三方电商平台开展网络销售，2020 年以来共销售 2000 多万元。三是强化线下营销，积极组织黄花系列产品参加全国、全省各类农交会、农展会，在北京、上海、广州、成都、太原等城市建立多家黄花直营店，在市内建立 9 家大同黄花直营店、大同黄花专柜。

注重服务保障，在促进农民增收致富上聚焦发力。一是建立金融保险机制，组建总规模 3000 万元的黄花特色农业产业基金，目前已对大同宜民公司投资 2000 万元，用于中央厨房项目建设。二是建立专业帮扶机制，市县农业农村部门全程开展技术服务，实现了黄花产业产前、产中、产后全过程标准化生产。举办了高素质农民技能提升高级人才黄花加工产业培训班，提高黄花从业工作者的技能素质。三是建立利益联结机制，积极推行"三三三"产业帮扶模式，支持各县区创办乡村一体黄花专业合作社，通过"合作社+农户"等形式扩大黄花种植规模，集中流转脱贫户土地，吸纳大量劳动力参与种植管护，让种植户既能得到流转土地租金，又能获得务工收入，还可以享受到分红收益。

2. 山西省长治市

长治市，位于省境东南部，辖区面积 13955 平方千米，辖 4 区 8 县，包括潞州区、上党区、屯留区、潞城区、襄垣县、平顺县、黎城县、壶关县、长子县、武乡县、沁县、沁源县。根据第七次人口普查数据，截至 2020 年 11 月 1 日零时，长治市常住人口为 3180884 人。

脱贫攻坚以来，长治市委、市政府深入贯彻落实习近平总书记关于扶贫工作的重要论述和视察山西重要讲话重要指示。截至 2020 年底，长治市贫困人口全部脱贫，933 个贫困村有序退出，沁源县、武乡县、沁县、平顺县、壶关县 5 个贫困县如期摘帽。

为实现农村贫困人口如期脱贫、贫困县全部摘帽，长治市委、市政府成立脱贫攻坚领导小组，5 年来共选派 462 名机关事业单位干部到 396 个行政村任职，并制定完善了"五帮联动"工作机制，将干部驻村帮扶工作纳入各单位目标责任考核体系。

在推进脱贫攻坚的进程中，长治市结合当地实际，提出了"健康为本、教育为基、就业为重、产业为要"的工作思路和"龙头带村、能人带户、两头激励、共同致富"的基本路径，通过抓产业、促就业、强搬迁、重生态、提保障，形成了"市委政府推动、龙头能人带动、部门企业联动、干部群众互动"的良好格局。全市累计减贫 32.2 万贫困人口，5 个贫困县全部摘帽，全市区域性整体贫困得到全面解决。建档立卡贫困人口人均纯收入从 2016 年的 3488 元增加至 2020 年的 10087 元，年均增幅 30.2%，建档立卡贫困人口基本实现了"两不愁三保障"，通过发展产业脱贫和就业帮扶脱贫占比 66.2%。同时，贫困农村群众的就医、就学、出行、通信条件大大改善，各种救助帮扶措施得到全面落实，兜底保障有效衔接，933 个贫困村集体经济全部破零，其中收入 20 万元以上的村占到 53.6%，贫困甚至深度贫困成为历史。

在推进脱贫攻坚的进程中，长治市坚持以产业为带动，实施了"一县一业一品牌""一村一品一主体"产业扶贫提升行动，推动贫困村"五有"实现全覆盖。重点发展了 120 万亩中药材、

30 万亩优质小米、40 万亩特色蔬菜、60 万亩干鲜果、30 万亩马铃薯、6000 万棒食用菌、10 万亩油用牡丹、5000 万头（只）规模养殖，八大特色优势产业。培育壮大药茶、酿品、中药材、肉制品、粮品、果蔬食品、功能保健品七大农产品精深加工产业，先后建成市级扶贫产业园区 14 个、产业基地 36 个、扶贫车间 204 家，带动 8.7 万贫困人口实现增收。累计投资 19 亿元，建设光伏扶贫电站 5335 个、规模 280.8 兆瓦，年获收益 1.8 亿元，辐射带动 3.8 万户贫困户增收。

旅游资源是长治市农村重要的资源禀赋。长治市将脱贫与乡村振兴有机地结合起来，加大旅游资源开发力度，全市先后建设乡村旅游村 100 个，纳入省级旅游扶贫示范村 42 个，纳入省级 AAA 级乡村旅游示范村 23 个，壶关县大峡谷镇大河村入选全省首批 AAAA 级乡村旅游示范村，辐射带动 5981 户 23132 名贫困人口实现增收。

围绕产业发展，长治市开展了全民技能提升工程，完成技能培训提升 64140 人，完成贫困村创业致富带头人培训 3426 人。2020 年 810 户未脱贫家庭安排"一户一公岗"625 人，年收入不低于 6000 元。通过就业带动 17527 人，发展产业带动 7174 人，小额信贷扶持 2271 户，政策兜底 1999 人。[①]

积极发展各种类型的农村合作组织，吸引贫困农民以资金入股、土地流转等多种形式进入合作社是长治市产业带动的又一途径。目前，长治市仅组建造林合作社 194 家，带动贫困人口 4418 人。通过经济提质增效和发展林下经济，形成了增绿与增收、生态与生计的良性互动和有机统一。[②]

2020 年 7 月，长治市被确定为山西省唯一一个脱贫攻坚与乡村振兴有机衔接试点市，制定出台了《长治市开展脱贫攻坚与乡村振兴有机衔接试点工作方案》，在产业发展、项目建设、人才就业、集体经济、农村人居环境整治、农村基础设施建设、农村公共服务、农村民生保障、乡村治理体系建设、农村基层组织建设十个方面形成脱贫攻坚与乡村振兴有机衔接试点。构建组织领导、统筹规划、政策扶持、资金投入、监督考核五大机制。

3. 山西省阳泉市郊区[③]

阳泉市郊区环抱阳泉市建成区，与寿阳、平定、盂县相邻，是一个城乡融合型县区，面积 512 平方千米，全区常住人口 27.51 万，辖 7 乡镇 1 中心，157 个行政村，18 个城市社区。阳泉市郊区是全国乡村治理体系建设和全国新时代文明实践中心建设试点县区、省级人居环境整治示范县区、农村集体产权制度改革试点县区、脱贫攻坚与乡村振兴有机衔接试点县区。

近年来，阳泉市郊区以省级示范区建设为契机，以示范片、示范村创建为牵引，坚持高标准推进、高质量落实，全面实施"五大专项行动"，扎实开展乡村清洁行动，农村人居环境持续改善，人民群众的获得感、幸福感持续提升。

压实"三级责任"，人居环境整治上下联动。坚持党建引领，层层落实责任，先后成立了全区农村人居环境整治和西南舁乡"北七村"、河底镇燕龛沟 3 个指挥部，实行区、乡、村三级责任制。其中，区级成立由区委书记、区长任双组长，相关行业部门一把手为成员的农村人居环境整治领导小组。乡镇成立由党委书记、乡镇长任组长，副乡镇长任副组长，支村"两委"主要负责人为成员的农村人居环境整治领导小组。乡（镇）党政主要负责人为第一责任人，亲自安排部署、组织实施，督促督导，检查验收，村级党组织书记当好一线施工队长，农村第一书记、驻村工作队把农村人居环境整治作为帮扶工作的重要任务，宣传发动群众，精心组织实施，

---

①②　脱贫攻坚长治答卷｜决胜太行　同奔小康［EB/OL］.［2021-05-26］. https://www.thepaper.cn/newsDetail_forward_12854990.

③　山西阳泉郊区：多措并举　助力市郊乡村人居环境提升［EB/OL］.［2021-11-01］. http://health.people.com.cn/n1/2021/1101/c441253-32269953.html.

推动取得实效。全区上下形成了一级抓一级、层层抓落实的工作推进机制。

坚持示范引领，统筹人居环境整治兼顾多项工作。郊区以创建全省农村人居环境整治示范区为契机，把示范创建工作作为农村人居环境整治的首要任务，明确了以示范片创建为引领，打造示范村，抓好提升村，推进整治村的工作思路。确立西南舁乡"北七村"和河底镇燕龛沟2个集中连片区域作为市级示范片区，全面实施"五大专项"行动，同步推进农村道路建设、饮水工程、清洁能源、绿化美化、产业培育"五项基础"工程。坚持卫生乡村建设与创建国家卫生城市工作相结合，全面推进"1+5"综合整治行动。坚持人居环境整治与乡村振兴相结合，打造西南舁乡"北七村"乡村振兴示范区与河底镇燕龛沟特色旅游示范区，努力实现人居环境整治与乡村振兴的有效衔接。同时，在资金、技术上大力支持其他乡镇创建各具特色的示范片区，充分发挥乡镇的主导作用和农民的主体作用。

加强制度建设，推进人居环境整治制度系统集成。按照"四个亲自"的要求，区委员会、区政府"一把手"坚持每月进行一次现场调研督导，区指挥部坚持半个月召开一次工作调度会，区政府还把农村人居环境整治纳入为群众办实事内容，纳入党政干部绩效考核，强化监督考核和奖惩激励。农村人居环境整治实行问题清单制、台账制、周报制、督办制、问责制等制度，定期进行观摩评比，打分排队，奖优罚劣。组建农村人居环境整治督导考核组，采取明察、暗访相结合的方式，重点督导各乡镇组织领导、宣传发动、工作进展、实际效果、建章立制等情况，针对暗访过程中发现的"乱搭乱建、乱堆乱放、乱丢乱弃"现象，定期进行督查通报，责令相关乡（镇）、村及时整改，真正起到发现问题、解决问题、推进工作的作用。

加大资金投入，夯实人居环境整治经费保障。近3年来，全区农村人居环境整治工作财政投入资金近4亿元，占财政总收入的8.56%，是"十二五"期间的两倍，撬动农村及社会投资累计6.5亿元，其中直接用于农村拆违治乱、生活垃圾治理、污水治理、"厕所革命"、卫生乡村建设"五大专项"整治的资金达到2亿多元。

2021年，郊区政府出台《郊区"六乱"整治百日攻坚专项行动奖补措施》，共计安排资金300万元，支持乡村"六乱"整治工作，并要求各级部门要统筹用好乡村振兴专项资金，衔接推进乡村振兴补助资金及各类惠农强农资金，创新投入机制，全面调动社会力量投入农村人居环境整治的积极性。

创新体制机制，提升人居环境整治整体水平。在生活垃圾收运过程中，委托湖北耀邦环境产业有限公司负责创卫区域的垃圾收运，实现"垃圾不落地"。在推进"厕所革命"过程中，在落实奖补政策的基础上，区财政拿出专项资金，给予水冲式厕所2000元/座补助。在扩大农业农村投资方面，争取到2020年中央预算内农村人居环境整治专项资金2000万元，重点支持厕所粪污处理、农村道路建设、村容村貌提升等环节，有力撬动地方政府和社会资本投入积极性。

强化宣传力度，营造人居环境整治浓厚氛围。在农村人居环境整治过程中，充分利用报刊、广播、电视、门户网站等传统媒体和快手、抖音、微信等新媒体，以及村大喇叭、黑板报、标语上墙、进村入户宣讲等形式多样的手段，宣传解读农村人居环境整治政策措施和治理要求，动员广大群众自觉主动参与，摒弃陈规陋习，养成良好习惯。2021年以来，全区共印发各类宣传资料2843份，动员群众筹劳16128人次，在微信公众号、报刊等设立专栏，专题聚焦全区"六乱"整治工作多次宣传报道，营造出政府组织、群众参与、齐抓共管的农村人居环境整治浓厚氛围。

五、内蒙古自治区

内蒙古自治区，简称"内蒙古"，首府呼和浩特，地处中国北部。截至 2019 年末，内蒙古总面积 118.3 万平方千米，辖 12 个地级行政区，其中 9 个地级市、3 个盟，共有 23 个市辖区、11 个县级市、17 个县、49 个旗，3 个自治旗。

（一）内蒙古自治区经济发展概况

1. 内蒙古自治区人口与经济概况

根据《内蒙古自治区第七次全国人口普查公报》，内蒙古自治区常住人口为 24049155 人，与 2010 年（第六次全国人口普查数据，下同）的 24706321 人相比，减少 657166 人，减少 2.66%，年平均增长率为 -0.27%，比 2000 年到 2010 年的年平均增长率 0.39%，下降 0.66 个百分点。内蒙古常住人口中，汉族人口为 18935537 人，占 78.74%；蒙古族人口为 4247815 人，占 17.66%；其他少数民族人口为 865803 人，占 3.60%。与 2010 年第六次全国人口普查相比，汉族人口减少 715150 人，减少 3.64%；蒙古族人口增加 21722 人，增长 0.51%，其他少数民族人口增加 36262 人，增长 4.37%。内蒙古自治区常住人口中，居住在城镇的人口为 16227475 人，占 67.48%；居住在乡村的人口为 7821680 人，占 32.52%。与 2010 年第六次全国人口普查相比，城镇人口增加 2507301 人，乡村人口减少 3164437 人，城镇人口比重上升 11.95 个百分点。

根据《内蒙古自治区 2020 年国民经济和社会发展统计公报》，内蒙古自治区 2020 年地区生产总值（GDP）完成 17359.8 亿元，按可比价格计算，比 2019 年增长 0.2%。其中，第一产业增加值 2025.1 亿元，增长 1.7%；第二产业增加值 6868.0 亿元，增长 1.0%；第三产业增加值 8466.7 亿元，下降 0.9%。三次产业比例为 11.7∶39.6∶48.8。2020 年，内蒙古农作物总播种面积 888.3 万公顷，与 2019 年基本持平。其中，粮食作物播种面积 683.3 万公顷，增长 0.1%。粮食产量 3664.1 万吨，比上年增长 0.3%。2020 年内蒙古全部工业增加值比 2019 年增长 0.8%。其中，规模以上工业增加值增长 0.7%。在规模以上工业中，分经济类型看，国有控股企业增加值增长 3.5%，集体企业下降 56.6%，股份制企业增长 1.3%，外商及港澳台商投资企业下降 3.6%。2020 年，内蒙古批发零售和住宿餐饮业增加值 1665.0 亿元，比 2019 年下降 7.6%。其中，交通运输、仓储和邮政业增加值 1163.1 亿元，下降 2.2%；金融业增加值 888.9 亿元，增长 0.2%；房地产业增加值 921.3 亿元，增长 3.6%。2020 年规模以上服务业企业营业收入比 2019 年下降 0.8%。

2020 年，内蒙古居民消费价格比 2019 年上涨 1.9%。分城乡看，城市上涨 1.6%，农村上涨 2.7%。分类别看，食品烟酒类上涨 5.7%，衣着类上涨 0.1%，居住类上涨 0.2%，生活用品及服务类下降 0.1%，交通和通信类下降 3.6%，教育文化和娱乐类上涨 0.5%，医疗保健类上涨 3.6%，其他用品和服务类上涨 3.0%。从工业生产角度看，工业生产者出厂价格比上年下降 0.3%，工业生产者购进价格比上年下降 0.5%。农产品生产者价格上涨 3.2%。2020 年，内蒙古居民人均可支配收入 31497 元，比 2019 年增长 3.1%。全体居民人均生活消费支出 19794 元，比 2019 年下降 4.6%。

2. 内蒙古自治区各市人口与经济概况

内蒙古自治区共辖 12 个地级行政区，包括 9 个地级市、3 个盟，分别是呼和浩特市、包头市、乌海市、赤峰市、通辽市、鄂尔多斯市、呼伦贝尔市、巴彦淖尔市、乌兰察布市、兴安盟、锡林郭勒盟、阿拉善盟。内蒙古自治区统计局发布 2020 年 1~12 月主要经济指标如下：

（1）地区生产总值方面，鄂尔多斯市实现生产总值 3533.7 亿元，位列内蒙古第一，占内蒙古自治区经济总量比重 20.36%；呼和浩特市、包头市分别以 2800.7 亿元、2787.4 亿元位列全区第二、第三；内蒙古共有 6 个盟市成为千亿级以上 GDP 城市（即鄂尔多斯市、呼和浩特市、包头市、赤峰市、通辽市、呼伦贝尔市），其他 6 个盟市未超千亿元。

（2）地区生产总值增速方面，内蒙古全区 GDP 增速呈正增长，增幅较小。按可比价格计算，阿拉善盟增幅最大，2020 年增长了 3.8%。2020 年，内蒙古共有 8 个盟市 GDP 增速正增长；另有 4 个盟市出现 GDP 增速负增长，其中，呼伦贝尔市降幅最大，下降 3.3%，鄂尔多斯市 GDP 同比下降 2.9%。

（3）产业结构方面，内蒙古 11 个盟市中，有 4 个盟市（即通辽市、呼伦贝尔市、巴彦淖尔市、兴安盟）第一产业占比超 20%，其中兴安盟占比最高，为 34.5%；鄂尔多斯市、乌海市、阿拉善盟以第二产业为主，第二产业占比均超过 50%。其余有 8 个盟市第三产业占比均超过第一、第二产业，呼和浩特市第三产业占比超过 50%，为 66.4%。

（4）地区人口方面，根据《内蒙古自治区第七次全国人口普查公报》，截至 2020 年 11 月 1 日零时，通辽市常住人口数为 2873168 人，占内蒙古人口比重为 11.95%。包头市常住人口数为 2709378 人，占内蒙古人口比重为 11.27%。呼伦贝尔市常住人口数为 2242875 人，占内蒙古人口比重为 9.33%。鄂尔多斯市常住人口数为 2153638 人，占内蒙古人口比重为 8.96%。乌兰察布市常住人口数为 1706328 人，占内蒙古人口比重为 7.1%。

（5）人均可支配收入方面，2020 年，内蒙古自治区全年全体居民人均可支配收入为 31497 元。包头市人均可支配收入为 45879 元，乌海市人均可支配收入为 45133 元，鄂尔多斯市人均可支配收入为 42374 元，是内蒙古自治区仅有的三个人均可支配收入超过 40000 元的城市，大幅领先于其他几个盟市。

3. 内蒙古自治区产业概况

"十三五"期间，内蒙古有力促进了工业经济转型升级和高质量发展。五年间，内蒙古新增电力装机 4000 万千瓦，总装机达到 1.46 亿千瓦，其中新能源占 1/3 以上。2020 年，规模以上新能源发电量比上年增长 4.7%，占规模以上工业发电量的比重为 14.4%。其中，风力和太阳能发电量分别比上年增长 4.7% 和 4.8%。新产业逆势增长，经济发展韧性进一步增强。2020 年，内蒙古规模以上工业中，装备制造业增加值比上年增长 38.1%，高新技术产业增长 7.5%，增速分别快于规模以上工业 37.4 个和 6.8 个百分点。高技术制造业利润快速增长。2020 年，内蒙古高技术制造业利润比上年增长 150.0%，占规模以上工业企业利润的比重较 2019 年提高 1.1 个百分点。①

根据《内蒙古自治区国民经济和社会发展第十四个五年规划和 2035 年远景目标纲要》，内蒙古立足产业资源、规模、配套优势和部分领域先发优势，实施战略性新兴产业培育工程，建立梯次产业发展体系，大力发展现代装备制造业、新材料、生物医药、节能环保、通用航空等产业。①大力发展现代装备制造业，开展先进制造业集群培育计划，加快推动装备制造技术信息化、智能化、网络化改造，提升装备制造配套能力。以呼包鄂为重点，培育发展北奔、北重等新能源重卡汽车，打造动力电池、电机、电控系统、动力总成、配套零部件及整车研发生产的新能源汽车全产业链。推进矿用自卸车、推土机、重型汽车等交通运输设备和采掘、装载等工程机械数字化、智能化改造，提升关键零部件国产化水平，促进运输设备和工程机械产品提

---

① 产业结构优化升级 谱写高质量发展新篇章［EB/OL］.［2021－06－16］. http://tj.nmg.gov.cn/tjdt/fbyjd_11654/202106/t20210616_1636798.html.

档升级。推进呼和浩特光伏产业制造基地建设，鼓励多晶硅、单晶硅及薄膜电池企业发展太阳能电池组件制造，提升大型光伏电站设备自给率。积极发展风电设备制造，加快建设通辽、乌兰察布、包头、巴彦淖尔风电装备制造基地。加快发展高端医疗设备、机器人制造、3D打印及应用产业，建设高档伺服系统、高精密减速器、驱动器等关键零部件及系统集成设计制造。积极发展先进化工、电力设备和农牧业机械制造产业。提升应急装备制造产业链，推动研发生产方舱汽车、负压监护型救护车，布局建设额温枪、呼吸机、体外膜肺氧合机，打造包头等应急医疗装备生产基地。②加快发展新材料产业，以新材料引领新兴产业发展，保护性开发和利用石墨资源，支持参与石墨（烯）新材料储能、导电、导热、涂料等领域关键技术攻关，做大石墨电极、碳纤维等碳基材料规模，建设乌兰察布等石墨（烯）新材料生产基地。适度在呼和浩特、包头等地区布局多晶硅、单晶硅及配套延伸加工产业，鼓励发展电子级晶硅，建设我国重要的光伏材料生产基地。③扶持发展医药产业，依托自治区生物疫苗创新中心，推动原料药、医药中间体向高品质成品药和制剂转变，新药研发向创仿结合、自主创新转变，构建绿色化医药创新产业链，打造特色生物医药生产基地。积极研发新型实用活性疫苗、新型布鲁氏病菌活疫苗、人用脑膜炎三联结合疫苗等新产品。④积极发展节能环保产业，推进多领域、多要素协同治理，推广应用第三方污染治理，提升环境治理服务效能。以形成环保产品为载体，加大环保材料及环保药品研发与生产。促进环保产业向园区集聚、环保服务向中心城市集中、工业园区向生态园区转变，加快建设静脉产业基地和"城市矿产"示范基地。⑤培育发展通用航空产业，完善通用航空短途运输营运体系，打通通用航空运输"最后一公里"。推动通用航空短途运输服务便捷化，实现通用机场与运输机场的"全网通"中转，旅客"一票到底、行李直挂"。

内蒙古自治区积极发展特色优势产业。近年来，经过不懈努力，内蒙古先后创建了草原肉羊、河套向日葵、科尔沁肉牛、大兴安岭大豆4个国家级优势特色产业集群，覆盖23个旗县区，有166家企业、种养大户、家庭农牧场和社会化服务组织等新型经营主体参与建设。百亿级产业不断做大做强，全产业链带动能力、市场竞争力持续增强，肉羊、肉牛、向日葵、大豆产业全产业链产值分别达到870亿元、500亿元、175亿元和160亿元。① 2020年，内蒙古猪牛羊禽肉类产量达到260.7万吨，牛奶产量达到611.5万吨，实现"十六连稳"，全区牛、羊分别出栏397万头、6674.1万只，羊肉、绒毛产量全国第一，牛肉产量全国第二，奶业多项指标全国领先。② 巴彦淖尔市是全国最大的向日葵种植基地和集散地，种植面积、产量、规模化种植水平、品种研发、加工能力、出口量均居全国之首。巴彦淖尔市向日葵种植面积400多万亩，总产量90多万吨，面积和产量分别占全国的1/4和1/3，全市建成向日葵标准化生产基地约200万亩，拥有向日葵加工企业120家，向日葵年交易量150多万吨，年出口量约35万吨。2020年，内蒙古河套向日葵产业集群建设项目依托五原县、临河区、杭锦后旗3个旗县区的7家向日葵龙头企业及巴彦淖尔市农牧业科学研究院共同实施，主要围绕向日葵种子研发、品种保护、基地建设、精深加工、现代流通、品牌培育等产业链补短板、强弱项。项目总投资31793万元，其中中央财政补助资金8000万元，主体自筹23793亿元。截至2021年8月，已完成总投资15230万元，项目整体进度达到47.9%。2021年，内蒙古河套向日葵产业集群续建项目依托五原县、临河区、杭锦后旗的8家自治区级龙头企业和巴彦淖尔市农牧综合保障中心共同实施，项目进一步加大精深加工、数字化管理、仓储物流、外贸服务等环节支持，不断提升向日葵精深加工水平和仓

---

① 农牧厅召开全区优势特色产业集群建设推进调度视频会议［EB/OL］.［2021-09-03］. https：//www. nmg. gov. cn/zwyw/gzdt/bmdt/202109/t20210903_1874905. html.

② 2020年度内蒙古肉行业分析报告［EB/OL］.［2021-02-03］. http：//www. chinanycy. com. cn/index. php？c=content&a=show&id=10040.

储物流能力，拓展外综平台服务功能。①

内蒙古自治区拥有的阿尔巴斯白绒山羊、阿拉善白绒山羊、二狼山白绒山羊、罕山绒山羊、乌珠穆沁绒山羊，无论是品质还是产量都处在世界前列。内蒙古拥有全国最大的草场和天然牧场。全区12个盟市有11个涉及毛绒产业，拥有阿尔巴斯白绒山羊、阿拉善白绒山羊等5个优质绒山羊品种，年产山羊原绒近7000吨，约占全国羊绒产量的50%，世界羊绒产量的40%，是我国乃至全球优质山羊绒原料主产区，也是最大的山羊绒制品深加工和出口区，拥有从产品开发、生产到终端销售完整的产业链，上下游企业数量和生产规模在国内、国际市场具有较大影响力和竞争优势。毛绒产业是内蒙古特色优势产业和重要民生产业，在繁荣市场、扩大出口、吸纳就业和增加农牧民收入等方面发挥着重要作用。内蒙古大力推行优质绒山羊品种核心养殖区纤维细度动态监测推广工作，在养殖前端开展技术服务，从源头提高羊绒品质和优质品种推广，推动产业从数量规模型向质量效益型发展，解决产业发展与草原环境承载、生态保护之间的矛盾。为集中产地核心区域提供绒山羊纤维细度动态监测服务，农牧民依据监测结果量身定做"养殖套餐"，选取优质品种进行饲养、繁育，逐步将纤检技术引入牧业生产，推动标准化、科学化养殖和繁育，从源头上提升了山羊绒整体品质，最终实现养殖效益最大化。对主产区，以旗县为单元出具监测统计分析报告，为地方政府和收购企业及时调整扶持补贴政策提供技术依据。②

（二）内蒙古自治区乡村振兴阶段性成果

内蒙古脱贫攻坚成效显著，贫困人口生产生活水平显著提升，内蒙古脱贫人口人均纯收入由2014年建档立卡时的2902元增加到2020年的13159元，年均增长28.7%。累计资助各级各类学生2509.9万人次；所有贫困人口全部纳入基本医保、大病保险、医疗救助范围，全区6.4万余名大病贫困患者得到分类救治；13.7万贫困群众的危房得到改造，累计建成5.31万套易地扶贫搬迁安置住房，12.5万群众住上了宽敞明亮的砖瓦房；18.3万贫困人口喝上了放心水；42.37万贫困人口纳入低保和特困供养保障范围，为8.56万名困难和重度残疾人发放生活或护理补贴；3.17万名贫困群众就地转为护林员；脱贫地区基础设施和公共服务极大改善；脱贫地区各类产业发展动力明显增强，累计投入394.1亿元用于产业扶贫；贫困地区的贫困治理能力全面提升，累计有9776名贫困嘎查村第一书记和8.5万名工作队员投身基层、奋战一线。③截至2020年底，内蒙古产业结构持续优化，建成高标准农田4125万亩，改良盐碱化耕地157.2万亩，形成2个千亿级、9个百亿级农牧业主导产业。内蒙古具备条件的建制村全部通硬化路，所有贫困嘎查村全部通动力电，贫困户全部通生活用电，超过99%的贫困嘎查村通了宽带和光纤。全区贫困嘎查村均配齐卫生室、村医、文化室、文化广场和超市，集体经济均有稳定收入且实现递增。④

（三）内蒙古自治区乡村振兴规划

2018年8月28日，中共内蒙古自治区委员会、内蒙古自治区人民政府印发实施了《内蒙古

---

① 巴彦淖尔市：国家优势特色产业集群项目为河套向日葵产业插上翅膀［EB/OL］.［2021-09-01］. https：//fpb. nmg. gov. cn/fpxw/msqxfp/202109/t20210901_1868945. html.

② 高站位 大集成 强助力 助推全区绿色特色优势产业高质量发展［EB/OL］.［2021-11-19］. http：//szb. northnews. cn/nmgrb/html/2021-11/19/content_32900_166243. htm.

③ 做好"三方面衔接"！内蒙古让攻坚成果与乡村振兴同频共振！［EB/OL］.［2021-06-22］. https：//m. thepaper. cn/baijiahao_13256193.

④ 产业结构优化升级 谱写高质量发展新篇章［EB/OL］.［2021-06-16］. https：//www. nmg. gov. cn/tjsj/sjjdfx/202106/t20210616_1636798. html.

自治区乡村振兴战略规划（2018—2022 年）》。该规划指出要加快推进产业兴旺。培育壮大特色优势产业。继续巩固和提升粮食生产能力，保证粮食播种面积，稳定粮食产量，深入实施藏粮于地和藏粮于技战略，继续以改善农牧业设施装备条件和提升耕地地力水平为重点，把科技作为粮食生产持续发展的根本动力，推进绿色节本增效技术，鼓励社会化服务。打造以特色农畜产品生产、加工、流通、销售产业链为基础，科技创新、休闲观光、配套农资生产和制造融合发展的特色农牧业产业集群。做强做精向日葵产业，保持食用向日葵生产加工优势。做强做优马铃薯产业，建设全国优质马铃薯种薯基地，扶持产地加工业发展壮大。加快蒙中药材产业化发展，强化蒙中药材种植，提升蒙中药材品质。坚持举绿色旗、打特色牌、走品牌路，大力发展杂粮杂豆产业。坚持农牧结合、以牧为主，做优草原畜牧业，做强农区畜牧业，稳步提升畜牧业占第一产业的比重。坚持"稳羊增牛"发展思路，羊稳定在 1 亿只，肉牛增加到 1000 万头。实施畜牧业提质增效工程，积极培育优质肉牛品种，逐步完善良种繁育体系。大幅提升标准化饲养水平，扶持牧区生态家庭牧场和农区标准化规模养殖场建设。推行水产健康养殖，编制发布养殖水域滩涂规划，划定禁养区、限养区、养殖区，推进水产养殖业绿色发展。该规划提出要建设生态宜居乡村。以建设美丽宜居乡村为导向，以农村牧区垃圾和污水治理、改厕和厕所粪污治理、农牧业生产废弃物资源化利用及村容村貌提升为主攻方向，开展农村牧区人居环境整治三年行动，全面提升农村牧区人居环境质量。推进"四好农村路"建设。按照"建管护运"一个不能少、"畅安舒美"一个不能缺的原则，全面建成外通内联、通村畅乡、客车到村、安全便捷的农村牧区交通运输网络，2018~2022 年建设农村牧区公路 3 万千米。推进城乡客运服务一体化，推动城市公共交通线路向城市周边延伸，努力实现具备条件的行政嘎查村全部通客车。该规划还提出要推动乡村文化振兴。深入实施乡村文明提升行动，不断提升群众文明素质和社会文明程度。开展扶贫政策宣讲进村、乌兰牧骑进村巡演、脱贫典型故事进村分享、社会主义核心价值观宣传教育进村、文学艺术工作者进村创作、励志主题电影进村展映"六进村"活动。深入开展新农村新牧区新生活培训，对农牧民进行科学知识、法律常识、卫生健康等培训教育，提升科学文化和精神文明素养。

2021 年 2 月 1 日，中共内蒙古自治区委员会和内蒙古自治区人民政府印发了《内蒙古自治区党委、自治区人民政府关于全面推进乡村振兴加快农牧业农村牧区现代化的实施意见》。该意见提出要构建现代乡村产业体系。依托乡村优势特色资源，打造农牧业全产业链，促进农村牧区一二三产业融合发展。持续推进粮食生产功能区、重要农产品生产保护区和特色农畜产品优势区建设，以乳、肉、绒、玉米、牧草等优势产业为重点，着力建设优势特色产业集群。依托龙头企业和重点旗县标准化生产基地、加工园区，大力发展特色农畜产品产地初加工和精深加工，力争到 2025 年农畜产品加工转化率达到 70%。加快推进饲草产业发展，在黄河流域及西辽河—嫩江流域草产业优势区，大力发展优质饲草产业，稳步提高苜蓿、青贮等优质饲草生产加工能力。立足各地产业基础和资源禀赋，打造一批主导产业突出、一二三产业深度融合和产镇产村融合发展的农牧业产业强镇。加快发展与现代农业相结合的乡村休闲旅游、近郊旅游。该意见还提出要推进农牧业绿色发展。把水资源作为最大刚性约束，坚持量水而行、节水为重，构建科学适度有序的农牧业空间布局体系，建设绿色农畜产品产业带和农牧业现代化示范区。强化绿色导向、标准引领和质量安全监管，积极发展生态农牧业，大力发展水产绿色健康养殖，不断增加优质绿色农畜产品供给。加大农业面源污染防治力度，持续抓好化肥农药减量增效、畜禽粪污资源化利用，推广绿色防控产品和技术，禁止生产销售使用厚度小于 0.01 毫米的聚乙烯农用地膜，到 2025 年化肥农药使用量继续保持负增长，秸秆综合利用率达到 90% 以上，畜禽粪污资源化利用率达到 80% 以上。健全耕地轮作制度。编制全区退耕还林还草中长期规划，巩固退耕还林还草成果。完善草原生态保护补助奖励政策，全面落实禁牧休牧和草畜平衡制度。推进种养加结合、草畜一体化工程，以粮改饲、高产苜蓿种植等项目为引领，推动农牧交错带建设优质饲草生产基地，大力发展肉牛、肉羊养殖业。推进坡耕地水土流失综合治理。加强西辽河、察汗淖尔等重点区域地下水保护，巩固地下水超采区治理成果。

2021年4月18日，内蒙古自治区党委农村牧区工作领导小组印发的《内蒙古自治区实施乡村振兴战略考核办法（修订）》《内蒙古自治区关于推进产业扶贫与产业振兴衔接的政策措施》中提到，要推动脱贫地区产业可持续发展。①发展优势特色农牧业。实施现代特色种养业提升行动，做优做强玉米、马铃薯、杂粮杂豆、向日葵、奶业、肉牛、肉羊、羊绒、饲草料等优势主导产业，因地制宜发展蒙中药材、食用菌、燕麦、红干椒、番茄、生猪、家禽等特色产业，巩固建设一批标准化种养基地、良种繁育基地和扶贫产业园，打造一批专业化产业强镇，推进"一村一品""一镇一特""一县一业"。②发展农畜产品加工业。过渡期内自治区重点产业发展专项资金、工业园区发展资金和农牧业产业化资金继续对脱贫旗县项目给予支持。优先在脱贫旗县布局仓储保鲜冷链物流设施，对符合产业集群、产业强镇等建设要求的脱贫地区优先申报国家项目，支持脱贫旗县建设现代农牧业产业园、科技园和产业融合发展示范园，提升脱贫地区农畜产品加工水平，推动数字化资源供给与乡村特色产业需求融合对接，拓展休闲观光、文化体验、健康养生、乡村民宿等业态，发展智慧农牧业、品牌农牧业和休闲农牧业。③发展乡村旅游业。推动脱贫地区旅游厕所和旅游公路建设，支持乡村旅游发展。推进乡村旅游标准化发展，制定《内蒙古自治区乡村（牧区）旅游接待户星级评定管理办法》，推动脱贫地区星级乡村（牧区）旅游接待户创建。加大全国、自治区级乡村旅游重点村建设，遴选一批有典型示范和带动引领作用的乡村申报全国乡村旅游重点村，并建立自治区乡村旅游重点村名录。④发展光伏扶贫产业。指导相关旗县加强对光伏扶贫电站运维管理，保障电站20年全生命周期安全持续稳定发挥效益。指导盟市、旗县完善光伏扶贫收益分配实施细则，优化调整收益支出方向，促进脱贫地区集体经济发展。⑤发展生态产业。在林草生态建设领域，积极推广"以工代赈"方式，促进农村牧区低收入群体就业增收。支持脱贫地区发展特色经济林、林下经济、林草生态旅游等产业，大力推广经济林种植，引导推进"企业+基地+合作社+农户"的经营模式，加大林草科研成果和林农适用技术推广力度，引导脱贫人口稳定增收。⑥发展生态产业。在林草生态建设领域，积极推广"以工代赈"方式，促进农村牧区低收入群体就业增收。支持脱贫地区发展特色经济林、林下经济、林草生态旅游等产业，大力推广经济林种植，引导推进"企业+基地+合作社+农户"的经营模式，加大林草科研成果和林农适用技术推广力度，引导脱贫人口稳定增收。

（四）内蒙古自治区部分市（区）乡村振兴概览

1. 内蒙古自治区兴安盟

兴安盟，是内蒙古自治区所辖盟，地处内蒙古的东北部，总面积5.51万平方千米。兴安盟下辖2个县级市、1个县、3个旗。根据第七次人口普查数据，截至2020年11月1日零时，兴安盟常住人口为1416929人。2020年，兴安盟实现地区生产总值为547.92亿元。

生态文明建设迈上新台阶。2016~2020年，兴安盟全面加强生态文明示范区建设，深入实施"三北"防护林、围封禁牧、退耕还林、退牧还草等重点生态工程，大力推进大兴安岭南麓百万亩人工林绿色长廊建设，完成营造林340.74万亩、草原建设906万亩，草原植被盖度、森林覆盖率分别达到68.3%和33.3%。全盟城市公园增加到39个，城市绿地面积达到38平方千米，成功搭建起以1个世界地质公园、3个国家级森林公园、4个国家级湿地公园、10个各级各类自然保护区为核心的自然保护地体系基本框架。①

综合经济实力实现新跃升。2016~2020年，兴安盟主要经济指标增速走在全区前列，全盟地区生产总值年均增长5.6%。人均地区生产总值达到34290元，比2015年提高27%。全盟一般公共预算收入从2016年的26.66亿元增加到2020年的50.28亿元，增长1.88倍，年均增长13.5%，收入增幅连续5年保持全区第一，综合财力历史性突破300亿元。五年累计完成固定资产投资1515亿元，增速在全区12个盟市中排第3位。规模以上工业增加值71.3亿元，年均增长9.8%，增速排名全区第一。兴安盟"十大重点产业"规模和实力显著增强，坚持"生态优先、绿色发展"理念，深入推进供给侧结构性改革，扎实推动产业转型升级，以"两米、两牛、旅游"为突破口，全力构建十大重点产业链，产业发展水平和竞争力不断提升。农牧业现代化稳步推进，粮食生产"十二连丰"，畜牧业生产实现"七连稳"。同时，兴安盟"6+2"区域发展新格局加快形成，坚持集中集聚集约发展，将盟农牧场管理局、盟经济技术开发区与6个旗县市统筹谋划、一体管理，明确功能定位，构建形成特色优势明显、多点多极支撑、潜力动能充分释放的区域发展新格局。②

基础设施建设实现新突破。2016~2020年，兴安盟交通基础设施提质升级。铁路建设提档增速，全区第一条跨省区快速铁路建成通车，进京时间缩短近10小时，全盟铁路总里程达到733千米。加快完善公路建设，完成交通固定资产投资258.84亿元，公路总里程增加2424千米，打通不通畅嘎查村232个。连接东北三省的高等级公路全面贯通，五年来二级以上公路里程增长45.5%。兴安盟水利基础设施巩固提升，全盟大中小型水库达25座，堤防总长度达908.28千米，重点乡镇已达20年一遇以上防洪标准，重点旗县基本达到50年一遇防洪标准。盟里还大力实施饮水安全工程，新建、维修改造各类饮水安全工程633处，39.53万农牧民群众饮用水条件达到安全标准，用水方便程度得到有效改善。实施大中型灌区、高效节水、牧区节水等项目建设，全盟有效灌溉面积达到600万亩。城市基础设施全面提升。兴安盟着力抓好既利当前又利长远的城市基础设施项目建设，全面改善城市人居生态环境，生活污水集中处理率达到96.82%，生活垃圾无害化处理率达到98.48%，人均日生活用水量达到129.85升，用水普及率达到98.69%，供水管网密度达到8.84千米/平方千米，排水管网密度达到9.74千米/平方千米，燃气普及率达到86.86%。③

城乡面貌焕发新气象。兴安盟决战脱贫攻坚成效显著，全盟6个贫困旗县市全部摘帽，602个贫困嘎查村全部出列，4.85万户、10.5万贫困人口全部脱贫。在此基础上，乡村振兴实现良好开局。兴安盟巩固拓展脱贫攻坚成果同乡村振兴有效衔接，重点打造60个乡村振兴样板区建设示范村；投入3.7亿元实施农村基础设施工程169项，建设休闲观光、采摘体验、认养定制等现代农业特色示范产业园41个；新型农牧业经营体系加快构建，全盟现有国家级示范社21家，自治区级示范社77家，自治区精品社20家；累计落实支持农牧民合作社发展项目资金4669万元，扶持合作社162家，带动农牧民10万户以上，带动困难帮扶户5500户，1万余人；农村牧区卫生厕所覆盖率达到33.9%。

（1）扎赉特旗④。

扎赉特旗地处内蒙古自治区东北部，是内蒙古自治区、兴安盟重要的水稻生产基地，水稻种植面积和产量均位居全区旗县市第一。全旗种植水稻旱稻累计90万亩，从事水稻种植的农户

---

①②③　"干货"满满，兴安盟发展成就令人刮目相看［EB/OL］.［2021-11-29］. http：//nmg. news. cn/xwzx/2021-11/29/c_1128113209. htm.

④　"参与式"消费帮扶——我在扎赉特有一亩田［EB/OL］.［2021-12-07］. http：//fpb. nmg. gov. cn/fpxw/xwdxal/202112/t20211207_1970774. html.

达到 1.6 万户，合作社 20 家，年加工能力达到 1 万吨以上的企业有 15 家。扎赉特旗 1994 年被列为全国扶贫开发工作重点县，2011 年被国家确定为大兴安岭南麓连片特困地区县。自 2018 年 4 月北京市丰台区与内蒙古扎赉特旗建立扶贫协作结对关系以来，两地积极探索精准扶贫新模式，按照"政府搭台引导、社会力量协同、主力市场支撑、多元渠道帮销、形成品牌发展"的工作思路，准确把握扎赉特旗自然资源和特色产业优势，从生产、加工、销售等环节入手，有力促进了全旗贫困人口稳定脱贫和丰台区产业持续发展。结合丰台区内两个"北京菜篮子"区位优势与扎赉特旗自然禀赋优势，创新提出"1+2+N"农产品进京消费扶贫模式，打通了销售渠道。

（2）突泉县①。

为了让脱贫基础更加稳固、成效更可持续，突泉县把产业发展作为乡村振兴的第一要务，按照农牧结合的发展思路，大力发展牛产业、米产业和庭院产业，带动农户持续稳定增收。

突泉县创新实施"牧业再造突泉"工程，从牧业贷款、畜牧"120"服务、风险防控等方面入手，消除百姓养殖大牲畜的后顾之忧。推进牛产业扩面、扶强、补链，突泉县从提高养殖户覆盖率，培育龙头企业、专业合作社及养殖大户，延伸产业链条等方面做足"牛文章"，牛产业在规模上实现从小到大、链条上实现从无到有，与米产业互促发展，跃居为县域主导产业。目前，突泉县牛存栏由 2017 年的 2.8 万头增至 2020 年的 17.9 万头，三年增 5 倍，农村常住人口实现人均一头牛。突泉县玉米种植面积每年能达到 170 万亩左右，一亩玉米年增收 800 元左右，通过牛产业过腹增值，能再增收 1300 元左右，随着全县牛产业发展壮大，养殖户玉米内部消化更进一步增加了百姓收入。突泉县深挖老百姓庭院优势资源，通过政策撬动、典型带动、消费拉动，引导庭院产业走上致富"快车道"。全县庭院经济户增长到 4.3 万户，一亩庭院年收益可达到 10000 元左右，"一村一品"庭院经济示范村达到 25 个。

2. 内蒙古自治区呼伦贝尔市

呼伦贝尔市，是内蒙古自治区地级市。全市共辖 2 个市辖区、5 个县级市、4 个旗、3 个自治旗，总面积约 25.3 万平方千米。根据第七次人口普查数据，截至 2020 年 11 月 1 日零时，呼伦贝尔市常住人口为 2242875 人。

近年来，呼伦贝尔市扎实推进乡村振兴战略，现代农牧业提质增效，区域公用品牌效应持续凸显，奶业振兴战略全面推进，农村牧区人居环境有效改善。2020 年，呼伦贝尔市全面完成人居环境整治三年行动任务，农村牧区人居环境整治成效显著。3 年来，呼伦贝尔市新建卫生厕所 59370 户，普及率达 40.9%，超额完成自治区下达的任务指标。795 个嘎查村全面开展村庄清洁行动，畜禽粪污资源化利用率达 87.4%，化肥用量同比减少 6.3%，农药用量减少 5%。秸秆综合利用率达 85% 以上，地膜回收率达 80% 以上。②

呼伦贝尔推进乡村振兴战略的首要切入点就是"产业兴旺"。呼伦贝尔市以绿色产业企业为龙头，以粮食、水果、蔬菜、畜禽等优势特色农牧业为重点，不断推动农牧业产业体系绿色变革，促进全产业链绿色升级。

截至 2021 年 6 月，呼伦贝尔市完成了呼伦贝尔草原羊肉、牛奶、大豆等 8 个区域公用品牌创建和品牌授权，"呼伦贝尔芥花油"获"中国品牌农业神农奖"，扎兰屯黑木耳获得中欧地理标志协定首批保护品牌。草原短尾羊入选国家畜禽遗传资源品种名录，103 万只草原羊实现溯源管理。特色民族奶制品快速发展，加工主体达到 56 家，日处理鲜奶 27 吨。2020 年全市规模以

---

① 突泉县：接续奋斗擘画乡村振兴"新画卷"［EB/OL］．［2021-10-09］．http：//fpb.nmg.gov.cn/fpxw/xwdxal/202110/t20211009_1899755.html.

② 呼伦贝尔市全力推进乡村振兴建设［EB/OL］．［2021-03-11］．https：//www.nmg.gov.cn/zwyw/gzdt/msdt/202103/t20210311_1143645.html？slb=true.

上龙头企业达到 165 家，市级及以上产业化龙头企业达到 165 家，比上年增加 9 家，其中：国家重点龙头企业 3 家、自治区重点龙头企业 62 家、市级重点龙头企业 100 家。紧密型农企利益联结比例达到 62%，农畜产品加工转化率达到 65%。①

呼伦贝尔市实施农村人居环境整治工作以来，全面落实自治区党委、政府农村牧区人居环境整治要求，充分发挥农牧民主体作用，奋力冲刺农村牧区人居环境整治三年行动目标任务，积极推进农村道路提档升级，优化农村生活基础设施建设，持续推进田园和村庄的整洁度、美化度，乡村风貌建设水平不断提升。截至 2021 年 6 月，呼伦贝尔市共建卫生厕所 59370 户，普及率达到 40.9%。95% 以上行政嘎查村生活垃圾得到有效治理，非正规垃圾堆放点整治率达 100%，嘎查村垃圾收运体系建成率达 97.6%。新左旗和陈旗等 4 个旗市区率先建成适用型污水处理站并投入使用。全市畜禽粪污资源化利用率达到 80.2%，化肥用量同比减少 6.3%，农药用量同比减少 5%。全市农业灌溉水有效利用率达 63.4%，水土流失综合治理完成 2311.9 万亩，多年生牧草种植保留面积达 183.7 万亩。795 个嘎查村全面开展村庄清洁行动，扎兰屯市被评为全国村庄清洁行动先进县。②

3. 内蒙古自治区通辽市

通辽市，是内蒙古自治区地级市。通辽市下辖 1 个市辖区、1 个县级市、1 个县、5 个旗，总面积 59535 平方千米。根据第七次人口普查数据，截至 2020 年 11 月 1 日零时，通辽市常住人口为 2873168 人。

2021 年，通辽市将努力做好巩固拓展脱贫攻坚成果同乡村振兴有效衔接，积极促进农牧业高质高效、农村牧区宜居宜业、农牧民富裕富足。在巩固拓展脱贫攻坚成果方面，通辽市将健全防止返贫动态监测和长效帮扶机制，对存在返贫致贫风险人口，及时开展事前预防、事后救助；强化易地搬迁后续扶持。在大力发展乡村产业方面，坚持宜农则农、宜牧则牧、宜游则游，培育乡村特色产业，引导发展庭院经济，打造"一村一品""一乡一业"；发掘乡村多种功能，实施休闲农业和乡村旅游精品工程，打造一批设施完备、功能多样的休闲观光采摘园区、田园综合体、乡村民宿、草原人家和康养基地，培育一批美丽休闲村、乡村旅游重点村，拓展农牧民增收新空间。在深化农村牧区改革方面，着力加强农村牧区土地承包管理，为第二轮土地承包到期后再延长 30 年提供支持。深化农村牧区集体产权制度改革，完善农村牧区集体资产股份权能，集体经济收入 10 万元以上嘎查村占比达到 60% 以上。培育发展农牧民合作社 600 个，各级示范家庭农牧场达到 450 个。深化农业水价综合改革。推动草牧场规范有序流转，探索草场资源科学利用新模式。开展草原保险试点，扩大肉牛、玉米等农牧业政策性保险覆盖面，全市嘎查村金融综合服务室覆盖率达到 80% 以上，信用嘎查村占比达到 70% 以上。在实施乡村建设行动方面，坚持先规划后建设，注重保留乡村特色风貌，完成所有行政嘎查村村庄规划。改造农村牧区危房 3918 户，快递覆盖 75% 的行政嘎查村。推进农村牧区人居环境整治，新建、改造村级生活垃圾处理场各 39 座。全面推广"牛出院、树进院"，建设 300 个人畜分离养殖小区。③

（1）开鲁县④。

开鲁县位于内蒙古通辽市西部，全县总区域面积 4488 平方千米，地下水储量丰富，境内有两条国道、两条铁路经过，交通便利，是科尔沁草原农业文明的源头，种植业比较发达。

---

①② 田畴披锦绣　沃野奏欢歌——呼伦贝尔高质量推进乡村振兴战略［EB/OL］.［2021-06-26］. https：//m. thepaper. cn/baijiahao_13329439.

③ 通辽市推进乡村振兴　加快农村牧区现代化［EB/OL］.［2021-03-03］. http：//inews. nmgnews. com. cn/system/2021/03/03/013082205. shtml.

④ 全产业链实现贫困群众脱贫增收——内蒙古通辽市开鲁县红辣椒产业精准扶贫案例［EB/OL］.［2021-03-13］. http：//fpb. nmg. gov. cn/fpxw/xwdxal/202103/t20210313_1159774. html.

2018 年底，开鲁县 54 个贫困村全部出列，实现了区级贫困县脱贫摘帽。其中红辣椒产业是实现精准扶贫、精准脱贫特色主导产业。全县有 2000 多户贫困户依托红辣椒产业脱贫致富，户年均增收 10000 元以上，形成了"一业带动，万人脱贫"的良好局面。开鲁县红干椒种植发展到 60 万亩，占全国种植面积的 15%，产品远销欧洲、东南亚等 10 余个国家和地区，带动了当地食品加工业、物流业、宾馆餐饮业、辣椒加工出口业，打响了"红色产业"的开鲁品牌。在做大做强红辣椒产业的过程中，开鲁县跳出"旧农业发展农业"的传统理念，用现代工业的思维和管理模式来发展红辣椒产业。创建了红干椒种植综合示范区，建立"东方红 1 万亩绿色标准化溯源示范基地"。通过采用温室育苗、膜下滴灌水肥一体化模式浇灌、建设农业物联网智能平台等方式，形成了红辣椒科学种植、生产全程可追溯的标准化管理模式。培育出"道德红""北星"系列 10 余种自主品牌红辣椒种子，打造出"巧厨娘""人禾斋"等品牌。创建国家红干椒种植综合标准化示范区，建设东方红万亩绿色标准化溯源示范基地，红辣椒产业实现规模化、标准化、品牌化，趟出了一条绿色高质量发展新路子。

（2）科尔沁左翼中旗①。

科尔沁左翼中旗总土地面积 9811 平方千米，辖 20 个苏木乡镇场，517 个嘎查村和国有农牧场分场，其中，蒙古族 40 万人，占总人口的 74%。农牧户居住分散，庭院闲置土地面积大，西部区庭院户平均面积达到 2 亩以上。

科尔沁左翼中旗以奖代补，提高贫困群众积极性。科尔沁左翼中旗扶贫办拨付庭院经济建设补贴资金，对建档立卡贫困户的庭院经济建设进行适当的资金补贴。建设标准：建档立卡贫困户的庭院建设要达到"四区"分离，即生活区、种植区、养殖区、仓储区分离；庭院种植业要按"三个园"模式进行规划种植，实现贫困户院内院外充满生机，屋内屋外干净整洁，居住环境明显改观的目标。补贴方式：验收合格后由苏木乡镇场采取"先建后补"的方式，在产业扶贫资金中统筹进行补贴，对未脱贫未享受庭院建设资金的建档立卡贫困户最高可补助 2000 元/户，并按照每年推动的实际情况，对已享受过庭院补助资金的未脱贫户和正常脱贫户进行庭院种植补贴。2017 年扶持 3795 户，投入 674.3 万元；2018 年建设"四区分离"7758 户，完成种植 7878 户。2019 年实现全旗建档立卡贫困户庭院经济全覆盖，完成 11999 户庭院经济建设，种植菜园 3725.26 亩、田园 7746.12 亩，栽植果树 66002 棵，预计户均增收节支 800 元。

4. 内蒙古自治区赤峰市

赤峰市农牧局围绕农牧业生产全过程、全产业链，瞄准经营管理型、专业生产型和技能服务型三大类型，全力打造懂技术、善经营、会管理的高素质农民队伍，大力培育接地气的"土专家""田秀才""新农人"等乡村振兴带头人，为农村牧区先进生产经营方式和绿色农牧业技术推广提供重要引领和新生力量。

截至 2021 年 10 月底，全市计划分层次、分类别重点培育产业致富带头人、新型农业经营主体和服务主体经营者、返乡入乡创新创业者、专业种养加能手等高素质农牧民 3410 人，遴选 100 名产业致富带头人等高素质乡土人才参加高素质农牧民培育精品班，培育科技示范主体 4543 个。②

产业扶贫是带动贫困人口摆脱贫困的重要途径，也是构建稳定脱贫防返贫长效机制的关键环节。近年来，赤峰市始终坚持把产业扶贫作为脱贫攻坚中打基础、立长远的重要措施，累计投入财政扶贫资金 83.6 亿元，使全市的产业尤其是农牧业产业得到长足迅猛的发展。通过发展

---

① 通过庭院经济"三个园"模式发展产业扶贫——科左中旗庭院经济"三个园"模式减贫案例［EB/OL］.［2021-03-13］. http：//fpb. nmg. gov. cn/fpxw/xwdxal/202103/t20210313_1159771. html.

② 赤峰市农牧局：五个"精准"打通服务农牧民"最后一公里"［EB/OL］.［2021-11-18］. http：//nmg. wenming. cn/xbwz/zt_49765/202111/t20211118_6240682. html.

产业带动 13.5 万户贫困人口实现增收脱贫，占贫困人口总数的 81.5%，并总结形成了"三带一减"赤峰产业扶贫模式（即建设扶贫产业园区带动、发展特色产业带动、培育龙头引领带动，持续发挥减贫成效）。

发挥规模效应，建设扶贫园区。从 2016 年开始，赤峰市委市政府提出按照布局集中、资源集聚、规模集约的原则，大力培育壮大扶贫产业园区，搭建起扶贫产业园区化、规模化的产业扶贫框架，有效破解产业规模小、效益低、辐射带动能力和抗风险能力弱的瓶颈。目前，赤峰市已建成基础设施完备、带贫减贫示范力强的扶贫产业园区 200 个，带动贫困人口 19.2 万人，人均增收 3000 元以上。为进一步总结成果推进全市产业扶贫工作，并同乡村振兴有效衔接，赤峰市扶贫办研究制定了《赤峰市级扶贫示范产业园区认定暂行办法》，从基础设施配套情况、投入扶贫资金情况、生产运营情况、是否符合赤峰市的产业发展规划、是否有市场前景、带贫减贫机制建设情况及带贫减贫能力等七个方面开展认定工作，第一批共认定了 14 个市级扶贫示范产业园，涵盖了设施农业、养殖业和品种改良、生态旅游和林果经济、特色种植、杂粮杂豆、加工销售等赤峰市的主导产业。

依托资源优势，发展特色扶贫产业。赤峰市制定了《赤峰市十三五产业扶贫规划》《赤峰市产业扶贫实施方案（2019—2020 年）》，引导每个旗县区发展 2~3 个特色扶贫产业，推动建设了 1174 个贫困嘎查村特色产业基地，覆盖贫困人口 35.6 万人次，人均增收 2000 元以上。截至 2020 年底，赤峰市形成了一批具有一定规模的设施农业、牛羊肉加工和杂粮、中草药等特色扶贫产业。[①]

强化利益联结，注重龙头带动。赤峰市把培育龙头引领发展作为产业扶贫的关键，持续实施"龙头企业带动能力提升工程"，对外引进和自主培育了一批辐射带动作用较强的扶贫龙头企业，如肉牛产业的阿旗沃金、翁旗圣泉、宁城东方万旗；肉羊产业的克旗金峰、翁旗蒙都、左旗富承祥，生猪产业的松山温氏、林西正邦，禽类产业的林西德清源、宁城塞飞亚、喀旗连盛，中药材产业的林西恒光大、喀旗荣兴堂；种植业产业的敖汉禾为贵、元宝山和润、阿旗凌云海、红山佟明阡禾等。全市与贫困户建立利益联结机制的 177 家扶贫龙头企业、196 家产业化龙头企业、51 家农牧业产业化联合体、979 家经营主体，对有劳动能力的贫困人口实现了辐射带动全覆盖。

超前组织谋划，持续发挥项目减贫成效。2018 年以来，为有效解决扶贫资金闲置，推动"六个精准"落地落实，赤峰市严格按照国家和自治区脱贫攻坚项目库的建设要求，不断加强扶贫项目论证和储备。围绕完成脱贫任务开展项目库建设工作；围绕小型公益性基础设施、教育医疗、兜底保障等脱贫摘帽最急需最薄弱的环节谋划项目；围绕培育壮大区域特色产业、种植养殖加工服务、休闲农业和乡村旅游等方面谋划产业扶贫项目，坚持扶贫资金支持的项目从项目库中选取的原则，切实提高了扶贫资金使用效益。截至 2020 年底，赤峰市累计谋划实施产业扶贫项目 1.6 万个，覆盖嘎查村 2013 个，实现了对有劳动能力的贫困人口全覆盖。其中，宁城县根据贫困户意愿，围绕设施农业、林果业和畜牧业三大特色优势主导产业，实施 3611 个带贫减贫机制成效好的产业类项目，占入库总项目数的 58.3%。[②]

（1）林西县[③]。

内蒙古林西县地处我国北疆，大兴安岭南段，地势由西北向东南倾斜，境内石质山区面积 1769.9 平方千米，占总面积的 45%；土质低山区面积约 1691.3 平方千米，占总面积的 43%，是

①②　赤峰市：产业扶贫　固本强基［EB/OL］．［2020 - 11 - 26］．https：//www.nmg.gov.cn/zwgk/zdxxgk/shgysyjs/tpgj/fpxm/202011/t20201126_268275.html.

③　通过生态产业扶贫实现地区脱贫——内蒙古林西县生态产业扶贫案例［EB/OL］．［2021 - 03 - 13］．http：//fpb.nmg.cn/fpxw/xwdxal/202103/t20210313_1159765.html.

典型的低山山区。林西县立足山区资源优势，融入绿色发展基因，培育特色林果产业，让贫困群众从绿色发展中收获真金白银，有效破解了既要守护青山绿水，又要让群众增收致富的两难之题，使得生态产业在推动当地生态经济的建立，加快扶贫开发速度，提升区域经济竞争力和经济社会发展质量的过程中发挥了关键作用。

近年来，内蒙古自治区林西县紧抓林果产业，种植经济林，保护水土，开发相关产业链，建设扶贫产业园区发展旅游，全方位带动当地生态和经济建设。第一，用硬核举措恢复植被，建设林果产业基地；第二，用灵活的方法利用山地，建设庄园经济实体；第三，用典型的示范带动效应，提高林果产业的覆盖面；第四，用全面的要素支撑保障，推动林果产业迅速发展；第五，用完善的产业链条，提升产业的增收带富能力。林西县通过大力发展林果生态产业，不仅创造了良好的自然生态环境，而且还有效带动了农村产业发展，增加了群众收入。林西县建设高产高效经济林 10.5 万余亩，其中，进入盛果期的达 3 万亩，年产水果 5 万多吨，销售收入达 1.1 亿元。同时，通过低产低效经济林改造，山杏嫁接成的 5 万亩扁杏林进入产果期，年产杏核 1000 吨，销售收入达 1600 万元。累计发放贫困人口各类生态补贴 856 万元，依托重点区域绿化等生态建设工程，吸纳贫困人口临时就业 2000 人次，包括将 231 名建档立卡贫困人口就地转为护林员和草原管护员，每人每年获得 6000~12000 元不等的工资收入。全县累计 863 户、1775 名建档立卡贫困人口通过种植经济林实现增收脱贫，年人均增收 4314 元以上。

（2）宁城县[①]。

宁城县位于内蒙古东南部、赤峰市南部，总面积 4305 平方千米，辖 18 个乡镇（街道）、307 个行政村、24 个社区，总人口 61.8 万，是国家级贫困县、革命老区县，有建档立卡人口 15950 户 45036 人，分布在 13 个镇、2 个乡、1 个街道、307 个村（社区）。截至 2019 年底，全县 134 个重点贫困村全部出列，15862 户 44806 名贫困人口实现稳定脱贫，贫困发生率由 2014 年的 12.6% 降至 0.04%。2019 年 4 月 18 日，宁城县正式退出国贫县序列。

2018 年起，宁城县围绕扶贫小额信贷政策，探索形成了扶贫小额信贷"354"工作法，构建了金融服务体系、信用评定体系、风险防控体系和产业支撑体系，对地区减贫起到了巨大的推动作用。作为国家级贫困县，宁城县能够成功实现脱贫"摘帽"，扶贫小额信贷"354"工作法发挥了一定作用。

六、辽宁省

辽宁省，简称"辽"，省会沈阳，位于东北地区南部，总面积 14.8 万平方千米。辽宁省共有 14 个省辖市、100 个县（市、区）。

（一）辽宁省经济发展概况

1. 辽宁省人口与经济概况

根据《辽宁省第七次全国人口普查公报》，截至 2020 年 11 月 1 日零时，辽宁省人口为 42591407 人，与 2010 年第六次全国人口普查的 43746323 人相比，10 年共减少 1154916 人，减少 2.64%。年平均增长率为 -0.27%。辽宁省人口中，汉族人口为 36169617 人，占 84.92%；各

---

① 坚持扶贫小额信贷"354"工作法，加快贫困群众脱贫致富步伐——内蒙古宁城县［EB/OL］.［2021-03-13］. http://fpb.nmg.gov.cn/fpxw/xwdxal/202103/t20210313_1159766.html.

少数民族人口为6421790人，占15.08%。与2010年第六次全国人口普查相比，汉族人口减少933557人，比重提高0.11个百分点；各少数民族人口减少221359人，比重降低0.11个百分点。辽宁省人口中，居住在城镇的人口为30725976人，占72.14%；居住在乡村的人口为11865431人，占27.86%。同2010年第六次全国人口普查相比，城镇人口增加3558048人，乡村人口减少4712964人，城镇人口比重上升10.04个百分点。

根据《二○二○年辽宁省国民经济和社会发展统计公报》，2020年，辽宁省地区生产总值（GDP）25115.0亿元，比2019年增长0.6%。其中，第一产业增加值2284.6亿元，增长3.2%；第二产业增加值9400.9亿元，增长1.8%；第三产业增加值13429.4亿元，下降0.7%。2020年，辽宁省全体居民人均可支配收入32738元，比2019年增长2.9%。其中，城镇居民人均可支配收入40376元，增长1.5%；农村居民人均可支配收入17450元，增长8.3%。

2020年，辽宁省居民消费价格比2019年上涨2.4%。其中，城市价格上涨2.2%，农村价格上涨3.4%。分类别看，2020年辽宁省食品烟酒类价格比2019年上涨7.4%，衣着类价格下降0.4%，居住类价格上涨0.2%，生活用品及服务类价格下降0.5%，交通和通信类价格下降3.3%，教育文化和娱乐类价格上涨0.8%，医疗保健类价格上涨3.4%，其他用品和服务类价格上涨3.6%。2020年，辽宁省一般公共预算收入2655.5亿元，比2019年增长0.1%。其中，各项税收收入1878.9亿元，下降2.6%。一般公共预算支出6002.0亿元，比2019年增长4.5%。其中，社会保障和就业支出1654.3亿元，增长14.8%；教育支出741.3亿元，增长5.5%；卫生健康支出413.0亿元，增长13.3%；住房保障支出215.8亿元，增长19.3%。

2. 辽宁省各市人口与经济概况

辽宁省共辖14个地级市，分别是沈阳市、大连市、鞍山市、抚顺市、本溪市、丹东市、锦州市、营口市、阜新市、辽阳市、盘锦市、铁岭市、朝阳市、葫芦岛市。辽宁省统计局发布的2020年1~12月主要经济指标如下：

（1）地区生产总值方面，辽宁省GDP总量最高的城市是大连市，达到了7030.4亿元，大连市的GDP总量和人均GDP都排在辽宁省第一名，沈阳市GDP总量排在辽宁省第二名，达到了6571.6亿元。鞍山市的GDP是1738.8亿元，排名第三。盘锦市GDP总量1303.6亿元，排名第五，但是它的人均GDP达到了93512元，超过了沈阳，排在辽宁省第二名。

（2）地区生产总值增长率方面，辽宁省GDP增长率排名前四的分别是朝阳市（3.85%）、本溪市（3.75%）、铁岭市（3.61%）、阜新市（3.38%）。辽宁省其余市的GDP增长率均不超过3%。

（3）地区人口方面，据《辽宁省第七次全国人口普查公报》，截至2020年11月1日零时，辽宁15个地区中，人口超过500万人的地区有2个，人口在300万~500万人的地区有1个，人口在200万~300万人的地区有6个，少于200万人的地区有6个。其中，沈阳和大连两地人口占全省人口的比重为38.69%，常住人口分别是902.78万人、745.08万人，是辽宁省人口最多的两个城市。而辽宁省人口最少的城市为本溪市，常住人口为132.60万人。与2010年第六次全国人口普查相比，14个地市中，仅沈阳和大连两市人口增加。

（4）人均可支配收入方面，沈阳和大连，人均可支配收入分别为41993元和41880元，是辽宁省仅有的两个人均可支配收入超过4万元的城市。盘锦人均可支配收入为36552元，排在辽宁省的第三名。鞍山、营口、本溪、抚顺4个城市均为传统重工业城市，人均可支配收入在31000~34000元。铁岭和朝阳则是人均可支配收入最低的两个城市，分别为22869元和21573元。

（5）一般公共预算收入方面，2020年辽宁省一般公共预算收入2655.50亿元，在全国31个省份（不含港澳台）中排名第十三。其中，沈阳市排名第一，一般公共预算收入736.08亿元，排名第二、第三的分别是大连市（702.68 亿元）和盘锦市（158.37 亿元）。

3. 辽宁省产业概况

"十三五"时期，辽宁省深化供给侧结构性改革，化解和淘汰钢铁产能 602 万吨、煤炭产能 3857 万吨、水泥产能 86 万吨。先进制造业不断壮大，新材料、电子信息、生物医药等新兴产业加速发展。现代物流、邮政快递、商贸流通、研发设计、文化旅游等现代服务业加快发展。农业结构持续优化，农村一二三产业加快融合，粮食生产连年丰收，五年间粮食产量年均达到 460 亿斤以上，创历史最高水平。民营经济对经济增长的拉动作用持续增强。

《辽宁省国民经济和社会发展第十四个五年规划和二〇三五年远景目标纲要》中提到，要加快推进智造强省，着力构建现代产业体系。①改造升级"老字号"。深入推进工业供给侧结构性改革，加快装备制造业等优势产业数字赋能，提升产业基础能力，实施智能制造、服务型制造，打造具有国际竞争力的先进装备制造业基地。加快产业技术创新。实施产业基础振兴工程，发挥科技自立自强对产业发展的战略支撑作用，聚焦基础技术和关键领域，大力提升自主创新能力。推进智能化改造。充分发挥场景资源和数据资源优势，吸引资金流、人才流、技术流、物资流，形成产业链上下游和跨行业融合的高水平智能制造生态体系。发展服务型制造。推动装备制造业与现代服务业融合发展，促进企业由生产型制造向服务型制造转变。②深度开发"原字号"。着力建链延链补链，优化产业布局。大力淘汰落后产能，化解过剩产能，优化存量产能。积极发展循环经济，聚焦规模化、精细化、高级化，培育壮大本地化产业集群，建设有国际影响力的石化产业基地和冶金新材料产业基地。③培育壮大"新字号"。立足现有产业基础，紧盯经济社会发展重大需求，聚焦培育新发展动能，加快推进战略性新兴产业集群发展工程，提升新兴产业对经济发展的支撑作用，培育世界级先进制造业集群。④做精做优消费品工业。适应消费升级需求，集聚创意设计要素资源，推动消费类产品进一步品牌化、时尚化，向高端、健康、智能方向发展。加快提升消费品工业企业核心竞争力，支持优质企业向国际化品牌发起冲刺。⑤提升现代产业体系竞争力。坚持产业为民，更好增进人民福祉。系统把握创新、协调、绿色、开放、共享的新发展理念，统筹推进新型工业化、信息化、城镇化、农业现代化同步发展。充分发挥市场在资源配置中的决定性作用，更好发挥政府作用，提高全要素生产率，增强产业核心竞争力，加快建设实体经济、科技创新、现代金融、人力资源协同发展的产业体系。

辽宁省以花生产业作为当地的特色优势产业。辽宁阜新是著名的花生产地。阜新地处北纬 42 度，四季分明、光照充足，这一独特的地理、气候条件，造就了阜新花生独一无二的优良品质。阜新花生种植历史悠久，种植面积常年稳定在 150 万亩，是仅次于玉米的第二大作物，位居东北地区花生种植面积之首，位列全国三甲，是农业增收、农民致富的重要特色产业。2012 年，"阜新花生"获批农业农村部地理标志认证。2020 年，以阜新为核心产区的辽宁小粒花生成功入围国家特色产业集群。作为全国花生产业加工集聚区和优质花生出口基地，2020 年，阜新年加工花生米、花生油及系列产品已达 40 万吨以上，总产值超过 30 亿元，以鲁花为代表的阜新花生制品畅销海内外市场。①

（二）辽宁省乡村振兴阶段性成果

"十三五"期间，辽宁省三大攻坚战成效显著。精准实施"五个一批"脱贫攻坚行动，15 个省级贫困县、1791 个贫困村全部脱贫摘帽，84 万现行标准下农村贫困人口全部脱贫。蓝天、碧水、净土和青山工程扎实推进，空气质量优良天数比率为 82.6%，较五年前提高 11.1 个百分

---

① 阜新花生：从优质产品到优势产业［EB/OL］.［2021-09-23］. https://www.163.com/dy/article/GKJMO LEM05346936.html.

点；辽河、大小凌河生态廊道基本形成，主要河流水质达到多年来最好水平，生态环境明显改善。地方金融风险防控能力不断加强。人民生活明显改善。城镇累计新增就业 228.4 万人。基本医疗保险覆盖率达到 95%，医疗保障水平不断提升，城乡居民医保待遇实现均等化，全面实现省内异地就医联网结算。①

2016～2020 年，辽宁省共落实各级财政专项扶贫资金 103.7 亿元，其中，中央财政资金 41.5 亿元，省财政资金 38 亿元，市、县财政资金 24.2 亿元。安排建档立卡贫困人口医疗补充保险省补助资金 2.6 亿元。累计发放扶贫贷款 16 亿元、扶贫小额信贷 6.1 亿元、扶贫再贷款 22 亿元。五年间，辽宁省组织召开 8 次产业扶贫现场推进会。共投入省以上财政专项扶贫资金 50 多亿元，实施产业扶贫项目 11982 个，建成各类产业扶贫基地 5221 个、扶贫车间 395 个，5654 个村有资产收益扶贫项目，带动 84 万建档立卡人口实现增收脱贫。累计 39.2 万名建档立卡人口享受过低保扶持；3 万名建档立卡人口享受五保政策，实现了应保尽保。71.2 万建档立卡人口参加基本养老保险，其中 36.7 万人开始领取养老保险金。8.4 万建档立卡人口享受过残疾人帮扶政策。"防贫保"试点累计赔付 2672 万元，惠及 1.43 万人。②

辽宁省科技厅围绕 15 个省级贫困县的农业特色产业，选派 30 个省级科技特派团开展科技扶贫对接，把省内 15 家涉农高校院所的 200 多名科技人员引入贫困县区的农业生产一线，实现了省级科技特派团在省级贫困县的全覆盖。辽宁省农科院在贫困地区实施 159 个项目，直接投入项目经费 4567 万元，促进了扶贫工作由"输血"向"造血"转变。实施"龙头企业（合作社）+ 生产基地+科研单位+农户"的合作模式，带动农民脱贫致富。③

（三）辽宁省乡村振兴规划

2018 年 12 月 7 日，辽宁省委员会、辽宁省人民政府正式印发《辽宁省乡村振兴战略规划（2018—2022 年）》。一是推进产业振兴。加快农业结构调整和转型升级，做大做强农产品加工业，加快发展新产业新业态，强化科技支撑与成果转化，推进县乡村经济发展，加快"飞地经济"发展。二是建设宜居乡村。推进美丽乡村建设，改善农村人居环境，加强生态保护与修复。三是构塑乡风文明。加强农村思想道德建设，发展农村优秀传统文化，丰富乡村文化生活。四是强化乡村治理。加强农村基层党组织建设，促进自治法治德治有机结合。五是着力改善民生。加强农村基础设施建设，提升农村劳动力就业质量，加快农业转移人口城镇化，优化农村公共服务供给，打好精准脱贫攻坚战。六是深化农村改革。巩固和完善农村基本经济制度，统筹推进农村其他改革，健全联农带农利益联结机制。七是强化振兴保障。加强乡村振兴组织保障，加强乡村振兴基础保障，强化乡村振兴人才保障，完善乡村振兴政策保障，营造乡村振兴发展环境，开展乡村振兴考核评估。该规划主要有以下几个特点：①在贯彻落实《乡村振兴战略规划（2018—2022 年）》方面，《辽宁省乡村振兴战略规划（2018—2022 年）》全面贯彻落实《乡村振兴战略规划（2018—2022 年）》主要精神，并与《乡村振兴战略规划（2018—2022 年）》相衔接。与辽宁省已经出台的《辽宁省实施乡村振兴战略三年行动计划（2018—2020 年）》和辽宁省委员会、辽宁省人民政府确定的相关工作目标保持一致。②在构建新格局方面，紧紧围绕沿海经济带、沈阳经济区和突破辽西北战略，优化农业产业发展布局，加快农业结构战略性调整。③在推进县乡村经济发展方面，着眼补齐发展短板，重点编入了发展壮大县域经济、乡镇经济、村集体经济和飞地经济等方面的内容。④在实施乡村振兴战略重大行动和重大

---

①② 辽宁省脱贫攻坚和巩固拓展脱贫攻坚成果同乡村振兴有效衔接发布会［EB/OL］.［2021－04－15］. http：//www.scio.gov.cn/xwFbh/gssxwfbh/liaoning/Document/1702224/17022215.htm.

③ 参见 http：//fpzg.cpad.gov.cn/429463/4294070/429478/index.html。

计划方面，设计了实施现代农业发展建设项目等 7 个专栏，共 44 项工程项目。⑤在强化振兴保障方面，结合辽宁省实际，将"重实干、强执行、抓落实"、优化营商环境建设和人才、用地、财政、金融、保险等各方面的具体保障政策尽可能吸纳到该规划之中。

《辽宁省国民经济和社会发展第十四个五年规划和二〇三五年远景目标纲要》中提到，要优先发展农业农村，全面推进乡村振兴。一是推进脱贫攻坚与乡村振兴有效衔接。支持欠发达地区乡村特色产业发展壮大。促进脱贫人口稳定就业。健全农村低收入人口常态化帮扶机制。分层分类实施社会救助，合理确定农村医疗保障待遇水平，织密兜牢丧失劳动能力人口基本生活保障底线。进一步提升欠发达地区公共服务水平。持续改善欠发达地区基础设施条件。选择 15 个省级脱贫县作为乡村振兴重点帮扶县。巩固完善省内外对口支援、社会力量参与帮扶机制。二是增强农业综合生产能力。推进"菜篮子"产品扩容提质。引导资源要素向优势产品和优势产区集中、果蔬加工企业向园区集聚，确保蔬菜、肉蛋奶等农产品生产和供应。做优做强设施农业，鼓励经济作物种植，推进特色果蔬全产业链发展。加快畜牧业结构调整，稳定猪、禽养殖，大力发展牛、羊、驴草食畜牧业。因地制宜推行粮改饲，推进种养结合。科学确定区域养殖规模，大力发展标准化、规模化、环境友好型养殖。全面提升动物疫病防控水平。发展近海立体养殖，加快海洋牧场建设。加强渔业资源养护修复，合理确定沿海和内陆养殖规模，开展水生生物增殖放流。三是加快发展乡村产业。培育壮大乡村特色产业。统筹发展各具特色的乡村富民产业，带动更多农民参与收益、增加收入。加强质量监管，培育盘锦大米、朝阳小米、丹东草莓、鞍山南果梨、绥中白梨、沟帮子烧鸡等原产地特色品牌。鼓励家庭工场、手工作坊、乡村车间发展，发掘工艺技艺，培育乡村特色产品。加快特色农产品优势区建设，借助"互联网+"提升特色农业供应链水平。依托原生态生产生活方式，利用乡村特色资源，培育休闲农业专业村镇、休闲农业园、休闲旅游合作社。四是实施乡村建设行动。提档升级农村基础设施。抓好"四好农村路"建设，优化农村交通运输服务体系。实施农村供水工程，农村自来水普及率达到 88%。推进新一轮农村电网改造，推广沼气、天然气等清洁能源，全面推进农村地区清洁取暖。基本实现乡村 5G 网络覆盖。深入推进"快递下乡"工程，优化农村快递网络。推动村级公益性公墓建设。明确乡村基础设施产权归属，引入市场主体参与农村基础设施建设、管护和运营。五是深化农村改革，完善农村土地"三权分置"制度，稳定农村土地承包关系。积极稳妥推进农村集体经营性建设用地入市制度，探索建立城乡统一的建设用地市场。探索农村宅基地所有权、资格权、使用权分置实现形式。建立土地征收公共利益用地认定机制。严格落实农村"一户一宅"，稳步引导农村居民点布局。六是推动县域经济高质量发展。坚持财政优先保障，公共财政更大力度向"三农"倾斜，"十四五"时期末土地出让收益用于农业农村比例达到 50%以上。发展乡村普惠金融，探索开发新型信用类金融支农产品和服务。发挥好省级融资担保基金的作用，引导更多金融资源支持乡村振兴。建立城乡人才交流机制，从省、市、县党政机关和企事业单位选派干部服务乡村振兴。支持农村集体经济组织探索人才加入机制。

（四）辽宁省部分市（区）乡村振兴概览

1. 辽宁省本溪市①

本溪市，辽宁省地级市，位于辽宁省东南部，全境总面积 8411.3 平方千米。根据第七次人口普查数据，截至 2020 年 11 月 1 日零时，本溪市常住人口为 1326018 人。2020 年，本溪市实现地区生产总值 810.4 亿元，比 2019 年增长 3.8%。

---

① 实施"四大战略" 建设"五个本溪" 推动本溪振兴取得新突破［EB/OL］.［2021-09-29］.https：//www.benxi.gov.cn/xw/zwyw/content_540661.

近年来，本溪市坚持立足新发展阶段，贯彻新发展理念，构建新发展格局，全面实施"生态立市、产业强市、人才兴市、惠民富市"发展战略，厚植发展优势，着力破解难题，加快推动高质量发展。

"十三五"期间，本溪市全面落实党中央决策部署，按照辽宁省委员会工作要求，扎实做好"六稳"工作，全面落实"六保"任务，加快生态立市、工业强市、文旅兴市建设，突出抓党建促振兴、抓项目促发展，顽强拼搏、砥砺奋进，顺利完成"十三五"时期规划目标和全面建成小康社会任务，综合经济实力稳步提升，全面深化改革取得实效，生态山城美丽本溪绽放光彩，党的建设得到切实加强，各项事业取得新进展，为推动本溪振兴取得新突破提供强劲支撑。

建设美丽本溪，推动生态治理保护实现新改善。坚持"生态立市"主导地位，以创建国家生态文明建设示范市为契机，深入打好污染防治攻坚战，持续改善生态环境质量，保障本溪青山常在、碧水长流、空气常新。大力建设生态秀美城乡，留白留璞增绿，多措并举推进城乡绿化亮化美化，探索整村景区化建设，做精田园、做美家园，促进山水与城乡相依、美丽与宜居兼具。积极倡导绿色生活方式，加快推动绿色低碳发展，积极推进碳达峰碳中和工作，做好"+生态""生态+"文章，拓展生态资源变经济效益的实践路径，把生态优势加快转化为发展优势。建设平安本溪，推动人民群众安全感实现新提升。深化全面依法治市，建设法治政府，提升市民法治素养，提高各级干部运用法治思维和法治方式处理经济社会事务的能力，构建良好的法治环境。发挥基层党组织引领作用，引导多元主体共同参与社会治理，积极创建首批全国市域社会治理现代化试点合格城市。

建设幸福本溪，推动人民生活水平实现新提高。健全防止返贫监测机制和帮扶机制，推进巩固拓展脱贫攻坚成果同乡村振兴有效衔接。大力推进全国文明城市创建，紧盯城市环境提升、生态环境美化、人文环境升级等重点环节，集中开展专项整治，同步完善长效治理机制。统筹加强城市规划建设管理，实现城市管理科学化、精细化、智能化。加强教育资源布局优化，提升医疗卫生服务水平，健全完善社会保障体系，不断满足人民日益增长的美好生活需要，推动振兴发展成果惠及全市人民，实现"惠民富市"。

未来5年，本溪市将推动经济综合实力实现新跨越。坚定不移做好改造升级"老字号"、深度开发"原字号"、培育壮大"新字号"三篇大文章，大力发展绿色矿业，推进铁矿超大规模超深井开采，发挥低磷低硫铁矿石（又称"人参铁"）资源优势，壮大精密铸件产业，做精装备制造业，加快钢铁产业补链延链强链，打造国内一流的绿色智能钢铁原材料基地、高端装备制造及配套产业基地。拉长做大集生物药、化学药、现代中药、食品保健、医疗器械、医药物流、健康服务等于一体的医药及大健康产业链条，打造辽宁生物医药产业创新发展示范区。放大文化旅游资源优势，加快旅游资源整合、旅游环线建设和全域景区提质升级，创建国家全域旅游示范市。打造高质量项目群，促进一二三产业融合发展，构建现代产业体系，推进产业强市。

建设活力本溪，推动振兴发展动能实现新释放。以市场主体获得感为评价标准，加快建设"办事方便、法治良好、成本竞争力强、生态宜居"的营商环境，下大力气优化信用环境、法治环境，打造信用本溪、诚信政府，营造良好的社会氛围。持续深化重点领域改革，稳步推进创新驱动发展，积极扩大对外交流合作，有效激发民营经济发展活力，为高质量发展注入强劲动力。深入实施"人才兴市"发展战略，构建更加开放的人才政策，实施更加有力的人才工作举措，加速集聚人才特别是中青年人才。

2. 辽宁省大连市①

大连市，辽宁省辖市，是副省级城市，国务院确定的中国北方沿海重要的中心城市、港口及风景旅游城市。大连市下辖 7 个区、1 个县、代管 2 个县级市，总面积 12574 平方千米。根据第七次人口普查数据，截至 2020 年 11 月 1 日零时，大连市常住人口为 7450785 人。

大连市把深化农村"三变"改革作为推动乡村振兴的重要抓手，以推进农业农村现代化为主线，以推进农业规模化经营、专业化运作、产业化发展为总目标，充分发挥农村集体经济组织作用，着力整合盘活农村土地资源，发展适度规模经营，改进生产关系，提高农业生产效率，促进农民增收致富；盘活农村集体资产，发展壮大农村集体经济，助力乡村振兴和农业农村现代化。

农村集体产权制度改革在维护农民合法权益、增加农民财产性收入方面意义重大，大连市坚持整市联动，统筹推进改革工作。2017 年，甘井子区成为全国改革试点县（区）；2018 年，55 个村成为省级改革试点村；2019 年，大连市成为全国改革试点市；截至 2020 年底，全市完成农村集体产权制度改革的村 1013 个，占行政村（涉农社区）总数的 99%。

为加强和规范农村集体产权制度改革后的农村集体经济组织管理，大连市出台《关于加强农村集体经济组织管理的指导意见》。该指导意见推出了两大政策性突破，即提出创新集体经济组织管理集体资产、集体企业负责运营的集体经济模式，推行村核算、镇监管的财务管理体制，为大连市发展壮大农村集体经济，有效维护农村集体经济组织及其成员的合法权益指明了方向。

大连市还实施专项扶持计划，夯实农村集体经济发展后劲。从 2019 年开始，按每村 50 万元标准，每年扶持约 100 个村。截至 2020 年底，市以上财政累计投入 1.69 亿元，扶持 308 个村发展集体经济项目。2021 年，继续安排市级财政资金 3150 万元，重点扶持一批集体经济薄弱村。同时，大连还将加快推进农村土地股份制改革，促进小农经济向规模化经营方式转变；推广委托农村集体经济组织流转土地模式，支持村集体经济组织领办、协办、助办土地股份合作社，到 2021 年底将累计创建土地股份合作社 150 家。

3. 辽宁省铁岭市

铁岭市，辽宁省地级市。铁岭市东西最长 134 千米、南北端宽 162 千米，总面积 1.3 万平方千米。其中，市区面积 638 平方千米。铁岭市辖 2 个市辖区、2 个县级市、3 个县。根据第七次人口普查数据，截至 2020 年 11 月 1 日零时，铁岭市常住人口为 2388294 人。

根据《铁岭市国民经济和社会发展第十四个五年规划和二〇三五年远景目标纲要》，"十三五"期间，铁岭市产业结构持续优化。实施粮食产能工程，最高年粮食产量突破 100 亿斤。农业产业化水平不断提高，粮油、肉禽产业链基本形成。农业装备水平和科技创新能力不断提升，主要农作物耕种收综合机械化率达到 90%。工业经济稳中有进。能源、装备等传统优势产业发挥了骨干支撑作用，新能源、电子信息等新产业和新业态从无到有。省级以上开发区实现县域全覆盖，专用汽车及零部件等 8 个产业集群列入省级重点产业集群。培育高新技术企业达到 122户。培育"瞪羚企业"20 户，总量居辽宁省第三位。现代服务业健康发展。生产性服务业与先进制造业和现代农业融合发展，生活性服务业提质增效，服务业新业态、新模式不断涌现，农村电商突破 1 万家。2020 年，服务业增加值实现 318.9 亿元，占铁岭市地区生产总值的比重达到 48.1%。铁岭海关挂牌成立，保税物流中心建成并投入运营，进出区货值实现 2 亿元。

脱贫攻坚成果显著。五年来，铁岭市落实财政专项扶贫发展资金 9.2 亿元，实施产业扶贫项目 730 个。构建"五重保障"健康网，率先开展"防贫保"试点，低保兜底保障率达 53.5%。

---

① 大连深化农村"三变"改革为乡村振兴赋能［EB/OL］.［2021-04-15］. https：//www.dl.gov.cn/art/2021/4/15/art_3933_566880.html.

全市 86922 名建档立卡贫困人口稳定脱贫，216 个贫困村全部销号，省级贫困县西丰县于 2018 年顺利摘帽。

城乡面貌明显改观。铁岭市实施凡河新区重点建设工程，生态新城初具规模。加大银州老城区改造力度，铁西老工业区改造成效显著。加快城乡现代综合交通体系构建，"四好"农村路稳步推进。城乡电网、移动通信布局不断优化。铁岭县新台子镇获评省级特色乡镇，西丰县更刻镇、凉泉镇等 20 个乡镇列为市级重点培育特色乡镇。实施"百村美丽、千村整治"工程，2020 年新增美丽示范村 101 个、省级绿化示范村 140 个，城乡面貌进一步改观。

（1）铁岭市银州区①。

有序部署，推动乡村振兴"三个一"专项监督。银州区在全区所有涉农乡（街）、村（社区）开展"三个一"专项监督，即对涉农、民生领域资金项目问题大排查大起底专项整治成果进行一次"回头看"，对乡村振兴领域中搞"形象工程""政绩工程"等问题进行一次全面排查，围绕乡村振兴领域开会发文、督查考核、工作调研三项内容对为基层减负方面存在的突出问题进行一次专项整治。

及时谋划，切实督导基层减负取得实效。银州区从整治指尖上的形式主义入手为基层减负，一是用心领会，认清减负的意义，把干部从一些无谓的事务中解脱出来，从提供材料的忙乱中解放出来；二是细心对照，厘清减负的内容，广大党员干部唯有细心对照、逐条梳理才能对症下药、精准减负、药到病除；三是耐心笃行，务求减负取得实效，不能做虚功、喊口号，必须甩开膀子，务实笃行，把解决形式主义突出问题的落脚点落到具体行动上，以踏石留印、抓铁留痕的劲头抓好减负工作落实。

部门联动，全力护航大棚房专项整治"回头看"。银州区对抓好"大棚房"清查整治成效进行巩固，并将相关职能部门编入领导小组，明确任务分工，列出责任清单，把工作任务层层分解，对照整改任务和时限要求，建立台账，严格按照既定的"时间表"和"路线图"，形成一级抓一级、层层抓落实的"联合作战"工作格局，推动主体责任落实落细。截至目前，已对 1150 个农业设施逐一入户排查，针对走访中发现的 4 个疑似问题线索多次进行调查核实、分析研判，特别是对 6 个反弹问题，已通过市工作组验收合格。坚决杜绝"整而未治"和已整改问题"死灰复燃"现象，确保整治工作实效。

（2）铁岭县②。

为进一步增强广大农民群众的获得感和幸福感，实现农业农村"十三五"规划的圆满收官，铁岭县自 2019 年以来通过积极探索、科学施策，开辟出"三步走"治理体系，真正实现"政策治理+村民自理"双向互动，从源头上保障了美丽乡村建设长效机制。环境变美了，人心变亮了，生活也变得更有希望了。

借助省农村公路新建、改造项目及一事一议财政奖补资金，铁岭县累计投入 8000 余万元，完成村外道路建设 105.6 千米、村内道路建设 171.47 千米、桥涵 5 座，全县 217 个行政村及所有撤并村均实现通硬化路，镇域道路从"村村通"升级为"户户通"，村里的路通了，村民脸上的笑容也多了，不管天气条件如何不好，也不再深一脚浅一脚地踩着泥泞回家，无论是出行还是生产、生活都得到改善。

从 2019 年开始，铁岭县推进农村"厕所革命"，制定计划改造 1 万座农村户厕，通过综合

---

① 铁岭市银州区：立足职责　推动乡村振兴领域"我为群众办实事"落地落实 ［EB/OL］．［2021-12-22］．http：// www.Insjjjc.gov.cn/tl/system/2021/12/20/030106434.shtml.

② 辽宁铁岭县：依托"三步走"助推乡村振兴再提速 ［EB/OL］．［2020-04-10］．http：//www.tielingxian.gov.cn/ tltlx/xwzx76/txxw/1026848/index.html.

考虑地区气候因素和客观条件，确定选择双坑交替式农厕模式，并通过招标择优确定材料供应商和施工单位，所有工程相关材料必须出具质量检测和卫生评价报告，施工过程更要严格规范。

七、吉林省

吉林省，简称"吉"，省会长春。吉林省位于中国东北地区中部，与辽宁、内蒙古、黑龙江相连，并与俄罗斯、朝鲜接壤，地处东北亚地理中心位置，总面积18.74万平方千米。吉林省下辖1个副省级城市、7个地级市、1个自治州、60个县（市、区）和长白山保护开发区管理委员会。

（一）吉林省经济发展概况

1. 吉林省人口与经济概况

根据《吉林省第七次全国人口普查公报（第一号）》，吉林省总人口为24073453人，与2010年第六次全国人口普查相比，减少3379362人，10年间减少12.31%，年均减少1.31个百分点。吉林省居住在城镇的人口为15079014人，占全省人口的比重（城镇化率）为62.64%；居住在乡村的人口为8994439人，占全省人口的比重为37.36%。与2010年第六次全国人口普查相比，城镇人口增加430815人，乡村人口减少3810177人，城镇人口比重上升9.28个百分点。根据《吉林省第七次全国人口普查公报（第二号）》，分区域看，与2010年第六次全国人口普查相比，东部地区常住人口所占比重减少1.66个百分点，中部地区常住人口所占比重增加4.56个百分点，西部地区常住人口所占比重减少2.90个百分点。

根据《吉林省2020年国民经济和社会发展统计公报》，2020年全省实现地区生产总值12311.32亿元，按可比价格计算，比上年增长2.4%。其中，第一产业增加值1553.00亿元，增长1.3%；第二产业增加值4326.22亿元，增长5.7%；第三产业增加值6432.10亿元，增长0.1%。第一产业增加值占地区生产总值的比重为12.6%，第二产业增加值比重为35.1%，第三产业增加值比重为52.3%。2020年，吉林省实现农林牧渔业增加值1600.55亿元，比2019年增长1.3%。全年粮食种植面积568.18万公顷，比2019年增加3.69万公顷。

2020年，吉林省居民消费价格（CPI）比2019年上涨2.3%。吉林省城镇常住居民人均可支配收入为33396元，比上年增长3.4%；农村常住居民人均可支配收入为16067元，增长7.6%。吉林省城镇常住居民人均消费支出为21623元，下降7.6%；农村常住居民人均消费支出为11864元，增长3.6%。城镇恩格尔系数为27.9%，农村恩格尔系数为31.4%。

2. 吉林省各市人口与经济概况

吉林省共辖9个地级行政区，分别是长春市、吉林市、四平市、辽源市、通化市、白山市、松原市、白城市、延边朝鲜族自治州。吉林省各市（州）统计局2020年1~12月主要经济指标如下：

（1）地区生产总值方面，长春市、吉林市、松原市居全省前三名。其中，长春市位居第一，实现地区生产总值6638.03亿元。吉林市排名第二，全年地区生产总值达到1452.60亿元。接下来是松原市，地区生产总值752.88亿元。长春市依然遥遥领先于省内其他城市。

（2）地区生产总值增速方面，辽源市以3.7%的增速继续位居前列。长春市紧随其后，增速3.6%；四平市位居第三，增速3.3%。

（3）财政收入方面，2020年9个市（州）一般预算全口径财政收入排名前三位的分别是长春市、吉林市、延边朝鲜族自治州，其中，长春市以 1129.50 亿元成为拉动吉林整体实力跃升的重要动力。

（4）地区人口方面，与 2010 年第六次全国人口普查相比，吉林省 9 个市（州）中，仅长春市常住人口有所增加，10 年间净增加 299531 人，其他地区常住人口均有不同程度减少。

（5）其他方面，2020 年城镇居民人均可支配收入位居全省前三的市（州）是长春市、吉林市、松原市。农村居民人均可支配收入位居全省前三的市（州）是长春市、吉林市、四平市，分别为 16636 元、16035 元、15890 元。

3. 吉林省产业概况

"十三五"以来，吉林省围绕农业的白金（大米）、黄金（玉米）、彩金（杂粮杂豆）、铂金（人参）、黑金（黑木耳）"五张名片"，将品牌与地域、农耕、民俗文化深度融合，全力打造"吉字号"农产品品牌，带动一批区域公用品牌、企业品牌和产品品牌快速成长，农产品品牌市场知名度和社会影响力大幅提升，有力促进了全省大米、玉米、杂粮杂豆、人参、食用菌、畜牧等产业优化升级。

"吉字号"品牌农产品以其品质优良、安全可靠，受到广大消费者的青睐。截至 2020 年底，吉林省有效使用"三品一标"产品①数量 2054 个，其中，有机农产品 144 个、绿色食品 1105 个、无公害农产品 782 个、农产品地理标志 23 个，创建全国绿色食品原料标准化生产基地 23 个。吉林省累计纳入省级平台追溯管理的品牌农产品生产主体 800 多家，纳入国家追溯平台的 728 家，纳入国家追溯平台管理的监管机构、检测机构、执法机构 189 家，吉林省农产品品牌质量日益提高。结合特色农产品优势区创建，吉林省新培育区域公用品牌 32 个，"梅河大米""榆树大米"及"双阳梅花鹿"等 4 个区域公用品牌，2017 年被中国国际农产品交易会授予"中国百强农产品区域公用品牌"称号，2018 年入选中国 100 个品牌农产品名单；"长白山人参"以 190.48 亿元的品牌价值荣登"2017 中国农产品区域公用品牌价值全国百强品牌"榜首，注册获得马德里联盟 82 个缔约国及 10 个特定国家和地区国际商标保护。2019 年，"抚松人参""汪清黑木耳""舒兰大米""九台贡米""榆树大米"等 11 个区域公用品牌入选全国 300 个农业区域公用品牌名录。省内 48 家农业企业入选全国名特优新农产品目录，55 家省级农业产业化龙头企业品牌录入中国农业品牌公共服务平台。"十四五"期间，吉林省将结合实施乡村振兴战略，对"吉字号"农产品品牌建设发展规划有针对性地进行修订和完善，继续推进农产品品牌建设工程，提升"吉字号"品牌的美誉度和市场影响力。②

吉林省为发挥特色资源优势，培育特色产业，形成新的经济增长点，促进县域经济发展，积极建设特色产业小镇，以特色产业小镇带动乡村振兴。特色产业小镇主要分为成长类、培育类、规划类三大类，根据不同阶段，采取不同措施，滚动推进实施。创建的工作重点是科学规划布局，打造特色产业，推动生产、生活、生态"三生"融合，创新运营方式。①成长类特色产业小镇。小镇形态已经形成，主导产业特色鲜明。②培育类特色产业小镇。小镇已开工建设，形态初步显现，主导产业初具规模。③规划类特色产业小镇。小镇已有比较成熟的高水平发展规划，项目尚未落地，主导产业发展潜力大、前景好。2021 年 7 月，吉林省创建了第三批 20 个特色产业小镇（见表 4-2）。截至 2021 年 7 月，吉林省省级特色产业小镇共计 90 个，其中，长春市 20 个、吉林市 17 个、四平市 4 个、辽源市 9 个、通化市 10 个、白山市 8 个、松原市 5 个、

---

① "三品一标"产品：无公害农产品、绿色食品、有机农产品和农产品地理标志。
② 王志辉，延明泽.吉林全力推进"吉字号"农产品品牌建设［N］.中国食品安全报，2021-01-19（A3）.

白城市 4 个、延边朝鲜族自治州 10 个、长白山保护开发区 1 个、梅河口市 2 个。[①]

表 4-2 吉林省第三批 20 个特色产业小镇

各市（州）（数量）	成长类	培育类	规划类
长春市（8）	长春市轨道交通小镇、长春市天定山旅游度假小镇	长春市中法智能制造小镇、长春市光电小镇、长春市新湖慢山里营地教育小镇、公主岭市范家屯生态农业小镇	长春市乐山农旅小镇、农安县巴吉垒肉牛小镇
吉林市（2）	—	磐石市红旗岭冶金新材料小镇、永吉县万昌生态农业小镇	—
四平市（1）	—	伊通县大孤山温泉小镇	—
辽源市（1）	—	辽源市职教小镇	—
通化市（3）	—	通化市国际陆港小镇、通化县光华蓝莓小镇	辉南县庆阳兵工小镇
白山市（1）	抚松县漫江四季运动小镇	—	—
白城市（1）	—	白城市林海弱碱稻米小镇	—
松原市（1）	—	长岭县三青山马铃薯小镇	—
延边朝鲜族自治州（1）	—	汪清县汪清延边黄牛小镇	—
梅河口市（1）	—	梅河口市山城香菇小镇	—
总计（20）	3	14	3

资料来源：杨悦．吉林省再添 20 个特色产业小镇！［EB/OL］．彩练新闻网［2021-07-14］．https：//mp.weixin.qq.com/s/DsISOFGzmotcdKCFPHF69A．

2021 年 3 月，吉林省人民政府发布了《吉林省国民经济和社会发展第十四个五年规划和 2035 年远景目标纲要》，指出吉林省将重点发展汽车产业、4 个优势产业、5 个新兴产业。

（1）打造万亿级汽车产业。突出电动化、智能化、网联化、共享化，完善设计研发、整车制造、零部件配套、汽车物流、市场服务创新等汽车全产业链体系，推动汽车产业实现"六个回归"[②]，支持一汽建设世界一流企业，支持长春建设世界一流汽车城。到 2025 年，零部件本地配套率达到 70%，汽车产业规模突破万亿级。

（2）提升优势产业。一是医药健康产业。培育发展化药高端制剂，建设化学原料药出口基地；做大五大潜力板块[③]；建设高端绿色制药研发平台、国家第三方中药质量检测（北方）中心；打造辽源、通化、白山、梅河口、敦化等医药特色产业园区，组建国家北方小品种药物生产基地。到 2025 年，产业规模达到 2000 亿元。二是化工产业。用好俄气俄油资源，谋划千万吨炼化基地，重点建设长岭天然气化工、大安清洁能源化工产业园，布局珲春油气储备基地。加快发展生物化工产业，完善聚乳酸产业链。打造双辽氯碱化工产业基地，建设通化化工产业园。到 2025 年，产业规模预计达到 1500 亿元。三是装备制造产业。培育发展精密仪器与装备产业集群，促进在生命科学仪器、试验检测设备和专用智能成套装备等重点领域实现突破。加快电气设备、农机装备、矿山冶炼和石化装备等传统装备产业转型升级。到 2025 年，产业规模预计达

［①］ 杨悦．吉林省再添 20 个特色产业小镇！［EB/OL］．［2021-07-14］．https：//mp.weixin.qq.com/s/DsISOFGz motcd-KCFPHF69A．

［②］ 六个回归：产能、排产、配套、结算、人才、创新。

［③］ 五大潜力板块：保健食品与特医食品产业、医疗器械与医用健康材料产业、制药设备与检测仪器产业、医药商业与流通业、医疗与健康服务业。

到 1000 亿元。四是电子信息产业。围绕"芯、光、星、车、网"等产业，推动集成电路高端发展、光电子产业规模化发展，加快第三代半导体、OLED 基板及薄膜封装材料等研发及产业化。依托"吉林一号"卫星系统，培育发展航天信息产业。推进汽车电子领航智能化发展，加快车规级"激光雷达"等产品研发。培育壮大工业 App、教育、医疗、公共服务等软件及信息服务业。到 2025 年，产业规模预计达到 1000 亿元。五是冶金建材产业。全力推进镍、镁、钼、黄金等有色金属产业发展。推动水泥、玻璃等建材产业绿色发展，提升新型绿色建材和装配式建筑部品部件应用比例，构建立体化产业链体系。到 2025 年，产业规模预计达到 1300 亿元。六是轻工纺织产业。重点发展纤维、纺织、袜业、服装、家具及木制品、造纸等行业。研发非木板材等接续替代产品，扩大绿色环保高档家具、高档纸制品、服装服饰等高附加值产品生产规模。承接东南沿海地区劳动密集型产业转移，建成一批产业示范基地和园区。到 2025 年，产业规模预计达到 500 亿元。

（3）培育新兴产业。一是新材料产业。做强先进金属材料、先进化工材料、新型建筑材料、先进非金属矿物功能材料等基础材料，发展高性能纤维材料、新型能源材料、稀土功能材料、先进电子材料等先进制造业急需的关键战略材料，培育石墨烯材料、3D 打印用材料、超导材料等前沿新材料。打造硅藻土、石墨等非金属矿物功能材料产业示范基地，培育长春光电材料和生物基材料、吉林碳纤维、辽源铝型材、白山硅藻土、通化石墨电极等新材料产业基地。二是新能源产业。整合东部抽水蓄能和西部新能源资源，发展风电及装备、智能控制系统产业，壮大一批骨干太阳能光伏发电和光伏产品制造企业。加快发展农林生物质成型燃料，延伸构建集智能制造、氢能储制、智慧能源于一体的全新产业链，推进氢能、油页岩和新型能源装备研发与示范应用，加速光伏制氢产业化、规模化应用，稳妥实施核能供热示范工程，打造国家新能源生产基地和绿色能源示范区。三是商用卫星产业。实施吉林遥感卫星信息系统建设工程，加快推进"吉林一号"卫星组网。加快布局卫星及航天信息全产业链，参与国家低轨互联网卫星体系建设，构建"通导遥"一体化产业格局。四是通用航空产业。建设以长春、吉林为核心的产业集群，发展通用飞机总装、机载设备、地面设备和航空模拟训练装备，建设北方综合性航空维修保障中心，构建集低空旅游、教育培训、航空体育、通用航空客货运输为一体的运营格局。培育发展无人机生产、服务和应用市场，依托航空发动机生产技术、光电测控技术，打造长春民用无人机产业发展基地，引进多轴、固定翼等无人机制造企业，孵化无人机核心零部件企业，搭建无人机联合研发、生产、服务平台。五是未来产业。瞄准新一轮科技革命和产业变革发展方向，在具备条件的领域培育一批未来产业。加快新型显示材料产品研发，完善产业配套体系，推动产业链向下游延伸。推动激光通信工程化研究，提升产品性能。突破微纳传感器、机器视觉、算法模型等人工智能关键技术，培育激光雷达、新一代通信芯片等核心产业。

（二）吉林省乡村振兴阶段性成果①

产业兴旺是乡村振兴的重要基础。脱贫攻坚以来，吉林省因地制宜，强力推动农业产业化、现代化进程，创新升级五大发展模式，以农业生产力、利益联结机制、农民素质的提升，持续巩固脱贫成果，推进乡村全面振兴。截至 2020 年底，吉林省累计创建产业扶贫项目 4726 个，总投资 111.39 亿元，获得收益 20.9 亿元，共带动农村建档立卡脱贫户 311326 户、580387 人。2021 年谋划产业帮扶项目 398 个，总投资 28.42 亿元，已建成项目 157 个，将带动脱贫户 21.68 万户、42.03 万人持续稳定增收。②

---

① 孙翠翠. 升级产业模式　推进乡村振兴——我省持续巩固拓展脱贫攻坚成果启示 ［N］. 吉林日报，2021-11-16 （4）.
② 倪文忠. 吉林：优化升级五大产业模式　持续巩固拓展脱贫攻坚成果 ［EB/OL］. ［2021－11－18］. http://www.chinadevelopment.com.cn/news/zj/2021/11/1753116.shtml.

（1）政企助农，产业规模发展壮大。①榆树市采取"政府+企业+脱贫户"形式为正大集团吉林一亿只肉鸡产业化项目注入财政资金5481万元，按照7%项目收益率每年为全市1.56万名脱贫人口实施产业"保底+收益"分红，确保脱贫人口增收有保障，并解决部分脱贫劳动力就近就业问题。②吉林市桦甸市投入财政资金2863万元，支持田谷有机食品有限公司、九个榛子农林科技有限公司与脱贫户合作经营蔬菜基地及共同打造产业示范园合作项目，年收益260余万元，带动全市4498名脱贫人口稳定增收。③通化市通化县依托禾韵现代农业股份有限公司，打造集育种、繁育、种植、加工于一体的全产业链蓝莓基地，项目总投资3.1亿元，已实现销售收入4816万元、利润667万元，累计为全县脱贫户分红285.68万元。④松原市长岭县累计投入1.5亿元与中粮集团开展合作，实施10万头生猪养殖项目，中粮集团负责联合猪场运营管理，每年提供1000万元定额收益金，用于全县232个行政村脱贫户分红增收。

（2）三产融合，产业发展链条延长。①舒兰市与德生牧业股份有限公司合作，先后投入财政资金4493.5万元，采取"企业+基地+就业车间+脱贫户+深加工"模式融合发展延长产业链条，累计在莲花、亮甲山等9个乡镇实施笼养肉鸡扶贫基地、扶贫就业车间、饲料精深加工等多个项目，带动全市6184名脱贫人口稳定增收，累计分红711.58万元。②辽源市东辽县与吉林金翼蛋品有限公司合作，实施"政府控股、龙头企业参与、市场化运营、脱贫人口分红"到户产业帮扶模式，总投资5.92亿元，流转农业设施用地719亩，实施年存栏720万只蛋鸡标准化养殖产业项目，辐射带动中小养殖户4500余户，定向接收脱贫人口就业315名，累计为脱贫人口分红1636万元，引领带动了周边饲料加工、蛋品加工、种植、运输、服务等行业融合发展。③白山市蓝莓种植和加工已形成规模。2020年，白山市蓝莓种植面积4.6万亩，年产量3.83万吨，蓝莓产业产值达到76.68亿元。靖宇县依托三道湖镇区位优势，积极发动脱贫人口扩大蓝莓种植规模，蓝莓种植面积已达到1.4万余亩，500余户脱贫户参与蓝莓产业项目，同时，搭建果农、合作社、电商、收购商、加工企业、物流、仓储交流合作平台，初步形成了一二三产业融合发展的联农带农机制。

（3）叠加联动，群众增收渠道拓宽。大安市构建"五叠加一带动"产业格局，确保脱贫人口有稳定增收渠道和收入来源。①推进种养产业叠加。总投资2.2亿元，扶持脱贫户发展大棚3984栋、畜禽养殖39.4万只，脱贫户户均年增收4816元。②推进庭院经济叠加。累计发展庭院经济2643万平方米，落实订单1999万平方米，脱贫户户均年增收1300元以上。③推进光伏项目叠加。光伏扶贫电站总装机容量16.33万千瓦，累计分红4610万元，脱贫户户均年增收2520元。④推进生态岗位叠加。累计选聘脱贫人口护林员、全日制保洁员、村级公益辅助岗等6853人次，发放补助资金4100余万元。⑤推进电商产业叠加。建成电商产业园区1个、电商物流园区1个、乡镇物流中转站17个、村级电商服务站229个，10种特色农产品在网上销售，累计线上销售收入4.4亿元。全市10个龙头企业、60家合作社、15户家庭农场参与带户增收，累计带动脱贫户1.2万户。

（4）飞地经济，产业发展动能增强。延边朝鲜族自治州打破地理条件限制，在具备开发条件的非贫困村发展扶贫产业项目，项目收益为全域贫困户分红。其中，和龙市利用东西部扶贫协作契机，与对口支援地合力打造桑黄小镇特色产业，累计产生收益600余万元，为脱贫户提供100余个就业岗位；龙井市投入扶贫协作资金1.37亿元，实施象山白鹅、红美人等养殖种植产业项目25个，年收益可达到527.45万元。

（5）托管代办，产业资源有效整合。①白山市抚松县北岗镇与吉林农业大学深度合作，共同打造长白山小浆果产业园（科研教学基地）项目。吉林农业大学采取企业化代管方式，负责项目经营管理、技术指导、科学研究、品种培育、产品销售等工作。全镇223名脱贫人口通过流转土地、就近就业、分红收益等持续稳定增收。②延边朝鲜族自治州图们市长安镇河东村发挥党建引领作用，创新土地托管模式，通过成立"聚心"专业合作社，建立"党支部+合作社+农户"发展模式，整合全村大型农机具和生产要素，为村民提供"耕种、管理、收储、销运"一条龙服务，集中采购生产性农资，为农民提供代耕代种等全过程服务，最后所有收益全部归农民自己所有，合作社只收取机械服务费，全村126户农户选择土地托管服务，人均年增收近4000元。

农村人居环境改善是乡村振兴的重点内容。"十三五"期间，吉林省大力开展美丽宜居乡村建设，推动农村人居环境持续改善。①在村庄环境整治方面，截至2020年底，吉林省村庄环境整治成效明显，90%以上的行政村基本实现清洁干净目标。垃圾治理机制不断健全。吉林省生活垃圾收运处置体系基本完成全覆盖，1190处农村生活垃圾非正规堆放点已整治完毕。2020年完成改厕28.6万户，累计改造卫生旱厕45万户，主推无害化卫生旱厕模式。这一模式受到农民的欢迎，也获得了农业农村部专家的认可，成为东北寒冷地区主推模式，在全国首届农村改厕技术产品创新大赛上荣获创新创意三等奖。②在污水设施建设方面，截至2020年底，吉林省完成114个重点镇和重点流域常住人口1万人以上乡镇生活污水处理设施建设任务。农村水环境治理也纳入河湖长制管理，以房前屋后河塘沟渠为重点，实施清淤疏浚，农村水生态不断恢复。③在美丽乡村建设方面，2020年，吉林省打造美丽庭院、干净人家40万户，打造3A级标准示范村2000个。图们市被国务院评为2019年度全国农村人居环境整治成效明显的激励县；东丰县、永吉县被中央农村工作领导小组办公室、农业农村部评为2019年度村庄清洁行动先进县。①

（三）吉林省乡村振兴规划

2018年吉林省农村工作会议上，中共吉林省委、吉林省人民政府围绕实施乡村振兴战略进行了全面系统安排，于2018年2月12日出台了《吉林省委 省政府关于实施乡村振兴战略的意见》，同年12月25日印发并实施了《吉林省乡村振兴战略规划（2018—2022年）》。2021年3月16日，吉林省人民政府发布了《吉林省委省政府关于全面推进乡村振兴加快农业农村现代化的实施意见》，该文件围绕全面推进乡村振兴、加快农业农村现代化，对吉林省"三农"工作作出全面部署，大致可以概括为"守住两个底线""推动一个加快""实施两个工程一个行动""实现一个深化一个加强"。①"守住两个底线"：一个是实现巩固拓展脱贫攻坚成果同乡村振兴有效衔接，守住不出现规模性返贫这条底线；另一个是坚决扛稳维护国家粮食安全重任，加强粮食综合生产能力建设，强化现代农业科技和物质装备支撑，守住粮食安全底线。②"推动一个加快"：是加快率先实现农业现代化步伐。主要是构建现代乡村产业体系，做强做优做大农产品加工业和食品工业，把产业链主体留在县域，让农民更多分享产业增值收益。推进现代农业经营体系建设，发展壮大农业专业化社会化服务组织等。③"实施两个工程一个行动"："两个工程"，一个是围绕保护好"耕地中的大熊猫"，实施黑土地保护工程；另一个是围绕打好种业翻身仗，实施现代种业提升工程。"一个行动"，是实施乡村建设行动。主要是加强乡村公共基础设施建设、实施农村人居环境整治提升五年行动、提升农村基本公共服务水平等。④"实现一个深化一个加强"："一个深化"，是持续深化农村改革。重点是深入推进农村承包地、集体建设用地、宅基地改革，全面激发农村资源要素活力。"一个加强"，是加强党对"三农"工作的全面领导。主要是强化五级书记抓乡村振兴工作机制、加强党委农村工作领导小组和工作机构建设、加强党的基层组织建设和乡村治理等。

2021年3月，吉林省人民政府印发了《吉林省国民经济和社会发展第十四个五年规划和

---

① 冯超. 我省农村人居环境整治成效显著［N］. 吉林日报，2021-01-15（1）.

2035 年远景目标纲要》，其中，第五章重点对"十四五"时期吉林省乡村振兴的发展做出了详细的规划。①提高粮食生产能力。到 2025 年，确保全省耕地保有量不低于 9100 万亩、永久基本农田保护面积不低于 7380 万亩，建成高标准农田 5000 万亩，粮食产量迈上 800 亿斤新台阶。②加强黑土地保护利用。到 2025 年，典型黑土地保护面积达到 3000 万亩，保护性耕作技术实施面积达到 4000 万亩。③完善现代农业"三大体系"。优化现代农业产业体系。推进粮食生产功能区和重要农产品生产保护区"建、管、护"，到 2025 年保持 7300 万亩。统筹发展奶牛和鹿、蜂等特色产业，打造全国重要的优质畜产品生产加工基地。到 2025 年，畜牧业产值占农业总产值超过 50%。培育壮大农机大户、农机合作社、农机作业公司等新型农机服务组织。到 2025 年，全省农作物耕种收综合机械化水平达到 95%。促进小农户经营融入现代农业产业链，发展新型农村集体经济。到 2025 年，县级以上示范家庭农场超过 4000 家。提高农民科技文化素质，实施现代农业人才支撑计划、新型经营主体带头人轮训计划、"千县千社"振兴计划等。④促进农村一二三产业融合发展。以龙头企业为核心，创新"龙头企业+专业合作社+家庭农场+种养大户"发展模式，培育一批具有市场竞争力的现代农业企业集团。到 2025 年，国家级、省级重点龙头企业总数分别超过 50 户、600 户。创建省级以上休闲农业和乡村旅游示范县 20 个，全省乡村旅游收入达到 550 亿元。⑤做优做大农产品加工和食品工业。坚持品牌强农战略，实施吉林省农产品品牌建设工程，把吉林大米、吉林玉米、长白山人参等"吉字号"品牌做大做强。到 2025 年，区域公用品牌超过 100 个，企业品牌超过 200 个，产品品牌超过 300 个，实现农产品大省向品牌大省转变。用 5~10 年，将农产品加工和食品工业打造成为万亿级产业。⑥实施乡村建设行动。一是分类推进村庄规划建设，支持发展都市农业、休闲农业、观光农业和乡村旅游产业，保护特色保护类村庄、传统村落和乡村风貌，提升资源与文化价值，大力发展乡村休闲观光业，促进特色资源保护与现代村居建设有机融合。二是改善农村人居环境，持续开展村庄清洁工程，全面落实"三清一改一建"任务，推进乡村生活垃圾和生活污水治理。三是因地制宜推广适宜干旱、寒冷地区的改厕模式和产品。四是开展村容村貌提升行动，实施乡村绿化、亮化工程，加强公共空间整治。到 2025 年，创建 3A 级标准农村人居环境示范村 5000 个，二类县以上地区农村户用卫生厕所普及率达到 85% 以上。用 5~10 年，推进吉林省村庄面貌实现根本性变化。

（四）吉林省部分市（区）乡村振兴概览

1. 吉林省吉林市

吉林市，吉林省地级市，下辖 4 个区、1 个县，代管 4 个县级市，总面积 27120 平方千米，建成区面积 189.04 平方千米。根据第七次全国人口普查数据，吉林市常住人口为 3623713 人。根据《吉林市 2020 年国民经济和社会发展统计公报》，2020 年，吉林市实现地区生产总值 1452.6 亿元，比 2019 年增长 0.6%。

随着乡村振兴战略的全面实施，吉林市乡村农业转型升级开始提速，农村各项改革稳步推进，农民人均可支配收入继续增加，农村人居环境变得更美。①

（1）高品质发展新农业。2021 年初以来，吉林市把发展肉牛产业作为乡村振兴的优势主导产业，通过放大资源优势，强化政策带动，优化服务保障，使吉林市肉牛饲养量在上半年达到 88 万头，占全省肉牛饲养量的 20%，位居全省前列，增速全省第一。与此同时，吉林市以产业兴旺为重点，加快构建现代农业"三大体系"，努力实现农业高质高效。

---

① 吉林乌拉圈. 乡村亮点频现　振兴动能强劲——吉林市推进乡村振兴工作纪实［EB/OL］.［2021-09-08］. https://m.thepaper.cn/baijiahao_14409136.

一是现代农业产业体系发展更趋完善。通过加快推进"优品区、高效区、加工区、旅游区"建设，截至 2021 年 9 月，创建现代农业产业园 20 个，创建国家和省级特色农产品优势区 4 个。农产品加工业优势逐步凸显，市级以上农产品加工龙头企业发展到 352 户，全市农产品加工业销售收入突破 500 亿元。

二是现代农业生产体系建设更加稳固。持续建设高标准农田，2021 年启动"高标准农田示范带"建设，先期建设"昌邑区桦皮厂镇高标准农田示范区"。主要农作物耕种收综合机械化作业率达到 82%，累计推广增产增效绿色技术 300 余项，良种覆盖率达到 100%。实施"信息网+农业""物联网+农业""电商网+农业"三网联动工程，益农信息服务站基本实现全覆盖，成立"吉林市可视农业联盟"，发展可视农业基地 120 家。全市县级仓储物流配送中心建设项目全部完成。

三是现代农业经营体系更具活力。编制出台了《吉林市推进国家城乡融合发展试验区建设实施方案》，有序启动推进长吉接合片区改革任务。整合组建市农业综合行政执法支队，建设乡镇综合服务中心 143 个。积极推进新型农业经营主体发展，制定《吉林市加快推进家庭农场发展若干政策措施》，实行家庭农场包联指导服务机制。截至 2021 年 9 月，全市农民专业合作社、家庭农场分别发展到 6716 个、7997 个。

（2）高颜值打造新农村。吉林市 2021 年开展了"七边"环境卫生专项治理行动①，改善了农村人居环境，吸引了商企投资。截至 2021 年 9 月，吉林市共有乡村旅游经营单位 206 家，占全省总量的近 50%；4A 级以上的高等级乡村旅游经营单位达 24 家，约占全省总量的 1/3；休闲农业经营主体达 500 户。"七边"行动不仅提升了乡村颜值，还吸引了更多的游客旅游观光。2021 年上半年，吉林市乡村游接待游客 658.29 万人次，同比增长 239.73%；实现旅游收入 49.5 亿元，同比增长 269.68%。

为了让良好生态成为乡村振兴的重要支撑，吉林市加快治理农村生态环境突出问题。加快推进垃圾收储运体系建设。加强农业面源污染治理，化肥、农药保持减量增效、减量控害态势。推广"五型"畜禽粪污资源化利用模式，全市已建成区域性畜禽粪污处理中心 17 家，配套建设粪污处理设施的规模养殖场达 1757 个，建有大型沼气设施的养殖场有 6 家，畜禽粪污综合利用率达到 93.7%，规模养殖场粪污处理设施装备配套率达到 99.15%。强化农村水利基础设施建设，提升农村供水保障水平，夯实河长制工作基础，加大河道、水库等重点区域巡查力度，农村黑臭水体全部排查完毕。

（3）高标准创造新生活。2021 年，吉林市深入开展乡风文明培育行动。深化扩面文明村镇创建，推进农村文明家庭、美丽庭院等建设。推广村规民约、乡风评议、村民议事等载体，推行乡风文明指数测评体系。依托各级文明实践中心、所、站，组织道德模范宣讲团、"五老"宣讲团、"创新创业"宣讲团，开展"百人千场"文明实践基层宣讲活动。结合"解放思想再深入、全面振兴新突破"教育实践活动，扎实推进"三级书记下沉一级宣讲"活动。

同时，吉林市全面强化党对"三农"工作的领导，全面加强"三农"高质量发展的组织保障，高质量推进农村基层党组织建设，全力打造乡村振兴的基层战斗堡垒。落实农业农村优先发展政策导向。优先考虑"三农"干部队伍配备、发展要素配置、资金投入保障、公共服务安排。抓紧出台培养懂农业、爱农村、爱农民"三农"工作队伍的政策意见。全面优化对农村重点领域和薄弱环节的制度供给和政策支持力度。建立后备人才库，储备村书记后备人才 2764 人。

此外，吉林市坚持包保帮扶"对子"不变，仍执行市直部门、企事业单位和县级部门对原

---

① "七边"环境卫生专项治理行动：实施"城边、镇边、村边、路边、河湖边、林边、田边"环境卫生专项治理行动。

109 个贫困村的包保，对新调整岗位和新任职的市级领导第一时间明确包保联系村，自上而下层层压实包保责任。坚持帮扶政策不变，将农村低保标准由 4140 元提高到 4680 元，市级财政自拿资金为农村低收入残疾人家庭实施无障碍改造，对产业合同到期的 131 个项目进行续签，确保扶贫产业稳定持续带贫益贫。坚持帮扶举措不变，坚持重视程度不减、慰问对象不变、慰问标准不降。

2. 吉林省辽源市

辽源市，吉林省地级市，下辖东丰、东辽两县，龙山、西安两区，总面积 5138.72 平方千米，城市建成区面积 46 平方千米。根据第七次全国人口普查数据，截至 2020 年 11 月 1 日零时，辽源市常住人口 996903 人。根据《辽源市 2020 年国民经济和社会发展统计公报》，2020 年全市实现地区生产总值 429.90 亿元，按可比价格计算，比上年增长 3.7%。其中，实现第一产业增加值 49.84 亿元，增长 3.1%；实现第二产业增加值 120.99 亿元，增长 8.2%；实现第三产业增加值 259.07 亿元，增长 1.4%。第一、第二、第三产业对经济增长的贡献率分别为 9.0%、68.8% 和 22.2%，分别拉动经济增长 0.3 个、2.6 个和 0.8 个百分点。2020 年，辽源市居民消费价格总指数为 102.1，价格水平比 2019 年上涨 2.1%。

"十三五"期间，辽源市以创新体制机制为重点，以特色小城镇建设为载体，紧紧围绕"产业兴旺、生态宜居、乡风文明、治理有效、生活富裕"总要求，精准施策，务实推动，"五大振兴"协同发展，为"十四五"时期高质量推进乡村振兴打下了坚实基础。[①]

中共辽源市委、辽源市人民政府先后制定了《关于实施乡村振兴战略的意见》《关于坚持农业农村优先发展加快乡村振兴步伐的意见》《关于加强和改进乡村振兴战略工作体制机制的通知》等政策文件，成立了以市委书记、市长为"双组长"的实施乡村振兴战略工作领导小组，各县（区）党委、政府参照市里模式成立领导组织机构，全面加强党对农村工作的领导，形成了全市上下同心同向抓乡村振兴的浓厚氛围。

与此同时，辽源坚持把特色小城镇建设作为推进全市乡村振兴战略的载体，确立了"一核两翼四轴十支点"点轴面区域联动的空间布局，对全市 30 个乡（镇）按照示范镇、重点镇、推进镇 3 个层级和 2023 年、2025 年、2028 年 3 个时间维度，明确了梯次发展目标和重点任务、支持政策。按照"30 个乡（镇）打破行政区划界限，形成经济区块概念整体规划"思路，全面推动特色小城镇"1+12"规划编制，做到特色小城镇建设有章可循、规范发展。

（1）以构建现代农业产业体系、生产体系和经营体系为重点，全力推进产业振兴发展。夯实粮食安全基础，深入贯彻"藏粮于地，藏粮于技"战略，粮食产量稳定在 32 亿斤阶段性水平。特色产业提质增量，梅花鹿发展到 22.7 万头，柞蚕放养 1600 把，食用菌 8000 万袋，黑猪 1.5 万头，蛋鸡 1200 万只，林果面积达到 25 万公顷。

（2）强化乡村党组织带头人队伍建设，抓实选优配强、教育培训、管理监督 3 个重点。开展第一书记"代言销售"活动，帮助农户销售积压滞销农特产品 360 余万元。持续推动村级集体经济发展，288 个村实现村集体经济收入 5 万元以上。突出乡贤作用发挥，全市共吸引 32 名乡贤回归创业，谋划项目 32 个，总投资达 11 亿元。

（3）认真践行"绿水青山就是金山银山"绿色发展理念，统筹山水林田湖草系统治理，做活水田林"三篇文章"。加强农业面源污染治理，东辽河流域建立测土配方施肥示范区 20 个，畜禽规模养殖场（户）粪污处理设施配套率达到 100%。突出农村人居环境整治，清理农村垃圾 22.9 万吨，清理柴草垛 16.6 万个，清理粪污 26.8 万吨，完成村屯绿化美化 260 个。"十三五"期间，完成新增农村公路绿化 1002 千米，完成新增河流绿化 507 千米。创建"美丽庭院、干净

---

① 隋二龙，赵蓓蓓. 辽源：书写乡村振兴新篇章［N］. 吉林日报，2021-01-11（1）.

人家"11.3 万户，辽源乡村正在加速向生态宜居的美丽乡村转变。

（4）坚持社会主义先进文化引领，开展面对面、分众化理论宣讲 3400 余场次，发放学习资料 12 万册，受众 16 万余人。全面推进精神文明建设，新时代文明实践中心（所、站）全部建成，组建各类志愿服务队伍 1000 余支，开展志愿服务活动 3 万余次。

（5）加强法治乡村建设，推进法治宣传教育，累计发放各类法治宣传品 900 余万份，推进法治文化阵地建设，建设法治广场 70 个。

3. 吉林省通化市

通化市，吉林省地级市，下辖东昌区、二道江区两个区，通化县、柳河县、辉南县三个县，代管集安市、梅河口市两个县级市，总面积 1.56 万平方千米。根据第七次全国人口普查数据，截至 2020 年 11 月 1 日零时，通化市常住人口 1302778 人。根据《通化市 2020 年国民经济和社会发展统计公报》，2020 年，通化市实现地区生产总值 531.7 亿元，比 2019 年增长 2.1%；通化市城镇常住居民人均可支配收入 29397 元，比 2019 年增长 3.5%；农村常住居民人均可支配收入 14523 元，增长 7.6%。

（1）推动产业振兴。通化市在转变生产方式全力保障国家粮食安全的同时，坚持走质量兴农、绿色兴农、品牌强农、融合发展之路。以吉林省大米姐水稻种植专业合作社为例，该合作社是集种植、加工、销售于一体的龙型经济，线下线上市场覆盖全国 25 个省份，年销售大米 1 万余吨。合作社 2.17 万亩种植基地分布在周边 7 个乡镇的 13 个村，带动 3500 个农户。通化市素有"中国葡萄酒之乡"的美誉，通化市下辖的集安市作为全国最大的山葡萄产区，依托鸭绿江沿线葡萄酒庄和美丽的湖光山色积极推动葡萄产业与旅游业相融合，葡萄酒生产企业已发展到 20 户，葡萄酒庄 9 家，总加工能力超 5 万吨。截至 2021 年 10 月，通化市农业产业化市级以上龙头企业 144 户，其中，国家级 8 户、省级 49 户；农民专业合作社 4518 个、家庭农场 2221 家。同时，农村电商、"互联网+现代农业"等新产业、新业态也蓬勃兴起。

（2）打造美丽乡村。为全面整治脏乱差问题，通化市建立村屯保洁长效机制，高标准、高质量完成改水改厕任务，村屯环境由"净起来"向"绿起来""美起来"转变。通化市下辖的通化县在农村推广了环卫城乡一体市场化运营管护机制，形成垃圾处理公司化运营。截至 2021 年 10 月，通化县农村实现生活垃圾清扫保洁和收集处理全覆盖。此外，通化市各村还突出党建引领，不断健全完善村民自治、德治、法治相结合的制度体系，加强农村文化建设，培育文明乡风。乡村环境的改善不仅使当地村民"绿色"生活，还带动了当地乡村旅游的发展。钱湾村积极发展乡村旅游，现已发展各类民宿 85 户，其中，农家乐 8 户、精品民宿 12 户、写生大院 15 户、普通民宿 50 户。此外，通化市辉南县辉发城镇还打造了以食用菌为主导产业的香菇小镇，建成的 2 家大型食用菌企业，吸纳就业 100 多人。①

4. 吉林省双辽市

双辽市，吉林省县级市，由四平市管辖，辖 6 个街道、12 个乡镇，辖区面积 3121.2 平方千米，根据第七次全国人口普查数据，截至 2020 年 11 月 1 日零时，双辽市常住人口 317758 人。2020 年 4 月 11 日，双辽市退出贫困县序列。根据《双辽市 2020 年国民经济和社会发展统计公报》，2020 年，双辽市实现地区生产总值 96.1 亿元，比上年增长 2.6%。其中，第一产业实现增加值 43.1 亿元，同比增长 4.1%；第二产业实现增加值 13.5 亿元，同比增长 7.5%；第三产业实现增加值 39.5 亿元，同比下降 1.2%。

近年来，双辽市全面落实中央和省委、四平市委各项决策部署，紧紧围绕"两不愁三保障"标准，全力实施精准脱贫，切实做好巩固拓展脱贫攻坚成果同乡村振兴有效衔接，全力做好乡

---

① 隋二龙，王忠先．山城沃野奏强音——通化市走出乡村振兴发展新路径［N］．吉林日报，2021-10-31（3）．

村振兴。双辽市 50 个建档立卡贫困村，10482 户、19830 名贫困人口于 2020 年底全部稳定脱贫。①

2020 年初以来，在四平市委、市政府的正确领导下，双辽市坚持农业农村优先发展，按照产业兴旺、生态宜居、乡风文明、治理有效、生活富裕的总要求，建立健全城乡融合发展体制机制和政策体系，加快推进农业农村现代化。

（1）科技创新，引领现代农业。双辽市发展现代农业主要以大规模蔬菜产业园区和龙头企业作为基础和载体。以卧虎镇浩然村天地缘农机种植养殖专业合作社为例，该合作社不仅加强与农户及家庭农场的合作，促进土地集约化进程，还引领农民种植附加值更高的农特产品，使双辽市农民逐渐走向小康生活。该合作社已运行将近 6 年，成员从原来只有 6 人发展到 183 人。依靠科学选种、科学种植，不断增加粮食亩产，种植收入达 353.2 万元，土地托管收入 19 万元。此外，双辽市正在推进一大批新建的产业园区和农业项目。计划在王奔镇光明村和那木乡新建 30 亩以上棚膜园区 2 个，计划建设 63.55 亩温室；开展双辽市黑土地保护利用试点项目，总实施面积 20 万亩，项目各项技术措施完成全部作业并已经验收。

现代农业在双辽市已初步形成规模化、标准化的生产模式，在市场化不断向纵深发展的背景下，双辽市农作物总播种面积 280.36 万亩，粮食作物种植面积达到 262.5 万亩，其中玉米 200 万亩，水稻 38 万亩，大豆 14 万亩，杂粮 4.4 万亩，杂豆 6.1 万亩；经济作物种植面积 17.86 万亩，其中花生 14 万亩，瓜菜 3.86 万亩。

（2）改善环境，建设美丽乡村。近年来，双辽市大力实施农村生态环境、垃圾处理、污水治理、厕所革命、村庄绿化美化亮化，改善村容村貌，加快农村安居工程建设进度，推进农村道路建设，切实提高群众满意度。截至 2020 年 10 月，双辽市 2020 年累计投入 2000 余万元，206 个行政村和农村社区共配备保洁员 1612 名。参与村庄清洁行动的农民群众超过 3 万人次。动用车辆、机械近 3 万台，清运垃圾总量为 1.5 万吨，清理农村道路累计 3.5 万千米，清理公共场所近 1000 处，清理庭院 14.7 万户，清理畜禽粪污 4200 吨。

（3）乡村振兴，实现全面发展。双辽市农业部门加快推进"四好农村路"建设，重点解决农村公路"畅返不畅"问题；狠抓农村安全饮水全覆盖，大力实施农村安全饮水攻坚行动；加强农村水系工程建设，全力推进河湖连通工程建设，严格落实"河长制"，继续开展"清河行动"，建好东西辽河生态修复工程；深入开展全民大造林活动，狠抓农村人居环境整治，持续推进"美丽乡村"建设；加大农业机械化程度，2020 年双辽市农机保有量达到近 3.5 万台套，农业机械总动力保持在 85.89 万千瓦，机播水平达到 91.84%，全市综合农业机械化水平处于全省前列。②

八、黑龙江省

黑龙江，简称"黑"，省会哈尔滨，位于中国东北部，是中国位置最北、纬度最高的省份，辖区总面积 47.3 万平方千米，边境线长 2981.26 千米。黑龙江省下辖 12 个地级市、1 个地区，共 54 个市辖区、21 个县级市、45 个县、1 个自治县。

---

① 双辽市全力推动"脱贫攻坚"与"乡村振兴"有效衔接［EB/OL］.［2021－03－29］. http://agri.jl.gov.cn/xczx/zlyx/zlyx2019/202103/t20210329_7981207.html.

② 徐亮. 以乡村振兴战略推进农业农村现代化［N］. 四平日报，2020－10－20（1）.

（一）黑龙江省经济发展概况

1. 黑龙江省人口与经济概况

根据《2020 年黑龙江省第七次全国人口普查主要数据公报》，黑龙江省人口为 31850088 人，与 2010 年第六次全国人口普查的 38313991 人相比，减少 6463903 人，下降 16.87%，年平均增长率为 -1.83%。居住在城镇的人口 20897694 人，占黑龙江省人口的 65.61%；居住在乡村的人口 10952394 人，占黑龙江省人口的 34.39%。同 2010 年第六次全国人口普查相比，城镇人口减少 426021 人，乡村人口减少 6037882 人，城镇人口比重上升 9.95 个百分点。全省人口中，汉族人口 30728612 人，占全省人口的 96.48%；各少数民族人口 1121476 人，占 3.52%。与 2010 年第六次全国人口普查相比，汉族人口减少 6210569 人，下降 16.81；各少数民族人口减少 253334 人，下降 18.43%。

根据《2020 年黑龙江省国民经济和社会发展统计公报》，2020 年，黑龙江省实现地区生产总值（GDP）13698.5 亿元，比 2019 年增长 1.0%。从三次产业看，第一产业增加值 3438.3 亿元，增长 2.9%；第二产业增加值 3483.5 亿元，增长 2.6%；第三产业增加值 6776.7 亿元，下降 1.0%。三次产业结构为 25.1∶25.4∶49.5。2020 年，黑龙江省实现农林牧渔业总产值 6438.1 亿元，比 2019 年增长 2.8%；粮食产量 7540.8 万吨，连续 10 年位列全国第一；规模以上工业企业 3583 个，比上年增长 9.6%。

2020 年，黑龙江省居民消费价格总指数比 2019 年上涨 2.3%。其中，城市上涨 2.1%，农村上涨 2.9%。黑龙江省常住居民人均可支配收入 24902 元，比 2019 年增长 2.7%；全省常住居民人均生活消费支出 17056 元，下降 5.8%。城镇常住居民人均可支配收入 31115 元，增长 0.5%；城镇常住居民人均生活消费支出 20397 元，下降 8.0%。农村常住居民人均可支配收入 16168 元，增长 7.9%；农村常住居民人均生活消费支出 12360 元，下降 1.1%。城镇居民恩格尔系数为 29.6%；农村居民恩格尔系数为 34.3%。

2. 黑龙江省各市人口与经济概况

黑龙江省包括 12 个地级市和 1 个地区，分别为哈尔滨市、齐齐哈尔市、鸡西市、鹤岗市、双鸭山市、大庆市、伊春市、佳木斯市、七台河市、牡丹江市、黑河市、绥化市和大兴安岭地区。黑龙江省各地市统计局发布 2020 年 1~12 月主要经济指标如下：

（1）地区生产总值方面，哈尔滨市、大庆市、齐齐哈尔市居全省前三名。其中，哈尔滨市位居第一，实现地区生产总值 5183.8 亿元。大庆市排名第二，全年地区生产总值达到 2301.1 亿元。接下来是齐齐哈尔市，地区生产总值 1200.4 亿元。哈尔滨市遥遥领先于省内其他城市。

（2）地区生产总值增速方面，齐齐哈尔市和黑河市以 3.5% 的增速并列全省第一。接下来是佳木斯市，增速 2.8%；大兴安岭地区紧随其后，增速 2.7%。

（3）财政收入方面，2020 年 13 个地市一般公共预算收入排名前三位的分别是哈尔滨市、大庆市、齐齐哈尔市，成为拉动黑龙江省整体实力跃升的重要动力，其中，哈尔滨市以 339.6 亿元遥遥领先。

（4）地区人口方面，与第六次全国人口普查的数据相比，2020 年黑龙江省包括省会哈尔滨在内，全省 13 个地市人口全部下跌，其中降幅最大的是大兴安岭地区，为 -35.29%；降幅最少的是大庆市，为 -4.14%，其次是哈尔滨市，为 -5.92%。

（5）其他方面，2020 年 13 个地市社会消费品零售总额仅牡丹江市同比有所增长，为 0.4%，其余 12 个地市都有所下降，其中黑河市下降的比率最高，为 17.8%。城镇居民人均可支配收入位居全省前三的设区市是大庆市、哈尔滨市和牡丹江，分别为 42891 元、39791 元、34133 元。农村居民人均可支配收入位居全省前三的设区市是牡丹江市、鸡西市、哈尔滨市，分别为 21729

元、21217元、19631元。

3. 黑龙江省产业概况

黑龙江省发布的2021年政府工作报告显示，2020年，黑龙江省现代农业发展加快。粮食生产连年丰收，年产量约1508亿斤，总产量、商品量、调出量稳居全国第一，粮食第一大省地位继续稳固提升，国家粮食安全"压舱石"地位更加突出。粮食作物播种面积增加150万亩，达2.16亿亩。建成高标准农田886.7万亩，累计达8116.5万亩。绿色和有机食品认证面积分别达7661.5万亩、852.2万亩。新型农业经营主体达30万个，土地规模经营面积扩大到1.3亿亩，粮食总产量达1508.2亿斤，比2019年增加7.6亿斤。农业综合机械化率达98%，科技贡献率达68.3%。农村居民人均可支配收入持续增长。

2020年5月，农业农村部、财政部发布通知，公布2020年优势特色产业集群建设名单，其中，北大荒蔬菜产业集群、黑龙江食用菌产业集群以及黑龙江雪花肉牛产业集群入选2020年国家优势特色产业集群。①北大荒蔬菜产业集群。北大荒，被誉为维护国家粮食安全的"压舱石"。经过70多年北大荒几代人的共同努力，北大荒已拥有108个农（牧）场，2000多个大中型企业，其中包含北大荒商贸集团、北大荒粮食集团、九三粮油工业集团、北大荒丰缘集团、北大荒完达山乳业、北大荒米业集团、北大荒种业集团等，4500万亩耕地，每年粮食综合生产能力稳定在400亿斤以上，可以养活超1.6亿人口，成为享誉世界的"北大仓"。2020年北大荒品牌价值突破千亿元大关，飙升至1028.36亿元。① 北大荒蔬菜产业集群项目区位于哈尔滨市，土地总面积约80万亩，包括香坊、红旗、青年、闫家岗、阿城、庆阳、岔林河、四方山、松花江、沙河10个农场，以及北大荒农垦集团（农垦总局）哈尔滨有限公司、北大荒蔬菜有限公司、北大荒亲民有机食品有限公司等企业。②黑龙江食用菌产业集群。2020~2025年，黑龙江省哈尔滨市将围绕"一圈两区"发展食用菌产业，打造鲜食菌类产销1小时城市经济圈，保障城市"菜篮子"供应。哈尔滨市已初步形成以尚志市为中心，辐射带动阿城区、依兰县、五常市、宾县等县（市、区）的黑木耳产业发展集群；以道里区、双城区为中心，辐射带动道外区、南岗区、呼兰区等县（市、区）的草腐菌发展集群；以尚志市苇河木耳批发市场为中心，带动哈达、润恒、雨润大市场的食用菌流通集群。截至2020年8月，尚志市已建成全国最大的生产基地，建设食用菌大棚3823栋，并向国内推广领先的栽培技术。创建国家级的出口示范区，建成珍珠山乡国家级食用菌产业示范乡镇，黑木耳产量稳居全国领先地位。尚志市苇河木耳批发市场年交易量已突破10万吨（干品），交易额达到150亿元。② 黑龙江省穆棱市充分发挥食用菌产业集群建设政策效应，食用菌产业链条不断优化，黑木耳产业拉动全市农民人均收入达到6428元。2020年共申报投资建设项目8个，累计完成投资额4080万元。食用菌种植规模增长了25%，黑木耳达到2.7亿袋。食用菌标准化种植棚室超过2000余栋。③ ③黑龙江雪花肉牛产业集群。以齐齐哈尔市龙江县为例，龙江县素有"江城首县"之称，是黑龙江省畜牧业生产大县，肉牛无论在数量还是质量上，均居全省首位。多年来，龙江县委、县政府高度重视畜牧产业发展，依托诸多优势，突出以高档肉牛为核心的肉牛产业发展。通过特色产业集群项目的实施，龙江县的高档肉牛特色产业不断发展壮大。截至2021年初，龙江雪牛分公司纯种和牛存栏已发展到8000头，成为世界上和牛单体养殖最大的饲养场；纯种公牛发展到134头，是国家唯一一

① 南风. 北大荒：品牌价值超千亿，发力科技创新，打造"世界级农业航母"[EB/OL].[2021-06-17]. https://baijiahao.baidu.com/s? id=1702786716530750240&wfr=spider&for=pc.

② 韩波. 哈尔滨食用菌产业集群基本形成 未来5年打造产销1小时城市圈丰富"菜篮子"[N]. 黑龙江日报，2020-08-05（5）.

③ 菌业富民谱新篇——黑龙江省穆棱市食用菌产业集群建设项目记实[EB/OL].[2021-03-07]. http://zixun.mushroommarket.net/202103/07/195773.html.

个和牛单体种公牛站，年提供优质和牛冻精50万剂以上，以龙江县为核心，已辐射到齐齐哈尔市九县七区，省内的佳木斯市、大庆市、黑河市、七台河市，省外内蒙古的海拉尔、锡林郭勒盟等地区，累计完成高档肉牛改良12万头，其中龙江县境内完成6万头。①

根据《黑龙江省国民经济和社会发展第十四个五年规划和二〇三五年远景目标纲要》，黑龙江省要坚持把发展经济着力点放在实体经济上，围绕现代产业体系建设，突破性做好"三篇大文章"②，全产业链抓好"五头五尾"③，战略性实施"百千万"工程④，形成多点支撑、多业并举、多元发展的产业发展新格局，加快建设工业强省。①强力推动产业基础高级化和产业链现代化。一是实施产业基础再造工程，形成整机牵引与基础支撑协调发展的产业格局。二是实施产业链提升工程。推动产业链、供应链、创新链和资金链等多链融合，增强核电装备、飞机制造、汽车生产等产业配套能力，实施"链长制"，推进稳链、补链、延链、强链，优化区域产业链布局，加快打造高能级产业链条。②打造先进制造业优势产业集群。一是加快构建工业新体系。以"百千万"工程为引领，围绕构建"433"工业新体系⑤和"一区两带多基地"⑥工业新布局，推进龙头带动、链条延伸、协同配套，加快打造农业和农产品精深加工、石油天然气等矿产资源开发及精深加工2个万亿级产业集群。健全振兴先进制造业政策体系，加快培育先进制造业万亿级产业集群。实施制造业智能化改造提升工程，滚动实施千企技术改造行动，加快工业互联网建设与应用，推进"企业上云"，培育建设数字车间、智能工厂，建成智能制造哈大齐先导区，打造东北工业智能化转型样板区。二是加速形成带动能力强的百亿级骨干企业矩阵，支持个转企、小升规、规转股、股上市，到2025年全省规模以上工业企业突破5000户。三是实施产业园区培育工程，优化园区功能定位，提升园区承载能力，推动差异化、特色化发展，加快培育形成6个主营收入千亿级产业园区和50个以上百亿级产业园区。③提升产业链、供应链稳定性和竞争力。以自主可控、安全高效为目标，形成具有更强创新力、更高附加值、更安全可靠的产业链、供应链。聚焦三次产业关键产品和服务，依托终端龙头企业，建立产业链、供应链清单图谱，聚焦涉农产业链和医药、婴幼儿配方奶粉等居民生活必需品产业链，兜住民生产业安全底线。④大力发展战略性新兴产业。加速发展壮大新一代信息技术、航空航天、高端装备、新能源汽车、新材料、新能源、生物技术、绿色环保等战略性新兴产业，提升战略性新兴产业规模，培育新增长点。把以石墨为代表的碳基材料、以减量化为代表的复合材料产业打造成黑龙江省最具优势和潜力的产业。提高通用飞机、先进直升机、无人机、传感器、动物疫苗、铁路通信信号和安全运营技术等产业化水平，建设哈尔滨新区战略性新兴产业集聚区和航空航天产业基地。积极促进"军转民""民参军"，大力发展航空航天装备及配套、船舶及海洋工程配套、小卫星制造和卫星应用、军民两用材料及制品等重点产业。⑤加快发展现代服务业。推动生产性服务业向专业化和价值链高端延伸，与先进制造业、现代农业深度融合，大力发展服务型制造，促进现代物流、现代金融等现代服务业与制造业跨界融合，促进通用航空产业发展。加快生活性服务业向高品质和多样化升级，促进健康、养老、育幼、文化、旅游、体育、

---

① 集中优势 强力推进 全力打造高端肉牛产业特色集群——龙江县高档肉牛优势特色产业集群建设成效显著［EB/OL］．［2021-03-05］．http：//www.hljagri.org.cn/nydt/nydtsn/202103/t20210305_814137.htm.

② 三篇大文章：改造升级"老字号"、深度开发"原字号"、培育壮大"新字号"。

③ 五头五尾：油头化尾、煤头电尾、煤头化尾、粮头食尾、农头工尾。

④ "百千万"工程：百亿级企业、千亿级产业、万亿级产业集群。

⑤ "433"工业新体系：优先发展绿色食品、高端装备、新材料、生物医药4大战略性产业，重点培育新一代信息技术、新能源、节能环保3大先导性产业，优化提升化工、汽车、传统能源3大基础性产业。

⑥ "一区两带多基地"："一区"即以哈尔滨及周边地区构成的"创新引领区"；"两带"包括大庆、齐齐哈尔、绥化、牡丹江等重要工业支点城市的"工业支撑带"和包括以佳木斯为中心、其他资源型城市为节点的"转型升级带"；"多基地"包括国家级、省级开发区和高新区为重点的特色产业基地。

培训、家政、物业等产业提质扩容。推动服务标准化、品牌化建设，培育一批具有较强市场竞争力的黑龙江服务品牌。

（二）黑龙江省乡村振兴阶段性成果

根据黑龙江省发布的《2021年政府工作报告》，在脱贫攻坚方面。现行标准下62.5万建档立卡农村贫困人口全部脱贫，20个国家级和8个省级贫困县全部"摘帽"，1778个贫困村全部出列，其中，深度贫困县3个、深度贫困村107个，消除绝对贫困和区域性整体贫困，脱贫攻坚取得决定性胜利。

在民生保障方面。2015~2020年，城镇新增就业282.9万人，城镇登记失业率控制在4.5%以内。基本养老保险、基本医疗保险制度全覆盖。城乡低保标准、企业退休人员养老金持续增长。改造城镇棚户区62.7万套、老旧小区51.9万户、农村危房43.7万户。农村集中供水率、自来水普及率均达95%以上，城乡面貌焕然一新。

创建文明示范村是在乡村振兴下农村精神文明创建活动的重要载体和抓手。为此，黑龙江省全力打造"升级版"的文明乡村，2020年，推出了24个乡风文明示范乡镇和48个示范村，带动各地持续深入推进乡风文明建设，营造乡村振兴的浓厚氛围，文明贵在养成，文明重在实践。自中央提出建设新时代文明实践中心以来，黑龙江省高度重视，精心谋划，试点先行，积极有为，全省32个新时代文明实践中心、283个新时代文明实践所、1833个新时代文明实践站已成为助力乡风文明的"催化剂"、传递时代新声的"扩音器"、服务关心群众的"便民桥"，并在疫情防控中发挥着积极作用。①

2018年8月，中共黑龙江省委办公厅、黑龙江省人民政府办公厅印发了《黑龙江省农村人居环境整治三年行动实施方案（2018—2020年）》，提出了坚持农业农村优先发展，以建设美丽宜居村庄为目标，以农村垃圾、污水、厕所粪污治理和村容村貌提升为主攻方向，为实现全面建成小康社会目标、建设现代化新龙江打下坚实基础。如今，三年的环境整治行动已基本扭转了黑龙江省农村"脏乱差"的局面，初步实现了村庄干净、整洁、有序的可喜变化。②

（1）农民如厕条件持续改善。黑龙江省各地坚持尊重民意、因地制宜，探索了管网式、净化槽式、化粪池式等7种符合黑龙江实际的改厕模式，重点推广接入城镇管网、村级管网+小型污水处理设施、净化槽就地降解3种较为成熟的室内水冲改厕模式。2020年建设室内水冲厕所14.6万户，室内水冲厕所普及率提高到17.6%。一类县卫生厕所普及率达到90%、二类县卫生厕所普及率达到85%。

（2）农村垃圾治理全面覆盖。黑龙江省各地通过建设农村垃圾处置设施、配备农村保洁队伍、推广垃圾分类等办法，改变农村生活垃圾随意乱丢乱倒现象。三年新增设垃圾桶680多万个、收集转运车辆近2万台（套），建设中转站140座、村级分拣中心7806座。行政村生活垃圾源头分类减量40%的目标进一步落实；农村生活垃圾收转运体系实现行政村全覆盖，并已延伸到3.5万个自然屯。黑龙江省有36个县（市）通过推行城乡一体化或市场化收运方式，开展农村垃圾清运。

（3）生活污水治理起步良好。黑龙江省110个涉农县（市、区）编制并发布实施了《县域农村生活污水治理专项规划》，完成县级以上水源地222个村屯生活污水收集工程；63个县（市、区）开展农村生活污水治理试点，738个自然村完成污水设施建设；城镇生活污水管网向

---

① 孙佳薇. 为乡村振兴战略铸魂强基［N］. 黑龙江日报，2020-09-02（1）.

② 黑龙江省积极推进"5+1+1"重点工作　农村人居环境整治三年行动圆满收官［EB/OL］.［2021-02-27］. http：//hlj. people. com. cn/n2/2021/0227/c220024-34596957. html.

农村延伸；室内水冲厕所接入城镇管网的村屯，生活污水全部得到治理；实现了水源地保护区内村屯生活污水全收集；全面排查了农村黑臭水体。

（4）农村能源革命成效明显。黑龙江省新建秸秆固化成型燃料站456处，安装户用生物质炉具4.08万台。累计建设秸秆固化成型燃料站1471处，安装户用生物质炉具13.2万台，分别比2017年增加1411处和11万台。全省秸秆固化成型燃料站年生产能力超过870万吨，其中，"两市两县"生产能力超过590万吨。海伦市采取"秸秆压块站+户用生物质炉具"模式，建设秸秆固化成型燃料站52处，安装生物质炉具2万台，农户清洁能源取暖2.78万户。

（5）农村菜园革命多点开花。黑龙江省各地按照《黑龙江省"菜园革命"示范村建设实施方案》的要求，充分挖掘农民房前屋后菜园生产潜力，开展新品种、新技术、新模式、新工艺推广应用，三年累计建成省级示范村507个，带动55万亩小菜园建设，促进户均增收500多元。

（6）村庄清洁行动取得实效。黑龙江省各地以"四清一改一绿"为重点，深入开展村庄清洁行动，村容村貌发生较大变化。2020年，全省建设通屯路1965千米，改造4类重点对象危房2.4万户，村庄绿化面积16.02万亩。三年全省共建设通屯路4900千米，比2017年增长150%；累计改造各类农村低收入群体、深度贫困县一般农户等危房21.2万户，全省4类重点对象存量危房实现静态清零；村屯安装路灯12万盏；清理农业生产废弃物306万吨，清理村内河塘沟渠2486千米；村庄绿化面积达到147.07万亩，绿化覆盖率达到17.7%，超额完成了15%的目标。畜禽粪污综合利用率达到80.1%、畜禽规模养殖场粪污处理设施装备配套率达到95%，分别比2017年提高15个和27个百分点，居全国前列。泰来县、勃利县等7个县（市、区）被评为全国村庄清洁行动先进县。

（7）龙江民居建设特色初显。黑龙江省为提高农村建筑风貌，组织编发"龙江民居"3个大类9种类型35个户型示范图集，启动首批12个"龙江民居"试点村建设，初步形成了一批龙江特色鲜明的民居示范村。富锦市以"红顶、黄墙"为主色调，对7个镇47个村7679处农房进行改造，提升了民居建设风貌。

（8）农村环境管护机制加快建立。黑龙江省大力推广门前"三包"①、市场化专业保洁等管护措施，初步建立了有制度、有标准、有队伍、有经费、有督查的村庄环境管护长效机制。组织开展了最美庭院、美丽农家、文明户评比等活动，提高了村民环境卫生意识。建立了村规民约，开展送文化下乡活动，农民文明卫生意识明显增强。垃圾积分兑换超市、道德银行等做法进一步推广。

（三）黑龙江省乡村振兴规划

2018年，中共黑龙江省委、黑龙江省人民政府制定出台了《实用人才实用技术助力乡村振兴战略和脱贫攻坚行动计划》，利用3～5年时间，培养壮大农村实用人才队伍。2019年，黑龙江省积极落实中央《关于鼓励引导人才向艰苦边远地区和基层一线流动的意见》，制定出台《关于新时代深入推行科技特派员制度的实施意见》《关于深入实施农村创新创业带头人培育行动的意见》等配套政策文件，从搭建干事创业平台、完善人才管理政策、发挥人才项目支持作用、留住用好本土人才四个方面重点发力。截至2021年8月，黑龙江省累计选派科技特派员4509人次，实现1778个脱贫村科技服务和创业带动全覆盖；新型农业经营主体经营者、产业扶贫带头人、种养加能手等农村实用人才总数达到50万人，实现历史性突破；遴选出涉及"三农"高水平科技创新团队11个，集聚各类高层次人才108人，涵盖国家级创新平台22个、项目119个，汇聚科研资金4.35亿元。

---

① 门前"三包"：门前环境卫生、绿化、市容。

乡村振兴，人才是关键。2021年黑龙江省"助力乡村振兴万人计划"招聘工作中，黑龙江省13个市（地）125个县（市、区）计划招聘4659人，报名人数突破6.5万人。① 为助力全面推进乡村振兴，着力解决乡镇、村（社区）缺少优秀年轻人才，特别是针对疫情防控期间暴露出的基层工作力量不足、治理能力不强等问题，中共黑龙江省委组织部、中共黑龙江省委编办、黑龙江省人社厅联合实施"助力乡村振兴万人计划"，统筹使用全省乡镇（街道）事业单位编制资源，在2020年招聘1841名大学生到村（社区）任职工作的基础上，计划利用3年左右时间，公开招聘1万名大学生到村（社区）任职，实现每个村（社区）有1~2名大学生，从源头上储备乡村振兴和基层治理接续力量。大力推动干部资源向基层一线倾斜，结合正在开展的县乡集中换届，选拔能够扛起乡村振兴重任、善于处理农村复杂问题、对农民群众充满感情的干部进入领导班子；定期组织选派省市机关优秀干部到乡镇挂职，确保每个乡村振兴任务重的乡镇都有1名挂职干部，进一步充实和加强基层领导力量。通过这一系列系统配套的政策举措，推动乡村振兴各领域人才规模不断壮大、素质稳步提升、结构持续优化，不断增强乡村振兴内生动力和发展后劲。

2020年7月以来，黑龙江省认真贯彻落实《关于开展国家数字乡村试点工作的通知》部署，高标准推进数字乡村试点工作。①创新工作手段，开展省级数字乡村试点工作。在绥化市望奎县、佳木斯市桦南县、齐齐哈尔市依安县、牡丹江市西安区被评为国家数字试点地区的基础上，为更好地激发全省各市（地）推进数字乡村工作的积极性，下发《关于推进国家数字乡村试点开展省级数字乡村试点工作的通知》，将前期各市（地）申报但未纳入国家试点的哈尔滨市五常市、木兰县，牡丹江市东宁市，大庆市大同区，齐齐哈尔市泰来县，七台河市勃利县，大兴安岭地区呼玛县7个县（市、区）列为省级数字乡村试点地区，各试点地区坚持目标、问题和结果导向，填报试点工作台账，制定相应时间表和路线图，进一步细化实化试点工作计划，提出具体可操作、可落地的举措，按照国家试点方案的要求有序推进工作，为申报下一批国家试点奠定基础。②强化宣传引导，营造数字乡村建设良好氛围。一方面，创新宣传方式。使用东北网等重点新闻网站及"网信黑龙江"微信公众号，及时发现和宣传推广黑龙江省国家试点地区先进经验，形成全社会共同参与和推动数字乡村发展的良好氛围。另一方面，拓宽宣传载体。编发刊物《省级数字乡村试点工作交流》，通报黑龙江省领导对数字乡村发展工作的批示指示、中央网信办工作要求及各市（地）和中省直有关单位工作情况，交流各试点地区的好做法、好经验。③建强沟通联络，共谋龙江数字乡村发展路径。中共黑龙江省委网信办信息化发展处与黑龙江省农业农村厅市场与信息处建立沟通联络机制，定期通报双方工作进展情况。召集国家计算机网络应急技术处理协调中心黑龙江分中心、黑龙江大学数据科学与技术学院、省农业农村信息中心（省农业大数据中心）就数字乡村及智慧农业召开专题调研座谈会，听取全省数字乡村及智慧农业推进、省农业大数据中心建设等情况。④开展专项调研，切实解决基层群众所思所盼。2020年末，黑龙江省委网信办派员赴齐齐哈尔市及绥化市听取依安县及望奎县国家数字乡村试点建设情况，向佳木斯市及牡丹江市函调桦南县及西安区试点建设情况。为进一步推进党史学习教育扎实开展，按照"我为群众办实事"工作要求，中共黑龙江省委网信办在数字乡村试点地区开展了网信领域基层群众呼声较高问题的调研工作。向黑龙江省11个国家级、省级数字乡村试点县（市、区）征求在试点建设中发现的网信领域基层群众呼声较高问题，协调问题所属领域和对口单位，派员赴试点地区实地现场调研核实问题情况，协商解决问题的办法

---

① 李丽云. 从源头上储备力量！黑龙江"助力乡村振兴万人计划"报名突破6.5万人［EB/OL］.［2021-08-24］. http://m.stdaily.com/index/kejixinwen/2021-08-24/content_1215121.shtml.

措施。①

"十四五"时期是全面推进乡村振兴、加快农业农村现代化的关键五年。2020 年 12 月，中央农村工作会议对新发展阶段优先发展农业农村、全面推进乡村振兴作出总体部署。要坚持把解决好"三农"问题作为各级党委工作重中之重，真抓实干做好新发展阶段"三农"工作，加快农业农村现代化步伐，让广大农民过上更加美好的生活。

根据《中共黑龙江省委　黑龙江省人民政府关于全面推进乡村振兴加快农业农村现代化的实施意见》，到 2025 年，构建现代农业产业体系、生产体系、经营体系，土地产出率、劳动生产率、资源利用率全面提升，建成农业强省，率先基本实现农业现代化。黑龙江省粮食综合产能达到 1600 亿斤，农业和农产品加工业万亿级产业集群营业收入突破 1 万亿元，200 亩以上土地适度规模经营面积 1.6 亿亩以上，农业生产全程托管面积 6000 万亩，农民收入超过全国平均水平。乡村面貌发生显著变化，行政村生活垃圾治理水平全面提升，农村室内水冲厕所普及率达到 40% 以上。乡村发展活力被充分激发，乡村文明程度得到新提升，农村发展安全保障更加有力，农民获得感、幸福感、安全感明显增强。

（四）黑龙江省部分市（区）乡村振兴概览

1. 黑龙江省鹤岗市

鹤岗市，别称煤城，黑龙江省辖地级市，国务院批复确定的黑龙江省东北部地区中心城市之一、重要的能源工业城市。鹤岗市共辖 6 个市辖区、2 个县，总面积 14684 平方千米。根据第七次全国人口普查数据，截至 2020 年 11 月 1 日零时，鹤岗市常住人口为 891271 人。根据《2020 年鹤岗市国民经济和社会发展统计公报》，2020 年，鹤岗市实现地区生产总值 340.2 亿元。

2021 年，鹤岗市围绕生态绿色发展、农业产业化建设、农村人居环境整治等工作，加速补齐"三农"短板，促进乡村振兴。一是坚持绿色生态发展理念，加大农业生态保护力度。在保证粮食安全生产的同时，引导农户科学调整种植结构。2021 年，鹤岗市绿色有机食品基地面积发展到 142.5 万亩，特色经济作物 9.74 万亩，中药材种植面积（含鹤北林业局）达到 8.1 万亩，绿色、有机和农产品地理标志认证数量达 87 个。二是加快农业产业项目建设，大力推进农业产业发展。以萝北县国家级一二三产业融合先导区、绥滨县忠仁镇国家级农业产业强镇和东山区省级现代农业产业园区建设为带动，着力培育一批牵动性和辐射力较强的农业产业化龙头企业，鹤岗市农业产业化龙头企业达 54 户，规模以上农产品加工企业达 46 户。三是大力推进乡村建设，着力打造宜居宜业美丽乡村。统筹推进农村人居环境整治工作，先后制发了《2021 年全市农村人居环境整治工作要点》《全市农村人居环境整治三十日攻坚战工作方案》等一系列文件，召开全市农村人居环境整治工作专题推进会，指导各县区、乡镇及有关部门重点围绕"五清五查""六整治"内容，采取有效措施，全力推进农村人居环境整治工作。同时，大力推进农村户厕问题清查整改工作。以"六清、一建、一改、一修、一绿"为重点，大力开展了村庄清洁行动。截至 2021 年 8 月底，鹤岗市清理农村生活垃圾 2.3 万吨、村内沟渠 705 千米、残垣断壁 208 处、畜禽养殖粪污等农业生产废弃物 5469 吨、村内黑臭水体 14 处。②

（1）鹤岗市绥滨县。近年来，绥滨县为助力农村产业融合和乡村振兴，从多方面加强了农

---

①　中共黑龙江省委网信办. 黑龙江积极推动数字乡村建设　着力破解乡村振兴发展难题［EB/OL］.［2021 - 04 - 15］. http：//www.cac.gov.cn/2021-04/15/c_1620064843912478. htm.

②　耿向文，于飞跃. 鹤岗市"农"墨重彩绘就乡村振兴新画卷坚持绿色发展培育支柱产业建好美丽乡村［EB/OL］.［2021 - 12 - 14］. https：//www.sohu.com/a/508003358_121010216.

村电商公共服务体系建设，不仅推动了农产品、农村工业品、乡村旅游及服务产品的电商化、品牌化、标准化，还提高了农村产品商品化率和电子商务交易比例，增强了农特产品的市场竞争力。一是搭建乡村物流配送体系。绥滨县升级改造了1000平方米的物流仓储中心，建设了覆盖全县的县、乡（镇）、村三级物流配送体系，配备物流配送车辆，并购置了安检、分拣、传送带等物流配套设施设备。二是投资建设车间。2020年，绥滨县投资120余万元建设了农产品预包装车间，购置了11台套大米杂粮分装设备，包括六面分装机、色选机、封口机等。自2020年12月试生产以来，已为全县6家电商企业提供大米分装服务100多次，加工大米70多吨。此外，该县投资25万余元，建设了干菜加工车间，购置了4套干菜加工设备，目前已投产。三是建设电商服务站。绥滨县已建设乡镇和村级电商服务站62个，网点行政村覆盖率达到56.89%，曾经的建档立卡贫困村，电商服务覆盖率达100%。服务站已成为工业品下乡和农产品进城的中转站，在带动农民更快走上致富路的过程中，发挥着重要作用。截至2021年，绥滨县已经有17家市场主体，通过了国务院乡村振兴局消费帮扶产品认证发布，涉及30个帮扶产品，有大米、药用灵芝、鸡鸭鹅肉冻品等。2021年1~8月，该消费帮扶产品已累计销售569.5万余元。①

（2）鹤岗市萝北县。①萝北县依托萝北县特色优势资源，加快推动农业全产业链发展，打造萝北优势特色农业产业集群。一方面，坚持"稳粮、扩豆、优经"思路，充分发挥粮食主产区优势，稳定粮食作物播种面积370万亩，确保粮食产量稳定在35亿斤以上，为稳定粮食生产安全提供有力支撑。持续打造全省中药材示范县，县域发展五味子、人参、白鲜、赤芍等道地药材种植2.72万亩，规模化种植基地10个，专业品种中药材种植基地3个，培育新建、改建仓储加工基地2处；推进农业生态安全，延伸绿色食品产业链。萝北县绿色、有机农作物种植占比超过总播种面积的30%以上，发展绿色高粱订单种植1500亩，绿色水稻种植实现全覆盖，成功创建"第二批国家级农产品质量安全县"。另一方面，坚持以"粮头食尾""农头工尾"建设推动现代农业产业发展，培育市级以上农业龙头企业9家（其中国家级1家、省级3家、市级5家），发展各类农民专业合作社422个，认证绿色、有机食品20个，打造国家级农产品地理标志5个。"萝北蜂蜜"在第十八届中国国际农产品交易会奖项评选中荣获"最受欢迎农产品"奖项。②萝北县始终把改善农村人居环境、建设美丽宜居乡村作为落实生态文明建设思想的重大举措，高位推动全县农村人居环境整治工作。2020~2021年，萝北县共计回收农药包装废弃物244吨，全县畜禽规模养殖场粪污处理设施配套率为100%，粪污资源化利用率达86%以上。③萝北县坚持以社会主义核心价值观为引领，深入开展农村文明新风建设。一是突出示范引导作用实施农村文明新风培育工程，广泛开展社会主义核心价值观和农村移风易俗宣传教育，行政村建立社会主义核心价值观宣传栏设置率达90%，群众知晓率达到95%。大力倡导美丽乡村的新习俗、新风尚。二是注重综合实践养成围绕推进乡村振兴，统筹开展各类文明实践活动，构建"实践中心—实践所—实践站"三级组织体系。三是打造特色乡村旅游线路，以东明乡红光村为重点，打造集朝鲜族文化展览、特色餐饮和民宿等功能为一体的乡村民俗旅游线路。②

2. 黑龙江省绥化市

绥化市，黑龙江省辖地级市，满语安顺吉祥之意，位于黑龙江省中部。绥化市现辖3个县级市、6个县、1个区，总面积3.5万平方千米。根据第七次全国人口普查数据，截至2020年11月1日零时，绥化市常住人口为3756167人。根据《2020年绥化市国民经济和社会发展统计公报》，2020年，绥化市实现地区生产总值1150.2亿元。近几年，绥化市积极推进巩固拓展脱贫攻坚成果同乡村振兴有效衔接，大力发展农业产业项目，改善乡村环境，打造魅力乡村。

---

① 高伟. 黑龙江绥滨：电商进村助力乡村振兴［N］. 中国食品报，2021-11-23（2）.
② 高伟. 萝北县多措并举全力推进乡村振兴［N］. 中国食品报，2021-10-22（6）.

一是推进产业项目升级。绥化市是农业大市，而土地是乡村振兴的基础。绥化市抓好良种、良法、良田"三良配套"，做优"第一车间"，种出优质粮食。2020 年，绥化市粮食总产实现1108 万吨，累计建设高标准农田 1100 万亩，绿色食品认证面积 1233 万亩。肇东、北林被确定为全国"十四五"首批创建农业面源污染综合治理示范县。目前，绥化市共有国家级农业产业化重点龙头企业 11 户、省级 95 户，现已构筑起了玉米、肉乳、水稻、大豆、汉麻、蔬菜"七大"农产品精深加工产业集群。大庄园、双汇北大荒、铁骑力士、贝因美、伊利等肉乳精深加工企业，年加工能力达 112 万吨。同时，青冈金达麻业不断延伸产业链条，汉麻纱占全国的70%，引带上下游关联企业 13 户。肇东和海伦被列入全国首批优势特色产业集群。此外，通过开展"五谷杂粮下江南"活动，绥化市 2020 年线上线下销售农产品 60 多亿元；全国鲜食玉米大会连续三届在绥化市举行，每届销售额都突破 10 亿元。绥化市不断培育壮大县级主导产业和龙头企业，持续探索实践产业帮扶模式机制，因地制宜发展庭院经济、棚室采摘、民宿经济、乡村旅游、光伏发电等精准到户产业项目。2021 年以来，绥化市已争取中央和省巩固拓展脱贫攻坚成果同乡村振兴有效衔接资金 10.18 亿元，规划实施脱贫产业和基础设施项目 446 个。[①]

二是改善乡村环境。绥化市采取有力措施，不断补齐农村环境卫生、基础设施等农村短板弱项，农村面貌发生显著变化。全市累计投入 2.5 亿元，已完成村屯绿化面积 6.02 万亩。2018~2020 年，绥化市共完成厕所改造 6.5 万户。绥化市还全面实施了"村收集、乡转运、县处理"治理模式，建立农村生活垃圾收集转运体系的行政村 1291 个，达到国家验收标准的行政村 1133 个。同时，绥化市已完成了《县域农村污水治理专项规划》的编制，兰西 3 个村屯 486户、海伦 10 个村屯 715 户、绥棱 2 个村屯 193 户，已全部完成饮用水源二级保护区内生活污水收集处理。三年来，绥化市累计完成秸秆压块站 393 个，户用生物质炉具安装完成 47854 台，到2020 年秸秆综合利用率达到 95%。三年共建设省级"菜园革命"示范村 50 个，辐射周边面积23.2 万亩。[②]

三是打造魅力乡村。近几年，绥化市打造了一批宜居宜业宜游的特色村庄，真正把美丽乡村打造成了"魅力乡村"。绥棱县阁山镇借助全县打造的全域旅游产业，充分发挥阁山地处绥四路红色旅游线路的中心节点的区位优势，建设红色文化宣传长廊，主动融入全域旅游产业。依托镇内的永合朝鲜民族村的基础，打造了集景观花海、沙滩游乐、休闲垂钓、特色餐饮等为一体的民俗旅游区。以打造"欧李"小镇为目标，不断扩大产业规模，2021 年通过"园区—基地—庭院"的方式发展欧李种植 1000 亩。[③]

绥化市下辖的海伦市原来是国家扶贫开发重点县，黑龙江省深度贫困县，共有脱贫村 101个、脱贫户 15235 户 30211 人。2019 年 101 个贫困村全部脱贫，高质量实现脱贫摘帽。海伦市坚持一户一策，持续推进"1+3+5"特色扶贫产业[④]，确保每户进入 3 个以上产业，增收 2500元以上。2021 年，海伦市持续发展大鹅、小菜园、小牧园、小农场等农业帮扶产业，全市投入农业帮扶产业奖补资金 1806 万元，总收益在 3794 万元，带动脱贫户 15235 户，户均增收 2491元；持续发展的光伏发电产业，2021 年纯收益 5000 多万元，带动 101 个脱贫村 9120 户脱贫户、监测户增收和村集体积累，其中无劳动能力脱贫人口、监测人口可获得每人 1000 元、每户近2000 元分红。同时，着力打造全产业链，加快大豆、原料玉米、鲜食玉米等优势产业开发带动增收。海伦市整合各类资产收益类项目收益 1012 万元，用于 140 个原非贫困村无劳动能力脱贫

---

①②③　赵洪秋．绥化市奏响乡村振兴最强音［EB/OL］．［2021-09-29］．https：//baijiahao.baidu.com/s？id=17121979588810426406&wfr=spider&for=pc.

④　"1+3+5"特色扶贫产业："1"即电商产业，"3"即大鹅养殖、光伏发电、秸秆燃料，"5"即小菜园、小农场和林场、小牧园、小菜窖、小公益岗位。

巩固收益、设立公益岗和建设小型公益设施，增加脱贫户收入和集体积累。①

3. 黑龙江省佳木斯市

佳木斯市，黑龙江省辖地级市，国务院批复确定的黑龙江东北部中心城市、以绿色食品工业和轻工业为主的内陆口岸开放城市。佳木斯市共辖10个县级行政区，包括4个市辖区、3个县级市、3个县，总面积3.2万平方千米。根据第七次全国人口普查数据，截至2020年11月1日零时，佳木斯市常住人口为2156505人。根据《2020年佳木斯市国民经济和社会发展统计公报》，2020年，佳木斯市实现地区生产总值811.8亿元。

"十三五"时期，佳木斯市深入学习贯彻习近平总书记关于扶贫开发工作的重要论述，凝心聚力、担当作为，5个国家级扶贫开发工作重点县全部摘帽、278个贫困村全部出列、28643户55543名贫困人口全部脱贫。佳木斯市持续开展环境综合整治，城区新建、改扩建、维修改造干道巷道500多条，拆除违规建筑26万多平方米，人均公共绿地面积增加到15.4平方米，创新开展美丽宜居乡村示范工程，城乡风貌焕发新颜。新时代文明实践所（站）全域覆盖，市县乡村四级公共文化设施建设全面加强，群众性精神文明创建深化拓展。此外，佳木斯市放大优势抓产业集聚，培育了加快发展的增长点。整合全市风力资源，与华润集团的战略合作，围绕成立"一个公司"、搭建"两个平台"、建设"三个园区"，高起点谋划布局，打造多元化合作、多业态发展的典范。②

2021年，佳木斯市大力推动佳电股份主氦风机项目，全力争取省高端智能农机产业园区落地，国家农机装备创新中心北斗导航仪项目建成，中建材佳星薄膜玻璃生产线投产。净增规模以上工业企业35户，新增限额以上服务业企业180户。此外，佳木斯市统筹城乡抓建设管理，提升了加快发展的标识度。城区新建改造主次干道17条、背街巷道106条、供热管网78.7千米、燃气管网63千米，雨污分流系统加快完善。整体打造提升长安路"大轴线"，绿化美化32条街路和67个街路节点，改造提升6个综合性公园，新建15个口袋公园，完成543栋楼体牌匾改造。③

（1）佳木斯市同江市。同江市在实施乡村振兴战略的过程中坚持和脱贫攻坚有效衔接，结合当地实际在乡村产业发展上下足功夫，真正让农民富起来、乡村美起来。同江市位于黑龙江省东北部松花江与黑龙江两江交汇处南岸，环境优越、黑土肥沃、土地平坦。同江市境内拥有两江十三河及大量泡沼，鱼产量多，鱼制品产业发展迅速，各类鱼产品已成为当地特色饮食。2019年同江市被中国渔业协会评为"鳇鱼之乡"。近年来，同江市加大特色产业培育步伐，先后投入1.7亿余元建立产业项目50个，重点发展草莓、大樱桃等特色种植产业，助力乡村振兴。2019年，同江市博星农业科技有限公司旗下的乐业智慧农业草莓基地带动乐业镇4个村133户贫困户增收13.63万元，户均增收1024元。④

（2）佳木斯市桦南县。桦南县全力实施"989"转移就业脱贫工程，实现转移就业15万人（次），脱贫劳动力就业10884人，人均增收2.9万元，达到了"就业一人，脱贫一家"的目的。全力打造"九大示范基地"，为脱贫群众精准就业创设承载平台。围绕打造九大示范基地。依托有实力、有信誉、有长期合作关系的企业，以县政府名义授权合作，提高信誉度和知名度，开展精准职业推荐。2017年建成了以青岛碧湾海产为主的"九大示范基地"；2018年新发展9个"示范基地"，2019年新发展5个"示范基地"，2020年新发展3个"示范基

① 彭柏青，万希龙，陈驹. 海伦推进巩固脱贫成果与乡村振兴有效衔接［N］. 绥化日报，2022-02-09（1）.

②③ 丛丽. 2022年政府工作报告［EB/OL］. ［2022-01-15］. https://www.jms.gov.cn/html/index/content/2022/1/e-43b5e54e4564f3d9c942471289f24e1.html.

④ 同江：特色产业助力乡村振兴［N］. 中国消费者报，2021-09-24（4）.

地"。①

（3）佳木斯市汤原县。汤原县充分发挥自身生态优势、区位优势、资源优势，科学合理使用中省财政衔接推进乡村振兴补助资金，重点将发展庭院经济作为拓展脱贫群众稳定增收的重要渠道，统筹全县力量高位推进，在激发脱贫群众内生动力的同时，有效防止致贫返贫现象的发生。2021 年，汤原县脱贫户参与庭院经济的有 5500 户，种植规模 140 万平方米，养殖规模 30 万只，发放补贴 418 万元，户均增收 900 元。②

4. 黑龙江省哈尔滨市

哈尔滨，简称"哈"，别称冰城，黑龙江省辖地级市，是黑龙江省的省会、副省级市，是中国东北北部政治、经济、文化中心，国务院批复确定的中国东北地区重要的中心城市。哈尔滨市下辖 9 个市辖区、7 个县、代管 2 个县级市，总面积 5.31 万平方千米。根据第七次全国人口普查数据，截至 2020 年 11 月 1 日零时，哈尔滨市常住人口为 10009854 人。根据《2020 年哈尔滨市国民经济和社会发展统计公报》，2020 年，哈尔滨市实现地区生产总值 5183.8 亿元。

"十三五"时期，哈尔滨市实施"千企联千村带万户"产业扶贫行动，引导动员 1604 家国有企业、民营企业、工商业者与有贫困人口村庄及贫困户对接帮建产业扶贫项目。省、市、区（县、市）三级选派驻村工作队 952 支，解决贫困群众生产生活实际困难，全心全意做脱贫路上的"领路人"、贫困群众的"贴心人"。截至 2020 年底，哈尔滨市 1 个国家级贫困县延寿县和 2 个省级贫困县巴彦县、木兰县全部脱贫摘帽，163 个贫困村全部脱贫退出。③ 全市建档立卡贫困人口 34728 户、71683 人全部脱贫退出，彻底消除绝对贫困和区域性整体贫困。此外，"十三五"时期，哈尔滨市在农业方面以"粮头食尾""农头工尾"为抓手提升农业价值链、延长产业链，食用菌、大榛子、森林猪等特色高效产业加快发展，五常、方正、延寿、通河大米品牌价值突破 920 亿元，规模以上农副食品加工业增加值年均增长 9.7%，农产品网络零售额占全省 2/3。④

（1）哈尔滨市道里区。近年来，道里区不断加大投入，优化乡村旅游环境，先后投入 10 亿元，解决重点景区、乡村旅游景点的道路建设问题，提高旅游景区道路等级标准，推进城乡客运服务一体化，不断优化旅游环境质量，助推乡村旅游发展。修建惠民农村公路 34 千米，实现城乡交通有机融合；完成新发、新农污水收集、输送管线 23.5 千米，巩固提升农村饮水安全，解决部分乡村、旅游景点缺水、断水和水质差的问题；完成生态林建设 369 亩，结合农村人居环境综合整治和美丽乡村建设，打造村庄绿化、美化、亮化；扎实推进旅游厕所革命，修建乡村旅游厕所 9 个，提升旅游服务质量，打造更舒适、更有品位的旅游环境。此外，道里区着力打造各具特色的乡村旅游精品，培育长岭湖生态休闲度假区、天顺生态农业园区等乡村旅游企业 32 家，其中西郊山林被评为省级乡村旅游示范区。2018 年至 2021 年 10 月，接待游客 200 万余人次，道里区实现乡村旅游总收入 4800 余万元。⑤

（2）哈尔滨市香坊区幸福镇园艺种植基地。围绕乡村产业振兴，幸福镇多次研究温室大棚发展规划，充分结合实际，规划建设园艺温室大棚产业基地，主要经营大樱桃、反季蔬菜以及

①② 黑龙江佳木斯：脱贫攻坚结硕果　乡村振兴立新功 [EB/OL].［2021 - 11 - 20］. https：//baijiahao. baidu. com/s? id=1716954436112410743&wfr=spider&for=pc.

③ 黑土生金　书写乡村振兴亮丽答卷 | 5 年来，哈市聚力"三农"发展，向"农业强、农村美、农民富"大步迈进 [EB/OL].［2022 - 02 - 24］. https：//m. thepaper. cn/baijiahao_16835876.

④ 孙喆. 2021 年政府工作报告 [EB/OL].［2021 - 03 - 14］. http：//www. harbin. gov. cn/art/2021/3/22/art_397_1071174. html.

⑤ 探求农旅融合之路　打造乡村振兴"新引擎"道里区着力打造各具特色的乡村旅游精品，助推乡村振兴 [N]. 哈尔滨日报，2021 - 10 - 29（4/5）.

君子兰花卉种植等项目，先后共投资 1000 余万元。园艺种植基地建筑面积达 12000 平方米，共有日光果蔬种植温室 30 栋，全部进行统一管理、统一种植、统一指导、统一销售，村集体年纯收益达 50 余万元。①

九、上海市

上海市，简称"沪"或"申"，是中国共产党的诞生地。地处长江入海口，隔东海与日本九州岛相望，与江苏、浙江两省相接。上海市是长江经济带的龙头城市，也是中国最大的经济中心和重要的国际金融中心城市，首批沿海开放城市。2020 年，上海市生产总值达 3.87 万亿元，总量规模跻身全球城市第六位。

（一）上海市经济发展概况

1. 上海人口与经济概况

根据《上海市第七次全国人口普查主要数据情况》，全市常住人口为 24870895 人，与 2010 年相比，10 年共增加 1851699 人，增长 8.0%，年平均增长率为 0.8%，比 2000 年到 2010 年的年平均增长率 3.4% 下降 2.6 个百分点。上海市居住在城镇的人口为 2220.94 万人，占 89.3%；居住在乡村的人口为 266.15 万人，占 10.7%。2020 年上海市各区人口中，中心城区人口占 26.9%，浦东新区人口占 22.8%，郊区人口占 50.3%。与 2010 年相比，中心城区人口所占比重下降 3.4 个百分点，浦东新区提高 0.9 个百分点，郊区提高 2.5 个百分点。

根据上海市统计局数据，2020 年全市实现地区生产总值 38700.58 亿元，按可比价格计算，比上年增长 1.7%。其中，第一产业增加值 103.57 亿元，比 2019 年减少 8.2%；第二产业增加值 10289.47 亿元，比 2019 年增长 1.3%；第三产业增加值 28307.54 亿元，比 2019 年增长 1.8%。第三产业增加值占上海市生产总值的比重为 73.1%，比上年提高 0.2 个百分点。

2020 年全年上海全市居民人均可支配收入为 72232 元，比上年增长 4.0%。其中，城镇常住居民人均可支配收入 76437 元，增长 3.8%。农村常住居民人均可支配收入 34911 元。

2. 上海市各区人口与经济概况

（1）地区生产总值方面，浦东新区、黄浦区、闵行区居全市前三名。其中，浦东新区位居第一，实现地区生产总值 13207.03 亿元。黄浦区排名第二，2020 年全年地区生产总值 2616.94 亿元。其次是闵行区，地区生产总值 2564.82 亿元。浦东新区地区生产总值大幅超过上海市其他区，是第二名黄浦区的 5 倍。

（2）地区生产总值增速方面，2020 年增长最快的前三名依次是浦东新区（4.0%）、松江区（3.9%）、青浦区（3.8%）。

（3）财政收入方面，2019 年上海市一般预算全口径财政收入排名前三位的依次是浦东新区、嘉定区、闵行区，其中，浦东新区以 1071.5 亿元财政收入成为拉动上海市整体实力的主力。

（4）地区人口方面，与 2010 年相比，2020 年中心城区（黄浦区（含原卢湾区）、徐汇区、长宁区、静安区（含原闸北区）、普陀区、虹口区、杨浦区）人口所占比重下降 3.4 个百分点，浦东新区提高 0.9 个百分点，其他区合计提高 2.5 个百分点。

---

① 高伟. 哈尔滨香坊区幸福镇：探索大棚产业新模式 助推乡村振兴再升级［N］. 中国食品报，2022-02-16（5）.

3. 上海市产业概况

根据《上海市国民经济和社会发展第十四个五年规划和二〇三五年远景目标纲要》，上海市将实现"五个中心"功能整体提升。基本建成国际经济中心，实体经济能级不断提升，跨国公司地区总部累计达到 771 家。基本建成国际金融中心，金融市场交易总额超过 2200 万亿元，全球性人民币产品创新、交易、定价和清算中心功能不断完善，多层次金融市场体系和金融机构体系基本形成。基本建成国际贸易中心，口岸货物进出口总额占全球 3.2% 以上，商品销售总额达到 14 万亿元左右，贸易型总部和功能性平台加快集聚。基本建成国际航运中心，上海港集装箱吞吐量连续 11 年保持世界第一，机场货邮吞吐量、旅客吞吐量分别居全球第 3 位和第 4 位，现代航运服务体系基本形成。形成具有全球影响力的科技创新中心基本框架，张江综合性国家科学中心建设全面推进，全社会研发经费支出相当于全市生产总值的 4.1% 左右，每万人口发明专利拥有量达到 60 件左右，大飞机、蛟龙号深潜器等重大创新成果问世，上海光源等一批大科学设施建成。

上海市奉贤区是化妆品产业集聚区。深化化妆品供给侧结构性改革，引领创造新消费需求，联动长三角，着力营造"总部经济、科技创新、研发设计、智能制造、检验检测、展示体验、渠道服务、平台交易、资本融通"一体化的国内领先、国际一流化妆品产业发展生态。根据《上海市化妆品产业高质量发展行动规划（2021—2023 年）》，力争到 2023 年，上海市化妆品市场规模达 3000 亿元，化妆品产业主营业务收入超千亿元，形成年营业收入超过 50 亿元的领军企业 10 家、超 20 亿元的优质企业 10 家以上；拥有 3~5 个走向国际的领军品牌，培育 20 个国内一流经典品牌，孵化一批潮流新锐品牌，上海自主品牌市场占有率逐年提升。

同时，《上海市化妆品产业高质量发展行动计划（2021—2023 年）》确定了四个重点发展领域。在前沿科技方面，加强在生物工程与制剂新技术、皮肤健康产业、天然来源功能性物质提取技术的可持续发展等领域的研究；对标国际，以生物、化学新原料开发技术为支撑，以植物资源提取的功效成分为特色，开展高品质原料、创新配方、高科技包材的研发和生产。在新型代工方面，利用化妆品产业集群优势和制造加工及地域品牌、产品品牌优势发展新型代工，壮大产业规模能级。在检验检测方面，重点推进化妆品新原料及其他功效的检测方法、检测技术的突破发展。在数字化制造和服务方面引入消费者体验设计，满足护肤美妆个性化需求，优化化妆品供应链管理，开展服务创新和商业模式创新。

（二）上海市乡村振兴阶段性成果

上海市乡村振兴取得了以下成效：一是产业兴旺有突破。明确发展定位和主导产业，不同程度与市场主体进行对接。围绕建设"绿色田园"目标，转变农业发展方式，突出生态功能，强化品质提升，在做强优势农业产业的基础上引入新产业、新业态，推动产业融合。二是提升生态宜居水平。将农民集中居住纳入村庄规划，开展了保留居民点建筑风貌提升工作。围绕城乡融合发展的要求，提高基础设施建设水平，统筹推进田、水、路、林、村建设，修复自然生态景观，优化农村人居环境。根据《上海市乡村振兴"十四五"规划》，2019 年底上海市村庄布局规划、郊野单元村庄规划编制工作全部完成，因地制宜开展建设用地、基本农田、生态用地等各类用地布局。启动实施农民相对集中居住工作，在充分尊重农民意愿的前提下，采取"上楼""平移"等差别化方式，推进农民相对集中居住。此外，按照"整镇推进、成片实施"的方式，全域实施农村人居环境整治，全市行政村在 2019 年、2020 年完成整治任务，全面推进村容村貌提升、垃圾治理、农村生活污水处理、农村水环境整治、"四好农村路"建设、村内道路硬化等 12 大类工作。至 2020 年，上海市基本农田保护区、规划保留农村地区的村庄改造基本完成，项目覆盖行政村 1026 个，受益农户 76 万户。2016~2019 年，全市累计评定市级美丽乡村示范村 94 个。三是深化乡风文明。上海市多措并举打造特色文化项目和品牌，融洽睦邻关系，建设善治乡村，目的是提升乡村特色韵味。根据《上海市乡村振兴"十四五"规划》，2018 年上海市启动实施乡村振兴示范村创建工作，累计 69 个村列入建设计划，其中 37 个村已如期完成建设任务。完成 42 个全国民主法治示范村培育试点。深化文明村、镇创建活动，评选出 2017~2018 年度上海市文明村 422 个，2018~2019 年度上海市文明镇 90 个，32 个村镇获评第六届全国文明村镇，62 个村镇通过复查继续保留全国文明村镇荣誉称号。四是提升乡村治理水平。构建"家门口"服务体系，推行村"两委"班子"下楼办公"，利用 App、有线电视等载体，拓展村民参与村务监督渠道；广泛发动群众参与"美丽庭院"建设，激发群众参与乡村振兴的自觉性和主动性。上海市中心城区和市委各工作党委、中央在沪企业所属 2702 个基层党组织与涉农区所有乡镇、村级党组织开展全覆盖结对共建，已启动镇级层面合作项目 228 个，村级层面项目 3113 个，共签约帮扶资金 2.1 亿元。五是多渠道联动助力乡村振兴。以增强产业动力为核心，探索建立政府推动、农民主动、能人带动、社会联动的运作机制，用财政资金保障公共服务和基础设施建设，用土地、乡村资源作资本，吸引市场主体参与产业运营，积极搭建集体经济和农民增收平台；开发乡村数字化资产管理系统，实现"乡村资产+招商运营"数字化闭环的构建，解决乡村资产管理中的资产估值、收益变动、多方分红共赢机制等问题。上海市以长三角乡村振兴投资基金为驱动引擎，吸引社会资本与金融机构参与，运用投资驱动、投贷联动、债券融资、融资租赁、资产证券化等多种模式，实现全过程、全渠道的金融服务链联动。

（三）上海市乡村振兴规划

2021 年 6 月 25 日，上海市人民政府发布《上海市乡村振兴"十四五"规划》，2018 年上海市人民政府出台《上海市乡村振兴战略规划（2018—2022 年）》和《上海市乡村振兴战略实施方案（2018—2022 年）》。《上海市乡村振兴"十四五"规划》提出具体的乡村振兴规划，部分内容包括：①加强农业品牌建设。到 2025 年，上市销售的地产稻米品牌化比例达到 50%。提升特色产业品牌优势，做精做优一批区域特色明显、深受市民信赖的特色农产品区域品牌和企业品牌，积极推动地产特色农产品品牌列入中国农业品牌目录；开展品牌农产品评优品鉴活动，提高地产优质农产品品牌影响力。利用农事节庆文化活动做强休闲农业文化品牌，进一步挖掘和培育乡村农耕文化品牌，上海市各涉农区重点培育和提升 1~2 个休闲农业文化品牌。②持续开展乡村振兴示范村建设，优化乡村基础设施。聚焦村庄布局优化、乡村风貌提升、人居环境改善、农业发展增效、乡村治理深化，高起点、高标准、高水平推进乡村振兴示范村建设。到 2025 年，建设 150 个以上乡村振兴示范村。深入推进美丽乡村示范村建设。加强村庄发展的分类引导，改善农村人居环境，保护传统风貌和自然生态格局，开展美丽乡村示范村创建工作。到 2025 年，建设 300 个以上的市级美丽乡村示范村。加强道路拓宽、路面改造、危桥改造、安防工程及附属设施增设等，完成 2000 千米农村公路提档升级改造；至 2025 年末，累计完成 3200 千米，乡、村道安全隐患基本消除，优、良、中等路比例达 90% 以上，区域公交服务水平明显提升。③改善乡村公共服务水平。加大农村养老设施建设力度，实现农村养老设施配置均衡可及。到 2025 年，农村每个街镇（乡）至少建有 1~2 个标准化养老院，满足失能失智老年人集中养护需求。全面推广老年人睦邻点建设，到 2025 年，上海市纯农地区村组睦邻点实现全覆盖，全市农村地区示范睦邻点达到 3000 家，充分发展互助式农村养老服务。

（四）上海市部分区乡村振兴概览

1. 上海市浦东新区

浦东新区位于上海市东部，西靠黄浦江，东临长江入海口，辖 12 个街道、24 个镇，面积

1210 平方千米。根据第七次全国人口普查数据，浦东新区常住人口为 5681512 人。"十三五"期间，浦东新区人均地区生产总值预计约 3.5 万美元。商品销售总额突破 4 万亿元，社会消费品零售总额突破 3000 亿元，外贸进出口总额突破 2 万亿元。2020 年浦东新区乡村振兴 71 项重点任务全面推进，成功创建 6 个市级"美丽乡村示范村"。都市现代绿色农业加快发展，新组建 10 家农业产业化联合体。农民相对集中居住签约 2209 户。

浦东新区坚持农业农村优质发展，全面推进实施乡村振兴战略，有力推进各项工作措施落实。2019 年，浦东新区有 5 个村列入上海市乡村振兴示范村建设计划，按照特色农业型、休闲旅游型、区域联动型分类别进行建设和打造。2020 年 9 月 21 日，在由中国新闻社上海分社和上海浦东新区农业农村委联合举办的"乡村中国论坛之丰收浦东"上，上海社会科学院城市与人口发展研究所所长朱建江指出：发展现代农业是乡村振兴的"底线"。在此基础上，各有特色的乡村空间存在各自的发展可能。上海乡村首要是现代农业；有资源禀赋的可以发展乡村旅游；第三便是在产业基础上进行的创新创业。①

（1）利用多渠道资源发展农业。浦东新区在乡村振兴的过程中，打造"产业联合体"，通过引进市场龙头企业，将家庭农场合作社和一般农户生产的农产品转化为标准化商品，提升农业效益。与此同时，引入利润"二次分配"机制，根据农产品售价对收购价进行"分红"。由此达到企业、农户、集体的多方获益。

浦东新区探索发展"农业+""产加销一体""农旅文结合"等复合业态，实现农业"生产、生活、生态"相融合。

第一，浦东新区打造"一镇一业、一村一品"产业兴旺特色产业体系，结合农业布局规划，明确每个村村域经济发展方向；开展全国"特色农产品"示范村镇创建，引导乡村特色产业发展。聚焦"品牌瓜果产业片区"绿色田园先行片区，浦东新区推进南汇水蜜桃等特色农产品示范基地建设。

发展休闲农业和乡村旅游是浦东新区"农旅文结合"的方向。浦东新区结合乡村振兴"三园工程"建设，开展休闲农业和乡村旅游示范村建设，并在此基础上创建中国美丽休闲乡村，同时重点培育 1~2 条休闲农业和乡村旅游精品线路，制定精品线路组织方案，完善相关设施。②

浦东新区农业科技处于全国领先水平。主要表现在三个方面：第一，农技中心数量多，指导效率高，范围广。孙桥现代农业科创中心位于浦东新区，是上海三个现代农业科创中心之一。2016 年 8 月，中国农业科学院与浦东新区签订《上海浦东孙桥现代农业科技创新中心战略合作框架协议》。在孙桥现代农业科技创新中心成立之前，浦东的孙桥现代农业开发区作为国内首家综合性现代农业开发区，已经运行了 20 多年。在推动国外农业与国内农业接轨、传统农业向现代农业转变方面，孙桥发挥了突出的引领示范作用。由孙桥园区开发的蔬菜无土栽培技术，已先后推广到非洲塞舌尔、新疆莎车等气候干旱、土壤贫瘠的地方。

第二，以"三品"战略为导向。浦东新区的现代都市农业以高端、高科技、高附加值农业为发展定位，以"三品"（品牌、品质、品种）战略为导向，形成了"5+6+1"的载体布局。浦东新区已形成南汇水蜜桃、南汇翠冠梨等在区内外有较高知名度和市场竞争力的特色农产品品牌，曹路镇创建成为国家级农业标准化示范镇。种源农业、循环农业、设施农业、工厂化农业在示范基地得到集聚，并形成了示范效应，推动传统农业向现代农业转型发展。例如周浦镇界

---

① 上海浦东探索乡村振兴：乡村新经济如何赋能新乡村［EB/OL］．［2020-09-22］．http：//www.sh.chinanews.com.cn/qxdt/2020-09-22/80710.shtml.

② 浦东部署高质量推进乡村振兴［EB/OL］．［2021-03-16］．http：//www.dfcxb.com/html/2021-03/16/content_33600_13131865.htm.

浜村积极打造农业科技示范园和农产品销售平台，依托镇农发公司农产品销售平台与第三方连锁门店、大型企业、电子商务平台对接，有效整合"农民—农发公司—企业"资源，将水蜜桃传统销售模式转为"互联网+"市场营销。界浜村从2010年开始专门成立了水蜜桃栽培学习小组，邀请农业专家为桃农讲课，设置田间教室、"农民一点通"等平台，为农民提供栽培知识、农资购置等服务。此外，界浜村引入农产品销售专业人才，打造界浜村水蜜桃品牌；线下结合迪士尼、周浦花海等旅游资源的带动效应，做强水蜜桃销售；线上借助媒体平台做好宣传，拓宽销售渠道。成立合作社开展农产品加工，如桃花茶、桃胶、桃雕等，延长产业链，增加农业附加值。

第三，惠农服务升级快。浦东新区建立"农资+"社会化服务体系，提供优质优价补贴农资和非补贴农资的线上购买渠道，提供配送和自提相结合的物流服务；"农资+技术服务"，为农户提供应时农事指导和技术培训，提高农产品品质；"农资+农废回收"，要简化农药废弃包装、农膜回收流程，方便农户交投；"农资+大数据"，打通农资经营、农废回收数据与监管平台，实时掌握农资商品流向和农废回收实时情况，促进农资经营企业规范经营、农户科学种植。2021年6月底，"农资+"综合服务线上平台上线公测。用户可进入微信公众号"浦东惠农通"的"农资服务"板块，根据买卖农资、农废回收、信息查询等不同需求选择"我要买、我要回收、我要卖、应时农情、惠农服务"5项服务。简化涉农事项终端，从而实现涉农领域"一网通办"。

（2）党建引领，助推乡村振兴。2021年10月13日上海市抓党建促乡村振兴工作推进会交流材料显示，浦东新区坚持"五抓五提升"，努力走出一条符合社会主义现代化建设引领区战略的乡村振兴路。第一，抓责任落实，在整体统筹推进中提升领导力。浦东新区把抓党建促乡村振兴实效纳入各级书记抓基层党建工作述职评议考核，压实主体责任，形成区镇村三级书记一起抓的工作格局，形成"总支抓总、支部包片、小组包队、党员到户"的组织架构，把党的组织向下延伸到村级治理的"神经末梢"。第二，抓战斗堡垒，在织密组织网络中提升组织力。探索"支部+产业链"，聚焦农民专业合作社、家庭农场等新业态，打造多个市级"双示范点"。探索"联盟+区域化"，抓好"结对百镇千村，助推乡村振兴""镇镇结对、村村联动"等行动，推动613个项目落实落地，助力乡村提升经济水平；利用区位和资源优势，探索川沙连民民宿、周浦花海等农旅结合发展模式。第三，抓城乡联动，在共建共享中提升融合力。实施规划引领先锋行动，强化区委统筹，把乡村规划纳入全区城乡总体规划；加强农业农村、规划资源等区级机关党建联建，统筹推进农村地区土地利用、生态建设、综合交通等规划落地。实施产业融合发展行动，聚焦现代都市农业，探索"一村一企一联合体"产业发展模式，发挥区镇村三级党组织枢纽作用，引导孙桥现代农业等国家级龙头企业建立专业联合体，带动124家农民专业合作社、145个家庭农场抱团发展，惠及约3.7万农户。实施科技赋能联通行动，加强与张江科学城、临港新片区的区域联动、资源共享，协同科技型企业推进"互联网+农产品流通"业态创新，协调推动盒马与航头长达村、清美与宣桥腰路村、泥城公平村合作对接，助力农民把产品变商品、收成变收入。第四，抓精细治理，在解决"急难愁盼"中提升凝聚力，以服务引领治理围绕"15分钟服务圈"，全覆盖建设308个村党群服务阵地，延伸建设739个睦邻互助点，200多项个人事项下沉到村受理、300多种药品直接在村配备，村民的获得感满意度不断提高。第五，抓人才集聚，在锻造骨干队伍中提升支撑力。选拔任用村党组织书记、镇属事业单位负责人等"三农"工作经验丰富的一线干部。引进优秀教育、卫生人才到浦东新区远郊农村工作，用好特殊人才引进落户政策吸引农村实用人才。下一步，浦东新区将紧紧围绕乡村振兴在引领区建设中的新定位新要求，聚焦打造农业产业发展活力高地、生态环境宜居高地、乡风文明建设高地和乡村治理现代化高地，进一步推动农村和城市两大领域党建同频共振，深化区域化党建等资源整合型党建模式，助推城乡融合发展。

（3）发展乡村文化。2019年，浦东新区文明办发布《浦东新区关于推进乡村振兴加强乡风文明建设的实施意见》指出系统实施乡风文明建设工程，加强乡风文明建设，不仅要加强农村精神文明阵地建设，更要打下坚实的精神文化基础。一方面要用群众喜闻乐见的形式，用通俗易懂的语言阐释好社会主义核心价值观的内涵，推动社会主义核心价值观融入百姓日常生活，同时开展寻找"乡贤人士"、树立"草根领袖"、宣传"道德模范"等活动，加强典型培育，为乡风文明提供精神动力、道德支撑和强大正能量；另一方面要以公共文化需求平衡为发力点，立足于村民日益增长的对美好生活的需要，有针对性地丰富村民精神文化生活，加强对传统文化遗产、非物质文化遗产的保护传承，同时加强配送优秀文艺下乡村，强化村民需要的精神文化供给，让文明浸润乡土、让文化滋养乡情，提升村民文化素养，提高农村文明程度。

2021年6月，浦东新区新增书院镇文化服务中心申报的民间文学"书院故事"、新场镇文化服务中心申报的传统技艺"绞圈房营造技艺"、合庆镇社区卫生服务中心申报的传统医药"顾氏中医疗法"等4项入选第八批区级"非遗"项目，至此浦东新区各级"非遗"项目达到83项。

2. 上海市青浦区

青浦区位于上海市西南部，东与虹桥综合交通枢纽毗邻，为长江三角洲经济圈中心地带。总面积668.54平方千米。全区共有8个镇、3个街道。

2018年3月印发的《青浦区关于促进民宿业发展的指导意见（试行）》提出，围绕上海建设世界著名旅游城市和青浦建设世界著名湖区的总体目标，以美丽乡村、全域旅游发展为基础，以改善农村环境、丰富乡村生活、增加农民收入、创新旅游供给、满足市场新需求为导向，依托青浦区生态环境、历史文化和区位交通优势，重点鼓励发展一批国际范、轻生活、高品质、绿色环保、主题鲜明、小规模的民宿，引导建设一批民宿集聚发展示范村，与美丽乡村、周边景区协同发展，突出地方特色、文化品位和个性化体验，逐步形成"村村有主题、家家有格调、人人有体验"的总体格局。

完善的产业体系，清晰的主导产业，健全的产业链条将为青浦新城产业的长远发展注入持续不断的动力。强劲的产业发展为城市提供更多的就业岗位，吸引人才集聚的同时助力城市经济的发展，最终实现以产兴城，推动产业与城市的融合发展。产业发展方面，青浦新城明晰做强自身主导产业。城市的特色产业、主导产业是宣传城市自身品牌形象的关键。以数字经济为例，相较于杭州的"互联网电商"、奉贤新城的"美丽健康"，青浦新城的数字经济产业在其产业体系的构建中尚不突出。因此，青浦新城注重发挥主导产业的龙头带动作用，未来将整合北斗创新基地、市西软件信息园、人工智能产业园、西岑科创中心、华为研发中心、网易青浦基地等重点载体，打造"长三角数字干线"，近期成亮点，中期成品牌，远期成特色，构建全市首屈一指的数字经济产业基地，最终集聚形成万亿级的数字经济带。通过主导产业来筑巢引凤，同时注意与周边区域产业的错位发展，将青浦新城产业体系中的优势产业——先进制造业，延伸产业——"都市水乡"全域旅游产业，配套产业——生产性服务业、生活性服务业构建完善。

（1）新型基础设施建设。2020年9月16日，青浦区发展改革委制订的《青浦区推进新型基础设施建设行动方案（2020—2022年）》是以新发展理念为引领，以技术创新为驱动，以信息网络为基础，面向高质量发展需要，提供数字转型、智能升级、融合创新等服务的基础设施体系。该方案指出赋能提质培育乡村振兴新动能。基于新一代物联网、大数据、3S等信息化技术，汇聚产业、农机、农资、农经、应急、科教等各级各类涉农应用及数据，以数字技术与农业农村经济深度融合为主攻方向，提升"智慧农业"发展新动能。聚焦乡村振兴战略要求，全力推进"智慧村庄""智慧社区"建设，实施"阳光村务"、"三网融合"、村庄广播、WiFi覆盖、智慧安防等基础设施，为实现乡村振兴提供有力支撑。

数字经济是个庞大的产业，青浦新城发展数字经济需把准前端设计研发和中端智能制造，除配套产业基础外，对各层次科研人才提出了更高的需求，但青浦尚无与之匹配的科研院校。依托业已落地的企业研发中心，下一步新城应集聚沪上高等教育资源，与理工科院校深入合作，以设立分校区、研究院、产学研促进中心等形式提升地区科创能力。

（2）农业特色化发展。青浦区在全面完成"三区"划定的基础上，建成3个万亩良田区、2.76万亩设施菜地及7个粮食烘干中心和15个农机服务中心，将农户的秋粮进行收购，通过扦样、化验、过磅、入库等流程，将优质稻谷烘干，通过机械化干燥，解决周边农户晾晒等问题，全力做好粮食烘干，确保秋粮归仓，农业基础稳定。

青浦区在稳固农业的基础上，不断提升农业品牌影响力，打造地方特色品牌。白鹤草莓园内，草莓物联网智慧农业为草莓生产提供了一流的硬件支撑和技术保障，打造包装流水线和冻干生产线，解决包装与加工问题，实现一体化经营，以科技化赋能草莓种植。如今，"练塘茭白""白鹤草莓""青浦薄稻米"已相继通过国家地理标志产品认定，地产农产品绿色食品认证率达到30%，农产品区域公用品牌"淀湖源味"完成国家商标注册并运行，年销售额达到6.8亿元，农业品牌影响力逐年提升。

青浦区农业紧扣产业发展特色，聚焦企业发展，以龙头企业为引领，通过"龙头企业+合作社+专业户"的产销一体化模式，进一步增强合作社的经济实力、发展活力和带动能力，引导小农户和现代农业发展有机衔接，开展农民合作社质量提升整区推进试点创建工作，一批规模化、特色化、专业化的合作社脱颖而出。2021年以来，青浦已建成农业龙头企业18家，星级农民专业合作社160家，家庭农场400家；粮食规模经营占比90%以上，蔬菜组织化经营占比86%，农业规模化生产显著提高。[1]

（3）农村人居环境优化。农村人居环境优化工程是上海市民心工程，是实施乡村振兴的重点工作，青浦区通过实施农村人居环境优化和美丽乡村建设"二合一"工程，不断提升村容村貌，完善农村公共服务等基础性设施，让乡村成为绿色青浦的亮点和美丽青浦的底色。人居环境优化工程实施以来，青浦区通过擦亮品牌，成功创建2个国家4A级旅游景区、3个五星级农业休闲园和4个三星级农业休闲园，休闲农业和乡村旅游年接待游客160万人次，收入达到1.28亿元。[2]

（4）非物质文化遗产传承。以茭白编结社为载体，就近带动农民就业，传承非物质文化遗产。茭白叶编结是历史悠久的草编、柳编技艺的发展演变与当地茭白种植业相结合而出现的民间手工编结技艺。茭白叶编结从虾笼编制、竹编织、柳条编织、席草编织、蔺草编织、稻草编织演变而来。它见证了上海民间技艺的继承发展与创新发展，是上海民间智慧的结晶，更是时代发展与进步的真实写照。茭白叶编结作为一种工艺品，主要有新年吉祥物、祭祀品、草席、草鞋、各类小动物工艺品、扇子、杯垫等生活用品。

据1990版《青浦县志》记载，早在1911年，章练塘织蒲传习所经理卫守廉就在钟联村圆通庵、高墟张宅、柳口村草庵等地教习茭白叶编织。在这个有着悠久编织技艺历史的古镇，勤劳智慧的练塘镇人民在继承传承传统编织技艺的基础上，将编织技艺与茭白叶相结合，因地制宜，创新地发展出茭白叶编结这一新兴绿色产业，实现了创新发展和可持续发展。2019年，练塘茭白叶编结制作技艺公布为区级非物质文化遗产名录。

青浦区在练塘镇莲湖村等多地开发了茭白叶编结就业岗位。本是农业生产废弃品的茭白叶，被开发成具有高附加值的工艺品后能远销海外，成了青浦区增加村民收入的一项重要副业，户均年收入可超万元。组织编织技术带头人，成立了工作室，鼓励带动百姓用茭白叶编结来增收。

---

①② 上海市青浦区人民政府．青浦：推动乡村振兴，农业供给侧改革出成效［EB/OL］．［2022-01-25］．https：//www.shqp.gov.cn/shqp/qpyw/20220125/909168.html.

同时，改进培训方法，采用骨干培训和一般培训的两个层次相结合。骨干培训班学员由村里推荐出来的动手能力强、愿服务、会传授的人员组成。这些学员学习后回到村里，大部分人不仅能自己编结，还能进行宣传和教授。骨干培训集中在社区学校学习，一般培训分散在村教学点学习；理论与实践相结合，在教室里学习编结材料的处理、保管以及产品工艺知识等，到实践工场进行实践操作。每村都已形成了一批编结大户，有些小户为了方便直接在大户家里学习编结技术。根据这个特点，培训班采用教师教大户、大户教小户的方式来增强培训效果。[①]

经过培训不仅培养了一大批编结技术骨干，而且取得了明显的社会效益和经济效益。编结厂每年下发给学员的编结收入，从 120 万元增至 200 万元。该项目实施后，为地区创年产值预计 2000 万元，比原来多 500 万元；创外汇 220 万美元，比原来多 40 万美元；下发编结费 200 万元，比原来多 80 万元，使百姓获得更多经济收入。[②] 茭白编织这条绿色产业链，解决了废弃茭白叶处理难题，传承了非遗文化，也增加了本地农民收入。

3. 上海市奉贤区

奉贤区位于上海南部，东与浦东新区接壤，下辖 2 个街道、8 个镇。全区行政区域土地面积 733.38 平方千米。根据第七次全国人口普查数据，截至 2020 年 11 月 1 日，奉贤区常住人口为 1140872 人。根据《2020 年上海市奉贤区国民经济和社会发展统计公报》，2020 年，奉贤区全年实现地区生产总值 1190.19 亿元，可比增长 2.0%，二三产业实现协同增长。分产业看，第一产业增加值 9.98 亿元，可比下降 13.3%；第二产业增加值 750.16 亿元，可比增长 1.7%，对地区生产总值的贡献率为 37.1%；第三产业增加值 430.05 亿元，可比增长 3.1%，对地区生产总值的贡献率为 68.3%。三次产业结构比重为 0.9∶63.0∶36.1，其中，第一产业比重比上年下降 0.13 个百分点，第二产业比重下降 0.75 个百分点，第三产业比重上升 0.88 个百分点。

（1）改善乡村居住环境。早在 2016 年，奉贤区就聚焦"农村美、农业强、农村美"，率先探索实施乡村振兴"三级跳"。2017 年，奉贤建设占地 50 平方千米、涉及 13 千米滨江岸线和 15 个村庄的"农艺公园"。作为农村宅基地、集体建设用地、农用地"三块地"改革的试验田，奉贤区坚持农民"离地不失地、离房不失房"的底线思维，强化规划引领，引入市场机制，探索"一个特色、一个产业、一个庄园（农场、公园、庭院）"的发展模式，促进农村生产方式和生活方式的转变，同时，把城市的资本、技术、信息等生产要素投向农村。奉贤区 8 个乡镇均在"三块地"改革中改善了村容环境，农民收入提升了，吸引多家优质企业入驻。

2019~2022 年，奉贤区以解决"三高、两区、一点、一示范村"及农民危房为主要任务，以各街道、镇《郊野单元规划》为依据，以尊重农民意愿为原则，全区计划四年启动 6000 多户农民相对集中居住。其中，2019 年奉贤区农民相对集中居住工作在 7 个镇、1 个街道铺开实施，共拟启动 2012 户，包括 8 个进城镇集中居住和 2 个平移集中居住项目。奉贤区柘林镇农民相对集中居住工作启动较早，拆旧地块共 80 块，总面积 19.86 公顷，分布于镇域"三线"沿线区域的海湾村、胡桥村等 10 个行政村，涉及搬迁农户 358 户。2019 年 7 月，柘林镇正式启动农户人口、面积最终确认工作，9 月启动安置农户正式签约工作。安置小区地块面积 4.0734 公顷，容积率 2.1，住宅面积 8.5 万平方米。[③]

奉贤区打造"农艺公园·田园综合体""三园（院）一总部""生态村组·和美宅基"奉贤乡村振兴三大品牌。利用"三农"资源，引进工商资本，植入城市文明，挖掘农耕文化，找准城市化与逆城市化的最佳结合点；通过承包地流转、宅基地流转、集体建设用地盘活等有效举

---

①② 姚忠荣. 茭白叶编结：变废为宝［J］. 成才与就业，2013（17）：2.

③ 澎湃新闻. 农民土地换房、换资产、换股权，上海奉贤解锁乡村振兴新思路［EB/OL］.［2019-08-19］. https：//www.thepaper.cn/newsDetail_forward_4198675.

措，积极打造"一庄园一总部""一公园一总部""一庭院一总部"，以壮大村级集体经济，增加农民收入；通过激发群众的主体意识，打造生命共同体、利益共同体、发展共同体，成为全国首批农村社区治理实验区。

（2）城市发展和乡村振兴结合，依托产业园区开展城镇化。化妆品健康产业是奉贤区的优势，在多年发展中已经形成了相当规模的产业集聚，全国每4片面膜中就有1片来自奉贤。奉贤的目标是力争到2025年，"东方美谷"产业规模实现1000亿元，以此带动奉贤城乡一体化发展。在"东方美谷"的带动下，奉贤应运而生东方美谷小镇、东方美谷大道、东方美谷园区、东方美谷小街，真正让城市化的发展势能带动乡村振兴。奉贤区集中全区100个贫困村集体资产组建百村公司，由区级平台统一运营，积极购置优质物业资产，入股东方美谷优质产业。2017年，各村实现入股分红80万元，充分利用产业与农村发展联动，走出了壮大集体经济的新路。①奉贤区通过东方美谷建设让城市空间、产业空间、文化空间深度融合，使产业品牌变成城市品牌再变成文化品牌，真正变成乡村振兴之"产业兴旺"的生产力。

此外，奉贤大力推行从"园区"向"城区"的总体转型模式，通过以产业园区为基础，充分依托园区内各类创新要素复合，成为以国内外高层次人才和青年创新人才为主，以科创为特色，集创业工作、生活学习和休闲娱乐为一体的现代新型宜居城区和市级公共中心，成为"科研要素更集聚、创新创业更活跃、生活服务更完善、交通出行更便捷、生态环境更优美、文化氛围更浓厚"的世界一流科学城。②

（3）创新组织领导形式，助推乡村振兴。奉贤区已制定针对农民增收、农民就业、生态建设等方面的16个配套文件。2017年底，奉贤区发起了一项创新行动，即动员全区每位党员领导干部以一名党员的身份走进一个村，为实施乡村振兴送思想、眼界、资源、技术。关于"三块地"改革，原先在奉贤区西渡街道五宅村，村干部只是听到过，但自从党员领导干部下村后，既帮助村干部搞懂了为什么要改革、怎么改革、改革为了什么等问题，还积极与村民面对面，帮村干部打消村民思想顾虑，并主动介绍优质项目到村，帮村里解决招商引资难等问题。为了让更多人积极参与乡村振兴，奉贤区引导区内30家知名企业与30个村开展结对共建，计划用3年时间使结对村治理方式、环境面貌、服务设施、乡风民俗等明显改善，以实际行动助推乡村振兴。上海新亿阳建设开发有限公司参与金汇镇明星村结对，当时仅一个月就有11个惠民项目落定。③

十、江苏省

江苏，简称"苏"，省会南京，位于中国大陆东部沿海中心，介于东经116°18′～121°57′，北纬30°45′～35°20′。1667年因江南省东西分置而建省，得名于"江宁府"与"苏州府"之首字。江苏东临黄海，与上海市、浙江省、安徽省、山东省接壤，江苏省面积10.72万平方千米，占中国的1.12%，人均国土面积在中国各省份中最少。江苏地形以平原为主，平原面积达7万多平方千米，占江苏面积的70%以上，比例居中国各省份首位。

（一）江苏省经济发展概况

1. 江苏省人口与经济概况

根据《江苏省第七次全国人口普查公报（第一号）》，江苏省总人口为84748016人，与

---

①②③ 中国经济网．上海奉贤借城市化发展势能带动乡村振兴［EB/OL］．［2018-11-14］．http：//www.agri.cn/V20/ZX/qgxxlb_1/sh/201811/t20181114_6284253.htm.

2010 年第六次全国人口普查相比，增加 6087075 人，增长 7.74%，年平均增长率为 0.75%。根据《江苏省第七次全国人口普查公报（第六号）》，江苏省居住在城镇的人口为 62242383 人，居住在乡村的人口为 22505633 人，占 26.56%。与 2010 年江苏省第六次全国人口普查相比，城镇人口增加 14870895 人，乡村人口减少 8783820 人，城镇人口比重上升 13.22 个百分点。根据江苏省统计局数据，2020 年全省实现地区生产总值 102719 亿元，按可比价格计算，比 2019 年增长 3.7%。其中，第一产业增加值 4536.7 亿元，增长 1.7%；第二产业增加值 44226.4 亿元，增长 3.7%；第三产业增加值 53955.8 亿元，增长 3.8%。产业结构加快调整，全年三次产业增加值比例调整为 4.4∶43.1∶52.5。2020 年，全年粮食播种面积 540.6 万公顷，比 2019 年增加 2.4 万公顷。

2. 江苏省各市人口与经济概况

江苏省共辖 13 个地级行政区，分别是南京市、无锡市、徐州市、常州市、苏州市、南通市、连云港市、淮安市、盐城市、扬州市、镇江市、泰州市、宿迁市。《2020 年江苏省国民经济和社会发展统计公报》数据显示：

（1）地区生产总值方面，苏州市、南京市、无锡市居全省前三名。其中，苏州市位居第一，实现地区生产总值 20170.50 亿元。南京市排名第二，全年地区生产总值达到 14817.95 亿元。接下来是无锡市，地区生产总值 12370.48 亿元。

（2）地区生产总值增速方面，南通市增长最快，增长 4.7%。南京市位居第二，增长 4.6%；常州市紧随其后，增速 4.5%。

（3）财政收入方面，2020 年江苏省内财政收入排名前三位的分别是苏州市、南京市、无锡市，其中，苏州市财政收入 2303 亿元，大大领先南京市（1637 亿元）、无锡市（1075 亿元），大幅拉动江苏整体实力跃升。

（4）地区人口方面，根据第七次全国人口普查结果，江苏省 13 个市中，人口超过 1000 万人的市有 1 个，在 900 万人至 1000 万人之间的市有 2 个，在 500 万人至 800 万人之间的市有 4 个，在 400 万人至 500 万人之间的市有 5 个，人口少于 400 万人的市有 1 个。与 2010 年第六次全国人口普查相比，10 个设区市人口增加。人口增长较多的 3 个设区市依次为：苏州市、南京市、无锡市，分别增加 2288372 人、1310941 人、1087736 人。淮安市、盐城市、泰州市人口有不同程度的减少。

（5）其他方面，2020 年城镇居民人均可支配收入位居全省前三的市依次是苏州市、南京市、无锡市，分别为 70966 元、67553 元、64714 元。农村居民人均可支配收入位居全省前三的市州是苏州市、无锡市、常州市，分别为 37563 元、35750 元、32364 元。

3. 江苏省产业概况

（1）大力发展电商产业。2018 年 9 月，江苏省商务厅发布了《江苏产业电商发展报告》，江苏产业电商基础扎实，从区域上看，南京的家电和手机数码、苏州的服装服饰、南通的家居家装、连云港的珠宝礼品等产业表现突出；网络资源丰富，截至 2020 年底，江苏全省移动基站达 61.6 万个，排名全国第二；物流基础设施建设完善，全省有 15 个电子商务与快递物流协同发展示范基地。2019 年 9 月，江苏省电子商务示范基地举行授牌仪式，南京市 6 家基地上榜，数量位居省内第一，分别是江北新区产业技术研创园、白下高新技术产业开发区、J6 软件创意园、高淳电子商务产业园、南京电子商务（双龙）示范园区、江苏经贸职业技术学院大学科技园。2020 年国家电子商务示范基地授牌仪式又新增江苏信息服务产业基地、无锡市新吴区旺庄科技创业发展中心等江苏省示范基地。"十四五"时期，江苏产业电商发展将加快集群发展，重塑品牌优势，着力打造一批国际影响力强、辐射范围广的区域电商品牌，并加强高端人才引进培育。

（2）重点发展医药产业。《江苏省人民政府关于推动生物医药产业高质量发展的意见》要求，充分发挥苏南自主创新示范区创新一体化优势，加快布局建设生物医药产业创新中心，在南京、苏州等地积极打造各具特色的生物医药产业创新园区，形成生物技术药、医疗器械和生物医用材料、医药研发服务外包等领域的特色产业创新集群。放大部省共建效应，加快人才集聚、资本集聚、企业集聚，努力建成全国知名的现代化大健康产业基地。支持连云港坚持创新与国际化双轮驱动，积极参与国际竞争，在生物制药和现代中药等领域形成发展新优势，打造国内领先、国际知名的创新药物产业化基地。南京江北新区以打造"基因之城"为定位。泰州医药高新区是我国第一个医药类国家高新区，也是全国唯一部省共建的医药高新区。经过多年发展，泰州医药高新区形成了五大特色产业——化学药、医疗器械、医疗健康、中药、生物制药和疫苗。截至 2017 年底，泰州医药高新区已经集聚了阿斯利康、赛洛菲和勃林格殷格翰等 9 家全球知名跨国制药企业及其他重大项目国内外医药企业 900 多家，已有 32 家药品生产企业取得生产许可证，20 家药企 50 条生产线通过药品生产质量管理规范（Good Manufacturing Practice of Medical Products，GMP）认证投产，入驻医疗器械生产企业 279 家。[①]

（二）江苏省乡村振兴阶段性成果[②]

（1）农村一二三产业融合发展，全面提高农业质量效益和竞争力。一是打造优势特色产业。编制完成 8 个千亿级优势特色产业规划，2018 年成立江苏省乡村振兴产业联盟。二是提升农业综合生产能力。建成高标准农田 175 万亩；粮食作物全程机械化水平超过 78%，粮食产地烘干能力达 51%，高效植保机械化能力超过 60%；益农信息社行政村覆盖率达 91%；规模设施农业物联网技术应用面积占比达 16%；农产品网络营销额 235 亿元以上，同比增长 27%。三是推进农业绿色发展。实现全省 22 个畜牧大县畜禽粪污资源化利用整县推进全覆盖，夏季秸秆还田面积 3200 万亩左右。四是建立农产品品牌培育体系。启动"苏米"省域公用品牌创建。五是建立一二三产业融合载体。制定农业产业化联合体发展指导意见，实施 26 个农村一二三产业融合发展项目；736 家省级以上农业龙头企业销售（交易）额达 4500 亿元，同比增长 8.5%；实施"百园千村万点"休闲农业精品行动，休闲观光农业综合收入超过 300 亿元。六是加强现代农业科技装备。成立南京国家现代农业产业科创园管委会，启动展示中心项目建设，召开南京国家现代农业产业科技创新示范园发展推介大会。实施农业重大新品种创制项目建设，对 49 个项目予以立项；推进 17 个现代农业产业技术体系建设，新建 23 个现代农业科技综合示范基地。七是建设农业开放合作平台。组织认定 25 家省级出口农产品示范基地（区），农产品进出口总额 100.9 亿美元，同比增长 23.4%，其中出口 19.9 亿美元，同比增长 9.4%。

（2）培育乡村振兴人才。一是提升农民就业质量，助力产业融合。开展重点群体免费职业培训行动，实施新生代农民工职业技能提升培训专项计划，开展农村劳动力职业技能培训 23.8 万人、新生代农民工培训 10.8 万人，同比分别增长 12.8%和 3%。全省新增转移就业 14.8 万人，累计转移率 74.8%。二是提升农民创业能力。推进农民工等人员返乡创业培训五年行动计划，开展农民创业培训 2.9 万人，扶持自主创业 4.5 万人；部省联合开展省级创业型乡镇、村和园区建设；评选出十大"江苏双创好项目"。

（3）农村基础设施升级改造及人居环境整治。积极推动城镇基础设施向农村延伸，公共服务向农村覆盖。一是加快农村公路提档升级。省政府出台关于进一步加强"四好农村路"建设

---

① 火石创造.江苏省生物医药产业发展现状分析［EB/OL］.［2019-04-01］.https：//caifuhao.eastmoney.com/news/201904011811361113646860.

② 江苏乡村振兴十项重点工程实施进展情况新闻发布会［EB/OL］.［2018-08-30］.http：//www.jiangsu.gov.cn/art/2018/8/30/art_46548_123.html，有修改.

的实施意见，并召开全省高质量建设"四好农村路"推进会。2018 年 7 月，省行政村双车道农村公路覆盖率达到 75%。二是以县为单位深入实施农村饮水安全巩固提升工程。三是加快农村信息基础设施提档升级。农村光纤宽带到户率超过 90%，家庭宽带普及率达 75%，农村地区 4G网络覆盖率超过 90%。四是推进村级配电网改造。完成村级 10 千伏配电变压器改造 1.4 万台，改造加空线路 2247 千米、电力线路 935 千米、农村低压线路 623 千米。

（4）整治乡村环境，开展美丽宜居乡村建设工程。一是实施农村人居环境整治三年行动。省政府召开全省改善农村人居环境现场推进会，出台农村人居环境三年整治行动实施方案。新增农村生活垃圾分类和资源化利用试点镇 50 个。开发江苏省村庄生活污水治理信息系统，制定生活污水治理水污染物排放标准，增加村庄生活污水治理试点县 15 个。出台 2018 年农村改厕项目实施方案，完成农村改厕 11.5 万座。二是推进特色田园乡村建设。编制《江苏省美丽宜居村庄建设导则》，科学引导农房建设和村庄特色风貌塑造。三是加强传统村落保护。开展传统村落和传统建筑组群调查课题研究，梳理全省传统村落的数量、类型、地理分布特征及现状条件等情况。

（5）乡风文明提升。江苏省大力加强公共文化建设，营造社会好风尚。一是推动社会主义核心价值观进村入户。二是推进农村文明家庭建设。制定《江苏省深化家庭文明建设行动计划》，开展"我家 40 年"家庭故事征集活动。三是推进乡村移风易俗。江苏省 4371 个村（居）成立红白理事会。四是推进文化惠民。制定江苏省特色文化之乡命名和管理办法，部署推进5775 个基层综合性文化服务中心年度建设任务，2018 年上半年送戏下乡 1400 场。

（6）脱贫致富奔小康。一是全力推动脱贫致富奔小康。针对经济薄弱村，确定 123 个省定重点经济薄弱村，省级财政每村补助资金补齐 200 万元。针对因病致贫重点群体，出台对建档立卡低收入人口参加居民医保个人缴费财政全额代缴政策，以及大病保险降低起付线、提高报销比例等政策。开展资金收益扶贫，印发《关于加强资金收益扶贫及相关管理工作的意见（试行）》。二是加强监督考核。组织对苏北 5 市和 12 个帮扶重点县 2017 年脱贫攻坚工作开展考核，对成效显著的 8 个县省级安排奖励资金共 1 亿元。以"三查三治"为重点，组织开展扶贫领域作风问题专项治理。三是部署推进脱贫攻坚战三年行动。贯彻中央决策部署，研究制定江苏省《关于打赢打好脱贫攻坚战三年行动实施意见》。

（7）深入推进农村改革和制度创新，着力构建农业农村发展新机制。一是深化农村土地制度改革。扎实推进房地一体的农村集体建设用地和宅基地使用权确权登记颁证。深化武进区农村土地制度改革三项试点，率先完成武进区全域村土地利用规划编制，全省共 91 个村基本完成村土地利用规划编制任务。二是深化农村承包土地"三权分置"改革。开展承包地确权登记颁证工作"回头看"，全省土地流转面积 3160 万亩，占承包地面积的 60%，农村产权交易市场基本实现镇级全覆盖。三是推进集体资产股份合作制改革。江苏省被确定为全国农村集体产权制度改革整省推进试点省份，省政府召开全省农村集体产权制度改革电视电话会议进行全面部署，颁布《江苏省农村集体资产管理条例》，截至 2018 年 6 月底全省近一半的村完成了清产核资工作，超过 8000 个行政村（居）进行了农村集体资产股份合作制改革。四是深化农村金融改革。形成覆盖全省的农业信贷担保体系，在保余额 16.5 亿元。深入推进农村信用社改革，6 家农商行在国内主板上市。全省农村小额贷款公司 426 家，涉农贷款占比达 98.6%。主要种养殖业和高效设施农业保险基本实现全覆盖。五是全面推进农业水价综合改革。截至 2018 年 6 月底，已完成 1047 万亩，占计划任务的 68.6%。六是实施新型农业经营主体培育工程。累计培育新型职业农民 10 万人，成立产业化联合体 30 多家。全省家庭农场超过 4 万家，农民合作社 9.5 万家。七是深入推进供销合作社综合改革。创建"三体两强"基层社 20 个，完成年度任务的 50%。农药零差率统一配供和废弃物包装回收处理从苏州扩大到 13 个县市。八是推进国有林场改革和集体林权制度建设。出台完善集体林权制度实施意见和国有林场改革省级验收办法，省政府办公厅组织国有林场改革全面督查，浦口区等 23 个县（市、区）国有林场改革基本完成改革主体任务，完成率超过 50%。九是加快江苏农垦改革。6 家国有农场属地政府出台农场办社会职能改革细化方案，18 个农场全部完成公司制改革。

（8）强化法治，加强和创新乡村治理。一是推动乡村治安防控力量下沉，加强乡村公共安全监管。二是创新乡村网格化社会治理机制。规范设立综合网络 13 万余个，配备专兼职网格员近 30 万名，其中专职网格员 6 万余名，农村地区由村"两委"委员担任网格长。明确网络服务重点为信息采报、矛盾化解等 9 大类 22 小类近 90 项具体工作。三是推进村民自治实践。全省"政社互动"模式基本实现全覆盖。强化农村社区民主协商，推广南通"五微三有"自治工作模式，拓展"微自治"内涵。四是加强乡村法治建设。建成全国民主法治示范村（社区）100 个、省级 1 万个以上。出台全国首个省级《公共法律服务"十三五"发展规划》，为全省村（居）配备法律顾问 7518 名。

（9）农村基层党建创新提质工程。创新农村基层党组织建设理念、方法、载体，以高质量党建工作促进乡村振兴。一是强化基层党建政治功能。严密基层组织体系，全省农村基层党组织 9.68 万个。建强党群服务中心，制定《村党群服务中心使用管理暂行规定》。创新开展"寻找老支书精神"活动，持续推进"党课名师"工程。二是提升基层党组织组织力。严肃组织生活，全省 23.6 万个基层党支部召开专题组织生活会。创新活动形式，全面推行"主题党日""党员活动日"等做法。丰富活动载体，策划制作 40 集《十九大党章知识精粹》。三是推进农村骨干队伍建设。实施"双培育双提升"五年行动计划，已重点培育 175 名乡镇党委书记、2300 多名村党组织书记、8300 多名村干部后备人才。组织实施乡土人才"三带"行动计划。选聘"兴村特岗"人员 4368 名，招录"定制村干" 906 名。四是夯实基层党建责任。全面推行基层党建"书记项目"，2018 年市县乡共确定 1359 个"书记项目"。按不低于 5% 比例倒排 865 个软弱后进村党组织，落实整顿提升措施。研究制定"抓乡兴村 40/60 计划"先进县（市、区）考核验收办法，县级 40% 的乡推进达到示范标准、60% 的乡推进达到合格标准，发挥先进引领作用。

（三）江苏省乡村振兴规划

2021 年 8 月 4 日，中共江苏省委农村工作领导小组办公室、江苏省农业农村厅和江苏省乡村振兴局联合发布了《关于发展壮大新型农村集体经济促进农民共同富裕的实施意见》，主要提出大力发展融合经济。鼓励有条件的农村集体经济组织与其他经济主体共同组建混合所有制经营实体，发展混合所有制经济。鼓励集体经济组织统筹利用乡村空间资源、特色产业资源和地域文化资源，进一步完善乡村功能布局，实现特色产业、休闲观光、农创文旅、农耕体验、康养基地等多产业业态，推动产业融合发展。支持有条件的地区通过打造田园风光、乡村土特产品超市、乡村美食、乡村文化风俗演艺等发展当地特色的乡村旅游经济。充分利用网络新媒体平台，提高当地特色农产品和乡村旅游资源知名度，做好农产品销售和旅游推介，打造集体经济发展知名品牌。鼓励集体经济组织牵头利用农村电子商务平台，发展产地直销、网络直销等新型流通业态，进一步降低流通成本，推动农村一二三产业与电子商务融合发展。

积极发展绿色经济。将集体经济发展与生态保护、环境整治有机结合，鼓励集体经济组织立足实际发展生态农业、生态旅游、生态工业等项目，进一步推进农村生产生活方式绿色转型升级。鼓励集体经济组织与企业、科研院所等合作，发展绿色农业，共建绿色优质农产品基地，发展绿色有机农产品，做强区域公用品牌，推动附着于农产品中的生态产品价值显化实现。支持集体经济组织运用现代科学技术成果和管理手段，发展种养结合、生态循环农业。依托当地自然生态和文化底蕴，深度融合农村生态农业、文化产业和旅游业，进一步拓展农业的经济功能和生态功能。

加快发展服务经济。支持集体经济组织在特色产业发展中提供农资供应、技术指导、生产加工、产品营销等生产服务。支持集体经济组织积极参与实施村庄道路、农村供水安全、新一轮农村电网升级改造、乡村物流体系建设、农村住房质量提升等工程项目，提升乡村基础设施建设水平。支持集体经济组织整合区域内劳动力资源，开展技能培训，承接设施设备养护、清洁绿化、安全保卫等物业服务。支持集体经济组织在城郊、园区等人口密集、企业聚集的地方建设或购买物业项目，为园区企业外来员工提供公寓出租和生活配套等服务。支持集体经济组织建设村域综合性服务平台，汇集区域性、公共性、公益性服务功能，努力使其成为农民开展综合合作的组织载体、优质要素下乡和产业链下移的承接载体和小农户衔接现代农业的重要依托。

创新发展"飞地经济"。鼓励集体经济组织打破地域界限发展"飞地经济"，引导村集体经营项目向城市周边、特色小镇、优势农业区、农产品加工区以及各类工业、农业园区集中。支持有资金、项目、技术、管理优势的村与有资源、空间、区位优势的村合作发展，从事规模农业生产、农产品加工、乡村旅游，也可以集中利用存量建设用地，在工业园区附近建设工厂厂房、商业公寓、仓储库房等物业项目。鼓励"飞出地"和"飞入地"建立多种形式的利益联结机制，充分体现合作要素的市场价值，实现资源共享、优势互补、互利双赢。

大力发展智慧农业，实施农业物联网示范工程，建设数字农业基地，打造数字乡村。深化农村一二三产业融合发展。树立全产业链思维，引入现代产业发展理念和组织方式，加快发展农村电子商务、农村休闲旅游、农业生产性服务业等新产业、新业态，构建农村产业融合发展新体系，建强国家级农村产业融合发展示范园和先导区。打造一批现代农业产业园区，支撑"一县一业"发展。实施农产品加工提升行动。

2020年5月29日，江苏省人民政府办公厅发布《省政府办公厅关于加快推进渔业高质量发展的意见》，提出加强渔业资源养护。加强渔业资源监测，降低捕捞强度，全面落实水生生物保护区禁渔、主要湖泊禁渔等制度，强化长江渔政管理，探索渔业资源可持续利用方式，因地制宜推动海洋牧场建设，科学开展增殖放流活动，涵养渔业资源。提高渔业组织化程度。培育和壮大家庭渔场、专业合作社、渔业产业联合体等新型经营主体，优化资源配置，保护水域滩涂合法经营权，发展多种形式适度规模经营。鼓励和引导工商资本投资渔业产业发展。健全产业链利益联结机制，建立渔业社会化服务体系，推动生产、流通、营销、服务等环节有效衔接。推动渔业同其他产业融合发展。积极推进水产品加工流通发展，完善冷链物流体系，提高水产品储运能力。大力推进休闲渔业发展，发展休闲垂钓、体验采捕等特色项目，推进渔业与文化节庆、旅游观光等业态融合发展。打造水产品电商销售平台，加强商超对接合作，推动线上服务、线下体验与现代物流深度融合，发展水产"新零售"模式。

（四）江苏省部分市（区）乡村振兴概览

1. 江苏省南通市

南通市位于中国东部海岸线与长江交汇处、长江入海口北翼，与上海市隔江相望，为江苏唯一同时拥有沿江沿海深水岸线的城市，属长江三角洲冲积平原，处亚热带季风气候。南通市是国家历史文化名城、全国文明城市，首批对外开放的14个沿海港口城市之一。全市陆域面积8001平方千米，海域面积8701平方千米，户籍人口762.5万人，辖3市1县3区，有1个国家级高新区、4个国家级开发区、1个综合保税区、5个国家一类水运和航空开放口岸。

以南通市通州区为例，其乡村振兴取得的成果①包括：

---

① 南通发布.围绕"产业兴旺、生态宜居、乡风文明、治理有效、生活富裕"总要求——努力打造乡村振兴"通州样板"［EB/OL］.［2021-10-27］.http：//www.ntfabu.com/detailArticle/17470880_10325_ntfb.html.

通州区守牢稳产保供底线，建成规模农业项目168个，高标准农田占比达93.2%，粮食播种面积和产量近三年保持稳定。建有省级菜篮子工程万亩蔬菜基地2个，2020年全区蔬菜产量达74万吨，其中1/3销往上海。通州区农业现代化成效显著，建成各类现代农业产业园区7个和全省首家无人农机示范基地，粮食生产全程机械化率达95.3%，创成省粮食生产全程机械化示范区，并正积极创建全国主要农作物全程机械化示范区。

通州区深化农业服务体系建设，全区拥有家庭农场387家、农民专业合作社653家。推进农业绿色发展，建设水稻、蔬菜绿色防控示范区3个。巩固省级农产品质量安全区创建成果，在验收通过的省级绿色优质农产品基地9个、面积36万亩的基础上，建设基地9个、面积30.8万亩。全区设置农药废弃包装物和农膜回收点209个，实现废弃农膜回收村级全覆盖，农膜回收率达到91%。通州区的长江禁渔工作在南通市处于领先地位，连续得到上级部门表扬。

通州区大力发展乡村旅游、休闲农业和农村电子商务，建成2A级以上农业景区5家、省星级乡村旅游区7家。2020年休闲观光农业综合经营性收入近3亿元，正加快推进全国休闲农业重点区建设。通州区积极搭建惠农直播电商平台，川姜镇连续7年被认定为"淘宝镇"，14个村被认定为"淘宝村"。

坚持把深化产权制度改革作为强大引擎，进一步释放发展活力。通州区的村级集体产权制度改革圆满完成，全区207个涉农村全部完成集体产权制度改革，组建村级股份经济合作社，确认资产23.4亿元，建立起"归属清晰、权能完整、流转顺畅、保护严格"的集体产权制度。拓展村级集体经济发展新路径，倡导村一级利用资源优势、产业优势、区位优势，发展"资源开发型""资产经营型""合作共享型""服务创收型""投资收益型"等集体经济。截至2021年8月底，全区207个涉农村集体收入总额达2.1亿元，村均134万元，187个村收入超55万元，占90.3%。

通州区探索农村集体资产股权质押担保贷款试点，对农村集体资产股权进行价值评估，以农户"农村集体资产股权"作质押，发放新型涉农金融信贷产品，解决村集体经济组织成员资金需求。2020年8月，成功办理南通地区第一笔农民以集体资产股权质押为担保物的助农贷款。截至2021年10月，全区累计发放股权质押贷款11笔，总金额达91万元。

在推动土地流转适度规模经营方面，通州区完成21.2万农户土地承包经营权确权颁证，流转土地37.6万亩，占家庭承包总面积一半以上。市场化组建以家庭农场、合作社、新型合作农场、规模农业公司为主体的农业项目主体，确保土地流得出、溢得出。通州区实施农村产权交易市场改革试点，全面推进农村产权阳光交易，获评"全省农村产权交易市场建设先进集体"。稳步推进农村宅基地制度改革，加强农村宅基地管理法律政策的指导和宣传，制定出台《通州区农村宅基地和住房建设管理实施办法（试行）》，对宅基地申请条件、面积标准、审批程序等做出明确规范，严格落实"一户一宅"规定。同时，建立健全农村宅基地用地建房联审联办制度。

南通市通州区兴仁镇徐庄村曾获得全国文明村、全国民主法治示范村等荣誉称号，徐庄村十分注重发展乡村公共文化。村公共服务中心先后投资建设了图书阅览室、电子阅览室、健身室、志愿服务站及300多平方米的多功能活动厅等室内文化娱乐场所，还配套4个文体广场、7个社区公园、5处文化宣传栏等室外文化设施。徐庄村村报《徐庄人》以月报形式宣传村庄发展动态，部署阶段性工作任务，传播文明礼仪知识，教育引导村民养成科学、文明、健康生活方式。借助"两微一端"新媒体平台，建立"徐庄人"微信公众号。充分发挥村民议事会等自治组织作用，深入开展"十星级文明户""五好家庭"创评活动。以"争当好邻居、珍惜人间情、建设好家园"为主题，每季度举办一次道德讲堂，为全村营造良好文化氛围。

通过邻里协商、互帮互助，往往比村干部做工作更容易化解矛盾纠纷。徐庄村利用乡村熟人社会，解决村民困难或矛盾纠纷。一是在村公共服务中心设立村民议事室。推行党员志愿者和村民小组长轮值制度，让党员志愿者和村民小组长成为架在社区干部和群众之间的"连心桥"。二是推行"1+2+N"（1 名社区干部+2 名村民小组长+N 名群众）社区巡查制度。村干部熟悉农户位置，准确掌握村民的家庭情况和邻里关系，有利于开展工作。三是要求村干部上班直奔一线，下组到户。把群众当"家人"，与"家人"谈家常，聊家务，拉近距离，增进感情，真正做到宣讲政策、掌握民情、收集民意，为民解忧在"家里"。四是设立分级调解工作机制。村级设立调解室，村民小组、村域企业成立调解工作站，聘请有威望的退休村干部、教师等担任专兼职调解员，帮助村民调解矛盾纠纷，把调解工作延伸到村民的"家门口"。真正了解民情，解决实际问题，为村庄治理奠定良好的社会基础。五是加强制约监督。徐庄村通过民主选举成立了村务监督委员会，对村级事务进行监督，保证社区重大决策科学、人员聘用规范、工程项目程序合规及大额支出合理准确。徐庄村通过创新探索和艰苦奋斗，村域社会风气发生了巨大的变化，广大村民的文明素质得到了快速提升，先后获得 3 项国家级荣誉、10 项以上省级荣誉，并多次获得南通市及南通市通州区先进集体嘉奖。

2. 江苏省扬州市

扬州市现辖邗江区、广陵区、江都区 3 个区，高邮市、仪征市 2 个县级市和宝应县。总面积6591.21 平方千米，其中市区面积 2305.68 平方千米、县（市）面积 4285.53 平方千米。根据《2020 年扬州市国民经济和社会发展统计公报》，扬州市 2020 年全年实现地区生产总值 6048.33亿元，按可比价格计算，增长 3.5%，其中，第一产业实现增加值 307.1 亿元，增长 2.9%；第二产业实现增加值 2786.35 亿元，增长 3.6%；第三产业实现增加值 2954.88 亿元，增长 3.5%。三次产业结构调整为 5∶46.1∶48.9，第三产业增加值占地区生产总值的比重比上年提高 0.9 个百分点。2020 年末全市户籍人口 454.71 万人，比上年下降 0.53%。2020 年全年出生人口 29637人，出生率 6.52‰；死亡人口 40493 人，死亡率 8.91‰，人口自然增长率为-2.39‰。户籍人口城镇化率 69.2%。全体居民人均可支配收入 38843 元，同比增长 4.8%。

（1）酱菜推动产业融合，带动电商、地区饮食文化、农业发展。扬州酱菜历史悠久，有"鲜、甜、脆、嫩"四大特点，形成了独具特色的酱菜产业。其中最具特色的酱菜企业是三和四美酱菜有限公司，是国家认定的"中华老字号"。三和四美酱菜先后获得中国调味品企业 50 强、农业产业化国家重点龙头企业等多项殊荣，酱菜制作技艺被列入江苏省"非物质文化遗产名录"。三和四美公司拥有年产 10000 吨酱菜、15000 吨腐乳、10000 吨酱油、1000 吨酱和 3000 万只速冻包子的生产能力，通过大力开拓网上销售市场，酱菜、腐乳、速冻包子、酱油、调味酱等远销国内外，2018 年实现总产值 2 亿元。[①]

为发挥龙头企业示范带动作用，引领农民共同致富，三和四美公司联合上游产业链的农民专业合作社，牵头成立三和四美酱菜产业化联合体。按照"企业+基地+农户+线上平台"的发展模式，与江苏、安徽、宁夏、黑龙江等多地农户建立合作关系，建成生产基地 12 家，联系合作社 5 家，种植大户 10 家，带动农户 2 万多户，种植面积 4 万亩，腌制存储池位容量 3 万吨，推进了酱菜产业的融合发展。[②]

（2）弘扬琴筝文化。扬州自古就有琴筝文化传统，是广陵琴派发源地。扬州 200 多家古筝企业年产古筝近 45 万张，占全国古筝生产总量 2/3；古琴年产量近 2 万张，占全国古琴生产总量近 80%。近年来，扬州相继荣获"中国古筝艺术之乡""中国琴筝产业之都"的美誉。

古琴制作工艺复杂，而扬州市在乐器制作方面取得 25 项专利，其中有 14 项为实用新型专利。在制（修）订标准方面，骨干企业参与制（修）订的有《编钟》《古琴》和《筝》等 12 项

---

① ② 参见扬州三和四美酱菜有限公司官网：http://www.yzjiangcai.com/about.html。

行业标准，现正参与《绿色设计产品评价技术规范琴和筝》团体标准的制定。

随着琴筝文化产业不断壮大，扬州琴筝文化产业园落户甘泉街道长塘村，已吸引金韵、中昊、雅韵、龙凤等近40家知名琴筝企业入驻园区，集聚了一批琴筝名人和能工巧匠。2019年，生产琴筝71.5万台（张），其中，古筝65万台，古琴6.5万张，各类琴筝配件100多万套，产品产量和销售约占全国同行业的50%以上，产品以内销为主，出口量约占15%。2019年，琴筝产业产值约18亿元，销售收入约13.5亿元，实现利税约2.5亿元，已发展成为全国最大的琴筝生产基地和文化产业基地。经过5年的发展，琴筝产业体现出以下几个特点：一是产业集群集聚度高，产业规模不断壮大。扬州现有琴筝生产及配件企业360多家，从业人数2.5万人。现有金韵乐器御工坊、天韵琴筝、正声民族乐器、民族乐器研制厂、中昊乐器和雅韵琴筝等骨干生产企业。二是产业链较为完整，协同发展效果明显。琴筝生产企业286家，琴弦、琴包、筝马和义甲等材料配件企业80多家。现拥有"龙凤""金韵"等省市级著名品牌（产品）。三是企业重视科技创新，标准化建设不断完善。在科技创新和产业升级方面，转变现有生产方式，加大科技研发力度，加快中、高档琴筝技术的引进与研发，培育自主品牌的中高档系列产品。四是融入传统文化发展，人才培养力度不断加大。扬州琴筝产业传承和发展了民族文化艺术，形成了独特的文化产业区域。在人才培养方面，拥有省高级工艺美术师1人，省高级乡村振兴技艺师1人，扬州市级工艺美术大师13人，国家级非遗传承人古琴艺术（广陵琴派）1人，省级非遗传承人古琴艺术（广陵琴派）4人，市级非遗传承人古琴艺术（广陵琴派）23人，市级非遗传承人古筝艺术12人，省级"三带"名人4人，工艺美术师、助理工艺美术师近百人。当地政府、扬州市琴筝协会通过举办邀请赛、学术交流会和艺术节等活动和组织艺术培训等系列活动，弘扬和传承了琴筝文化，促进企业转型升级，提高产品质量，提升了扬州琴筝产业在国内外的影响力。①

3. 江苏省徐州市

徐州市辖新沂市、邳州市2个市，丰县、沛县、睢宁县3个县，云龙区、鼓楼区、泉山区、铜山区、贾汪区5个区和1个国家级经济技术开发区、1个国家高新技术产业开发区，全市总面积11258平方千米，根据《徐州统计年鉴2021》及第七次全国人口普查结果，徐州市常住人口908.79万人。2020年，徐州市实现地区生产总值7319.77亿元，比2019年增长3.4%；第一产业占9.8%，第二产业占40.1%，第三产业占50.1%。城镇常住居民人均可支配收入37523元，比2019年增长3.6%；农村常住居民人均可支配收入21229元，比2019年增长6.8%。

徐州是淮海经济区中心城市。国务院2018年印发的《淮河生态经济带发展规划》确定了徐州作为淮海经济区中心城市的功能定位。近年来，徐州市的乡村振兴成果②包括：

（1）产业兴旺，绿色发展导向日趋鲜明。截至2018年10月31日，徐州通过无公害农产品产地认定面积25.5万亩，"三品"总量累计达到4200个，产量占食用农产品产量的28.8%。市级以上农业产业化龙头企业376家，其中国家级6家、省级76家，规模以上农产品加工业产值超3800亿元。共有国家农业产业化示范基地2个、国家现代农业示范区2个、省级农产品加工集中区7个、省级现代农业产业园9个。创建省级农产品出口示范基地22个、省级以上农产品出口示范区7个，农产品出口额连续7年稳定在3亿美元以上。

（2）生态宜居，集中居住画卷徐徐展开。按"试点先行、示范带动、全面铺开"的思路，

---

① 中国乐器协会网. 中国乐器琴筝产业集群专家组赴江苏省扬州市进行实地复评考察［EB/OL］.［2021-05-12］. http://www.cmia.com.cn/xhgz/7696.html.

② 中国徐州网-徐州日报. 徐州奏响乡村振兴交响曲［EB/OL］.［2018-11-12］. http://www.cnxz.com.cn/news-center/2018/20181112134378.shtml，有修改.

到 2020 年徐州市将建成 600 个省级美丽宜居村庄，60 个省、市级特色田园乡村。

（3）乡村治理，开创徐州"新乡土时代"。到 2022 年，徐州市农村干部群众对乡村法治建设满意率保持在 90% 左右，镇村两级人民调解委员会规范化建设实现全覆盖，农村社区网格化社会治理实现全覆盖。

（4）生活富裕，让徐州农民的钱袋子鼓起来。2017 年起，徐州市出台《徐州—上海外延蔬菜基地建设行动方案》，严格按照上海外延蔬菜基地的生产经营评价标准选址，共有 60 个蔬菜基地参与创建，每个基地规模在 500 亩以上。2018 年 1~10 月"徐州菜"对上海的供应量达到 72 万吨。徐州人的菜园子丰富了上海人的菜篮子，鼓起了徐州农民的钱袋子。徐州还深入实施"八项富民工程"，巩固工资性收入，提高经营性收入，拓展财产性收入，瞄准低收入人口精准帮扶，聚焦经济薄弱村集中发力，提高重点片区帮扶成效，5 年农民人均收入新增超过 1 万元，到 2022 年全市农民人均可支配收入力争达到 2.7 万元。同时，培育农民工返乡创业典型，5 年扶持农民非农业产业创业 3 万人，带动就业 12 万人。

十一、浙江省

浙江省地处中国东南沿海长江三角洲南翼，东临东海，南接福建省，西与江西省、安徽省相连，北与上海市、江苏省接壤。浙江省下辖杭州市、宁波市、温州市、绍兴市、湖州市、嘉兴市、金华市、衢州市、舟山市、台州市、丽水市 11 个城市，其中，杭州市、宁波市（计划单列市）为副省级城市；37 个市辖区、20 个县级市、33 个县（含 1 个自治县）。

（一）浙江省经济发展概况

1. 浙江省人口与经济概况

根据《浙江省第七次人口普查主要数据公报》，2020 年浙江省常住人口 64567588 人，比 2010 年增长 18.63%。根据浙江省统计局发布的数据，2020 年全省地区生产总值为 6.46 万亿元，比上年增长 3.6%，经济运行呈逐季加速回升态势。第一季度全省地区生产总值同比下降 5.6%，上半年实现由负转正，同比增长 0.5%，前三季度增长 2.3%，全年增长 3.6%，高出全国 1.3 个百分点，领先优势比"十三五"前四年平均水平提高 0.7 个百分点。与东部沿海经济发达省份比较，主要指标增速均处于前列。2020 年地区生产总值、规模以上工业增加值、投资、出口增速均居第三位，一般公共预算收入增速仅次于江苏省居第二位。2020 年 11 个市的地区生产总值均为正增长，除舟山市外，其余 10 个市的增长率基本集中在 3.3%~3.6%。10 个市一般公共预算收入正增长，8 个市的增速高于全省平均水平。规模以上工业增加值、投资、外贸出口等指标 11 个市均实现正增长。城乡居民收入比降至 2 以内，成为城乡收入差距最小的发达省份。

2. 浙江省各市人口与经济概况

根据浙江省统计局发布的 2020 年数据显示：

（1）地区生产总值方面，省会城市杭州市在地区生产总值总量和人均地区生产总值、常住人口这三个方面都是第一名，也是浙江省唯一一个超过 1000 万人口的城市，地区生产总值总量和人均地区生产总值都排在第二名的是宁波市，这两个城市领先优势比较大，地区生产总值都超过了万亿元，而第三名温州市的地区生产总值不足 7000 亿元。

（2）地区生产总值增速方面。2020 年发展最快的浙江城市是舟山市，地区生产总值的名义增速甚至超过了 10%，远远领先全省 3.44% 的平均水平，只是受人口的限制，地区生产总值总量仍然排在浙江省末位，但是人均地区生产总值是浙江省的第三名。而2020年发展最慢的浙江城市是台州市，名义增速是2.51%。

（3）财政收入方面。2020年浙江省一般公共预算收入为7248亿元，增长2.8%。税收收入增长6.1%，从8月起累计增速逐月回升，占一般公共预算收入的86.4%，其中，增值税下降2.4%，企业所得税增长2.6%，个人所得税增长13.5%。非税收入下降14.2%。

2020年浙江各县（市、区）财政收入排行榜显示，有14个县（市、区）一般公共预算收入超100亿元。余杭区一般公共预算收入最高达441.06亿元，排名第一，北仑区、萧山区一般公共预算收入分别为309.06亿元、300.03亿元，分别排名第二位和第三位。鄞州区以273.47亿元、慈溪市以200.53亿元，位列一般公共预算收入超200亿元行列。从增速来看，53个县（市、区）一般公共预算收入增速超浙江全省平均水平；其中，有14个县（市、区）一般公共预算收入增速超10%。增速最高的是泰顺县，一般公共预算收入增速高达36.6%，而景宁县、云和县则分别位居第二和第三，一般公共预算收入增速分别达到28.4%、26.5%。

（4）人口方面。据浙江省统计局发布的《浙江省第七次人口普查主要数据公报》，至2020年11月1日零时，浙江省人口最多的3个市分别是：杭州市，常住人口1193.60万人；温州市，常住人口957.29万人；宁波市，常住人口940.43万人。

3. 浙江省产业概况

（1）浙江省工业情况。《2020年浙江省国民经济和社会发展统计公报》显示，2020年浙江省以新产业、新业态、新模式为主要特征的"三新"经济增加值占地区生产总值的27.0%。数字经济核心产业增加值7020亿元，按可比价格计算比上年增长13.0%。在规模以上工业中，数字经济核心产业、健康产品、节能环保、文化、高端装备、时尚制造业增加值分别增长16.8%、14.3%、8.7%、7.9%、7.9%和4.9%；高技术、高新技术、装备制造、战略性新兴产业增加值分别增长15.6%、9.7%、10.8%和10.2%；人工智能产业增长16.6%。新一代信息技术、新能源、生物技术、新材料产业增加值分别增长21.0%、14.8%、11.5%和5.2%。

生物技术产业方面。2016年，浙江省发展和改革委、省科技厅、省卫生健康委员会、省食品药品监督管理局联合发布了《关于开展浙江省区域细胞制备中心建设试点工作的通知》，正式批复同意杭州易文赛生物技术有限公司开展浙江省区域细胞制备中心建设试点工作，标志着国内首个省级区域的细胞制备中心正式落户浙江。浙江省区域细胞制备中心将解决细胞来源以及细胞制备过程的安全性和可控性等问题，从而让细胞实现"批量生产"和"个性化定制"。细胞制备中心的功能定位是：制备多种细胞，为本区域各大医疗机构、科研及企事业单位提供可靠的细胞资源及相关技术服务；保存生物资源样本，为百姓提供"私人定制"的个性化生物资源的保存服务；部分实验室将作为公共服务平台，面向社会提供仪器设备资源共享、细胞临床检测检验等服务；研发符合市场发展的新技术、新产品，并提供细胞制备检测、新产品等相关的技术培训服务。

（2）浙江省农业情况。《2020年浙江省国民经济和社会发展统计公报》显示，截至2020年，浙江省累计创建省级现代农业园区69个、特色农业强镇113个，建成单条产值10亿元以上的示范性农业全产业链80条。2020年新增34个农产品地理标志，累计138个；新认定绿色食品761个，新增绿色食品基地面积17.7万亩；新建省级精品绿色农产品基地10个，累计25个。粮食播种面积993千公顷，比上年增长1.6%，总产量606万吨，增长2.3%；油菜籽播种面积114千公顷，下降2.6%；蔬菜660千公顷，增长2.1%；花卉21千公顷，与上年基本持平；中药材50千公顷，下降5.8%；瓜果类97千公顷，下降2.2%。猪牛羊禽肉总产量90万吨，比上年下降4.3%；水产品总产量615万吨，增长2.5%，其中，海水产品产量477万吨，增长2.0%；淡水产品产量138万吨，增长4.1%。年末生猪存栏628万头，增长46.9%，生猪出栏

665 万头，下降 12.0%。

（3）浙江省文化产业情况。"全国文化企业 30 强"榜单有力佐证了浙江文化产业快速发展的进程。2020 年，浙江出版联合集团有限公司、浙报传媒控股集团有限公司等浙江文化企业荣获第十二届"全国文化企业 30 强"称号。2016 年，浙江已有 36 家上市文化企业，80 家挂牌新三板融资文化企业。这些企业横跨新闻出版、广播影视、文化演艺和文化旅游等多个领域，各有各的精彩。

浙江的文化产业规模持续扩大，产业特色加快形成，集聚效应日趋明显。浙江省文化产业增加值由 2010 年的 1056.09 亿元增加到 2020 年的 8005 亿元，年均增长 18%。浙江文化产业将文化元素不断融入国民经济发展的各行各业，推进文化与科技融合，紧紧抓住互联网特别是移动互联网发展的机遇。数字阅读、数字出版、网络剧、互联网娱乐、动漫、游戏等，在浙江文化产业的版图上，新兴文化业态笔笔都是浓墨重彩。杭州数字出版基地集聚数字出版企业近 200 家，实现营收 80 多亿元，中国移动、中国电信和华数三大数字内容投送平台全面建成。

（二）浙江省乡村振兴阶段性成果

2019 年以来，浙江省大力推进现代乡村产业高质量发展，包括[1]：①构建现代乡村产业体系。区别于过去浙江十大产业围绕茶叶、苗木、水果等一产范畴，现代乡村产业体系不仅包括现代种植业、现代养殖业、农副产品加工业，更有乡土特色产业、乡村休闲旅游业、乡村信息产业等。目的是把握市场需求变化、经济结构转型、一二三产业融合，助推乡村振兴。②美丽乡村全面发展提升。浙江省"美丽乡村"由狭义的环境整治向全面发展提升，由单村点上发展向片区联合发展转变。在义乌市打造了"德胜古韵"美丽乡村精品线，游客可以在李祖村的设计馆学习插花，去稠岩村老街逛逛石头馆、竹艺馆，在"点道乡吧"休闲住宿；衢州市依托衢江开辟了"衢州有礼"诗画风光带乡村振兴示范带，挖掘沿线特色，实现错位发展。乡村旅游、养生养老、运动健康、文化创意等美丽产业在浙江乡村不断涌现，乡村美丽经济这条新兴产业链越做越长。2019 年，浙江共有休闲农业经营主体 2.65 万个，开设农家乐 2.18 万个，仅农产品销售额一项就达 122.88 亿元，成为浙江农民持续增收致富的强有力增长点。③城乡关系转型。浙江将乡村振兴战略置于城乡融合、城乡一体的架构中推进，以实现"以城带乡""以城兴乡""以工哺农""以智助农""城乡互促共进""城乡融合发展"的美丽乡村发展和乡村振兴。

根据《浙江省乡村振兴报告（2019）》，浙江省乡村振兴部分阶段性成果有：

第一，农业生产能力稳步提升：①农业高标准农田保量提质。截至 2019 年，新建高标准农田 144.8 万亩，累计建成 1900.4 万亩。严格保护 810 万亩粮食生产功能区，提标改造粮食生产功能区 50 万亩。②农田水利设施高效节约。新增高效节水灌溉面积 26.3 万亩，农田有效灌溉面积 2161.2 万亩，农田灌溉水有效利用系数提高到 0.6。③农业科技支撑明显增强。深入实施现代种业提升工程，建成 7 个种质资源圃（库），主要农作物良种覆盖率达 98%。农业"机器换人"示范省扎实推进，新建全国主要农作物全程机械化示范县 16 个、省级农业"机器换人"示范县 26 个，水稻耕种收综合机械化率 81.1%。

第二，农业现代化闯关冲刺。为把握市场变化、结构转型、三产融合新趋势，浙江省人民政府出台《关于推进乡村产业高质量发展的若干意见》，召开全省乡村产业振兴现场会，十大现代乡村产业孕育壮大，现代乡村产业体系加速构建。进一步加速农业现代化。坚持高效生态农业目标模式，深入推进农业供给侧结构性改革，产业平台优化布局，编制实施《浙江省特色农

---

[1]　乡村振兴"浙"一年　浙乡浙村迈出转型新步伐 ［EB/OL］．［2020-10-30］．https：//zj.zjol.com.cn/news/1552388.html.

产品优势区建设规划（2018—2022 年）》。创建一二三产业融合示范园 10 个。国家级、省级现代农业园区和特色农业强镇创建对象分别新增 1 个、11 个和 35 个。绿色发展加快转型，国家农业绿色发展试点先行区建设深入推进，建成农业绿色发展先行县 21 个、省级农业绿色发展示范区 231 个、畜牧业绿色发展示范县 27 个。

第三，新兴产业异彩纷呈。乡村休闲旅游业提档升级，全省乡村休闲农业总产值 442.7 亿元，接待游客 2.5 亿人次。农家乐经营户总数 2.12 万户，累计创建高星级（四星级、五星级）农家乐经营户（点）944 家。乡村特色产业深入挖掘，"百县千碗"品牌市场认可度不断提高，"妈妈的味道"民间美食巧女秀等活动大力开展，农家小吃、乡村非遗产品、文创等具有地方特色、蕴含乡愁记忆的新产业、新业态蓬勃发展，培育代表性农家特色小吃 50 个。缙云烧饼营业收入 22 亿元。生产性服务业和生活性服务业渐成体系，建成省级农村放心农贸市场 440 家，乡村星级农贸市场覆盖率 75%。

第四，数字经济增长强劲。新增农村电子商务专业村 467 个，累计 1720 个，新增电商专业镇 126 个，累计 256 个，数量均居全国前列。拥有活跃涉农网店 2.2 万家，实现农产品网络零售额 842.9 亿元。益农信息社行政村全覆盖。数字服务缩小鸿沟。"互联网+政务服务"实现全覆盖。全省适宜网办的农业事项网上可办比例达到 100%。"互联网+义务教育"同步课堂开课量 2.9 万堂。"互联网+医疗健康"示范省创建全面推进，浙江省互联网医院平台启动上线。"互联网+公共文化"加速普及，"公共文化云"国家试点深入推进，"浙江智慧文化云"加快搭建，乡村数字文化馆、数字图书馆完成布局。"互联网+金融服务"全面提升，首创开展银行卡助农服务，银行卡助农服务点达 1.9 万个。

此外，2020 年浙江省政府工作报告显示，浙江省签订山海协作项目 340 个、450 亿元。山海协作工程是为了推动浙江省以浙西南山区和舟山海岛为主的欠发达地区加快发展，实现全省区域协调发展而采取的一项重大战略举措。山海协作工程的主要做法包括：一是以项目合作为中心，以产业梯度转移和要素合理配置为主线，从科技、教育、卫生等方面帮扶支持欠发达地区。二是以人才振兴为支撑，全面提升农业科技创新水平。深入推进创新强省、人才强省建设，推动乡村人才振兴。2020 年，培训农村实用人才 11.3 万人，高素质农民 1.2 万人，普及性培训 40 万人次。三是以文化振兴为基础，全面塑造淳朴文明良好乡风。坚持物质文明和精神文明一起抓，以农村文化礼堂为主阵地，培育文明乡风、良好家风、淳朴民风，发挥精神文明建设的引领力、凝聚力和推动力作用，推动乡村文化振兴。2020 年，全省在建省级历史文化（传统）村落重点村 132 个、一般村 617 个，共建设省级以上传统村落 1042 个，其中国家级传统村落 636 个，数量位居全国第四。

（三）浙江省乡村振兴规划

浙江省本身是东部发达省份，乡村占比相对较小，因此，乡村振兴规划主要分散在各市。《嘉兴市秀洲区国民经济和社会发展第十四个五年规划和二〇三五年远景目标纲要》提出，利用高质量文化文明，大力弘扬红船精神、浙江精神和新时代嘉兴人文精神，建设大运河文化带（秀洲段）。高水平的公共文化服务体系基本建成，文化产业体系更加健全，文化软实力、竞争力和影响力全面提升。

（1）发展主导产业链。三大主导产业链：一是光伏新能源产业，重点布局光伏玻璃、光伏电池及组件、储能和光伏控制设备等核心领域，围绕可再生能源发电、储能消纳、电网管理等能源管理环节，积极开发新光源节能照明产品等，大力发展 LED 芯片、发光组件、新型显示器等光电应用产品，前瞻布局氢能产业等新能源未来领域，打造全国光伏产业技术新高地、新能源技术应用开发先领地。二是智能家居产业，以智能化家电、家具、家居和健康、护理、安防产品等为重点，积极开发智能电动床、智能电动沙发、智能家装等多功能智能产品和智能家居控制系统，推进智能传感、物联网等技术应用，形成覆盖智能家电、智能家居硬件和智能家居软件和云平台的智能家居整体解决方案。三是时尚纺织产业，引导产业向定制化和高附加值延伸，服装围绕 B2C 定制模式提高价值链，重点发展个性定制、众包设计、协同生产；打通设计、制造、物流、仓储全产业链模式；鼓励功能性纺织品研发生产；转型发展卫生材料、高铁汽车轻量材料、膜材料、风力发电机叶片增强复合材料等产业用功能型纺织品。

（2）开辟新兴产业链。包括：一是医疗健康产业，把握健康医药产业发展契机，以秀洲生物医药国千园为抓手，加快完善秀洲健康医疗产业链条，加速关键技术攻关，扶持本地企业做强做大，重点发展可穿戴智能医疗设备、医用机器人、医疗辅材。二是航空航天产业，以中国商飞项目和嘉兴机场建设为重要抓手，发挥秀洲区高端装备制造的基础优势，鼓励引导制造优势企业进入航空航天产业链，重点发展航空航天零部件、电子设备、新材料，联动发展航空物流、维修保养、金融科技等服务业态。

《大下姜乡村振兴和共同富裕五年行动计划（2021—2025 年）》指出，①健全乡村产业标准体系。完善大下姜培训服务、乡村旅游服务和农产品市场化标准体系。探索政企合作品牌推广模式，建立品牌标准和品牌示范基地，整合区域农业、旅游、文化等产品，加大"下姜村""大下姜"品牌商标管理和推广力度。②做强乡村旅游产业。完善下姜景区软硬件配套，提升游客住宿接待能力，深化旅行社与大下姜结对共建机制，创建省级乡村旅游产业集聚区，提升乡村旅游国际化水平。提升大峡谷、五狼坞等景点旅游配套设施，加强溯溪、攀岩等户外运动项目和运营主体招引，打造户外生态运动品牌基地。构建以下姜至白马、下姜至汪村、下姜至洞溪等为重点的旅游内循环和下姜与姜家、中洲等周边乡镇互动的旅游外循环。③做活文创产业。编制和实施摄影（影视）产业规划，培育摄影线路，建设横山秘境、白马"杜鹃花海"、洞溪"仙人挂画"等一批摄影点，打造摄影艺术乡村。集聚文创园、文创村以及文创人才要素，开发文创产品，构建文创公共服务平台，力争成为省市级文化创意街区。将文创融入下姜村新时代红色文化、白马现代红色文化以及当地传统文化，推动乡村旅游等主导产业升级。

2021 年 6 月 1 日，安吉县《关于全面推进乡村振兴率先实现农业农村现代化的实施意见》提出，到 2025 年，农业农村制度框架和政策体系全面完善，全体农民共同富裕走在全国前列，乡村振兴取得决定性进展，率先高质量基本实现农业农村现代化，成为中国特色社会主义制度优越性"重要窗口"的县域"三农"样本。全县农业总产值达到 47 亿元，农业增加值达到 32 亿元，年均增长率分别达 2% 以上；农民人均可支配收入突破 50000 元，年均增速超过 8%，城乡居民收入比缩小到 1.62∶1 以下。提升 2 条省级示范性全产业链，培育省级农业产业化联合体 3 家以上，行政村邮政快递服务点覆盖率达到 100%。建成新时代美丽乡村振兴示范带 5 条左右、新时代美丽乡村振兴示范区 10 个左右，形成"轴线互联、片区组团"的新时代美丽乡村振兴示范格局，"新时代美丽乡村看安吉"的示范效应更加明显。

（四）浙江省部分市（区）乡村振兴概览

1. 浙江省东阳市

东阳市地处浙江省中部，由地级市金华市代管，甬金高速、诸永高速在境内交叉而过，为浙中交通枢纽。市域总面积 1741 平方千米，辖有 6 个街道、11 个镇和 1 个乡，2020 年底常住人口 108.97 万人。

2018 年、2019 年，东阳市连续两年获评浙江省乡村振兴考核优秀县（市、区），2020 年又获评浙江省新时代美丽乡村示范县、省深化"千万工程"建设新时代美丽乡村工作考核优秀县（市、区）。

截至 2019 年 7 月，东阳市共培育产业特色精品村 19 个，共有建设项目 230 个，首批创建村业态初显成效。王户口村"陶艺小镇"等 6 个精品村产业植入项目已列入 2019 年度东阳市 20 个乡村振兴项目。①

（1）共享田园建设。按照"三生三园三合"的总体要求，2020 年东阳选择在六石白溪江、城东窠卢、南市大联、横店盛树头、南马瑶仪、巍山光里湖、湖溪八里湾等 8 个地方开展示范型共享田园建设，涉及田园面积 1.33 万亩。通过一年的建设，8 个示范性共享田园已初具形态，并取得了较好的成效，具体体现在以下五个方面：②

1）土地效益。一是增加了土地面积。通过土地整理，使部分低效耕地变成了高标准农田，增加了可耕种面积。例如，南市街道大联共享田园增加耕地 85 亩，六石街道吴良共享田园增加水田 27 亩。二是提高了土地利用率。通过全域土地流转，有效解决了土地抛荒、复种指数低问题。截至 2021 年 4 月，共享田园内抛荒地实现清零，复种指数达到 200%，比原先高出 70%。三是节约了村庄建设用地。田园成为大的公园，村庄不再需要安排建设用地用于公园建设，让宝贵的土地资源更多地用于农民建房和产业配套。

2）生态效益。通过乱堆乱放、乱搭乱建、乱接乱拉"六乱"整治，田园全域实现了干净、整齐、有序，同时，规模化连片种植，田园的线条、层次、色彩之美得到充分显现，真正成为美丽田园。

3）产业效益。田园农业生产基础设施进一步完善和土地连片流转，吸引了有实力的投资主体，使农业的规模化、科技化、品牌化水平得到提升。同时，依托优美的田园风光和完善的配套设施，推动了村庄旅游、休闲康养、学生研学等新兴产业，丰富了产业业态。

4）经济效益。一方面，共享田园更适宜规模化种植，拉动土地流转价格，让村集体和村民得到实惠；另一方面，二三产业的发展带动了农家乐、民宿的发展，为村民提供了更多的就业岗位。

5）文化效益。共享田园配套完善的休闲健身设施，能吸引村民更多地走进田园，一改以往有空就打麻将、打牌的生活习惯。同时，传统农耕文化得到充分的展示和传承。

（2）横店镇产业综合发展。一是影视产业发展。40 多年来，横店集团创始人徐文荣通过艰苦的探索、实践和奋斗，把浙江中部一个没有任何地缘优势、资源优势的山区乡村横店发展成为闻名天下的"世界磁都""中国好莱坞"。他一手创办横店集团，通过"共创、共有、共富、共享"的社团所有制经济模式，带领横店人闯出一条"农民变工人、农业变工业、农村变城市"的解决"三农"问题之路。从"出门望见八面山，薄粥三餐度饥寒"的贫困山区发展到今日的"世界影视文化名城、国际旅游休闲之都"，40 多年间，横店的人均收入从 1975 年的 75 元增长到 2016 年的 6 万元；横店的面积从最初的 40 个村发展到如今的 126 个村（小区）；横店的人口从 2.4 万增长到 20 万；作为"影视名城、休闲小镇"的横店，2017 年共接待剧组 330 个，接待游客 1872 万人次；作为金华市工业十强镇，已有 5 家上市企业。③

二是红木产业发展。横店镇花园村因势利导，以商兴村，主要依托红木产业引发蝴蝶效应，被誉为"天下红木第一村"，2016 年，花园村红木家具以及木制品行业个私工商户达 2149 家，占比 76.1%，涵盖红木家具设计、生产、销售的所有产业环节，成为带动全民创业致富的主力

① 东阳市人民政府．省级优秀！东阳上榜［EB/OL］．［2020-03-10］．https：//baijiahao.baidu.com/s？id = 1660778291754263439&wfr = spider&for = pc.

② 人民论坛网．浙江东阳：乡村振兴正当时，共享田园深入人心［EB/OL］．［2021-04-12］．http：//www.rm-lt.com.cn/2021/0412/611584.shtml.

③ 陈亚君，侯龙．实施乡村振兴战略 看横店怎么做［EB/OL］．［2018-05-22］．https：//www.sohu.com/a/232534183_100145488.

军。其中，花园红木家具城市场总建筑面积约 40 万平方米，拥有红木家具品牌经营户 1800 多家，是花园村红木产业的销售终端，引领着全球红木家具批发市场的发展方向。2018 年，花园村 800 多个沿街商铺进行统一改造，打造一条长 3.5 千米的红木长廊，投建红木产业国际物流中心一期以及规划仿古家具市场，致力做大做强做精红木家具以及木制品产业。

三是旅游产业发展。从 2006 年开始，花园村依托"中国十大名村"的优势，逐步建设花园般的美丽乡村。2012 年，花园村成为浙江省首个单独以村为单位创建成功的国家 4A 级旅游景区，2017 年又被国家旅游局（现文化和旅游部）认定为"中国十大优秀国际乡村旅游目的地"。2016 年全村接待游客达 260 万人次，带来了巨大的经济效益和社会效益。①

2. 浙江省绍兴市

绍兴从新石器时代中期的小黄山文化开始，已有 2500 多年建城史，是首批国家历史文化名城、联合国人居奖城市、东亚文化之都、中国优秀旅游城市、国家森林城市、中国民营经济最具活力城市，也是著名的水乡、桥乡、酒乡、书法之乡、名士之乡，素称"文物之邦、鱼米之乡"。著名的文化古迹有兰亭、禹陵、蔡元培故居、沈园等。

（1）大力提升基层治理水平。以绍兴市柯桥区之例，自 2017 年以来，柯桥区根据绍兴市委统一部署，全面提升基层党建，引领基层治理水平，全力打造"五星达标、3A 争创"的"柯桥方案"。所谓"五星"是指"党建星、富裕星、美丽星、和谐星、文明星"；"3A"是指创建 3A 级景区化建设示范村。以基层党建全域提升，推动"富裕、美丽、和谐、文明"新农村建设。2019 年，柯桥区根据市委统一部署，在农村全面开展"五星达标、3A 争创"活动，大胆探索、创新前行，为中央乡村振兴战略在基层生动实践交上了"柯桥方案"。根据规划，从 2017 年开始，柯桥区将通过 3 年时间，建成五星达标村不少于 200 个、3A 级景区化建设示范村不少于 20 个，其中，首批打造"会稽诗路、山阴兰桂、鉴湖渔歌、钱杨印象、水乡记忆"5 条党建示范带，建成 10 个 3A 级景区村和 89 个五星达标村，第二批创建 8 个 3A 级景区村和 97 个五星达标村。②

（2）发展独特兰花产业③。绍兴是我国植兰较早的地方之一。据史籍记载，2400 多年前越王勾践曾在兰渚山下植过兰。《越绝书》云："勾践种兰于兰渚山。"绍兴兰花先后在国际国内各级兰展和兰博会中获得 400 余个金银铜奖，其中金奖、特别金奖 140 余枚。

绍兴市现有兰圃 20 多个，其中绍兴县占 70% 以上。绍兴县现有兰花 8000 余盆，主要分布在漓渚镇棠棣村一带，而以漓渚花圃为最多，有兰花 3000 余盆，100 余个品种。有奇种"绿云"，属国家级保护的珍稀资源。另外，"翠盖荷"等都是兰花中的珍品。绍兴兰花行销全国各地，北京中山公园、上海植物园、杭州花圃 3 家专业"国兰园"里都有绍兴兰花品种。绍兴兰花不仅在国内享有盛誉，而且还远销日本、澳大利亚、英国、美国等国家和地区。

绍兴兰花生产地域范围是绍兴市柯桥区，2015 年 11 月 5 日，农业部批准对"绍兴兰花"实施国家农产品地理标志登记保护，地理坐标为北纬 29°42′02″至 30°19′15″，东经 120°35′至 120°46′39″。东与绍兴市越城区交界，南到稽东镇，西到杨汛桥镇，北到滨海工业区，涉及马鞍镇、柯桥街道、柯岩街道、华舍街道、湖塘街道、钱清镇、杨汛桥镇、齐贤镇（柯开委）、福全镇、安昌镇、夏履镇、漓渚镇、兰亭镇、平水镇、王坛镇、稽东镇 16 个镇（街道）370 个行政村，总面积约 1040 平方千米。2014 年底，全区兰花培植面积 200 亩，培植量 80 万盆约 600 万苗。

① 临安新闻网. 乡村振兴的"花园之路"［EB/OL］.［2017-12-19］. http://www. lanews. com. cn/3nkt/content/2017-12/19/content_6283011. htm.

② 柯桥日报. 匠心打造乡村振兴"柯桥样板"［EB/OL］.［2019-04-03］. https：//zj. zjol. com. cn/news/1170807. html.

③ 博雅特产网，http：//shop. bytravel. cn/produce/7ECD5174517082B1/.

（3）建设国家级田园综合体项目①。以棠棣村为例，依托优势兰花产业和美丽乡村建设成果，棠棣村着力打造以花木交易为主导产业、以兰花文化创意体验为新兴产业的特色旅游景区村，以美丽田园带动美丽经济发展，进一步探索产业转型提档的棠棣经验。兰花产业作为漓渚的"金名片"之一，在国家级"花香漓渚"田园综合体建设过程中，致力优势产业集聚发展。打造兰花种植专业村、集聚区，以带动更多的兰农走上共同致富路。

2017 年起，棠棣村作为"花香漓渚"国家级田园综合体项目的核心村，积极整合现有的农业资源、产业基础和传统文化，开展千亩花田、兰心民宿等项目，积极探索建设宜业、宜居、宜游、农文旅融合的美丽新家园。田园综合体的千亩花田项目已完成多种植物播种培育工作，呈现出万花齐放、群芳斗艳的美景，将美丽宜居的生态环境转化为旅游资源。

3. 浙江省台州市

台州辖椒江区、黄岩区、路桥区 3 个区，临海市、温岭市、玉环市 3 个县级市和天台县、仙居县、三门县 3 个县，陆地总面积 9411 平方千米。根据第七次全国人口普查数据，截至 2020 年 11 月 1 日零时，全市常住人口 6622888 人。根据台州市统计局发布的 2021 年年鉴，2020 年，全市实现地区生产总值 5262.72 亿元，比上年增长 3.1%。其中，第一产业实现增加值 294.78 亿元，同比增长 4.1%；第二产业实现增加值 2298.21 亿元，同比下降 0.1%；第三产业实现增加值 2669.73 亿元，同比增长 6.0%。台州是国家级小微金融改革试点城市，是全国唯一拥有 3 家城市商业银行的地级市。

（1）推进高质量现代农业发展。2018 年台州市的粮食生产，实现了面积、总产、单产"三增长"；水果种植 127.6 万亩、产量 107.7 万吨、产值 63.5 亿元，居全省首位；建成省级美丽生态牧场 21 家、农牧对接绿色循环体 18 个。2019 年上半年，全市实现农林牧渔增加值 106.98 亿元；农民人均收入 16588 元。为了进一步提高农产品附加值，倒逼全市农业转型升级，台州郑重推出了农产品区域公用品牌"台九鲜"。②

（2）探索和谐善治乡村建设。2019 年 3 月公布的 2018 年度"浙江省善治示范村"名单中，台州市有 362 个村入选，名列全省设区市第二。为了建设和谐善治乡村，台州各地大胆创新，尝试了多种治理的模式。仙居县淡竹乡通过推行"绿色公约""绿色货币""绿色调解"，鼓励村民、游客参与到乡村绿色治理中来，促进了村民与村民、村民与游客等关系的友好相处。三门县通过"双百双强"行动，帮扶合并后的新村融合发展，着力推进乡村治理体系和治理能力现代化。路桥区建立"村级清廉指数"，全区 314 个村全部建立了各自的"村廉指数"，在有力打造"清廉乡村"的同时，推进了村庄有效治理。③

（3）加快美丽乡村建设步伐。台州各地积极发挥创造力，结合区位优势等，打造出了众多各具特色的乡村游景区。2018 年，台州市共建成市级美丽乡村示范乡镇 10 个、乡村振兴精品村（美丽乡村示范村）20 个。天台县成功创建省级美丽乡村示范县，仙居县被列为全省唯一的国家级美丽乡村标准化试点，温岭市获认"中国最美乡村旅游目的地"，黄岩沙滩村被列为"中国当代村庄发展浙江样板"，天台街头镇等 6 个村镇荣膺"中国最美村镇"。在玉环市清港镇，享有"文旦第一村"美誉的垟根村，不仅文旦产业风生水起，美丽乡村的建设步伐也不断加快，文旦大道、休闲长廊、文化礼堂、文旦大院等成为了村庄的迷人底色。台州市农业农村局相关负责人表示，截至 2019 年 8 月全市新发展市级农家乐特色村 13 个，累计建成农家乐特色村 84 个，

---

① 中国乡土网．棠棣村：千年兰乡花中笑［EB/OL］．［2019－01－10］．http：//smt．114chn．com/Webpub/440115/130710000006/ConTP190110000008．shtml．

②③ 农村信息报．打造乡村振兴先行市，台州这么干［EB/OL］．［2019－08－05］．https：//www．sohu．com/a/331646939_796412．

直接营业收入达 23.9 亿元。①

（4）深化农业组织改革。台州市深入实施乡村振兴战略，不断深化生产、供销、信用"三位一体"的农民合作经济组织联合会（简称"农合联"）改革和乡村产业高质量发展。台州市在浙江省率先完成市、县、乡三级 100 家农合联的组建工作，吸收会员 7817 个。其中，天台、温岭、玉环、临海 4 个县（市、区）被列入全省"三位一体"首批试点县和首批改革推进县后，改革成果仍在不断涌现。②

（5）大力发展旅游业。例如，石塘镇依山傍海，被誉为"东海好望角"。随着渔民转业、劳动力大量外迁，石屋大量空置。自 2014 年以来，石塘镇通过石屋元素、石屋文化有机嫁接旅游业态，引导石屋旅游民宿发展，实现了石屋的保护和增值。近五年来，通过"国资+""文创客+""原住民+"等多元化的开发模式，引导激发工商资本、人才下乡，投入石屋开发利用。石塘已建成投运的石屋民宿 43 家，占闲置石屋盘活利用的 90% 以上，这些民宿还融入了休闲渔业、海鲜美食、运动骑行、文创、婚庆等乡村休闲项目，形成了独具石塘海山特色的民宿文化，吸引游客纷至沓来。2019 年，石塘镇接待各地游客约 230 万人，实现旅游收入约 3.5 亿元。

又如，坎门街道东沙渔村 2012 年被列入浙江省首批历史文化村落保护利用重点村。坎门街道就将渔村的发展定位到旅游业，纳入整体的保护规划。同时，投入 1500 余万元修缮历史建筑，整体改造风格冲突的建构物，修复改造古道，最终打造出了这个"东海魅力渔村"。

古朴的渔家石头屋环着海岸而建，以石墙黑瓦房居多，极具地方特色，保留了渔区风味。踏着青石板路拾级而上，两侧一间间用石头垒砌成的房子花草环绕，让人无法相信眼前如童话中小屋般的存在，就是村民日常居住的房子。墙外悬挂特色装饰是村民们自行发起的，根据村里打造全岛景区的目标，他们在自家屋子外挂上渔网、嵌上海螺，用废旧轮胎、竹子、石头这些渔村最常见的材料，改造自己的房前屋后。

2017 年，渔村入口的鹰东隧道意外成了一条网红隧道。和黑漆漆的隧道不同，这条 140 米长隧道的上方竟然是一片 2400 平方米的人造蓝天。异曲同工之妙的还有景区沿线房屋立面的特色渔民画，同样是用丰富色彩勾勒出一幅幅耕海牧鱼、悠然恬静的画卷。东沙文化礼堂海防历史展示馆和非物质文化遗产馆内陈列的每一个物件都承载着一代代东沙人的记忆。文化礼堂不远处，建于 1925 年的普安灯塔静静地矗立着。

目前，玉环东沙渔村已形成了以海岛观光、休闲度假、海岛体验为特色，"蓝色渔海文化""红色海防文化"和"古色非遗文化""三色"海洋文化为主导的独特海岛旅游，并成功申报国家 3A 级旅游景区。③

（6）金融助力乡村振兴。根据《浙江银行业服务乡村振兴战略行动计划（2018—2022年）》要求，台州银行制定了《台州银行金融服务乡村振兴实施方案》，并在全行各机构积极推动。紧紧围绕"产业兴旺、生态宜居、乡风文明、治理有效、生活富裕"的总要求，大力发展普惠金融，完善金融产品体系，推广"两跑三降"金融服务模式，提升金融供给的质量和水平，加大对农业农村经济社会发展重点领域和薄弱环节的支持力度，更好满足乡村振兴多样化的金融需求。

---

① 农村信息报．打造乡村振兴先行市，台州这么干 ［EB/OL］．［2019-08-05］．https：//www.sohu.com/a/331646939_796412.

② 台州晚报．打造乡村振兴样板　台州频出高招 ［EB/OL］．［2020-07-16］．http：//www.taizhou.com.cn/life/2020-07/16/content_6357879.htm.

③ 台州日报．台州乡村振兴三十六计　坎门东沙：渔村慢生活典范 ［EB/OL］．［2018-11-19］．https：//zjnews.zjol.com.cn/zjnews/tznews/201811/t20181119_8781756.shtml.

为向农村、农业、农民提供普惠金融服务，台州银行推出"村聚易贷·兴农卡"产品。通过定人定村居方式，由客户经理作为村居金融指导员，及时有效对接乡村融资需求，采用"整村授信"的模式，通过小额信用及统一提前授信方式进行批量覆盖。手续简单、方便，农民客户无须提供任何抵押、担保，采用合约书，"一次签订、6年有效"，每户随时可支取几万元信用贷款，高的达30万元。切实解决小微企业、农户担保难题，村民足不出户就能解决资金需求。截至2019年3月末，台州银行杭州分行兴农卡授信户数已达4488户，授信金额3.96亿元。

列入住房和城乡建设部第四批美丽宜居小镇、美丽宜居村庄示范名单的天台县后岸村，乡村旅游、民宿经济发展之初面临资金缺乏大难题，天台农商银行通过整村授信批量发放贷款2000多万元，支持村集体成立村级旅游发展有限公司，帮扶村民办民宿。对有资金缺口的农民，由村集体担保，每户可向银行申请30万元以内的农家乐贷款，精品民宿贷款最高100万元。

台州农信推出"美丽家园"农房改造贷款、"和美乡村·安居贷"、"梦想家"经济适用房抵押贷款、"产权贷"等，助低收入家庭圆"住房梦"。同时，台州农信积极拓展"互联网+"便捷服务，着力创建"网上支付应用示范区""手机支付应用示范区"，依托浙江农信丰收家互联网平台，在大神仙居、三门蛇蟠岛、温岭石塘等旅游景点，主动引驻民宿、农家乐商户，并在景区投放自动存取款一体机、多媒体自助终端、SD-TVM系列自助售票机等，建立便民、惠民的金融自助服务无障碍景区，形成"乡村游、农家吃、休闲居"金融网络，促进农民引流增收。在乡村"绿富美"的同时，培育农民收入新的增长点。

"三农"客户群体因农业生产周期较长、资金周转较慢等原因，产业兴旺常陷入融资难、抵押物缺乏、担保难等困境。台州农信在大力推广小额信用贷款的同时，不断创新、拓宽农业融资渠道。例如，温岭农商银行推出土地流转经营权质押贷款——"金土地"贷款，创新了以农村土地经营权作为农户资产参考发放信用贷款的模式解决评估难题，将土地经营权"资产化"。农户申请信用贷款，可根据国家征收土地的标准，与其土地流转经营权证挂钩，一方面，扩大融资范围和担保方式。另一方面，解决纯信用授信额度相对较低的难题，截至2018年1月，已贷款1692户、2.39亿元。①

十二、安徽省

安徽省，简称"皖"，省会合肥市，位于中国大陆东部，地跨长江、淮河南北，与江苏省、浙江省、湖北省、河南省、江西省、山东省接壤，总面积14.01万平方千米，约占中国国土面积的1.45%。根据安徽省第七次全国人口普查结果，截至2020年11月1日零时，全省常住人口为61027171人。

（一）安徽省经济发展概况

1. 安徽省人口与经济概况

根据《安徽省第七次全国人口普查公报（第一号）》，安徽省常住人口为61027171人，与2010年安徽省第六次全国人口普查的59500468人相比，增加1526703人，增长2.57%，年均增

---

① 中国农村金融杂志社．［特别策划：浙江农信的乡村振兴战略］台州办事处："三张名片"助力乡村振兴战略落地生根［EB/OL］．［2018-01-10］．https：//www.sohu.com/a/215790546_481890.

长率为 0.25%。根据《安徽省第七次全国人口普查公报（第六号）》，全省常住人口中，居住在城镇的人口为 35595103 人，占 58.33%；居住在乡村的人口为 25432068 人，占 41.67%。与 2010 年安徽省第六次全国人口普查相比，城镇人口增加 10017986 人，乡村人口减少 8491283 人，城镇人口比重上升 15.34 个百分点。根据《安徽省第七次全国人口普查公报（第二号）》，16 个市中，常住人口超过 800 万人的市有 2 个，在 300 万人至 800 万人之间的市有 8 个，少于 300 万人的市有 6 个。其中，常住人口居前五位的市合计人口占全省常住人口的比重为 52.90%。

根据《安徽省 2020 年国民经济和社会发展统计公报》，2020 年全省实现地区生产总值 38680.6 亿元，居全国第 11 位；比上年增长 3.9%，增速居全国第 4 位。其中第一产业增加值 3184.7 亿元，增长 2.2%；第二产业增加值 15671.7 亿元，增长 5.2%，其中工业增加值 11662.2 亿元，增长 5.1%；第三产业增加值 19824.2 亿元，增长 2.8%。

2020 年，安徽省居民消费价格（CPI）比 2019 年上涨 2.7%。安徽省城镇常住居民人均可支配收入为 39442 元，比上年增长 5.1%；农村常住居民人均可支配收入为 16620 元，增长 7.8%。

2. 安徽省各市人口与经济概况

安徽省现有合肥市、淮北市、亳州市、宿州市、蚌埠市、阜阳市、淮南市、滁州市、六安市、马鞍山市、芜湖市、宣城市、铜陵市、池州市、安庆市、黄山市 16 个地级市、9 个县级市、50 个县、45 个市辖区。根据安徽省统计局发布的信息显示：

（1）地区生产总值方面。合肥市、芜湖市、滁州市居全省前三名。其中，合肥市位居第一，实现地区生产总值 10045.72 亿元。芜湖市排名第二，全年地区生产总值达到 3753.02 亿元。接下来是滁州市，地区生产总值 3032.07 亿元。合肥市遥遥领先于安徽省内其他城市。

（2）地区生产总值增速方面。滁州市以 4.4% 的增速排名首位。合肥市紧随其后，增速 4.3%；马鞍山市位居第三，增速为 4.2%。

（3）财政收入方面。2020 年 9 个市一般预算全口径财政收入排名前三位的分别是合肥市、芜湖市、滁州市，其中，合肥市一般预算 762.90 亿元，成为提升安徽省整体实力的主力。

（4）地区人口方面。与 2010 年安徽省第六次全国人口普查相比，16 个市中有 6 个市常住人口增加。分别为合肥市、阜阳市、亳州市、蚌埠市、芜湖市、滁州市，分别增加 1912854 人、600351 人、146187 人、131941 人、99353 人、49186 人。其他地区常住人口不同程度减少。

（5）其他方面。2020 年城镇居民人均可支配收入位居全省前三的市是马鞍山市、合肥市、芜湖市，分别为 51804 元、48283 元、44588 元。农村居民人均可支配收入位居全省前三的市是马鞍山市、芜湖市、合肥市，分别为 25421 元、24473 元、24282 元。

3. 安徽省产业概况

2020 年，安徽省规模以上工业增加值同比增长 6%，居全国第 6 位；实现利润近 2294.2 亿元，同比增长 5.1%。2020 年全省工业战线打赢抗疫物资"保供战"，按下复工复产"快进键"，打好先进制造"主动仗"，放大数字赋能"倍增器"，筑牢强基强链"安全线"，激发企业主体"新活力"，深耕从严治党"责任田"，在大战大考中交出了一份实干担当、奋勇争先的优异答卷。

（1）增长较快的产业。《2020 年安徽省国民经济和社会发展统计公报》数据显示，2020 年，规模以上工业中，高新技术产业、装备制造业增加值比上年分别增长 16.4% 和 10.3%，占比分别为 43.8% 和 33.5%。战略性新兴产业产值增长 18%，其中新一代信息技术产业、高端装备制造产业、新材料产业、生物产业、新能源汽车产业、新能源产业、节能环保产业产值分别增长 28.5%、9.3%、14.8%、22.7%、23.1%、29.6% 和 8.9%。

（2）高新技术产业。根据安徽省知识产权事业发展中心公布的《2020 年安徽省高新技术产业统计公报》显示：①高新技术产业总体情况。2020 年安徽省规模以上高新技术产业产值、增加值分别同比增长 15.9%和 16.4%，增加值增速高出规模以上工业 10.4 个百分点；高新技术产业增加值占全省规模以上工业增加值的比重达 43.8%。②主导产业各领域发展情况。2020 年高新技术产业中电子信息和家用电器产业增加值增长 22.8%；汽车和装备制造产业增加值增长 8%；食品医药产业增加值增长 19.3%；材料和新材料产业增加值增长 21.6%；轻工纺织产业增加值增长 20.4%；能源和新能源产业增加值增长 13.2%。③国家高新技术企业发展状况。截至 2020 年底，全省共有高新技术企业 8559 家。据统计，当年高新技术企业实现产值 13240.1 亿元，营业收入 14703.9 亿元，申请专利 68279 项，授权专利 43299 项。其中，营业总收入亿元以上的高新技术企业 1808 家，10 亿元以上的 221 家，百亿元以上的 21 家。

（3）"十四五"规划产业。根据安徽省"十四五"规划，未来产业布局如下：①构筑产业体系新支柱。开展十大新兴产业高质量发展行动，实施战略性新兴产业集群建设工程，持续提升战略性新兴产业对全省产业发展的贡献度。大力发展新一代信息技术、人工智能、新材料、节能环保、新能源汽车和智能网联汽车、高端装备制造、智能家电、生命健康、绿色食品、数字创意十大新兴产业。完善战略性新兴产业"专项—工程—基地—集群"梯次推进格局，建立省重大新兴产业基地竞争淘汰机制，重点培育新型显示、集成电路、新能源汽车和智能网联汽车、人工智能、智能家电 5 个世界级战略性新兴产业集群，建设先进结构材料、化工新材料、生物医药、现代中药、机器人、核心基础零部件、高端装备制造、云计算、网络与信息安全等 30 个左右在全国具有较强影响力和竞争力的重大新兴产业基地，争取更多基地跻身国家级战略性新兴产业集群。②加快培育未来产业。实施"3+N"未来产业培育工程，前瞻布局量子科技、生物制造、先进核能等产业。充分发挥量子计算、量子通信、量子精密测量研发领先优势，支持一批量子领域"独角兽"企业加快成长。加快生物基新型仿生材料、基因工程、再生医学等成果产业化落地，推动聚乳酸、呋喃聚酯、生物基尼龙等生物制造领域重点项目建设。加快小型移动式铅基堆工程化产业化步伐，提升核屏蔽材料等相关配套产品竞争力。在分布式能源、类脑科学、质子医疗装备等细分前沿领域，培育一批未来产业。

（二）安徽省乡村振兴阶段性成果

（1）脱贫攻坚成果。安徽省"一圈五区"区域（合肥都市圈、合芜蚌国家自主创新示范区、皖江城市带承接产业转移示范区、皖北承接产业转移集聚区、皖西大别山革命老区、皖南国际文化旅游示范区）发展布局基本形成，国家新型城镇化试点省建设全面完成，县域特色产业集群（基地）启动建设，支撑区域协调发展的现代基础设施体系显著改善。其中，合肥都市圈扩容提质，合芜蚌国家自主创新示范区发展持续深化，皖江城市带承接产业转移示范区规划目标全面实现，皖北承接产业转移集聚区获批建设，皖西大别山革命老区、皖南国际文化旅游示范区建设扎实推进。常住人口城镇化率提高到 56.9%，700 万左右农业转移人口落户城镇。建成省级美丽乡村中心村 8290 个。一批标志性重大基础设施工程加快实施，商合杭高铁、芜湖长江公路二桥、芜湖宣州机场、淮东至皖南±1100 千伏特高压直流输电工程等顺利建成，高铁运营总里程 2329 千米，居全国首位，实现"市市通高铁"；"五纵九横"高速公路网加速形成，新建改建农村公路 12.7 万千米；纵穿江淮、直通长三角水运大通道初步实现；运输机场形成"一枢五支"发展格局；引江济淮建设世纪凤愿付诸实施，淮河、长江干流骨干防洪工程体系进一步完善，水利支撑保障能力大幅提升；"一体化、网络化"现代能源体系加速构建。

新时代脱贫攻坚目标任务如期完成，农村常住居民人均收入水平跃居全国中上游，教育、卫生、文化等领域基本公共服务水平快速提升。484 万建档立卡贫困人口全部脱贫，3000 个贫困村全部出列，31 个贫困县全部摘帽，8.5 万建档立卡贫困人口搬迁安置任务全面完成，贫困人口饮水安全问题得到全面解决。民生工程有力推进，民生支出占全省财政支出稳定在 80%以上。居民收入增长快于经济增长，城镇、农村常住居民人均可支配收入年均分别增长 7.9% 和 9%。城镇新增就业 342.9 万人。基础教育面貌发生格局性变化，学前教育毛入园率提高到 90%，县域义务教育基本均衡提前 3 年实现全覆盖，高等教育"双一流"建设取得重要进展。皖北地区是安徽省脱贫攻坚的主战场之一，共有 6 个市 28 个县（市、区），面积 3.8 万平方千米，户籍人口 3043 万人。皖北地区群众饮用水主要以地下水为水源，约占人口的 84.5%。通过"十三五"的巩固提升，皖北地区群众饮水安全问题已经解决。

（2）乡村产业发展成果。《安徽省十四五乡村产业发展规划》显示，党的十八大以来，安徽省省农村创新创业环境不断改善，乡村产业快速发展，促进了农民就业增收和乡村繁荣发展。一是农产品加工业持续发展。"十三五"期间，深入实施农产品加工业"五个一批"工程，全省农产品加工业营业收入 1.12 万亿元（2019 年全国 22 万亿元），规模以上农产品加工企业 7000 多家，吸纳 126 万多人就业（2019 年全国 3000 万人）。二是乡村特色产业蓬勃发展。"十三五"期间，全省建设了 70 多个产值超 10 亿元的特色产业镇（乡）和 150 多个超 1 亿元的特色产业村。发掘了一批乡土特色工艺，创响了 4000 多个农产品区域公用品牌、知名加工农产品品牌和乡土特色品牌。长三角绿色农产品生产加工供应基地全面推进，实施"158"行动计划，首批遴选确定了 24 个"一县一业（特）"全产业链示范创建县、135 个长三角绿色农产品生产加工供应示范基地。创建国家优势特色产业集群 2 个、国家特色农产品优势区 10 个、创建国家现代农业产业园 5 个。三是乡村休闲旅游业快速发展。"十三五"期间，全省培育了 3000 多个休闲农业经营主体，推介了 100 多条休闲旅游精品线路。休闲农业接待游客达 2 亿人次以上，综合营业收入超过 800 亿元。四是乡村新型服务业及电商加快发展。"十三五"末，全省农林牧渔专业及辅助性活动产值达 300 亿元，农村电商示范镇、示范村及各类涉农电商数量快速增长，农村网络销售额超 1000 亿元，其中农产品网络销售额突破 600 亿元。五是农业产业化深入推进。"十三五"末，全省农业产业化龙头企业总数达 1.6 万家，其中，国家重点龙头企业 62 家，居全国第 10 位；省级龙头企业 999 家，居全国第 8 位；年销售额超 100 亿元的农业产业化龙头企业 4 家。各类农业产业化联合体 1941 家，其中省级示范联合体 564 家，居全国第 1 位。全省家庭农场超过 14 万个，农民合作社达 10 万家，分别位居全国第 1 位和第 5 位。农业产业化带动 800 多万农户进入大市场。六是农村创新创业规模扩大。"十三五"末，全省各类返乡入乡创新创业人员累计超过 30 万人，创办农村产业融合项目的占到 80%，利用"互联网+"创新创业的超过 55%。在乡创业人员近 70 万。

（3）农村供水保障工程建设成果。安徽省坚持将农村供水保障工程作为全面推进乡村振兴的重要内容，不断巩固拓展农村饮水安全脱贫攻坚成果，并开展了农村饮水安全动态监测工作。截至 2021 年 11 月底，共监测到供水出现临时反复问题的人口 2846 人，其中脱贫人口 158 人，相关问题已得到全面解决。

安徽省水利厅实施《安徽省农村供水保障规划（2020—2025 年）》以来，多渠道筹集资金，以城乡供水一体化为发展方向，以区域规模化供水为主体，以小型集中供水工程为补充，加快推进农村供水保障工程建设。2021 年已落实资金 44.65 亿元，项目开工 168 处，完工 24 处，完成投资 16.3 亿元，受益人口 105.5 万人。

安徽省水利厅印发《安徽省农村供水工程运行管理指南（试行）》，提出下达维修养护资金 14378 万元，对革命老区脱贫县、一般脱贫县资金投入标准比其他县分别高 30%、20%。截至 2021 年 10 月底，全省农村饮水工程维修养护项目已开工 6263 处，开工率 100%；已完工 6263 处，完工率 100%。①

---

① 安徽："点水成金"助力乡村振兴［EB/OL］.［2021-12-01］. http://slt. ah. cn/xwzx/tpxw/120702871. html.

（三）安徽省乡村振兴规划

《中共安徽省委　安徽省人民政府关于全面推进乡村振兴加快农业农村现代化的实施意见》提出，强化现代农业科技创新和装备支撑。实施淠史杭等大中型灌区续建配套和现代化改造。到 2025 年全部完成现有病险水库除险加固。支持农业科技领域基础研究，在农产品与现代食品加工、农业生态环保、智慧农业等重点领域组织实施一批科技项目。组织实施乡村振兴科技专项。引导和支持高校院所为乡村振兴提供智力服务。加强省现代农业产业技术体系建设。加强农业科技社会化服务体系建设，启动实施科技特派员创新创业五年行动计划，到 2025 年科技特派员总数力争达到 8000 名。支持重点农机装备制造企业提高自主研制能力，支持高端智能、丘陵山区农机装备研发制造，加大购置补贴力度，开展农机作业补贴。加快推广绿色高效新机具新技术，争创一批全程机械化示范县和平安农机示范县。强化动物防疫和农作物病虫害防治体系建设。

深入推进快递进村、农村电商提质增效和"互联网+"农产品出村进城工程，2021 年快递进村覆盖率达 85%，农村产品网络销售额达 800 亿元。促进农村居民耐用消费品更新换代。深入实施城乡冷链物流建设行动，推进田头小型仓储保鲜冷链设施、产地低温直销配送中心、合肥国家骨干冷链物流基地建设，到 2025 年建成覆盖全省主要产地和消费地的冷链物流基础设施网络。支持连锁便利店到农村、社区布点，深入开展城乡高效绿色配送专项行动。办好文化惠民消费季。

深入推进"四好农村路"建设工程。建好、管好、护好、运营好农村公路，重点解决较大自然村通硬化路，加速推进农村公路联网成环、提档升级，提高农村公路通达深度和安全水平，构建覆盖广泛的农村公路网。"十四五"时期，安徽省实施乡村骨干路网提档升级工程 5000 千米以上，乡村道路延伸连通工程 10000 千米以上。

实施农村供水保障工程。加强中小型水库等稳定水源工程建设和水源保护，实施规模化供水工程建设和小型工程标准化改造，推进城乡供水一体化，加快农村供水自动化管理，进一步保障农村供水安全。到 2025 年，安徽全省农村自来水普及率达到 90% 以上。

分类梯次推进乡村振兴工程，包括三类：①先行示范区。区位条件优越，县域经济发展质量高，农业农村发展基础好，基本没有巩固拓展脱贫攻坚成果任务。包括肥东县等 34 个县（市、区）。主要任务是，对标长三角先进地区，探索经验、率先突破、走在前列，高起点、高标准推进乡村振兴，打造乡村全面振兴的安徽样板，为其他县做好示范。到 2025 年，一批资源条件好、地理位置优、产业发展旺、集体经济强的乡村率先基本实现农业农村现代化。②正常推进区。农业农村发展基础较好，巩固拓展脱贫攻坚成果任务轻。包括长丰县等 38 个县（市、区）。主要任务是，用好现有政策，在巩固拓展脱贫攻坚成果的基础上，由易到难、持续发力，加快推进乡村振兴，达到或超过全国平均水平。到 2025 年，农业农村现代化体系初步建立，乡村振兴取得阶段性成果。③持续攻坚区。经济基础、产业基础、农村基础设施和公共服务都较薄弱，巩固拓展脱贫攻坚成果任务重。包括蒙城县等 32 个县（市、区）。主要任务是，用足用活政策，进一步加大支持力度，从集中资源支持脱贫攻坚转向巩固拓展脱贫攻坚成果和全面推进乡村振兴，巩固提升、努力追赶，跟上全国平均水平。到 2025 年，脱贫攻坚成果得到巩固提升，长短结合、标本兼治的体制机制全面建立。

深入推进皖西大别山革命老区振兴发展。加大新一轮政策扶持力度，巩固拓展脱贫攻坚成果，力争老区城乡居民人均收入与安徽省平均水平差距进一步缩小。做大做强适应性产业和特色经济，加快发展化工新材料、新能源汽车及零部件、纺织服装、生物医药、氢能等特色优势产业及配套产业，推进开发铁矿等优势矿产资源，提升特色产业园区建设水平。大力推进茶叶、木本油料等特色农产品生产及精深加工，打造全国重要的特色优势农产品供应基地。加快发展红色旅游、休闲度假、健康养老产业，打造长三角高品质红色旅游示范基地和旅游康养基地。实施大别山革命老区对外联通通道建设工程，完善水利设施，巩固提升水电供区电网。构建大别山区水土保持综合防护体系，建设长江和淮河中下游地区重要生态安全屏障。

建立健全基础设施建设。实施农村人居环境整治提升五年行动。分类有序推进农村厕所革命，科学选用改厕技术和产品，2021 年完成改厕 40 万户以上。统筹农村改厕和污水、黑臭水体治理，因地制宜建设污水处理设施。健全农村生活垃圾收运处置体系，深入开展农村生活垃圾分类和资源化利用示范县建设，2021 年农村生活垃圾无害化处理率达 75%。健全农村人居环境设施管护机制。大力推进农村生活垃圾治理市场化进程。推广"生态美超市"。深入推进村庄清洁和绿化行动。开展美丽宜居村庄和美丽庭院示范创建活动。2021 年新建省级美丽乡村中心村 700 个以上。深入开展爱国卫生运动。

（四）安徽省部分市（区）乡村振兴概览

1. 安徽省滁州市

滁州，简称"滁"，是长江三角洲中心区 27 城之一、南京都市圈核心城市。全市辖 2 个市辖区、4 个县，代管 2 个县级市，总面积 13398 平方千米。根据《安徽省第七次全国人口普查公报（第二号）》，截至 2020 年 11 月 1 日，滁州市常住人口 3987054 人。2020 年，滁州市实现地区生产总值 3032.1 亿元。

（1）党建领导，推动乡村振兴。《滁州市关于推进乡村振兴战略的实施意见》提出，建立健全党委领导、政府负责、社会协同、公众参与、法治保障的现代乡村社会治理体制，坚持自治、法治、德治相结合，确保乡村社会充满活力、和谐有序。

具体措施包括：①加强农村基层党组织建设。以基层党组织标准化建设为抓手，大力实施党支部建设提升行动，整顿软弱涣散村党组织，着力引导农村党员发挥先锋模范作用。实施农村带头人队伍整体优化提升行动，选优配强村"两委"班子特别是村党组织书记，健全选派第一书记长效机制。探索完善从优秀村干部中选拔乡镇领导干部、考录乡镇机关公务员、招聘乡镇事业编制人员制度。加大在优秀青年农民中发展党员力度，培养储备农村基层党员干部后备力量。推行村级小微权力清单制度。②深化村民自治实践。加强农村群众性自治组织建设，健全和创新村党组织领导的充满活力的村民自治机制。健全村务监督委员会，推行村级事务阳光工程。充分发挥村民监督作用，不断完善村规民约、村民自治章程，让农民自己"说事、议事、主事"。积极发挥新乡贤作用。推动乡村治理重心下移，尽可能把资源、服务、管理下放到基层。总结全椒县大季村试点经验，遴选更多的村继续开展村民自治试点。扩大农村社区建设试点，2020 年实现村级全覆盖。创新基层管理体制机制，整合优化公共服务和行政审批职责，打造"一门式"办理、"一站式"服务的综合服务平台，逐步形成完善的乡村便民服务体系。③加强法治乡村建设。深入推进综合行政执法改革向基层延伸，创新监管方式，推动执法队伍整合、执法力量下沉，提高执法能力和水平。建立健全乡村调解、县市仲裁、司法保障的农村土地承包经营纠纷调处机制，2018 年底，专职人民调解员实现乡镇全覆盖。开展"民主法治示范村"创建，到 2020 年达到 95 个。加强农村普法骨干队伍建设，推动村"两委"成员法律知识培训常态化。健全农村公共法律服务体系，2018 年底全面落实"一村一法律顾问"制度，2020 年实现公共法律服务工作室行政村全覆盖，建成乡村一小时公共法律服务圈。④提升乡村德治水平。强化道德教化作用，引导农民向上向善、孝老爱亲、重义守信、勤俭持家。依托村民议事会等自治组织，引导农民自我管理、自我教育、自我服务、自我提高。深入开展"传家训、立家规、扬家风"活动，广泛开展好媳妇、好儿女、好公婆等评选活动，开展寻找最美乡村教师、医生、村官、家庭等活动。

滁州市井楠村通过创新实践以党建为引领、以自治为根本的基层治理新路子。党员带头组织，以红白理事会、村民议事会、禁毒禁赌会、民宿协会等自治组织管理村级事务，将有文化、有热情的村民吸收到自治组织中，积极引导其在自治组织内开展矛盾纠纷调解、公益慈善等相关服务。2020年以来，井楠村将6家民宿纳入协会管理，对资源进行引导整合，接待游客1万余人次，为村民带来直接收益30余万元；井楠村党总支以提升组织力为重点，积极开展"五星党支部"创建活动，通过"微课堂""微心愿""微平台"有力提升为民服务水平，打通党建服务的神经末梢。2020年以来，井楠村党支部联合卫生部门为老人开展免费义诊11次，惠及村民200余人次；开办"茶农课堂"5期，组织茶农学技术、学营销等，带动当地农民就地务工70余人；在井楠中心村率先建成全省首家乡村影院，成功推动农村公益电影与城市院线电影整合改革试点，2020年以来已免费播放电影30余场，观影农民达700余人次。①

滁州市全椒县不断完善村级后备干部"预任制"工作机制，建立正负面任职清单，强化教育管理，落实保障措施，为做好村"两委"换届配优配强村干部队伍储备优秀人才，为全面推进乡村振兴提供坚强组织保障。①择优评选村干部。全椒县面向中青年党员、大中专毕业生、退伍军人、致富带头人、大学生村官、社会管理专干等群体，按照每村1~2名预任干部比例，开展择优比选。严格标准程序，建立年轻化、知识化，政治素质好、思想品德好、群众基础好，有发展思路、有致富本领、有带富能力、有协调能力的"两化三好四有"正面清单和"十二不宜"负面清单，通过个人自荐、群众举荐、组织推荐、村党组织考察、镇党委考试、村"两委"会研究、镇党委会审定，预任公示的"三荐两考两审一公示"比选程序，选拔一批愿意在农村工作的优秀人才。截至2020年12月，全椒县共储备122名预任村干部。②全方位培训预任村干部。围绕基层党建、脱贫攻坚、乡村振兴、矛盾调解等重点工作，分层分类对预任干部全覆盖培训。建立"1+2"结对制度，安排镇包村干部、村党组织书记作为培养联系人，与预任干部结对子，确定培养路径、培养目标，授理论、教方法、传经验。建立跟班培带制度，加强岗位历练，安排预任干部担任村书记或主任助理、党建文书、扶贫专干等职务。③建立考核评价机制，建立预任干部管理档案，实行"一人一档"，对政治表现、工作成绩、培养措施、考核评议等信息全程纪实。村党组织每季度对预任干部进行1次民主评议，镇党委每半年进行1次考核，综合日常了解、评议结果等情况，确定优秀、称职、基本称职、不称职四个等次。②

（2）菌菇产业引领，推动产业发展。投身农业产业化，带动就业、振兴乡村经济，经济效益和社会价值双丰收。安徽众兴菌业科技有限公司基地有72间育菇库房，育菇面积7万多平方米，日产双孢菇60吨（所有分公司合计日产总量位居世界第一），年产2万吨，年销售额1.6亿至1.8亿元。产品面向长三角地区，通过冷链运输，主要向南京和上海供货，市场红火，产品供不应求。"育菇基地建成投产为当地稳就业、促脱贫提供了有效保障。"众兴菌业科技有限公司负责人李文武介绍，该基地2019年8月正式投产，设备和布局设计均来自荷兰。自投产以来，基地吸纳了近800人，消化小麦秸秆15万吨。定远县西卅店镇高潮、幸福、陈庄三个贫困村还因此配套建设了一个大型秸秆收储中心，为村集体经济每年增收约100万元，并且带动全县1/3的乡镇实现秸秆综合利用。

从事菌菇生产，无论从原料调配到接种，还是从育菇到成品包装，全部采用食用菌自动化

---

① 人民网-安徽频道. 滁州南谯区深挖资源优势打造乡村振兴"井楠模式"［EB/OL］.［2020-12-03］. http：//ah. people. com. cn/n2/2020/1203/c374164-34453621. html.

② 人民网-安徽频道. 滁州市全椒县：建强"预备役"打好乡村振兴"准备仗"［EB/OL］.［2020-12-07］. http：// ah. people. com. cn/n2/2020/1207/c374164-34460099. html，有修改.

生产，极大提高了食用菌生产效率，并且产品质量安全可靠，能有效抵抗市场风险，规模效应明显，也为农民带来了收入。公司员工95%以上来自当地，他们每月工资可达到5000元。

食用菌种植使用农作物废料作为原材料，生产出富含高蛋白的绿色食品，采菇后的废弃菌渣又进行再次利用，真正做到了变废为宝，实现了资源的再生循环利用。安徽众兴菌业科技有限公司已和当地政府签订了二期项目，二期完成后，将进行产品深加工，公司在规模、用工上都将增加一倍。①

（3）突出茶产业特色，实现产业兴旺。龙头带动。坚持"抓龙头、建基地、创品牌、带农户、促增收"发展路径，探索"合作社+龙头企业+基地+茶农"运作模式，充分发挥施集茶场、金鹰等8家茶叶龙头企业的示范带动作用，依托滁州市南谯区茶叶合作社的技术力量和龙头企业的销售渠道，与农户点对点对接、面对面收购，通过网络平台、线上销售等方式，形成规模化种植、品牌化运营、信息化销售，彻底解决加工茶企茶青缺和茶农茶青销路难问题。2020年以来，井楠村茶叶订单销售超6800万元，亩均收入达8000元左右。②

擦亮品牌。南谯区制定《滁州市南谯区茶产业发展规划》，大力发展茶叶品牌建设，利用茶叶板栗香的特色推广茶栗套种，通过基地、订单、股份合作等途径与农户建立更加稳定的产销合同关系和服务契约关系，以打造茶叶品牌为载体，将分散的农户联合成一个共同体，实现小生产与大市场对接。同时，积极争取项目扶持，对在村内茶叶种植基地新增新品种的茶农，每亩给予200元补助，推动茶产业提档升级。2020年12月，井楠村共有茶农400余户，板栗种植面积1000余亩，茶叶种植面积近10000亩，成功孕育出"施集""大鳌盖"等皖东知名茶品牌。"西涧春雪"牌施集绿茶被农业农村部评为中国农产品地理标志产品。③

茶旅融合。坚持"茶区变景区、茶园变公园、茶山变金山"的发展路径，2020年以来，投资1亿元发展茶园观光、新茶采摘、民俗制茶、休闲品饮、农事体验、文旅康养、团建培训、文创农特产品开发等茶园旅游新业态，2020年，井楠村已拥有田园综合体2家，茶旅融合收益预计达到300万元。同时，试点推进高标准农田建设与滁菊产业发展融合，新建"菊茶共舞"示范基地2500亩，打造出千亩"菊花海"南谯农旅融合新名片。2020年11月19日，井楠村获评首批安徽省特色旅游名村。④

（4）产业联盟，融合促进脱贫。2015年，安徽农业大学与滁州市定远县签订校县合作协议，在当地建立江淮分水岭综合试验站，下设蔬菜、杂粮、水产等9个联盟。江淮分水岭综合试验站是由安徽农业大学与定远县人民政府合作共建的新型农业推广服务平台，项目主要依托安徽农业大学的优势，是专门服务定远及江淮分水岭地区现代农业发展的重要平台。建立了灵活的产业联动机制，助推了产业融合，也让定远县脱贫致富有了抓手。

试验站团队采用"试验站+新型经营主体+贫困村+贫困户"产业扶贫模式，给贫困户发放新品种黄淮肉用种羊77只，已帮助12户贫困户实现稳定脱贫；为定远县西卅店和二龙乡6个贫困村村集体年收入增加40万元，2020年受益贫困户达176户、498人。2021年，500亩高标准农田已开展"草羊果蔬"和"稻渔共生"产业融合试验示范以及华中农业大学傅廷栋院士团队多功能油菜试验示范等项目。试验站依托"国家中部地区畜禽种质资源库"，已将中国50多个绵羊、山羊遗传资源引入江淮分水岭综合试验站，已建成南方绵羊、山羊活体遗传资源库。

试验站成立以来，团队以全产业链服务参与脱贫致富，及时组织产业联盟的专家与主要企

---

① 潇湘晨报．滁州：产业富民赋能乡村振兴［EB/OL］．［2021-04-25］．https：//baijiahao.baidu.com/s? id=1698000490712038143&wfr=spider&for=pc.

②③④ 人民网-安徽频道．滁州南谯区深挖资源优势打造乡村振兴"井楠模式"［EB/OL］．［2020-12-03］．http://ah.people.com.cn/n2/2020/1203/c374164-34453621.html.

业对接，进行新品种、新技术的试验示范，截至 2021 年 4 月，试验站已为定远县引进农业新品种 376 个，服务农业企业 100 多家，同时以"1+1+N"模式开展科研服务，帮助定远县乃至江淮分水岭地区的产业发展。

产业联盟成立以来，产业和科技扶贫成效明显，共计帮扶贫困户 182 户、245 人，人均年收入 4 万元。此外，每个联盟的首席专家为定远县产业发展提供"保姆式"服务，从年初制定工作计划，到每个月指导产业发展，从指导具体的生产环节，到提供全产业链服务。定远县已形成"草、菌、虾、猪、鹅"五大特色产业，成为农民脱贫致富的重要途径。9 个产业联盟参与定远县 70 个贫困村"乡村产业与集体经济发展三年规划（2020-2022 年）"工作，通过深入调研，完成了"一村一品"产业规划。①

（5）以土地入股，建立农业合作社。2018 年 8 月 4 日，安徽省滁州市凤阳县小岗村民益土地股份合作社正式成立，主要开展稻虾共作种养。43 户村民以土地入股的方式加入合作社，共入股土地 850 亩，其中，稻虾连作 400 亩、贝贝小南瓜 100 亩、山核桃 200 亩、鱼塘 150 亩。这些由合作社统一购种、购肥、销售，合作社再把这些土地分给愿意种地的村民管理。

在收益分配方面，每年除了成本，70%分给负责管理的村民，20%拿出来分红，10%作为合作社公益公积金。对于不参与管理的村民，每年享受 400 元/亩的保底租金和分红，同时，还可以在合作社务工，得到额外的劳动报酬，让村民靠自己的辛勤劳动踏上致富路。②

2. 安徽省六安市

六安市，安徽省辖地级市，位于安徽省西部，地理意义上的"皖西"特指六安。六安市总面积 15451.2 平方千米，辖 3 个区、4 个县。根据第七次人口普查数据，截至 2020 年 11 月 1 日零时，六安市常住人口为 4393699 人。根据六安市统计局发布的《六安市 2020 年国民经济和社会发展统计公报》，2020 年，六安市实现生产总值 1669.5 亿元，同比增长 4.1%。

（1）"文化+旅游"，发扬红色文化。六安市有优质的自然资源，例如，金寨县大湾村地处大别山革命老区、国家级自然保护区马鬃岭脚下；2016 年还是深度贫困村和金寨县 71 个重点贫困村之一。2016 年习近平总书记曾到大湾村视察，提出要把老区的经济发展搞上去，让老区人民过上幸福美好的生活。大湾村积极用好扶贫政策，依靠发展"山上种茶、家中迎客"特色产业，以"景村共建"的模式整村推进乡村旅游开发建设，坚持"原生态"规划建设，着力打造与村民共生共融的开放式景区，探索出一条具有大别山革命老区特色的旅游脱贫致富之路。2020 年，大湾村接待游客达 35.8 万人次，入选了第二批全国乡村旅游重点村；2021 年，大湾景区获批国家 3A 级旅游景区。

除此之外，六安市的红色资源也非常丰富，有不可移动革命文物保护单位 275 个（含 329 个点），其中包括国保单位 3 个、省保单位 18 个、市保单位 30 个、县保单位 199 个、文物点 25 个，包括革命旧址、名人故居、烈士陵园（烈士墓）、战役遗址遗迹以及其他革命纪念设施等。六安市依托红色旅游资源建成一批 A 级旅游景区，建成 1 条国家级红色旅游精品线路（六安—金寨—霍山），形成了 3 条全市红色旅游精品线路。金寨县革命烈士陵园等 9 个红色景区（景点）列入全国红色旅游经典景区名录，金寨县汤家汇红色旅游小镇等 15 个红色景区（景点）列入省级红色旅游经典景区名录。③ 红色旅游已经成为带动六安市老区脱贫致富的重要引擎。

依托传承"红色基因"，六安市大力实施文化产业项目拉动战略，不断提高文化附加值。

---

①② 潇湘晨报. 滁州：产业富民赋能乡村振兴 [EB/OL]. [2021-04-25]. https：//baijiahao. baidu. com/s? id = 1698000490712038143&wfr=spider&for=pc.

③ 经济网-中国经济周刊. 安徽六安：文旅融合激发乡村振兴新动能 [EB/OL]. [2021-09-30] . http：//www. ceweek-ly. cn/2021/0930/362468. shtml.

"十三五"期间，六安市纳入安徽省重大文化产业投资计划项目85个，悠然蓝溪文化旅游景区入选文旅部文化产业项目，天堂寨旅游休闲集聚区、六安大观街创意文化服务业集聚区等入选省级服务业（文化产业类）集聚区；建成海洋大世界、悠然南山、大别山风情谷、龙津溪地、虚谷温泉等一批旅游景区（点）和接待设施，发展2000余家乡村旅游经营单位，"文化+旅游"相得益彰，产业动能和发展空间进一步拓展。

"十四五"期间，六安正在擘画"文化旅游+乡村振兴"的新蓝图：积极推进舒城、金安、裕安等县区创建国家全域旅游示范区；推进大别山（六安）悠然南山申报国家级旅游度假区；推进天堂寨、佛子岭创建省级旅游度假区，并进一步丰富乡村旅游业态。

首批全国全域旅游示范区六安市霍山县把旅游体验打造成了"红色文化+自然风光+温泉康养"的沉浸式体验之旅"。霍山县境内的西镇暴动委员会旧址坐落在漫水河镇清水河畔，原为李氏宗祠，始建于清乾隆年间，为省级重点文物保护单位，是全国红色旅游精品线路——"千里跃进、将军故里"的重要景点之一；"新中国第一坝——佛子岭水库大坝"位于佛子岭景区，是国家4A级景区、国家级水利风景区、安徽省省级风景名胜区和安徽省爱国主义教育基地。六安市已形成农林采摘、民宿、研学、户外等20多类2000多家乡村旅游单位实体，培育了茶谷小站、画廊人家以及大别山人家等知名品牌，为文化旅游促进乡村振兴事业吹响了"集结号"。[①]

同时，六安市及各县文旅部门坚持红色、生态联动发展，将革命旧址遗迹修缮、维护、利用与城市开发、集镇基础设施建设和乡村环境综合整治结合起来，统筹推进红色旅游、乡村振兴发展和特色旅游小镇培育。开发系列红色旅游商品，用红色资源吸引人，用绿色生态以及文化资源留住人，延长红色产业链，形成红色与其他资源联动发展优势，进一步带动革命老区经济社会发展。"十三五"期间，六安市累计接待游客约2.3亿人次，实现旅游综合收入约1800亿元，其中，红色及乡村旅游游客占比超过60%，累计带动约10万人脱贫。[②]

六安市大力发展红色文化体验系列旅游产品，积极拓展红色会展节庆、红色修学研学等新业态旅游产品。加强区域内外合作，挖掘红色历史、非遗产品等资源，开发红色文化作品，共同打造大别山精品文化线路，打响大别山旅游品牌。"十四五"期间，六安市将把握绿色振兴发展机遇期，依托丰富的森林生态和红色文化等资源优势，衔接长三角特别是省会合肥等重点客源市场，以高质量发展为目标，力争将六安市打造成全国一流、长三角区域高品质的集红色旅游、山水生态等为一体的复合型旅游目的地。[③]

（2）"138+N"工程，助推产业兴旺。六安市脱贫攻坚过程中，产业发展发挥了重要作用。2019~2021年，六安市着力挖掘资源禀赋，围绕发现特色、挖掘特色、塑造特色、培育特色，推进标准化、专业化、品牌化，大力推进农业特色产业"138+N"工程。"1"即培育一批农村产业发展带头人，发展壮大农村能人经济；"3"即推进规模经营、主体经营和一二三产业融合经营；"8"即着力打造茶叶、蔬菜、水果坚果、中药材、小龙虾、皖西白鹅、霍寿黑猪、皖西麻黄鸡八大特色产业集群，"N"即发展八大产业以外的产业。"138+N"工程实施以来，六安市已累计培育农村产业发展带头人4355人，发展各类新型农业经营主体近3万家。2020年8大农业特色产业综合产值达到366亿元。[④]

目前，六安已经明确乡村振兴的具体目标，即到2025年，农业农村现代化取得重要进展，重要农产品综合生产能力持续增强，农林牧渔业总产值达485亿元，年均增幅3%左右。规模以

---

①②③　经济网-中国经济周刊．安徽六安：文旅融合激发乡村振兴新动能［EB/OL］．［2021-09-30］．http：//www.ceweekly.cn/2021/0930/362468.shtml.

④　经济日报．全国人大代表叶露中：高质量推进农业特色产业"138+N"工程［EB/OL］．［2021-03-15］．https：//baijiahao.baidu.com/s？id=1694265836060501134&wfr=spider&for=pc.

上农产品加工业产值年均增幅达到 8%。农村常住居民人均可支配收入超过 2 万元，年均增速高于全省平均水平。八大特色主导产业综合产值实现翻番，超过 700 亿元。培育壮大茶叶、蔬菜、中药材、生猪、白鹅、竹木 6 个年综合产值超 100 亿元优势特色产业集群，新增各类新型农业经营主体 6000 家，累计认证"三品一标"农产品 1000 件。农业绿色发展水平持续提升，乡村建设行动取得明显成效，农村人居环境全面改善，现代乡村治理体系更加健全，乡风文明程度明显提升，农民获得感、幸福感、安全感明显提高。

（3）"应急广播+"，助力乡村治理。六安市开展金寨、叶集、舒城 3 地县区级应急广播系统建设。建成县级应急广播平台 3 个、乡镇广播分控站 51 个、村级广播室 727 个，架设室外高音喇叭、音柱达 11400 只。新建的广播体系县乡村三级贯通，集政令发布、脱贫攻坚、农业科普、预警预告、群防群治多项作用为一体。通过"大喇叭"向乡村传递政策信息。结合移风易俗、违建整治、美丽乡村建设等重点工作，使用广播"村村响"点对点宣传收效明显。完成广播电视村村通建设任务 38.65 万户，安装"直播卫星户户通"设备 14.75 万套，解决农村偏远地区长期收视难的困扰，保障乡村群众均等收看中央、省、地方台节目，第一时间知晓党和国家大事，掌握本地最新资讯。"公益电影免费+"助推经济发展。根据农村群众的需求实施"一村一月一场电影"计划，结合农时农事，推行"点菜式"放映模式，精选放映《花生玉米间作套种技术》《秸秆还田综合利用》《绿肥种植还田技术》等农业科教影片以及乡村群众喜闻乐见的农村题材影片，2018 年以来先后放映 19262 场公益电影，其中科教影片 6743 场。①

3. 安徽省芜湖市

芜湖市，安徽省辖地级市，长江三角洲中心区 27 城之一，总面积 6026 平方千米；是华东重要的科研教育基地和工业基地、G60 科创走廊中心城市、全国综合交通枢纽，芜湖市辖 5 个区、1 个县，代管 1 个县级市。常住人口为 3644420 人，城镇化率 72.31%。根据《2020 年芜湖市国民经济和社会发展统计公报》，2020 年，芜湖市实现地区生产总值 3753.02 亿元，同比增长 3.8%。

（1）打造殷港小镇艺术产业区。殷港艺创小镇不仅将荒废的老工业区利用了起来，提高了老厂房的附加值，而且创新旅游发展路径，带动乡村发展。殷港艺创小镇将芜湖特色农产品创意包装，使农产品销量更好，如被称为"小镇菇娘"的香菇和起名"小镇蜂味"的蜂蜜。此外，殷港艺创小镇还将 VR 技术与手绘结合，推出了可以扫码的手绘地图，不仅被用来介绍六郎镇的旅游景点，助推乡村旅游发展，还被推广到省内其他城市的景区，甚至"承包"了不少安徽旅游局的地图。小镇还将促进一二三产业融合，形成具有影响力的艺术产业区、艺术生态区、艺术生活区，并带动周边就业，促进全镇工业、苗木、农业等传统行业转型升级。目前，殷港小镇艺业产业区被列为安徽省"861"重点项目和"十三五"规划项目。

（2）发展峨桥老茶市。20 世纪 90 年代起，峨桥镇便先后获得全国专业茶叶批发市场、重点联系批发市场、全国"三绿工程"示范市场、全国绿色批发市场示范单位、全国重点茶市、长三角城市群茶香文化体验之旅示范点以及安徽省峨桥现代新型茶业交易集聚区等荣誉称号。

芜湖市政府加大对峨桥老茶市（即 1994 年投入运营的茶市一路和茶市二路）整治力度，铺设青石板，新建雨污水管道，进行建筑立面改造，提高了老茶市基础设施水平，给峨桥茶叶市场的发展打下了坚实基础。峨桥茶叶市场主要分为三块：茶市一路与二路、国际茶城和瑞丰茶博城，整个茶市共有近 1000 户商家。其中，招商引进 10 亿元的瑞丰茶博城项目集茶业交易、会展服务、文化旅游功能于一体。截至 2020 年，峨桥茶市占地达到 25.8 万平方米，拥有 1800 余

---

① 六安市文化和旅游局. 我市"广播影视+"助力乡村振兴［EB/OL］.［2018-07-30］. https://wlj. luan. gov. cn/wgxgz/gbys/3359851. html.

家店面，年销售额达 50 亿元。

峨桥茶市拥有以下四大优势：一是门店优势。从原产地到终端，已有近 3 万的峨桥茶人，在国内外开设近 15000 家门店，整合了信息、货源、物流，形成了规模庞大、点多面广的特色销售网络。二是供应链优势。峨桥茶市在全国范围内拥有其他茶市所没有的优势，那就是巨大的冷冻保鲜仓储优势。据介绍，峨桥拥 20 万立方米的冷链仓储规模，可同时储存茶叶 300 万千克，延缓了茶叶变质的过程，为市场提供了长期稳定的供应能力。三是物流优势。16 家快递物流企业在峨桥镇设立运营中心，与周边的茶叶集散中心相比，峨桥茶叶物流价格低 50% 左右。家家户户有冷链仓储，也是峨桥茶市的特色。以店铺东吴茶业为例，这里的冷链仓库可以同时储存 10 万至 16 万千克茶叶，并且能延缓茶叶变质的过程。四是配套优势。峨桥近年来在茶叶产业链的上下游做文章，寻找新的业务形态。截至 2021 年 6 月，峨桥镇有茶叶包装、制罐、制杯企业 40 多家，上下游产业链齐备，年销售额达 10 亿元。[①]

2017 年峨桥现代新型茶叶交易集聚区被认定为省级服务业集聚区，成为振兴峨桥茶市的重要一步。截至 2020 年底，茶文化主题公园、茶文化特色商业街、文创艺术集聚区、茶叶交易集散区、滨水品茗休闲区已经建成并投入使用，江南第一茶市博物馆也已经完成招标工作。峨桥镇将"江南第一茶市"、神仙洞景区、房车露营地、生态体育公园、铜山寺、石谷烈士陵园等旅游资源串点成线。扶持本土企业葵花谷、百果园等，规划打造狮山傍生态种植采摘基地，形成集生态种植、采摘体验、产品包装、物流运输于一体的全产业链。收储农民闲置用房，统一对外招租，引进养老、医疗、餐饮、茶档、民宿等业态进驻，拓展农民增收空间。

（3）发展智慧农业。近年来，为推动农业"数字化"发展，实现传统农业的转型升级，芜湖市积极探索实践智慧工厂、智慧园区、智慧农田、智慧农机等模式。2021 年 6 月，中联农业机械股份有限公司与中国电信芜湖分公司强强联手，共同打造"5G+工业互联网暨智慧农业"，直接提升全市农业机械化、智能化和数字化水平，将信息化技术服务用于农业生产全过程和农村管理中，推动农业提质增效，走出了一条推动农业高质量发展的现代化新路子，为乡村振兴插上了"科技"翅膀。下一步，芜湖市还将鼓励重点农机装备制造企业提高自主研制能力，支持智能农机装备和智慧农场建设，推动智慧农业示范应用，进一步加强农业与科技融合，不断释放创新活力，为农业现代化提供新动能。

十三、福建省

福建省，简称"闽"，地处中国东南沿海，与浙江省、江西省、广东省毗邻，隔台湾海峡与台湾地区相望。省会福州。全省辖 9 个设区市和平潭综合实验区，下设 11 个县级市、31 个市辖区和 42 个县（含金门县），陆地面积 12.4 万平方千米，海域面积 13.6 万平方千米。

全省有 69 个老区苏区县（市、区），其中原中央苏区县（市、区）36 个。老区人口占全省总人口 80% 左右。具有光荣的"双拥"传统，是全国唯一连续五届所有设区市都被评为"全国双拥模范城"的省份。根据央广网 2022 年 3 月"图览福建省 19 个民族乡"，福建省有 18 个畲族乡，9 个在宁德市。

---

① 说茶．一个不产茶的小镇，却号称"江南第一茶市"？凭什么？ ［EB/OL］．［2021－06－24］．http：//www.360doc.com/content/21/0624/18/75695883_983538937.shtml.

（一）福建省经济发展概况

1. 福建省人口与经济概况

根据《福建省第七次全国人口普查公报（第一号）》，福建省全省常住人口为 41540086 人，与 2010 年第六次全国人口普查的 36894216 人相比，10 年共增加 4645870 人，增长 12.59%，年平均增长率为 1.19%。居住在城镇的人口为 28557247 人，占全省人口（城镇化率）的 68.75%；居住在乡村的人口为 12982839 人，占全省人口的 31.25%。与 2010 年第六次全国人口普查相比，城镇人口增加 7492818 人，乡村人口减少 2846948 人，城镇人口比重上升 11.66 个百分点。全省常住人口中，汉族人口为 40418616 人，占 97.30%；各少数民族人口为 1121470 人，占 2.70%。与 2010 年第六次全国人口普查相比，汉族人口增加 4321255 人，增长 11.97%；各少数民族人口增加 324615 人，增长 40.74%。根据《福建省第七次全国人口普查公报（第二号）》，9 个设区市中，人口超过 800 万人的设区市有 2 个，在 500 万人至 600 万人之间的设区市有 2 个，在 300 万人至 400 万人之间的设区市有 2 个，少于 300 万人的设区市有 3 个。其中，人口居前三位的设区市合计人口占全省人口比重为 53.53%。根据福建省统计局发布数据，2020 年全省实现地区生产总值 43903.89 亿元，按可比价格计算，比上年增长 3.3%。其中，第一产业增加值 2732.32 亿元，比上年增长 3.1%；第二产业增加值 20328.80 亿元，增长 2.5%；第三产业增加值 20842.78 亿元，增长 4.1%。第一产业增加值占地区生产总值的比重为 6.2%，第二产业增加值比重为 46.3%，第三产业增加值比重为 47.5%。2020 年，福建省第三产业中增长最快的前三名分别是信息技术服务业，增长 10.7%；金融业，比上年增长 6.4%；批发和零售业，比 2019 年增长 5.3%。

2020 年，福建省居民消费价格（CPI）比 2019 年上涨 2.2%。福建省城镇居民人均可支配收入为 47160 元，比上年增长 3.4%；农村居民人均可支配收入为 20880 元，增长 6.7%。福建省城镇居民人均消费支出为 30487 元，下降 1.5%；农村居民人均消费支出为 16339 元，增长 0.4%。

2. 福建省各市人口与经济概况

福建省辖福州市、厦门市、漳州市、泉州市、三明市、莆田市、南平市、龙岩市、宁德市 9 个设区市和平潭综合实验区。福建省统计局发布 2020 年 1~12 月主要经济指标如下：

（1）地区生产总值方面，泉州市、福州市、厦门市居全省前三名。其中，泉州市位居第一，实现地区生产总值 10158.66 亿元。福州市排名第二，全年地区生产总值达到 10020.02 亿元。接下来是厦门市，地区生产总值 6384.02 亿元。泉州市、福州市大幅领先于省内其他城市。

（2）地区生产总值增速方面，宁德市以 6.0% 的增速位居前列。厦门市排名第二，增速 5.7%；龙岩市排名第三，增速为 5.4%。

（3）财政收入方面，2020 年福建省 9 个设区市和平潭综合实验区中一般预算全口径财政收入排名前三位的分别是厦门市、福州市、泉州市，其中，厦门市以 1351.24 亿元成为带动福建省整体实力跃升的重要动力。

（4）地区人口方面，与 2010 年第六次全国人口普查相比，9 个设区市中，有 8 个设区市人口增加。人口增加较多的 3 个设区市依次为厦门市、泉州市、福州市，分别增加 1632623 人、1175898 人、653755 人。

（5）其他方面，2020 年居民人均可支配收入位居全省前三的市依次是厦门市、福州市、泉州市，分别为 58140 元、40772 元、40477 元。

3. 福建省产业概况

（1）海洋利用情况。《福建省"十四五"海洋强省建设专项规则》数据显示，"十三五"期间福建省渔业发展水平优秀，海水养殖产量、远洋渔业产量、水产品出口额和水产品人均占有量等指标全国排名第一。全球首艘227米深海采矿船、全球最大深海微生物库等相继建成。临海工业集约化发展，建成具有全球影响力的不锈钢产业集群，形成湄洲湾、古雷、江阴和可门等石化产业集聚区。"水乡渔村""清新福建"等旅游品牌建设成效显著，全省海洋旅游总收入超过5000亿元。世界一流港口建设持续推进。2020年，全省沿海港口货物吞吐量达6.2亿吨，其中，福州港货物吞吐量2.49亿吨，厦门港货物吞吐量2.07亿吨。全省万吨级以上深水泊位达到184个，三都澳、罗源湾、江阴、东吴等港区疏港铁路支线建设有效提升港口集疏运能力。渔港基础设施建设取得新成效，新建、整治维护83个不同等级渔港，渔船就近避风率从45%提高到67%。启动"5G+"智慧渔港建设，渔业生产安全条件明显改善。

福建省印发实施《福建省海岸带保护与利用管理条例》，编制《福建省海岸带保护与利用规划》，出台《福建省近岸海域海漂垃圾综合治理工作方案》《福建省加强滨海湿地保护严格管控围填海实施方案》，编制实施市县两级水域滩涂养殖规划，加快生态文明先行示范区建设。全省共划定海洋生态保护红线区面积11881.6平方千米，占全省选划海域面积的32.9%。强化陆海统筹，全面推进蓝色海湾整治、滨海湿地修复、生态岛礁保护、海漂垃圾治理和排污口排查整治，组织实施环三都澳海域综合整治、九龙江—厦门湾污染物排海总量控制试点、闽江口周边入海溪流整治等重大工程，实现"河湾同治"。全省已建立海洋自然保护区13个、海洋特别保护区35个、国家级海洋公园7个，形成了全省海洋保护区网络体系。

（2）农业发展情况。《福建省"十四五"特色现代农业发展专项规划》数据显示：2020年福建省农林牧渔业总产值4901亿元，农产品供给能力显著增强。粮食生产稳定发展，水稻优质率超过80%，划定水稻生产功能区800万亩，累计建成高标准农田810万亩，粮食播种面积、总产量稳定在1250万亩、500万吨以上。生猪规模化健康养殖持续推进，生猪年存栏量达到900万头。主要农产品量足质优价稳，毛茶产量保持全国前列，食用菌产量全国第二，蔬菜40%调供省外，肉蛋奶规模化生产水平位居全国前列。建成了农资监管信息平台及食用农产品合格证与"一品一码"追溯并行系统，赋码出证、凭证销售全面推进，农产品质量安全监测总体合格率保持全国前列。

特色现代农业提质增效。福建省坚持农业产业集聚，创建了11个国家特色农产品优势区、4个国家现代农业产业园、1个全国优势特色产业集群、27个全国农业产业强镇，推动了特色产业向优势区域集中，培育了安溪铁观音、平和蜜柚、古田食用菌、福鼎白茶、光泽肉鸡等特色产业百亿强县。坚持全产业链发展，茶叶、蔬菜、水果、畜禽、水产、林竹、花卉苗木、食用菌、乡村旅游、乡村物流10个乡村特色产业全产业链总产值突破2万亿元。坚持绿色导向，农业绿色发展专项行动深入实施，不用化学农药的生态茶园基本全覆盖，化肥、农药连续五年减量增效，畜禽粪污综合利用率达90%，秸秆综合利用率达93%，农膜回收利用率达83%。

（二）福建省乡村振兴阶段性成果

根据《福建省2020年政府信息公开工作年度报告》，福建省现行标准下45.2万农村建档立卡贫困人口全部脱贫，2201个建档立卡贫困村全部退出，23个省级扶贫开发工作重点县全部摘帽。

具体成果包括[①]：①财政支持方面，2016年起每年按全省一般公共预算收入的2‰以上筹集资金，专项用于精准扶贫精准脱贫。2016年以来，省级财政扶贫资金累计投入375亿元。②人才支持方面，脱贫攻坚战打响以来，全省组织11.17万名党员干部挂钩帮扶贫困户，做到每个贫

---

① 脱贫攻坚的福建答卷［EB/OL］.［2021-02-25］. https：//www.fujian.gov.cn/xwdt/fjyw/202102/t20210225_5538709.htm，有修改.

困户都有一名党员干部挂钩帮扶。2004年以来，选派5批优秀年轻干部担任驻村第一书记，每批3年。③金融支持方面，建立总规模为8.2亿元的扶贫小额信贷风险补偿基金，截至2020年8月底，累计发放扶贫小额贷款43.19亿元，扶持75667户贫困户发展生产。④搬迁扶贫方面，连续27年将"造福工程"列为省委和省政府为民办实事项目，全省累计搬迁172万多人，整体搬迁7300多个自然村。⑤教育扶贫方面，持续加大义务教育阶段学生控辍保学力度，按规定免除学杂费和提供助学资助、助学贷款，确保贫困家庭适龄学生不因贫失学辍学。⑥健康扶贫方面，在建档立卡贫困人口全面享受基本医疗保险、大病保险、医疗救助等政策的基础上，从2017年7月起实施精准扶贫医疗叠加保险政策，贫困群众医疗费用报销比例从71.81%提高到92.71%，全省2201个贫困村规划公益性卫生所全部实现医保"村村通"或"就近通"。⑦稳定就业方面，至"十三五"末，全省实现建档立卡贫困劳动力转移就业15.21万人，就业率100%；全省72.07万贫困人员参加基本养老保险，实现应保尽保、应发尽发、应代缴尽代缴。⑧社会帮扶方面，"千企帮千村"精准扶贫行动取得显著成效，全省1300家民营企业和商会组织结对帮扶1397个贫困村，投入资金7.9亿元，惠及4.9万贫困人口。

（三）福建省乡村振兴规划

2018年11月，中共福建省委、福建省人民政府印发《关于实施乡村振兴战略的实施意见》，指出到2035年，乡村振兴取得决定性进展，农业农村现代化基本实现。农业结构得到根本性改善，农民就业质量显著提高，相对贫困进一步缓解，共同富裕迈出坚实步伐；城乡基本公共服务均等化基本实现，城乡融合发展体制机制更加完善；乡风文明达到新高度，乡村治理体系更加完善；农村生态环境根本好转，美丽宜居乡村基本实现。

2021年6月29日，宁德市人民政府办公室印发的《关于支持老区基点行政村乡村振兴的七条措施》指出，老区振兴要开展集体经济"提质强村"三年行动，综合运用政策、项目及资金，对资产、资源和资本进行有效管理和利用，促进村集体经济可持续性发展。力求通过3年努力，到2024年推动161个老区基点行政村集体经济年收入全部达到15万元以上，实现村集体经济提档升级。发挥闽东时代乡村振兴基金示范带动效应，加大对集体经济相对薄弱的老区基点行政村的扶持力度。推行"强村带弱村""大村联小村"，筛选部分老区基点行政村纳入跨县跨乡结对共建范畴，带动老区基点行政村集体经济增长。鼓励老区基点行政村开展"五强堡垒、星级乡村"争创活动，建立相应扶持和奖补机制。推动乡村振兴指导员、驻村第一书记等各方力量向老区基点行政村倾斜，力争做到驻村帮扶全覆盖。助力老区乡村人才振兴，实施"十百千万"专家服务乡村振兴行动。支持老区基点行政村设立专家服务基地和人才驿站。注重老区农村实用技术培训，围绕当地特色产业，每年举办老区农村实用技术培训班3~5期，培训200~400人，连续培训5年，对参加职业技能培训并取得证书的，按规定给予职业培训补贴。

（四）福建省部分市（区）乡村振兴概览

1. 福建省泉州市

泉州市地处福建省东南部，北承省会福州，南接厦门特区，东望台湾宝岛，是省内三大中心城市之一。全市土地面积11015平方千米，2020年末常住人口为879万人（不含金门县），居住着汉族、回族、畲族等民族，方言以闽南语为主。

（1）保护传统文化。

1）海上丝绸之路文化。泉州，是我国首个"东亚文化之都"，是联合国教科文组织认定的世界多元文化中心、国家首批历史文化名城，也是闽南文化的发源地保护核心区与富集区。泉州市因历史文化厚集享有"海滨邹鲁""光明之城"的美誉。泉州市作为古时"海上丝绸之路"

的重要起点之一，在宋元时期被誉为"东方第一大港"。近年来，泉州市加大了对"海丝文化"的传承保护力度，随着泉州被国务院列为"21 世纪海上丝绸之路"战略支点城市，"东亚文化之都"落户泉州，"亚洲艺术节"成功举办，更多海内外人士感受到了泉州"海丝文化"的独特魅力。

泉州市将按照"串点、连线、成片"的要求，在 145 个省级乡村振兴试点村基础上，再确定一批市、县级试点村，省级和市县级试点村达到 300 个以上，实现所有乡镇全覆盖；各县（市、区）每年在"五大振兴"领域形成 2 个以上各具特色的典型和示范样板，培育一批典型案例或者创新案例，建立健全乡村振兴管理模式和长效机制。石狮市先后投入 9 亿元建成峡谷旅游路、红塔湾旅游公路等旅游风景道，策划生成海丝史迹游、渔港风情游、古城古街游、滨海休闲游、美食购物游等 10 条乡村旅游精品线路。到 2022 年，泉州市所有试点村至少提升一个档次达到合格村，省级试点村达到示范村，100 个左右试点村达到标杆村。①

以围头村、潮乐村、古浮村三个国家级或省级旅游名村发展路径为例，围头村被誉为"海峡第一村"，2020 年获评全国乡村旅游重点村。近年来以战地资源、滨海资源、渔村资源、海丝资源为依托，全力打造红色旅游、绿色渔村、蓝色海湾、白色沙滩、金色产业"五色"围头，开发了围头海角度假区、围头渔村体验区、围头妈祖展望区等体验产品，推出了"一港二园三海湾"东线滨海休闲带和"一区二楼三广场"西线战地观光带等旅游精品线路。潮乐村是崇武半岛千年人文史的发祥地和 600 多年古城的文化渊数，是海丝史迹和东亚文化交流史的见证，2021 年获得福建省"金牌旅游村"。潮乐村推出了崇武古城水关海丝古地等旅游项目，成立惠安渔家乡村旅游专业合作社，开发特色"渔家乐水关游"，推出渔家角力、染丝、手工织渔网等活动体验，自主研发黏土 Q 版惠安女手办等一批伴手礼，吸引省内外游客前来游览体验。古浮村积极打造"古浮湾慢生活体验区"，以"心形"白鹭岛和古浮紫菜为依托，以古浮渔村民俗风情为主线，融入丰富多彩的参与体验活动，打造"滨海旅游乡村"。2020 年，古浮村被评为福建省旅游乡村和泉州市文明村。②

近年来，泉州市还策划推出了 15 条乡村旅游精品线路。其中，"泉州市海丝泉州·绿色生态之旅"入选文化和旅游部发布的"全国乡村旅游精品线路"；安溪县"海丝茶源·茶旅圣地"入选农业农村部推介的"2020 中国美丽乡村休闲旅游行（秋季）精品线路"。

2）畲族文化。泉港区首座村级少数民族文化馆于 2015 年建立，内设"盐技农耕馆""民俗风情馆""服饰坊""乐器坊""绘画坊""道德讲堂"6 个展区，馆内摆放了近 300 件石磨器、服饰、生活用品和陶瓷等畲族民俗用品文化物件。文化馆开展畲族特色活动：2018 年文明礼堂开展文化遗产保护传承讲座、漫谈钟厝村设计意图讲座、芗剧展演等 9 场活动；2019 年开展"畲族杯"篮球赛、亲子活动、送春联等 5 场活动；2019 年 4 月 7 日举办畲族文化节，表演了特色竹竿舞、搬盐袋比赛、同心协力踏竹排等节目，参与人数达 350 多人。

推动畲族文化进校园。钟厝村鸢峰小学暑期定期开展追古思今畲族文化游，促进畲族音乐、舞蹈、绘画进课堂，畲族服饰进校园，营造民族文化氛围，激发学生对民族传统文化的认同感；泉港区民族中学通过传授蹴球、陀螺、畲族舞蹈、畲族美术、畲族山歌等内容，将民族文化渗入课堂当中，多形式开展"说家风话家规"征文、演讲比赛、主题班会等活动。民族中学还举办了"泉港区民族中学张细民教育基金"首届颁奖大会和"畲乡情·民族风"联欢晚会。助力文化进课本。民族中学编辑"畲族风情""蹴球文化"等特色课本教程，研究推广课题《畲族

---

① 泉州市农业农村局 . 泉州市加快推进乡村振兴试点村建设［EB/OL］．［2020-11-26］. http：// nynct. fujian. gov. cn/ xxgk/gzdt/qsnyxxlb/qz/202011/t20201126_5458365. htm.

② 中国旅游报 . 泉州［EB/OL］．［2021-01-05］. http：//www.ctnews. com. cn/paper/content/202101/05/content_53 559. html.

音乐文化在课堂中的实践与研究》《畲族服饰与美术课堂教学有机整合》，其中，《畲乡文化实践活动》获得市级科技创新大赛三等奖，组建畲乡特色校园文化社团"畲乡文学社""畲乡广播台"，落成少数民族传统体育项目基地。

（2）助推农业人才培育。泉州市市县两级农业农村部门紧扣实施乡村振兴战略主题，深耕人才"港湾计划"，落实落细人才扶持政策，探索出台《泉州市高素质农民和优秀农村实用人才贷款管理暂行办法》；建设高素质农民培育培训基地 12 家、实训基地 21 家，完成中央资金补助的高素质农民 4600 多人，培训省级资金补助的高素质农民 20400 多人次；建市级建立高素质农民培训师资库，评选市级优秀农村实用人才 25 名，举办星火科技大讲堂农村实用技术远程培训班 8 期，培训 4.8 万人次。同时，泉州市还探索建立"以赛代练、以赛代训、以赛代评"的技能人才评价模式，开展了泉州市农业行业职业技能（兽医化验）竞赛、全市首届农业综合执法技能比武竞赛活动等。开展"合作促创新"活动，一年来，分别召开园艺技术培训会议、农业科技创新工作推进会、花生机械剥壳观摩会、花生品种技术培训会、首届优质水稻品种品质鉴评会等活动，加强人才与企业合作交流，促进农业科技创新成果转化运用。

（3）带动老区发展新活力。泉州有老区村 954 个，老区户籍人口占全市的 36.9%；老区土地面积占全市的 50.7%；泉港、石狮、晋江、惠安享受老区县政策，南安、安溪、永春、德化享受中央苏区县政策；健在革命"五老"人员有 211 人。2018 年，8 个老区县（不含泉州台商投资区）GDP 达 6057 亿元，占全市的 80%，财政总收入达 595 亿元，有力推动全市乡村振兴。改革开放以来，泉州 8 个老区县重实业、重市场、重品牌，形成了特色县域经济、实力支柱产业和众多名牌产品，涌现出闻名全国的"晋江经验"，安溪县从全国贫困县进入百强县。2007 年以来，泉州老区县全部进入福建省经济实力十强或经济发展十佳，5 个老区县在全国百强榜上有名。①

泉州市采取多项措施促进老区发展。第一，争取资金投入。积极争取中央、省、市衔接推进老区乡村振兴项目 9 个，获得 190 万元资金补助，重点用于老区村基础设施建设、社会事业发展方面。第二，优待五老待遇。落实优待革命"五老"人员相关政策，完善"五老"人员生活补助自然增长机制，与重点优抚对象同步提高补助标准。1~8 月，共为 15 名"五老"人员发放生活补助金 22.27 万元，为"五老"及"五老"遗偶发放慰问金 4.69 万元。第三，挖掘红色财富。泉州市利用革命传统基地，深挖老区精神财富，让红色革命遗迹重新焕发青春活力，让更多的干部群众了解革命遗址的价值。发挥先进典型示范作用，通过各种媒介广泛进行宣传，以点带面，给老区村党员干部树立"不忘初心　继续前进"榜样，鼓励更多的有志青年投入老区建设之中。②

泉州市民政局老区工作办公室鼓励引导村集体挖掘村域内资源优势，以联合开发、入股分红等多种形式，壮大老区村集体经济。安溪县感德镇洪佑村依托商业地段优势，修建村部大楼及整合集体闲置空杂地，建成 21 间店面出租，在全市率先与中化公司合作建设新农村综合服务站，建成 3 个站点，首个站点虎邱站在运营 13 个月期间，纯收益达到 132 万元；引导村集体挖掘村域内资源优势，吸引社会资本参与老区发展，开创了老区经济发展的新业态。

在革命遗址开发利用上，实施革命遗址修缮工作。2015 年以来，共下达革命遗址专项资金 1000 万元，带动县（市、区）和遗址所在地乡镇、村投入配套资金近千万元，对 73 处革命遗址进行维修维护。依托老区革命遗址，挖掘盘活红色文化旅游资源，提升完善旅游基础配套设施，

① 饮水当思源　老区展新颜　泉州老区发展有力推动全市乡村振兴［EB/OL］. ［2019-06-06］. https：//www. qzwb. com/gb/content/2019-06/06/content_5999017. htm.

② 赓续红色血脉　推进乡村振兴［EB/OL］. ［2021-09-05］. http：//mzj. quanzhou. gov. cn/mzyw/xsqxx/202109/t20210906_2614638. htm.

打造红色旅游品牌。截至 2018 年，泉州市投入 5000 多万元，实施"交通+特色产业"项目，用于改善老区苏区的旅游交通和服务设施。①

2. 福建省福州市

福州市，简称"榕"，是福建省下辖地级市、省会，国务院批复确定的海峡西岸经济区中心城市之一、滨江滨海生态园林城市。全市共辖 6 个市辖区、1 个县级市、6 个县，总面积 1.2 万平方千米。根据第七次人口普查数据，截至 2020 年 11 月 1 日零时，福州市常住人口为 8291268 人。根据福建省统计局数据，2020 年福州实现地区生产总值 10020.02 亿元，比上年增长 5.1%。

2019 年福州市乡村旅游经济持续增长，累计接待乡村游游客 1893.92 万人次，同比增长 15.1%；累计实现乡村旅游收入 114.29 亿元，增长 20.6%；游客人均花费 603 元，增长 4.8%。全市乡村旅游经营单位吸纳直接就业人数 2.8 万人，拉动间接就业人数 37.15 万人，带动农民增收 15.61 亿元。乡村旅游已成为拉动消费，带动乡村振兴、农民致富的新引擎。

（1）全域旅游发展②。结合全省"百镇千村"品牌创建工作，福州市推动形成省级乡村旅游休闲集镇 10 个、乡村旅游特色村 91 个，其中，星级乡村旅游休闲集镇 3 个，星级旅游村 4 个，市级乡村旅游精品示范点 11 个，闽台乡村旅游实验基地 5 个。一批乡村旅游品牌的打造，有力地推动了县域的全域旅游发展。例如，永泰县通过打造嵩口休闲旅游集镇，带动了周边梧桐镇、月洲村、白杜村、大喜村、春光村的旅游发展。随着游客量的增多，以嵩口为中心的全域旅游集镇逐渐成熟，并助推永泰成功创建国家全域旅游示范区。打造乡村旅游"高级版"，把乡村治理与乡村文化、风貌的挖掘结合起来，实现乡村旅游"一村一品一特色"。

1）以景区为依托，创新"景区+乡村"的乡村游模式。以大景区带动村庄发展，利用村庄资源，打造高品质配套度假设施和深层次旅游度假产品，实现景区的边界扩展和品质升级。可利用乡村闲置农田、宅基地、集体建设性用地资源等，导入民俗文化，丰富景区产品业态。同时，推动乡村旅游提质升级，互为产品、互为配套。在沿海乡村充分挖掘福州市丰富的海洋自然资源和渔文化资源，围绕"景区+渔村"，全方位展示"渔文化民俗游"主题和"海滨海洋游"休闲度假特色，打造独具特色的海洋文化休闲集镇。

2）以文化为依托，发挥乡村资源优势，开发融合多元文化的创新产品。创新跨行政村发展的模式，整合邻近乡村的优美生态、民俗文化打造跨区联动的乡村民宿产品、健康有机农礼产品、农业种植农耕体验、农村家禽家畜互动亲子农场等特色产品。将传统农业和文化创意产业进行结合，开发文创农产品、文创农业工艺品、文创农业装饰品、农业的科普研学活动等。按照不同村庄的各自特色，因村施策，按照"一家一艺""一村一品""一镇一特色""一县一产业"分类打造。

3）以节庆活动为依托，挖掘乡村民俗活动，打造乡村旅游品牌。提升乡村文化节庆和文化娱乐活动等"软件"，烘托乡村氛围。加强对传统村落的保护，传承民俗文化、农耕文化，加入创新元素，引导游客体验消费，把打糍粑、耕种采摘、烹调本地农家特色菜、捕鱼抓虾、夜间乡土文化表演、夜间观光等打造成互动特色节目，增强乡村旅游的活力，延长游客逗留时间，增加游客过夜率。

4）以产业为依托，围绕市场需求，积极布局新业态。推动以康养旅居、职工疗休养、研学旅游为代表的旅游新业态发展，既能更好满足中心城市的刚需，又可助推乡村振兴。中心城市

---

① 泉州：用活用好政策　助推老区振兴［EB/OL］．［2020-03-12］．https：//szb.qzwb.com/qzwb/html/2020-03/12/content_466948.htm.

② 乡村振兴背景下福州市乡村旅游发展的思考［EB/OL］．［2020-04-07］．http：//news.fznews.com.cn/dsxw/20200407/5e8bebd026d48.shtml.

与乡村共同培育这些旅游新业态，形成城乡共享的生态补偿机制，是双赢的举措。围绕城市大量的康养、研学、休闲需求，精准对接布局。以天竹村为例。天竹村是连江县 19 个畲族行政村之一，距今有 300 多年历史。该村位于县城近郊，生态环境优美，森林覆盖率达 90%。先后列入市级新农村建设"双百工程村"、重点特色村、综合示范村及国家民委特色村寨建设，获评国家级"少数民族特色村寨"、福建省休闲农业示范点等称号。近年来，天竹村围绕"和美畲寨·幸福家园"建设主题，立足实际、发挥优势，科学运作、盘活资源，创新推出"党建+资源+公司+农户"发展方式，形成了资源变资产、资产变租金的村集体经济增收"天竹模式"。2019 年村财收入 15.3 万元，农民人均纯收入 19200 元。

福州重点培育乡村旅游品牌。每年财政投入 1000 万元用于发展乡村旅游，不断提升旅游基础设施和公共服务配套设施、乡村景观等。截至 2018 年底，福州市已建成省级旅游休闲集镇 10 个、省级乡村旅游特色村 91 个，其中，星级乡村旅游休闲集镇 3 个，星级旅游村 4 个，市级乡村旅游精品示范点 11 个，闽台乡村旅游实验基地 5 个。其中，永泰庄寨被授予"中国传统建筑文化旅游目的地"荣誉称号；晋安区着力推进"北峰人家"民宿品牌创建初有成效；罗源县全力打造特色畲族风情民宿，吸引大量游客；闽清县后垅村以"礼乐、国学"为特色，以传统技艺、亲子采摘为依托，打造了"国学乡村旅游"新品牌；连江县被评为"最美品冬地"；闽清县三溪乡上洋村入选"2018 福建最美乡村"等。福州大力培育的永泰春光村、月洲村、大喜村、溪口村、罗源福湖村、连江天竹村、梅洋村、坂顶村、闽清后垅村、长乐青山村等乡村旅游精品示范点都已形成自己的旅游品牌。品牌打造为当地乡村旅游发展注入新活力，福州乡村旅游发展如火如荼。[①]

文旅融合发展带动福州一二三产业融合发展，形成强大产业集群效应，撑起旅游经济新亮点。福州市以"旅游+"为路径，打造国学游、农事体验等乡村旅游新形式，不断丰富旅游新产品、新业态。例如：福州的福湖村拥有丰富的畲族文化和独特的旅游资源，通过建立畲族民俗馆，畲族婚嫁礼仪、宗教祭祀、畲族服饰和畲医畲药展览室向游客展示了畲族的民俗文化。畲族文化成了福湖村旅游金字招牌。永泰立足永泰古镇、庄寨、宗教等地域特色文化，深入挖掘文化内涵，形成特色文化旅游线路。同时，以云顶、青云山、天门山、百漈沟等核心景区为依托，在周边发展以农家乐、民宿、采摘园、土特产销售为补充的乡村旅游产业体系建设；积极打造大喜、春光、月州等乡村旅游精品村，建设美丽乡村风景线，规划星级农家乐、精品民宿，由点串联成线、成片，形成美丽乡村精品旅游线路，推动美丽乡村建设从"盆景"向"风景"转变，以吸引更多福州地区及周边的游客；罗源县 2018 年通过拓展提升，打造了乡状元竹海庄园、松泽园、红树林公园等一批乡村旅游项目，成为全县旅游新的增长点，带动乡村旅游业发展。犀溪镇立足自身优势，巧借山水，紧紧围绕打造"廊桥文旅小镇"目标，为西浦村量身定制了乡村振兴发展战略。保护性开发木拱廊桥、古建筑、滨水杨柳带、鲤鱼溪等景观，建设集旅游观光、运动休闲、研学旅行于一体的国家 3A 级旅游景区，成功打造西浦景区、犀溪横石景区、犀溪漂流景区、犀溪九龙潭景区等旅游名片，使乡村旅游不断升温。据不完全统计，西浦村 2019 年游客接待量达 50 多万人次，旅游产值近亿元，户均增收约 1 万元，村财收入达 15 万元。

（2）老区发展。毗邻西浦村的甲坑村，是革命老区基点村。过去受地理条件制约，甲坑曾是"六无"贫困村，也是全县 49 个贫困村之一。在上级党委政府的帮扶下，甲坑村大力实施乡村振兴战略，全力补齐民生短板，完善基础设施建设，先后完成道路拓宽改造、自来水修复、改水改厕。2020 年，在县委、县政府的号召下，由麦田房产牵头筹集近 1000 万元，建设一条红色教育旅游路线；犀溪镇党委、镇政府也主动作为，多方争取配套资金投入对甲坑村革命旧址的修

---

① 福建福州：文化旅游融合发力 振兴乡村旅游 ［EB/OL］.［2019-04-02］. http：//travel. china. com. cn/txt/2019-04/02/content_74636927. htm.

缮和保护，进一步改善了村容村貌，提高了群众生产生活水平，为红色旅游资源开发奠定了基础。

（3）基础设施改善。2020年，福州市建成犀溪、西浦、武溪、际坑等11个村的改水改厕工程和集镇污水管网建设工程，建成日处理量500吨的污水处理站和公厕25座，完成犀溪双港至西浦段沥青砼路面改造工程，营造整洁、有序、文明、优美、安全的人居环境。

2018年以来，仙峰村完成了村容村貌整治、污水管网建设、村委综合楼及文化活动中心等项目建设。原本荒废的仙峰村旧小学已被改建成幼儿园，方便乡村儿童就近入学。

3. 福建省龙岩市

龙岩市，福建省下辖地级市，位于福建省西部闽粤赣三省交界处，是全国著名革命老区、原中央苏区核心区，是红军的故乡、红军长征的重要出发地之一。龙岩市辖2个市辖区、4个县，代管1个县级市，总面积19028平方千米。根据第七次人口普查数据，截至2020年11月1日零时，龙岩市常住人口为2723637人。根据福建省统计局数据，2020年，龙岩市实现地区生产总值2870.9亿元，比上年增长5.3%。

龙岩市按照"串点连线成片"的思路，在全市创新实施乡村振兴"一县一片区"建设，各县（市、区）依托各自的生态资源和文化、产业优势，选择一个片区，以项目建设为统领，统筹推进农村人居环境整治、乡村建设行动和特色产业发展等，努力探索乡村振兴的机制、路径和方法，培育形成各具特色的乡村振兴片区融合发展的新格局。

（1）大力发展红色文化。上杭县古田镇境内，红色文化气息浓厚。高速公路两侧是红色题材壁画，沿街的店铺门牌一间间都装点着红色标语，有古田会议会址、红军小镇、毛泽东故居、红军后方医院等红色遗迹。上杭县古田镇将同一区域且具有较强关联性的红色旅游景区景点串联成红色乡村旅游路线，充分挖掘红色文化的市场潜力。古田镇吴地村，距离古田核心景区仅15分钟车程，当地依托古田会议会址，立足国家3A级景区，大力推进古田（吴地）红军小镇建设，依山就势设有红军哨所、红军阅兵台、红军兵器库、红军剧场、红军食堂等红色景点，并推动红色文创产品开发和红色文艺作品创作，打造一个有故事、有温度的红色文化乡村。

（2）高效治理生态环境。龙岩市长汀县曾是我国南方红壤区水土流失较严重的地区之一，那时山上几乎寸草不生，到处都是松散的红土。历任中共福建省委和福建省人民政府主要领导都曾亲临长汀，倾注心血，习近平总书记也提出"进则全胜，不进则退"的嘱托。长汀生态治理接力数十载，赤岭荒山之上，绿植开始顽强生长。如今，穿行于长汀，青山夹道，草木繁茂，目力所及之处，明显连片的水土流失地貌已难找寻。长汀生态环境的巨变，成为中国水土流失治理的典范和福建省生态建设的一面旗帜。

按照水土共治、文化共荣的发展战略，长汀县着力打造"红旗跃过汀江·两山实践走廊"乡村振兴示范带。将长汀红色文化资源与历史文化、生态文化有机融合，相得益彰。将革命圣地旅游资源与唐宋古城的历史文化有机融合，把红色文化的开发主题回归到长汀悠久历史和人文精神中，真正做到古今交相辉映。同时，将红色资源与自然山水资源相结合，以河田水土保持科教园、汀江国家湿地公园等生态景区为依托，继承发扬"滴水穿石、人一我十"的长汀精神，形成独特文化发展路径。

（3）强化乡村组织领导。龙岩市永定区为提升村级班子的组织力、战斗力、带动力，大力开展以"村级党组织书记考核一遍、班子体检一遍、村情摸排一遍"为主要内容的"党建体检"行动，逐村分析排查，逐个整顿提升。创新开展区域"党建联盟"活动，积极推动村村共建、村社共建、村企共建等发展模式，集中资源要素，实现"抱团"发展，有力推动群众致富、集体增收。截至2020年6月，永定区共有18个村开展结对共建，114家农民专业合作社参与共建，带动1600余户群众增收致富。此外，实行区领导班子成员和区直部门挂钩联系"薄弱村"制度，探索"产业带动型、资源开发型、服务创收型、物业经营型、市场运作型"等发展模式，激发贫困村发展活力。2021年初，永定区村级集体经济收入"薄弱村"已全面消除，永定区80%的建制村集体经济收入达到10万元以上。①

在永定区乡村党组织中全力实施以"把党员培养成致富能手、把致富能手培养成党员、把党员致富能手培养成村干部，让党员成为带头致富、带领致富、带动产业发展的标兵"为主要内容的"三培三带"活动，在打赢脱贫攻坚战的过程中，永定区培育党员脱贫致富带头人5600多名，与贫困党员和群众结成帮带对子4500个，340名致富能手主动结对贫困户460户、1287人。②

（4）注重人才培养。永定区将扶贫开发成果巩固与乡村振兴工作结合起来，育强"带头人"，壮大"生力军"，下沉"专技人"，凝聚乡村振兴"强大动能"，释放抓党建促乡村振兴的"头雁效应"。为育强"带头人"，永定区委组织部组建了由126名以区委党校教师、涉农职能部门业务能手、优秀村党组织书记、产业发展能人等专兼职教师队伍为主的师资库，灵活运用"课堂+现场""党性+技能""讲授+互动"培训模式，开展差异化培训、小班化教学，定期对农村党支部书记、驻村第一书记、村"两委"干部进行全覆盖培训。深入实施"村企联盟、振兴乡村"筑基工程，已经推动263个建村与309家企业开展结对共建。从2018年起，永定区连续3年从永定籍大学毕业生中引进100名村干部储备人才，分别安排到党建示范村、乡村振兴示范村担任村书记助理或主任助理。③

2019年4月，在龙岩市农业农村部门的支持、引导下，一群致力于发展农业的返乡创业大中专毕业生本着自愿结合的原则成立新农人协会。协会搭建起全社会服务"新农人"和"新农人"服务乡村振兴发展平台，聚合了农业产业化龙头企业负责人、合作社成员、家庭农场主、高素质职业农民、乡土网红、农产品电商、乡村民宿业主等会员力量，加速培育一批新型农业经营主体，旨在解决好"谁来种地、怎么种地、如何种好地"的问题。截至2021年6月，协会共有会员197名，创办合作社、家庭农场等经济组织197家；会员平均年龄36岁，大专及以上学历160人，占比81%。

（5）发展特色农业。龙岩市着力构建特色现代农业"1172"产业格局，大力发展畜禽产业、蔬菜产业、果茶产业等七大特色优势产业，全市以品种引领、品质提升、品牌打造为主线，着力推进现代农业产业园区建设，加快创建农产品品牌，推进农业一二三产业融合，农产品竞争力大幅提升。

一方面，促进农业生产经营规范化，让品质助力产业腾飞。在龙岩，农产品质量安全提升和农业品牌创建深入而持久。全市大力推进农产品质量安全监测提质增量，成功创建国家农产品质量安全示范县1个（上杭县），累计创建省级农产品质量安全示范县6个，实现农产品质量安全县创建全覆盖，创建率居全省第一。"十三五"期间，全市有19个特色产品入选福建省特色农产品优势区，龙岩"福建百香果"成功入选中国特色农产品优势区；新增6个全国农业产业强镇；现有地理标志农产品23个，占全省总数的20%，数量居全省第一。④

另一方面，选准选优特色产业，发挥龙头企业带动作用，近年来，大力扶持培育茶叶、水果、蔬菜、薯业、畜禽、林竹、花卉苗木七大优势特色农业产业，2020年七大特色优势产业全产业链产值834.16亿元，2018~2020年产值年平均增长6.02%；评选出漳平水仙茶、武平绿茶、武平金线莲、龙岩咸酥花生、永定万应茶、冠豸山铁皮石斛、龙岩山茶油、杭晚蜜柚"八大珍"和河田鸡、连城白鸭、上杭槐猪、通贤乌兔、永定牛肉丸、龙岩蜂蜜、汀江大刺鳅、漳平毛蟹

---

① ② ③ 福建学习平台. 龙岩永定：党建引领让乡村振兴"活起来" ［EB/OL］. ［2021－06－25］. http：//fujiansan-nong. com/info/61330.

④ 《中国扶贫》杂志社. 福建龙岩：谱写老区苏区乡村振兴"样板" ［EB/OL］. ［2021－06－05］. https：//baijiahao. baidu. com/s？id＝1701705137646307268.

"八大鲜"名特优产品，2020年实现八大珍鲜产业产值50.08亿元。①

此外，龙岩市还重点推进连城现代甘薯产业园、漳平现代茶业产业园、上杭现代水果产业园三个省级现代农业产业园建设；共创建优质农产品标准化示范基地35个；连城县农村产业融合发展示范园入选第三批国家农村产业融合发展示范园创建名单。

十四、江西省

江西省，简称"赣"，省会南昌。江西位于中国东南部、长江中下游南岸，属于华东地区，总面积16.69万平方千米。江西省下辖11个设区市、27个市辖区、12个县级市、61个县，合计100个县级区划；164个街道、827个镇、569个乡、8个民族乡，合计1568个乡级区划。

（一）江西省经济发展概况

1. 江西省人口与经济概况

根据《江西省第七次全国人口普查公报（第一号）》，江西省常住人口总数为45188635人（不包括中国人民解放军现役军人和居住在省内的港澳台居民以及外籍人员），与2010年第六次全国人口普查的44567475人相比，10年共增加621160人，增长1.39%。江西省常住人口中，汉族人口为44969369人，占99.51%；各少数民族人口为219266人，占0.49%。与2010年第六次全国人口普查相比，汉族人口增加554305人，增长1.25%；各少数民族人口增加66855人，增长43.86%。根据《江西省第七次全国人口普查公报（第五号）》，江西省常住人口中，居住在城镇的人口为27310611人，占总人口的60.44%；居住在乡村的人口为17878024人，占总人口的39.56%。与2010年第六次全国人口普查相比，城镇人口增加7674182人，乡村人口减少7053022人，城镇人口比重上升16.38个百分点，首次超过60%。

根据《江西省2020年国民经济和社会发展统计公报》，2020年，江西省地区生产总值25691.5亿元，比2019年增长3.8%。其中，第一产业增加值2241.6亿元，增长2.2%；第二产业增加值11084.8亿元，增长4.0%；第三产业增加值12365.1亿元，增长4.0%。三次产业结构为8.7：43.2：48.1，三次产业对地区生产总值增长的贡献率分别为5.0%、52.1%和43.0%。2020年，江西省农林牧渔业总产值3820.7亿元，比2019年增长2.7%。粮食种植面积3772.4千公顷，比2019年增长2.9%；粮食产量2163.9万吨，比2019年增长0.3%；猪牛羊禽肉产量283.0万吨，比2019年下降5.1%。全部工业增加值8952.7亿元，比2019年增长4.0%，规模以上工业增加值增长4.6%，规模以上工业企业实现营业收入37909.2亿元，比上年增长7.9%；实现利润总额2438.1亿元，增长12.2%。服务业实现增加值12365.1亿元，比2019年增长4.0%。全省规模以上服务业企业营业收入2907.5亿元，比2019年增长8.5%；营业利润162.4亿元，下降19.2%。

2020年，江西省居民消费价格（CPI）比2019年上涨2.6%，涨幅比2019年低0.3个百分点。其中，城市上涨2.4%；农村上涨3.0%。江西省居民人均可支配收入28017元，比2019年增长6.7%。其中，城镇居民人均可支配收入38556元，增长5.5%；农村居民人均可支配收入16981元，增长7.5%。城乡居民收入比2.27：1，比2019年缩小0.04。江西省居民人均消费支

---

① 《中国扶贫》杂志社．福建龙岩：谱写老区苏区乡村振兴"样板" ［EB/OL］．［2021-06-05］．https：//baijiahao.baidu.com/s? id=1701705137646307268.

出 17955 元，比 2019 年增长 1.7%。其中，城镇居民人均消费支出 22134 元，下降 2.6%；农村居民人均消费支出 13579 元，增长 8.7%。城、乡居民消费恩格尔系数分别为 31.4%、33.6%，分别比 2019 年回升 2.3 个、3.2 个百分点。

2. 江西省各市人口与经济概况

江西省包括 11 个设区市，分别为南昌市、九江市、上饶市、抚州市、宜春市、吉安市、赣州市、景德镇市、萍乡市、新余市和鹰潭市。江西省各市统计局发布 2020 年 1~12 月主要经济指标如下：

（1）地区生产总值方面，南昌市、赣州市、九江市居全省前三名。其中，南昌市位居第一，实现地区生产总值 5745.51 亿元。赣州市排名第二，全年地区生产总值达到 3645.20 亿元。第三是九江市，地区生产总值 3240.50 亿元。南昌市依然是江西龙头，处于第一档，遥遥领先于省内其他城市。

（2）地区生产总值增速方面，赣州市以 4.2% 的增速继续位居第一。上饶市紧随其后，增速 4.1%；吉安市、鹰潭市则取得 4.0% 的增速。

（3）财政收入方面，2020 年 11 个设区市财政总收入排名前三位的分别是南昌市、九江市、赣州市，成为拉动江西整体实力跃升的重要动力，其中，南昌市以 912.01 亿元遥遥领先。

（4）地区人口方面，江西省 11 个设区市中，常住人口超过 350 万人的有 7 个，在 100 万人至 200 万人之间的有 4 个，江西省人口分布总体仍然呈现"七大四小"格局。与 2010 年第六次全国人口普查相比，南昌市、景德镇市、新余市、鹰潭市、赣州市 5 个设区市人口增加，占全省人口比重分别增长 2.53 个、0.02 个、0.10 个、0.03 个、1.07 个百分点。

（5）其他方面，2020 年社会消费品零售总额排名前三位的分别是南昌市、赣州市、上饶市。城镇居民人均可支配收入位居全省前三的设区市是南昌市、新余市和景德镇市。农村居民人均可支配收入位居全省前三的设区市是南昌市、萍乡市、新余市，均突破了 2 万元。

3. 江西省产业概况

"十三五"期间，江西省打造了稻米、蔬菜、果业、畜牧业、水产、休闲农业和乡村旅游六个超千亿元产业，和茶叶、中药材、油茶三个超百亿元产业。全省"两品一标"农产品达到 3009 个，比"十二五"末期增长 128.5%，农产品抽检合格率连续多年稳定在 98% 以上。全省规模以上龙头企业 5144 家，其中，销售收入超亿元的龙头企业 766 家，农产品加工业总产值达 6223 亿元；创建了 4 个国家现代农业产业园、291 个省级和 760 个市县级现代农业示范园，为全省农业农村经济高质量跨越式发展发挥了示范带动作用。2020 年 5 月 15 日，江西鄱阳湖小龙虾产业集群项目入选 2020 年优势特色产业集群建设名单。为推动江西省小龙虾产业的发展，实现以小龙虾产品为主导的农产品生产、加工、销售一体化的产业格局，进一步延伸产业链条，2021 年 1 月，江西省农业农村厅发布了《江西鄱阳湖小龙虾产业集群建设项目管理办法（试行）》，指导江西鄱阳湖小龙虾产业集群的发展工作有序地开展。到 2022 年，江西省小龙虾养殖面积将达到 300 万亩，产量将达到 30 万吨，综合产值将突破 300 亿元以上。①

根据《江西省国民经济和社会发展第十四个五年规划和二〇三五年远景目标纲要》，江西省为深入推进工业强省战略，聚焦航空、电子信息、装备制造、中医药、新能源、新材料等优势产业，大力实施"2+6+N"② 产业高质量跨越式发展行动，坚决打好产业基础高级化、产业链现

---

① 依托优势　深化改革　特色农业产业集群建设加快推进［EB/OL］.［2020-12-03］. http://www.jiangxi.gov.cn/art/2020/12/3/art_393_2948431.html？xxgkhide=1.

② 有色、电子信息 2 个产业规模迈上万亿级；制造、石化、建材、纺织、食品、汽车 6 个产业规模迈上五千亿级；航空、中医药、移动物联网、半导体照明（LED）、虚拟现实、节能环保等 N 个产业规模迈上千亿级。

代化攻坚战，打造全国传统产业转型升级高地和新兴产业培育发展高地。①航空产业。重点发展教练机、直升机、民机生产试飞，机体大部件制造以及航空运输等核心业务，培育壮大通航制造、通航运营、机载系统等新兴业务，做强机场地面设备等配套产业。扎实推进低空空域管理改革试点，支持打造南昌、景德镇国家通航产业综合示范区，加快南昌航空城、景德镇航空小镇、吉安桐坪航空小镇、南康无人驾驶航空试验基地、鹰潭无人机产业基地、鄱阳县湖城航空产业基地等建设。到 2025 年，航空产业规模达到 2000 亿元左右。②电子信息产业。加快推进南昌高新区、吉安国家新型工业化产业示范基地，以及信丰电子信息、南昌经开区光电、武宁绿色光电、高安光电等省级产业基地建设，重点打造京九（江西）电子信息产业带，形成移动智能终端、半导体照明、数字视听（智能家居）等规模超千亿产业。到 2025 年，电子信息产业规模突破 1.2 万亿元。③装备制造产业。推动高档数控机床、工业机器人、增材制造装备、智能传感器与控制装备、智能检测与装配装备、智能物流与仓储装备、智能诊疗装备、智能轨道交通装备等研发制造，推进南昌轨道交通、南昌经开区新能源汽车、南昌进贤医疗器械、赣州新能源汽车科技城等产业园建设。到 2025 年，装备制造（含汽车）产业规模突破 8000 亿元。④中医药及生物医药产业。重点实施中药传承创新、高性能医疗器械创新、原料药绿色发展、现代生物技术应用等工程，加快南昌江中药谷、赣州青峰药谷、南昌新绿色中医药产业现代中药生产基地、樟树医药产业基地、抚州高新区维生素及酶制剂产业园、南城"建昌帮"中医药产业园等园区（基地）建设。加快建设江西道地药材基地，加强"三花三草"的综合开发利用。到 2025 年，力争中医药及生物医药产业规模突破 1700 亿元。⑤新能源产业。以宜春、新余、上饶、赣州等设区市为重点，打造赣西、赣东北、赣南三大新能源产业集聚区。加快上饶光伏国家新型工业化示范基地、新余国家硅材料及光伏应用产业化基地、宜春国家锂电新能源高新技术产业化基地等平台建设，培育形成若干特色产业集群。到 2025 年，新能源产业规模达 1700 亿元左右。⑥新材料产业。打造鹰潭、南昌、抚州铜基新材料产业基地，赣州中重稀土新材料生产基地，赣州、九江钨基新材料产业基地，新余、南昌钢铁新材料产业基地，京九（江西）电子信息产业带半导体新材料产业基地，南昌、赣州前沿新材料产业基地。到 2025 年，新材料产业规模突破 6000 亿元，综合竞争力达到国内先进水平。

（二）江西省乡村振兴阶段性成果

江西省是著名革命老区、全国脱贫攻坚主战场之一，江西省 25 个贫困县中 24 个为国定贫困县，1 个为省定贫困县。江西省持续推进社会救助制度城乡统筹，基本实现城乡救助服务均等化。2020 年，江西省 88.61 万城镇建档贫困人口中，53.21 万成功解困退出，35.4 万纳入兜底保障，25 个贫困县全部脱贫退出。①

江西省五年的脱贫攻坚让 13.47 万人搬出深山、挪出"穷窝"，住上了宽敞明亮的砖瓦房，安置点周边建设了 575 个扶贫车间和 475 个产业基地，有 2.75 万人发展种养产业、6.34 万人实现务工就业。此外，江西省推行教育扶贫双负责制，确保无失学辍学现象。2013～2020 年，江西省对 1263.18 万人次贫困家庭学生发放资助资金 286.13 亿元。江西还实行了"搭建六类平台、完善一套机制"的"6+1"就业扶贫模式，通过扶贫企业、工业园区、扶贫车间等实现脱贫劳动力就近就地就业。截至 2021 年 5 月底，全省脱贫劳动力实现就业 132.5 万人，就业规模比 2020 年的 130.9 万人增加 1.6 万人。江西省脱贫户人均收入由 2014 年的 2654 元增至 2020 年的 12626 元，年均增长 30%。②

在产业振兴方面，江西省先后培植了赣南脐橙、江西茶叶等超百亿元产业集群，发展了万亩优

---

①② 陈化先，杨静，卞晔. 幸福花香沁赣鄱——我省以更大力度提升人民生活品质综述［N］. 江西日报，2021-11-04（2）.

质白莲、万亩优质蔬菜、万亩虾稻共作等一批特色产业基地，催生了井冈蜜柚、广丰马家柚、宜春油茶、鄱阳湖水产等一批区域特色产业。截至 2021 年 11 月，江西省 4.96 万个带动经营主体、1.4 万个帮扶产业基地，分别带动 27.42 万户、16.02 万户脱贫户和边缘易致贫户增收。①

在健康扶贫方面，江西省健康扶贫工程实施以来，全省 29.5 万户因病致贫户全部脱贫，健康扶贫对全省脱贫攻坚的总体贡献率达到了 34.3%。全省实施"重病兜底保障一批、大病集中救治一批、慢病签约服务管理一批"政策，为贫困人口提供健康保障服务。据统计，江西省贫困患者住院医疗费用报销比例稳定在 90% 的适度要求。同时，江西省居民年住院率、年人均诊疗人次、门诊和住院次均费用均低于全国平均水平，用较低的费用保障了城乡居民健康。江西省积极推进健康扶贫成果同健康乡村建设相衔接，保障农村居民享有基本医疗卫生服务。②

在促进乡村宜居宜业方面，以聚力"三化"为主。一是聚力"全域化"整治。大力推进农村人居环境整治行动，截至 2021 年 10 月，全省 65% 的村组完成"七改三网"整治建设，82 个县实现城乡环境"全域一体化"第三方治理，提前两年在中部地区第一个通过农村生活垃圾治理国检验收，农村卫生厕所普及率达到 94.09%，建成村庄污水处理设施 5778 座。二是聚力"品质化"提升。按照中共江西省委、江西省人民政府提出的精心规划、精致建设、精细管理、精美呈现的"四精"要求，大力开展美丽宜居示范创建，累计创建 39 个美丽宜居示范县、348 个美丽宜居乡镇、4290 个美丽宜居村庄、37 万余个美丽宜居庭院和 309 条美丽宜居示范带。在 2020 年开展的全国"美丽宜居村庄短视频擂台赛"中，江西省 6 个村庄获奖，列全国第一。三是聚焦"长效化"管护。江西省在全国率先提出"五定包干"村庄环境长效管护机制建设，由省市县乡共同为每个行政村每年筹集 5 万元管护经费；创新搭建"万村码上通"5G 长效管护平台，5.6 万个村庄纳入省级监管范围，长效管护工作基本实现行政村全覆盖。2020 年，江西"五定包干"村庄环境长效管护措施列入《国家生态文明试验区改革举措和经验做法推广清单》。③

（三）江西省乡村振兴规划

2019 年 6 月，中共江西省委、江西省人民政府印发并实施了《江西省乡村振兴战略规划（2018—2022 年）》，该文件指出江西省要着力打造彰显产业兴旺之美、自然生态之美、文明淳朴之美、共建共享之美、和谐有序之美的江西新时代"五美"乡村，努力走出一条具有江西特色的乡村振兴之路。①在产业兴旺之美方面，加快发展品牌农业、规模农业、工厂农业、智慧农业、绿色农业、创新农业等，实施农业综合生产能力提升、产业结构调整、科技兴农等工程，着力构建现代农业产业体系、生产体系、经营体系。力争到 2022 年，江西省稻米、蔬菜、果业、畜牧业、水产、休闲农业和乡村旅游六大产业产值全部超 1000 亿元，全面打响"生态鄱阳湖，绿色农产品"品牌。②在自然生态之美和文明淳朴之美方面，重点改善农村生产和生活环境。到 2022 年，整治村组 10 万个，打造一批"整洁美丽，和谐宜居"绿色生态家园。同时，推动乡村文化振兴，加强临川文化、庐陵文化、赣南客家文化等文化生态保护实验区建设，大力推进文化惠民工程，打造农村文化"一乡一品"，促进乡村移风易俗。

产业振兴是乡村振兴的重点。2020 年 5 月，江西省人民政府发布了《江西省人民政府关于促进乡村产业振兴的实施意见》，从发展壮大富民乡村产业、促进农村三产融合发展、实现农产品加工提质增效、推动乡村休闲旅游高质量发展、激发农村创新创业活力、完善乡村产业发展

① 陈化先，杨静，卞晔. 幸福花香沁赣鄱——我省以更大力度提升人民生活品质综述［N］. 江西日报，2021-11-04（2）.
② 李征，钟端浪. 推进健康乡村建设　我省大力巩固健康扶贫成果［N］. 江西日报，2021-04-14（2）.
③ 帅筠，吴聪文. 江枝英：奋力描绘好新时代江西乡村振兴壮美画卷［EB/OL］.［2021-10-15］. http://jx.people.com.cn/n2/2021/1015/c190260-34957999html.

政策措施六个方面进行了规划并对接相应的责任单位。

2021年4月，江西省农业农村厅发布了《中共江西省委　江西省人民政府关于全面推进乡村振兴加快农业农村现代化的实施意见》，该文件指出要实现巩固拓展脱贫攻坚成果同乡村振兴有效衔接，实施乡村建设行动。①发挥乡村规划引领作用。统筹县域城镇和村庄规划建设，本着立足现有基础、适当超前的原则，积极推进"多规合一"实用性村庄规划编制，对集聚提升、城郊融合、特色保护类的村庄尽快实现全覆盖，完善村庄用地用途管制制度。②促进乡村基础设施建设提档升级。推动"四好农村路"高质量发展，开展示范创建，实施农村道路畅通工程，推行农村公路路长制，加强农村资源路、产业路、旅游路和村内主干道建设，推进农村公路建设项目更多向进村入户倾斜。③实施农村人居环境整治提升五年行动。推动农村人居环境由基础整治向品质提升迈进。推进农村"厕所革命"，提高农村户厕无害化改造质量，合理规划建设农村公共厕所。④打造生态文明乡村。巩固提升长江流域重点水域禁捕退捕成果；强化河湖长制，持续推进流域生态综合治理，实施水系连通及农村水系综合整治；发展节水农业，推进农业水价综合改革；完善提升林长制，健全林业生态补偿，实施乡村绿化美化，开展乡村森林公园、小微湿地保护建设。⑤提升乡村公共服务水平。建立城乡公共资源均衡配置机制；优化农村义务教育学校网点布局；支持建设城乡学校共同体；全面推进健康乡村建设；加强县级医院建设等。⑥提升乡村治理能力。加强村级议事协商点建设；提高农业综合行政执法信息化、制度化、规范化水平；加强农村思想道德建设等。⑦加强新时代农村精神文明建设。深入开展习近平新时代中国特色社会主义思想学习教育，弘扬和践行社会主义核心价值观，推进红色基因传承，在乡村深入开展"听党话、感党恩、跟党走"宣讲活动。

2021年2月，江西省人民政府发布了《江西省国民经济和社会发展第十四个五年规划和二〇三五年远景目标纲要》，第七章就乡村振兴作出了规定，主要从大力发展现代农业、实施乡村建设行动、推进城乡融合发展三个方面制定了未来发展规划，其中针对乡村振兴未来发展的重点工程如表4-3所示。该文件指出，坚持农业农村优先发展，全面实施乡村振兴战略，建设新时代"五美"乡村。

表4-3　"十四五"时期江西省乡村振兴重点工程规划

"十四五"时期江西省乡村振兴重点工程		到2025年的规划
现代农业发展重点工程	农业"三区"建设重点工程	全面完成水稻生产功能区2800万亩、油菜籽生产保护区700万亩划定；建成特色农产品优势区500万亩
	良种繁育基地建设工程	全省建成良种繁育基地30个
	农业产业园区建设工程	建成50个左右现代农业示范园
	农业产业集群培育工程	培育壮大10个左右优势特色农业产业集群；建设绿色有机农产品基地200个、各类农产品市场60家以上
	农产品加工提升	农产品加工产值与农业总产值比达到2.8左右；认定农产品加工领域高新技术企业70家以上
	新型农业经营主体提升工程	培育年销售收入超10亿元的龙头企业50家以上；创建农业产业化省级联合体260家、省级示范社1500家以上、省级示范性家庭农场800家以上
	绿色低碳循环农业工程	秸秆综合利用率达到95%以上，畜禽粪污资源化综合利用率达到90%以上；实施农业节水技术改造等工程，农田灌溉用水有效利用系数达到0.57以上
	农产品质量安全保障工程	全省农业地方标准累计到600项以上，绿色、有机和地理标志农产品数量达到6000个以上
	现代农业气象保障工程	完善水稻、柑橘等6个现代农业气象技术应用与示范基地建设；建设1个飞机增雨作业基地、11个人工影响天气作业示范区

续表

"十四五"时期江西省乡村振兴重点工程		到 2025 年的规划
乡村振兴重大工程	农村基础设施建设重大工程	新改建农村公路 1.5 万千米，高标准打造 4000 千米美丽生态文明农村公路；全省所有乡镇、3A 级旅游景区点基本实现三级及以上等级公路连接，70%县道达到三级以上水平，建制村通双车道比例不低于 60%；建成若干个全国性农产品冷链物流基地、8 个设区市骨干冷链物流基地，改造提升 70 个左右区域农产品产地仓储冷链物流设施；农村电网供电可靠率达 99.8%，综合电压合格率达 99.9%；实现 100%行政村千兆光网覆盖能力
	农村公共服务提升计划	建设农村义务教育标准化学校 9000 所，每年为乡村学校公费培养 5000 名教师；全省每个行政村建有一所产权公有的标准化村卫生室，村卫生室、乡镇卫生院达标率达 100%。继续开展村卫生室定向医学生免费培养计划；原则上每个乡镇完善 1 所以满足农村"五保"对象集中供养需要的养老院，60%以上的农村具备老年宜居社区基本条件
	农业面源污染治理	重点在长江干流江西段、"五河"等重点流域环境敏感区，建设 10 个农业面源污染综合治理县；农药化肥使用量下降 30%
	农村人居环境整治提升	力争农村生活污水处理率达到 40%左右

资料来源：《江西省国民经济和社会发展第十四个五年规划和二〇三五年远景目标纲要》。

（四）江西省部分市（区）乡村振兴概览

1. 江西省南昌市

南昌市，简称"洪"或"昌"，古称豫章、洪都，是江西省辖地级市、省会、环鄱阳湖城市群核心城市，南昌市下辖 6 个区、3 个县、3 个国家级开发区，区域面积 7402 平方千米。根据第七次全国人口普查数据，南昌市常住人口为 6255007 人。根据《2020 年南昌市经济运行简析》，2020 年，南昌市实现生产总值 5745.51 亿元。

"十三五"时期，南昌市农业农村发展取得历史性成就、发生历史性变革，广大农民的获得感、幸福感、安全感显著提升。坚决扛稳粮食安全重任，粮食产量连续十年稳定在 42 亿斤以上，累计完成 71.7 万亩高标准农田建设任务。农业现代化建设迈上新台阶，都市现代农业"一环两谷四区"总体布局初步形成，2020 年农林牧渔业总产值突破 400 亿元，达到 401.62 亿元；蔬菜播种面积 62.7 万亩，总产量 132.35 万吨；绿色食品产业链总产值 1037 亿元，占到全省的 1/3。农民收入大幅增长，2020 年农村居民人均可支配收入 20921 元，年均增长 8.8%。农村村级集体经济不断壮大，所有村集体经济收入均达到 10 万元以上。脱贫攻坚取得决定性成就，南昌市 80 个省市级贫困村全部高标准退出。农村改革持续深化，农村土地"三权分置"稳步推进，农村土地承包经营权确权登记颁证工作全面完成，农村土地征收、集体经营性建设用地入市、宅基地制度、集体林权制度、农垦等改革积极推进。[①]

南昌市积极推行各项乡村振兴工作。在加快推进农村人居环境整治方面，2020 年上半年对南昌市 7 条铁路 253 千米的沿线农村环境进行了集中整治，积极开展农村生活垃圾分类试点，全市农村生活垃圾治理率达到 100%，累计建成乡镇污水处理厂 34 个，村点污水治理设施 305 座，建立和完善了全市农村村庄环境常态化长效管护机制。[②]

[①] 全面推进乡村振兴 加快农业农村现代化发展［EB/OL］．［2021-10-28］．http：//www.nc.gov.cn/ncfzggw/sswghjd/202110/e7062ff29a5d4a699da201e7525edfe9.shtml．

[②] 林潇，刘磊．在希望的田野上——南昌市农业农村局高质量推进乡村振兴工作纪实［EB/OL］．［2020-10-19］．http：//www.ncnews.com.cn/xwzx/ncxw/jrnc/202010/t20201019_1637868.html？from=groupmessage．

南昌市自 2018 年实施精准扶贫工作以来，精准施策，创新机制，务实攻坚，高质量完成脱贫攻坚任务，80 个贫困村全部退出，贫困群众人均收入从 2015 年底的 4102 元增至 2020 年底的 14134 元，年均增长 28.6%，远超城乡居民人均可支配收入的增幅。[①] 截至 2021 年 8 月，南昌市累计认定扶贫产品供应商 146 个、产品 478 个，产品价值达 10 亿元；建成消费扶贫专馆 14 个，在城区大型商场（超市）设立扶贫专区 9 处，在机关企事业单位、医院等地累计投放消费扶贫专柜近 800 台。[②]

（1）南昌市进贤县。作为全国乡村振兴示范标杆县，进贤县始终以实施乡村振兴战略为总抓手，坚持农业农村优先发展方针，大力发展现代农业，扎实推进脱贫攻坚工作，不断加大农村人居环境整治和新农村建设力度，推进了 556 个新农村建设村点，实现了农村生活垃圾有效处理率 100%。有农民专业合作社 752 个、家庭农场 321 个，264 个村委会达到了"集体经营性收入达到 10 万元以上"的标准，全面消除了村级集体经济薄弱村，绘出农业强、农村美、农民富的美好图景。[③]

（2）南昌市安义县。按照"村庄果园化、果园规模化、生产标准化、营销品牌化网络化"的要求，安义县 10 个乡镇按照"4+2+N"果业规划，打造了 10 个有特色亮点的精品果园村，提升了 10 个果业基地，整合了 6 万亩土地发展果业。此外，通过一次性奖励补助的形式，对成片新建 20 亩以上的露地果园、简易钢架单体大棚给予奖励，为农户、脱贫户、低收入户在家门口创业、发展果业提供政策支持。此外，2021 年，安义县已硬化提升 17.8 千米果业产业路，并申报 67 个乡村道路项目，共计 32.5 千米，将进一步为提升农户出行道路服务。[④]

2. 江西省赣州市

赣州市，简称"虔"，别称虔城、赣南，江西省辖地级市，是江西省的南大门。全市总面积 39379.64 平方千米，占江西省总面积的 23.6%，为江西省最大的行政区，辖 3 个区、14 个县，代管 1 个县级市。根据第七次全国人口普查数据，截至 2020 年 11 月 1 日零时，赣州市常住人口为 8970014 人。赣州市人民政府公布的数据显示，2020 年，赣州市实现地区生产总值 3645.2 亿元。[⑤]

截至 2020 年底，江西省赣州市现行标准下 114.33 万建档立卡贫困人口全部脱贫，1023 个贫困村全部出列，11 个贫困县全部"摘帽"，消除了绝对贫困和区域性整体贫困。赣州市牢牢守住脱贫攻坚成果，发展壮大现代农业，增强乡村发展活力，持续推进巩固拓展脱贫攻坚成果同乡村振兴有效衔接。

（1）群众生活有保障。赣州市瑞金市象湖镇采取因户施策，设立就业扶贫公益性岗位 62 个、光伏公益性岗位 75 个，主要从事保洁员、治安协管员、治安巡防、交通协管等岗位，激发脱贫户加快致富奔小康的步伐。防返贫是巩固拓展脱贫攻坚成果的重中之重。全面脱贫后，赣州市高度重视防返贫监测帮扶工作，建立健全防返贫监测机制，密切关注脱贫户、脱贫监测户、边缘户和收入骤减或支出骤增"四类人员"，为潜在的致贫和返贫风险加上一道"防贫保险"，

① 刘磊. 从全面提升民生福祉看南昌全面建成小康社会［EB/OL］.［2021-08-04］. http://ncfpw. ncnews. com. cn/fpyw/202108/t20210804_1735272. html.

② 刘磊. 南昌市累计认定扶贫产品 478 个　超过 6000 户脱贫户受益［EB/OL］.［2021-08-17］. http://ncfpw. ncnews. com. cn/fpyw/202108/t20210817_1739465. html.

③ 肖国瑞. 进贤县：推动乡村振兴　共享发展成果［EB/OL］.［2021-07-16］. http://ncfpw. ncnews. com. cn/fpyw/202107/t20210716_1728195. html.

④ 安义县：巩固脱贫攻坚成果，奏响乡村振兴"八音符"［EB/OL］.［2021-06-18］. http://www. nc. gov. cn/ncszf/gkzwxxkh/202106/2d1a5529b2a4ac1830b0c239bobd888. shtml.

⑤ 赣州市人民政府. 2020 年 1-12 月全市主要经济指标［EB/OL］.［2021-01-26］. https://www. ganzhou. gov. cn/c100093n1/202101/9560393d1e8941b691f02ae3defb9f8b. shtml.

有效提升困难群众抵御风险的能力。

（2）产业支撑致富路。①赣州市全南县陂头镇瑶族村。2021年，陂头镇瑶族村扩大灵芝种植面积，在往年种植的基础上新种植40亩，共种植灵芝120余亩，以此来增加瑶族村群众及村集体经济收入。近年来，瑶族村依靠林下生态天然优势，成立林下经济合作社，采取"合作社+公司+农户"模式，大力发展林下灵芝、草珊瑚等产业，带领村民实现就业增收的同时，帮助村民以零元入股方式参与分红。基地有效地吸纳当地20余名村民前来务工，年均增收6000～10000元，年底实现分红4000余元。目前，瑶族村正带领村民搭乘灵芝产业这条"快车道"，全力以赴奔小康。②赣州市瑞金市叶坪乡。瑞金市叶坪乡地处原赣南中央苏区核心区，第一次苏维埃全国代表大会在这里举行。叶坪乡的禾仓村曾因经济发展滞后、交通不便、生活环境差被列为江西省"十三五"贫困村。禾仓村抓住机遇，大力发展种植脐橙、白莲以及养殖鱼类、禽类等特色产业，同时，成立了4个合作社，培育了5名致富带头人。截至2021年4月，禾仓村建成村级屋顶50千瓦光伏电站，正在建设仓储物流中心3000平方米，每年增加村集体收入10万余元。如今，禾仓村产业丰收、瓜果飘香，村容村貌焕然一新。

（3）乡村振兴新征程。①赣州市兴国县。近年来，兴国县采取易地扶贫搬迁、危房改造、保障房安置、集中供养等方式，有效解决了山区群众住房难、行路难、用电难、饮水难、就医难"五难"问题。②赣州市于都县。于都县因地制宜，利用丰富的富硒土壤资源，大力发展富硒农业产业，提升农业农村现代化水平，全面推进乡村振兴。据统计，截至2020年末，于都县50亩以上规模蔬菜基地有109个，总面积4.5万亩，蔬菜播种面积22万亩，年产蔬菜45万吨，综合产值达30亿元。于都县通过劳动就业、土地流转、承包大棚等方式帮助20000余户居民增收，通过发展蔬菜产业带动贫困人口8000余人，实现人均增收约17200元。①

3. 江西省瑞昌市

瑞昌市，江西省辖县级市，由九江市代管，全市面积1423平方千米，瑞昌市辖2个街道、8个镇、8个乡、3个场。根据第七次全国人口普查数据，截至2020年11月1日零时，瑞昌市常住人口为403655人。九江市统计局的数据显示，2020年，瑞昌市完成地区生产总值267.15亿元，财政总收入完成40.76亿元。②

近年来，瑞昌市按照乡村振兴"产业兴旺、生态宜居、乡风文明、治理有效、生活富裕"总要求，接续奋斗，积极探索巩固拓展脱贫攻坚成果与乡村振兴有效衔接之路。③

（1）弘扬红色精神。瑞昌是一片红色的革命热土，西有洪一苏维埃革命纪念馆，烈士墓、烈士庆祝碑和镌刻400多名烈士英名的庆祝塔；东有武蛟大桥铁肩膀展览馆。在乡村振兴道路上，瑞昌市坚定不移传承红色基因，弘扬"铁肩膀精神"，加强红色教育，全力抓好政治建设，进一步建强基层党组织，充分发挥基层党组织战斗堡垒作用，确保乡村振兴在党的领导下有序推进。同时，以现有红色资源为载体，通过参观现场、讲述故事、巡演话剧等方式加强对广大群众的教育，改变一些已脱贫群众存在的"等、靠、要"以及脱贫之后"缓一缓"的思想，激发内生动力，实现勤劳致富，过上更好的生活。

（2）实现"蓝色"目标。为有效消除脱贫不稳定户和边缘易致贫户返贫致贫风险，建立健

① 赣州市委网信办. 赣州：巩固脱贫成果 奋进乡村振兴［EB/OL］.［2021-05-26］. http：//www. jx. xinhuanet. com/2021-05/26/c_1127488057. htm.

② 九江市统计局. 2020年12月各县（市、区）主要经济指标［EB/OL］.［2021-04-27］. http：//tjj. jiujiang. gov. cn/zwgk/zdly/tjyb/202104/t20210427_4870268. html#.

③ 乡村振兴再出发 "长江明珠"绽光芒——江西省瑞昌市巩固脱贫攻坚成果与乡村振兴有效衔接工作纪实［EB/OL］.［2021-05-13］. http：//www. ruichang. gov. cn/zwgk/zfxxgkml/bmxxgk/nyncj/zdlyxxgkrcsnyncj/hyfprcsnyncj/202105/t20210513_4935799. html.

全相关部门之间易返贫致贫人口快速发现和响应机制，做到早发现、早干预、早帮扶，不断巩固脱贫攻坚成果，切实防止出现规模性返贫，瑞昌市创新推出"12345"防贫工作法①。

（3）产业扶贫稳定增收。为进一步拓宽增收致富之路，提升群众获得感，确保乡村振兴工作成效，瑞昌市把扶贫产业融入"一乡一园、一村一品"产业发展中，重点围绕"北线水乡、南线稻乡、中线林乡"，打造"三园"② 建设，壮大村级集体经济，带动更多农户持续增收致富。截至 2021 年，全市农业产业化龙头企业国家级 1 家、省级 7 家、九江市级 16 家，瑞昌市溢香农产品有限公司获得国家级农业产业化龙头企业称号。现有省级农业示范园 3 个、九江市级农业示范园 2 个。瑞昌市积极探索"百社联百村带千户"产业扶贫发展新路子，在坚持"一村一品""一乡一园"模式的基础上，谋划联村发展、抱团取暖等规模化发展模式，注重健全合作组织和利益联结机制，因地制宜打造了"五个一"③ 发展持续、投入效益好、利益可联结、带动能力强的扶贫产业，培育 102 家合作社和 23 家农业公司，带动 2100 户贫困户脱贫增收、102 个村发展壮大集体经济。2020 年，瑞昌市集体经济经营性收入"空壳村"全部消除，所有贫困村集体收入达 10 万元以上。瑞昌市夏畈镇采用联合成立股份制公司的模式，让全镇 12 个村集体成为公司股东，通过"强村带弱村、先进带后进、能人带穷人"联村发展模式，发展年产 60 万包的秀珍菇扶贫产业，打造出联合实施的创新式"党建+扶贫"产业扶贫发展新模式。截至 2021 年 5 月，此项目销售额达 180 万元，增加 12 个村村级集体经济共计 30 万元，直接带动全镇 170 户贫困户每户平均增收 1500 余元，有效促进了贫困户的增收脱贫。

（4）就业扶贫稳岗稳收。近年来，瑞昌市建立就业帮扶长效化机制，借打造"LED 照明产业之都"契机，增加就业机会，强化技能培训，培养产业工人，全市 5000 余名农村劳动力在 LED 照明行业上下游实现了就业。为促进村民就地就近就业，该市鼓励乡村创办就业车间，引导园区企业到乡村设立代加工点，让村民在"家门口"增收致富。截至 2021 年 5 月，瑞昌市共有就业车间 20 多家，帮助 400 余名村民在家门口实现就业增收。以洪一乡双港集镇就业车间为例，该就业车间 2020 年 6 月开工投产，主要进行鞋面加工生产运营，经营状况良好，村民每月收入可达 2500~3000 元。

（5）消费帮扶助力增收。2020 年，瑞昌市通过"六进"对接承销、"志愿服务"代销、"电子商务"营销、"以花为媒"促销、"对接节会"展销等方式，深入推进消费扶贫，实现销售总额达 1.1 亿元。建立健全市乡村三级消费扶贫平台，通过线下直购、网络直播开展专卖活动，有效解决扶贫产品销售难题。截至 2021 年 5 月，共直播 20 余场，销售额 500 余万元。南义镇、洪一大畈村成立专业合作社，收购老百姓自家的"土货"，通过线上线下同步推广运营。

（6）产业融合持续增收。瑞昌市突出农村田园景观、农村风土人情，强化"一江一湖、两山一水"生态保护格局，以赛湖城郊休闲、武蛟油菜观光、夏畈剪纸小镇、洪一红色文化为重点，依托"农民丰收节""农民趣味运动会"的成功典范，高标准打造以农耕文化、乡土文化和民俗文化为特色的农旅结合示范点。形成集中心城区城乡融合发展示范核，沿瑞码区域三产融合示范轴、沿 301 省道生态旅游轴、沿 220 国道产业发展轴，及红色文化旅游片区、生态农业休

---

① "1"即广泛宣传一个平台，即防返贫监测系统农户自主申报平台。"2"即持续关注两类人群，即脱贫不稳定户和存在致贫风险边缘易致贫户。"3"即精准实施三色管理，将未消除致贫风险的脱贫不稳定户、未消除返贫风险的边缘易致贫户、因病因灾因意外事故等刚性支出较大或收入大幅缩减导致基本生活出现严重困难户、家庭无劳力低保户列为红色户，为重点监测帮扶对象；将因病因突发事件等造成生活困难但有发展能力和意愿的临界"两类户"列为黄色户，实施黄色预警；将较稳定脱贫户列为蓝色户，实行蓝色跟踪，确保帮扶政策不变，力度不减。"4"即严格落实四道程序，按照农户申请、乡村核实、部门比对、村级评议的规范程序进行实地核查。"5"即重点采取五项举措，对纳入监测的困难农户，有针对性地叠加产业扶持、稳岗就业、行业政策、兜底保障、扶志扶智五项举措。

② "三园"：长江鱼原种示范园、溢香农产品产业园、赛湖休闲农业园。

③ "五个一"：一亩茶园、一筐菌菇、一亩红薯、一棚鸭子、一座电站。

闲区、森林休闲度假区、高效农业示范区、历史文化体验区、产业融合示范区于一体的"一核三轴六片多点"的产业融合发展布局。①近年来，瑞昌市武蛟乡因地制宜，大力发展油菜产业，积极引导农民利用冬闲农田集中连片种植油菜，让"闲田"变成"休闲"胜地，打造特色观光农业，促进农民增产增收。每年前来观赏油菜花的游客多达 2 万余人次，有效地带动当地餐饮、垂钓、休闲服务等产业的发展。武蛟乡还专门成立乡农业发展有限公司，购设备、建厂房，致力发展油菜种植、油菜花观光、油菜籽加工、菜籽油销售一条龙产业链，将"金花"变"金油"，并通过乡村旅游来销售相关产品，打造"金色旅游"武蛟。目前，观光旅游业已成为武蛟乡的主要产业之一，油菜种植每年产生附加经济效益达 1000 万元以上。②瑞昌市夏畈镇的"铜源剪影文化园"景区将剪纸之乡、铜矿之源与旅游观光、休闲度假相结合，打造集文化博览、乡村休闲、美食体验、旅居度假等功能为一体的原乡型传统艺术文化园。铜源剪影文化园从开始打造流转土地有固定租金，到建设中提供就业岗位吸纳群众务工，再到景区建成后促进周边群众发展"吃、住、游、玩"相关第三产业，均可带动周边或沿线群众增收致富。铜源剪影文化园是瑞昌市巩固脱贫攻坚成果与乡村振兴有效衔接的一个剪影。

（7）落实惠民政策"暖民心"。近年来，瑞昌市逐步加大民生投入，解民困，消民忧，构建"百花齐放"社会扶贫新局面。开展"百企帮百村惠千户"社会帮扶活动，组织 102 家爱心企业对 78 个贫困程度相对较深的行政村实行结对帮扶，惠及贫困人口 2600 余人。为解决偏远山村学生午餐难题，通过"政府+基金"推行免费午餐项目，截至 2021 年，瑞昌市共有 6 个乡镇 3000 余名学生吃上了"免费午餐"，既暖了孩子们的胃，更暖了家长们的心。横立山乡设立"连心楼"，为家庭住址偏远、不便带孩子上学的贫困户 9 户 35 人提供免费居住，并配备爱心活动室、爱心书屋、爱心帮教室、爱心超市、幸福食堂等。

（8）提振乡村振兴"精气神"。扶贫先扶志，扶贫必扶智。"十三五"期间，瑞昌市从家庭环境好、脱贫路子好、政策掌握好、道德风尚好、工作配合好等方面开展"感党恩、早脱贫、争当五好贫困户"评选活动，采取每月评选、季度评选、年度评选相结合的方法，科学制定评比办法，以"爱心扶贫超市"为载体，以表现换积分，用积分换物品，引导贫困群众克服"等靠要"思想，提升困难群众的精气神，增强脱贫信心，激发内生动力，实现稳定脱贫。评选活动充分激发了广大贫困户脱贫致富的内生动力，起到了激励一批、教育一片、带动一群的效果。①

十五、山东省

山东省，位于中国东部沿海，简称"鲁"，省会济南。自北向南与河北、河南、安徽、江苏 4 省接壤，全省陆域面积 15.58 万平方千米。截至 2020 年 12 月底，山东省辖青岛等 16 个设区的市，县级行政区 136 个，乡镇级行政区 1822 个。

（一）山东省经济发展概况

1. 山东省人口与经济概况

根据《2020 年山东省国民经济和社会发展统计公报》，2020 年山东省实现生产总值 73129.0

---

① 乡村振兴再出发 "长江明珠"绽光芒——江西省瑞昌市巩固脱贫攻坚成果与乡村振兴有效衔接工作纪实［EB/OL］.［2021－05－13］. http：//www. ruichang. gov. cn/zwgk/zfxxgkml/bmxxgk/nyncj/zdlyxxgkrcsnyncj/hyfprcsnyncj/202105/t20210513_4935799. html.

亿元，按可比价格计算，比 2019 年增长 3.6%。分产业看，第一产业增加值 5363.8 亿元，增长 2.7%；第二产业增加值 28612.2 亿元，增长 3.3%；第三产业增加值 39153.1 亿元，增长 3.9%。三次产业结构由 2019 年的 7.3∶39.9∶52.8 调整为 7.3∶39.1∶53.6。居民消费价格比上年上涨 2.8%。其中，消费品价格上涨 4.2%，服务项目价格上涨 0.4%；食品价格上涨 12.1%，非食品价格上涨 0.4%。农业生产资料价格上涨 5.6%，农产品生产者价格上涨 8.7%。工业生产者出厂价格下降 1.9%，购进价格下降 2.5%。

《山东省第七次全国人口普查公报（第六号）》指出，山东省人口中，城镇人口为 64014254 人，占 63.05%；乡村人口为 37513199 人，占 36.95%。与 2010 年第六次全国人口普查相比，城镇人口增长 16393181 人，乡村人口减少 10658793 人，城镇人口比重提高 13.34 个百分点。16 个地级市中，人口超过 1000 万人的市有 2 个，分别是临沂市 1101.8 万人、青岛市 1007.2 万人，其中青岛市常住人口首次突破 1000 万。有 2 个市的人口在 1000 万人至 900 万人之间，分别是潍坊市 938.7 万人、济南市 920.2 万人。有 2 个市的人口在 900 万人至 800 万人之间，分别是菏泽市 879.6 万人、济宁市 835.8 万人。

2. 山东省各市人口与经济概况

山东省共有 16 个地级市，分别是济南市、临沂市、青岛市、潍坊市、菏泽市、济宁市、烟台市、聊城市、德州市、泰安市、淄博市、滨州市、枣庄市、日照市、威海市、东营市。根据 2020 年山东省统计局数据：

（1）地区生产总值方面，青岛市、济南市、烟台市居全省前三名。其中，青岛市地区生产总值位居第一，实现地区生产总值 12400.56 亿元。济南市排名第二，全年地区生产总值达到 10140.91 亿元。接下来是烟台市，地区生产总值 7816.42 亿元。青岛市、济南市大幅领先于省内其他城市。

（2）地区生产总值增速方面，济南市以 4.9% 的增速继续位居前列。临沂市、菏泽市紧随其后，增速 3.9%；日照市、东营市增速为 3.8%。

（3）财政收入方面，2020 年山东省一般预算全口径财政收入排名前三位的分别是青岛市、济南市、烟台市，其中，青岛市 1253.8 亿元，有效拉动山东经济提升。

（4）地区人口方面。山东省第七次全国人口普查主要数据表明，16 个地级市中，人口最多的 3 个市分别是临沂市、青岛市和潍坊市。其中，临沂市 1101.8 万人，青岛市 1007.2 万人，潍坊市 938.7 万人。此外，济南市 920.2 万人。2 个市的人口在 900 万人至 800 万人之间，4 个市在 800 万人至 500 万人之间，6 个市在 500 万人至 200 万人之间。

3. 山东省产业概况

（1）山东省工业情况。根据《2020 年山东省国民经济和社会发展统计公报》2020 年，工业技改投资比上年增长 17.6%。坚决培育壮大新动能，“四新”经济增加值占比达到 30.2%，投资占比达到 51.3%。新登记“四新”经济企业增长 83.4%。新增高新技术企业 3157 家，总量达到 1.46 万家，增长 27.5%。高新技术产业产值占规模以上工业产值比重为 45.1%，比上年提高 5.0 个百分点。十强产业中，新一代信息技术制造业、新能源新材料、高端装备等增加值分别增长 14.5%、19.6% 和 9.0%，依次高于规模以上工业 9.5 个、14.6 个和 4.0 个百分点。高技术制造业增加值增长 9.8%，高于规模以上工业 4.8 个百分点。光电子器件、服务器、半导体分立器件、碳纤维、工业机器人等高端智能产品产量分别增长 24.8%、35.3%、15.5%、129.5% 和 24.9%。软件业务收入 5848.5 亿元，增长 12.4%；软件业务出口 15.8 亿美元，下降 1.0%。

（2）山东省农业情况。根据《2020 年山东省国民经济和社会发展统计公报》，截至 2020 年底，累计创建国家级优势特色产业集群 2 个，现代农业产业园 8 个，特色农产品优势区 17 个，绿色发展先行区 2 个，农业产业强镇 59 个。农业经营主体培育壮大，累计培育家庭农场 8.7 万家，农民专业合作社 23.6 万个。累计培育高素质农民 52 万人。农村电商快速发展，实现农产品网络零售额 360.3 亿元，比上年增长 22.3%。休闲农业持续升温，累计创建各类省级休闲农业示范点 669 个，其中，新增农业示范点（村）42 个、农业精品园区（农庄）45 个。农村人居环境显著改善，改造危房 3.3 万户，新增清洁取暖 216.4 万户，完成农厕改造 23.5 万户。乡村文化事业繁荣发展，乡镇（街道）综合文化站建成率达 99.6%，行政村（社区）综合性文化服务中心基本实现全覆盖。农林牧渔业总产值 10190.6 亿元，按可比价格计算，比上年增长 3.0%，成为全国首个突破万亿元省份。粮食总产量 1089.4 亿斤，增加 18.0 亿斤，连续 7 年超过千亿斤。无公害农产品、绿色食品、有机农产品和农产品地理标志获证产品 10275 个，增长 1.6%。

（3）山东省海洋产业情况。根据《2020 年山东省国民经济和社会发展统计公报》，2020 年山东省海洋新兴产业加快培养，推动成立省海洋生物医药产业投资基金，国家一类抗肿瘤海洋新药 BG136 即将进入临床。建成海水淡化工程 31 个，日产能达 35.9 万吨。海洋传统产业转型升级，新增国家级海洋牧场示范区 10 处，累计达到 54 处，占全国的 39.7%；新增省级海洋牧场示范创建项目 14 个。港口资源深化整合，沿海港口集装箱吞吐量 3191 万标准箱，比上年增长 6.0%，总量居全国第 2 位。建成省级海洋工程技术协同创新中心 107 家，省级以上海洋科技创新平台 132 家，"透明海洋""蓝色药库""超高速高压水动力平台"等纳入国家重大项目。

（二）山东省乡村振兴阶段性成果

（1）农业成果[①]。山东省是农业大省，2020 年山东省农林牧渔业产值及增长速度、主要农产品产量及增长速度如表 4-4 和表 4-5 所示。山东省在大力发展农业的基础上突出粮食生产。紧扣耕地和种子"两个要害"落细落实，加强耕地保护，深入实施现代种业提升工程，良种对粮食增产贡献率达 47%，粮食总产量连续 7 年稳定在千亿斤以上。突出全产业链培育。把现代高效农业纳入新旧动能转换"十强"产业，培育寿光蔬菜、烟台苹果等千亿级优势特色产业集群，推动海水养殖向深远海进军，创建国家级海洋牧场示范区 54 个，占全国 40%，着力发展乡村旅游、农村电商等新产业、新业态，2020 年农业数字经济超过 600 亿元，乡村旅游实现消费 1120.7 亿元。突出农产品质量安全，抓好品种培优、品质提升、品牌打造、标准化生产新"三品一标"，实行最严格的生产销售监管制度。依托全国蔬菜质量标准中心培育农业标准"领跑者"，做大"齐鲁灵秀地、品牌农产品"区域品牌，农产品出口额连续 22 年"领跑"全国。

表 4-4　2020 年山东省农林牧渔业产值及增长速度

指标	产值（亿元）	比上年增长（%）
农林牧渔业	10190.6	3.0
农业	5168.4	3.4
林业	214.2	6.3
牧业	2571.9	2.3
渔业	1432.1	1.3
农林牧渔专业及辅助性活动服务业	804.1	5.3

表 4-5　2020 年山东省主要农产品产量及增长速度

指标	产量（万吨）	比上年增长（%）
粮食	5446.8	1.7

---

① 资料来源：《2020 年山东省国民经济和社会发展统计公报》。

续表

指标	产量（万吨）	比上年增长（%）
夏粮	2569.2	0.6
秋粮	2877.6	2.6
棉花	18.3	-6.6
油料	290.9	0.7
蔬菜及食用菌	8434.7	3.1
水果	2938.9	3.5
园林水果	1829.8	5.2

资料来源：2020 年山东省国民经济和社会发展统计公报［EB/OL］．［2021-02-28］．http：//tjj.shandong.gov.cn/art/2021/2/28/art_6196_10285382.html.

林牧渔业发展平稳。林地面积 356.4 万公顷，森林覆盖率 18.25%。活立木总蓄积量 13040.5 万立方米。猪牛羊禽肉产量 721.8 万吨，比上年增长 3.3%；禽蛋产量 480.9 万吨，增长 6.8%；牛奶产量 241.4 万吨，增长 5.9%。水产品总产量（不含远洋渔业产量）790.2 万吨。其中，海水产品产量 679.5 万吨，淡水产品产量 110.7 万吨。

农业高质量发展基础增强。截至 2020 年，山东省已完成 11 项抗旱水源工程，累计受益农田面积超过 3000 万亩。启动引黄灌区农业节水工程 72 项，完成投资 161 亿元。新增国家级、省级水产健康养殖示范场 44 家和 81 家，省级以上示范场总数达 528 家。农作物耕种收综合机械化率达到 89.0%，主要农作物良种覆盖率超过 98%，畜禽粪污综合利用率达到 90.1%。突出推进农业农村现代化，全力打造乡村振兴齐鲁样板。加快潍坊国家农业开放发展综合试验区、全国蔬菜质量标准中心、枣庄国家可持续发展议程创新示范区建设，支持淄博创建国家农村改革试验区。持续推进黄河滩区、沂蒙山区等重点区域发展。

（2）文化成果[①]。山东是齐鲁文化的发源地，融合民俗文化、红色文化等多种优秀文化资源。2018 年 3 月 8 日，习近平总书记在参加山东代表团审议时指出要推动乡村文化振兴。山东省分别从以下方面大力推进乡村文化振兴工作：

1）建设基层公共文化，提高乡村群众文化素养，推动乡村振兴。加强投入保障、政策保障和机制保障，坚持一院多能、一室多用，整合基层宣传文化、党员教育、科学普及、体育健身等设施，统筹建设各类活动场所。建设数字文化广场、无线网络等新兴文化设施，建设农村老年人文化活动场所。推进乡、村两级文化服务设施建设，2018 年实现了全省基层综合性文化服务中心基本覆盖，达标率 95% 以上。实施农家书屋网络化建设工程，推广农家书屋总分馆制和"一卡通"管理模式。实施农村文化广场——"百姓舞台"提升工程，建设农村文化广场设施网络，建立可持续发展的广场文化活动运行机制。2020 年，山东省全面完成省扶贫工作重点村综合文化活动室建设任务。山东省也在乡村开展丰富多彩的群众性文化活动，助力乡村振兴。综合用好文化科技卫生"三下乡"、文化惠民消费季、文艺汇演展演、"一村一年一场戏"免费送戏工程等平台载体，加强资源整合，把更多优秀的文化作品送到农民中间，丰富乡村文化生活。持续办好"文化惠民、服务群众"实事项目，每年为农村（社区）免费送戏 1 万场。深化"深入基层、扎根人民"主题活动，深入开展"我们的中国梦"文化进万家活动，组织文化文艺小分队深入乡村开展送文化活动。加快推进"书香乡村"建设，精心组织农民读书节、读书月和"三农"主题书展、书市、大讲堂等活动。

---

① 资料来源：《山东省推动乡村文化振兴工作方案》。

2）繁荣农村题材文艺创作，宣传山东乡村文化。山东省加强农村题材文艺创作的规划和扶持，组织动员作家、艺术家开展农村题材文艺创作生产，推出一批具有浓郁乡村特色、充满正能量、深受农民欢迎的农村题材文艺作品。探索建立"深入生活、扎根人民"资金政策保障机制和作家、艺术家下基层挂职锻炼制度，组织作家、艺术家开展采访采风活动，筛选一批重点优秀作品，在出版、展示、推介等方面给予资金扶持。发挥"泰山文艺奖""群星奖"的导向性作用，打造自下而上的群众文艺作品选拔提升平台，引导全省群众性戏剧、音乐、曲艺、舞蹈、杂技、美术、书法、摄影、民间艺术创作。加大对农村题材文艺作品创作的扶持力度，评选推出一批优秀农村现实题材文艺作品，在全省性文艺评奖中突出农村题材，省级报刊、广播电视台对优秀农村题材作品在刊发、播出、宣传评介等方面给予重点支持。

3）保护传统工艺，乡村文化产业引领产业综合。2018年6月，山东省出台《关于贯彻落实中国传统工艺振兴实施的意见》，建立山东省传统工艺振兴目录。实施乡村传统工艺振兴计划，培育地域特色传统工艺产品，开发民间艺术、民俗表演项目，推动齐鲁民俗文化产业加快发展。加大对乡村文化产业的扶持力度，引导利用古遗址、古村落、古街等古迹发展文化产业项目，重点培育一批特色突出的文化小镇。实行乡村文化产业精品工程，发展基于互联网的新型乡村文化产业模式，推动"非遗"项目传承发展，到2022年，培育一批具有山东特色的乡村文化品牌。实施休闲农业和乡村旅游精品工程，重点在文化遗产、民俗文化、名人文化等方面进行创意开发，实行差异化发展，推出具有地方特色的精品民俗活动和精品农业体验旅游活动。实施齐长城人文自然风景带建设工程，打造齐长城文化旅游品牌，建设一批乡村特色影视基地。加强乡村文化遗产保护展示。实施传统文化乡镇、传统村落及传统建筑维修、保护和利用工程，2019年11月29日，山东省第十三届人民代表大会常务委员会第十五次会议通过《山东省历史文化名城名镇名村保护条例》，划定乡村建设的历史文化保护线，分批次开展重点保护项目规划、设计、修复和建设，整理保护有地方特色的物质文化遗产，传承保护非物质文化遗产，鼓励支持非物质文化遗产传承人、其他文化遗产持有人开展传承、传播活动。实施县及县以下历史文化展示工程，做好县级历史文化展示场所的充实、改造、提升工作。推进"乡村记忆"工程，加大对农村历史街区、传统民居院落和生产生活民俗的挖掘保护，把乡村文化保护传承与新型城镇化建设相结合。

4）传承发展优秀传统文化。山东省深入挖掘优秀传统文化蕴含的思想观念、人文精神、道德规范，结合时代要求进行创新，强化道德教化作用，引导乡村群众爱党爱国、向上向善、孝老爱亲、重义守信、勤俭持家。完善"图书馆+书院"模式，推进尼山书院标准化建设，建立全省尼山书院联盟，形成孔子故里独有的特色与优势。推进曲阜优秀传统文化传承发展示范区、齐文化传承创新示范区建设。继续实施乡村儒学和社区儒学推进计划，推动有条件的乡镇综合文化站、农村（社区）基层综合性文化中心设立儒学讲堂，推动儒家文化进乡村，到2025年，全省乡镇综合文化站儒学讲堂实现基本覆盖。组织编写《中华传统文化大众化系列通俗读物》等符合乡村群众需求的传统文化通俗读物。利用传统节日组织开展花会、灯会、庙会等民俗活动，打造节会品牌。

5）积极培育新乡贤文化。制定《关于培育和弘扬新乡贤文化的工作方案》，深化研究阐释，厘清新乡贤文化发展脉络，明确新乡贤文化建设思路，推动建设一批乡贤馆，弘扬传播新乡贤文化。开展新乡贤选树活动，评选一批群众公认、品德高尚、处事公道、热心公益、积极参与地方管理、起到模范带头作用、真正为群众服务、推动家乡经济发展的人士。把新乡贤文化与家庭家教家风主题教育活动结合起来，推动乡镇村志编修，挖掘、整理、编写弘扬传统美德、体现时代要求、贴近生活实际的家规家训，引导人们继承传统美德、树立家国情怀。开展弘扬新乡贤文化活动，积极组织创作具有地域特色的新乡贤文化文艺作品，组织多种形式的新乡贤主题文艺演出，传播新乡贤文化。充分运用微博、微信、微视频和手机客户端等方式，开展"齐鲁乡风·美丽家园"微视频、微电影大赛活动，拓展新乡贤文化传播平台。推出新乡贤特色品牌项目，培育发展新乡贤理事会等新乡贤组织，充分发挥农村基层党支部的核心作用，探索引导新乡贤依法参与乡村治理。

6）大力传承省内红色文化。认真践行"红色基因就是要传承"，深入挖掘山东省丰富的革命历史文化资源，统筹全省红色文化资源保护开发利用。实施红色基因传承工程，深化沂蒙精神研究阐发，成立沂蒙精神研究院，设立"沂蒙精神研究"专项，推出一批有价值的理论文章和学术专著，组织创作一批以弘扬沂蒙精神为主题的优秀文艺作品。突出省内沂蒙老区、冀鲁边、胶东、渤海、冀鲁豫等红色文化富集区建设，打造红色文化传承示范区。推动革命文化教育普及，建好用好山东省党史馆、沂蒙革命纪念馆等红色教育基地，深化党史、国史学习教育，讲好山东故事。加强爱国主义教育基地建设，推动爱国主义教育基地改陈布展，建设革命历史档案信息数据库，深入推进爱国主义教育基地网上展馆、VR 虚拟现实展馆建设。山东省出版《红色齐鲁 365》《山东省红色旅游指南》，拍摄"山东十大抗日武装起义"文献纪录片，打造红色文化宣传教育品牌栏目。开发乡村红色文化旅游资源，推动红色旅游与民俗游、生态游等相结合，打造一批乡村红色旅游精品景区和精品线路。实施"沂蒙精神红色基因传承工程"，打造全国一流的亲情沂蒙红色文化旅游目的地，推出"新时代山水圣人"红色旅游线路。

（3）基础设施建设成果。山东省实施了新一轮农村人居环境整治行动，着力解决农村垃圾、污水、改厕、村容村貌等突出问题。深入开展乡村文明行动，推进移风易俗。新建和改造提升"四好农村路"1 万千米。

（三）山东省乡村振兴规划

《山东省推动乡村文化振兴工作方案》提出，到 2022 年，在山东省打造 10 个"乡村记忆"乡镇，推出 50 个"乡村记忆"民俗节庆项目，建设 100 个"乡村记忆"博物馆（优秀传统文化和非物质文化遗产展示馆），建设 1000 个"乡村记忆"村落（街区）、10000 个"乡村记忆"民居，使乡村成为有历史记忆、地域特色的文化之乡、精神家园。挖掘和保护民间传统谚语、地方戏种、农耕文化、优秀习俗等乡村文化，建立数字影像馆，加大传承弘扬力度。

2021 年 5 月，山东省农业农村厅颁布《山东省乡村振兴促进条例》，其中，第二十五条至第二十八条规定山东省各级人民政府应当坚持以社会主义核心价值观为引领，加强农村精神文明建设和农民思想道德建设，培育文明乡风、良好家风、淳朴民风，提升农民精神风貌，提高乡村社会文明程度。各级人民政府应当加强对中华优秀传统文化、革命文化和社会主义先进文化的研究阐发、展示利用、教育普及、传播交流，发挥其教化育人的功能。建立健全乡村公共文化服务体系，培育乡土文化人才，加强乡村公共文化体育设施和综合性文化服务中心建设，推进乡、村两级公共文化服务全覆盖，提高文化产品和服务供给质量。引导社会力量参与乡村文化建设，推动文化下乡，丰富农村文化资源。县级以上人民政府应当采取措施，统筹建设简便易用、高效快捷、资源充足、服务规范的乡村文化网络载体。鼓励开展形式多样的群众性文化体育、节日民俗等活动，充分利用广播电视、网络，拓展乡村文化服务渠道，丰富乡村文化生活；鼓励和支持创作反映农民生产生活和乡村振兴实践的优秀文艺作品。广泛开展新时代文明实践活动，树立乡村文明新风，倡导科学健康的生产生活方式，丰富农村居民精神文化生活。鼓励和支持农村基层群众性自治组织开展文明村镇、文明家庭创建等群众性精神文明建设活动，发挥村规民约的引导约束作用。各级人民政府应当采取措施，加强对历史文化名城名镇名村、历史文化街区、传统民居、古树名木、文物古迹、农业遗迹的保护，传承传统美术、戏剧、曲艺、杂技、舞蹈、民俗、医药和民间传说等非物质文化遗产，鼓励和支持非物质文化遗产传承人、其他文化遗产持有人开展传承、传播活动。各级人民政府应当整合乡村文化资源，发展乡村文化产业，探索具有地方特色的乡村文化产业发展新模式、新业态、新机制，推进乡村文化产业与生态农业、休闲旅游、医疗康养等相关产业融合发展。

此外，山东省重点发展农业，大力发展现代种业。推进种业科研攻关，布局建设5家市级种业技术创新中心，启动农业生物育种重大科技项目。加强地方特色种质资源保护和利用，引进、培育现代种业企业，提高青岛国际种都核心区产业集聚度。2021年，主要农作物良种覆盖率达到99%。

强化现代农业科技和物质装备支撑。实施乡村振兴科技支撑行动，健全成果转移转化平台，发布农业主推技术10项，培育农业科技创新企业10家。实施高素质农民培育工程，完成农民技能培训2万人。推进病险水库除险加固工作。

打造数字农业和健康农业高地。建设农业农村大数据中心，推动农业由"设施化"向"数字化"转变。支持社会资本投资智慧农业，新建示范基地20家、示范园区2家。推进"互联网+"农产品出村进城工程。探索发展健康农业，推动农业与基于医疗云、健康云平台的健康产业联结共享，培育10家健康农业示范园。实施农产品仓储保鲜冷链物流设施建设工程。

（四）山东省部分市（区）乡村振兴概览

1. 山东省潍坊市

潍坊市总面积15859平方千米，约占山东省总面积的10%，居山东省第二位。辖4区6市2县。第七次人口普查结果表明，潍坊市常住人口9386705人，居山东省第三位。《2020年潍坊市国民经济和社会发展统计公报》显示，2020年潍坊市地区生产总值5872.2亿元，增长3.6%。规模以上工业增加值同比增长8.3%，高于全省3.3个百分点。规模以上服务业营业收入增长11.8%，高于全省8.3个百分点。固定资产投资同比增长4.5%，高于全省0.9个百分点。实现社会消费品零售总额2389.8亿元，增长0.1%。一般公共预算收入同比增长0.5%。

（1）传承地区特色"非遗"。2018~2020年潍坊充分发挥典型乡镇（街道）示范带动作用，坚持"政府引导、市场运作、企业与家庭作坊结合"的原则，积极探索"非遗+"模式，有效激发群众脱贫致富的内生动力，提升非遗保护传承水平，助力乡村全面振兴。

潍坊市以非遗融入现代产业为突破口，实现传统产业的再次发展。以潍坊市风筝等4项国家级传统工艺振兴目录、14项省级传统工艺振兴目录为基础，逐步建立市级传统工艺振兴目录，重点支持具备一定传承基础和生产规模、有发展前景、有助于带动就业的传统工艺项目。风筝、年画等传统工艺项目从业者均超过千人，风筝年产值达20多亿元。另外，潍坊市培育以昌邑市华裕丝绸有限责任公司为代表的丝绸企业，一方面大力采购现代化先进生产设备，另一方面通过对柳疃丝绸技艺的完整保护和留存，先后培养了20多名传承人，在促进生产的同时开展技艺传承，实现年产各类真丝绸300多万米，产值6500多万元[1]。非遗与产业的结合，为古老非遗技艺转型升级提供新动力，实现非遗保护发展开发利用的良性循环，助推乡村振兴。

（2）提升红色文化发展力[2]。一是提升红色文化吸引力。石桥子镇刘家庄是潍坊市红色文化代表村。抗日战争时期，刘家庄人民成立了护村队和自卫团，刘家庄村民在民族大义面前展现出了不畏强敌、不怕牺牲、团结一致、同仇敌忾的民族精神，谱写出了反抗外来侵略的壮丽史

---

① 大众网. 助力乡村振兴，潍坊非遗保护进入"良性循环"［EB/OL］.［2021-12-14］. https://baijiahao.baidu.com/s? id=1719100350172107288&wfr=spider&for=pc.

② 潍坊新闻网. 诸城市以红色文化助力乡村振兴［EB/OL］.［2019-02-19］. https://www.sohu.com/a/295582858_148698.

诗。为了弘扬爱国主义精神，缅怀革命先烈，刘家村所在的石桥子镇在原抗日自卫战遗址上修建刘家庄抗战纪念馆，建设成为爱国主义教育基地，进一步提升了红色文化的吸引力。刘家庄抗战纪念馆以"刘家庄保卫战"为历史素材，以弘扬红色文化为引领，主要还原自卫战时期的古城楼、古城墙、茅草民房、形态各异的历史人物雕塑、园区广场，建设刘家庄自卫战纪念馆、红色文化纪念馆、党性教育基地、廉政文化基地、乡村记忆工程展示馆等。通过文字、图片、实物等多种形式，还原刘家庄保卫战的历史背景和抗战过程。截至 2020 年，刘家庄抗战纪念馆累计接待全国各地党员干部、学生 3 万余人次。同时，石桥子镇努力营造红色文化氛围，粉刷红色标语、红色图画、红色歌曲，共粉涂墙体 1.1 万平方米。

二是坚持将红色文化与壮大集体经济等有机结合。石桥子镇大力对外招商引资，努力将镇域内的吴家楼水库、荆山、刘家庄抗战纪念馆、华龄文冠园等自然人文资源有机串联，实现一二三产业融合发展。依托建成的刘家庄抗战纪念馆，发展红色文化旅游，在纪念馆周边配套建设餐饮、文化、旅游等产业，带动周边发展休闲观光农业。

三是将红色文化传统教育融入乡风民俗。刘家庄村以抗战纪念馆为载体，以看得见的好处重塑乡风民俗，让人们潜移默化地接受社会主义核心价值观，坚持把红色精神融入文艺作品创作生产全过程，以通俗易懂的快板等形式解读乡风文明，并积极通过微信、广播、电视、报纸等多媒体宣传推介红色革命事迹，在全镇形成继承革命传统、弘扬红色文化的良好氛围，讲好红色故事，提升红色文化感染力。

四是搭建展示平台，提升红色文化传播力。潍坊市高新区积极推动文化建设，河北社区村史馆由村史和农具展两部分组成，村史分为中华英烈、故乡赤子、杏坛师表、道德模范等 10 个板块，目的是通过古村落、老作坊、历史遗迹、文化遗迹发掘保护、生态修复等，让优质文化能够充分显现，留下宝贵的乡村记忆和文化财富。建好乡贤馆、村史馆，为潍坊市百姓留住乡愁、记下历史、传承根脉，推动乡村文化振兴。①

（3）改善人居环境。淠河高新区段长 9.2 千米，工程总投资 6.5 亿元，已全面完工，获批国家水利风景区和 3A 级旅游景区，建设有金、木、水、火、土五大板块，包含树阵广场、临水小憩、长堤花柳等 39 个景点，实施了 16 项水利工程，栽植绿化苗木 11 万株，是继虞河、张面河、白浪河整治工程后的又一河道整治工程。② 改造治理后的淠河成了潍坊东部一道亮丽的风景线，提高了城市防洪能力，改善了人居环境。

（4）实现农业、科技融合发展。潍坊市高新区全力打造产城融合的国际化现代新城，获批建设国家创新型科技园区、国家知识产权试点园区、国家专利导航产业发展实验区、国家高新区创新驱动发展示范工程，在国家高新区中首个获批建设国家可持续发展实验区，被科技部评为"国家高新区建设 20 年先进集体"，综合实力居国家高新区第 22 位。潍坊的农业借助科技得到发展。数据显示，2020 年，潍坊农业总产值首超 1000 亿元，为山东省贡献了 1/10 的份额；蔬菜产量、畜禽产量均达到全省的 1/5 左右；农村居民收入达到 2.1 万元，城乡居民收入比 1.99∶1。③

2. 山东省寿光市

寿光市是山东省县级市，由潍坊市代管，位于山东省中北部、潍坊市境西北部、渤海莱州湾西南岸。寿光市总面积 2072 平方千米。根据《2020 年寿光市国民经济和社会发展统计公报》及第七次全国人口普查数据，截至 2020 年 11 月 1 日零时，寿光市常住人口为 1163364 人。2020

---

①② 山东广播电视台. 村史馆推动乡村文化振兴 河道改造治理提升城市品位［EB/OL］.［2018-04-15］. https：//baijiahao. baidu. com/s? id=1597741719827013937&wfr=spider&for=pc.

③ 新京报. 田庆盈：诸城模式、潍坊模式和寿光模式的核心是农业产业化［EB/OL］.［2021-04-17］. https：//www. sohu. com/a/461334876_114988.

年，全市实现地区生产总值786.6亿元，按可比价格计算，比上年增长3.1%。其中，实现第一产业增加值106.3亿元，增长2.9%；实现第二产业增加值326.9亿元，增长2.7%；实现第三产业增加值353.3亿元，增长3.5%。

（1）提升组织领导效率，助推乡村振兴。寿光市探索乡村振兴人才专业化培育及管理路径，通过以下举措，进一步提升管理者履职尽责能力，为乡村振兴提供人才支撑。[①]

一是引进人才。为选优配强村级带头人，寿光市大力实施在外人才"雁归计划"，通过召开座谈会、上门邀请等方式动员在外能人、退役军人、镇街临时工作人员等回村任职。每年春节、中秋等传统节日举办在外人才恳谈会。2020年1~10月，有36名在外人才回村任职。为优化村级班子结构，寿光市实施了农村后备干部"雏雁计划"，结合"村村好青年"评选，择优选聘在外优秀青年人才跟踪培养，建立起包含384人的优秀人才储备库。

二是加强培训。寿光市每年组织村书记集中轮训，组织优秀村书记到先进地区对标找差。同时结合"主题党日"活动开设"书记论坛"、建设山东（寿光）农村干部学院等方式，提升村书记业务能力水平。以农村社区为单位，让村书记会诊发展难题，分享经验办法。截至2020年11月，为方便村干部培训，寿光市整合教学资源，在"家门口"建设了山东（寿光）农村干部学院，学院已承办来自10余个省市的培训班190余期，培训学员2万多人次。2019年分5期承办了1000人次的全省村党组织书记培训班。

三是畅通晋升渠道。寿光市健全正向激励机制，市财政每年列支8500万元，严格按标准落实村书记报酬，年平均报酬达到4.5万元。同时，畅通优秀村书记的晋升通道，优秀村书记中先后有8人考录镇街公务员、事业编制人员。

四是强化组织领导。2019年从市直部门单位抽调44名农村工作经验丰富的干部，到软弱涣散村担任第一书记。2020年又抽调6名农村工作经验丰富的正科级干部，组成2支乡村组织振兴工作队，对重点难点村巡回问诊、挂牌督办，逐个整顿转化。截至2020年7月，44个软弱涣散村已整顿销号35个。

五是村级事务公开透明。寿光市乡村党组织召开组织生活会时，向村民代表和一般群众全部开放，扩大"三务"公开范围，充分保障群众知情权、参与权、监督权，促进了村党总支科学决策和正确履责。寿光市严格落实村级基本制度，连续5年推行"主题党日"，定期举办阳光议事日、支部生活日，推动村级事务公开透明操作。各级协助分析问题、解决困难，推动了乡村组织振兴任务落地见效。

（2）以新建大棚的"寿光元素"，提升现代农业发展新动能。[②] 寿光是"中国蔬菜之乡"，蔬菜大棚种植已成为经济发展的主要驱动力。除了大棚种植以外，寿光市现在已实现农业种植大棚从规划设计、选址选材、建造安装、棚内设备，到优质种苗供应、人才输出、技术服务、市场销售的全产业链发展。截至，2018年4月，寿光已有大棚建造企业600多家、种子种苗企业429家、水肥一体化等大棚管理设备研发企业10家。据不完全统计，山东的新建大棚有70%以上有"寿光元素"，全国的新建大棚一半以上有"寿光元素"。

与此同时，寿光市以多业态嫁接提升现代农业发展新动能，积极推动农产品物流园建设，发布"中国·寿光蔬菜价格指数"，2018年4月，农产品物流园日均交易量达到1500万千克，年交易蔬菜80多亿千克，寿光市成为全国的蔬菜集散中心、价格形成中心和信息交流中心。依

---

① 山东广播电视台."专业化管理"换来"全身心干事"[EB/OL].[2020-11-10].https://baijiahao.baidu.com/s?id=1682959613118258234&wfr=spider&for=pc.

② 潍坊日报.努力打造"寿光模式"升级版——寿光深入实施乡村振兴战略引领农业高质量发展[EB/OL].[2018-04-17].http://wfrb.wfnews.com.cn/content/20180417/Articel01003TB.htm.

托蔬菜规模优势，大力发展蔬菜冷链、智慧物流，引进落地了卡力互联、传化公路港等一批高端物流项目，每年有 40 多万吨蔬菜出口到欧洲、美国、日本、韩国、俄罗斯等国家和地区。以举办县域电商峰会为契机，推进互联网与蔬菜深度融合，集中打造了农圣网、"种好地"等区域性电商平台，有 5000 多种蔬菜、种苗实现网上销售，2017 年农业电商交易额达到 26 亿元，被确定为"中国农产品物流与采购示范基地"。

（3）注重三产融合发展。2018 年，寿光制定农业一二三产业融合发展行动计划，发展 32 个乡村振兴重点项目，总投资 160 亿元。大力培育发展新业态、新模式，推进研产推、种养加、产供销、游购娱、生态循环一体化发展，构建以农业龙头企业、农民合作社、家庭农场、种养大户等为主体的新型农业经营体系，全力打造一批集休闲旅游、现代农业、循环农业、创意农业、农事体验于一体的田园综合体和乡村旅游综合体，注重农业与旅游业融合发展，推广种植观赏盆景、荷兰郁金香、多肉植物等经济作物，大力发展休闲旅游、采摘体验等多种业态，4A 级生态农业景区发展到 5 家，农家乐发展到 200 多家，2017 年共接待海内外游客 816 万多人次。[①]

3. 山东省临沂市

临沂市位于山东省东南部，临近黄海，东连日照，西接枣庄、济宁、泰安，北靠淄博、潍坊，南邻江苏。辖兰山、罗庄、河东 3 区，郯城、兰陵、莒南、沂水、蒙阴、平邑、费县、沂南、临沭 9 县，总面积 17191.2 平方千米，是山东省人口最多、面积最大的市。根据第七次全国人口普查数据，截至 2020 年 11 月 1 日零时，临沂市常住人口 11018365 人。根据临沂市统计局数据，2020 年，全市实现地区生产总值 4805.25 亿元，按可比价格计算，比上年增长 3.9%。临沂市第一产业增加值为 440.92 亿元，占临沂市地区生产总值的比重为 9.2%；第二产业增加值为 1756.43 亿元，占地区生产总值的比重为 36.5%；第三产业增加值为 2607.9 亿元，占地区生产总值的比重为 54.3%。

（1）依托蔬菜产业博览会，助力农业发展。2013 年以来，临沂市兰陵县已连续成功举办九届中国（苍山）国际蔬菜产业博览会。第九届展会设置了 37 个展区、1187 个国际标准展位，并利用"互联网+"等手段，打造云博会、云展览、云采购，吸引了 397 家参展商积极参会，有力推动了国内外蔬菜产业最新科技成果和资金、技术、人才等要素的应用及发展。第九届菜博会采用"线下+线上"结合的方式，利用"互联网+"等手段，通过新华社、央视网、新华云、兰陵县电视台、兰陵首发、今日头条、抖音、快手等多家平台，邀请网红同步直播开幕式和网络"云逛会"。菜博会继续秉承绿色、科技、融合、共享的办会主题，设乡村振兴和现代农业发展成果、智慧农业、休闲和观光农业等展区。共有 11 项主题活动，分别是 2021 乡村振兴（临沂·兰陵）高峰论坛、中国农科院蔬菜花卉研究所兰陵试验基地启动仪式、全省农业科技园区工作会议暨园区高质量发展论坛等。

（2）重点发展农业，促进产业融合。依托 120 万亩蔬菜产业基础优势，临沂市倾力打造优质农产品基地，助推乡村产业高质量发展。着力打造长三角"菜篮子"工作方案，促进兰陵蔬菜在品类、品牌、品种、品质、品相上全面改良提升，产运销各环节全面标准化，建设优质农产品基地。此外，为确保"菜篮子"的高品质，临沂市以农民专业合作社为基础，打造、提升优质农产品基地，建设叶菜类、茄果类等蔬菜生产基地 228 个，省级标准化种植基地 25 家，标准化种植基地面积 20 万亩。对农产品基地开展监督抽检、风险检测、例行监测等定量检测 1000 多批次，设置农产品速检室 18 处，每年定性检测 30000 多批次。全县"三品一标"有效用标数为 87 个，其中，"苍山蔬菜""苍山大蒜""苍山牛蒡"3 个中国地理标

---

① 潍坊日报. 努力打造"寿光模式"升级版——寿光深入实施乡村振兴战略引领农业高质量发展［EB/OL］.［2018-04-17］. http://wfrb.wfnews.com.cn/content/20180417/Articel01003TB.htm.

志产品，叫响全国、远销日韩。①

临沂市蔬菜基地与多家电商合作。兰陵县25家基地被叮咚买菜选定为直采基地，12家入选第一批全市长三角地区优质农产品供应基地，与上海蔬菜集团、鼎俊集团等实现长期合作。另外，还发挥有30万兰陵人在长三角这一优势，吸引"归雁"返乡创办优质农产品基地，产品销往长三角盒马鲜生、大润发等大型商超，打通从菜园到上海市民餐桌的销售链。

（3）以合作社为载体，实现规模化发展。临沂市将合作社作为组织化、规模化发展的重要载体，借助党支部领办合作社的凝聚力和向心力，大家伙儿抱团发展，实现技术和资源共享，让广大社员的经济收益成倍提升。放大蔬菜产业规模优势，打造、提升优质农产品基地。重点培育党支部领创办合作社，通过"党支部+合作社+农户"方式，农村党支部领办各类标准化种植、养殖、销售合作社424家，流转土地8万亩。全县农民合作社发展到2525家，形成多业态齐头并进、合作社遍地开花的局面。依托优质农产品基地建设，2020年合作社实现经营性收入1.3亿元，社员亩均增收2万元，村集体通过土地入股、分红等形式增收68万元，实现了合作社、社员和村集体"三增收"。②

十六、河南省

河南省，简称"豫"，省会郑州，位于中国中部，地跨海河、黄河、淮河、长江四大流域，总面积16.7万平方千米。河南省素有"九州腹地、十省通衢"之称，是全国重要的综合交通枢纽和人流、物流、信息流中心。河南省下辖17个地级市、1个省直辖县级市、21个县级市、83个县、53个市辖区。

（一）河南省经济发展概况

1. 河南省人口与经济概况

根据《河南省第七次全国人口普查公报（第一号）》，2020年，河南省常住人口为99365519人，与2010年第六次全国人口普查的94023567人相比，10年共增加5341952人，增长5.68%，年平均增长率为0.55%。全省常住人口中，汉族人口为98210038人，占98.84%；各少数民族人口为1155481人，占1.16%。与2010年第六次全国人口普查相比，汉族人口增加5314754人，增长5.72%；各少数民族人口增加27198人，增长2.41%。根据《河南省第七次全国人口普查公报（第六号）》，河南省常住人口中，居住在城镇的人口为55078554人，占55.43%；居住在乡村的人口为44286965人，占44.57%。与2010年第六次全国人口普查相比，城镇人口增加18858787人，乡村人口减少13523207人，城镇人口比重上升16.91个百分点。

根据《2020年河南省国民经济和社会发展统计公报》数据，2020年，河南省地区生产总值（GDP）54997.07亿元，比2019年增长1.3%。其中，第一产业增加值5353.74亿元，增长2.2%；第二产业增加值22875.33亿元，增长0.7%；第三产业增加值26768.01亿元，增长1.6%。三次产业结构为9.7∶41.6∶48.7，第三产业增加值占生产总值的比重比2019年提高0.2个百分点。粮食种植面积10738.79千公顷，比2019年增加4.25千公顷；粮食产量6825.80万吨，比2019年增加130.40万吨，增长1.9%；油料产量672.57万吨，比2019年增加27.12

---

①② 大众日报. 兰陵县：打造优质农产品基地建设蔬菜产业强县 ［EB/OL］. ［2021 - 06 - 18］. https：//baijiahao. baidu. com/s？ id=1702887940028809984&wfr=spider&for=pc.

万吨，增长 4.2%；猪牛羊禽肉总产量 538.21 万吨，比 2019 年下降 2.8%；规模以上工业增加值比 2019 年增长 0.4%。

2020 年，河南省居民消费价格（CPI）比 2019 年上涨 2.8%。河南省居民人均可支配收入 24810.10 元，比 2019 年增长 3.8%。其中，城镇居民人均可支配收入 34750.34 元，增长 1.6%；农村居民人均可支配收入 16107.93 元，增长 6.2%。河南省居民人均消费支出 16142.63 元，比上年下降 1.2%。其中，城镇居民人均消费支出 20644.91 元，下降 6.0%；农村居民人均消费支出 12201.10 元，增长 5.7%。

2. 河南省各市人口与经济概况

河南省包括 17 个地级市，分别为郑州市、开封市、洛阳市、平顶山市、安阳市、鹤壁市、新乡市、焦作市、濮阳市、许昌市、漯河市、三门峡市、南阳市、商丘市、信阳市、周口市、驻马店市，以及 1 个省直辖县级市济源市。河南省各市统计局 2020 年 1～12 月主要经济指标如下：

（1）地区生产总值方面，郑州市、洛阳市、南阳市居全省前三名。其中，郑州市位居第一，实现地区生产总值 12003.04 亿元。洛阳市排名第二，全年地区生产总值达到 5128.36 亿元。接下来是南阳市，地区生产总值 3925.86 亿元。郑州市遥遥领先于省内其他城市。

（2）财政收入方面，2020 年一般公共预算收入排名前三位的分别是郑州市、洛阳市、南阳市，成为拉动河南省整体实力跃升的重要动力，其中，郑州市以 1259.21 亿元遥遥领先。

（3）地区人口方面，河南省 18 个省辖市常住人口中，郑州市、南阳市、周口市居全省前三名，依次为 12600574 人、9713112 人、9026015 人，三个市的人口总和占河南省总人口的 31.54%。

（4）其他方面，2020 年社会消费品零售总额排名前三位的分别是郑州市、洛阳市、南阳市。城镇居民人均可支配收入位居全省前三的市是郑州市、洛阳市和济源市。农村居民人均可支配收入位居全省前三的市是郑州市、济源市、焦作市，均突破了 2 万元。

3. 河南省产业概况

得益于河南省持续推进高标准农田建设，落实"藏粮于地、藏粮于技"战略。2020 年，河南省新建高标准农田 660 万亩，粮食播种面积达 16108 万亩，超过国家下达的任务，粮食总产量达到 1365.16 亿斤，对全国粮食增产的贡献率达到 23%。主要农作物耕种收综合机械化率达 85% 以上。此外，河南省持续恢复生猪生产，严格落实非洲猪瘟防控措施，强化责任目标管理，积极推进重大项目建设，截至 2020 年底，全省生猪存栏 3887 万头，能繁母猪存栏 402.6 万头，生猪、能繁母猪存栏在全国排名"双第一"。①

近年来，河南省为了进一步发掘农业资源潜力，发展优势特色农业，更好满足市场需求，促进农民增收，在优质小麦、优质花生、优质草畜、优质林果"四优"的基础上，发展优质小麦、花生、草畜、林果、蔬菜、花木、茶叶、食用菌、中药材、水产品十大优势特色产业。这十大产业中，河南都具有一定的产业基础，其中，小麦、花生、草畜、蔬菜、食用菌、中药材规模位居全国前列。河南省统计局的数据显示，2020 年，河南省优势特色农业产值 5627.07 亿元。河南省人民政府发布的《河南省人民政府办公厅关于深入推进农业供给侧结构性改革大力发展优势特色农业的意见》提出大力发展优势特色农业的意见，通过优势特色农业基地建设，到 2025 年，全省十大优势特色农业产值达到 6500 亿元，农村居民人均可支配收入超过全国平均水平，基本实现农业大省向农业强省转变。其中，苹果、猕猴桃、核桃、油茶、杜仲、油用牡丹面积分别发展到 280 万亩、60 万亩、450 万亩、110 万亩、120 万亩、90 万亩左右。此外，河南省大力发展优势特色产业集群，推进绿色食品转型升级，推动优质农产品进军高端市场。

---

① 聚焦 2021 年省委农村工作会议　开启新征程全面推进乡村振兴［EB/OL］.［2021-03-02］. https：//baijiahao. baidu. com/s? id=1693079927492784351&wfr=spider&for=pc.

2020 年，优质专用小麦、优质花生种植面积分别达到 1533 万亩和 1893 万亩，优势特色农业产值占比 56.5%。新创建灵宝、内乡 2 个国家级和 30 个省级现代农业产业园，中国（驻马店）国际农产品加工产业园加快建设。

根据《河南省国民经济和社会发展第十四个五年规划和二〇三五年远景目标纲要》，河南省在"十四五"时期要实施战略性新兴产业跨越发展工程，力争实现产业规模翻番。以链长制为抓手，强化建链引链育链，动态实施重点事项、重点园区、重点企业、重点项目清单，构建新型显示和智能终端、生物医药、节能环保、新能源及网联汽车、新一代人工智能、网络安全、尼龙新材料、智能装备、智能传感器、5G 等产业链。积极发展硅碳、聚碳、电子玻纤等新材料。聚焦产业链关键环节，培育引进 100 个具有核心技术支撑的引领型企业和 100 个高水平创新平台。开展国家和省级战略性新兴产业集群创建，创新组织管理和专业化推进机制，加快完善创新和公共服务综合体，重点培育 10 个千亿级新兴产业集群。前瞻布局北斗应用、量子信息、区块链、生命健康、前沿新材料等未来产业，积极抢占发展先机。

（二）河南省乡村振兴阶段性成果

"十三五"以来，河南省深入贯彻落实习近平总书记关于"三农"工作的重要讲话和指示批示精神，全面实施乡村振兴战略，保障粮食等重要农产品供给，稳步推进乡村建设。巩固拓展脱贫攻坚成果，全面推进乡村产业、人才、文化、生态、组织振兴，促进农业高质高效、乡村宜居宜业、农民富裕富足，推动乡村振兴实现更大突破。

（1）巩固拓展脱贫攻坚成果，确保实现脱贫攻坚与乡村振兴有效衔接。①718.6 万名建档立卡贫困人口全部脱贫，53 个贫困县全部"摘帽"，9536 个贫困村全部出列，河南省绝对贫困人口实现清零。聚焦重点人群和重点地区，河南省健全防止返贫动态监测和帮扶机制，实施精准后续帮扶，围绕收入水平变化和"两不愁三保障"巩固情况，对易返贫致贫人口实施常态化监测预警，做到及时发现、精准施策。②河南省大力培育发展带贫主体，有 1630 个扶贫龙头企业、1.02 万个带贫专业合作社、3820 个扶贫车间参与带贫；其中，产业发展带动贫困人口 469 万人，占脱贫人口总数的 72.5%，贫困地区基本形成了"一县一业""一村一品"的发展局面。河南省产业发展带动贫困人口 469 万人，占脱贫人口总数 72.5%。农民人均可支配收入达到 16107.93 元，同比增长 6.2%，增速连续 9 年高于全省城镇居民人均可支配收入。③"十三五"时期，河南省累计建设易地扶贫安置点 858 个，25.97 万名易地扶贫搬迁群众住进了新房。①

（2）扛稳粮食安全重任，着力推动农业高质量发展。①2020 年，河南经受住新冠肺炎疫情、洪涝灾害、病虫害等多道关口考验，稳住了"三农"基本盘，把粮食生产主动权牢牢抓在自己手中，粮食总产量达 1365.16 亿斤，首次跨越 1350 亿斤台阶。河南省 1.22 亿亩耕地中超过一半实现了"高标准"。绿色畜牧业成为新名片，猪牛羊禽肉总产量、禽蛋产量均居全国第 2 位，牛奶产量居全国第 5 位，生猪存栏、能繁母猪存栏和生猪外调量三项指标均居全国第 1 位。农产品加工业越来越强，生产了全国 1/3 的方便面、1/4 的馒头、3/5 的汤圆、7/10 的水饺，全省粮油加工转化率 88%，主食产业化率 65%，农产品加工业成为全省两个万亿级产业之一。②②河南省持续深化农业供给侧结构性改革，快速推进十大优势特色农产品基地建设，形成多彩农业新格局。河南省统计数据显示，全省优势特色农业产值占农林牧渔业总产值的比重达 57%；优质专

① 张培奇，范亚旭，王帅杰．奏响乡村振兴的华美乐章——河南省全面推进乡村振兴工作纪实［N］．农民日报，2021-04-08（1）．

② 聚焦 2021 年省委农村工作会议　开启新征程全面推进乡村振兴［EB/OL］．［2021-03-02］．https：//baijiahao.baidu.com/s？id=1693079927492784351&wfr=spider&for=pc．

用小麦、优质花生种植面积和食用菌、蔬菜、中药材产值均居全国前列，焦作山药、信阳茶叶、西峡香菇、正阳花生、鄢陵花卉等闻名全国。③河南省大力发展农产品精深加工，壮大肉、面、油脂、乳、果蔬制品等产业集群。多年来，河南省培育了双汇、三全等知名企业，涌现了好想你、华英等知名品牌，有力推动了农业产业化发展。

（3）有序推进乡村建设，立足发展基础，实施乡村建设行动。①自河南省实施乡村振兴战略以来，全省大力实施农村人居环境整治三年行动，学习借鉴浙江"千村示范、万村整治"工程经验，统筹推进农村垃圾治理、污水治理、厕所革命、农业生产废弃物资源化利用、村容村貌提升、村庄规划管理等重点任务，农村人居环境水平明显提升。截至 2020 年底，河南省行政村通硬化路率达到 100%，95% 的行政村生活垃圾得到有效治理，农村生活污水治理率达到30%，污水乱排乱放得到有效管控。全省秸秆综合利用率达到 90%，废旧农膜综合回收率达到80%，全省规模养殖场粪污设施配套率达到 94%，粪污综合利用率达到 80%，均高于全国平均水平。全省累计完成无害化卫生厕所改造 680 余万户，卫生厕所普及率达 85%。②立足发展基础，河南省还持续实施乡村建设行动，坚持科学编制乡村规划，因地制宜、分类施策，通盘考虑乡村发展因素，不仅刷新了外在"颜值"，而且提升了内在"气质"。全省已创建"四美乡村" 3388 个、"美丽小镇" 224 个、"五美庭院" 94.6 万个；通过实施"千万工程"，选取了1000 个行政村打造农村人居环境整治样板，有效带动全省 4 万多个行政村人居环境的整体提升。长期制约农村的环境问题得到改善，群众满意度保持在 86% 以上，为实施乡村振兴战略提供了有力支撑和保障。①

（三）河南省乡村振兴规划

2021 年 9 月 22 日，为深入推进乡村振兴，持续深化农村综合改革，河南省财政厅安排资金12.3 亿元，支持市县以项目建设为载体，支持开展农村公益事业财政奖补、美丽乡村建设、田园综合体试点、农村综合性改革试点试验等工作，让广大农民过上更加美好的生活。推动农村人居环境更加优美。一是下达美丽乡村建设资金 7.7 亿元，支持各地以美丽乡村建设为载体，统筹推进农村生态环境、精神文明、基层组织等建设，促进农村人居环境更加优美、乡风民俗更加文明、乡村治理更加有效，打造新时代的美丽乡村示范。推动农村基础设施更加完善。二是下达农村公益事业财政奖补资金 3.6 亿元，支持各地改善农村生产生活条件，推动农村内生动力更加强劲。三是下达田园综合体试点资金 5000 万元，建设生态优、环境美、产业兴、消费热、农民富、品牌响的乡村田园综合体，推动乡村振兴机制探索更加深入。四是下达农村综合性改革试点试验资金 5000 万元，支持试点地区深化农村综合改革，因地制宜探索乡村全面振兴的河南样板，示范带动中部地区农村高质量发展。②

2021 年 9 月 26 日，河南省十三届人大常委会第二十七次会议在郑州开幕，《河南省乡村振兴促进条例（草案）》（以下简称《条例（草案）》）首次提请审议。《条例（草案）》包括总则、振兴规划、产业发展、生态宜居、乡风文明、乡村治理、城乡融合、支持措施、监督考核、法律责任和附则。切实结合河南省"三农"实际，增强立法的针对性、可操作性，确保《条例（草案）》"立得住、行得通、真管用"。③

（1）农民是乡村振兴的主体，既是参与者，又是受益者，为此，《条例（草案）》明确了

---

① 张培奇，范亚旭，王帅杰. 奏响乡村振兴的华美乐章——河南省全面推进乡村振兴工作纪实 [N]. 农民日报，2021-04-08 (1).

② 河南 12.3 亿元助力乡村振兴 [EB/OL]. [2021-09-22]. https://m.gmw.cn/baijia/2021-09/22/1302593255.html.

③ 李点. 河南拟为乡村振兴立法 [EB/OL]. [2021-09-26]. https://baijiahao.baidu.com/s?id=1711940450127859272&wfr=spider&for=pc.

全面落实城乡劳动者平等就业、同工同酬制度。

（2）农业、乡村文化、休闲、旅游高质量发展是乡村振兴的主要目标。《条例（草案）》第三章明确了乡村振兴应当保障粮食和重要农产品有效供给和质量安全，推进农业供给侧结构性改革，培育农村新产业、新业态、新模式，实现农业高质量发展。《条例（草案）》还对乡村文化、休闲、旅游融合发展作出规定。鼓励农村土地承包经营权流转，将小农户融入农业产业链，让农民共享全产业链增值收益。

（3）生态宜居是乡村振兴的关键。《条例（草案）》第四章要求各级政府树立绿色发展理念，推动农业农村绿色发展。依法推进农村生活垃圾分类处理，梯次推进农村生活污水治理，加强农村厕所基础设施建设和改造，系统推进农村环境持续改善提升。

（4）人才是乡村振兴的中坚力量。《条例（草案）》提出要建立完善乡村干部培养、配备、管理、使用、评价和激励机制，建设懂农业、爱农村、爱农民的农业农村工作干部队伍，关心关爱农村基层干部，落实相关待遇保障。要建立村干部后备人才库，健全从优秀村干部中选拔乡镇领导干部、考录乡镇公务员、招聘乡镇事业单位工作人员的机制，选拔优秀人才到乡村工作。

2021年9月，中共河南省委农村工作领导小组分别印发了《河南省乡村产业振兴五年行动计划》《河南省乡村人才振兴五年行动计划》《河南省乡村生态振兴五年行动计划》《河南省乡村文化振兴五年行动计划》《河南省乡村组织振兴五年行动计划》，分别从产业、人才、生态、文化和组织建设五个方面划定2021～2025年河南省乡村振兴的发展规划。[①]

《河南省乡村产业振兴五年行动计划》明确，到2025年，粮食产能稳定在1300亿斤以上，初步建成新时期国家粮食生产核心区，十大优势特色农业产值达6500亿元以上，农产品加工转化率达75%左右，农业科技进步贡献率提高到67%左右，农村居民人均可支配收入达2.5万元以上，力争达到全国平均水平。部分产业基础较好的县（市、区）率先基本实现农业现代化。该计划方案要求，实施绿色兴农、质量兴农、品牌强农、龙头企业培育和高素质农民培育五大行动。

该计划方案指出，要做强三大产业。要做强粮食产业，2025年粮油加工转化率达90%以上，粮食产业经济总产值达4000亿元以上；壮大现代畜牧业，稳定生猪产能，2025年全省肉牛出栏量达400万头左右，肉羊出栏量达3500万只左右；做优特色农业，2025年优质专用小麦发展到2000万亩左右，优质花生发展到2500万亩左右，优质林果发展到1500万亩左右；绿色食品业要做优面制品、做强肉制品、做精油脂制品、做大乳制品、做特果蔬制品；乡村现代服务业要发展乡村仓储冷链物流业，优化乡村旅游业，提升乡村信息产业。

《河南省乡村人才振兴五年行动计划》明确，到2025年，乡村人才振兴取得重大突破，乡村人才培养开发、评价发现、选拔使用、流动配置、激励保障等制度框架和政策体系基本形成，乡村振兴各领域人才规模不断壮大、素质稳步提升、结构持续优化，为全面推进乡村振兴、加快农业农村现代化不断注入"源头活水"。

《河南省乡村生态振兴五年行动计划》明确，到2025年，乡村生态振兴走在黄河流域前列，农业绿色发展全面推进，农村人居环境持续改善，生态功能稳步提升。农业面源污染得到有效控制；新增完成农村环境综合整治村庄6000个，农村黑臭水体整治率达40%以上，农村生活污水治理率达45%，受污染耕地安全利用率达95%以上；完成国土绿化造林754万亩、森林抚育1920万亩、退化林修复267万亩，湿地保护率达53.21%，森林覆盖率达26%。该计划方案指出，要实施农业绿色发展行动、农村人居环境整治提升行动、生态功能提升行动、乡村环境治理行动和乡村生态振兴示范行动。

---

① 河南省印发乡村振兴五大行动计划　未来五年乡村振兴"路线图"划定［EB/OL］.［2021-09-04］. https://www.henan.gov.cn/2021/09-04/2307177.html.

《河南省乡村文化振兴五年行动计划》明确，到 2025 年，力争全省具备条件的镇村都成立"乡村文化合作社"，县级以上文明村镇达 60%，建成 1000 个以上乡村旅游示范村，公共文化服务效能明显提升，人民群众真正成为乡村文化振兴主体，人民群众文化获得感、幸福感显著增强，乡村文化振兴走在全国前列。

《河南省乡村组织振兴五年行动计划》明确，到 2025 年底，乡村党组织政治功能和组织力全面增强，创建五好乡镇党委达 50% 以上，基层党建示范村达 60% 以上，"四有四带"村党组织书记达 80% 以上，全省所有行政村都有集体经营收入，其中年经营收入超过 5 万元的达 80% 以上。

（四）河南省部分市（区）乡村振兴概览

1. 河南省邓州市

邓州市，由河南省直管，南阳市代管，是国务院确定的丹江口库区区域中心城市，地处河南省西南部，总面积 2369 平方千米，下辖 28 个乡镇（街、区）。根据第七次全国人口普查数据，截至 2020 年 11 月 1 日零时，邓州市常住人口为 1247807 人。邓州市统计局的数据显示，2020 年，邓州市实现地区生产总值 429.56 亿元，比 2019 年下降 0.9%。[①]

邓州市通过人才赋能乡村振兴。[②] 近年来，邓州立足农业大市、人口大市的定位，整合帮带资源，建立帮带体系，集聚科技、农业农村、卫生、教育、商务、文化等行业部门人才、资源优势，组织开展"双帮一推"（帮农民致富、帮农村发展，推动乡村振兴）活动，为乡村振兴注入旺盛活力。

2020 年 4 月，邓州市依据各乡镇产业布局和专家特长，筛选 53 名农技、畜牧、林果、电商等领域拥有副高级以上技术职称的优秀专家人才成立指导组，包片联乡提供技术服务。邓州市整合上级科技特派员资源和本地专家人才、乡土人才力量组建科技特派员服务团队，充实到"双帮一推"人才队伍中来；动员全市 50 名县处级领导、282 名乡科级领导分包 358 家重点企业，当好企业发展"店小二"，常态化联络 1600 余名在外乡贤，助力农业农村产业发展。

截至 2021 年 11 月，邓州市已组织 438 名省级、市级科技特派员联系服务 578 个村（社区），培育指导林扒"邓林香"、白牛寿桃、赵集"黑白米"、构林葡萄等农业品牌上档升级；指导发展农业合作社 120 家、家庭农场 38 家；培育示范农业合作社 59 家、示范家庭农场 14 家；帮助 18 个乡镇引进落地农业产业扶持项目 8 个，总投资 5260 万元。

与此同时，邓州市对帮扶成效突出的专业技术人才，优先评聘专业技术职务，优先推荐为"两代表一委员"人选，优先给予"拔尖人才""功勋人才""杰出人才"等荣誉，并在职称评定、重点人才项目推荐、科研成果申报等方面给予倾斜。对参与活动成效显著的乡土人才优先按程序发展为党员，优先纳入村级后备干部库。通过"双帮一推"活动的开展，邓州市统筹整合了全市人才资源，架起了人才服务农业农村发展的桥梁，精准解决农业农村发展中的实际难题，有效提高群众致富增收能力，不断激发各类人才干事创业的热情，凝聚起乡村振兴的强大合力。

2. 河南省焦作市

焦作市，古称山阳、怀州，是河南省地级市、国务院批复确定的中国中原城市群和豫晋

---

① 2020 年邓州市经济运行情况简析［EB/OL］．［2021 - 02 - 01］．http：//www.dengzhou.gov.cn/stjj/tjfx/webinfo/2021/02/1611538230486521.htm.

② 河南邓州点燃人才引擎赋能乡村振兴［EB/OL］．［2021 - 11 - 25］．http：//www.xinhuanet.com/2021 - 11/25/c_1128095453.htm.

交界地区的区域性中心城市。全市下辖 4 个区、4 个县，代管 2 个县级市，总面积 4071 平方千米。根据第七次全国人口普查数据，截至 2020 年 11 月 1 日零时，焦作市常住人口为3521078 人。根据河南省统计局公布的《河南统计年鉴 2021》，2020 年，焦作市实现地区生产总值 2123.60 亿元。

坚决打赢脱贫攻坚战，是乡村振兴的必由之路。"十三五"时期，焦作市累计投入各级扶贫专项资金 10.89 亿元，实施各类扶贫项目 2454 个，贫困村的基础设施和基本公共服务得到极大提升。190 个贫困村全部实现通路、通车、通邮，1804 个 20 户以上的自然村全部实现了 4G 网络和光纤覆盖。①

（1）推动产业高质量发展。焦作市坚持质量兴农、绿色兴农，以农业供给侧结构性改革为主线，做大做强特色优势产业，保持农业农村经济发展的旺盛活力，为乡村振兴提供不竭动力。调结构、增绿色、提效益，焦作乡村振兴产业支撑硕果累累。截至 2019 年初，焦作市规模以上农产品加工企业达到 450 家，形成了面品、怀药、乳品、肉品、玉米、果蔬、调味品、饮品、林产品九大类 18 个优势产业集群，其中，有 14 个被认定为省农业产业化集群，数量位居豫北地区第一、全省前列。建成省级农业产业化联合体 12 个。围绕"两带三区"推进"农业+旅游"融合发展，着力打造以城区为中心的半小时都市生态农业圈，建成了云台冰菊小镇、云上的院子、丰润园等 30 余个具有地方特色的休闲农业精品点。高标准粮田建设是粮食丰产丰收的基础。焦作把高标准粮田建设作为保丰收的基础来抓，以科学规划为引领，以资金整合为重点，推进高标准"百千万"工程建设。②

（2）推动城乡协调发展。统筹新型城镇化建设和乡村振兴战略实施，做优中心城区、做强县城、做美乡村，城乡协调发展格局加快形成，成功创建全国文明城市、国家卫生城市。提质升级中心城区。2020 年，焦作市深入开展中心城区改造提升行动，集中供热普及率达 90.3%，中心城区实现南水北调供水全覆盖，完成老旧小区改造提质项目 859 个。截至 2020 年底，3.58万城镇中低收入住房困难群众实现住有所居，3927 户农村家庭彻底告别危旧住房，"两定制兜底线"健康扶贫模式惠及困难群众 2.69 万人。③

（3）推动美丽乡村建设。①生态环境持续优化。焦作被纳入全国第三批山水林田湖草生态保护修复试点、全国水生态文明城市试点，打造森林"六化"样板工程示范点 26 处，森林覆盖率达 35%。完成 514 个村的农村污水治理，176 个村的农村生活污水进入市政管网。②乡风文明显著提升。全市建立完善"一约四会"的行政村 1363 个，占比 74.6%。全市在届县级以上文明乡镇 36 个、文明村 778 个、各类"星级文明户"3.5 万户。③乡村治理机制创新完善。全市建成农村党建综合体示范点 450 个。建成县级文明实践中心 5 个、乡（镇）实践所 43 个、村实践站 131 个。所有乡、村建成规范化综治中心，全市平安村动态保持在 90% 以上。④农民生活更加幸福。全市累计创建"四好农村路"6767 千米。在全省率先实现 5 户以上自然村通硬化路目标，1826 个行政村全部实现安全饮水，1188 个行政村完成电网改造。农村义务教育普及率达到100%。乡镇卫生院、村卫生室实现全覆盖。城乡居民基本养老保险参保率 99.5%。④

3. 河南省商丘市

商丘市，简称"商"，河南省地级市，区域面积 10704 平方千米。根据第七次全国人口普查

①④ 王辉.190 个贫困村累计实现脱贫 10.29 万人　焦作这五年脱贫攻坚成果稳固［EB/OL］.［2020-11-20］. https：//city.dahe.cn/2020/11-20/761990.html.

② 陈学桦，成安林.在希望的田野上：焦作市推进乡村振兴战略综述［EB/OL］.［2019-03-29］.http：//hen.wenming.cn/jujiaohenan/201903/t20190329_5058664.html.

③ 徐衣显.2021 年政府工作报告［EB/OL］.［2021-02-23］.http：//www.jiaozuo.gov.cn/sitesources/jiaozuo/page_pc/zwgk/szfxxgk/zfgzbg/article36638f3a6df44fd7a074db9a440f000b.html.

数据，截至 2020 年 11 月 1 日零时，商丘市常住人口为 7816831 人。商丘市统计局公布的数据显示，2020 年，商丘市实现地区生产总值 2925.33 亿元。

近年来，中共商丘市委、市政府坚持把实施乡村振兴战略作为推进"三农"工作的总抓手，全面落实农业农村优先发展的总方针，抓重点、补短板、强基础、促改革，全力推动传统农业大市向农业强市转变，乡村振兴实现良好开局。[①]

（1）重点发展农业产业。农业综合生产能力稳步提升，截至 2020 年 10 月，累计建成高标准永久性农田 640 万亩。2020 年再获丰收，全年粮食总产量 147.74 亿斤，占全省的 1/9，实现连续四年稳定在 140 亿斤以上。乡村振兴战略实施以来，商丘市围绕农业供给侧结构性改革，加快推进农业高质量发展，农业升级，展现出"生产美、产业强"的发展局面。

商丘市持续调优种养业结构，加速推进"四优四化"，高效种养业和绿色食品业加快转型升级，优质强筋专用小麦、优质花生、优质瓜菜、优质果品产量快速增加。柘城县的辣椒、夏邑县的食用菌和 8424 西瓜、宁陵县的金顶谢花酥梨、民权县的河蟹、梁园区的代庄草莓等特色产品叫响全国，并因此收获了"中国辣椒之乡""中国食用菌之乡""中国西瓜之乡""中国酥梨之乡""中国河蟹之乡""中国草莓之乡"等称号。此外，生猪生产呈现较好恢复态势，禽肉、牛肉、羊肉产量稳步增加。

通过培育新主体、搭建新平台、推动三产融合，不断激发新动能。商丘市累计发展市级以上重点龙头企业 243 家，认定省级农业产业化联合体 20 个，国家级、省级龙头企业及省级农业产业化联合体数量居全省第三位。农民合作社发展到 1.1 万家，家庭农场 6890 家。发展农产品加工企业 2135 个，其中，规模以上农产品加工企业 680 家，全市农产品加工业总产值 1930 亿元。

三产融合步伐加快。以现代农业产业园建设作为推进一二三产业融合发展的重要抓手，夏邑县的食用菌产业园和柘城县的辣椒产业园被认定为第一批省级现代农业产业园。同时，3 个乡镇入选全国农业产业示范强镇，9 个乡镇被认定为"全国一村一品示范村镇"，获评全国休闲农业、乡村旅游等示范点 5 个。

农产品品质不断提升。2020 年全市拥有"中国驰名商标"9 件、地理标志证明商标 4 件、省级"著名商标"知名品牌 108 件，越来越多的商丘农产品品牌正在叫响全国。商丘市累计认定"三品一标"农产品总数达 438 个，农产品抽检合格率稳定在 98% 以上，整市创建省级农产品质量安全市。

（2）建设生态宜居美丽乡村。乡村振兴战略实施以来，商丘市以美丽乡村建设为导向，以农村垃圾污水治理、农村改厕、村容村貌提升、农村基础设施和公共服务设施完善等为重点，全市农村环境面貌显著提升。

2020 年，各县（市、区）普遍建立了城乡一体化的垃圾收集转运处理体系，4583 个行政村按照不低于 2‰ 的比例配备保洁人员 3 万余人，98% 的行政村生活垃圾得到有效治理。积极推进农村"厕所革命"，累计完成农户无害化厕所改造 80 余万户，改厕数量和质量走在了全省前列，有效提升了农民群众的生活品质。

梯次推进农村生活污水治理，采取多种措施，优先推进城市近郊、乡镇政府所在地、水源地保护村、有条件的村庄污水处理设施建设，较好地实现了农村生活污水的有效管控。全面开展坑塘整治，对全市 16639 个自然村的坑塘开展拉网式整治，共清理垃圾杂物 165 万多立方米，整治废旧坑塘 22000 多个，治理黑臭水体 3700 多处。

截至 2020 年，商丘市成功创建 180 个省级示范村和一批"美丽小镇""四美乡村""五美庭

---

① 商丘市实施乡村振兴战略三年工作综述［EB/OL］.［2020-10-22］. https://www.henan.gov.cn/2020/10-22/1831018.html.

院"等具有豫东特色的宜居宜业村庄，农村村容村貌得到显著提升，6个村获"全国美丽休闲旅游乡村"称号，17个村获"省级乡村旅游特色村"称号。乡村面貌发生美丽嬗变，庭院整齐秀美，道路平整如砥，特色村庄涌现——永城市时庄村、睢县土楼村、民权县赵洪波村、夏邑县三姓庄村、虞城县郭土楼村、柘城县草帽王村、宁陵县小吕集村、梁园区嘴尖王村、示范区杨八集村、睢阳区林场村等200多个文化艺术村、生态文明村、产业发展村、乡风文明村和红色旅游村，已经成为城市居民感受乡愁的美丽家园。

在推进乡风文明建设中，商丘市大力推动农村移风易俗工作，依托"美丽乡村·文明村镇""美丽庭院"等创建活动，引导群众自觉摒弃不良习俗，大力实行典型带动，以选树先进典型引领民风，打造"平民英雄"，"商丘好人"群体不断壮大，乡风文明蔚然成风。

（3）推动人才振兴。乡村振兴战略实施以来，商丘市围绕农村实用人才培养，推进人才振兴。①通过开展新型职业农民培训、新型农业经营主体培训、农民就业和技能培训等，提升本土人才技能，发展了一批"土专家""田秀才"，培养了一批乡村能工巧匠、民间艺人。②通过健全乡村人才培养吸引流动和激励机制，吸引在外务工经商人员、复退军人、大学生等各类人才返乡创新创业，引进先进人才，建立6.5万人的乡土人才库，根据实际情况提供相关优惠政策，吸引在外人才回归创业。③实施"一村一名大学生"培育计划。通过抓实"本土人才"、抓好"引进人才"，实现"激活存量"和"吸纳增量"，努力培养造就一支懂农业、爱农村、爱农民的"三农"人才振兴队伍。

十七、湖北省

湖北省，简称"鄂"，省会武汉。面积18.59万平方千米，东连安徽，南邻江西、湖南，西连重庆，西北与陕西为邻，北接河南。东、西、北三面环山，中部为被称为"鱼米之乡"的江汉平原。

（一）湖北省经济发展概况

1. 湖北省人口与经济概况

根据《湖北省第七次全国人口普查公报（第一号）》，湖北省常住人口为57752557人，全省常住人口与2010年第六次全国人口普查的57237727人相比，增加514830人，增长0.90%，年平均增长率为0.09%。根据《湖北省第七次全国人口普查公报（第六号）》，全省常住人口中，居住在城镇的人口为36320374人，占62.89%；居住在乡村的人口为21432183人，占37.11%。与2010年第六次全国人口普查相比，城镇人口增加7875289人，乡村人口减少7360459人，城镇人口比重提高13.19个百分点。根据《湖北省第七次全国人口普查公报（第二号）》，湖北省17个市州中，常住人口超过1000万人的市州有1个，在500万人至1000万人之间的市州有3个，在100万人至500万人之间的市州有11个，少于100万人的市州有2个。其中，居前五位的市州常住人口合计占全省常住人口比重为57.09%。

根据《湖北省2020年国民经济和社会发展统计公报》，2020年受疫情影响，湖北省实现地区生产总值43443.46亿元，比上年下降5.0%。其中，第一产业完成增加值4131.91亿元，按不变价格计算与上年持平；第二产业完成增加值17023.90亿元，下降7.4%；第三产业完成增加值22287.65亿元，下降3.8%。三次产业结构由2019年的8.4:41.2:50.4调整为9.5:39.2:51.3。在第三产业中，金融业、其他服务业增加值分别增长6.3%和3.2%。交通运输仓储和邮政业、批发和零售业、住宿和餐饮业、房地产业增加值分别下降 16.5%、12.1%、23.7%、8.7%。全年全省农林牧渔业增加值 4358.69 亿元，按可比价格计算，比上年增长 0.3%。

2020 年湖北省城镇居民人均可支配收入 36706 元，比 2019 年下降 2.4%；农村居民人均可支配收入 16306 元，比 2019 年下降 0.5%。

2. 湖北省各市州人口与经济概况

（1）地区生产总值方面，武汉市、襄阳市、宜昌市居全省前三名。其中，武汉市位居第一，实现地区生产总值 15616.06 亿元。襄阳市排名第二，全年地区生产总值达到 4601.97 亿元。接下来是宜昌市，地区生产总值 4261.42 亿元。武汉市领先于省内其他市州。

（2）地区生产总值增速方面，受疫情影响，2020 年湖北省各市州地区生产总值均有不同程度下降。

（3）财政收入方面，2020 年湖北省 17 个市州一般预算全口径财政收入排名前三位的分别是武汉市、襄阳市、宜昌市，其中，武汉市 2020 年一般预算全口径财政收入 1230.29 亿元，拉动湖北整体实力跃升。

（4）地区人口方面，与 2010 年第六次全国人口普查相比，17 个市州中，有 5 个市州常住人口增加。常住人口增长较多的 3 个市州依次为武汉市、咸宁市、恩施州，分别增加 2541130 人、195733 人、165842 人。

3. 湖北省产业概况

中共湖北省委、湖北省人民政府出台的《关于推进全省十大重点产业高质量发展的意见》指出，十大重点产业是集成电路、地球空间信息、新一代信息技术、智能制造、汽车、数字、生物、康养、新能源与新材料、航天航空。湖北省经济和信息化厅数据显示，2020 年上半年，全省规模以上工业增加值同比增长 34.9%，高于全国平均水平 19 个百分点，较 2019 年同期增长 6.8%，实现了"开局漂亮"，交出了优异的"期中卷"，为"全年精彩"打下了坚实基础。

根据湖北省经济和信息化厅数据，2021 年上半年，湖北省高技术制造业增加值增长 51.7%，增速高于全国高技术制造业 29.1 个百分点，较 2019 年同期增长 31.8%；占规模以上工业的比重提高到 10.6%，较第一季度提高 0.6 个百分点，对全省工业增长贡献率达 14%。其中，计算机通信业同比增长 64%，比 2019 年同期增长 46.5%。手机、平板电脑、电子元件产量同比分别增长 155.6%、105.4%、90.2%。①

2018 年、2019 年，湖北省互联网和相关服务、软件和信息技术服务业、科技推广和应用服务业、快递服务等 27 个大类的服务业总营收同比分别增长 15.75%、13.70%。②

（二）湖北省乡村振兴阶段性成果

《湖北省乡村振兴战略规划（2018—2022 年）》显示，党的十八大以来，湖北农业农村发展成就辉煌，为实现乡村振兴奠定了深厚的基础。

（1）农业发展质效进一步提升，农村发展基础更加坚实。湖北省农业综合生产能力稳步增强，粮食产能不断提升，连续 5 年产量稳定在 500 亿斤以上。蔬菜、水果、茶叶产量稳、效益增，较好地满足了城乡居民的多样化需求。食用菌、蜂蜜、鸡蛋、小龙虾、河蟹等特色农产品出口全国领先。农业产业结构逐步优化，粮油、蔬菜成为千亿元产业，棉花面积进一步调减，

---

① 规上工业增加值同比增长 34.9%　湖北工业经济发展重回主赛道［EB/OL］．［2021-07-22］．http：//www.hubei.gov.cn/hbfb/bmdt/202107/t20210722_3656890.shtml.

② 黄梦田．湖北现代服务业发展势头较好，但相比沿海省份差距明显——让"服务引擎"强劲轰鸣［EB/OL］．［2020-12-07］．http：//www.hbdysh.cn/2020/1207/66583.shtml.

再生稻面积突破 230 万亩。农业物质装备水平和科技支撑能力不断提高。农产品地理标志拥有量全国第三、中部第一。农产品加工业"四个一批"工程深入推进，农产品加工业产值与农业总产值之比达到 2.0∶1。休闲农业、乡村旅游蓬勃兴起，年综合收入达到 1920 亿元。美丽乡村、绿色幸福村、旅游名村等建设稳步推进。农村电商快速发展，农副产品网销额达 436 亿元。农村基础设施建设不断加强，农村生态环境逐步改善。

（2）加强农村改革。承包地确权登记颁证基本完成，"三权分置"改革顺利推进。宅基地"三权分置"改革启动试点。集体产权制度改革有序推进。农村产权交易体系建设步伐加快，建成市、县交易平台 70 个，武汉农交所与 9 个市州实现联网运行。耕地经营权流转 1998 万亩，占全部承包耕地的 44.1%。"三乡"工程纵深推进，社会资本、技术、人才等要素返乡下乡积极性空前高涨，农村创新创业和投资兴业蔚然成风。新型农业经营主体发展壮大，在册的农民合作社、家庭农场分别达 8.2 万家和 2.9 万个。水权制度、集体林权制度等改革成效明显。

（3）城乡协同发展，农民收入和生活水平明显提高。湖北省新型城镇化步伐不断加快，城镇化率达到 59.3%。公共基础设施城乡连通、社会保障城乡贯通、公共服务城乡互通进程加快。农民工技能培训、就业指导等服务加强，农民就业领域持续拓宽，工资性收入占农民收入的比重、对农民增收的贡献率显著提高。农民人均可支配收入达到 13812 元，增速连续高于城镇居民，城乡居民收入比缩小为 2.31∶1。农村消费能力持续增强，农民衣食住行用全面改善，恩格尔系数明显下降，幸福指数显著提升。社会保障体系不断完善，全省城乡居民基本养老保险参保人数达 2260.1 万人，城乡医保参保人数达到 5622.2 万人，参保率达到 95%。脱贫攻坚取得决定性进展，共有 450 万人脱贫。

（4）乡村治理水平显著提升，农村稳定和谐局面更加巩固。全省范围内村"两委"联席会议、村民代表会议、村民代表联系户、民主评议村干部等制度普遍推行。村民自治章程、村规民约普遍依法制定。村务公开实现了全覆盖。村务监督委员会全面建立，村级民主管理、民主监督得到加强。村级重大事务"四议两公开"制度得到较好落实，村级"三资"监管、财务收支审批程序逐步规范。全省构建起了县（市、区）、乡（镇）、村三级联动互补的基本公共服务网络和网格化服务管理平台。实施"红色头雁"工程，探索党建引领基层社会治理创新的新路径。基层组织和民主法治建设不断加强，党群干群关系更加融洽，社会保持和谐稳定。

（三）湖北省乡村振兴规划

2019 年 5 月，中共湖北省委、湖北省人民政府发布了《湖北省乡村振兴战略规划（2018－2022 年）》，具体包括：

（1）总体规划。到 2022 年，乡村振兴取得深入进展，制度框架和政策体系进一步完善。农业发展水平进一步提升，现代农业产业体系建设取得突破，农业供给体系质量持续提高，农业绿色发展全面推进；农民收入水平进一步提高，精准脱贫成果进一步巩固；农村基础设施和公共服务进一步完善，城乡统一的社会保障制度体系基本建立；农村人居环境明显改善，生态宜居的美丽乡村建设扎实推进；农村文化进一步繁荣兴旺，乡风更加文明；以党组织为核心的农村基层组织建设进一步加强，乡村治理体系更加完善；党的农村工作领导体制机制进一步健全，各地区各部门乡村振兴的规划目标得以顺利完成。2020 年，湖北省乡村振兴取得重要进展，全面建成小康社会的目标如期实现。到 2022 年，乡村振兴取得深入进展，制度框架和政策体系进一步完善。农业发展水平进一步提升，现代农业产业体系建设取得突破，农业供给体系质量持续提高，农业绿色发展全面推进；农民收入水平进一步提高，精准脱贫成果进一步巩固；农村基础设施和公共服务进一步完善，城乡统一的社会保障制度体系基本建立；农村人居环境明显改善，生态宜居的美丽乡村建设扎实推进；农村文化进一步繁荣兴旺，乡风更加文明；以党组织为核心的农村基层组织建设进一步加强，乡村治理体系更加完善；党的农村工作领导体制机制进一步健全，各地区各部门乡村振兴的规划目标得以顺利完成。到 2035 年，乡村振兴取得决定性进展，农业农村现代化基本实现。农业结构得到根本性改善，农民就业质量显著提高，相对贫困进一步缓解，共同富裕迈出坚实步伐；城乡基本公共服务均等化基本实现，城乡融合发展体制机制更加完善；乡风文明达到新高度，乡村治理体系更加完善；农村生态环境根本好转，生态宜居的美丽乡村基本实现。

（2）完善城乡布局结构，推动城乡一体化发展。提升城镇对乡村的带动、工业对农业的反哺能力。湖北省以县域城镇化为突破口，提升县级城市和小城镇吸纳农业转移人口能力，推进就地就近城镇化。发挥县城基础好、落户成本低、吸引力强的优势，把县域打造成为农业人口转移市民化的重要载体。以重点镇、特色小镇、特色城镇带为基础，以下放事权、匹配财力、强化用地保障为重点，因地制宜发展特色鲜明、产城融合、充满魅力的特色小镇和小城镇带。加强以乡镇政府驻地为中心，以小集镇为依托的农民生活圈建设，强化集镇服务周边农村的能力，补齐农民生活圈基础设施、公共服务、生态环境短板，以镇带村、以村促镇，推动镇村联动发展。分类推进村庄发展，建设生态宜居的美丽乡村。

加快推进城乡统一规划，统筹城乡产业发展、基础设施、公共服务、资源能源、生态环保等布局，形成田园乡村与现代城镇各具特色、相得益彰的城乡发展形态。强化县域空间规划和各类专项规划引导约束，科学安排乡村布局、资源利用、设施配置和村庄整治，推动村庄规划管理全覆盖。适应农村人口转移和村庄变化的新形势，分类指导不同类型村庄发展。综合考虑村庄演变规律、集聚特点和现状分布，结合农民生产生活半径，科学确定村庄布局与规模。加强乡村风貌整体管控，注重农房单体个性设计，避免"千村一面"，防止乡村景观城市化。

（3）农产品优势区建设。从保障国家粮食安全和食品安全的大局出发，在江汉平原和鄂北岗地等地区的 29 个县（市、区）建设农产品主产区。加强 3150 万亩粮食生产功能区和 1700 万亩重要农产品生产保护区建设，创建国家级特色农产品优势区 5~10 个、省级特色农产品优势区 20~30 个。科学划分乡村经济发展片区，保护农业开敞空间，合理利用各类要素资源，推动农业生产集中发展。

坚持节约、集约用地，遵循乡村传统肌理和格局，划定空间管控边界，明确用地规模和管控要求，确定农村基础设施用地位置、规模和建设标准，合理配置农村公共服务设施，引导乡村生活空间尺度适宜、布局协调、功能齐全。充分挖掘原生态村居风貌、民族文化和荆楚文化特色，注重融入现代功能，强化空间发展的人性化、多样化，构建便捷的生活圈、完善的服务圈、繁荣的商业圈，让乡村居民过上更加舒适的生活。

（4）加强农业基础设施建设。坚持质量强农、科技兴农，深入推进农业供给侧结构性改革，加快培育农业农村发展新动能，着力推动农业由增产导向转向提质导向，实现农业高质量发展。①加快推进高标准农田建设。严守耕地红线，全面落实永久基本农田特殊保护制度，确保到 2020 年永久基本农田保护面积不低于 5883 万亩。开展耕地质量保护与提升行动，完善耕地质量调查监测网络，推进耕地质量大数据应用。以改善粮田水利基础设施条件为重点，加快大中型灌区续建配套与节水改造、中小型灌排泵站更新改造，大力推进高效节水灌溉及渠系完善配套。以 47 个粮食主产县（市、区）为重点，按平原、丘陵、山地分类型实施，确保到 2022 年建成集中连片、设施完善、旱涝保收、高产稳产的高标准农田 4181 万亩以上。②积极推进粮食产业化发展。全面落实粮食安全省长责任制，支持"中国好粮油"和"荆楚好粮油"重点企业建设。依托粮食主产区、特色粮油产区和关键粮食物流节点，打造优势粮食产业集群，支持建设现代粮食产业发展示范园区（基地）。大力推进主食产业化，支持推进米面、玉米、杂粮及薯类主食制品的产业化经营。扶持以粮油为原料的乡村特色食品开发利用。③完善现代粮食仓储物流体系。引进社会资本和专业力量，加强粮食物流基础设施和应急供应体系建设，着力推进重要物流节点建设，对重要节点的粮食物流园区及设施，积极争取中央预算内投资支持。鼓励产销区企业组成联合体，提高粮食物流组织化水平。加快粮食物流与信息化融合发展，促进粮食物流信息共享。推动粮食物流标准化建设，推广原粮物流"四散化"（散储、散运、散装、散卸）、集装化、标准化。整合仓储设施资源，支持建设一批专业化、市场化粮食产后服务中心。④提高农业机械化水平。深入实施粮棉油主要农作物全程机械化推进行动，积极推进作物品种、栽培技术和机械装备集成配套，加快形成农机农艺融合的机械化生产技术体系。率先在"四区"基本实现水稻、小麦、油菜、玉米等主要农作物生产全程机械化，力争 2022 年底全省主要农作物耕种收综合机械化水平达到 72% 以上，主要农作物全程机械化示范县（市、区）达到 30 个。

（5）保护生态，促进乡村生态改进。湖北省以重点生态功能区为支撑，构建以鄂东北大别山区、鄂西北秦巴山区、鄂西南武陵山区、鄂东南幕阜山区四个生态屏障，长江流域水土保持带和汉江流域水土保持带，江汉平原湖泊湿地生态区为主体的"四屏三江一区"生态空间格局。切实加强对自然生态空间的整体保护，修复和改善乡村生态环境，有效提升生态功能和服务价值。建立乡村产业准入负面清单制度，因地制宜制定禁止和限制发展产业目录，明确产业发展方向和开发强度，强化准入管理和底线约束。

（四）湖北省部分市（区）乡村振兴概览

1. 湖北省宜昌市

宜昌市是湖北省地级市，国务院批复确定的中部地区区域性中心城市、湖北省域副中心城市。全市共辖 5 个市辖区、3 个县级市、3 个县、2 个自治县，总面积 2.1 万平方千米。根据湖北省第七次全国人口普查结果，截至 2020 年 11 月 1 日零时，常住人口为 4017607 人。根据 2021 年宜昌市《政府工作报告》，2020 年宜昌市地区生产总值 4261.42 亿元。

（1）产业振兴成果显著。"宜昌市乡村振兴主要成果"新闻发布会数据显示，"十三五"期间，宜昌市乡村振兴产业方面成果显著。一是粮食、柑橘、茶叶、蔬菜等主要农产品产量稳定增长，且位居全省前列。水产养殖在围栏围网全面取缔后成功转型升级上岸，池塘养殖面积 19.9 万亩，年产量 18 万吨。生猪年出栏 355.95 万头，出栏量位居全省前列。二是农业发展方式转型升级，六大农业特色产业产值占农业总产值比重达 86.42%。品牌强农工程成效显著，宜昌蜜橘、宜昌红茶被认定为全国特色农产品优势区。化肥农药施用量连续三年负增长，长江禁渔攻坚战取得阶段性胜利，农产品质量安全合格率稳定在 98% 以上。三是产业化水平不断提高，农民收入更加殷实。规模以上农产品加工企业 373 家，加工产值 914.43 亿元。先后建成 1 个国家级现代农业产业园、2 个全国农村一二三产业融合发展先导区、1 个特色产业集群。涉农电商主体达到 5662 家，带动就业 5 万多人。四是农业支撑保障水平进一步提高。"十三五"建成高标准农田 114.96 万亩，主要农作物耕种收综合机械化水平达到 70.11%。先后建设国家、省级现代农业产业技术体系试验站（点）13 家，累计培训新型职业农民 3 万多人。① 今后宜昌市要加快发展现代特色农业。围绕全市"一轴两区多带"农业农村发展总体布局，着力打造全国特色农业示范区；加快一二三产业融合发展和绿色发展，全力打通建强生产、加工、仓储、物流、销售、文旅等各个环节，构建全产业链条。

（2）组织振兴落地落实。宜昌市兴山县坚持把抓基层、打基础作为长远之计和固本之举，认真落实党中央、湖北省和宜昌市委部署，谋篇布局，明责压责，确保基层党建各项任务落地

---

① "宜昌市乡村振兴主要成果"新闻发布会［EB/OL］.［2021-10-28］. http：//www.yichang.gov.cn/html/zhengwuyizhantong/zhengwuzixun/xinwenfabuhui/xinwenfabu/2021/1028/1036140.html.

落实。①明确主责方向。围绕落实宜昌市委"聚力计划"重点工作，自我加压，谋划实施基层组织建设"整县推进三年行动计划"，将 2019 年确定为基层组织建设"整县推进创优年"，围绕"堡垒、队伍、制度、功能、保障""五个创优"目标，列出"聚力计划"重点任务责任清单 13 大项。②厘清履责脉络。兴山县构建起县委牵头抓总，各乡镇党委、县委直属机关工委、国企党工委、开发区党工委、"两新"组织党工委分领域指导督导、有序推进的基层党建工作责任脉络。③建立尽责制度。兴山县委书记带头公开承诺年度基层党建重点任务落实责任，带动全县 439 个基层党组织书记严格落实抓基层党建"口袋书"制度；全体县委常委成员以党员身份参加"支部主题党日"，以上率下抓实基层党建工作。④强化压责抓手。自 2018 年起，兴山县创新开办《书记话党建》《村书记话乡村振兴》等电视专栏，每半月一期，先后安排 17 名乡镇、村居、县直、企业党组织书记，围绕基层组织建设找短板、亮承诺，在电视荧屏上接受全县党员群众的检阅。通过把握正确方向，突出责任牵引，全县各级各部门履行主责主业意识不断强化，各级党组织书记牢固树立"抓好党建是本职、不抓党建是失职、抓不好党建是不称职"的理念，有力推动基层党组织进步。⑤强化产业党建功效。坚持不懈推进工业园区、特色农业、旅游廊道、红色文化 4 条特色产业党建带建设，着力在产业链上建支部、建协会，实现龙头企业带动、能人大户带动。榛子乡党委建立"产业党建中心"，成立烟叶、蔬菜、旅游 3 个产业党支部，培育打造 10 多个"双带"示范基地，助推乡村振兴试验区建设。截至 2020 年 7 月，全县 4 条党建带已连接起 53 个村、74 个党支部、32 个农民专业合作社和协会、2183 名"能人带动"型党员，促进 3299 个农户脱贫增收。①

2. 湖北省襄阳市

襄阳位于湖北省西北部，全市共辖 3 个市辖区、3 个县级市、3 个县，总面积 1.97 万平方千米。根据第七次人口普查数据，截至 2020 年 11 月 1 日零时，襄阳市常住人口 5260951 人。根据湖北省统计局数据，2020 年襄阳市实现地区生产总值 4601.97 亿元。

（1）产业融合，打造"山药小镇"。产业兴旺是乡村振兴的关键所在，产业发展是乡村振兴的"造血工程"。襄阳是全省唯一的百亿斤粮食生产大市，粮食总产量占全省近 1/5，占全国近 1%，农产品加工业产值占全省总量 1/7，猪牛羊、果菜茶生产均居全省前列。

卧龙山药专业合作社是襄阳市首批国家级示范社，按照产业融合发展思路，延长山药产业链，实现农工、农旅、农商融合。兴建山药深加工生产线，推动农工融合；兴建全国首家山药文化博物馆，开办山药宴酒店，推动农旅融合；兴建旅游产品超市、电子商务中心，推动农商融合。"襄阳山药"还通过了国家地理标志产品认证。合作社投资兴建的"山药小镇"，以山药为主题，集食品研发、加工与销售、休闲旅游于一体，已建成山药深加工生产线、交易物流中心等。2020 年，"山药小镇"接待研学游、培训、旅游 30 万人次，山药加工系列食品销售额 4700 多万元，仅淘宝直播和抖音直播就达 2000 万元。

随着农业转型升级步伐的加快，卧龙山药合作社积极探索实践"家庭农场+社员工厂"模式，致力于打造襄阳"山药小镇"，带领广大社员投身农村一二三产业融合发展，通过产业链延伸提升产品附加值，实现"做好一根山药、壮大一个产业、带动一镇经济、富裕一方乡亲"的多赢目标。山药小镇由卧龙山药专业合作社发起建设，采用"家庭农场+社员工厂"模式，带动 2500 多户农户，常年种植山药 1.7 万多亩，户均年增收 2 万元以上。"做好一根山药、壮大一个产业、带动一域经济、富裕一方民众"的乡村振兴"襄阳模式"已经出圈湖北，正在被多地学习复制。卧龙镇山药种植历史超百年，以前只有几百亩，成立合作社后，常年种植面积已经超

---

① "三在"工程奏响兴山基层党建最强音［EB/OL］.［2020-07-01］. http://www.xingshan.gov.cn/content-18-42395-1.html.

过 1.7 万亩。当地种植的"九斤黄"山药，最长达 2 米，比公众熟知的铁棍山药壮实许多，而且营养丰富、口感更多元，近年来深受全国各地餐饮行业青睐。在卧龙山药产业融合发展项目建设工地，可以看到山药产品展示厅（电子商务中心）销售的有山药面条、山药曲奇、山药果仁酥、山药脆片和本地的农特产品。电子商务中心运营后，为农民搭建了"互联网+农业"的应用平台，拓宽了山药产品的销售渠道，带动农民增收致富。

（2）农旅融合，助推乡村振兴。襄阳紧紧抓住产业振兴这个主要矛盾，以专、精、特、优为主攻方向，突出抓好七大主导产业，为乡村振兴打好基础、夯实支撑。推广"稻虾共作"高效种植、养殖业，力争经过三年努力，建设"稻虾共作"基地 30 万亩。已建成 9.2 万亩；实施襄茶产业扩能提质，力争用 3～5 年的时间，新建茶园 15 万亩，改造低产茶园 20 万亩，使茶叶面积达到 50 万亩、综合产值达到 100 亿元；大力发展有机产业，加快推进中国有机谷建设。襄阳市"三品一标"认证产品已达 493 个，已注册地理标志商标 43 件，有机产业基地规模达到 30 万亩；推进农产品加工业转型升级，重点实施五大工程，打响襄阳牛肉面、襄阳高香茶等 10 个特色品牌，推动襄阳高质量发展。[①] 培育涉农驰名商标 31 件；推动襄阳牛肉面走出去发展，2019 年 1～5 月，襄阳市在外地新增襄阳牛肉面馆 400 家，开店总数 5900 多家，带动就业 1.7 万多人。

加快发展休闲农业与乡村旅游，襄阳市打造了尧治河等一批知名乡村旅游目的地，培育了谷城茶旅山乡等一批特色品牌，设计了 10 条休闲农业与乡村旅游精品线路。2017 年，全市休闲农业与乡村旅游实现主营收入 93.15 亿元，占全市旅游总收入的 27%。2017 年"十一"黄金周，襄阳市接待乡村旅游游客 100 万余人次，实现旅游收入 6.5 亿元。

2015 年，襄阳市宜城市流水镇莺河村邀请湖北根富建筑规划设计有限公司对整个村子进行规划和改造。如今，"小规模、组团式、微田园、生态化"的"醉美莺河"品牌已经成为宜城市新型城镇化试点建设的亮点。莺河村有 7 座水库，村党支部通过招商，围绕水资源打造乡村水上乐园。各种游乐设施让孩子们流连忘返，绿色有机蔬菜、散养土鸡、野生小鱼等优质农特产品备受游客青睐。到 2022 年，襄阳市市级以上休闲农业示范点将达到 200 个，乡村旅游总收入将突破 180 亿元。

（3）基础设施建设。襄阳市着力发展农村电商，加快信息进村入户，畅通农产品进城、工业品下乡渠道。截至 2018 年 10 月，全市已建成县级电商运营中心 12 个、乡镇服务站 53 个、村级服务站 1515 个，农产品线上销售额达 30 多亿元。

截至 2018 年 8 月底，襄阳市共完成农户无害化厕所 91779 座、农村公厕 447 座、乡镇公厕 54 座、城市公厕 69 座、交通厕所 9 座、旅游厕所 51 座的改建任务，是湖北省人民政府 2018 年下达的改建任务的 114%。在省政府 2018 年第一季度综合督查中，襄阳市"厕所革命"专项得分排名全省第二。

3. 湖北省十堰市

十堰市是湖北省地级市，别称车城，全市总面积 23680 平方千米，根据第七次全国人口普查结果，截至 2020 年 11 月 1 日零时，十堰市常住人口为 320.9 万人。市区总人口 148.58 万，其中，中心城区人口为 103.34 万，比 2010 年增加 26.55 万。

（1）多措并举实现脱贫。2020 年底，十堰市 83.4 万贫困人口全部脱贫，456 个贫困村全部出列，35.5 万人易地扶贫搬迁任务全部完成，8 个贫困县（市、区）全部"摘帽"，农村脱贫地区生产生活条件明显改善，脱贫群众生活水平明显提升，义务教育、基本医疗、安全住房保障

---

① 绘就村美产业旺新画卷——襄阳市全力打造乡村振兴战略实践样本记［EB/OL］. ［2018－10－25］. http：// www.xiangyang.gov.cn/nc/xcjs/201810/t20181025_1428004.shtml.

更加牢靠，消除了绝对贫困和区域性整体贫困。2020年，资助建档立卡贫困学生41.26万人次，发放资金4.2亿元，差异化补助8166.5万元，贫困人口参保率100%，贫困人口住院25.35万人次，住院总费用13.67亿元，住院实际报销比例为84.49%；完成6536户危房改造任务，"两不愁三保障"质量全面提升。

十堰市利用多种途径实现脱贫攻坚。①就业扶贫精准发力。2020年十堰市32.58万贫困人口实现稳定就业，比2019年增加3.48万人；设置各类公益性岗位5.6万个，比2019年增加2.3万个；开展技能培训7353人，认定补助对象33543人次，发放补助资金7274.2万元。②产业扶贫提质增效。全市新增茶叶、林果、中药材、蔬菜等特色产业基地11.9万亩，栽培食用菌达到1.5亿棒，全市各类新型经营主体总数达1.57万个，培育贫困村创业致富带头人3792人，带动有劳动力贫困户比例达到100%。③消费扶贫稳步推进。全市认定扶贫产品1738个、供应商479家，建扶贫专馆32个、扶贫专区146个；累计销售30.5亿元，其中线上2.66亿元、线下27.84亿元。④光伏扶贫成效凸显。全市共建成村级光伏扶贫电站695座，装机规模29.81万千瓦，累计发电收益1.8亿元，吸纳贫困人口就业25059人。⑤小额信贷深入实施。全市新增扶贫小额信贷11179户5.15亿元。落实应对疫情影响政策，展期11137户4.9亿元，延期3930户108.9万元。⑥综合保障不断强化。全市纳入农村低保对象16.91万人和农村特困供养对象3.13万人，建成农村互助照料中心1243个，实现应保尽保、应养尽养。发放残疾人生活补贴57118人3484万元、护理补贴87529人8861万元；实施临时救助4.78万人次，发放资金5782万元。①

下一步，十堰市将坚持以巩固拓展脱贫攻坚成果为主线，培育壮大扶贫产业，持续推动稳岗就业，支持脱贫人口创业，以扶贫政策、帮扶制度、工作机制为支撑，稳政策、强措施、拓成果、促衔接，推动产业由增量向质量转变，就业由稳岗向提升转变，创业由第一产业向第二、第三产业延伸，同时，帮助易迁户建家业，提升农村基础设施和发展环境，促进巩固拓展脱贫攻坚成果和乡村振兴的有效衔接。

（2）建设扶贫车间。十堰市国华藤编家具厂组织村民在家编织竹器，工作人员上门服务，产品统一收购销售。类似的扶贫车间、扶贫作坊，已建到了乡镇和村组，开办到易地扶贫安置区，延伸到贫困群众家门口，有效解决了贫困群众挣钱顾家两难问题，

十堰市探索出三种扶贫车间模式。①厂房式建设，集中就业。通过引进服装、鞋袜、洁具等生产企业，通过新建、改建、租赁厂房，采取"企业＋车间＋贫困劳动力"模式创办扶贫车间，进行订单加工或来料加工，按件计酬。以房县誉贝清洁用品厂为例，该厂在房县红塔镇李湾村易迁集中安置点建设扶贫车间，吸纳贫困劳动力20余人组装吸水拖把，根据劳动力熟练程度，每人每天收入70~120元，产品通过电商平台销售到全国各地。②作坊式建设，居家生产。通过"企业＋贫困户"方式，贫困户将技术含量较低、易操作的服装剪线、吊牌穿线等工作带回家里加工。郧阳区谭山镇华彬鑫玩具有限公司将30多台缝纫机发放给农户，每天按件计酬。③融合式发展带动增收。通过发展休闲农业和乡村旅游，带动贫困群众通过一二三产业融合发展实现增收致富。房县大力培育黄酒产业，通过三产融合发展，把黄酒产业打造成脱贫致富产业，由庐陵王公司投资1.7亿元建设庐陵王酒庄，在土城镇建设黄酒小镇，成功探索"黄酒制作销售＋民俗展示"乡村旅游发展模式，使贫困山区变景区、农民新村变民宿、出门务工变就近择业。②

---

① 十堰探索出三种扶贫车间模式　产业扶贫"造血"功能增强［EB/OL］．［2018-09-27］．http：//www.10yan.com/2018/0927/577673.shtml.

② 十堰广电网．十堰脱贫攻坚大数据来啦，83.4万人实现脱贫［EB/OL］．［2021-02-02］．https：//baijiahao.baidu.com/s？id=1690565765298838036&wfr=spider&for=pcl.

（3）改善基础设施。农村公路是交通扶贫脱贫的"最后一公里"，也是难度最大、作用最显著的"一公里"。对一个村庄来说，路通了是脱贫致富的基础。十堰市抢抓国家实施农村公路"村村通"工程、新一轮扶贫开发等机遇，从环境优化、资金支持、体制创新、政策保障等方面发力，奋力推进农村公路"建管养运"一体化发展，全力以赴加快交通扶贫进程。

从十堰市任何一个村庄的上空俯视，都可以看到蛛网状的道路把家家户户联通。这些"毛细血管"结束了广大群众望路兴叹的漫长历史，越来越多农村群众实现了"抬脚走上水泥路，家门口前能坐车"的梦想，更为道路两边产业的发展降低了成本，为群众争取了更多发展机会。

例如：竹山县深河乡井泉村 3 组以前有 300 多米长的土路，雨天出行路滑难走。修好新路不仅好走，也让村民致富有了抓手。竹山县擂鼓镇枣园村过去交通不便，产业发展滞后，实施入院道路畅通工程后，该村引进美竹苗木、鑫海葡萄等 3 家专业合作社，建成葡萄采摘园 130 亩、精品苗木园 120 亩、特色花卉园 50 亩、农业观光园 100 亩。竹山县像井泉村、枣园村这样的入院道路硬化工程，共修建了 326 千米，涉及全县 254 个行政村。建成后的入院道路，不仅方便村民出行，也让更多农户依托畅通的道路盘算起家庭"致富经"。

郧西县六郎乡河西片区毗邻该县店子镇、景阳乡，基础设施建设长期滞后，尤其是残破不堪的通村路成为制约河西片区发展的一大短板。自脱贫攻坚战打响以来，郧西县集中优势资源，突破人力物力、自然环境等方面的重重考验，成功打通了河西片区交通网络。如今，河西示范路平坦宽敞，随处可见满载农副产品的车辆疾驰而过，交通改善促进农产品销售。

截至 2020 年 10 月，十堰市 1800 余个行政村实现村村通水泥（沥青）路、通客车，456 个贫困村全部通硬化路；贫困人口安全饮水全部达标；行政村通信、宽带、广播电视实现全覆盖……农村贫困地区交通、通信条件显著改善，贫困群众的获得感和幸福感大幅提升。[①]

（4）加大金融支持。2021 年，在农商银行的支持下，郧县贫困户种植中药材的面积已达600 亩以上。随着金融扶贫工作的深入推进，郧县农商银行按照"宜工则工、宜农则农、宜商则商、宜游则游"和"一乡一业、一村一品"的要求，帮助贫困村做精乡村旅游产业、做大核桃产业、做强蔬菜产业、做活养殖产业，抓住产业扶贫的"牛鼻子"，变"大水漫灌"为"精准滴灌"，变"输血"式扶贫为"造血"式帮扶，探索出了一条金融服务支持精准扶贫新路子。

为加大对贫困户和脱贫项目的信贷支持力度，郧县农商银行从 2016 年起，每年安排 3 亿元贷款投放到扶贫领域，推广组合担保贷款，通过龙头企业带动脱贫一批；推广联保贷款，通过专业合作组织带动脱贫一批；推广民生类贷款，通过农户自主创业带动脱贫一批；推广应收款担保类贷款，通过基础项目建设带动脱贫一批；推广"创业通"贷款，通过支持劳务输出带动脱贫一批。2016 年前四个月，郧县农商银行发放扶贫贷款 3.8 亿元，支持全区发展以"果、菜、药、畜、油"为主导的特色产业基地近 100 万亩，支持农业产业化龙头企业 49 家，支持农民专业合作社 35 家。

同时，郧县农商银行大力支持乡村旅游业发展。茶店镇樱桃沟村曾经是省级重点贫困村。但在郧县农商银行的帮助下，樱桃沟村通过发展乡村旅游、建设绿色幸福村、统筹推进产业融合，2015 年农民人均纯收入达 9100 元，80%的贫困人口实现脱贫，樱桃沟村还被评为"中国生态文化村""中国最美村镇""全省绿色幸福村"。[②]

---

① 纪枫波. 脱贫攻坚成效显　乡村面貌大变样——十堰的脱贫面貌 [EB/OL]. [2020-10-19]. http://syrb.10yan.com/html/20201019/97196.html.

② 段白龙. 金融扶贫助力生态滨江新区脱贫攻坚战 [EB/OL]. [2016-05-11]. https://www.hbyunyang.net/e/extend/mobile/page.php? classid=15&id=45550.

十八、湖南省

湖南省，简称"湘"，省会长沙，东邻江西，西接重庆、贵州，南毗广东、广西，北连湖北，总面积 21.18 万平方千米。湖南省少数民族分布呈"大杂居、小聚居"格局，14 个市（州）、122 个县（市、区）均分布有少数民族。

（一）湖南省经济发展概况

1. 湖南省人口与经济概况

根据《湖南省第七次全国人口普查公报（第一号）》，截至 2020 年 11 月 1 日零时，湖南省常住人口为 66444864 人，与 2010 年第六次全国人口普查的 65700762 人相比，增加 744102 人，增长 1.13%，年平均增长率为 0.11%。湖南省常住人口中，汉族人口为 59759648 人，占 89.94%；各少数民族人口为 6685216 人，占 10.06%。与 2010 年第六次全国人口普查相比，汉族人口增加 610295 人，增长 1.03%；各少数民族人口增加 133807 人，增长 2.04%。根据《湖南省第七次全国人口普查公报（第六号）》，湖南省常住人口中，居住在城镇的人口为 39046176 人，占 58.76%；居住在乡村的人口为 27398688 人，占 41.24%。与 2010 年第六次全国人口普查相比，城镇人口增加 10593113 人，乡村人口减少 9849011 人，城镇人口比重提高 15.46 个百分点。

根据《湖南省 2020 年国民经济和社会发展统计公报》核算结果，湖南省 2020 年地区生产总值（GDP）41781.5 亿元，比 2019 年增长 3.8%。其中，第一产业增加值 4240.4 亿元，增长 3.7%；第二产业增加值 15937.7 亿元，增长 4.7%；第三产业增加值 21603.4 亿元，增长 2.9%。三次产业结构为 10.2∶38.1∶51.7。第二、第三产业增加值占地区生产总值的比重分别比 2019 年下降 0.5 个和 0.6 个百分点，工业增加值增长 4.6%，占地区生产总值的比重为 29.6%；高新技术产业增加值增长 10.1%，占地区生产总值的比重为 23.5%；战略性新兴产业增加值增长 10.2%，占地区生产总值的比重为 10.0%。三次产业对经济增长的贡献率分别为 8.1%、53.9% 和 38.0%。其中，工业增加值对经济增长的贡献率为 43.9%，生产性服务业增加值对经济增长的贡献率为 24.0%，分别比 2019 年提高 4.6 个和 0.2 个百分点。分区域看，长株潭地区 2020 年生产总值 17591.5 亿元，比 2019 年增长 4.0%；湘南地区生产总值 8119.3 亿元，增长 3.9%；大湘西地区生产总值 6884.4 亿元，增长 3.6%；洞庭湖地区生产总值 9604.2 亿元，增长 4.0%。

2020 年湖南省居民消费价格（CPI）比 2019 年上涨 2.3%。其中，城市上涨 2.0%，农村上涨 2.9%。商品零售价格上涨 1.3%。工业生产者出厂价格下降 1.0%，工业生产者购进价格下降 1.1%。农产品生产者价格上涨 23.3%，农业生产资料价格上涨 3.5%。2020 年，湖南省居民人均可支配收入 29380 元，比 2019 年增长 6.1%；人均可支配收入中位数 23783 元，增长 5.2%。按常住地分，城镇居民人均可支配收入 41698 元，增长 4.7%；城镇居民人均可支配收入中位数 37478 元，增长 4.0%。农村居民人均可支配收入 16585 元，增长 7.7%；农村居民人均可支配收入中位数 14839 元，增长 6.6%。城乡居民可支配收入比值由 2019 年的 2.59 缩小为 2020 年的 2.51。

2. 湖南省各市人口与经济概况

截至 2021 年 12 月，湖南省下辖 14 个地级行政区，其中，13 个地级市、1 个自治州，分别是长沙市、株洲市、湘潭市、衡阳市、邵阳市、岳阳市、常德市、张家界市、益阳市、郴州市、永州市、怀化市、娄底市、湘西土家族苗族自治州。湖南省统计局发布 2020 年 1～12 月主要经济指标如下：

（1）地区生产总值方面，湖南省会长沙市在地区生产总值（GDP）方面排名第一，超第二名 8140.97 亿元。2020 年，湖南省各市州地区生产总值排名前三的分别是长沙市、岳阳市和常德市，其中，长沙市地区生产总值为 12142.52 亿元，占全省经济总量比重为 29.06%，地区生产总值增速为 4.0%；岳阳市地区生产总值为 4001.55 亿元，居全省第二，比 2019 年增长 4.2%；常德市地区生产总值为 3749.13 亿元，排名第三。衡阳市、株洲市地区生产总值超 3000 亿元，分别排名第四、第五。张家界市经济总量最少，地区生产总值 556.68 亿元。

（2）地区人口方面，湖南省 14 个市州中，人口超过 1000 万人的市州为长沙市；在 500 万人至 1000 万人之间的市州有 5 个，分别为衡阳市、邵阳市、永州市、常德市、岳阳市；在 300 万人至 500 万人之间的市州有 5 个，分别为郴州市、怀化市、株洲市、益阳市、娄底市；在 100 万人至 300 万人之间的市州有 3 个，分别为湘潭市、湘西土家族苗族自治州、张家界市。其中，人口居前五位的市州合计 33825603 人，占全省常住人口比重为 50.91%。

（3）产业结构方面，湖南省各市州产业结构存在差异，14 个市州中有 7 个市第三产业超过 50%，其中，张家界市第三产业占比最高，达 69.6%，长沙市第三产业占比 57.5%。株洲市、湘潭市和益阳市第二产业占比高于第一、第三产业，湘潭市第二产业占比超过 50%，第一产业占比较低，为 7.2%，第三产业发展相对较好。

（4）财政收入方面，2020 年，湖南省地方财政收入前五名分别是：长沙市 1100.09 亿元、株洲市 204.60 亿元、常德市 187.86 亿元、衡阳市 173.47 亿元、岳阳市 152.73 亿元。第六至十名分别是：郴州市 143.42 亿元、永州市 128.79 亿元、湘潭市 116.17 亿元、邵阳市 105.34 亿元、怀化市 99.57 亿元。

3. 湖南省产业概况

"十三五"时期，工业对湖南省经济增长的贡献率由 36.9% 提高到 43.9%，制造业领域形成消费品、材料、装备 3 个万亿级行业，工程机械、轨道交通装备、电工电器、电子信息等 13 个千亿级产业，培育千亿企业 3 家、百亿企业 29 家、十亿企业 238 家。截至 2021 年 6 月，湖南拥有国家制造业创新中心 1 家、工程技术研究中心 14 家、重点实验室 19 家以及两院院士 79 名，"十三五"以来填补国内空白技术 200 余项。① 根据《湖南省 2020 年国民经济和社会发展统计公报》，农业方面，湖南省 2020 年棉花种植面积 59.5 千公顷，比 2019 年下降 5.6%；糖料种植面积 7.6 千公顷，增长 2.3%；油料种植面积 1453.5 千公顷，增长 6.4%；蔬菜及食用菌种植面积 1355.0 千公顷，增长 3.2%。棉花产量 7.4 万吨，减产 9.0%；油料 260.7 万吨，增产 9.0%；烤烟 18.3 万吨，减产 0.1%；茶叶 25.0 万吨，增产 7.1%；蔬菜及食用菌 4110.1 万吨，增产 3.5%。

《湖南省国民经济和社会发展第十四个五年规划和二〇三五年远景目标纲要》提出，打造国家重要先进制造业高地，加快发展先进制造业。①打造三大具有全球影响力的产业集群。围绕工程机械、轨道交通、航空动力三大产业，不断推动技术和产品迭代创新，提高全球竞争力，努力形成世界级产业集群。工程机械，加快智能化发展，强化关键零部件配套，提升大型、超大型工程机械产品竞争力，积极发展特种工程机械，推动主导优势产品迈入世界一流行列。轨道交通，加快新一代轨道交通整车及控制系统、关键部件研发和产业化，推进新型动车组、电

---

① 湖南工业由小变大、由大变强——加快建设"3＋3＋2"产业集群［EB/OL］.［2021－06－22］. http://www.hunan.gov.cn/hnyw/bmdt/202106/t20210622_19707995.html.

力机车、磁悬浮列车等规模化发展。航空动力，扩大中小型发动机和地面燃气轮机生产能力，加快民用飞机起降系统和通用飞机制造产业化，壮大无人机产业，建设航空发动机和关键零部件产业集群。②壮大形成一批国内一流的优势产业。着重发展电子信息、先进材料、智能和新能源汽车、生物轻纺、智能装备等产业，建设国内一流的重要生产基地，形成全国产业竞争新优势。围绕5G等信息新技术，加快核心芯片、自主可控操作系统、高端服务器等研发应用，推动PK体系和鲲鹏体系技术迭代升级，推进5G射频器件、通信模块、IPv6网络设备等特色技术产品产业化，加快发展高清显示器件和中高端智能终端产品，建设国内先进的电子信息产业基地和全国重要的新一代网络装备生产基地。③大力培育新兴和未来产业。实施战略性新兴产业培育工程，积极推动新一代半导体、生物技术、绿色环保、新能源、高端装备等产业发展，构建一批产业发展新引擎。

湖南省在文化、旅游和高新技术三个方面发展特色优势产业。①文化产业。湖南省文化产业总体保持较好发展态势。"广电湘军""出版湘军"等品牌越发闪亮，"演艺湘军"声名日盛。湖南省高度重视文化产业园区的发展，通过政策、资金、人才的大力支持，充分发挥产业园的集聚效应，打造以马栏山视频文创产业园为重点的文化产业"湖南高地"。湖南省将"马栏山"建设融入"三高四新"战略。2021年9月，新出台的支持"马栏山"发展的政策为园区企业开辟行政审批绿色通道，各级各类财政专项资金向园区倾斜；建立马栏山智库和马栏山科技委员会，实施青年人才计划，加快高层次人才集聚；携手腾讯构建"人才+应用+平台"生态，推进马栏山新媒体学院建设。2021年上半年，"马栏山"园区企业实现营收266.28亿元，同比增长54.42%；完成税收17.65亿元，同比增长53%。②旅游产业。湖南省春季乡村文化旅游节创新推出"1+8"模式，即通过1个安化主会场，8个在益阳其他区县（市）举办的分会场，集中展示当地乡土人情、地域文化、民风民俗。洪江古商城网红美食文化节举办期间，景区为游客免费发放了2000余张美食券，吸引广大市民驻足品尝。衡阳市第四届阳光娱乐节暨旅游消费季持续累计发放5000万元消费券供广大市民和游客领取；2020湖南（国际）文化旅游产业博览会暨文化和旅游装备展首次设置了超级旅游大卖场，向广大市民提供总值超过1000万元的优惠额度，带动房车及旅游装备、旅游线路、文旅商品及文创产品、乡村旅游扶贫产品等消费成交总金额近4000万元。③高新技术产业。2019年，湖南高新技术产业实现增加值9487亿元，占全省经济总量的24%。高新技术企业作为研发投入的绝对主力，近3年兑现研发奖补4800余家企业，奖补资金达15亿元。2020年，湖南省地区生产总值首次突破40000亿元，同比增长3.8%，取得了里程碑意义的大跨越。其中，最耀眼的高新技术产业，不仅投资增长25.4%，增加值也增长10.1%。随着高新技术企业量质齐升，对全省经济的贡献也持续提升。

（二）湖南省乡村振兴阶段性成果

2011~2020年，湖南省实现767万贫困人口全部脱贫，51个贫困县、6920个贫困村全部脱贫"摘帽"，区域性整体贫困和绝对贫困问题全部消除。2011~2020年，湖南省贫困地区整体面貌彻底改变。实施产业扶贫项目1.92万个，建立产业扶贫合作社1.7万个，所有贫困县都有2个以上特色产业。所有贫困县30分钟内可上高速，乡镇100%通客车，在3.6万个25户及100人以上的自然村建成4.37万千米水泥（沥青）路，实现了"村村通"。贫困村电网升级改造率、光网通达率和4G网络覆盖率均达100%。100所"芙蓉学校"带动贫困地区义务教育质量加快提升。行政村卫生室、乡镇全科医生、县域二甲医院空白全面消除。

（三）湖南省乡村振兴规划

2018 年 9 月 7 日，中共湖南省委、湖南省人民政府印发的《湖南省乡村振兴战略规划（2018—2022 年）》提出，要开创产业兴旺新局面。①打造特色农产品品牌。立足粮食、畜禽、蔬菜、茶叶、水果、水产、油茶、油菜、中药材、竹木十大特色优势产业，打造"湘"字号特色农产品品牌。加大"三品一标"农产品认证，创建"三品一标"农产品基地，建设绿色（有机）食品示范基地，开展农产品出口品牌建设试点。加快地理标志农产品的品牌定位、技术革新和品种开发，推动地理标志品牌与产业协同发展。支持新型农业经营主体开展"三品一标"农产品认证和品牌创建。到 2022 年，"三品一标"农产品产地认定面积占种植业食用农产品产地面积比例达到 50%以上，认证并有效使用标志的"三品一标"农产品数量达到 5000 个以上。每个县（市、区）至少打造或跨县（市、区）联合打造 1 个知名特色农产品品牌。每个特色优势产业集中打造 1~2 个主打品牌。②做强特色优势产业。围绕十大特色优势产业，实施集群培育行动，打造千亿级产业。到 2022 年，粮食、畜禽产业全产业链产值均达到 4000 亿元，蔬菜产业接近 3000 亿元，茶叶、水果、水产均突破 1000 亿元，油茶、油菜、中药材、竹木分别达到 500 亿元以上。建设 10 个"中国好粮油"行动计划示范县，30 个左右现代粮油产业省级重点县，30 个以上省级现代农业主导产业集聚区。

2019 年 3 月，湖南省正式出台《湖南省乡村人才振兴行动计划》，创新和完善乡村引才、聚才、铸才、育才、扶才、优才的体制机制和政策体系，为实施乡村振兴战略提供坚强的人才支撑和智力保障。《湖南省乡村人才振兴行动计划》指出，健全国内外专家来湘工作激励和补贴机制，每年引进农业科技领军人才 10 名以上，对依托重点实验室、农业科技园区、战略性新兴产业企业引进的海内外农业科技领军人才，根据服务期给予每人 50 万元至 100 万元的一次性补助。《湖南省乡村人才振兴行动计划》明确，实施新型职业农民培育工程，建立健全以"教育培训、认定管理、定向扶持"为主要内容的新型职业农民培育服务体系，出台《湖南省新型职业农民培育办法》《湖南省新型职业农民（林农）人才评价管理办法》，开展新型职业农民（林农）职称评定试点。《湖南省乡村人才振兴行动计划》表示，要组建科技扶贫专家服务团，打造团队式、成建制科技人才对口帮扶模式，实现科技人才向贫困县、贫困村全覆盖。每个科技专家服务团队每年支持 20 万元，对解决问题能力强、服务质量好、贡献突出的 20 个团队每个给予 10 万元资助。《湖南省乡村人才振兴行动计划》要求，建立稳定的人才补充渠道，对专业性强的岗位，建立专业技术岗位购买制度，通过政府购买方式，从在外人才中聘用一批真正懂农业、爱农村的急需专业技术型人才。

2021 年 3 月，中共湖南省委、湖南省人民政府发布《关于全面推进乡村振兴加快农业农村现代化的实施意见》。该意见主要内容可概括为"五个聚焦"：①聚焦新发展阶段使命和任务，切实发挥"三农"基本盘作用。统筹发展和安全两件大事，当前要坚决做到"两个决不能"，即巩固拓展脱贫攻坚成果决不能出问题、粮食安全决不能出问题。②聚焦实施"三高四新"战略，加快农业农村现代化。围绕打造"三个高地"，立足湖南省杂交水稻、农机产业发展的基础和优势，提出打造种业创新高地、智慧智能农机产业链发展高地，同时，加快推动农村改革和农业"走出去"。围绕践行"四新"使命，积极展现"三农"担当，提出以农业高质量发展为主题，实现农业高质高效、乡村宜居宜业、农民富裕富足。③聚焦高质量发展，推动农业优势特色千亿产业做强做优。坚持大力发展精细农业，把打造优势特色千亿产业作为乡村产业振兴的标志性目标任务，深入实施"六大强农"行动。文件部署了持续打造优势特色千亿产业、深入推进品牌强农、大力发展农产品加工业、强化现代农业科技和人才支撑、推进农业绿色发展和质量安全建设、促进小农户与现代农业有机衔接、推动农业开放发展 7 个方面重点工作。④聚焦农民高品质生活，着力构建新型工农城乡关系。全面推进乡村振兴要坚持城乡融合发展，加快形成工农互促、城乡互补、协调发展、共同繁荣的新型工农城乡关系。⑤聚焦农业农村优先发展，强化全面推进乡村振兴的要素保障。围绕全面推进乡村振兴，文件部署了强化五级书记抓乡村振兴的工作机制、加强党委农村工作领导小组和工作机构建设、提升农村基层建设和乡村治理水平、强化农业农村优先发展投入保障、深化农村改革、健全乡村振兴考核落实机制等重点工作。

2021年9月23日，湖南省乡村振兴局、湖南省发展和改革委员会印发了《湖南省"十四五"巩固拓展脱贫攻坚成果同乡村振兴有效衔接规划》，围绕实施"三高四新"战略、建设现代化新湖南的美好愿景，把握新发展阶段，贯彻新发展理念，构建新发展格局，以农业农村现代化为总目标，以乡村振兴为总抓手，设立5年过渡期，着力从解决建档立卡贫困人口"两不愁三保障"为重点转向实现乡村产业兴旺、生态宜居、乡风文明、治理有效、生活富裕，从集中资源支持脱贫攻坚转向巩固拓展脱贫攻坚成果和全面推进乡村振兴，努力在健全防返贫监测帮扶机制、精细化农业、乡村建设、落实"四个优先"等方面率先探索，在乡村振兴新征程上树标杆、做示范，继续走在全国前列。

（四）湖南省部分市（区）乡村振兴概览

1. 湖南省长沙市①

长沙市是湖南省辖地级市、国务院批复确定的长江中游地区重要的中心城市。长沙市共辖6个市辖区、1个县，代管2个县级市，总面积11819平方千米，建成区面积567.32平方千米。根据第七次人口普查数据，长沙市常住人口为1004.79万人。2020年，长沙市实现地区生产总值12142.52亿元。

（1）擘画乡村振兴新蓝图。长沙市出台了一系列规划，包括《长沙市建设乡村振兴示范市规划纲要（2021—2025）》《长沙市乡村振兴示范创建乡镇联点工作方案》《长沙市建设乡村振兴示范市推进农业高质量高水平发展若干政策》《长沙市乡村振兴产业人才队伍建设若干措施》《长沙市全域推进美丽宜居村庄建设实施办法》。

（2）引领现代农业新航向。长沙市大力推进种业创新，启动建设岳麓山种业创新中心，与国家超算长沙中心合作共建生物种业超算中心，2021年前三季度种业全产业链产值增长超过30%。成立智能农机创新研发中心，加快推进智能农机和丘陵山区农机装备研发制造，打造智能智慧农机产业链。大力推动智慧智能农机应用，望城建成全省首个"无人农场"，早中稻综合机械化率提高至83.6%。长沙坚持"一县一特""一乡一品"，铺排建设"一县一特"重大项目165个，新增国家级农业产业化龙头企业4家，省级以上农业产业化龙头企业总数达106家；新增农产品地理标志1个，总数达10个。依托湘赣边区域合作示范区建设，积极推进"湘赣红"区域公用品牌建设，推荐"大围山"梨、"湘纯"茶油、"湘南红"柑橘等5个产品入选"湘赣红"品牌使用授权，布局206个"湘赣红"产品专柜，推动"湘赣红"产品进园区、景区、城区。长沙落实"十年禁渔"，发起建立长株潭长江流域重点水域联合执法机制，累计开展禁捕执法巡查检查5.2万余次，开展联合行动525次，劝离垂钓人员2万多人次，全力守护一江碧水。扎实推进农业废弃物资源化利用，秸秆综合利用率达91%，畜禽粪污资源化利用率达93%，均排名全省首位。

（3）推动产业融合发展。2021年1~10月，长沙市农产品加工产值达2430亿元，同比增长

---

① 王茜．长沙昂首阔步迈向乡村振兴新征程［EB/OL］．［2021-11-29］．https://xczx.voc.com.cn/article/202111/20211129104723 6435.html.

8.1%。长沙大力发展农业电商，2021年1~9月长沙市农产品网络零售额52.7亿元。涌现出兴盛优选、快乐购等多个本土农产品电商平台，兴盛优选在长望浏宁四区县（市）共设立29141个提货点，有效带动本地农产品电商化。此外，长沙市推动产城有机融合，提质建设特色小（城）镇24个，其中长沙县开慧镇入选第一批全国乡村旅游重点镇；张坊镇田溪村依托美丽宜人的村庄环境和生态资源，发展乡村旅游，2021年接待游客10万人次，村级旅游收入总计达3200万元。

（4）打造美丽乡村新样板。以小切口推进大战略，按照生态美、村庄美、产业美、生活美、风尚美"五美"建设标准，长沙市大手笔铺排建设955个美丽宜居村庄，让50余万农村居民的生活品质有了明显提高。同时，长沙市全力推进"四好农村路"高质量发展，2020~2021年共实施农村公路新改建近2500千米，获评省级"四好农村路"示范市，望城区率先全省实现"村村通公交"。深入推进垃圾、污水、厕所"三大革命"，累计完成农村改厕87.5万座，率先实现农村户用无害化厕所全覆盖；农村生活垃圾分类减量村覆盖率达100%，农村垃圾集中收运率、资源化利用率、无害化处理率均达100%，减量率达60%；积极推广农村散户污水处理"三池一地"模式，基本消除农村人口聚集区黑臭水体。

（5）走出共同富裕新路径。长沙市进一步提升农村低保、特困人员救助水平，低保月人均标准由650元提高至750元，特困人员基本生活月人均标准由843元提升至975元。截至2021年10月，全市有农村低保对象7.26万人，发放资金3.34亿元，月人均补差水平为441元；农村特困人员2.6万人，发放资金2.55亿元。加强本土产业人才培育，认定全国首批农业领域高层次人才46人，同等享受城市人才优惠政策；培育新型职业农民1974人、乡村工匠665人，构建形成多层次产业人才队伍。推动城市人才下乡服务乡村振兴，全市选派农业类科技特派员343名、医卫类科技特派员24名，276名城市医生通过备案制下基层服务，培训基层医务人员211名。持续加强就业帮扶。2021年1~10月长沙新增农村劳动力转移就业1.8975万人，完成目标任务的189.75%。全市147家就业帮扶基地（含原就业扶贫基地）、163家就业帮扶车间（原就业扶贫车间）共计就近就地吸纳农村脱贫劳动力就业1.05万人，扶贫公益性岗位安置脱贫劳动力就业1623人。

2. 湖南省湘潭市

湘潭市是湖南省辖地级市，因盛产湘莲而别称"莲城"，又称"潭城"。湘潭市下辖湘潭县、韶山市、湘乡市、雨湖区、岳塘区5个县（市、区），总面积5006平方千米。根据第七次人口普查数据，湘潭市常住人口为2726181人。

湘潭地肥水美，气候适宜，一直是全省全国重要的粮食、生猪生产基地，拥有湘莲、沙子岭猪、九华红菜薹、湘潭矮脚白、壶天石羊5个国家地理标志农产品，具备良好的资源优势、产业优势和品牌效应。近年来，湘潭市把脱贫职责扛在肩上，把脱贫任务抓在手上，深入贯彻执行党中央关于脱贫攻坚系列决策部署，脱贫攻坚任务如期完成。全市实现建档立卡贫困人口37667户102198人、59个省定贫困村脱贫"摘帽"。2015年，韶山市、雨湖区、岳塘区、湘潭高新区、湘潭经开区和昭山示范区6个县（市、区），园区实现建档立卡贫困人口全部脱贫。

（1）现代农业方面。2017~2021年，湘潭市围绕"一县一特"和"千亿产业"集群建设，稳步推进现代农业"百千万"工程和"六大强农"行动。各县（市、区），园区瞄准粮食、生猪、湘莲、茶叶、油茶、蔬果6条产业链，着力打造"一链一园""一链一公用品牌"。湘潭县梅林桥、湘乡市东郊、韶山市银田、雨湖区姜畬等十大现代农业示范园持续推进招商引资、项目建设和园区基础设施建设，270家经营主体累计投资34亿元，年产值达46.3亿元。截至2021年9月，湘潭市共有在册农民专业合作社4039家，其中，国家级示范社29家、省级示范社63家、市级示范社351家；拥有家庭农场4534家，其中，省级示范场34家、市级示范场181家。

农产品加工企业陆续增至706家，其中，国家级和省级龙头企业34家，农产品加工业产值与农业总产值比值达4.26：1，全省领先，伟鸿公司和步步高集团分别入围省标杆龙头企业和农业优势特色产业30强企业。

（2）脱贫攻坚方面。湘潭市因地制宜将贫困户"植入"项目链、产业链，创新推出"三带三帮"产业扶贫举措。先后探索总结出湘潭县"一亩田脱贫"模式、湘潭县立华牧业"扶贫农场"模式等10大产业帮扶模式。110家非公企业和39家行业商协会结对帮扶59个省定贫困村；1057家企业参与"千企联万户"行动，结对帮扶贫困户10537户，通过就业、创业和农产品销售让他们实现稳定脱贫，成为"三带三帮"产业扶贫的主力军。截至2020年底，湘潭市共实施产业扶贫项目1136个，形成了以沙子岭猪为重点的特色畜禽水产养殖产业链，以湘莲、蔬菜、茶叶为重点的特色经济作物产业链，以槟榔、楠竹为重点的农产品加工产业链，以花卉苗木、休闲体验为重点的乡村旅游产业链。通过直接帮扶、委托帮扶和股份合作等渠道，有33114户贫困户与企业、合作社"联姻"，帮扶占比达87.2%；有产业发展能力和愿望的贫困户，产业帮扶与利益联结覆盖率100%；产业扶贫和就业扶贫落实到户、惠及到人，"两业"覆盖率全省领先。

（3）特色产业方面。近年来，湘潭市立足"四保"目标（保产、保供、保价、保稳），坚持"三转"理念（生猪产业从分散养殖向规模养殖转变、从传统养殖方式向现代养殖方式转变、从单纯养殖向全产业链发展转变），践行"四化"路径（特色化、链条化、绿色化、精准化），稳步推进优质湘猪工程高质量发展。尽管2020年受非洲猪瘟和新冠肺炎疫情的双重影响，湘潭市仍出栏生猪235.2万头，超过省定任务。在深入实施优质湘猪工程、全国畜禽遗传改良计划和现代种业提升工程的过程中，湘潭市坚持走特色化发展之路，安排专项资金，明确专门机构，持续开展沙子岭猪保种选育工作。并与省畜牧兽医研究所、湖南农业大学等单位紧密合作，以沙子岭猪和引进猪种为育种素材，成功培育出湘沙猪新品种（配套系），这是全省第二个具有自主知识产权且通过农业农村部审定的畜禽新品种。截至2021年9月，湘潭市拥有一个沙子岭猪国家级保种场、2个扩繁场、3个保种区，共保存沙子岭种猪6000多头，年供种能力达20万头。①

3. 湖南省株洲市

株洲市是湖南省辖地级市。株洲市辖天元区、芦淞区、荷塘区、石峰区、渌口区5区，攸县、茶陵县、炎陵县3县，代管县级市醴陵市，此外设立有云龙示范区，总面积11262平方千米。根据第七次人口普查数据，株洲市常住人口为390.27万人。

2019年8月30日，株洲市发布了《株洲市乡村振兴战略规划（2018—2022年）》，提出按照"产业兴旺、生态宜居、乡风文明、治理有效、生活富裕"的总要求，突出规划引领、产业支撑、环境整治、示范带动，致力解决农业农村发展不充分不平衡问题，把株洲市建设成为全省农业农村现代化先行区、湘赣边区乡村振兴示范区、城乡统筹发展幸福区。把产业振兴摆在突出位置，提出以创建现代农业特色产业集聚区为抓手，着力培育3个综合产值过100亿元的产业（油茶、蔬菜、畜禽），4个综合产值过50亿元的产业［粮食、水果、大豆（豆腐）、农旅休闲］，强力推进特色强农、产业融合强农、科技强农、质量强农、开放强农、品牌强农"六大强农行动"。建成1个国家现代农业产业园（万樟园林）、2个省级现代农业特色产业集聚区（炎陵黄桃、醴陵油茶）、7个省级优质农副产品供应基地（茶陵红茶、鄢县白鹅、攸县大豆、渌口蔬菜、白关丝瓜等）、50个省级现代农业特色产业示范园、50个市级现代农业特色产业示范园。

---

① 共谱乡村振兴新篇章——近五年湘潭市农业农村工作成效和特色亮点回眸［EB/OL］．［2021-09-13］．http：//www.xiangtan.gov.cn/109/171/172/content_975973.html.

十九、广东省

广东省，简称"粤"，省会广州，位于中国大陆最南部，南岭以南，毗邻南海，与香港、澳门 2 个特别行政区，广西、湖南、江西和福建 4 个省份接壤，与海南隔南海相望，分为珠三角、粤东、粤西和粤北四个区域，下辖 21 个地级市、122 个县级行政区。广东省革命老区众多，包括土地革命时期的海陆丰根据地、东江根据地和抗日战争时期的广东抗日根据地，共有老区乡镇 775 个、老区村庄 10856 个，老区人口 654.6 万，老区乡镇数占 87 个县（市、区）乡镇（共1571 个）数的 49.3%。老区人口占全省的 10%。老区土地面积占全省土地总面积的一半以上，耕地面积占全省耕地总面积的 53%。[①]

（一）广东省经济发展概况

1. 广东省人口与经济概况

根据《广东省第七次全国人口普查公报（第一号）》，广东全省常住人口为 126012510 人，全省常住人口与 2010 年第六次全国人口普查相比，十年共增加 21709378 人，增长 20.81%，年平均增长率为 1.91%。根据《广东省第七次全国人口普查公报（第六号）》，全省常住人口中，居住在城镇的人口为 93436072 人，占 74.15%；居住在乡村的人口为 32576438 人，占 25.85%。与 2010 年第六次全国人口普查相比，城镇人口增加 24408259 人，乡村人口减少 2698881 人，城镇人口比重提高 7.97 个百分点。根据《广东省第七次全国人口普查公报（第二号）》，分区域看，珠三角核心区人口为 78014335 人，占 61.91%；沿海经济带东翼地区人口为 16321051 人，占 12.95%；沿海经济带西翼地区人口为 15758245 人，占 12.51%；北部生态发展区人口为15918879 人，占 12.63%。

根据《2020 年广东省国民经济和社会发展统计公报》，2020 年全省实现地区生产总值为110760.94 亿元，按可比价格计算，比上年增长 2.3%。其中，第一产业增加值 4769.99 亿元，增长 3.8%；第二产业增加值 43450.17 亿元，增长 1.8%；第三产业增加值 62540.78 亿元，增长2.5%。第一产业增加值占地区生产总值的比重为 6.4%，第二产业增加值比重为 33.7%，第三产业增加值比重为 59.9%。分区域看，珠三角核心区地区生产总值占全省比重为 80.8%；东翼、西翼、北部生态发展区分别占 6.4%、7.0%、5.8%。

根据《2020 年广东省国民经济和社会发展统计公报》和《2020 年广东居民收入和消费支出情况》，2020 年，广东居民人均可支配收入 41029 元，同比增长 5.2%，扣除价格因素，实际增长 2.5%。按常住地分，城镇居民人均可支配收入 50257 元，增长 4.4%，扣除价格因素，实际增长 1.8%；农村居民人均可支配收入 20143 元，增长 7.0%，扣除价格因素，实际增长 3.9%。社会消费品零售总额 40207.85 亿元，比上年减少 6.4%。

2. 广东省各市人口与经济概况

广东省下辖 21 个地级市，划分为珠三角、粤东、粤西和粤北四个区域，其中，珠三角地区包括广州市、深圳市、佛山市、东莞市、中山市、珠海市、江门市、肇庆市、惠州市 9 市；粤东地区包括汕头市、潮州市、揭阳市、汕尾市 4 市；粤西地区包括湛江市、茂名市、阳江市、

[①] 广东省革命老区 [EB/OL]. [2020-07-24]. http://www.zhongguolaoqu.com/index.php? m = content&c = index&a = show&catid = 16&id = 671.

云浮市4市；粤北地区包括韶关市、清远市、梅州市、河源市4市。

（1）地区生产总值方面，深圳市、广州市、佛山市居全省前三名。其中，深圳市位居第一，实现地区生产总值27670.24亿元。广州市排名第二，全年地区生产总值达到25019.11亿元。接下来是佛山市，地区生产总值10816.47亿元。深圳市、广州市遥遥领先于省内其他城市。

（2）地区生产总值增速方面，汕尾市以4.6%的增长继续位居前列。阳江市紧随其后，增速4.4%；云浮市排名第三，增速为4.1%。

（3）财政收入方面，2020年广东省21个地级市一般预算全口径财政收入排名前三位的分别是深圳市、广州市、佛山市，其中，广州市、深圳市2020年一般预算全口径财政收入分别为1722.79亿元、3857.46亿元，成为拉动广东整体实力跃升的重要动力。

（4）地区人口方面，与2010年第六次全国人口普查相比，广东省21个地级市中，有15个地级市的人口增加。人口增长较多的前3个市依次为：深圳市、广州市、佛山市，分别增加7136531人、5975805人、2304552人。

（5）其他方面，2020年广东省全体居民人均可支配收入位居全省前三的市分别是深圳市64878元、广州市63289元、东莞市56533元。社会消费品零售总额前三位的市分别是广州市9218.66亿元、深圳市8664.83亿元、东莞市3740.14亿元。

3. 广东省产业概况

根据《2020年广东省国民经济和社会发展统计公报》，2020年广东省第一产业对地区生产总值增长的贡献率为6.4%；第二产业对地区生产总值增长的贡献率为33.7%；第三产业对地区生产总值增长的贡献率为59.9%。三次产业结构比重为4.3∶39.2∶56.5，产业结构以工业、服务业为主。

（1）工业情况。广东省工业中电子信息产业、服装制造业较为突出。①电子信息产业。广东省新一代电子信息产业聚集明显，区域分布集中。新一代电子信息产业集群主要集中在通信设备制造业。2020年前三季度，在新一代电子信息产业的9个中类行业中，通信设备制造业实现工业总产值15367.56亿元，同比增长5.6%，实现增加值3367.03亿元，增长6.1%，占新一代电子信息产业的工业总产值和工业增加值的比重分别为51.9%、55.1%，拉动该产业集群增长3.2个百分点。其他拉动增长较快的行业还有广播电视设备制造和智能消费设备制造，分别增长56.8%、20.9%，拉动新一代电子信息产业增长0.6个和0.4个百分点。区域分布相对集中，全省新一代电子信息产业主要分布在珠三角地区。2020年前三季度，珠三角地区新一代电子信息产业实现工业增加值5965.20亿元，增长1.3%，占全省该产业集群的比重高达96.7%。分地市看，增加值总量较大地市主要有深圳（3706.31亿元）、东莞（1017.06亿元）、惠州（456.59亿元）和广州（304.58亿元）。①②服装制造业。广东服装产量约占全国的1/5，出口约占全国的1/4，服装企业主营业务年收入达到万亿级别，固定资产年投资额在900亿元以上。具有五大特点：一是广东服装品类齐全，产业链完整，全省各地形成了各具特色的27个服装名城名镇。二是广东服装品牌数以万计，全国各服装品类最强的品牌均在广东，全国高端男装品牌80%集中在广州。三是全国的1/4的优秀服装设计师在广东。全省有服装设计师15万名以上，其中，"中国十佳服装设计师"在广东工作的约占全国的1/4；中国时装设计"金顶奖"广东占60%，广东十佳服装设计师共200位。四是全国规模最大、辐射面最广的纺织服装专业市场在广东。其中，广州中大纺织市场集群、广州流花服装市场集群、东莞虎门富民服装市场集群等在全国有较大影响力，近年来在转型升级创新发展方面也取得了一些新进展。五是服装教育基础扎实。

---

① 中山产业研究院. 2020年前三季度广东新一代电子信息产业聚集情况分析：集中珠三角地区［EB/OL］. ［2020-12-19］. https://www.askci.com/news/chanye/20201219/1708451317321.shtml.

截至 2020 年 10 月，全省共开设有服装相关专业的本（专）科院校 30 多家，服装专业高校在校生约 3 万人，每年为广东乃至全国输送上万名专业人才。2020 年 1~8 月广东服装行业规模以上企业总产量降幅 22.8%，出口交货值下降了 38%，利润总额下降了 44%，用工下降了 18%，资产及负债指标与 2019 年同期基本持平。服装产量 21.81 亿件，同比下降 22.8%；工业销售产值 1456.88 亿元，比上年同期下降 21.7%；工业增加值 363.67 亿元，比上年同期下降 19%。出口交货值为 264.9798 亿元，同比下降 37.9%。企业资产合计 1813.35 亿元，比上年同期增长 0.2%；负债累计 917.98 亿元，比上年同期下降 0.3%；主营业务收入 1439.59 亿元，比上年同期下降 23.1%；主营业务成本 1206.27 亿元，比上年同期下降 23%；利润总额 46.73 亿元，比上年同期下降 44%；平均用工人数 51.1 万人，比上年同期下降 18.8%。①

（2）文化旅游产业发展情况。①综合竞争力全国领先。广东省文化及相关产业增加值从 2015 年的 3648 亿元增加至 2019 年的 6227 亿元，约占全国的 1/7，连续 18 年居全国首位；占全省地区生产总值比重从 2015 年的 5.01% 增长到 2019 年的 5.77%。全省旅游总收入从 2015 年的 9081 亿元增长至 2019 年的 15158 亿元；接待过夜游客从 2015 年的 3.62 亿人次增长至 2019 年的 5.31 亿人次。文化和旅游业成为全省国民经济发展的重要增长点。2020 年国庆中秋黄金周，全省共接待游客 4998.0 万人次，同比恢复 81.2%（按可比口径，下同），旅游总收入 356.7 亿元，同比恢复 68.6%；纳入监测的 150 家重点景区累计接待游客 1327.6 万人次，同比恢复 79.1%。13 家红色旅游经典景区累计接待游客 124.9 万人次，同比恢复 70.0%。②市场化程度相对较高。广东省文化产业 9 大类 146 个行业门类齐全，产业链条完整。文化及相关产业法人单位 29.74 万家，占全国的 14.14%；规模以上文化企业 9072 家，占全国的 15%，位居全国第一。全省旅游及相关产业主要有旅游出行、旅游住宿、旅游餐饮、旅游游览、旅游购物、旅游娱乐、旅游综合服务、旅游辅助服务八大类，拥有 3281 家旅行社。文化和旅游产业呈现体系健全、业态丰富、动能强大的格局，全省涌现出华侨城集团、省旅游控股集团、岭南国际集团、长隆集团、华强方特等一批综合竞争力强的龙头企业，广之旅、广东中旅等一批服务标杆企业，以及奥飞娱乐、励丰文化科技等一批文化创意企业。2015~2020 年，广东省创建国家级全域旅游示范区 5 家、国家级旅游度假区 2 家，新增 5A 级旅游景区 3 家，总数（15 家）位居全国第三；新增五星级饭店 3 家，五星级饭店总数（102 家）和星级饭店总数（637 家）均位居全国第一。③文艺精品创作繁荣发展。全省共有美术馆 136 个。创排演出潮剧《秘密交通站》等广受好评的新创剧目，9 部作品列入国家"百年百部"重点扶持工程。举办第十四届广东省艺术节、广东省艺术院团演出季、广东国际青年音乐周、广东现代舞周、广州爵士音乐节等品牌活动，现场展演的同时开展网上直播，打造"云上看展""线上春班""云公演"等平台，每季度推出线上线下版《广东文化旅游活动指南》。④公共服务体系和文旅品牌建设不断提升。全省形成较为完善的省市县镇村五级公共文化设施网络，共建成县级以上公共图书馆 146 个、文化馆 145 个、乡镇（街道）综合文化站 1614 个、村级综合性文化服务中心 25921 个，以及艺术表演场馆 44 个、美术馆 136 个、博物馆 343 个。出现粤书吧、深圳智慧书房、佛山邻里图书馆、韶关风度书房、河源源·悦书屋等新型阅读空间 1900 多家。②

（二）广东省乡村振兴阶段性成果

《广东省推进农业农村现代化"十四五"规划》数据显示，"十三五"时期广东省农业农村

① 南方日报．"省长杯"颁奖典礼圆满落幕，粤服协汇报广东省服装产业情况［EB/OL］．［2020-12-26］．http：//static. nfapp. southcn. com/content/202010/26/c4204987. html.

② 广东省文化和旅游厅．广东省文化和旅游发展概况［EB/OL］．［2021-03-09］．http：//whly. gd. gov. cn/open_newgd-swhhlygk/content/post_2721139. html.

取得历史性成就、发生历史性变革。①农产品供给能力实现新提升。粮食产量稳定在 1200 万吨，生猪年末存栏恢复到常年的 83%，"粤字号"农产品质优量增，产出约占全国 4.7% 的蔬菜、6.5% 的水果、5.2% 的肉类和 13% 的水产品。②现代农业建设取得新成效。全省农林牧渔业产值 7901.92 亿元，建成高标准农田超 2352 万亩，科技进步贡献率达到 70.2%，主要农作物耕种收综合机械化率达到 65%，农业发展由要素依赖加速向创新驱动转变。全省纳入全国名录系统的家庭农场 15.91 万家，农民合作社和社会化服务组织发展到 5.05 万个和 3.67 万个以上，土地流转率达到 50.45%，适度规模经营实现新发展。现代农业产业园蓬勃兴起，带动农产品加工业、服务业加快发展，全省农产品加工业产值与农业总产值之比达到 2.44∶1，休闲农业与乡村旅游年接待人数超过 1.35 亿人次，农产品短视频矩阵营销成为新亮点，一二三产融合发展新格局初步形成。③农业绿色发展迈出新步伐。全省化肥农药施用量连续 4 年实现负增长，畜禽粪污综合利用率在 75% 以上，秸秆综合利用率达到 91%，农膜回收率达到 90% 以上，农产品质量安全监测合格率连续五年稳定在 97% 以上。④农村面貌焕然一新。农村人居环境整治三年行动任务圆满完成，农村卫生户厕普及率达 95%，生活垃圾收运处置体系覆盖所有行政村，农村生活污水治理率达到 42% 以上。乡村基础设施和公共服务补短板步伐明显加快，自然村集中供水覆盖率达 87% 以上，农村光纤入户率近 57%，乡镇卫生院标准化建设达标率 99%。乡村社会和谐稳定，文明乡风、纯朴民风、良好家风加快形成。⑤农村改革取得新进展。承包地确权登记颁证顺利完成，农村土地征收、集体经营性建设用地入市、宅基地等改革试点扎实推进，经营性资产股份合作制改革有序开展。农业开放合作机制和政策加快创新，农业支持保护制度更加完善，城乡融合发展改革试点成效明显。⑥脱贫攻坚取得全面胜利。161.5 万相对贫困人口全部脱贫，2277 个相对贫困村全部出列。农民持续增收，全省农村居民人均可支配收入达到 2.01 万元，提前两年实现翻番，城乡居民收入比缩小至 2.5∶1 以下，恩格尔系数降至 37.1，农民获得感、幸福感、安全感不断增强。

同时，广东省把东西部扶贫协作作为分内之事和应尽之责，对口帮扶桂川滇黔 4 省（区）、14 个市（州）、93 个贫困县，累计投入帮扶资金 300 多亿元，选派党政干部 718 人次，专业人才支持 7741 人次，实施帮扶项目 4149 个，带动被帮扶省（区）344 万多贫困人口脱贫。

（三）广东省乡村振兴规划

2021 年 3 月 31 日，中共广东省委、广东省人民政府发布《关于实现巩固拓展脱贫攻坚成果同乡村振兴有效衔接的实施意见》，提出：①到 2025 年，全省农业农村现代化取得重大进展，珠三角地区率先基本实现农业农村现代化。强化现代农业产业体系建设。到 2025 年，培育 100 个省级功能性现代农业产业园，认定 300 个农业专业镇。支持农业龙头企业做大做强，到 2025 年，打造省级以上农业龙头企业 1400 家。推进家庭农场提质和农民合作社规范提升，到 2025 年，参与新型农业经营主体利益联结机制的农户覆盖率达到 60% 以上。实施地理标志农产品保护工程，到 2025 年，培育 10 个品牌价值超 100 亿元的区域公用品牌。强化农产品市场体系建设。②推进存量农房微改造，到 2025 年，珠三角地区 80%、粤东粤西粤北地区 60% 以上存量农房完成微改造。深化"千村示范、万村整治"行动，推进各地因地制宜梯次创建美丽宜居村、特色精品村，到 2025 年，粤东粤西粤北地区 80% 以上、珠三角地区 100% 行政村达到美丽宜居村标准。实施乡村风貌带建设工程，连片连线建设美丽乡村，推进每县（市、区）建设 1 个、广东垦区建设 6 个乡村风貌示范带，到 2025 年，"四沿"区域美丽乡村风貌带基本建成。③加快发展乡村美丽经济。大力发展旅游休闲与创意体验农业，力争到 2025 年休闲农业与乡村旅游接待人数突破 1.8 亿人次。开展休闲农业与乡村旅游示范创建，打造一批休闲农业与乡村旅游示范县、镇、村和风情小镇，塑造"粤美乡村"旅游品牌。

2019 年 7 月，中共广东省委、广东省人民政府印发《广东省实施乡村振兴战略规划（2018—2022 年）》，提出：①到 2022 年，全省建设 30 个粤菜烹饪技能人才省级重点和特色专业，开展"粤菜师傅"培训 5 万人次以上，直接带动 30 万人实现就业创业；加强农村专业人才队伍建设，编制乡村振兴人才发展中长期规划。②加强乡村振兴用地保障，积极推进农村综合改革。统筹农村土地制度改革，创新土地流转模式，引导土地经营权向新型农业经营主体集中。完善农村新增用地保障机制，盘活农村存量建设用地，全面推进农村建设用地拆旧复垦，力争到 2027 年完成全省农村闲置建设用地的拆旧复垦。深化集体产权制度改革，推进乡村振兴综合改革试点。③健全政府投入政策体系，引导社会资本参与，加大金融支农力度。落实国家实施乡村振兴战略财政投入保障制度要求，继续坚持财政优先保障，公共财政更大力度向"三农"倾斜。优化营商环境，加大农村基础设施和公用事业领域开放力度，实施推进"万企帮万村"，吸引社会资本参与乡村振兴，到 2022 年底，动员组织 10000 家左右企业参加。通过金融支农服务技术提升计划、农村贷款产品创新等手段，加快建立健全适合广东农业农村特点的现代农村金融体系，创新农村金融产品和服务，完善金融支农激励政策，力争到 2022 年全省涉农贷款余额超过 1.5 万亿元。④特殊区域发展。进一步提升革命老区、原中央苏区基础设施均衡通达程度，加大对老区苏区财力均衡性转移支付力度，逐步提升基本公共服务均等化水平。支持老区苏区加强红色传承和绿色发展，引导支持社会资本到老区苏区投资兴业，支持梅州、汕尾等积极创建革命老区高质量发展示范区。推动省内民族地区加快绿色发展，与其他地区交往交流交融。支持韶关、茂名、云浮等老工业城市和资源型地区创新转型发展，因地制宜加快发展接续替代产业，完善可持续发展长效机制。支持韶关产业转型升级示范区建设。整体谋划和推进与闽赣湘桂四省（区）相邻的边界县（市）发展。

（四）广东省部分市（区）乡村振兴概览

1. 广东省揭阳市

揭阳市，别称"岭南水城"，广东省地级市，潮汕四市之一，汕潮揭都市圈城市之一。地处粤港澳大湾区与海西经济区的地理轴线中心。辖 2 个市辖区、2 个县，代管 1 个县级市。陆地总面积 5240 平方千米，海域面积 9300 平方千米。根据第七次人口普查数据，截至 2020 年 11 月 1 日零时，揭阳市常住人口为 5577814 人。根据广东省统计局数据，2020 年，揭阳市实现地区生产总值（初步核算数）2102.14 亿元，比 2019 年增长 0.2%。

2020 年 6 月 17 日，揭阳市扶贫开发领导小组发布公告，揭阳全市 162 个省定相对贫困村全部达到退出标准。根据广东省扶贫信息系统统计，2019 年揭阳市贫困人口人均可支配收入达到 12543.4 元，同比增长 19.57%；162 个省定贫困村居民人均可支配收入达到 16595.29 元，同比增长 15.3%。截至 2019 年底，揭阳市贫困人口脱贫率 99.92%、退出率 99.02%，贫困村退出率 81.48%。

（1）打造商业集聚区。揭阳市普宁市新坛村先后获得"全国先进基层党组织""全国创建文明村镇工作先进单位"等国家级荣誉称号。新坛村位于普宁市区东郊，全村面积只有 2.27 平方千米，但人口有 1.5 万。地少人稠意味着乡村振兴不能只依靠第一产业。因此，新坛村大力打造商贸名村，助力乡村振兴。自 20 世纪 80 年代以来，新坛村已形成了以商贸为主，加工业、服务业为辅的产业结构。有工厂、企业 300 多家，服装、餐饮、百货等服务小商铺 400 多家，建立了水果、茶叶、水产、副食品等专业市场和综合市场，村集体纯收入超千万元，集体固定资产超亿元。

新坛村陆续建成了全长 1.77 千米、有 450 间商铺的"新坛一条街"；占地 2 万平方米、有 23 幢厂房的"工业加工区"；占地 3.8 万平方米、有 138 间铺位的"流沙水果专业市场"。最成功的是占地 4.56 万多平方米，拥有楼房 24 幢、商铺 276 间的"流沙茶叶专业市场"，吸引来自广东省内各市和福建省的茶商云集于此，市场长盛不衰。多家知名企业、现代化商贸中心落户新坛村。"普宁国际商品城"项目投资 12 亿元，占地面积 300 多亩，拥有服装辅料展销中心、商业步行街、批零中心和公寓写字楼等配套设施。"柏堡龙时尚文化创意园"项目投资 2.5 亿元，总建筑面积 8 万多平方米，专业从事服装创意设计。为配合商贸发展，新坛村集体还建起新坛物流中心、物流仓库等商贸基础设施。[①]

为了优化服务、营造商贸秩序，新坛村制订了《关于维护市场经营秩序的规定》《新坛村保护外商正当权益的规定》等乡规民约，使市场管理有章可循、有规可依；新坛村还为商户、厂家建立完整的服务体系，在各专业市场都完善了管理、保安、环卫、住宿、金融等配套机构，并提供代收税费、代办年检等服务项目。同时，还经常开展安全生产检查，及时调处经营纠纷，维护正常的经营秩序。

（2）接受省内帮扶。普宁市广太镇山后村接受东莞市委宣传部对口帮扶，采取企业与建档立卡有劳动能力贫困户结成对子，形成劳务合作关系，让贫困劳动力"在家打工"梦想成真。以"企业+村集体+贫困户"的模式，共投入 320 多万元，利用村集体用地建设两期厂房，推进扶贫车间建设，把制造业车间"搬"到贫困村。2020 年，第一期厂房成功招租运营，车间员工年平均收入可达 5 万元左右，贫困户年均增收 1000 元左右。第二期厂房完成验收，2020 年 9 月开始招租。两期厂房预计每年可为村集体创收 10 万余元。截至 2020 年 9 月末，东莞在揭阳市共建设扶贫车间 21 个。

截至 2019 年底，揭阳市 114 个相对贫困村集体经济收入从 2015 年的平均 2.9 万元增加到 2019 年的平均 24.22 万元；有劳动能力贫困户人均可支配收入平均达到 1.43 万元，是省定标准 8266 元的 1.89 倍。[②]

（3）提升村庄总体设计。鲤鱼沟村位于揭西县棉湖镇北部，是纯农革命老区村，鲤鱼沟村户籍人口 1757 人，常住人口约 1200 人。由于位置偏僻、交通不便、无主导产业、基础设施薄弱，属省定贫困村。通过推进基础设施建设，加大帮扶产业发展，改善人居环境建设，促进贫困户和村集体脱贫致富。截至 2019 年底，鲤鱼沟村 36 户贫困户和贫困村整村已脱贫出列，并先后获得广东省文明村镇、全国乡村治理示范村、国家森林乡村等荣誉。

在推进新农村建设过程中，鲤鱼沟村坚持规划先行，一张蓝图绘到底，旨在打造成一个山清水秀的美丽乡村，成为棉湖镇乃至全县一个新的休闲观光新农村建设示范点。2019 年以来，鲤鱼沟村依托优越的村址环境、宝贵的传统建筑资源、良好的农业产业基础，以潮汕民俗文化为核心，红色党建文化为特色，并辅以村庄鲤鱼吉祥文化，综合考虑项目地周边旅游市场，打造潮汕民俗文化活态展示馆、潮汕民俗体验旅游目的地。公共文化设施方面，打造民俗文化广场、村入口标识、民俗风情街等；景观提升方面，改造环线道路、休憩空间等；房屋改造方面，进行精品农房与庭院景观提升；同时提升环村道路、建设生态停车场等配套设施。此外，还融入了手工坊、书院、集市、民宿、农耕文化园等文旅融合产业项目。如今鲤鱼沟村已成为群众的打卡胜地，据统计，每天到鲤鱼沟村的游客人数都超过 1000 人次。[③]

（4）发挥村庄文化优势。揭阳市揭东区曲溪街道在努力提升人居环境的基础上，以文化振兴为突破口，依托各村资源优势，把群众对基层文化工作的建议和对不同文化的需求整合起来，

---

① 南方日报. 乡村振兴揭阳行①｜普宁新坛村：大力打造商贸名村，集体固定资产超亿元 [EB/OL]. [2018-09-25]. http://static.nfapp.southcn.com/content/201809/25/c1521797.html? group_id=1.

② 东莞日报. 走出一条高质量发展的"产业扶贫"之路 [EB/OL]. [2020-09-03]. https://epaper.timedg.com/html/2020-09/03/content_1625445.htm.

③ 资料来源：卓创乡建集团有限公司，http://checrc.com/index.php? id=291.

以扎实有效、不断出新的工作方式，持续为乡村振兴注入文化动能，走出一条文化振兴之路。

依托境内大港溪独特天然水系和片区内灯杆彩凤文化的优势，曲溪街道将民俗特色与新时代发展相结合，着力打造文化特色与生态景观兼具的"灯杆彩凤，积厚流光"大港溪美丽乡村精品路线，由有"彩凤之乡"美誉的云南、龙砂、港畔3个省级美丽乡村示范村围绕大港溪串联而成，沿线打造定安门、龙砂古庙、江氏家庙、古民居"百鸟朝凤"、"寿公祖祠"、"存道公祠"、滨江长廊、"卡珍"小半岛等景点。揭阳市揭东区曲溪街道东南侧的云南村的墙绘作品是涵盖了农耕文化、传统习俗、村风面貌等内容的艺术画，装点了原本单调不起眼的墙壁，也为曲溪街道打造"灯杆彩凤，积厚流光"大港溪美丽乡村精品路线增添了一抹亮丽的色彩。作为大港溪美丽乡村精品路线的3个美丽乡村示范村之一，云南村在不断改善村居环境的同时，积极探索创新，结合当地实际，把乡村文化融入墙绘艺术中，变灰白墙体为绚丽多彩的宣传文化阵地，在潜移默化中提高村民的文明素养，美化环境，让云南村成为网红旅游地。①

2. 广东省汕尾市

汕尾市，位于广东省东南部沿海、珠江三角洲东岸，东邻揭阳惠来县，西连惠州惠东县，北接梅州市和河源紫金县，南濒南海，总面积4865.05平方千米。下辖1个市辖区、2个县，代管1个县级市。根据《广东省第七次全国人口普查公报（第二号）》，截至2020年11月1日零时，汕尾市常住人口为2672819人。根据汕尾市统计局《2020年汕尾市经济运行情况分析》，2020年汕尾市实现地区生产总值1123.81亿元，同比增长4.6%。汕尾市是全国13块红色革命根据地之一，中国第一个县级苏维埃政权诞生地，全市4个县（市、区）均为一类革命老区县；是闽南文化、潮汕文化、客家文化、广府文化交汇地，有9项国家级、28项省级非物质文化遗产。

汕尾市依托本地红色文化资源、绿色生态资源等优势，大力构建"一镇一业""一村一品"农业发展体系和特色产业发展模式。2016~2019年，通过3年的"造血式"扶贫，汕尾市农村居民人均可支配收入达到14852元，增长10%，在粤东、粤西、粤北各市中增幅第一，广东省第5；3年累计实现脱贫人口109060人，有劳动力脱贫人口人均可支配收入11692.2元，脱贫率为85.41%，在广东省2018年度扶贫开发成效考核中获得了"好"的等次。

（1）打造示范带。汕尾市由原来注重个别村庄的点状建设转变为突出片区打造，带动整体提升。为防止千篇一律，汕尾坚持立足实际、因地制宜，高质量抓好示范带规划编制，在市城区打造首善之城、善美之区"生态农旅"和"蚝情万丈"两条示范带；在海丰县高标准设计"大湾区红色文化体验景观示范带"和"大湾区生态康养体验景观示范带"两条示范带；在陆丰市打造"乡村农业生态休闲观光"和"滨海走廊"两条示范带；在陆河县打造"客家文化长廊"和"天然氧吧休闲"两条示范带；在红海湾经济开发区打造遮浪滨海风情乡村示范带；在华侨管理区打造侨文化农旅小镇示范带。

在原有村庄规划的基础上，聘请有经验的第三方团队编制景观带总体策划、项目规划和方案设计。乡村振兴示范带建设项目规划必须符合空间规划、村庄规划等要求，注重可落地、可实施，边设计、边实施，确保项目建设有设计方案，有施工图纸，并对沿线村庄内农房风貌进行统一管控，确保与周边环境相协调。

2020年示范带沿线村集体平均收入172.56万元，同比增长32.6%，农村常住居民人均可支配收入2.3万元，同比增长13.2%，实现了示范带片区农业高质高效、农村宜居宜业、农民富裕富足，成为产业振兴带动乡村振兴的范本。

---

① 南方网．揭阳曲溪街道：为乡村振兴注入文化动能［EB/OL］．［2021-08-26］．https：//news.southcn.com/node_54a44f01a2/46b8a31453.shtml.

（2）挖掘红色文化资源。汕尾市是全国 13 块红色革命根据地之一，也是中国第一个县级苏维埃政权诞生地、老一辈无产阶级革命家彭湃烈士的故乡，拥有丰富的红色文化资源。汕尾市依托本地红色文化资源优势，探索"红色+"发展模式，打造基层党建引领乡村振兴范本。其中，汕尾市陆丰市金厢镇下埔村是 1927 年南昌起义后周恩来等人南下途中休养时住过的村庄，也是汕尾市红色革命教育基地之一。2018 年起，下埔村挖掘、保护、利用其独有的红色资源，做大做强红色产业，带动了乡村旅游发展。

（3）构建"田"家形基层党建。汕尾市委组织部实施"红色细胞工程"，筑牢镇、村、组三级战斗堡垒，以"大数据+网格化+群众路线"机制联结，构建"田"字形基层党建引领基层治理新格局。推进抓党建促脱贫攻坚，落实一村一"第一书记"+党建指导员的"组团式"帮扶，全市 137 个贫困村、12.15 万名建档立卡贫困人口如期脱贫出列，聚力"八个美丽"铺开乡村振兴示范带建设，党建引领乡村振兴工作初显成效。市委组织部还着力开展"双报到双服务""一亲三心"活动，走实、走好新时代群众路线。制定《汕尾市党员教育基地建设管理办法（试行）》，全面铺开排查整顿农村发展党员违规违纪问题工作，不断提高发展党员工作质量，2019年汕尾市新发展党员 1699 名。①

例如：晨洲村的"党员商铺""党员蚝田"远近闻名，党总支推进一二三产业高质量融合发展，鼓励先富带后富，走好群众路线。村干部织细织密"基层服务+技术指导+示范带富"组织网络；党员亮身份，履行党员责任岗，与村民结对致富。"党员商铺"亮牌承诺使党员诚信致富示范效应延伸到群众当中，晨洲村 7 名共产党员养殖好手拿出 185 亩"党员蚝田"。建立技术培训基地，帮助村民在养殖业、服务业成为行家能手。

在实际工作中，汕尾市注重加强党员队伍建设，把党员培养成致富带头人，把致富带头人培养成党员，推动党员作用发挥与产业发展深度融合，其中一大批表现突出、带领群众致富的党员先进典型在乡村振兴中脱颖而出。例如：陈佩唐是农户眼中的"带头人"，他放弃深圳的发展机会回到晨洲村，通过招商引资实现土地良性流转 200 多亩，以"土地入股+农户就业+效益分红"的模式，引进葡萄项目。为晨洲村农户提供稳定就业岗位 25 个，零散就业岗位 50～100个，解决贫困户就业的同时，使晨洲村剩余劳动力灵活就业。全村共 140 户贫困户和农户通过土地流转入股参与该项目，土地流转年收益约 18 万元，实现户增收 4 万元，人均增收 3000 元，村集体每年可获分红收益 30 万元。

莲花村党支部通过"党建+阵地、产业、人文、生态"的发展模式，科学整合了原莲花小学教学阵地资源，建成融合党群服务中心、党校分教点功能为一体的党建文化广场，高标准打造温厝村文化广场、游客接待中心等阵地。党员干部先行示范，村容村貌迅速改变，党群齐心协力，最终建成茶艺体验街、花海、观景台等景点，吸引了一批又一批游客来此打卡。除了优美的网红景点，莲花村的文化气息浓郁。莲花村新建新时代文明实践所、村史馆、文化礼堂等配套设施。2019 年，海丰县被列为全国新时代文明实践中心试点县，在温厝村建起了海城镇新时代文明实践所，作为党建引领文化振兴的一个重要载体，除了文明实践活动外，还上演了一些地方民俗活动。海丰县将本地特色戏曲、民俗活动与开展党史学习教育结合起来，利用海城镇新时代文明实践所这个平台、场地，策划了多场非遗文化与党史教育相结合的节目，让党史学习教育更走心。在乡村振兴工作中，莲花村贯彻落实汕尾市委抓党建促乡村振兴"3+1+7"工作思路，按照相关部署，深入开展"一亲三心"活动，在党员干部的示范带动下，最终实现了

---

① 汕尾广播电视台.汕尾市先进集体市委组织部：凝心聚力，奋进靓丽明珠［EB/OL］.［2021-06-03］.https://baijiahao.baidu.com/s? id=1701545015442001789.

乡村美丽和产业振兴的美好局面。①

（4）发展生蚝养殖。晨洲村有着 300 多年的养蚝历史，被誉为"中国蚝乡"。晨洲村坚持党建引领，走出了一条蚝民增收、蚝业增效、蚝村富裕的富民兴村之路，打造了集技术研发、高端育种、科学育苗、绿色养殖、精深加工、产品销售和品牌推广于一体的全产业链，实现生蚝的产、供、销一体化经营。2019 年，蚝业总产值达 4.6 亿元，同比增长 20% 以上；农民人均年收入达 5.8 万元，同比增长 20%。

汕尾市红草镇晨洲村生蚝产业依托"粤菜师傅+乡村振兴"发展模式，在乡村振兴中迸发出磅礴力量。2021 年 4 月 26 日，广东省人力资源和社会保障厅在汕尾举行"粤菜师傅·幸福菜谱"——汕尾市晨洲生蚝菜谱发布会，第一站就走进晨洲村，以菜品现场展示、手绘、短视频等形式，推出脆炸晨洲蚝等 6 道生蚝特色菜式。广东省有关专家表示，晨洲村蚝经济链条成熟，生蚝产业发达，生蚝菜式丰富，是有清晰标识度的粤菜品牌。截至 2021 年 4 月，晨洲村全村养殖面积 1.8 万亩，2019 年晨洲蚝年产量 1.5 万吨壳蚝，经济总值约 3.1 亿元，村集体收入 72 万元，人均可支配收入超过 5 万元。推出的生蚝菜谱有利于打造"中国蚝乡"地理标识和"吃在汕尾"粤菜品牌，延长生蚝养殖产业链，助力汕尾乡村振兴发展。②

在汕尾市城区党政和红草镇的重视下，随着"美丽乡村"建设以及特色精品村建设，晨洲村蚝产业走上了生态化养殖、规范化产业运营的道路。小蚝町、乱石头养蚝的模式被淘汰。在晨洲蚝生态产业园内，万亩蚝町生产基地规模宏大，盛养生蚝的竹筐排列整齐。晨洲村发展"公司+基地+股民"养殖产业，规划生活居住、万亩蚝田和湿地观光三大功能区，建设鹭家蚝门、蚝情文化广场等景点，逐步建成一个设施完备、功能多样的观光园区，晨洲村被打造成"广东第一蚝"的"观赏花园"。

晨洲村原有 12 家规模较大的蚝产品加工公司，共有工人 400 多名，通过整合 12 家蚝产品加工公司，成立了汕尾晨洲蚝业协会和广东晨洲蚝业发展有限公司。以打造"晨洲蚝"特色品牌为重点，链条打造晨洲蚝产业，积极推进晨洲蚝养殖基地建设，初步形成了养殖、加工、销售产业链，蚝产品远销广州、深圳、香港等地，明蚝年加工量约 1200 吨，加工产值约 1.08 亿元。③

（5）发展生态旅游业。截至 2021 年 5 月，晨洲村已建成蚝文化展示馆、长沙村水鸟天堂、新村新时代文明实践站等 22 个节点项目，沿线建设农家乐 14 家、"四小园" 133 处、标准化公厕 11 座、垃圾收集点 24 个、一体化污水处理站 8 座，完成农房风貌提升 813 座，4 个行政村均达到美丽宜居村的标准。

截至 2021 年 4 月，海丰县莲花山茶已形成以 4 个镇为核心的茶叶产业带，全县有茶园面积 3.5 万亩，年产 0.4 万吨，年产值 4.39 亿元，是海丰县优势特色产业。④ 海丰县莲花山地区也属省级乡村旅游示范线路、汕尾市生态旅游精品线路和海丰县休闲生态旅游农业公园，一二三产业融合发展水平较高。海丰县通过党群积极响应号召，齐心协力，最终建成茶艺体验街、花海、观景台等景点，吸引了多批游客参观旅游。

其中，占地 450 平方米、十多米高的"观茶鸟巢"是海丰县最有代表性的"网红景点"。登上"观茶鸟巢"，一大片茶园尽收眼底。远处还有连绵起伏的莲花山，令人顿感心旷神怡。"观

---

① 中共汕尾市委宣传部．汕尾：抓党建促乡村振兴，红色动能引领乡村发展［EB/OL］．［2021-05-13］．https：//baijiahao. baidu. com/s？ id=1699613622243115520&wfr=spider&for=pc.

② 汕尾日报．党建引领产业兴 蠔情万丈蚝有范 城区红草镇晨洲村以"三个共建"打造乡村振兴示范带［EB/OL］. ［2021-05-12］．http：//www. shanweinews. net/shanweinews/jrgz/202105/0ca61a127951439cb03f59722f19cac5. shtml.

③④ 中共汕尾市委宣传部．汕尾：抓党建促乡村振兴，红色动能引领乡村发展［EB/OL］．［2021-05-13］．https：//baijiahao. baidu. com/s？ id=1699613622243115520&wfr=spider&for=pc.

茶鸟巢"只是其中一个景点,沿着游览路线往下走,是绿树婆娑的林荫栈道和乡间茶垄。温厝村只是海丰县生态康养休闲景观示范带的一部分,邻近的建祖村、柑洲坑村、顾莲峙村、田畔村与温厝村连为一体,形成了颇具规模的景观示范带,整个景观示范带全线长 20.5 千米,覆盖莲花山片区 5 个行政村、22 个自然村,精心打造景点景区 26 个,受益人口超过 3.5 万人。①

2020 年莲花村集体经济收入 16.2 万元,2021 年可达到 80 万元;农民人均收入 3.8 万元,温厝村人均收入 6.6 万元。

3. 广东省潮州市

潮州,广东省地级市,潮汕四市之一,汕潮揭都市圈城市之一,位于广东东部,北靠梅州,南濒南海,东邻漳州,西接揭阳、汕头。下辖 2 个区、1 个县,总面积 3146 平方千米。根据《广东省第七次全国人口普查公报(第二号)》,截至 2020 年 11 月 1 日,潮州市常住人口为 2568387 人。2020 年末,潮州市户籍总人口 93 万。根据《2020 年潮州市国民经济和社会发展统计公报》,2020 年,潮州市实现地区生产总值(初步核算数)1096.98 亿元,比 2019 年增长 1.3%;三次产业结构比重为 9.7∶47.3∶43.0。

潮州市深入贯彻落实习近平总书记对"三农"工作的重要指示批示精神,严格按照省委、省政府的有关部署要求,围绕"产业兴旺、生态宜居、乡风文明、治理有效、生活富裕"的总要求,凸显潮州特色,坚持抓龙头、抓产业、抓硬件、抓软件、抓攻坚和抓保障"六个抓"并重,多措并举推动乡村产业振兴、人才振兴、文化振兴、生态振兴、组织振兴。

(1)有效扶贫。潮州市实施"产业规划+资产扶贫""优质项目+乡村品牌"等工程,45 个省定贫困村均设立产业扶贫项目。建起"村村通就业信息网"平台,发布企业 348 家次,组织"送岗位"进村入户,实现"家门口"找工作,为贫困户提供工作岗位 5725 个。对贫困劳动力开展订单式培训,实现就业超万人。积极鼓励和引导扶贫促进会、潮州慈善总会、"中潮慈善爱心基金""万企帮万村"等社会力量参与脱贫攻坚,提供更加灵活、有效的扶贫方式。②

(2)人才振兴。潮州市实施"头雁工程",全力整顿软弱涣散基层党组织,安排 64 名领导挂点包村指导软弱涣散村(社区)党组织,并选派工作组和第一书记驻村帮助整顿,组织外出学习、业务培训 2400 多人次;在村建立乡贤咨询委员会,广泛动员乡贤参与家乡建设,该经验获评"广东治理现代化"优秀案例和全国"创新社会治理典型案例"③。实施乡村专业人才培育工程、新乡贤返乡工程、基层医疗人才"杏林新绿"计划等,不断壮大乡村振兴人才队伍。大力实施"潮州菜师傅"工程,"送教上门"培养乡村厨师 400 多名。

(3)潮州特色文化引领。一是坚持规划先行,突出"潮味"风貌。按照中共广东省委"千村示范、万村整治"工程,全域推进潮州市生态宜居美丽乡村建设"的指示要求,坚持规划先行,注重建筑文化保护与传承,突出潮州传统特色和人文风貌。制定配套农村住房的建设管理办法,全面加强乡村风貌的审批、监督和管理。出台《潮州市美丽乡村民居建筑设计指引》《潮州市美丽乡村特色风貌营造工作指引》,为美丽乡村建设提供可行性强的指导意见。搭建专家指导平台,专门研究解决设计施工过程中碰到的现实问题并提供现场指导,确保更好突出潮州文化特征和人文风土,全力打造有乡愁、有文化、有灵魂的美丽乡村。2018 年底,已涌现了具有乡村旅游特色的英粉村、具有民间艺术传承的大吴村、具有古建筑活化的市头村等一批成功典型,在生态宜居美丽乡村建设中发挥了重要示范作用。

———————————

①　中共汕尾市委宣传部. 汕尾:抓党建促乡村振兴,红色动能引领乡村发展 [EB/OL]. [2021-05-13]. https://baijiahao.baidu.com/s? id=1699613622243115520&wfr=spider&for=pc.

②③　潮州市人民政府. 潮州市"六个抓"深入实施乡村振兴战略 [EB/OL]. [2019-02-19]. http://www.chaozhou.gov.cn/zwgk/zwdt/qsdt/content/post_3611071.html

二是坚持品牌带动实施"潮味工程"。将"潮州菜师傅"工程与乡村振兴、精准扶贫结合起来，出台了"潮州菜师傅"工程实施意见，全面打造潮州菜品牌。在全市选择 10 个有特色旅游资源的乡村创建"潮州菜烹饪技能人才培训基地"，传承潮州菜历史文化精华和精湛技艺，致力打造一批潮州菜名厨、名菜、名店、名村和"厨师村"，构建具有"农家乐"特色的"一村一店一菜"的乡村旅游项目。

三是坚持文化引领，弘扬"潮味"文化。潮州市充分发挥潮州文化优势，积极实施传统历史文化挖掘工程，举办潮州文化学术研讨和交流活动，传承复兴优秀文化。大力开展"百家修百祠"活动，深入挖掘整理优秀祠堂文化，宣传优秀家训祖训，制订完善村规民约，推动社会主义核心价值观进村入户。大力弘扬传统"祖训"家风，开展"集体劳动日""读书日""敬老日""妇幼日"等活动，树立良好家风、淳朴民风。大力传承拓展潮文化特色，弘扬潮州音乐、潮剧、潮州大锣鼓、铁枝木偶等戏曲文化，发展金漆木雕、抽纱刺绣、竹编、泥塑、手拉壶等传统工艺美术。通过挖掘拓展一系列潮文化，将潮文化融入乡村生产生活，形成良性乡村文化生态，为乡村振兴战略的深入有效实施塑形铸魂。

（4）茶产业数字化。潮州市以建设饶平茶叶省级现代农业产业园等 5 个现代农业产业园区为带动，引导优势产业向园区集聚，着力打造茶叶、水产 2 个百亿级农业产业集群。大力发展"一村一品、一镇一业"，2019 年建成绿色茶叶产业带 19.3 万亩，年产值超 35 亿元，形成茶叶专业镇 2 个、茶叶专业村 100 余个；建成铁皮石斛生产带 2000 亩，年产值超 2.2 亿元；建成浮滨狮头鹅良种繁育示范基地原种场 2 个，年产值达 5 亿元。推广实行"龙头企业+基地+农户"三级联动模式，做大特色农业，全市 45 家龙头企业带动农户 8.3 万户，户均增收 1892 元。①

2020 年，潮安区及凤凰镇分别成为广东省数字乡村发展 10 个试点县区和 20 个试点镇之一。凤凰山上，茶树之间"电子小眼睛"监管茶园。茶农无论走到哪儿，都可以通过手机或者电脑查看茶园的温度、土壤湿度、风向、风速等相关数据变化，同时可以观看茶叶生产过程，更精准地帮助指导生产，保持茶叶产量稳定，提升茶叶品质。与此同时，依托技术，凤凰单丛茶生长、采摘、炒制、上市全程记录，潮安区还建立了茶叶安全生产溯源系统，通过扫描溯源二维码可查看产品介绍、采集期、生产规模、物流运输等产品溯源详情信息，为凤凰镇各大茶企提供产品信息和生产过程管理功能，实现不可篡改的茶叶溯源"农货链"，并提供生产过程直播功能。

这是数字乡村的又一次升级。买家通过网络，完全透明地看到茶叶种植、采摘、管理等茶树"成长信息"，确保了茶产业的健康"生命线"，溯源更是一种保障，加强了品牌保护，实现了"来源可溯、去向可查、责任可追"的食品安全管理高标准。2021 年 4 月，茶企"宋茶荟"已将主营的优势茶产品、茶器、茶点等信息上链，生成 23 个溯源二维码，实现产品溯源。潮安区还将在凤凰、归湖等镇选取一批有代表性的茶园建设"数字茶园"，并鼓励企业进行技术改造，在生产管理中植入数字元素，建设数字农业产业园。

数字农业赋能乡村振兴不仅体现在茶叶生产上。潮安区以"数字凤凰"小程序作为载体，持续推进"美丽乡村""单丛茶云名片"等应用，建设乡村文旅、村民守望、乡村服务站、村民自治等子模块，同时，利用物联网、云计算、大数据、VR、5G、直播等新技术，打造高效优质的"互联网+现代农业"，向国内乃至国际展现潮州农企和品牌农产品。"数字凤凰"平台已经上线 9 家茶企，村民搭建起自己的"数字云店"，实现农产品从田头到餐桌的全程追溯。②

---

① 潮州市人民政府 . 潮州市"六个抓"深入实施乡村振兴战略［EB/OL］.［2019－02－19］. http：//www. chaozhou. gov. cn/zwgk/zwdt/qsdt/content/post_3611071. html

② 澎湃新闻 . 加码乡村振兴 潮州农业"黄金机遇"爆发更多"黄金效益"［EB/OL］.［2021－09－30］. https：//www. thepaper. cn/newsDetail_forward_14736865.

（5）非遗资源挖掘。加大乡村传统古村落及文物、非遗项目保护力度，共有 4 个村入选"中国传统村落"名录，8 个村入选"广东省古村落"名录，黄冈镇霞西村获评"中国民间文化艺术之乡"，浮洋镇大吴村获评"广东省民间文化艺术之乡"，潮州全域被评为"中国民间工艺传承之都"。强化乡村非遗资源的挖掘保护，对能体现乡村优秀传统文化，具有鲜明的民族或者地域特色，并在当地有较大影响的非物质文化遗产设立项目予以保护。聚焦潮州菜和珠绣在乡村生产生活中的重要地位，加大对两项技艺的保护传承力度，潮州菜烹饪技艺和粤绣（珠绣）申报为第五批国家级非遗项目名录。加大对优秀传统民间艺术的保护传承力度，培育一批特色鲜明、有影响力的乡村文化品牌，潮安区浮洋镇的"大吴泥塑"、金石镇的"潮州嵌瓷"、饶平县黄冈镇的"饶平布马舞"和湘桥区的"潮州木雕"入选 2021-2023 年度"广东省民间文化艺术之乡"。投入资金支持非遗项目保护单位、传承人进乡村。截至 2021 年 9 月，全市有市级以上非遗项目 106 项、传承人 188 名，其中相当一部分项目保护单位、传承人长期深入乡村展演、展示、传习非遗技艺。潮州市潮剧团推进潮剧进校园、进乡村，潮剧走进 20 多所中小学和 10 多个乡村展演；潮安区金石镇龙阁木偶剧团在 10 多所中小学校演示潮州铁枝木偶戏，超过 3000 名学生直接参与学习操作。[1]

（6）基础设施改造。潮州市编制实施《潮州市美丽乡村民居建筑设计指引》《潮州市城乡村民住宅建设管理办法》等文件，统筹安排 1 亿元启动 250 个行政村美丽乡村建设。狠抓"千村示范、万村整治"工程，456 个行政村全部完成村庄初步规划编制，45 个省定贫困村完成村庄整治规划编制，水利、交通、电力、垃圾处理等基础设施全面完善，先行先试的示范片、示范村的风貌和特色已初步彰显。湘桥区意溪镇、饶平县钱东镇分别入选国家和省特色小镇创建工作示范点，共有 21 个镇被认定为省级专业镇。[2]

二十、广西壮族自治区

广西壮族自治区，简称"桂"，省会南宁市，位于中国华南地区。广西陆地面积 23.76 万平方千米，海域面积约 4 万平方千米。广西下辖 14 个地级市、60 个县（含 12 个自治县）、10 个县级市、41 个市辖区。

（一）广西壮族自治区经济发展概况

1. 广西壮族自治区人口与经济概况

根据《广西第七次全国人口普查主要数据公报》，广西壮族自治区常住人口为 50126804 人，与 2010 年第六次全国人口普查的 46026629 人相比，十年共增加 4100175 人，增长 8.91%，年平均增长率为 0.86%。广西壮族自治区常住人口中，汉族人口为 31318824 人，占 62.48%；各少数民族人口为 18807980 人，占 37.52%，其中，壮族人口为 15721956 人，占 31.36%。与 2010 年第六次全国人口普查相比，汉族人口增加 2402728 人，增长 8.31%；各少数民族人口增加 1697447 人，增长 9.92%，其中，壮族人口增加 1273534 人，增长 8.81%。广西壮族自治区常住

①　文化潮州．潮州：下好文化振兴棋，催生乡村振兴内生动力［EB/OL］．［2021-09-08］．http：//bendi.news.163.com/guangdong/21/0908/11/GJCBPBQ504179HUV.html.

②　潮州市坚持"六个抓"并重　多措并举实施乡村振兴战略［EB/OL］．［2019-03-25］．https：//www.sohu.com/a/303601319_120044676.

人口中，居住在城镇的人口为 27170956 人，占 54.20%；居住在乡村的人口为 22955848 人，占 45.80%。与 2010 年第六次全国人口普查相比，城镇人口增加 8752281 人，乡村人口减少 4652106 人，城镇人口比重提高 14.18 个百分点。

根据《2020 年广西壮族自治区国民经济和社会发展统计公报》，2020 年，广西生产总值（GDP）22156.69 亿元，按可比价计算，比 2019 年增长 3.7%。其中，第一产业增加值 3555.82 亿元，增长 5.0%；第二产业增加值 7108.49 亿元，增长 2.2%；第三产业增加值 11492.38 亿元，增长 4.2%。第一、第二、第三产业增加值占地区生产总值的比重分别为 16.0%、32.1% 和 51.9%，对经济增长的贡献率分别为 21.9%、19.9% 和 58.2%。2020 年，广西粮食种植面积 2806 千公顷，比 2019 年增加 59 千公顷；工业增加值 5221.24 亿元，比 2019 年增长 1.2%；批发和零售业增加值 1820.31 亿元，比 2019 年增长 3.1%。

2020 年，广西居民消费价格（CPI）比 2019 年上涨 2.8%。工业生产者出厂价格下降 0.6%。工业生产者购进价格下降 1.5%。农产品生产者价格上涨 15.5%。2020 年，广西居民人均可支配收入 24562 元，比 2019 年名义增长 5.3%，扣除价格因素，实际增长 2.4%。居民人均可支配收入中位数 19823 元，名义增长 3.9%。按常住地分，城镇居民人均可支配收入 35859 元，比 2019 年名义增长 3.2%，扣除价格因素，实际增长 0.7%。城镇居民人均可支配收入中位数 32995 元，增长 1.9%。农村居民人均可支配收入 14815 元，比 2019 年名义增长 8.3%，扣除价格因素，实际增长 4.6%。农村居民人均可支配收入中位数 13523 元，增长 7.5%。城乡居民人均可支配收入比值为 2.42，比 2019 年缩小 0.12。2020 年，广西居民人均消费支出 16357 元，比 2019 年名义下降 0.4%，扣除价格因素，实际下降 3.1%。其中，人均服务性消费支出 6610 元，比 2019 年下降 5.5%，占居民人均消费支出的比重为 40.4%。按常住地分，城镇居民人均消费支出 20907 元，名义下降 3.2%，扣除价格因素，实际下降 5.6%；农村居民人均消费支出 12431 元，名义增长 3.2%，扣除价格因素，实际下降 0.3%。广西居民恩格尔系数为 34.2%，其中，城镇为 33.9%，农村为 34.6%。

2020 年，广西城镇新增就业 36.52 万人，比 2019 年少增 4.85 万人。年末城镇登记失业率为 2.77%。全区农民工①总量 1258.1 万人，比 2019 年下降 2.3%。其中，外出农民工 853.7 万人，下降 4.5%；本地农民工 404.4 万人，增长 2.9%。

2. 广西壮族自治区各市人口与经济概况

广西壮族自治区辖 14 个地级市，分别为南宁市、柳州市、桂林市、梧州市、北海市、崇左市、来宾市、贺州市、玉林市、百色市、河池市、钦州市、防城港市、贵港市。根据广西壮族自治区统计局 2020 年 1~12 月主要经济指标：

（1）地区生产总值方面，南宁市经济遥遥领先，地区生产总值总量 4726.34 亿元，同比增长 3.7%。柳州市、桂林市排名第二和第三，地区生产总值总量分别为 3176.94 亿元、2130.41 亿元。此外，玉林市、钦州市、贵港市、百色市、北海市、梧州市地区生产总值总量超千亿，其中，梧州 2020 年地区生产总值突破千亿大关，成为广西第九个千亿以上城市。地区生产总值在千亿以下的共有 5 个城市，包括河池市、崇左市、贺州市、防城港市、来宾市。

（2）财政收入方面，广西 2020 年财政收入 2800.61 亿元，比 2019 年下降 5.7%。其中，9 个城市财政收入超百亿。南宁市财政收入最高，达 796.09 亿元。柳州市、桂林市排名第二和第三，财政收入分别为 382.68 亿元、207.87 亿元。北海市、钦州市、玉林市、百色市、贵港市、梧州市财政收入超百亿。6 个城市财政收入增速正增长，其中，贵港市、来宾市财政收入增速超

---

① 年度农民工数量包括年内在本乡镇以外从业 6 个月及以上的外出农民工和在本乡镇内从事非农产业 6 个月及以上的本地农民工。

10%，分别为 14.0%、12.9%。柳州市、桂林市、北海市财政收入降幅超 10%，同比分别减少 12.3%、19.7%、20.7%。

（3）地区人口方面，根据《广西壮族自治区第七次全国人口普查主要数据公报》，截至 2020 年 11 月 1 日零时，广西 14 个地级市中，人口超过 500 万的市有 2 个。南宁市常住人口数为 8741584 人，占全省人口比重为 17.44%。玉林市常住人口数为 5796766 人，占全省人口比重为 11.56%。人口为 300 万至 500 万的市有 6 个，人口为 100 万至 300 万的有 6 个市，其中，防城港市常住人口为 1046068 人，为广西全区人口最少的市。

（4）人均可支配收入方面，根据《2020 年广西壮族自治区国民经济和社会发展统计公报》，2020 年广西壮族自治区人均可支配收入为 24562 元。柳州市 2020 年人均可支配收入为 30500 元，南宁市人均可支配收入为 30114 元，是广西仅有的两个人均可支配收入超过 3 万元的城市，也是广西地区生产总值最高、发展最好的两个城市。

3. 广西壮族自治区产业概况

在产业方面，"十三五"期间，广西积极推进传统产业"二次创业"，着力培育壮大新兴产业。截至 2019 年，全区战略性新兴产业企业超 750 家，战略性新兴产业增加值对工业增长贡献率超过 40%。新材料、新能源汽车、高端装备制造、节能环保等产业从无到有、由弱变强。"十三五"时期，西江经济带的汽车、机械装备制造、精品碳酸钙、高端绿色家居、生物医药、轻工纺织等特色产业集群加速发展，产业集聚辐射能力不断提升，成为广西制造的亮点。例如，柳州市汽车产业实现产值占全市规模以上工业总产值的比重超过四成，柳钢集团成为西南地区最大千亿级现代钢企，柳工集团旗下装载机市场占有率稳居全国第一；玉林市规模以上机械制造、新材料、大健康、服装皮革四大千亿级产业增加值实现年均增长 8.8%，高于规模以上工业增速 2.7 个百分点；贺州市碳酸钙行业产值年均增长 24.1%，产值占全市规模以上工业总产值的比重从 2015 年的 21.1% 提高到 2020 年的 31.1%。2020 年，西江经济带工业总产值占全区工业的 51.4%；规模以上工业增加值同比增长 3.5%，高于全区平均水平 2.3 个百分点，其中，梧州市增长 13.9%，排全区第 2 位，贺州市增长 11.9%，排全区第 3 位，贵港市增长 11.2%，排全区第 4 位；规模以上工业利润总额同比增长 21.3%，高于全区 7.7 个百分点。

根据《广西壮族自治区国民经济和社会发展第十四个五年规划和 2035 年远景目标纲要》，广西致力于加快"数字广西"建设。①5G 产业：搭建 5G 生态科技创新平台，打造一批国家级 5G 产业应用集聚区和融合应用示范区。②人工智能产业：建设一批人工智能产业园，支持交通、康养、医疗、农业等领域发展机器人产业。③区块链产业：全力发展"区块链+"行业深度融合应用，引进培育 100 家以上高成长性区块链企业，打造 5 个区块链产业基地。④地理信息产业：提升广西国产卫星遥感技术和应用能力，打造国家级北斗技术应用试验地和面向东盟的国际化北斗卫星应用产业先行区，建设地理信息与卫星应用产业园。⑤信创产业：高标准建设具有广西特色的信创产业园，建设联合实验室，构建适配服务体系和技术支持体系，推动产品国际化发展。⑥数字政府大脑：建立数字政府大脑标准规范，搭建感官系统、知识融合、智能计算等技术功能平台，推进智能赋能和场景应用，打造数字政府大脑开放生态体系。⑦数据融合应用"百千万工程"：以数字政府大脑为基础，开展覆盖一百个领域、一千个场景、一万个应用的数据融合应用，将数字政府大脑的数据能力、计算能力逐步开放给社会各行业、各领域。⑧数字孪生城市试点工程：以新城、新区为重点，建设信息管理中枢，探索推动数字城市与现实城市同步规划、同步建设，实现模拟运行、交互反馈、全域全时监测，发挥辅助决策作用。⑨智慧乡村试点工程：持续推进"壮美广西·智慧广电"村村通户户用工程，支持农产品电商、乡村旅游和农家乐互动等数字化平台建设。

在特色优势产业方面，广西"八山一水一分田"，是全国林业资源大省区，发展林业的条件得天独厚。2019年，广西全区林业产业总产值达到7042亿元。林业第一产业方面：全区木材产量达到3500万立方米，林下经济（包括林下旅游）总产值达到1144亿元，油茶、核桃等特色经济林产业产值达到1062亿元。林业第二产业方面：木材加工产业产值达到2335亿元，人造板产量达到4956万立方米，家具产业产值达到256亿元。林业第三产业方面：森林旅游年接待游客达到1.6亿人次，林业旅游、康养与休闲产业收入达到597亿元。广西的人工林、经济林、速生丰产林面积及松香、八角、肉桂、茴油、桂油、木衣架等特色林产品产量均居全国第一位。广西充分利用木竹制品生产的传统优势，在桂林、柳州、百色打造具有广西特色的木竹制品生产基地，以桂林荔浦木竹衣架等为代表的特色产品畅销海外，实现木竹制品生产的全面发展。截至2020年9月，桂林市有木雕根艺加工企业822家，其中，产值超千万的有20多家，从业人员1.2万人，主要以各种树兜和造型怪异的树干为原料，年生产各类木雕根艺产品50多万件，年产值超过26亿元。①

（二）广西壮族自治区乡村振兴阶段性成果

广西于2019年提前一年实现地区生产总值、居民人均可支配收入比2010年翻一番的目标。广西生产总值由2015年的14797.8亿元增加至2020年的22156.69亿元，推动糖、铝、冶金等传统产业转型升级，加快发展电子信息、新材料等新兴产业，推动形成汽车、电子信息等10个千亿元级工业产业集群，形成蔬菜、优质家畜等6个千亿元级特色农业产业集群，服务业增加值占地区生产总值比重超过50%，2020年全区旅游总消费突破万亿元。

广西基本实现市市通高铁、县县通高速、片片通民航，形成"两干六支"民用机场布局，高铁动车运营里程1771千米，高速公路总里程6803千米，所有建制村通硬化路和客车，新建、迁建及改扩建机场4个。北部湾港和西江黄金水道港口货物年吞吐量分别达到3亿吨、1.7亿吨，长洲水利枢纽船闸过货量跃居全国前列。建成运营南宁城市轨道交通108千米。4G网络基本覆盖全区，5G实现规模商用。所有行政村通广电光纤。

"十三五"期间，广西累计新增农村劳动力转移就业373.5万人次，城镇新增就业超过200万人，城镇登记失业率控制在3%以内。学前教育和九年义务教育巩固率达到全国平均水平，高等教育毛入学率由30.8%提高到47.9%。各级卫生机构基础设施全面达标，村村有卫生室、乡镇有卫生院、县县有二级公立医院、市市有三甲医院。医保就医结算村级全覆盖，基本医保参保率97%以上。完成农村危房改造48万户，解决600多万城镇居民住房困难问题。居民人均可支配收入提高到24562元，年均增长7.8%，其中，农村居民人均可支配收入提高到14815元，年均增长9.4%。②

（三）广西壮族自治区乡村振兴规划

2018年7月20日，中共广西壮族自治区委员会办公厅印发《广西乡村振兴战略规划（2018—2022年）》，明确坚持把实施乡村振兴战略作为新时代"三农"工作的总抓手，按照产业兴旺、生态宜居、乡风文明、治理有效、生活富裕的总要求，围绕推动乡村产业、人才、文化、生态和组织"五个振兴"，对实施乡村振兴战略做出总体设计和阶段谋划，细化实化工作重点、政策措施、推进机制，部署重大工程、重大计划、重大行动，确保乡村振兴战略扎实推进。

---

① 广西成为全国林业产业大省区［EB/OL］．［2020-09-02］．http://gx.people.com.cn/n2/2020/0902/c179430-34267359.html.
② "十三五"广西经济社会发展取得历史性成就［EB/OL］．［2021-08-25］．http://www.gxgqt.org.cn/staticpages/20210825/gxgqt6125879b-56555.shtml.

《规划》擘画了乡村振兴的新格局——坚持乡村振兴与新型城镇化双轮驱动，统筹城乡发展空间，优化乡村生产、生活、生态空间，分类有序推进乡村振兴，打造山水相映、人水相怡的八桂"富春山居图"。良好生态是乡村振兴的支撑点。明确要尊重自然、顺应自然、保护自然，统筹山水林田湖草系统治理，实施生态环境优化工程，着力解决农村生态环境突出问题，全面构建生活环境整洁优美、生态系统稳定健康、人与自然和谐共生的美丽宜居壮乡。提出继续把基础设施建设重点放在农业农村，持续加大投入力度，加快补齐农业农村基础设施短板，促进城乡基础设施互联互通，推动农业农村基础设施提档升级。

2021 年 3 月 19 日，广西壮族自治区人民政府办公厅印发《广西乡村振兴产业发展基础设施公共服务能力提升三年攻坚行动方案（2021—2023 年）》，提出到 2023 年，乡村产业加快发展，脱贫攻坚成果进一步巩固，农村基础设施条件及人居环境持续改善，农村基本公共服务水平进一步提升，乡村振兴取得阶段性成果。《广西乡村振兴产业发展基础设施公共服务能力提升三年攻坚行动方案（2021—2023 年）》还提出，实施乡村振兴产业发展、基础设施和公共服务能力提升三大专项行动，计划实施项目 11000 个以上，总投资约 7480 亿元。①产业发展专项行动。为提高农业质量效益和竞争力，巩固脱贫攻坚成果，加大对乡村产业的支持，以"产业兴旺"为主导，推动乡村全面振兴，实施产业发展专项行动五大工程，计划实施项目 2500 个以上，总投资 4200 亿元以上。②基础设施能力提升专项行动。实施乡村建设行动，聚焦农业农村基础设施有效投资，加快补上"三农"领域突出短板，实施基础设施能力提升专项行动九大工程，计划实施项目 5100 个以上，总投资 2300 亿元以上。③公共服务能力提升专项行动。进一步提高城乡基本公共服务均等化水平，围绕公共服务提标扩面，优化教育、医疗卫生、文化体育、社会福利、退役军人服务、就业等公共服务设施布局，统筹推进社区综合服务设施建设，实施公共服务能力提升专项行动五大工程，计划实施项目 3303 个，总投资约 920 亿元。

2021 年 4 月 27 日，广西印发《中共广西壮族自治区委员会　广西壮族自治区人民政府关于全面推进乡村振兴加快农业农村现代化的实施意见》，提出实行粮食安全党政同责。深入实施重要农产品保障战略，落实粮食安全行政首长责任制和"菜篮子"市长负责制，确保粮、油、糖、肉等供给安全。实施"藏粮于地、藏粮于技"战略，2021 年粮食播种面积不低于 4209 万亩，产量不低于 1370 万吨。加强粮食生产功能区建设，逐步恢复双季稻生产，不断提高单产水平。落实产粮大县支持政策。制定出台粮食激励奖补政策。落实稻谷最低收购价政策，探索开展稻谷、玉米完全成本保险和收入保险试点，继续免除产粮大县水稻农业保险保费县级财政补贴。发展主粮加工业，实施优质粮食工程，提升"广西香米"、富硒米品牌影响力。科学确定粮食储备规模，建设相匹配的现代化仓库。打造粮食储备信息化"一张网"。开展粮食节约行动，减少生产、流通、加工、储存、消费环节粮食损耗浪费。深化糖业体制机制改革，加强糖料蔗生产保护区建设，巩固"双高"糖料蔗基地建设成果，扩大糖料蔗价格指数保险面积，推进糖业高质量发展。还提出要推进农业绿色发展。开展农用地安全利用。持续推进化肥农药兽药减量增效，发展绿色植保，2021 年全区主要农作物病虫害绿色防控覆盖率达 44% 以上。加强畜禽粪污资源化利用，畜禽粪污综合利用率保持在 88% 以上。持续提高秸秆综合利用率，禁止在城市建成区、乡镇人口集中地区、机场周围、交通干线附近等区域露天焚烧秸秆。全面实施农膜、农药包装物回收行动。加强农产品质量和食品安全监管，建设一批农业绿色发展先行区、农产品质量安全示范县和农产品质量追溯先行示范区。大力发展绿色农产品、有机农产品和地理标志农产品，试行食用农产品达标合格证制度。

（四）广西壮族自治区部分市（区）乡村振兴概览

1. 广西壮族自治区南宁市①

南宁，简称"邕"，是广西壮族自治区辖地级市，总面积 2.21 万平方千米。全市下辖 7 个区、4 个县、代管 1 个县级市。根据第七次人口普查数据，截至 2020 年 11 月 1 日零时，南宁市常住人口为 874.1584 人。

南宁市把市、县、乡、村"四级书记抓扶贫"牢记于心、贯彻于行；压紧压实各级党委（党组）的主体责任，形成一级抓一级、层层抓落实的局面，切实加强党对脱贫攻坚工作的全面领导，高位谋划推进，确保脱贫攻坚工作抓紧、抓实、抓出成效，全力打赢脱贫攻坚战。精准选派 1000 多名第一书记、9900 多名工作队员，安排 4.26 万名"一帮一联"干部驻村入户开展帮扶。

脱贫攻坚，产业先行。南宁市把产业扶贫作为脱贫攻坚的重中之重，紧紧围绕"大力培育扶贫产业，发展生产脱贫一批"的目标，精心发展特色产业，培育新型经营主体和致富带头人，推进产业扶贫可持续发展，壮大村级集体经济，稳定带动贫困户脱贫增收，走出了一条长期、稳定、高质量的脱贫致富之路。南宁市按照每个贫困村 100 万至 150 万元的标准扶持村级集体经济发展，为推动村级集体经济收入全面达标注入强劲动力，燃起了群众致富奔小康的希望。南宁市积极培育壮大农业企业、合作社等新型农业经营主体，与贫困户建立紧密利益联结关系；形成了马山县"土地租金+劳动力薪金+旅游公司股金分红"的"小都百模式"、隆安县广西汇生牧业发展有限公司"公司+集体+贫困户"代养方式等产业发展模式，有效变"输血"式扶贫为"造血"式扶贫。南宁市还通过建设产业基地、农林结合、旅游扶贫、加工扶贫、光伏扶贫等三产融合，推进产业发展。实施产业以奖代补政策扶持发展产业，全市 12 个县（市、区）"5+2"特色产业覆盖率由 2016 年的 60% 提升到 2020 年的 96% 以上。南宁市特色产业扶贫示范园实现贫困村全覆盖，每个贫困村均有 1 个以上示范园，推动了特色产业从无到有、从有到优。示范园为贫困村增加集体经济收入 4362.23 万元，带动 2.92 万贫困户实现增收。2020 年，南宁市村级集体经济收入全部达 5 万元以上，总收入超 6.54 亿元，村级集体经济收入平均约 42 万元。全市建成扶贫车间 351 家，为 6188 名贫困群众解决就业问题。

其中，武鸣区坚持"科技是第一生产力"，推广农业实用技术，推动农业科技和农业产业无缝对接。一是传授农业技术，通过组织农技培训、技术员下乡、到示范户参观等多种途径，推广和普及各类农业新技术，让科技成为产业升级的"提速器"和"催化剂"。截至 2021 年 11 月，共选派 28 名科技特派员深入 40 个贫困村（脱贫村）、16 个面上村进行产业种植技术大培训工作，累计开展实用技术培训 86 期，培训农民 4800 余人次，为产业振兴提供科技助力。二是推广生态种植，推广有机物栽培。大力宣传推广"稻—稻—绿肥"种植模式，即利用秋季农闲田种植绿肥，春季直接绿肥还田耕种，为土地提供大量的有机质，改善土壤微生物性状，改善土壤质量。2021 年城区累计到田间地头开展绿肥种植现场培训 8 场，实地示范绿肥种植和还田，通过推广绿肥种植，减少农田化肥施用量，降低农业的环境污染，改善农业生态环境，提高农业生产效率。2021 年，武鸣区成立了沃柑产业大数据运营中心，主要负责对果品加工厂进行数字政务管理，对全区果品加工厂开展采集工作，拓宽沃柑销售渠道，帮助果农卖好价。武鸣沃柑产业正式迈进大数据时代。2021 年 9 月 1 日起，沃柑产业大数据运营中心配合城区农业农村局对各乡镇开展武鸣沃柑基础性数据采集工作，截至 2021 年 10 月底，已深入 13 个乡镇、25 个

---

① 胡光磊，杨玲 . 在新的起点上谱写乡村振兴新篇章 [EB/OL] . [2021-06-01] . http：//www.nanninginfo.com/ForeEndController/goArticleDetailed/73513.

村开展沃柑数据采集专题培训，累计培训约 5000 人次，已采集柑橘种植户 16356 户，采集总面积为 416436 亩，其中，20 亩以上含地块范围、经纬度坐标、面积、产量、品种、株数，权属人及贷款需求等信息共采集面积约 30 万亩。

2. 广西壮族自治区柳州市①

柳州，简称"柳"，别称壶城、龙城，广西壮族自治区辖地级市，广西第二大城市，总面积 1.86 万平方千米。柳州市下辖 5 个区、3 个县，代管 2 个自治县。2020 年柳州市实现生产总值为 3176.94 亿元。

近年来，柳州市积极深化农村改革，激发乡村新动能，持续推进乡村振兴战略实施。一是构建农村土地"三权分置"新格局。截至 2020 年末，柳州市农村宅基地和集体建设用地确权登记基本完成，全市农村宅基地已登记发证 359300 宗，登记发证率 94.79%，集体建设用地已登记发证 970 宗，登记发证率 97.1%。农村土地承包经营权确权登记颁证工作全面完成，全市确权登记农村承包地面积 343.9 万亩，颁发新的土地承包经营权证 47.8 万本，颁证率 97.4%。大力搞活承包经营权，已建成 7 个县级农村产权流转交易市场，实现了涉农县区农村产权流转交易市场建设全覆盖。

二是"三变"改革推动村集体经济飞跃式发展。到 2020 年 11 月，柳州市农村集体产权制度改革基本完成，全市清查集体土地总面积 2312.99 万亩，已登记赋码 1131 家集体经济组织，行政村登记赋码完成率 100%。973 家村民合作社全部完成换证赋码工作，全市确定 559 个"三变"改革试点村，打造和培育了一批农村"三变"改革示范典型。柳州市全部 1003 个行政村的村级集体经济收入均达 5 万元以上，累计集体经济收入 1.43 亿元，同比增长 47.5%。

三是新型农业经营主体对农业农村经济的带动作用不断增强。截至 2020 年末，柳州市现有国家农业产业化重点龙头企业 1 家，有自治区农业产业化重点龙头企业 17 家，有市级农业产业化重点龙头企业 154 家，全市农业产业化重点龙头企业年产值预计突破 160 亿元，实现销售额 120 亿元。有农民专业合作社 4329 家，有家庭农场 1137 家，成员出资总额 46.72 亿元，实有成员总数 7.5 万人，带动农户超过 40 万户，辐射带动率超过 80%。融安县和柳江区荣膺自治区家庭农场示范县称号。

四是宅基地改革工作稳步推进，鹿寨县"五家屯模式"成为全国试点。稳步推进农村宅基地管理改革，加快推进农村宅基地确权登记颁证等基础性工作，理顺农村宅基地管理部门职责分工，通过完善宅基地管理的规划管控、用地审批、综合执法等制度，妥善处理"一户多宅"、超标准占用宅基地及未批先占、抢占等问题。鹿寨县入选全国宅基地改革试点县，打造了盘活利用闲置宅基地和闲置农房的"五家屯模式"，五家屯景区每年接待旅客约 5 万人，村民人均增收 4000 元。

五是围绕"一体多元两靶心"开创产业化联合体改革。柳州市在广西壮族自治区率先开展农业产业联合体改革，创建三江县八江镇布央村茶产业联合体、鹿寨县黄冕镇桑蚕产业化联合体、融安县潭头乡培村桑蚕产业联合体和柳江区里高镇三合村桑蚕产业联合体 4 个市级试点，总结出了一套"一体多元"试点经验。三江县八江镇茶叶产业化试点茶叶亩产值由 5200 元提升至 6300 元，所辖 8 个村每年总分红 54.16 万元，茶农人均增收 1200 元。

六是集成各项改革举措，打造柳东新区乡村振兴示范引领区。柳东新区雒容镇集成开展全域土地综合整治、农村宅基地管理等多项改革，集约了不少的存量集体建设用地，有力推动"农业+旅游"开发。柳东下金田屯探索开展规模化土地流转，引入社会资本到农村投资农业项

---

① 柳州市深化农村改革全面实施乡村振兴战略发布会［EB/OL］.［2020-12-15］.http：//www.liuzhou.gov.cn/hdhy/xwfbh/xwfbh/202012/t20201217_2331829.shtml.

目，推进"三变"改革，摸索出"土地流转+农民入股+按股分红+优先雇用+保底收益+创业收益"的多组合收益模式，实现农民增收致富，预计下金田屯每户年收入可达 10 万元。

七是开创全域土地综合整治"柳南模式"典范工程，助推螺蛳粉一二三产业融合发展。在柳南区采取增减挂钩安置、螺蛳粉小镇建设、退桉改竹、小流域治理等土地综合整治措施，促进了一二三产业与人居环境、生态保护高效融合。柳南区实现了以螺蛳粉原料种养为第一产业，螺蛳粉加工为第二产业，休闲农业与乡村旅游、物流配送为第三产业的一二三产业完美融合。螺蛳粉特色小镇入选广西第一批特色小镇。在柳南区示范带动下，各县区螺蛳粉一二三产业显著增长，全市螺蛳粉原材料种养殖规模达到 50 多万亩，带动农户 20 万人，其中贫困户 2.3 万人。

八是创新乡村治理模式，大力改善农村人居环境。持续抓好农村人居环境整治工作，鹿寨县、柳城县获评自治区农村人居环境激励县，柳江区获评农村"厕所革命"整村推进示范县。在广西首创户厕改造档案电子化。鹿寨县"三水（黑灰白）分离、分开收集、逐级处理、多次利用、全程无动力"农村污水综合治理模式获全区改革经验复制推广，承办了 2020 年全区农村人居环境整治暨厕所革命现场会。冲脉镇指挥村、鹿寨镇大村村被评为"全国乡村治理示范村"。

3. 广西壮族自治区桂林市①

桂林，简称"桂"，广西壮族自治区辖地级市，是国务院批复确定的中国对外开放国际旅游城市、全国旅游创新发展先行区和国际旅游综合交通枢纽，总面积 2.78 万平方千米。根据第七次人口普查数据，截至 2020 年 11 月 1 日零时，桂林市常住人口为 4931137 人。2020 年桂林市实现地区生产总值 2130.41 亿元。

2013~2020 年，根据建设"美丽广西"的顶层设计，"美丽桂林"乡村建设分清洁、生态、宜居、幸福四个阶段开展，树立了农村人居环境建设的标杆。

推进乡村风貌提升是桂林市建设国际旅游胜地、加快乡村振兴的必然要求，桂林市把实施乡村风貌提升行动作为加快乡村振兴的有力抓手，形成了"市级统筹、上下联动、齐抓共管"的工作格局，明确了乡村风貌提升的时间表、路线图、任务书，形成了指挥有力、工作高效、安排有序的工作体系，成立了 13 个工作专班和 1 个专家团队，100 多人的工作队伍，取得了阶段性成效。截至 2021 年初，桂林第一批"两高"沿线任务涉及 145 个村庄、15529 栋房屋，已经开工农房改造 11924 栋，全面完成改造 7351 栋；全市 3337 个全域基本整治型村庄已开工 2566 个、竣工 1151 个。

为进一步巩固"美丽桂林"建设成果，实现与国家乡村振兴战略无缝衔接，2018 年 11 月，桂林在已建成的上千个生态宜居、产业兴旺村落的基础上，连点成片，在广西率先创建田园综合体，作为桂林继新型城镇化示范乡镇建设后的第二个"书记工程"。围绕"以全面创建市级田园综合体为抓手，大力推动乡村振兴落地见效"的决策，桂林各县（市、区）高度重视农业农村现代化发展，加快打造了一批高标准、高质量的田园综合体，将一个个分散的家庭式的"盆景"连成一道道美丽风景，绘成一幅幅诗意般的画卷，为桂林农业产业升级、农村价值释放、乡村振兴发展探索新模式、新业态、新路径、新动能。在田园综合体创建过程中，桂林结合自身实际，突出桂林特色，形成了田园综合体建设"八大体系 66 项指标"的桂林标准。这"八大标准体系"涵盖了特色产业、生态环保、乡村风貌、人居环境、乡村治理、乡风文明等各个方面。2020 年，桂林市第一批 17 个田园综合体基本建成，共覆盖 102 个行政村、500 个自然村（屯），核心区人口总数 20.84 万，取得了显著的综合效益和良好的带动效应。

---

① 共同绘就乡村振兴"桂林样本"［EB/OL］．［2021-03-10］．http：//www.zgxczx.cn/content_16351.html．

2021 年，在实现全市 17 个县（市、区）田园综合体全覆盖的基础上，桂林市又对桂林 1.0 版的田园综合体创建进行了扩容升级，在原来创建单个田园综合体的基础上跨县（市、区）进行有效整合，打造更大规模的田园综合体。2021 年初，桂林市启动了桂林市漓东田园综合体项目的创建工作，努力打造全国、全区、全市一流田园综合体和巩固拓展脱贫攻坚成果同乡村振兴有效衔接示范区。

4. 广西壮族自治区百色市

百色市是广西壮族自治区下辖地级市，位于广西壮族自治区西部，总面积 3.63 万平方千米。百色市共辖 12 个县（市、区）。根据第七次人口普查数据，截至 2020 年 11 月 1 日零时，百色市常住人口为 3571505 人。

百色市作为革命老区、民族地区、边境地区、大石山区和水库移民区，长期以来是广西贫困人口较多、脱贫攻坚任务较重的地市之一。百色市通过产业扶贫、就业扶贫等办法，多渠道提高贫困群众收入，"十三五"期间，农民人均可支配收入年均增长 10%。大力发展集体经济，全市 1854 个村（社区）集体经济收入全部达到 5 万元以上。

近年来，百色市接续奋斗，全面推进乡村振兴。一是推动脱贫攻坚成果与乡村振兴有效衔接。建立健全防止返贫致贫动态监测和帮扶机制、农村低收入人口帮扶机制、易地扶贫搬迁群众后续扶持等政策，确保脱贫群众不返贫。加快组建乡村组织机构，完善工作体制机制，加强对推进乡村振兴的实绩考核。在"十四五"相关规划中，对刚脱贫地区加大特色产业、基础设施、人居环境、公共服务等投入，支持后发展地区赶超跨越。

二是以提升乡村"形、实、魂"为核心推进乡村振兴。持续推进美丽乡村建设。加大村庄规划编制，逐步实现"多规合一"实用性村庄规划应编尽编。实施农村人居环境整治提升行动，全面推进农村改厕、垃圾处理、污水治理设施等建设管理，着力改善农村人居环境。打造一批乡村风貌提升示范点、示范带。持续做实特色产业。围绕"品种、品质、品牌"写好特色优质文章，推进杧果、柑橘、桑蚕、蔬菜等"四个百万亩"工程、"百里茶廊"工程，打造"亩万元"果园菜园桑园茶园，建设一批现代农业产业园、优势特色产业集群。加快发展农产品加工业、乡村特色产业、乡村休闲旅游业、乡村新型服务业等乡村新业态。

三是推进农村综合改革激发乡村振兴活力。持续推进农村土地所有权、承包权、经营权"三权分置"工作，鼓励通过土地流转、土地入股、生产性托管服务等形式发展规模经营。加快调整完善土地出让收入使用范围改革，争取到"十四五"期末土地出让收益用于农业农村比例达到 50%以上。[①]

（1）西林县。2021 年以来，西林县紧紧围绕主导产业、特色产业发展，实施创新驱动发展战略，在乡村科技特派员服务、科学技术普及等方面加大力度，为助力乡村振兴贡献科技力量。2021 年 5 月，西林县组团参加 2021 年全国科技活动周广西活动暨第三十届广西科技活动周·广西创新驱动发展成就展。在此次参展产品中，就"西林沙糖橘""西林麻鸭""西林姜晶""西林火姜"等地理标志产品进行展示，充分展示了西林县优势特色产业。2021 年 5 月 24 日，西林县组织开展了 2021 年全国科技活动周西林县活动，当天共有 25 个成员单位和16 名乡村科技特派员参加活动，各成员单位和乡村科技特派员围绕"百年回望：中国共产党领导科技发展"的主题，通过向社会宣传科技文献平台推广、知识产权维权援助、卫生保健、抵制毒品、艾滋病预防、环境保护、低碳生活、绿色环保、施工安全、食品安全、出行安全、应急避险、反恐防暴、防震减灾、消防安全自救等知识，在全县形成人人关注科技发展、支持科技工作、参与科技创新的良好局面。当天共发放各类科普宣传资料和宣传品 3600 份，现

---

① 瞭望 | 脱贫之后，百色如何规划乡村振兴 [EB/OL].[2021-03-09].https://www.sohu.com/a/454865246_267106.

场解答群众咨询的相关疑难问题 28 个。同时，西林县以"科技活动周"为契机，组织乡村科技特派员开展各类种植、养殖技术指导和培训 6 期，培训人数 195 人次，开展分散点对点服务活动 238 人次。①

（2）右江区。2021 年以来，百色市右江区坚持将巩固拓展脱贫攻坚成果放在突出位置，通过加大防贫监测力度、稳定"四个不摘"政策、做好有效衔接工作等措施，牢牢守住防止规模性返贫底线，切实巩固好脱贫攻坚成果，加快推进脱贫地区乡村产业、人才、文化、生态、组织等全面振兴。

加大防贫监测力度。一是监测"三类人群"。以家庭为单位持续跟踪监测脱贫不稳定户、边缘易致贫户、突发严重困难户的收支状况、"两不愁三保障"及饮水安全状况等。二是落实"三早响应"。针对监测对象存在的返贫致贫风险隐患，做到村级早报，乡镇（街道）早核实，帮扶举措早落实。三是消除"三类风险"。针对"三类人群"的返贫、致贫和生活骤变风险，及时采取有效措施，将风险消除在萌芽状态。截至 2021 年 8 月底，共排查 13015 户 50398 人，认定"三类人群"417 户 1436 人。其中，脱贫不稳定户 284 户 983 人，边缘易致贫户 111 户 373 人，突发严重困难户 22 户 80 人，全部纳入防返贫系统监测对象。已解除"三类人群"返贫致贫风险 184 户 626 人，其余正在实施帮扶中。

稳定"四个不摘"政策。一是新选派脱贫攻坚（乡村振兴）工作队员 126 名（第一书记 42 名，队员 84 名），派驻到 40 个脱贫村和 2 个易地扶贫搬迁安置小区接续开展乡村振兴帮扶工作，确保帮扶政策稳定、投入力度不减、帮扶队伍不撤。二是安排 1400 万元用于落实产业奖补，发放小额信贷 12230 万元支持区级"5+2"、村级"3+1"农业产业发展，保障城乡居民"米袋子""菜篮子""果盘子"。三是安排 1500 万元用于易地扶贫搬迁群众发展产业，完善提升安置区配套设施和公共服务，确保搬迁群众稳得住、有就业、逐步能致富。四是关注农村低保户、农村特困人员、农村易返贫致贫人口，以及因病、因灾、因意外事故等刚性支出较大或者收入大幅缩减导致基本生活出现严重困难人口，切实兜住农村低收入人口基本生活底线。五是完成 9 个乡镇（街道）40 个脱贫村脱贫档案整理，建立资产台账，完善营运机制，为推动全区乡村振兴战略的实施打下良好基础。

做好有效衔接工作。一是成立右江区农村工作（乡村振兴）领导小组（下设办公室）和右江区实施乡村振兴战略指挥部（下设办公室和 15 个专责小组），为全面推进乡村振兴提供新的力量支撑和组织保障。二是深入总结脱贫攻坚战的成功经验和做法，撰写了《浅谈右江区巩固拓展脱贫攻坚成果同乡村振兴有效衔接的实践路径》理论文章，提供决策参考。三是出台《右江区发展和改革局实现巩固拓展脱贫攻坚成果同乡村振兴有效衔接的实施意见》，促进推动政策衔接、规划衔接、产业帮扶衔接、就业帮扶衔接、基础设施建设衔接、公共服务提升衔接和考核衔接等工作有序开展，努力朝着"产业兴旺、生态宜居、乡风文明、治理有效、生活富裕"的目标昂首迈进。

二十一、海南省

海南省，简称"琼"，省会海口，是我国的经济特区、自由贸易试验区。海南省陆地总面积

---

① 韦素雪，汤细芳，邹岑 . 西林县："五个聚力"开展科技服务助力乡村振兴［EB/OL］．［2021-12-01］. http://gx.people.com.cn/n2/2021/1201/c390645-35031376.html.

3.54 万平方千米，其中海南岛 3.39 万平方千米，海域面积约 200 万平方千米。海南省辖 4 个地级市、5 个县级市、4 个县、6 个自治县。

（一）海南省经济发展概况

1. 海南省人口与经济概况

根据《海南省第七次全国人口普查公报（第一号）》，截至 2020 年 11 月 1 日零时，海南省 19 个市县总人口为 10081232 人，与 2010 年第六次全国人口普查的 8671485 人相比，增加 1409747 人，增长 16.26%，年平均增长率为 1.52%。海南省人口中，汉族人口为 8498241 人，占 84.30%；各少数民族人口为 1582991 人，占 15.70%。与 2010 年第六次全国人口普查相比，汉族人口增加 1252174 人，各少数民族人口增加 157573 人。根据《海南省第七次全国人口普查公报（第六号）》，海南省人口中，居住在城镇的人口为 6075981 人，占 60.27%；居住在乡村的人口为 4005251 人，占 39.73%。与 2010 年第六次全国人口普查相比，城镇人口增加 1767465 人，乡村人口减少 357718 人，城镇人口比重提高 10.58 个百分点。

根据《2020 年海南省国民经济和社会发展统计公报》，2020 年海南省地区生产总值（GDP）5532.39 亿元，按不变价格计算，比 2019 年增长 3.5%。其中，第一产业增加值 1135.98 亿元，增长 2.0%；第二产业增加值 1055.26 亿元，下降 1.2%；第三产业增加值 3341.15 亿元，增长 5.7%。三次产业结构调整为 20.5：19.1：60.4。2020 年，海南省农林牧渔业总产值 1821.00 亿元，比 2019 年增长 2.4%；工业增加值 536.29 亿元，比 2019 年下降 5.4%；批发和零售业增加值 653.34 亿元，比 2019 年增长 18.2%。2020 年城镇新增就业 14.40 万人，城镇登记失业率 2.78%。农村劳动力转移就业 14.60 万人。

2020 年，海南省居民消费价格（CPI）比 2019 年上涨 2.3%，工业生产者出厂价格比 2019 年下降 6.2%，工业生产者购进价格比 2019 年下降 8.0%，农业生产资料价格比 2019 年上涨 4.4%。全年全省常住居民人均可支配收入 27904 元，比 2019 年名义增长 4.6%，其中，城镇常住居民人均可支配收入 37097 元，名义增长 3.0%；农村常住居民人均可支配收入 16279 元，名义增长 7.7%。2020 年，海南省城镇居民人均消费支出 23560 元，比 2019 年下降 6.9%；农村居民人均消费支出 13169 元，比 2019 年增长 6.1%。城镇居民家庭恩格尔系数为 37.8%，比 2019 年提高 3.5 个百分点；农村居民家庭恩格尔系数为 43.8%，比 2019 年提高 2.1 个百分点。

2. 海南省各市人口与经济概况

海南省共辖 4 个地级市，分别是海口市、三亚市、三沙市、儋州市；15 个省直辖县级行政单位，包括 5 个县级市、4 个县、6 个自治县，分别是五指山市、文昌市、琼海市、万宁市、东方市、定安县、屯昌县、澄迈县、临高县、白沙黎族自治县、昌江黎族自治县、乐东黎族自治县、陵水黎族自治县、保亭黎族苗族自治县、琼中黎族苗族自治县。根据海南省统计局 2020 年 1~12 月主要经济指标：

（1）地区生产总值方面，2020 年海南省地区生产总值（GDP）5532.39 亿元，比 2019 年增长 3.5%。洋浦、澄迈县、海口市、陵水县地区生产总值增速超海南省平均水平，其中，洋浦地区生产总值增速最高，达 10.5%。昌江县、东方市地区生产总值增速负增长。海口市地区生产总值总量最大，共计 1791.58 亿元。三亚市和儋州市位居第二和第三，地区生产总值总量分别为 695.41 亿元、359.41 亿元。海口市经济体量分别是三亚市、儋州市的 2.58 倍、4.98 倍，省会优势显著。

（2）地区人口方面。根据海南省统计局公开数据，海南省人口中，人口超过 100 万人的市县有 2 个（海口市和三亚市），在 50 万人至 100 万人的市县有 4 个（儋州市、文昌市、万宁市和琼海市），20 万人至 50 万人的市县有 8 个（澄迈县、乐东县、东方市、临高县、陵水县、定安县、屯昌县、昌江县），在 20 万人以下的市县有 5 个（琼中县、白沙县、保亭县、五指山市、三沙市）。分区域看，东部地区人口为 5914722 人，占 58.67%；中部地区人口为 1152687 人，占 11.43%；西部地区人口为 3013823 人，占 29.90%。与 2010 年第六次全国人口普查相比，海南省 19 个市县中有 16 个市县人口增加，其中，三亚增长 50.48%，海口增长 40.43%。

（3）财政收入方面，2020 年，海口市、三亚市、儋州市一般公共预算收入分别为 186.05 亿元、110.41 亿元、22.03 亿元，经济发展较好的地区财政实力也相对更强；海口市、三亚市、儋州市财政平衡率依次为 60.94%、55.28%、24.61%。

3. 海南省产业概况

海南省的旅游、特色农业、物流和高新技术产业是当地的优势产业。

（1）旅游产业。旅游业是《海南自由贸易港建设总体方案》明确聚焦发展的三大产业之一，也是海南着力培育发展的四个千亿级产业之一。海南具有优越的气候条件以及良好的生态环境，拥有的自然资源以及旅游文化资源，每年都吸引了大量的"候鸟人才"资源来到这里度假疗养，再加上独特的地理位置使海南在发展旅游产业方面有着非常独特的优势。近年来，海南省不仅在发展旅游业过程中逐步整合优化传统的观光旅游项目，而且根据旅游资源特点和不断变化的市场需求，精心营造旅游热点，突出发展休闲度假、会议旅游、节庆活动等能充分体现海南自然、文化、历史特色的各种专项旅游产品，有效提升了旅游产品竞争力。"十三五"期间，海南累计接待国内外游客 3.52 亿人次，实现旅游总收入 4364.91 亿元。全省旅游业直接就业人数约 77.9 万人，关联产业带动就业人数约 136.98 万人，带动农民就业约 15.13 万人。由此可以看出，即便是在疫情的冲击下，海南旅游产业发展质量和效益仍相当耀眼，招商引资与旅游重大项目取得新成效，全域旅游示范创建取得新进展。

（2）特色农业。海南热带特色高效农业作为海南"3+1"主导产业中重要的一环，热带特色高效农业产业已由生产加工基础环节向整个产业的上下游拓展延伸，产业层次、产业关联程度等持续深化，价值链、企业链、供需链联结更为紧密。海南省人民政府于 2018 年出台《关于推进农产品加工业发展的实施意见》，重点围绕椰子、槟榔和橡胶"三棵树"推进加工业发展，先后投入省级资金 5000 万元支持农产品加工业发展，大幅提高亩均效益。1998~2020 年，海南国际热带农产品冬季交易会已连续举办 23 届，开创了国内订单农业的先河，交易金额也实现了从 0 到 616 亿元的飞跃。经过 23 年探索发展，展会规模和品牌影响力越来越大，参展客商从零散小商贩到大型采购集团，展出农产品由几百种到上万种，影响范围也从海南扩展到"一带一路"沿线 30 多个国家和地区。

（3）物流产业。《海南省"十四五"现代物流业发展规划》提到，"十三五"期间，海南已初步形成了以海口、澄迈、洋浦、三亚为核心的西线物流经济带发展格局。在此期间，海南交通基础设施明显改善，物流装备技术水平显著提升，物流业运行质量稳中向好。《海南省"十四五"现代物流业发展规划》根据海南自由贸易港建设产业布局，推动建设全省物流经济带，布局四大物流枢纽集群、七个物流园区，完善 N 站点，构建多航线。形成以物流枢纽群为核心、物流园区为重要节点、城乡配送为终端的物流设施体系。现代物流经济带以海口、洋浦和三亚为核心节点，推动物流资源要素在西部地区聚集，形成辐射广泛、集聚效应显著、服务功能完善、产业引力强大、高效运行的西部物流带；四大物流枢纽集群包括海口物流枢纽集群、洋浦物流枢纽集群、三亚物流枢纽集群、东方物流枢纽集群；七大物流园区布局包括新海陆岛物流园区、澄迈金马物流中心、三亚综合物流园、琼海综合物流园、儋州综合物流园、海南湾岭农产品加工物流园、万宁乌场港冷链物流园。①

（4）高新技术产业。截至2020年底，海南省有效期内高新技术企业达到838家，同比增长48.1%，连续三年增长40%以上。"十三五"初期，海南省高新技术企业只有169家，之后每年增长幅度约为40%，到2020年底已经达到838家，比"十三五"初增长近400%。"十三五"期间，海南在全国率先探索出台健康产业规划，并以乐城先行区为抓手，稳步推进"一核两极三区"健康产业发展格局。2016～2019年，医疗健康产业增加值由101.61亿元增长到169.22亿元，地区生产总值占比由2.5%上升为3.2%；2020年，在疫情的冲击下，前三季度医疗健康产业增加值114.71亿元，同比增长3.7%。"十三五"时期，海南省互联网产业发展呈现高速增长，成为12个重点产业中发展最快的产业。②

《海南省国民经济和社会发展第十四个五年规划和二〇三五年远景目标纲要》提出，要培育壮大高新技术产业。聚焦海南优势特色领域，加快发展战略性新兴产业，培育壮大未来产业，优化升级优势产业，不断提升产业能级。到2025年，高新技术产业增加值占地区生产总值比重达到15%。①加快发展三大战略性新兴产业。一是数字经济。做优做强互联网、大数据、区块链、人工智能、信息安全、电子竞技、电子信息等数字新产业。加快推动新型工业、特色农业、海洋经济、航运物流、金融、会展等产业数字化转型。用足用好重点园区国际互联网数据专用通道，加快促进离岸创新创业示范区发展。二是石油化工新材料。积极推动重点海域天然气水合物勘查开发先导试验区建设。依托南海油气资源和洋浦经济开发区（含东方临港产业园），加强配套建设，深化芳烃、烯烃、新材料三大产业链。深入向石化产业链下游延伸，大力发展高性能合成树脂、特种工程塑料、高性能纤维等高端石化产品和精细化工产品，在洋浦和东方推动建设1～2个绿色新材料基地项目。三是现代生物医药。以开展"重大新药创制"国家科技重大专项成果转移转化试点为重点，打造医药产业国际化技术、新药成果转移转化服务、新药创制公共技术服务、药物临床试验协作网络四大平台，在完善体制机制、资金多元化支撑、人才引进培养、要素供应保障等方面形成四大体系，建设具有全国影响力、竞争力的重要新药创新和成果转化基地。②培育以"陆海空"为主的三大未来产业。一是南繁产业。依托三亚崖州湾科技城和乐东抱孔洋、陵水安马洋"一主两辅"基地，加快推进国家南繁科研育种基地和南繁产业发展，构建以南繁科研为基础、以种业创新为核心、以热带农业为特色的产业体系。着力发展生物育种，支持第三方育种研发外包服务。延伸发展生物食品、生物基材料产业。到2025年，努力建成服务全国的"南繁硅谷"和我国种业贸易中心。二是深海产业。依托三亚深海科技城建设，发展深海科考服务、深远海探测、海洋工程装备、海洋遥感、海洋资源勘探及开发利用、海洋生态保护和利用、海洋生物活性物质及生物制品等产业。建设深远海空间站岸基服务业保障基地、国家南海生物种质资源库等，打造国家深海基地南方中心。三是航天产业。依托文昌航天发射场打造文昌国际航天城，建设国际航天发射中心、国际航天交流合作平台、航天高端产品研发制造基地、航天大数据开发应用基地和"航天+"产业示范区，形成"一中心一平台二基地一园区"。到2025年，"陆海空"产业规模超350亿元。③优化升级三大优势产业。一是清洁能源产业。加快推进新能源汽车、智能汽车制造业发展，推动国际化技术创新平台建设。依托昌江核电基地，推进昌江清洁能源高新技术产业园建设，积极引进高纯铁、磁性材料等项目，培育核电产业集群。依托海南新能源发电项目，发展风电、光伏、电力储能、智能电

① 《海南省"十四五"现代物流业发展规划》出台［EB/OL］.［2021-07-17］. https：//www.hainan.gov.cn/hainan/zy-mygxwzxd/202107/8bffff99380d489299911a3993841178.shtml.

② 许媛媛，王棣. 聚焦海南"十三五"建设发展成就——三大主导产业成为经济增长重要支撑［EB/OL］.［2021-01-14］. http：//hainan.china.com.cn/2021-01/14/content_41427758.html.

网等相关配套产业。以炼化和化工企业工业副产氢净化提纯制氢为初期启动资源，一体化发展氢能源"制、储、运、加、用"产业，推动氢燃料电池应用，构建特色鲜明、优势突出、可持续发展的氢能产业体系。建设海南能源平台和能源数据库。二是节能环保产业。推动建筑业转型升级，推进装配式等绿色建筑业发展，积极开展建筑节能。促进全生物降解塑料产业集群发展，建设技术创新平台，建成全球标杆意义的全生物降解塑料产业示范基地。鼓励开展节能环保咨询服务、节能环保设施设备建设及运营管理、环境污染第三方治理和合同环境服务、节能环保贸易及金融服务等。实施节能技术改造、绿色照明、园区循环化改造、污水垃圾处理、蓄能型集中供冷等示范引导工程。三是高端食品加工产业。深化农副食品精深加工业，打造热带特色农副产品品牌。推动椰汁、酒、精制茶等制造业高端化发展。大力发展保健食品、功能性食品、宠物食品等特色消费品加工业。建设国际热带农产品加工、储藏、冷链物流和交易中心。依托海口罗牛山、湾岭、琼台等农产品加工园区和海口港、美兰机场等交通枢纽，大力发展农产品初加工、精深加工、冷链物流等产业，形成农产品加工物流集群。到 2025 年，农产品加工业产值与农业产值比值达到 2∶1。

（二）海南省乡村振兴阶段性成果[①]

脱贫攻坚责任书目标任务全面完成。实现现行标准下全省建档立卡贫困人口 15.21 万户 64.97 万人全部脱贫，600 个贫困村（含 67 个深度贫困村）全部出列，5 个贫困县（含全省唯一深度贫困县白沙县）全部"摘帽"，贫困发生率从 2015 年底的 8.3% 下降到 2019 年的 0。"两不愁三保障"全部解决。贫困地区农民收入持续保持两位数增长率。基本公共服务水平明显提升。贫困地区人民群众生产生活条件大幅改善，获得感、幸福感显著提升。

产业帮扶基础更加扎实。海南省产业扶贫资金投入比例逐年增加，从 2015 年的 0.7 亿元增加到 2020 年的 17.20 亿元，五年来，共有 12.6 万贫困户落实了产业扶贫措施，比 2015 年提高 82.89 个百分点，占建档立卡贫困户总数的 82.85%。成长起 62 家省级扶贫龙头企业，共带动贫困户 4 万多户 15 万余人。培育贫困户创业致富带头人 2969 人，致富带头人领办（创办）项目 2287 个，受益贫困户 10.92 万人。

就业增收效果更加明显。五年来，有 3.08 万户落实了就业扶贫措施，比 2015 年提高 20.27 个百分点。累计为贫困劳动力及贫困家庭子女提供各类培训 19.17 万人次；建成 252 个就业扶贫车间（基地），吸纳贫困劳动力就业 4565 人。累计开发护林、护路、清洁卫生等就业扶贫公益专岗达 3.89 万个，优先保障"无法外出"的贫困劳动力和弱劳力实现就业。实现有劳动能力、有就业意愿的"零就业"贫困家庭至少有 1 名劳动力就业。

"五网"基础设施建设和基本公共服务水平明显提升。海南省以"五网"基础设施建设为抓手，集中项目资金、集中力量支持贫困地区。累计投资 200 亿元，在全国范围内率先实现具备条件的自然村全部通硬化路，农村饮水安全工程全部得到巩固提升，光纤宽带网络实现全省贫困行政村全覆盖……一项项"五网"基础设施建设，使农村地区发展"地基"更加牢固。

生态扶贫力度不断加大。海南省严格对标用好国家下达的生态护林员指标，对生态敏感区、生态核心区等开展普惠性生态直补，为 10.9 万建档立卡贫困人口带来稳定收入。全省因地制宜发展林下经济、庭院经济，使中部山区贫困户收入实现稳定增长。经过生态搬迁，村民们告别了"一间瓦房三石灶，一条野藤挂家当"的"原始生活"，搬进洋房成排、配套齐全的安置区。

兜底保障网更加密实。海南省在全国率先建立低保、特困、低收入家庭多层次兜底保障体系，实现了农村最低生活保障制度与扶贫开发政策有效衔接，做到应保尽保。完善了兜底保障

工作机制及低收入家庭经济状况核对机制、建档立卡贫困户信息通报机制、"主动发现、快速响应"机制、贫困预警快速救助机制，对易致贫返贫的农户做到早发现、早预警、早通报、早救助。农村低保标准从 2015 年的 280 元/月提高到 2020 年的 350 元/月以上，始终高于贫困线。

（三）海南省乡村振兴规划

2018 年，中共海南省委七届五次全会通过《海南省乡村振兴战略规划（2018—2022 年）》，将通过建设国家热带现代化农业基地、国家热带农业科学中心和"五基地一区"，带动海南农村产业振兴。其中，"五基地一区"分别为：①国家冬季瓜菜生产基地。到 2022 年，海南省争取建成 30 万亩高标准冬季瓜菜基地。②天然橡胶等热带经济作物基地。建设 840 万亩天然橡胶生产基地。到 2022 年，改造低产胶园 50 万亩，建立橡胶种苗培育基地 12 个，初步建成天然橡胶生产防风体系。③国家南繁科研育种基地。把南繁育种基地建成集科研、生产、销售、科技交流、成果转化为一体的服务全国的"南繁硅谷"。将 26.8 万亩的南繁科研育种保护区纳入永久基本农田进行保护，将其中 21.5 万亩科研育种保护区（不含核心区）全部建成高标准农田。④热带水果和热带花卉基地。到 2022 年，建成高标准热带水果生产基地 300 万亩。到 2020 年，全省花卉种植总面积达到 25 万亩。⑤水产养殖与海洋捕捞基地。争取到 2022 年，全省深水网箱养殖达 14000 口，年总产量约 14 万吨；建成近海各类型现代化海洋牧场 10 个以上，海洋牧场面积 3 万亩以上；建成深远海智能渔场 15 个，总产量 9 万吨。⑥无规定动物疫病区。到 2022 年，海南免疫无口蹄疫区基本达到世界动物卫生组织（OIE）认可标准，猪、牛羊、禽的死亡率分别控制在 5%、1%、13% 以下。

2018 年 11 月，海南省出台了《中共海南省委海南省人民政府关于乡村振兴战略的实施意见》，强调要加快推进乡村治理体系和治理能力现代化，加快推进农业农村现代化，加快建设美好新海南，让农业成为有奔头的产业，让农民成为有吸引力的职业，让农村成为安居乐业的美丽家园。

一是走质量兴农之路，培育农村产业兴旺新动能；二是走绿色发展之路，扎实有效建设生态宜居美丽新乡村；三是走文化兴盛之路，焕发乡风文明新气象；四是走文化兴盛之路，焕发乡风文明新气象；五是走共同富裕之路，推动农民过上美好新生活；六是推进体制机制创新，强化乡村振兴制度保障；七是汇集全社会力量，强化乡村振兴人才保障；八是广开投融资渠道，强化乡村振兴投入保障；九是以强有力的措施加强和改善党对"三农"工作的领导，强化乡村振兴组织保障。

2021 年 1 月，中共海南省委、海南省人民政府印发《中共海南省委海南省人民政府关于全面推进乡村振兴加快农业农村现代化的实施意见》，指出解决海南省发展不平衡不充分问题，筑牢自贸港建设基础，重点难点在"三农"；构建新发展格局，畅通城乡经济循环，潜力后劲在"三农"；面对各种风险挑战，应变局开新局，基础支撑在"三农"。特别是脱贫攻坚取得胜利后，全面推进乡村振兴是"三农"工作重心的历史性转移。海南省上下要把"三农"工作摆在海南全面深化改革开放和中国特色自由贸易港建设全局的突出位置，举海南省全社会之力推进乡村振兴，巩固和拓展脱贫攻坚成果，加快农业农村现代化，促进农业高质高效、乡村宜居宜业、农民富裕富足。还指出海南将加快推进村庄规划工作，明确村庄布局分类，建设特色乡村；开展农民建房审批"零跑腿"试点；利用 3 年完成农房安全隐患排查整治，在充分尊重农民意愿的前提下鼓励适度集中居住，农村公共基础设施建设也将加快脚步，包括路网、水电、网络、清洁能源等，海南将推动自来水普及率达 88% 以上，让 5G 走进农村。《中共海南省委海南省人民政府关于全面推进乡村振兴加快农业农村现代化的实施意见》提到了 2025 年目标任务。立足海南自贸港实际，聚焦农业高质量发展和深化农村改革，做强做优热带特色高效农业，持续深化农村农垦改革，大力建设产业兴旺、生态宜居、乡风文明、治理有效、生活富裕的美丽乡村，实现巩固拓展脱贫攻坚成果同乡村振兴有效衔接，加快推进农业农村现代化，力争"十四五"时期城乡差距逐步缩小，确保广大农民共享自贸港建设成果。

（四）海南省部分市（区）乡村振兴概览

1. 海南省文昌市[①]

文昌市位于海南省东北部，东、南、北三面临海，陆地总面积 2488 平方千米，海域面积 5245 平方千米，海岸线 289.82 千米。根据第七次人口普查数据，截至 2020 年 11 月 1 日零时，文昌常住人口为 560894 人。

近年来，文昌市坚守"土地公有制性质不改变、耕地红线不突破、农民利益不受损"三条改革底线的前提，解放思想、敢闯敢试、大胆创新，蹄疾步稳推进各项改革试点工作。在"三块地"改革的带动下，共享农庄、田园综合体、美丽乡村项目逐步落地开花，这些项目不仅直接为村集体带来入市收益，还有效推动了农村一二三产业融合发展，成为乡村振兴的强力"助推器"。

2015 年 3 月以来，文昌市通过就地入市、异地调整入市、租赁入市等多种入市途径，成功入市土地 58 宗共 942 亩，成交总价 6.8 亿元，村集体及农民直接获得收益 5.48 亿元。其中，2020 年成功入市土地 20 宗共 500 亩，成交总价 3.66 亿元，2021 年已成交 15 宗共 253 亩，成交总价 1.85 亿元，增强了乡村振兴产业发展用地的保障能力。2016 年 9 月以来，文昌市探索出的"通过增设平均每亩 3.5 万元的生活补贴资金，以及采取重新安排宅基地建房、提供安置房或者货币补偿等方式给予公平、合理的征地多元补偿方式，有效改善征地矛盾"的改革内容被新修订的《中华人民共和国土地管理法》予以采用。截至 2021 年 7 月，已完成 36 个征地试点项目面积 2.27 万亩。2021 年已启动征地试点项目 48 个，面积 1.28 万亩。

在"三块地"改革工作中，文昌市聚焦制度集成创新，形成了高效便民的农村宅基地审批管理制度，推动"三块地"改革试点取得实效。文昌市建立了"一站式"办理和"多审合一"的宅基地审批管理制度，为探索农房报建"零跑腿"打好坚实基础。在"三块地"改革红利的释放下，文昌市龙楼镇好圣村发展航天太空民宿、航天餐饮等多种业态，建成航天共享农庄，被评为"海南省首批五星级美丽乡村"，获得《人民日报》头版头条报道点赞。文昌市潭牛镇大庙村将闲置农房租赁给企业打造精品民宿，既增加了农民财产性收入，又带动了村内农业采摘项目发展，其中，"鹿饮溪"民宿成为网红店，并获得法国"双面神"等三个国际大奖。

同时，文昌市还将"三块地"改革试点与共享农庄创建相结合，助推乡村振兴。截至 2021 年 7 月，全市累计申报创建共享农庄 11 家，其中，航天好圣共享农庄、潭牛吾乡大庙共享农庄、三文共享农庄已结合农村集体经营性建设用地入市及农村宅基地制度改革试点在村庄中落地并运营。航天好圣共享农庄项目通过竞得 14 亩集体土地发展乡村旅游产业，辐射带动了航天瓜菜种植、文昌鸡和黑山羊养殖等多种业态，解决了 16 户贫困户 77 人的就业和收入问题；吾乡大庙共享农庄带动农户 30 户，直接经济收入 216 万元，并提供就近就业岗位 17 个，农产品销售占到整个农庄收入的 35%，2020 年村民年平均收入已达 4 万元以上；三文共享农庄的三文"斑兰"产业直接带动就业 20 多人，通过种植、管理等形式联结带动周边 136 户村民增加收入。

此外，文昌市还通过建立不同权属、不同用途建设用地合理比价调节机制、土地增值收益分配壮大集体经济等方式方法深入推进"三块地"改革试点，促使一批共享农庄、田园综合体、美丽乡村项目逐步落地开花。截至 2021 年 7 月，全市农村集体经营性收入达到 10 万元以上的村

---

① 文昌深化农村"三块地"改革　赋能乡村振兴［EB/OL］.［2021-08-02］. https：//www.sohu.com/a/480972018_100117618.

27 个，占比 14.91%；100 万元以上的村 5 个，村集体经营性总收入达 1165 万元。

2. 海南省琼海市

琼海市是海南省县级市，位于海南省东部，北距海口市 78 千米，南距万宁市 60 千米、三亚市 163 千米，西连定安、屯昌县，东濒文昌清澜港。琼海市陆地面积 1710 平方千米，根据第七次人口普查数据，截至 2020 年 11 月 1 日零时，琼海市常住人口为 528238 人。琼海市辖 12 个镇和彬村山华侨经济区，辖区内还有 3 个国营农场和 1 个国营林场。

"十三五"期间，琼海市高质量完成全市 4747 户 18039 人脱贫退出，2016 年 5 个贫困村全部脱贫出列，脱贫户和脱贫出列村稳定增收，脱贫成果进一步巩固。2016 年以来，在全省脱贫攻坚成效考核中，琼海市排名前列。2020 年全市贫困人口人均纯收入达 14884.81 元，年增速达 29.6%。

2021 年 5 月 10 日，中共琼海市委、琼海市人民政府印发《关于全面推进乡村振兴加快农业农村现代化的实施方案》，提到以下几个方案：①设立衔接过渡期。研究制定琼海市关于实现巩固拓展脱贫攻坚成果同乡村振兴有效衔接的实施方案，将脱贫攻坚工作机制、政策举措、机构队伍等全部转移到推进乡村振兴上。②持续巩固拓展脱贫攻坚成果。研究编制"十四五"巩固拓展脱贫攻坚成果同乡村振兴有效衔接规划。健全防止返贫动态监测和帮扶机制，对易返贫致贫人口及时发现、及时帮扶。持续加大脱贫地区产业扶持力度，鼓励脱贫户自身发展产业，持续促进脱贫人口就业增收，加强扶贫项目资产管理和监督，建立扶贫资产稳定运营和持续收益长效机制。③接续推进脱贫地区乡村振兴。加大脱贫地区基础设施建设，吸纳更多脱贫人口和低收入人口就地就近就业。选择具备条件的村，打造具有地方特色的乡村旅游目的地。④加强农村低收入人口常态化帮扶。开展农村低收入人口动态监测，建立自贸港背景下农村地区低收入人口动态帮扶机制，实行分层分类帮扶。对有劳动能力的农村低收入人口，坚持开发式帮扶；对丧失劳动能力且无法通过产业就业获得稳定收入的人口，按规定纳入农村低保或特困人员救助供养范围。

3. 海南省白沙黎族自治县①

白沙黎族自治县位于海南中部，总面积 2117.2 平方千米，白沙黎族自治县辖 11 个乡镇，县政府驻牙叉镇。根据第七次人口普查数据，截至 2020 年 11 月 1 日零时，白沙黎族自治县常住人口为 164699 人。

近年来，推动脱贫攻坚及乡村振兴一直是白沙工作的重中之重。2015 年以来，在省级各定点帮扶单位大力支持和配合下，白沙已累计选派了 606 名干部到基层一线，扎实推动"双争四帮""十抓十好"职责任务落实，在基层党组织建设、打赢脱贫攻坚战、新冠肺炎疫情防控、村级集体经济发展、人居环境整治、"厕所革命"、美丽乡村建设等工作中发挥重要作用，做出了积极贡献。

白沙市位于海南生态核心区，绿水青山就是白沙最好的禀赋。近年来，白沙立足生态优势，全力做好生态文章，也让一个个"生态+"产业落地生花，越来越好的生态红利也惠及更多乡民。在生态农业上，白沙按照"稳胶扩茶扩药创特色"的发展思路，发展好橡胶主导产业，做大做强绿茶、南药两个"万亩"和咖啡、红心橙、山兰稻等"千亩"以上热带高效特色产业；同时，依托龙头企业、专业合作社和专业大户的辐射带动作用，打造阜龙乡秀珍菇、元门乡毛薯、打安镇紫玉淮山等一批"乡字号""土字号"特色农产品品牌，积极动员并培训当地农户投工投劳，提高产业组织化、适度规模化、高精化水平，推动产业向一二三产业融合发展，做长

① 白沙以党建为引领，抓好巩固拓展脱贫攻坚成果同乡村振兴有效衔接［EB/OL］．［2021-07-01］．http：//res.hndaily.cn/file/news/20210701/cid_153_241858.html.

产业链条，提高产业附加值，促进特色农业增效、农民增收。在生态旅游业上，截至2021年7月，白沙已建成或在建的美丽乡村共有148个，在此基础上还创建了包括阜龙乡白准村、元门乡罗帅村、打安镇长岭村，以及海南热带雨林国家公园生态搬迁村新高峰村等一批椰级乡村旅游点和旅游扶贫示范村。

4. 海南省三亚市

三亚市，是海南省地级市，简称崖，地处海南岛的最南端。三亚市陆地总面积1921平方千米，海域总面积3226平方千米。东西长91.6千米，南北宽51千米，下辖四个区。根据第七次人口普查数据，截至2020年11月1日零时，三亚市常住人口为1031396人。

三亚市通过农业与旅游"联姻"，催生乡村振兴新业态，卖农产品的同时也"卖风景"，实现农业全链条拓展、升级。在2021年11月4日的三亚市"旅游+"产业融合示范企业授牌仪式上，9家"旅游+"示范企业中，农业企业就占了6家。截至2020年底，三亚有休闲农业常态接待游客的园区30个，其中，全国休闲农业示范点5个，全国五星级休闲农业与乡村旅游示范园区4个、四星级3个、三星级1个，海南省休闲农业示范点11个。三亚越来越多的村庄搭上乡村振兴的"快车"，村民尽享现代休闲旅游红利的同时，收获满满的幸福感。从单一发展特色农业向特色农业与"乡村游"有机融合转型，玫瑰谷、大茅、中廖村等是三亚探索农旅结合的生动示例。"农业+旅游"发展模式，让三亚乡村变景点、田园变乐园的愿景正逐步实现。"农业+旅游"促进三亚休闲农业快速发展。据统计，2021年上半年，三亚各休闲农业示范点接待约250万人次，营业收入约2亿元。三亚以农为主、强农兴旅的新业态，将农业发展主动融入社会发展和进步，主动跟随人们生活水平的提高和对休闲旅游的要求，主动将农业生产与生态、旅游、教育、文化传承等糅合，打造特色旅游农业。2021年上半年，三亚不断丰富乡村游业态，通过开展"云游三亚"系列推广活动，重点推介了水稻国家公园、亚龙湾玫瑰谷、水南村、西岛、天涯小镇等乡村旅游点。同时，三亚市开发高端伴手礼，深度挖掘乡村旅游带农增收潜力，促进了农民经营性收入和财产性收入的增加，丰富了"农业+"业态。创建"农业+旅游""农业+科普""农业+教育（研学）"等多种发展形式，开发休闲农业旅游多业态，促进农业与文化、旅游、康养、服务等产业融合发展。①

二十二、重庆市

重庆市，简称"渝"，别称山城，是我国4个直辖市之一，国家中心城市、超大城市、长江上游地区经济中心、国家重要的现代制造业基地、西南地区综合交通枢纽。总面积8.24万平方千米，辖38个区县（26区、8县、4自治县）。

（一）重庆市经济发展概况

1. 重庆市人口与经济概况

根据《重庆市第七次全国人口普查公报（第一号）》，重庆市常住人口为32054159人，与2010年第六次全国人口普查的28846170人相比，增加3207989人，增长11.12%，年平均增长率为1.06%。重庆市常住人口中，汉族人口为29883369人，占93.23%；各少数民族人口为

---

① 三亚"农业+旅游"结硕果 打造乡村振兴新业态［EB/OL］.［2021-11-09］. https：//travel.sohu.com/a/499988337_362042.

2170790 人，占 6.77%。与 2010 年第六次全国人口普查相比，汉族人口增加 2974308 人，增长 11.05%；各少数民族人口增加 233681 人，增长 12.06%。根据《重庆市第七次全国人口普查公报（第六号）》，重庆市常住人口中，居住在城镇的人口为 22264028 人，占 69.46%；居住在乡村的人口为 9790131 人，占 30.54%。与 2010 年第六次全国人口普查相比，城镇人口增加 6968225 人，乡村人口减少 3760236 人，城镇人口比重增加 16.43 个百分点。

根据《2020 年重庆市国民经济和社会发展统计公报》，2020 年，重庆市地区生产总值（GDP）25002.79 亿元，比 2019 年增长 3.9%。其中，第一产业增加值 1803.33 亿元，增长 4.7%；第二产业增加值 9992.21 亿元，增长 4.9%；第三产业增加值 13207.25 亿元，增长 2.9%。三次产业结构比为 7.2∶40.0∶52.8。2020 年，重庆市农林牧渔业增加值 1836.78 亿元，比 2019 年增长 4.7%。全年粮食种植面积 3004.59 万亩，比 2019 年增长 0.2%；全年粮食总产量 1081.42 万吨，比 2019 年增长 0.6%。全年工业增加值 6990.77 亿元，比 2019 年增长 5.3%。

2020 年，重庆市居民消费价格（CPI）比 2019 年上涨 2.3%。重庆市居民人均可支配收入 30824 元，比 2019 年增长 6.6%。其中，城镇居民人均可支配收入 40006 元，增长 5.4%；农村居民人均可支配收入 16361 元，增长 8.1%。重庆市居民人均消费支出 21678 元，比 2019 年增长 4.4%。其中，城镇居民人均消费支出 26464 元，增长 2.6%；农村居民人均消费支出 14140 元，增长 7.8%。重庆市居民恩格尔系数为 33.6%，比 2019 年上升 1.5 个百分点。其中，城镇为 32.6%，农村为 36.7%。①

2. 重庆市各区人口与经济概况

重庆市包括 38 个区县，分别为"中心城区"：渝中区、大渡口区、江北区、沙坪坝区、九龙坡区、南岸区、北碚区、渝北区、巴南区。"主城新区"：涪陵区、长寿区、江津区、合川区、永川区、南川区、綦江区、大足区、璧山区、铜梁区、潼南区、荣昌区。"渝东北三峡库区城镇群"：万州区、开州区、梁平区、城口县、丰都县、垫江县、忠县、云阳县、奉节县、巫山县、巫溪县。"渝东南武陵山区城镇群"包括黔江区、武隆区、石柱土家族自治县、秀山土家族苗族自治县、酉阳土家族苗族自治县、彭水苗族土家族自治县。根据重庆市各区县统计局 2020 年 1~12 月主要经济指标显示：

（1）地区生产总值方面，渝北区、九龙坡区、渝中区居全市前三名。其中，渝北区位居第一，实现地区生产总值 2009.5247 亿元。九龙坡区排名第二，全年地区生产总值达到 1533.1603 亿元。渝中区排名第三，地区生产总值 1358.4746 亿元。渝北区遥遥领先于重庆市其他区县。

（2）地区生产总值增速方面，荣昌区市以 4.9% 的增速继续位居前列。璧山区紧随其后，增速 4.8%；永川区则取得 4.6% 的增长。

（3）财政收入方面，2020 年 38 个区县一般公共预算收入排名前三位的分别是江北区、万州区、渝北区，分别为 67.2409 亿、67.1253 亿、67.0626 亿元。

（4）地区人口方面，重庆市 38 个区县中，常住人口超过 150 万人的区县有 3 个，分别为渝北区、万州区、九龙坡区。分区域看，"主城都市区"② 常住人口为 2115.33 万人，占 65.92%，其中"中心城区"常住人口为 1036.26 万人，占 32.29%，"主城新区"常住人口为 1079.07 万人，占 33.63%。"渝东北三峡库区城镇群"常住人口为 806.9 万人，占 25.15%；"渝东南武陵山区城镇群"常住人口为 286.7 万人，占 8.93%。与 2010 年第六次全国人口普查相比，38 个区县中，有 24 个区县人口增加。人口增长较多的 5 个区县依次为：渝北区、沙坪坝区、九龙坡区、

---

① 重庆市统计局，国家统计局重庆调查总队. 2020 年重庆市国民经济和社会发展统计公报［EB/OL］.［2021-03-18］. http://tjj.cq.gov.cn/zwgk_233/fdzdgknr/tjxx/sjzl_55471/tjgb_55472/202103/t20210318_9008291.html.

② "主城都市区"包括"中心城区"和"主城新区"。

南岸区、巴南区，分别增加 846083 人、477332 人、442402 人、438069 人、260164 人。

（5）其他方面，2020 年社会消费品零售总额排名前三位的分别是渝中区、渝北区、九龙坡区。城镇居民人均可支配收入位居全省前三的区县是渝中区、江北区、九龙坡区。农村居民人均可支配收入位居全省前三的区县是南岸区、九龙坡区、江北区，分别为 24869 元、23686 元、23412 元。

3. 重庆市产业概况

"十三五"时期，重庆市地区生产总值达到 2.5 万亿元、五年年均增长 7.2%，人均地区生产总值超过 1 万美元，固定资产投资、社会消费品零售总额、进出口总值年均分别增长 7.6%、9%、7%，规模以上工业增加值年均增长 6.4%，高技术产业和战略性新兴产业对工业增长贡献率分别达到 37.9%、55.7%，服务业增加值占地区生产总值比重达到 52.8%。

2020 年，重庆市积极推动产业转型升级。深入实施制造业高质量发展行动方案，汽车产业向高端化、智能化、绿色化升级，长安 UNI-T、林肯"冒险家"等中高端车型上市，长城重庆基地发动机等项目开工，吉利高端新能源整车等项目落地，国家级车联网先导区获批，汽车产业增加值增长 10.1%；电子信息产业加快向产业链上游延伸，京东方智慧系统创新中心开工建设，峰米激光电视等项目落地，产业增加值增长 13.9%；装备、医药、材料、消费品等产业增长态势良好。推动大数据智能化发展，启动国家数字经济创新发展试验区和新一代人工智能创新发展试验区建设，出台加快线上业态线上服务线上管理发展的意见，忽米网入选工业互联网国家双跨平台，新型智慧城市运行管理中心和城市大数据资源中心基本建成，2020 线上智博会、重庆国际创投大会成功举办，数字经济增加值增长 18% 以上，限上单位网络零售额增长 45%。推动现代服务业提质增效，出台《推动服务业高质量发展的意见》，引进中银金融租赁、国家金融科技认证中心等全国性金融机构和组织，开展"晒旅游精品·晒文创产品"大型文旅推介活动，成功举办第六届中国诗歌节，国际消费中心城市建设加快推进，解放碑成为全国首批示范步行街，南滨路国家级文化产业示范园区成功创建，丰都南天湖获批国家级旅游度假区，黔江濯水、彭水阿依河成为国家 5A 级旅游景区，全市规模以上服务业营业收入增长 2.3%，软件和信息技术服务业、科学研究和技术服务业分别增长 54.4%、8.3%。[①]

根据《重庆市国民经济和社会发展第十四个五年规划和二〇三五年远景目标纲要》，重庆市坚持把发展经济着力点放在实体经济上，一手抓传统产业转型升级，一手抓战略性新兴产业发展壮大，更加注重补短板和锻长板，加快推进产业基础高级化、产业链现代化，提高经济质量效益和核心竞争力。

（1）推动制造业高质量发展。把制造业高质量发展放到更加突出的位置，培育具有国际竞争力的先进制造业集群，巩固壮大实体经济根基。加快壮大战略性新兴产业，支持新一代信息技术、高端装备、新材料、生物医药、新能源汽车及智能网联汽车、节能环保等产业集群集聚发展，构建一批各具特色、优势互补、结构合理的战略性新兴产业增长引擎。推动传统产业高端化、智能化、绿色化，升级发展电子、汽车摩托车、装备制造、消费品、材料等支柱产业，发展服务型制造。提升产业链供应链现代化水平，深入开展质量提升行动，实施产业基础再造工程，分行业做好供应链战略设计和精准施策，形成具有更强创新力、更高附加值、更安全可靠的产业链供应链。[②] 到 2025 年，新一代信息技术力争产值超过 3500 亿元；智能装备力争产值达到 600 亿元；航空航天力争产值达到 100 亿元；生命健康力争产值超过 200 亿元；新材料力争

① 唐良智. 重庆市人民政府工作报告（2021 年）［EB/OL］.［2021-01-21］. https：//www.cq.gov.cn/zwgk/zfxxgkml/zfgzbg/202101/t20210128_8857504.html.

② 中共重庆市委. 中共重庆市委关于制定重庆市国民经济和社会发展第十四个五年规划和二〇三五年远景目标的建议［EB/OL］.［2020-11-27］. http：//www.cq.gov.cn/ywdt/jrzq/202012/t20201203_8646845.html.

产值达到 100 亿元。①

（2）大力发展现代山地特色高效农业。以生态畜牧为重点，深化农业产业结构调整，打造特色粮油、柑橘和柠檬、榨菜、生态畜牧、生态渔业、茶叶、中药材、调味品、特色水果、特色经济林等优势特色产业集群，力争第一产业增加值年均增长 4% 以上。实施现代种业提升工程，开展种源"卡脖子"技术攻关，建设良种繁育基地，培育现代种业龙头企业。实施农产品质量提升工程，推进蔬菜、水果、茶叶标准园和畜禽标准化示范场、水产健康养殖示范场建设。实施农业品牌提升工程、地理标志农产品保护工程，开展有机农产品认证，推广"巴味渝珍""三峡"等区域公用品牌。推动农村一二三产业融合发展，大力发展农产品精深加工，加快发展休闲农业、乡村旅游、农村电商，支持打造网货生产基地和产地直播基地，扩展农民增收空间。到 2025 年，农产品加工产值与农业总产值之比达到 2∶1，休闲农业与乡村旅游收入达到 1200 亿元。②

（二）重庆市乡村振兴阶段性成果

"十三五"时期，重庆市脱贫攻坚目标任务如期完成。按现行国家农村贫困标准测算，全市已实现脱贫攻坚目标，1919 个贫困村全部脱贫出列，18 个贫困区县全部"摘帽"，绝对贫困历史性消除。2020 年，重庆市贫困地区农村常住居民人均可支配收入 15019 元，比 2019 年增长 8.6%，扣除价格因素，实际增长 6.1%。③ 此外，"十三五"时期，重庆市持续推动乡村振兴稳步发展。乡村振兴战略行动计划扎实推进，71 个重点项目建设实现预期目标。城市提升行动计划持续推进，21 个重点专项完成投资 3890 亿元。科教兴市和人才强市行动计划取得积极进展，10 个专项和 32 项重点任务全面铺开。保障和改善民生、生态优先绿色发展等行动计划稳步实施，民生支出占一般公共预算支出比重保持在 80% 左右，生态环保领域 28 项重点工程和 119 项具体任务总体完成，重庆山更绿、水更清、天更蓝、空气更清新，"山水之城·美丽之地"魅力进一步彰显。住房条件进一步改善，完成棚户区改造 24.8 万户，累计配租公租房 54 万套、惠及 140 万群众。④

2020 年，重庆市乡村振兴和城市建设取得新进展。重庆市深入实施乡村振兴十大重点工程，培育发展十大产业集群，现代山地特色高效农业综合产值达到 4500 亿元，20 个重点现代农业产业园区、20 个乡村振兴示范镇村建设取得积极成效，第十八届中国国际农产品交易会成功举办，"巴味渝珍"品牌授权农产品达到 549 个，农产品加工产值、农产品网络零售额分别增长 3%、21%；农村承包地确权登记颁证工作和农村集体产权制度改革整市试点全面完成，"三变"改革试点扩大到 591 个村，"三社"融合发展全面推开，地票交易额突破 660 亿元。完成农村人居环境整治三年行动任务，大力实施"五沿带动、全域整治"行动，聚焦"厕所革命"、农村垃圾污水治理、村容村貌提升等"6+3"重点任务，分类分档精细化整治，带领群众持续做好以"三清一改"为重点的村庄清洁，编制 6895 个实用性村规划，累计建成"四好农村路" 6.26 万千米、改造农村危房近 10 万户，农村卫生厕所普及率、行政村生活垃

---

①　重庆市人民政府办公厅. 重庆市人民政府办公厅关于印发重庆两江新区国民经济和社会发展第十四个五年规划和二〇三五年远景目标纲要的通知 ［EB/OL］. ［2021-10-25］. http：//www.cq.gov.cn/zwgk/zfxxgkml/szfwj/qtgw/202110/t20211025_9886804.html.

②　重庆市人民政府. 重庆市人民政府关于印发重庆市国民经济和社会发展第十四个五年规划和二〇三五年远景目标纲要的通知 ［EB/OL］. ［2021-03-01］. http：//www.cq.gov.cn/zwgk/zfxxgkml/szfwj/qtgw/202103/t20210301_8953012.html.

③　重庆市统计局，国家统计局重庆调查总队. 2020 年重庆市国民经济和社会发展统计公报 ［EB/OL］. ［2021-03-18］. http：//tjj.cq.gov.cn/zwgk_233/fdzdgknr/tjxx/sjzl_55471/tjgb_55472/202103/t20210318_9008291.html.

④　唐良智. 重庆市人民政府工作报告（2021 年）［EB/OL］. ［2021-01-21］. https：//www.cq.gov.cn/zwgk/zfxxgkml/zfgzbg/202101/t20210128_8857504.html.

圾有效治理率分别达到 82%、99.9%。城市提升取得新成效，"多规合一"的国土空间规划体系初步建立，万开云一体化、綦江万盛一体化、"三峡库心·长江盆景"等专项规划编制完成。交通建设三年行动计划如期完成，高铁建设五年行动方案扎实推进，高铁在建和通车里程达到 1319 千米，渝怀二线铁路开通运行；高速公路通车里程达到 3400 千米；"850+"城市轨道交通成网计划提速实施，通车里程达到 370 千米、在建里程达到 186 千米；曾家岩大桥、华岩隧道西延伸段等重大项目建成通车，打通"断头路"25 条，完成堵点改造 50 个；江北机场 T3B 航站楼及第四跑道开工建设，武隆仙女山机场通航；渝西水资源配置工程全线开工，水源工程三年行动成效明显；新建 5G 基站 3.9 万个。"两江四岸"治理提升初见成效，长嘉汇大景区建设有序推进，长江文化艺术湾区启动建设，故宫文物南迁纪念馆建成开放，大田湾—文化宫—大礼堂文化风貌片区保护提升加快推进，开埠遗址公园开工建设；累计完成 1177 个城镇老旧小区改造，294 个坡坎崖治理成为市民家门口的公园，92 个城市边角地块建成群众身边的社区体育文化公园，172 千米山城步道成为城市特色品牌；累计完成城镇污水管网建设改造 1.2 万千米，建成海绵城市 421 平方千米，统筹沿江防洪排涝和城市建设试点工作全面启动。城市综合管理七大工程有序实施，在全国率先实现县级以上数字化城管平台全覆盖，创建全国首个城市管理智慧化应用范例，"马路办公"成为常态，"大城三管"深入人心，建设干净整洁有序、山清水秀城美、宜居宜业宜游的城市环境取得新进展，越来越多的外地游客来重庆"行千里·致广大"。[①]

自重庆市乡村振兴战略行动计划实施以来，"十百千"工程纵深推进，乡村振兴"6+5"试验示范带动和 20 个重点镇村建设成效显著，通过产业发展带动乡村振兴，让群众吃上"产业饭"，走上小康路。农产品加工加快发展，生态旅游、养生养老、乡土文化等新产业新业态不断涌现，农村电商增势迅猛，2018~2020 年，农产品加工产值、乡村旅游综合收入、农产品网络零售额年均保持两位数增长。与此同时，持续推进化肥、农药减量增效，深入开展专业化统防统治和绿色防控示范区建设，近 3 年化肥、农药年均施（使）用量分别下降 1.5%、2.1%，农作物病虫害统防统治覆盖率超过 40%。此外，围绕着力提升现代乡风文明水平，重庆市深挖文化底蕴，深化"孝善巴渝""家风润万家""九童圆梦""红樱桃·四季有爱"等行动，涉及邻里和谐、移风易俗、遵纪守法、孝道传承等方面，截至 2020 年底，累计建成794 个乡镇、223 个街道、7992 个村、3107 个社区综合文化服务中心，覆盖率高达 99%以上。重庆市累计打造了 8318 个农家书屋、1 万余个农村文化大院，建成县级以上文明村 4134 个、县级以上文明乡镇 555 个，增添农村广大群众对美好家园的归属感、自豪感和幸福感。[②]

（三）重庆市乡村振兴规划

2020 年 3 月，中共重庆市委、重庆市人民政府发布了《重庆市乡村振兴十大重点工程实施方案（2020—2022 年）》，要求从 2020 年开始，集中三年时间实施乡村振兴"十大重点工程"，包括：实施以交通、水利为重点的农村基础设施建设工程，实施以"十百千"为重点的农村一二三产业融合发展工程，实施现代农业产业园建设工程，实施农村人居环境"五沿带动、全域整治"工程，实施农田宜机化改造和高标准农田建设工程，实施农村"三变"改革扩面深化工程，实施"智慧农业·数字乡村"建设工程，实施"三乡"人才培育工程，实施乡村文化"百

---

① 唐良智．重庆市人民政府工作报告（2021 年）［EB/OL］．［2021-01-21］．https：//www.cq.gov.cn/zwgk/zfxxgkml/zfgzbg/202101/t20210128_8857504.html.

② 颜安，赵伟平．新希望播撒在巴渝大地上——重庆实施乡村振兴战略行动计划综述［N］．重庆日报，2021-01-18（1）.

乡千村"示范工程，实施农村带头人队伍整体优化提升工程。[①]

2021 年 2 月，重庆市人民政府发布了《重庆市国民经济和社会发展第十四个五年规划和二〇三五年远景目标纲要》，重庆市按照产业兴旺、生态宜居、乡风文明、治理有效、生活富裕总要求，全面推进"五个振兴"，绘就农业高质高效、乡村宜居宜业、农民富裕富足的美好画卷，其中针对乡村振兴未来发展的重点工程如表 4-6 所示。

表 4-6　"十四五"时期重庆市乡村振兴重点工程规划

"十四五"时期重庆市乡村振兴重点工程		到 2025 年的规划
农业发展重点工程	现代农业产业园	创建 2~3 个国家级现代农业产业园，打造 30 个市级现代农业产业园，培育 50 个以上区县级现代农业产业园，建设国际农产品加工产业园
	农产品加工	培育 500 家年产值超亿元的农产品加工企业，建成粮食、植物油、果蔬、肉类、调味品、中药材、烟草、渝酒、饲料、木竹 10 个百亿级加工产业集群
	新型农业经营主体	累计发展区县级以上产业化龙头企业 4000 家、培育家庭农场 4 万家、规范发展农民专业合作社 3.8 万家、培育专业化社会化服务组织 1 万家
	现代种业	新建或改造标准化优势农作物良种生产基地 5 万亩，改扩建高代次种畜禽场 30 个。引进动植物新品种 100 个，培育新品种 100 个，示范推广新品种 100 个。力争创建 1~2 个国家现代种业产业园
	农产品质量	建设乡镇农产品质量安全监管示范站 250 个。实施 11 家部市级农业质检机构和 6 家地市级农产品质检机构检验检测能力提升项目
	农业品牌	新打造 2 个全市农产品区域公用品牌、50 个区县区域公用品牌、择优授权 500 个产品品牌，有效期内"两品一标"达到 3000 个以上
	农业科技	培育创建农业领域国家级重点实验室 2 个，培育市级重点实验室 5 个、技术创新中心 4 个、工程技术中心 16 个。建设双城经济圈乡村经济云服务发展中心、县域城镇社区环境智慧监测预警及监管技术平台、丘陵山区智能农机装备创新研发平台、区域性畜禽基因库
	智慧农业	建设农业物联网生产智能化示范基地 200 个，重点打造智慧园艺基地 15 个、智慧果园 40 个、智慧畜禽养殖场 40 个、智慧水产养殖场 5 个
乡村建设重大工程	农村基础设施建设	新改建"四好农村路"1.5 万千米；积极推进农村燃气工程建设
	农村公共服务提升	推进乡镇卫生院提档升级改造；每个村卫生室配备 1~2 名合格乡村医生；每年开展送流动文化进基层不少于 20 万场次
	农村人居环境整治提升	重点建设农村生活污水处理设施 300 座、新建管网 900 千米。改造农村户厕 50 万户，建设农村公厕 1000 座，建成 2500 个生活垃圾分类示范村。建设 300 个绿色示范村庄，建成 39 个农村人居环境整治示范片和 1000 个美丽宜居村
	农村人才培育	培育新型职业农民 10 万人、农业职业经理人 2000 人，农村实用人才队伍稳定在 65 万人，每年安排入乡科技特派员 2000 人，资助 30 个乡村振兴专家服务团队，建设具有产业特色的特派员工作站（专家大院）、星创天地 50 个以上。为乡镇事业单位招聘补充紧缺人才 4000 名以上，为艰苦边远地区农村定向单培养全科医生、小学全科教师等专业人才 3600 人
	乡村文化建设	每 3 年滚动建设 100 个乡村文化示范乡镇和 1000 个乡村文化示范村。实施 30 个传统村落保护发展项目。每年开展"好人在身边"微访谈活动 3000 场、梦想课堂活动 3000 场、"家风润万家"活动 3000 场。打造 500 个"一村一品"文化活动品牌，建设乡情陈列馆 160 个

资料来源：《重庆市国民经济和社会发展第十四个五年规划和二〇三五年远景目标纲要》。

---

① 汤艳娟. 重庆"十大重点工程"助推乡村振兴［EB/OL］.［2020-05-15］. https://app. cqrb. cn/economic/2020-05-15/337664_pc. html.

（四）重庆市部分区乡村振兴概览

1. 重庆市忠县

忠县，位于重庆市中部、三峡库区腹心地带，下辖29个乡镇街道，面积2187平方千米。唐贞观八年（634）唐太宗赐名忠州，民国二年（1913）设忠县，是中国历史上唯一以"忠"字命名的地区。忠县以汉族为主，有土家族、回族、苗族等少数民族。根据第七次全国人口普查数据，截至2020年11月1日零时，忠县常住人口720976人。忠县统计局的数据显示，2020年，忠县实现地区生产总值427.65亿元，比2019年增长4.1%。[①]

2015~2020年，忠县贫困群众得到了较多的实惠，贫困地区面貌发生了巨大的变化。72个贫困村整村脱贫，6.8万人越线脱贫，县总体脱贫"摘帽"。一是贫困人口大幅减少。2015~2019年分别有31724人、30249人、3446人、1626人、1368人实现"一达标两不愁三保障"标准而脱贫，到2020年底，全县现有的118户302人也将实现脱贫，六年共减少贫困人口68715人。全县建档立卡贫困人口由2014年底的20240户68004人减少到目前的118户302人，贫困发生率由2014年底的8.82%降至0.04%。二是贫困农户收入明显增加。全县地区生产总值由2014年的208.26亿元增加到2019年的396.94亿元，2020年预计达到435亿元，六年年均增幅9.5%。县农村居民人均可支配收入由2014年的9803元增加到2019年的16207元，2020年预计达到17300元，六年年均增幅10.0%。全县建档立卡贫困户人均纯收入由2014年的3258元增加到2019年的11292元，2020年受新冠肺炎疫情影响，增速有所放缓，预计达到13037元，六年年均增幅达到26%。三是基础设施建设全面升级。全县行政村通畅率目前达到100%，撤并村通达率达到100%、自然村通公路率达到100%。截至2020年底，全县农村饮水集中供水率达到89.6%，自来水普及率达到86.9%，供水保障率达到93.5%。农业灌溉水源的病险水库全部得到整治。开展农村环境连片整治，全县所有行政村实现垃圾收运集中化管理，常住人口1000人以上的居民点污水集中处理率达到100%。到2020年6月，"十三五"期间，易地扶贫搬迁1161户4540人任务全部完成，实现搬迁入住。五年投资近1亿元，完成农村"三类重点对象"危房改造8832户，边缘户危房改造122户；自2018年启动农村旧房整治以来，共完成16000户整治任务。四是公共服务保障不断完善。72个贫困村便民服务中心得到改建。实施电子商务、金融服务、便民超市"三进村"。全县建卡贫困户子女全学段教育资助实现全覆盖，2015年以来全县实现建卡贫困户资助56344人次。基本医疗有保障全面达标，实施普惠加个性化医疗救助，2015年以来累计医疗救助建卡贫困户113683人次，372个行政村都建立了标准化村卫生室、配齐了乡村医生，县、乡、村三级医师结对签约服务实现全覆盖，健康扶贫档案建档率实现100%。到2020年9月，6407名符合条件的建卡贫困人口纳入了农村低保，实现应兜尽兜。五是产业发展水平明显提高。72个贫困村已分别建成1~2个山地特色农业主导产业，现有产业基地97887.52亩，其中特色优质小水果14215亩、粮油47763.02亩、优质柑橘11522亩、调味品8688亩、笋竹6725.5亩，以及特色经济林、中药材、茶叶、蔬菜基地、健康畜禽等，认定市级"一村一品"贫困村示范村4个，县级"一村一品"贫困村示范村20个，县级"一村一品"非贫困村示范村50个。目前，全县已全部消除农村集体经济"空壳村"，其中集体经济年收入超过10万元的村（社区）达10个。打好助农增收"组合拳"，贫困群众收入实现稳定增长，贫困户产业增

[①] 忠县统计局.2020年忠县国民经济和社会发展统计公报［EB/OL］.［2021-03-16］.http://www.zhongxian.gov.cn/bm/zxtjj/gggstjj/202103/P020210316552964718379.pdf.

收利益联结机制逐步建立。①

近年来，忠县多措并举推进乡村振兴。一是扶持当地旅游业发展。忠县出台《促进旅游业发展奖励扶持办法》。对开办旅游民宿一年，又申请旅游评定星级的旅游民宿，对新评定的三星级、四星级、五星级的旅游民宿，政府给予20万~50万元的扶持奖励。对社会资本投资运营的精品旅游饭店，对被评定为精品旅游饭店的，政府给予一次性50万元的扶持奖励。二是推动农产品电商发展。忠县2020年荣膺国家电子商务进农村综合示范县，策划了城乡物流共同配送中心、"超级供应链+直播电商孵化基地"、公共产地仓、一村一品网货基地等项目，着重补齐物流仓储、人才培育等短板，推进城乡物流、公共服务、人才培训、品牌打造等提档升级，进一步通过互联网为产业赋能，帮助忠县农产品"卖得快、卖得远、卖得好"。此外，2021年忠县在马灌镇举办了"中国农民丰收节"。本次丰收节突出"电商消费、农耕文化、农民参与"等特点，通过与电商深度融合，利用直播带货、线上销售等手段，带动农民增收，实现企业获益，赢得游客口碑；通过农事体验活动、农民趣味运动会、游览果园村村史农耕文化馆活动，让游客感受历史的变迁，体验农村的乐趣，了解现代农业的发展。三是建立"1+1+13"帮扶机制②。忠县为巩固拓展脱贫攻坚成果同乡村振兴有效衔接，在长效机制、推动脱贫攻坚工作体系全面转向乡村振兴、健全农村低收入人口常态化帮扶机制三个方面下功夫，向重点帮扶乡镇、村，派驻了驻乡驻村工作队，落实了帮扶政策措施③。

忠县的"三峡橘乡"田园综合体是全国首批18个国家级田园综合体试点项目之一。近年来，该综合体围绕"生态优先、绿色发展"理念，坚持生产生活生态"三生"同步、一二三产"三产"融合、农文旅"三位"一体、宜居宜业宜游"三宜"协同，将现代农业、休闲旅游、田园社区和乡村振兴有机结合，进行乡村综合发展。如今的"三峡橘乡"，俨然一座柑橘主题景区，2019年接待游客约50万人次，实现旅游总收入约2.5亿元，吸纳农民就业3000余人。④2020年12月20日，"三峡橘乡"田园综合体正式开园，据估计，"三峡橘乡"田园综合体可实现年综合总产值约20.5亿元，带动约3500名农民就业，年接待游客约35万人次。⑤

2. 重庆市潼南区

潼南区，位于重庆西北部，面积1583平方千米，辖3个街道、20个镇。根据第七次全国人口普查数据，截至2020年11月1日零时，潼南区常住人口688115人。重庆市潼南区统计局的数据显示，2020年，潼南区实现地区生产总值475.26亿元，比2019年增长4.3%。⑥

"十三五"时期是潼南发展史上极不平凡的五年，在完成贫困村、贫困人口全面清零的基础上，将脱贫攻坚与乡村振兴等重点工作结合起来，全力打造乡土特色风貌美、人文和谐风尚美、业新民富生活美的新乡村，农民群众的幸福感、获得感、安全感不断提升。

潼南区始终坚持把解决"两不愁三保障"突出问题作为最紧迫的任务，贯彻精准方略，不

① 忠县扶贫办. 忠县五年脱贫攻坚工作总结（2016—2020年）［EB/OL］.［2021-04-08］. http：//www. zhongxian. gov. cn/bm/zxfpb/bmdt/202104/t20210408_9079183. html.

② "1+1+13"重点帮扶机制：即确定了1个市级重点帮扶乡（磨子土家族乡）、3个县级重点帮扶乡（涂井乡、善广乡、金声乡）和11个县级重点帮扶村（忠州街道独珠村、马灌镇果园村等）。

③ 胡明珠. 重庆忠县多措并举推进乡村振兴［EB/OL］.［2021-09-16］. http：//cq. crionline. cn/n/20210916/89e39770-7acc-21e0-ce19-685958e7d131. html.

④ 刘潺. 重庆忠县：乡村振兴示范园里的小康生活［EB/OL］.［2020-10-24］. http：//m. xinhuanet. com/cq/2020-10/24/c_1126652719. htm.

⑤ 王开云. 三峡橘乡田园综合体正式开园［EB/OL］.［2020-12-21］. http：//www. xinhuanet. com/travel/2020-12/21/c_1126887902. htm.

⑥ 重庆市潼南区统计局，国家统计局潼南调查队. 2020年潼南区国民经济和社会发展统计公报［EB/OL］.［2021-03-20］. http：//www. cqtn. gov. cn/zjtn/tjgb/202105/t20210524_9317107. html.

断提升脱贫攻坚质量。潼南区主要从以下几个方面推动扶贫攻坚：①教育扶贫。潼南区严格按照"发展教育脱贫一批"要求，对贫困学生全程资助、全员覆盖，应助尽助。自 2016 年以来，潼南区全面落实各项教育扶贫政策，投入 4.99 亿元资助 83.88 万人次贫困学生，保障了贫困学生上学路上一个不少。持续加大"两类学校"建设力度，实施强校结对弱校帮扶工作，倾斜配置优秀教师资源，确保老百姓子女在家门口有"好学"上。②健康扶贫。潼南区深入实施健康扶贫工程，综合利用重特大疾病医疗救助、扶贫医疗救助、精准脱贫保险等手段，严格落实贫困人口医保待遇倾斜政策，并投资 1406.89 万元为全区建档立卡贫困户购买精准脱贫保险，医保参保率达 100%。③危房改造。潼南区紧盯住房安全问题，对符合危房改造政策的全部列入改造计划应改尽改，自 2015 年以来，共实施农村 CD 级危房改造 10468 户，落实补助资金 2.1 亿元，解决近 3 万农村贫困群众住房安全问题。④饮水改造。全面提升农村饮水安全运行管理水平，增强用水保障能力。累计投入资金 6700 余万元，建成供水工程 3304 处，整治山坪塘 4333 口，分散式打井工程 3251 处，有效解决 912 户 3250 人建卡贫困户饮水问题。⑤兜底保障。聚焦建卡贫困户中完全和部分丧失劳动力且无法通过产业就业帮扶脱贫的人口，及时纳入兜底保障范围，全区累计实施低保兜底扶贫 2614 户 5077 人，临时救助困难群众 2.13 万人次，救助金额 2839.3 万元，确保了"吃穿不愁"。兜底保障工作涉及面广、工程量大、任务艰巨，潼南区通过建立横向到边、纵向到底的责任体系，严格执行"双组长制"和"五级书记抓扶贫"机制，落实区级领导、区级部门包帮镇街和贫困村，全区派出 50 支驻村工作队，5306 名各级干部与贫困户"一对一"帮扶，形成全方位、多层次扶贫工作体系，并以党建为抓手，凝聚起脱贫工作的强大合力，为打赢脱贫攻坚收官战提供坚强组织保障，跑出了脱贫攻坚加速度。

五年来，潼南区结合自身资源优势和产业基础，因地制宜，因村施策，通过完善产业到户扶持政策、加强产业技术指导与服务、建立完善产业发展与贫困户利益联结机制，围绕粮油、蔬菜、特色经果、柠檬、中药材、渔业、生猪七大扶贫主导产业，打造国际柠檬之都、中国西部绿色菜都，农业农村发展取得巨大成就。潼南区探索出"城市资本+产业"扶贫新模式，通过城市资本下乡，充分唤醒各类生产要素，有效激活农村资金资产资源"三资"潜能，有力推动产业扶贫工作向纵深发展，持续带动贫困群众增收致富。以柠檬为例，在全社会参与扶贫的热情下及资本的带动下，小小的酸果发展成为产值 30 多亿元的"大产业"，柠檬种植面积 32 万亩，柠檬产量 28 万吨，产值 32.6 亿元，加工企业达到 120 余家，带动潼南区 11 个镇街 93 村 5 万余农户增收致富，成功创建"潼南柠檬"地理标志商标，获评中国特色农产品优势区，在巩固拓展脱贫攻坚成果的同时，推动了乡村振兴实现新突破、取得新进展、迈上新台阶。

此外，通过人居环境整治三年行动，潼南区完成改厕 41985 户、建设污水管网 133 千米、"四好农村路"1574 千米、村庄绿化 432 亩、旧房整治提升 12484 户、行政村生活垃圾有效治理比例 100%，让农民幸福指数一点不比城市差。同时，大力实施"电靓乡村"农村供电保障能力提升工程，全区所有村社全部通上动力电；强化通信基建，全区农村集聚区光纤网络、4G 网络信号、广播电视信号实现全覆盖；实施"旅游+扶贫"，举办菜花节、国际柠檬节、桑葚采摘节等节会，带动景区贫困群众户均增收 2500 余元。美化一片环境，发展一项产业，富裕一方百姓，全区广大农民在良好的生态环境中将生活过得有声有色、有滋有味。①

（1）潼南区宝龙镇严寨村。由于贫困户致贫原因复杂、贫困程度深、脱贫难度大，其曾是区级深度贫困村。近年来，严寨村大力发展适宜当地土质条件的蔬菜种植，壮大集体经济，帮助村民增收致富。2020 年，种植辣椒实现年产量 40 余吨，销售收入 18 万元，村集体净收益 10

---

① 潼南区乡村振兴局．潼南：五年绘就美丽乡村新画卷［EB/OL］．［2021-12-20］．http://fpb.cq.gov.cn/zxgz_231/qxdt/202112/t20211220_10200095_wap.html.

万元，同时，还以保底价回收的方式，利用电商平台为 394 户农户销售农特产品 186 万元，全村人均纯收达到 15996 元，实现了从"贫困村"到"富裕村"的华丽转变。①

（2）潼南区太安镇罐坝村。乡村振兴，生态宜居是重点。潼南区坚持内外兼修，以持之以恒保障和改善民生为抓手，全面践行绿水青山就是金山银山的发展理念，以科学规划为引领，重点推进基础设施建设、农业产业发展、乡风文明建设，逐步提升村容村貌，建设宜居村庄，实现百姓富和生态美的有机统一。如今，罐坝村建成了泰安庄园、蔬菜博览园、罐坝小寨等现代农业景点和新农村景点，每年举办蔬菜博览会、太安鱼美食节等乡村旅游活动，年接待游客已超过 5 万人，形成了吃农家饭、住农家屋、做农家活、看农家景的田院经济。

3. 重庆市九龙坡区

九龙坡区地处重庆市西南部，位于重庆主城都市区的中心城区，是长江和嘉陵江环抱的渝中半岛的重要组成部分。下辖 19 个镇街（9 个街道、10 个镇），面积 432 平方千米。根据第七次全国人口普查数据，截至 2020 年 11 月 1 日零时，九龙坡区常住人口 152.68 万人。九龙坡区统计局的数据显示，2020 年，九龙坡区实现地区生产总值 1533.16 亿元，比 2019 年增长 3.9%。②

（1）在构建现代产业体系方面。①做实做强做优制造业。秦安机电总部基地等 22 个重点项目开工建设，工业投资达到 100 亿元。规模以上工业企业新增 44 家、总量保持全市第一，国家两化融合贯标企业、市级智能工厂、数字化车间分别增至 15 家、4 家和 25 个，24 家十亿级工业企业产值增长 8.8%。汽摩、新材料、高端装备产业产值分别增长 6.3%、19.8% 和 7%。②集聚现代服务业。沃尔玛山姆店等总部机构相继落地。创建全国绿色商场 2 家，新增各类首店 20 家、达到 64 家。"重庆城市文化艺术之旅"入选全国精品主题旅游线路。34 栋重点楼宇营收增长 6%。金融机构存贷款余额、专业技术服务业营业收入、文旅产业增加值分别增长 11.3%、19.3% 和 5%。③发展数字经济。承办智博会"智造新动能·智联新产业"高峰论坛等高级别活动，引进辰隆信安大数据产业园等 14 个重点项目，庆铃先进发动机智能工厂等六个项目获评全市首批智能制造和工业互联网创新示范。数字经济"四上"企业达到 217 家。计算机制造业、规模以上专用设备制造业、规模以上软件和信息技术服务业、限上互联网销售额、跨境电商交易额分别增长 10.7%、20%、20.2%、38.4% 和 14.7%。

（2）在促进乡村振兴方面。2020 年，九龙坡区完成农村土地承包经营权确权登记颁证任务，落地市供销合作社智慧农服集团总部和"三社融合"示范项目。铜罐驿镇英雄湾村入选全市首批实用性村规划示范村，农村人居环境整治三年行动任务全面完成，村民小组通达率、通畅率均达 100%，卫生厕所普及率达到 92%。"巴味渝珍"品牌授权农产品达到 39 个。③

1）九龙坡区铜罐驿镇英雄湾村。近年来，九龙坡区紧扣"七彩九龙乡村"乡村振兴建设的目标定位，依托区位优势、人文资源、田园生态，有力推进铜罐驿大英雄湾美丽乡村项目建设，致力打造"望得见山、看得见水、记得住乡愁"的全新都市乡村。①建设农文旅公园。九龙坡区与恒大旅游集团合作共建的农文旅公园，以现代化种植为基础、现代大田生产管理为核心，这里的荷韵园、柑橘园、蓝莓园、桑梓园、杨梅园等果树种植基地总面积达 1800 亩。不久后，园内还将建设一个 6 万平方米高科技智慧温室，通过引进国外先进技术，智能调节室内温、光、

① 刘莉，刘文静. 喜迎党代会·回眸看发展｜决战决胜脱贫攻坚［EB/OL］.［2021-12-16］. https://www.163.com/dy/article/GRB3JDKQ05372CLX.html.

② 重庆市九龙坡区统计局. 2020 年重庆市九龙坡区国民经济和社会发展统计公报［EB/OL］.［2021-03-25］. http://cqjlp.gov.cn/zwgk_251/zfxxgkml/tjxx/202103/P020210325536181570898.pdf.

③ 刘小强. 重庆市九龙坡区人民政府工作报告（2021 年）［EB/OL］.［2021-02-04］. http://cqjlp.gov.cn/zwgk_251/zfgzbg/202102/t20210204_8872014.html.

水、肥、气，从而实现全季节、全天候种植，形成年产蔬果 600 吨产值 1500 万元的产能。届时，英雄湾将成为重庆主城近郊规模最大的"鲜食基地"。②制定改革方案。2020 年，九龙坡区制定《九龙坡区农村产权交易改革试点工作方案》《铜罐驿镇大英雄湾农村综合改革试点方案》，探索以"薪金、租金、股金、福金、利金、奖金"六金的方式，实现改革赋能、六金富民。同时，开展集体经营性建设用地入市和宅基地制度改革试点，探索农村土地、宅基地"三权分置"改革，通过流转 5000 余亩闲置土地经营权，第一年直接增加农户户均年收入 2 万余元，以后每年每户将保持至少 5000 元的租金收益。村集体与区供销社合股成立英雄湾综合服务社，成立村集体企业陡石塔商贸有限公司，创新开展农业生产、企业用工等服务，增加农民群众收入，切实增加农民获得感。①

2）九龙坡区西彭镇。为推动全区蔬菜产业高质高效、绿色生态发展，九龙坡区立足当地种植历史和土壤资源，通过打造一批特色农产品品牌，提升本地农产品价值，既丰富市民"菜篮子"，又带动农民增收致富，推动乡村振兴产业发展。①插旗山萝卜。插旗山萝卜是九龙坡的特色蔬菜品种之一，种植已有 30 多年，是根据"白粉团萝卜"改良选种后，培育出来的独特品系。好品种也需要不断升级，2021 年来自市农科院的多个新品种在该萝卜基地试验成功，和以前的品种相比，新品种的萝卜产量高、个头大、裂口率低，进一步提升了插旗山萝卜的品质和产量，提高种植者的经济效益。②长石生姜。为推动九龙坡区生姜栽培技术和产业进一步提升，九龙坡区大力开展技术攻关，先后探索出膜网覆盖综合防病和仔姜早熟沟栽等种植技术。近年来，随着口碑和种植效益的不断提高，插旗山萝卜和长石生姜种植也带动周边村民增收。截至 2021 年 11 月，西彭镇树民村近 100 家农户种植萝卜，插旗山萝卜种植已扩展到 7 个合作社，面积达到 500 余亩，年总产量 1500 吨。西彭镇长石村、合心村有 60 余户种植生姜，一个专业合作社，种植面积达 300 多亩，年总产量约 80 万公斤。②

二十三、四川省

四川简称川或蜀，位于中国西南部，与重庆、贵州、云南、西藏、青海、甘肃和陕西七省（自治区、直辖市）接壤，素有"天府之国"的美誉。全省面积 48.6 万平方千米，辖 21 个市（州）、183 个县（市、区），拥有多处世界遗产，有全国最大的彝族聚居区、第二大藏族聚居区和唯一的羌族聚居区。

（一）四川省经济发展概况

1. 四川省人口与经济概况

根据《四川省第七次全国人口普查公报（第一号）》，2020 年末四川省家庭户人口 77093057 人、常住人口 83674866 人，其中少数民族人口 5688228 人。根据《四川省第七次全国人口普查公报（第六号）》，四川省居住在城镇的人口为 47465912 人，占 56.73%；居住在乡村的人口为 36208954 人，占 43.27%。与 2010 年第六次全国人口普查相比，城镇人口增加

---

① 重庆九龙坡：乡村美产业兴　打造乡村振兴"九龙样板"［EB/OL］.［2021-06-24］. https：//njsw. cbg. cn/show/ 1000-1088837. html.

② 九龙坡区农业农村委. 重庆九龙坡：特色农产品让乡村振兴看得见［EB/OL］.［2021-11-19］. http：// cqjlp. gov. cn/bmjz/qzfbm_97119/qnyncw_97725/zwgk_97124/gkml/xczx/zcqk/202112/t20211211_10146858. html.

15153879 人，乡村人口减少 11897213 人，城镇人口比重上升 16.55 个百分点。根据《四川省第七次全国人口普查公报（第二号）》，分五大经济区看，成都平原经济区常住人口为 41934978 人，占 50.12%；川南经济区常住人口为 14472887 人，占 17.30%；川东北经济区常住人口为 19266421 人，占 23.02%；攀西经济区常住人口为 6070562 人，占 7.25%；川西北生态示范区常住人口为 1930018 人，占 2.31%。

根据《2020 年四川省国民经济和社会发展统计公报》，2020 年四川省全年农村居民人均可支配收入 14956 元，增长 9.1%；城镇居民人均可支配收入 35203 元，增长 4.8%。根据地区生产总值统一核算初步结果，2020 年四川省地区生产总值 48598.8 亿元，按可比价格计算，比 2019 年增长 3.8%。其中，第一产业增加值 5556.6 亿元，增长 5.2%；第二产业增加值 17571.1 亿元，增长 3.8%；第三产业增加值 25471.1 亿元，增长 3.4%。三次产业对经济增长的贡献率分别为 14.1%、43.4% 和 42.5%。三次产业结构由 2019 年的 10.4：37.1：52.5 调整为 2020 年的 11.4：36.2：52.4。分区域看，成都平原经济区地区生产总值 29523.3 亿元，比 2019 年增长 4.0%，其中环成都经济圈地区生产总值 11806.7 亿元，增长 3.9%；川南经济区地区生产总值 7883.7 亿元，增长 4.2%；川东北经济区地区生产总值 7595.5 亿元，增长 3.8%；攀西经济区地区生产总值 2774.0 亿元，增长 3.9%；川西北生态示范区地区生产总值 822.4 亿元，增长 3.4%。[①]

2. 四川省各市人口与经济概况

四川省共辖 21 个市（州），分别是成都市、乐山市、绵阳市、广元市、南充市、达州市、德阳市、攀枝花市、内江市、宜宾市、雅安市、凉山彝族自治州、遂宁市、眉山市、泸州市、巴中市、自贡市、资阳市、阿坝藏族羌族自治州、广安市、甘孜藏族自治州。根据四川省统计局 2020 年 1~12 月主要经济指标显示：

（1）地区生产总值方面，成都市、绵阳市、宜宾市居全省前三名。其中，成都市位居第一，实现地区生产总值 17716.67 亿元。绵阳市排名第二，全年地区生产总值达到 3010.08 亿元。宜宾市排名第三，地区生产总值 2802.12 亿元。成都市领先于省内其他市州。

（2）地区生产总值增速方面，宜宾市以 4.6% 的增长继续位居前列。绵阳市、雅安市并列第二，增速 4.4%；遂宁市位居第三，增速为 4.3%。

（3）财政收入方面，2020 年四川省 21 个市（州）一般预算全口径财政收入排名前三位的分别是成都市、宜宾市、泸州市。其中，成都市一般预算全口径财政收入 1520.4 亿元，拉动四川省整体实力跃升。

（4）地区人口方面，2020 年四川省 9 个市（州）中，年末常住人口排名前三位的分别是成都市（2094.7 万人）、南充市（561.0 万人）、达州市（538.7 万人）。

3. 四川省产业概况[②]

2018 年，四川省提出构建“5+1”现代产业体系，六个支柱产业分别是电子信息业、水电业、机械冶金业、医药化工业、饮料食品业、旅游业。

（1）工业发展情况。2020 年四川省工业增加值 13428.7 亿元，比 2019 年增长 3.9%，对经济增长的贡献率为 36.3%。2020 年末规模以上工业企业 14843 户，全年规模以上工业增加值增长 4.5%。其中轻工业增加值比 2019 年增长 1.1%，重工业增加值增长 6.2%，轻重工业增加值之比为 1：2.0。分经济类型看，国有企业增长 2.4%，集体企业下降 17.9%，股份制企业增长 4.3%，外商及港澳台商投资企业增长 7.7%。

计算机、通信和其他电子设备制造业增加值比 2019 年增长 17.9%，石油和天然气开采业增长 12.2%，非金属矿物制品业增长 6.3%，电力、热力生产和供应业增长 6.3%，黑色金属冶炼

---

①②　参见《2020 年四川省国民经济和社会发展统计公报》。

和压延加工业增长 4.9%，化学原料和化学制品制造业增长 4.5%，汽车制造业增长 3.5%，酒、饮料和精制茶制造业增长 2.9%，医药制造业下降 2.1%，金属制品业下降 3.9%。高技术制造业增加值增长 11.7%，占规模以上工业增加值比重为 15.5%；五大现代产业增加值增长 5.1%；六大高耗能行业增加值增长 5.9%。从主要产品产量看，2020 年原煤产量比 2019 年下降 34.4%，汽油下降 11.5%，发电量增长 7.7%，天然气增长 12.0%，铁矿石原矿量下降 0.9%，电子计算机整机增长 14.2%，电力电缆增长 10.2%，成品钢材增长 4.1%，水泥增长 1.5%，白酒增长 0.7%，啤酒下降 4.8%。2020 年规模以上工业企业产销率为 98.2%。

建筑业增加值 4277.5 亿元，比 2019 年增长 3.2%。2020 年末具有资质等级的施工总承包和专业承包建筑业企业 7405 个，实现利润总额 432.7 亿元，增长 8.1%。房屋建筑施工面积 67655.1 万平方米，增长 9.6%；房屋建筑竣工面积 22572.8 万平方米，增长 11.0%，其中住宅竣工面积 16419.8 万平方米，增长 11.2%。

在工业企业法人单位中，采矿业 3411 个，制造业 65283 个，电力、热力、燃气及水生产和供应业 5968 个，分别占 4.6%、87.4% 和 8.0%。在工业行业大类中，非金属矿物制品业行业、通用设备制造业行业、农副食品加工业行业企业法人单位数居前三位，分别占 12.2%、7.5% 和 7.0%。

在工业企业法人单位从业人员中，采矿业占 7.7%，制造业占 84.8%，电力、热力、燃气及水生产和供应业占 7.5%。在工业行业大类中，计算机、通信和其他电子设备制造业，非金属矿物制品业，酒、饮料和精制茶制造业从业人员数位居前三位，分别占 9.4%、9.2% 和 5.4%。[①]

（2）电子信息业发展情况。2020 年四川省邮电业务总量 8063.6 亿元，比 2019 年增长 43.9%。其中，邮政业务总量 537.7 亿元，增长 20.1%；电信业务总量 7525.9 亿元，增长 46.0%。2020 年末固定电话用户 1885.0 万户，移动电话用户 9124.6 万户。固定电话普及率 22.5 部/百人，移动电话普及率 109.0 部/百人。固定互联网用户 2975.5 万户，移动互联网用户 7521.4 万户，长途光缆线路长度 12.5 万千米，本地网中继光缆线路长度 155.5 万千米。2018 年，四川省电子信息产业实现主营业务收入 9258 亿元，居中西部第一。

目前，四川正打造"万亿级"电子信息产业集群，着重瞄准"一芯一屏"，即集成电路与新型显示，实现重点突破和整体提升。

2019 年 4 月，总投资约 500 亿元的四川天府新区"紫光芯城"项目在成都科学城产业功能区开工建设。项目建成对集成电路、大数据、云计算和人工智能等产业从研发源头上形成强势引领。

根据《四川省集成电路与新型显示产业培育方案》，"一芯"将着力形成"设计业引领、制造业提升、封装测试业支撑、材料业和装备业配套"的产业格局，建设国内领先的集成电路完整产业链。"一屏"将构建贯通原材料、零部件、面板制造、整机集成的新型显示产业生态圈，打造新型显示产业研发和制造基地。

四川省已汇聚了紫光集团、中国电子信息产业集团、中国电子科技集团、华为技术有限公司、格罗方德半导体股份有限公司、英特尔公司等国内外知名集成电路领军企业，构建了集 IC 设计、晶圆制造、封装测试材料设备于一体的、较为完整的产业链。[②]

（3）农业发展情况。2020 年四川省粮食作物播种面积 631.3 万公顷，比 2019 年增长 0.5%；油料作物播种面积 158.4 万公顷，增长 5.9%；中草药材播种面积 14.4 万公顷，增长 5.9%；蔬菜及食用菌播种面积 144.4 万公顷，增长 2.2%。粮食产量 3527.4 万吨，比 2019 年增长 0.8%；

---

① 参见《四川省第四次全国经济普查公报（第三号）》。
② 陈健，谢佼，胡旭. 四川打造"万亿级"电子信息产业集群［N］. 经济参考报，2019-05-23.

其中小春粮食产量增长 0.8%，大春粮食产量增长 0.8%。在经济作物中，油料产量 392.9 万吨，增长 7.0%；烟叶产量 16.2 万吨，增长 0.7%；蔬菜及食用菌产量 4813.4 万吨，增长 3.8%；茶叶产量 34.4 万吨，增长 5.8%；园林水果产量 1083.6 万吨，增长 8.3%；中草药材产量 52.7 万吨，增长 7.5%。

（二）四川省乡村振兴阶段性成果[①]

（1）脱贫攻坚取得决定性胜利。四川省城乡居民收入比从 2015 年的 2.56∶1 缩小到 2020 年的 2.4∶1。产业扶贫撑起了脱贫攻坚"半壁江山"。率先在全国创新设立贫困村产业扶持基金，支持贫困户发展产业和壮大集体经济，全省 360 万贫困人口依靠产业和就地产业务工脱贫，占脱贫总人口的 57.6%。全省 88 个贫困县组建脱贫攻坚造林专业合作社 1317 个。2020 年全省实现贫困县全部脱贫"摘帽"，贫困人口全部清零。

（2）农业综合生产能力持续提升。自 2011 年以来，四川省累计建成高标准农田 4496 万亩，占耕地面积比重达到 44.6% 以上，粮食每亩产能提升 80 斤以上。水利设施持续完善，有效灌溉面积达 4485 万亩。农机总动力达到 4750 万千瓦，主要农作物耕种收综合机械化水平达到 63%。农业科技支撑能力进一步提升。农业科技贡献率达到 59%，农作物良种覆盖率达 97% 以上。农业信息化建设稳步推进，获批全国农业农村信息化示范基地 4 处，成功创建 4 个全国数字农业试点县。现代农业烘干冷链物流初具规模，全省冷链物流静态库容达 430 万吨。

（3）"川字号"优势特色产业持续稳定发展，"10+3"产业体系初步构建。"10+3"产业即推进川粮油、川猪、川茶、川菜、川酒、川竹、川果、川药、川牛羊、川鱼十大优势特色产业全产业链融合发展，夯实现代农业种业、现代农业装备、现代农业烘干冷链物流三大先导性产业支撑。2020 年，四川省粮食播种面积 9468.9 万亩，粮食总产量 3527.4 万吨，油菜籽产量突破 300 万吨、保持全国第一。创建国家级现代农业产业园 11 个、数量居全国第二，全省累计认定省星级现代农业园区 94 个、市级园区 364 个、县级园区 673 个。农产品质量安全持续稳定向好。农业生产标准化水平进一步提升，累计制修订省级农业地方标准 800 项，累计创建部省级畜禽标准化养殖场 1401 个、部级水产健康养殖示范场 391 个。风险防控及监管能力进一步增强，累计创建国家农产品质量安全市 2 个、安全县 15 个，完成国家、省级追溯平台对接，全省大宗农产品例行监测总体合格率达 99.3%。"川字号"农产品品牌体系不断壮大。培育"天府龙芽""天府菜油"等 212 个区域公用品牌，"新希望""竹叶青"等 816 个优质品牌农产品；11 个地理标志产品进入中欧地理标志协定首批保护目录，数量位居全国第一。

（4）农业产业化经营体系日渐完善。新型经营主体不断壮大，四川省国家级重点龙头企业 75 家，数量居全国第四、西部第一。累计培育农民合作社 10.56 万个、农民合作社联合社 461 个、家庭农场 16.6 万家，培训新型职业农民 30 万人次。发展农业社会化服务组织 2.6 万个，服务对象 473.6 万户。农村新产业新业态持续发展。2019 年实现休闲农业综合经营性收入 1605 亿元，较 2015 年增长 59.2%。农产品加工业持续发展，农产品产地初加工率达 60%。农村电商快速发展，农村电商销售额达到 455 亿元。农村一二三产业融合效应逐步显现，累计建成产业融合园区 430 个。

（5）农村人居环境逐渐整治改善。四川省大力开展农村人居环境整治"五大行动"，全省一类县农村无害化厕所普及率达 94%、二类县卫生厕所普及率 91%，全省 90% 以上行政村生活垃圾得到有效处理，58.4% 的农村生活污水得到治理，全省 80% 以上的行政村建成幸福美丽新村。农村生态文明建设成效显著。在 19 个县（市、区）开展农产品产地土壤重金属污染综合防治试

---

① 参见《四川省"十四五"推进农业农村现代化规划》。

点。化肥施用量连续 5 年实现负增长。主要农作物绿色防控覆盖率达到 38.6%，全省农作物秸秆综合利用率达到 91%，废旧农膜回收利用率达到 80.2%，畜禽粪污资源化利用率达到 75% 以上。新建沼气工程 792 处。全省森林覆盖率达到 40.03%。

（6）农村基层组织建设不断加强。2020 年，四川省 51524 个村（社区）开展了网格化服务管理，32026 个村建成规范化综治中心。村规民约持续修订完善。"雪亮工程"覆盖率超过 80%。乡风文明水平不断提升。文明村镇建设有序推进，在全国率先启动农村生产生活遗产保护传承工作。

（三）四川省乡村振兴规划

乡村振兴方面，2020 年 4 月，四川省委全面依法治省委员会印发《四川省乡村振兴法治工作规划（2020-2022 年）》，提出四川省乡村振兴法治工作的总体目标：到 2022 年，四川省乡村普法依法治理深入推进，自治、法治、德治相融合的乡村治理体系基本建成。

除此之外，四川省面积大，省内地理环境复杂，所辖市、县级政区产业结构不同，且文化也有差异。因此，四川省省级乡村振兴现行规划分为三类：一是按省内地区方位分类，这一方法在四川省内应用次数多，内容细致，从方位逐级精确到市（州）、县（区）、镇，甚至一些知名村也有收录，在全国各省乡村振兴政策分类中极其少见，方便了解分类区域内细化的政策。二是按实施主体分类。三是总体规划。此处我们按第一种分类方法介绍现行规划。

（1）《川东北经济区"十四五"振兴发展规划》。2021 年 6 月由四川省人民政府办公厅印发，提出要实现巩固拓展脱贫攻坚成果同乡村振兴有效衔接推动农村产业融合发展，部分内容包括：

1）农村产业融合发展。实施农产品加工提升行动，支持农产品产地初加工和精深加工，推动农产品加工业提档升级。实施休闲农业和乡村旅游精品工程，建设乡村旅游特色景区和重点村，发展森林康养、田园养生、乡村民宿等新产业新业态。推进美丽宜居乡村建设。

2）城乡生产要素双向自由流动，建立健全有利于各类要素自由流动的体制机制，促进人才、土地、资金、信息等要素更多流向乡村。鼓励专业技术人员下乡创业，引导专业技术人员向农村流动，推动人力资源服务业协同发展，支持有条件的地区创建省级人力资源服务产业园。加快引导工商资本和金融资本下乡发展，培育一批城乡融合发展示范引领项目。落实农村转移人口进城落户政策，依法保障进城落户农民农村土地承包权、宅基地使用权、集体收益分配权，建立农村产权流转交易平台。

3）加快城乡公用设施建设。推进城乡基本公共服务标准统一、制度并轨，统筹配置城乡教育、医疗卫生、社会保障、养老等资源，推动公共服务向农村延伸、社会事业向农村覆盖。促进供水供气、污水垃圾收集处理等城乡公共设施互联互通、共建共享，推动乡村公共设施提档升级。

4）革命老区发展，川东北经济区围绕川陕革命老区振兴发展示范区。健全支持革命老区发展长效普惠性扶持机制和精准有效差别化支持机制，加快补齐基础设施和公共服务短板，培育壮大特色产业，弘扬传承红色文化。可依托区域内丰富的自然生态旅游资源，深度挖掘红色文化等区域特色文化旅游资源，打造具有区域影响力的文化旅游目的地。

（2）《川西北生态示范区"十四五"发展规划》。2021 年 6 月 9 日由四川省人民政府发布。由于川西北地区地形以高原为主，《川西北生态示范区"十四五"发展规划》重点发展高原特色农牧业，建立现代高原特色农牧业基地。

1）发展高原优势产业。北部高原地区重点发展牦牛、藏羊、藏猪等优势畜牧业和汉藏药材，改善农牧业发展条件。实施耕地保护与提升工程，加强高标准农田建设。推进智能温室等农业设施建设，加快发展数字农业。推广运用现代农牧业机械装备。促进农牧业提质增效。推动畜牧业转型发展，推广"夏秋天然放牧+冬春半舍饲补饲"和"牧繁农育"养殖方式，加强优质奶源基地和现代数字牧场建设，有序发展商品草产业。强化产业协同和合理分工，发展适度规模化经营，培育种养大户、家庭农场、专合组织和龙头企业等新型经营主体。加强政策引导和利益引导，提高牲畜商品率。推进特色农牧业基地景观化打造，促进农畜产品转化为旅游商品。培育特色农产品品牌。

2）建设特色农业园区。强化现代农业技术装备支撑，加大家庭农场、专业合作社、龙头企业培育力度，提高农业集约化专业化组织化水平。推进田头小型仓储保鲜冷链设施、产地低温直配中心建设，加快完善农产品烘干冷链保鲜设施体系，打造西南绿色食品生产加工及冷链物流配送基地。强化先进适用农机装备的自主研发和引进推广，开展全程机械化创建技术集成行动。建设中国天府农业博览园、国家种质资源库西部中心库、国家农业高新技术产业示范区、天府现代种业园、德阳国家农业科技园、雅安国家农业科技园，打造成都国家现代农业产业科技创新中心、西南农业智能装备科技创新中心和成都、绵阳国家区域畜禽种业创新中心等农业科技创新中心。加快推进新津、仁寿、乐至、峨眉山国家农村产业融合发展示范园，高水平建设江油太白蔬菜现代农业园区、广汉国家现代农业产业园、什邡雪茄现代农业产业园、安岳国家现代农业产业园等农业产业园。

3）加强人才培训。实施乡村人才振兴五年行动，持续开展人才定向培养，开展科技下乡万里行活动，加大博士服务团、专家援藏团倾斜力度，支持建设社会工作人才队伍。

（3）《攀西经济区"十四五"转型升级发展规划》。攀西地区包括攀枝花工业区，凉山彝族自治州，文化资源丰富，涵盖民族文化、移民文化及红色文化三方面，因此，2021年6月发布的《攀西经济区"十四五"转型升级发展规划》提出促进阳光康养与文化体验旅游融合发展，构建全域旅游发展格局。推进美丽宜居乡村建设。建设一批少数民族特色村寨和乡村振兴示范村。开展美丽宜居村庄和美丽庭院示范创建活动，实施旧村改造行动计划。推进传统村落集中连片打造，加强传统村落、传统民居和历史文化名村保护利用。

攀西地区加快建设大凉山彝族文化核心体验区、红色旅游融合发展示范区，融入长征国家文化公园（四川段）建设。利用现代废弃矿区、工业遗址等工业文化资源，重点建设三线文化旅游融合发展示范区。以发展农业休闲旅游为重点，以旅游特色镇、旅游新村、田园综合体建设为突破口，打造兼具观光、休闲、康体等功能的旅游项目，扩充体验方式，做大做强"彝族村""悬崖村""米易梯田"等乡村旅游品牌。打造格萨尔文化旅游区等六大旅游精品区，重点建设长征国家文化公园之旅等国家级文旅精品线路，推进景区提档升级，依托川藏铁路等重大工程打造工程景观。加强特色旅游村建设，推进景城景镇景村一体化发展。

综合以上三个省内地区规划，四川省未来发展规划目标包括：①到2025年，川东北经济区振兴发展取得实质性进展，区域协同发展机制更加完善，产业体系不断优化，基础设施明显改善。到2035年，东向北向出川综合交通枢纽地位更加巩固，现代产业体系构建形成，川渝陕甘结合部区域经济中心基本建成。②到2035年，川西北地区生态环境质量保持四川省领先水平，生态安全屏障功能不断增强，特色产业竞争力显著提升，居民人均可支配收入和基本公共服务主要指标达到全国平均水平，治理体系和治理能力现代化基本实现，成为全国民族地区生态文明高度发达、生态经济高质量发展的样板。

（四）四川省部分市（区）乡村振兴概览

1. 四川省成都市

成都，四川省辖地级市，是四川省省会。下辖12个市辖区、3个县、代管5个县级市，总面积 14335 平方千米；截至 2020 年 11 月 1 日零时，成都常住人口 2093.8 万人。2020 年，成都实现地区生产总值（GDP）17716.7 亿元，按可比价格计算，比 2019 年增长 4.0%。[①]

（1）打造猕猴桃产业综合体。都江堰市位于四川盆地中亚热带湿润季风气候区，雨量充沛，气候温和，四季分明。常年气温在 10℃~22℃，平均气温 16.4℃，年均无霜期 306 天，是国际公认的猕猴桃最佳生态种植区。20 世纪 80 年代至今，都江堰市猕猴桃种植面积达 10 万余亩，猕猴桃产业已经成为农民增收和乡村振兴的特色优势产业。都江堰市建立了以猕猴桃种植为主导的田园综合体，主动融入国家"一带一路"倡议，瞄准国际国内高端市场，强化猕猴桃质量安全监管和品质提升，助推乡村振兴。都江堰市被批准为国家级出口猕猴桃质量安全示范区，拥有 6 个 GLOBALGAP（全球良好农业规范认证）基地，是中国拥有 GLOBALGAP 最多的猕猴桃产区。16 个出口基地、2 家出口包装厂、1 家出口品牌运营公司已经成都海关批准备案注册。"都江堰猕猴桃"成功入选中国农业品牌目录（2019）农产品区域公用品牌、2020 年中国农产品百强标志性品牌；2021 年 10 月，"天赐猕源"品牌价值增长到 19.26 亿元。[②]

1）综合体运作模式创新，突出共建共赢效能。都江堰市紧紧围绕"实现小农户和现代农业发展有机衔接"不断探索，构建了玫瑰花溪谷"公司+合作社+农户"模式，吸纳本地大学生和乡村种植能手打造"玫瑰花韵"双创基地，直接带动农户 500 余人；拾光山丘开创实施 CEP（参与式保障体系）运作模式，带动小农户 200 多户，产生直接经济效益逾 1000 万元。圣寿源省级农业龙头企业牵头组建蔬菜质量安全联盟，创新"企业+合作社+种养大户+农户"的利益联结机制，以"合格证+追溯码""合格证+产品直销""合格证+快检""合格证+产品 Logo+企业品牌"四种模式有效推行食用农产品合格证制度，夯实"国家农产品质量安全市"创建基础，培育绿色食品认证 19 个。

2）推动农旅融合，延伸农业产业链。释放"农业+旅游"融合效应，推进农旅产业生态、链条及创新的多元融合，培育引进稻米家农庄、拾光山丘休闲度假区、莫见山精品民宿等一批农事体验、乡村度假、精品民宿、康体养生新业态，打造"灌油""灌米""猕猴桃酒"等十余个特色旅游伴手礼。

3）利用社会资源，创建新型农业经营开发主体。积极引导社会主体参与产业开发，创新构建"龙头企业+农民合作社+新型农民"的新型农业经营开发主体，培育社会化产业项目 26 个，成功创建省级农产品特色优势区，吸引新型经营主体落户 300 余家，项目区农村居民人均可支配收入达 25980 元，超全省平均水平 63%。其中天赐猕源公司通过整合猕猴桃小、散经营主体与公司合作，创建 16 个猕猴桃海关出口备案基地及国家级出口猕猴桃质量安全示范区。

（2）"五型路径"强化乡村治理能力。大邑县开创集体经济发展"五型路径"，增强乡村治理效能。"五型路径"是五种类型的村集体经济发展模式。一是强化抱团发展，走"股份合作型"发展模式。坚持"集体领办、按比分红"原则，把荒山、荒滩、荒地、荒水"四荒"资源作为股份，参与企业经营，获得稳定的经济收益。二是强化产业支撑，走"资源开发型"发展模式。在坚持开发利用资源与保护生态环境相统一的前提下，充分挖掘村域内的自然资源潜力，创办集体经济实体，发展经济作物、乡村旅游等产业。建立"资产注入自主经营"管理机制，挖掘山、水、林、地、矿产等资源潜力，组建资产运营公司，通过流转土地经营等方式发展种养殖业，集体领办培育农家乐、度假村等发展乡村旅游，壮大集体经济实力。三是强化盘活利用，走"资产经营型"发展模式。引导和推动村集体盘活闲置、低效使用的各类集体资产，做

---

① 程文雯.2020 年成都实现地区生产总值 17716.7 亿元 增长 4.0%［N］.四川在线，2021-01-29.

② 天马镇人民政府工作报告［EB/OL］.［2021-06-07］.http：//gk.chengdu.gov.cn/govInfo/detail.action？id = 3001236&tn=2.

好存量资产流转租赁经营。建立闲置低效资产处置机制，开展清资核产，对不具备自主经营条件的闲置、低效使用办公用房、老校舍、厂房、仓库、铺面等集体资产，开展流转租赁经营或入股分红，增加集体收入。四是强化资产积累，走"项目带动型"发展模式。建立"政府社会"双向投资机制，用好用活各类惠农政策和财政资金，将财政投入资金进行量化为集体资产或收益分成，吸引社会资本积极参与农村土地综合整治、农业基础设施、乡村振兴、产业发展等项目建设，节约成本，积累集体固定资产。五是聚焦生产生活，走"服务创收型"发展模式。建立"专业化市场化"服务机制，针对产业功能区、产业园区和新型社区等多样化生产生活需求，成立 70 余个集体经济企业和专业合作社，按照"有偿、微利"原则，积极开展劳务用工组织、物业管理、社会组织孵化等各类服务，就近就地新增就业岗位 4000 余个。

（3）实现文旅资源整合发展。邛江镇应用"五个活化"争创斜源国家 4A 级旅游景区，打造全景式消费模式，带动主题精品民俗、运动康养体验等项目的发展，提升产业能级，旨在利用区位优势发展旅游业助力乡村振兴。"五个活化"分别是：资源活化，通过产业优化规划，整合民宿产业资源进行统一产业化的发展；场景活化，通过挖掘在地文化，将其布局成不同消费场景，打造独特 IP；产业活化，通过共享旅居产业，实现市民下乡，共享度假；制度活化，通过"国有平台公司+管委会+镇村集体组织+乡镇旅游合作社"，共建、共创，带动整个产业集群的发展；利益活化，一是通过镇村集体经济组织和乡村旅游合作社产生的利益，让老百姓参与分红，二是用集体公司所产生的效益来反哺农村，完善基础设施。①

新场古镇始建于东汉时期，兴起于明朝嘉靖年间，是茶马古道上的历史文化名镇之一，自古以来客商云集、经济繁荣。先后被评为中国历史文化名镇、国家 4A 级旅游景区、四川省乡村旅游示范镇、四川首届十大古镇，是四川省小城镇建设试点镇、大邑县"三山一泉两古镇"主要旅游资源的核心组成部分。镇域内的川王宫被评为"第七批全国重点文物保护单位"，古镇内的上、下正街被国家文化和旅游部以及文物局评为"中国历史文化名街"。同时，新场镇拥有极佳的地位优势，北接大邑县城、西靠西岭雪山，是距离雪山最近的古镇，被誉为"雪山最佳观景点"。

2015 年，新场古镇开街迎客，实行"景镇合一"的发展管理思路，即在镇政府下设文化旅游发展办公室，管理维护古镇景区，同时，还要为景区和镇域范围内的文旅项目做配套服务。从 2018 年起，大邑县新场古镇相继迎来两个大项目：总投资 10.3 亿元的邑朵影视城、总投资 20 亿元的成都国际音乐坊。

三圣街道以建设"幸福三圣、文化三圣、生态三圣"为目标，探索"公园+乡村"生态价值转化新路径，在拥有国家 4A 级风景旅游区——"三圣花乡·五朵金花"的基础上，坚持优化业态、完善形态、塑造文态、保护生态的"四态合一"提升理念，先后建设了白鹭湾生态湿地、锦江 198LOHAS 绿道、蓝顶艺术中心、许燎源创意设计博物馆、三圣花卉产业园、"七彩田野"农业博览园等为代表的旅游、文化、休闲、农业产业化项目，成功创建"全国安全社区""四川省卫生单位""成都市首批低碳示范区"，并成为中西部省会城市中心城区首个"国家级生态乡镇"。三圣街道采取了三项措施建设区域内公园，助推乡村振兴。一是完善基础设施，投入 1.64 亿元，推进"花乡农居"基础设施和田园风貌打造工程建设，完成道路施工 6.3 千米，检查井施工 436 座，电力通信和污水管道施工 8.7 千米，种植树木 1250 余株，新增开敞绿地 5 万平方米，新增户外体验空间 5 处，完成雕塑小品和标识标牌安装 101 组、完成垃圾桶和座凳安装 126 组，新增 1500 余个停车位，景区基础设施和景观风貌品质大幅提升。二是产业化经营，撬动社

---

① 新华网．四川省大邑县［EB/OL］．［2021－06－02］．http：//www．xinhuanet．com/travel/2021－06/02/c＿11275 14122．htm

会投资 10 亿元参与，引进文创、民宿 93 家，培育花创花艺企业 14 家，新增网红打卡地 12 处，打造产业院落 11 处，区域投资 5000 万元以上项目 3 个，1000 万元以上项目 16 个，180 余家个体户全部转为公司化经营。三是创新运营管理机制，由商家中的党员牵头，在餐饮协会、花卉协会基础上成立民宿、文创分会，建立"产业院落公约""乡规民约"，引导项目主动转型，实现共建共治共享。立足"投建管运"一体化，6 个涉农社区组建景区商业运管公司，推进区域载体资源收储、管理和招商运营，完成 108 套农房收储，面积超过 2 万平方米，招引品质业态入驻景区。"花乡农居"于 2021 年 1 月 27 日开街，截至 2021 年 11 月已接待游客超 262 万人、车辆 57.2 万台次，游客流量春节、"五一"期间位居四川省第二，清明节期间位居四川省第一。2021 年"五一"期间，三圣花乡景区共接待游客 50.17 万人次，较 2019 年同比增长 41.64%，打造的网红项目和工作经验先后被四川省、成都市媒体报道 50 余次。①

2. 四川省德阳市

德阳市，四川省地级市。位于成都平原东北部；全市总面积 5911 平方千米，下辖 2 区、1 县，代管 3 个县级市。根据《四川省第七次全国人口普查公报（第二号）》，截至 2020 年 11 月 1 日零时，德阳市常住人口为 3456161 人。根据《2020 年德阳市国民经济和社会发展统计公报》数据，2020 年德阳市地区生产总值（GDP）2404.1 亿元。2020 年德阳全市农村居民人均可支配收入达到 19790 元，同比增长 8.4%，总量居四川省第 3 位。

（1）产业融合。1）乡村旅游业。广汉市三水镇友谊村"幸福家苑"，一幢幢洋房小别墅坐落有序，与周边精心设计的亭台楼阁完美融合。三江古码头、易家渡口、湿地画廊、樱花长廊等景点犹如世外桃源。友谊村是德阳市集种植养殖、垂钓、自由采摘、观光、休闲、住宿为一体的休闲旅游景区。"全国文明村"的创建，加速着三水友谊村的转变，一条宽广的乡村振兴之路正在铺就。除了友谊村，绵竹土门玫瑰小镇、什邡元石雪茄小镇等 24 个特色小镇已崭露头角。近年来德阳市积极探索"特色小镇+现代农业园区+专合社（家庭农场）"实践模式，围绕自然村落，依托传统农耕文化，走出一条符合德阳实际的乡村振兴道路。德阳已初步形成国省市县"四级"现代农业园区发展格局，累计认定国家现代农业产业园 1 个，创建省星级现代农业园区 5 个、市级星级农业园区 16 个。休闲农业蓬勃发展，以农家乐为重点的乡村旅游新业态正在加快成长。

2）食品加工业。四川道泉老坛酸菜股份有限公司探索出了"农业园区+龙头企业+专业合作社+家庭农场农户+农户"的"五位一体"发展模式，每年以"市场价+保护价"收购周边村民生产的青菜、辣椒等农产品，先后带动上千户贫困户脱贫。2017 年，四川道泉老坛酸菜股份有限公司被人力资源和社会保障部、国务院扶贫办命名为"全国就业扶贫基地"。2019 年，四川青菜市场惨淡，每斤青菜市场价低至 0.06 元。有了道泉老坛酸菜股份公司的保底价，马井镇光华村 19 组 4.8 万斤青菜最终以每斤 0.15 元的售价被公司全部收购，是市场价的 2.5 倍。② 四川道泉老坛酸菜股份有限公司年产值已突破 2.2 亿元。该公司新增的 7 万吨/年蔬菜深加工线已竣工投产，每年可收购加工各类蔬菜 10 万吨以上，新增就业岗位 500 余个，带动蔬菜种植 10 万亩以上，辐射周边农户 4 万余户。

3）农业。2020 年，德阳市以"建基地、创品牌、搞加工"三大任务为重点，将全面推进农业供给侧结构性改革，创建国家现代农业产业园 3 个，新增"三品一标"认证的农产品 20

---

① 成都市锦江区三圣街道探索"公园+乡村"生态价值转化新路径［EB/OL］.［2021-09-23］. http：//health. peo-ple. com. cn/n1/2021/0923/c441091-32233955. html.

② 德阳召开乡村振兴现场会：产业带动激活一池春水［EB/OL］.［2019-10-10］. https：//baijiahao. baidu. com/s？id=1647009209375135542.

个，力争到年底全市总数达到 386 个。拟新建农业科技示范基地 12 个。2020 年，德阳市市级以上农业产业化龙头企业 295 家，注册登记家庭农场 2306 家，工商登记农民合作社 3746 家，累计培育高素质农民 1000 余人。[①]

（2）人才培训。德阳市着力推进职业农民制度试点，建立完善相应制度，大力发展农村职业教育，通过技能培训力争使每名外出务工人员掌握 1~2 门职业技能，强化乡村振兴人才支撑。

建设新型农民队伍。德阳市（绵竹）乡村振兴农民大学已在加紧筹建，拟在绵竹设立 1 个本部，打造土门玫瑰产业基地、遵道猕猴桃产业基地等 10 个特色规模实训基地，在德阳市范围内选择 100 个实施乡村振兴战略特色村作为教学示范片，形成 1000 个教学点，德阳所有行政村农民夜校都可以作为农民大学教学点，培养一批扎根农村、具有相应专业技能和农业生产经营能力的新型农民队伍。

（3）基础设施建设。德阳市不断改善贫困地区农业生产基础设施，推动特色产业由传统优势区向适宜的贫困村延伸，由非优势生产区域向优势生产区域集中，加快建设一批产业基地，全年拟新建高标准农田 13.98 万亩，惠及中江南部片区、罗江鄢回片区等 13 个乡镇，新建农机化生产道路 8 千米，新增农机动力 1.8111 万千瓦，新建和改造提灌站 30 座、畜禽标准化养殖场 44 个，改扩建水产养殖示范基地 1 个。[②]

2018 年，德阳市大力推进成德同城化乡村振兴示范走廊建设，加快农村基础设施和社会事业建设，着力构建业兴、家富、人和、村美的美好画卷。围绕"再造一个都江堰灌区"的目标，加快推进什邡八角水库、旌阳华强沟水库和中江石泉水库三座中型水库工程有序推进，新增有效灌溉面积 33.09 万亩，治理水土流失面积 333 平方千米，新建高标准农田 70.34 万亩；以成德之间 8 条主要交通干线为纽带，全力推动成德同城化乡村振兴示范走廊建设，完成了示范走廊规划编制，制定了相关支撑政策和建设标准体系，已创建省级"四好村" 173 个、市级"四好村" 387 个，建成幸福美丽新村 987 个，完成 16 个"四好"幸福美丽新村示范点建设。[③] 2018~2021 年，德阳市实施农村人居环境整治三年行动。加快推进农村土坯房改造，突出川西民居特色，编制农房建设通用设计、施工图集，供农户选用。

3. 四川省凉山彝族自治州

凉山彝族自治州，四川省地级行政区，首府驻西昌市。位于四川省西南部，全州总面积 6.04 万平方千米，2022 年 2 月，凉山州辖 2 个县级市，15 个县。根据《四川省第七次全国人口普查公报（第二号）》，截至 2020 年 11 月 1 日零时，凉山彝族自治州常住人口为 4858359 人。

20 世纪 50 年代，凉山从奴隶社会"一步跨千年"进入社会主义社会。如今，在新时代脱贫攻坚战中，凉山再次经历翻天覆地的变革，11 个国家级贫困县脱贫"摘帽"，又一次"一步跨千年"。2020 年 11 月 17 日，省政府批准凉山州的普格县、布拖县、金阳县、昭觉县、喜德县、越西县、美姑县七县退出贫困县序列。自此，四川省 88 个贫困县全部清零。

（1）加快基础设施建设。作为凉山 11 个深度贫困县之一，盐源县为了打赢脱贫攻坚战，累计投入财政资金 58 亿元用于基础设施建设。建成通乡、通村公路 2071 千米，是过去 60 余年的 3 倍；实施彝家新寨建设安全住房 7929 户；完成易地扶贫搬迁 6273 户。全县 30 个乡镇"乡三有"全面达标，122 个贫困村"村七有"全部建设完成，贫困户脱贫"一超六有"基本全面达

① 王玲. 广袤沃野绘新篇　德阳全力推进乡村振兴发展 [EB/OL]. [2021-04-29]. https://www.sohu.com/a/463808780_120237.

② 实施乡村振兴战略德阳今年下"深水" [EB/OL]. [2018-04-16]. http://cq.cqnews.net/cqqx/html/2018-04-16/content_44150808.htm.

③ 深化农村改革助推乡村振兴 [EB/OL]. [2019-01-17]. http://sc.china.com.cn/2019/deyang_shizheng_0117/305832.html.

标。全县累计实现 122 个贫困村退出，14997 户 68888 人脱贫。2020 年 2 月经省政府批准成功退出贫困县序列，2020 年 6 月通过国家级交叉考核。至此，盐源县摘掉了长达 26 年的"贫困帽"。① 2020 年 6 月 30 日，随着凉山最后一个不通公路的村阿布洛哈村通车，凉山乡镇、建制村通畅率均达 100%。凉山把以交通为重点的基础设施建设作为脱贫攻坚先导工程，接续实施三轮"交通大会战"，累计完成交通投资 900 多亿元，新改建农村公路 2.2 万千米，全面完成"溜索改桥"项目，所有乡镇、建制村通硬化路、通客车。

（2）发展多项农业产业。2020 年 11 月 13 日，美姑县洒库乡吾门村两委召开"花椒种植示范基地分红大会"，首次进行集体经济分红。园区带动，是凉山农业产业扶贫的关键一环，一大批省、州、县现代农业园区建设并取得实效。

2021 年 8 月，宁波与凉山共同建设打造凉山州乡村振兴综合体项目，首期落户普格县。该项目以"振兴凉山，造福彝乡"为主题，双方将共同打造规划总用地 10 万亩，总投资 20 亿元，其中一期投资 1.2 亿元的凉山州首期乡村振兴综合体项目。这个涵盖养殖场示范基地、农副产品深加工厂、农业科学技术培训中心、烟叶种植和中药材种植、篮球训练基地、医院等项目建成后，将以"政府+公司+合作社+农户"运营模式，有效解决 1000 余名当地闲置人员就业，带动 2000 户农户增收，预计年创收 5 亿元以上，年税收超 5200 万元。

西昌发挥独特的地理优势，构建以葡萄、蔬菜、花卉为重点产业，以玉米制种、油橄榄为特色产业的"3+2"现代农业产业体系，在推进特色产业高质量发展的同时，吸引群众主动嵌入产业链，汇聚起了乡村振兴的强劲动能。

（3）壮大集体经济。2020 年初，西昌综合遴选 20 个村（社区）作为试点，启动"三变"改革工作，拟定每个试点村（社区）一次性给予 50 万元财政资金补助，重点用于各试点村（社区）围绕所选择的"三变"改革创收路径，发展壮大村集体经济。西昌市成立集体经济组织 553 个，其中股份经济合作联合社 197 个，股份经济合作社 356 个。"三变"改革不仅盘活了农村资源，集聚发展要素，还有效提高了资金使用效率，切实转变了农业发展方式，壮大了村级集体经济，增加了农民收入。② 例如，西昌市礼州镇江管村自己建冻库，村集体和村民共同出资，在 14 亩土地上建成标准化冻库 24 间，每间冻库能储藏蔬果 80 吨左右。冻库的建成，实现了资源变资产、资金变股金、农民变股东的"三变"，不仅解了本村群众的燃眉之急，还为周边乡镇的群众提供服务，使村集体经济壮大起来。

（4）盘活人力资源。2018 年 6 月，凉山彝族自治州发布《推进深度贫困县人才振兴工程的实施意见》。凉山州农业学校自 2018 年承担四川省深度贫困县农村实用人才免费定向培养任务以来，为返乡创业农民、本土农民、新型职业农民、乡村农林牧渔从业人员等农业、农村急需的本土实用人才，提供学历教育学习机会，提升其技术技能，使其更好地服务乡村振兴。普格县采取外出学习等措施，组织人员前往宁波市宁海县、宁波市象山县、贵州省安顺和兴义等地，考察新农村建设、艺术振兴乡村等工作，把成功的经验和做法运用到生产工作中。

普格县聚焦激活本土人才，留住引进人才，用实帮扶人才，实施"乡土人才带富"工程激活"本土人才"。通过实施"乡土人才带富"工程，引导 154 名优秀乡土人才创建经济实体，通过帮技术、帮项目、帮资金、帮信息等形式，为优秀乡土人才提供专家定点指导和 500 余万元资金扶持；培养提升 254 名乡土人才，带动 8 个村 1760 名贫困劳动力就业。开展"分级集结智团"行动，用实"帮扶人才"。依托优秀帮扶专技人才，普格县建立"一乡一个人才工作站"

① 【脱贫攻坚】致敬大凉山脱贫攻坚！［EB/OL］．［2021-03-04］．https：//www.sohu.com/a/454087732_120055194.

② 凉山日报．凉山特色产业成为乡村振兴的"金钥匙"［EB/OL］．［2021-12-02］．https：//www.lsz.gov.cn/xxgk/qmtjwgk/jcgk/jchgk/zdgz/202112/t20211202_2092957.html.

"一村一个人才工作室"，聚焦乡村基层需求导向，精选 115 名副高级以上职称专技人才作为首席专家，组建 12 个行业专家"智囊营"，采取专家现场服务、政策讲解、技术攻关等多种方式，每月深入乡镇开展不少于 1 次"集中会诊"服务。同时，住建、交通、农业等领域中级职称以上技术人才"有偿补贴"抢单服务 850 个项目，采取"基层点单、层级派单、人才接单"方式，分区域对入库专家人才科学调度，推动落实定向服务、现场办公教学，建言增收致富、产业发展，推动特色项目落地。[①]

（5）推进教育事业发展。[②] 1）凉山彝族自治州以"扶智通语"为抓手，破除语言障碍，进一步完善省、市（州）、县、乡、村五级"推普"工作组织机构，建立健全"政府主导、语委统筹、部门支持、社会参与"的管理体制和"大语言文字工作格局"。结合凉山深贫彝区特点，编制具有地方人文特色的普通话学习推广教材，录制音视频等电子教学产品，利用微信小程序开发游戏推普产品。研究制定彝区乡村普通话推广和等级测试奖补政策。组织开展幼儿教师和夜校校长"推普"专题培训，充分发挥凉山深贫彝区"一村一幼"和农民夜校作用，通过诵、读、讲、演、赛等形式实施普通话学习推广活动。努力实现 35 岁以下彝族群众人人能听、25 岁以下人人能说、小学高年级开始在校学生人人能写，全面破除凉山深贫彝区普通话交流沟通障碍。

凉山彝族自治州采取劝返复学、学业补偿、就地入学、送教上门、远程教育、免缓入学等多种措施化解义务教育阶段失辍学问题，并结合司法手段，确保九年义务教育巩固率达到 95%。

2）全方位推进教育事业发展。凉山彝族自治州依托现代信息技术手段，采取"智能+教育"模式，突出"选派支教教师、开展送培送教、开展工作坊研修、帮助培养学生、加强资金物资支持"等重点工作，切实帮助凉山深贫彝区中小学、幼儿园提高管理水平、教学水平和教学质量。

凉山彝族自治州充分利用浙江、广东、甘肃与四川签订教育扶贫协作协议和成渝双城建设契机，整合小学、初中、职教、高教等帮扶资源，以凉山深贫彝区为重点，结合"学前学会普通话、教师交流培训、产学研创新合作"等内容，推动各级各类学校"一对一"结对。创新采取委托（定向）培养中职生、中小学短期交换生、粤浙甘渝中学"凉山班"、技术创新联盟等多种模式，以干部教师交流互动、数字资源开放共享等多种形式，深入推进东西部教育协作，以东部发达城市的先进教育理念、优质教育资源、专业教育做法引领凉山深贫彝区教育向好发展。

结合"一村一幼"和"学前学普"的具体实际，积极探索成立凉山州幼教发展联盟；结合控辍保学的艰巨任务，积极探索成立凉山州义务教育发展联盟；结合义务教育后学生巩固和职教发展具体实际，积极探索成立凉山州职教发展联盟；结合教师紧缺和素质能力培养具体实际，积极探索成立凉山州教师发展联盟；结合教育信息化具体实际，探索成立凉山州教育信息化发展联盟。通过一批教育发展联盟的成立与发展，促进政校企行等多方合作，不断推进凉山教育事业向好发展。

3）学习彝族传统文化。大力挖掘《尔比尔吉》《玛姆特依》等彝族传世经典文化内涵，着力整合各种资源，设立助学奖学基金，树立品学兼优标兵，表扬尚学重教典型，引领激发彝族群众的内生动力。组织开展"彝区孩子走出大山看世界"公益游学活动，鼓励乡村建立"勤劳致富""尚学重教"等示范户年度评选奖励机制，在孩子们内心深处种下梦想的种子，让"读书

---

① 凉山新闻网. 普格县多举措加快推进乡村振兴 [EB/OL]. ［2021-12-30］. https：//www. ls666. com/html/2021-12/30/content_101887. html.

② 凉山彝州新闻网. 深度贫困县人才振兴工程全面推进 ［EB/OL］. ［2018-05-14］. http：//www. lszxc. cn/html/2018/lsxw_0514/1841. html

好""辍学耻"的认识深入人心，让"尚学重教""比学赶超"的氛围日趋浓厚。促使群众对未来有更多的期盼，从心底产生受教育、重教育、爱教育的思想，产生愿发展、想发展、盼发展的意识，从而形成不断上进、努力奋斗、勇往直前的正向动能和力量。

4）发动学校帮扶。凉山州共有西昌学院、四川应用技术职业学院、西昌幼儿师范高等专科学校三所高校。建议采取实施特殊政策倾斜、组织校际对口帮扶、进行专项发展指导等方式，支持现有高校明确办学定位，积极深化改革，着力内涵发展，不断提高教育教学水平和人才培养质量，打造凉山本土人才培养的摇篮和基地。凉山彝族自治州将各高校"扶贫办"转制成"帮扶办"或"振兴办"，结合对应帮扶关系，在党支部互联共建、村级人才共育、资源项目引进、产业发展合作、彝族文化挖掘等多方面开展校地合作，积极为深贫彝区发展提供专家咨询、平台搭建、渠道拓展、科技支撑等服务。全面落实"校校结对"，加大凉山深贫彝区学校支持力度，推动成都、绵阳、宜宾优质中小学、幼儿园与凉山州深贫彝区中小学、幼儿园开展"一对一"结对帮扶，通过领导定期交流、资源有无互通、干部人才互派等推动学校互动，通过跟岗学习、在岗指导、教学研讨等推动教师互动，通过课堂协同、活动交流、研学旅行等推动学生互动。例如：自2015年以来，西昌学院1100余名各专业学生深入贫困地区参与"普格县马铃薯产业链技术研究示范""彝药对动物抗炎保肝作用的试验研究"等课题研究和推广活动，将所学专业知识、课外科研与贫困地区生产实际密切结合起来，既深化理论知识，提高技术运用能力，又促进了农户增收致富。

（5）推动旅游业发展。2014年，高丰村枇杷产业园（西麓河畔景区前身）获评凉山州首批州级现代农业园区。2020年，西麓河畔景区所在地高丰村成功入选国家首批森林乡村，先后获得了"省级乡村振兴示范村""省级四好村""四川百强名村"等称号。这里山川秀美河流众多，自然景观完整、动植物资源丰富，枇杷特色鲜明、知青文化浓郁，是理想的生态康养之地。

德昌县角半村是闻名遐迩的"樱桃之乡"。新晋级的樱缘谷3A级景区就位于角半村，景区总面积20平方千米，创建樱缘谷（一期）面积约5平方千米。景区距德昌县城西7千米处，三面环山，森林覆盖率高达90%，山清水秀、环境优美、空气清新、冬暖夏凉，德雅路穿村而过，交通极为便利，地理位置优越，非常适合游客来此康养度假、避暑御寒。全年优质天气达330天以上，冬无严寒、夏无酷暑。种植有樱桃树3800亩，每年4月初，是樱桃成熟的季节，漫步在角半村绿油油的樱桃园，红彤彤的樱桃晶莹多汁，惹人垂涎，伸手摘下即食，丰沛的汁液在口中充盈，酸甜的滋味弥漫口中，樱桃特有的清香沁人心脾。游客不远千里慕名而来，品尝绿色的农家美食，摘几筐娇艳欲滴的樱桃。此外，景区内还种植有核桃、枇杷、桑葚等。角半村先后获得了"四川园林式村庄""全国生态文化村""州级文明村""州级卫生村""四川省乡村旅游精品村寨""最具潜力森林康养目的地"等称号。

2019年，启动3A级景区创建工作以来，德昌县委、县政府高度重视，编制了《角半村樱缘谷创建国家4A级旅游景区总体规划》。制定了《樱缘谷创建国家3A级旅游景区工作实施方案》，投入专项资金按提升方案对景区道路、村容风貌、标识系统、旅游厕所等方面进行建设，旅游基础设施得到进一步提升。当地村民积极投入旅游产业发展中，有农家乐10户，其中五星级乡村酒店1户，4星级2户，3星级4户。

（6）突出桑蚕传统特色优势产业优势。① 近两千年来，凉山州的蚕桑产业形成了一定规模，该地所产蚕茧茧形大且匀整、茧层厚实、茧色洁白、茧衣蓬松、外观无污物，以质量好、品质优而闻名国内外。此后，凉山州通过推广"6215"的宽窄行高产优质高效桑园种植模式，获得较大成

---

① 四川日报．一根桑蚕丝 织出一张致富网［EB/OL］．［2018－04－20］．http：//sc.cnr.cn/sc/2014sz/20180420/t20180420_524206213.shtml.

效，"凉山桑蚕茧"也于 2009 年获得国家农业地理标识产品认证，产业保护范围为凉山州境内的宁南县、会东县、德昌县、西昌市（含西昌农场）、冕宁县、普格县、会理县、金阳县、甘洛县、雷波县、喜德县、盐源县、布拖县 13 个县市的 211 个乡镇 895 个行政村，保护面积 3.33 万公顷，年产桑蚕茧 3000 万千克（60 万担）。2018 年，凉山彝族自治州坚持把发展桑蚕产业作为脱贫攻坚七个一批中发展特色产业带动一批的重要内容，在宁南、德昌等主产区抓巩固提升，抓提质增效，不断壮大产业规模，增强产业后劲，增加蚕农收入，助力脱贫攻坚。

1）取得显著经济效益。在甘洛县等原深度贫困地区，政府积极培育壮大桑蚕产业，通过资金扶持，示范带动，新建蚕桑基地、培育龙头企业、打造产业园区，引导贫困地区发展桑蚕产业，激发内生动力。2018 年，凉山彝族自治州贫困户售茧售果及就地就近务工收入达 7.8 亿元，户均收入 16000 多元，为贫困村、贫困人口脱贫"摘帽"做出了积极贡献，桑蚕产业成为贫困地区老百姓增收致富、脱贫奔康的优势产业，成为贫困户最容易接受、收入最有保障的产业。养蚕 28.83 万张，产茧 26.89 万担，农户售茧收入 5.17 亿元……2017 年，有"中国蚕桑之乡"美誉的宁南县，蚕桑产值再攀新高，"蚕茧总产、养蚕单产、人均产茧、蚕茧质量、蚕农收入"五项指标继续领跑四川全省，稳揽四川省蚕桑第一大县的桂冠。仅 2017 年，宁南就投入 2029 万元专门用于养蚕乡镇的蚕桑基础设施建设，蚕桑专用肥、专用器具使用等进一步普及，有效解决了蚕农在设施和物资方面的需求，科学的栽桑和管护，为宁南蚕桑的跨越发展夯实了基础。

2）创新栽培模式。传统的桑树种植是"荒山荒坡栽成片，田边地埂栽成线，房前屋后建桑园"的思路，形成的是以坡地桑、地埂桑、四边桑为主，小桑园为辅的桑树栽培模式。凉山彝族自治州政府创新桑园栽培模式，利用地域资源优势建设高产优质桑园，强化桑树基础建设，以规模求效益，以规模促发展。大面积推广宁南、会东等县探索总结的"6215"宽窄行高产优质高效种植模式（即宽行 6 尺、窄行 2 尺、株距 1.5 尺，三角形错位栽植）：窄行以桑为主，采叶养蚕；宽行用于套种，最大限度地提高土地综合利用率，实现了蚕桑产业与其他产业的互融共生，和谐发展。

3）加大技术培训。为了提高蚕农养殖水平，宁南蚕业局每年都要举办相关的技术培训，2017 年就免费发放了技术手册 1.5 万册，举办蚕业技术培训 1.5 万人次；同时还利用脱贫攻坚"农民夜校"培训涉蚕贫困村蚕农 2500 人次，多举措确保蚕儿无病高产。

"培育新型经营主体、加速生产模式转型"已成为宁南县蚕桑产业发展的宗旨。2017 年宁南县投入资金 150 万元，对蚕业家庭农场新建养蚕大棚进行补贴和补助，新培育蚕桑家庭农场 139 户。截至 2018 年 5 月，宁南县年养蚕 20 张以上的大户有 708 户，养蚕收入 1 万元以上的农户 9700 户，其中养蚕收入 10 万元以上的达 77 户，提高了宁南县蚕桑专业化养殖水平。

4）推进衍生产品加工。在德昌县锦川镇新马果桑加工、冷链物流基地，工人们把新鲜桑葚加冰装箱、烘干桑葚整理包装，这些产品将通过物流车辆发往全国各地。新鲜桑葚只能保存 3 天左右，而且成熟上市时间集中，本地销量有限。德昌县的桑葚受保鲜技术制约，也曾面临过销售难问题。2018 年，新马村冻库收购销售的新鲜桑葚达 1400 吨，农户收入达 560 万，仅收购季节在冻库从事分拣、装箱、装车的当地农民工就有 50 余人，并带动周边乡镇 20 余名个体商贩为冻库收购桑葚，每年付农民工工资就已达 60 余万。

本地企业也推动德昌桑葚产业发展。四川元坤绿色果业股份有限公司立足德昌气候优势，大力发展桑葚产业和林果业。从实际出发，走"基地+农户"的路子，建立 3000 亩果叶兼用有机桑果基地，带动 1000 余户农户致富增收。公司生产的桑葚酒等桑葚衍生产品远销国内外市场，博得客户和消费者的青睐和赞誉。

二十四、贵州省

贵州，简称"黔"或"贵"，省会贵阳，是中国西南地区交通枢纽，长江经济带重要组成部分，东靠湖南，南邻广西，西毗云南，北连四川和重庆，总面积176167平方千米。截至2021年3月31日，贵州省共有6个地级市、3个自治州，10个县级市、50个县、11个自治县、1个特区、16个区，共88个县级行政区。

（一）贵州省经济发展概况

1. 贵州省人口与经济概况

根据《贵州省第七次全国人口普查公报》，截至2020年11月1日零时，贵州省常住人口为38562148人。贵州省常住人口同2010年第六次人口普查的34746468人相比，十年共增加3815680人，增长10.98%，年平均增长率为1.05%。在贵州省常住人口中，汉族人口为24511882人，占63.56%；各少数民族人口为14050266人，占36.44%。与2010年第六次全国人口普查相比，汉族人口增加2313397人，增长10.42%；各少数民族人口增加1502283人，增长11.97%。在贵州省常住人口中，居住在城镇的人口为20495946人，占53.15%；居住在乡村的人口为18066202人，占46.85%。与2010年第六次全国人口普查相比，贵州省城镇人口增加8748166人，乡村人口减少4932486人，城镇人口比重提高19.34个百分点。

根据《贵州省2020年国民经济和社会发展统计公报》核算结果，2020年，贵州省地区生产总值（GDP）17826.56亿元，比2019年增长4.5%。其中，第一产业增加值2539.88亿元，增长6.3%；第二产业增加值6211.62亿元，增长4.3%；第三产业增加值9075.07亿元，增长4.1%。第一产业增加值占地区生产总值的比重为14.2%，比2019年提高0.6个百分点；第二产业增加值占地区生产总值的比重为34.8%，比2019年下降0.8个百分点；第三产业增加值占地区生产总值的比重为50.9%，比2019年提高0.1个百分点。2020年，贵州省农林牧渔业总产值4358.62亿元，比2019年增长6.5%。其中，种植业总产值2781.80亿元，增长7.7%；林业总产值293.66亿元，增长8.2%；畜牧业总产值1019.01亿元，增长2.8%；渔业总产值61.09亿元，增长6.4%。2020年，贵州省规模以上工业增加值比2019年增长5.0%。分经济类型看，国有控股企业增加值增长7.0%，股份制企业增长5.4%，外商及港澳台商投资企业增长5.0%，私营企业增长2.6%。分门类看，采矿业增长6.1%，制造业增长5.1%，电力、热力、燃气及水生产和供应业增长3.3%。

2020年，贵州省居民消费价格（CPI）比2019年上涨2.6%。工业生产者出厂价格下降1.7%。工业生产者购进价格下降1.4%。2020年，贵州省财政总收入3082.20亿元，比2019年增长1.0%。一般公共预算收入1786.78亿元，比2019年增长1.1%。其中，税收收入1086.02亿元，下降9.8%。2020年，贵州省一般公共预算支出5723.27亿元，比2019年下降3.8%。其中，扶贫支出567.05亿元，增长1.9%；卫生健康支出566.15亿元，增长5.9%；社会保障和就业支出678.85亿元，增长15.2%；教育支出1072.20亿元，增长0.4%。2020年，贵州省居民人均可支配收入21795元，比2019年增长6.9%。按常住地分，城镇居民人均可支配收入36096元，增长4.9%；农村居民人均可支配收入11642元，增长8.2%。

2. 贵州省各市人口与经济概况

贵州省现辖贵阳、遵义、六盘水、安顺、毕节、铜仁六个地级市和黔东南、黔南、黔西南三个民族自治州。贵州省统计局发布 2020 年 1~12 月主要经济指标显示：

（1）地区生产总值方面。贵州省 GDP 总量排名前三的分别是贵阳市、遵义市、毕节市。贵阳市 GDP 总量最高达 4311.65 亿元，领先于其他市（州）。遵义市排名第二，GDP 总量 3720.05 亿元。毕节市突破 2000 亿元，GDP 总量达 2020.39 亿元。黔南布依族苗族自治州、黔西南布依族苗族自治州、六盘水市、铜仁市、黔东南苗族侗族自治州的 GDP 规模在 1100 亿~1600 亿元之间。安顺市 GDP 总量最低仅 966.74 万元。从 GDP 增速来看，贵阳市、黔西南州、遵义市、六盘水市、黔东南州 GDP 增速均超贵州省平均水平，其中贵阳市 GDP 增速最高达 5.0%。安顺市 GDP 增速最低仅 3.1%。从 GDP 增速的年度变化来看，2020 年贵州省所有市州增速较 2019 年均有所回落，平均回落 4.0 个百分点。

（2）地区人口方面。根据第七次全国人口普查结果，贵州省九个市（州）中，常住人口超过 500 万人的有三个，分别为毕节市 6899636 人、遵义市 6606675 人和贵阳市 5987018 人。常住人口在 300 万~400 万人的有 5 个，分别为黔东南州 3758622 人、黔南州 3494385 人、铜仁市 3298468 人、六盘水市 3031602 人、黔西南州 3015112 人。常住人口少于 300 万人的有 1 个，为安顺市 2470630 人。其中，人口居前三位的市（州）合计常住人口占全省常住人口比重为 50.55%。与 2010 年第六次全国人口普查相比，贵州省 9 个市（州）常住人口均增加，其中增长较多的 3 个市（州）依次为：贵阳市、遵义市、毕节市，分别增加 1662457 人、479666 人、363266 人。

（3）财政方面。据公开数据显示，2020 年贵州省一般公共预算收入 1786.78 亿元。贵阳市以 398.13 亿元的成绩排名第一，其次是遵义市（258.66 亿元）和毕节市（131.96 亿元），分别名列第二、第三。贵州省 2020 年财政平衡率为 31.22%。贵阳市一般公共预算收入规模最大，财政平衡率也最高。铜仁市、黔东南苗族侗族自治州一般公共预算收入规模较小，财政平衡率不足 20%。与 2019 年相比，黔东南苗族侗族自治州、安顺市、贵阳市、六盘水市、遵义市 2020 年财政平衡率略有回升，其余市州财政平衡率略有下降。

（4）人均可支配收入方面。2020 年贵州省城镇居民人均可支配收入为 36096 元。其中，贵阳城镇居民人均可支配收入为 40305 元，安顺城镇居民人均可支配收入为 33930 元。2020 年贵州省农村居民人均可支配收入为 11642 元。其中，贵阳农村居民人均可支配收入为 18674 元，遵义农村居民人均可支配收入为 14718 元，是贵州省农村居民人均可支配收入最高的两个市。

3. 贵州省产业概况

2018 年，为按时高质量打赢脱贫攻坚战，推动现代山地特色高效农业加快发展，贵州省深入开展农村产业革命，在全省主抓茶叶、蔬菜、辣椒、食用菌、水果、中药材、生猪、牛羊、生态家禽、生态渔业、刺梨、特色林业 12 个特色优势产业，积极推动农产品由低端跃上中高端，推动农业生产从单一种养殖转变为一二三产业融合发展，推动农业经济增长从要素驱动转变为创新驱动，推动农业农村发展由过度依靠资源消耗转变为追求绿色生态可持续发展，实现贵州省农业发展方式的根本转变，开启农业农村现代化新征程。根据贵州省统计局发布的 2021 年前三季度主要统计数据，贵州省种植业生产形势较好。食用菌产量比 2020 年同期增长 47.3%，中草药材产量增长 35.8%，园林水果产量增长 26.9%，茶叶产量增长 20.2%，蔬菜产量增长 11.6%，辣椒产量增长 7.4%。2021 年前三季度，贵州省种植业总产值 2314.4 亿元，比 2019 年同期增长 8.7%。畜牧业生产持续恢复。贵州省生猪存栏 1497.62 万头，同比增长 19.5%；生猪出栏 1240 万头，比 2020 年同期增长 11.1%。牛存栏 472.7 万头，下降 6.1%；牛出栏 103.8 万头，下降 0.3%。羊存栏 322.2 万只，增长 0.8%；羊出栏 189.7 万只，下降 0.5%。家禽存栏 1.17 亿只，下降 0.2%；家禽出栏 1.20 亿只，增长 1.1%。林业、渔业较快增长。2020 年前三季度，贵州省林业、渔业总产值分别为 215.33 亿元和 51.58 亿元，比 2019 年同期分别增长 7.6% 和 13.6%。

根据《贵州省国民经济和社会发展第十四个五年规划和 2035 年远景目标纲要》，贵州省大力推进新型工业化。①加快发展优质烟酒和生态特色食品产业。持续做强优质烟酒产业，提升烟酒品牌影响力带动力，大力发展生态特色食品加工，打造世界级酱香型白酒产业基地核心区和全国绿色食品工业基地。②大力发展基础能源和清洁高效电力产业。深化落实"四个革命、一个合作"能源安全新战略，扎实推进能源工业运行新机制，推动基础能源产业、电力产业优化升级，保障能源供应安全，着力构建绿色低碳、安全高效现代能源体系，申建全国新型综合能源战略基地。③加快发展现代化工、基础材料和新型建材产业。加强重点矿产资源"大精查"和开发利用，加强技术创新，优化生产工艺流程和产品结构，促进现代化工加快发展，推动基础材料向新材料领域提升转化，推进新型建材优化升级，增强资源型产业可持续发展能力和市场竞争力。④加快发展先进装备制造和大数据电子信息产业。深入落实制造强国战略，强化技术创新，夯实产业基础能力，提升产业链供应链现代化水平，增强市场竞争力，打造高端装备制造基地。⑤大力发展健康医药等特色产业。充分发挥生物资源和民族文化特色优势，推进健康医药产业和民族特色轻工业加快发展，提升产业链价值链，努力增强产品市场竞争力。⑥推动产业集聚发展。着力优化工业产业布局，聚焦产业特色，以产业园区为载体，加快建设主导产业突出、特色鲜明的产业园区，错位发展首位产业、首位产品，优化和稳定产业链供应链，推动优势产业集聚集约发展。

近年来，贵州省水果专班立足资源禀赋、气候条件、产业基础和市场需求，瞄准百香果、猕猴桃、火龙果、蓝莓、地方名李、特色樱桃等"4+2+N"特色优势树种，整合土地、资金、技术、人才等发展要素，省市县三级联动，重点打造了 22 个"万亩片"、126 个"千亩村"。贵州省水果规模快速扩张，基本形成了南北盘江、红水河流域百香果、火龙果等南亚热带水果产业带，北盘江、乌江流域地方名李产业带，黔中、黔西北猕猴桃产业集群，黔东南蓝莓产业融合发展区等优势产区。贵州猕猴桃、蓝莓等"4+2"特色优势水果面积比重由"十三五"初期的 33.67%增加到 2020 年的 42.12%。修文猕猴桃、罗甸火龙果、麻江蓝莓、水城红心猕猴桃、从江百香果、威宁苹果、镇宁蜂糖李、纳雍玛瑙红樱桃等一批区域品牌，知名度持续提升。修文"7 不够"、息烽"弥天大圣"、六盘水"弥你红"和贞丰"黔龙果"等企业品牌成功打入国际市场。①

在贵州省辣椒专班项目带动下，2020 年集群建设县（市、区）辣椒种植面积 208.43 万亩、产量 270.02 万吨、一产产值 86.73 亿元、二产产值 122 亿元，分别完成目标任务的 138.95%、168.76%、173.46%、152.5%，成效显著。2020 年贵州省辣椒产业取得较大突破，种植面积达到 545 万亩，产量 724 万吨，种植产值 242 亿元、加工产值突破 135 亿元，加工转化率达到 77%。通过项目建设，辣椒加工企业从企业管理、加工工艺、产品研发、技术创新等方面得到迅速发展，集群县辣椒行业新增了 1 家国家级农业产业化龙头企业、8 家省级农业产业化龙头企业、16 个市（州）级农业产业化龙头企业。贵州省大力推广"龙头企业+合作社+农户"组织方式，椒农通过基地务工、土地流转、入股分红等多种形式增加收入，贫困椒农的增收机制逐步稳固，产业发展的群众基础更加牢靠。辣椒已成为农民增收的重要产业，带动 143 万椒农增收，提供就业岗位 1.7 万个，人均增收 2000 元以上。②

（二）贵州省乡村振兴阶段性成果③

"十三五"时期，贵州省 66 个贫困县全部脱贫"摘帽"，五年减少贫困人口 507 万人，累计

---

① 方春英. 瞄准特色高效 优化产业布局［N］. 贵州日报，2021-05-10（8）.
② 杜涛. 贵州朝天椒优势特色产业集群建设成效显著［N］. 中国食品报，2021-05-20（2）.
③ 贵州省国民经济和社会发展第十四个五年规划和 2035 年远景目标纲要［N］. 贵州日报，2021-02-27.

实施易地扶贫搬迁 192 万人，减贫人数、搬迁人口全国最多，全面解决和巩固提升 741 万农村人口饮水安全问题，建成农村"组组通"硬化路 7.87 万千米。贵州省农村产业革命深入推进，12 个农业特色优势产业快速发展，"双千工程"和十大工业产业振兴行动扎实推进，农业增加值和规模以上工业增加值增速连续位居全国前列。建成和新开工一批大中型水库，基本实现县县有中型水库。发电装机容量突破 7000 万千瓦，提前一年完成国家新一轮农村电网改造升级。天然气管道联通 60 个县。一批国家部委、行业和标志性企业大数据中心落户贵州，建成贵州·中国南方数据中心示范基地、国家级互联网骨干直联点、国际互联网数据专用通道。行政村实现 4G 网络和光纤宽带全覆盖，实现 5G 县县通，贵阳成为国家互联网重要枢纽。"中国天眼"投入运行。深入推进供给侧结构性改革，创新推进农村"三变"改革，司法体制、生态文明制度和"放管服"等改革走在全国前列，能源工业运行新机制成效明显，西部陆海新通道建设取得积极成效，"1+8"国家级开放创新平台加快建设，数博会、酒博会、国际山地旅游暨户外运动大会等重大国际开放活动成效明显。

（三）贵州省乡村振兴规划

2018 年 3 月 17 日，贵州省提出了《中共贵州省委　贵州省人民政府关于乡村振兴战略的实施意见》（以下简称《意见》）。《意见》中提到要大力推进农村经济结构调整，实现乡村产业兴旺。①调整优化农业产业结构。加快划定和建设粮食生产功能区、重要农产品生产保护区，大规模推进农村土地整治和高标准农田建设，稳步提升耕地质量。适应市场需求，体现山地特色，突出现代高效，调优粮经种植结构，坚决打好玉米种植结构调整硬仗，用 3 年左右的时间把旱地基本农田全部种植高效经济作物。优化粮食内部结构，发展特色杂粮，稳定水稻生产。做大经济作物产业，巩固茶叶生产优势，提高黔茶市场占有率和品牌影响力；大力发展蔬菜生产，打造一批标准化、规模化示范基地；积极发展食用菌生产，推进中药材产业发展。坚持"稳生猪、增牛羊、扩家禽、兴奶业、养特色"，加快发展生态畜牧业。推进渔业持续发展。实施林业十大产业基地建设，引导大规模种植刺梨、核桃、油茶、花卉苗木等，扶持发展林下经济。探索推行以亩产值为基本评价标准的农业结构调整和产业发展成效考核机制。②坚定不移强龙头创品牌带农户。围绕打造全产业链，发展壮大新型农业经营主体，大力引进和培育龙头企业。创新品牌培育发展模式，实施"贵州绿色农产品"整体品牌建设工程，打造一批区域公共品牌、企业品牌和产品品牌，抓好"三品一标"等产品认证，加快建成无公害绿色有机农产品大省。大力扶持农民专业合作社发展，村村建立合作社、贫困户全部加入合作社，推广"龙头企业+合作社+农户"带动模式。构建现代农业社会化服务体系，发展产业化联合体，促进新型经营主体与小农户有机结合，把小农生产引入现代农业发展轨道。③促进农村产业融合发展。继续实施农业园区提质增效行动，做大园区与做强园区并重，提升园区质量，优化园区布局，形成乡镇建园区、县县有平台的发展格局。加强国家特色农产品优势区、现代农业产业园、农业科技示范园、农村创业园、农村产业融合发展示范园建设，抓好农村一二三产业融合发展试点县创建。④推进科技兴农质量兴农。加强现代农业产业技术体系建设，强化新品种、新技术、新工艺引进研发和推广应用，推进山地农业机械化、信息化、智能化建设，建设一批农业科技创新平台和示范园区，提升现代农业设施装备水平和支持保障能力。推进农业大数据平台和应用系统建设，夯实数字农业基础，大力发展智慧农业。⑤拓宽农产品销售渠道。畅通产销对接机制，加强农超、农校、农社、农企对接，便利农产品进城销售，鼓励发展订单农业。加强农产品市场信息体系、冷链物流网络等建设，打造农产品销售公共服务平台，鼓励建立农产品直营店、专销区、定点市场，支持供销、邮政及各类企业把服务网点延伸到乡村。加大农业招商引资、招才引智和农产品外销力度，积极开拓珠三角、长三角、京津冀等市场。健全农村电商公共服务体系，推进农商联动，到 2020 年实现农村电商全覆盖。深入推进长江经济带、泛珠三角等区域农业合作，务实推进黔台农业合作。推动贵州优势特色农产品列入国家对外准入谈判目录，密切与"一带一路"沿线国家农业合作与农产品贸易，积极创建出口食品农产品质量安全示范区，努力扩大农产品出口。

2019年10月，贵州省人民政府印发了《贵州省"十百千"乡村振兴示范工程实施方案（2019—2021年）》（以下简称《实施方案》），对贵州省实施乡村振兴战略提出了五项示范标准。①产业兴旺。示范县要因地制宜发展茶等12大特色产业，推进农业现代化发展。强化市场导向，500亩以上坝区平均产值达到9000元以上；提高经济作物比重，经济作物占种植业比重达到70%以上；加快集约规模发展，推行建基地、上规模、创品牌，土地产出率达到57万元/公顷以上；发展现代商贸物流，冷库建设县域全覆盖，推进农村电商发展；示范县至少有6家省级以上龙头企业，示范村100%的农户加入合作社、100%的合作社有龙头企业带动，"龙头企业+合作社+农户"组织方式和利益联结机制全面建立，全面推广塘约村、大坝村等"村社合一"成功经验；农产品加工业产值与农业总产值比达到18：1以上。②生态宜居。推行绿色生产生活方式，示范村村庄规划达到100%。全省森林覆盖率超过60%；实施乡村绿化美化"千村示范万村推进"工程，创建一批生态家园、生态公园，打造一批"绿色小镇""特色村寨"，实现村庄绿化覆盖率超过30%；对村寨内、村寨周边纳入农村人居环境治理内容的山塘及农村河道进行治理，实施农村生活污水处理工程，确保示范县、乡、村畜禽粪污综合利用率高于全省当年平均水平；示范县实现90%以上的村庄生活垃圾和生活污水得到治理，示范乡的农村户卫生厕所普及率达到90%，示范村公共厕所全覆盖。③乡风文明。弘扬优秀传统文化，培育文明乡风、良好家风、淳朴民风。示范县县级以上文明村和乡镇占比80%，农村义务教育学校专任教师本科以上学历占比65%，农村居民教育文化娱乐支出占比15%，示范乡、示范村综合性文化服务中心覆盖率达到100%。④治理有效。推进自治、法治、德治相结合，深入推进平安建设（综治）工作，完善乡村人民调解委员会、调解小组、纠纷信息员网络，调解成功率达到90%以上；示范村委会要建设1个法治文化场所，实现一村（居）1名法律顾问；示范县、乡、村的村党组织书记兼任村主任占比2020年达到35%、2022年达到50%，示范县、乡的集体经济强村比重2020年达到6%、2022年达到7%，2020年示范村村规民约覆盖率达到100%。⑤生活富裕。不断拓宽农民增收渠道，让农民群众有更多实实在在的获得感、幸福感、安全感。示范区域的农民人均可支配收入高于全市（州）平均水平。

2021年3月，贵州省印发了《中共贵州省委 贵州省人民政府关于全面推进乡村振兴加快农业农村现代化的实施意见》（以下简称《实施意见》），指出要坚持把解决好"三农"问题作为全省工作重中之重，巩固拓展脱贫攻坚成果，全面推进乡村振兴，加快农业农村现代化，让广大农民群众过上更加美好的生活。《实施意见》提出五项任务：一是巩固拓展脱贫攻坚成果，有效衔接乡村振兴，包括保持主要帮扶政策总体稳定；持续巩固提升"3+1"保障成果；强化易地扶贫搬迁后续扶持；接续推进脱贫地区乡村振兴；健全防止返贫动态监测和帮扶机制；加强农村低收入人口常态化帮扶。二是推进山地农业现代化，打造现代山地特色高效农业强省，包括提升粮食和重要农产品供给能力；做大做强农业特色优势产业；积极发展生态畜牧业；加快发展林业产业和林下经济；实施现代种业提升行动；严格耕地保护与建设；强化现代农业科技和物质装备支撑；构建现代乡村产业体系；大力发展农产品加工业；推进农业绿色发展；加快构建现代农业经营体系。三是实施乡村建设行动，提升农村现代化水平，包括科学推进村庄规划建设；加大乡村公共基础设施建设力度；加强水利基础设施建设；实施农村人居环境整治提升五年行动；加快推进农村公共服务体系建设；全面促进农产品流通和农村消费；加快县域内城乡融合发展；落实农业农村优先发展投入保障。四是深化农村改革，增强农业农村发展活力，包括加大农村"三变"改革力度；深化农村集体产权制度改革；统筹推进农村综合改革；拓展乡村振兴创新集成改革试点。五是加强党对"三农"工作的全面领导，包括落实五级书记抓乡村振兴的工作机制；加强党委农村工作领导小组和工作机构建设；加强农村基层党组织建设和乡村治理；培养乡村振兴人才队伍；加强新时代农村精神文明建设；加强乡村振兴实绩考核。

2021年9月17日，贵州省乡村振兴局、贵州省发展和改革委员会印发《贵州省"十四五"巩固拓展脱贫攻坚成果同乡村振兴有效衔接规划》（以下简称《衔接规划》），在全面总结贵州省脱贫攻坚取得的主要成效和积累的宝贵经验基础上，准确客观分析了贵州省"十四五"时期巩固拓展脱贫攻坚成果同乡村振兴有效衔接的有利条件以及面临的困难和问题，明确新阶段发展主要目标，提出了三大主要任务：①建立健全巩固拓展脱贫攻坚成果长效机制。严格落实"四个不摘"要求，保持主要帮扶政策总体稳定，健全防止返贫动态监测和帮扶机制，巩固"两不愁三保障"成果，做好易地扶贫搬迁后续扶持工作，加强扶贫项目资产管理和监督，健全农村低收入人口常态化帮扶机制，切实巩固拓展脱贫攻坚成果。②聚力做好脱贫地区巩固拓展脱贫攻坚成果同乡村振兴有效衔接重点工作。从支持脱贫地区乡村特色产业发展壮大、发展壮大村级集体经济、促进脱贫人口稳定就业、持续改善脱贫地区基础设施条件、着力提升内生发展动力、做好易地扶贫搬迁后续扶持工作、夯实生态基础发展生态产业、进一步提升脱贫地区公共服务水平等方面，巩固拓展脱贫攻坚成果，强化易地扶贫搬迁后续扶持，夯实乡村振兴基础。③着力提升脱贫地区整体发展水平。进一步完善帮扶机制，分类分级推进乡村振兴，集中支持打造一批乡村振兴重点帮扶县，深化东西部对口协作帮扶，持续推进定点帮扶工作，深入推进军民融合发展，加强国际减贫合作，着力提升脱贫地区整体发展水平。

（四）贵州省部分市（区）乡村振兴概览

1. 贵州省黔南布依族苗族自治州①

黔南布依族苗族自治州（以下简称黔南州）隶属于贵州省，位于贵州省中南部，总面积26197平方千米，辖2个县级市、9个县、1个自治县。根据第七次人口普查数据，截至2020年11月1日零时，黔南布依族苗族自治州常住人口为3494385人。2020年，黔南布依族苗族自治州生产总值为1595.4亿元，同比增长4.0%。

（1）建立乡村振兴的领导体系。一是党政统筹。制定出台了《黔南州委乡村振兴领导小组工作规则（试行）》，州县两级同步成立党委州政府主要负责同志任组长的"双组长"工作领导小组，明确州四家班子领导分别包保联系全州12个县（市）、县（市）四家班子分别包保联系镇（街道）。二是部门协同。将39家州直部门（单位）纳入乡村振兴领导小组成员单位，积极推动结合部门优势和行业特点，围绕"产业兴旺、生态宜居、乡风文明、治理有效、生活富裕"方阵和"产业振兴、人才振兴、文化振兴、生态振兴和组织振兴"，主动作为，探索制定乡村振兴政策措施。三是定期调度。采取"高位化调度、集成化作战、扁平化协调、一体化推进"模式，及时调度掌握工作推进落实情况。

（2）建立乡村振兴的责任体系。一是强化县市主体责任。严格落实省委决策部署，12县（市）坚决扛起巩固脱贫成果和推进乡村振兴的政治责任，党政主要负责同志严格履行第一责任人职责，按照属地管理原则统筹做好乡村振兴工作安排和分类推进、项目落地、资金使用、跟踪问效等工作；不断优化干部结构比例，选优配强镇（街道）党政领导班子。二是强化乡镇直接责任。不断强化镇级党委前沿阵地作用，履行好《中国共产党农村基层组织工作条例》明确的"六项"主要职责和抓农村基层组织建设直接责任，将工作重心转移到村组和项目基地，积

---

① 黔南州构建六大体系助推乡村振兴开新局［EB/OL］.［2021-11-08］. http：//xczx.guizhou.gov.cn/xwzx/dfdt/202111/t20211108_71577466.html.

极围绕巩固脱贫成果和推动乡村振兴细化镇级党委抓乡村振兴职责清单，严格执行镇级党委书记及班子成员包村联户制度，直接联系1~2个村并遍访村内群众，履行"阵地指战员"职责，形成齐抓共管的责任落实机制，做到既指挥又战斗。三是强化部门挂帮责任。按照"干部当代表、单位做后盾、领导负总责"要求，严格落实"一人驻村、全员帮扶"要求，通过项目、人员、资金、责任"四个捆绑"，由各单位逐项列出帮扶责任清单，制定帮扶发展计划，有力有序推动乡村振兴工作。四是强化村组具体责任。充分发挥村级党组织战斗堡垒作用，履行推进乡村振兴工作的具体责任，围绕巩固脱贫成果和推动乡村振兴制定村级职责清单和村级发展规划，解决推进过程中的具体问题。

（3）建立乡村振兴的治理体系。一是加强治理领导。积极推行在产业链、生产基地、合作社上建立产业党组织，以村民组（自然寨）为单位划分党小组5245个，实现党的组织和党的工作全覆盖。以提升党组织组织力为重点，常态化排查整顿软弱涣散村党组织，系统推进基层党组织标准化规范化建设，引领各类组织围绕乡村振兴履职尽责。二是细分治理网格。不断强化党建引领，探索构建"党小组+网格员+联户长""铁三角"模式，围绕群众最关心最直接最现实的利益问题，把治理、振兴、服务工作重心向基层下移，有效保证了服务群众、信息收集、监测帮扶、政策宣传、项目实施、群众自治、矛盾排查化解等工作持续深入开展。截至目前，全州以村民小组（自然寨）为单元规范组建"组管委""社管委"或"自管小组"等自治组织1.12万个，推选联户长9.8万人。三是拓宽治理主体。建立以村级党组织为领导，村民自治组织、群团组织为基础，集体经济组织和农民合作组织为纽带，其他经济社会组织为补充的组织体系，以提升农村道德建设水平为目标，不断深化"自治、法治、德治"乡村治理融合发展，让群众参与治理主体作用充分发挥，内生动力显著增强，乡村活力得到有效激发。

（4）建立乡村振兴的推进体系。一是示范引领一批。明确将都匀、福泉、瓮安、龙里、惠水五个县（市）为乡村振兴示范县，坚持把全面推进乡村振兴作为主要任务，立足自身、不等不靠，主动对标国家或西部省（区、市）乡村振兴先进典型，不断强化县域内城乡融合发展，把县乡村和易地扶贫搬迁安置点作为整体谋划建设，形成县域统筹规划布局、县乡村功能衔接互补的公共服务体系，推动全州五个村被列入省级特色田园乡村·乡村振兴集成示范试点。二是重点推进一批。将长顺、平塘、荔波、独山、贵定五个县作为乡村振兴重点推进县，在巩固拓展脱贫攻坚成果的基础上，强力推进乡村振兴；瞄准"五大振兴"中的突出问题和短板，集中资源补强弱项，先易后难渐次推进乡村振兴，基础设施和基本公共服务不断向农村延伸推进，成效显著，现代乡村产业体系初步建立。三是帮扶补短一批。明确三都县和罗甸县为乡村振兴重点帮扶县，坚持把抓好巩固拓展脱贫攻坚成果作为全面推进乡村振兴的主要内容，在保持脱贫攻坚帮扶政策、资金支持、帮扶力量总体稳定的情况下，持续巩固提升"3+1"保障成果，强化易地扶贫搬迁后续扶持，强化社会兜底保障，纵深推进农村产业革命、基层社会治理、生态保护等相关工作。截至目前，完成33个行政村污水治理任务，配置村垃圾收集点9718个，建成乡镇生活垃圾转运站88座。

（5）建立乡村振兴的保障体系。一是干部队伍有保障。严守脱贫攻坚"四个不摘"纪律要求，建立"1+2+N"因村派人驻村帮扶体系，全州共选派5349名优秀干部，组建1309个乡村振兴驻村工作队，实现村（社区）干部选派全覆盖；严守全省"345"村干部报酬机制，率先在全省建立村干部"3岗12级"薪酬体系，保障村干部利益，有效提升村干部工作激情，最大限度保持村干部稳定。二是政策衔接有保障。积极探索出台巩固脱贫成果与乡村振兴衔接政策，持续加大脱贫村、脱贫户在基础设施、公共服务、产业发展、就业创业、住房、教育、医疗等方面的政策扶持力度，全面梳理州本级脱贫攻坚相关政策124个，延续使用67个、优化5个、调整8个、退出44个，有效推动乡村振兴高质量发展。三是产业发展有保障。积极争取中央、省级财政专项衔接乡村振兴补助资金，州县两级按比例同步匹配专项资金，全部投入产业发展和补短等项目，有效推动乡村振兴产业发展和基础设施巩固提质。截至目前，共争取中央、省级财政专项衔接乡村振兴补助资金14.67亿元，先后实施产业项目425个，重点投向生猪、蔬菜、中药材、食用菌、茶叶、水果、特色林业、辣椒、牛羊等农业特色产业。

2. 贵州省黔东南苗族侗族自治州

黔东南苗族侗族自治州位于贵州省东南部，下辖16个县市。黔东南苗族侗族自治州内居住着苗、侗、汉、布依、水、瑶、壮、土家等33个民族。根据第七次人口普查数据，截至2020年11月1日零时，黔东南苗族侗族自治州常住人口为3758622人。

近年来，黔东南州用足非遗资源，推动旅游产业高质量发展，探索出了一条"非遗+旅游+扶贫"的黔东南经验。认真梳理研究黔东南非遗资源特点，确定了以刺绣、银饰、蜡染、编织、茶叶等具有广阔市场前景的非遗项目作为非遗旅游融合发展重点项目。2018年，黔东南州苗绣、侗族刺绣、苗族蜡染技艺等11个非遗项目入选《中国传统工艺振兴目录》。通过开展"非遗+演艺"丰富旅游业态，"非遗+品牌"优化旅游产品供给，"非遗+景区"丰富旅游体验，"非遗+节庆"凸显原生态民族旅游特色，大力推动非遗与旅游深度融合发展。在"十三五"期间，黔东南州累计接待游客4.83亿人次，累计实现旅游综合收入4200.55亿元。2017～2019年，黔东南州通过旅游扶贫九项工程累计带动15.56万人脱贫。[①]

同时，黔东南州坚持把农村人居环境治理作为全面推进乡村振兴战略的重点工作。一是建强机制。结合黔东南州实际，以地方性法规形式制定出台《黔东南苗族侗族自治州乡村清洁条例》，并于2021年10月1日正式实施。召开《黔东南苗族侗族自治州乡村清洁条例》颁布施行电视电话会议，加大宣传力度，进一步发挥群众在农村人居环境治理上的主体作用。二是排查整治。制定《黔东南州农村厕所状况普查和户厕问题摸排工作方案》，组织开展拉网式全面摸排整改，做到不漏一户、不漏一厕，扎实推进农村厕所革命。黔东南州共摸排发现问题厕所6822户，已完成整改2328户。将2万户农村户用卫生厕所建设改造纳入州政府民生十件实事，目前已完成建设改造1.39万户。三是综合治理。统筹推进农村垃圾和生活污水治理，建成174座生活垃圾转运站，配置转运车145辆，清运车1039辆，收集点13394个，行政村生活垃圾收运设施基本实现全覆盖。在498个行政村开展农村生活污水治理，占总行政村数的23.3%。[②]

（1）镇远县。

近年来，镇远县坚持党建引领，深入践行"两山"理念，守好发展与生态两条底线，用活用足林地资源，采取"四动四力"措施，高质量推动精品水果、花椒、油茶，以及林药、林蜂等林业产业快速发展，为乡村振兴开好局、起好步搭起了"绿色通道"。

镇远县持续完善林业产业发展的供需关系，坚持各级党政机关和帮扶单位与市场主体、电子商务同步带动原则，推动林业产业"全链条""闭环式"发展。一是龙头企业带。利用浙江杭州对口帮扶城市、贵州民族大学等资源，举办镇远县农特产品杭州展销会和进校园等活动，实现"黔货出山"，打开城市市场。自2020年以来，镇远县异地举办农特产品展销会2次，销售林下农产品达200万元。二是电商平台带。鼓励蕉溪蛋鸡养殖合作社等州级以上扶贫龙头企业发展林业产业，实施保底订单收购，带动群众参与，确保林业产业增数量、提质量、保销量。例如，镇远县众城联合社整合林下养牛、精品水果等69家合作社抱团发展，资金入股联结农户

---

① 张伟．贵州省黔东南州：非遗助力精准扶贫为乡村振兴赋能［EB/OL］．［2021-05-15］．http://www.gz.chinanews.com.cn/szfc/qiandongnan/2021-05-15/doc-ihamkkth4304563.shtml.

② 黔东南州"建、排、治"扎实推进农村人居环境整治助力乡村振兴［EB/OL］．［2021-10-14］．https://baijiahao.baidu.com/s?id=1713571274397499553&wfr=spider&for=pc.

3400 余户，解决就业 3000 余人，农特产品年销量超 3000 万元。三是东西协作带。充分发挥电子商务平台"人工智能"作用，推动林业产业实现现实市场与"指尖市场""网络市场"同频共振，同步销售。①

（2）三穗县。②

近年来，黔东南苗族侗族自治州三穗县围绕打造全国最大猴头菇种植基地的目标，着力在高位引领、盘活资源、优化链条、共享红利上下功夫，促进猴头菇产业裂变式发展，走出了一条"绿水青山就是金山银山"林下经济发展之路。

三穗县通过组建国有平台公司开发国有林地，整合各类资金，进一步完善猴头菇产业前端、中端链条建设，实现猴头菇产业全产业链发展。一是组建国有公司。建立三穗县林业生态开发有限责任公司（以下简称林业生态公司），对全县猴头菇产业进行公司化管理、市场化运营，采取年薪制方式购买社会化服务，在全县范围内选聘管理员、技术员、科技研发员、财务监督员"四大员"23 人，牵头组织建设猴头菇产业基地 12 个，引进培育 9 家公司和合作社发展猴头菇产业。二是开发国有林地。采取免费、承包、租赁等形式，支持经营企业、合作社、林业大户等市场主体，无偿使用 4100 亩国有林地，按照 50 元/亩、租期 10 年标准进行有序流转集体林地 1000 余亩、农户林地 1860 亩，盘活闲置林地资源，推动产业扩容。三是整合国有资金。在用好用足现有食用菌产业发展资金的基础上，继续推动各类资金向猴头菇产业项目倾斜。四是完善全产业链条。夯实生产前端，新修产业路 2.5 千米，安装变压器 5 个、架设电网 2.0 千米，修建高位水池 6 个、铺设管网 5 千米，建成林下猴头菇标准化基地 7 个，安装菌架设备 3.1 万个；做优加工中端，通过猴头菇保鲜冷库 11 个、烘干房 6 个、菌棒加工厂 5 个，研发出猴头菇饮品、饼干、面条等系列产品 17 种，打造了猴头菇"林下拾堂"品牌；拓宽销售末端，依托国有平台公司"订单协作""产销联动"模式，组建了专职销售团队，通过线上、线下服务载体提升建设，打通了贵阳、重庆、成都等地销售渠道。

（3）剑河县。

近年来，黔东南州剑河县把食用菌产业作为"一县一业"和打赢脱贫攻坚战、推动乡村振兴的主导产业进行发展，全力打造食用菌全产业链。

剑河县先后成立贵州剑荣菌业有限公司和建江、黔味、剑荣生物科技有限公司四家食用菌龙头企业，其中剑荣和建江是集研发、生产、种植、销售等为一体的综合性农业企业。剑荣公司建有六条生产线，年产 1.2 亿棒，研发生产种植的食用菌品种有黑木耳、黑皮鸡枞菌、猪肚菇、海鲜菇、鹿茸菇、杏鲍菇、袖珍菇、香菇等。建江公司建有两条年产木腐菌菌棒 3000 万棒的生产线和一条年产 30 万平方米草腐菌底料模块的生产线。剑荣、建江两家龙头企业能够为全县发展食用菌通过菌棒、技术指导和收购销售等服务。剑河县建成"两园八基地十三区"食用菌产业发展基地，建成标准厂房 21 万平方米、恒温智能化大棚 30 万平方米，冷库 25 座、1.69 万立方米，烘烤房 5 座、300 立方米，专用烘烤机 150 台，配备冷链物流车 21 辆。乡、村和生产基地周边，基本实现食用菌清洗、分拣、包装、储藏、保鲜、烘干等初加工，食用菌产业园区则初步形成了冷链物流、食品加工产业链。③

① 镇远：党建引领"四动四力"打造林业产业新引擎［EB/OL］.［2021-04-21］.http://xczx.guizhou.gov.cn/xwzx/dfdt/202104/t20210421_69936544.html.

② 三穗：推动以猴头菇为主导产业的林下经济发展［EB/OL］.［2021-12-02］.http://xczx.guizhou.gov.cn/xwzx/dfdt/202112/t20211202_71899422.html.

③ 剑河县：食用菌全产业链"点燃"乡村振兴"新引擎"［EB/OL］.［2021-07-22］.http://xczx.guizhou.gov.cn/xwzx/dfdt/202107/t20210722_69936579.html.

3. 贵州省遵义市

遵义，简称"遵"，是贵州省地级市，贵州省域副中心城市。遵义是首批国家历史文化名城，拥有世界文化遗产海龙屯、世界自然遗产赤水丹霞，享有中国长寿之乡、中国高品质绿茶产区、中国名茶之乡、中国吉他制造之乡等称号。截至2019年底，全市下辖3个区、7个县、2个民族自治县、2个代管市和1个新区。根据第七次人口普查数据，遵义市常住人口为6606675人。

自实施乡村振兴战略以来，遵义市以"四在农家·美丽乡村"小康升级行动为抓手，加快补齐"三农"领域突出短板，深入推进新农村建设，广大乡村正从"千村一面"向"以人为本、道法自然"转变，顺利实现乡村振兴"三步走"战略第一阶段目标，构建起遵义市实施乡村振兴战略的"六个一"制度框架和政策体系。

遵义市通过发展茶叶、辣椒等特色优势产业，增加农民收入。遵义市全面深入开展农村"厕所革命"、生活垃圾治理、生活污水治理、村容村貌提质改造、村庄清洁、农业农村面源污染治理六大专项行动。

遵义市紧紧围绕"产业兴旺、生态宜居、乡风文明、治理有效、生活富裕"的总体要求，以特色田园乡村·乡村振兴集成示范试点为契机，采取"组建一个专班、选好一批村庄、落实一项措施、完善一套机制"的"四个一"工作方式，扎实推进37个省市特色田园乡村·乡村振兴集成示范试点（其中，省级7个、市级31个）建设工作，着力办好为民实事、好事的"民心工程"和"民生工程"。自2021年9月以来，6个省级示范试点开工建设项目61个，31个市级示范试点落实项目33个，预计2024年建设完成。

二十五、云南省

云南简称"云"或"滇"，地处中国西南边陲，总面积39.41万平方千米。东与广西壮族自治区和贵州省毗邻，北以金沙江为界与四川省隔江相望，西北隅与西藏自治区相邻，与缅甸、老挝、越南三国接壤。

第七次全国人口普查数据显示云南省总人口4720.9万人，其中汉族人口3157.3万人，占总人口的66.88%；各少数民族人口为1563.6万人，占总人口的33.12%，少数民族占比与第六次全国人口普查时的33.39%基本持平。

（一）云南省经济发展概况

1. 云南省人口与经济概况

根据《云南省第七次全国人口普查主要数据公报》，云南省总人口（常住人口）为47209277人，与2010年云南省第六次全国人口普查4596.6万人相比，增长约2.6%。在全省人口中，居住在城镇的人口为23628564人，占总人口的50.05%；居住在乡村的人口为23580713人，占总人口的49.95%。与2010年第六次全国人口普查相比，城镇人口比重提高14.85个百分点。16个州（市）中，常住人口超过500万人的有3个，在300万~500万人的有3个，在100万~300万人的有8个，少于100万人的有2个。其中，人口居前三位的市合计人口占全省总人口比重的40.92%。在全省人口中，汉族人口为31573245人，占总人口的66.88%；各少数民族人口为15636032人，占总人口的33.12%。

根据《云南省2020年国民经济和社会发展统计公报》，全年实现地区生产总值24521.90亿元，比 2019 年增长 4.0%，高于全国 1.7 个百分点。其中，第一产业增加值 3598.91 亿元，增长 5.7%；第二产业增加值 8287.54 亿元，增长 3.6%，第三产业增加值 12635.45 亿元，增长 3.8%。三次产业结构为 14.7∶33.8∶51.5。全省人均地区生产总值达 50299 元，比 2019 年增长 3.3%。非公经济增加值 11411.25 亿元，比 2019 年增长 2.6%，占全省生产总值 46.5%，比 2019 年降低了 0.7 个百分点。

2. 云南省各市人口与经济概况

（1）在地区生产总值方面，昆明市、曲靖市、红河州居全省前三名。其中，昆明市位居第一，实现地区生产总值 6733.79 亿元。曲靖市排名第二，全年地区生产总值达到 2959.35 亿元。红河州排名第三，地区生产总值 2417.48 亿元。昆明市遥遥领先于云南省内其他城市。

（2）在地区生产总值增速方面，德宏州以 7.9% 的增长排名首位。怒江州排名第二，增速 7.1%；曲靖市排名第三，增速为 6.6%。

（3）在财政收入方面，2020 年全省地方一般公共预算收入完成 2116.7 亿元，比 2019 年决算数增收 43.1 亿元，增长 2.1%。其中，省级收入完成 359.8 亿元，同比下降 1.6%；州（市）、县（市、区）级收入完成 1756.9 亿元，同比增长 2.9%。税收收入完成 1453.1 亿元，同比增长 0.2%；非税收入完成 663.6 亿元，同比增长 6.5%。2019 年 16 个市州一般预算全口径财政收入排名前三位的分别是昆明市、曲靖市、红河州，其中昆明市一般预算 630.03 亿元。

（4）在地区人口方面，2020 年第七次全国人口普查显示，云南省人口最多的三个市依次是昆明市、曲靖市、昭通市，人口分别有 8460088 人、5765775 人、5092611 人。

3. 云南省产业概况

云南省主要产业是农业、旅游业。农业方面，2019 年云南省鲜切花生产面积、产量继续稳居全球第一，中药材种植面积、产量均居全国第一，核桃、咖啡种植面积、产量均居全国第一，茶叶种植面积、产量均居全国第二，蔬菜产业综合产值超过 1000 亿元，水果出口额超过 20 亿美元、创历史新高。与 2017 年同比，九大产业综合产值年均增长接近 15%，农业产值与农产品加工值之比由 0.67∶1 提高到 1.6∶1。特别是花卉产业，已发展成为云南省最具特色、外向型特征最为明显、市场化和国际化程度最高的农业产业，云南已成为全球三大花卉主产区之一和全球第二大鲜切花交易中心。云南的蔬菜近 70% 销往全国 150 多个城市，出口 40 多个国家和地区。①

旅游业方面，从云南省旅游业对经济贡献值来看，2012~2018 年，云南旅游业收入占 GDP 的比重逐年上升，从 2012 年的 16.51% 增长到 2018 年的 50.28%。旅游业对云南省经济发展起着举足轻重的作用。

（二）云南省乡村振兴阶段性成果②

2020 年，云南省现行标准下农村贫困人口全部脱贫、88 个贫困县全部"摘帽"、8502 个贫困村全部出列，11 个"直过民族"和人口较少民族实现整体脱贫。根据云南省统计局的数据，云南省 15 岁及以上人口中，文盲率由 2010 年的 6.03% 下降为 2020 年的 4.65%，下降 1.38 个百分点。

（1）高原特色农业实现提质增效，现代农业多元发展特征逐渐显现。云南省坚持新发展理念，深入推进农业供给侧结构性改革，高原特色现代农业产业、生产、经营体系初步形成。农

---

① 云南日报. 云南省优势特色产业集群建设大力推进［EB/OL］.［2021-02-17］. https://www.yndaily.com/html/2021/yunguanzhu_0217/118530.html.

② 云南日报. 云南省乡村振兴取得重要进展［EB/OL］.［2021-05-25］. http：//yn.people.com.cn/n2/2021/0525/c378439-34742979.html.

业基础性地位持续巩固，第一产业增加值由 2015 年末的 2055.71 亿元提高到 2020 年的 3598.91 亿元，年均增长 5.84%，由全国第 14 位提升到第 9 位，首次进入全国前十，占全国第一产业增加值比重由 3.56% 提升到 4.63%。第一产业就业人数 1226 人，居全国第三。农业现代化进程提速，呈现多元化发展特征，自 2018 年以来，云南省茶叶、花卉等八个重点产业综合产值保持 16% 的年均高速增长。绿色食品、有机产品有效认证数量分别由 2017 年的第 11 位、第 8 位提升到 2020 年的第 7 位、第 3 位。截至 2020 年，云南省纳入国家目录的家庭农场 5 万余户。农产品远销全国 150 多个大中城市、110 多个国家和地区，2020 年出口农产品 323.8 万吨，出口额 360.7 亿元，同比分别增长 16.4%、8.9%，为云南省第一大出口商品，连续多年位居西部省区第一。乡村特色产业蓬勃发展，截至 2020 年，全省共有"一村一品"专业村镇 1621 个、全国"一村一品"示范村镇 103 个，创响一批"土字号""乡字号"特色产品品牌。

（2）生态环境整治，基础设施改善。截至 2020 年，全省共开展 394 个"多规合一"实用性村庄规划编制；全省农村卫生户厕覆盖率达 57.49%，98.5% 的乡镇镇区和 97.9% 的村庄生活垃圾得到治理，乡镇镇区生活污水治理设施覆盖率达 67.2%；全省主要农作物绿色防控覆盖率达 37.4%，化肥、农药施（使）用量连续 4 年负增长；全省村庄绿化覆盖率达 47%，集镇绿化覆盖率达到 32%，农村生态环境持续改善。同时，严格落实河（湖）长制，不折不扣落实长江"十年禁渔"，金沙江（长江干流）流域重点水域全面实现禁捕。

农村基础设施和公共服务短板加快补上，农村群众获得感幸福感显著提升。截至 2020 年，云南省所有乡镇和建制村 100% 通硬化路、100% 通邮，具备条件的建制村 100% 通客车；完成"十三五"农村饮水安全巩固提升规划目标；农村电网供电可靠率达 99.8%；行政村 4G 网络 100% 覆盖，超 90% 的自然村覆盖 4G 信号；建成覆盖 96 个县、993 个乡镇、6433 个村的农村电商服务网络；推进公共服务向农村覆盖，全省县域义务教育发展基本实现均衡，基层医疗卫生服务体系建设明显加强；全省基本医疗保险参保率稳定在 95% 以上；农村低保标准达到不低于 4770 元，保障标准和救助水平逐年提高；健全覆盖城乡的公共就业服务体系，2020 年全省累计实现农村劳动力转移就业 1515.52 万人，农村常住居民人均可支配收入 12842 元，同比增长 7.9%。

（3）大力实施改革，推动产业融合。截至 2020 年，云南省农村承包土地确权登记颁证工作基本完成，颁发土地承包经营权证书 877.6 万份，颁证率达 99.8%；农村集体产权制度改革全面推进，完成 18.34 万个村组清产核资；农村土地制度改革试点取得显著成效，开展第二轮土地承包到期后再延长 30 年试点；乡村振兴投入保障制度不断健全，2016~2020 年，全省公共财政农林水支出 4457.63 亿元，年均增长率近 11.72%。

截至 2021 年 5 月，全省已培育形成 26 个助农增收主导产业，直接涉及 168.53 万户，产业到户基本实现全覆盖。在培育引进龙头企业方面，云南省各地因地制宜、创新举措，成功引进了广东温氏、陕西海升、百果园、神威药业等一批大企业落地云南，全省农业龙头企业达到 4240 户，在全省产业助农增收中发挥了主力军作用。同时，积极创新推广龙头企业绑定合作社、合作社绑定农户的"双绑"模式，培育各类农业新型经营主体 2.85 万个，基本实现有产业发展条件的农户都有一个以上新型经营主体带动。

（4）加强监测，防止返贫。2021 年上半年，通过动态管理，全省新识别边缘易致贫户 469 户 1852 人、新标注脱贫不稳定户 699 户 2698 人。通过动态帮扶，边缘易致贫户标注消除致贫风险 10.67 万户 38.75 万人、脱贫不稳定户消除返贫风险 9.78 万户 38.68 万人。从帮扶措施看，在脱贫监测户中，得到产业帮扶 9.83 万户 38.86 万人、就业帮扶 7.51 万户 13.65 万人、小额信贷扶贫 2.26 万户 9.74 万人、纳入低保及特困救助供养 6.18 万户 23.58 万人；在边缘户中，得到就业帮扶 8.25 万户 12.26 万人、纳入低保及特困救助供养 4.61 万户 15.80 万人。

（三）云南省乡村振兴规划

2019 年 2 月 11 日，云南省人民政府发布《云南省乡村振兴战略规划（2018—2022 年）》，提出到 2035 年乡村振兴取得决定性进展，基本实现农业农村现代化。八大高原特色现代农业重点产业产值占农业总产值的比重超过 50%，农产品加工产值与农业总产值比达到 5：1 以上，农业结构得到根本性改善，世界一流"绿色食品牌"全面建成；农民生活更为宽裕，农村居民人均可支配收入接近 5 万元，共同富裕迈出坚实步伐；城乡基本公共服务均等化基本实现，城乡融合发展体制机制更加完善；乡风文明达到新高度，乡村治理体系更加完善；农村生态环境根本好转，生态宜居的美丽乡村基本实现，云南美丽乡村成为世界一流"健康生活目的地"，成为中国最美丽省份的亮丽名片。到 2022 年，力争把茶叶、花卉、蔬菜、坚果、中药材、肉牛产业打造成 6 个千亿元级的大产业，把水果、咖啡产业打造成 2 个 600 亿元级的产业。推进稻渔综合种养和休闲观光渔业发展。加快构建粮经饲统筹、种养加一体、农牧渔结合、生态循环的新型现代农业体系。到 2018 年底，制定出台"美丽乡村建设万村示范行动"实施方案，全面启动建设，力争通过 5 年的努力，到 2022 年，完成全省 10000 个示范村（自然村）建设任务，引领整体推进，到 2035 年，生态宜居的美丽乡村全面实现，云南美丽乡村成为世界一流"健康生活目的地"，成为中国最美丽省份的亮丽名片。

2021 年 4 月 30 日，中共云南省委、云南省人民政府联合发布《关于全面推进乡村振兴加快农业农村现代化的实施意见》，计划：①到 2025 年，农业农村现代化取得重要进展，农业基础设施现代化迈上新台阶，农村生活设施便利化初步实现，城乡基本公共服务均等化水平明显提高。农业基础更加稳固，粮食和重要农产品供应保障更加有力，农业生产结构和区域布局明显优化。持之以恒打造世界一流"绿色食品牌"，农业质量效益和竞争力明显提升，重点产业迈向价值链高端。现代乡村产业体系基本形成。脱贫攻坚成果巩固拓展，城乡居民收入差距持续缩小。农村生产生活方式绿色转型取得积极进展，化肥农药施（使）用量持续减少，农村生态环境得到明显改善。乡村建设行动取得明显成效，乡村面貌发生显著变化，乡村发展活力充分激发，乡村文明程度得到新提升，农村发展安全保障更加有力，农民获得感、幸福感、安全感明显提高。②实施乡村振兴"百千万"示范工程。坚持整体推进与重点突破并重，因地制宜、实事求是，根据资源特点、产业基础等因素，打造一批省、州（市）、县（市、区）、乡（镇）四级各具特色、竞相迸发的乡村振兴示范样板，充分发挥示范引领作用，以点带面，推动形成全省乡村振兴干在实处、行稳致远的良好局面。规划建设 100 个乡村振兴示范乡镇、1000 个精品示范村、10000 个美丽村庄。美丽村庄以村（组）为单元，按照美丽乡村评定标准创建。精品示范村以行政村为单元，打造集产业基地、美丽村庄、休闲农业为一体的田园综合体。乡村振兴示范乡镇突出建设集农产品加工中心、农产品集散中心、"三农"服务中心和线上线下销售平台为一体的现代产业园区，打造集聚田园综合体、产业园区、特色小镇、乡村旅游等功能和要素的乡村振兴示范园。高标准创建 10 个省级乡村振兴示范园区，鼓励各地建设州（市）级、县（市、区）级乡村振兴示范园区。③全面促进农村消费。加快推进县级物流集散中心建设，加快完善县乡村三级农村物流共同配送体系，改造提升农村流通基础设施。深入推进电子商务进农村和农产品出村进城，开展农业电商提质增效行动，加快建设 100 个直采基地，持续推进"云品"出滇。加快实施农产品仓储保鲜冷链物流设施建设工程，推进田头小型仓储保鲜冷链设施、产地低温直销配送中心、骨干冷链物流基地建设。2021 年，完成区域性集散地、中心城市和重点口岸的农产品综合冷链物流集配中心建设和推广移动式冷链物流设施任务。完善农村生活性服务业支持政策，发展线上线下相结合的服务网点，推动便利化、精细化、品质化发展，满足农村居民消费升级需要。

《云南省国民经济和社会发展第十四个五年规划和二〇三五年远景目标纲要》提出铸牢中华民族共同体意识。紧扣"中华民族一家亲，同心共筑中国梦"总目标，深入开展中国特色社会主义和中国梦宣传教育，引导各族群众牢固树立"三个离不开"思想，不断夯实"五个认同"的思想根基。实施中华民族视觉形象工程，大力挖掘突出各民族共享的中华文化符号。实施少数民族优秀文化保护传承工程、少数民族文化精品工程、地方戏和少数民族剧种振兴工程、非遗记录和数字化保护工程、历史文化名城（镇、村、街区）和传统村落保护工程、云南文物保护工程，促进民族文化创造性转化和创新性发展。支持革命老区、民族地区、边境地区加快发展。把革命老区、民族地区、边境地区发展放到更加重要位置，优化转移支付，加大财力支持。深入推进兴边富民行动，加快边境地区口岸城市、中心集镇和现代化边境小康村建设，推动形成以城镇为中心、以现代化边境小康村为节点、辐射周边边境地区的强边稳边富边新格局。

（四）云南省部分市（区）乡村振兴概览

1. 云南省临沧市

临沧市位于云南省西南部，辖8县（区），77个乡（镇）。全市面积2.362万平方千米。根据第七次人口普查数据，截至2020年11月1日零时，临沧市常住人口为2257991人。根据临沧市统计局数据，2020年临沧市实现地区生产总值821.32亿元。

（1）脱贫攻坚完成，基础设施大幅改善。2019年底，临沧市94357户368942人建档立卡贫困人口全部脱贫，562个贫困村全部出列，28个贫困乡（镇）顺利"摘帽"，千百年来困扰边疆人民的区域性整体贫困和绝对贫困问题得到了历史性解决。[①] 2018年，临沧市成为云南省贫困县"摘帽"数量最多的州市，脱贫攻坚考核排云南省首位。

为了守住规模性返贫的底线，临沧市对应云南省建立的"一平台三机制"，确保巩固拓展脱贫攻坚成果同乡村振兴有效衔接，即建立"找政府"APP救助平台，实现农村低收入人口帮扶全覆盖；建立"双绑"利益联结机制，实现产业帮扶全覆盖；建立股份合作机制，实现村集体经济全覆盖；建立扶志扶智长效机制，实现培训就业全覆盖。

临沧市制定了《临沧市"百村示范、千村整治"工程实施方案》和《临沧市率先把沿边村寨建成小康村实施方案》，明确重点打造500个五种类型的自然村整治示范村，同时突出"边"字特写乡村振兴文章，2020年底通过进一步提升，把沿边村寨建成全省乃至全国沿边小康示范村，确定了构筑路网系统、构建和培育以路网为依托的经济发展节点、提升基层组织力三大重点任务，确定了100个沿边小康村的重点项目支撑，选派了10支167名沿边小康村建设工作队。[②]

临沧市各级政府积极实施人居环境提升工程。一是抓实旧村旧房改造。完成旧村改造1087个，旧房改造65791户。二是抓实美丽宜居乡村建设。已完成393个，占计划任务400个的98.25%。三是抓实洁净创建工作。已创建洁净村庄1208个，创建洁净庭院示范家园15537户。四是抓厕所革命。已开工建设自然村公厕316个，占计划任务360座的87.78%；已开工无害化卫生户厕改造35525座。五是抓实自然村垃圾处理设施项目。已开工747个，占计划任务800个的93.38%。六是抓实自然村污水处理设施项目。已开工建设465个，占计划任务800个的58.13%。[③] 自21世纪以来，临沧市先后实施"三村"建设、新农村建设、

---

① 云南临沧贫困人口和贫困村"清零"实现整市脱贫［EB/OL］．［2020-07-29］．https：//www.chinanews.com.cn/cj/2020/07-29/9250935.shtml.

② 临沧乡村振兴从破局开篇迈向星火燎原［EB/OL］．［2019-08-19］．http：//lincang.yunnan.cn/system/2019/08/19/030358515.shtml.

③ 临沧实施乡村振兴战略的若干思考［EB/OL］．［2018-11-09］．http：//lcsrd.gov.cn/rdyw/04461795664052110510.

美丽家园行动计划、佤山幸福工程、农村人居环境提升工程等，完成旧村改造 1129 个、美丽宜居乡村建设 400 个。

与此同时，一些村也采取了积极措施改善环境。镇康县轩岗村制定了《"清洁村庄"评定制度（试行）》，建立了卫生保洁收费制度，有力地推动了人居环境提升。耿马傣族佤族自治县勐简乡老厂村通过做好宣传发动、集中整治、倡树新风"三篇文章"，实施村容村貌整治、惠民文化、惠民项目"三大工程"，建立资金筹措、保洁管理、农业生产面源污染控制"三项机制"，建设清洁幸福美丽家园。

（2）组织领导、人才振兴并抓。临沧市以"我的村庄、我规划"为主题，创造性开展了"万名干部规划家乡行动"，组织市内 2.64 万名临沧籍公职人员完成了对城市、乡（镇）集镇规划建设范围以外的 6511 个自然村规划编制。并以实施"百村示范、千村整治"工程为契机，发挥政策示范、机制示范的引领作用，探索出农村基层党组织引领机制、农村"三变"改革机制、乡村治理机制、农村人居环境整治长效机制等一批可借鉴、可推广的好机制，有效推动了乡村振兴。

双江自治县沙河乡平掌村建立乡土人才库，把 50 名种植能人、100 名养殖能人、20 名篾编能人、10 名电焊能人、10 名建筑能人、5 名拉祜族文化传承人、3 名乡贤纳入人才库，为乡村振兴提供人才支撑。[①]

（3）农业提质，重点发展茶产业。临沧市山区、半山区占全市面积 97.5%，农业人口占总人口 58.1%，是典型的农业市。

茶产业是临沧市的元素和符号，是集生态、富民、形象（名片）、特色于一体的优势传统产业，也是临沧市现代农业的重要组成部分。2017 年，临沧市茶园种植面积 146.4 万亩，毛茶产量 12.8 万吨，精制茶产量 8.8 万吨，茶叶产业综合产值 182.1 亿元，140 万茶农茶叶种植收入人均 2650 元。[②]

1）做优生态品质基地确保原料安全可控。临沧市以茶叶企业和茶叶专业合作社为主要实施主体，建设高效生态茶园；强化建立多成分、多层次、多产出的高效茶园复合人工生态系统；在实行茶园有害生物绿色防控、实现农药化肥双减少的同时，开展有机茶园、雨林联盟、无公害、绿色食品等各类认证，建立食品安全控制体系和产品质量追溯体系。推进优质原料基地向优势企业集中，强化古茶树资源保护与开发，认真贯彻落实《临沧市古茶树保护条例》和《临沧市古茶树保护条例实施办法》，建立健全保护机构，同时，临沧市在古茶树、古茶园生长区域，禁止种植核桃、桉树等影响茶树生长发育和品质的经济作物，已种植的有计划地整改或移除确保古茶树资源安全。

2）整合多方资源壮大产业集群。临沧市依托茶叶产业园区和生态茶园，利用全球资源，面向全球市场，培育一流茶叶企业。整合茶园、土地、金融资源和政策资源，支持企业做强做大。支持企业进行混合所有制改造、并购、上市融资等扩张，鼓励支持企业发展全产业链。最终以培养一批产值亿元以上、农业产业化省级以上重点龙头企业为目标。

3）打造"临沧茶"地域品牌。加大"天下茶尊""红茶之都"等城市品牌及产业品牌宣传推广力度，开展地理标志产品保护、地理标志证明商标及重要农业文化遗产、特色农产品优势区、品牌创建示范区申报、宣传、推广工作。临沧市采取"公用品牌+企业品牌"的母子品牌模式，统一使用"临沧茶"公用品牌标识，构建临沧茶品牌体系，强化古茶名山品牌、知名企业

---

① 临沧实施乡村振兴战略的若干思考 ［EB/OL］．［2018-11-09］．http：//lcsrd.gov.cn/rdyw/04461795664052110510.

② 普洱茶网．临沧茶产业：以茶叶产业助力乡村振兴 促进农村发展 ［EB/OL］．［2018-04-24］．https：//www.puer-cn.com/puerchannews/yuncha/133385.html.

品牌打造，制作播出临沧茶叶产业宣传片，创办《说茶论道》电视栏目和《天下茶尊》杂志。

4）开拓国内国际市场提升市场占有率。临沧市茶产业以会展营销为重点，组织企业巩固提升广州、深圳、东莞、济南等重点茶叶市场，开拓西北、华北、东北、东南、西南等一线、二线、三线城市市场。支持企业在全国建设销售网点，同时大力发展电商营销网络，线上线下营销立体推，支持企业沿"一带一路"开拓国际市场。在云南临沧（凤庆）红茶节、云南临沧（双江）勐库冰岛茶会、云南临沧（永德）熟茶节等活动要筹运好，2021 年在临翔区天下茶尊茶城举办了首届临沧国际茶叶博览交易会。

5）构建产业发展平台延伸产业发展链条。临沧市结合各区域的优势特点，打造四大茶产业园区，推动重点区域茶产业发展：一是以发展滇红茶为主，打造建设凤庆滇红生态产业园；二是以发展普洱生茶、古树茶为主，打造建设双江冰岛茶生态文化产业园；三是以发展普洱熟茶为主，打造建设永德现代普洱茶加工园区；四是结合第三产业，以休闲、养生为主，打造建设沧源民族茶文化健康生活旅游园区。

6）夯实产业基础构建支撑体系。以规划建设"天下茶尊"临沧茶城，设立茶叶产业投资基金，建设成立天下茶尊临沧茶叶研究院，建设产品质量监督检验检测体系，实施茶产业"五个一工程"——每县（区）建设一个茶叶主题公园、一座名茶山、一个古树茶特色村庄、一个茶叶小镇、一个三产融合发展示范区作为突破口。建设仓储交易中心、加工制造中心、金融服务中心、人才培养中心、科技创意及茶养休闲中心，为临沧市茶产业持续发展提供动力支撑。

（4）"旅游+"模式推动产业融合。[①]

1）坚持"文化+旅游"模式，着力打造创新文化旅游示范区。利用"一带一路"倡议、国家"辐射中心"建设给临沧市生态文化旅游产业带来的发展机遇，科学谋划全市生态文化旅游产业发展途径。充分利用自然风光、民族风情等丰富的旅游资源，加快文化产业旅游发展；培育传承发展提升农村优秀传统文化，充分发展非物质文化遗产、民俗活动，推进文明乡风、良好家风、淳朴民风的形成，实现自治、德治、法治有机结合。重点开展"一县一特色"民族艺术之乡建设，加强农村宣传文化阵地建设，组织实施村级综合文化服务中心、农家书屋、村级文体广场、广播电视户户通等惠民工程。着力描绘大美临沧市的独特魅力，颂扬大美临沧市的发展成就，塑造大美临沧市的立体形象，广泛开展群众性文化活动，举办好"摸你黑"等民族文化节，努力推动农耕文明、传统文化与现代特色产业的有机结合，形成文化与旅游模式共促的良好局面。

2）坚持"生态+旅游"模式，着力打造绿色生态旅游示范村。临沧市在实施乡村振兴战略过程中，坚持"一产发展生态化、二产发展品牌化、三产发展特色化"思路，调优产业结构，做优第一产业、做精第二产业、做活第三产业。采取多主体、多业态培育方式，积极构建农村产业融合的经营体系、产业体系；采取多利益联结、多要素发力方式，积极构建农村产业融合的模式体系、生产体系。选择最适宜生态和一村一品、一乡一业、连片发展的地方，围绕茶叶、核桃、甘蔗、橡胶、木竹、咖啡、坚果、水果、烤烟、魔芋、生物药材、林下种养、山地畜牧和高原淡水渔业等主导优势产业和特色新兴产业，培育一批特色鲜明、运作规范、经济效益好的生态家庭农场，努力实现一村一产业、一产业一合作社、一合作社一特色农产品品牌的目标。

3）坚持"休闲+旅游"模式，打造观光农业旅游示范带。临沧市在实施乡村振兴战略过程中，充分利用生态资源、农业资源、民族资源，充分挖掘乡村生态休闲、旅游观光、文化教育价值，规划和推进一批农业与旅游结合、生态景观与农业景观结合、农耕文化与民族文化结合

---

① 朱敏. 临沧市乡村振兴战略发展模式浅析［EB/OL］.［2020－06－01］. https：//www.fx361.com/page/2020/0601/6719855. shtml.

的休闲旅游观光农业建设，形成观光、休闲、种植和采摘体验、特色餐饮、鲜活农产品采购等为一体的休闲农业园、休闲农庄。积极支持休闲农业经营主体开发特色产品、创意产品，着力打造美丽田园、美丽产业，将休闲农业产业培育成为旅游观光、休闲养生、购物娱乐、田园村（社区）为一体的田园综合体。

4）坚持"品牌＋旅游"模式，着力打造特色品牌旅游示范园。临沧市要坚持"世界佤乡、天下茶仓、恒春之都、大美临沧市"品牌定位，在充分发挥"世界滇红之乡""中国红茶之都""中国精品咖啡豆示范区"等品牌优势的基础上，紧扣现有产业特色，立足未来产业发展方向，按照"大产业＋新主体＋新平台"发展模式和"政府搭台、多元投入、市场运作、产业兴园"的要求，坚持"一区多园、以园促区、以区带面、示范引领"的思路，以创建省级、国家级示范区为目标，以绿色低碳为导向，立足于自身的生态特点，着力挖掘一批老字号和"临"字号品牌、做大做强一批优势品牌、发展壮大一批自主品牌、整合形成一批公用品牌；着力发展"名、优、特、稀"产品，主攻在全省、全国有一定知名度并以绿色生态为核心的特色品牌，努力提高绿色农产品市场竞争力，确保绿色食品的产品质量，以维护绿色食品的精品形象，从而扩大绿色农产品的知名度。重点围绕畜禽、高原淡水渔业、水果、蔬菜、油料、咖啡、坚果、茶叶等优势产业，创建一批在全国有影响力的知名品牌，重点支持"高原滇红茶""高原临蔗糖""高原小粒咖啡""高原特色优质烟""高原绿色蔬菜""山地乌骨鸡""澜沧江高原淡水鱼""临沧市坚果""孟定蔬菜""永德芒果"等品牌创建，建设一批科技含量较高、产业特色鲜明、物质装备先进、运行机制灵活、综合效益显著的现代农业产业园区。

2. 云南省大理白族自治州

（1）总体情况。大理白族自治州重点抓实乡村产业发展。坚持绿色兴农、质量兴农，深入推进农业供给侧结构性改革，以打好"绿色食品牌"为切入点，着力实施产业强县兴村行动，努力构建"一县一业""一村一品"发展格局。大理州高原特色现代农业产业体系初步建成，特色经作面积达1396.4万亩。抓实新型农业经营主体培育，累计培育州级以上龙头企业235户、现代农业庄园60个、农民合作社6037个、家庭农场1370个、新型职业农民17528人。全州农民合作社入社率达33.35%，全州60.4%的农户直接或间接受益。加快推进农村产业融合发展，乡村旅游、农村电子商务发展较快。2018年，大理州完成农业总产值416.01亿元，同比增长6.2%，排名全省第二位；农业增加值233.57亿元，增长6.3%，排名全省第三位；农产品加工总产值达304.65亿元，同比增长10.21%，排名全省第二位；休闲农业接待1512.7万人次、实现营业收入28.61亿元，分别同比增长14.95%和10.56%；农产品电子商务销售额达14.1亿元，同比增长15%。2020年第一季度，大理州完成农林牧渔业总产值65.66亿元，同比增长5.1%，农林牧渔业增加值34.72亿元，同比增长5.0%；农村常住居民人均可支配收入达3070元，同比增长9.4%。①

（2）重点发展白族扎染，传承非物质文化遗产。大理市喜洲镇周城村把传统白族扎染文化有机融入美丽乡村建设工作中，以农文旅深度融合助推乡村振兴。

白族扎染技艺传承已有上千年历史，2006年被列入国家级非物质文化遗产保护名录。扎染原料为纯白布或棉麻混纺白布，染料为蓼蓝、板蓝根等天然植物的蓝靛溶液，其中又以板蓝根居多。工艺过程分设计、上稿、扎缝、浸染、拆线、漂洗、整检等工序。

大理市喜洲镇周城村是全国最大的白族聚集村落，被誉为"白族扎染之乡""白族民俗的活化石"，是白族自然村、省级历史文化名村、州级乡村振兴示范村。被列为乡村振兴州级示

---

① 大理白族自治州人民政府. 大理州着力把农村建成安居乐业的美丽家园［EB/OL］.［2019-12-11］. http：//www.dali.gov.cn/dlrmzf/c101530/201912/3f0a7c2663904a92a0dcd2bf972ca517.shtml。

范村后，周城村对全村的产业、人才、文化、生态建设、基层组织建设、基础设施建设进行全面规划，拟定了六大类 28 项项目计划，编制完成了《喜洲镇周城村乡村振兴示范村建设规划》，截至 2019 年底已完成项目建设投资 2152 万元。周城村还将村委会所在的一院"三坊一照壁"白族民居整合打造为民族文化展示馆，对白族文化进行展示。此外，还建成全国首座扎染博物馆，全村现有国家级非物质文化遗产扎染项目代表性传承人 1 人，省、州、市级非遗传承人近 10 人，扎染经营户近百户，从业者近千人，成立扎染、旅游、农耕文化等特色行业"两新"组织党支部 4 个，党支部书记均为该村创业致富带头人，支部党员均为业务骨干和技术能手，充分发挥了党组织、党员在民族文化传承发扬、旅游产业发展和创业致富中的示范引领作用。①

（3）建设绿色农业，在洱海流域全域打造"绿色食品牌"。② 围绕乡村产业振兴，大理州努力把洱海流域建设成为国家农业绿色发展先行区、云南省打造世界一流"绿色食品牌"示范区，通过建立健全洱海流域农业面源污染治理攻坚战政策措施体系，持续推进《关于开展洱海流域农业面源污染综合防治打造"洱海绿色食品牌"三年行动计划（2018—2020 年）》各项目标任务落实落细。

抓实结构调整绿色化。大理州大力实施"三禁四推"，即禁止销售使用含氮磷化肥，推行有机肥替代，禁止销售使用高毒高残留农药，推行病虫害绿色防控，禁止种植以大蒜为主的大水大肥农作物，调整产业结构，推行农作物绿色生态种植，推行畜禽标准化及渔业生态健康养殖。

建立生态补偿机制化。落实《洱海流域农作物绿色生态种植合同制管理办法》，大理州严格按照洱海流域 11 种主要农作物生态种植技术规程，大力推广以有机肥替代化肥、病虫害绿色防控为主的绿色生态种植模式，努力推进全流域实现绿色生态种植。

培育经营主体规模化。洱海流域培育州级以上龙头企业 60 户、现代农业庄园 9 个、农民合作社 1001 个、家庭农场 107 个、新型职业农民 1255 人。由龙头企业、农民合作社通过土地流转和订单农业方式带动的水果、油菜等适度规模经营面积达 12.56 万亩，带动全流域家庭承包耕地流转面积达 13.36 万亩。

（4）污染整治，助推乡村生态环境改善。以太和街道为例，太和街道洱滨、太和、大庄、刘官厂四个村委会还在使用裸露的水泥垃圾池，与近旁的洱海生态廊道优美的自然环境极不协调。工作人员发动村"两委"向群众宣传员，草拟整改方案，先后申请 40 多万元资金，为四个村委会协调配备了 69 个 3 吨垃圾箱、4 辆钩背式垃圾处理车、一辆垃圾压缩车，每天收集清运垃圾约 40 吨。以前这四个村委会部分农户家里的"四水"直排污水管网，极易造成堵塞，向上级争取 64 万余元资金，用于改善排水问题。对每家每户进行排查新建了 100 多个化粪池，彻底解决了直排问题。③

太和街道辖区 8.4 千米长的洱海海岸线，以前只有 6 个滩地管理员，里程长、任务重，因此通过争取，滩地管理员增加到了 12 个。以前太和村委会洱滨村多户居民的墙角有污水渗漏，通过请专家论证，向上级争取资金，改变了截污管网的高差、走向，污水不再渗漏，村里 3 条沟渠水质得到明显改善。洱滨村进行了村间道路硬化、美化，打造鲜花村，发展特色旅游，大幅改善人居环境。

---

① 大理日报．大理市喜洲镇周城村奋力谱写乡村振兴新篇章［EB/OL］．［2020-03-25］．http：//www. dalidaily. com/dlrb/pc/202003/25/content_3442. html.

② 云南日报．"三个率先"引领乡村振兴显实效［EB/OL］．［2019-11-14］．https：//yndaily. yunnan. cn/html/2019-11/14/content_1310564. htm？div=-1.

③ 云南日报．大理市围绕乡村振兴主要领域人才选派接地气［EB/OL］．［2021-12-13］．https：//yndaily. yunnan. cn/content/202112/13/content_38611. html

3. 云南省德宏傣族景颇族自治州

德宏傣族景颇族自治州位于云南省西部，面积 11526 平方千米，辖芒市、瑞丽市、梁河县、盈江县、陇川县五个县级单位，根据第七次人口普查数据，截至 2020 年 11 月 1 日零时，德宏傣族景颇族自治州常住人口为 1315709 人。根据云南省统计局数据，2020 年德宏州实现地区生产总值 575.54 亿元，比 2019 年增长 7.9%，增长率排云南省首位。

（1）脱贫攻坚成效显著，大力扶持乡村教育。2014 年德宏傣族景颇族自治州贫困发生率曾高达 16%。经过不懈努力，如今当地 15.25 万农村贫困人口全部脱贫，186 个贫困村全部出列，4 个贫困县全部"摘帽"，4 个"直过民族"和人口较少民族整族脱贫，成为全省较早实现脱贫的州（市）之一。区域性整体贫困和绝对贫困问题得到历史性解决，实现了全面小康一个民族都不能少的庄严承诺。创建全国民族团结进步教育基地 1 个、示范单位 2 个，省级示范县市 2 个、示范单位 270 个，全国民族团结进步示范州创建已通过省级验收。大力实施兴边富民工程，全州 24 个边境乡镇（农场）、63 个抵边村（居）委会全部实现"五通八有三达到"目标。2020 年，全州学前教育毛入园率达 92.95%，九年义务教育巩固率达 96.54%，高中阶段毛入学率达 91.24%，边疆各族群众"上好学"的期盼正在变成现实；基本医疗保险参保率达到 97%，科技惠民政策全面落实，文化事业繁荣发展，养老育幼工作成效明显，民生各项事业得到全面推进。①

（2）电商助农，推动农产品销售和残疾人就业。德宏有良好的自然资源和优质的光热水土条件，是全省打造世界一流"绿色食品牌"最有优势的地区。这里人均耕地是全省平均的 1.7 倍，且大部分是天然高标准农田；这里热带作物生产优势突出，种质资源多样，且跨境农业合作也已打下良好基础。德宏州突出抓好产业，努力培育 5 个 100 亿元产业、4 个 50 亿元产业，加强产业新主体的培育和引进，加强由一产增效向三个产业融合增效转变，构建一二三产业融合发展的产业体系，打造休闲农业"目的地"。②

例如，春哺百香园是由德宏州春哺种植专业合作社运营的拼多多网店，主营百香果等云南德宏特产，开业数月便被千余条好评推上百香果店铺口碑榜第十七名，这意味着除了水果品质，店铺的售后、物流、客服回复率等多项综合服务均得到消费者认可。春哺种植专业合作社的主体均为当地残疾人和建档立卡户。电商不仅让德宏州农副产品有了走出去的机会，还带动了残疾人就业创业。春哺百香园所在的勐戛镇象塘村曾是德宏芒市 18 个重点贫困村之一，贫困户、残疾人群体众多，共有建档立卡户 104 户 438 人，已办证残疾人 97 人。如今，在村集体和电商达人的带领下，象塘村已通过电商带货等一系列帮扶举措整体完成脱贫"摘帽"。③

（3）建设乡村振兴示范区，构建现代产业体系。建好用好"一平台三机制"，接续做好巩固拓展脱贫攻坚成果同乡村振兴有效衔接。按照"大产业+新主体+新平台"发展思路，全链条重塑蔗糖产业、蚕丝绸产业和咖啡产业，建好"滇西粮仓"和高品质冬春蔬菜基地，打造热区现代农业基地。全面实施乡村建设，深入开展农村人居环境整治提升，扎实推进乡村振兴"百千万"示范工程，力争用 3 年时间创建 10 个示范乡镇、100 个精品示范村、500 个美丽村庄。全力打造国际知名的四季康养旅游胜地和特色民族文化旅游体验区，全域打造田园综合体，规划建设一批半山酒店、文旅综合体和康养小镇。

德宏州全力做好国内国外转移产业的引进和承接，全面构建现代产业体系。"绿色食品牌"

---

① 瑞丽市融媒体中心. 德宏：从贫穷落后的边陲之地变成生机勃勃的社会主义新边疆 [EB/OL]. [2021-06-12]. https://ruilijiang.ynurl.com/p/6346.html.

② 德宏团结报. 德宏全面建设乡村振兴示范区 [EB/OL]. [2021-06-11]. https://www.thepaper.cn/newsDetail_forward_13102166.

③ 中国新闻网. "扶贫好村官"李能龙：百香果打开致富大门 [EB/OL]. [2020-12-29]. https://www.chinanews.com.cn/business/2020/12-29/9373965.shtml.

初现成效，蔗糖、蚕桑、咖啡、坚果、茶叶、肉牛生产基地不断扩大，冬季农业等高原特色现代农业发展壮大，形成了以芒市咖啡、瑞丽肉牛、陇川蚕桑、盈江坚果、梁河茶叶为代表的"一县一业"发展格局。通过抓龙头、铸链条，电力、制糖、建材、矿冶、食品、药品等传统工业巩固提升，纺织服装全产业链聚集发展，电子信息从无到有。以商务流通、现代物流、信息消费、跨境金融为代表的现代服务业快速发展，新业态新模式不断涌现，电商产业健康发展，瑞丽上榜"电商示范百佳县"。打造"健康生活目的地"，德宏州积极融入大滇西旅游环线。

（4）利用沿边优势，开放发展。历史上，德宏州是"南方古丝绸之路"的要冲；抗战时期，滇缅公路等西南大后方"生命线"的出入口在德宏，沿边交通优势明显。因此，德宏州全力建设沿边开放示范区。大力推进更高水平、更高层次沿边开放，积极建设面向印度洋地区开放的陆路枢纽。充分发挥德宏州作为"双循环"重要节点的优势，用好国内国际两个市场、两种资源，推动中缅双方产业链、供应链、价值链深度融合。加快推进自贸试验区德宏片区改革创新，全力推进试点任务全面完成。有序做好瑞丽试验区、姐告边境贸易区、畹町经济开发区、工业园区等特殊功能区的优化提升工作，积极推进中缅瑞丽—木姐边境经济合作区建设，加快边境贸易创新发展，更好服务和融入"一带一路"倡议和国内国际双循环，实施更大范围、更宽领域、更深层次的对外开放，把开放优势转化为发展优势、竞争优势。

（5）建设边境小康村，促进民族团结。德宏州全力建设民族团结进步示范区。不断丰富和发展"各民族都是一家人，一家人都要过上好日子"的理念，全面深入持久开展民族团结进步创建工作。全力推进沿边城镇带和边境小康村建设，把德宏所有抵边村寨都建设成为现代化边境小康村；广泛开展美丽县城、美丽村寨、美丽社区、美丽学校等创建活动，让"美丽"成为德宏的鲜明"底色"。始终坚持以人民为中心的发展思想，用心用情用力办好民生实事，全面提升边疆社会治理能力和水平，进一步增强边疆各族群众的获得感、幸福感、安全感。

二十六、西藏自治区

西藏自治区（以下简称西藏），简称"藏"，位于中华人民共和国西南地区，是中国五个少数民族自治区之一。西藏地域辽阔，地貌壮观、资源丰富，有着丰富灿烂的民族文化。

（一）西藏自治区经济发展概况

1. 西藏自治区人口与经济概况

根据《西藏自治区第七次全国人口普查主要数据公报》，截至 2020 年 11 月 1 日零时，西藏自治区常住人口为 3648100 人，与 2010 年第六次全国人口普查的 3002166 人相比，增加 645934 人，增长 21.52%，年平均增长率为 1.97%。在西藏常住人口中，藏族人口为 3137901 人，其他少数民族人口为 66829 人，汉族人口为 443370 人。与 2010 年第六次全国人口普查相比，藏族人口增加 421512 人，其他少数民族人口增加 26315 人，汉族人口增加 198107 人。在西藏常住人口中，居住在城镇的人口为 1303443 人，占 35.73%；居住在乡村的人口为 2344657 人，占 64.27%。与 2010 年第六次全国人口普查相比，城镇人口增加 622854 人，乡村人口增加 23080 人，城镇人口比重提高 13.06 个百分点。

根据《2020 年西藏自治区国民经济和社会发展统计公报》核算结果，2020 年西藏自治区地区生产总值（GDP）1902.74 亿元，按可比价计算，比 2019 年增长 7.8%。其中，第一产业增加值 150.65 亿元，增长 7.7%；第二产业增加值 798.25 亿元，增长 18.3%；第三产业增加值

953.84亿元，增长1.4%。在西藏生产总值中，三次产业增加值所占比重分别为7.9%、42.0%、50.1%。与2019年相比，第一产业比重下降0.3个百分点，第二产业提高4.6个百分点，第三产业下降4.3个百分点。

2020年，西藏居民消费价格（CPI）比2019年上涨2.2%。商品零售价格上涨2.0%。农业生产资料价格下降0.4%。工业生产者出厂价格下降0.6%。2020年，西藏一般公共预算收入220.98亿元，比2019年下降0.5%。其中税收收入143.24亿元，下降9.1%。西藏2020年一般公共预算支出2207.77亿元，增长1.2%。其中，与民生息息相关的教育、卫生健康、农林水、交通运输等相关支出合计1859.24亿元，占一般公共预算支出的84.2%。2020年，西藏居民人均可支配收入21744元，比2019年增长11.5%。其中，城镇居民人均可支配收入41156元，增长10.0%；农村居民人均可支配收入14598元，增长12.7%。

2. 西藏自治区各市区人口与经济概况

西藏自治区辖6个地级市（拉萨市、日喀则市、林芝市、昌都市、山南市、那曲市）、1个地区（阿里地区），8个市辖区、66个县（合计74个县级行政区划单位）。根据西藏自治区统计局2020年1~12月主要经济指标显示：

（1）在地区生产总值方面。2020年，拉萨市以GDP总量678.16亿元排名全区第一，占西藏GDP总量的35.68%，GDP增量60.28亿元。日喀则市以GDP总量322.78亿元排名全区第二，占西藏GDP总量的16.98%，GDP增量43.29亿元。昌都市和山南市以GDP总量252.89亿元和215.4亿元排名西藏第三和第四，占全区GDP总量的13.31%和11.33%。林芝市和那曲市以GDP总量191.34亿元和171.41亿元排名全区第五和第六。阿里地区GDP总量68.6亿元排名最后。

（2）在地区生产总值增长率方面。2020年，日喀则市GDP名义增速15.49%，排名全区第一。山南市和昌都市以GDP增速14.71%和14.45%排名全区第三和第四。

（3）在地区人口方面。2020年，拉萨市常住人口为86.79万人，是西藏自治区人口最多、人口增量最多、人口增速最高的地市，占西藏自治区总人口的23.8%。日喀则市常住人口为79.82万人，昌都市常住人口76.1万人。那曲市常住人口为50.48万人，山南市常住人口为35.4万人，那曲市和山南市是西藏自治区人口增速最低的两个地市。林芝市常住人口为23.89万人，阿里地区常住人口为12.33万人。

3. 西藏自治区产业概况

"十三五"期间，西藏高原生物、旅游文化、绿色工业、清洁能源、现代服务、高新数字、边贸物流七大产业实现增加值超1900亿元，发展效益逐步显现。在"十三五"期间，西藏从资金、电价、基础设施等方面给予企业全方位支持，吸引了一批高新技术产业落户西藏，带动自治区信息化指数从2015年的63.3增长到2020年的75.8；目前西藏软件和信息技术服务企业超过300家，数字经济规模突破330亿元，成为推动全区经济高质量发展的重要引擎。在"十三五"期间，西藏旅游经济效益更加明显，产业社会效益日益突出。西藏旅游经济数据提前两年超额完成"十三五"规划目标，旅游经济在西藏国民经济总收入中占比达到33.3%。西藏组织动员全区近300家旅游企业开展结对帮扶，打造具备旅游接待能力的乡村旅游点300余个，家庭旅馆达到2377家。2016~2020年，通过直接或间接的方式，旅游产业带动西藏2.15万户、7.5万建档立卡贫困人口实现脱贫，圆满完成旅游带动7.2万贫困人口脱贫目标。①

近年来，西藏农牧业特色产业得到蓬勃发展。在发展牦牛产业方面，2020年西藏全区牦牛存栏522万头，牦牛肉产量22.78万吨。在发展奶业方面，2020年西藏全区优质奶牛存栏21.87

---

① 李文治. 数读西藏70年：旅游业成为拉动西藏经济发展的重要引擎［EB/OL］.［2021-05-26］. http：//www.tibet.cn/cn/travel/202105/t20210526_7010507.html.

万头，奶产量 49.17 万吨。西藏全区乳制品加工企业 22 家，产品产量 23264 吨，主要有高原特色牦牛乳、有机乳、风味酸乳等 30 余种产品。在发展藏猪产业方面，2020 年西藏全区藏猪存栏 45.25 万头，肉产量 1.19 万吨。初步形成了卡若香猪、工布藏香猪品牌，开发了藏猪火腿、风干藏猪肉、香辣藏猪肉酱、白条分割肉等系列产品。在发展藏羊产业方面，2020 年西藏全区绵（山）羊存栏 994.1 万只，绵羊毛产量 7419 吨，山羊绒产量 837.5 吨，岗巴羊系列产品享誉区内外，羊毛精深加工业蓬勃发展，培育了帮锦镁朵、西藏农投等国家重点龙头企业。①

《西藏自治区国民经济和社会发展第十四个五年规划和二〇三五年远景目标纲要》中提出要推动七大产业高质量发展。①优化产业空间布局。根据城镇空间、生态空间、农业空间总体布局，综合资源优势、区位条件和产业发展基础，立足不同区域发展定位，发挥比较优势，因地制宜发展特色产业，推动清洁能源、旅游文化、高原生物、绿色工业、现代服务业、高新数字、边贸物流产业成为经济增长的重要引擎、转型发展的重要动力、人民幸福生活的重要指标、国民经济的重要支柱性产业、高质量发展的亮点和标志，产业增加值年均增长 10% 以上。着重强化拉萨在全区经济社会发展的引擎和核心增长极作用，形成竞争优势明显的全区产业最大聚集区，充分挖掘日喀则、昌都、林芝、山南、那曲、阿里等地资源禀赋，大力发展特色产业，推动区域间产业向差异化、特色化、集群化方向协调发展，形成若干特色产业集群（见表 4-7）。②巩固提升传统产业。推动高原生物产业快速发展；推动特色旅游文化产业全域发展；推动绿色工业规模发展；推动边贸物流产业跨越发展。③发展壮大新兴产业。推动高新数字产业创新发展。加快信息技术与经济社会发展深度融合，促进互联网深度广泛应用，带动生产模式和组织方式变革，推动新一代信息技术与传统产业融合发展，实施"互联网+"、人工智能、"5G+赋能行动"，形成网络化、智能化、服务化、协同化产业发展新形态。推动清洁能源产业壮大发展。加快流域综合规划编制，加快发展以水电、太阳能为主的清洁能源产业，到"十四五"末，水电建成和在建装机容量突破 1500 万千瓦，加快发展光伏太阳能、装机容量突破 1000 万千瓦，全力推进清洁能源基地开发建设，打造国家清洁能源接续基地。推动现代服务业整体发展。加快生产性服务业向专业化和价值链高端延伸，大力发展研发设计、金融保险、节能环保、法律服务等服务业，加快推进服务业数字化；推动生活性服务业向高品质和多样化升级，加快发展健康、养老、育幼、体育、家政、物业等服务业。

表 4-7　产业空间布局

地（市）	发展定位	主要产业
拉萨	国际文化旅游城市、全区金融商贸物流中心、净土健康产业基地	旅游文化、净土健康、节能环保、生物医药、金融、商贸物流、高新数字
日喀则	面向南亚开放合作先导区、环喜马拉雅旅游核心区（中尼文化旅游园区）、生态种养业发展引领区	有机种养加业、旅游文化、民族手工业、生态环保、边贸物流
昌都	接续能源基地、大香格里拉·茶马古道文化旅游核心体验区	清洁能源、特色农牧业、旅游文化
林芝	国际生态旅游区、清洁能源基地、高原生物产业基地	生态旅游文化、清洁能源、生物产业
山南	清洁能源基地、藏源文化旅游基地、幸福家园区域协同发展示范区	旅游文化、清洁能源、高原种养业、建材、民族手工业
那曲	高原生态畜牧业基地、羌塘草原文化生态旅游区	农牧业、旅游文化
阿里	冈底斯国际旅游合作区、藏西边贸物流基地	旅游文化、农牧业、边贸物流

---

① 达穷，华旦尼玛. 西藏和平解放 70 年：农牧特色产业蓬勃发展 [EB/OL]. [2021-06-28]. https://xz.chinadaily.com.cn/a/202106/28/WS60d9d04fa3101e7ce9757666.html.

西藏自治区日喀则市素有"世界青稞之乡"的美誉，全市耕地面积为207万亩，占西藏耕地总面积的30%。2020年日喀则市青稞产量达40.02万吨，占西藏自治区青稞总产量的48.1%。青稞作为西藏的重要产业，青岛市第九批援藏干部组与日喀则市多举措着力打造青稞全产业链基地。针对青稞的种植、高附加值产品的研发、青稞产品品牌的打造、青稞产品市场的拓展、青稞文化的挖掘等方面问题，青岛援藏组创造性地提出实施品牌共建和市场共建，突出一个产业，打造青稞全产业链基地。2020年，桑珠孜区共建设良种繁育基地8550亩，持续打造娘麦青稞种子品牌，开展绿色高产高效创建示范11.5万亩，打造3个千亩千斤、11个百亩千斤绿色高质高效示范片区，建设涉及6个乡24个行政村的高标准农田22868亩，有力促进了青稞种植业增产增收。

（二）西藏自治区乡村振兴阶段性成果

自党的十九大以来，西藏自治区大力实施以"神圣国土守护者、幸福家园建设者"为主题的乡村振兴战略，按照产业兴旺、生态宜居、乡风文明、治理有效、生活富裕的总要求，坚持农业农村优先发展，乡村振兴战略制度框架已基本形成、各项工作稳步推进：一是党对"三农"工作的领导全面加强，农牧区基层组织建设进一步强化，法治、德治、自治相结合的乡村治理体系不断健全；二是绝对贫困基本消除，全区已实现74个县（区）脱贫"摘帽"、62.8万贫困人口脱贫，历史性消除了绝对贫困，全区农村居民人均可支配收入连续16年保持两位数增长，2019年达到12951元；三是农牧业综合生产能力持续提升，全区粮食总产量连续多年稳定在100万吨以上，肉奶产量超过90万吨，青稞自给率达到100%，牛肉自给率超过95%；四是基础条件和科技支撑显著改善，"十三五"期间全区共实施高标准农田建设189.08万亩，实现了685个乡镇农牧综合服务中心全覆盖，农技推广服务网络初步形成，全区有8000多名技术人员服务在生产一线；五是产业融合成效凸显，2019年自治区级农牧业产业化龙头企业总产值达44.05亿元，家庭农场达到217家，农牧民专业合作社达到13726家；六是农牧区改革不断深化，农村土地承包经营权确权登记颁证率已达99.54%，农村集体资产清产核资基本完成，正在加快推进成员身份确认、股份量化等工作。

截至目前，西藏自治区累计投入362.24亿元，实施扶贫产业项目2661个，带动23.8万贫困人口脱贫，占总脱贫人口38%，受益农牧民群众超过70万人，占西藏农牧民群众总数的近30%。西藏自治区培育产业化龙头企业145家、农牧民专业合作组织一万余家，发展家庭农牧场138家，发展全国一村一品示范村镇35个，全国美丽休闲乡村13个，全国休闲农业与乡村旅游示范县7个，中国最具魅力休闲乡村1个，创建全国农村一二三产业融合发展先导区2个。截至2019年底，西藏自治区政府宣布全区74个县的62.8万贫困人口人均纯收入从2015年的1499元增加到2019年的9328元。如今，西藏自治区的高原特色农牧产业蓬勃发展，青稞、牦牛、蔬菜等"七大产业"齐头并进，粮食总产量稳定在100万吨以上，青稞亩均增产50斤，打造了昌都—那曲—日喀则牦牛产业带；高原蔬菜不再稀缺，土豆、萝卜、白菜"老三样"彻底变为五颜六色的瓜果蔬菜。"西藏民宿"等乡村旅游扶贫示范工程不断推进，家庭旅馆、登山服务、农家乐、牧家乐等高原特色旅游业带动2.4万户贫困户脱贫。[①]

（三）西藏自治区乡村振兴规划

2017年，中国提出乡村振兴战略。根据党中央部署，西藏编制《西藏自治区乡村振兴战略

---

① 产业深植厚土　铺就脱贫坦途——西藏自治区脱贫攻坚的产业担当［EB/OL］.［2020-01-19］.http://www.banyuetan.org/ywdt/detail/20200119/1000200033137681579396137323540828_1.html.

规划（2018—2022年）》，按照产业兴旺、生态宜居、乡风文明、治理有效、生活富裕的总要求，巩固拓展脱贫攻坚成果，同乡村振兴有效衔接。着力发展高原生物、旅游文化、绿色工业、清洁能源、现代服务、高新数字、边贸物流等产业。着力创新农牧区人才培养方式，规模化培训乡土人才，建立完善农牧民教育培训体系，统筹各类人才向乡村聚集。着力推广新型村规民约，提升公共文化服务水平，繁荣农业农村农民题材文艺创作，传承发展优秀传统文化，加强乡村文化队伍建设等，培育文明乡风、良好家风、淳朴民风。着力通过生态系统保护与修复、人居环境整治、生态产业发展、乡村生态文明体制机制建设，确保生态环境质量保持全国领先水平，把西藏农牧区建设成为生态宜居、环境优美、人与自然和谐共生的美丽乡村。

《西藏自治区国民经济和社会发展第十四个五年规划和二〇三五年远景目标纲要》中提到要全面推进乡村振兴。①巩固拓展脱贫攻坚成果。5年过渡期内严格落实"四个不摘"要求，保持脱贫攻坚形成的组织指挥体系、政策保障体系、基层组织体系和全社会动员参与机制稳定，保持财政、金融、土地、人才等现有帮扶政策稳定。进一步健全防止返贫动态监测和帮扶机制，持续跟踪收入变化和巩固情况，及时做好脱贫不稳定户、边缘易致贫户，以及因病因灾意外事故等刚性支出较大或收入大幅缩减导致基本生活出现严重困难户的帮扶，确保易返贫致贫人口动态清零。②优先发展农牧业农牧区。提高农牧业市场竞争力，深化农牧业供给侧结构性改革，推进农牧业数字化转型，建设智慧农牧业，着力建强现代农牧业产业体系、生产体系和经营体系。实施现代种业提升工程，加强种子库和良种繁育基地建设，加大青稞、畜禽、优质牧草等育种力度，提升农牧业良种化水平，全面加强农牧林业种质资源保护和利用。健全动物防疫和农作物病虫害防治体系。加大农业水利设施建设力度，实施高标准农田建设工程，高标准建设一批青稞、牦牛、藏香猪、藏羊等特色农畜产品生产基地，加大饲草料保障力度，稳定青稞播种面积，提高农畜产品供给保障能力。加强粮食生产功能区和特色农产品优势区建设，加快推进现代农业产业园建设，重点扶持一批农牧业产业化龙头企业，鼓励发展"三品一标"认证。大力发展现代农畜产品加工业，完善仓储保鲜冷链物流设施，提高产地初加工能力，"十四五"时期实现农畜产品加工业总产值年均增长10%以上。推进城乡物流配送网络一体化，推动商贸流通体系向偏远乡村延伸，促进农牧区电子商务和实体商贸流通相结合，加强应急保供体系和机制建设。科学布局供销合作社网点，增强服务功能、提升保障能力。③加快发展县域经济。立足区位条件、产业基础和人力资源，突出县域特色，坚持有所为、有所不为，培育有特色、有优势、有市场、有效益的县域支柱产业，促进农牧区一二三产业融合发展，发展农牧业新型业态，延伸农牧业产业链和价值链。鼓励有条件的县优化布局生产空间，建设产业聚集区，扶持一批龙头企业向产业聚集区集中，重点发展高原生物、特色旅游文化、绿色加工、现代服务、边贸物流等产业。完善促进县域经济发展激励机制，积极引导金融机构和援藏资金支持县域经济发展，积极发挥金融对市场资源配置的引导作用，重点支持农牧产品和农牧区流通体系、家政餐饮等生活服务业发展，提升县域流通体系建设。增强人才、科技对县域经济的服务能力。推动优质人才到县域发展，制定激励政策，引导大学毕业生、技术人才以及医务、教育专业人员到县域择业就业、创新创业，为推动县域发展、实施乡村振兴战略拉通"人才专线"。发挥县域特色文化资源优势，带动特色旅游产业发展，适度引导人口聚集。

《西藏和平解放与繁荣发展》白皮书中提到要发展特色产业，找准发展路子。大力发展青稞和牦牛产业，推广"藏青2000""喜玛拉22""帕里牦牛""类乌齐牦牛""岗巴羊"等优良品种，提高单产水平。扶持深加工，创新产品供给，扩展产业链。2020年，西藏共有农牧业产业化龙头企业162家，农畜产品加工业总产值57亿元，比2015年末翻了一番。通过"合作社+农户""龙头企业+村集体经济组织+农户"等方式，不断提高专业化水平和生产效率，主要农作物综合机械化率达到65%。推进电商扶贫，量身打造电子商务进农村整区推进模式，累计安排中央财政资金 8.79 亿元，带动特色农产品网上销售，促进农牧民增收就业，助力脱贫攻坚。重点发展旅游业，创新升级"藏文化体验游"，打造"最美 318 线"，推出"冬游西藏"等。截至 2020 年，西藏农牧民通过直接或间接方式参与乡村旅游就业 8.6 万人（次），年人均增收 4300 余元。发展文化产业，扶持传统文化的市场化开发，唐卡、塑像及传统手工技艺如纺织、服饰、家居装饰等供需两旺，已形成颇具规模的新兴产业。建成各级各类文化产业示范园区（基地），产值超过 60 亿元，年均增长率 15%。自 2016 年以来，西藏累计整合涉农资金 753.8 亿元用于脱贫攻坚，实施产业扶贫项目 3037 个，直接带动 23.8 万建档立卡贫困群众脱贫，发放贴息贷款 647.68 亿元、小额信贷 63.32 亿元，为产业发展提供强大支撑。

《西藏和平解放与繁荣发展》白皮书中还提到要大力发展高原特色农牧业、绿色工业和第三产业。西藏农林牧渔业总产值从 1965 年的 2.64 亿元增长到 2020 年的 233.5 亿元。2015 年，粮食产量突破 100 万吨，青稞产量保持在 79.5 万吨以上。清洁能源、天然饮用水、农畜产品加工业、民族手工业、藏医药、建材等在内的富有西藏特色的现代工业体系建立。清洁能源产业快速发展，电力总装机容量达 423 万千瓦，发电量超过 90 亿千瓦时。2020 年，即使受到新冠肺炎疫情影响，西藏规模以上工业增加值增速仍达 9.6%，居全国首位；旅游业保持高速增长态势，接待国内外游客 3505 余万人次。现代服务业整体发展，市县乡村四级电商服务全面推开，网络零售额累计突破 200 亿元，高新数字产业创新发展，数字经济规模突破 330 亿元。

（四）西藏自治区部分市（区）乡村振兴概览

1. 西藏自治区昌都市

昌都，是中华人民共和国西藏自治区下辖地级市，位于西藏东部，是西藏自治区东大门，是川藏公路和滇藏公路的必经之地，也是"茶马古道"的要地。昌都市总面积为 109816 平方千米。根据第七次人口普查数据，截至 2020 年 11 月 1 日零时，昌都市常住人口为 760966 人。2020 年，昌都市生产总值完成 252.89 亿元，同比增长 7.8%。

近年来，昌都市大力实施以"神圣国土守护者、幸福家园建设者"为主题的乡村振兴战略，进行了许多有益探索，取得了一系列新的成效，乡村振兴工作迈出了坚实步伐。

昌都市通过大力发展"七大种植业""五大养殖业"，实施了一大批乡村产业，扶持发展农牧民合作组织和龙头企业，建立了有利于群众增收致富的利益联结机制，并着力构建现代农牧业产业体系、生产体系、经营体系，极大地推动了当地农牧区产业快速发展。在补齐农牧区发展短板的同时，昌都市以坚决打赢脱贫攻坚战为抓手，大力改善农牧民生产生活条件，突出拓宽群众增收渠道，深入实施农牧民"十大增收"措施，着力提高群众收入特别是现金收入。2019 年，昌都市农牧业特色产业产值同比增长 13%，全市农村居民人均可支配收入达 11545 元，群众生活更加富足。

为建设生态宜居美丽乡村，昌都市深入开展"三整治、三提升"和农牧区生活垃圾整治行动，积极组织当地群众开展村庄清洁行动，大力推进"厕所革命"，累计清理农村生活垃圾 1754.06 吨、白色垃圾 468.04 吨，清理河道湖泊 1774.28 千米、畜禽粪污废弃物 663.2 吨、卫生死角 1939 处，完成户厕改造 25135 户，并配置乡村生活垃圾转运车辆 1194 辆，配备村庄保洁员 9805 名。昌都市在各村（居）积极推广房前屋后种树，全面消除了海拔 4300 米以下无树村、无树户，农村生态环境持续向好，更加生态宜居。

乡风文明是乡村振兴的重要内容。近年来，昌都市加快乡（镇）、村（居）、寺庙文化活动场所建设，深入开展送文化下乡活动，大力宣传社会主义核心价值观，教育引导群众理性对待宗教，积极开展农牧民群众体育活动，实现了乡乡有文化站、村村有文化室、寺寺有书屋的目标。同时，昌都市深入开展移风易俗行动，在农牧区广泛开展诚实守信、信用至上、诚信兴业、履约守信等主题宣传实践活动，大力推行"六个一"健康行动，着力培育文明乡风、良好家风、淳朴民风，农牧民精神风貌明显改善，乡村焕发出文明新气象。

为有效推动乡村组织振兴，昌都市以提升组织领导力量为重点，强化基层基础建设，选优配强村（居）"两委"班子，持续发展壮大农牧民党员队伍，坚持以德治滋养法治、涵养自治，有序推进法治乡村、平安乡村建设，大力提升农牧区基层党组织学习、服务、创新、引领、战斗能力，有力促进了城乡基层的经济发展和社会和谐稳定。①

2. 西藏自治区日喀则市

日喀则，西藏自治区下辖地级市，位于中华人民共和国西南边陲，青藏高原西南部，面积18.2万平方千米。日喀则市辖1个市辖区和17个县。根据第七次人口普查数据，截至2020年11月1日零时，日喀则市常住人口为798153人。

小农户的生产方式与市场化、社会化生产要求的矛盾；土地的细碎化、分散化与实现农业规模化、集约化经营要求的矛盾是制约农业、农村发展和农民生活水平提高的重要原因之一。因此，大力推进农业生产方式变革，全面构造现代农业生产方式，实现农业生产力和生产关系的深度融合，尤为重要。

日喀则市积极探索推进农业生产方式变革，全面构造现代农业生产方式。近年来，日喀则市致力于把拉洛灌区集中连片种植区打造成为新时代"三农"工作示范样板，深入推进农牧区改革，严格确保粮食生产安全，以拉洛水利工程为依托，充分开发灌区耕地，打破地域限制、条块分割，依托农机合作社，实现了土地集约、规模利用，变农户分散种植为经营主体带动集中连片种植。日喀则市农村人居环境整治三年行动（2018~2020年）虽已于2020年底全面落实完成并顺利通过相关评估和验收，至今仍持续开展着村庄清洁行动。据统计，截至2021年上半年，通过村庄清洁行动清理农村生活垃圾3949.8吨，白色垃圾1409.8吨，水塘2217口，沟渠3478.9千米，河道湖泊4551.6千米等。

日喀则市在加强农村精神文明建设方面铆足干劲、扎实作为。安排市、县两级科技服务人员469人开展科技服务，实现了全市18县（区）204乡镇全覆盖。同时，委托日喀则市第二中等职业技术学校对全市1203名乡镇在岗农牧综合服务中心初级职称技术人员分县（区）、分批次、分类型开展五期培训，全力打造一支结构合理、优势明显、充满活力的乡镇农牧综合服务中心人才队伍。除了广泛普及科学知识，日喀则市还把握工作重点，组织本市各县（区）农牧民宣讲员考察团赴拉萨市、山南市参观学习考察。②

3. 西藏自治区那曲市

那曲，西藏自治区地级市，位于西藏北部，青藏高原腹地，是长江、怒江、拉萨河、易贡藏布等大江大河的源头。截至2020年6月，那曲市下辖1个区、10个县，总面积43万平方千米。截至2020年11月，那曲市常住人口504838人。2020年，那曲市地区生产总值171.41亿元。

为接续推进脱贫县区的发展和农牧民生活改善，做好乡村振兴工作，那曲市不断加大扶贫产业的投入力度，深挖企业、合作社在带动产业发展、运营管理等方面的潜力，继续培育一批乡村振兴龙头企业和专业合作组织；完善扶贫产业带贫减贫机制，逐步探索扶贫产业项目与产业振兴结合新模式，加快扶贫资产登记确权进度，推动产业项目长期见效，推动农牧民群众稳

---

① 陈志强．昌都市乡村振兴探索取得新成效　产业发展富乡民［EB/OL］．［2020-07-27］．http：//www.xzzw.com/xw/202007/t20200727_3165889.html.

② 谢筱纯，张斌．日喀则市抓紧抓实"三农"工作推动乡村振兴［EB/OL］．［2021-10-12］．http：//www.xzzw.com/xw/202110/t20211012_3904899.html.

定增收。

那曲市嘉黎县将扶贫产业作为县域经济发展的核心动力，依托嘉黎娘亚牦牛"高原之宝"品牌，大力实施"千头万亩"标准化养殖基地项目。该项目2018年12月开始运营，按照"培植龙头、建立基地、发展合作社、带动牧户"的思路，以"公司+基地+合作社+牧户"合作方式，充分利用市牧发公司和县娘亚公司作为平台提高牧业产业发展。自开展"公司+牧户+合作组织"签约以来，共带动农牧民合作组织49家、牧户2138户，其中贫困户807户。2018年1月开始运营的那曲市色尼区嘎尔德生态畜牧产业示范基地，集农牧科研、作物培育、牦牛养殖、草料加工、旅游观光、防抗灾等多种功能为一体，按照"提质、增效"要求，以牧发嘎尔德畜牧产业扶贫公司畜牧产业示范基地为抓手，以合作组织、"寄畜还畜"为依托，以奶制品深加工、销售为突破口，实行"龙头企业+基地+合作组织+牧户"的经营模式，统一规划，统一种植养殖，统一收购，统一加工，统一品牌，统一销售，避免同质化无序发展，努力打造特色畜牧产业链，切实把资源优势转化为经济优势，带动群众增收致富。①

为进一步发挥产业项目在乡村振兴中的积极作用，那曲市加强已建扶贫产业项目的规范管理、科学运营，着力推进扶贫产业提质增效；扭转以往分散式投入旅游局面，集中打造一批旅游景点，大力发展乡村旅游；加快电子商务发展，依托市扶贫农贸市场项目，联合浙江省援藏专业团队、乡村合作组织等，着力打造羌塘品牌牧业电子商务平台，力争市、县平台在2021年内打造完毕，逐步实现全覆盖。

那曲市加快推进极高海拔生态搬迁，抓好摸排调研、配套设施、产业发展、转移就业、公共服务等工作，确保群众搬得出、稳得住、能致富。2021年，那曲市将继续做好尼玛县荣玛乡搬迁后续工作，全力推进双湖县雅曲乡、嘎措乡、措折强玛乡和安多县色务乡共957户4058人搬迁工作。同时，那曲市加大文明县城、文明村镇、文明单位、文明家庭创建力度，深化干部驻村、驻寺工作，逐步健全自治、法治、德治相结合的乡村治理体系。积极利用一年一度的羌塘恰青格萨尔赛马艺术节、藏历新年晚会等节庆晚会，不断丰富群众精神文化生活，引导形成文明乡风、良好家风、淳朴民风，为全面乡村振兴打下良好精神基础。

4. 西藏自治区林芝市

林芝，是西藏自治区下辖地级市，位于西藏东南部，雅鲁藏布江中下游，有世界上最深的峡谷——雅鲁藏布江大峡谷和世界第三深度的峡谷帕隆藏布大峡谷。林芝平均海拔3100米，辖区面积11.7万平方千米。根据第七次人口普查数据，截至2020年11月1日零时，林芝市常住人口为238936人。2020年，林芝市实现地区生产总值191.34亿元，可比增长7.9%。

林芝市森林密布、如诗如画、环境优美，素有"西藏江南"的美誉，然而美丽的林芝曾一度属于深度贫困地区。2015年底，林芝市建档立卡贫困人口6636户22803人、"五保户"916户1013人，贫困发生率为16.42%，覆盖全市54个乡镇490个村居。为了改变这一现状，林芝市把推进农牧民转移就业作为助力脱贫攻坚和乡村振兴的重要抓手。例如，藏香是极具西藏特色的一种熏香，以多种名贵中草药按比例配制而成。藏香因其配方中的众多中草药而具备药用价值，可以净化空气、预防疾病等，更因其独特的工艺成为西藏扶贫攻坚的一大助力。为此，林芝市政府积极培育藏香技术能手，并为他们提供资金和技术支持。除此之外，林芝市还抓住川藏铁路"林芝至雅安段"开工建设的有利契机，达成了川藏铁路公司提供"订单"岗位，积极引导和鼓励各级项目建设单位吸纳农牧民转移就业。截至2020年11月底，林芝市开复工项目

---

① 万靖，曲珍. 那曲市全面推进乡村振兴见闻：村美民富产业兴［EB/OL］. ［2021-07-27］. http://www.xzzw.com/xw/202107/t20210727_3788636.html.

551 个，吸纳农牧民转移就业 12282 人，占用工总量的 61.69%，实现劳务收入 1 亿元。①

此外，林芝市通过大力发展乡村旅游产业，推动乡村振兴。近年来，林芝市累计整合旅游发展、旅游产业扶持资金 1248.2 万元，重点实施鲁朗国际旅游小镇基础设施、家庭旅馆改造提升、旅游标识导览系统、旅游公共服务设施、旅游厕所等 11 个旅游景区景点基础设施建设项目。其中，涉及乡村旅游示范村项目 3 个，共投资 640 万元（市级投资 300 万元，县级配套 340 万元），目前均在开展项目前期工作；旅游基础设施整改提升项目 8 个，共投资 608.2 万元，更多农牧民群众通过参与旅游业、扎根旅游业，成为推动旅游发展的主力军和受益者，为积极探索旅游扶贫富民，助推城乡经济协调发展找到有效途径。截至目前，全市农牧民家庭旅馆总数达 637 家，拥有客房 4656 间，床位 10808 张，直接参与旅游业的农牧民群众 6756 户 2.49 万人次，户均增收 4.77 万元，人均增收 1.13 万元，更多的群众吃上了旅游饭、赚上了旅游钱、过上了好日子，享受到了旅游业发展的成果。林芝市大力实施信息化建设战略，大力发展智慧旅游。坚持把旅游信息化建设作为推动林芝全域旅游转型升级的"金钥匙"，在全区率先实施完成"智慧旅游·乡村旅游信息化"项目建设。整合资金 5229 万元，完成大数据平台、视频汇总平台、家庭旅馆预订平台、农牧产品展销平台、H5 导览平台等平台的开发工作，成果惠及 20 个旅游示范村 300 家家庭旅馆。②

截至 2021 年，林芝市 6958 户 23893 名建档立卡贫困群众全部脱贫，490 个贫困村（居）全部退出，绝对贫困全面消除。建档立卡贫困群众人均纯收入由 2015 年底的 2855 元提高到 2020 年底的 12975 元。未来五年，林芝市计划每年以 100 个村的建设为抓手，缩小城乡差距，实现共同富裕。

二十七、陕西省

陕西省，简称"陕"或"秦"，省会西安，位于中国内陆腹地，黄河中游。陕西是中华民族及华夏文化的重要发祥地之一，有西周、秦、汉、唐等 14 个政权在陕西建都。陕西省下辖 10 个地级市（其中省会西安为副省级市）、1 个高新技术产业开发区、31 个市辖区、7 个县级市、69 个县。

（一）陕西省经济发展概况

1. 陕西省人口与经济概况

根据《陕西省第七次全国人口普查主要数据公报（第一号）》，陕西省常住人口为 39528999 人，与 2010 年第六次全国人口普查的 37327378 人相比，十年共增加 2201621 人，增长 5.90%，年平均增长率为 0.57%。在陕西省常住人口中，汉族人口为 39306255 人，占 99.44%；各少数民族人口为 222744 人，占 0.56%。与 2010 年第六次全国人口普查相比，汉族人口增加 2168512 人，占常住人口比重降低 0.05%；各少数民族人口增加 33109 人，占常住人口比重升高 0.05%。根据《陕西省第七次全国人口普查主要数据公报（第六号）》，陕西省常住人口中，居

① 张猛. 西藏林芝：就业发展助推乡村振兴［EB/OL］.［2021-04-07］. http：//www.chinatoday.com.cn/zw2018/bktg/202104/t20210407_800242837.html.

② 胡文，王珊. 林芝市乡村旅游发展：乡村美如画　日子更红火［EB/OL］.［2021-07-14］. http：//www.xzzw.com/xw/202107/t20210714_3764978.html.

住在城镇的人口为 24769730 人，城镇人口占常住人口 62.66%；居住在乡村的人口为 14759269 人，占常住人口 37.34%。与 2010 年第六次全国人口普查相比，城镇人口增加 7710394 人，乡村人口减少 5508773 人，城镇人口比重提高 16.96 个百分点。

根据《2020 年陕西省国民经济和社会发展统计公报》，2020 年，陕西省地区生产总值（GDP）26181.86 亿元，比 2019 年增长 2.2%。其中，第一产业增加值 2267.54 亿元，增长 3.3%，占生产总值的比重为 8.7%；第二产业增加值 11362.58 亿元，增长 1.4%，占 43.4%；第三产业增加值 12551.74 亿元，增长 2.8%，占 47.9%。2020 年，陕西省农业增加值 1708.71 亿元，比 2019 年增长 3.7%；林业增加值 70.19 亿元，增长 12.5%；牧业增加值 470.31 亿元，增长 0.6%；渔业增加值 18.32 亿元，增长 1.9%。工业增加值 8860.11 亿元，增长 0.8%。其中，规模以上工业增加值增长 1.0%。

2020 年，陕西省居民消费价格（CPI）比 2019 年上涨 2.5%。其中，城市上涨 2.5%，农村上涨 2.5%。陕西省居民人均可支配收入 26226 元，比 2019 年增加 1560 元，增长 6.3%。其中，城镇居民人均可支配收入 37868 元，比 2019 年增加 1770 元，增长 4.9%；农村居民人均可支配收入 13316 元，比 2019 年增加 991 元，增长 8.0%。陕西省居民人均生活消费支出 17418 元，比 2019 年减少 47 元，下降 0.3%。其中，城镇居民人均生活消费支出 22866 元，比 2019 年减少 648 元，下降 2.8%；农村居民人均生活消费支出 11376 元，比 2019 年增加 441 元，增长 4.0%。[①]

2. 陕西省各市人口与经济概况

陕西省包括 11 个市区，分别为西安市、宝鸡市、咸阳市、铜川市、渭南市、延安市、榆林市、汉中市、安康市、商洛市和杨凌示范区。根据陕西省各市区统计局 2020 年 1~12 月主要经济指标显示：

（1）在地区生产总值方面。西安市、榆林市、宝鸡市居全省前三名。其中，西安市位居第一，实现地区生产总值 10020.39 亿元。榆林市排名第二，全年地区生产总值达到 4089.66 亿元。宝鸡市排名第三，地区生产总值 2276.95 亿元。西安市依然是陕西省龙头，处于第一档位次，遥遥领先于省内其他城市。

（2）在地区生产总值增速方面。西安市以 5.2% 的增速继续位居前列。铜川市紧随其后，增速 5.0%；榆林市以 4.5% 的增速位居第三。

（3）在财政收入方面。2020 年 11 个市区一般公共预算总收入排名前三位的分别是西安市、榆林市、延安市，成为拉动江西整体实力跃升的重要动力，其中西安市以 724.13 亿元遥遥领先。

（4）在地区人口方面。陕西省 11 个市区中，人口超过 1 千万人的市区有 1 个，在 300 万~500 万人的市区有 5 个，在 100 万~300 万人的市区有 3 个，少于 100 万人的市区有 2 个。与 2010 年第六次全国人口普查相比，11 个市区中，有 4 个市区人口增加。人口增长的 4 个市区依次为：西安、榆林、延安、杨凌，分别增加 4485070 人、273313 人、95572 人、52699 人。

（5）在其他方面。2020 年社会消费品零售总额排名前三位的分别是西安市、咸阳市、宝鸡市，其中西安市以 4989.33 亿元遥遥领先于其他市区。城镇居民人均可支配收入位居全省前三的市区是西安市、杨凌示范区、咸阳市。农村居民人均可支配收入位居全省前三的市区是西安市、杨凌示范区、榆林市，分别为 15749 元、14623 元、14319 元。

3. 陕西省产业概况

2018 年，中共陕西省委、陕西省人民政府实施农业特色产业"3+X"工程，即大力发展以

---

① 陕西省统计局，国家统计局陕西调查总队. 2020 年陕西省国民经济和社会发展统计公报［EB/OL］.［2021-03-05］. http://tjj. shaanxi. gov. cn/tjsj/ndsj/tjgb/qs_444/202103/t20210305_2155332. html.

苹果为代表的果业、以奶山羊为代表的畜牧业、以棚室栽培为代表的设施农业，因地制宜做优做强魔芋、中药材、核桃、红枣等区域特色产业。规划到2025年，羊乳全产业链产值突破千亿元。两年来陕西省累计投入中央和陕西省资金12亿元。[①]

陕西省以"3+X"农业特色产业工程为抓手，以绿色发展为导向，以融合发展为路径，因地制宜布产业，因势利导配资源，加速农业产业结构调整升级，优化现代农业产业体系，推动特色产业提质增效。①果业。苹果坚持"北扩西进"，大力发展山地苹果、矮砧栽培，优化区域布局和品种结构，面积近千万亩，新建园和老园改造选用新优品种的比例达到95%以上，产量超千万吨、占世界1/7，2019年产值达到900多亿元，面积、产量、产值较2018年分别增长3%、13%、18%；猕猴桃加快"东扩南移"，稳定秦岭北麓板块，加快汉丹江流域布局，面积近90万亩，产量超百万吨，占到世界的1/3。②畜牧业。奶山羊上规模促转型，规模化集约化发展态势持续增强。奶山羊重点扩种群、促加工，重点建设千阳、陇县、富平等15个奶山羊示范县，存栏达到240万只，成为世界上最大的奶山羊群体，羊乳制品占国内市场份额的85%，产销量稳居全国第一，2019年奶山羊存栏、羊奶产量、全产业链产值较2018年分别增长20%、22.8%、25%。③设施农业。按照"省级做板块，市县扩规模"的思路，重点打造沿黄公路南端百万亩连片、富阎一体化高效设施、榆林百万亩大漠设施、延安山地设施瓜果，陕南食用菌五大板块，设施面积340万亩，总产1040万吨，综合产值920亿元，规模居西北首位，2019年其面积、产量、综合产值较2018年分别增长4%、2%、11%。④"X"产业求精准全覆盖，区域特色产业优势持续增强。坚持"扩规模、优品质、塑品牌、提效益"，以秦巴山区三市为重点，大力发展"小木耳、大产业"式特色产业，茶叶、食用菌、中药材、富硒农产品等区域特色产业优势不断增强，成为当地农民增收致富的重要支柱产业。[②]

陕西省是中国重要的国防科技工业基地，科教资源富集，创新综合实力雄厚。陕西高校和科研机构众多，创新人才济济，有一批国家级高新区、开发区、示范区和大学科技园区；高端能源化工、装备制造、航空航天等产业实力雄厚，电子信息、汽车制造、新材料等产业发展势头迅猛。2021年1月，陕西省第十三届人民代表大会第五次会议批准的《全省国民经济和社会发展第十四个五年规划和二〇三五年远景目标纲要》[③]就陕西省推动制造业高质量发展和发展壮大战略性新兴产业两大方面制定了目标。

一是推动制造业高质量发展。①提升制造业产业链现代化水平。实施产业基础再造工程，强化应用牵引、整机带动，树立省级"四基"产品[④]"一条龙"示范应用典型，提升产业基础能力。围绕新一代信息技术、光伏、新材料、汽车、现代化工、生物医药等重点领域，编制产业链全图景规划，提升产业链整体竞争优势。以汽车、光伏、半导体、机床等为重点，支持省内企业加强协同发展，提高本地配套率，实现上下游、产供销有效衔接。②加强质量标准品牌建设。深入贯彻质量强省战略，坚持质量、标准、品牌"三位一体"推进，全面提升"陕西制造"产品质量和品牌形象。到2025年消费品质量平均合格率保持在92%以上。对标国内外先进水平，开展陕西制造业标准化试点示范。支持企业创建具有国际影响力知名品牌，培育创建一批区域特色农业品牌。③推动制造业融合化发展。围绕重点产业布局建设一批省级工业互联网

① 艾永华. 2020年陕西省"3+X"特色产业蓬勃发展［N/OL］. 陕西日报［2021-01-21］. http://www.hexieshaanxi.com/2021/01/21/55578.html.

② 周生来. 陕西以"3+X"特色产业引领产业振兴提质增效［N/OL］. 西北信息报［2020-09-22］. https://baijiahao.baidu.com/s? id=1678514548088297954&wfr=spider&for=pc.

③ 江西省发展改革委. 江西省国民经济和社会发展第十四个五年规划和二〇三五年远景目标纲要［EB/OL］.［2021-02-18］. http://www.jiangxi.gov.cn/art/2021/2/18/art_396_3192909.html? xxgkhide=1.

④ "四基"产品：工业关键基础材料、核心基础零部件（元器件）、先进基础工艺和产业技术基础。

平台，推进国家工业互联网（陕西）分中心建设，构建"5G+工业互联网"生态，推动具备条件的企业开展设备换芯、生产换线、机器换人等智能化改造，建设一批智能化工厂、数字化车间。

二是发展壮大战略性新兴产业。①新一代信息技术。发挥三星、华为、中国电子、中兴等龙头企业带动作用，培育壮大本土高新技术企业，加快构建集成电路、新型显示、智能终端等完整产业链，积极布局第三代半导体，建设全国重要的新一代信息技术产业基地。推动新型显示向高端化升级，力争在OLED等显示面板、触控面板及显示模组制造等领域实现产业化突破。发展智能手机、可穿戴设备、车载智能设备、虚拟现实设备等终端产业，到2025年增加值达到1500亿元。②高端装备制造。航空，推进大型运输机系列化研制生产，推进运8、运9系列产能提升。加快MA700飞机国产化研制取证并进入市场，开发多用途飞机。大力发展无人机产业；积极发展飞机维修，壮大航空产业规模；强化商业航天卫星测运控能力建设。卫星及应用，依托中科院西安光机所、航天五院、中电科二十所、陕西省测绘地理信息局等单位，发展北斗终端、核心芯片研发制造、测控运营、通信应用、位置服务等产业；推动地基增强技术覆盖，积极构建泛在、融合、智能的北斗卫星应用服务体系等。③新材料。以西安、宝鸡国家新材料基地建设为支撑，发挥西北有色金属研究院、陕西有色金属集团等龙头企业引领作用，聚焦航空航天、兵器船舶、核电等国家重大战略需求以及半导体、冶金、汽车、医疗等民用市场领域需求，发展金属纤维、超导材料、高温合金等金属材料，碳材料、高性能弹性体等非金属材料和生物医药、新能源领域前沿新材料，加快核心技术、关键工艺、生产设备突破升级，推动形成上下游企业互动对接、区域间协作配套产业集群。④新能源。一是光伏，抓住碳达峰、碳中和等政策机遇，依托省内骨干龙头企业，推动智能光伏产业发展。二是氢能，立足氢能资源优势，加快形成氢能储运、加注及燃料电池等产业链。支持榆林、渭南、铜川、韩城等建设规模化副产氢纯化项目，形成2~3个千吨级燃料电池级氢气工厂，具备万吨级氢气资源储备和升级基础。三是风能，围绕风能装备上游兆瓦级新型风电机组、海上风电机组制造薄弱环节，推动由单一发电机制造向整机研发与制造、控制器、电机研发与制造等全产业链转型。⑤绿色环保。发挥陕鼓动力、陕西环保集团、航天六院等企业单位引领支撑作用，聚焦系统节能、水气土环境污染治理、尾矿资源化及工业废渣利用等重点领域，加强关键节能环保技术装备产品的研发攻关和产业化。建设一批绿色环保产业园区，构建多层级产业集群。推动节能环保产业与互联网深度融合发展，加快向集约化、标准化、智能化升级。⑥新能源汽车。坚持做大整车、做强配套、突破关键，打造全国新能源汽车重要生产基地。依托陕汽、比亚迪、法士特等骨干企业，吸引动力电池、电机、电控、传感器、车载操作系统等配套企业集聚。加强新能源汽车研发，强化整车技术创新，提升互联互通水平和使用效率。⑦人工智能。依托西安交叉信息核心技术研究院、西安丝路类脑科学研究院、西安交通大学人工智能与机器人研究所等平台机构，加强人机混合智能、群体智能、自主协同与决策等理论研究，推动类脑计算、生物特征识别、深度学习、新型人机交互等关键技术突破，建设西安国家新一代人工智能创新发展试验区。拓展人工智能在智能制造、智能汽车、智能终端、智慧文旅等领域的应用场景。依托西北工业大学、秦川机床集团、渭河工模具公司等研发机构和优势企业，加快布局智能软硬件产业，争取在机器人关节减速器、伺服电机、传感器、控制器等关键零部件实现技术突破升级。⑧生命健康。瞄准生命健康前沿，实施一批技术创新工程，推动基因编辑、细胞修饰、新型偶联、创新靶点发现等技术研发，布局高性能有源医疗器械、医学3D打印设备、手术机器人等新型医疗器械。推进国家分子医学转化科学中心建设，培育符合国际规范的基因检测、细胞治疗等专业化平台。推进核酸检测、人工晶状体、组织皮肤、生物医药中间体等新型产业规模化。发展生物农业，推动畜禽疫病防控的干扰素、生物兽药、生物农药原料药等产品研制与产业化。

（二）陕西省乡村振兴阶段性成果

自进入"十三五"时期以来，陕西省56个贫困县全部"摘帽"，288万建档立卡贫困人口实现脱贫，绝对贫困和区域性整体贫困问题得到历史性解决，如期完成了新时代脱贫攻坚目标任务。截至2020年底，陕西省累计126.8万户、409万贫困人口享受了产业帮扶措施，占全省建档立卡贫困群众的87%以上。陕西省58.4%的村集体经济有了经营收益，28%的村集体实现分红，30多种特色产业在贫困地区布局。① 贫困地区发展活力显著增强，农村改革不断深化。① 特色产业转型升级。陕西省持续深化"3+X"攻坚行动。截至2020年底，陕西省创建2个国家级产业集群和8个产业强镇，陇县跻身国家现代农业产业园行列；建设22个省级产业园，配套冷链物流和产后整理，创建24个农产品质量安全县，特色产业实现板块推进、全链条发展。农村三产融合走向深入，苹果和设施农业产值突破千亿元；洛川苹果、白水苹果、咸阳马栏红、眉县猕猴桃、富平羊奶粉、柞水木耳、平利茶叶等品牌价值不断提升。②产业扶贫圆满收官。陕西省严格落实"四个不摘"要求，深入实施"三排查三清零"等四大活动，对标对表查漏补缺，促进1.4万个产业扶贫项目落地见效，推动六类问题整改清零；全省建成200个消费扶贫专馆，推介销售扶贫产品上百亿元，2.06万户产业脱贫任务全部完成，为全面打赢脱贫攻坚战提供了产业支撑。③人居环境明显改善。陕西省对标三年行动，聚焦一、二类县区，因地制宜，统筹推进农村改厕、生活垃圾和污水治理，全省改造提升农村厕所155.7万座，农村生活垃圾、污水有效治理村占比分别达到93.4%和43%。农村人居环境整治成效显著，高陵区受到国务院表彰，专项工作获省政府通报表扬。④产权改革深入推进。陕西省围绕整省试点，倒排改革进度，广泛发动群众，攻克难点区域，摸清家底、确认成员、量化股权，消除了空壳村、提升了薄弱村、壮大了一般村，农村集体经济快速成长，让348万农民获得分红收益。②

陕西省在11个国家重点帮扶县的基础上，确定15个省级重点帮扶县。针对这26个乡村振兴重点帮扶县陕西省以"五个一"为抓手，全面推动巩固拓展脱贫攻坚成果同乡村振兴有效衔接。①守住一条底线。陕西省持续完善防止返贫动态监测和帮扶机制，按照"2531"工作思路，在全省大力推行"两化③管理"，做到"五个坚持"④，实现"三个到位"⑤，坚决守住防止规模性返贫"一条底线"。目前，陕西省脱贫不稳定户、边缘易致贫户和突发严重困难户，全部落实了针对性的帮扶措施。截至2021年10月，26个县纳入监测人口1.88万户5.88万人，精准落实帮扶措施，有效降低返贫致贫风险。②健全一套政策。对标对表国家衔接政策体系，制定了《关于支持国家和省级乡村振兴重点帮扶县的实施意见》，加大财政、金融、土地、人才等支持力度。财政资金倾斜支持，中央和省级专项资金安排向乡村振兴重点帮扶县倾斜，支持重点帮扶县继续进行财政涉农资金整合，2021年安排了26个重点帮扶县财政衔接资金45.73亿元，占全省的40.57%；加大基础设施建设资金补助，普通国省道和集中居住30户以上自然村通硬化路等项目补助标准提高10%；加大金融支持力度，给予重点帮扶县最优惠的存款准备金率，2021年向26个重点帮扶县发放脱贫人口小额信贷12.17亿元、2.9万户，占全省总发放量的46.6%。强化土地政策支持，过渡期内每年每县安排建设用地计划指标600亩，2021年用于乡村振兴重点帮扶县流转增减挂钩指标1428.5亩，流转收益4.23亿元。③壮大一批产业。依据

---

① 杨晓梅. 在习近平新时代中国特色社会主义思想指引下守住底线谋振兴——陕西脱贫摘帽地区统筹推进成果巩固和乡村振兴［N］. 陕西日报，2021-02-25（1）.

② 艾永华. 不平凡的时光不一般的收获——我省稳步推进乡村振兴纪实［N］. 陕西日报，2021-02-18（6）.

③ "两化"：风险摸排网格化、监测预警信息化。

④ "五个坚持"：全程监管、清单交办、精准帮扶、定期通报、绩效考核。

⑤ "三个到位"：早发现、早干预、早帮扶。

"3+X"特色产业发展，立足当地资源禀赋，为26个乡村振兴重点帮扶县各遴选谋划了1~2个优势特色产业，着力培育成区域首位产业，推动优势聚集，打牢产业根基。实施"三品"① 工程，启动中省市县现代农业产业园"四级联创"活动，2021年已安排51类中省农业补助项目15.2亿元，推动一批区域特色产业蓬勃发展。推动一二三产融合，打造特色产业园区，26个县新建社区工厂120家，培育就业帮扶基地29家，总量分别达到776家、514家，共吸纳就业5.3万人，其中脱贫劳动力1.52万人。26个县脱贫人口外出务工89.66万人，完成年度目标任务的100%。④开展一项行动。启动实施乡村建设行动，大力开展农村人居环境整治提升活动，做好农村改厕、生活污水垃圾治理、村容村貌提升、基础设施建设等重点工作，持续改善农村发展条件。2021年安排3762.76万元支持重点帮扶县农村户厕改造；安排中省补助资金7.3亿元，支持26个重点帮扶县建设自然村通硬化路等农村公路2000千米、实施村道安全防护工程2007千米、改造农村公路危桥27座；安排农村饮水安全建设与管理资金2.07亿元，建成农村饮水工程299处，受益人口54.81万人。⑤形成一股合力。做好总体设计，推动机构衔接，借鉴脱贫攻坚经验做法，夯实各级主体责任和行业部门主管责任，建立起上下贯通、部门协同、职责清晰、顺畅高效的运转机制。坚持五级书记一起抓，实行省级领导包抓国家乡村振兴重点帮扶县机制，持续发挥县委书记"一线总指挥"作用，勠力同心、尽锐出战。着力构建"三位一体"的重点帮扶格局，广泛动员各方力量助力乡村振兴，2021年陕西省共选派驻村第一书记和驻村工作队员25155名，组成驻村工作队8228支。深化苏陕协作，签订《苏陕"十四五"协作框架协议》、制定《2021年苏陕协作工作要点》，推动两省由扶贫协作向全方位战略合作转型升级，安排26个县苏陕扶贫协作资金17.66亿元，占全省的69.75%，2021年江苏25.31亿元省级财政帮扶资金全部拨付到位。组织304家省级单位结对重点帮扶县，积极配合中央单位和驻陕部队开展定点帮扶工作，推动"万企兴万村"，继续选派第一书记和工作队，为乡村振兴不断注入新活力。②

（三）陕西省乡村振兴规划

2021年2月，中共陕西省委、陕西省人民政府出台了《关于全面推进乡村振兴加快农业农村现代化的实施意见》（以下简称《实施意见》）。

加快推进农业现代化发展。《实施意见》围绕提高现代农业质量效益和竞争力，实施藏粮于地、藏粮于技战略，千方百计调动群众种粮和地方发展粮食生产的积极性。强化粮食安全党政同责，确保粮食播种面积和产量只增不减。抓好生猪生产恢复，2021年，新增生猪存栏100万头，达到950万头以上。持续发展特色产业，深化"3+X"工程，加快构建具有陕西特色的全产业链现代农业产业体系。

大力实施乡村建设行动。《实施意见》提出，要抓好乡村规划编制，科学布局乡村生产生活生态空间，保留乡村特色。通过实施乡村振兴"十百千"工程，创建10个示范县、100个示范镇、1000个示范村，打造乡村振兴的示范样板。全面改善路、水、电、气等设施条件，启动实施五年提升行动，改善村容村貌，到2025年基本普及卫生厕所，90%的自然村生活垃圾得到有效处理。支持5G、物联网等新基建向农村覆盖延伸。

持续深化农村改革。《实施意见》强调，把县域作为城乡融合发展的重要切入点，强化县城综合服务能力，实现县乡村功能衔接互补。突出抓好家庭农场和农民合作社新型经营主体、农业专业化社会服务组织，促进小农户与现代农业发展有机衔接。实施新型农村集体经济壮大示

---

① "三品"：品种培优、品质提升、品牌打造。
② 张伟. 陕西以"五个一"为抓手统筹推进乡村振兴重点帮扶县工作［EB/OL］.［2021-11-01］. http://www.cnr.cn/sxpd/dqzs/20211101/t20211101_525647640.shtml.

范行动，用三年时间打造 100 个省级示范村，推进"空壳村"全面清零。加大省级预算向农业农村倾斜力度，积极引导金融和社会资本支持乡村振兴。①

2021 年 1 月 29 日，陕西省第十三届人民代表大会第五次会议批准的《全省国民经济和社会发展第十四个五年规划和二〇三五年远景目标纲要》指出，陕西省要做好巩固拓展脱贫攻坚成果与乡村振兴有效衔接，推动减贫战略和工作体系向全面推进乡村振兴平稳过渡，促进扶贫政策向常规性、普惠性和长效化转变，促进政策并轨、机制融合、产业升级、力量统筹，促进农业高质高效、乡村宜居宜业、农民富裕富足。①巩固和拓展脱贫攻坚成果。一是完善防止返贫监测和帮扶机制。二是增强脱贫地区整体发展能力。坚持宜农则农、宜工则工、宜商则商、宜游则游，推动扶贫产业提档升级，增强脱贫地区经济活力和发展后劲。三是巩固完善帮扶机制。继续实施综合性帮扶计划，健全帮扶机制和帮扶举措，支持脱贫地区内生发展。②保障粮食安全和重要农产品供给。一是把粮食安全作为底线任务，加强粮食生产功能区和特色农产品优势区建设，稳定提高粮食和肉、蔬菜等重要农产品供给，到 2025 年全省粮食播种面积稳定在 4500 万亩，产量稳定保持在 1200 万吨以上；重要农产品综合生产能力进一步巩固提升，谷物自给率保持在 85% 以上。二是加强高标准农田建设。深入实施"藏粮于地、藏粮于技"战略，落实最严格的耕地保护制度，严守耕地红线，坚决遏制耕地"非农化"、防止"非粮化"，确保 4595 万亩永久基本农田数量不减少。加强农业水利设施建设，实施一批大中型灌区末级渠系改造和"五小"水利工程。到 2025 年，农田有效灌溉面积达到 2000 万亩，新增高标准农田 773 万亩，提升改造高标准农田 179 万亩。三是加强种质资源保护和利用。紧盯种子需求，聚焦干旱半干旱农业发展，强化种源"卡脖子"技术攻关，在杨凌打造开放式共享型育种平台，在宝鸡、渭南、榆林等建设若干现代农作物良种繁育基地，有序推进生物育种产业化应用，推动由种业大省向种业强省跨越。四是提高粮食生产现代化水平。发挥杨凌示范区引领示范作用，强化农业科技和装备支撑，提升农业良种化水平，不断提升粮食单产能力。推进优质粮食工程建设。支持新型经营主体采取土地股份合作、土地托管、代耕代种等多种方式发展粮食适度规模经营。到 2025 年，全省粮食适度规模经营提升 15 个百分点，规模化水平达到 35%。五是保持重要农产品供给市场稳定。推进省级储备粮垂直管理，优化储备品种结构和区域布局，提升收储调控能力，五年新增 3 亿斤政府粮食储备规模。③构建现代乡村产业体系。一是坚持绿色循环、三产融合、科技支撑、品牌引领。深化农业供给侧结构性改革，不断提高农业质量效益和竞争力。二是优化农业生产力布局。紧扣主体功能定位，突出高质量发展导向，加快构建"四区五带"产业布局②。三是发展特色优势产业。做强果业、畜牧业、设施农业"3+X"现代农业体系。果业重点是优化品种结构，集成推广绿色高质高效栽培模式，推进向优生区聚集，打造黄土高原苹果产业带、秦岭北麓和汉丹江流域猕猴桃产业带、关中时令水果产业带。推动蔬菜产业转型升级，打造关中、渭北百万亩、延安 50 万亩设施蔬菜优势板块，到 2025 年设施化水平提高到 50%。促进畜牧业标准化规模养殖，打造 300 万只存栏的羊乳产业，把关中建成全国一流的奶牛、奶山羊"双奶源"基地。支持榆林实施羊子"双千万"工程，发展"草—养—加"全产业链。支持商洛建设亿只肉鸡生产基地。以地理标志产品为依托，培育富硒食品、茶叶、中药材、木耳、食用菌、核桃、花椒、魔芋等特色农业，强化绿色导向、标准引领和质量安全监管，打造更多"小木耳、大产业"。四是推动一二三产业深度融合。推动整县创建农业现代化示范区，支持粮

---

① 我省出台《实施意见》全面推进乡村振兴加快农业农村现代化（附解读）［EB/OL］.［2021-03-03］. https：//m. thepaper. cn/baijiahao_11554866.

② 四区，即陕北长城沿线旱作区、渭北关中台塬及秦岭北麓旱作区、关中一年两熟灌区、陕南川道区四大粮食主产区。五带，即大西安都市、关中高效、秦巴山区生态、黄土高原特色、陕北有机五大农业现代化示范带。

食生产区和特色农产品优势区建设农产品加工示范园区，扶持一批农产品加工龙头企业，打造100个农村产业融合发展的示范样板和平台载体。大力发展智慧乡村旅游，打造一批田园观光类、民俗风情类、农业体验类、民宿度假类等特色鲜明的旅游名村和主题园区。推动科技、人文等元素融入农业，稳步发展体验农业、创意农业、光伏农业等新业态。④建设美丽宜居乡村。一是加强乡村基础设施建设。继续完善乡村水、电、路、气、通信、广播电视、物流、污水垃圾处理等基础设施，提升教育、文化、卫生、体育等公共服务设施水平，不断改善生产生活条件。二是持续推进农村人居环境整治。开展农村厕所革命；推广"户集、村收、镇运、县处理"的垃圾集中收集处理模式；推进农村生活污水有效治理；提高农房设计水平和建设质量；深入推进村庄清洁和绿化行动；按照宜气则气、宜电则电、尽可能利用清洁能源的原则，推进农村清洁取暖。三是保护传统村落和乡村风貌。坚持乡村规划先行，积极有序推进"多规合一"实用性村庄规划编制。合理确定村庄布局分类，突出乡土特色和关中、陕南、陕北地域特点，分区分类制定特色风貌控制要求，加快建设立足乡土社会、富有地域特色、承载田园乡愁、体现现代文明的美丽宜居乡村。加强国家历史文化名村、特色景观名村、传统村落、美丽宜居村落的保护和建设。加强和改进乡村治理，推进农村移风易俗，推动形成文明乡风、良好家风、淳朴民风。

（四）陕西省部分市（区）乡村振兴概览

1. 陕西省西安市

西安市，简称"镐"，古称长安、镐京，是陕西省辖地级市、省会、副省级市、特大城市、关中平原城市群核心城市，国务院批复确定的中国西部地区重要的中心城市，国家重要的科研、教育、工业基地。西安市总面积10752平方千米，全市下辖11个区、2个县。根据第七次全国人口普查数据，截至2020年11月1日零时，西安市常住人口12952907人。根据西安市统计局统计的数据，2020年，西安市实现生产总值10020.39亿元。[①]

西安市在做好巩固扶贫攻坚成果同乡村振兴有效衔接方面积极行动。①做好动态监测帮扶工作。西安市由市县两级组建工作专班，设置防返贫监测网格员41301名，坚持每周遍访重点人群、每月遍访所有农户，每月开展部门间数据信息比对，精准识别517户1719人为脱贫不稳定户，393户1175人为边缘易致贫户，94户329人为突发严重困难户，通过分析研判，全部按照"缺什么补什么"的原则，落实针对性帮扶措施，消除致贫返贫风险，提升脱贫质量。2021年，西安市遭受多轮暴雨袭击，按照"优先安排资金项目支持灾后重建、优先修复脱贫地区水电路损毁设施、优先保障'三类人群'基本生活"的原则，调剂投入各级财政衔接资金6230万元，全部用于实施灾后修复重建，截至2021年12月，49个受灾脱贫村的道路、电力、饮水等基本生活设施已全部恢复，持续监测帮扶受灾脱贫户1625户6150人。②做好巩固脱贫攻坚成果工作。西安市还集中开展"回头看"专项行动，覆盖全市所有农户，重点排查72911户、246729人脱贫户，对11个涉农区县（开发区）进行全面督导检查。截至2021年10月底，西安市享受农村低保政策2.99万户7.88万人，累计发放保障金4.92亿元；享受农村特困供养7825户7922人，累计发放保障金1.26亿元；享受临时救助政策5万人次，享受残疾人两项补贴9.85万人次，全市脱贫攻坚成果进一步巩固。③做好资金保障工作。西安市争取中省财政衔接补助资金19642.97万元，市级财政落实衔接资金38686万元，安排成果巩固与有效衔接项目507个，涵盖所有涉农区县，为带动区县经济发展、促进群众增收提供了坚实保障。④做好帮扶保障工作。

---

① 西安市统计局，国家统计局西安调查队. 西安市2020年国民经济和社会发展统计公报［EB/OL］. ［2021-03-18］. http://tjj.xa.gov.cn/tjsj/tjgb/tjgb/60545da4f8fd1c2073fefc87.html.

西安市优化帮扶布局、调整选派范围，着力解决好"一帮多""多帮一"等帮扶力量不均衡的问题，共派出 358 支驻村工作队、1143 名驻村干部，实现全市所有脱贫村、19 个易地搬迁社区帮扶全覆盖。⑤做好作风工作。西安市以"我为群众办实事"活动为抓手，严格落实进村"六查"入户"六问"，组织市、区县两级和行业部门，连续开展五轮督导，走村入户、解难帮困。2021 年上半年，区县扶贫工作满意度、"两代表一委员"满意度较 2020 年分别提高 7.28%、0.62%。①⑥做好乡村振兴工作。2020 年，西安市建成 17 个市级电子商务示范村，10 个新建的田园综合体均进入实质性建设期。围绕垃圾、污水、厕所改造提升，大力开展农村人居环境整治工作。建成美丽宜居村庄 373 个，示范村 300 个，农村环境显著改善。②

（1）西安市周至县。周至县发展以猕猴桃种植为主的特色农业产业。通过创新"合作社+公司+农户"模式，周至县成立周至有机猕猴桃专业合作社，把一家一户小生产联合起来，实施统一管理标准、统一技术指导、统一包装销售，确保了脱贫户持续稳定增收；同时，整合各村资源，通过"产业+就业"，多渠道增加群众收入。其中，周至县楼观镇镇猕猴桃种植户达到了 12949 户，占农户总数的 97%，楼观镇农民的人均年收入超过了 8000 元。镇里形成了集生产、贮藏、加工、销售为一体的完整产业链，仅在线上，销售额就已达 4 亿元左右。③

（2）西安市蓝田县。蓝田县为贯彻落实乡村振兴战略，聚焦乡村振兴"二十字"方针，出台了《创建乡村振兴示范村实施意见》，在全县筛选确定第一批 20 个乡村振兴示范村，定期举办擂台赛，通过强基础、育产业、优生态等措施，全力打造蓝田乡村振兴"示范样板"。蓝田县财政局设立首批乡村振兴示范村创建奖补资金 4000 万元，建立以镇街为主，市级帮扶单位、县级领导、部门包抓，行业部门对口业务指导的工作机制，县扶贫办每周深入一线督导，帮助 20 个示范村在产业发展、生态宜居、乡风文明、治理等方面进行不断提升完善。蓝田县在示范村创建中，充分考虑川原山岭不同地区地形地貌，深入挖掘地域特色文化，精心打造有乡愁韵味、有地方区域特色的乡村振兴示范村。组织各镇街围绕示范村创建大力开展基础环境提升行动。把改厕、污水处理、道路拓宽、硬化、黑化等工作作为示范村建设重要内容，大力发动群众参与环境卫生整治。在基础环境不断提升完善中，各镇街结合各自村庄特点，积极打造美丽宜居的新乡村。新建各类广场 43 个，新建景观节点 71 处，安装路灯 2120 盏，新修旅游道路 3.8 千米，修建停车场 7 个。④

2. 陕西省安康市

安康市，陕西省地级市，位于陕西省东南部，总面积 23534.5 平方千米，下辖 1 区、8 县、1 县级市。安康地处秦巴腹地，汉水之滨。根据第七次全国人口普查数据，截至 2020 年 11 月 1 日零时，安康市常住人口为 2493436 人。根据安康市统计局统计的数据，2020 年，安康市全年生产总值 1088.78 亿元。⑤

2020 年，安康市完成了消除绝对贫困这一艰巨任务。2021 年，安康市按照"产业兴旺、生态宜居、乡风文明、治理有效、生活富裕"的总要求，在巩固拓展脱贫攻坚成果的基础上，乘势而上做好乡村振兴这篇大文章，持续推动高质量发展和人民群众生活改善。对于安康而言，

①③ 王佳爱. 陕西西安：脱贫攻坚奏凯歌 乡村振兴开新局［EB/OL］.［2021-12-01］. http://www.cnr.cn/sxpd/dqzs/20211201/t20211201_525675399.shtml.

② 西安广播电视台. 以产业发展带动乡村振兴 以乡村振兴推进脱贫攻坚［EB/OL］.［2020-07-14］. http://nyncj.xa.gov.cn/nyfw/nync/xczx/5f0fe948f99d650300b4c301.html.

④ 西安市农业农村局. 乡村振兴行进时｜蓝田县全力打造乡村振兴示范样板［EB/OL］.［2021-08-17］. http://nyncj.xa.gov.cn/nyfw/nync/xczx/611b1775f8fd1c0bdc48192c.html.

⑤ 安康市统计局，国家统计局安康调查队. 2020 年安康市国民经济和社会发展统计公报［EB/OL］.［2021-04-02］. https://www.ankang.gov.cn/Content-2241034.html.

发展基础薄弱、政策依赖性大，巩固脱贫攻坚成果任务依然很重。面对这样的现实，2020年，安康市出台了《安康市巩固脱贫攻坚成果实施方案》《"1+12"巩固提升脱贫成果实施方案》等，2021年则进一步健全和完善防返贫动态监测和帮扶机制，通过建立快速发现、研判交办、研判帮扶、督导问责"四项机制"，形成了防返贫工作闭环。截至2021年6月，安康市累计纳入监测帮扶的脱贫不稳定户3982户12732人，边缘易致贫户4253户12699人，均已制定相应的持续跟踪帮扶措施，做到了早发现、早干预、早帮扶、早解除，打牢了乡村振兴的坚实基础。近年来，安康市围绕搬迁群众，扎实推进新民风建设，将自治、法治、德治拧成一股绳，发动各方力量共同参与乡村治理，培育文明乡风、良好家风和淳朴民风，为美丽乡村既"塑形"又"铸魂"。

以产业发展促乡村全面振兴。近年来，安康市始终坚定不移走绿色循环发展的振兴之路，通过"支部联建、产业联盟、资源共享"的工作机制，优化基层组织设置、优化产业组织形式、优化资源配置方式，带领更多群众通过产业致富奔小康。2020年，安康市农业总产值282.08亿元，实现农业增加值162.88亿元，农村居民人均可支配收入达到11288元。"十四五"时期，安康将聚焦茶叶、魔芋、生猪、生态渔业、蚕桑等特色产业，选育一批优势特色良种，建成一批优质产业基地，创建一批"航母"园区，培育一批产业化龙头企业，开拓一片稳定销售市场，打造一批知名富硒品牌，建成一批十亿级产业强镇、百亿级产业重点县，让群众有更多实实在在的收入。①

（1）安康市石泉县。石泉县坚持把发展壮大村级集体经济，作为巩固拓展脱贫攻坚成果同乡村振兴有效衔接的"牛鼻子"工程，创新推行县抓统筹、镇抓推进、村抓落实；镇村联动、村企（社）联动、村户联动；政策支持保障、考评考核保障、风险防控保障的"三抓三联三保障"工作措施，聚力推动村级集体经济可持续发展，带动形成村村有特色产业、户户有致富项目的红火局面。①"三级抓办"聚动能。县抓统筹整合各类政策资源要素，集中向村级集体经济组织倾斜；镇抓推进坚持内培外引相结合，培育能人1200名，形成市场经营主体461个；村抓落实大力发展特色产业，让1.58万余户农户镶嵌在产业链上。②"三大联动"壮实力。镇村联动创新推行镇村工作一体化，将发展村级集体经济任务量化到村；村企（社）联动推广"支部+新型农业经营主体+农户"发展模式；村户联动实行农户收益与参与集体经济生产经营相挂钩，激发群众发展积极性。③"三个保障"提质效。在政策支持上，整合涉农资金8887万元，撬动民间资本1.8亿元用于支持集体经济发展项目；在考评考核上，把村级集体经济发展纳入县镇村三级党建工作考核指标；在风险防控上，建立监督公开、利益分配、产业奖补等机制，确保集体经济资金安全并持续发挥效益。近年来，石泉县以支部联建为主体，推进村级集体经济合作社与332个市场经营主体组建产业联盟，对土地、林地、资金、项目等实行优化配置、资源共享，积极探索资源开发、产业带动、股份合作等集体经济发展模式，着力打造一村一品一园区，全县累计培育产业园区91个，家庭农场360家，产业大户1230户。目前，石泉县村村发展都有集体经济积累，2020年全县村级集体经济实现收益880.5万元，全县农村居民人均可支配收入达11588元，实现了巩固拓展脱贫攻坚成果同乡村振兴有效衔接。②

（2）安康市平利县正阳镇。正阳镇积极发展茶叶产业，正阳高山茶将现代工艺和传统手工炒茶相结合，经摊青、杀青、炒制、揉捻、烘烤、定香、打包等工序才能制成上好云雾茶。在龙头企业引领下，正阳镇700余户群众户均增收千元以上。不仅如此，正阳镇围绕茶叶强链补链，全力推动三产融合，充分盘活旅游资源，打造了12.7千米的文化旅游路线。如今，越来越

① 陈嘉. 奋斗在希望的田野上——安康市全力推进乡村振兴工作综述 [N]. 陕西日报，2021-06-15（1）.
② 龚仕建. 推行"三抓三联三保障"陕西石泉不断壮大集体经济 [N]. 人民日报，2021-12-13（7）.

多的群众因茶兴业、因茶致富。①

3. 陕西省宝鸡市

宝鸡市，古称陈仓、雍城，誉称"炎帝故里、青铜器之乡"，是关中平原城市群副中心城市、关中—天水经济区副中心城市。宝鸡市下辖 4 区 8 县，总面积 18117 平方千米。根据第七次全国人口普查数据，截至 2020 年 11 月 1 日零时，全市常住人口为 3321853 人。根据宝鸡市统计局统计的数据，2020 年，宝鸡市地区生产总值 2276.95 亿元。②

陕西省宝鸡市是农业大市，近年来，宝鸡市以实施乡村振兴战略为总抓手，按照做好"三绿"③ 文章、实施"三品"④ 工程，加快农业产业结构调整步伐，立足资源禀赋，突出特色化、标准化、规模化发展，把三产融合作为推进乡村振兴的关键，强一产、促二产、活三产、挖潜力，促进全产业链开发，提高农业附加值，形成了以特色现代农业为支撑，现代农业园区为载体，乡村产业多元融合发展的格局。

坚持多元化发展，产业融合形态不断丰富。宝鸡市依托特色小镇、美丽乡村、一村一品、产业扶贫等多领域突破，加快农村产业融合，形成了农村电商、乡村旅游、生态体验等多种形式的"农业+"农村产业融合发展的新产业、新业态。一是农村电商实现全覆盖。通过示范县创建，积极引导社会资本投入，宝鸡市建成县级电子商务公共服务中心 7 个、镇级服务中心 56 个、村级服务站 367 个，覆盖县、镇、村三级的电子商务公共服务体系基本形成。眉县发挥猕猴桃产业优势，县财政每年列支 1000 万元以上资金，专项用于电商企业培育，涌现出各类电商企业485 家、微电商 2600 余户，带动 249 户贫困户开办网店或微店，全县 7525 户建档立卡贫困户中有 4300 余户借助网销猕猴桃增收（户均 2300 元），900 余名贫困人口通过电商产业链实现就业。二是乡村旅游发展步入快车道。立足资源禀赋，挖掘农业多元价值，大力发展观光农业、休闲养生、大地景观、智慧农业、乡村旅游等"农业+"融合产业。打造富有地方特色的西府民俗乡村游、陇州回族乡村游、泥塑体验乡村游、礼佛人家乡村游、生态慢城乡村游、岭南花谷乡村游等精品旅游路线，形成较为完整的乡村旅游产品体系，涌现出凤县永生村、金台区永利村、太白县梅湾村等一批宜居宜游美丽乡村。三是村镇工厂富裕乡里。按照"送厂子进村子、送岗位到农户"的工作思路，坚持创业就业"双轮驱动"，着力优化创业服务环境，充分利用各村的旧村部、老厂房、旧校址等闲置资源，从资金扶持、技能培训、融资服务、税费减免等方面出台优惠政策，积极吸引各类企业和返乡能人来扶创办生产加工型工厂（分厂）或加工车间，实现在"村内生活、村内就业"，宝鸡市累计认定村镇工厂 105 家，就业扶贫基地 144 家，就近就地吸纳就业 2.2 万人，其中贫困劳动力 4679 人。

坚持园区化承载，产业质量效益加快提升。宝鸡市持续推进"十园百企千亿"工程，结合农业资源禀赋优势与产业布局分布，不断拓展园区功能，使园区从单纯的生产领域走出来，向二三产业延伸。建成眉县猕猴桃、陇县羊乳品、扶风烘焙食品、千阳苹果、太白高山蔬菜、陈仓设施蔬菜、凤县农产品七个市级农产品加工园区。一是建设路径不断创新。引进国家和省级农业产业化重点龙头企业投身园区建设，坚持市场导向，产销一体化经营，搭建产学研综合平台，提升科技竞争水平，形成特色利益联结机制，实现全区农民双赢。千阳海升现代农业园区"大苗建园、矮砧密植、立架栽培、水肥一体、机械作业"矮砧苹果栽培模式，成为现代果业转型升级的典范。坚持绿色高质量发展理念，陈仓区国人园区通过菌渣转化燃料、菌糠加工饲料、

---

① 陈嘉. 奋斗在希望的田野上——安康市全力推进乡村振兴工作综述［N］. 陕西日报，2021-06-15（1）.

② 宝鸡市统计局. 2020 年全市主要经济指标完成情况［EB/OL］.［2021-01-20］. http://tjj.baoji.gov.cn/art/2021/1/20/art_2159_1340731.html.

③ 绿色种植、绿色养殖、绿色加工.

④ 品种、品质、品牌.

经济林下养禽，实现了废弃物综合开发利用、种养加循环生产，提高了园区整体效益。渭滨区石鼓园区依托生态环境资源区位优势，将文化、科技与农业要素相融合，发展观光休闲旅游，开展采摘体验、休闲观光、科普教育等活动，被农业部、共青团中央命名为全国青少年农业科普示范基地。二是经营管理提质增效。积极适应市场变化，有序拓展经营范围，提升产业内涵，着眼育繁推、产加销、农商旅一体化，加快园区由单一性向综合性转型。太白县以现代农业园区为载体，以高山有机蔬菜为核心，构建育苗生产、精深加工、生态旅游相融合的产业集群，推动三产协同发展。加大科技创新投入，深化"两地三方"农业科技战略合作，宝鸡市院士专家工作站（玉米）、陕西关中奶山羊产业研究院建成运行，和氏高寒川牧业有限公司获批国家现代农业科技示范展示基地。加快推进农业机械化向全程全面、高质高效发展，提升设施装备水平，全市主要农作物耕种收综合机械化率达到 82.5%。三是发展动能持续释放。围绕园区申报认定程序化、建设任务目标化、资金投入项目化、监测监管常态化，建立健全园区准入审核、资金配套、质量监管、考核评价四项制度，促进园区规范有序发展。积极开展物联网技术应用试点，在宝鸡市陈仓区绿丰源、眉县齐峰园区建立水肥自动监测、自动卷帘、可视化监控、网络认购等产加销一体化应用试点。积极发展外向型农业，在扶风同兴、陇县盛源新建出口基地，开拓中亚和东南亚市场。推进"园区+家庭农场"发展模式，鼓励园区主动打开边界、培养家庭农场，共享园区技术、设施等，化解园区生产压力，提高农户参与度，确保园区可持续发展。①

（1）宝鸡市麟游县丈八镇曲家沟村。2020 年完成剩余建档立卡户脱贫退出后，曲家沟村认真落实县镇村庄"拆、清、绿、建、管"清洁行动要求，作为衔接乡村振兴、建设生态宜居新村的载体抓手，推行以"一面旗、三明确、四回收、五提升"为主要内容的"1345"工作法。①"一面旗"：由村妇联牵头，制定"曲家沟村民环境卫生百分制量化考核办法"，每周组织对农户卫生进行检查评比。对前三名敲锣打鼓悬挂"卫生示范户"流动红旗。②"三明确"：一是明确村部及公共场所卫生由村干部分片负责打扫和保洁。二是明确村过境干道两侧、农户门口花坛卫生由公益性岗位人员集体整治、分段保洁。三是明确农户房前屋卫生由常住户负责。③"四回收"：一是入户讲授垃圾分类知识，联系人小商贩上门回收。二是购置分发垃圾箱、垃圾桶，引导村民边产生即回收。三是建成垃圾小木屋，每周四下午开门回收。四是制定《生活垃圾回收管理制度和积分兑换办法》，用爱心超市物品进行兑换，引导群众养成垃圾分类运送习惯，进一步夯实了农村生活垃圾组集中、村收集、镇转运机制运行的基础。④"五提升"：一是提升人居环境质量，2020 年入冬以来，拆除危旧房屋 12 间，清理三堆三乱 89 处，种花种草 12 亩，栽种树木 500 棵，绿化道路 2.6 公路，建成卫生厕所户 78 户，卫生厕所普及率达超过 90%。二是提升同步小康信心，组织村民学习习近平总书记关于建设小康社会、乡村振兴的重要论述，集体绘制产业振兴、生态振兴愿景蓝图，每月开展一次"红黑榜"扶志点评活动，激发村民过上更好日子新激情。三是提升党组织引领力，开展撂荒地清查复垦用于村集体经济发展基地，加强扶贫资产管理，收益经村民代表集体研究后用于村级公益事业，村党支部向心力、凝聚力明显增强。四是提升和谐文明新风，完善村规民约，发挥村红白理事会作用，弘扬倡导低价彩礼、厚养薄葬、孝老爱亲、反对邪教和封建迷、应用卫生厕所新风尚。五是提升敬党爱党意识，结合党史学习教育，宣传党的百年艰辛历程，特别是党重视"三农"、推进"三农"取得的巨大

---

① 陕西省宝鸡市发展改革委．加快融合发展　助力乡村振兴——陕西省宝鸡市推进农村产业融合发展［EB/OL］．［2021-08-09］．https：//www.ndrc.gov.cn/fggz/nyncjj/xczx/202108/t20210809_1293347.html？code=&state=123.

变化，充分应用本村变迁、村民收入比对，教育村民感党恩、听党话、跟党走。①

（2）宝鸡市陇县。陇县河流众多，森林繁茂，独特的资源优势适合饲养奶山羊，抢抓国家大力支持民族乳业发展的重大机遇，放大效应、全链发力，强力推进优质奶源、良种繁育、绿色饲草、现代加工、示范推广"五大基地"建设，构建了以产销企业为龙头、专业奶农为支撑、合作组织为纽带、饲草饲料为基础的现代乳业全产业链。以小羊妙可（原关山乳业）、和氏乳业等羊乳加工龙头企业为龙头，从用地、税收、基础设施、人才技术等方面，全力支持保障。截至 2021 年 8 月，全县累计建成各类羊场 164 个，奶山羊存栏突破 47.1 万只，规模化率达到52%，羊乳产业全产业链产值达 46.5 亿元，获批创建国家级现代农业产业园。2022 年，陇县将有望形成 100 万只奶羊、50 万亩饲草、20 万吨羊乳粉加工能力，羊乳全产业链产值突破 200 亿元，成为全省千亿元羊乳产业集群龙头。②

（3）宝鸡市岐山县。岐山县把做大"一碗面"经济作为引领乡村振兴的关键，坚持臊子面、擀面皮两轮驱动，以龙头企业带动产业链，以特色产品提升价值链，以电商物流串起供应链，做大种养殖、深加工、销售网，形成原料、产品、销售一体化的产业链闭环，打造县域经济社会高质量发展新引擎。2020 年"一碗面"经济产值达到 130 亿元。实施四步走战略，第一，建优原料基地，做强一产。岐山县围绕"一碗面""一桌菜""一盘果"布局原料生产，推广龙头企业+合作社+基地模式，集中发展 20 万亩特色优质小麦、10 万亩蔬菜、5 万亩油菜、5 万亩辣椒、20 万头生猪和 10 万亩水果的种植养殖四大产业区，培育龙头企业 108 户，现代农业园区 34个，打造全程可追溯的"一碗面"优质原料供应基地。第二，围绕延链补链强链，做大二产。岐山县将做大"一碗面"经济纳入全县"十四五"规划，建立"一碗面"经济产业扶持资金，建设以岐山臊子面产业为中心，建设餐具、装饰材料、工程化辅料加工、食材原料供应基地及研发中心、种植养殖基地等，整合本地农副产品、深加工产品，做强做优"一碗面"深加工企业。第三，扩大销售网络，做活三产。抢抓全国电子商务进农村综合示范县机遇，加快建设"一碗面"电商产业园，实施"百城千店"工程，搭建线上线下销售网络，培育电商个体 800 多户，县域电商发展指数综合排名跻身陕西省电商十强县。第四，打响岐山品牌，促进商旅融合。深度挖掘周礼之乡饮食文化、旅游资源优势，建成 5 条特色文化美食街区，申报地理标志证明商标，推出特色旅游路线，实现旅游综合收入 2.98 亿元。③

（4）宝鸡市太白县鹦鸽镇马耳山村。由于马耳山村气候湿润、光照充足，有利于树莓种植发展。2016 年村里成立树莓农副产品专业合作社，种植树莓 65 亩。截至 2021 年 9 月，树莓农副产品专业合作社开发出三个系列六款树莓酒类产品，依托树莓产业园新建集村史发展、树莓酒展示、民俗文化展览于一体的"莓林山居"，年收入 15 万元。此外，马耳山村把农村人居环境整治作为重点。马耳山村拆除了 12 座猪圈和鸡舍、9 座旱厕、1 座土坯房，清理乱搭乱建 200平方米，新建集中养殖场所 1 处、公厕 2 座、改厕多户。村里还对旧村庄 6000 平方米外立面进行改造，移民点 30 余户外墙加装保温层，石砌 220 米村庄主干路道沿，铺设 500 米柏油路，修建 470 米农户门前花坛、184 米排洪渠，并新建村口标识、儿童乐园等。目前，村里还拿出 23万元建垃圾收集屋，并对 280 米巷道路面进行硬化。④

---

①　麟游县乡村振兴局．麟游县：推行"1345"工作法　建设生态宜居新乡村 ［EB/OL］．［2021-05-20］．http：//fpb．baoji．gov．cn/art/2021/5/20/art_2096_1383423.html．

②③　陕西省宝鸡市发展改革委．加快融合发展　助力乡村振兴——陕西省宝鸡市推进农村产业融合发展 ［EB/OL］．［2021-08-09］．https：//www．ndrc．gov．cn/fggz/nyncjj/xczx/202108/t20210809_1293347.html？code=&state=123．

④　太白马耳山村：治理三乱村美民乐　优美环境助推乡村振兴 ［EB/OL］．［2021-09-17］．http：//fpb．baoji．gov．cn/art/2021/9/17/art_2092_1423585.html．

二十八、甘肃省

甘肃省，简称"甘"或"陇"，省会兰州市。位于中国西北地区，总面积 42.59 万平方千米。截至 2020 年末，甘肃省下辖 12 个地级市、2 个自治州；全省共有 86 个县（市、区），其中县 57 个、自治县 7 个、县级市 5 个、市辖区 17 个；全省共有 1229 个乡（镇），其中镇 892 个、乡 305 个、民族乡 32 个；全省有街道办事处 127 个。

（一）甘肃省经济发展概况

1. 甘肃省人口与经济概况

根据《甘肃省第七次全国人口普查公报（第一号）》，甘肃省常住人口为 25019831 人，与 2010 年第六次全国人口普查的 25575254 人相比，减少 555423 人，年平均增长率为 -0.22%。在全省常住人口中，汉族人口为 22363438 人，占 89.38%；各少数民族人口为 2656393 人，占 10.62%。与 2010 年第六次全国人口普查相比，汉族人口减少 801318 人；各少数民族人口增加 245895 人，比重上升 1.19 个百分点。根据《江西省第七次全国人口普查公报》，在甘肃省常住人口中，居住在城镇的人口为 13067332 人，占 52.23%；居住在乡村的人口为 11952499 人，占 47.77%。与 2010 年第六次全国人口普查相比，城镇人口增加 3830750 人，乡村人口减少 4386173 人，城镇人口比重上升 16.11 个百分点。

根据《2020 年甘肃省国民经济和社会发展统计公报》的数据，2020 年，甘肃省地区生产总值（GDP）9016.7 亿元，比 2019 年增长 3.9%。其中，第一产业增加值 1198.1 亿元，增长 5.4%；第二产业增加值 2852.0 亿元，增长 5.9%；第三产业增加值 4966.5 亿元，增长 2.2%。三次产业结构比为 13.3∶31.6∶55.1。2020 年，甘肃省十大生态产业增加值 2179.4 亿元，比 2019 年增长 5.8%，占全省地区生产总值的 24.2%。2020 年，粮食产量 1202.2 万吨，比 2019 年增产 3.4%。猪牛羊禽肉产量 108.9 万吨，比 2019 年增长 8.3%；全部工业增加值 2288.96 亿元，比 2019 年增长 6.2%。

2020 年，甘肃省居民消费价格（CPI）比 2019 年上涨 2.0%。全年全省居民人均可支配收入 20335.1 元，比 2019 年增长 6.2%。其中，城镇居民人均可支配收入 33821.8 元，增长 4.6%；农村居民人均可支配收入 10344.3 元，增长 7.4%。城乡居民人均可支配收入比值为 3.27，比 2019 年缩小 0.09。甘肃省居民人均消费支出 16174.9 元，比 2019 年增长 1.9%。其中，城镇居民人均消费支出 24614.6 元，增长 0.7%；农村居民人均消费支出 9922.9 元，增长 2.4%。甘肃省居民恩格尔系数为 29.5%，其中城镇为 28.7%，农村为 30.9%。[①]

2. 甘肃省各市人口与经济概况

甘肃省包括 14 个市州，分别为兰州市、嘉峪关市、金昌市、白银市、天水市、武威市、张掖市、平凉市、酒泉市、庆阳市、定西市、陇南市、临夏回族自治州和甘南藏族自治州。甘肃省各市州统计局 2020 年 1~12 月主要经济指标显示：

（1）在地区生产总值方面。兰州市、庆阳市、天水市居全省前三名。其中，兰州市位居第一，实现地区生产总值 2886.74 亿元。庆阳市排名第二，全年地区生产总值达到 754.70 亿元。

---

① 甘肃省统计局，国家统计局甘肃调查总队. 2020 年甘肃省国民经济和社会发展统计公报［EB/OL］.［2021-03-23］. http://tjj. gansu. gov. cn/tjj/c109457/202103/cd61d395ffef4a6e8cf326775037d495. shtml.

其次是天水市，地区生产总值 666.90 亿元。兰州市是处于 14 个市（州）中第一档位次，遥遥领先于省内其他城市。

（2）在地区生产总值增速方面。金昌市以 8.7%的增速继续位居前列。酒泉市紧随其后，增速为 6.3%；天水市、临夏回族自治州则并列第三，增速为 5.2%。

（3）在财政收入方面。2020 年 14 个市州一般公共预算收入排名前三位的分别是兰州市、庆阳市、天水市，成为拉动江西整体实力跃升的重要动力，其中兰州市以 247.13 亿元遥遥领先。

（4）在地区人口方面。在甘肃省 14 个市州中，常住人口超过 400 万人的只有兰州市，为 4359446 人，占全省常住人口的比重为 17.42%。与 2010 年第六次全国人口普查相比，全省 14 个市州中，有 4 个市州常住人口增加。常住人口增长较多的 3 个市州依次为：兰州市、临夏回族自治州和嘉峪关市，分别增加 743283 人、163073 人和 80810 人，占全省常住人口比重分别上升 3.28 个、0.82 个和 0.34 个百分点。

（5）在其他方面。2020 年社会消费品零售总额排名前三位的分别是兰州市、天水市、酒泉市，分别为 1641.2 亿元、270.92 亿元、243.9 亿元。城镇居民人均可支配收入位居全省前三的设区市是嘉峪关市、金昌市和兰州市，其中，嘉峪关市以 44774 元排名第一。农村居民人均可支配收入位居全省前三的设区市是嘉峪关市、酒泉市、金昌市，分别为 22478 元、19912 元、16788 元。

3. 甘肃省产业概况

"十三五"期间，甘肃省紧紧围绕"牛羊菜果薯药"六大特色产业，立足地方资源禀赋，有针对性地选取"独一份""特别特""好中优""错峰头"的地方优势产品作为合作社产业发展的主攻方向，食用菌、小杂粮、中华蜂、黑土猪、从岭藏鸡、汉藏药材、经济林果等特色产业农民专业合作社遍地开花。陆续实施现代丝路寒旱农业优势特色产业三年倍增行动，开展现代农业产业园和产业集群创建行动，大力开展绿色标准化基地建设抓点示范行动，建设绿色标准化种植基地 925 万亩，万头以上标准化养殖场 188 个。[①]

根据《甘肃省国民经济和社会发展第十四个五年规划和二〇三五年远景目标纲要》[②]，甘肃省坚持产业兴省、工业强省，围绕强龙头、补链条、聚集群，积极推动产业基础高级化、产业链现代化，激发实体经济活力，提高经济质量效益和产业综合竞争力。

（1）促进特色优势产业提质增效。①改造提升传统产业。坚持用高新技术和先进适用技术推动传统产业高端化、智能化、绿色化改造，推进制造业高质量发展，加快推动由基础原材料大省向新材料大省转变。发挥龙头企业带动作用，增强石油化工、有色冶金等传统优势产业活力和竞争力，大力推进延链补链，提升精深加工水平，开发石化延伸产品、精细化工产品、镍铜钴新材料、特种不锈钢、高端铝制品等。聚焦重大工程建设和重大装备需求，加大对传统产业基础零部件、工业软件、检验检测平台等领域的投入，补齐产业基础短板。②做大做强生态产业。坚持生态优先、绿色发展，以增量提质为目标，突出省属十大企业集团带动作用，促进规模化、集约化发展，推动生态产业潜力不断释放，产业支撑能力不断增强。"十四五"期间，力争生态产业占地区生产总值比重提高 10 个百分点。③构筑产业体系新支柱。抢抓新一轮科技革命和产业变革机遇，推动新兴产业特色化、专业化、集群化发展，大力发展半导体材料、氢能、电池、储能和分布式能源、电子、信息等新兴产业。壮大碳纤维产业，发展航空航天配套

① 李红军. 甘肃：乡村振兴跑出"加速度" ［EB/OL］.［2021-08-26］. https：//baijiahao.baidu.com/s？id = 1709048925880410252.

② 甘肃省人民政府办公厅. 甘肃省人民政府关于印发甘肃省国民经济和社会发展第十四个五年规划和二〇三五年远景目标纲要的通知 ［EB/OL］.［2021-03-02］. http：//www.gansu.gov.cn/gsszf/c100054/202103/1367563.shtml.

及飞机拆解产业。发展区域应急产业。引进和培育无人机产业。鼓励有条件的地方设立新兴产业专项资金，引导带动社会资本设立产业投资基金。建立中小微企业信贷风险补偿机制，加大对新兴产业的支持力度。④积极谋划未来产业。在有基础、有优势、有市场、有空间的产业领域提前谋划，率先布局，抢占发展先机。加快推进大健康产业系统设计和实施、靶向药物开发、真空镀膜技术延伸利用、凹凸棒产业发展，逐步形成上下游配套的产业发展体系。对接国家石墨烯"一条龙"应用计划，发展功能齐备、可靠性好、性价比优的石墨烯化工材料、晶质石墨产业。积极加强高分卫星、北斗导航技术延伸应用开发，培育一批未来产业。积极对接量子通信等尖端产业，抢占发展制高点。

（2）打造优势产业集群。①培育千亿产业集群。实施产业基础高级化和产业链现代化攻坚战，开展重点和优势产业链培育攻坚行动，在巩固提升石油化工、有色冶金产业集群基础上，着力培育特色农产品、数字智能、生物医药、新能源新材料、文旅康养、路衍经济等千亿级产业集群。②打造百亿园区。依托各级开发区等重大平台和载体，全面提升园区基础设施和服务能力，积极承接产业转移，吸纳"飞地经济"。重点打造12个百亿园区。积极培育发展潜力较大的陇西经济开发区、武威民勤能源化工工业集中区、金塔工业集中区、定西经济开发区、平凉工业园区、陇南经济开发区、甘南合作生态产业园区等，成为区域产业集聚重要平台。

（3）建设绿色综合能源化工产业基地。①构建能源资源开发利用新格局。围绕落实国家2030年前碳达峰、2060年前碳中和目标，坚持清洁低碳、安全高效，立足资源禀赋和区位优势，大力推动非化石能源持续快速增长，加快调整优化产业结构、能源结构，大力淘汰落后产能、优化存量产能，推动煤炭消费尽早达峰。推广煤炭绿色智能开采、推进煤电清洁高效发展、加大油气勘探开发和优势矿产资源开发利用、完善能源储运体系，着力打造国家重要的现代能源综合生产基地、储备基地、输出基地和战略通道。②大力发展新能源。坚持集中式和分布式并重、电力外送与就地消纳结合，着力增加风电、光伏发电、太阳能热发电、抽水蓄能发电等非化石能源供给，形成风光水火储一体化协调发展格局。到2025年，甘肃省风光电装机达到5000万千瓦以上，可再生能源装机占电源总装机比例接近65%，非化石能源占一次能源消费比重超过30%，外送电新能源占比达到30%以上。③推进传统能源绿色清洁高效发展。加大煤炭油气勘探、综合开发和清洁高效利用力度，有序释放先进产能。推动陇东综合能源化工基地高质量发展，着力打造以煤炭、电力产业为支撑的国家大型煤炭基地、千万千瓦级火电基地、千万吨级油气生产基地、煤化工基地，重点建设灵台、宁正、沙井子等矿区。④建设绿色化工生产基地。坚持"稳油增气、持续稳产"，实施石油化工产业链水平提升行动，加快庆阳石化、兰州石化等炼厂升级改造。推进煤炭安全绿色智能化开采和清洁高效低碳集约化利用，打造煤基多联产循环经济体系。依托兰州新区、金昌、白银、玉门、华亭、高台等化工园区，培育发展高端化工产品、精细化工新材料、化工中间体等产业集群。

（二）甘肃省乡村振兴阶段性成果

脱贫攻坚取得决定性成就。《2020年甘肃省国民经济和社会发展统计公报》显示，2020年，甘肃省贫困地区农村居民人均可支配收入9385元，比2019年增长9.2%。根据甘肃省《2021年政府工作报告》，甘肃省75个贫困县全部"摘帽"，7262个贫困村全部退出，现行标准下农村贫困人口全部实现脱贫，特别是纳入全国"三区三州"的甘南、临夏及天祝等深度贫困地区面貌发生历史性变化。"十三五"时期，就业和社会保障得到强化。累计新增城镇就业205.6万人，输转城乡富余劳动力2625万人次；城乡居民人均可支配收入分别达到33822元和10344元，比"十二五"末提高42.3%和49.1%；完成城镇棚户区住房改造82.8万套，建成保障性安居工程61.3万套；累计投入财政专项扶贫资金837.2亿元，年均增长24.5%；贫困家庭失学辍学学生应返尽返，乡村两级基本医疗"空白点"全面消除，建档立卡贫困人口参保全覆盖，动态新增危房改造全部完成，饮水安全问题历史性解决。49.9 万建档立卡贫困人口易地扶贫搬迁任务全面完成。教育精准扶贫国家级示范区建设成效明显。在艰苦卓绝的脱贫攻坚战中，东部协作 4 市和 36 家中央定点扶贫单位鼎力支持、无私援助，累计投入资金 112 亿元，实施协作项目 4931 个、帮助引进项目 1170 个；社会各界广泛参与、倾情助力，"光彩事业临夏行""民企甘南行""津企陇上行""巾帼脱贫行动""千企帮千村"等帮扶活动卓有成效。

产业扶贫体系逐步构建。"牛羊菜果薯药"六大特色产业增加值达到 753 亿元，占农业增加值的 60.9%，比"十二五"末提高 9.2 个百分点。农业产业化龙头企业达到 3096 家，农民专业合作社实现贫困村全覆盖。农业保险在产业扶贫中发挥了重要保障作用。2546 个扶贫车间、30.5 万个公益性岗位让群众就业不出村、挣钱不离家。就业扶贫、消费扶贫、旅游扶贫、光伏扶贫、生态扶贫有力拓宽增收渠道，建档立卡贫困人口人均纯收入达到 8539 元，年均增长 22.2%。农业农村发展稳定向好。粮食生产连年丰收，总产首次突破 240 亿斤。建成高标准农田 331 万亩、戈壁生态农业 28 万亩。成功创建 4 个国家级现代农业产业园和中以（酒泉）绿色生态产业园。"甘味"农产品走向全国。①

农村人居环境逐步改善。改善农村人居环境，建设美丽宜居乡村，是实施乡村振兴战略的一项重要任务，事关广大农民根本福祉，事关农村社会文明和谐。甘肃省坚持规划先行，点面结合、连片成带建设宜居优美的现代乡村。启动创建 5 个省级示范市（州）、10 个省级示范县（市）、50 个示范乡（镇）和 500 个示范村。实施农村基础设施建设五大工程，推进农村道路、供水保障、乡村清洁能源、数字乡村、村级综合服务设施建设发展，推动公共基础设施往村覆盖、往户延伸，已开工建设自然村（组）通硬化路 10000 多千米，完成农村卫生户厕改造 22.25 万座，农村人居环境不断改善。② 农村人居环境整治三年行动顺利完成，国家部委命名的各类美丽乡村（生态文明）示范村达到 212 个。

甘肃省积极探索实践，在现有美丽乡村规划、村庄建设规划等基础上，按照国家"多规合一"要求，选取 5 个市州 13 个不同类型的村庄作为"多规合一"实用性村庄规划编制试点，对"生态、生产、生活"空间、一二三产业融合、全域全要素管控等方面进行探索，为全面推动村庄规划编制提供可推广、可借鉴的编制经验。多规合一，统筹要素，实现村域一张蓝图管到位。甘肃省着力引导各地"一个村只有一个规划本子"，统筹村庄生态、生产、生活全要素，统筹水路电气基础设施、教育医疗公共服务、产业发展定位布局、村庄建筑风貌控制，统筹村庄当前发展和长远目标，一体谋划村域发展、编制村庄规划，注重与上位规划的有机衔接，确保村域发展"一本规划、一张蓝图"。甘肃省在乡村规划中着眼粮食安全，严守耕地保护的红线，保护自然生态，坚守生态安全的底线，科学划定生态保护、永久基本农田、历史文化保护、村庄建设边界等各类空间管控边界。同时突出集约性，最大限度提高用地效率，加强县城、乡镇、乡村的编制规划，加快城乡融合。2021 年，甘肃省计划编制规划的村庄 3828 个。截至 2021 年 9 月，已编制规划的村庄 3686 个，其中新编 3108 个，修编 577 个。③

① 任振鹤. 2021 年政府工作报告［EB/OL］.［2021-02-01］. http://www.gansu.gov.cn/gsszf/c100190/202102/1366099.shtml.
② 李红军. 甘肃：乡村振兴跑出"加速度"［EB/OL］.［2021-08-26］. https://baijiahao.baidu.com/s?id=1709048925880410252.
③ 王朝霞，洪文泉. 擘画陇原乡村振兴新蓝图——我省加快乡村规划建设宜居宜业新家园［N］. 甘肃日报，2021-09-10（5）.

（三）甘肃省乡村振兴规划

按照党中央国务院乡村振兴战略规划精神和甘肃省委省政府关于乡村振兴的安排部署，甘肃省发展改革委牵头会同省直相关部门编制了《甘肃省乡村振兴战略实施规划（2018—2022年）》（以下简称《实施规划》）。《实施规划》以习近平新时代中国特色社会主义思想为指导，深入贯彻落实习近平总书记"三农"工作重要论述，全面贯彻落实习近平总书记视察甘肃重要讲话和"八个着力"重要指示精神，具体做到"五个注重"：

一是注重产业振兴。甘肃省把脱贫攻坚作为头号任务，在培育发展扶贫产业上采取了一系列举措，取得较好效果。全面打赢脱贫攻坚战后，推进乡村振兴，还是要盯住不放、持续抓好产业发展，做精做优地方特色小品种，打造西北乃至中亚、中东欧的"菜篮子"生产基地，让农业成为甘肃最亮丽的名片。

二是注重城乡统筹。推进乡村振兴，要把乡村发展和城镇建设放在同等重要的位置上，既要打破城乡二元体制障碍，也要尊重客观实际，因势利导、顺势而为，坚持因地制宜、因村施策，使城镇和乡村相得益彰、共同发展。

三是注重生态保护。必须牢固树立"绿水青山就是金山银山"的理念，坚持生态保护第一，在保护中求发展，以发展促保护，加快生态宜居美丽的乡村建设，真正把生态优势转化为发展优势。

四是注重乡风文明。推进乡村振兴，要不断加强农村精神文明建设，坚持教育引导和依法惩戒两手抓、两手硬，培育文明乡风、良好家风、淳朴民风，推动社会主义核心价值观转化为广大农民群众的行动自觉和行为习惯，切实提升乡村文明水平。

五是注重人才培育。重视培养引进一批优秀人才，实施新型职业农民培育工程，提升"土专家""田秀才""农创客"等实用性人才队伍科技素质，培育壮大"乡村工匠"队伍，支持企业家退休职工、青年创客、外出务工返乡人员在农村投资兴业，让农民成为有奔头、有吸引力的职业。

自2021年以来，甘肃省认真贯彻落实中央关于巩固脱贫攻坚成果同乡村振兴有效衔接相关文件精神和"四个不摘"工作要求，按照国家实施创新驱动和乡村振兴战略部署及甘肃省委省政府工作安排，聚焦全省优势特色产业培育和农业领域关键技术需求，着力提升农业科技创新能力，为乡村振兴注入科技力量。

（1）引导科技下乡，鼓励人才下沉。认真组织农业领域重大专项、重点研发和民生科技计划项目，引导各类科技成果入乡转移转化。目前，各类计划已立项支持169项，合计支持经费5285万元。组织全省各市（州）及相关高等院校、科研院所近50名科技特派员参加培训，通过积极学习科技特派员发源地先进工作经验，提升科技特派员的政策理论水平和业务工作能力。同时，认真做好甘肃省"三区"人才支持计划科技人员专项计划。

（2）提升运行效能，聚集创新资源。为聚集全省农业领域高校、院所、园区等各类创新资源，共同探索建立技术研发供给、成果转化服务、园区提质增效、人才进乡入村的新机制、新模式、新业态，甘肃省科技厅与科技部中国农村技术开发中心共同主办"100+N"开放协同创新体系建设暨甘肃农业科技创新发展研讨会，着力提升农业企业创新能力，推动高等院校、科研院所、企业等开展产学研用协同创新和关键技术攻关，推进农业科技园区技术服务中心及科技支撑乡村振兴研究中心建设，引导创新资源向农业园区聚集，支撑引领甘肃农业农村高质量发展。按照"政府主导、市场运作、企业主体、农民受益"的原则，积极布局建设国家级农业科技园区，近年来先后在甘肃省布局建设10家国家农业科技园区，入驻高新技术企业达108家。同时，有序推进省级农业科技园区建设，围绕地方特色优势产业和区域资源禀赋，先后在甘肃省建设 48 家省级农业科技园区,入驻高新技术企业达到 181 家,已拥有创新创业服务机构 327 个、各类研发机构 221 个。

(3) 深化东西协作,推动成果转化。研究制定《2021 年东西部科技协作助力巩固脱贫攻坚成果同乡村振兴有效衔接工作方案》,发挥东部结对帮扶市先进技术和人才优势,征集东西部协作技术需求 205 项。①

2018 年 2 月,中共甘肃省委、甘肃省人民政府《关于实施乡村振兴战略的若干意见》明确了实施乡村振兴战略,要以产业兴旺为重点、生态宜居为关键、乡风文明为保障、治理有效为基础、生活富裕为根本。到 2035 年,乡村振兴取得决定性进展,农业农村现代化基本实现。农业结构得到根本性改善,农民就业质量显著提高,相对贫困进一步缓解,共同富裕迈出坚实步伐;城乡基本公共服务均等化基本实现,城乡融合发展体制机制更加完善;乡风文明达到新高度,乡村治理体系更加完善;农村生态环境根本好转,美丽宜居乡村基本实现。到 2050 年,乡村全面振兴,农业强、农村美、农民富全面实现。

2020 年 1 月,甘肃省人民政府发布的《关于促进乡村产业振兴的实施意见》对未来乡村产业振兴进行了详细的规划,力争用五年时间,构建起以现代丝路寒旱农业为引领,以“牛羊菜果薯药”六大特色产业为支撑,以“五小”产业为补充的乡村产业体系,初步走上布局区域化、基地规模化、生产标准化、加工集约化、产品绿色化、营销品牌化、经营产业化的一二三产业融合发展路径,现代丝路寒旱农业增幅高于一产增幅,农产品加工率达到 57%,以两个“三品一标”为支撑的“甘味”农产品品牌知名度大幅提升,乡村产业振兴取得重要进展。

(四) 甘肃省部分市(区) 乡村振兴概览

1. 甘肃省定西市

定西市,位于甘肃中部,通称“陇中”,座中联七,2008 年定西被中央确定为全国改革开放 18 个典型地区之一。全市现辖 1 个区、6 个县,总面积 1.96 万平方千米。根据第七次全国人口普查数据,截至 2020 年 11 月 1 日零时,定西市常住人口 2524097 人。根据《2020 年定西市国民经济和社会发展统计公报》,2020 年,定西市实现地区生产总值 441.36 亿元。

(1) 帮扶工作。定西市健全完善易返贫人口动态监测和快速响应机制,推行防贫返贫动态监测“网格化”管理,完善发现响应、评估核查、精准帮扶、风险消除“四步走”闭环式工作体系。定西市先后对全市 1886 个行政村、62.83 万户 251.81 万农村人口开展 2 轮地毯式、全覆盖“大排查”。通过落实“一户一策”精准帮扶计划,累计为 1.31 万户 5.31 万人落实了产业帮扶政策,为 1.24 万户 1.77 万人落实了就业帮扶政策(其中选聘公益性岗位人员 0.29 万人),为 0.77 万户 1.26 万人落实了教育资助政策,为 0.47 万户 0.64 万人落实了医疗救助政策,为 0.36 万户 1.57 万人发放小额信贷 1.47 亿元,将 0.66 万人 2.1 万人纳入兜底保障范围,将 2021 年新识别认定的监测对象 608 户 2548 人全部落实了针对性帮扶措施,实现所有纳入监测的“三类户”精准帮扶全覆盖,确保发现一户、监测一户、帮扶一户、动态清零一户。②

(2) 产业发展。定西市大力推广“551”产业发展模式,全面构建“7+X”特色产业体系,纵向推进“工业产业攻坚大突破”行动,统筹推进中医药加工、马铃薯加工、草牧加工等十大生态产业,推动农业产业工业化,用工业拉动产业,用产业带动收入。2021 年底,定西市启动实施现代丝路寒旱农业优势特色产业三年倍增行动计划,发放特色产业发展工程贷款 15.23 亿

---

① 刘展, 颉满斌. 甘肃为乡村振兴注入科技力量 [N]. 科技日报, 2021-11-23.

② 刘佳丽. 绘出田畴沃野新画卷——定西市巩固拓展脱贫攻坚成果同乡村振兴有效衔接工作综述 [N]. 甘肃日报, 2021-11-18 (8).

元，落实产业发展奖补资金 13.65 亿元，重点支持农业产业园区和全产业链建设。定西市共开发公益性岗位 46827 个，1.04 万户脱贫户实现稳定增收。2014~2021 年，定西市累计整合投入 56.97 亿元用于产业发展，全市有 75% 以上的农户依靠产业有了稳定收入，有 61.98 万贫困人口通过发展种养业实现稳定脱贫；培育引进龙头企业 242 家，带动贫困群众 7.48 万户；组建农民合作社 12398 个，其中在 1101 个建档立卡贫困村组建农民合作社 6172 个，建成省级以上示范社 179 个、联合社 115 个，培育家庭农场 626 个。此外，定西市为推动全市经济高质量发展，市级财政每年安排 5000 万元、各县区分别安排 1000 万元至 2000 万元用于企业培育、项目建设、产业培育、人才引进等重点工作。①

（3）美丽乡村。定西市坚持把实施乡村建设行动作为巩固拓展脱贫攻坚成果、全面推进乡村振兴的重要抓手，大力改善农村生产生活条件。统筹整合各类资金 7.44 亿元，支持省级乡村建设行动 1 个示范县、5 个示范乡镇、22 个示范村和市级乡村建设行动 29 个示范村建设，梯次推进整县、整乡镇、整村先行先试，打造一批立足乡土社会、富有地域特色、承载田园乡愁、体现现代文明的先行示范村，为全市全面高质量推进乡村振兴蹚出路子、积累经验。2021 年，定西市共计划新建、改建卫生厕所 6.8 万座，已完成改造 6.5 万座，清理乱搭乱建 5467 处，回收废旧农膜 1.8 万吨，处理利用尾菜 6.02 万吨，畜禽粪污资源化利用量 303.37 万吨、利用率 83.28%；全市 119 个乡镇垃圾处理站、村庄垃圾收集点、收集车辆、无害化处理设施覆盖率达到了 100%，乡镇、行政村实现保洁队伍组建全覆盖，农村人居环境得到极大改善。此外，截至 2021 年 12 月底，福建省福州市已向定西市累计投资 7055.2 万元，实施生态林项目超 2 万亩。福州·定西东西部扶贫协作水土流失综合治理（生态林）项目在安定区共栽种 160.56 万株苗木，形成 10641 亩林地。②

2. 甘肃省陇南市

陇南市，是甘肃省地级市，省域南部重要的交通枢纽和商贸物流中心，具有鲜明地域文化特色的陇蜀之城、橄榄之城，辖 1 个区、8 个县，总面积 2.78 万平方千米。根据第七次全国人口普查数据，截至 2020 年 11 月 1 日零时，陇南市常住人口为 2407272 人。根据《2020 年陇南市国民经济和社会发展统计公报》，2020 年，陇南市实现生产总值 451.8 亿元。

2016~2020 年，陇南市地区生产总值从 2016 年的 339.9 亿元增加至 2020 年的 451.8 亿元，增长了 32.9%，经济发展稳中向好；全面打开陇南发展创新开放之门，电商产业累计带动 28 万人稳定就业，电商人均增收额从 2015 年的 430 元增长到 2021 年的 930 元，全市网店稳定在 1.4 万家，累计销售额逾 270 亿元；脱贫攻坚成效显著，陇南市 83.94 万贫困人口全部脱贫，9 个贫困县（区）、1707 个贫困村全部"摘帽"；生态环境质量持续稳步改善，建成乡村建设示范村 100 个，创建清洁村庄 510 个。此外，陇南市交通运输基础设施建设不断完善，建成两当县至徽县、渭源县至武都区（陇南段）2 条高速公路，新增高速公路 186 千米，全市高速公路通车总里程达到 573 千米，全市公路通车总里程达到 1.9 万千米，其中农村公路 2649 条、1.49 万千米，通车里程居全省第一。陇南市文旅产业稳步提升，全市旅游年累计接待游客由 2015 年的 941.7 万人次增加到 2019 年的 2170.9 万人次，旅游综合收入由 2015 年的 44.73 亿元增加到 2019 年的 117.38 亿元，年均增长近 18 亿元。③

陇南市徽县大力发展生姜种植产业，解决了当地村民的贫困问题。2019 年，徽县江洛镇生

---

①② 刘佳丽. 绘出田畴沃野新画卷——定西市巩固拓展脱贫攻坚成果同乡村振兴有效衔接工作综述［N］. 甘肃日报，2021-11-18（8）.

③ 石丹丹. 奋进新征程 建功新时代 陇南：稳步推进全面发展［EB/OL］.［2022-04-19］. http://gansu. gansudaily. com. cn/system/2022/04/19/030535326. shtml.

姜种植产业基地里最高亩产 15000 斤，平均亩产 8500 斤，亩均净收入超过 8000 元，160 亩产值达到 300 余万元。经过发展，当地的村民逐渐从传统的农民变成农业产业工人。原来当地群众种粮食，一亩地产粮 400 多斤，卖掉后，基本上保本不赚钱。而自从换成培育油松苗，一亩地可以纯收入近万元，一年能挣 3 万~4 万元。① 此外，徽县把农村"厕所革命"作为助推乡村振兴，改善农村人居环境的重要抓手，采取"周统计、月评比、月通报"等多种形式，高标准推进农村改厕工作。自 2018 年以来，徽县共实施农村户厕改造 23559 座。②

3. 甘肃省临夏回族自治州

临夏回族自治州，古称河州，是甘肃省辖自治州，全国两个回族自治州和甘肃两个民族自治州之一，总面积 8169 平方千米，辖 1 个县级市、7 个县，州内有回、汉、东乡、保安、撒拉等 42 个民族。根据第七次全国人口普查数据，截至 2020 年 11 月 1 日零时，临夏回族自治州常住人口为 2109750 人。根据《临夏回族自治州 2020 年国民经济和社会发展统计公报》，2020 年，临夏回族自治州实现地区生产总值 331.3 亿元。"十三五"时期，临夏回族自治州务实创新、开拓进取、勠力同心、克难奋进，全面促进乡村振兴。

（1）脱贫攻坚。临夏回族自治州投入各类资金 616 亿元，全面实现"两不愁三保障"，富民产业遍地开花，历史性甩掉了绝对贫困的"帽子"。临夏回族自治州全覆盖开展"3+1+1"冲刺清零行动和"5+1"专项提升行动，大力度实施惠及 7.51 万群众的易地扶贫搬迁工程，深层次推进东西部协作和中央单位定点帮扶，"两不愁三保障"问题全面解决，群众增收致富的基础更加牢固。经过不懈努力，临夏回族自治州 2013 年底建档立卡的 56.32 万贫困人口全部脱贫，8 个贫困县市全部"摘帽"，649 个贫困村全部出列。③

（2）项目建设。临夏回族自治州深入推进交通、基础、产业、民生、生态"五个十项目集中突破行动"，先后开工建设了一大批强基础、惠民生、利长远的项目。临夏回族自治州公路总里程达到 7874 千米，全社会用电量从 33.6 亿千瓦时增长到 42.9 亿千瓦时，天然气管道达到 1040 千米，拓通城市断头路 47 条，城市污水处理率、垃圾处理率分别达到 96.3%、99.5%。④

（3）富民产业。临夏回族自治州全力打造文旅、工业、种植、畜牧、美食五个百亿级产业，新增 5A 级景区 1 个、4A 级景区 6 个。装备制造、电子元件、纳米材料等产业实现从无到有。因地制宜推进农业产业结构调整，大力发展"牛羊菜果薯药菌花"等乡村产业，成立临夏美食产业发展中心和行业协会，发放餐饮行业贷款 4.53 亿元，引导临夏籍群众在全国开办特色餐饮门店 3 万家。⑤

（4）社会事业。深入推进振兴临夏教育十大行动，新建和改扩建各类学校 1501 所，新增学位 13 万个，招录教师近 1.1 万名，引导 4.9 万名"两后生"在州内外接受优质职业教育，8 县市通过国家义务教育基本均衡县验收。推进健康临夏建设，建立州县乡村 4 级医疗卫生服务体系。持续提高社会保障水平，城镇新增就业 13.8 万人，城乡低保标准分别提高 49%、40%，城乡居民医疗保险应保尽保。⑥

① 白杨. 徽县：书写乡村振兴华彩篇章 ［N］. 甘肃经济日报，2021-09-15（4）.

② 朱登山，吴嘉宁. 徽县："厕所革命"扮靓美丽乡村 ［EB/OL］. ［2021-11-25］. http：//fpb.gansu.gov.cn/fpb/c105303/202111/1898767.shtml.

③ 崔亚明. 临夏：民族团结　民生改善　实力跃升 ［N］. 甘肃日报，2021-06-22（3）.

④⑤⑥ 兰天. 书写新时代的发展答卷——临夏州经济社会发展成就综述 ［N］. 甘肃日报，2022-04-19（3）.

二十九、青海省

青海省，简称"青"，省会西宁市。位于中国西北内陆，青海省总面积 72.23 万平方千米，辖 2 个地级市、6 个自治州、4 个县级市、1 个县级行委。

（一）青海省经济发展概况

1. 青海省人口与经济概况

根据《青海省第七次全国人口普查公报（第一号）》，青海省共有常住人口 5923957 人，与 2010 年第六次全国人口普查的 5626722 人，增加 297235 人，增长 5.28%，年平均增长率为 0.52%。其中，汉族人口为 2993534 人，占 50.53%；各少数民族人口为 2930423 人，占 49.47%。与 2010 年第六次全国人口普查相比，汉族人口增加 10018 人，增长 0.34%；各少数民族人口增加 287217 人，增长 10.87%。根据《青海省第七次全国人口普查公报（第六号）》，在青海省常住人口中，居住在城镇的人口为 3559363 人，占 60.08%；居住在乡村的人口为 2364594 人，占 39.92%。与 2010 年第六次全国人口普查相比，城镇人口增加 1043105 人，乡村人口减少 745870 人，城镇人口比重上升 15.36 个百分点。

根据《青海省 2020 年国民经济和社会发展统计公报》，2020 年，青海省地区生产总值（GDP）3005.92 亿元，比 2019 年增长 1.5%。其中，第一产业增加值 334.30 亿元，增长 4.5%；第二产业增加值 1143.55 亿元，增长 2.7%；第三产业增加值 1528.07 亿元，增长 0.1%。三次产业结构为 11.1∶38.1∶50.8。全年农作物总播种面积 571.42 千公顷，比 2019 年增加 17.88 千公顷。粮食作物播种面积 290.03 千公顷，比 2019 年增加 9.83 千公顷。规模以上工业增加值比 2019 年下降 0.2%。

2020 年，青海省居民消费价格（CPI）比 2019 年上涨 2.6%。其中，城市上涨 2.7%，农村上涨 2.5%。青海省常住居民人均可支配收入 24037 元，比 2019 年增长 6.3%。其中，城镇常住居民人均可支配收入 35506 元，增长 5.0%；农村常住居民人均可支配收入 12342 元，增长 7.3%。城乡居民人均收入比（以农村居民人均收入为 1）为 2.88，比 2019 年缩小 0.06。青海省农民工人均月收入 3869 元，比 2019 年增长 0.8%。青海省常住居民人均生活消费支出 18284 元，比 2019 年增长 4.2%，其中，人均服务性消费支出 6773 元，下降 6.0%，占居民人均消费支出的比重为 37.0%。城镇常住居民人均生活消费支出 24315 元，增长 2.2%；农村常住居民人均生活消费支出 12134 元，增长 7.0%。居民恩格尔系数为 28.6%，比 2019 年下降 0.6 个百分点，其中，城镇为 27.8%，农村为 30.2%。[①]

2. 青海省各市人口与经济概况

青海省包括 8 个市州，分别为西宁市、海东市、海北藏族自治州、黄南藏族自治州、海南藏族自治州、果洛藏族自治州、玉树藏族自治州和海西蒙古族藏族自治州。根据青海省各市州统计局 2020 年 1~12 月主要经济指标显示：

（1）在地区生产总值方面。西宁市、海西蒙古族藏族自治州、海东市居全省前三名。其中，西宁市位居第一，实现地区生产总值 1373 亿元。海西蒙古族藏族自治州排名第二，全年地区生

---

① 青海省统计局，国家统计局青海调查总队. 青海省 2020 年国民经济和社会发展统计公报［EB/OL］.［2021-03-01］. http://tjj.qinghai.gov.cn/tjData/yearBulletin/202103/t20210304_71860.html.

产总值达到 619.80 亿元。海东市排名第三，地区生产总值 514.60 亿元。西宁市依然处于青海第一档位次，遥遥领先于省内其他城市。

（2）在地区生产总值增速方面。黄南藏族自治州以 5.3% 的增长继续位居前列。海东市紧随其后，增速 4.7%；海南藏族自治州则取得 2.9% 的增长。

（3）在财政收入方面。2020 年 8 个市州财政总收入排名前三位的分别是西宁市、海东市、海西蒙古族藏族自治州，其中西宁市以 398.86 亿元遥遥领先。

（4）在地区人口方面。西宁市常住人口为 2467965 人，占 41.66%；海东市常住人口为 1358471 人，占 22.93%；海北州常住人口为 265322 人，占 4.48%；黄南州常住人口为 276215 人，占 4.66%；海南州常住人口为 446996 人，占 7.55%；果洛州常住人口为 215573 人，占 3.64%；玉树州常住人口为 425199 人，占 7.18%；海西州常住人口为 468216 人，占 7.90%。2010~2020 年各市、州常住人口年均增速最高的是果洛州，为 1.73%；最低的是海西州，为 -0.44%。

（5）在其他方面。2020 年社会消费品零售总额排名前三位的分别是西宁市、海东市、海西蒙古族藏族自治州，分别为 573.57 亿元、121.27 亿元、79.67 亿元。城镇居民人均可支配收入位居全省前三的市州是果洛藏族自治州、玉树藏族自治州和西宁市。农村居民人均可支配收入位居全省前三的市州是海西蒙古族藏族自治州、海北藏族自治州、西宁市，分别为 16107 元、14842 元、13487 元。

3. 青海省产业概况

2016~2020 年，青海省扎实推进经济持续健康发展，综合实力实现新跃升。青海省地区生产总值提前一年实现比 2010 年翻一番目标，2019 年超过 3000 亿元。人均生产总值从 5511 美元增加到 7500 美元，人均财政支出位居全国前列。全社会固定资产投资年均增长 3.9%。每万人有效发明专利拥有量实现翻番，一批产业关键核心技术取得突破并实现成果转化，科技进步贡献率由 50% 提高到 55%。绿色低碳循环经济发展水平不断提升，战略性新兴产业增加值占比提高 3.1 个百分点，预计达到 6.5%，三大工业园区循环经济占比超过 60%。绿色有机农畜产品示范省建设深入推进，化肥农药减量增效试点面积扩大到 300 万亩，粮食总产量连续 13 年保持在百万吨以上。服务业增加值占比保持在 50% 以上，金融机构人民币存贷款余额分别比五年前增加 1090 亿元、1590 亿元。全域旅游加快发展，年旅游人次突破 5000 万人、收入达到 560 亿元。[①]

青海省天然草原面积位居全国第四，草原资源丰富，类型多样，全区草原总面积 3636.97 万公顷，可利用草原面积 3153.33 万公顷，以天然草场为主，牧草营养丰富。青海省畜牧业以牦牛、藏羊等适应高寒、缺氧、低压高原环境能力强的畜种为特色，2017 年玉树牦牛产地被列为中国特色农产品优势区，"环湖牦牛""雪多牦牛"列入国家畜禽遗传资源名录。以青海省高寒畜牧业为基础发展起来的牦牛肉、藏羊肉、酥油食品、奶制食品等藏区特色饮食和牧业文化是青海农业文化的亮丽名片。2019 年底，青海省存栏牦牛 517 万头，年出栏 173 万头，年产牦牛肉 16.8 万吨。通过有机认证的牦牛超过 120 万头，占牦牛总量的 23% 以上，成为全国最大的有机牦牛生产基地。[②] 2020 年 5 月，国家农业农村部、财政部公布首批批准建设的全国 50 个优势特色产业集群建设名单，青海牦牛产业集群位列其中。此外，青海省的高寒地理环境为藏药材

---

① 政府工作报告——2021 年 1 月 30 日在青海省第十三届人民代表大会第六次会议上［EB/OL］．［2021-02-09］．http：//www.qinghai.gov.cn/xxgk/xxgk/gzbg/202102/t20210209_181967.html.

② 孙海玲．"第一品牌"何以大写"牛文章"？——青海牦牛优势特色产业集群建设综述［EB/OL］．［2021-03-10］．http：//www.farmer.com.cn/2021/03/10/wap_99866769.html.

提供了适宜的生长环境，且拥有丰富的藏药材种植历史。其中，历史留传下来的藏药配方过万，已利用藏药处方开发制成藏药并临床运用的有 300 余个品种。青海野生中药材主要为冬虫夏草、唐古特大黄，冬虫夏草产量每年为 110~150 吨，唐古特大黄以采种为主；人工种植中藏药材青海省监测和统计面积为 22.25 万公顷（333.7 万亩），其中，大黄、黄芪、当归等其他中藏药材 1.17 万公顷（17.58 万亩），是西部地区重要的当归、黄芪集中种植区。青海药用动物养殖目前以麝类为主，白唇鹿、梅花鹿、藏雪鸡等养殖共同发展，全省养殖基地 28 个。① 青海湖泊众多，冷水鱼养殖业特色鲜明，鱼类资源丰富，天然鱼类资源 48 种。这些高寒地区的特色药材、特色渔业也是青海独特的农耕文化。②

近年来，青海省积极创建绿色有机农畜产品示范省，使牦牛肉、藏羊、有机枸杞、白刺果、沙棘、青稞等一系列"青字号"品牌更加闪亮。如今，在"青字号"品牌中，牦牛、青稞两大产业品牌发展势头强劲，先后发布了玉树牦牛、柴达木枸杞等 16 个省农产品区域公用品牌，大通牦牛、兴海青稞等七个品牌入选中国农业品牌目录农产品区域公用品牌，认证绿色食品、有机农产品和地理标志农产品 813 个。③ 此外，枸杞产业依然蓬勃发展，截至 2021 年 4 月，青海省认定有机枸杞种植面积达到 1.2 万公顷，枸杞年产干果量 8.41 万吨，产值达到 31.6 亿元，枸杞产业带动 10 万人就业。④

根据《青海省国民经济和社会发展第十四个五年规划和二〇三五年远景目标纲要》⑤，青海省坚持把发展经济着力点放在实体经济上，推进产业基础再造和产业链提升，推动传统产业高端化、智能化、绿色化，加快发展生态产业，抓紧布局新兴产业和未来产业，构建创新引领、协同发展的具有青海特色的现代产业体系。

（1）推动传统产业焕发新活力。①建设世界级盐湖产业基地。全面提高盐湖资源综合利用效率，着力建设现代化盐湖产业体系。加快发展锂盐产业；稳步发展钾产业链。打造国家"两碱"工业基地；做大镁产业；加大盐湖提硼力度；注重盐湖稀散元素开发，培育硫、锶化工产业等。②提升冶金建材全产业链竞争力。改造提升有色金属现有产能，提高产业集中度和集约化发展水平，高水平建设有色金属精深加工集聚区，降低企业能耗、物耗及排放。提升铝、铁、铜、铅、锌、钛、钼、黄金等采选冶炼技术工艺水平，建设国内重要的有色金属产业集群。提高先进钢材生产水平，鼓励发展高端装备、核电等特种钢材。③推动特色轻工业提品质创品牌。聚力打造具有青海地理标志的系列特色轻工品牌，促进高端化特色化品牌化发展。壮大饮料饮品制造业，扩大天然饮用水产业知名度和市场占有率，丰富发展枸杞、沙棘、黄果梨、火焰参等饮品产业，稳固提升青稞酒、枸杞酒等酒类品质。依托原生态生物资源，建设高原绿色有机食品加工生产基地。振兴藏毯、青绣等民族文化产业。促进民族手工业、民族服饰业和民族特需品产业品牌化发展。推动特色轻工产品深度嵌入文旅产业链，创意开发民族工艺品和旅游纪念品，建设一批旅游工艺品集聚区。

（2）打造生态型产业发展新优势。①建设国家清洁能源产业高地。开展绿色能源革命，发展光伏、风电、光热、地热等新能源，打造具有规模优势、效率优势、市场优势的重要支柱产业，建成国家重要的新型能源产业基地。②打造国际生态旅游目的地。深入落实全域旅游发展"五三"新要求，构建"一环六区两廊多点"生态旅游发展布局。提升打造高原湖泊、盐湖风

---

① 叶文娟. 我省认定"十八青药"为主要道地中藏药材［N］. 青海日报，2021-12-23（2）.

② 代辛. 以农业文化遗产为重要抓手　全面助推"青"字号品牌建设［N］. 青海日报，2021-04-06（8）.

③ 范程程. 青货出青"青字号"越来越靓［N］. 西海都市报，2021-12-21（A3）.

④ 赵俊杰. 青海枸杞产业带动 10 万人就业［N］. 西海都市报，2021-04-21.

⑤ 青海省国民经济和社会发展第十四个五年规划和二〇三五年远景目标纲要［EB/OL］.［2021-06-17］. https://www.ndrc.gov.cn/fggz/fzzlgh/dffzgh/202106/P020210617663445978340.pdf.

光、草原花海、雅丹地貌、冰川雪山等一批国家级生态旅游目的地，开辟自然生态、民族风情、文博场馆、丝路文化、健体康养、观光探险、源头科考等一批生态旅游精品线路，增创5A级景区五家，推动大区域、大流域旅游联动发展。到2025年，全省接待游客达到7300万人次，旅游总收入达到800亿元。③打造绿色有机农畜产品输出地。坚持质量兴农、绿色兴农、品牌强农，建成全国知名的绿色有机农畜产品示范省。优化"四区一带"农牧业发展布局，发展牦牛、藏羊、青稞、油菜、马铃薯、枸杞、沙棘、藜麦、冷水鱼、蜂产品、食用菌等特色优势产业，提升生猪生产能力。发展现代种业，推进旱作农业育种，推动青稞、小油菜、马铃薯等制种基地建设。实施青藏高原原产地品牌培育计划，推动区域公用品牌建设，到2025年累计认证"两品一标"农产品1000个以上。探索利用荒漠化土地发展现代滴灌农业。

（3）培育战略性新兴产业新支撑。①打造国家重要的新材料产业基地。完善新材料产业链条，打造具有市场竞争力的企业集团和产业集群。对接电解铝、金属镁等前端产业，发展高强高韧先进材料，加快发展铝基、钛基、镍基和锂合金等新型合金材料，研发生产锂镁、锂铝航空航天结构新材料。开发高性能碳纤维等新型非金属新材料。培育有机硅产业，加强电子级多晶硅、超高纯度低成本多晶硅、高效太阳能电池研发。开发高端镁化合物系列优质耐火材料、高端无卤阻燃材料等新型材料。②打造国家重要的生物医药产业基地。打造健康制品、药品等高原特色生物产业集群，建设国家重要的生物医药产业基地。深度开发利用红景天、雪莲、冬虫夏草等中藏药材特色资源，加强新型藏药、现代中药的研发和生产，发展中藏药新型制剂。③推动装备制造向系统集成制造升级。推进装备制造业技术创新和新产品开发，提高关键零部件制造和装备整机智能化水平，实现装备制造自动化集成化发展。④积极培育发展应急产业。围绕保障国家安全和维护人民健康，聚焦极端条件下抢险救援和生命救护，重点发展医疗卫生、消防、工程抢险、食品药品检测、通信设施以及预警设备等应急产业，提升应急产品供给能力。

（二）青海省乡村振兴阶段性成果

截至2020年，青海省42个贫困县、1622个贫困村全部脱贫退出，实际减贫53.9万人，"两不愁三保障"全面实现，为青海与全国一道全面建成小康社会奠定了坚实基础。

自2016年以来，青海省将中央和省级财政扶贫资金的60%以上用于发展特色种养业、现代服务业、文化旅游业、民族手工业、新能源产业等高原绿色扶贫产业。先后组建961家生态畜牧业合作社。培育扶持345家造林（扶贫）专业合作社，带动8.2万农牧民群众务工增收。实施乡村旅游扶贫项目208个，带动贫困人口1.58万户，共5.54万人。青海省累计建设光伏扶贫电站发电装机容量73.36万千瓦，带动28.3万建档立卡贫困人口实现脱贫增收。设置各类扶贫公益性岗位8.13万个，其中，4.99万贫困群众从事生态管护工作，占全省建档立卡贫困户的34%，年人均最高增收2.16万元。① 2021年上半年，青海省1622个村级光伏电站发电量达3.76亿千瓦时，总收益达2.81亿元，村均收益约17万元，累计村均收益达70万元。② 近年来，依托丰富的光热资源，青海光伏扶贫工作成效明显。

人民生活水平明显提高。贫困群众收入翻了两番多，从2015年的2196元增加到2020年的10504元，年均36.8%的增幅前所未有。贫困地区行政村道路硬化率、客车通达率双双达到100%，大电网覆盖和离网光伏基本满足了贫困群众用电需求，住房和饮水安全问题彻底得到解决，行政村光纤宽带和广播电视综合人口覆盖率达到或接近100%，基础设施短板基本补齐。③年均城镇新增就业6.2万人、转移农村劳动力113.2万人次。城乡居民收入增速快于经济增速，农

---

① ③ 周建萍. 奋楫扬帆奔小康 乡村振兴正当时——青海省脱贫攻坚纪实［N］. 西海都市报，2021-06-25（A4）.
② 石晶. 青海全力筑牢返贫底线［N］. 经济日报，2021-12-13（8）.

村居民收入增速快于城镇居民。民生投入占财政支出持续稳定在75%以上，一大批惠民举措落地实施。社会保险各险种参保人数大幅增加，覆盖城乡的社会保障体系基本建立。实施教育建设项目2825个，义务教育控辍保学经验在全国推广，高等教育办学水平显著提升，各类教育普及程度及平均受教育年限持续提高，科技宣传和普及工作不断加强，公民素质和社会文明程度明显提升。城市宜居性、舒适度不断提升，广大农牧民告别危旧土坯房、住进宽敞明亮砖瓦房，城乡面貌焕然一新。农村饮水安全巩固提升工程扎实推进，广大农牧民喝上了干净自来水。三江源地区清洁供暖正在替代煤炭和牛粪取暖。宽带青海基本建成，4G网络全覆盖、5G加快布局。妇女儿童、老龄慈善、残疾人、红十字等事业取得长足进步。各族群众在全面小康进程中生活得更加殷实、更加美满、更加幸福。美丽城镇、美丽乡村建设及"百乡千村"示范工程成效明显，农村厕所革命、垃圾污水处理稳步推进。区域发展协调共进、各具特色，城乡发展各美其美、美美与共、相得益彰。①

（三）青海省乡村振兴规划

青海严格落实"四个不摘"重大要求，坚持"新政策不出、旧政策不退"。2021年12月，青海省印发了《关于实现巩固拓展脱贫攻坚成果同乡村振兴有效衔接的实施意见》和产业提升、人才培育、人居环境整治、社会事业发展、乡村治理等专项行动方案，建立组织领导、规划目标、工作责任、社会动员、资金保障等7项保障体系，跟进配套水利、交通、村庄规划、土地使用、以工代赈、金融支持等36个行业配套政策，构建形成了以1个实施意见为牵引、5项行动方案为抓手、7大工作体系为保障、N个配套政策为支撑的"1+5+7+N"有效衔接政策制度顶层设计。青海加强与14家中央定点帮扶单位和对口援青6省市的衔接沟通，持续加大资金、技术、智力帮扶，助力巩固拓展脱贫攻坚成果和乡村全面振兴。坚持和完善社会力量参与机制，保持省直定点帮扶结对关系稳定，持续推进"一联双帮"工作，全面启动"百企兴百村"行动。与此同时，制定《巩固拓展脱贫攻坚成果全面推进乡村振兴试点工作实施方案》，将原15个深度贫困县纳入国家乡村振兴重点帮扶县扶持范围，同步确定10个省级重点帮扶县，将年度衔接资金的66%用于重点县发展。自下而上选定39个乡镇、225个村开展试点。坚持以点带面、先行先试、逐步推进，积极探索符合青海实际的乡村振兴新路子。②

2021年2月，青海省第十三届人民代表大会第六次会议批准了《青海省国民经济和社会发展第十四个五年规划和二〇三五年远景目标纲要》③，该文件第八篇指出城乡融合发展是现代化的重要标志。青海省围绕让城镇生活更美好、乡村生活更富足发展目标，加快统筹城乡发展，加强基础设施建设、基本公共服务、基层社会治理，坚持"三定四融"发展要求④，努力走出一条具有青海特色的城乡融合发展之路。

（1）推进以人为核心的新型城镇化。①加快转移人口市民化进程。深化户籍制度改革，加大非户籍人口在城镇落户力度，畅通进城落户"最后一公里"。完善以居住证为载体的城镇基本公共服务保障机制，逐步实现身份证承载居住证功能。维护进城落户农民的权益。②提升城镇发展品质。持续推进高原美丽城镇示范省建设，开展西宁、格尔木、玉树、同仁、祁连及环湖

① 政府工作报告——2021年1月30日在青海省第十三届人民代表大会第六次会议上［EB/OL］.［2021-02-09］. http://www.qinghai.gov.cn/xxgk/xxgk/gzbg/202102/t20210209_181967.html.
② 石晶.青海全力筑牢返贫底线［N］.经济日报，2021-12-13（8）.
③ 青海省国民经济和社会发展第十四个五年规划和二〇三五年远景目标纲要［EB/OL］.［2021-06-17］. https://www.ndrc.gov.cn/fggz/fzzlgh/dffzgh/202106/P020210617663445978340.pdf.
④ "三定四融"发展要求：坚持"以人定城、以水定城、以地定城"的发展底线，遵循"产城融合、园城融合、乡城融合、文城融合"的发展要求。

地区城镇带高原美丽城镇建设试点；创建园林城市和森林城市（镇）；开展城市更新行动；塑造城镇多元特色风貌；打造和复兴壮大一批"老字号"、国家地理标志、赛事展会等地域特色品牌；建设"海绵城市"，增强城市防洪排涝能力；发展智能交通，实现省会城市绿色公共交通全覆盖。到2025年，城镇建成区绿化覆盖率达到30%，累计实施城镇老旧小区改造13万套。③增强城镇发展韧性。坚持把全生命周期健康管理理念贯穿城市规划、建设、管理全过程各环节，形成全天候、系统性、快速处置的现代化城市运行安全保障网，建设韧性城市。④培育一批新兴城镇。加快共和、玛沁、海晏、贵德、囊谦等撤县设市进程，稳妥推进门源、民和、互助民族自治县规划建设管理向城市体制转变，适时撤县设市。稳步开展省级特色小镇创建工作，打造一批农字号、文字号、旅字号、体字号等特色小镇，重点支持河湟地区培育若干特色小镇群落。⑤强化城市精细化建设和治理。完善城市规划建设管理体制，统筹推进城市地上地下基础设施建设，健全城市基础设施安全风险隐患排查制度和防控机制，实施城镇建设安全专项治理行动。⑥推进以县城为重要载体的城镇化。加快补齐县城环境卫生、公共服务、市政设施、产业配套等方面短板弱项，赋予县级更多资源整合使用的自主权，不断增强县城综合服务能力。到2025年，城市、县城燃气普及率分别达到95%和64%。着力发展县域经济，培育一批县域特色产品区域品牌，增强农牧区综合配套改革集成效应，打造一批工业经济强县、高原特色农牧业大县和旅游名县。

（2）实现巩固拓展脱贫攻坚成果同乡村振兴有效衔接。①巩固拓展脱贫攻坚成果。做好五年过渡期内领导体制、工作体系、发展规划、政策措施、考核机制等衔接，逐步实现由集中资源支持脱贫攻坚成果向全面推进乡村振兴平稳过渡。②持续提升脱贫地区内生发展能力。注重产业后续长期培育，实施特色种养业提升行动，推广"合作社＋企业＋农户"等产业发展模式，继续实施消费帮扶。持续改善脱贫地区交通、水利、能源等基础设施条件，提升公共服务水平；促进脱贫人口稳定就业；实施民营企业"百企兴百村"行动等。

（3）全面推进乡村振兴。①培育乡村特色产业。深入推动农村一二三产业融合发展，加快建设产业融合发展示范园，积极培育产业融合示范县、产业融合先导区，建设一批农业产业强镇，打造"一村一品"示范乡村。支持建设规范化乡村工厂、生产车间，发展特色种养、手工艺和绿色建筑建材等乡土产业。促进地方品种种质资源保护和开发利用，持续打造地理标志品牌。培育壮大农牧民专业合作社、家庭农场等新型经营主体和服务主体，全面推进新型农牧业社会化服务体系建设。做优乡村旅游业，发展乡村旅游产业联盟，培育花海旅游、蔬果采摘、草原观光等乡村旅游产品，打造休闲农牧业与乡村旅游示范村等特色旅游线路，推进农家乐"三改一整"工程，发展多种形式的农家乐、游牧行、田园综合体等新兴业态。②培育壮大乡村人才队伍。开展高素质农牧民培育整县示范工程，加快培育一批专业大户、家庭农场主、农牧民合作社领办人和农业企业骨干，建立省、市（州）、县三级农牧民培育信息化平台，累计培育高素质农牧民5万人。加强涉农院校和学科建设，培养农村专业人才，扶持培养一批农业职业经理人、乡村工匠、田秀才、土专家等乡土人才。③焕发乡风文明新气象。实施乡风文明培育行动，持续开展以社会主义核心价值观为引领的移风易俗和群众性精神文明创建活动，创建文明村镇，健全行政村"一约四会"制度，构建新时代社会公序良俗。到2025年，县级以上文明村占比达到60%、文明乡镇占比达到75%。④建设高原美丽乡村样板。持续推进高原美丽乡村建设，提高村庄整体建设品质，打造高原美丽乡村升级版。启动"厕所革命"新三年行动。推进农村"四边"绿化，打造"河湟民宿""绿洲庄园""环湖牧居""多彩藏居"等特色民居和乡村建筑，健全农牧区人居环境长效管护机制。培育农村"绿色细胞"，开展"绿色家庭"示范户评比。提升农房建设质量，改善农牧民住房21万户。⑤健全城乡融合发展体制机制。落实第二轮土地承包到期后再延长三十年政策，建立农村集体经营性建设用地入市和增值收益分配制度；探索宅基地"三权分置"实现形式；建立工商资本入乡促进机制；建立科技成果入乡转化机制；完善农牧区产权流转市场体系；加快构建新型农牧业经营体系等。

（四）青海省部分市（区）乡村振兴概览

1. 青海省西宁市

西宁市，古称青唐城、西平郡、鄯州，青海省辖地级市、省会，是国务院批复确定的中国西北地区重要的中心城市。全市下辖5个区、2个县，总面积7660平方千米。根据第七次全国人口普查数据，西宁市常住人口为2467965人。根据《西宁市2020年国民经济和社会发展统计公报》，2020年，西宁市实现地区生产总值1372.98亿元。

近年来，西宁市在实施乡村振兴中充分发挥人才智力资源优势，打好平台借力、人才援引、本土蓄能"三张牌"，密织人才供给网，以人才振兴赋能乡村振兴。①西宁市通过"京青专家服务团"平台，在农业生产的关键点位借助省内外农业科技专家进行科学种植指导。自2019年以来，西宁市深入开展人才需求调研，积极争取"京青专家服务团"16名成员，开展技术指导、决策咨询、学术讲座、人才培养等服务，为提高农业种植技术、提升基层医疗卫生服务水平、开拓乡土产业发展思路送去"真经"，最大限度地实现"供需相适"，做到精准指导。②西宁、南京简称都是"宁"，"双宁"在人才交流上成效显著。东西部协作平台是双向开放式的人才沟通"廊道"，西宁市抓住这一有利契机，主动选派专业技术人员到南京三区跟岗"取经求教"，同时积极邀请南京三区专业技术人员来西宁挂职，实现人才发展双提升。求发展，关键是要有思路。通过东西部协作的平台，西宁本地人才出门学艺，带来了更多的新思路、新做法。近年来，西宁市通过开展"专技人才素质提升行动"，充分发挥东西部协作平台的积极作用。南京市每年都会选派54名教育、卫生、农牧等方面的骨干力量到西宁开展支医、支教、支农工作。同时，西宁市每年也会协调三县区选派36名教育、医疗、农技（农经）、电子商务等人员赴各自结对区进行锻炼提升。这不仅让乡村人居环境变得更好，还让农户生活质量提高，更重要的是增进了两地思想交流，人才助力城乡发展取得了显著成效。③推动乡村振兴发展，需要引进人才和培养人才两手抓、两手硬。近年来，西宁市高层次人才引育工作持续加力，在乡村振兴领域引进和培养"青海千人计划"人才13名，农业农村科技攻关人才1名，农业农村技术推广人才8名，新型经营主体领军人才18名，农业农村技术推广团队3个，西宁市"引才聚才555计划"人才12名。①

按照中共青海省委、青海省人民政府、中共西宁市委、西宁市人民政府部署要求，西宁市乡村振兴局将大力弘扬脱贫攻坚精神，巩固拓展脱贫攻坚成果，以实施"三乡工程"为抓手，扎实推进乡村振兴，大力打造一批各具特色的乡村振兴示范点，其中打造城乡融合示范县1个、乡村振兴示范乡镇3个、乡村振兴示范村24个、乡村旅游示范村8个。通过示范，以点带线推面，引领带动广大人民群众支持、参与乡村振兴战略，不断巩固提升脱贫攻坚成效，推动脱贫攻坚与乡村振兴有效衔接，引领乡村全面振兴。②

西宁市大通县边麻沟村在660亩的荒山上种植了50多种花卉，将亩产不到300斤粮食的旱地建成了"花海农庄"，打造出集花卉基地、人文景观、餐饮住宿、娱乐游戏及其他配套设施于一体的乡村旅游品牌。昔日破落穷困的边麻沟村变成了远近闻名的富裕村，如今，边麻沟村已成为青海省的乡村振兴试点示范村。③

① 万玛加. 助力乡村振兴青海西宁密织人才供给网［N］. 光明日报, 2021-11-12（10）.
② 一丁. 西宁打造24个乡村振兴示范村［N］. 西宁晚报, 2021-07-02（A9）.
③ 石晶. 青海全力筑牢返贫底线［N］. 经济日报, 2021-12-13（8）.

2. 青海省海东市

海东市，青海省辖地级市，因位于青海湖以东而得名。全市下辖 2 个区、4 个自治县，总面积 1.32 万平方千米。根据第七次全国人口普查数据，海东市常住人口为 1358471 人。根据《海东市 2020 年国民经济和社会发展统计公报》，2020 年，海东市实现地区生产总值 514.6 亿元。2021 年，海东市在乡村振兴方面取得良好成绩。

一是产业升级。海东市新建高标准农田 17.2 万亩，整治撂荒地 5.63 万亩，拆除复耕废弃温棚 4516 栋，特色优势作物种植面积占比达 86%，粮食、蔬菜产量分别达到 51.65 万吨、71.51 万吨，占青海省的 47.4%、47.6%，肉蛋奶产量分别达到 7.42 万吨、0.66 万吨、5.89 万吨，成功引进青海新发地项目，农业基础地位和对全省的贡献率稳固提升。海东市建成投产光电企业 11 家，培育新增规模以上企业 7 家，规模以上企业总数破百达 105 家，新型工业实现新增长，工业结构进一步优化。实现全社会融资 423.9 亿元，全市存贷 79.9%，创历史新高，金融服务实体经济质效持续提升。此外，海东市大力推进文旅融合，成功创建 3 家 4A 级、8 家 3A 级景区，喇家遗址入选全国"百年百大考古发现"，民族民俗游、红色游、乡村旅游全面发展。①

二是城乡发展。海东市贯彻落实青海省委、青海省政府"五定"要求，有序推进补短板、利长远重大项目 127 项，城市规划馆等一批城建项目建成投用，主城区 14 条道路管线全部入廊，4 个乡镇污水处理厂投入运行。实施棚户区改造 1846 套、老旧小区改造 5349 户、农牧民居住条件改善工程 11645 户。实施 6 个乡村振兴试点乡镇和 62 个乡村振兴（旅游）试点村建设，开工建设 2 个美丽城镇，建成 122 个高原美丽乡村，59 个村列入中国传统村落名单，城乡融合加速推进。持续开展城乡乱象和人居环境整治，全市生活垃圾无害化处理率 96.5%②。

三是生态治理。海东市着力解决突出环境问题，全面完成两轮中央生态环保督察 23 项反馈问题整改省级销号，262 个问题图斑整治通过省级验收，38 家矿山采坑回填 86.3 万立方米，恢复治理 3745.1 亩，完成三年行动任务的 71%。实施绿色海东"333"全域生态振兴工程，全民义务植树 652 万株，新增国土绿化 93.26 万亩③。

（1）海东市寿乐镇。为实现巩固拓展脱贫攻坚成果同乡村振兴有效衔接，寿乐镇党委、政府牢固树立新发展理念，立足实际、发挥优势，以增加农民收入为核心，以发展现代农业为重点，让乡村振兴在产业提档升级中全面推进，助力"三农"提质增效。自 2017 年以来，寿乐镇党委、政府计划总投资 2.98 亿元，按照"一轴四区"总体规划布局，打造集农业生态观光、农业科普教育和乡村旅游休闲度假等功能于一体的全省规模最大的万栋拱棚绿色农业示范区。截至 2021 年 10 月，已完成投资 2.2 亿元在引胜沟沟谷两侧建成设施温室及拱棚近万栋，其中拱棚 7821 栋，温室 550 栋。2021 年，寿乐镇种植乐都长辣椒 140 公顷，露地蔬菜 333 公顷，年产蔬菜 1.76 万吨，销售收入 3420 万元。目前，每栋拱棚纯收入可达 1 万元以上，累计带动园区内农户 14 个村，共 1.1 万人，人均可增收 1520 元。在这期间，形成的规模化、区域化的特色产业，让农民尝到了设施农业发展的甜头，有力地推动了传统农业逐步向现代高效农业的转变，为乡村振兴注入新动能。此外，寿乐镇把技能培训作为精准施策助力乡村振兴战略的重要渠道，实现群众技能创业，技能致富，技能增收，扩大劳务输出力度，自 2021 年以来劳务总收入达 5651 万元。自 2016 年以来连续开展电商、家政服务等各类实用技能培训班 59 期，培训劳动人口 2855 人，其中，贫困劳动力 1471 人。④

（2）海东市峰堆乡。2017 年，在乡党委的引领下，峰堆乡通过租赁撂荒地、流转土地、土地入股等方式，进一步扩大种植规模，逐步形成了"合作社+农户"种植模式。同时，峰堆乡加

---

①②③　王华杰．政府工作报告［EB/OL］．［2022-02-18］．http://www.haidong.gov.cn/files/202203171643131687.pdf.

④　张慧慧．寿乐镇的乡村振兴新图景［N］．青海日报，2021-10-19（2）．

大全乡村级道路及基础设施的建设，探索形成了"农业+旅游"的新型发展模式。如今，峰堆乡深入实施"党建聚合力"工程，积极响应"连片打造，突出特色"的要求，整合资源优势，建设美丽宜居村庄。将党的组织优势充分转化为发展动能，跑出了党建引领乡村振兴的"加速度"。同时，峰堆乡各基层党支部立足本土资源禀赋和产业优势，坚持"农民主体、生态优先、因地制宜"的原则，积极探索打造峰堆乡最美洋芋花海生态旅游亮点。据悉，峰堆乡洋芋花海基地建设涉及 5 个村，共 937 户 3100 人。面对这个情况，峰堆乡推动成员单位责任上肩，推动党建聚合力工程环环相扣，全乡党员干部积极协调征集各方意见，逐门逐户摸排村民情况，确保各项工作宣传、落实到位。乡村振兴，产业兴旺是关键。2021 年，峰堆乡种植洋芋面积达 270公顷，预计每亩产量达 6500 斤，收益每亩可达 3900 元。①

3. 青海省玉树藏族自治州

玉树藏族自治州，是青海省第一个、中国第二个成立的少数民族自治州，全州总面积 26.7万平方千米，下辖 1 个市、5 个县。根据第七次全国人口普查数据，玉树藏族自治州常住人口为425199 人。根据《玉树州 2020 年国民经济和社会发展统计公报》，2020 年，玉树藏族自治州实现地区生产总值 63.57 亿元，同比增长 0.2%。

玉树藏族自治州把乡村振兴作为提升群众幸福感、获得感的重要举措，坚持党建引领，推动基层组织建设全面进步、全面过硬，赋能乡村振兴。一方面，健全组织体系，确保党的各级组织坚强有力。通过"线上线下"两手抓的方式，借助互联网平台持续推行"云端"阵地建设。推行"党员空中活动室""党员中心户"等有效做法，坚持把学习阵地建在云端、把服务工作做进网络、把党务管理搬到线上。另一方面，激发组织活力，强化基层组织引领作用。通过采取强化党的政治引领、推进基层组织建设、强化"能人带动"效应、创新经营项目、强化财政支撑作用等举措，持续强化产业扶持、政策扶持、资源扶持和人才扶持，在村集体经济"全面破零"的基础上，探索推进村集体经济与合作社融合发展的新路子，着力培育发展壮大村集体经济，助推乡村振兴战略落地落实。截至 2021 年底，玉树藏族自治州村集体经济收入 10 万元以上的村占 55%，部分村集体经济账面收入达 1000 万元。②

（1）玉树藏族自治州杂多县。"十三五"期间，杂多县针对"久困于穷"的全县 711 户共3139 人建档立卡贫困户，在萨呼腾镇吉乃滩社区分成 2 个小区进行集中安置，其中，牧人幸福家园集中安置 270 户，牧人希望家园集中安置 441 户。杂多县委县政府制定了《杂多县易地扶贫搬迁后续产业发展规划》，并按户制定了脱贫方案，实现了牧民搬迁与脱贫同步，安居与乐业并举的愿望。现在，扶贫搬迁两个小区内共有 200 多个搬迁牧民在"扶贫物业"公司上班，政府公益性岗位改善了 300 多户家庭没有收入的情况，"乐业"问题迎刃而解。为进一步激发搬迁群众的内生动力，强化致富"造血"功能，杂多县正在建设一个集学、训、产、销于一体的县级牧民文化技术技能培训基地，将开展以牧民文化素养、技能培训、非物质文化传承、特色产品生产等为一体的培训，牧民可以免费参加，学就一身致富本领。杂多县乡村振兴局根据牧民的兴趣爱好开展培训，牧民可以自由选择培训内容，用自己的勤劳和努力换取幸福，真正融入县城。在培训内容中，不仅有培训学校，杂多县还组建了物流中心项目、冬虫夏草扶贫产业商业综合体、扶贫大酒店、扶贫汽修厂、大型智能温棚蔬菜种植基地等"十大扶贫产业"，共投资21689.87 万元，采取"政府搭台、企业唱戏、群众增收"的运作模式，提供就业和创业机会，

---

① 张添福，拜得菊. 青海乡村振兴见闻：各方力量共同奏响发展"协奏曲" ［EB/OL］. ［2021-08-31］. https：//www. chinanews. com. cn/cj/2021/08-31/9554807. shtml.

② 玉树州以夯实基层党建赋能乡村振兴 ［EB/OL］. ［2022-01-06］. https：//baijiahao. baidu. com/s？id=1721170980757381904&wfr=spider&for=pc.

真正从源头解决牧民们的后顾之忧。①

（2）玉树藏族自治州囊谦县总杂吾哈种养植合作社。在囊谦县农牧部门的指导下，总杂吾哈种养植合作社与三江农贸服务有限公司进行资源合并，采用"企业+合作社+农户"联营模式，专门进行玉米、燕麦等饲料作物的种植、加工和销售。2020年通过村民入股、订单种植的方式，共整合流转香达镇、东坝乡土地447公顷，收获干草3000多吨、青贮玉米500多吨，收获颇丰。因为囊谦独特的气候环境、水土禀赋，这里种植生产的饲料具有极高的营养价值，深受牧民青睐。截至2021年12月，该公司生产的饲料产品已销售至杂多县、治多县等地，销售额达300多万元，帮助68户农牧民实现增收。目前，囊谦县已建立村、乡、县饲料储备库8处，累计储备颗粒饲料280吨、鲜草300吨，青贮饲料40吨。"四级"草料储备体系初步形成，"种、产、销、研"饲料产业初具规模。②

（3）玉树藏族自治州曲麻莱县约改镇。2021年，随着曲麻莱县以党史学习教育为契机，深入基层开展"我为群众办实事"活动，各机关单位党员纷纷下基层，听民声，解民忧。自党史学习教育开展以来，约改镇积极开展访民情、解民忧、促和谐活动，及时了解和掌握群众的诉求和愿望，着力解决人民群众的切身利益问题，先"雪中送炭"，再"锦上添花"。截至2021年底，全镇上下共计开展为民办实事活动1000余次，环境整治共计300余次，帮扶特困人员共计150余次，助学帮扶50余次。③

三十、宁夏回族自治区

宁夏回族自治区（以下简称"宁夏"），简称"宁"，首府银川。位于中国西北内陆地区，东邻陕西，西、北接内蒙古，南连甘肃，宁夏总面积6.64万平方千米，位于四大地理区划的西北地区。宁夏下辖5个地级市（9个市辖区、2个县级市、11个县）。

（一）宁夏回族自治区经济发展概况

1. 宁夏回族自治区人口与经济概况

根据《宁夏回族自治区第七次全国人口普查公报（第一号）》，2020年，宁夏总人口为7202654人。与2010年第六次全国人口普查相比，增加901304人，增长14.30%，年平均增长1.35%。在全区常住人口中，汉族人口为4612964人，占64.05%；各少数民族人口为2589690人，占35.95%，其中，回族人口为2523581人，占35.04%。与2010年第六次全国人口普查相比，汉族人口增加543552人，增长13.36%；各少数民族人口增加357752人，增长16.03%，其中，回族人口增加332602人，增长15.18%。根据《宁夏回族自治区第七次全国人口普查公报（第六号）》，2020年，居住在城镇的人口为4678654人，占64.96%；居住在乡村的人口为2524000人，占35.04%。与2010年第六次全国人口普查相比，城镇人口增加1660307人，乡村人口减少759003人，城镇人口比重上升17.06个百分点。

根据《宁夏回族自治区2020年国民经济和社会发展统计公报》，2020年，宁夏实现地区生产总值（GDP）3920.55亿元，比2019年增长3.9%。其中，第一产业增加值338.01亿元，增

---

① 程宦宁. 易地搬迁让牧民有了"稳稳的幸福" [N]. 青海日报，2021-12-07（6）.

② 程宦宁. 这个冬天"底气足" [N]. 青海日报，2021-12-05（7）.

③ 程宦宁. 小灯芯点亮牧民新生活 [N]. 青海日报，2021-12-10（6）.

长 3.3%；第二产业增加值 1608.96 亿元，增长 4.0%；第三产业增加值 1973.58 亿元，增长 3.9%。粮食种植面积 1018.75 万亩，比 2019 年增加 2.70 万亩；粮食总产量 380.49 万吨，比 2019 年增产 7.34 万吨，增长 2.0%，连续 17 年实现丰收；蔬菜产量 568.61 万吨，比 2019 年增长 0.5%；肉类总产量 33.77 万吨，比 2019 年增长 0.7%。宁夏全部工业增加值 1283.69 亿元，比 2019 年增长 4.2%。规模以上工业增加值增长 4.3%。宁夏实现社会消费品零售总额 1301.39 亿元，比 2019 年下降 7.0%。

2020 年，宁夏居民消费价格（CPI）比 2019 年上涨 1.5%。宁夏居民人均可支配收入 25735 元，比 2019 年增长 5.4%。其中，城镇居民人均可支配收入 35720 元，增长 4.1%；农村居民人均可支配收入 13889 元，增长 8.0%。宁夏居民人均消费支出 17506 元，比 2019 年下降 4.3%。其中，城镇居民人均消费支出 22379 元，下降 7.4%；农村居民人均消费支出 11724 元，增长 2.3%。①

2. 宁夏回族自治区各市人口与经济概况

宁夏回族自治区包括 5 个地级市，分别为银川市、石嘴山市、吴忠市、固原市和中卫市。宁夏回族自治区各市统计局 2020 年 1~12 月主要经济指标如下：

（1）在地区生产总值方面。银川市、吴忠市、石嘴山市居全省前三名。其中，银川市位居第一，实现地区生产总值 1964.3676 亿元。吴忠市排名第二，全年地区生产总值达到 621.7735 亿元。石嘴山市排名第三，地区生产总值 541.6236 亿元。

（2）在地区生产总值增速方面。吴忠市以 6.2% 的增速继续位居前列。石嘴山市紧随其后，增速 6.0%；固原市、银川市、中卫市的增速分别为 5.6%、3.2%、0.3%。

（3）在财政收入方面。宁夏五个地级市中，2020 年地方一般公共预算收入最高的是银川市，为 157.2599 亿元，成为拉动宁夏整体实力跃升的重要动力。在一般公共预算总收入中，前三名分别为银川市、吴忠市和石嘴山市。

（4）在地区人口方面。根据《宁夏回族自治区第七次全国人口普查公报（第二号）》，2020 年宁夏 5 个地级市中，银川市人口为 2859074 人，占全区常住人口的 39.69%；石嘴山市人口为 751389 人，占 10.43%；吴忠市人口为 1382713 人，占 19.20%；固原市人口为 1142142 人，占 15.86%；中卫市人口为 1067336 人，占 14.82%。人口比重与 2010 年第六次全国人口普查相比，银川市人口所占比重上升 8.07 个百分点，石嘴山市、吴忠市、固原市、中卫市人口所占比重分别下降 1.09 个、1.02 个、3.63 个、2.33 个百分点。

（5）在其他方面。2020 年社会消费品零售总额排名前三位的分别是银川市、吴忠市、中卫市。城镇居民人均可支配收入和农村居民人均可支配收入位居宁夏前三的地级市是银川市、石嘴山市和吴忠市。

3. 宁夏回族自治区产业概况

"十三五"时期，宁夏大力发展枸杞、葡萄酒、奶产业、肉牛、滩羊等特色优势产业。①酿酒葡萄种植面积 49 万亩，年产葡萄酒近 10 万吨，综合产值达到 261 亿元，贺兰山东麓已成为全国最大的酿酒葡萄集中连片种植和酒庄酒产区，也是国内最佳、国际知名的葡萄酒产区。②枸杞种植面积 35 万亩，年产干果 9.8 万吨，综合产值达到 210 亿元。奶牛存栏 57.38 万头，比"十二五"末增长 51.4%，居全国第八位，生鲜乳人均占有量居全国第一位。③肉牛、滩羊饲养量分别达到 192.6 万头和 1221 万只，比"十二五"末分别增长 43.75%、13.87%，人均牛肉占有量是全国平均水平的 3 倍，"盐池滩羊"品牌价值达到 88.17 亿元。④认证绿色食品 283

---

① 宁夏回族自治区统计局，国家统计局宁夏调查总队 . 宁夏回族自治区 2020 年国民经济和社会发展统计公报［EB/OL］.［2021-05-24］. http://tj.nx.gov.cn/tjsj_htr/tjgb_htr/202105/t20210524_2852265.html.

个、有机农产品30个、良好农业规范（GAP）9家，全区绿色食品加工企业达到1331家，农产品加工转化率达到69%。大力推进粮改饲，全年饲草产量达到1569万吨。⑤发展电子商务、"互联网+"、大数据等新业态新模式，打造宁夏农村电商综合服务平台，农产品全年网上销售额达到27.2亿元。⑥农村产业融合步伐加快，休闲农业和乡村旅游业年营业收入达到10.6亿元，带动农民就业超过2.6万人。⑦品牌影响力不断扩大，创建六个中国特色农产品优势区，贺兰山东麓葡萄酒、中宁枸杞、盐池滩羊、宁夏大米等八个区域公用品牌入选"中国百强区域公用品牌"。①

2021年4月，宁夏回族自治区人民政府办公厅发布了《自治区支持九大重点产业加快发展若干财政措施（暂行）》，指出要全力推进黄河流域生态保护和高质量发展先行区建设，加快推动枸杞、葡萄酒、奶产业、肉牛和滩羊、电子信息、新型材料、绿色食品、清洁能源、文化旅游九大重点产业的发展。②

根据《宁夏回族自治区国民经济和社会发展第十四个五年规划和2035年远景目标纲要》③，宁夏统筹推进"补短板"和"锻长板"，加快产业体系升级和基础能力再造，提升产业链供应链现代化水平，推动制造业高质量发展。

（1）发展优势主导产业。①推动新材料产业先行发展。以发展高性能新材料为重点，打造银川市光伏和电子信息材料、石嘴山市稀有金属、宁东基地化工新材料和高性能纤维材料三大产业集群。②全链条布局清洁能源产业。坚持园区化、规模化发展方向，围绕风能、光能、氢能等新能源产业，高标准建设新能源综合示范区。到2025年，全区新能源电力装机力争达到4000万千瓦。③打造绿色食品加工优势区。以优势特色产业为重点，推进生产与加工、产品与市场、企业与农户协调发展，打造粮油类、畜禽肉类、乳品类、葡萄酒类、枸杞类、果蔬类绿色食品，提高质量效益和市场竞争力。④建设现代煤化工产业示范区。推动宁东能源化工基地与吴忠太阳山开发区一体化发展，打造千亿级煤化工产业集群，高水平建设国家现代煤化工产业示范区。到2025年，全区现代煤化工产能超过1500万吨。⑤推进装备制造业创新升级。巩固煤矿机械、大型铸件、仪器仪表、数控机床等行业技术领先地位和市场占有率，推动产品向高端升级、向智能转型。

（2）发展特色优势农业产业。①打造贺兰山东麓"葡萄酒之都"。按照"大产区、大产业、酒庄酒"的发展思路，加快构建"一体两翼、一心一园八镇"的葡萄酒产业发展格局，创建国家葡萄及葡萄酒产业开放发展综合试验区。②打造"枸杞之乡"品牌新优势。优化枸杞产业"一核两带"区域布局，实施"六大工程"④，加快构建"四大体系"⑤，建设集良种繁育、精深加工、仓储物流等于一体的现代枸杞产业集散区、加工区，推动枸杞产业与文旅产业、饮食产业融合发展。③打造"中国高端奶之乡"。依托资源禀赋和产业基础，以高产、高效、优质、安全、绿色发展为目标，引导奶牛养殖向饲草料资源丰富、生态容量大的区域集聚发展，大力推广标准化养殖和良种繁育技术，建设沿黄奶产业高质量发展优势区。培育"宁夏牛奶"区域公用品牌，打造国内领先的高端乳制品加工基地和国际一流的优质奶源生产基地。④打造高端牛

---

① 宁夏回族自治区人民政府办公厅.自治区人民政府办公厅关于印发宁夏回族自治区农业农村现代化发展"十四五"规划的通知［EB/OL］.［2021-11-29］.http：//www.nx.gov.cn/zwgk/qzfwj/202111/t20211129_3170674.html.

② 宁夏回族自治区人民政府办公厅.自治区人民政府办公厅关于印发《自治区支持九大重点产业加快发展若干财政措施（暂行）》的通知［EB/OL］.［2021-04-27］.http：//www.nx.gov.cn/zwgk/gfxwj/202104/t20210427_2801064.html.

③ 宁夏回族自治区人民政府.自治区人民政府关于印发宁夏回族自治区国民经济和社会发展第十四个五年规划和2035年远景目标纲要的通知［EB/OL］.［2021-03-09］.http：//www.nx.gov.cn/zwgk/qzfwj/202103/t20210309_2620843.html? from=singlemessage.

④ 六大工程：基地稳杞、龙头强杞、科技兴杞、质量保杞、品牌立杞、文化活杞。

⑤ 四大体系：产业标准、绿色防控、检验检测、产品追溯。

肉生产基地和"中国滩羊之乡"。坚持种养结合、草畜一体、循环发展，推进肉牛、滩羊规模化、标准化、绿色化养殖，建设中南部和引黄灌区两大优质肉牛产区、中部干旱带滩羊养殖核心区。打响"固原黄牛""六盘山牛肉""盐池滩羊"等区域公共品牌。

（二）宁夏回族自治区乡村振兴阶段性成果

在脱贫攻坚方面。"十三五"末，宁夏脱贫攻坚取得全面胜利，农民生活显著改善。脱贫攻坚目标任务全面完成，9个贫困县全部"摘帽"，1100个贫困村全部出列，62.4万农村贫困人口全部脱贫，实现"两不愁三保障"目标。深入实施"四个一"示范带动工程，扎实推进产业扶贫"六项行动"，"华润基础母牛银行"等四个案例入选全国产业扶贫和产业振兴典型范例。创业创新活力增强，农村创业创新人数达到1.25万人。2020年，宁夏农村居民人均可支配收入达到13889元，五年间年均增速8.8%，增速连续11年高于城镇居民，城乡居民收入差距由2015年的2.76∶1缩小到2020年的2.57∶1，农民获得感幸福感明显增强。①

在产业振兴方面。"十三五"时期，宁夏粮食连年丰产丰收，重要农产品供给保障能力稳中有升。全面落实耕地和永久基本农田保护制度，累计建成高标准农田780万亩，划定粮食生产功能区644万亩。持续推进绿色高质高效创建，粮食播种面积稳定在1016万亩以上，2020年全区粮食产量达到380.49万吨，实现"十七连丰"，单产水平位居西北地区第2位。重要农产品供给稳步提升，全面恢复生猪生产，生猪饲养量达到188.6万头，比"十二五"末增长7.7%，完成国家下达生产保供任务的115%。家禽饲养量达到2567万只，肉、蛋、奶总产量分别达到34.1万吨、13.8万吨和215.34万吨。持续抓好蔬菜生产，全区蔬菜面积稳定在300万亩左右，产量达到568.61万吨。稳步推进水产品生产，渔业养殖面积稳定在50万亩左右，水产品产量达到16.16万吨。②2021年，宁夏85%的畜禽养殖基地已通过无公害产地认证，正在打造全国农业绿色发展先行区。得益于得天独厚的资源禀赋，宁夏肉牛和滩羊产业特色鲜明，牛羊肉口感鲜美、营养丰富，深受区内外广大消费者青睐。2021年上半年，宁夏肉牛和滩羊产业继续保持快速发展势头，肉牛饲养量达到166.4万头，同比增长18.6%；牛肉产量5.9万吨，同比增长10.4%。滩羊饲养量达到995.2万只，同比增长11.2%；羊肉产量6.0万吨，同比增长10.5%。肉牛和滩羊产业成为宁夏中南部地区农民脱贫致富的支柱产业。③

在农村人居环境整治方面。"十三五"时期，农村人居环境整治成效显著，危房改造动态清零，农村卫生厕所普及率达到58%，农村生活垃圾、生活污水治理率分别达到90%、20.5%。农村基础设施和公共服务明显改善，建制村全部实现通硬化路、通客车，农村自来水普及率达到91%，4G网络覆盖达到98%。农村教育质量显著提升，医疗卫生服务体系不断健全，社会保障覆盖范围不断扩大。农村改革持续深化，农村土地确权颁证高质量完成，土地"三权分置"改革、农村宅基地制度改革试点稳步推进，农村集体产权制度改革整省试点任务全面完成。多形式持续发展壮大村集体经济，全方位推进乡村治理体系建设，创造了农村改革"宁夏经验"。乡村文化蓬勃发展，村综合文化服务中心实现全覆盖，农民文化生活日益丰富。④

（三）宁夏回族自治区乡村振兴规划

宁夏回族自治区乡村振兴局每年都积极推动各项政策和规划，仅2021年就制定并实施了32

---

①②④　宁夏回族自治区人民政府办公厅．自治区人民政府办公厅关于印发宁夏回族自治区农业农村现代化发展"十四五"规划的通知［EB/OL］．［2021-11-29］．http：//www.nx.gov.cn/zwgk/qzfwj/202111/t20211129_3170674.html.

③　于晶．宁夏："畜"势腾飞正当时乡村振兴添"动能"［EB/OL］．［2021-07-28］．https：//baijiahao.baidu.com/s?id=1706532559783519738&wfr=spider&for=pc.

个有关巩固拓展脱贫攻坚成果同乡村振兴有效衔接的政策和措施。宁夏回族自治区党委农村工作领导小组关于印发《关于建立巩固拓展脱贫攻坚成果有效衔接乡村振兴"四查四补"常态化机制的意见》的通知（宁党农发〔2021〕7号），明确了从脱贫攻坚到衔接乡村振兴的"四查四补"常态化工作方式，包括以下几点：①"查损补失"。对照防止规模性返贫的要求，查找弥补因灾、因疫、因突发公共事件、因市场波动等引起的损失、有效化解返贫风险。②"查漏补缺"。对照巩固拓展脱贫成果的要求，排查解决巩固脱贫攻坚成果的"四漏"问题①。③"查短补齐"。对照全面推进乡村振兴的要求，排查补齐基础设施和公共服务的短板问题。一是排查补齐影响乡村发展的基础设施建设短板。二是排查补齐影响乡村发展的公共服务供给短板。三是排查补齐影响乡村发展的基层治理能力短板。④"查弱补强"。对照有效衔接乡村振兴的要求，查找解决影响巩固拓展脱贫成果同乡村振兴有效衔接的弱项问题。一是排查解决脱贫人口和防止返贫监测对象（含移民）收入水平不高问题。二是排查解决易地扶贫搬迁后续发展存在的困难。三是排查解决乡村振兴重点帮扶县、重点帮扶村存在的弱项问题。四是排查解决重男轻女、超生、婚丧嫁娶大操大办等内生能力不足问题。

2020年5月15日，宁夏回族自治区政府第65次常务会审议通过《关于推进美丽乡村建设高质量发展的实施意见》提出，到2022年，首批特色小城镇发展层次进一步提升，实施20个重点镇和150个"集聚提升类、城郊融合类"高质量美丽村庄建设，培育发展20个"特色保护类"传统村落，建成一批绿色小城镇、绿色村庄，镇村布局进一步优化，形成分类递进发展格局。2021年8月，宁夏团委联合自治区农业农村厅、乡村振兴局等10家单位，出台《推动返乡入乡青年投身乡村振兴的实施方案》，为农村青年致富带头人、产业发展带头人和返乡创业青年等青年人才全面投身"四大提升行动"、助力乡村振兴、推动先行区建设提供政策支撑。宁夏回族自治区计划每年组织动员包括科技特派员在内的1万名各级各类人才深入乡村，参与乡村产业发展、基础设施升级、生态环境改善、乡村文明提升等，措施包括引导专业人才和青年学子下乡。

根据宁夏回族自治区党委、政府联合印发的《关于实现巩固拓展脱贫攻坚成果同乡村振兴有效衔接的实施意见》，到2025年，宁夏回族自治区脱贫攻坚成果巩固拓展，乡村全面振兴。乡村产业质量效益和竞争力进一步提高，农村基础设施和基本公共服务水平进一步提升，生态环境持续改善，美丽宜居乡村建设扎实推进，乡风文明建设取得显著进展。到2035年，脱贫地区经济实力显著增强，乡村振兴取得重大进展，农村低收入人口生活水平显著提高，城乡差距进一步缩小，在促进全体人民共同富裕上取得更为明显的实质性进展。

（1）建立健全长效帮扶机制，巩固拓展脱贫攻坚成果。一是保持主要帮扶政策总体稳定。二是健全防止返贫动态监测帮扶机制。三是巩固"两不愁三保障"成果。四是实施百万移民致富提升行动。五是加强帮扶项目资产管理监督。

（2）瞄准农村低收入人口，健全常态化帮扶机制。加强农村低收入人口监测。分层分类实施社会救助。合理确定农村医疗保障待遇水平。完善养老保障和儿童关爱服务。

（3）做好有效衔接重点工作，提升脱贫地区整体发展水平。①集中支持乡村振兴重点帮扶地区发展。川区县（市、区）确定100个左右自治区乡村振兴重点帮扶村（移民安置区），支持集中解决产业、就业、基础设施和公共服务等问题。②实施城乡居民收入提升行动。围绕全区农村居民收入增速高于城镇居民平均水平、脱贫地区农村居民收入增速高于全国农民平均水平

---

① 一是排查解决符合条件的防止返贫监测对象精准识别纳入的漏统问题。二是排查解决所有农户"两不愁三保障"持续巩固的漏项问题。三是排查解决巩固脱贫成果政策措施精准落实的漏扶问题。四是排查解决本辖区内外地籍农村常住人口和本地籍农村常年外出人口的漏管问题。

的目标要求，千方百计拓宽增收渠道，提高收入水平。发展壮大脱贫地区乡村特色产业。一是大力发展葡萄酒、枸杞、奶产业、肉牛和滩羊、绿色食品等重点特色产业。根据《宁夏九大重点产业高质量发展实施方案》，预计到 2025 年，宁夏肉牛和滩羊产业全产业链产值有望分别达到 600 亿元和 400 亿元的目标。积极培育电子商务、文化旅游、休闲农业、健康养老等新产业新业态。二是实施农产品加工提升行动，完善全产业链支持措施，加快脱贫地区农产品和食品仓储保鲜、冷链物流设施建设。三是优先支持脱贫县建设现代农业产业园、科技示范展示园、产业融合发展示范园，支持脱贫县创建国家现代化农业示范区。③改善脱贫地区基础设施条件。④提升脱贫地区公共服务水平。⑤整治改善乡村环境。到 2025 年全区卫生厕所普及率达到 85% 以上、农村生活垃圾分类和资源化利用覆盖面达到 35% 以上、农村生活污水治理率达到 40%。

（4）强化支持举措保障，做好政策体系有效衔接。一是做好财政投入政策衔接。二是做好金融服务政策衔接。三是做好土地支持政策衔接。四是做好人才智力支持政策衔接。五是坚持和完善闽宁协作机制。六是做好社会帮扶机制衔接。

（四）宁夏回族自治区部分市（区）乡村振兴概览

1. 宁夏回族自治区银川市

银川市，简称"银"，是宁夏回族自治区首府，国务院批复确定的中国西北地区重要的中心城市，面积 9025.38 平方千米；全市下辖 3 个区、2 个县、代管 1 个县级市。2020 年，银川市实现地区生产总值 1964.37 亿元，同比增长 3.2%。①

银川市把建设美丽宜居乡村作为深入贯彻落实习近平总书记视察宁夏重要讲话精神的重大举措，坚持以干净、整洁、有序为目标，以"厕所革命"、垃圾处理、污水治理、村容村貌提升等重点任务为抓手，大力实施乡村振兴战略，截至 2020 年 10 月，累计完成农村户厕改造 15.2 万座，卫生厕所普及率达到 89.5%，垃圾治理率达到 90.21%，生活污水处理率达到 30% 以上，西夏区荣获 2019 年全国村庄清洁行动先进县和农村人居环境整治治理成效明显激励县两项荣誉，全市农村人居环境持续改善。② 截至 2021 年 11 月，银川市 67 个产业项目组织实施，41 个劳务工作站设立、85 个就业帮扶基地创建，50 个重点村有劳动能力的人口实现就业 9 万余人。③

银川市贺兰县隆源村曾经是农垦集团"十一五""十二五"期间易地扶贫搬迁海原县、泾源县、隆德县部分乡镇的移民贫困村。三年时间，昔时移民贫困村，已然换新颜。2019 年，隆源村被评为全国乡村治理示范村。2021 年，隆源村通过梅花鹿养殖、辣椒泡菜精深加工等项目，搭上了致富"高铁"，全年人均可支配收入有望增长 30%、突破 1.3 万元。④

2. 宁夏回族自治区吴忠市

吴忠市位于宁夏中部，原为古灵州城和金积县驻地，地处宁夏平原腹地。全市总面积 2.14 万平方千米，下辖 2 个区、1 个市、2 个县。2020 年，吴忠市实现地区生产总值 621.77 亿元，

① 银川市统计局，国家统计局银川调查队. 银川市 2020 年国民经济和社会发展统计公报 [EB/OL]. [2021-04-22]. http://www.yinchuan.gov.cn/xxgk/bmxxgkml/stjj/xxgkml_2517/tjxx_7670/tjgb_7671/202104/t20210422_2795968.html.

② 杨海. 银川市"四点发力"打好乡村振兴战略第一场硬仗 [EB/OL]. [2020-10-19]. http://nynct.nx.gov.cn/xwzx/qqnyxw/202010/t20201019_2260893.html.

③ 张海峰. 打开以点带面、统筹推进宁夏"四大提升行动"让群众的"幸福路"越走越宽 [EB/OL]. [2021-11-17]. http://fpb.nx.gov.cn/xwzx/mtbd/202111/t20211117_3136195.html.

④ 马晓芳. "四大提升行动"强动力 乡村全面振兴开新局 陈润儿咸辉带队观摩全区深入实施"四大提升行动"全面促进乡村振兴工作 [N]. 宁夏日报，2021-10-30 (1).

同比增长 6.2%。① 在各级政府的支持和共同努力下,吴忠市美丽乡村建设取得了良好的建设效果。

一是项目建设速度稳步推进。2021 年初,吴忠市确定的美丽乡村建设任务已经全部开工建设,4 个高标准重点小城镇全部开工建设,完成投资 30.2 亿元,占计划完成投资任务的 150%;13 个高质量美丽宜居村庄全部开工建设,完成投资 4.39 亿元,占计划完成投资任务的 67.5%;同心县黄古川村、盐池县李塬畔村 2 个自治级传统村落已经基本编织完成传统村落保护发展规划;农村生活垃圾得到治理,村庄基本实现全覆盖。

二是项目建设成效效果明显。截至 2021 年 9 月,宁夏回族自治区拨付资金 2 亿元,实施重点小城镇、美丽宜居村庄、传统村落保护等项目,市、县区自筹整合资金、吸引社会投资等累计到位资金 26.7 亿元,为项目建设提供了资金保障。吴忠市突出主导产业带动乡村发展,围绕自治区九大产业或地方特色优势产业,结合村庄所在市、县(区)、乡(镇)产业发展策略、产业布局、优势资源,准确定位村庄特色,全面推进产村和一二三产业深度融合,2021 年培育在建的有水稻、葡萄、瓜果、蔬菜、滩羊、肉牛等特色主导产业,培育主导产业数量 22 个,主导产业上下游配套产业项目 18 个,不断注入乡村可持续发展动力源。利通区围绕大青葡萄产业、现代服务业、富硒蔬菜产业等建设东塔寺乡白寺滩村、上桥镇牛家坊村成效显著。

三是项目投入逐步提升。美丽乡村项目建设的投入集中在基础设施建设、产业发展、改善农村人居环境等工作上,禁止涂脂抹粉、粉墙刷白等形象工程,不搞投入高效益低、规模不匹配等投入产出比显著失衡的项目,农村的面貌进一步改善,农村的设施建设和产业发展得到了优化提升。截至 2021 年 9 月,发展文化旅游项目 7 个、培育改造商业街区 5 个、完成绿化 1460 亩、铺设给排水管网 204 千米、配备路灯 600 多盏、新建公厕 12 个等。②

吴忠市盐池县是中国北方半干旱农牧交错区 266 个牧区县之一,享有"中国滩羊之乡"的美誉,同时也是宁夏滩羊产业的主要集聚地。盐池滩羊销往全国 20 多个大中城市,外销比例超 30%,以滩羊为主导的特色优势产业对盐池县农民增收贡献率达 80% 以上,品牌价值达 88 亿元。③ 盐池县始终坚持把交通路网建设作为脱贫富民工作的重中之重,以高效、便捷、安全的公路带动当地种养产业、旅游产业,促进乡村振兴发展。盐池县围绕资源修干道、产业修大道、旅游修通道,加密交通网络,提高道路等级,初步建立了以 2 条铁路、4 条高速公路为骨架,10 条省省干线公路为依托,县乡公路为支脉,南通北畅、东进西出、外通内连的"四纵八横"公路快捷网。十三五"期间,盐池县先后投资 8.61 亿元,完成 G307 线盐池至高沙窝段二级公路、G338 线盐池过境段(原盐兴公路)二级公路、G244 线盐池过境段(冯记沟至红柳沟)三级公路等国省干线升级改造。先后投资 10.34 亿元,建成农村公路 2478.2 千米,全县通车总里程达 3497 千米。实现了所有行政村通硬化路率、所有自然村通路率达 100%,各乡镇基本实现"半小时上高速"。④

3. 宁夏回族自治区石嘴山市

石嘴山市,宁夏回族自治区辖地级市,位居宁夏最北端,东邻鄂尔多斯台地,西踞银川平原北部;辖 2 个区、1 个县,总面积 5310 平方千米。2020 年,石嘴山市实现地区生产总值

① 吴忠市统计局,国家统计局吴忠调查队.吴忠市 2020 年国民经济和社会发展统计公报 [EB/OL].[2021-04-22].http://www.wuzhong.gov.cn/tjsj/tjgb_42038/202104/t20210422_2796344.html.

② 参见宁夏回族自治区住房和城乡建设厅.

③ 于晶.宁夏:"畜"势腾飞正当时 乡村振兴添"动能" [EB/OL].[2021-07-28].https://baijiahao.baidu.com/s?id=1706532559783519738&wfr=spider&for=pc.

④ 蒲利宏.盐池:"四纵八横"交通网架起致富桥 [N].宁夏日报,2021-10-11(6).

541.62亿元，比2019年增长6.0%。[1]

一是坚持把做强农村产业作为乡村振兴的关键支撑。立足产业兴旺，培强做大乡村产业。2021年，提质发展高效种养业，全市奶牛存栏达到7.25万头，同比增长68%；建成全国首家、世界领先的5G智慧牧场，形成了河东奶牛、宝丰肉羊、头闸种子、姚伏番茄、陶乐沙漠瓜菜等区域特色。加快推进三产融合，全市绿色食品加工企业发展到104家，休闲农业企业发展到68家，大武口区龙泉村被认定为第三批国家农村产业融合发展示范园，平罗县宝丰镇获评全国农业产业强镇。

二是坚持把人才队伍建设作为乡村振兴的坚实保证。研究制定《全面推进乡村人才振兴实施方案》，明确乡村人才培育的措施和手段。建成8个自治区级农业科技推广示范基地，获批人社部、自治区专家服务基层重点项目和特色人才项目6个，自治区级农民田间学校1个。

三是坚持把增加农民收入作为乡村振兴的出发点和落脚点。实施农村劳动力转移就业促进行动，推动农村劳动力更加充分、更高质量的转移就业，截至2021年7月底，全市农村劳动力转移就业3.2万人，实现工资性总收入2.27亿元。实施职业技能提升行动和高素质农民培训计划，加强农民工就业服务。

四是坚持把改善农村人居环境作为乡村振兴的重点任务。围绕"村庄美、庭院美、环境美、田园美"目标，大力实施农村人居环境整治提升攻坚行动，集中打造22个"中心村"，稳妥整治"空心村"，深入开展村庄清洁、庭院清洁、农业生产废弃物整治和乡村绿化四大行动，全面改善提升乡村水、路、房等基础设施，积极探索建立完善日常保洁、乡村公共设施维护、垃圾收集等方面的体制机制，把生态、洁净、文明的理念渗透到生产、生活的方方面面，着力推动乡村人居环境改善常态长效，全力打造生态宜居乡村。

五是坚持把创新乡村治理作为乡村振兴的内在要求。持续推进"三大三强"行动。2021年，全面推进基层整合审批服务执法力量改革，大武口区在全区率先建设"互联网+网格"社会治理综合信息平台。全面推行村民代表会议"55124"民主议事模式，创新发展新时代"枫桥经验"，总结推行多元化解纠纷的"石嘴山经验"。扎实开展"一村一年一事"行动，全年确定办理事项194件，已办理157件，完成投资1.3亿元，完成率80.9%。

六是坚持把推进改革创新作为乡村振兴的动力源泉。全面启动平罗县二轮土地承包到期后延包改革试点工作，规范推进土地流转，探索开展"一块田"改革，全市土地流转面积稳定在62.6万亩，占耕地面积的46%。加快推进农村闲置宅基地再利用，累计整治退出957宗闲置房地，腾退闲置建设用地5500亩，农村集体经营性建设用地累计入市交易126宗1029亩。巩固提升农村集体产权制度改革成果，共实施扶持壮大村级集体经济项目147个，全市村集体经营性收入10万元以上的村达到114个，60个村实现股份分红2000万元以上。[2]

近年来，石嘴山市平罗县为提升产权制度改革成果积极探索、大胆尝试，鼓励村集体股份经济合作社根据资源禀赋，不断增强村集体经济发展的内生动力，发展壮大村集体经济。截至2021年11月，平罗县144个村集体经济组织根据自身实际，探索开展了社会化服务、村企合作、特色种养、乡村旅游等产业模式，实现经营性收入3100万元，带动集体和农民共同增收致富。平罗县陶乐镇庙庙湖村通过成立股份经济合作社，庙庙湖村以"合作社+企业+农户"的模式，将各级政府扶贫投资建设的养殖场、设施温棚、村集体土地等经营性资产和土地收益全部折股量化，实现村集体资产"人人持股"。移民收入由单纯的种植和务工向特色种植、养殖、集

---

① 石嘴山市统计局，国家统计局石嘴山调查队.石嘴山市2020年国民经济和社会发展统计公报［EB/OL］.［2021-05-25］.http：//tjj.shizuishan.gov.cn/tjsj/tjgb/202105/t20210525_2854152.html.

② 参见宁夏新闻网，https：//www.nxnews.net/yc/ztyx/202109/t20210916_7272595.html.

体收益分配等多元化发展。2020 年，庙庙湖村股份经济合作社共实施壮大村集体经济项目 11 项，净收益 142.159 万元。①

4. 宁夏回族自治区中卫市

中卫市，简称"卫"，宁夏回族自治区辖地级市，位于宁夏回族自治区中西部，市域总面积 17441.6 平方千米。2020 年，中卫市实现地区生产总值 440.32 亿元，比 2019 年增长 0.3%。②

"十三五"时期，中卫市坚持把产业扶贫作为主攻方向，大力培育扶贫支柱产业，因地制宜推动产业扶贫发展，促进群众稳定增收，推动乡村振兴。一是培育优势特色扶贫产业。在全市形成了以马铃薯、草畜、枸杞等为主的扶贫产业，肉牛饲养量 33 万头、肉羊饲养量 107 万只；培育产业扶贫示范村 32 个、扶贫龙头企业 38 家、扶贫专业合作社 261 家，全市 194 个贫困村集体经济收入年均达到 5 万元以上。二是发展壮大劳务产业。培育形成了劳务输出、交通运输、剪纸刺绣、特色餐饮"四大务工品牌"，完成各种技能培训 6.36 万人次，组织劳务输出 57.82 万人次，累计实现收入 13.16 亿元；建成扶贫车间 48 家，带动务工就业 3868 人，开发各类公益性岗位 9076 个。三是加强移民区后续扶持。完成"十三五"时期易地扶贫搬迁 3730 户 15531 人，沙坡头区平整培肥土地 8977 亩，发展特色种植 2.48 万亩，引来光明牧业等企业发展规模化养殖，带动移民群众发展产业。中宁县建成 5 家万头奶牛场。③

（1）中卫市海原县。受地形影响，海原县的农田散落在沟、壑、峁、梁之上，给发展机械化、规模化的现代农业"设置"了诸多障碍。海原县基于自然环境条件，选择了肉牛养殖作为特色产业推进农业现代化进程。近年来，海原县通过打造高端肉牛产业发展集群，创建国家级肉牛产业体系示范县，强化政策支持，培育龙头企业。海原百姓也不断创新发展。截至 2021 年 7 月，全县规模牛场、肉牛养殖合作社、家庭牛场达到 160 家以上，肉牛养殖示范村 57 个，肉牛饲养量达 30 万头，肉牛产值逾 12 亿元。④

（2）中卫市沙坡头区。2021 年，沙坡头区结合"我为群众办实事"，坚持以全面实施乡村振兴战略为引领，立足资源禀赋，大力开展"三建三带"⑤ 活动，切实为乡村振兴聚力赋能。①建产业链条、带动产业振兴。立足打造"宁夏黄金奶源之乡"，高标准建设奶产业科创中心，加快推进光明乳业奶牛养殖全产业链、中宁县大青山万头奶牛场等项目建设，大力支持光明乳业发展鲜奶、奶粉、奶酪等高端乳制品精深加工项目；大力发展鸡产业；聚焦推进苹果产业转型升级。②建人居环境、带动生态振兴。成立农村人居环境整治专项领导小组和行动小组，以农村厕所革命、生活垃圾处理、污水治理、改善村容村貌为主攻方向，将城市"以克论净"保洁机制向农村延伸，建立"户分类、村收集、乡镇转运、市（区）处理"的农村生活垃圾收集转运处理系统。③建帮扶机制、带动增收致富。结合移民区资源条件，通过培育发展枸杞、苹果、金银花等特色产业，夯实群众增收基础。在兴仁乡、香山乡"十一五"时期移民区培育枸杞等特色产业，建设枸杞示范基地 2500 亩；在宣和镇敬农"十二五"时期移民区实施 6000 亩苹果产业示范基地项目；在常乐镇康乐移民区引入光明乳业建设万头奶牛养殖基地；在东园镇金沙"十三五"时期移民安置点建设设施蔬菜产业园，有效增加产业收入。依托扶贫车间、龙

---

① 李良. 平罗县："农村"股民"走出发展新路径 [N]. 宁夏日报，2021-10-12 (5).

② 中卫市统计局，国家统计局中卫调查队. 中卫市 2020 年国民经济和社会发展统计公报 [EB/OL]. [2021-04-29]. http：//www.nxzw.gov.cn/zwgk/bmxxgkml/stjj/fdzdgknr_50012/tjjtjgb/202104/P020210430405740922316.pdf.

③ 孙迎春. 提交脱贫精彩"答卷"擘画乡村振兴蓝图——中卫市巩固拓展脱贫攻坚成果同乡村振兴有效衔接综述 [EB/OL]. [2021-09-08]. https：//www.nxnews.net/ds/zwdt/202112/t20211206_7363590.html.

④ 于晶. 宁夏："畜"势腾飞正当时　乡村振兴添"动能"[EB/OL]. [2021-07-28]. https：//baijiahao.baidu.com/s？id=1706532559783519738&wfr=spider&for=pc.

⑤ "三建三带"：建产业链条、带动产业振兴，建人居环境、带动生态振兴，建帮扶机制、带动增收致富。

头企业吸纳移民就业 4500 余人。①

三十一、新疆维吾尔自治区

新疆维吾尔自治区（以下简称新疆），简称"新"，首府乌鲁木齐市，位于中国西北地区，陆地边境线长 5700 多千米，约占全国陆地边境线的 1/4，是中国陆地面积最大、交界邻国最多、陆地边境线最长的省级行政区。新疆现辖 4 个地级市、5 个地区、5 个自治州，面积 166.49 万平方千米，是中国陆地面积最大的省级行政区，占中国国土总面积的 1/6。新疆现有 56 个民族，主要居住有汉、维吾尔、哈萨克、回、蒙古、柯尔克孜、锡伯、塔吉克、乌孜别克、满、达斡尔、塔塔尔、俄罗斯等民族，是中国五个少数民族自治区之一。

（一）新疆维吾尔自治区经济发展概况

1. 新疆维吾尔自治区人口与经济概况

根据《新疆维吾尔自治区第七次全国人口普查公报（第一号）》，新疆维吾尔自治区常住人口为 25852345 人，与 2010 年第六次全国人口普查的 21813334 人相比，增加 4039011 人，增长 18.52%，年平均增长率为 1.71%。在全区常住人口中，汉族人口为 10920098 人，占 42.24%；维吾尔族人口为 11624257 人，占 44.96%；其他少数民族人口为 3307990 人，占 12.80%。与第六次全国人口普查相比，汉族人口增加 217.4 万人，其中，跨省流入增加 194.8 万人；维吾尔族人口增加 162.3 万人，增长 16.2%。根据《新疆维吾尔自治区第七次全国人口普查公报（第五号）》，在新疆维吾尔自治区常住人口中，居住在城镇的人口为 14613622 人，占 56.53%；居住在乡村的人口为 11238723 人，占 43.47%。与 2010 年第六次全国人口普查相比，城镇人口增加 5277870 人，乡村人口减少 1241340 人，城镇人口比重增加 13.73 个百分点。

根据《新疆维吾尔自治区 2020 年国民经济和社会发展统计公报》，2020 年，新疆维吾尔自治区地区生产总值（GDP）13797.58 亿元，比 2019 年增长 3.4%。其中，第一产业增加值 1981.28 亿元，增长 4.3%；第二产业增加值 4744.45 亿元，增长 7.8%；第三产业增加值 7071.85 亿元，增长 0.2%。第一产业增加值占地区生产总值比重为 14.4%，第二产业增加值比重为 34.4%，第三产业增加值比重为 51.2%。粮食种植面积 2230.15 千公顷，比 2019 年增长 1.2%；粮食产量（含薯类）1583.40 万吨，比 2019 年增加 56.33 万吨，增产 3.7%；全部工业增加值 3633.33 亿元，比 2019 年增长 5.8%。

2020 年，新疆维吾尔自治区居民消费价格（CPI）比 2019 年上涨 1.5%。新疆维吾尔自治区居民人均可支配收入 23845 元，比 2019 年增长 3.2%，扣除价格因素，实际增长 1.7%。其中，城镇居民人均可支配收入 34838 元，比 2019 年增长 0.5%，扣除价格因素，实际下降 0.8%；农村居民人均可支配收入 14056 元，比 2019 年增长 7.1%，扣除价格因素，实际增长 5.0%。新疆维吾尔自治区居民人均消费支出 16512 元，比 2019 年下降 5.1%。其中，城镇居民人均消费支出 22592 元，下降 10.3%；农村居民人均消费支出 10778 元，增长 4.5%。城乡居民家庭恩格尔系数为 31.6%，其中，城镇居民家庭恩格尔系数为 31.3%，农村居民家庭恩

---

① 何耐江. 沙坡头区："三建三带"助推乡村振兴"加速跑"［N］. 宁夏日报，2021-11-03（2）.

格尔系数为 32.2%。①

2. 新疆维吾尔自治区各市人口与经济概况

新疆包括 14 个地州市，分别为乌鲁木齐市、克拉玛依市、吐鲁番市、哈密市、昌吉回族自治州、博尔塔拉蒙古自治州、巴音郭楞蒙古自治州、克孜勒苏柯尔克孜自治州、伊犁哈萨克自治州②、阿克苏地区、喀什地区、和田地区、塔城地区、阿勒泰地区。根据新疆各地州市统计局 2020 年 1~12 月主要经济指标：

（1）在地区生产总值方面。乌鲁木齐市、伊犁哈萨克自治州、昌吉回族自治州居新疆前三名。其中，乌鲁木齐市位居第一，实现地区生产总值 3337.32 亿元；伊犁哈萨克自治州排名第二，全年地区生产总值 2338.11 亿元；昌吉回族自治州排名第三，全年地区生产总值达到 1387.25 亿元。乌鲁木齐市是处于新疆第一档位次，遥遥领先于自治区内其他城市。

（2）在财政收入方面。2020 年 14 个地州市一般公共预算收入排名前三位的分别是乌鲁木齐市、昌吉回族自治州、阿克苏地区，成为拉动新疆整体实力跃升的重要动力，其中乌鲁木齐市以 392.64 亿元遥遥领先。

（3）在地区人口方面。在 14 个地州市中，人口超过 200 万人的有五个，依次为喀什地区 4496377 人、乌鲁木齐市 4054369 人、伊犁哈萨克自治州（只统计直属县市，不包括塔城地区和阿勒泰地区）2848393 人、阿克苏地区 2714422 人、和田地区 2504718 人，这五个地州市合计人口占新疆维吾尔自治区人口的 64.28%。

（4）在其他方面。在 2020 年社会消费品零售总额排名中，乌鲁木齐市以 971.81 亿元位居第一。在城镇居民人均可支配收入排名中，克拉玛依市以 46963 元位居第一。

3. 新疆维吾尔自治区产业概况

近年来，新疆持续深化农业供给侧结构性改革，推进稳粮、优棉、强果、兴畜、促特色，着力调整优化农业结构和布局，推动农业由增产导向转向提质导向，提高农产品有效供给水平和质量。①稳粮方面，新疆加快推进粮食生产功能区建设，连续三年提高冬小麦种植补贴标准，有力提振了农民种粮积极性。2020 年新疆粮食产量 1583.4 万吨，人均粮食占有量超过 600 公斤，以小麦为主的口粮自给率达 119%，牢牢守住了粮食安全底线。②优棉方面，棉花生产布局向优势棉区集中，品种结构不断优化，品质稳定提升。2020 年新疆棉花产量占全国总产量的 87.3%。③强果方面，深入推进林果业提质增效，2020 年新疆特色林果面积稳定在 2200 万亩左右，地方林果产量达 845 万吨、产值突破 550 亿元。④兴畜方面，实施农区畜牧业振兴三年行动，加快提升综合生产能力，推动畜牧业高质量发展。2020 年新疆肉类总产量 167 万吨、牛奶产量 200 万吨、禽蛋产量 40.2 万吨，较"十二五"末分别增长 16.58%、28.42%、23.04%。⑤促特色方面，加强环塔里木盆地、吐哈盆地等特色农产品优势区建设，把特色农业发展成为促进农民增收的大产业。2020 年新疆特色农作物种植面积达到 1090.3 万亩、产量 1669.6 万吨。③

此外，新疆聚焦特色优势产业，持续做大做强林果业、农副产品加工业、馕产业、葡萄酒产业等特色优势产业，不断丰富乡村产业业态，加快推动特色农业高质量发展。"十三五"时期，建设国家现代农业产业园 5 个、优势特色产业集群 4 个、农业产业强镇 28 个，打造农业产业化联合体 134 个。2020 年，新疆农产品加工企业达 1.27 万家，规模以上农产品加工企业实现

---

①　新疆维吾尔自治区统计局，国家统计局新疆调查总队．新疆维吾尔自治区 2020 年国民经济和社会发展统计公报［EB/OL］．［2021-03-13］．http：//www. xinjiang. gov. cn/xinjiang/tjgb/202106/5037ac528c58479 dbaabddce9050a284. shtml.

②　伊犁哈萨克自治州包括伊犁哈萨克自治州直属县市、塔城地区和阿勒泰地区。

③　刘毅．优先发展农业农村　全面推进乡村振兴——有关人士就"十三五"全区"三农"发展成效及"十四五"开局情况答记者问［N］．新疆日报，2021-10-15（A5）．

营业收入 1456.54 亿元。从抓生产到抓链条、从抓产品到抓产业、从抓环节到抓体系，新疆不断贯通特色产业生产、加工、销售链条，拓展产业增值增效空间，为巩固拓展脱贫攻坚成果，推进乡村全面振兴提供了重要支撑。

新疆是全国养羊大区，羊存栏量、出栏量和羊肉产量均位居全国第二。目前，新疆牧区主要以哈萨克羊、阿勒泰羊、巴音布鲁克羊等新疆地方绵羊品种为主，农区主要以湖羊和小尾寒羊及其杂交后代等多胎多羔羊品种为主。为了夯实现代畜牧业发展基础，提高自主供种能力和畜牧业核心竞争力，2019 年，新疆建立了农区高效肉羊产业技术体系。自该体系建立以来，全疆 6 家涉农龙头企业多胎多羔羊年产羔率达到 260% 以上，羔羊成活率达到 95% 以上，其他涉农企业生产水平得到一定程度提升；农户多胎多羔羊年产羔率达到 200%，项目区羔羊成活率达到 85% 以上。近两年，农区多胎多羔羊"育繁推"良种繁育体系正逐步完善和发展壮大。以湖羊、小尾寒羊及其杂交后代为主的多胎多羔羊品种已由区域性试点养殖扩大到规模化集约化养殖。养殖区域由和田、喀什两个地区扩大至全疆 9 个地（州）20 余个县（市），农区肉羊产业已成为全疆农区畜牧业高质量发展的重要产业。例如，和田地区墨玉县萨依巴格乡通过育良种、创模式、抓培训、强科研等多种途径，探索出"公司+基地+农户+科研院所"托养模式、"养殖大户+农户+科技服务团"自养模式和固定资产收益模式，多胎多羔羊养殖成为该乡的支柱产业，辐射带动农户 2700 余户，养殖多胎多羔羊 2.7 万余只，2020 年实现户均增收 2000～4000 元。截至 2021 年 11 月，全疆存栏湖羊等多胎多羔羊 300 余万只，约占全疆绵羊年底总存栏数的 8%。①

根据《新疆维吾尔自治区国民经济和社会发展第十四个五年规划和 2035 年远景目标纲要》，新疆将推动工业强基增效和转型升级，提升新型工业化发展水平。①推动传统产业转型升级。深化工业供给侧结构性改革，继续推进"三去一降一补"，实施产业基础再造工程和新一轮传统产业重大技术改造升级工程，推动化工、纺织、有色、钢铁、建材等传统产业工艺改进、提质增效，促进传统产业高端化、智能化、绿色化。②积极发展战略性新兴产业。实施战略性新兴产业发展推进工程，加快壮大数字经济、先进装备制造业、新能源、新材料、氢能源、生物医药、节能环保、新能源汽车等产业，提升产业规模和市场竞争力。③推动产业集群发展。坚持一产上水平、二产抓重点、三产大发展，实施园区提升工程，科学合理布局产业项目，重点抓好石油石化、煤炭煤化工、电力、纺织服装、电子产品、林果、农副产品加工、馕、葡萄酒、旅游"十大产业"，推进产业基础高端化、产业链现代化，提高经济质量效益和核心竞争力。力争"十四五"末，推动一批上规模、高质量的企业上市，培育一批营业收入超百亿元工业企业集团，支持打造一批营业收入和资产规模"双千亿"企业集团，力争形成一批千亿元产业集群、百亿元特色产业集群。

（二）新疆维吾尔自治区乡村振兴阶段性成果

"十三五"时期，新疆落实精准扶贫基本方略，紧扣"两不愁三保障"，坚持"六个精准"，扎实推进"七个一批""三个加大力度"，全区现行标准下 306.49 万农村贫困人口全面脱贫、3666 个贫困村全部退出、35 个贫困县全部"摘帽"。"两不愁三保障"全面实现，贫困家庭义务教育阶段孩子因贫失学辍学实现动态清零，贫困人口基本医疗保险、大病保险参保率均达到100%。提前一年完成 4 万余户 16.92 万人易地扶贫搬迁任务。着力补齐饮水安全和住房安全"短板"，健全完善防止返贫监测预警和动态帮扶机制，农村饮水安全和危房改造任务全面完成，五年累计解决和巩固提升 152 万贫困人口饮水安全问题，全部贫困人口都喝上了安全放心水，彻底结束贫困人口住危房的历史，贫困群众生产生活条件得到大幅改善，新疆绝对贫困问题得到

---

① 贺江. 新疆畜牧科学院研究员杨会国："良种+良法"农区肉羊产业升级提速［N］. 新疆日报，2021-11-08（A6）.

历史性解决。常住人口城镇化率由 2015 年的 47.23% 提高到 2020 年的 52.4%。2020 年，全区城镇供水普及率、污水处理率、生活垃圾无害化处理率分别达 98%、96.9%、97%。建成区绿化覆盖率为 39.47%。

新疆大力实施乡村振兴战略，推进以粮、棉、果、畜为代表的特色农业向优质化、产业化、市场化发展。2020 年粮食总产量 1583.4 万吨，粮食安全得到有效保障；棉花总产量 516.1 万吨，占全国比重的 87.3%，新疆作为全国优质商品棉基地的地位更加稳固，保障国家棉花战略安全的能力显著增强；特色林果产量 1120 万吨，建成了全国最大的优质特色林果基地；以五大振兴行动为重点的现代畜牧业加快发展，牲畜存栏量超过 5000 万头只，建成了全国重要的畜产品生产基地。农产品市场开拓战略加快实施，疆内收购和疆外销售"两张网"日益完善。五年累计建成农村安居工程 116.98 万户、城镇保障性住房 129.36 万套，改造城镇棚户区住房 112.2 万套，近千万群众喜迁新居。农村人居环境整治三年行动任务圆满完成，农村卫生厕所普及率 84.95%，87.15% 的行政村生活垃圾得到有效处理。所有行政村实现了通硬化路、通客车、通动力电、通光纤宽带。此外，新疆大力实施"旅游兴疆"战略，旅游业进入发展的"快车道"，接待境内外游客在 2017 年突破 1 亿人次、2019 年突破 2 亿人次，2020 年在疫情严重冲击下超过 1.58 亿人次，成为新疆经济高质量发展的突出亮点。① 围绕叫响"新疆是个好地方"品牌，新疆着力打造乡村产业振兴"新引擎"，截至 2021 年底，新疆已累计培育全国乡村旅游重点村（镇）42 个、自治区乡村旅游重点村 70 个，推介精品农庄 42 个、精品线路 60 条，打造旅游民宿 5734 家。②

根据《2020 年新疆维吾尔自治区政府工作报告》，新疆坚持把基础设施建设作为"补短板"、强弱项的重点，持续加大有效投资，一大批交通、水利、能源等重大基础设施项目建成投运，有力支撑了经济社会发展，深刻改变了城乡面貌。五年累计完成固定资产投资 4.1 万亿元，是"十二五"时期的 1.29 倍。加快交通基础设施建设，"疆内环起来，进出疆快起来"取得重大进展，综合交通网络不断健全，2020 年，全区公路通车里程达 20.9 万千米、五年新增 3 万千米，其中，高速公路 5500 千米、新增 1184 千米，全区所有地州市迈入高速公路时代。"十三五"期间新增支线机场 4 个，民用机场总数达到 22 个，以乌鲁木齐国际机场为核心、支线机场为支撑的"空中丝绸之路"初具规模。铁路营运里程达 7398 千米，五年新增 1530 千米，铁路通到了全疆所有地州市。首府乌鲁木齐跨入地铁时代，开行乌鲁木齐至西安动车，新疆铁路客运融入全国高速铁路主网。格库铁路全线贯通，开辟了第三条出入新疆铁路大通道。加快水利基础设施建设，玉龙喀什、大石峡、莫莫克等 21 座大中型水库加快建设，建成阿尔塔什、卡拉贝利、吉音、苏巴什等 18 座大中型水库，全区水库库容达到 230 亿立方米，五年增加 35.63 亿立方米，新增高效节水灌溉面积 1156 万亩，特别是叶尔羌河、车尔臣河等重点河流控制性水利枢纽工程的建成，从根本解决了叶尔羌河千年水患，给流域 240 多万人民带来福祉。

（三）新疆维吾尔自治区乡村振兴规划

2021 年 2 月，新疆维吾尔自治区人民政府公布的《新疆维吾尔自治区国民经济和社会发展第十四个五年规划和 2035 年远景目标纲要》指出，新疆坚持农业农村优先发展总方针，大力实施乡村振兴战略，建立健全城乡融合发展体制机制，加快推进农业农村现代化，让农业成为有奔头的产业，让农民成为有吸引力的职业，让农村成为安居乐业的家园。

---

① 雪克来提·扎克尔. 2020 年新疆维吾尔自治区政府工作报告［EB/OL］.［2021 - 02 - 02］. http：//www. xinjiang. gov. cn/xinjiang/xjzfgzbg/202108/d1f9485d4c9f47a9a8514c47b12ce858. shtml.

② 盖有军，张婷，拍热扎提·阿不都. 特色产业有活力　群众增收底气足［N］. 新疆日报，2021-12-04（A1）.

（1）提高农业质量效益。坚持稳粮、优棉、强果、兴畜、促特色，突出绿色化、优质化、特色化、品牌化，推动农业由增产导向转向提质导向，加快构建现代农业产业体系、生产体系、经营体系。①稳定粮食生产。以保障小麦安全为前提，抓好粮食生产、确保粮食安全。"十四五"末，全区永久基本农田保持在4100万亩以上，粮食综合生产能力达到1600万吨以上。②巩固棉花优势。建设新疆优质棉生产基地，推进棉花种植向优势产区集中，优化棉花区域布局和品种结构，实施标准化棉田建设、棉花高效节水推广和机械化采收工程，提高棉花生产管护水平和资源利用效率，提升棉花质量。"十四五"末，全区棉花良种率达到98%以上，棉花机采率达到80%以上。③做强林果产业。突出绿色化、优质化、特色化、品牌化，推动林果业标准化生产、市场化经营、产加销一体化发展，做优做精红枣、核桃、巴旦木、葡萄、苹果、香梨、杏、新梅、枸杞等品种，支持南疆建设一批林果产品加工物流园和交易市场，增加优质高端特色果品供给。"十四五"末，全区林果面积稳定在2200万亩左右，果品产量达到1200万吨左右。④建设畜牧强区。实施畜牧业发展五大行动①，构建饲料、种源、扩繁、养殖、屠宰、加工全产业链，推动新疆由畜牧大区向畜牧强区转变。"十四五"末，全区畜牧业产值超过1100亿元。⑤培育特色农业。大力发展加工番茄、加工辣椒、甜瓜、酿酒葡萄、沙棘、万寿菊、中药材、油料、甜菜等特色种植业，把地方土特产和小品种打造成为带动农民增收的"大产业"。加快设施农业优势区建设。⑥发展生态农业。实施新一轮高标准农田建设规划，大力发展高标准农田。建设全国重要的玉米、小麦制种基地和畜禽、林果、区域特色农作物品种繁育基地。全面推广测土配方施肥，实施果菜有机肥替代化肥行动。加快实施化学农药减量替代计划，提高废旧农膜资源化利用水平。

（2）实施乡村建设行动。新疆把乡村建设摆在社会主义现代化建设的重要位置，推进乡村建设行动，加快补齐农业农村发展"短板"，健全乡村可持续发展长效机制。强化县城综合服务能力，加强以乡镇政府驻地为中心的农民生活圈建设，把乡镇建成服务农民的区域中心。统筹县域城镇和村庄规划建设，保护传统村落和乡村风貌，建设具有新疆特色的新时代美丽乡村。加强乡村阵地建设，构建"基层党建+乡村治理"工作机制。加强农村水利基础设施建设，推进农村供水保障工程，农村自来水普及率、集中供水率分别达到99.3%、99.7%。继续实施南疆"煤改电"清洁能源工程，完成南疆煤改电工程28.7万户改造任务，适时向有条件的县市拓展，改善各族群众供暖条件，降低生活成本。继续推进农网改造升级工程，增强向边远地区输配电能力。抓好"四好农村路"建设，提高农村和边境地区交通通达深度。实施农村人居环境整治提升五年行动，大力开展"美丽庭院"建设，继续实施"千村示范、万村整治"工程，重点推进农村改厕、生活垃圾污水治理，健全农村人居环境设施管护机制，到2025年基本普及卫生厕所，努力打造一批特色乡镇和特色宜居村庄，让田园牧歌、秀美乡村成为新疆的亮丽名片。完善农村快递服务体系，加快建立以县市、乡镇综合性物流配送中心和末端配送网点组成的农村物流网络，启动"快递进村"工程，到2025年基本实现全区建制村快递服务通达全覆盖。

新疆制定了"十四五"时期乡村振兴重点工程。①产业振兴工程。推进优质棉基地建设，在7个地州25个县（市）布局建设高标准棉田500万亩。实施优质肉羊增产行动、奶业振兴行动、优质肉牛增产行动、生猪产业转型升级行动、家禽及特色产业发展行动，提升畜牧业生产供给能力。实施林果业提质增效工程。②人才振兴工程。实施农村科研杰出人才计划、乡土人才培育计划、城乡职业技能公共实训基地、返乡下乡创业行动、高校毕业生基层成长计划、农村劳动力就业技能培训、乡村公共就业服务体系建设。③文化振兴工程。建设一批传统工艺振

---

① 五大行动：持续做大肉牛肉羊产业，加快推进奶业振兴，做优做强家禽产业，推进生猪产业转型升级，因地制宜发展特色养殖业。

兴示范基地。加强传统村落和农场保护利用，建成一批富民特色文化旅游村镇和农场。④生态振兴工程。实施农村垃圾治理、农村生活污水治理、厕所革命、村庄绿化、乡村水环境治理等工程。⑤组织振兴工程。实施村干部和后备力量素质提升培训行动，推动乡镇打造"一门式办理""一站式服务"综合性服务平台，增强基层组织服务功能。

"十四五"期间，新疆将坚决守住不发生规模性返贫的底线，从保持政策总体稳定、开展动态管理帮扶、抓好产业优化提升、持续稳岗就业、全力补齐"短板"弱项、抓好易地搬迁后续扶持、实施乡村建设七个方面开展工作，巩固拓展脱贫攻坚成果同乡村振兴有效衔接。

（四）新疆维吾尔自治区部分市（区）乡村振兴概览

1. 新疆维吾尔自治区阿勒泰地区

阿勒泰地区，由新疆维吾尔自治区伊犁哈萨克自治州管辖。阿勒泰地区地处新疆北部，与俄罗斯、哈萨克斯坦、蒙古国三国接壤，边境线长1197千米，总面积11.8万平方千米，下辖6县1市。根据第七次全国人口普查数据，截至2020年11月1日零时，阿勒泰地区常住人口为668587人。新疆阿勒泰地区行政公署公布的数据显示，2020年，阿勒泰地区实现地区生产总值334.53亿元，比2019年增长2.3%。①

自2021年以来，阿勒泰地区集聚各方资源，探索打造乡村振兴示范乡镇，以点带面，推动乡村全面振兴。①选优配强结对力量。发挥结对单位、企业聚合作用和职能优势，采取乡镇党委、部门单位、驻阿企业三方共建结对模式，择优选派发改、财政等五个地直部门和农业发展银行、人保财险等五个国有企业，在阿勒泰市集中打造五个乡村振兴示范乡镇。地县乡三级分别选派2~3名懂发展、善治理、有干劲、会干事的干部常驻结对乡镇，统筹"访惠聚"驻村工作队、村"两委"班子等基层各支力量，把乡镇作为推进乡村振兴的"一线作战部"，强组织、兴产业、抓治理、优服务，汇聚乡村振兴强大合力。②科学规划明确方向。乡镇党委、结对单位、驻阿企业组建工作专班，采取入户走访、个别访谈等方式，组织村"两委"班子、致富带头人等群体，召开50余次乡村联席会议、村民议事会，了解乡村现状，摸清制约瓶颈，收集意见建议100余条。按照"突出特色、融合发展、整体推进"思路，围绕目标任务、产业发展等内容，逐乡制定《乡村振兴示范乡镇发展规划》，着力打造"雪都小镇""克兰康养小镇"等特色乡镇，形成"一乡一品""一村一业"产业格局。③全面攻坚打造样板。采取"党支部+龙头企业+合作社+农户"发展模式，推动结对单位、驻阿企业资金、技术等资源下沉，引导"田专家""乡创客"等群体，创办特色种养殖、农产品加工等合作社32个。围绕"牛羊马驼禽、水草药果奶"十大特色产业，在乡村两级设立45个产业发展党支部、党小组，采取群众入股、定期分红等方式，承接特色民宿、生态观光等产业项目，形成党建引领、多产融合、共同富余的产业发展新格局。②

（1）阿勒泰地区布尔津县。布尔津县以党建为引领，转变固有思想，立足实际，因地制宜、打造乡村振兴"人才队伍""生态颜值""特色产业"三张新名片，焕发乡村振兴新活力。①积蓄"人才力量"，培养乡村振兴新队伍。依托阿勒泰地区"金山·雪都"人才工程，从援疆省市引进涉及中草药种植、牲畜规模化养殖和冷配、乡村旅游等方面专家人才，通过开设专题讲座、深入田间地头实地指导、线上授课，为全县6000多名农牧民群众提供专业技术支持。选派20名

① 阿勒泰地区统计局，国家统计局阿勒泰调查队. 阿勒泰地区2020年国民经济和社会发展统计公报［EB/OL］.［2021-05-31］. http://wap.xjalt.gov.cn/sjalt/020005/20210531/8f424d69-bbf9-4609-9fce-52a5f10d2665.html.
② 阿勒泰地委组织部. 阿勒泰地区：打造乡村振兴示范乡镇　推动乡村全面振兴［EB/OL］.［2021-10-20］. http://www.xjkunlun.gov.cn/xw/djdt/125101.htm.

优秀村党支部书记到重庆、山东、吉林等省市实地参观学习，拓展发展思路，取真经，增才干。②刷新"生态颜值"，打造乡村振兴新面貌。坚持红色党建引领乡村绿色发展，结合"我为群众办实事"实践活动开展人居环境大整治行动。在喀拉墩村举办"墙绘大赛"，组织各族干部群众以庆祝中国共产党成立100周年、民族团结、产业发展等主题创作20余幅墙绘作品，营造生态宜居良好氛围。实施"美丽乡村、美丽村居"项目，组织干部群众清理村庄内外、房前屋后垃圾，广泛开展美丽村居评比活动，为乡村刷新"颜值"。③丰富"产业内涵"，扩宽乡村振兴新格局。打造也格孜托别乡道地中草药种植示范区，根据土壤、气候条件种植板蓝根、甘草等中草药5万亩，丰富种植业产业化格局、拓宽群众增收渠道。依托旅游资源，将松散的个体民宿"串珠成链"，形成具有同时接待2000余人的特色化、规模化、品牌化民宿"园区"，转移富余劳动力600余人，拓宽了村集体经济和农牧民增收的渠道。以发展品种牛为契机，让"土牛"变"富牛"，建设20个"百牛园"养殖合作社，1个"万牛"养殖示范区，推动农区畜牧业产业化发展。①

（2）阿勒泰地区阿勒泰市阿苇滩镇。自2021年以来，阿苇滩镇先行先试实施乡村振兴工作，在地区对口帮扶的地区发展和改革委员会和农商行的帮助下，始终按照"中央有要求，群众有期盼，未来发展更需要"的理念，集中力量打造乡村振兴新模式，走出了"三上三下"城镇化建设新路子。当年就为54户村民建设了高标准的徽派特色民居。近年来，阿苇滩镇按照"乡村围绕旅游转，交通围绕旅游干，产业围绕旅游做"的理念，实施了一系列产业化项目，助力乡村经济发展。2020年农牧业生产总值达到2.23亿元，农牧民人均纯收入18144元，人均增收1640元。②

2. 新疆维吾尔自治区喀什地区

喀什地区，属于新疆维吾尔自治区。全区共辖1个县级市、10个县、1个自治县，总面积16.2万平方千米。根据第七次全国人口普查数据，截至2020年11月1日零时，喀什地区常住人口为4496377人。喀什地区行政公署公布的数据显示，2020年，喀什地区实现地区生产总值1130.2亿元，比2019年增长4.8%。③

2021年，喀什地区乡村振兴局按照地委"稳粮、优棉、增菜、促经、兴果、强牧"产业发展思路，在确保粮食安全的基础上，以支持产业发展为重点，坚持与乡村振兴相衔接，特别是与产业振兴相衔接，坚持一产、二产、三产同步推进，推动农村产业增效和脱贫人口长远发展，持续巩固拓展脱贫攻坚成果，接续推进乡村振兴，防止发生规模性返贫。喀什地区围绕产业振兴，构建"一县一特色、一乡一业、一村一品"发展格局，重点实施四大农业产业培育工程，扶持发展150万亩蔬菜基地、150万亩鲜果基地、150万只肉羊基地和1.5亿只（羽）家禽基地建设，在推进特色农业高质量发展上持续发力。④此外，喀什地区乡村振兴局按照自治区要求的产业项目不低于全年整合资金50%的要求，指导县市用好衔接资金政策和涉农资金统筹整合政策，以支持产业项目为重点，推动巩固拓展脱贫攻坚成果同乡村振兴有效衔接。截至2021年8月25日，喀什地区使用财政衔接推进乡村振兴补助资金和涉农整合资金支持产业增收类项目

---

① 布尔津县委组织部. 布尔津县：打造党建引领乡村振兴"新名片"［EB/OL］.［2021-10-29］. http：//www. xjkun-lun. cn/qzgz/jcqzjs/nc/126025. htm.

② 罗成. 新疆阿勒泰市：乡村振兴走出新路子［EB/OL］.［2021-12-13］. http：//xj. cnr. cn/xjfw_1/dzxw/20211213/t20211213_525686609. shtml.

③ 喀什地区2020年国民经济和社会发展统计公报［EB/OL］.［2021-03-31］. http：//www. kashi. gov. cn/Item/51327. aspx.

④ 石榴云. 特色产业有活力 群众增收底气足［N］. 新疆日报，2021-12-04（A1）.

395 个，开工 395 个，竣工验收 205 个，安排资金 60 亿元。①

（1）叶城县阿克塔什镇。截至 2021 年底，阿克塔什镇建成了 5500 亩林果示范基地和拥有 1262 座高标准日光温室大棚、1800 座拱棚的设施农业基地，带动 1600 多名搬迁群众实现稳定就业增收。

（2）莎车县乌达力克镇热瓦特吾斯塘村。热瓦特吾斯塘村依托军鸽企业的优势，大力发展鸽子养殖，已有 363 户养殖鸽子，户均一年增加 1200 元收入。② 今后将调整优化产业结构，同时农户以托养形式入股军鸽企业，稳定农户就业收入。

（3）中国农业发展银行新疆喀什地区分行。自 2021 年以来，中国农业发展银行新疆喀什地区分行不断加大支农力度，围绕喀什地区"一市两县"发展规划，累计向 32 家丝绸之路经济带核心区企业发放贷款 41.80 亿元、同比多投 17.07 亿元，支持保障性安居工程、河道综合治理、仓储物流中心、新型城镇化建设等多个领域。走在喀什多来特巴格乡，该行信贷资金支持的寄宿制中学书声琅琅，道路工程、管网工程、东城区亮化工程、东城区人居环境绿化工程等重点工程稳步推进，吐曼河、克孜河水清岸绿，农发行喀什地区分行服务乡村振兴的成果滋润着喀什城市居民心田。该行按照产业兴旺、生态宜居、乡风文明、治理有效、生活富裕的总要求，累计向 97 家县级企业发放贷款 154.93 亿元、同比多投 49.68 亿元。此外，该行还积极支持引导 38 家民营企业通过"万企兴万村"行动参与乡村振兴建设，累计投放 72.95 亿元信贷资金，助力喀什市"十大产业"服务乡村产业振兴。该行立足"访惠聚"驻村工作实际，向全行员工和辖内客户发出消费扶贫倡议书，全体员工争当消费帮扶产品代言人，积极宣传带货，带动农民增收。截至 2021 年底，通过"扶贫 832 平台""农发易购""直播带货"等方式，员工个人购买贫困地区农产品 16.73 万元；通过搭建公共信息平台，推介喀什地区特色农副产品达 113 个；协调和引导客户参与帮扶产品采购，帮助销售喀什地区农产品达 27.57 万元。随着农户生活向好，农发行喀什地区分行服务乡村振兴行动筑牢农户心墙。"十三五"期间，该行累计发放 595 亿元信贷资金，支持喀什地区脱贫攻坚。进入"十四五"时期，该行已累计发放贷款 196.73 亿元，支持喀什地区乡村振兴，贷款余额达 242.93 亿元，其中帮扶贷款余额达 203.46 亿元，累计带动 12.95 万帮扶人员实现增收。③

3. 新疆维吾尔自治区伊犁哈萨克自治州

伊犁哈萨克自治州，是新疆维吾尔自治区自治州，地处新疆维吾尔自治区西部天山北部的伊犁河谷内，总面积 268593 平方千米，辖 11 个县级行政区（州直）。根据第七次全国人口普查数据，截至 2020 年 11 月 1 日零时，伊犁哈萨克自治州常住人口为 2848393 人。伊犁哈萨克自治州人民政府公布的数据显示，2020 年，伊犁哈萨克自治州实现地区生产总值 2338.11 亿元，比 2019 年增长 4.4%。④

产业兴旺是实施乡村振兴战略的首要任务和工作重点，是实现农民增收、农业发展和农村繁荣的基础。伊犁哈萨克自治州为切实发挥好伊犁"好山好水好牧场"的优势，找准重点环节发力，安排奖补资金 1.04 亿元支持畜牧业、种植业、薰衣草产业、蜂产业、马产业五大产业高

---

① 喀什地区乡村振兴局. 喀什地区乡村振兴局支持产业发展　接续乡村振兴［EB/OL］.［2021-08-27］. http：//www. kashi. gov. cn/ksdqxzgs/c106693/202108/b20eab788ec248deb27d8f19857eb844. shtml.

② 英吉沙台，外力，古丽扎尔，等. 喀什地区：发展养殖产业　助力乡村振兴［EB/OL］.［2021-11-07］. https：//view. inews. qq. com/a/20211107A0794X00.

③ 赵晓艳，李芮芮. 农发行喀什地区分行"三服务"推进乡村振兴走深走实［EB/OL］.［2021-12-18］. http：//www. xj. xinhuanet. com/zt/2021/12/18/c_1128176312. htm.

④ 伊犁哈萨克自治州 2020 年国民经济和社会发展统计公报［EB/OL］.［2021-03-25］. http：//www. xjyl. gov. cn/info/2208/322047. htm.

质量发展，推进优势特色产业提档升级，培育壮大现代农业体系，提升农业农村工作水平，努力实现产业兴、农村美、农民富。2021年，伊犁哈萨克自治州财政局积极协调有关部门精心谋划项目，研究农业产业政策，打造"点、线、面"分层次融合的农业产业强镇、现代农业产业园、优势特色产业集群，共争取6.84亿元补贴资金支持伊犁哈萨克自治州直属县市特色产业，为扎实推进乡村振兴各项工作提供有力支撑。2021年，伊犁马产业集群项目获得1.5亿元中央财政奖补资金支持，伊犁哈萨克自治州财政拿出1200万元，采取先建后补、以奖代补、贷款贴息、政府购买服务等方式助力马产业高质量发展。伊犁马产业集群项目是2021年自治州获得国家资金支持的项目之一。据统计，霍城国家现代农业产业园项目获得国家奖补资金1亿元、察布查尔锡伯自治县爱新舍里镇产业强镇项目获得奖补资金1000万元、新源县水系连通及水美乡村建设项目获得国家奖补资金1.2亿元。①

为了推动伊犁哈萨克自治州昭苏县农副产品出村进城，昭苏县发挥15家龙头企业的带头作用，引导农牧民生产绿色、优质农副产品。同时，昭苏县加大对当地农副产品的推介力度，昭苏菜籽油、山花蜜、奶酪、水晶粉、马油等产品在北京、上海、重庆等地举办的农副产品展销会上亮相，扩大了知名度。①菜籽油。"昭苏油菜"是国家地理标志农产品。每年7月，昭苏县百万亩油菜花浪漫绽放，不仅成为游客的打卡地，也承载着种植户的增收希望。从2019年开始，昭苏县草原粮油实业有限责任公司通过订单种植的方式，带动1100多户油菜种植户增收。以前，昭苏县草原粮油实业有限责任公司通过散收的方式从种植户手中收购油菜，这种方式收购的油菜品质差异较大。为改善这一状况，从2019年开始，该公司通过订单种植的方式从源头统一控制产品品质，形成规模化、集约化效益。10万亩油菜花每年能产出8000多吨菜籽油，其中2500多吨会销往全国各地，其余经过深加工以订单形式销往国外。销往国内的部分，60%以上是通过网络销售，其中，直播带货效果更好。因此，近两年昭苏菜籽油销量逐年增加。2022年，该公司的订单种植面积有望达到15万亩，更多种植户将稳步增收。②奶酪。昭苏县察汗乌苏蒙古族乡霍图沟村天弓褐牛专业合作社每年能生产40多吨奶酪，截至2021年11月，已经销售30多吨，其中80%是线上订单。②

① 李亚锋.【实施乡村振兴战略 建设美丽幸福家园】伊犁州加强产业建设推进乡村振兴［N/OL］.伊犁日报，［2021-09-15］.http://www.ylxw.com.cn/caijing/2021-09-15/1014042.html.
② 加孜拉·泥斯拜克.昭苏土特产"触电"俏销［N］.新疆日报，2021-11-08（A6）.

第五部分　中国乡村振兴的典型案例

在此部分，我们大致从信息化建设、产业发展、生态改善、人才发展、文化繁荣、党建引领、乡村治理、综合发展八个方面展开，一方面通过案例公开征集，经过权威专家学者推荐；另一方面通过查阅公开资料，经过谨慎筛选，我们以典型性、示范性为原则，共甄选出 43 个案例，每个案例均介绍了取得的成绩和具体做法，期望供读者学习并有所启发。

一、信息化建设促进乡村振兴典型案例

（一）浙江省平阳县：电商直播带货促农业

2021 年 1~8 月，平阳县网络零售额达 129.7 亿元，同比增长 11.7%。在县域消费中，平阳县呈消费爆发趋势，支付宝"五一"消费数据报告显示，平阳支付宝线下消费笔数位列全国前十，是全国消费最热县城之一。

1. 取得的成绩

2020 年，平阳县以浙江省第一的成绩获国家电子商务进农村示范县称号；2021 年，平阳县又获得浙江省级跨境电商产业集群专项奖励。平阳县始终坚持"一镇一品+一村一品"的发展思路，利用"出村进城"的产业带动农户增收，打造了一张张电商新名片。同时，依托宠物用品、皮革皮件、按摩器具等县域特色产业，按照"产业园+服务体系+发展项目"的发展模式，建设一体化、多渠道、"一站式"的综合电商服务平台，整合当地特色产品和物流资源，构建了内贸外贸"双循环"格局，已实现在主要出口行业和主要出口市场保持高速增长的态势。特别是平阳宠物用品产业集群每年出口超过 10 亿元，已是国内乃至全世界最大的宠物用品生产基地。

2. 具体做法①

（1）政策引导。政策支持鼓励本地电商平台建设供应链体系，同时又加快农贸市场数字化转型、创建智慧微菜场、扩大服务半径。重点围绕三大核心项目：①农村电子商务公共服务及双向流通体系建设项目（包括电商公共服务中心、物流服务中心以及电商服务站的建设）。②农村电子商务市场运营体系建设项目（包括品牌、溯源以及农产品上行）。③农村电子商务线上营销新模式体系建设项目（包括直播、电商培训以及电商扶贫）。

（2）村播带动。农业相关商品的直播，实现田间地头和厂房的互动。①推进淘宝"村播计划"。积极培育新农人主播，整合农产品供应链，建立村播标准化体系。2021 年 1~4 月，已累

---

① 浙江平阳：农村电商线上营销新模式［EB/OL］．［2021-07-23］．http：//fzzx. jl. gov. cn/tszs/202107/t20210723_8150711. html.

计开展网红直播活动 175 场，完成培育主播 20 多人，服务企业 23 家，累计帮助企业实现销售额达 1000 多万元。②创抖音宠物用品产业带。依托平阳宠物用品产业优势，积极对接抖音官方，带领抖音招商及运营经理调研宠物用品基地。③联合快手举办资源对接会，联合推动快手直播电商项目落地。

（3）直播拉动。①持续进行浙江省启动的"美好生活·浙播季"系列活动的平阳专场，平阳的 50 多类农特产品集中进入直播间，开场的 1 小时之内，成交订单超 2000 多笔。②开展"县长直播带货"活动，推介平阳本土优质农特产品、旅游景点。直播活动当天共推荐平阳特色产品 26 个，累计在线观看量近 225 万人，实现销售额达 52.6 万元。③作为"淘宝直播村播学院"全省首批落地的地区，开展"2020 美丽乡村万人直播系列活动"，培育新农人主播，整合农产品供应链，提升本县农村直播电商水平。④创新"直播带货+企业转型"模式，把外贸转内销的商品依托直播进行线上营销，帮助外贸企业对接直播产品供应链，对接电商平台、MCN 机构、达人等资源，助力外贸企业加速构建内循环。

3. 经验启示

第一，政府牵头、市场运作。全面整合平阳县优势特色农产品和工业品，建设线上电商供应链分销平台、线下超 3000 平方米供应链选品中心，集中展销平阳特色产品，以低于出厂价的价格供应给电商企业、青年创客和其他电商平台，帮助工厂拓展销售渠道。同时，配套建设超 3000 平方米仓配中心，帮助工厂实现产品一件代发。

第二，突出产业基础和产业集群优势。引导直播电商企业建设直播电商孵化园和创业园，打造一批产业公共直播间，建设一个产业链条完善、功能多元、具有品牌影响力的直播电商产业集聚区。

第三，组织开展直播电商人才技能培训。平阳县借助抖音、快手等平台的师资，以及浙江省电子商务促进会师资库和讲师队伍，通过直播技能培训等提升新技术、新应用的普及。对顺鑫村、渔塘社区区域内电商从业人员、大学生、返乡青年、退伍军人、现役军人家属等开展直播电商专业基础知识培训，培养一批网红主播新人。定期举办网红经济专题讲座、直播电商基础知识授课和直播电商技能竞赛等，在区域内形成浓厚的创业氛围。

（二）安徽省砀山县：科技金融促进农业数字化

1. 取得的成绩

通过引入区块链，砀山梨实现了农产品的品质保障以及品牌升级，扩展了砀山梨产品线上线下的新零售模式和渠道。2019 年砀山梨还成功引入天猫、盒马、淘宝直播、菜鸟网络等整合供应链。在 2020 年"砀山网上梨花节"活动期间，通过蚂蚁链溯源的砀山酥梨售出 305 万斤，总价值高达 550 万元。①

2. 具体做法

（1）区块链助力数字农业。

从 2020 年 9 月开始，安徽省砀山县人民政府、砀山县商务局、中国农业银行安徽省分行、蚂蚁链合作，引入区块链对砀山梨进行溯源。基于蚂蚁链的商品溯源应用，每个砀山梨都有了自己的电子身份证——溯源二维码，持"证"出村。消费者拿到商品后，打开支付宝扫一扫，就能知道包括产地、生产日期、物流、检验等所有信息。这不仅丰富了客户的购物体验，也给砀山梨品牌形象带来了极大的提升。

---

① 砀山梨，在蚂蚁链上演乡村产业升级记［EB/OL］．［2021－01－15］．https：//www.geekmeta.com/article/2920876.html.

根据蚂蚁集团提供的数据，2020 年蚂蚁链涉农业务量增长超过 12 倍，其中，农产品溯源同比增长近 7 倍。这表明越来越多的农民开始尝试区块链，"上链"正在成为农村地区"触网"之后的新选择。

砀山县良梨村也有了一个新的美称——中国区块链第一村。除安徽砀山和江苏金湖外，在全国其他地方的农村，还先后出现了"区块链+数字村务""区块链+农业 IoT""区块链+食品安全"等各种模式创新。

区块链被纳入"新基建"范畴。区块链进村，正成为农户的科技新"农具"。在乡村振兴战略深入推动的背景下，近年来农村基础设施建设水平明显提升，全国行政村通光纤、通 4G 网络比例均超过 98%，2020 年农村网民规模为 3.09 亿，农村地区互联网普及率已达 55.9%。在农村开展数字化发展的硬件条件已基本具备。

在砀山县与阿里云合作建设的"一号梨园"里，物联网设备为梨园提供实时农业生产管理服务，在这里有 24 小时的智能化管理和智能物理除虫装置等。还有与蚂蚁链合作打造的"一码溯源"，打消了消费者对产品的疑虑，把产品更加透明、更加真实地展现给消费者。

数字化的作用不仅在农业本身，更重要的是以农业为基点，串联生产、经营、销售等多个环节，带动金融、物流等行业开展广泛合作，形成生态化的发展。最佳的乡村数字化道路，是用拿得出手、质量过硬的农产品和规范化的农业生产配合现代物流、金融等行业，以点带面，形成完整的生态体系，内化各个细分的问题，降低交易成本，用数字化手段啮合各个环节。网商银行与砀山合作，打造了涉农专属授信模型，通过电子终端提供服务和获取数据，在拓宽服务范围的同时也将风险限制在可控范围之内，为砀山的发展提供了充足的资金支持。

砀山县走出这样一条以农业为基础、以融合为抓手成功的乡村振兴道路，与当地政府具有前瞻性的顶层设计和统筹安排密不可分。2019 年 10 月砀山县发布了乡村振兴战略规划，对新型农业产业发展体系、农业转型升级、一二三产业深度融合都做出了针对性的部署。这说明各地区在进行乡村振兴建设时，要有顶层设计的思想，对需要大力支持的产业、相关基建配套、未来发展思路等进行充分的调研和认识，用切实可行的方案来引导数字化进程。

（2）普惠金融助农。

普惠金融为乡村产业发展注入"活水"。砀山县作为全国电子商务示范县，在电商营销、供应链和数字农业领域具有良好的产业基础。但传统电商企业采购农产品时由于缺少信任，常常需要采用现款现货的方式，导致电商企业和其供应链企业的流动资金需求大。自砀山县与网商银行深入合作以来，砀山县超过 21 万农户已获得超过 34 亿元的涉农贷款。

普惠金融对乡村振兴的影响不只在砀山县。距离砀山县 500 千米外的江苏省金湖县，当地农民发现了区块链的另一大妙用。2020 年 12 月，金湖县以农村产权交易市场为依托，把土地的经营流转信息搬上区块链，并通过引入银行机构进行链上助农贷款发放，打造了农村产权"区块链+交易鉴证+抵押登记+他项权证"抵押融资链条，实现了农村金融服务的模式创新。

3. 经验启示

砀山县之所以能够成功，是因为其借助数字化的力量，与数字科技充分融合，让数字赋能社会的各个环节，将政治规划、优势挖掘和产业融合各个方面的工作均落到了实处，让先天的环境优势在产品竞争力上得以体现，让政治制度的优势在管理上得以体现，让数字科技的优势在产业融合中得以体现，这就是砀山经验的核心所在，也是各地区值得借鉴的地方。

综上所述，砀山县的经验启示我们，农业数字化，绝不是局部的事情，而是深入融合数字化手段和技术，敢于创新和突破，从政府层面的科学顶层设计，到本地条件出发的优势挖掘，才是切实可行的、可借鉴的数字化乡村振兴道路。

（三）江西省赣州市：脐橙全产业链数字化发展

赣南脐橙是江西省赣州市特产，年产量达 130 万吨，是国家地理标志产品。经过多年的发展，赣南脐橙从单纯的种植业发展成为集种植生产、仓储物流、精深加工、装备制造于一体的产业集群，2020 年赣州市脐橙种植面积 170 万亩、产量 138 万吨，种植面积世界第一、产量世界第三。赣南脐橙作为中国区域公用品牌水果界的标杆，2021 年以 681.85 亿元品牌价值位列全国区域品牌（地理标志产品）第六、水果类第一。

1. 取得的成绩

（1）数智赋能实现全产业链数字化。

近年来中国移动江西公司在赣南老区投入数十亿元用于 5G 等新型网络基础设施建设，加快推动乡村地区 5G、物联网、千兆宽带网络发展，持续提升乡村网络质量水平，光纤宽带覆盖率达到99.68%，江西公司累计为 1513 个行政村，超过 32.73 万用户提供"平安乡村"数字化服务，并在赣州专门成立省级 5G 实验室赋能数智乡村振兴发展，打造了一批数智化场景应用。① 由赣州市政府、中国移动江西公司联合打造的"5G+赣南脐橙大数据平台"在赣州各地已经广泛使用，南康、赣县、安远等区县有超过 20 个果园实现了接入，赣南脐橙全产业链数字化时代已经来临。

（2）电商平台助力销售迅速增长。

随着脐橙种植规模逐年攀升，自 2016 年以来，江西省邮政公司、赣州市邮政公司积极对接政府，深入果业种植基地收购脐橙。2017~2018 年，赣州邮政累计销售脐橙 500 万斤；2019~2020 年，赣州邮政创新运营模式，累计分销赣南脐橙销售金额 1374.5 万元。②

2. 具体做法

（1）"5G+大数据平台"。

由赣州市政府、中国移动江西公司联合打造的"5G+赣南脐橙大数据平台"，将 5G、物联网、大数据、AI、云计算、区块链技术相结合，平台汇聚脐橙产地、开花到采摘、苗木到肥料、果农到消费者的全过程、全产业链数据，以"智慧源地""精准种植""科学预警""智慧市场""区块链溯源"的形式服务政府、果农和广大消费者，不仅让我们吃的每一个脐橙都有"身份"。还实现了脐橙的精准种植、产品溯源、在线营销、高清视频监控及智能分析，同时融合监控、对讲、直播等 5G 超高清视频应用，服务赣南脐橙产业，达到优化产业结构、提高产量，实现了赣南脐橙的智能化种植、监管、销售。③

（2）线上线下齐发力。

中国邮政集团线上以邮政自有电商平台为主（邮乐平台），以外部电商平台为辅（拼多多、有量、阿里巴巴等），线下以召开"赣南脐橙"跨省协作研讨暨项目推介会为契机，深化全国邮政系统协作，不断拓展团购福利、渠道批销市场。一方面，线下集中推介，拓展销售渠道。2019 年 10 月，在集团公司电商分销局的支持下，赣州邮政在于都县召开了邮政助力乡村振兴优质农品交流会暨赣南脐橙推介，通过现场推介的形式，与山西、广东、黑龙江、天津、江苏、江西、北京、陕西、山东、安徽、宁夏、天津、河北 13 个省份达成合作协议，其中安徽省订货额突破 200 万元，陕西、宁夏 2 个省份订货额突破 100 万元。④ 另一方面，线上拓宽平台，丰富活动。一是拓展外部平台，在邮乐平台基础上，将产品上线至拼多多、有量等平台；二是创新

---

①③ 数智赋能赣南老区打造新时代乡村振兴样板［EB/OL］.［2022-05-20］. https：//www.sohu.com/a/549066045_120578424.

②④ 江西赣州：建设产业基地、打造精品农品 推进农村电商融合发展生态圈［EB/OL］.［2021-10-28］. http：//health. people. cn/n1/2021/1028/c441253-32267221. html.

全员营销模式,将产品上线至邮乐小店,引导店主积极转发推广;三是抢占线上销售市场,开展了脐橙试吃体验预售等活动,并结合中国邮政集团、邮乐网开展的"双十一""双十二"等活动,积极推进线上销售。①

二、产业发展促进乡村振兴案例

(一)福建省安溪县:茶庄园实现"三新"融合发展②

推动质量兴农,实现乡村产业振兴,需要发展"三新",即新产业、新业态、新模式,促进乡村一二三产业融合。安溪县三个茶庄园通过三产融合,发展了新产业、新业态、新模式,进而延长了产业链,促进了经济收益的提升;提升了价值链,着重于生态收益的发挥;完善了利益链,推动了社会收益的实现。

安溪是中国乌龙茶的主产县、产茶的重点县,茶产业是安溪的支柱产业。安溪铁观音走向"三产"融合、茶庄园转型源于所面临的困境。首先是应对国内外市场剧烈变动的需要。一方面,2008年国际金融危机之后,全球经济复苏缓慢,同时中国经济进入新常态,导致国际国内茶叶市场消费疲软。与以前相比,团体茶叶的购买与消费下降,茶叶向功能性回归,价格向理性回归。另一方面,国内茶市场竞争激烈,2006~2010年,铁观音市场火热,供不应求,此后茶业销量下降,其中2013年因铁观音滞销而引发企业倒闭潮,破产的茶企一度达到20%。全国约1100个产茶县及其所形成的6大名茶市场竞争激烈,影响安溪铁观音的市场地位。

其次是茶供给端困境与消费端升级推动。一是种植环节,铁观音火爆的市场使原本产于高山上的茶叶得以普遍种植,过量使用农药化肥,致使土壤和茶质量下降,茶叶农残超标被屡屡曝光。二是加工环节,由于其生产链条长,如家庭作坊的中小茶企,其茶叶质量管控难度大,而铁观音品种和质量较难鉴别,致使其质量参差不齐,影响铁观音的整体品质。三是销售环节,电商平台所产生的恶意竞价屡屡出现,茶叶价格一度在制作成本价格之下。按照传统工艺制作的铁观音,其人工采摘等环节成本高,价格一度在150元/斤以上,而电商竞价促使茶叶一度低至10元/斤。四是消费端升级,人们对生活水平要求提高,从单一物质产品需求向健康营养、生态休闲等需求转变,促使茶产业转型。

因此,早在2004年安溪华祥苑便着手茶庄园建设,2009年安溪政府引进法国葡萄酒庄园经营模式,促使安溪茶业向现代化模式转型,推动茶行业持续发展。所谓茶庄园,与传统的茶园、茶庄含义不同,是茶业、文化、旅游等综合体开发的开端。截至2018年底,安溪建成茶庄园32家,已初成规模,茶庄园建设位居全省前列,预计会形成一批带动力强的"金牌茶庄园"。

1. 取得的成绩

2017年,A茶庄园游客量约为25万人次,现有的客流带动庄园特色饮品小超市收入,最高销售可以达到2万元/天。同时,通过村企共建,山区村成为省级美丽乡村建设示范村。

截至2018年底,B茶叶企业品牌价值达到86.12亿元,全国开设连锁店超过1300家,连锁门店居全国第一位;在全国大部分主流电商平台开设旗舰店,并与沃尔玛、可口可乐、三井物

---

① 江西赣州:建设产业基地、打造精品农品 推进农村电商融合发展生态圈 [EB/OL].[2021-10-28].http://health.people.com.cn/n1/2021/1028/c441253-32267221.html.

② 本案例由中国人民大学农业与农村发展学院周立教授供稿。

产等多家世界 500 强开展合作，产品出口到十几个国家和地区。

C 公司通过发展新产业、新业态、新模式，在经济收益上获取了市场差异化优势，通过文化创意吸引消费者；在生态收益上，200 亩的生态茶园实现了农业的绿色发展；在社会收益上，C 庄园通过文创茶艺，发展茶文化并带动林区就业等。

2. 具体做法

（1）产业融合促发新产业。

A 茶庄园规划面积 10000 亩，包括原生态混交林地 6000 多亩，茶园区 2500 多亩，由于高山气温低降低了病虫害的便利，因此 A 茶庄园进行生态化种养布局，将其中 500 亩有机茶园升级为"云端上的智慧茶庄园"。此外，A 茶庄园还从连锁店零售向"茶+旅游"转型，旅游方面包括茶体验、果园采摘、观光厂房、餐饮住宿、游学和会议接待服务等；山顶"一号峰"还建有观景台、玻璃栈道、索道等项目。

B 茶叶企业构建了集绿色茶园基地、现代化加工、产品研发、现代化销售为一体的全产业链，形成了全茶类的连锁经营。同时，B 茶业开展教育体验活动，推动茶旅融合，先后建造了省级观光工厂、茶学堂、百茶园等；1997 年企业注册寓意贡茶、血统尊贵的品牌，且以其品质礼献"茶叙外交"、服务国事活动，积极培育制茶大师保留技艺。

C 公司是集有机茶生产、茶叶加工与深加工、科研、客商定制、休闲旅游、茶文化体验与传播于一体的现代综合性企业。C 公司在新产业方面，主要是从事有机茶种植，并成立了全国首家茶文化创意园，同时也是安溪十大"金牌茶庄园"之一。

（2）产业融合创造新业态。

A 茶庄园通过 360 度实时茶园监控系统+智能物联茶园监测，实现从移动终端到生态茶园的生产、加工的全部过程，形成"茶园+物联网"新业态；另外，A 茶庄园从以种茶、卖茶为主要产业，拓展到"吃住行游购娱"等项目，进一步带动作为礼品的茶叶销售，并形成"茶+旅游"新业态，从而产生较为明显的效益。

B 茶叶企业形成以"茶+文化教育"为特色的新业态，打造茶叶知名品牌。例如，通过茶叶观光工厂、国家非遗铁观音技艺馆等，宣传铁观音来历、B 茶叶企业品牌发展；通过茶学堂，开展茶艺、茶艺商演、茶艺接待、茶文化讲座等茶艺技能培训；积极捐资助学，开展公益活动。

C 茶文化创意园形成了以"茶+创意文化+休闲养生"为特色的新业态，例如，创意园区内建有中国农业科技小院、乌龙茶生产智能化工厂、多功能会议中心、游客服务中心、国内外专家试验园等，并在规划中融入茶文化、养生寿文化、闽南文化、海丝文化、地域文化等，促进传统茶叶生产"接二连三"，向"第六产业"发展。

（3）产业融合带动新模式。

A 茶庄园的新模式包括建设模式和销售模式。在建设模式方面，有项目合作共建和村企共建两种模式。①项目合作共建模式，茶庄园与某栈道工程有限公司签署合作协议，在园区内共建玻璃观景台、花岗岩滑道以及规划筹建茶学院项目，双方以各出 50%股份投资，实现优势互补。②村企共建模式，A 企业集资 500 多万元开展基础设施建设，改变了山区村"断头路"的面貌；与村民合作共建绿色经济，并先后与农户签订采购、经营等合同，就地销售农产品等。在销售模式方面，主要有加盟专营、私人定制、专属茶园、原料批发、代工合作五类。

在营销模式中，B 茶业不仅有线下电商，也积极融入互联网电商，构建"直营+加盟""线上+线下"的现代营销模式，不断提升其核心竞争力，促成其行业地位。

在新模式方面，C 公司积极推动国内外专家试验园建设。C 茶文化创意园长期与科研院所开展战略合作关系，对有机茶园的土壤、病虫害预防、生态环境维护做了深入研究。

3. 经验启示

安溪茶庄园的三个案例，说明"三新"发挥了延长产业链、提升价值链、完善利益链的作用，并得出三方面启示：

（1）政府引导。

农村"三产"融合是资本增密的过程，前期投入具有较高风险，政府在融合中发挥重要的引导作用。在财政政策方面，通过财政支出，提供良好的基础设施、有效的"公共服务"，以支持人才培养、技术生产与创新等。例如，引进葡萄酒庄园模式、组织茶大师赛、保存非物质文化传统和培育茶业人才；在安溪创办茶学院、引进茶叶质量安全研究机构等。在货币政策方面，综合运用定向降准，支农（小）再贷款和再贴现等多种工具，推动产业融合。在制度建设方面，促使土地、财政、金融、农业、环保等各部门通力合作，构建部门协调机制，推动机制创新，厘清职责，打破产业隔离，发挥农业多功能性。

（2）市场主导。

如同裁判不能下场踢球，政府不能替代市场经营者的主体地位。经营者在政策引导下，发挥熟悉市场规则、洞察市场变化、抓住市场机会的功能，就能推进新产业、新业态、新模式，实现农村"三产"融合的综合收益。其一，延长产业链。拓展新产业及推进产业升级，开发新的市场需求，如差异化营销，缓解茶叶库存压力；融入地方特色，推动地域制造。其二，提升价值链。在传统的业态之中，积极融入物联网、旅游及文化创意等，跨界形成"茶＋物联网""茶＋旅游""茶＋文化"等新业态，提升产业的价值链。其三，完善利益链。通过整合和重组内外要素，促进利益相关方包括消费者参与，实现风险共担、收益共享以及关系更紧密的新模式，进而完善产业利益链。

（3）社会参与。

积极调动包括当地居民在内的社会各界参与"三产"融合的积极性，如科研、教育培训、民间文创、消费者等，发挥理念、技术、传统文化、资金等要素"贡献，凝聚力"量带来"三新"的发展，推动农业多功能性的发挥，并通过"三新"促进从"绿水青山"转变为"金山银山"。

（二）江苏省兴化市：科技赋能葡萄产业高质量发展①

兴化是全国农业科技现代化先进县级市，一直以来，优质粮、特色菜、淡水品、健康禽是该市农业的优势产业。近年来，兴化葡萄产业发展较快，种植面积已近万亩，成为第五大农业产业。但受数量型农业观念制约，葡萄高产低效问题突出，加快葡萄标准化栽培、促进葡萄产业提质增效成为当前重要而紧迫的任务。

1. 取得的成绩

兴化依托江苏现代农业（葡萄）产业技术体系专家团队，通过建网搭台、人才培养、示范引导等举措，科技赋能葡萄产业高质量发展。

经过两年的努力，兴化葡萄产业服务体系已经日臻完善，葡萄种植户的综合生产能力已经明显提升，葡萄标准化栽培、病虫害绿色防控和有机肥替代化肥减量施肥等技术已被广泛应用，科技赋能葡萄产业高质量发展的效果正在显现。

2. 具体做法

（1）建网搭台，疏通葡萄产业技术快捷入户通道。

按照年龄结构相对合理、文化层次相对较高、专业配备相对整齐的队伍建设要求，兴化组建了一支由26名市乡两级农技骨干和葡萄种植能手组成的葡萄推广示范工作组，设立了果树栽

---

① 本案例由中国社会科学院农村发展研究所胡冰川研究员供稿。

培名师工作室；结合产业布局，分区域遴选了 50 名具有较大产业规模、较高专业水平和较强责任意识的葡萄种植科技示范户；出台了农技人员包村联户服务制度，建成了兴化市葡萄产业技术推广服务微信群，实现了葡萄产业技术服务范围乡村全覆盖，打通了葡萄产业技术进村入户"最后一公里"。依托服务平台，兴化积极开展线上与线下服务。2021 年，服务团队共编发各类即学即用微视频 20 多个、技术教材或明白纸 5 项，转发省葡萄产业技术体系相关技术意见多项，组织省专家送科技下乡活动 6 次，开展线上诊断 3 次，安排技术指导员分片区开展线下指导，帮助葡萄种植户解决生产经营中存在的问题若干。

（2）创新培育，保障葡萄产业高质量发展人才供给。

乡村振兴的关键是人才振兴。为此，兴化以学以致用为抓手，大力培育葡萄产业高素质农民队伍：一是开展中职教育，培育葡萄产业专业人才。采用"半农半读"模式，面向葡萄种植户开设学制 3 年的园艺方向家庭农场生产经营专业中职班，共招收学员 69 人，系统学习基础通识课程、专业能力课程和产业专题课程，全产业链培育具有开拓创新精神、一专多能的中青年新型葡萄经营主体经营者。二是开展市外驻训，转变葡萄种植户生产观念。采用委托培养模式，分两批组织 184 名葡萄种植户分别到镇江农科所、江苏淮安生物工程高等职业学校开展就地驻训，体验市外葡萄产业先进地区经营理念，强化葡萄种植户安全意识、标准意识和品牌意识"三个意识"的提升。三是开展流动办学，推动葡萄种植户学以致用。采用"土""洋"专家结合模式，分三批组织 245 名葡萄种植户，分别到市内葡萄产业技术"学做建"效果好的千岛园果蔬专业合作社、鑫辉果蔬种植家庭农场和志成果蔬种植家庭农场，开展葡萄花果期田间管理技术、葡萄冬季清园与修剪技术和葡萄有机肥替代化肥减量施肥技术专题学训，通过做给农民看、带着农民干，增强葡萄种植户"传帮带"作用。兴化已完成了对所有葡萄种植户轮训计划，随着广大葡萄种植户生产经营观念改变和生产经营能力提升，葡萄高产低效现状必将发生根本改变。

（3）布点示范，加快葡萄产业技术推广应用。

针对葡萄产业中存在的老果园设施简陋、种植密度高、高产低效等突出问题，兴化布点示范，强化辐射带动作用：一是突出基地引导，2020 年，兴化高标准地打造了一个葡萄产业技术推广示范基地，分区域建立了 6 个葡萄产业技术推广示范点，建成了葡萄观光园 5 亩、阳光玫瑰标准化栽培技术试验集成示范园 20 亩、病虫绿色防控示范区 215 亩。目前，示范基地已成为市内外葡萄种植户观摩学训场所，辐射带动作用显著。2021 年，东台、泰兴、淮安农民和江苏省农业社会化服务组织人员 400 多人来基地观摩学训，全市推广应用阳光玫瑰标准化栽培技术1612 亩，病虫害绿色防控技术 6000 多亩。二是注重布点示范，将葡萄产业技术运用作为中职教育学员的毕业实践内容，免费向 2021 级园艺方向家庭农场生产经营专业中职教育学员发放阳光13 和墨香两个葡萄新品种，明确用三年时间，采用葡萄标准化栽培技术、病虫绿色防控技术和有机肥替代化肥减量施肥技术等，对新品种的生物学特征进行观察、评价，形成评价报告。该项举措不仅固化了课堂学到知识，推动了学员学以致用，更扩大了示范面，增强了辐射带动作用。

（三）宁夏回族自治区盐池县："四链驱动"助推乡村产业高质量发展①

盐池县位于宁夏回族自治区东部、陕甘宁蒙四省七县交界地带，是红色革命老区、民族地区、国家贫困县，也是中国北方半干旱农牧交错区 266 个牧区县之一，享有"中国滩羊之乡""中国甘草之乡"等美誉，总面积8522.2 平方公里，辖 4 乡 4 镇 1 个街道办，102 个行政村，总人口 17.2 万人，其中农业人口 14.3 万人。近年来，盐池县紧紧围绕实施乡村振兴战略的总体安

---

① 本案例由中国科学院地理科学与资源研究所李裕瑞研究员推荐，盐池县农业农村局供稿。

排部署，深入贯彻习近平总书记考察宁夏的重要讲话精神，始终把产业兴旺作为乡村振兴战略的重中之重，坚持走高端、高质、高效的现代农业发展之路，以农业增产、农民增收为目标，大力扶持特色优势产业，全面推动乡村产业高质量发展。

1. 取得的成绩

盐池县依托农业供给侧结构性改革，大力发展特色优势产业，逐步形成了以滩羊为主导，黄花菜、小杂粮、牧草、中药材为辅助，适合家庭经营小品种为补充的"1+4+X"特色优势产业体系，贫困群众脱贫富民产业基础不断夯实。①组建滩羊产业发展集团和县乡村三级滩羊协会，开发了盐池滩羊基因鉴定技术，与阿里巴巴盒马鲜生、京东进行战略合作，盐池滩羊肉"四上国宴"，其滩羊饲养量已达到 320 万只，全县 80% 的农村常住户发展滩羊产业，盐池滩羊肉区域品牌价值达 88.17 亿元，"盐池滩羊"品牌效应日益凸显。②黄花种植面积累计达到 8.1 万亩，实现产值近 8 亿元，直接带动全县 3000 多名黄花种植户户均增收 6 万余元。③小杂粮以"1+10+20+N"绿色标准化种植基地为引领，带动全县种植面积稳定在 50 万亩以上，深入推进 100 万亩优质牧草基地建设，抚育种植中药材（含螺旋藻）6 万亩。

此外，盐池县充分尊重贫困群众发展意愿，因户因人施策，芝麻香瓜、西甜瓜、水果西红柿、滩鸡等适合家庭经营的小品种遍地开花，户均增收 2000 元以上。大力推广马儿庄高效节水示范区"支部+合作社+农户"管理的模式，全县高效节水灌溉面积占全县灌溉总面积（46.8 万亩）的 98% 以上，农业灌溉有效利用系数达到 0.672，水肥一体自动化、信息化灌溉面积达到 8 万亩，是全区首个"全国高效节水灌溉示范县"。

2. 具体做法

（1）坚持高点谋划，政策补链，全方位谋划产业发展蓝图。

坚持"全县上下一盘棋"，着力构建党委统一领导、领导小组牵头抓总、相关部门协调配合、社会各界广泛参与的组织管理架构。一是强化高位推动，突出规划引领。县委、县政府高度重视特色产业发展，成立了由县委书记任组长、政府县长任常务副组长的盐池县特色产业发展工作领导小组，协调解决产业发展中遇到的重大问题，做大做强特色优势主导产业。出台了《盐池县农业产业结构优化调整方案》《盐池县特色小产业发展指导意见》等指导性文件，充分考虑区位优势和资源禀赋，全县滩羊饲养量稳定在 320 万只，黄花、小杂粮、优质牧草种植面积分别达到 8 万亩、50 万亩、15 万亩以上，着力打造优势突出、特色鲜明、效益显著的产业发展集群。二是上下全面行动，突出任务落实。专门设立了相关领导牵头的滩羊、黄花、牧草、小杂粮及果蔬等特色产业专班，坚持问题导向原则，及时调整政策扶持重点和方向，形成了支持滩羊、黄花等特色产业发展的产业发展政策体系，全面保障特色产业各项工作有序推进。已连续 11 年制定印发了《盐池县滩羊产业发展实施方案》，同时结合产业发展实际，制定了黄花、牧草、小杂粮等一系列特色产业发展方案，明确了年度目标任务，突出发展重点，增强带动能力，落实了保障措施。三是部门协调联动，突出政策导向。建立健全农业农村、乡村振兴等十余个部门和企业、协会、种养大户参与的特色产业联动机制，构建了庞大的政策、资金投入长效机制，精准设计了滩羊及牧草、肉（奶）牛及其他畜禽、绿色食品等优势特色产业发展格局，积极争取中央区市县各类项目资金 4 亿元以上，推动滩羊等特色优势产业高质量发展。

（2）坚持龙头引领，增值延链，全业态推动产业融合发展。

强化经营主体带动，打造全产业链体系，提高新型经营主体参与产业发展组织化程度。一是突出龙头引领。采取招商引资、项目扶持、金融信贷等激励措施，培育壮大重点特色优势产业龙头企业，先后发展了滩羊集团、鑫海公司、融盐公司等农产品加工龙头企业 203 家，研究开发滩羊肉、苦荞茶、黄花菜等各类优质高端绿色农产品 284 个，产品畅销全国 28 个省（自治区、直辖市）50 个大中城市。二是构建标准体系。加强与重点科研院所深度合作，研究制定了

《盐池滩羊商品羊判定》等 28 项产业规程，依托朔牧繁育中心、盐池滩羊选育场，建立滩羊三级繁育体系，推广使用滩羊专用饲料 4000 余吨，成功开发利用滩羊基因鉴定（SNP）技术实现 3 小时快速甄别滩羊肉。制定颁布了《宁夏黄花菜生产技术规程》《宁夏黄花菜产品标准》等地方标准。以"盐池滩羊""盐池黄花"等特色农产品为主产地共认定 16 家 14 个产品，绿色食品认证 3 家 3 个产品，农产品地理标志认证 5 家 13 个产品。三是注重融合发展。编制了《盐池滩羊国家农村产业融合发展示范园项目》《盐池黄花国家一二三产业融合发展先导区项目》《盐池县滩羊国家级融合发展示范园项目》等规划，统筹整合项目资金 5 亿元，投资建设了滩羊产业融合示范园、黄花产业园等一批特色优质、生态安全的农产品生产基地，初步实现了集研发、种植、加工、营销、生态于一体的现代农业全产业链，为建成全国农村一二三产业融合发展先导区和全国高端羊肉生产核心示范区奠定坚实基础。

（3）坚持集聚发展，协同建链，全过程构建利益联结机制。

鼓励引导农户与龙头企业、农民专业合作社、家庭农场等经营主体建立经营性、工资性、政策性、资产性等多种带动增收方式，建立健全收益分配机制，切实保障农户利益，形成稳定增收长效机制。一是优化龙头企业联农模式。组建成立滩羊集团、融盐农产品公司两大国有企业，采取社会化服务、订单收购、股份合作等方式，打造"产、加、销"利益联结模式，年订单保价收购滩羊 5000 余吨、优质黄花菜 2000 余吨，带动全县近 3 万户农户增收致富。二是构建服务组织联农体系。充分发挥协会"服务会员、服务行业、服务政府"的职能，建立县乡村三级滩羊协会，实行"县统乡、乡统村、村统组、组统户"的"四统"进出口的滩羊养殖营销模式，既保证了企业有稳定优质的原料来源，又实现了滩羊肉优质优价不愁销路。三是拓宽村集体经济联农途径。按照"资源变资产、资产变股金、农民变股民、收益加分红"的方式，积极创新村集体经济发展途径，2016~2021 年盐池县共培育壮大村集体经济 65 个，投入资金 2.11 亿元，由村"两委"成立村集体经济发展合作社，依托本村特色产业、土地资源等优势鼓励发展壮大村集体经济。2021 年，盐池县村均集体经济经营性收入达 10 万元以上。

（4）坚持创新驱动，品牌强链，全媒体宣传推介特色产品。

大力实施品牌战略，坚持走规模化、高端化、品牌化的发展路子。一是着力提升品牌价值。依托"中国滩羊之乡"品牌优势，自 2005 年注册"盐池"地理证明商标以来，紧紧围绕"打造一个品牌、造福一方百姓"的战略思路，先后与浙江大学农业品牌研究院、"一县一品"品牌扶持行动专家团队合作研究制定了《盐池滩羊肉公用品牌战略规划》《盐池滩羊品牌 2021—2025 战略规划（纲要）》，总结提炼了"盐池滩羊，难得一尝"的核心价值和品牌文化内涵，从品牌建设、价值体系等方面构建了盐池滩羊肉区域公用品牌发展战略体系，实施品牌带动战略。二是着力加强品牌管理。完善"盐池滩羊"商标使用管理办法，构建滩羊肉授权体系，开展评星定级，严格许可使用。组织市场监管、农业农村等部门对区内外"盐池滩羊"专卖店进行定期检查，规范市场运营，保护品牌声誉。目前，授权使用"盐池滩羊肉""盐池黄花菜"农产品地理标志使用企业 36 家，累计使用标识 56 万枚。三是着力加大宣传力度。采取"政府搭台、市场运作、企业参与"的模式，县委、县政府主要领导亲自带队，先后赴北京、上海、广州、厦门、大连、青岛等大中城市开展宣传推介活动，引起餐饮业和高端消费群体的关注和青睐，"盐池滩羊"品牌影响力得到极大提升。盐池滩羊肉"四上国宴"，成功入选 2019 年达沃斯论坛文化晚宴，并荣获"2019 中国农产品区域公用品牌最佳市场表现品牌"，"盐池滩羊肉""盐池黄花菜"双双入选第一批全国名特优新农产品名录，"盐池滩羊"品牌价值达到 88.17 亿元。

3. 经验启示

启示一：做强做优产业，项目精准是前提。乡村振兴愿景美好，产业兴旺要坚持因地制宜、因势利导，益农则农、益牧则牧、益游则游，精准发展适合自身实际的特色产业。如盐池县花马池镇皖记沟村土地面积11.8万亩，种植玉米、苏丹草和紫花苜蓿等4500亩，地下咸水资源丰富，可以说地广草多水咸，非常适合盐池滩羊生长繁育，该村村民祖辈以养羊为业，全村村民都是养羊的行家里手，饲养的基础母羊膘肥体壮、一年产两羔、两年产三羔很常见，是典型的"羊把式"、放牧高手，滩羊产业自然而然成为该村的主导产业。近年来，皖记沟村民与时俱进，打破过去一家一户分散饲养方式，建设了皖记沟村生态农牧场，全面提升滩羊标准化养殖水平。目前，全村滩羊饲养量达3.8万只，年创收达300万元以上。

启示二：做强做优产业，政策精心是关键。近年来，县委、县政府将黄花菜产业发展作为调整产业结构、推动乡村振兴的重要抓手，坚持市场主导、政府扶持的原则，按照全产业链开发、全价值链提升的思路，根据产业发展的不同阶段，科学规划设计、合理布局、精准制定政策，聚焦关键环节进行扶持，由2016年的扶持农户种植黄花、建设晒场、购置托盘等产业发展前端逐步调整为扶持龙头企业、合作社等新型经营主体生产基地、精深加工、品牌建设及开拓市场等"产+销"全产业链发展。盐池县建成两个万亩黄花绿色标准化生产基地、晾晒场40万平方米、冷藏保鲜库1.6万吨，培育扶持黄花菜新型经营主体44家，注册黄花菜商标12个，生产黄花鲜菜2万吨，实现产值近2.8亿元，带动盐池县3000余户黄花种植户实现户均增收4.5万元。"小黄花"已成为老区人民增收致富的"大产业"。

启示三：做强做优产业，机制精准是活力。产业兴旺需要找准项目实施与贫困户收益的结合点，采取订单农业、贫困户带资入股、流转土地入股、优先安排务工等利益联结方式，建立"龙头企业+贫困户""合作社+贫困户""支部+村集体经济+贫困户"的发展模式，让贫困户参与、分享产业链增值收益，实现稳定增收。花马池镇郭记沟村充分发挥党支部引领作用，成立农机一体化合作社，整合项目资金600余万元，实施了农机服务专业合作社项目，创新"党支部+合作社+党员+社员"运营模式，现有各类农机具39台套。2021年毛收入达160万元，实现净利润60余万元。其中，60%用于合作社继续扩大经营规模，20%用于村基础设施建设，10%用于60岁以上人员合作医疗费用缴纳，10%用于建档立卡贫困户、边缘户等发展产业补助，每户补助2000元，覆盖10户，救助应届贫困大学生15名，共计补助20200元。2022年，农机合作社预计完成毛收入200万元的任务目标，完成郭记沟村及邻近村群众各类农机作业7万亩的作业目标，村集体经济收入在2021年的基础上翻一番，纯利润突破百万元大关。

（四）广西壮族自治区龙州县："秸秆养牛"实现产业振兴[①]

龙州县地处祖国南疆边陲，广西西南部左江上游，与越南高平省毗邻，县域内以山地为主，耕地面积90多万亩。全县甘蔗种植面积达55万亩，参与农户约3.79万户，占总农户的90%以上，原料蔗销售收入在农民人均纯收入中占比达80%以上，是名副其实的支柱产业。每年，原料蔗产业产出的尾叶秸秆50多万吨，再加上水稻、玉米、花生、黄豆、木薯等秸秆，年产秸秆达80多万吨。长期以来，广大农户为了方便耕作，对秸秆的处理方式首选就是就地焚烧。特别进入原料蔗榨季，蔗区内焚烧蔗叶行为随处可见，整个蔗区处处浓烟滚滚、火光冲天，既带来了火灾隐患，又严重污染大气，成为当地政府"甜蜜的烦恼"。脱贫攻坚的号角吹响后，龙州县党政牢固树立并践行绿色发展理念，深入研究秸秆资源的综合利用方式方法，最终确定了加快秸秆饲料化利用并大力发展"蔗叶牛"养殖的产业发展方向，经过5年多的努力，走出了一条"秸秆养牛"乡村产业振兴之路。

1. 取得的成绩

目前全县已建成秸秆饲料化加工点15个，年加工和收储秸秆饲料达15万吨以上，累计带动

---

① 本案例由中国科学院地理科学与资源研究所李裕瑞研究员推荐，龙州县农业农村局供稿。

收储农户增收 4800 万元以上，秸秆饲料化利用的"收储运体系"初步形成，带动就业人数 6000 多人。全县累计建成 6 个存栏 3000 头以上的大型生态养牛场，23 个养牛小区，48 个养牛合作社，存栏达 4.0 万头，年出栏肉牛 1.31 万头，肉牛产业形成规模，特色奶水牛产业也初显雏形，目前存栏 1500 多头，形成了"原料蔗支柱产业稳固"和"蔗叶牛新产业形成"的生态循环绿色农业产业格局。参与养牛的农户达 1100 多户，增收 8000 元/头，在养牛企业和基地、小区、饲料加工点等务工的农户每人每月收入达 3000 元以上。由于秸秆"过腹还田"，增加了原料蔗的产量，2021/2022 榨季，3.79 万户农户获得甘蔗款 12.9 亿元。投入秸秆加工收储运体系建设和"蔗叶牛"产业生产设施建设的村集体资金也获得了好的收益，企业或合作社租赁生产场地每年给村集体经济组织带来 1000 多万元收益。

2. 具体做法

（1）"政府主导、企业主营、农户主体"，促进秸秆饲料化产业成型。

1）政府主导。

一是制定政策，引导秸秆利用的方向。经过充分的论证，龙州县制定了《龙州县蔗叶养牛发展规划》，把饲料化利用并发展"蔗叶牛"产业作为蔗叶等农作物秸秆的主要利用方式，为统一思想及形成政策洼地奠定了基础。

二是整合资金，支持秸秆收储运加体系建设。龙州县不断整合财政资金、引导村集体资金持续投入秸秆"收储运加"网点的建设，使网点不断完善，"收储运加"的能力得到有效提升。2016 年以来，累计投入资金 2000 多万元，在秸秆主产出区布局了 15 个收储加工点，并围绕每个加工点设立 5~8 个秸秆收购点，确保加工点的服务半径在 10 千米左右，年加工能力 2 万吨以上。同时，积极向上级争取粮改饲料项目资金和秸秆综合利用项目资金进行补贴。

三是设立购销指导价和划分收购区域，保障收储加的秩序。龙州县以市场为导向，以平衡收储链条的各方利益为出发点，对秸秆购销价格进行指导。结合加工点、原料点和本地养殖场的运距、秸秆的质量和饲料的质量，引导建立秸秆最低收购价和对本土养殖企业的最高上限价。为了稳定收储秩序，粮改饲项目、秸秆综合利用项目由加工企业作为实施主体，各实施主体在政府主管部门的协调下按划分片区收购。

2）企业主营。

一是提升服务能力。①充分利用政策资金，提升加工能力。引导加工企业购买秸秆离田收储打捆机械、裹包机械以及加工设备，提升秸秆收储加工机械化水平，年产能由 2016 年的不足 5 万吨提升到了 2021 年底的 15 万吨。②认真汲取先进地区的加工经验，不断提高加工的质量，提升饲料的品质。③不断拓展蔗叶秸秆的饲料市场。除了配合县政府服务好本地的企业对饲料的需求外，还积极向外拓展，产品远销内蒙古、贵州、云南等地。

二是强化诚信经营。引导加工企业增强责任感，在秸秆主要收获季节，敞开大门收购，农户收集运送秸秆随到随收、现款现结，杜绝拖欠农民货款现象，提升农户的信任感和获得感，提升农户收储的积极性。针对没有运输工具的贫困户，鼓励企业预付收购款给贫困户先购买车辆，再从农户售卖秸秆的款项中扣除部分。支持企业采用阶梯的价格进行收购，量大价优，不断激发农户的收集热情。在甘蔗收获季节，加工点布局区域已经形成了一种"收集蔗叶换猪脚"的浓厚氛围，参与收储农户通过售卖秸秆每天收入 200~300 元，实现了在家门口就可以稳增固脱贫。

三是促进联合发展。加工是收集和利用的中间环节。增强加工企业的能力才能促进秸秆饲料化产业规模化发展。龙州县支持和鼓励各主体增强合作、联合发展，使加工主体由大户向合作社发展，又从合作社向企业发展。从 2021 年起，由平台公司龙州县兴农投资公司发起，组织亮剑合作社、韵康合作社、金土地公司等收储加工主体共同成立了龙州县福农秸秆加工有限公司，各收储主体统一将收储的原料或加工产品供应给福农公司，再由福农公司在加工、运输、销售、价格等各方面进行统一和标准化，促进龙州县的秸秆向规模化、优质化、品牌化方向发展。预计 2022 年收储量可达到 20 万吨以上。

3）农户主体。

一是引导农户成为收集的主力军。除了通过保护价、敞开门收购及现款现结等手段吸引农户加入秸秆收集的大军之外，对于土地少的农户，引导他们成为秸秆收集专业户。通过评比，对先进集体和个人进行奖励，引导秸秆收储从少人问津到从业者众。

二是充分发挥村集体组织的作用。引导村集体组织成立秸秆收集专业合作社，利用村集体经济资金建立收储点，配置运输工具等，减少参与农户的劳动强度，目前，有 10 多支合作社收集队伍成为收集的主力军。

（2）"三管"模式推进肉牛产业快速发展。

政府管建。县政府整合财政资金或通过招商引资方式建好养牛基础设施后出租给养牛企业"轻资产"运营，具体是管好"五个建"：一是建设星级生态养牛场。养牛场必须通过三星级以上的生态养殖场认证。二是建设饲料服务站，为与企业合作养牛户和周边养牛户提供配方饲料。三是建立技术服务站。养牛企业与高校和技术部门开展合作，派出技术员与当地畜牧兽医站人员、村级防疫人员组成养牛服务队，为养殖户提供养殖技术、防疫、诊疗等各种服务。四是建立养牛带头人培养基地。依托养牛场或是在养牛场内建设"带头人孵化基地"，从各村选拔养牛骨干或经营能手以"培训+务工"的方式到牛场务工，进行培育。五是建立就业车间，每个基地要带动 5 个及以上脱贫户到基地务工，带动脱贫户稳定就业。

企业管牛。企业以基地为依托，制定秸秆养牛的发展规划和实施方案，带动合作的经营主体抓好肉牛的引种、繁育、育成、育肥、交易、屠宰、品牌创建等具体工作，通过"管引牛、管技术、管回收"保障村民养牛有成效。

农户管养。以"企业+小微牛企""企业+合作社""企业+联合体""企业+家庭农场"的四大合作模式为平台，农户通过入股合作社、小微牛企，建立家庭农场，加入养牛联合体等方式与龙头企业合作养牛。

3. 经验启示

龙州县从探索秸秆饲料化利用到发展成"秸秆养牛"产业的主要启示：

（1）产业的振兴需要政府发挥主导作用。

产业振兴，政府不能甩手给市场，要以适当的方式，将政府的主导、引领作用始终贯穿于整个乡村振兴产业发展的全过程。

一要主动为产业发展把向定调。龙州县的秸秆（以蔗叶为主）在蔗区获得顺利的收储并由此带动养牛产业的发展，主要得益于政府把秸秆利用定位为饲料化利用，并规划将秸秆用于发展养牛产业，符合本县实际。蔗叶经过"牛腹还田"，"反哺"蔗地，又促进了原料蔗的产量，实现了"丰蔗壮牛"的"蔗牛蔗"的生态循环绿色产业，既巩固了原料蔗主导产业，又发展起了新产业。

二要持续解决产业发展中存在的问题。"秸秆养牛"实际上就是有效解决了秸秆"如何用""谁来收""谁来用""怎么用"的系列问题。确定饲料化利用解决了"如何用"的问题；扶持加工企业和引导农户，企业主营、农户主体解决了"谁来收"的问题；通过"三管"模式发展养牛产业，解决了"谁来用、怎么用"的问题。随着"秸秆养牛"从"蔗叶肉牛"向肉牛和奶水牛产业多元化发展，还会衍生出更多的问题，解决好这些问题，乡村产业就会不断地变大变强。

（2）要立足本地资源，因地制宜谋划产业发展。

贫穷落后地区的产业振兴，不能好高骛远。与其整天谋求 500 强企业或高新企业入驻等不切实际的想法，不如深入了解自身的资源优势，量体裁衣，引进适合自己发展的企业，带动乡村振兴产业。在人力资源方面，要真沉下心来，围绕产业目标，培养带头人，孵化能人。一年两年，三年五年，产业终究会发展起来。缺乏耐心，一直是产业发展最大的"短板"，不断地改弦更张，追求短平快，不能思虑长远和稳固基础，产业发展遥遥无期。龙州县的经验启示我们：要因地制宜谋划产业。秸秆，农村大地比比皆是，找准发展的思路，还有更多的"秸秆"可变成"金牛"。

（3）要以互利共赢为导向合作发展产业。

产业的各方参与者都有不同的利益诉求，在产业的发展过程中，要以利益为导向，坚持把产业发展作为互利共赢的出发点和落脚点。积极构建适合于各方参与者发力的合作平台，做到各司其职，各取所需。龙州县在秸秆养牛产业中，坚持由政府"负重"，整合资金投入重资产建设，以资产租赁收益为主。坚持企业"专营"，用专业人干专业的事，从轻资产运营中获益。坚持农户参与，有的参与秸秆收集，有的到养殖企业务工，有的自家养牛，根据不同的参与方式获得相匹配的收益。

（五）河南省兰考县：蜜瓜产业品牌化发展

兰考县地处豫东平原，总面积1116平方千米，总人口85万。2002年被确定为国家级扶贫开发工作重点县，2011年被确定为大别山连片特困地区重点县，2014年建档立卡时，全县有贫困村115个，贫困人口23275户共77350人，贫困发生率10%。长期以来，兰考的农业产业主要是小麦、玉米等传统作物生产，产业链短、效益差；蔬菜、水果等特色农产品多为初级产品，且品种多、乱、杂，没有叫得响的品牌带动，市场竞争力差。品牌建设的不足，成为制约兰考农业产业发展的"瓶颈"。[①]

不过，近年来兰考县蜜瓜产业迎来了大发展，用"小"蜜瓜带来了"大"产业。自2016年春季兰考县开始试种蜜瓜以来，因管理措施到位，加上政府政策引导，蜜瓜经济效益较高，种植面积迅速扩大，蜜瓜产业已经成为兰考县广大群众增收致富的主要产业之一。一方面，兰考县地处黄河故道，常年光照充足，年积温在4000~4590℃，属暖温带季风气候，土壤为砂质壤土，优越的环境条件孕育了蜜瓜特有的风味。另一方面，与其他大田作物、果树和设施蔬菜相比，近十年来，蜜瓜市场销售价格普遍较高，浮动幅度较小，瓜农普遍收益较高。随着交通、信息越来越便利，全国统一农产品市场逐渐形成，蜜瓜产业优势更加明显。

1. 取得的成绩

一是种植面积不断扩大。从2016年自建46栋连片蜜瓜大棚开始，2017年增加到8620栋大棚，2018年已有1.6万多栋大棚投入使用，另外还有一些温室大棚、冷棚在建设中。据统计，2018年，兰考县蜜瓜种植面积近2万亩，总产量达13万吨，产值超过7亿元。

二是种植模式、品种和技术不断提升。兰考蜜瓜种植采用单垄、双垄种植模式，从冷棚发展到冷棚多层覆盖、暖棚、生物反应堆等多种栽培模式并存；种植品种从厚皮蜜瓜品种，如众云20、钱隆蜜等中晚熟品种，扩展到博洋8号、博洋9号、绿宝和羊角蜜等早熟薄皮品种系列，提前并延长了上市时间，每年从4月中下旬至11月均有蜜瓜上市，蜜瓜种植渐渐趋向多元化。随着水肥一体化、微生物菌肥等绿色、有机种植技术在蜜瓜设施农业中的推广，蜜瓜产品质量和经济效益大幅提高。

三是品牌化发展。随着"兰考新三宝"（红薯、蜜瓜、花生）全部获得农产品地理标志登记保护，并全部入选全国名特优新农产品名录，"兰考蜜瓜"入选全国农业区域公用品牌。"拼搏

---

① 小蜜瓜大产业——兰考依靠品牌强农 实现跨越发展［EB/OL］.［2021-09-23］. http://health. people. com. cn/n1/2021/0923/c441091-32233914.html，笔者有修改。

兰考·好产品"区域公用品牌荣获"中国农产品百强标志性品牌","兰考蜜瓜"等7个产品先后荣获全国展会金奖。

2. 具体做法

（1）精准扶贫，兰考蜜瓜进北京。

2017年，北京新发地多次组团到兰考县进行考察后一致认为，兰考当地的土壤属于黄河淤积的沙土地，略带碱性，种出来的蜜瓜口感脆甜、糖度高。但是由于缺少技术，蜜瓜的品相一般。2017年9月底，北京新发地市场董事长张玉玺和兰考县委、县政府签订了产业扶贫战略合作协议，10月初，兰考蜜瓜便通过新发地进入了北京市场。每天满载蜜瓜的货车驶入市场，几个小时就脱销，每日销量达数十吨。来自贫困地区的优质农产品，成了市场内的"明星产品"①。

随后，新发地还派出了市场内的"蜜瓜大王"张宗志到兰考成立公司，发展蜜瓜产业。在建好育苗基地的同时，还在育苗基地园区内建设了兰考蜜瓜标准化种植示范园，种植他们培育的、适合市场销路的优质蜜瓜品种，引导瓜农大规模种植，实现兰考蜜瓜的规模化、标准化、品牌化发展新模式。②

（2）以瓜为媒，以"蜜瓜节"提升知名度。

2019年6月13日兰考县"蜜瓜节"在兰考蜜瓜发源地葡萄架乡杜寨村举行，各级领导及兰考县蜜瓜协会、新型农业经营主体和全县的蜜瓜种植户代表等1000余人参加。此次"蜜瓜节"通过举行"瓜王瓜后"品鉴大赛、观摩推介、产品营销、发展论坛等活动，进一步做大做强蜜瓜特色产业，促进全县乡村振兴和经济高质量发展。

开幕式上，最引人注目的是10多种"兰考蜜瓜"的集体亮相，品鉴台上以西州蜜25、玉兰香、玉菇为代表等各类大小不一、形状各异的蜜瓜，供游客参观品尝，掀起了一场赏瓜、品瓜、赛瓜的甜蜜风潮。在品鉴会场，专家们逐一对送评的蜜瓜外观、含糖量、口感等进行打分，分别评出瓜王、瓜后组一、二、三等奖，并给予500~2000元现金奖励。③

"以瓜为媒，以节会友。"2019兰考县"蜜瓜节"暨兰考蜜瓜产业发展大会的成功举办有效提升了兰考蜜瓜知名度，为打造蜜瓜品牌优势，促进产业增效农民增收起到了积极作用，国内多家电商企业、蜜瓜经销商及当地农业合作社负责人、种植示范户代表现场洽谈对接，共谋产业发展，以品牌、订单、合作等形式，共同勾勒出兰考蜜瓜的产销对接新模式。

（3）辐射周边，形成规模化生产。

坚持质量兴农、绿色兴农、品牌强农，是推进产业富民全面建成小康的根本出路，也是乡村振兴战略的重大举措。近年来，葡萄架乡杜寨村以绿色有机为方向，引进培育新特品种，推行无公害、标准化栽培，辐射周边贺村、韩湘坡、赵垛楼等10多个村庄发展蜜瓜种植，打造兰考万亩蜜瓜种植基地。借助"蜜瓜节"进一步扩大兰考蜜瓜影响力，提高品牌市场竞争力，逐步实现兰考蜜瓜布局区域化、生产规模化、质量标准化、经营专业化，并依托种植专业合作社，内引外联，大力发展蜜瓜产品包装、贮藏、运销、深加工，延长产业发展链条，逐步形成产供销一体化的生产经营体系。

（4）齐头并进，"五个体系"共同促生产。

兰考县在蜜瓜产业发展过程中，构建"五个体系"。一是构建政策支持体系，通过免息贷款、设立科技研发基金支持兰考蜜瓜产业发展；二是构建技术服务体系，加强科研支持力度，依托河南省农业科学院、中国农业科学院郑州果树研究所等科研院所技术优势，为兰考蜜瓜产

---

①② 河南兰考蜜瓜进新发地成明星产品［EB/OL］.［2018-10-24］. https://www.sohu.com/a/270877418_161623.

③ 兰考县蜜瓜节暨"兰考蜜瓜"产业发展大会在葡萄架乡召开［EB/OL］.［2019-06-18］. https://www.sohu.com/a/321536093_120093494.

业提供技术支撑；三是构建产销对接体系，开展对接"走出去"，承办展会"引进来"；四是构建金融服务体系，充分发挥国家普惠金融改革试验区的优势，对发展兰考蜜瓜产业的新型农业经营主体、合作社等提供免息产业贷款，扩大兰考蜜瓜产业规模；五是构建农业品牌体系，讲好品牌故事，塑造品牌形象，推动更多"拼搏兰考·好产品"抢占全国市场。

（六）重庆市黔江区：猕猴桃产业"反向承包"管理①

黔江区坐落于武陵山区腹地，是全国猕猴桃最适生长区，是重庆市明确重点支持的猕猴桃发展区县，是"中国猕猴桃之乡"，黔江猕猴桃在重庆特色植物地图上被标识为黔江名片。在重庆三磊田甜农业开发有限公司（以下简称"三磊田甜"）入驻中塘镇兴泉社区和中塘社区之前，两个村社均为深度贫困村，因山高路远坡陡，自然条件差，一直没有一个像样的产业，导致绝大多数农户被迫外出打工。为实现产业振兴，带贫致富，黔江区引进三磊田甜后大力在仰头山上发展猕猴桃产业，取得较好的经济效益、生态效益和社会效益。

三磊田甜是一家专业从事以优质猕猴桃种植为主，兼具猕猴桃品种研发、推广、冷链物流、销售和深加工的重点市级农业产业化龙头企业。现已在中塘镇兴泉社区和中塘社区打造出"研发推广、种苗、生产、加工物流、销售、休闲旅游"全链条发展格局，带贫益贫成效显著。

1. 取得的成绩

三磊田甜探索出的带动农户增收的发展模式——通过"公司+基地+农户"的模式，将果园"反承包"给农户，即公司提供技术、种苗、肥料等，再由农户承包猕猴桃林进行管护，农户除了获取劳务费外，年底还可获得分红，从根本上解决了农户和贫困户的收入难题。三磊田甜通过"公司+基地+农户"模式，与农户建立利益联结机制，带动兴泉社区和中塘社区1000余农户近2000人就地务工，其中，贫困户128户410人，户均务工收入约20000元。2014年，兴泉社区建卡贫困户143户525人，贫困发生率达到9.75%，高于全区的8.1%。近年来，通过"反承包"模式发展猕猴桃，带动130余户贫困户户均年增收1.5万元以上。目前，黔江区兴泉社区已实现整村脱贫，贫困发生率为0。

例如，51岁的周秀英是当地一名普通农妇，丈夫在外务工，3个孩子都在上学，沉重的生活负担让她家成了贫困户。从2014年她一共"反承包"了30亩猕猴桃，平常主要负责给果树修枝、除草、施肥。周秀英自己算了一笔账：每月，她能获得2000元工钱，且果实成熟销售后，每斤还可获得3～6角钱分红，一年30亩猕猴桃产量可达2万斤，务工加上分红，她年收入达到3万余元。

2. 具体做法

（1）引进龙头企业，打造产业基地。2010年重庆三磊田甜农业开发有限公司落地黔江，在黔江区建成标准化猕猴桃示范基地12000亩。其中主要打造的以猕猴桃为主的万亩高端特色水果基地位于仰头山现代农业园区，涉及中塘、兴泉两个社区，经过七年多的建设，已经栽种猕猴桃7000余亩，优选出金艳、翠香、东红、红昇等品种，打造出中塘猕猴桃产业示范基地，实现"一村一品""一镇一业"。

（2）创新利益联结，助农增产增收。一是改善基础条件，园区在推进道路硬化、饮水等项目建设上，充分考虑农户利益，区内千余农户实现"家家吃自来水，户户通水泥路"，生产生活条件得到极大改善。二是创新利益联结模式，三磊田甜在园区实施种植"反向承包"管理，将建设好的园区承包给农户进行管理，每户承包面积20亩左右，其劳务承包工资为1000～1500元/

---

① 重庆市扶贫开发办公室．黔江：猕猴桃产业带贫典型案例［EB/OL］．［2021-05-06］．http://fpb.cq.gov.cn/zxgz_231/cyfz/202105/t20210506_9246102_ _wap.html.

亩。三是给予激励政策，根据果实产量和质量等指标给予承包户奖励，每亩可获得300~600元奖励，实现企业与农户的利益分成。四是探索创新多模式合作，三磊田甜在园区内积极探索"公司+合作社"和"公司+农户"的发展模式，引导农户发展猕猴桃种植，提高产业收入。

3. 经验启示

（1）发挥机制优势，激发贫困户内生动力。由三磊田甜公司创新打造的"反承包"模式，为农民免费提供现场指导和技术培训，完善产业链条，助推销售。极大地激发了农户和贫困户内生动力，贫困不用担心技术、不用担心销售、不用担心价格，自己做老板，在家也能稳产增收，发展产业的热情现在更高了。

（2）扩大产业规模，增强特色产业带贫能力。充分发挥特色产业扶贫带贫优势，促进产业振兴，在全区扩大猕猴桃、脆红李等特色产业规模，把握乡村振兴、"十四五"规划、成渝双城经济圈等发展契机，推广"反承包"等优秀模式，促进产业提质，农民增收。

（3）培育龙头企业，带动扶贫产业集聚发展。壮大龙头企业，带动产业集聚发展才是增收关键。产业发展离不开企业带动，只有积极谋划储备项目，推动主导产业精深化、链条化、集群化发展，从而做大优势、做大品牌，提高核心竞争力，使主导产业更加突出，龙头企业带动作用更强。

（七）重庆市巫山县：光伏产业创新收益模式①

巫山县位于重庆市东部，处三峡库区腹心，素有"渝东北门户"之称。地跨长江巫峡两岸，幅员面积2958平方千米。自2015年以来，巫山县探索光伏扶贫投入模式，由户用光伏扶贫向村级集体光伏电站转变，建立"县建设、乡管理、村收益"的光伏扶贫模式，将光伏扶贫收益向更多无劳动力、深度贫困户倾斜，积极探索光伏扶贫贫困户动态调整和公益性岗位开发，从而促进乡村振兴，最终取得明显的效果。

1. 取得的成绩

近年来，巫山共建成30千瓦村级光伏电站106个、270千瓦村级光伏电站10个、3千瓦户用光伏电站298个，总装机容量为6774千瓦，总投资5007.3万元，村级光伏电站覆盖105个贫困村、1个非贫困村。截至2020年5月底，全县现已累计发电1104.2万度，已下发收益695.9万元，其中发电收益435.9万元、补贴260万元。目前，利用光伏收益的80%以上开发公益性岗位，现已开发383个，其中，贫困户303人、边缘户16人、低保户16人、特困户1人、非贫困户47人。到2020年6月20日，全县116座村级光伏电站已全部接入全国光伏监测系统。

2. 具体做法

（1）创新收益"一带一"模式。在"深度贫困乡镇"双龙镇，探索利用深度贫困乡镇专项扶贫资金1800万在10个贫困村各新建一个270千瓦光伏发电站，制定收益"一带一"模式，即一个贫困村带动一个非贫困村，按照每个光伏发电站的纯收益7∶3的比例分配到村，既夯实了全镇所有村的集体经济，也惠及全镇所有贫困户。一是拿出整体收益的60%用于村内贫困户政策性分红。贫困户退出后，三年内可参与分红；每年单户分红金额由村支"两委"召开群众代表会议商定；贫困户人均纯收入达到全县人均纯收入的80%或以上，不再参与分红；分红时根据具体情况安排相对应的公益性岗位进行资金分配，保证贫困户收入达标。二是拿出整体收益的15%用于基础设施、文体、教育、医疗卫生等方面。通过开展村民代表大会，确定亟须实施事项，分情况实施。三是拿出整体收益的20%用于因病、因灾、因学、因残等原因，导致生

---

① 重庆市乡村振兴局. 光伏照亮脱贫路——重庆市巫山县实施光伏扶贫的实践［EB/OL］.［2020-09-17］. http：//fpb. cq. gov. cn/zxgz_231/cyfz/202009/t20200917_7891834. html.

活困难的农户及农村孤儿、"五保户"等特殊弱势群体，为其提供一定金额的临时救助资金。四是拿出整体收益的5%用于光伏电站保险费和维护费，聘请专业的运维公司，保证光伏发电站的正常运行。五是利用收益的结余资金用于本村集体经济发展和投资。根据村民代表大会确定壮大村集体经济的项目，如发展扶贫车间等。

（2）盘活光伏发电收益。在大昌镇建光伏发电站9座，涉及毛坪、樟树、自力、槐花等9个贫困村，惠及一万余人。总装机容量为270千瓦，年发电量约22万千瓦，年收益20余万元。通过强化细化光伏发电管理措施，做实做细分配方案。在新冠肺炎疫情防控期间，利用光伏收益设立村级公益性岗位和有针对性的救助等方式，为贫困户脱贫增动力，强信心，从而巩固脱贫攻坚成效。一是做实做细光伏发电的相关管理办法。在详细调研借鉴先进地区的宝贵经验的基础上，大昌镇制定了《大昌镇光伏发电运行管理办法》《大昌镇光伏发电收益分配指导细则》《大昌镇光伏发电考核办法》等规范性文件。二是强化光伏发电的日常运营管理。坚持光伏发电日常运营有人管，收益分配程序规范，效能考核可量化，做到了有章可循。村级管理有遵循，利益分配有指南，干部做事有目标，群众收益都叫好。三是盘活光伏发电收益。在新冠肺炎疫情防控期间，通过盘活现有收益资金存量，优化预期收益支出。设立村级公益性岗位18个，解决了因疫情受影响的18户家庭稳定脱贫。

（3）强化项目资金监管。县扶贫办强化工作统筹，切实加强行业监管、系统监管、社会监管，确保资金项目效益得到充分发挥。一是强化行业监管。督促项目所在地乡镇政府加强对村级集体光伏发电收益资金的使用管理和监督检查。县财政、监察、审计部门依法对村级集体光伏发电收益资金管理使用情况进行检查监督和审计。资金使用单位主动做好配合工作，对提出的问题予以整改落实。二是强化系统监管。光伏扶贫电站收入分配将纳入全国扶贫开发信息系统光伏扶贫子系统开展动态监测。各乡镇将收益分配工作纳入信息系统管理，按年度录入电站建设进度、发电量、补贴资金发放以及发电收入等信息，村级光伏扶贫电站所在建档立卡贫困村按年度录入贫困村收益分配信息。三是强化社会监管。建立村级集体光伏发电收益资金公开公示制度，接受社会监督。所有资金使用要进行公示，并明确公示内容应包括受益户基本情况、资金规模和用途及责任人、举报电话等。发挥基层就地就近监管优势，引导群众积极参与资金管理，建立健全举报受理、反馈机制。村级民主监督小组和扶贫义务监督员，负责监督村级集体光伏发电收益资金财务管理制度执行情况，监督检查村级集体光伏发电收益资金管理使用情况，听取和反映群众对村级集体光伏发电收益资金管理工作的意见和建议。

（4）明确电站权属与管理。坚持光伏扶贫电站是以扶贫为目的，在具备光伏扶贫实施条件的地区，利用政府性资金投资建设的光伏电站，其产权归村集体所有，全部收益用于扶贫，联村扶贫电站资产按比例确权至各村集体。一是村级集中式光伏电站由当地乡（镇）政府负责监管，村民委员会负责日常管理，全体村民受益。二是县政府职能部门指定县供电公司，根据村级光伏扶贫电站实际上网发电量核算发电收入，并结转至各村级集体经济账户。

3. 经验启示

（1）强化制度建设。为加强村级集中式光伏发电项目收益资金管理，提高集体资金使用效益，确保光伏发电日常运营有保障，根据国家和市级有关文件精神，制定了《巫山县村级光伏扶贫电站资金收益管理办法》（巫山扶贫办发〔2018〕63号）。同时，指导相关乡镇及时制定相关光伏发电运行文件、收益分配文件，确保建设、管理、资金分配有章可循。

（2）创新分配方式。从过去单一的分配现有收益的方式到创设公益性岗位分配预期收益，既提高了贫困户的发展动力，又提升了收益资金的利用效能。坚持按季度对资金进行日常分配，在疫情防控期间，做到了特事特办，为受到疫情影响的群众安排了相关的岗位和资金分配。

（3）严格资金使用。资金使用严格按照"先批后支"原则，严格按照审批程序和权限进行审批后方可开支，各项开支必须取得真实、合法、完整的原始凭证。由村民委员会提出年度实施方案后，提交村民代表大会审核，确定通过后，报乡（镇）政府终审确定。在实施项目或受助农户名单在村委会进行不少于 7 天的公示，无异议后启动实施或发放资金。

三、生态改善促进乡村振兴典型案例

（一）北京市金叵罗村：首都生态涵养区的绿色发展①

北京市密云区溪翁庄镇金叵罗村位于密云水库主坝南侧 1.5 千米处，距密云城区 10 千米，距北京市区约 70 千米，村域面积 7.83 平方千米。村庄三面被浅山环抱，只有西边有一个口子。特殊的地理条件使村里孕育了深厚的次生黄土，自古盛产小米，被形象地称为"金叵罗"。近山不靠山、近水不靠水，金叵罗村在自然条件方面并不优越。

1. 取得的成绩

改革开放的新时代，在突出保水政治责任的同时，金叵罗村坚持生态优先、农民主体，以集体经济为基础、农民专业合作社为载体、开发乡村新价值为主线，吸引城市创客融入村庄，携手打造"生态农业+精品民宿+自然教育"的新空间，不仅实现了农民收入的多元增长，更激发了乡村内生活力，推动了城乡要素融合。近年来，金叵罗村先后被评为全国"一村一品"示范村、中国美丽休闲乡村、全国乡村旅游重点村、密云区乡村振兴示范村。

2. 具体做法

（1）认准道路发展乡村旅游。发展乡村休闲旅游，是超大城市郊区农业农村资源开发利用的重要方向。乘着京郊旅游大发展的东风，2012 年，金叵罗村"两委"以市里提出的"土地流转起来，资产经营起来，农民组织起来"为指导，以加快农民增收致富为目标，编制了金叵罗村旅游发展规划。经村"两委"商议、党员大会审议、村民代表决议，确立了以"旅游+"为主线、以旅带农、以旅促农、以乡村美丽经济促产业发展的思路。自此，金叵罗村的乡村旅游从无到有，翻开了村庄发展的新篇章。在村"两委"班子的带领下，金叵罗村逐渐确定了春季有农耕、夏季有采摘、秋季有秋收、冬季有节庆的固定活动。这些活动不仅打响了金叵罗村的知名度，而且在带动农民增收致富方面效果显著。

（2）绿色转型发展生态农业。作为密云水库周边的村庄，金叵罗村要为游客奉献绿水青山，更要为本地的农业生产打造出一片净土。从 2012 年开始，农业合作社严格执行使用自制有机肥。2016 年开始，北京市低碳环保协会将金叵罗村定为试点村，辅导村庄进行各项堆肥实验，同时响应中央"厕所革命"号召，在农场增设蚯蚓无水厕所。在低碳环保协会的支持下，每一个举措都有技术和数据做支撑。金叵罗村用了近 10 年时间，通过酵素堆肥、蚯蚓厕所等举措，用有机肥代替化肥，有效提升土壤地力，进行保护性耕种，使土壤有机质含量从过去的不足 1% 提升到 2.5%，对土壤固碳起到非常重要的作用。村庄的农业资源环境不断得到修复。2018 年，金叵罗村将农田的土壤及灌溉水样本送检，经检测达到国家自然保护区标准，金叵罗村生态农场种植的绿色粮菜，每周持续供应 300 多户首都市民。

（3）共同富裕壮大集体经济。发展壮大农村集体经济是实现乡村振兴的基本保障，也是实现共同富裕的重要途径。2012 年，金叵罗村先后成立了樱桃合作社、农业种植合作社和民俗旅

---

① 本案例由中国科学院地理科学与资源研究所李裕瑞研究员推荐，密云区农业农村局供稿。

游合作社，首批入社成员分别为 218 户、658 户和 192 户。合作社依法将农民闲置的土地、农宅、果园流转过来，共流转农地 1400 余亩，统一管理实现规模经营，农民组织程度明显提高。以村里的浅丘凤凰台、龟山为中心，建立了金樱谷农场——这是全北京市唯一一家由上千村民入股自建的生态农场。一个个合作社就像一台台发动机，让传统农业种植村成功向都市现代农业发展村迈进。目前合作社解决了近百名村民就业，其中 3 人为残疾人。通过发展有机种植、农耕体验、民俗旅游等项目，间接为 400 多名妇女搭建就业平台，金叵罗村也被北京市妇联评为妇女"双学双比"活动示范基地。

（4）城乡融合共谋乡村振兴。城乡融合是难以抵挡的大势，新农人的涓涓流水终会汇聚成乡村振兴的滚滚洪流。现在，几乎每周都有城里人到村里看资源、谈项目、谋合作。西口研食社甜品工作室、北青传媒自然教育、北京国际设计周艺术乡村主题展、北京观光休闲农业行业协会乡村振兴工作站、中国国土经济学会"科创中国"乡村振兴实践基地纷纷落户金叵罗村，绿骑士自然学校、华德福教育空间、知宿自媒体工作室、隐居乡里民宿品牌、势象空间乡村美育馆等项目也在洽谈中。村干部亲切地把这些在村里创业的新农人称为"金叵罗村 11 队"——因为村里原本有 10 个生产队，这些新农人将此作为村庄对自己的认同和接纳，同时也给出了新的解释——城与乡就是"1+1"，而且要创造"1+1>2"的效果。拓宽城乡融合发展的视野，一个低碳环保、拥有国际化自然教育的宜居乡村，一个用生活来分享田园美学的艺术乡村，一个工农互促、城乡互补、协调发展、共同繁荣的乡村创客新社区，逐渐清晰地成为乡村振兴新时代金叵罗村的金色蓝图。

3. 经验启示

生态是密云全面推进乡村振兴战略的绝对优势，也是金叵罗村立足发展的基石。近年来，金叵罗村认真贯彻落实中央、北京市、密云区各级政府关于促进农业绿色发展的决策部署，以绿色发展理念为引领，坚持质量兴农、绿色兴农，强化政策引导，创新体制机制，落实务实举措，大力推进农业发展方式转变，积极探索村域内农业绿色高质量发展新模式、新路径，走出了一条具有金叵罗特色的农业绿色发展之路。

首先，金叵罗村依托党建引领，夯实本村内的发展基础，凝聚全村并带动周边村民集体探索新产业新业态。其次，着力农业资源保护，做优生态本底，牢固树立节约集约循环利用的资源观，把保护生态环境放在优先位置。再次，金叵罗村立足对本村集体经济壮大，激发内生动力，充分维护农民利益，使村民拥有"工资+租金+分红"的收入，享受到了发展的果实，成为拥有稳定收入的新农民。最后，也是最重要的，金叵罗村坚持贯彻新发展理念，以创新、协调、绿色、开放、共享的新发展理念为指导，打"乡情牌"，念"人才经"，搭"发展台"，种"梧桐树"，吸引优秀的返乡入乡人员带着资金、资源、技术为村庄发展赋能，用乡村运营的手段激活、放大乡村的经济价值、生态价值、社会价值、文化价值、美学价值。

（二）山西省大宁县：购买式造林推动县域生态治理①

生态宜居是提升乡村发展质量的保证，因此实施乡村振兴战略，生态文明建设必不可少。山西省大宁县通过购买式造林，成功实现了生态转型发展，为生态脆弱地区发展经济和实现乡村振兴提供了有益的实践借鉴。

大宁县地处黄河中游"几"字形大拐弯东侧的晋西黄土高原残塬沟壑区，生态系统脆弱，是我国中西部地区县域资源相对匮乏的生态经济缩影。大宁县是一个以种植业为主的典型农业县，也是吕梁山生态脆弱区治理的重点县。全县地域面积 962.19 平方千米，2019 年常住人口

---

① 本案例由中国人民大学农业与农村发展学院周立教授供稿。

6.62 万人，其中农业人口 5.2 万人，全县地区年总产值 9.43 亿元。在 2016 年购买式造林政策出台实施之前，生态环境脆弱和脱贫攻坚是政策出台前大宁县经济发展的两大制约因素。林业在大宁县农业产业结构中占据重要地位，2017 年全县农业总产值为 1.46 亿元，其中林业产值为 5530.4 万元，占比为 37.88%。大宁县规划为国家限制开发区中的国家生态建设区，属黄土高原丘陵沟壑水土保持生态功能区，在山西省林业功能分区中属于晋西黄土高原防护经济林区。全县林地总面积 117.12 万亩，其中林地 52.32 万亩，未成林地 22.55 万亩，宜林地 13 万亩，森林覆盖率仅为 36.23%，具备实施退耕还林和发展购买式造林的初步条件，也具备通过植树造林实现生态脱贫和推动生态文明建设的巨大潜力。

1. 取得的成绩

截至 2019 年，大宁县累计完成购买式造林 21.67 万亩，群众参与收入达 6573 万元。其中，2018 年完成 8.29 万亩，2019 年完成 7 万亩，2020 年完成 1 万亩造林计划。森林覆盖率由 2015 年的 25.96% 上升到 2019 年的 36.23%，同时全年空气质量优良天数达到 317 天。购买式造林与脱贫攻坚有机衔接主要体现为：①在政府层面，大宁县自 2016 年 11 月开始购买式造林试点，截至 2018 年底共完成造林 15299 工次，项目总投资 12338.56 万元，实现了扶贫资金的有效配置的同时，2019 年全县累计脱贫 80 个贫困村 6343 户 17470 人，贫困发生率下降至 0.4%；②在集体层面，造林工程实行三年购买，发挥了赋权于民、推动集体和群众双增收的作用，仅第一期就已实现了劳务收入 4791 万元，贫困户人均增收 4000 元，实现了由"输血式"扶贫到"造血式"扶贫的转变。

购买式造林政策在县域取得成效后，山西省人民政府以晋政办发〔2018〕107 号文件在全省推广。接着，山西省购买式造林模式入选第二届中国优秀扶贫案例，被 2019 年第 17 期《求是》杂志《新中国 70 年创造人类减贫奇迹》一文作为典型案例刊登。

购买式造林政策的"上下来去"互动过程如图 5-1 所示。

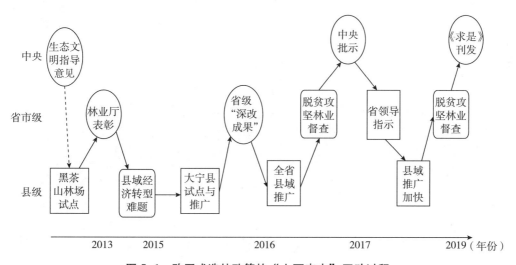

图 5-1　购买式造林政策的"上下来去"互动过程

2. 具体做法

购买式造林，即"由市场主体按照政府规划和标准自主造林，经过验收合格后由政府购买所造的林木"。这项生态治理实践与反贫困治理相结合，体现在组建的合作社中贫困户占比不低于 80%，通过以工代赈的方式增加贫困户的收入，也是一项政府主导、集体响应及贫困户参与的政府购买社会服务创新。

（1）出台相关政策。

2015 年 4 月 16 日，山西省林业厅发布了《关于积极稳妥推行购买式造林促进林业发展提质增效的指导意见》，并将当时黑茶山的市场化造林经验向山西省全省林业系统推广。2015 年 10 月，大宁县委、县政府出台了《大宁县生态扶贫实施意见》《大宁县购买式造林工作实施方案》《进一步推进扶贫攻坚造林专业合作社组建工作的意见》等文件，通过山西省深化改革给予国家级贫困县"一县一策"的县域政策试点支持，在 2016 年将林场试点的购买式造林生态扶贫机制转化为县域生态治理的购买式造林政策。

（2）健全劳务发放制度。

大宁县购买式造林政策的实施资金由县级财政部门统筹的脱贫攻坚专项资金提供，并在林业部门考核期内评估合格后划拨资金，破解了造林制度成本高的难题。

（3）创新组织制度。

大宁县造林规划由造林专业合作社实施，并承担管护责任，而农户以林地入股合作社参与民主管理与决策，并参与经营与利润分配，破解了护林积极性低的难题。

（4）搭建县域生态治理平台。

大宁市通过搭建县域生态治理的平台，创造了深度贫困地区农户在地就业的机会，打通中间环节让农户承揽工程，破解了经济收益低下的难题。

大宁县购买式造林政策与实践的演进脉络如图 5-2 所示。

图 5-2　大宁县购买式造林政策与实践的演进脉络

3. 经验启示

通过购买式造林，大宁县不但有效治理了当地的生态环境污染问题，而且成功解决了生态脆弱地区的脱贫攻坚难题。回顾大宁县的治理历程，共有如下经验启示：

一是强化制度政策保障。相关的制度政策是开展活动的具体依据，大宁县为积极、全面推进购买式造林行动，在山西省林业厅发布《关于积极稳妥推行购买式造林促进林业发展提质增效的指导意见》的基础上，大宁县委、县政府先后出台了《大宁县生态扶贫实施意见》《大宁县购买式造林工作实施方案》《进一步推进扶贫攻坚造林专业合作社组建工作的意见》等文件，以保障购买式造林行动的顺利实施。

二是依托农民合作组织。政府为实施相关政策，与农民直接对接往往面临着较高的交易成本，因此可以依托相关的农民合作组织予以实施。在大宁县，购买式造林规划由造林专业合作社实施，并承担管护责任，而农户以林地入股合作社参与民主管理与决策，并参与经营与利润分配，成功解决了造林主体积极性不高、后续监管乏力的问题。

（三）青海省称多县：畜牧业生态化发展①

位于青海省嘉塘草原腹地的称多县珍秦镇降雪天气频繁，尤其每逢冬季，暴雪灾害经常造成牲畜死亡损失，给当地牧民群众生活带来严重困扰。这几年，珍秦镇办起了合作社，不仅村社面貌发生大变化，而且通过储备饲草料和给牲畜购买保险，即使冬季遇到雪灾也很少有牲畜冻饿而死的事情发生，当地牧民们吃下了"定心丸"，得到了实实在在的收益。

近年来，称多县积极探索畜牧业发展新途径，最终形成以生态文明建设为引领，推动畜牧业从传统产业向优势产业转型升级新的工作思路和新的工作体系，促进了县域经济快速增长，走出了一条生态效益、经济效益、社会效益相统一的可持续发展道路。

1. 取得的成绩

（1）"三整合四解放"优化产业结构。"三整合四解放"的发展思路不仅优化了产业结构，还带动了当地牧民的收入，使生态保护和畜牧业生产的良性循环。特别是在2019年特大雪灾中，上述发展思路作用得到充分发挥，实现了大灾之年"无人员死亡、牲畜数量无大损、无疫情发生"。

（2）畜牧业发展升级转型。自2015年称多县推进畜牧产业升级以来，全县各类牲畜存栏23.5万头只，出栏率、商品率和母畜比例分别达到25%、25%和47%。称多县利用厚植牦牛资源优势，建设优势特色产业集群，同时通过电子商务平台扩大营销力度。2020年，全县物流快递单量比2019年提高40%，价格降低了20%以上，以高附加值的订单倒逼产业提档升级，实现了称多生态畜牧业跨越式发展。如今，称多县已建立"羊羔花""查拉乳业"和"巴颜喀拉饮品"等追溯体系建设基地，获得7个牦牛养殖国家有机产品认证转换证书，实现了玉树州有机认证零的突破。

（3）草原生态功能恢复。"十三五"时期，称多县累计投入草原生态保护建设资金5.02亿元，完成草原禁牧75.87万公顷，草畜平衡48万公顷，牧草良种补贴0.93万公顷，落实新一轮草原生态保护补助奖励资金1.0047亿元，为推动农牧区经济与生态环境协调发展提供了更加有力的支撑。称多县推行草畜平衡管理面积达3.25万公顷，黑土滩综合治理达1.38万公顷，有效促进了草原生态功能恢复。

2. 具体做法

（1）创新发展思路。

随着习近平生态文明思想落地生根，"宁肯发展慢一点，也不以牺牲生态环境为代价"成为称多县领导班子的共识，基于这样的发展理念，称多县不断推进生态环保与经济发展协调融合，坚定不移走产业生态化、生态产业化、"生态+"的县域经济高质量发展之路，提出了"三整合"（整合草场、整合劳动力、整合牲畜）和"四解放"（解放生态、解放劳动力、解放生产力、解放思想）的"三整合四解放"生态畜牧业发展战略和总体思路并付诸实践。①整合草场，充分发挥草场合理利用在保护生态中的作用，全面推行逐区放牧、四季轮牧，实现一个季节一个区的轮牧方式，给足草场休养生长的机会，使草场保持活力，达到了解放生态的目的。②整合劳动力，先后建立31家生态畜牧业专业合作社，按照"合作社+基地+牧户"经营模式，使合作社与牧户形成利益联结机制，在合作社的统一管理和运营下，极大地解放了劳动力。③整合牲畜，牧户以牲畜折股入社后，由合作社统一经营，实现资金变股金、牧户变股民，通过收入

---

① 部分内容参见称多县：生态畜牧业"畜"势勃发［N］. 青海日报，2021-06-01（7），笔者有修改。

分红大幅提升牧民收入的同时，带来了生产力的解放。

（2）发挥市场作用。

一是打造高原牦牛品牌。称多县以市场为导向，坚持畜牧业生态化发展方向，自2015年以来，称多县厚植牦牛资源优势，积极推进牲畜良种化的基础上，加大牦牛、藏系羊等良种推广力度，投资1980万元建设"三江源·玉树牦牛"产业园区和牦牛优势特色产业集群建设，推动牦牛产业在牧区产业兴旺和牧民群众持续稳定增收方面发挥作用。同时，积极与北京首农和可可西里等省内外知名企业沟通协作、搭建合作平台，并借助电子商务的东风持续发力，逐步提升产品质量标准化，不断加大产品推广营销力度。

二是积极创新经营方式。随着产业化经营企业、专业合作组织成为牧民增收和生态畜牧业牧业经济增长的重要支撑点，称多县牢牢把握这一载体，充分挖掘生态畜牧业优势资源，积极扶持畜产品加工龙头企业，推行"龙头企业+合作社+基地+农户"经营模式，使产品经营主体日趋规范，畜产品附加值不断增加，在提升市场化程度方面实现了突破。

（3）促进生态功能恢复。

称多县位于三江源自然保护区核心地带，在生态环境保护任重道远的今天，称多县充分认识到生态保护问题的严峻性，坚持加强草原生态建设，树立"治理越早、成本越低、效果越好"的理念，加快黑土滩、鼠害草原治理步伐，大力实施三江源自然保护生态保护和建设、退牧还草等重大生态保护建设工程，积极打造"草地生态畜牧业试验区"。2020年，称多县与民间自然保护机构——山水自然保护中心联合发起"人人一平米，守护生物多样性活动"，并倡导全社会积极参与，为称多县描绘出了美好的发展和未来。

3. 经验启示

（1）生态环保与经济发展协调融合。"三整合四解放"的发展思路从提出到具体实践，始终贯穿解放思想和保护生态环境这条主线，进一步调整和优化了产业结构，构建了划区轮牧、科学养畜、草畜平衡、协调发展生态畜牧业发展格局，形成了生态保护和畜牧业生产的良性循环。

（2）注重传统畜牧业发展升级转型。畜牧业围绕有机、绿色生产路线，推动传统畜牧业向现代畜牧业转型升级，科技推广与专业合作社发展两大举措珠联璧合、共同发力，让当地特色产业提档升级，畜产品附加值不断增加，提升市场化建设程度。

（3）生态环境保护需争取多方支持。因此，十几年前，称多县嘉塘草原退化严重、垃圾随处可见，这样的场景让人深感痛心，当地的6.7万名农牧民群众作为环境保护卫士、草原绿色守护者，通过牧民群众的身体力行，坚定不移地传播生态环境保护理念，保护当地脆弱的生态环境，他们的努力让称多县再现水草丰美、牛羊成群的美景。生态环境功能的恢复离不开多方的支持，政府的带头作用和群众的共同努力才能让人们周围居住的环境变得更加美好。

（四）浙江省柯桥区：推进美丽乡村建设

柯桥区隶属于绍兴市，区域面积1040平方千米，常住人口为1098859人。2019年11月行政区划调整后，全区辖11个街道和5个镇。柯桥区按照"领跑全市，竞跑全省"要求，坚定不移践行"绿水青山就是金山银山"理念，加快打造"两山"转换通道，积极招引工商资本助力乡村发展，全力补齐乡村运营的"短板"，不断提高村集体"造血"功能，提高乡村共富能力。同时，利用宅基地改革全国试点的机遇，打好改革创新"组合拳"，竭力释放农村发展新动能。近年来，浙江省绍兴市柯桥区为解决基本民生需求，通过扎实推进宜居、宜业、宜游的美丽乡村建设，不断激发农村社会发展潜能，持续提升人民群众的获得感、幸福感、安全感。

1. 取得的成绩

"十三五"时期，柯桥区成为全国农村生活污水治理示范区。大气质量明显改善，蓝天白云越来越常见。垃圾分类实现城乡全覆盖，获评全省农村生活垃圾治理工作优胜区。修复 31 处废弃矿山 "生态伤疤"。森林覆盖率提高到 52.6%。固废处置实现动态清零。美丽城镇、美丽乡村建设持续 "领跑"，60% 的镇街创建为省级美丽乡村示范镇，五星达标村实现全覆盖，被授予全省首批新时代美丽乡村示范县。此外，柯桥区规划建设 17 条融杭主要道路，一批卡口路、断头路相继打通，"30 分钟通勤圈" 加快形成。全面完成第二轮县乡公路升级三年计划，被授予首批 "四好农村路" 全国示范县。①

2020 年，柯桥区高水平建设美丽城镇，县域创建方案全省优秀。5 个村级集体物业改造更新。214 个美丽城镇项目加快实施，完成投资 32.3 亿元，安昌、王坛入选新时代省级美丽城镇建设样板。安昌成为全市首个省 5A 级景区镇。新增五星达标村 51 个、3A 级景区化示范村 9 个。完成国土绿化 2623 亩，建成国家森林乡村 9 个，新增 "一村万树" 示范村 5 个。马鞍街道 "八个一" 惠民工程促农村公共服务提标扩面，成功入选第二批全国农村公共服务典型案例，成为全省唯一入选乡镇。此外，柯桥区完成 "米袋子" "菜篮子" 年度任务。新建高标准农田 3564 亩。粮食收储高标准完成，柯桥中心粮库获评省三星级粮库。花香漓渚、南部茶叶、海丰花卉等现代农业园区全面建成。科强生猪生态养殖基地扩大规模，天圣 "飞地生猪" 养殖项目加快推进。②

2. 具体做法③

(1) 坚持规划先行。

柯桥区坚持规划先行，始终以规划指引美丽乡村建设方向，并以党建为引领，确定了 "中—南—西—北—湖" 5 条党建示范带，分地域挖掘片区特色，精准制定美丽乡村精品线路设计，起到筑点成线、以线带面的更优效果。如鉴湖渔歌带，围绕鉴湖风光和鉴湖流域自古以来的水文化、酒文化、渔文化，整合沿岸柯岩风景区、若航直升机场等优势资源，打造一条集党建、人文、水陆景观为一体的特色示范带。

(2) 夯实基础建设。

柯桥区坚持从夯实农村建设的基础做起，以钉钉子精神推进农村环境整治。针对农村最易反复出现的乱堆乱放问题及白色垃圾、河道漂浮物、卫生死角、臭水沟等 "脏乱差" 问题，实行常态化覆盖式保洁，自 2014 年起，每月对城乡环境整治进行随机、随地、随时的 "三随" 抽查考核。持续开展 "厕所革命" "杆线革命" "围墙革命" 三大特色革命，稳步破解农村中长期存在的 "老大难" 问题。

(3) 促进城乡融合发展。

以深化 "五星 3A" 创建为抓手，促使美丽乡村建设从乡村建设突进向城乡一体联动转变，是柯桥区乡村振兴的一大特色。借助柯桥区中国轻纺城民营资本发达优势，充分调动 "五星 3A" 创建村和民营企业家积极性，通过撬动工商资本下乡，推进城市反哺农村发展，如兴发集团签约夏履镇联华村地块，华源公司签约湖塘街道香林村地块等。

(4) 完善制度机制。

乡村振兴一定需要制度创新和保障。柯桥区坚持美丽乡村建设抓落实和抓机制齐头并进。针对美丽乡村升级版打造，先后建立完善了资金补助、督查审核、工程管理等一系列机制，激活了助推美丽乡村建设的强大动力。在资金补助上，通过 "五星 3A" 创建，打破了原有 "九龙

---

① ② 2021 年政府工作报告 [EB/OL]. [2021-02-08]. http：//www.kq.gov.cn/art/2021/2/8/art_1229430786_3856103.html.

③ 部分内容参见绍兴柯桥区久久为功锻造美丽乡村升级版 [EB/OL]. [2018-11-09]. https：//www.sohu.com/a/274347620_132340，笔者有修改。

吐水"的资金补助格局，按照全区"一盘棋"，整合全区涉农资金 12 亿元，保证了"一个口子补资金"。在督查审核上，开发网络工作平台，整合台账记录、问题整改、项目及资金申报审核等实际工作，有效提高了工作推进的效率。在工程管理上，敢于先行先试，创新开展廉洁工程，通过完善村级招投标避嫌机制，把村干部及其近亲属、近姻亲属和拥有本村户籍的其他利害关系人挡在项目工程"门外"，禁止利害关系人参加项目招投标或者担任项目负责人、现场管理人、联系人，真正把项目工程做成"廉洁工程""民心工程"。

（五）河南省老湾村：推行"老湾模式"

老湾村地处河南省平舆县，曾是国家级贫困村，因地势低洼导致连年歉收。"十年九淹"、"十年九灾"和"落汤湾"曾是贫穷老湾的真实写照。一个地方、一个区域的发展，需要找准契合自身特点、集合时代机遇、用好资源优势的突破路径和发展模式。"老湾模式"是聚力基层突破、推动乡村振兴、实现村强民富的一个实践探索。

1. 取得的成绩

近年来，老湾村突破自我、创造优势，成功走出了一条"以基层党建为引领、以乡贤反哺为支撑、以激活要素为基础、以多元产业为抓手、以村强民富为目的"的乡村振兴发展的"老湾模式"道路，奏响了一曲农业强、农村美、农民富的生动乐章。老湾村不仅生态旅游风生水起，而且还依托田园综合体发展起了许多现代产业。其中，金沙湾田园综合体向百姓流转土地2000 多亩，每亩每年 1200 元，惠及村内 2500 余人；900 亩森林景观树苗木囊括红枫、垂柳、垂槐、金叶复叶槭等树种，为老湾村建起了"绿色银行"；千亩荷塘已发展立体养殖，通过种莲藕、养鱼、虾、泥鳅等，每亩每年可收入 5000 元；300 多亩金丝皇菊每年可产干菊约 2.4 万千克。① 金沙湾络绎不绝的游客为当地群众带来了商机，他们在家门口就能做生意，烤羊肉串、卖土特产和饮料……土地入股、摆摊卖货、就近务工，随着金沙湾田园综合体的蓬勃发展，获益村民已覆盖西洋潭及其周边的王寺台、马楼、聂寨等 15 个村，惠及农民约 3000 人。

2. 具体做法

（1）"落汤湾"成为历史，"金沙湾"远近闻名。2016 年，平舆县坚持以脱贫攻坚统揽全局，精准发力、因地制宜，激励外出能人返乡创业，深入挖掘自然水资源和良好的生态环境优势。平舆县金沙湾农业综合发展有限公司宣告成立，"金沙湾田园综合体"蓝图绘就并一步步变为现实。金沙湾农业综合开发有限公司专门请来北京一家知名的规划设计公司，依照老湾村的地形地貌，按照 4A 级标准，对村落和产业布局进行科学规划，全力打造老湾综合服务中心、汝河故道风景带、千亩荷塘风情游览区、乡村民俗体验区和绿色银行生态休闲区，在汝河故道这片曾经贫瘠的土地上，绘就了一幅"发展实力老湾、共同富裕老湾、文化传承老湾、生态美丽老湾"的蓝图。②

（2）"特色化"打造生态亮点。金沙湾园区规划总面积 1.6 万亩，其中一期建成区面积达到2200 亩，覆盖老湾村全域。景区集成河荷文化、农耕文化、民俗文化、康养文化特色，将水乡绿色生态资源、红色资源、传统村落、乡村民俗资源转化成农耕体验、观光旅游、养生休闲度假等新业态旅游产品，打造原生态、健康、舒心的田园观光体验之旅，使金沙湾生态农业观光园成为集智慧农业、农耕民俗、儿童益智、科普研学、健康养生、餐饮民宿等精品体验功能于

---

① 从"落汤湾"变荷塘说起——河南平舆县：看老湾村如何找准脱贫攻坚与乡村振兴衔接点 [EB/OL]．[2020-07-14]．https：//www.thepaper.cn/newsDetail_forward_8263472.

② 从"落汤湾"到"金沙湾"[EB/OL]．[2022-06-15]．http：//tuopin.ce.cn/news/202206/15/t20220615_37760714.shtml.

一体的田园综合体、豫南乡村度假旅游的目的地。①

（3）生态振兴山水秀。2021年，老湾村村"两委"重点谋划实施了老湾村特色老街改造、黄渠碱渠街道风貌提升、五佛乡养殖示范区、村文化广场、高标准农田改造、村组道路硬化项目，扎实推进乡村建设提升行动，立足村情实际，对户内卫生厕所改造、人居环境整治、残垣断壁拆除、绿化等工作进行统一规划分步推进，取得了良好的效果，得到了老百姓的充分认可。

四、人才发展促进乡村振兴典型案例

（一）山东省寿光市：人才队伍专业化管理②

近年来，山东寿光市把人才振兴摆在乡村振兴的重要位置，激励引导优秀人才向基层一线会聚，为乡村振兴注入"源头活水"。

1. 取得的成绩

（1）产业方面，聚焦现代种业、智能农机装备、高效设施农业等前沿领域，深入调研摸排；更新人才需求、项目、资源和政策"四张清单"，推动产业需求与人才供给精准匹配。先后与中国农业科学院等53家省级以上科研院所建立深度产学研合作，推动全国蔬菜质量标准中心等12家"国字号"平台落地，吸引600余名高层次人才与企业进行项目技术对接，推荐申报入选农业领域省级以上重点人才工程人选34人。目前，全市自主培育蔬菜新品种140个，年繁育种苗17亿株，有力破解"洋种子"市场垄断局面。③

（2）培训方面，整合全市农业教学资源，实施"十百千万"蔬菜标准化大培训，探索"企业订单、机构列单、群众选单、政府买单"的培训模式，依托山东（寿光）农村干部学院、农民夜校等平台，自主培育各级"乡村之星"81人、农村电商人才1000余人。建立128名农技专家组成的"农业人才师资库"，实行"导师帮带制"，培育农技推广人才332人，推动建设省乡村振兴示范站25处，提升农民致富技能。④

（3）政策方面，出台《关于支持寿光蔬菜产业控股集团打造国际蔬菜种业人才聚集区的七条措施》等专项人才政策17个，释放人才活力。深化推进乡村人才培养、引进、管理、使用、流动、激励等制度改革，探索"县招镇用""学费代偿""直评直聘"等模式，吸引2708名镇村卫生专业人才、6700名中小学教师人才扎根一线，712名获评专业技术人才职称。畅通高层次人才绿色通道，落实基层人才安居工程等政策，对于高层次人才，给予最高300万元住房补贴、18万元生活补贴的激励政策。⑤

2. 具体做法⑥

（1）打出"组合拳"，构建人才"强磁场"。面对县域引才难、留才难等问题，寿光探索建立专业化、市场化、精准化引才服务机制，发挥市场在人力资源配置中的决定性作用，建强招

---

① 平舆县老湾村：昔日"落汤湾"铺就"新画卷"［EB/OL］．［2022-05-12］．https：//www.sohu.com/a/546395972_121124574.

② 山东寿光："专业化管理"换来"全身心干事"［EB/OL］．［2021-09-23］．http://health.people.com.cn/n1/2021/0923/c441091-32233978.html，笔者有修改。

③④⑤ 资料来源：寿光市委组织部。

⑥ 激活"人才引擎"，潍坊寿光发展按下"加速键"［EB/OL］．［2021-11-05］．http://sd.people.com.cn/n2/2021/1105/c401101-34991439.html.

才引智"战队"。立足重点产业人才需求，编制人才、项目、技术需求"清单"，绘制人才招引图谱，采取"产业专班+企业"方式，小团组、高频次到高校及科研院所精准对接，全方位助推人才项目落地。2020年以来，寿光市先后组织40余家企业赴南京工业大学、浙江大学、上海交通大学等27所高校及科研院所对接专家教授620余人，签署人才项目37个，引进青年人才9500余人。

（2）构筑"引凤巢"，打造全产业链引才模式。寿光市注重在园区建设、创新载体上同向发力，吸引更多人才向园区集聚、向项目集聚、向产业集聚；建设了新经济产业园等特色产业园区，创建"众创空间+孵化器+加速器+科创园区"的全链条创新创业服务体系，吸引新材料、新能源、智能装备制造等重点产业领域的29个高端创业人才项目落户园区；建设了国家蔬菜种业创新创业基地等"国字号"创新平台12家，院士工作站14家，博士后科研工作站6家，省级以上创新平台达到136家；协议共建"欧亚科学院（中国）院士创新基地"，设立院士服务基地、"夙沙论坛"永久举办地；建设了中国农业大学寿光蔬菜研究院、山东半岛蓝色经济工程研究院等12家产学研机构。

（3）优化"生态圈"，让人才引得来、留得住、干得好。寿光市先后出台产业领军人才计划、精英人才创业计划、高层次人才引进绿色通道等30余项人才扶持政策。同时，聚焦现代农业、高端化工、生物医药等优势产业和六大产业园区，为企业、园区量身定制人才计划。2020年以来，寿光累计出台重点配套产业园入园政策、支持寿光蔬菜产业控股集团打造国际蔬菜种业人才聚集区的七条措施等5个专项政策。由寿光市级领导带头组织1115名机关干部成立服务企业专员队伍，与2001家企业、188个人才项目结对，着力提升人才归属感和幸福感。

（二）山东省环翠区：打造人才聚集高地

近年来，山东省威海市环翠区以高层次人才引进、实用人才培育、专业人才下沉三项措施为抓手，制定25项重点任务，扎实推进乡村人才振兴各项工作落实落地，取得显著成绩。与此同时。环翠区大力实施人才强区战略，推出了"一揽子"引人用人新机制——通过构建引才机制、打造激励平台、创新考核机制，进一步激发了人才创新活力和创造潜力，全力打造人才聚集高地。

1. 取得的成绩①

（1）高层次人才引进方面。首先，环翠区加大政策扶持力度，优化"英才汇翠"人才新政，全面落实"乡村人才振兴12条"，聚焦乡村振兴样板片区建设，增设"环翠产业领军人才""环翠直播达人"等评选，引进产业领军人才、优秀经营管理人才、农村直播带货人才等乡村振兴首席专家60名。将涉农领域大学生纳入高校毕业生"521"津贴保障范围，累计发放生活津贴、购房补贴和创业担保贷款等50余万元。其次，深化校地校企合作，充分发挥高校人才供给主渠道作用，以农业项目为载体，搭建农业技术合作交流平台，促成6家涉农企业开展产学研合作，引入来自青岛农业大学、山东农业大学等高层次人才9人。目前，爱山农业特聘教授姜国勇获评"威海市优秀乡村振兴首席专家"、里口山近郊休闲样板片区获评"威海市乡村振兴首席专家制度推广示范片区"。最后，优化人才发展生态，建立乡村人才"服务专员制度"，为2021年新增的6名涉农领域高层次人才发放"威海英才卡""环翠人才卡"，依托高层次人才"一站式"综合服务大厅、贝草夼乡村人才驿站、"人才e站"微信小程序等线上线下平台，让高层次人才在医疗、卫生、交通出行、子女教育等方面享受绿色通道，提供保姆式"1对1"服务，实现高

---

① 威海环翠区优化人才生态打出乡村人才振兴组合拳［EB/OL］．［2021-11-11］．http：//sd.china.com.cn/a/2021/benwangyuanchuang_1111/1032292.html.

层次人才的事"一站受理、一次办好"，帮助高层次人才解决发展过程中的各种要事、难事11件，以贴心服务增加高层次人才获得感。

（2）实用人才培育方面。环翠区制定《环翠区高素质农民培训方案（初稿）》和《环翠区高素质农民认定管理办法（暂行）》，大力开展农村实用人才带头人示范培训项目，建立新型职业农民培育对象储备库，已储备高素质农民培育对象190人；开展农村劳动力职业技能培训，依托威海职业学院、威海大姐职业培训学校等培训机构，围绕烹饪、育婴、电工等热门行业需求，举办"乡村人才培育暨农村劳动力向非农产业和城镇转移培训班"，培训农村转移劳动力700余人；举办巾帼双创训练营活动，聚焦提升妇女群体就业创业技能，引导农村家庭妇女学习一技之长，联合山东双创孵化器、非遗文化传承等机构，举办农村妇女巾帼电商培训班、非遗手工艺主题培训活动70余场次，累计培训1200余人次。

（3）专业人才下沉方面。环翠区强化科技特派员队伍建设，优化"专家组+技术指导员+科技示范户+辐射带户"的科技成果推广转化体系，联合农业局技术专家组成科技特派员小组，深入农村开展现代苹果园矮砧密植栽培等技术服务7场次、惠及农民200余人次；优化基层卫生队伍建设，实施基层卫生人才定向培养计划，靶向对接省内5所医学院校，为基层各类医疗机构与高校搭建资源互补、人才引育的常态化交流对接平台，引进医护人才26人；建设紧密型医共体，开展医疗专家巡诊团队下村巡诊活动，巡诊33个村，下派专家78人次，服务群众430余人次；优化乡村教师队伍建设，启动"互联网+教师专业发展"工程，一体化推进网络研修与校本研修，完善乡村教育专业技术人员培养体系，组织413名优秀教师赴农村学校对口支教，推动乡村中小学教育教学能力和水平不断提升。

2. 具体做法①

（1）构建引才机制。近年来，环翠区从机制体制入手，坚持政策吸引、载体牵引、合作援引，会聚各类人才。为形成政策"洼地效应"，环翠区出台了《关于加强高层次人才队伍建设的意见》《关于实施人才聚集工程的意见》等扶持政策，对企业、人才和项目分别制定明确的扶持标准和扶助金额。同时开通高层次和稀缺型人才引进"绿色通道"，实行"一站式"受理、一次性告知、全过程服务。依托载体的"磁场效应"，环翠区树立"高端人才在哪里，引才工作就做到哪里"的思路，设立驻京引才工作站，推介引才优惠政策，发布人才需求信息，举办人才项目推介招聘会，引进培养产业领军人才团队和各类急需紧缺人才。环翠区还采取咨询、讲学、短期聘用、互利合作、技术入股、人才租赁等方式，组织企业与科研院所、高等院校建立产学研合作关系，签订产学研合作协议，联合培养高技术人才。

（2）打造激励平台。走进环翠区创新创业孵化器，犹如进入了一处科技"梦工厂"，多家科技型企业集聚这里，创新创业专业科技人员正在攻克领先行业前沿的项目。这是环翠区打造的激励保障平台之一。环翠区依托园区、科研院所、区属重点企业和孵化器，搭建各类人才发挥作用的平台，使各类人才创业有机会、干事有舞台、发展有空间。为打造自主创业孵化器，环翠区出台《环翠区科技企业孵化器认定和管理办法》，确保人员靠得上、资金跟得上、措施追得上。着眼于打造科技创新实验室，环翠区建设了张村、羊亭两大产业园区，引进机械制造、电子信息、新材料、新能源等重点企业。

（3）创新考核机制。环翠区制定了《人才工作目标责任制考核办法》，实现了考核手段的"三个转变"。一是考核范围由小变大，扩大到全区所有镇街部门。二是考核分值由轻变重，全面提高人才工作在全区目标管理考核中的权重。三是考核结果运用由虚变实，把人才考核结果

---

① 部分内容参见环翠区：引聚人才在中心城区聚起一座人才高地［EB/OL］．［2017-09-20］．http://weihai.iqilu.com/whyaowen/2017/0920/3689384.shtml，笔者有修改。

作为干部提拔重用和单位评先选优的重要依据：对工作表现突出的干部，优先考虑提拔重用；对招才引智考核排名前列的单位，奖励 5 万~10 万元的招才引智专项经费。这些政策充分调动了各单位和各级干部招才引智的积极性。

（三）四川省拱市村：筑牢人才根基

四川省蓬溪县常乐镇拱市村地处川中丘陵地带，距离县城 25 千米，耕地总面积 1277 亩，辖 11 个村民小组 1719 人，是典型的旱山村，四面环山、人多地少、干旱缺水、不通公路、信息闭塞，村民靠天吃饭，十分贫困落后。经过 14 年的艰苦奋战，拱市村村集体收入从无到有，2020 年达 119 万元，村民人均年纯收入由 2007 年的 2300 元跃升为 2020 年的 21838 元，农村贫困人口 67 户共 123 人全部脱贫。①

1. 取得的成绩

拱市村党委重视基层治理人才队伍能力素质培养提升，建设一支思想作风好、群众感情深、业务能力强、使群众信得过的基层治理人才队伍，确保乡村社会充满活力、安定有序，治理有效，拱市村人实现了"让土地充满希望，让鲜花开满村庄，让乡亲们过上城里人羡慕的生活"的愿望。目前，拱市村获得国家级名片 6 张、省级荣誉称号 10 项、市级荣誉称号 15 项。先后获得县级"文明村""新农村建设示范村"等光荣称号，村支书蒋乙嘉被授予"全国最美基层干部"荣誉称号。

2. 具体做法

（1）夯实组织堡垒。

一是强化组织保障。紧扣"好支部"创建，发挥联村联建组织优势，打破"一村一支部"传统，推行村党组织强弱联姻、大小挂靠、好差互补等多种方式合建共建，构建"1 个党委+10 个党支部+10 个产业党小组"组织框架，全覆盖农民专业合作社、行业协会、产业基地等薄弱领域，以组织振兴推动乡村振兴。二是优化服务本底。充分发挥基层党组织政治功能和服务功能，筹资 500 余万元新建联村党群服务中心、乡村振兴服务中心、联村村史馆，完善配套设施，健全服务制度，全面保障联村党员教育、宣传文化、农技生产、群众活动等便民服务，厚植群众基础。三是深化基层治理。坚持以自治为基础、法治为保障、德治为引领，抓住基层党员干部这个重点群体，全面推进党务公开、政务公开、办事公开，健全村民议事、评议、立约、监督等制度，以规立德深化"六联机制"，广泛开展党员"积分晋星"、好家风好家训"最美家庭"创先争优活动，筑成和谐有序的基层治理体系。②

（2）筑牢人才根基。

一是畅通渠道"引"人才。以建强农村新农民、新村民"两新"人才队伍为抓手，突出示范典型，大力实施"人才双引"工程，积极培育专业大户、家庭农场等新型经营主体，回引 27 名经商优秀人才和蓬溪籍在外成功人士返乡创业，引进企业管理精英 13 名、优秀工匠 30 名，脱贫致富一线领军人才得到充实壮大。二是着眼长远"育"人才。以培养新型职业农民为重点，依托本村四川力世康现代农业、生物科技、千朵佛莲等 7 家公司基地，大力实施实用技术人才培养计划、"六个一线"实践锻炼工程，蹲苗培育农村致富能手、产业领军人才、党员后备干部等 137 名，抢占了本土人才制高点。三是做优环境"留"人才。全面贯彻市县《人才十条》，制

---

① 能人返乡创业 带领群众致富增收摘"穷帽"［EB/OL］.［2021-10-09］. http://health.people.com.cn/n1/2021/1009/c441091-32248217.html.

② 四川蓬溪："六个三"跑出乡村振兴"加速度"［EB/OL］.［2018-09-07］. http://dangjian.people.com.cn/n1/2018/0907/c117092-30278964.html，笔者有修改.

定完善人才生活保障、评选表彰、创业激励和"1+N"人才服务体系等配套政策措施，制定"一单一册一计划"，即人才工作项目责任清单、图文名册、专档定向援助计划，推行乡村振兴人才服务"绿卡"，激励乡土人才在一线建功立业。[①]

（3）建强头雁队伍。

一是重靶向引育。创新村级组织带头人队伍的选拔培养、教育培训机制，大力实施"一村一头雁""一家一能人"引育培养计划，从返乡农民工、回乡创业大学生、种养致富带头人、复员退伍军人、村医村教中培养村级带头人，靶向引育联村头雁队伍24人。二是重担当作为。坚持"五张"清单履职，强化"两圈"日常监管，以严管显厚爱，定向招考、公招公选畅通村干部成长成才渠道，3名干部得到推优重用，1名干部当选党的十九大代表。三是重激励保护。全面落实习近平总书记关于"三个区分开来"的重要要求，建立健全优秀基层干部激励表彰制度、容错纠错机制，鼓励创新、允许试错、宽容失败，切实做到生活上保障、政治上激励、情感上关怀、制度上保证。[②]

五、文化繁荣促进乡村振兴典型案例

（一）陕西省刘河湾村：传承红色文化基因

陕西省延安市吴起县刘河湾村隶属当年中央红军与陕北红军会师的吴起镇（今为吴起县吴起街道），因曾作为红军"兵工厂"而闻名。1936年6月，为了配合红军西征，兵工厂由陕西延川县永坪镇迁至刘河湾村，直到1937年3月该兵工厂迁往延安前，这里都被视为陕北苏区的"工业中心"，可以生产子弹、手榴弹、修理枪械等军用物资，为红军取得最后的胜利提供了坚实的物质保障。

在实施乡村振兴战略背景下，刘河湾村挖掘红色文化亮点，于细节处体现红色情怀，实现与民众情感共鸣，以"红色+民俗""红色+生态""红色+美丽乡村"等特色化的建设和发展模式，打造出宜居宜业的红色文化生态特色村，真正提升了农民群众的生活品质。

1. 取得的成绩

近年来，刘河湾村深入挖掘本村"赤安县苏维埃政府遗址""红军兵工厂旧址"等红色资源，通过对遗址旧址的修复保护、红色文化长廊建设、红色故事挖掘讲述、红色基因传承现实典范选树，让红色资源成为刘河湾村发展强劲的"红色引擎"。

2020年，依托现有的红色资源，结合村庄现状与当地的民俗文化，兼顾生态环境保护，全新规划改造的刘河湾（包括洞藏吴起、长征落脚点、老吴起传统餐饮区、"红色古镇1978"复原区四个部分）开始向"吃、住、游、乐、娱"为一体的民俗特色村转变。据统计，当前整个刘河湾村参与到红色旅游产业链上的村民有187人，有53人参与了就业创业。待全部建成投入运营后，预计可带动刘河湾村就业创业300人以上。[③]

与此同时，刘河湾村注重生态环境保护和绿色产业发展。20世纪90年代，吴起县在全国率

---

① ② 四川蓬溪："六个三"跑出乡村振兴"加速度"［EB/OL］. ［2018-09-07］. http：//dangjian. people. com. cn/n1/2018/0907/c117092-30278964. html，笔者有修改。

③ 【走进红色美丽村庄】刘河湾：昔日红军兵工厂今日民俗文化村［EB/OL］. ［2021-06-10］. http：//www. xinhuanet. com/2021-06/10/c_1211195603. htm.

419

先启动实施了退耕还林政策，刘河湾村作为吴起县的试点村率先行动起来，将位于胜利山景区的 500 余亩耕地进行退耕还林，发展苹果产业，生态环境得到极大改善。当前，吴起县全县共种植袖珍苹果 3600 多亩。围绕乡村旅游产业，吴起县还在胜利山建有 80 亩"果游一体采摘园"，既可帮村民增收，又能满足游客的采摘体验需求。随着苹果进入盛果期和乡村旅游人数增加，村集体经济收入可稳定在 30 万元以上，小小苹果与棵棵果树正逐渐变成村民的"致富果"与"摇钱树"。①

2. 具体做法②

（1）依托红色文化，打造特色民俗文化村。

红色文化是党领导人民在革命、建设和改革中创造的具有鲜明的民族性、科学性、大众性。为传承红色基因，激活乡村振兴的各类资源要素，刘河湾村把村庄规划作为特色村建设的先导，结合胜利山景区和村庄现状，坚持全域理念，着眼长远目标，突出强调"红色打底、古色映衬、绿色发展"导向，邀请专业的设计团队对刘河湾村进行全面设计，分为洞藏吴起、长征落脚点、老吴起传统餐饮区、"红色古镇 1978"复原区四个部分。洞藏吴起以住宿和体验为主，依托其黄土山体资源，打造极具 20 世纪 80 年代陕北特色的民居景观；长征落脚点建造时光隧道，以红色雕刻长廊的方式展现老一辈革命家在吴起生活和战斗的场景，给游客介绍老吴起发生的"切尾巴"战役等事件。老吴起传统餐饮区以马家大院为载体、依托"万里长征第一面"打造陕北特色餐饮区，同时引入陕北特色的民间艺术展示，使餐饮服务与民俗体验有机结合，相辅相成；"红色古镇 1978"复原区主要表达地域景观与历史语境的延续，纪念性与休闲性转换，将红色文化与民俗文化保持一定的协调性，并采用绿化等元素将其柔化、淡化，使之浑然天成，形成不同景观的巧妙过渡。

（2）拓展红色产业链条，催生新产业新业态。

对红色文化资源的合理延展，能够促进城乡红色文化产业融合发展，拓展红色文化乡村产业链，促进农民就业、增加农民收入。刘河湾村以村级集体产权制度改革为契机，结合村情实际，成立刘河湾村股份经济合作社，通过流转土地，建成袖珍苹果园 80 亩，着力打造集观光、采摘为一体的苹果采摘园，不断发展壮大乡村旅游、苹果采摘体验等综合性产业。同时，加大传统饮食文化开发建设，在做好黄米馍馍、黄酒作坊等特色饮食的基础上，深挖传统地域系列特色饮食。

（3）走好生态兴农路，描绘美丽乡村新画卷。

生态是美丽乡村的命脉。为提升农民的幸福感和获得感，实现"望得见山，看得见水，留得住乡愁"，就要进一步加强乡村基础设施建设，用红色文化的传承与弘扬助推乡村绿色生态发展。为了彻底解决侵占河道、乱倒垃圾、污染水体等问题，刘河湾村围绕"亮村、治水、畅路"，采取"节水、护水、治水"三重措施，着力打造建设湿地公园，对河道垃圾、杂草集中清理达 200 余吨，同时调运西湖垂柳、金叶榆等风景树 5000 余株对河道沿岸进行集中绿化，并在河道栽植芦苇、荷花等花卉 50000 余株，为辖区河道增添一抹绚丽多彩的景观。

（二）河南省郭土楼村："以孝治家"全国示范基地

河南省商丘市虞城县城郊乡郭土楼村位于县城东北部，距离县城 2.3 千米，现有人口 2654

---

① 【走进红色美丽村庄】刘河湾：昔日红军兵工厂今日民俗文化村［EB/OL］.［2021 - 06 - 10］. http://www.xinhuanet.com/2021-06/10/c_1211195603.htm.

② 部分内容参见【走进红色美丽村庄】延安刘河湾村：红色文化拓宽乡村振兴之路［EB/OL］.［2021 - 06 - 09］. http://www.rmlt.com.cn/2021/0609/616105.shtml，笔者有修改。

人，耕地 2958 亩，下辖郭土楼、三关庙、杨庄、杨庙、范庄 5 个自然村，共 11 个村民组。

据史料记载，郭土楼村村民是东汉廉吏"四知先生"杨震的后人，杨震拒金不收，"天知、地知、你知、我知"的清廉、正直精神流传千年，"四知廉洁文化"在当下依然弥足珍贵。郭土楼村村民以先人清廉为榜样，耕读传家、邻里和睦、民风淳朴。如今，郭土楼村"以孝治家""日行一善"的孝善文化已经与乡村风土人情融为一体。

1. 取得的成绩

自 2017 年开始，郭土楼村通过建强基层党组织、成立村民自发的义工队伍和本地的慈善企业家队伍为架构，吸纳大学生党员毕业生、返乡创业人员，强化党支部建设；组织本村村民组成 70 人的义工队伍，防疫抗灾走在前，扶危济困走在前；汇聚慈善企业家对特困人员进行救助，对有就业能力的贫困户进行援助。郭土楼村还建立了健康家园，2654 名村民均建有健康档案；建立了乡村书院，确保全村 67 名留守儿童假期、周末作业有人辅导，放学后有人照顾；建立了乡村大食堂，保证了每周一至周四 80 岁以上的老人在大食堂免费用餐，周五 70 岁以上的所有老人免费聚餐。①

2016 年以来，郭土楼村先后被评为省级卫生村、市级文明村、最美生态村、河南省旅游扶贫示范户、河南省乡村旅游特色村、"全国以孝治家试点单位"、"以孝治家全国示范基地"和践行"以孝治家"战略部署先进集体。2020 年，荣获全国乡村治理示范村、全国文明村。

2. 具体做法

（1）三个项目服务群众。

三个项目即"以孝治家"大食堂、乡村书院和健康家园。"以孝治家"大食堂让村里的老人感到了大家庭的温暖和大爱。每个星期一至星期四村里 80 岁以上的老人每天中午在大食堂免费用餐，星期五 70 岁以上的所有老人一起在大食堂免费聚餐。费用都是本村的年轻人自愿提供的。实施不到一个月的时间，就有七十多人自愿报名给老人提供聚餐费用。老人在大食堂里一块儿看看电影，聚在一起唠唠家常，不仅使老人们的幸福感得到了很大提升，同时也感召着每一个年轻人将尊老、敬老、助老传统发扬光大。②

"以孝治家"乡村书院结合"种太阳、好妈妈、强儿童"项目实施以来，使很多的留守儿童得到了关爱和照顾。留守儿童的教育是农村不容忽视的问题，"以孝治家"乡村书院就是应对这个难题的服务中心，这里被称为"四点半学校"，儿童四点半放学后就可以到大讲堂读书、玩耍，而不用面对没有父母陪伴的时光。这里有图书、有室内游乐设施、有专职人员照看，孩子们可以学习"三字经""弟子规"等，在这里体会到国学传统文化的感召力，并以此来回馈父母、家人、社会，这是一个能带给孩子心理阳光和无限温暖的"儿童之家"，当然，更是新时代文明孕育之所。

"以孝治家"健康家园每月有中医专家定时来给老人孩子诊断身体，根据每个人的身体状况开方子，用中医疗法给人对症下药，引导人利用传统中医食疗的养生方法来达到身体康健。

（2）三支队伍密切配合。

按照"以孝治家"践行战略部署，郭土楼村成立了三支队伍，即基层党组织队伍、义工队伍、慈善企业家队伍。

基层党组织发挥了核心引领作用。村支书杨新文号召本村全体党员干部充分发挥模范带头

---

① 郭土楼村：扶贫先扶志创办"以孝治家"全国示范基地［EB/OL］．［2021-10-09］．http://health.people.com.cn/n1/2021/1009/c441091-32248309.html.

② 虞城县城郊乡郭土楼村：党建引领　以孝治家　促乡村和谐［EB/OL］．［2022-01-04］．http://www.farmer.com.cn/2022/01/04/99885890.html.

作用，每一个党员干部要以身作则带头学习孝善文化，在家多行孝道，出门多结善缘。每逢重大节日村干部会组织年轻人集体慰问贫困人员和孤寡老人。每逢年底组织村民代表评选出"好媳妇""好婆婆""五好家庭"以"最美家乡人"，通过开展迎新春文艺演出表彰活动，起到了很好的带动作用，使村里的风气大为改善，像家庭矛盾、邻里纠纷的事情也慢慢少了很多。

义工队伍不断扩大。在开展"以孝治家"仅仅两年多的时间里，村民素质不断提升，很多村民自愿加入"以孝治家"的队伍中，2021年义工队伍已经超过了二百多人。在党组织带领下，义工们经常帮村里老年人打扫卫生、参加村集体义务劳动、前往仓颉墓地清理仓颉墓的杂草、助力县城爱心晚餐给伟大的清洁工人免费供应晚餐等公益活动，得到了全村村民和周边乡邻对"以孝治家"行动的一致赞扬。①

慈善企业家队伍发挥重要作用。例如，"以孝治家"健康家园项目由企业家队伍组长杨成杰带人每个星期定时义务给村民免费看病；"以孝治家"乡村书院结合"种太阳、好妈妈、强儿童"项目由企业家队伍组长杨凡董事长组织义工老师每星期六下午给孩子们上传统教育课程。

（三）广西壮族自治区兴业县：繁荣基层群众文化

近年来，兴业县高度重视民间文艺工作，不断采取有力措施，在人、财、物上支持乡村文艺队伍的发展，为文艺队伍搭建交流平台，推动乡村文化繁荣兴盛，助力乡村振兴发展。

1. 取得的成绩

兴业县通过举办农村文艺骨干培训班，聘请区、市级文艺专家进行授课，组织文化志愿者深入镇、村辅导文艺队伍，根据文艺队的需求，有针对性地进行辅导。逢年过节，兴业县会开展线上线下文化活动，搭建人才交流平台。通过举办"壮族三月三"山歌表演赛、村级公共服务中心文艺汇演、鹩剧汇演等活动，不断加强农村基层文化队伍的交流学习，从而提升乡村文化队伍的整体水平。

据统计，兴业县有215个行政村共组建农民文艺队500多支，其中民间鹩剧队50多支，业余文艺工作者1万多人。这些农民文艺队活跃在市、镇、村各级文化演出活动中，成为乡村文化振兴的"生力军"。

2. 具体做法

（1）强化人才队伍建设，强壮基层文艺繁荣筋骨。兴业县每年举办农村文艺骨干培训班2期，聘请区、市级文艺专家进行授课，培训内容有戏剧、曲艺、舞蹈等，年培训人次100多人。组织文化志愿者深入镇、村辅导文艺队伍，根据文艺队的需求，有针对性地进行辅导。同时通过举办文化活动，搭建人才交流平台。

（2）推动文化活动开展，筑牢基层文艺繁荣堡垒。兴业县通过政府购买公共文化服务形式，组织开展不同主题的送戏下乡、戏曲进乡村、进社区文化惠民活动。引导群众在元旦、春节、国庆等重大节庆日开展丰富多彩的文化活动，同时还鼓励民间艺人把文艺创作与县委、县政府中心工作紧密结合起来，积极创作山歌、美术、鹩剧等群众喜闻乐见的文艺作品，进一步筑牢基层文艺繁荣堡垒。2021年，兴业县组织开展戏曲（鹩剧）进乡村210场以上。

（3）推进文艺精品创作，构建基层文艺繁荣载体。兴业县依托"千年古邑"和少数民族聚居地的文化底蕴，挖掘提升传统文艺精品，推进公共文化服务品牌化。通过举办"壮族三月三"山歌赛、鹩剧汇演、村级公共服务中心文艺汇演等地方特色文化活动，打造兴业文化活动项目品牌。充分挖掘城隍镇龙潭村震声楼、葵阳庞大恩故居等红色文化资源，打造鹩剧、音乐作品

① 虞城县城郊乡郭土楼村：党建引领　以孝治家　促乡村和谐［EB/OL］.［2022-01-04］. http：//www. farm-er. com. cn/2022/01/04/99885890. html.

等精品节目，推进文化和旅游融合发展。2020 年，以兴业"桂东南抗日武装起义"领导人覃震声故事为内容创作的鹇剧《震声出征》获第八届全区基层群众文艺会演玉林展演活动戏剧类一等奖。2021 年，《震声出征》入选"永远跟党走"庆祝中国共产党成立 100 周年广西优秀舞台艺术作品，并参加第十一届广西剧展，获桂花作曲奖。兴业县通过不断推进文艺精品创作，打造兴业文化名片，构建基层文艺繁荣载体。

六、党建引领促进乡村振兴典型案例

（一）江苏省唐陵村："支部+"赋能乡村振兴建设①

从乡村振兴工作的推进逻辑来看，基层党支部作为实施乡村振兴的核心纽带，在实施乡村振兴战略的过程中，需要围绕"基层党组织'支部'—创新创业经济体—农户"三位一体的复杂关系来理解，需要通过"支部+"平台激发各类主体的新动能和新活力，构建一个由产业先导机制、利益联结机制、内生动力机制形成的循环发展模式，持续提升基层党组织建设水平、影响力和领导力，进而为乡村振兴工作奠定坚实组织基础。

1. "支部+"赋能乡村振兴建设的理论基础

（1）产业先导机制是"支部+"平台促进村域经济发展的突破口。

梯度推移理论、增长极理论、生产综合体理论等作为区域经济发展的主要理论都特别强调产业对于区域发展的作用，产业发展作为一个社会性系统，是多种要素、多种主体、多种联系协同形成的集合体。先导产业发展在国民经济体系中具有重要的战略地位，是指在国民经济规划中先行发展并引导其他产业往某一战略目标方向发展的战略性新兴产业。同样，村域经济状况的改善也必须重视先导产业的集聚效应，增强集体经济的实力，要在村党组织的支持与引导下发展村级产业，通过党组织把握村级产业的性质与发展方向，解决好农业产业化各环节的关系问题。

村级产业的发展应遵循"产业链—产品链—价值链—技术链—人才链—利益链"的循环发展思路，逐渐形成以村域为主体的网状产业体系结构，并实现"支部+"平台与网状产业体系的有机融合。具体发展过程中，首先，应根据本村的资源条件，结合国家政策信息，通过内外部资源的有机结合选择适合本村的主导产业；其次，根据主导产业的特征向前向后逐渐延伸产业链，在产业链延长的过程中发展与主导产业相关的各类配套产业，完善产品链与价值链；再次，在拓展产业链与价值链的各个环节注重技术与人才的作用，逐渐培育完整的人才链与技术链，并且在各主体间设置合理的利益联结点，形成完善的利益链；最后，通过多个链条的纵横交织，形成一套多维度的村域经济发展产业体系网。因此，面对当前村域经济发展的困境，必须以村级产业的培育为破题之举。

（2）利益联结机制是"支部+"促进村域经济发展的核心。

利益联结机制的有效运行必须建立在村级产业发展的基础上，同时又是农村可持续发展的动力来源，在村域经济发展中起着承上启下的作用。利益联结机制是农村经济健康发展的关键，科学合理、可持续的利益联结机制有助于农业的转型发展，激发农村活力，促进农民增收。然而当前我国农村利益联结机制并不完善，大多数农民组织只是采取口头许诺方式与会员建立利

---

① 本案例由中国农业科学院农业经济与发展研究所刘合光研究员推荐、吴永常研究员供稿。

益联结关系，农民合作组织的结构非常松散，使合作关系出现有利则合、无利则散的局面。而由于利益联结机制的缺失，增加了农村经济的风险性和脆弱性，阻碍了农民参与农村产业发展的积极性，使农民在农村经济发展中长期缺位，这不仅使大部分经济利益为外来资本所获取，还带来了乡村空心化等社会问题。

如何构建农村外来主体、村集体、新型主体、小农户之间的利益联结机制，是村域经济健康发展的重要内容。由于不同主体的经营目标存在一定差异，主体之间的利益不可避免存在一定的矛盾，需要一个有效的利益联结机制来平衡各方利益。一方面，农村经济的发展不能只依靠农村自身，还必须依靠外界力量，引导更多社会资本、人才、技术等要素参与农村建设，为推进农业农村现代化不断注入新动能；另一方面，乡村振兴战略必须以农民为主体，坚持发展农村集体经济，确保农民的基本利益，使经济发展的成果惠及全体人民。在这种情况下，需要拥有一个良好的利益联结平台，整合各方面的资源和要素，协调各主体的利益关系。在我国农村地区，党组织是广大农民群众和社会主体最可信赖和依靠的力量，作为农村社会领导核心的基层党支部，广泛存在于乡镇管理部门、农民合作组织、农业企业等机构和主体中，具有良好的社会和群众基础，毫无疑问应该成为这个平台最佳的选择。通过"支部+"平台形成的利益联结机制可以塑造民众与基层党组织之间的普遍信任、增加规范资本的有效供给、促进公民参与组织网络的发展，可以实现基层党组织社会资本的现代再造，有助于形成以党组织为核心的农村利益共同体。

（3）内生动力机制是"支部+"促进村域经济发展的引擎。

动力机制又称为激励机制，是指在利益导向驱使下，农村各类经营主体积极从事生产、参与经营活动、寻求自身发展的过程。壮大村级经济、提升集体实力是村域经济发展的主题，着力增强村级"造血"功能，激发农村科学发展的内生动力，在这一过程中要注重加强以村党组织书记为核心的干部队伍建设，搭建好农村党组织的服务平台。

动力机制可分为外生动力与内生动力两种形式，外生动力通常是指由外力推动的发展模式，更加侧重于通过外来物质层面的扶持来促进发展的模式，如政府通过大量的投资，完善农村的基础设施，为相关企业提供资金扶持，以达到推动农业农村工作发展的目的；内生动力则更加注重依靠农村内部自发形成的强烈发展意识来促进自身发展，如农民意识到自身生活状况的改善一定要依靠自身的努力，他们有自愿参与到村级产业发展与农业农村建设中的强烈意识。这里并不是划分外生动力、内生动力的好坏，只是村域经济发展的不同阶段所需的动力来源不同而已，任何一个发展较好的村子都是实现了由外生动力向内生动力成功转换的过程。在村域经济发展的初期阶段，由于农民缺乏自身发展的各种条件，需要政府来提供各种物质层面的支持，但农村更加需要的是依靠这种外生动力的投入，逐渐培育自身发展的内生动力，不可因为政府的各种投入养成"等、靠、要"的惰性思想，内生动力机制的核心在于"人"，农村发展的核心动力更在于"农民"。

2. 具体做法及取得的成绩

江苏省句容市唐陵村积极发挥党组织的引领带头作用，以产业发展为主要任务，逐渐形成以苗木为主导的一二三产业融合发展体系。2007～2016年，唐陵村苗木种植面积由150亩增加到10000亩，并带动周边地区20多万亩苗木种植，提供相关就业岗位3万多个；苗木产业产值从600万元增加到40多亿元，并逐渐通过"确定主导产业—完善配套产业—适时产业升级"的发展道路实现了苗木产业由销售主导向各产业协调发展的趋势转变，充分体现三产融合发展的趋势；唐陵村的集体经济收入从3万元增长到373万元，且经营性收入在集体经济收入中所占的比重逐渐增加；农民人均纯收入从1700元增加到36000元，收入来源逐渐从单一化向多元化发展；全村贫困户个数也从850户减少到36户，成为句容市远近闻名的富裕村。

江苏省句容市唐陵村通过将基层党支部与合作社、创业基地、企业和农民进行有机结合，打造出一套各主体之间完善的利益联结体系。一是外来主体与村集体之间的利益联结。唐陵村通过党组织分别于 2009 年、2013 年引进了广东棕榈园林股份有限公司、南京仁恒地产有限公司两家上市公司入驻，积极引导外来资金和人才参与农村建设。2013~2016 年约有 300 户城市居民来村进行创业活动，这些外来主体在土地流转、劳务用工、苗木经营等需求方面都是直接与村集体进行对接，有村集体的支持最大限度上保障了农民的利益。二是村集体与新型主体之间的利益联结。唐陵村注重对本村自培企业的支持，通过"支部+合作社"，探索"村社合一"工作新模式，党组织带领农民以土地、技术、资金等入股合作社，农民既减少了单独应对农业大市场的风险，又可以获得合作社每年的利润分红；通过"支部+农民创业基地"，党组织以农民创业基地为基础，结合本村产业发展的实际情况，为返乡创业农民提供技术、资金、政策等各方面的支持，最大限度上保障农民创业成功；通过"支部+产业"，在村级产业体系中建立党支部，充分发挥党组织的政治优势，确保村级产业发展的方向与性质，同时根据经济主体的市场优势，积极寻求本村产业与市场的有机结合。三是新型经营主体与农民之间的利益联结。通过"支部+农民"，党组织带领农民以主人翁姿态参与产业体系建设，农民不仅仅是为企业打工的员工，而是各司其职积极参与苗木产业，并在党组织的扶持下进行相应的创业，成为村级产业体系中不可或缺的一部分。村党组织依托苗木产业建立合作社，发挥农民的发展主体作用，带动村民从事苗木经纪人、苗木养护、苗木运输、苗木医生、造型苗木等相关产业，带动 1000 多户村民从事相关的创业活动。

江苏省句容市唐陵村党组织公信力的提高源于以"支部+"平台为核心的基层党组织的制度建设，从制度方面保障了思想上尊重群众，坚持了"从群众中来，到群众中去"的工作作风，充分发挥了人民群众的主体地位，在提高村民收入的基础上，不仅培养了村民的政治素养，更完善了村社会服务体系，丰富了村民的日常文化生活，真正让农民过上了体面的生活。

3. 经验启示

自中国共产党成立以来，基层党组织建设就是党密切联系群众的根本举措，深深嵌入我国革命、建设与改革的每一道历史轨迹。同样，在当前大力实施乡村振兴战略的背景下，农业如何兴旺？农民如何富裕？农村如何发展？这是时代给我们出的一道历史考题，从历史经验和当代实际两方面来考虑，乡村的振兴需要依靠"支部+"平台的打造，通过基层党组织的引领、社会多主体的参与、农民现代化素质的提高来实现。

第一，要坚持把做强农村产业作为乡村振兴的首要任务。实施乡村振兴战略就要加快农业新旧动能转换，培育现代农业产业经济，发展农村新产业新业态，实施农产品精深加工提升行动和"互联网+农村物流"行动，做优做精乡村旅游、文化创意、农村电商等美丽经济，促进农村一二三产业融合发展。要加强农业经营模式创新，积极壮大村级集体经济，培育新型农村经营主体，鼓励引导资本人才等要素流向农业农村，积极支持高校毕业生、工商企业主、农业科技人员等各类人才回乡下乡创业，努力让浙江农村成为创业创新的热土。

第二，要坚持把推进农村改革作为乡村振兴的强大动力。实施乡村振兴战略就要紧紧依靠全面深化改革，啃下"硬骨头"、蹚过"深水区"，特别是要加快推进"三农"领域"最多跑一次"改革，推动乡村综治工作、市场监管、综合执法、便民服务"四大平台"向村级延伸，努力消除城乡之间的"数据鸿沟""信息孤岛"，"让数据多跑路""农民群众少跑腿"。要全面深化以农村产权制度改革为核心的各项改革，全面建成互联互通的农村产权交易市场体系，推动承包地和宅基地"三权分置"制度落地，推行农村集体经营性建设用地入市，建立宅基地有偿使用、有偿退出机制，真正使农村产权"活"起来。

第三，要坚持把加强乡村治理作为乡村振兴的内在要求。实施乡村振兴战略就是要坚持物质文明和精神文明一起抓，依托农村文化礼堂，大力塑造淳朴文明的良好乡风，狠刹歪风邪气、遏制陈规陋习、推进移风易俗，让清风正气充盈每一个乡村，让家教家风滋润农村每一个家庭，让乡村文脉传承到下一代。要坚持发展水平和治理水平共同提升，健全自治、法治、德治相结合的乡村治理体系，推广"枫桥经验""后陈经验"、小微权力清单等治理制度，积极创建民主法治村，实施乡村德治工程，切实形成"大事一起干、好坏大家评、事事有人管"的乡村治理新格局。

第四，要坚持把加强农村基层党组织建设作为乡村振兴的根本保证。实施乡村振兴战略，就要认真贯彻新时代党的建设总要求，高标准落实农村基层党组织建设各项任务，强化村级党组织的政治责任和政治属性，推动农村基层党组织全面进步、全面过硬。要面向帮扶重点村、软弱涣散村、集体经济薄弱村，实现村第一书记和农村工作指导员派驻全覆盖。要大力实施农村"头雁工程"，培养一批能带富、善治理的农村基层组织带头人。

（二）河北省阳原县："双向量化考核"管理模式

河北省张家口市阳原县立足于打通贯彻落实党中央决策部署"最后一公里"，确立4个试点村，通过正向激励和反向约束，积极探索推行农村党员"双向量化考核"管理新模式，全面激励农村党员高质量发挥作用，有效提升基层党建工作水平。

1. 取得的成绩

按照"因村设岗、因人定岗、人岗相适"原则，阳原县分别为每类党员"量身定制"3个岗位，采取尊重党员意愿、双向对接的办法，发动每一名党员至少认领1个岗位。目前，4个试点村的204名党员已认领各类型岗位240个。按照"发挥作用、有效帮联"原则，由村级党组织牵头，根据党员能力特长，发动党员与普通群众建立联系帮扶关系，建立"1+N"联系台账，通过定期开展评议、评比、评理等方式，推动具体工作。自2020年以来，每季度召开1次党员群众评议大会，把党员带头服务帮联群众情况、村干部守约及村民代表履职情况纳入评议内容，公开公示评议结果，在干部群众中反响很好，实现了党员干部带头服务、广大群众积极参与、成效结果共同评定的良好局面。

2. 具体做法①

（1）建立正面清单，正向激励党员干事创业。根据农村工作实际需求，对农村党员实施精细管理，建立涵盖干部管理、岗位管理、服务管理的正向百分考核制度，每半年由乡镇党委和村干部分别进行评比打分，充分激励党员干部发挥先锋模范作用，提升基层党组织引领发展、服务群众的工作水平。一是实行分类管理。根据"合理有效、便于管理"原则，将4个试点村的党员划分为6种类型，其中农牧生产型党员32名、工商技能型党员32名、外出务工型党员64名、毕业退伍型党员20名、老有所为型党员28名、在职驻村型党员28名。制定40分的《阳原县农村党员高线考核标准》，将每类型党员的高线标准具体化为5项工作内容，按照工作完成情况进行打分，引导农村党员主动发挥能力特长，建设引领脱贫攻坚、乡村振兴、农村事业发展的高质量党员先锋队伍。二是认岗定责履职。分别为每类党员"量身定制"3个岗位，发动每一名党员至少认领1个岗位。设定30分的岗位管理分，明确18个岗位的具体工作职责，按照履岗尽责程度、履岗群众满意度、履岗主动程度等进行打分。同时，立足乡村长期发展或短期任

---

① 阳原县推行农村党员"双向量化考核"管理模式［EB/OL］.［2020-11-23］. http：//www.chinareform.net/index.php？a=show&c=index&catid=24&id=38820&m=content.

务要求，设置疫情防控岗、环卫巡查岗等公共类党员服务岗，鼓励党员累加认领公共服务类岗位，根据工作完成情况予以适当加分。三是党员帮联群众。按照"发挥作用、有效帮联"原则，由村级党组织牵头，根据党员能力特长，发动党员与普通群众建立联系帮扶关系，建立"1+N"联系台账，根据解决实际困难、宣传党的政策、帮助群众发展产业等 5 项帮联内容，设立 30 分的服务管理分。结合办理实事情况、政策宣传频次和效果、群众发展产业情况等进行考评打分，促使党员定期与联系帮扶群众进行交流沟通联系，帮助解难题、办实事。

（2）设立负面清单，反向约束党员日常行为。建立从严管理的负面清单，划出"红线"，亮明"底线"，实现农村党员管理的规范化、标准化、有效化。以上内容主要涉及两个方面：一方面，量化日常表现。从加强农村党员日常管理入手，根据党员义务和党员标准，出台《阳原县农村党员底线考核标准》，对所有农村党员提出无差别的基本要求。根据农村党员在参加党的组织生活、贯彻党在农村的各项方针政策、遵守党的纪律等 10 个方面的日常表现，设立底线标准10 条，建立总分 100 分的底线标准，量化评判党员日常表现。另一方面，科学设置扣分频次。明确评分细则，对无故不参加党的组织生活、损害群众利益、拖延阻挠村集体公益事业和重大项目建设等负面行为进行分值具体化，党员每违反一项规定计若干负分，该分数直接作为党员年终评议和日常评先评优的重要依据之一，把相对抽象的党员管理变成可衡量、可评定的细指标，使农村党员管理由"靠感觉、凭印象"变为"对标对表"，评价依据更加科学客观，实质性地约束党员日常行为。

（3）强化结果运用，充分发挥党员先锋作用。聚焦评定结果跟进，严格兑现奖惩措施。一是正向得分重奖励。党员没有负分的，对应评定为一星、二星、三星、四星、五星 5 个档次。对考核期内评定的"四星"及以上党员，在党务公开栏及其他显著位置进行张榜公示，并由乡镇党委统一发放荣誉证书、授予党员星牌，村后备干部、县乡"两代表一委员"重点从"四星"以上的党员推选。二是反向得分重惩戒。对考核期内有负分的党员，明确提出不做星级评定，不能评为"优秀"等次。党员出现负向积分记录的，及时启动谈话、批评教育、限期整改等措施。村干部负分超过 30 分的，按政策规定启动调整撤换程序；驻村干部负分超过 30 分的，启动召回调整程序。三是正反对比重整改。通过对比正反得分，分析党员队伍现状，整体掌握村级党组织党建工作情况。针对负分党员由乡镇组织部门下发整改通知书，明确整改内容、整改措施、整改时限，建立台账进行整改提升，以个体党员的转变提升基层整体党建质量。

（三）江苏省如皋市：点燃"党建引擎"

近年来，江苏省如皋市始终坚持党建引领，高度聚焦队伍培育、资源下乡、特色创建"三个维度"，积极探索基层党建与乡村振兴深度融合、齐头并进，推动村级党组织建设提档升级，为乡村振兴提供了强大的动力引擎。

1. 取得的成绩

近年来，如皋市以打造"田园党建+"系列品牌为抓手，深入推进基层党建和乡村振兴深度融合、齐头并进，形成了市级乡村振兴示范村"典型库"。据统计，如皋市从 2010 年起累计向农村选派机关驻村第一书记 147 名，把近百个落后村变成富裕村、和谐村、文明村。其中，3 个村获评"全国文明村"，6 个村被命名为"省级特色田园乡村"。

以两个"明星村"为例。一个是城北街道平园池村，在村党总支书记刘炜建的带领下，平园池村探索"荷藕种植+文化旅游"的发展之路，围绕"荷韵党建"打造千亩生态藕池文化园，并陆续建设了采摘园、菌菇园、水竹园、农博园、牡丹园等一大批优质农业观光园，累计吸引游客 100 多万人次，短短 6 年时间，从一个经济薄弱村成为全国美丽休闲乡村、全国乡村旅游重点村。2020 年，平园池村实现村集体经济收入 239.9 万元，村民人均收入 3.15 万元。另一个是长江镇田王村，作为传统的纯农业村，过去总是无奈地戴着一顶"贫困帽"。9 年前，这里来了一群敢想敢干的村干部，他们带头流转土地 1280 亩，大力发展苗木产业，壮大"公司+合作社+农户"集群，形成"育繁推一体化"的新型现代种苗产业体系，年育苗量 1 亿株左右，带动村民就业 200 多人，年均增收 2 万多元。①

围绕"党建强、乡村兴、群众富"这一目标，如皋发挥党员创业基地"孵化器"作用，成立以"支平果蔬"为代表的特色农业党支部 16 个，打造乡村振兴"红色引擎"。

2. 具体做法②

（1）聚焦队伍培育，锻造乡村振兴"主心骨"。如皋市以强化村干部专职化管理为抓手，建立选拔任用、教育培养、激励保障等闭环管理体系，着力打造一支留得住、干得好的"五强型"村干部队伍。如皋市作为南通地区选派第一书记驻村工作先行地，从 2010 年起累计向农村选派机关驻村第一书记 147 名，把近百个落后村变成富裕村、和谐村、文明村。近三年实施"归雁计划"招录本土大学生村干部 450 名，形成结构合理的村干部队伍。2021 年 1 月村（社区）"两委"换届以来，分类开展村干部培训 70 余场次、参训 4100 人次，实现培训全覆盖。围绕乡村振兴主题，每季度举办一次全市"村（社区）党组织书记大讲坛"活动，与南京大学合作开设"标杆书记"示范培训班，聘请 14 位市级老领导担任 35 岁以下年轻村书记的"成长导师"，助力其成长成才。

（2）聚焦资源下乡，点燃乡村振兴"加速器"。如皋市以搭建"机关村企"党建联盟平台为抓手，推进"资源下乡"，在融合中共赢、在共赢中发展。2010 年以来，如皋市大力开展单位联村，助推小康建设。党员联户，助推增收致富"双联双助"活动，机关部门发挥资源、人才、项目等方面优势，帮镇建强村级班子、帮村发展集体经济、帮户巩固脱贫成果。采取"资金+物业""农场+集体经营"等多种方式，从"输血"向"造血"逐步转变，涌现出九华镇小马桥"强村加油站"、黑塌菜标准化生产和规模基地等增收平台，两年来精准转化经济薄弱村 26 个。2020～2021 年，如皋市累计选派 77 名银行党员业务骨干挂职村党组织副书记，紧扣金融服务乡村振兴的切入点，实现整村授信 170 多个，授信农户 10 余万户，授信金额 121 亿元，把推进"党建引领、金融惠农"的成效扎扎实实落在皋城大地上。

（3）聚焦特色创建，打造乡村振兴"新样板"。以打造"田园党建+"系列品牌为抓手，把组织活力转化为发展活力，形成了市级乡村振兴示范村"典型库"，3 个村获评全国文明村，6 个村被命名为"省级特色田园乡村"。探索"田园党建"的做法获评人民日报社人民网"2021 乡村振兴示范案例"。实施"田园党建+产业"振兴工程，发挥党员创业基地"孵化器"作用，成立以"支平果蔬"为代表的特色农业党支部 16 个，不断壮大"公司、党支部、合作社、农户"叠加集群。实施"田园党建+生态"宜居工程。立足"留住田园风貌"，推行"自己的河道自己管护""最美庭院"评选等活动，通过党建引领、党员带头、群众参建，不断提升村庄整体颜值。实施"田园党建+乡风"文明工程，推行"百姓茶馆""板凳会"等乡村治理新模式，大力培育新时代农村好乡风，着力形成"新风正气传得开、陈规陋习必须改"的生动局面。

（四）安徽省明光市："党建+"模式"组合拳"

2020 年以来，安徽省明光市深入贯彻落实乡村振兴战略，紧紧围绕"产业兴旺、生态宜居、

---

① 江苏如皋："田园党建+"点燃乡村振兴"强引擎"［EB/OL］.［2021-11-07］. http://www.zgnt.net/content/2021-11/07/content_3066255.htm.

② 点燃"党建引擎"，如皋走出乡村振兴发展新路径［EB/OL］.［2021-11-06］. https://www.360kuai.com/pc/9d73b6e36f81b0b29? cota=3&kuai_so=1&sign=360_57c3bbd1&refer_scene=so_1.

乡风文明、治理有效、生活富裕"总要求，通过一系列"党建+"模式，打好"组合拳"，着力把党的政治优势和组织优势转化为乡村振兴的行动优势，党建引领发展作用发挥明显，为乡村振兴增添新活力。

1. 取得的成绩①

队伍建设方面，明光市实施乡村振兴"领头雁"工程，挂牌成立市委党校乡村振兴分校和9个农村党员干部实训基地以及3个党员教育培训基地，以"基地+实训"模式对1089名村支部书记进行培训，提高发展"带头人"的综合能力。围绕乡村振兴战略，以干部培育"221"计划为抓手，大力开展年轻干部政治训练"过连队生活、当普通一兵"活动、干部能力大提升行动，分级分类培训干部3192人次，着力练就"七种能力"。

产业发展方面，明光市坚持"党委推动、行业引领"，成立甜叶菊、艾草、小龙虾等6家涉农协会，采用"协会+产业基地+农户"发展模式，全力做好"一棵菜、一棵树、一棵草、一盆鱼"特色产业文章。针对村级特色产业，深入挖掘村企合作空间，围绕艾草、明光绿豆、玩具加工等特色产业，建设产业项目100多个，其中"清山艾草"荣获中国艾草行业最具影响力品牌，"明光绿豆"获安徽省农业产业化交易会金奖产品。全面打造"三湾两园一谷"，擦亮乡村振兴"明光品牌"。

环境治理方面，制定"2020年明光市党建引领人居环境整治情况图"，采取"党支部+党员+群众"模式，以"打擂台"方式全域推进人居环境整治。坚持"党建引领，村民自治"的原则，根据群众意愿，组成村民理事会1415个，村民理事会由党小组组长兼任理事会会长，由5700余名党员带动2万余名群众参加环境整治行动，形成"四季有绿、四季有花、四季有香、四季有声"的生态宜居新格局。

法治建设方面，明光市探索建立以党建为引领，以网格为基础，以自治、法治、德治相结合为路径的"1+1+3"现代乡村治理体系。实行科级以上领导干部家风备案制、干部"家访"制度，全面推行"党员户长制"，开展"智治"模式，开展移风易俗行动，评选新乡贤130名，"星级文明户"1600多户。坚持"谁执法谁普法"的普法责任制，明光市从31个单位抽调95人组成20个普法宣讲团深入农村宣传法律知识，被评为全国"七五"普法中期先进市。

2. 具体做法②

2020年以来，安徽省明光市强化党建引领，聚焦破题攻坚，充分发挥党的政治和组织优势，蹄疾步稳驾驭好党建、干部、人才"三驾马车"，努力为全市实施乡村振兴战略提供坚强组织保证。

（1）强化基层组织建设，夯实乡村振兴基础。实施农村"领头雁"工程；全面推行村党组织书记县级备案管理制度。打造一批农村党员干部实训基地和党员教育培训基地，采取"一季一班"模式，突出"五同"主题，对全市村党组织书记、选派帮扶干部和选调生"村官"轮训全覆盖。选派10名村干部开展名村挂职锻炼。采取"一学二查三改四评五比"五步联动，优化提升支部建设，对747个党组织分类施策，实现100%达标。规范135个村制度标识、党务村务公开，开展"标准化+星级支部"创建，打造10个五星党支部和42个党建示范点。在南京、无锡、常熟等地建设6个流动党支部。坚持以"村企联建"为抓手促进村集体经济发展，全市135个村实现结对共建100%，滁州"村企联建"现场会在明光市召开，近千人观摩。目前，明光市

① 安徽明光："党建+"激活乡村振兴"一池春水"［EB/OL］.［2021-03-23］. http://ah.people.com.cn/n2/2021/0323/c358417-34636671.html，笔者有修改。

② 安徽明光：党建引领"三驾马车"拉动乡村振兴［EB/OL］.［2021-01-27］. http://www.ah.chinanews.com.cn/news/2021/0127/272923.shtml.

50 万元以上村达 22 个，30 万元以上村达 38 个，10 万元以上村实现"全覆盖"。

（2）强化干部队伍建设，筑牢乡村振兴基石。围绕乡村振兴战略，加快推进年轻干部培养选拔三年行动计划，以干部培育"221"计划为抓手，通过集中抽调选派、多向挂职、上下交流等举措，让年轻干部在乡村振兴一线历练成长。大力开展年轻干部政治训练"过连队生活、当普通一兵"活动、干部能力大提升行动，分级分类培训干部 3192 人次，着力练就"七种能力"。创新"一村一清单"制度，精准落实激励村干部干事创业 12 条。坚持重实干、重实绩，评选月度"单位之星"71 家（次）；在重点工作一线评选月度"干部之星"279 人次，在防疫防汛一线识别优秀干部 230 人，职级晋升 226 人次，提拔重用 70 人，形成"能者上、优者奖、庸者下、劣者汰"的鲜明导向。探索建立"1+X"干部监督体系，制定出台干部日常监督管理办法，建立"一把手"及"八小时以外"监督等具体配套制度。建立提拔干部进家庭、进社区"双进入"监督制度。

（3）强化乡村人才建设，激发乡村振兴活力。将生产经营型、专业技能型和专业服务型三类新型职业农民作为重点乡土人才培育，实行个人申请、村委推荐、乡镇初审、市直主管部门择优选择的程序，对明光市乡土人才进行登记造册，实行动态管理，纳入明光市乡土人才库管理 2900 余人。充分利用市人才培训示范基地、农广校、市职高培训基地等教育培训阵地，积极培育"土专家""田秀才"。培训 12 个贫困村 60 名创业致富带头人 281 人次、336 个新型经营主体，带动贫困户 1931 户。实行创业导师制度，明光市优秀企业家每人帮扶 1 名农村实用人才创业，与 132 名实用人才结成帮扶对子。实施"科技入户"工程，组织科技人员联系指导农民专业合作社 130 多个。出台相关政策文件，鼓励"乡土能人"领办、创办经济实体，并在信贷、用工等方面给予支持。截至 2021 年 1 月，乡土人才累计发展农民专业合作社 800 多家、家庭农场 1300 多家，辐射带动贫困户 5000 人。

七、乡村治理促进乡村振兴典型案例

（一）陕西省袁家村：共建共治共享[①]

发展新型集体经济，不仅是解决农民增收问题及农村治理问题的有效路径，更是实现乡村全面振兴、建成社会主义现代化强国的有力支撑。陕西省袁家村通过进行资源共建、社会共治和成果共享，成功带领本村农户实现了新型集体经济的内生发展，不仅为广大资源匮乏型村庄内生发展新型集体经济提供了新视野、新思路，同时也为构建后扶贫时代脱贫攻坚与乡村振兴统筹衔接的长效机制，提供了实践路径。

袁家村是位于陕西关中平原地区的一个传统村落，全村共 62 户、286 口人。袁家村既无丰厚的人文资源风貌、物资资源基础，也无独特的民俗文化资源。从村庄地理区位来看，袁家村虽距离唐昭陵仅 10 千米，但唐昭陵对游客的吸引力度有限，其经济效应难以辐射至袁家村及附近村落；从村庄发展历史来看，尽管 2000 年之前，在时任村支部书记郭裕禄的带领下，袁家村的集体经济曾有过一段社队企业到乡镇企业的辉煌发展历史，甚至一度涉足房地产、影视、制药和旅游等多个领域。但自 2000 年起，随着村办企业的关停和外出务工村民的增多，袁家村开始逐渐"空心化"，袁家村的村集体资产也只剩下了一座旧水泥厂房，即袁家村缺乏发展的物质

---

① 本案例由中国人民大学农业与农村发展学院周立教授供稿。

资源基础。此外，袁家村发展初期也并不具备任何成型的、可供开发的民俗文化资源，以致在2007年发展乡村旅游时曾被专家断言，"袁家村要想发展乡村旅游，至少要等20年"。同时，随着乡镇企业的衰落，袁家村的劳动力逐渐外流，"空心化"现象不断加剧。

1. 取得的成绩

纵观其发展历程，袁家村由一个资源匮乏的普通村落转变为一个新型集体经济发展壮大的村庄，且实现了由单一旅游业向多样化产业综合发展的转变。2020年，袁家村共有小吃街合作社、辣子合作社、酸奶合作社等9个合作社。依托多样化的乡村旅游项目，2019年袁家村的客流量突破600万人次，旅游收入逾10亿元。其中，小吃街合作社的日营业额超过了200万元，袁家村集体成员的年均收入更是达到了10万元以上。按相关报道，袁家村是一个从"烂杆村"到"网红村"的神奇案例，村集体经济积累从2007年的1700万元，增长到2016年的20亿元，创造了产业共融、产权共有、村民共治、发展共享的新型集体经济发展奇迹。

2. 具体做法

（1）资源共建：以社会资本破解资源困境。

一是依靠村庄的社会资本发现并汇聚村庄资源。为了获得足够的资金发展农家乐和康庄老街，一方面，郭占武及村委会成员自发筹集了一笔资金；另一方面，通过村庄的信任机制，袁家村成功汇聚了来自村集体成员的资金。例如，王先生因为"比较信任郭占武"，积极开办了袁家村第一家农家乐，且自己承担了农家乐改造的一半费用；也正是基于对郭占武的认可和信任，具备旅游管理专业知识的宋副村长，毅然辞职返乡，协助郭占武成功打造了康庄老街和小吃街。同时，为了寻找拥有传统技艺的手艺人，袁家村借由村庄的社会关系网，一方面主动锁定并招揽了一批"技术名人"，并给他们开工资吸引他们加入袁家村。例如，豆腐合作社的经营者卢大哥原来在自己村卖豆腐，后来因"被袁家村的人请了好几次，最后说一个月给我1500元的工资"，卢大哥才同意来袁家村。另一方面，袁家村对外广泛招商，免费为前来经营的商户提供店面和基本的加工设备，且免收房租和水费。这一消息经由乡土社会的熟人关系网广泛传播，于是一批"手艺能人"加入了袁家村，如卖秤子的马大姐在得知袁家村招商的消息后主动加入了袁家村的小吃街，而卖岐山臊子面的罗大哥和卖烩菜的李大姐，则是通过熟人介绍加入了袁家村。

二是利用村庄的已有资源建设公共池塘资源。首先，依托村庄聚集的资金和人才，袁家村建设了有形的公共池塘资源，奠定了新型集体经济起步的资源基础，如康庄老街、小吃街、作坊街等旅游项目，后来都成为袁家村的"网红街道"，吸引了大量游客前来观光、消费。而袁家村的这些旅游资源由于具有非排他性和竞争性的特征，属于公共池塘资源的概念范畴。因此，乡村旅游资源这一类公共池塘资源的发现和利用，使袁家村新型集体经济的发展具有了坚实基础。这种公共池塘资源既非私人所有也非国家所有，而是由包括袁家村集体成员在内的特定群体所有，由此资源利用的收益必定由该特定群体共享。其次，基于有形的公共池塘资源，袁家村开发了无形的公共池塘资源，奠定了新型集体经济转型的资源基础。袁家村在发展乡村旅游过程中，积累了良好的口碑和声誉，直接促成了"袁家村"这一地域品牌的形成。由于地域品牌具有准公共物品的特征，"袁家村"品牌的形成标志着新的公共池塘资源系统的诞生。依托"袁家村"品牌，袁家村从发展乡村旅游，到逐渐涉足食品加工，再到着手农业生产基地建设，实现了新型集体经济的多样化经营，而这种多样化经营也是一种由原来单一的第三产业，转变为"发展三产、带动二产、倒逼一产"的"逆向三产融合"过程。此外，依托"袁家村"品牌，袁家村的旅游资源也得以吸引更多的游客，这能够直接提高袁家村内生产经营项目的收益，进而通过"交叉入股"的方式惠及每一位成员，有效避免了成员间的恶性竞争，从而有利于袁家村旅游资源的可持续发展。

（2）社会共治：以自主治理创新发展制度。

第一，清晰界定边界，包括成员边界和资源边界。在袁家村，这一原则部分表现为成员边界的清晰界定，即袁家村合作社股东的身份。袁家村每一家合作社都悬挂了"某合作社社员名单"的告示牌，清晰地展示了合作社成员、社员地址、入股金额以及股东数量。

第二，分级制裁。例如，若是小吃街某个商户的食品质量和卫生状况不达标，在第一次出现这种情况时需要公开向大家解释原因并保证改正措施，若是发生第二次就会被直接淘汰。此外，对违反袁家村食品安全添加标准的成员，袁家村轻则罚款，重则驱逐。

第三，实施有效监督。以酒吧街和小吃街为例，酒吧街的街长会定期检查各个商户的卫生和食品安全状况。郭裕禄老书记带头组织了小吃街"品尝小组"，每周一都要带领"品尝小组"巡视小吃街商户的卫生状况、餐饮状况等，这就对不同的资源使用者形成了有效监督。

第四，建立冲突解决机制。首先，为化解本村村民与外村村民之间的利益冲突，袁家村要求本村村民土地作价，入股小吃街合作社，与外村村民共享小吃街发展收益。其次，为解决小吃街内部不同商户的收益冲突，袁家村成立了小吃街合作社，并进一步推进了"交叉入股"，将小吃街所有商户的利益联结在一起，使小吃街的商户每挣一块钱，就有其他小吃街商户的一份，这样就将袁家村由原来松散的"矛盾综合体"，变为一个紧密的"利益共同体"。

第五，设立嵌套式组织。在袁家村，村委会统领涉及集体经济发展的各项事务。在袁家村村委会之下，设立有专门的旅游公司管理袁家村景区的收支，同时由街道的街长和合作社的社长或经理对所管辖商户的日常经营进行管理。在小吃街合作社中，所有的小吃商户又被划分为4个小组，分别由2个小组长进行日常管理。

第六，资源的使用者同时是资源的贡献者。以小吃街为例，正是繁复多样、独一无二的关中小吃构成了袁家村独特的乡村旅游资源。与此同时，这些小吃店的经营者也依靠袁家村的平台获得收入。

第七，规则的执行主要依靠非正式制度。就解决冲突而言，主要依靠权威人物的调解来进行，如袁家村曾发生过一起村民因邻居盖房比自己高10厘米而导致的冲突，这起冲突最终由村委会成员负责调解解决。就监督而言，袁家村小吃街监督工作的一部分，由老书记郭裕禄来承担，对于卫生状况和食品质量不达标的商户，"老书记直接拿把锁就把门面锁住了"，强制要求不达标的商户停业整顿。

第八，资源的占用规则更注重效率。这主要体现在小吃街的每一种小吃，只能由技术最高的人开一家店。无论是在袁家村的小吃街还是袁家村的城市体验店，一家小吃店只能经营一种小吃，经营者通过"比赛"竞争上岗。

第九，权威领导下的自主治理。袁家村的自主治理，实际上是村委会领导下的自主治理，规则的制定和执行实际上都由村委会决定，其他村民或参与者其实是被动地参与治理过程。但是，袁家村的治理参与者都体现了高参与度的特征，无论是每周例会等村务活动，还是捡垃圾等志愿活动，袁家村的家家户户基本都会参与。

（3）成果共享：以股权配置调控分配格局。

第一，调节合作社经营股与分红股的收益权分配。为了分配好经营股与分红股的收益以兼顾效率与公平，袁家村对不同小吃店经营股与分红股之间的利润分成比例"一店一议"。例如，一年盈利高达300万元的粉汤羊血店，经营股与分红股的利润分成比例为1∶2；经营状况次之的调料店，经营股与分红股的利润分成比例为1∶1；经营状况较为一般的豆花泡馍店，则不与分红股进行分红，所得利润均由经营股占有；经营状况较差的馒头店甚至需要村集体对其进行补贴，来确保经营者每月最少获得人均3000元的收入。

第二，调节不同集体成员间的分红股股份分配。为了解决集体成员间的股份分配问题，袁家村村委会制定了一套"钱少先入、钱多少入、照顾小户、限制大户"的派股原则，以帮扶贫困农户。例如，当新项目实际募集的股金超过目标金额时，袁家村倾向于向那些初始资本较少、家庭经济状况较差的农户分配更多股份，使他们尽可能多地获得合作社的分红收益，缩小与经济状况较好的农户之间的收入差距，最终实现所有集体成员的共同富裕。此外，对于周边村庄的贫困户，袁家村村委会也无偿分配了相应的股份，使他们能够获得较为稳定的收入，共享袁家村的发展成果。

3. 经验启示

袁家村的案例说明，即使是资源匮乏型村庄，也能通过共建共治共享的道路实现村庄新型集体经济的内生发展，并带领村集体成员实现共同富裕。

一是利用村庄的社会资本发现并集聚物质资源，并在此基础上"共建"公共池塘资源，作为新型集体经济起步、转型的资源基础，以破解村庄的资源匮乏困境。

二是建立中国化的自主治理规则，以实现"社会共治"，推动公共池塘资源的可持续利用，创新新型集体经济发展的制度安排。

三是通过股权配置推进资源收益的合理分配，解决利益分配失衡问题，促进新型集体经济发展的成果"共享"，最终实现集体成员的共同富裕。其中，分散经营、注重效率的资源占用规则，以及"多劳多得""扶危济困"的收益共享原则，不仅可以兼顾效率与公平，而且实现了农村集体经济发展的"统分结合"。

（二）江苏省徐庄村："家和文化"助力乡村振兴

徐庄村隶属于南通市通州区兴仁镇，坐倚通城东首，毗邻南通机场，金通大道横贯东西，宁启铁路穿村而过，沪陕高速兴仁互通立交坐落其中。村辖面积2.8平方千米，12个村民小组，现有3480人。近年来，随着新型工业化、信息化、城镇化、农业现代化的深入推进，徐庄村在人口管理、人居环境整治、征地拆迁、矛盾纠纷排查化解等领域面临的情况日益复杂，社会治理工作压力呈现叠加态势。近年来，徐庄村以"家和文化"建设为抓手，立足服务群众、服务民生、服务发展，持续深入一线，积极创新乡村治理方法，推动乡村振兴战略在徐庄村落地生根，实现了村强民富，经济社会呈现出良好的发展态势。

1. 取得的成绩

多年来，徐庄村以"家和文化"建设为抓手，以"和为贵"的思想，建立新型人际关系和邻里情谊，推动村民从口袋鼓起来顺利走向了精神富起来，持续焕发文明新气象。如今的徐庄村，"家和文化"渗透在村庄的每一处，村民们走出家门，举目四顾，映入眼帘的全是正能量的"家和文化"元素；夜幕降临，村民们从四面八方涌向文体广场和社区公园，唱歌、跳舞、锻炼、休闲。此外，徐庄村突出党建引领，协同推进"产业活村""美村行动""家和文化"建设等活动，层层刻画产业兴旺、生态宜居、乡风文明、治理有效、生活富裕的乡村振兴"同心圆"，形成了经济社会快速发展、生态环境良性循环、社会氛围日臻和谐、群众生活愈加富足的良好局面。2019年12月24日，徐庄村入选全国乡村治理示范村名单。此外，徐庄村还建设了家和教育基地，该基地是南通市乡村振兴示范村建设项目，包含乡村大舞台、民法典文化墙、健身步道、村史馆、文化大礼堂等，充分呈现"铁路桥下红旗飘，生态文明幸福园"的氛围。该基地占地40亩，于2021年8月底完工，是通州区面积最大的村级主题公园。

家和万事兴，人勤百业旺。徐庄村始终以产业兴旺为龙头，牢牢坚守"产业活村"的发展理念，充分发挥毗邻南通主城区的区位优势，创办了通州区第一家村级工业园。近年来，共吸引54家工业企业入驻，其中，规模以上企业6家，工业产值超20亿元。江苏思维福特机械科技股份有限公司坐落于徐庄科技园内，是一家集研发、制造和销售服务于一体的机床精密配件企业。企业共有 140 余名员工，其中本地员工 30 余名。[①]

2. 具体做法[②]

（1）以人为本，深入开展"家和文化"建设。

多年来，徐庄村党总支以"家和文化"建设为抓手，以人为本，正本清源，以"和为贵"的社会主义核心价值观武装村民思想，建立新型的人际关系和邻里情谊，为乡村治理奠定扎实的人脉基础和社会基础。为此，村党总支在村公共服务中心设置了图书阅览室、电子阅览室、棋牌室、健身室、志愿服务站及 300 多平方米的多功能活动厅等室内文化娱乐场所，还先后投资建设了 4 个文体广场、7 个社区公园、5 处文化宣传栏等室外文化设施，使全村沐浴在浓厚的文化氛围之中。多年来，徐庄村的社会治理和风细雨、波澜不惊，实现了"小矛盾不出组，大矛盾不出村"的和谐局面。

（2）立足服务，积极创新社会治理方法。

在社会治理创新实践过程中，徐庄村高度重视基本公共服务建设，面对问题不回避、不推诿，按照协商于民、协商为民的要求，以"五位一体"党建惠民联动工作体系为依托，通过党内民主推动基层基本公共服务均等化，以扩大有序参与、推进信息公开、加强权力监督为重点，努力拓宽基本公共服务范围和渠道，丰富基本公共服务内容和形式，始终坚持"徐庄村事、徐庄人议"的原则，把百姓关心的事拿出来让百姓议，做到"公开、公平、公正"，充分发挥基层基本公共服务在协商民主中的作用。以协商倾听民意，以协商破解难题，以协商形成决议，激发了村民参与村庄建设管理的积极性和主动性，提升村民自治的参与能力，推进社会治理方式不断科学化、民主化、有效化。

关注民生实事，征集民生议题，也是徐庄村开展乡村治理的"法宝"之一。村"两委"改变以往自上而下的管理方式，建立了民情征集制度，自下而上征集议题，做到村民目光聚焦在哪里，议题就设在哪里；村民关心什么，村"两委"就做什么。真正将问需于民、问计于民、服务于民落到实处。2020 年以来，徐庄村先后从群众中征集到人居环境建设及村庄服务等 6 个方面的民生实事建议，既提高了村民参与村庄事务的积极性，又将实事推进协商过程前置化，得到群众一致认可。

（3）多措并举，全力构建齐抓共治格局。

乡村是个熟人社会，村民遇到困难或产生矛盾纠纷，通过邻里协商、互帮互助，往往比村干部做工作更容易化解。为此，徐庄村采取多种措施，调动多方力量，构建齐抓共治的新格局。

一是在村公共服务中心设立村民议事室。推行了党员志愿者和村民小组长轮值制度，让党员志愿者和村民小组长成为架在社区干部和群众之间的"连心桥"。

二是推行"1+2+N"（1 名社区干部+2 名村民小组长+N 名群众）社区巡查制度。村干部经常和老百姓接触，熟悉全村 900 家农户家庭具体位置，准确掌握村民的家庭情况和邻里关系，有利于分门别类、有的放矢地开展工作。

三是要求村干部上班从走出单间、统一集中到服务大厅，再到不坐大厅、直奔一线、下组到户。把群众当"家人"，与"家人"谈家常，聊家务，拉近距离，增进感情，真正做到宣讲政策、掌握民情、收集民意，为民解忧在"家里"。

四是设立分级调解工作机制。村级设立调解室，村民小组、村域企业成立调解工作站，聘

---

① 通州区兴仁镇徐庄村打造新时代乡村振兴新样板［EB/OL］．［2021-06-25］．http：//tb.nantong.gov.cn/ntsrmzf/sx-cz/content/5e96ec99-8bd4-4e6a-8bf2-6920b76e1022.html.

② 部分内容参见"家和文化"激活一池春水——"全国乡村治理示范村"通州徐庄村踏访记［EB/OL］．［2020-06-21］．http：//www.nantong.gov.cn/ntsrmzf/ntxw/content/6be03ee0-3bfd-413c-8344-a2f4cb892dda.html，笔者有修改。

请有威望的退休村干部、教师等担任专兼职调解员，帮助村民调解矛盾纠纷，把调解工作延伸到村民的"家门口"。真正做到知民情、解民忧，将矛盾化解在基层，为村庄治理奠定良好的社会基础。

五是加强制约监督，促进廉政建设。徐庄村通过民主选举成立了村务监督委员会，对村级事务进行监督，尤其是全程参与村"三重一大"事项的监督，保证社区重大决策科学、人员聘用规范、工程项目程序合规及大额支出合理准确。

（三）山东省淄博市："一网三联"乡村治理模式

"党建引领、一网三联、全员共治"乡村治理模式是淄博市近年来在乡村治理方面的一项创新举措。"党建引领"，即发挥党建在乡村治理中的全面引领、统领作用。"一网三联"中的"一网"，即村级党组织体系与网格治理体系充分融合成为"一张网"，"三联"就是干部联村组、党员联农户、积分联奖惩。"全员共治"就是村干部、党员、群众全员参与乡村治理、推动乡村振兴，实现共建、共治、共享。

1. 背景和原因

关于淄博市推行"一网三联"的原因，淄博市委组织部副部长、三级调研员王志臣表示，一是村级网格化治理"网眼"偏大，精细治理不够。网格化治理是基层治理的有效举措，村、社区每300~500户划分为一个基础网格，每个网格设一名专职网络员。在农村，很多村整村就是一个网络。相对城市社区，村民与村级组织联系紧密，需要落实到网格的治理任务更多。从运行情况看，因为"网眼"偏大，网格在落实上级部署、处理问题、服务群众方面发挥的作用有限，难以实现精细治理。二是农村党建工作与网格化治理融合不够，党建引领作用发挥不到位。发挥党建在基层中的引领作用，很重要的一项基础工作是"党支部建在网格上"。不同于城市社区，一个村往往只有1个支部，难以实现组织体系与网格构架的融合，村干部和党员不能充分参与到网格治理中来，党建对网格治理的引领作用会打折扣。三是基层治理群众参与度不高，内生动力不足。随着农村经济体制改革深入和基础民主政治发展，村民对村集体的依赖度明显下降，参加公共事务的集体意识和"主人翁"精神弱化。①

淄博市推行"一网三联"乡村治理模式，目的就是突出问题导向，更好地发挥党建的全面引领、统领作用，对现有的农村网格化治理进行优化提升。

2. 取得的成绩

截至2021年10月，淄博市2640个村已有2138个村推行"一网三联"做法，占比超过80%。2021年村"两委"换届市级以上信访量，较上次换届下降41%，全市集体收入5万元以下村清零，比原计划提前2年。

"一网三联"模式实现组织契合、工作融合、人员整合，把基层党组织政治优势彰显出来，把党员先锋模范作用发挥出来，把群众主体意识激发出来，从而让支部强起来、党员带起来、群众动起来，实现乡村治理效能跃升。

3. 具体做法②

淄博市最早在桓台县试点"党建+网格"积分制管理。自2020年以来，淄博市进一步将桓台县的有关做法总结提升为"一网三联"乡村治理模式。

---

① 王志臣：淄博创新探索党建引领、"一网三联"、全民共治的乡村治理模式取得成效［EB/OL］．［2021-10-24］．https：//www.360kuai.com/pc/92fa3b7be3b647271？cota=3&kuai_so=1&tj_url=so_vip&sign=360_57c3bbd1&refer_scene=so_1.

② "一网三联"：乡村治理的全新"淄博方案"［EB/OL］．［2021-12-12］．https：//m.thepaper.cn/baijiahao_15812117.

（1）坚持党建与网格深度融合，构建村级治理"新体系"。

党小组与村民组同步设置，克服党建工作与村级治理"两张皮"。在现有政法系统基础网格的基础上，按照"地域相连、居住相邻、户数相近"的原则，将村民划分为若干个村民组（或叫微网格），将网格治理单元织密织细。村民组数量一般与村党组织领导班子成员数量一致，每组设组长1名、副组长1名、兼职网格员若干名，构建起"村民组长—副组长—兼职网格员—村民"四级治理体系。其中，村党组织书记和成员担任村民组长，全面负责组内各项事务。比如，高青县田镇街道官庄村立足城中村实际，打破楼栋限制，按照人情相近原则，实行群众和党员双向选择，全村共划分为五个村民组；临淄区朱台镇陈营村是远近闻名的厨房设备特色产业村，村内小企业多，根据这一情况，村里将企业、外来租户全部纳入"一张网"管理。

党小组建在村民组上，确保党的组织和工作全覆盖。以村民组为单位设立党小组，党小组组长兼任村民组副组长，具体负责传达落实上级工作安排、收集党员和村民意见、化解矛盾纠纷、组织志愿服务等工作，实现了治理体系与党组织构架的有机融合，把党的组织和工作覆盖到了每一个治理"微单元"。

党员编入村民组，明确党员"责任田"。根据村民组内村民数量，由具备履职能力的党员或村民代表担任兼职网格员，分工联系本村民组内所有农户。兼职网格员每月至少进行一次入户走访，做到"四到户、三必联"，即上级政策宣讲到户、"两委"决议传达到户、公益活动发动到户、意见建议征求到户，急难事必联、纠纷事必联、红白事必联。

（2）坚持党员与群众积分联动，建设村级治理"共同体"。

深化党员量化积分管理，发挥示范引领作用。为准确衡量党员履职情况，每月依托村民组对党员实行量化积分考核。积分由履职分、奖励分和负面分组成，其中履职分包括履行党员基本义务、组内履责两个方面，主要依据党员带头执行上级决策部署、带头参加主题党日活动、自觉遵守村规民约，以及在组内传达上级决策部署、督促联系户完成村级重点工作、化解组内矛盾纠纷等进行赋分；奖励分主要依据完成急难险重任务、参加志愿服务、参与文艺宣传、反映群众意愿等进行加分；负面分主要依据个人受到党纪政务处分以及矛盾化解不及时或所联系户出现违规违法情况等进行扣分。

构建群众积分考核体系，引导群众对标争先进。以《村规民约》规定内容为主体，以阶段性重点工作为补充，按照基础分、奖励分和负面分为村民进行"1+N"考核记分，逐人建立动态管理台账，计分情况作为奖惩依据。桓台县将群众积分与建立农村社会信用体系结合起来，制定《农村居民信用积分评价办法》，并搭建了"爱心食堂""爱心基金""爱心超市"等多种应用场景。

实行党员群众积分"联动"，构建村级治理硬约束。对于动员家属和其他群众参与村里重点工作或志愿服务活动的党员，给予奖励加分。

（3）坚持积分与利益挂钩激励，激励完善村级治理"硬手段"。

实行"一人一登记"，为党员和村民逐人建立积分动态管理台账，事事记录、分分对应，保证每一分都有据可查；"一月一公示"，每月为党员和村民进行考核记分，公布上月积分情况，接受群众监督。部分有条件的村还将数字化引入"一网三联"。比如，临淄区凤凰镇西刘村，村民可通过移动端，自助申报积分，经村党支部审核后，实时生成积分，并通过智慧平台，线上查看积分、排名。

实行"一季一评比"，每季度按村民组户均积分进行排名，按照一定比例确定"红旗小组"，由村集体给予奖励。具体奖励形式由各地根据实际确定，既可以是奖金、实物，也可以是"爱心超市"购物券、长者食堂免费用餐，还可以兑换公共服务等；"一年一评优"，每年按照党员积分多少列出候选人，公开投票评选优秀党员。博山区八陡镇东顶村实行现金+兑换积分"双奖励"，设立精神文明专项资金，根据积分情况直接给予现金奖励，同时设立积分兑换超市，村民可以用积分兑换物品。

（四）山东省吕家村：推动"一卡两化三队伍"①

吕家村是山东省济南市章丘区明水街道下辖的行政村，现有1500余户、5620人，是明水第一大村。

1. 取得的成绩

吕家村党组织由5人组成，"两委"成员由5人交叉任职，凝聚力和战斗力强、先锋模范作用发挥好，带动全村144名党员和广大群众积极投身全村建设发展，全村经济社会和谐稳定，先后荣获省级文明村庄、济南市生态文明建设先进村、章丘区"先进基层党组织"等荣誉称号。

2. 具体做法

（1）一张"小卡片"架起干群"连心桥"。吕家村坚持以人为本，关注民生。认真解决群众普遍关心的身边事、烦心事、操心事，真正把乡里乡亲的"急难愁盼"作为村"两委"工作的出发点和落脚点。印制1500余份"吕家村便民服务联系卡"，全部分发到户，公示村"两委"成员的联系方式和分工，保持24小时联络畅通，小到水管漏水、换个灯泡，大到有病救助……均由村里安排专人，前去妥善处理解决。群众可以足不出户，一个电话，问题便得到有效解决，切实推进了村级管理服务有序高效，群众的幸福感、获得感增强。同时，便民联系服务卡还承载着"吕家村村规民约"，并以"三字经"形式反映到卡上，朗朗上口，易学易记易懂。

（2）新"两化"织密基层治理"服务网"。普及"两化"，创新推进"网络化+信息化"模式，有效促进综合治理工作社会化、法治化、专业化。依托区、街道两级"雪亮工程"视频监控平台，将吕家村域内重要节点位置、交通路口划分为六个网格，安装覆盖全村各个角落的监控探头140余个，实现全域、全天候视频监控网络。村里投资安装20部电脑，供村民上网学习和实现党员远程教育，购置1万余册图书，供村民开拓视野、增长见识。

（3）"三支队伍"服务群众"零距离"。以实事暖民心，以行动映初心，致力打造"三支队伍"，筑牢服务群众"新方阵"。一是共产党员先锋队。吕家村牢固树立"党建+服务"理念，创新党建、服务双融合工作。组织党员干部带头担责、矢力担当，在救灾抗疫、抗洪防汛等大事要事上，不含糊、不懈怠，冲锋在前。在治安维稳、日常巡逻等凡事、常事上，坚持不懈、认真细致，真正发挥了共产党员的先锋模范带头作用。二是老年人调解队。家有一老，如有一宝。充分发挥老年人的丰富阅历和调解经验，组织引导德高望重的吕家村老人"再上岗"。将邻里矛盾、家长里短消化在基层一线，构建了吕家村和谐稳定新局面。三是文明实践志愿者服务队。吕家村主动了解群众需求，找准活动落脚点，指导志愿队积极开展接地气、受欢迎、有特色的文明实践志愿服务活动，不断扩大志愿服务覆盖面和影响力，在扶贫、济困、救孤、助残等多个方面发挥了重要作用，成为一支社会治理综合服务的生力军。

（五）河北省张北县："空心村"治理新模式

"空心村"治理，是一次新旧动能的转换，是一次乡村革命。"空心村"治理是实现高质量脱贫和乡村振兴的必由之路。张北县空置率70%以上的行政村有40多个，村里90%以上是老人的村近120个，这些"空心村"居住环境差，生活品质低，土地浪费严重，发展没有活力。2018年8月，张北县全面启动了"空心村"治理工作。到2020年6月底，张北县188个"空心

---

① 章丘区明水街道吕家村：一卡两化三队伍，托起百姓"稳稳的幸福"［EB/OL］．［2021-10-24］．http://sd.sdnews.com.cn/jinan/jc/202110/t20211024_2981098.htm.

村"治理项目全部开工，安置农户11248户、29274人。其中，联村并建村和就地整治村已基本完成治理。张北县188个"空心村"经过治理之后，正在成为张北县高质量脱贫与乡村振兴的载体，充满着活力和希望。①

1. 取得的成绩

张北县"空心村"治理规模大、范围广、任务重、时间紧，拆迁征地、重建质量、就业致富、社会治理等问题，个个都是"硬骨头"。张北县以农宅空置率大于等于50%、村民同意拆迁率95%为标准，将95%以上村民同意拆迁的124个行政村列为拆迁村，其他64个行政村进行就地治理。该县采取了易地新建、联村并建和就地整治三种治理模式，在县城近郊的义合美村建设全县的大型集中安置社区，在公会镇建设西部区域小型集中安置社区，建设联村并建安置点6个。该县创新安置区管理模式，在安置区成立管委会、党工委，以"党建+社区治理"模式，实行网格化管理，倡导培育健康文明、积极向上的生活新风尚。②

义合美新居距离县城2.5千米，是全县最大的"空心村"治理安置区，承载着全县12个乡镇、79个行政村6239户的安置任务，建设安置房72栋，配套建设幼儿园、小学、社区医院、管理服务中心4大附属功能区。

本着搬得出、稳得住、能致富的原则，张北县实施两区同建，在集中安置区附近，配套特色种植产业园、微工厂等致富项目，基本实现一个搬迁户一个劳动力就业。先做拆迁的"减法"，再做产业的"加法"。全县通过"空心村"治理可复垦耕地9300亩，将70%的土地进行流转，发展高效生态农业等项目，使之成为乡村振兴的新引擎。

2. 具体做法③

首先，针对不同乡镇之间村庄基础条件、资源禀赋、产业发展等差异，张北县"空心村"治理立足实际、因地制宜、分类施策，蹚出易地新建、联村并建和就地整治三种治理模式，实现人口"搬得出"。其次，在距张北县城仅2千米处兴建治理规模最大、治理标准最高的义合美新居大型集中安置社区，实现人口"稳得住"。最后，通过新建产业和劳动力安置，实现人口"能致富"。

（1）空心化逐年加重，创新"空心村"治理模式。

张北县"空心村"呈现出类型多样、分布不均、趋势严重等几个特点。数据显示，张北县空置率超过70%的行政村有40多个，且由于农事原因呈现季节性"空心化"，并且全县农村"空心化"总体呈逐年加重的态势。

2018年8月，张北县全面启动了"空心村"治理各项工作。通过反复研究、征求意见，县里确立了易地新建、联村并建和就地整治三种治理模式。

全县相关部门和15个乡镇领导干部共计1000多人，利用工作日和节假日，花了近2个月时间，沉入基层、深入农户当中宣传政策、调查了解群众意愿。先调查摸底，以同意拆迁率95%为标准，进行拆迁村庄摸底，做到底数清楚。再入户模拟拆迁，需要拆迁的有39个自然村，最终定下来拆迁的有35个自然村。

"空心村"治理，首先考虑的就是易地新建。对自然条件恶劣、生态环境脆弱等"一方水土养不起一方人"的"空心村"，全部实施易地新建，原村庄拆除复垦。

易地新建主要有四种方式：一是在县城及周边建设安置点，向县城及周边进行搬迁；二是

---

① ② 张北"空心村"治理为乡村振兴筑基 ［EB/OL］. ［2020-07-07］. http：//epaper.hbjjrb.com/jjrb/202007/07/con67634.html.

③ 张北县"空心村"治理新模式新路子 ［EB/OL］. ［2019-08-19］. http：//hbjcxc.hebei.com.cn/system/2019/08/19/011877967.shtml.

在产业发展较好、基础设施和公共服务设施较为完善的中心村建设集中安置点，对"空心村"实施整体搬迁；三是向产业园区、景区搬迁，推进农村新型社区、工业园区、现代农业园区"三区"同建；四是向基础设施条件较好的建制乡镇搬迁，确需统筹搬迁安置的，可打破行政区划界限，实施跨乡镇搬迁安置。

联村并建是指，对距离县城和乡镇政府驻地较远的"空心村"，就近依托产业基础好、人口吸纳能力强的中心村或保留村，按照农村新型社区、产业园区、生态功能区"三区同建"的路径，联合建设农村新型社区，对参与并建的"空心村"实施整体拆迁复垦。

张北县涉及68个行政村，通过改造提升、旅游开发、主村集聚等形式就地整治治理。武顺表示，在草原"天路"沿线和中都草原周边村庄就地改造现有房屋，保留民俗气息，进行整体提升；西部和中部乡镇的偏远村庄，按照村民意愿通过幸福互助院集中养老和就近主村聚集的方式进行整治。

（2）拆了"空心村"，新建社区"产业楼"。

义合美村距张北县城仅2千米，几栋高层住宅拔地而起，这里正在建设的是张北县"空心村"治理规模最大、治理标准最高的义合美新居大型集中安置社区。它承载着全县12个乡镇、80个行政村、138个自然村、6226户搬迁户的"新居梦"。项目同时配套建设幼儿园、小学、社区医院、社区管理服务中心四大附属功能区。义合美大型安置社区2020年内完成主体工程建设，2020年8月底基础设施配套工程全部完工，2020年9月全部入住。

此外，公会镇小型集中安置社区，集中安置198户、475人，配套建有卫生室、超市、老年活动中心等公共服务设施，项目于2020年12月底交工入住。

（3）配套产业，让村民"稳得住、能致富"。

一方面，全力做好搬迁村土地集中流转。目前，张北县整体搬迁148个自然村，可流转土地总面积9.63万亩，流转率50%以上。目前，正在引进企业投资建设共享牧场，项目建成后既可以实现土地流转，也可增加搬迁群众的打工就业收入。另一方面，坚持"两区同建"，计划在义合美安置区、公会镇安置区，投资建设服装、燕麦、藜麦、面粉加工厂和马铃薯加工车间，就地解决搬迁人口的就业问题。

（六）陕西省潼关县："十村同建"新路径

陕西省潼关县以健全党组织领导的自治、德治、法治相结合的乡村治理体系为根本目标，大力推广四知村"党建功能化、村务多员化、管理智慧化"三化同步乡村治理做法，探索出了"支部带村、产业兴村、人才强村、依法治村、道德润村、民主治村、生态美村、平安护村、清廉正村、智慧管村"的"十村同建"路径，打造了乡村治理的"潼关样板"，为提升乡村治理效能、推进乡村治理体系和治理能力现代化贡献了"秦东经验"。

1. 取得的成绩

潼关县按照"五个标准化"要求，对全县28个村（社区）党群服务中心进行全方位升级改造。开展"创十强、创示范、村村达标"活动，共创建省、市级标准化示范村8个。成立农村集体经济组织28个，出台《潼关县支持村集体经济发展壮大若干措施》，深化"村党组织+"模式，探索实施"优势放大""能人领富"和村企联建共建模式，年内实现集体经济低于5万元的薄弱村在既定目标基础上再提升30%。将村干部经济待遇与村集体经济发展绩效挂钩，完成全年村集体经济目标任务的村，拿出新增利润的20%对村干部进行奖励。实行"支委包片、党员联户"制度，以户为单位，调整优化党员联系服务网格，为每名党员确定10~20户农户作为联系对象，形成"镇（街道）党（工）委—村（社区）党组织—网格党支部—党员中心户（党小组）"的四级党建网格体系，共划分网格623个，设立网格员2159人。持续推行村级"小微权力"清单制度，建立村级重大事项和日常性事务 2 大类、9 个分类、56 项"小微权力清单"指导目录。①

2. 具体做法②

（1）坚持"支部带村"、推动"产业兴村"。

为推动党建由"组织覆盖"向"提升功能"转变，四知村制定出台了《四知村功能性党支部工作办法》，根据党员各自的工作性质、兴趣爱好、专业特长及产业发展需求等，村党委组建了 5 个功能型党支部、9 个党小组，每个党小组下设 10 支服务队，服务队工作内容涵盖村级小微权力事项的 8 个类别 20 个指标。通过召开村民代表会议，征求群众意见并把群众中有一技之长的骨干和"热心人"筛选出来编入服务队；对功能性支部、功能性党小组和党员带头服务队进行定岗定责，使党组织引领发展和治理的能力逐步增强，实现了乡村由"管理向治理"、农户由"被动变主动"的转变。

2020 年，四知村采取"公司+集体+农户"模式，建设桃林寨黄金桃产业园，打造农旅融合新发展格局。大华农业有限公司前期投资 50 万元，发展黄金桃示范种植基地 70 亩，带动后期村集体、村民通过土地流转入股等方式投资 250 万元，发展 300 亩黄金桃产业园，预计带动农户人均增收提高 2000～3000 元。四知村还因此荣获了第二批全国乡村治理示范村荣誉称号。

（2）坚持"人才强村"、推动"依法治村"。

为了在桃花盛开的季节让村庄呈现出"夹岸数百步，中无杂树，芳草鲜美，落英缤纷"的景象，四知村专门邀请渭南市果业研究院对桃林寨村的气候、土壤等自然条件进行全面调研，选择 40 余种景观桃树作为村庄绿化品种，形成村庄桃树形状错落有致、桃花颜色各异、花期早中晚错开的格局。同时，四知村还与长安大学等高校建立战略合作关系，充分利用高校人才资源实施"招才引智"工程，积极为乡村经济社会发展作出贡献。

在依法治村中，四知村建立了由村"两委"成员担任调委会主任，吸纳乡贤等人员组成的调解委员会，在村党委领导下开展调解工作。四知村先后制定完善了《村治保调委会职责》《信访工作制度》等 10 项制度，与村民小组签订《社会治安综合治理目标管理责任书》，坚持依法治村，让村民参与到自治中来。

（3）坚持"道德润村"、推动"民主治村"。

四知村以评选"最美秦东人""最美保洁员"等数十项最美系列评选为载体，通过典型示范引领，引导广大群众注重社会公德、家庭美德和个人品德修养。在"最美庭院""最美巷道"创建评比活动中，将德治成果与农村人居环境整治相结合，提高了农民文明素质和农村文明程度，增强了群众的凝聚力，助力美丽乡村建设。

四知村积极探索"村事民议、村务民决、村廉民督、村干民评"的"四民"工作机制，在开展人居环境整治过程中，主动召开村民代表大会，注重发挥村民议事会、村民理事会平台作用，主动召集理事会成员议事协商；修订完善了《村民自治章程》《村规民约》《村民自治积分管理办法》等规章制度，变"代民做主"为"让民做主"，引导群众有序参与农村事务，弘扬公序良俗，夯实村民自治基础。

（4）坚持"生态美村"推动"平安护村"。

近年来，四知村通过推进脱贫攻坚、实施乡村振兴战略，种植瓜蒌产业，建设安全饮水工

① 潼关县："红色引擎"领航乡村振兴跑出加速度［EB/OL］.［2021-11-05］. http://www.sx-dj.gov.cn/a/ncdj/20211105/56757.shtml.

② 潼关：探索推出"十村同建"乡村治理新模式［EB/OL］.［2021-11-02］. https://media.huanqiu.com/article/45Pw2fv8QaJ.

程，整治村容村貌，改造农村电网，治理农田，修建通村道路，将一个"脏乱差"的"落后村"变为村容美、生态美的"文化桃林、文学桃林、民宿桃林、政策桃林"风景村。

四知村还成立了"枫桥式警务室"，把公安的触角延伸到村组，平安法治党支部参与其中，及时化解处理矛盾纠纷，全面实现矛盾不上交，平安不出事，服务不缺位。在全县率先成立首个由退役军人、群众志愿者、村干部等成员组成的村级志愿者巡逻队，建立了一套完整的工作对接流程，群众安全感和满意度大幅提升。

（5）坚持"清廉正村"、推动"智慧管村"。

在"清廉正村"创建中，四知村推进村级事务精细化管理，实行"组财村管"，财务在村，专人管理，合理开支，村、组双审双签，以村务公开的形式向村民公布，接受监督。2021 年以来，四知村还积极盘活村集体资产，厘清集体耕地 4400 余亩，完成自然村合同规范，补交历年承包费 60 万元，受到群众称赞。

围绕党务、村务、服务、事务等内容，四知村积极搭建"互联网+乡村"互联网平台，使村里的"门外人"网上相聚，及时了解党和政府的惠农政策、村上重大事务，使在村和不在村居住的村民都可以为村集体发展出谋划策。

八、综合发展促进乡村振兴典型案例

（一）陕西省袁家村：村庄的再组织化①

再组织化是实现乡村共同富裕，推动乡村创造新供给、满足城市新需求，促使城乡发展再平衡的重要前提。在城乡中国时代，袁家村异质化的农户形成了有别于一般农民合作社均质化假定的新的集体行动结构，这可以使村庄形成基于市场规则和乡土人情相互融合的城乡中国时代的新社会结构，异质化的个体行动者与村庄社会结构的不断交织互动，能够推动村庄再组织化不断迭代升级，促成城乡中国时代的供求匹配，实现城乡发展再平衡，推动实现乡村振兴和共同富裕。

袁家村位于关中平原腹地，与中国绝大部分村庄一样，虽在时间节点上存在差异，但都经历了"他组织化—去组织化—再组织化"的起伏过程。20 世纪 60 年代，袁家村是一个远近闻名的穷村、烂杆村，如其村史描述："男人讨不到媳妇，姑娘嫁不出去。"1970 年，响应政策要求，老书记郭裕禄组织村民先是走农业增产的一产化道路，之后是走村办企业发展的二产化道路。20 世纪 90 年代以后，由于市场和宏观环境的变化，袁家村开始了去组织化进程，村办企业日趋没落，村民纷纷外出，各自寻求新的出路，袁家村沦为"空心村"。

1. 取得的成绩

袁家村的再组织化是其现阶段发展成就的重要基石。发展之初，以郭占武为核心凝聚村庄留守老人、引入在外发展的朋友，形成第一轮的集体行动，而后越来越多的行动者加入，集体行动的规模不断扩大，最终形成了稳定中有序发展的"再组织化的村庄"。目前，袁家村已形成统一规划的生产经营性街区、八大作坊以及在此基础上成立的合作社和作坊合作社联社，街区与街区之间、街区与合作社之间存在密不可分的联系。在高度组织化的村庄基础上，袁家村建立起自己的商业模式，创造出了一个奇迹。2017 年村庄经济收入超过 4 亿元，村民人均年收入

---

①　本案例由中国人民大学农业与农村发展学院周立教授供稿。

10万元以上，同时创造出3000个以上的就业机会，2018~2021年又不断刷新自己创造的纪录，即使在新冠肺炎疫情冲击下，袁家村营业收入也连续超过10亿元，村民人均年收入超过20万元，更进一步，在关中印象体验基地的基础上，开拓出进城体验店、外省乡村生活印象基地，创造了"三个袁家村"，以"乡村生活共同体"的城乡互动模式带来了上万个就业机会。此外，在乡村经济发展的同时，村里的祠堂等公共池塘资源也得到维护，关中地区的传统文化风俗得到传承。

2. 具体做法

（1）中心人物返乡创业。

2007年回乡时，家乡凋敝的情景让郭占武十分触动，因此他决定回到家乡来帮助家乡实现振兴。回到家乡之初，郭占武凭借其企业家精神和才能、良好的信誉、强大的社会资本等专有性资源，抓住了城市居民新需求的发展机遇，并挖掘出村庄资源潜力，指明了以"关中民俗"为卖点的发展方向。通过对村庄关键问题和发展愿景的剖析，他将在村年长者和在村党员确定为关键群体，充分利用村庄熟人社会，以打感情牌、利益赋予等方式对其进行动员。

（2）关键群体动员响应。

在郭占武的动员下，关键群体率先作出响应。在村年长者大多对老书记有着深厚的感情和信任，在郭占武的情感动员下，他们充分发挥其拥有的传统生产技艺，使袁家村第一条街区——康庄老街，成为袁家村"关中民俗"旅游的最早卖点。村干部中的两名党员，同时也是郭占武的好友，在郭占武的情感与利益赋予（村集体提供部分房屋装修补贴）的动员之下，愿意以自掏腰包的初始投资和村集体的补贴来装修改造房屋、设计餐饮，试办农家乐。

（3）传统村庄社会结构的巩固与再组织化。

在中心人物与关键群体的共同作用下，过去因人口大量外流而呈现衰败的村庄实现了初步再组织化，主要表现为基于地缘、血缘、业缘的社会联结的加强。首先，在袁家村乡村旅游产业发展过程中，虽房屋内部设施焕然一新，但房屋在村中的位置布局没有改动，几代人的邻里关系没有变化，村民之间基于地缘形成的关联得以巩固；其次，村庄发展注重维护村庄中的家庭关系，即使在民宿中融入城市元素，也没有改变两代人、三代人的大家庭生活方式，家庭成员之间基于血缘而形成的关联并没有因旅游的发展而遭到破坏，反而愈加和谐；最后，郭占武对自己的好友进行动员，而好友也享受到加入村庄产业发展带来的福利，由此充分利用并巩固了基于业缘、共同经历的朋友关系。村庄初步再组织化的实现满足了城市居民对关中民俗体验与农家乐消费的新需求。

（4）后续参与者的主动加入。

中心人物与关键群体提供的新供给带来了经济示范效应，吸引了更多后续参与者的加入。到2009年，村庄62户老村民全部办起了农家乐。2010年，随着小吃街的建立，在关中小吃制作上有一技之长的外村村民不断加入。同时，随着袁家村由"日光下的袁家村"向"月光下的袁家村"不断转型，年轻创业者不断加入，推动着以文娱为主要功能的街区逐步建立。

（5）新型村庄社会结构再造。

为防止不同商户之间的矛盾带来同质化销售与恶性竞争，袁家村以合作社与村控股企业为组织载体，再造出融合市场规则与乡土人情的新村庄社会结构，实现再组织化的升级。

股份经济合作社是袁家村再组织化升级的组织载体之一，通过设置多种股权，形成你中有我、我中有你的新型社会利益结构，有效解决了参与者之间利益分配不均的问题，将行动者个人利益与村庄集体利益进行捆绑，以凝聚集体行动的利益基础。首先，通过将集体土地资产盘活，量化到户，村集体和农户各占一定的百分比，形成基本股，这也是资源资本化的有益尝试；其次，袁家村产业发展的每一个参与者都可以通过资本、技术、管理才能等入股到各类合作社之中，形成交叉持股的局面，即交叉股；最后，袁家村以"入股自愿、钱少先入、钱多少入、照顾小户、限制大户"为原则，形成限制股。

村集体控股的企业是袁家村再组织化升级的组织载体之二。袁家村成立关中印象旅游有限公司（以下简称"关中印象"）和旅游文化产业发展有限公司，村集体分别占股60%和50%。其中，"关中印象"主要负责袁家村内部的运营和管理，其下有各类街道和合作社。每条街道有一个街长，街道下设协会，协会下设小组，将街道按照地理位置分成一定数量的小组。由组长进行组内的监督管理，街长和会长进行所在街道的监督管理，并协调村委会和商户之间的关系。通过上述组织架构，袁家村对商户的产品品类、定价、原材料采购、财务等实现制度化的管理。

3. 经验启示

袁家村的案例回答了城乡中国时代中国乡村如何在"再组织化"的基础上存在与发展，如何推动乡村振兴，实现共同富裕。具体而言，有如下启示：

一是中国已由乡土中国，进入城乡中国时代，村庄必须通过再组织化，才能创造乡村新供给，满足城市新需求，推动乡村振兴和共同富裕。经历长期"去组织化"的村庄，没有能力识别并抓住城乡中国时代传统与现代交汇所带来的新机遇，城市消费者的新需求无法得到满足。同时，农产品、劳动力、资金等要素由乡到城的单向流动，使城乡之间无法实现再平衡。只有乡村再组织化，才能面向新需求，创造新供给，培育新业态。应该说，城乡发展不平衡的外部结构与乡土中国向城乡中国转型的新机遇，为村庄再组织化提供了必要性。

二是城乡中国时代，异质化村民在村庄场域中的渐次行动，为破除"去组织化"、实现"再组织化"提供了可能性。城乡中国时代的农民已由"乡土中国"时代那种以"以土为生"的均质化小农，转变为高度异质化的个体行动者，其行为选择受到多元理性的影响。一方面，再组织化促使异质化的个体行动者与村庄社会结构交织互动，是城市要素回流乡村、产生乡村发展机遇的必要条件。另一方面，再组织化为乡村抓住城乡中国时代发展机遇、促进城乡融合发展提供了切实可行的路径。"中心人物—关键群体—后续参与者"相继将创造乡村新供给的设想付诸实践，促成了城乡互为供求、有序互动的融合，而且进一步推动村庄再组织化不断迭代升级，促成城乡中国时代的供求匹配，实现城乡发展再平衡，推动了共同富裕。

（二）陕西省三道河则村：由"分"到"统"的林权制度改革①

三道河则村位于陕西省榆林市榆阳区北部风沙草滩区，由于处在北部第三道榆溪河支系，因此得名"三道河"。该村距榆林城区26千米，总土地面积26.6平方千米，耕地2757亩，林地3.83万亩，下辖4个村民小组，296户826人，党员34人。村内主导产业包括乡村旅游、玉米种植、牛羊养殖，人均耕地面积3亩，是一个传统农业村。"一道沙湾来一道水，家家户户把鱼打"这是三道河则村最直观的形象。其境内丰富的水资源、林地资源和沙梁资源是三道河则村最大的资源禀赋。

由于当地长期实行"谁治理，谁拥有"的沙地治理政策，加之政府为鼓励农户进行森林培育、保护生态环境而发放护林费。久而久之，三道河则村内除原有的集体林地外，新增了一批由村民自主培育的林地。然而，由于大多数村民自行圈沙育林，且长期缺乏有效监管，从而造成村集体林地权属模糊。此外，尽管护林费的发放使村内的林地数量、质量在很长的一段时期内得到了保障，但是随着社会生产力的进步，旧有的生产关系无法满足三道河则村新时期的发展需求。在保证林地生态作用不减弱的前提下，难以开发其经济价值，从而出现集体林地资源

---

① 本案例由中国社会科学院农村发展研究所胡冰川教授和西北农林科技大学经济管理学院夏显力教授推荐，西北农林科技大学经济管理学院副教授张蚌蚌供稿。

未能实现优化配置、充分利用的情况。

在此前提下，三道河则村于 2017 年开展了以集体林地资源为重点的农村集体产权制度改革，其目的在于厘清旧有模糊的林地产权关系，盘活集体内闲置的林地资源，通过优化资源配置、提高资源利用效率的方式，推动乡村产业的振兴，进而助力实现乡村振兴战略目标。具体来看，三道河则村通过对集体林地实施股份化改革，以"确股确权不确地"的形式将集体林地收归村集体合作社经营，进而通过与社会资本合作的形式发展乡村旅游产业，打造"草滩风情度假村"，以此带动集体成员增收、集体经济发展、乡村振业振兴。

1. 取得的成绩

通过农村集体产权制度改革，三道河则村 3.83 万亩集体林地清产核资 766 万元人民币并折合林地股 22980 股，占到总股份的 15%。三道河则村年人均可支配收入从 2016 年的 13000 元增长到 2020 年的 18635 元，增加了 5635 元，高于其所在的孟家湾乡 2020 年居民人均可支配收入 17215 元；集体经济也从原本的"零收入"增长到每年 18 万元的固定收入。同时，在乡村旅游业的带动下，三道河则村非农就业水平有了显著提高，村内业态也更为多元化。当地村民以景区就业、经营农家乐、经营超市、制作手工艺品等方式直接或间接地参与到乡村旅游业之中，非农产业从业人员占总劳动力的比重相较于改革前增长了 30%。如今，三道河则村"草滩风情度假区"被纳入榆阳区一日游精品线路，成为当地的一张名片。以三道河则村"草滩风情度假村"为核心的孟家湾田园综合体 2020 年共吸引游客 20 万人次，旅游收入达 300 多万元。此后，尽管受到新冠肺炎疫情反弹的冲击，但随着疫情形势的稳定，三道河则村旅游产业也逐渐恢复生机并力争新的突破。

2. 具体做法

（1）林地产权制度改革。

为盘活村内闲置的林地资源，优化资源配置、提高资源利用效率，三道河则村于 2017 年开始实施林地制度改革，其实施过程如图 5-3 所示。

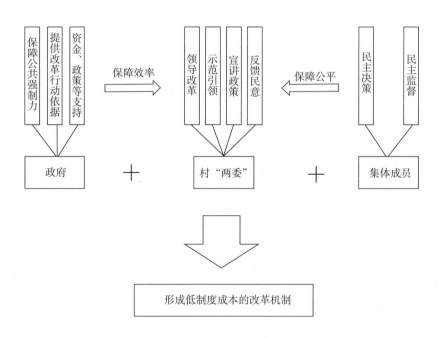

图 5-1 三道河则村由"分"到"统"的林权制度改革

针对权属不同的两种林地，一方面，将集体林地产权明晰后收归集体，折成林地股后与全部集体成员分享林地产业发展红利；另一方面，将村民进行沙地治理时所获得的林地承包经营权分解为承包权和经营权，并将其经营权流转入集体合作社，融入集体产业发展蓝图，其所折合的林地股作为集体林地股的补充。为保障改革工作的顺利实施，当地形成"政府+村集体+集体成员"上下协同的改革模式。

首先，地方党委、政府在改革中充分发挥领导、统筹作用，在政策层面给予了支持与保障。为指引改革方向，中共榆林市委、市政府在全市范围内确定了100个改革试点村。作为跟进，中共榆阳区委、区政府在辖区内确定5个试点整乡推进改革和30个改革重点村。为保障改革资金，中共榆林市委、市政府办公室安排3000万元改革专项资金用于前期100个试点村的改革启动工作。为补强工作队伍，孟家湾乡政府组建由乡党委书记作为第一负责人，融合财政、法务、土地等各有关部门的改革领导小组，并委派两名副科级干部负责具体工作，对试点村在改革过程中遇到的问题、难题给予及时的答复、指导和帮助。同时，乡党委、政府通过组织试点村改革工作小组成员进行材料学习、专家讲座、考察学习等培训活动，深化其思想认识、增强其工作能力，从而帮助试点村打造一支有力的工作队伍。

其次，村集体在改革中成功扮演起执行者的角色。村集体作为原生于村庄、联系于政府的基层组织，在改革中起到承上启下、上传下达的"腰"的作用。三道河则村为确保改革顺利实施，成立以村委书记为组长的领导小组，并组建产权制度改革办公室，负责清产核资、资格核定、折股量化、确权颁证等具体工作的实施。改革期间，工作小组通过培训学习与沟通群众，既充分领会政府改革意图，从而保证改革方向，又广泛吸纳民意，以确保满足群众实际需求。因此，政策与民意之间的分歧减少，当地对推动改革的必要性达成共识，从而推动了改革的顺利实施。针对改革中遇到的难题，村"三委"成员也通过入户调研、政策宣讲、模范带头等方式推动问题的解决。例如，在林地征收的过程中部分林地被国家项目征用，政府依规给予了被占地农户经济赔偿。然而，部分村民误解为赔偿金分配的不公，从而产生了矛盾。为解决这一问题，工作小组将各块林地征收主体、利用方式、赔偿标准等内容进行公示，对有疑问的村民由村干部入户讲解政策细节，使其了解赔偿不同的原因。针对有实际需求的村民，由村集体适度给予其一定物质或劳务帮扶，或帮助其申请一些补助，从而推动矛盾的解决。最终形成了以集体所有为根本前提、以市场化为改革方向、以林地资源为改革重点、以村集体总社为管理主体、以各小组分社为核算单位、以全部集体成员为分红对象、以承包协议为确股依据的改革共识。

最后，集体成员的民主参与使改革落脚于当地的实际需求，从而降低了改革成本。三道河则村村民通过积极行使知情权、发言权、表决权、监督权民主参与到改革的全过程，为改革提供了群众支持。在实施改革的过程中，前后共召开过30余次村民大会和村民代表大会，每次会议与会村民都对议题展开了充分的讨论。针对股权设置模式、股权分配方式、成员资格认定等关键议题，不仅多次召开会议进行讨论，而且村民私下对其也展开热议。针对不同意见，村民之间会充分交换各自的观点，从而在多次讨论之后逐渐达成共识。这一共识，是不同村民之间出于自身利益的考虑，为在保障自身核心利益的基础上争取利益最大化，从而进行多轮博弈之后相互妥协的结果。此外，村民自发查看公示榜单、询问改革进程、监督地块面积测量等监督行为，也体现了村民的民主行动。村民通过积极的民主参与，表达意见和看法、提出建议和诉求，使改革成果在顺应政府上层设计的同时兼顾到当地村民生产生活的实际需求，从而保障改革方向不偏离本地的实际情况，改革成果不脱离当地群众。

（2）乡村产业发展。

当改革完成后，三道河则村村集体按要求成立股份经济合作社（以下简称"合作社"），并将全部林地的经营权统一交付合作社统一管理，从而实现林地规模化经营，进而促进林地资源的高效利用，以此推动乡村产业的发展。相较于一般农户，一方面，合作社大规模经营集体林地将有更多选择，更容易实现规模经济；另一方面，合作社作为单一主体在资源配置和利用时会拥有更低的交易成本，能够节省交易所需的时间、金钱、人力等成本，从而促进合约的快速签订。

基于资源禀赋和"两山"理念，合作社决定依托村内丰富的林地资源、水资源和沙梁资源，发展乡村旅游产业。为此，2017年合作社围绕薛家海则，对沿岸林地、沙梁进行整体规划设计，规划打造以"草滩风情、梦湾水乡"为主题的草滩风情度假村项目（以下简称"项目"）。在资金方面，项目规划综合投资6000万元。为解决资金来源问题，合作社广开财源，一方面，采取集资、合资、租赁、参股等多种合作模式进行共同开发建设；另一方面，向政府与银行申请了一定的补助与贷款填补资金缺口，从而以多元的融资渠道保障项目的顺利实施。在工程方面，2017年底合作社聘请专业团队对薛家海则水库进行设计规划，同时以询价的形式确定施工单位，在规划完成后施工队入场开展平整场地、道路硬化、修建广场等景区建设工作。此外，合作社还组织村内党员、大学生、擅于绘画的村民对景区停车场内铁路桥基柱、景区内房屋以及附近墙体进行软装，以墙体画的形式美化了景区环境。

为推动项目进一步发展，在孟家湾乡政府的支持下，三道河则村积极融入乡镇发展的大蓝图，草滩风情度假村成为孟家湾田园综合体的核心组成部分。依托乡政府的资源，三道河则村合作社以"保底收入+分成"的合作形式将草滩风情度假村交予专业公司运营，并与20多家知名旅行社签订合作协议，开通大漠旅游直通车。三道河则村合作社通过提升自身的格局与站位，突破发展局限，找到合适且优质的合作伙伴，促进了林地资源进一步的优化配置，进而实现了提高林地资源利用水平和挖掘林地经济效益的目的。

随着乡村旅游业的发展，三道河则村整体产业发展水平也进一步提升。为满足游客吃、喝、游、购的需求，景区附近农家乐和超市的数量有明显增加，为农家乐提供特色农产品而从事水产养殖和特色种植的村民数量也有显著增长。村内部分妇女利用闲暇时间制作手工艺品出售给外来游客，这些业态的出现使三道河则村产业结构朝向多元化发展。在配套设施方面，在政策和资金的支持下，当地产业配套设施不断完善，道路的修缮和城乡客运的优化使公共交通状况逐渐改善，停车场、游客接待中心的建设也为外来游客提供了便利。在带动就业方面，景区运营企业直接创造了近20个就业岗位。同时，农家乐、超市、特色种植等新业态的出现不仅扩大了当地的用工需求，增加了当地的工作机会，还提升了当地的就业质量，为当地提供了更为优质的工作机会。此外，景区运营企业设置了一些以保洁为主的公益性岗位，一方面维护景区环境质量，另一方面为当地就业困难群体提供就业机会，从而巩固脱贫成果、助力乡村振兴。由此可见，景区运营企业通过对林地资源的统一经营，逐渐使经济效益显现、产业结构优化、配套设施完善、就业质量提升，从而推动了乡村产业发展，进而助推了乡村产业振兴目标的实现。

3. 经验启示

通过对三道河则村案例的分析，可以得出以下启示：①以"政府+村集体+集体成员"上下协同为核心的改革机制是农村集体产权制度改革顺利实施的制度保障；②通过对林地实施股份制改革，以股权的形式将林地经营权收归合作社统一管理，有利于实现林地资源的规模化、集约化利用；③当林地资源实现优化配置之后，通过经营主体对林地资源的开发和运营，可以促进乡村以林地资源为核心的乡村产业发展；④乡村单一产业的发展可以带动相关产业的诞生和成长，从而为地方带来可观的经济效益、多元的产业结构、完善的配套设施、更高的就业水平，进而助推乡村产业的振兴。

尽管三道河则村的林权制度改革取得了可喜的成果，但其中存在村民缺乏退出机制的问题。这意味着未来景区如果长期处于亏损状态，村民无法选择将自己的承包林退出合作社。那么，这不仅不利于林地资源的高效利用，还损害了村民的合法权益，从而阻碍乡村振兴战略目标的实现。因此，在制度设计的过程中，仍需健全利益相关主体的退出机制，从而避免林地低效利用、保障村民合法权益。

（三）浙江省新川村：村企结对共建模式①

浙江省长兴县煤山镇新川村在发展过程中，通过村企结对共建实现以工哺农，通过设立"强村"公司打造"两山"转换的实现路径，围绕强势工业谋发展，积极发展绿色农业产业和现代服务业，向绿色生态要经济效益，实现了高质量乡村振兴和全面共同富裕，成为浙江乡村共同富裕基本单元建设的一个典型模式。

1. 发展历程

新川村是典型的浙北山村，山多地少，耕地分散还大多远离村庄，农业生产条件较差。村里竹林面积大，过去是村民的主要收入来源，但竹林培育和砍竹、挖笋等耕作活动强度大、费时、耗力、效益差。20多年前，邱坞、涧下、张坞、楼下4个行政村尚未合并成新川村，都是煤山镇有名的穷村。村民大多靠种番薯、苦瓜生活，也因此曾被称为"苦瓜村"。

为改变贫穷面貌，从1958年起，以创办第一家耐火材料厂为起点，先后开办了木材加工厂、磨具厂、五金加工厂等多家社办、队办企业，这些企业的开办使该村有了工业发展的"第一桶金"。改革开放以来，新川村把握历史机遇大办企业，村里先后创办了金属拉丝厂、金属冶炼厂、炼油厂、竹笋加工厂、服装厂、玻纤厂等多家村办企业。这些企业给村庄经济发展带来了空前活力，经济快速发展，实现了由农转工、以工补农，工业致富的重大跨越。通过开办企业，一部分人先富了起来，盖起了外观漂亮的楼房，昔日的"苦瓜村"有了一个新称号，即"山芥里的小温州"。

但这种粗放式工业化发展模式带来了资源过度消耗和生态环境恶化的不良后果。2004年之前的新川村，小作坊遍地，村庄边上的溪涧变成了"牛奶河"，污染物淤积，臭气熏天。

2004年，时任浙江省委书记的习近平来到新川村，他仔细地给当地政府和企业讲"腾笼换鸟"的故事，提出工业企业要绿色发展，要将生态环境优势转化成为生态经济优势。新川村牢记总书记嘱托，从2004年下半年起，大力推进"腾笼换鸟"，誓要找回绿水青山，开始走上生态优先、绿色发展的新路。

新川村是新能源动力电池行业领军企业天能集团的发祥地。1998年起，天能集团董事局主席张天任开始担任新川村党总支书记，通过吸纳村民进厂务工，带领乡亲们勤劳致富奔小康；2008年，天能集团和新川村搭建起村企共建平台助推乡村振兴，建起以天能为核心的配套工厂，发展配套服务产业，将产业发展与村民致富紧密相连，走出一条特色产业助力乡村振兴的新路子。他们果断关停污染矿山，淘汰落后产业，发展生态工业；持续开展道路硬化、路灯亮化、村庄绿化、污水洁化、垃圾分类等工程，多年如一日坚持不懈。经过多年的持续努力，现在的新川村面貌一新，环境优美宜居、百姓富足安康。

2. 取得的成绩

在村企共建强力推动下，新川村乡村振兴之路硕果累累。新川村以推进精品村建设为抓手，先后累计投入4000多万元，统筹落实道路硬化、路灯亮化、村庄绿化、污水洁化、垃圾分类等各项民生实事，实施了幸福之家、供电通信便民设施等多项精品工程，全力打造美丽乡村升级版。建成了居家养老照料中心、村民幼儿园、乡村文化礼堂、芥里风情展示馆、文体中心等，实现了老有所养、幼有所育、众有所乐和人人健康的条件支撑。还利用淘汰的企业厂房改造建成了乡村振兴新川案例馆和村民诚信馆，投入巨资建成了"智能化+大数据"的垃圾智能收运系统；特色农业、景观公园、森林古道和乡村民宿等项目的推进实施和投入运营，也给村民带来

---

① 本案例由湖州师范学院"两山"理念研究院、经济管理学院张建国教授供稿。

了丰厚的经济收益。目前，全村的义务教育入学率、社会保障参保率、公共卫生厕所改造率、垃圾处理率、清洁能源使用率均达到了100%，村庄绿化率超过38%，村域森林覆盖率超过83%，绘就了一幅天蓝、地净、水绿、村美的江南美丽乡村画卷。目前，新川村集体经济收入达到425.4万元，村民人均年收入达到12万元，全村百万户超600户、千万户30户，私家车1000多辆，家庭车辆的持有量达到近80%，高档别墅800多幢。

时至今日，新川村先后获浙江省卫生村、浙江省全面建设小康示范村、浙江省绿化村、浙江省文明村、浙江省美丽乡村特色精品村、浙江省引领型农村社区、3A级景区村庄、湖州市新农村实验示范村等多项殊荣。先后多次受到《人民日报》和新华社等一大批中央级媒体采访报道。2020年7月19日，中宣部组织的中央媒体"走向我们的小康生活"采访团走进新川村进行集中采访报道。2020年8月17日，央视《新闻联播》以4分12秒的单条新闻，报道新川村依托绿色产业实现幸福小康生活。2020年12月6日，《经济日报》整版报道新川村振兴蝶变"找回绿水青山，抱得金山银山"。2021年8月19日，《人民日报（海外版）》，以"山芥里的新川村：村就是景 景就是村"宣传推介新川村事迹。还被列为2021年在辽宁盘锦芦湖小镇召开的首届中国乡村文化产业创新发展大会典型案例。

3. 具体做法

（1）村企共建夯实振兴基础。

天能集团最初是新川村的村办工厂，成长为中国新能源电池领军企业后，通过村企结对共建模式，积极探索"以企带村、村企联补"的工作机制，形成了村企"联姻"发展、互利共赢的良好格局。

作为新川村飞出来的一只"金凤凰"，天能集团从来没有忘记过回报家乡的百姓。1998年起，天能集团董事局主席张天任开始担任新川村党总支书记，将大笔资金投入新川村的建设中，并想方设法让周边村民参与到资源开发和企业发展中来，带领乡亲们勤劳致富奔小康，为新川村精品村建设注入强大动力。2008年，天能集团与新川村结对，搭建起村企共建平台助推乡村振兴，着力打造美丽乡村升级版。天能集团将新川村的发展列入企业发展规划，列入董事局会议的重要议事日程，并在董事局安排资金用于村级道路、水利、村级小学、农民公园等设施建设和环境改造。2012年，村党支部书记，天能集团董事长张天任当选第十二届全国人大代表，为村企共建推动新川乡村振兴开辟了一条更宽的道路。

如何有效把村民的闲置资金变成"活水"，做大乡村特色产业，推进村级集体经济高质量发展，是乡村振兴的一个重要问题。新川村创新性地把现代股权基金模式引入乡村振兴，筹集资金发展乡村新型产业，增加村民的创富渠道。新川村还成立了长兴新川股权投资合伙企业（有限公司）、长兴新川文化旅游发展有限公司和长兴新川建设发展有限公司。三家"强村公司"着力解决村集体经济和老百姓之间资金匹配不均衡的问题。把村民的闲置资金还有乡贤的捐款都聚拢起来，转投到"强村公司"，让村民成为公司的"股东"，不仅解决了村集体经济发展过程中的资金问题，也让乡亲们在乡村发展的过程中获得实实在在的收益。

天能通过引导村民就业，发展壮大村级经济，建起了一条条富民惠民的就业链和产业链，实现了企业与周边村庄、职工与村民之间协同共建和共享发展成果。在天能集团与新川村开展村企共建多年来，累计投入8000多万元，解决新川村及周边村民就业6000多名。重点支持村庄基础设施建设，对农居环境进行绿化，投身村庄饮水安全治理；积极参与当地公共事业，打造一系列暖心工程、民心工程和惠民工程。

（2）业态创新促进经济繁荣。

在天能集团的强力带动下，以"强村公司"为载体，新川村因地制宜，大力发展观光农业等特色农旅产业，推动农业与旅游、文化、康养、体育等富民产业、美丽经济的深度融合；鼓励引导村民开办民宿，把绿水青山生态优势转化为产业优势、发展优势，夯实了共同富裕的经济基础。新川村形成了以新能源高端制造为龙头，配套服务产业协调发展，休闲农业、旅游经济、精品民宿、农村电商等第三产业有效衔接的特色绿色产业体系，驱动生态优势转化为发展优势、绿水青山转化为金山银山。

利用"强村公司"的资金优势，复耕闲置荒地200余亩种植吊瓜，建立乡村特色产业发展基地，把特色吊瓜变成了致富的"金瓜"，亩产值达6000多元，实现收入120余万元。

（3）数字赋能实现治理高效。

"数字浙江"始终是浙江的"一号工程"。近年来，新川村大力推进数字乡村建设，围绕产业发展、乡村治理等场景，让数字技术全面融入村民的生产、生活，积极探索以数字化赋能自治、法治、德治"三治"融合的乡村治理新模式。

结合村里正在建设的芥文化风情街旅游项目，加快布局5G网络等新基建设施，让5G逐步覆盖全村，提升乡村旅游数字化水平，形成智慧旅游、数字文旅等新型服务模式。随着村里数字化建设的持续推进，村民们开启了网络直播带货模式，通过线上宣传吊瓜子等当地特色农产品，既促成了线上交易，也拉动了线下消费。在长兴率先启用"未来乡村"数字平台，整合党务村务、文明诚信、法律志愿服务、就业就医服务等功能，实现信息公开打造阳光村务，真正让老百姓享受到数字化带来的便捷生活。

4. 经验启示

新川村通过深入践行"绿水青山就是金山银山"理念，在以天能集团为龙头的企业带动下，村企共建搭台，产业发展唱戏，护好绿水青山、做大金山银山，走出了一条以"村企共建，以工哺农，共同富裕"的乡村振兴新路子。

（1）"两山"理念是乡村振兴的"生命线"。乡村本来不缺乏"绿水青山"，但由于发展思路的偏离，导致以牺牲环境为代价的增长模式为农村的发展带来了一系列问题。乡村振兴必须在保护"绿水青山"的基础上，通过科学有效的途径实现"两山"的高效转换。找回绿水青山，抱得金山银山，新川样本充分说明了这个道理。

（2）模式创新是乡村共富的动力源。我国的乡村数量众多，具体情况千差万别，找到合适的发展路径是首要问题。在普惠制乡村振兴红利的基础上，通过个性化动力重构，方能推进乡村振兴高质量发展目标的实现。通过村企共建、工业反哺、乡贤聚力等一系列创新举措，打造新川村实现共同富裕的强劲动力，是该样本取得成功的重要经验。

（3）机制重构是共享成果的"路由器"。高质量的乡村共同富裕既需要"做大蛋糕，也要分好蛋糕"。通过"强村"公司的多渠道资金筹措和重点项目聚焦投入，实现小农户与现代乡村产业的有效衔接，促进村集体经济的有效积累，实现"输血"和"造血"的功能转换，是新川样本体制机制创新的重要启示。

（四）重庆市三建乡：全域"三变"改革①

重庆市丰都县三建乡地处丰都县南部，这里山高谷深，全乡63平方千米的幅员面积中，耕地面积仅占20%，是重庆市18个深度贫困乡镇之一，地形"三山夹两河"，海拔从230米急剧提升至1200米，自然条件极其恶劣，产业发展基础薄弱。为攻克难关，丰都县探索政府主导、企业主体、农民主角"三主"模式，推动企业承接产业项目，全域实施资源变资产、资金变股金、农民变股民的"三变"改革，探索出了一条独具特色的产业扶贫新路径，初步构建起农村

---

① 重庆市产业处．丰都：三建乡实施全域"三变"改革产业扶贫典型案例［EB/OL］．［2021-05-21］．http://fpb. cq. gov. cn/zxgz_231/cyfz/202105/t20210521_9309161_wap. html，笔者有修改。

产业兴旺、企业资本增值、集体经济壮大、农民群众增收、全域经济提升的"多赢"局面，总结出一条践行"三变"改革的丰都路子。

1. 取得的成绩

丰都县三建乡通过全域"三变"改革，有效拓展了国有资本保值增值渠道，截至2020年5月底，三建乡全面盘活了长期撂荒的土地资源1.2万亩，增加群众土地入股保底收益448.8万元、产业管护务工收入1000万元以上；盘活了集体的土地、山坪塘等资源资产，从根本上破解了集体经济"空壳村"难题，年均增加村集体经济收益85.3万元；以产业发展为驱动，先后带动全乡6个贫困村全部脱贫，776户3120余名贫困户实现脱贫"摘帽"。全面改善了交通、水利等基础条件、美化净化人居环境，全面提升了群众的获得感、满意度，实现了农民增收、产业增效、生态增值的预期目标。

2. 具体做法

（1）政府主导、全域覆盖，让"三变"有底可托。

作为市级深度贫困乡镇，三建乡"农民有资源没资产、农村有资源无市场、农业有空间无效益"问题尤其突出，加之"三变"改革政策性强、涉及面广、风险点多，必须把准航向、稳妥推进。丰都县充分发挥政府主导作用，强化政策扶持、路径引领，狠抓资金整合、项目选择、产业规划、资源配置、政策保障等工作，统筹推动县属国有企业、民营企业、整乡8个村（社区）3481户群众在1.8万亩土地上全覆盖实施"三变"改革。

1）聚拢财政资金。针对各项财政资金一次性投入、一次性使用，条块分割、分散投入、效益不高问题，丰都县坚持"多渠道进水，一个池子蓄水，一个龙头放水"，实质性整合生产发展类、农业生态修复和治理、扶贫开发、农村基础设施建设、支持村集体发展等9项分散涉农资金，集中投入各新型经营主体、基础设施建设等领域，落实产业发展项目资金1.31亿元，交通、水利等基础设施建设资金2.06亿元，确保有限的资金用到"刀刃"上，为"三变"改革提供强有力的资金支持。同时，整合的资金作为村农业合作社与企业合作组建股份制公司股金。

2）完善基础设施。针对三建乡山高坡陡、沟壑纵横，交通不便、水源匮乏，基础设施建设成本高、周期长、管护难等现状，坚持把基础设施作为推进"三变"改革的重要支撑，配套实施道路新（改扩）建等交通类项目80.48千米、人行便道123千米，建设蓄水池268口、管网245千米以及灌溉渠、沉沙函等其他水系配套项目。目前，全乡通组通畅率由2016年的59%提升至100%，产业水系配套率100%，群众生产生活条件发生翻天覆地的变化。

3）确定利益分配。推行企业+农业合作社组建产业发展有限责任公司模式，建立"保底收益+分红"机制，坚决防止"富了老板、丢了老乡"。"保底收益"，即入股土地前三年按240~600元/亩保底、第4~5年按300~600元/亩保底、5年后按400~600元/亩保底，分配进入公司成本，最大限度保障农户利益。"分红"，即按各方投资持股比例分红，让经营主体、村集体、农户形成风险共担、利益共享的"利益共同体"。以县属国有资本投入的，按"433"比例持股分红，即企业40%、农户30%、村集体30%（其中，村集体分配10%、建卡贫困户等"四类人群"分配10%、所有户籍人口分配10%）；以社会资本投入的，按"631"比例持股分红，即企业60%、农户30%、村集体10%（村集体分配5%、建卡贫困户等"四类人群"分配2%、所有户籍人口分配3%）。

4）降低改革风险。一是防范管理风险。坚持市级农业产业专家、县级行业部门、乡政府、村集体多方联动，对产业选择、项目申报和经营主体资格、资本实力等层层把关，加强风险预判。出台《三建乡农村集体经济组织及成员管理办法（试行）》，建立农村"三变"改革过程管控、效益评估、财务管理、监督检查、责任追究等，防止集体经济组织内部少数人侵占、支配集体资产，防止外部资本侵吞、控制集体资产，真正让改革红利惠及广大农民。二是防范产业风险。按照"政府配一点、企业筹一点、合作社交一点"方式，首期争取市人大常委会办公厅扶贫集团注资 1500 万元，建立三建乡"三变"改革产业发展风险金。发展政策性农业保险，开发特色产业、农产品价格和收入等保险产品，为 784 户建卡贫困户购买"产业扶贫保险"，提高农业保险的风险保障作用。三是防范法律风险。从重庆天宇三星律师事务所等单位为每个村（社区）聘请专（兼）职法律顾问 9 人，全程参与乡村重大决策、重要会议，逐项审核所有项目合同、产权证书等法律文本，确保"土地公有制性质不改变、农村基本经营制度不改变、耕地红线不突破、农民利益不受损"。

（2）企业主体、国民共进，让"三变"有力可借。

因发展基础薄弱，三建乡无一家规模大、资质好的龙头企业，仅依靠退耕还林、扶贫产业等资金投入，零散发展花椒、青脆李、猪腰枣等产业 2000 余亩，加之产业管护资金缺乏、技术服务滞后、对接市场能力弱，乡村产业"规模小、资金少、管护弱、销售难"困局一时难以突破。丰都县探索国有资本带动社会资本参与"三变"改革新模式，推动形成国有、民营共进共生的生动局面。

1）把模式定好，解决"资本如何进"问题。针对三建乡民营资本引不来、留不住、发展不好现状，结合国有企业改革，探索"国有企业+民营企业+农业合作社"多元发展模式。一是村集体层面。整乡 8 个村（社区）分别组建农村集体经济组织——专业合作社。其中，政府整合扶贫产业等项目资金 4501 万元，主要用于苗木采购、栽植和配套基础设施建设，折算作为村集体持股投资占 50%；村民以资金、资源等入股占 50%。二是国有企业层面。对无民营资本进入的产业，由有实力、有技术、与农业密切相关的县农发集团，分别与各村集体经济组织合作，按现代企业法人治理结构组建 8 家股份有限公司，形成产业管理、运营主体。其中，县森林经营所以技术入股，分别持有 8 家公司 15% 的股权，其现场负责人任各公司法定代表人，对纳入"三变"改革的所有项目提供技术支持；国有企业投入管护资金，主要解决未投产前 3 年土地保底收益、管护人工费用、生产资料等成本支出，折算作为国企持股投资占 25%，其现场负责人任总经理，全面负责本公司涉及产业的管护、运营等工作；村集体以经济组织入股占 60%，其经济组织法定代表人任监事长，负责链接农户、资源入股、兑现收益、产业监管等工作。三是民营企业层面。引进重庆汉业特种水产养殖等 4 家民营企业，投入 2.54 亿元，结合实际发展柠檬、生态鱼等产业。其中，各企业主体持股 60%、村集体经济组织持股 40%（农民持股 30%），助推市场化运作、公司化管理、规模化经营。

2）把资源用足，解决"项目如何定"问题。针对土地分散贫瘠，以及各地产业跟风、趋同等状况，充分挖掘三建乡自然优势、区位条件、资源禀赋，充分对接企业、市场、农民等需求，重点发展笋竹、白茶等山地特色效益产业 1.8 万亩，同步打造 5 个种养殖基地、6 个休闲农业示范园、4 个精深加工项目，实现"一村一品"全覆盖，形成了各具所长、层次递进、互补共生、协调互动的特色产业群。例如，立足双鹰坝山高坡陡、峡谷幽深、气候宜人的优势，引进重庆安之润公司投资 2 亿元打造通天大峡谷景区；借助双鹰河地下水水量足、水质优、水温低优势，引入重庆汉业特种水产养殖公司投资 1100 万元打造冷水鱼养殖基地；用好鱼剑口水电站大坝蓄水优势，拟启动垂钓、泛舟等湖上休闲度假项目；依托绿春坝农房风格古朴、保存完好优势，投资 3000 万元，打造以湿地生态园、乡村民宿为主体的休闲度假示范项目；利用离县城仅 28 千米，且位于南天湖、九重天、雪玉洞等周边景区中心位置区位优势，投资 3.5 亿元，以"水乡风情、明清风貌、漫游风格"理念高水平建设全域旅游示范镇、旅游服务小镇，同时发展苗木基地、"扶贫车间"等产业，从根本上解决了困扰三建乡多年的产业"小、散、弱"问题。

3）把职责厘清，解决"产业如何管"问题。理顺 8 家有限公司与政府、村集体、村民及控股企业的关系，推动企业规范化运营，全力破解发展难题。一是强管理，破"企业运营难"难题。8 家有限公司在三建乡集镇挂牌组建，并在村集体设企业办事点，国有企业、村集体相关人员严格实行驻地办公。严格落实现代企业制度，出台企业产权制度、组织制度、管理制度，建立股东大会、监事会与经理层相互制衡的公司治理结构，规范开展融资、管理、生产、营销等市场化运营活动。二是重管护，破"重栽不重管"难题。制定产业项目网格化管护机制，将全乡产业划分成若干网格，企业按照每个人 60~80 元/天标准支付劳务补贴，委托群众对一个或多个网格包干负责。建立"县级科技特派员、产业发展指导员+乡级产业专干+村级产业管护员"三级技术服务机制，每月定期深入产业现场指导生产、开展培训。三是拓市场，破"增产不增收"难题。发挥龙头企业和农产品经纪人作用，加强与县内外批发市场对接，促进农产品销售和加工。举办休闲旅游活动，推动"体验销售""展示销售""专区销售"，促进农旅融合、以旅兴农。与微店、拾味鲜等平台合作，打造年均销售额 100 万元的廖家坝社区电商扶贫等县级示范网点，打通农产品入市"最初一公里"。布局冷链物流集散中心项目 1 个，利用冷藏设施开展错季销售，拓宽农产品销售渠道。

（3）农民主角、共建共享，让"三变"有利可逐。

坚持把农民增收作为"三变"改革的核心要义和最终目标，千方百计提高农民参与度、满意度，推动"三变"改革成为有源之水、有本之木，让农民从看客变主人、让美好愿景从规划变实景。

1）农民变股东。一是土地入股。依托农村产权制度改革，组织村集体经济组织、第三方评估机构等单位，对群众耕地、林地等全面盘点、逐项清查、登记造册、评估作价，并投资入股到经营主体。截至 2020 年 5 月，已按二轮土地承包剩余 10 年期限，以每亩 240 元/年折价，折算土地入股股金 4320 万元，同时对已有产业土地按毛竹 1000 元/亩、青脆李 2650 元/亩、雷竹 1410 元/亩的标准折价入股。二是资金入股。积极探索财政资金股权化，整合建卡贫困户小额信贷资金、扶贫补助资金，入股专业合作社支持产业发展，并按照每年 6% 的标准向村集体、建卡贫困户支付分红来增加收益。三是要素入股。将村集体统管的 1500 亩撂荒地、沟洼地等资源评估作价、量化到户，并全部折股投入村集体经济组织。引导农民以住房财产权（包括宅基地使用权）以及资金、技术等各种生产要素，通过评估折价后，投资入股到经营主体，获得股份权利。建立股份经济合作社章程和内部管理制度，逐户统一填发《股权证》，并不定期召开股东代表大会，让群众由旁观者变当事人。

2）农民变工人。"三变"改革提供稳定就业岗位 300 余个、季节性务工岗位 4000 个，回引 1000 余人返乡创业就业。截至 2020 年 5 月，产业项目栽植管护期间在家农户参与度达到 80% 以上，群众务工收入达 900 余万元（平均每个人 60~80 元/天），人均可增收 2200 元以上，务工收入正逐渐成为群众主要收入来源之一，如鱼泉子村 3 组 78 岁农民廖德芳，仅从事劳动强度较低的管护作业，自 1 月以来务工增收 4500 元；蔡森坝村 2 组 48 岁农民谢树琼，自 2018 年 10 月以来务工增收 1.8 万元。同时，鼓励当地经济能人、返乡企业家等建设"扶贫车间"，目前三建乡夜力坪就业扶贫车间工人人均增收 2600 元/月，实现"门口办厂、就业一人、脱贫一户"。

3）农民变老板。对接快速增长的乡村旅游需求，精心布局了一批休闲农业示范点，推动不少群众摇身一变成为经营主体。例如，绿春坝人居环境整治和生态修复示范项目共发动 18 户群众参与，通过改造自用房提供民宿 71 间、床位 100 张，餐饮接待能力达 150 人；引导农民在旅游集镇、休闲农业项目周边新发展星级农家乐 10 家、星级乡村酒店 4 家，拟发展特色餐饮、土特产零售等经营主体 25 户，"以游促农、以游兴农、以游强农"的良好局面正加速形成。

3. 经验启示

（1）"三变"改革要先做到产权明确。"三变"改革的实质是农村集体经济产权制度改革，目的是要调动各方的积极性，实现各种生产要素的价值最大化，共同推动农业农村发展，带动农民增收。"三变"的实施路径,是将村集体或农民所有的资源、资产、资金入股到专业合作社、龙头企业等农业经营主体。因此,明确产权是"三变"改革实现的基础。一是明确集体资源的权属,包括集体土地、林地、荒山荒坡、山坪塘、房屋、场地、小型水利设施等,颁发所有权证;二是明确农民权属,即承包经营权,以户为单位,在确权的基础上颁发承包经营权证。只有明确了产权,集体或农民所有的资产、资源才有了进入市场的可能,才能充分地发挥其作用。

(2)"三变"改革核心是促进产业发展。纵观丰都县三建乡"三变"改革实施路径,都是围绕农业产业化经营展开的,通过成立或引进规模化经营主体,将零散的土地、林地、房屋、水利设施等资源要素集中起来,让广大农户积极参与,利用经营主体的资金、技术、市场优势,一方面有效降低了农户单打独斗发展农业面临的风险,另一方面也提高了农民和村集体经济收益。

(3)"三变"改革必须依靠政府统筹。"三变"改革政策性强、涉及面广、风险点多,其发展过程必然是一个不断试错的过程,必须充分发挥政府统筹主导作用,把准航向、稳妥推进,强化政策扶持、路径引领,狠抓资金整合、项目选择、产业规划、资源配置、政策保障等工作,在政策上给予一定倾斜,在制度探索上给予相应的指导。基层政府必须充分发挥农户和经营主体之间纽带作用,一方面积极鼓励和引导农户接纳"三变"新模式,另一方面也要积极地引进经营主体,发展壮大产业。

(五)内蒙古自治区泊尔江海子镇:"五色"赋能乡村振兴

泊尔江海子镇位于内蒙古鄂尔多斯市东胜区西部,辖区总面积 1051 平方千米,全镇共有 11 个行政村 152 个自然村,总人口 12319 户,共计 26185 人,常住人口 4135 户,共计 6759 人。现有耕地 9.74 万亩、林地 91 万亩,经营中农牧业企业 48 家、农民专业合作社 34 家、种养殖大户 70 户,开设农副产品惠民直销店 3 家,打造电商平台 2 个。2020 年,泊尔江海子镇实现财政税收 1.12 亿元。

近年来,泊尔江海子镇坚持以"红色领航谋发展,生态优先促振兴"为思路,不断强化"红色"引领,厚植"绿色"理念,培育"金色"产业,迸发"青色"活力,守护"蓝色"文明,开启建设亮美泊尔江海子镇的乡村振兴新篇章。

1. 取得的成绩①

在夯实基层党建中提升"组织凝聚力",铸就堡垒连片"红"。党建兴则事业兴,党建强则发展强。泊尔江海子镇党委以提升组织力为起点,全面推进"五化协同、大抓基层",打造折家梁村、柴登村和海畔村 3 个"最强党支部",夯实乡村振兴组织基础。不断巩固基层活动阵地建设成果,打造村级便民服务点 11 个,新建石畔村党群服务中心,各村党支部"三牌两旗"均已规范。全面推行"五抓五星亮、产业特色强"工作思路,扎实推动村村联建、村企联建,打造 4 个党建阵地联动发展区域,巩固柴登、城梁、宗兑区域联合党委建设成果,着力构建共建共融、优势互补的基层党建工作格局。激发党员内在动力,创新开展党员积分量化考评,以群众评议、党员自评、组织审定的方式,对党员按月积分,年度评比,把推动乡村振兴作为检验党员干部干事创业、为民服务的主考场。

在维护绿水青山中提升"内在驱动力",激活生态发展"绿"。牢固树立"绿水青山就是金山银山"的发展理念,建成海畔村生活垃圾闪蒸矿化处理项目和柴登村污水处理站,6 座水冲式公共厕所、9 座垃圾收集站、23 处垃圾池全面投入使用,初步实现了"户分类、社收集、村转

---

① 泊尔江海子镇:"五色"赋能铺就乡村振兴幸福路[EB/OL].[2022-04-29].http://www.ds.gov.cn/yw/jcdt/202205/t20220507_3208887.html.

运、镇处理"的污水垃圾一体化处理模式。大力开展村庄清洁行动，在全镇范围内集中组织开展农村人居环境整治村庄清洁行动，全面清理村庄内外、道路两侧、沟渠内、村庄周边积存的生产生活垃圾，2021年度累计清理"五堆"500余处，清运污水1500余吨，实现了"村庄周边无垃圾积存、街头巷尾干净通畅、房前屋后整齐清洁、乡镇周边、交通沿线周围无垃圾"的目标。指导和督促农户落实好"门前三包"，积极创建评比"美丽庭院"，形成"共建、共管、共评、共享"美丽乡村建设的良好氛围。

在推动产业优化中提升"稳固支撑力"，巩固产业致富"金"。产业兴旺是实现乡村振兴的重点，一头连着农民群众的"钱袋子"，一头连着乡村振兴的动力后劲。泊尔江海子镇坚持产业发展为首要任务，积极探索"为养而种、靠养而植"发展模式，建设高标准农田6100余亩，粮食产量稳步增长。持续扩大养殖产业规模，年产肉类产品4724吨，增长21%，"产供销一条龙、种养加一体化"的农牧业产业链逐步形成。畅通本地优质特色农畜产品进城通道，线上对接天猫、京东等电商平台，线下与大润发、金鼎亨、顶新等超市合作，销售特色农副产品160余万元。建成柴登村高标准温室大棚15栋，加快推进现代高效农业发展。探索农旅结合发展道路，漫赖村教育培训基地接待各类培训团建活动3500余人次，找准开启乡村振兴的"金钥匙"。

在吸纳优秀人才中提升"源源新动力"，迸发人才活力"青"。"精准引才、精细育才、精心用才"，让乡村人才队伍成为乡村振兴的"源头活水"。采取从优秀党员中"挑"，从致富带头人和大学生村官中"选"，在现任优秀村干部中"留"，从外出务工能人和高校毕业生中"请"的方式，储备村级后备干部37名，分层分类建立优秀村党组织书记"头雁库"、村"两委"干部队伍"主角库"、村级后备干部队伍"青苗库"、优秀农民党员"先锋库"，为乡村振兴赋能。激活本土人才。开展种植养殖技术、农机具实操等实用技术培训，让村民在家门口就能学到技能。积极协调工科、农牧、水利等部门，组建"专家服务团"，深入村社、企业、田间地头等生产一线开展技术指导、政策宣传、人才培训等服务，助力乡村振兴。

在加强基层治理中提升"和谐推动力"，守护文明乡风"蓝"。全面深化"一核引领、三项融合、多元共治"工作机制，以自治为根本，从制度约束入手，修订完善11个村的《村规民约》，建立健全红白理事会各项规章制度，以"六零六好服务理念"强化基层治理，逐步实现了移风易俗经常化、民间习俗文明化、基层治理规范化；进一步规范村级议事"四议两公开"和"三务"公开，推动形成民事民议、民事民办、民事民管的多层次基层协商格局。以法治为保障，学习推广新时代"枫桥经验"，建立1个镇级综治服务中心和11个村综治中心，配套建设村法务室，落实"一村一法律顾问"制度，每月开展一次普法宣传活动，每半月一次法律咨询服务，引导广大村民增强尊法学法守法用法意识。以德治为基础，开展棋牌、观影、参观等健康有益的农民体育比赛及群众喜闻乐见的文化演出，丰富了辖区群众的业余文化生活；依托新时代文明实践站所，结合传统节日组织元宵猜灯谜、清明文明祭祀、端午包粽子等活动，涵育了文明风尚；开展"好媳妇 好婆婆""十星级文明户""最美志愿者"等评选活动，以家风带和谐文明镇风、村风。

2. 具体做法①

（1）加快产业阵地培育，打造乡村振兴"主引擎"。

在2020年培育形成的28个产业发展项目基础上，泊尔江海子镇持续按照"稳羊增牛"发展战略，积极探索"为养而种、靠养而植"的发展模式，2021年计划投资1300万元，发展五谷杂粮和有机瓜果蔬菜种植、肉牛种猪土鸡养殖、肉食品深加工、生物质颗粒燃料生产加工等13

---

① 东胜区泊尔江海子镇精准定位五大阵地 乡村振兴全面起势 ［EB/OL］. ［2021－03－16］. http://www.ordosnews.com/yaowen/2021-03/16/content_385486.html.

个重点产业项目。立足泊尔江海子镇"十四五"期间"打造东胜城区菜篮子小镇"定位，进一步整合土地资源，以高标准农田建设为契机，在柴登、折家梁等村建设高标准农田和旱作农业项目6000亩。计划采购无人机2台，利用无人机进行飞播、除草、施肥等高空作业，有效提高种植业产业化水平。构建镇、村、户三级电商服务体系，年内实现电商进村入户，持续拓宽农副产品销售渠道。在泊尔江海子村党群服务中心设镇级中心站点，并接入东胜城区网点，扩大农副产品销售覆盖面，助推农民增收致富。

（2）狠抓人才阵地建设，培养乡村振兴"生力军"。

泊尔江海子镇积极开展"农牧专业技术人才回流"计划，更新完善泊江海籍在外优秀人才库，吸引更多优秀人才回乡投资。打造农牧民培训基地，通过镇、村两级多类型、多业态培训，开展农机作业能手、大棚种植能人、科技带头人、农产品电商营销人才等各类新型农村实用人才培训，培养新型双创，使其成为农民增收致富的开拓者和领路人。组织开展"人才助力乡村振兴"实践活动，积极对接对口部门，邀请专业技术人才组建"专家服务团"，深入村社、企业、田间地头等生产一线开展技术指导、政策宣传、人才培训等服务助力乡村振兴。

（3）厚植文化阵地土壤，激发乡村振兴"内生力"。

泊尔江海子镇将以新时代文明实践所和11个村级实践站为依托，重点打造柴登村、折家梁村和海畔村三处人员相对密集、交通辐射能力好的文明实践站，涵盖村文化站、学习讲堂、卫生室和百姓舞台等文化建设各方面。推行村民文明积分制度，利用集体经济发展成果建设文明积分超市，对村民环境维护、邻里和谐、遵纪守法等行为进行监督并评分，作为评优奖励和村集体经济如期分红的重要依据。确定"农耕文化、红色记忆、绿色田园、健康生活"文化旅游主题，打造柴登村"体育小镇"、折家梁村"猪猪虾"特色美食和"一分田"农耕体验、漫赖村"党员教育培训基地"、海畔村"广稷农耕博物馆"、泊尔江海子村"保护湿地，贴近遗鸥"水域观光等"一站式、链条式"党员教育文化旅游线路。

（4）聚焦生态阵地打造，树立乡村振兴"新标杆"。

为全面落实生态环境保护责任制，2021年泊尔江海子镇计划投资120万元，由林业部门牵头，在镇区和重点产业项目沿路沿线绿化植树388亩，提升绿化率，强化日常养护管理。继续推行泊尔江海子镇农村人居环境整治"1532"工作法，全面加强农村人居环境整治，开展农牧业生产环境污染防控、面源污染和畜禽粪污治理，实行"户分类、社收集、村转运、镇处理"的污水垃圾一体化处理模式。柴登村计划与牧草坡农牧业公司合作，投资400万元，在折家梁村辖区建设低碳、节能、环保的生物质颗粒燃料生产加工项目，将大大提高泊尔江海子镇生态环境水平。

（5）强化组织阵地引领，用好乡村振兴"主心骨"。

泊尔江海子镇坚持以"红色引领、生态立镇、绿色发展、振兴乡村"为思路，以强化"两个主体责任"落实为抓手，扎实推进基层党组织全面进步、全面过硬。随着村"两委"换届选举工作圆满结束，泊尔江海子镇将及时指导新一届村"两委"班子及其成员结合重点任务，制定任期目标和年度目标，进一步规范党务、村务、财务工作。以喜迎党的百年华诞为契机，围绕"学党史、知党情、感党恩、跟党走"主题，开展理论研讨、党课展播、主题党日等一系列庆祝活动，进一步坚定理想信念，提升党性修养。全面推进"五化协同、大抓党建"，按照"5+X"的"最强党支部"打造标准，2021年计划最强村级党支部占比达50%以上。泊尔江海子镇不断完善"1+2+X"的全域化、立体式网格管理组织体系，常态化开展"多帮一""微服务"等活动，开展党员联系服务群众活动，帮助解决村民用水用电等民生实事问题，实现"需求解答"在身边。

（六）山西省左家堡村：吸纳农民变"股东"

左家堡村是山西省平遥县宁固镇的东大门，汾河自北向南穿村而过，灌溉条件优越，区位优势明显。全村耕地面积4000余亩，其中集体机动地1300余亩，现有2600余人，常年外出务工人员近1000人，产业主要以种植业为主，由于人力资源外流严重，发展受到一定制约。

近年来，针对传统农业生产投入产出效益不高的问题，平遥县宁固镇左家堡村积极探索有效路径，以集体非承包耕地为基础，吸纳周边农户土地入股，将农业生产中的耕、种、防、收等环节全部由村集体经济合作社统一经营管理，实行集中化生产、规模化经营，拓宽村集体经济增收新途径，走出了一条"农户土地入股、集体规模经营"的新路径，不仅增加了农民收入，而且壮大了集体经济，大大提高了农民群众的获得感和满意度。

1. 取得的成绩

2019年初，左家堡村党支部围绕发展壮大集体经济，找切入点、把方向，研究落实细节，最终以"土地入股"为突破口，走集体统一经营的路子，取得了明显成效。统计显示，2020年，村集体经济收入达到193.37万元，纯收入达到31.48万元。土地入股前，正常年景每亩年获利在400~600元；入股后，农户获得保底收益每亩每年不低于500元。[①]

在合作社实施土地规模经营前，左家堡村900余农户就像一盘散沙，各自为政、分散经营；村里经济建设和组织建设"两张皮"，村民无法有效组织起来，村里开会人常聚不齐。合作社规模经营后，集体自种自营，亩均收益达到700元。[②]

目前，全村有800余农户实现"土地入股"，占全村总户数近九成，土地入股经营后，一些农户选择外出务工，实现了资源性和工资性收入"双丰收"。

村级集体经济壮大后，村容村貌也得到改善。左家堡村投资20余万元实施党群服务中心改造，投资5万元绿化村内主街道700米，投资7万余元硬化街巷140米……2021年，左家堡村还入选了晋中市百里乡村振兴廊带示范村创建名单，配合相关部门实施汾河廊带旅游通道和湿地公园项目扫尾工程；配合启动实施汾河百公里中游示范区生态治理项目，努力打造一个现代、美丽、宜居宜业示范村。下一步，左家堡村将继续巩固和拓展"土地入股、集体经营"的模式，扩大土地经营规模，守好稳产保产底线，稳慎科学探索调产，延伸加工产业链条，发展壮大村级集体经济，以点带面全力推动乡村振兴。[③]

2. 具体做法[④]

（1）支部领办合作社，吸纳农民变股东。

左家堡村常年外出务工人员多，带来撂荒地、"空心村"等问题，农户守着土地"权"却难以获"益"。为此，左家堡村成立村集体经济组织，探索"三权分置"实现方式，开展"家门口"式的土地流转，顺应群众保留土地承包权、流转土地经营权意愿，成为破解"权""益"矛盾和发展困局的有效路径。

2018年以来，左家堡村以集体产权制度改革为契机，成立了集体经济合作社。2019年，村"两委"积极深化农业农村改革，拓宽村集体经济增收新途径，推动乡村振兴和农业农村现代化，探索了在党支部统一领导下，农户土地由集体经济合作社统一集中规模化经营的新路子。左家堡村以500亩村集体土地为经营基础，通过发动党员带头入股、网格包户上门动员、政策宣

①②③ 平遥县宁固镇左家堡村——壮大集体经济　建强基层堡垒［EB/OL］．［2021-07-12］．https：//www.360kuai.com/pc/9ac56778471f33844？cota=3&kuai_so=1&tj_url=so_vip&sign=360_57c3bbd1&refer_scene=so_1.
④ 部分内容参见农民变"股东"走上共富路——看平遥县左家堡村发展壮大集体经济助推乡村振兴［EB/OL］.［2022-05-23］．https：//fpb.shanxi.gov.cn/xczx/202205/t20220523_6083206.shtml，笔者有修改。

传引导，吸纳农户以个人承包土地入股参与合作，形成了"农户土地入股，集体规模经营"发展的新模式，成为壮大集体经济的典型案例。

集体经济合作社的成立，彻底改变了农民自耕自种、自给自足、自产自销式的面貌，组织方式由个体分散经营转变为集体统一管理经营。目前，全村有800余农户实现"土地入股"，占全村总户数近九成，由合作社规模经营的土地达到2100亩。2020年新冠肺炎疫情防控期间，作为全省武汉返乡人员最多的村，左家堡村土地没有发生撂荒现象。

（2）生产管理市场化，土地经营规模化。

左家堡村集体经济合作社按照"用专业人做专业事"的理念和企业化管理原则，积极对接先正达集团等农业服务企业，引入先进生产和管理方法，合理规划布局，划分地块探索多品种、多类型的种植模式，科学选配种、肥、药，对所有入股土地进行统一管理、统一规划、实行农业生产"耕、种、浇、防、收、销"全产业链统一规模经营。农户里种地能手由合作社雇佣，打工种地、拿工资，合作社社员自己不下地，解放双手、离土离田，安心外出务工或培训、提升技能参与其他社会劳动，多一份收入。

如今左家堡村基本实现了科学种田、机械化作业。土地规模化经营，打破田埂田垄，增加有效耕种面积，同步推进高标准农田建设项目，田间道路、灌溉水渠等设施配套得到完善，耕地"量""质"双提升；打破生产无方，测土选种、配肥、施药更有针对性，生产效率提高，亩均生产成本由原来的500元/亩，降到350元/亩；打破经营无力，农业生产经营能够统一有计划地组织实施，市场竞争力和抗风险能力明显提高，为推动集体经济持续发展壮大创造了基本条件。

（3）科学分配促增收，互利共赢促长远。

2021年，左家堡村入列全国乡村治理示范村镇。如今的左家堡村绿树掩映，硬化以后的道路干净整洁，配套污水收集管网，下埋强弱电管线，生态宜居的新左家堡村如同画中来。

村集体经济逐步壮大，群众享受到了村集体经济的发展福利。在具体的实践中，左家堡村通过实行"保底收益、盈余分红、服务公益"的分配方式，合理兼顾村集体、合作社、入股农户利益，实现三方共赢和长久合作。

农户方面，每亩保底收益由500元增加到650元，盈余部分与合作社按照6∶4的比例分红；亩均收益不足650元时，由村集体经济组织合作社兜底保障。合作社方面，获得村集体非承包耕地全部收益及40%盈余分红。村集体方面，将全部收益的40%用于合作社壮大发展和风险保障，30%作为全体股民积累，剩余30%交村委会用于服务村内公益事业，服务乡村治理。在分配模式上实现"集体兜底谋公益，个体得益享红利"。同时，所有生产投资和收入支出由村集体经济合作社会计管理，账目公开透明，接受村"两委"和入股农户监督，每季作物收获后及时进行分配，打消农户顾虑，提高农户信任度。

（七）浙江省海盐县：承包地"三权分置"改革[①]

近年来，海盐县通过扎实开展农村承包土地确权登记，规范引导农村承包土地经营权流转，有效探索农村承包土地经营权抵押贷款，使农村承包土地"三权"归属更清晰、权能更完整、流转更顺畅、保护更严格，有力地促进了现代农业的发展，为高水平推进乡村振兴、加快实现共同富裕打下了坚实的基础。

---

① 海盐县农业农村局．海盐县农村承包地"三权分置"改革促共富入选浙江强村富民乡村集成改革典型案例［EB/OL］．［2022-06-29］．http://nynct.zj.gov.cn/art/2022/6/29/art_1630315_58942559.html.

1．取得的成绩

农村土地承包关系更加稳定。通过对承包地进行确权登记颁证，有效解决了空间位置不明、登记簿不健全等问题，建立健全了农村土地承包经营权管理制度。目前，全县农村家庭承包耕地面积户均4.68亩，确权工作得到了多数农户的认可，也解除了农民长期流转土地的后顾之忧，稳定了土地承包经营权长期流转关系。

农业规模化经营比重不断上升。通过承包土地经营权的流转，促进了农村土地规模化经营，培育和壮大了新型农业经营主体。截至2021年底，全县拥有工商登记的家庭农场1307家，农民专业合作社175家，农业龙头企业27家。其中全县家庭农场总注册资金8.31亿元，50亩以上规模经营面积达到18.94万亩，占全县承包地的70%，家庭农场已成为资金密集、土地集约的现代农业生产经营主体。

农民收入水平进一步提升。一方面，通过土地流转，农户将自己的承包地经营权流转出去，收获了租金，增加了财产性收入；另一方面，农户通过土地流转组建家庭农场等农业主体，开展规模化经营，实现了经营性收入的增加。2021年，全县农村居民人均可支配收入44486元，较2020年增加4150元，增长率超10%，农民收入水平持续保持全省领先。

2．具体做法

（1）确好承包权。

海盐县2016年开始二轮承包土地确权，到2018年全面完成确权登记颁证，共签订承包合同5.84万份，占应签订数的97.5%，颁证5.78万本，颁证率96.5%，获评全国农村承包地确权登记颁证工作典型地区。

（2）盘活经营权。

在全省率先建立县镇村三级农村土地流转和产权交易服务平台。截至2021年底，全县农村产权交易累计成交2913宗，金额达5.1亿元，实现了农村生产力要素的自由流动和优化配置，促进了村级集体资产的保值增值。2021年，全县土地流转面积21.55万亩，流转率78%，促进了现代农业经营主体发展。

（3）金融助发展。

以全国农村承包土地的经营权抵押贷款试点县为契机，在全省率先推出针对承包土地经营权的抵押贷款产品——"农钻通"。截至2021年底，累计发放贷款656户，放款金额6.57亿元，贷款余额2.03亿元，有力保障了农业经营主体的生产资金需求。

（4）机制降风险。

土地流转风险管理实行"土地流转费履约保证保险"和"土地流转风险保障金"双轨运行机制，由土地流转双方根据有关规定共同协商确定。全省首推"三权"风险补偿基金，基金规模3000万元，鼓励金融机构加大农村"三权"抵押贷款投放。

（八）福建省洪塘村："公园里的村庄"

福建省厦门市海沧区洪塘村围绕创建"百姓富、生态美"示范区与乡村旅游示范区目标，着力打造集度假休闲农业、田园风光、美丽乡村等为一体，"望得见山、看得到水、记得住乡愁"的"公园里的村庄"，被誉为"厦门的后花园"。①

1．取得的成绩

洪塘村凭借在"自然生态美、生活幸福美、文化和谐美、创新引领美"四方面的突出成绩，

---

① 福建厦门海沧区洪塘村［EB/OL］．［2014-10-17］．http：//sannong.cntv.cn/2014/10/17/ARTI1413514760244159.shtml.

荣获"中国十大最美乡村""中国最美休闲乡村""全国民主法治示范村""全国综合减灾示范社区""福建省森林村庄"等荣誉称号。通过多年打造，依托地域优势，积极深化旅游与产业的融合，扶持引导村民自主创业，促进村民增收，实现发展惠及全体村民。2021年，洪塘村人均可支配收入达3.8万元，村集体收入已达81.18万元。此外，洪塘村加强支部引领，积极推进乡村治理自治、法治和德治建设，不断提升乡村治理能力，2020年被评为省级乡村治理示范村。

2. 具体做法

（1）环境治理扎实有效。

为改善村容村貌，洪塘村积极实施以"一革命四行动"为中心任务的农村人居环境整治任务，着力改善农民如厕环境、开展农村垃圾治理行动、实施农村污水治理、推进农房整治、提升村容村貌等。近年来，加大力度对洪塘村赤土社进行改造。2020年4月至今，洪塘村赤土社策划生成15个环境治理项目，主要包含村庄农房整治、绿化景观提升、房前屋后整治、村内道路修缮等，总投资达2819万元。①

（2）特色产业风生水起。

融合本土乡村文化、产业特色、田园农耕风光特点的赤土田间步道动线，挖掘和培育出具有赤土特色的"小而特"农产品，锻造"赤土"特色产业品牌，带动洪塘村其他6个自然村建设"业态精""布局合"的发展格局，开发夜游赤土、赤土特色农家宴，探索研学教育、田园养生、特色民宿等乡村旅游配套项目。洪塘村开展"美丽庭院创建活动"，打造村民的庭院经济，让村民在家门口就业增收。现已改造完成14家，10家已开始营业。②

（3）生态旅游蓬勃发展。

洪塘村有4A级天竺山森林公园旅游景区，有"厦门后花园""森林氧吧"之称。洪塘村牢固树立"生态优先、绿色发展"理念，高度重视生物多样性保护，重要区位的森林、湿地生态系统得到合理保育，通过林分修复造林，努力构建森林群落结构稳定、层次分明、树种丰富、生物多样、功能完备、效益显著的森林生态系统，区域内森林覆盖率达到36.61%，林地面积1.64平方千米，宜林地造林率98.67%。③

（4）治理水平不断提升。

洪塘村已建成以村党委为领导、村民委员会和村务监督委员会为基础、村股份经济合作社为纽带的村级组织体系。在村党委的带领下，村居各项工作有序开展，乡村治理水平进一步提高。近年来，洪塘村党委以支部为单位，积极号召党员开展清洁家园、送学上门、爱心捐款、文化宣传等志愿服务活动，以实际行动诠释共产党员为民服务的决心。抗击新冠肺炎疫情期间，八十多位党员捐款捐资，五十多位党员主动加入疫情监测和宣传队伍，更有党员被评为"海沧区疫情防控先进个人"，发挥了共产党员的先锋模范作用。2019年底，洪塘村与九七华夏企业成功合作开展文旅产业运营服务，目前东坑洋片区已建成可供村民贩卖小吃和农业特色产品的市集以及直播示范点，村民增收渠道进一步拓宽。④

3. 经验启示

一是抓机遇，护环境。既要致力于改善和提升农村人居环境，也要保留乡村特色风貌，不搞大拆大建，不搞"千村一面"，注重保留乡土味道，留住人流吸引回头客。二是深合作，创品

---

① ② ③　厦门市委乡村振兴办，厦门市生态环境局. 海沧区洪塘村大力推动旅游产业发展［EB/OL］.［2021-09-22］. http://nynct. fujian. gov. cn/xxgk/gzdt/qsnyxxlb/sm/202109/t20210922_5693119. htm.

④　厦门三农网，市农村合作经济指导处. 海沧区洪塘村创新治理方式提升乡村治理能力［EB/OL］.［2020-11-17］. http://www. agri. cn/V20/ZX/qgxxlb_1/fj/202011/t20201117_7559951. htm.

质。以洪塘村为例，基于良好的生态环境，洪塘村有着非常优质的农产品，为"村企共建"提供了良好的基础，要深化元初食品与当地村民、集体的合作，在养殖种植等领域为村民提供技术支持和培训，提升村民的种养水平，打造出品质更高的"原生态"农产品。三是汇众力，扩产业。要提升村民的农产品在元初食品的价值链中经济收益，充分调动农民积极性和发展潜能，发掘提供更多当地优质农产品，如鱼、土鸡、鲜羊奶、蜂蜜等，提高村庄的内生发展动力。①

（九）山东省东瓦峪村：建设养生庭院②

山东省博山镇东瓦峪村地处鲁中腹地丘陵山区，村集体经济薄弱，基础设施建设滞后。村民收入来源单一，仅靠种地很难维持生计，村内劳动力大多外出务工并在外定居，导致住宅和宅基地闲置，道路坑洼泥泞，残垣断壁、闲置农房院落随处可见，村容村貌亟待整治。

近年来，东瓦峪村在完善宅基地集体所有权行使机制、农户资格权保障机制、使用权流转机制方面积极试点，通过"党支部+村集体+企业+农户"的模式，开展盘活农村闲置房屋和宅基地资源推动乡村振兴的生动实践，逐步探索出一条支部引领、村集体主导、农户支持、民间资本助力的合作共赢巩固脱贫攻坚成果、助力乡村振兴。

1. 取得的成绩

截至 2021 年 10 月，东瓦峪村联合淄博钟盆农业发展有限公司计划总投资 400 万元，年底完成 20 套"养生庭院"的建筑施工和内装内配，达到对外运营的条件。2021 年，村内劳动力务工收入合计超过 50 万元，养生庭院建设项目的实施起到了强村富民的良好效果。2022 年，全村建成套数增加到 30 套，并辐射带动周边村建成 50 套的初步规模，可带动村民增收 90 万元以上，带动村集体每年实现增收超过 5 万元。

2. 具体做法

乡村发展最基本的是让产业强起来，离不开富有特色、持续强劲的产业支撑。为此，东瓦峪村"两委"积极集引资本撬动土地价值，牵头成立"淄博宏瓦泰旅游开发有限公司"，并引入淄博钟盆农业发展有限公司，两家公司签订了《民居改造开发项目合作协议书》，正式启动"养生庭院"项目开发建设，实行"宅基地流转合作开发"和"宅基地有偿退出"的模式推进项目进展，与有意向的村民签订《宅基地使用权流转协议书》，直接流转闲置宅基地和闲置房屋并统一交由投资商进行建设或改造。对于无法实现与单一户主合作开发的村民合伙院落，由村委出面协调分清产权比例和面积，通过一次性补偿方式收回宅基地并流转给投资方进行开发。项目建成后，淄博营宏瓦泰公司通过开展物业管理、保洁服务形式给养生庭院居住户提供服务，并可安置部分农村剩余劳动力，增加集体经营性收入。

在"养生庭院"建设中，东瓦峪村突出乡土特色和环保理念，保留乡村自然形成的特有空间布局和原始风貌，以"最小化干预原则"施工，对没有美学价值的民居实施翻修美化，并进行外立面改造、新功能植入和院落景观布置。借力全域公园城市建设，东瓦峪村对全村 230 余套宅基地摸底调查，梳理出闲置 2 年以上宅基地 71 套，遗弃残破老宅院 19 套，在广泛征求村民意见，保持原来村庄传统肌理的基础上进行总体规划，这些闲置宅基地和闲置住宅经过改造，变身糅合着农耕文化、现代美学的"新农居"，融入乡村旅游、餐饮民宿、康养服务等新产业新业态，实现生产、生活、生态的融合，成为村民的流动资产和门口就业新途径，为唤醒沉睡的农

村资产起到示范引领作用。①

（十）贵州省黄岗侗寨：打造"美丽村宿"②

黄岗侗寨位于贵州省黎平县双江镇黄岗村，是一个民风古朴、民族文化保存完好的侗寨。素有"男声侗族大歌之乡"美誉，这里歌声、田园、山水、村庄相映成景，人与自然和谐相融。近年来，借力于贵广高铁、夏蓉高速的"东风"，黄岗侗寨的知名度越来越高，前来旅游的游客越来越多。黄岗侗寨抓住这一契机，在保护和传承民俗文化的同时，大力发展文旅产业，助力乡村振兴。为完善景区设施与服务，黄岗侗寨办起了民宿，设立景区接待中心及诸多民宿文化体验活动，深受广大游客喜爱。

1. 取得的成绩

近年来中国旅游集团除了对黎平全域旅游建设、旅游管理、旅游市场营销大力帮扶外，还对当地的人才培养、农业产业建设、品牌打造以及农产品销售等方面给予大力扶持，定点帮扶19年来，累计投入各类帮扶资金4451万元，实施项目80余个，帮扶困难家庭3万多户、贫困人口14万余人。③此外，黄岗侗寨还被列为"省级特色田园乡村·乡村振兴集成示范试点"。

2. 具体做法

在中国旅游集团的牵线搭桥下，中国扶贫基金会在黄岗村投入1000万元，建设"创客中心"和"百美村宿"木构建筑群，用现代的艺术元素融入了村寨的整体风貌，让来到黄岗侗寨旅游的游客既能体验传统村落原始古朴的气息，又能享受现代生活的便利，从而带动乡村旅游的发展。

黄岗侗寨主要通过以下三个方面来促进乡村振兴：一是盘活乡村资源。通过合作社，整合村庄资源，搭建村庄经济合作社，引入"乡村旅游+"模式，推行"五户联助、三级联动"等制度，培养本土化人才，引导合作社在管理制度、内部机制运行方面实现有效合作。二是丰富项目业态。因地制宜充分利用村庄自身条件，通过培育、设计、创新等方法来丰富项目业态，围绕吃、住、娱、游、购等方面，打造具有差异化和乡土气息的农事体验活动或乡村娱乐产品，避免同质化竞争，吸引特定人群，带动乡村人气，助推乡村振兴。三是精准帮扶到人。合作社经营产生的盈利用于分红，所有村民共享发展收益，其中，建档立卡贫困户按照一定倍数享受额外分红，精准帮扶到人。同时，按一定比例提取公积金、公益金等，为乡村振兴提供物质支持。④

此外，黄岗侗寨里的年轻人依托着百年侗寨的传统文化优势和在东西部协作的支持下，在村里开起了直播，用自己的方式把侗族大歌传唱出去。2022年1月6日，黄岗侗寨直播助农示范村创客基地正式挂牌，该基地是由黎平县和佛山市东西部协作的一个重点项目，目的是依托网络直播的模式，全力推动农文旅融合发展，助力乡村振兴。

3. 经验启示

一是组织引领是推进乡村振兴的基本保障。实施乡村振兴，必须发挥农村基层党组织战斗堡垒和核心引领作用，必须选优配强村"两委"班子，并持续培育村级后备力量，确保村级事

---

①　陈颖. 淄博市博山区探索强村富民新路径　闲置房屋变身养生庭院［N］. 农村大众报，2021-11-30（B2）.

②　郭正芳，张轩威. 黎平县黄岗侗寨：在保护中创新突破　走出乡村振兴新路子［EB/OL］.［2022-02-16］. http://www.qdnwm.gov.cn/index.php/cunzhen/850.html.

③　石光照，吴家贤.「走进乡村看小康」黎平县黄岗村：美丽村宿开了花［EB/OL］.［2021-08-03］. https://baijia-hao.baidu.com/s? id=1707068259528287168&wfr=spider&for=pc.

④　王建国，吴世贤. 发展乡村旅游助力乡村振兴的路径探析——以黎平县黄岗百美村宿的实践经验为例［EB/OL］.［2021-05-18］. http://www.cssn.cn/dzyx/dzyx_mtgz/202105/t20210518_5334206.shtml.

业"后继有人"。

二是民族文化资源是推进乡村振兴的动力源泉。黄岗侗寨"美丽村宿"的顺利推进依托于当地得天独厚的侗族文化旅游资源。实施乡村振兴战略，要坚持因地制宜，充分考虑各地的区位优势、资源禀赋。

三是选准产业是推进乡村振兴的核心要义。产业选择要坚持因地制宜，要结合本地资源优势和区位优势，做到宜养则养、宜种则种，把资金、土地、劳动力等要素集中起来，确保村集体合作社选对产业、找准方向，实现村经济与农户"双增收"。

四是拓宽市场是发展乡村旅游助推乡村振兴的重要基石。要深入展开调研，动态掌握顾客需求，建立市场信息反馈机制，积极培育本地特色乡村旅游品牌，并及时总结好经验、好做法，并充分扩大品牌的辐射带动作用，以点带面、全面推广，多形式、多渠道拓宽市场。[①]

（十一）浙江省南山村：改造景中村[②]

西湖一里产业园区地处杭州城市核心区域的西湖风景名胜区，位于西湖南岸，东邻玉皇山，西靠南屏山，是由浙江南方建筑设计有限公司联合杭州西湖风景名胜区管委会、西湖街道以及南山村股份经济合作社共同打造完成。园区呈长条状坐落在南山路与玉皇山路中间，总建筑面积 2.98 万平方米，房屋均由统一设计、统一施工，建筑形态上整个园区风格一致，基础设施完善，既保留了原有生态系统和非物质理念，又建设成为一个商务办公为一体的现代化园区。

南山村阔石板区块位于西湖风景名胜区的凤凰山景区。阔石板在 2018 年之前一直都是一个传统的村落，典型的景中村。因地处杭州市中心，村中有大量群租房，且房屋老旧，违章搭建严重，道路泥泞，在西湖这样一个世界文化遗产保护地显得格格不入，不管从城市面貌和居住舒适度来说都存在很大问题。和西湖边其他村落相比，阔石板缺少农业用地，经济也较为落后。然而阔石板却拥有得天独厚的优势，是目前距离西湖最近的村落，步行几分钟即到西湖湖面。玉皇山路和南山路让阔石板的交通四通八达，向北通过南山路直接进入杭州的市中心，向南通过玉皇山路，经之江路十分钟到达杭州的科技中心滨江区。

1. 取得的成绩

在这种情况下杭州阔石板投资管理有限公司应运而生，将这片土地重新规划改造运营，建成一个全新的产业园区。破旧的农民房变成一栋栋崭新的独栋小别墅，泥泞的小路变成干净的大道，景观草木为其锦上添花。阔石板由一个小村庄换装变成一个集自然环境和现代设施为一体的新型园区，因与西湖一路之隔，故起名西湖一里，除了有距离上的含义，亦有72家为一里，而此处正好72栋房屋。此外园区在经济上也带来勃勃生机，为原村民带来了实际的经济效益，村民通过租赁房屋给投资公司，得到了相当丰厚的收入，而引入的各类公司也为西湖景区带来了不小的税收收益，呈现出多赢的局面，为这个原本不起眼的小村庄带来了全新的格局。

2. 具体做法

（1）争取村民的合作。

阔石板房屋采用租赁收储的方式，前期经过对市场的调查，同时对每一栋房屋所处位置的不同，制定了不同的收储方案。在村委会的协作下，投资公司与每一户村民沟通，经过几轮的谈判和不断修改租赁合同，最终完成收储工作。同时在后期工作中持续维护与村民的关系，这对于园区的整个运营的稳定至关重要。此外，争取了村集体股份合作社作为股东入股了投资公

---

① 王建国，吴世贤. 发展乡村旅游助力乡村振兴的路径探析——以黎平县黄岗百美村宿的实践经验为例 ［EB/OL］. ［2021-05-18］. http://www.cssn.cn/dzyx/dzyx_mtgz/202105/t20210518_5334206.shtml.

② 本案例由浙江南方九星产业发展有限公司供稿。

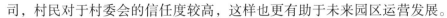

司，村民对于村委会的信任度较高，这样也更有助于未来园区运营发展。

（2）得到政府的支持。

在园区的规划设计初期就得到了西湖景区管委会的大力支持，园区的规划基调和房屋的外观设计都与政府保持了良好的沟通，避免了一些返工工作。同时，在后期招商运营的工作当中，得到了政府行政部门的大力支持。

（3）发挥建筑优势。

园区内所有房屋均为独幢式，粉墙瓦黛。房屋都是全南入院的设计，将院子利用率最大化，大大优于那些北入院的设计。每幢房屋内均有煤气开通，这是普通写字楼办公无法比拟的，业主可自做餐饮，或招待客户，或提供员工用餐。每幢房屋均有独立院子，门口喝茶谈工作，还可以做成阳光房，直接变成花园式洋房。园区内大部分房屋门口可停1~2辆车，独有私家车位。房屋设计成大框架结构，内部没有承重墙和柱子，大大提高了客户进行装修设计的灵活性，保持了最大的设计空间。

（4）利用已有的环境优势。

因为距离西湖非常近，园区修了通往西湖的小路，让园区内的客户可以更方便地步行进入西湖范围。此外，园区还有一个长桥溪水生态公园，该公园被联合国人居署评为"全球百佳范例奖"，公园内有栈道、湖和小瀑布，水系充裕，平时可在湖面泛舟，谈工作、喝茶、聊天，还有大量野生鱼类和鸟类，形成一个完整的自然小生态。投资公司充分利用了这片区域，做出了更多进入此区域的道路，让这个生态公园成为园区内的一道亮丽景色。公园还形成天然屏障，完美地将园区和玉皇山路隔开，保证了园区的静谧。

（5）利用周围产业赋能。

如今政府大力发展文化创意、旅游休闲、高新技术等，园区2千米范围内有中国美术学院、杭州师范大学美术学院、浙江美术馆、长桥公园、花港观鱼、太子湾公园、柳浪闻莺、吴山景区、玉皇山风景区等，这对企业和周边文化景点的产业结合大有裨益。投资公司积极与周边产业合作，开展活动，促进行业交流。

（6）提升招商资源和策略。

在价格定位上根据多重因素制定了特别的价格体系，对于不同位置的房屋采取一房一价的方式，而不是按照固定价格，针对不同客户的需求提供不同的解决方案。

开拓招商资源，针对园区客户的定位进行不同的渠道开发。园区制作了宣传视频和资料，利用西湖这样一张名片，将潜在客户放眼全国。

在交通配置方面，西湖景区处于杭州市中心地区，而园区又位于景区的核心地带，西湖景区一直存在人流量大但是停车位少的问题，为此园区建设了更多的停车位供客户使用，尽量减少停车的矛盾。

3. 经验启示

阔石板园区因其独特的地理位置和产业发展，在建园之初就受到政府各级领导的关注和支持，省市多位领导曾多次莅临指导工作，杭州西湖风景名胜区管委会对此项目也是高度关注，多方合作组建现场指挥部，亲力亲为，在多方期盼下园区顺利建成。

针对特殊地缘优势，找到合适的定位。阔石板是一块特殊的地方，因为在西湖景区内，园区整体规划和房屋的设计建造上其实是受了很大的限制，但阔石板有得天独厚的地理环境优势，这些优势是独一无二的，因此园区的定位就是要扩大这些优势、弱化劣势。因此，园区的定位在于商务办公，能开通煤气也让园区更能符合这一定位，从而区别于其他的写字楼。

与政府大力合作，争取更多的扶持。阔石板项目在西湖景区内，限制诸多，这时就要坚持政府的引导。在政策上争取得到政府更多的支持，减少发展中的阻碍。

以服务为核心，针对性提供服务。园区的客户群体以商务办公为主，服务的重要性对于客户的维系至关重要，目前园区采取管家式服务，这就对物业的服务要求很高，充分解决客户在园区内日常产生的各种问题。

（十二）湖南省沙洲瑶族村：走精准发展之路

湖南省郴州市汝城县沙洲瑶族村，位于罗霄山脉南段，是"半条被子"故事发生地，总面积0.92平方千米，辖4个村民小组，142户529人。2014年，该村因空间闭塞、土地资源贫乏，贫困发生率高，被列入罗霄山脉连片特困地区，直到2016年贫困人口仍有31户98人。① 近年来，沙洲瑶族村传承红色基因，坚持以党建引领，团结汉瑶人民，一心向党、同心筑梦，从一个偏僻落后的贫困小山村跃身为一个经济取得一定发展、民生改善、文化繁荣、民族团结的美丽乡村。

1. 取得的成绩

2020年，沙洲瑶族村实现集体收入40余万元，比2014年增长83倍；村民人均收入1.5万元，比2014年增加10644元。截至2021年6月，沙洲瑶族村共有摊位135个、餐饮11家、民宿7家、特产商店30家，300多位村民靠旅游增收。同时，在乡、村干部和驻村帮扶工作队的引导下，沙洲瑶族村村民积极参加技能培训，改变传统种植销售观念，现在已发展果蔬种植120余亩，全村142户农民家家有产业，平均每亩收益8000余元。② 到2021年底，"大沙洲"民宿和商铺发展到了近百家，当地还依托红色旅游成立旅游公司，新建的游客接待中心、培训中心已经投入使用，接待能力明显提升，回村创业的青年人越来越多。

2. 具体做法

（1）乡村联合谋振兴。在接续推进乡村振兴过程中，沙洲瑶族村联合周围山水相似、产业相近的另外8个村子和水库库区，建设"大沙洲"景区。同时成立农产品联合合作社，在品牌打造、产品销售、产品品质等方面建立起统一体系。2021年，沙洲现代农旅示范基地的小黄姜从10亩扩大到了30亩，整个"大沙洲"9村1库区域小黄姜种植面积增加了600亩，再次迎来丰收。③

（2）红色故事让村民吃上"旅游饭"。沙洲瑶族村村口坐落着"半条被子的温暖"专题陈列馆，这里已经成为人们寻访初心的地方，是全国爱国主义教育示范基地、初心教育基地。每天到专题陈列馆"打卡"的游客络绎不绝。近年来，沙洲瑶族村里在不断推出环沙洲红色文化旅游系列精品路线的同时，以特色文化、特色美食、特色民俗等丰富旅游内涵，吸引游客。

（3）发展水果产业"致富路"。沙洲瑶族村土地肥沃，山坡上、田野里种满了柰李、黄桃、翠冠梨、朝天椒等特色果蔬。在乡、村干部和驻村帮扶工作队的引导下，沙洲瑶族村村民积极参加技能培训，改变传统种植销售观念，现在已发展果蔬种植1200余亩，全村142户农民家家有产业，平均每亩收益8000余元。依托沙洲红色景区，沙洲瑶族村里还推动水果和旅游产业融合，将水果基地依山就势建成磐石公园，成为既能观光，又能体验农事、水果采摘的产业基地。④

---

① 红色铸魂：沙洲瑶族村的振兴模式［EB/OL］．［2021-12-31］．http：//www.cssn.cn/gd/gd_rwhn/gd_ktsb/nlzltpczzx-cxfz/202112/t20211231_5386449.shtml.

② 湖南省汝城县沙洲瑶族村以党建引领村庄发展［EB/OL］．［2021-08-06］．https：//hn.rednet.cn/content/2021/08/06/9749870.html.

③ 湖南沙洲村：传承红色基因 乡村振兴谱新篇［EB/OL］．［2021-10-28］．https：//news.cctv.com/2021/10/28/AR-TIUw0e8COE7z1yLmbyyezk211028.shtml.

④ 沙洲瑶族村：吃上"旅游饭"，种下"致富果"［EB/OL］．［2021-07-06］．https：//hnsfpb.hunan.gov.cn/hnsfpb/tslm_71160/jzfp/202107/t20210706_19853505.html.

第六部分　中国乡村振兴的机构和专家介绍

在此部分，我们列示了对中国乡村振兴实践做出贡献的部分机构和专家，并对机构的实践情况、专家的主要成就进行了介绍。

由于参与乡村振兴实践的机构和个人众多，做出较大贡献的机构和个人也很多。一方面，我们一方面通过案例公开征集，给过权威专家学者推荐，另一方面通过查阅公开资料，遵循公开透明原则，以权威媒体上发布的新闻稿或者机构官网上的供稿为依据，整理出有典型代表性的 30 家机构，它们分布在各行各业，为中国乡村振兴提供助力，我们对其实践情况一一做了介绍；另一方面，我们通过权威网站提供的理论成果影响力数据，以及公开资料查询，以典型性为原则，联系了部分为中国乡村振兴做出较大贡献的专家，他们为中国乡村振兴提供理论引领和实践指导，具有广泛影响力，我们对其主要成就一一做了介绍。当然，鉴于年鉴编辑部时间和精力有限，加上未能和部分机构和专家取得联系，所以此部分介绍仅是管中窥豹，但可以看出我国乡村振兴正如火如荼，各行各业的机构和个人都广泛参与，影响力广泛而深远。

一、机构介绍（排名不分先后）

我们一方面通过案例公开征集，给过权威专家学者推荐，另一方面通过查阅公开资料，遵循公开透明原则，整理出有典型代表性的 30 家机构（排名不分先后），主要总结其实践经验供读者参考。需要强调的是，参与中国乡村振兴实践并取得突出成就的机构众多，年鉴后续将会逐次增加和补充。

（一）中国五矿集团有限公司[①]

中国五矿集团有限公司（简称"中国五矿"）由原中国五矿和中冶集团两个世界 500 强企业战略重组而成，是以金属矿产为核心主业、由中央直接管理的国有重要骨干企业，国有资本投资公司试点企业，2020 年营业收入 7039 亿元，在 2021 年世界 500 强中排名第 65 位，总部位于北京。旗下拥有 9 家上市公司，包括中国中冶 A+H 两地上市公司，五矿资本、五矿稀土、五矿发展、中钨高新、株冶集团、长远锂科六家内地上市公司，以及五矿资源、五矿地产两家香港上市公司。截至 2020 年底，公司资产总额 9830 亿元。

中国五矿集团有限公司位列 2019 年《财富》世界 500 强排名第 112 位；2020 年《财富》世界 500 强排名第 92 位；2020 年度中央企业负责人经营业绩考核 A 级企业；2021 年《财富》世界 500 强排名第 65 位。

---

① 参见中国五矿国际有限公司官网，https://mp.weixin.qq.com/s/eSJnXoVjKY6lCVZtXieYDw？

1. "小而美"产业帮扶模式

2019~2021年，中国五矿累计投入500余万元，在贵州省德江县桶井乡复制推广"央企出资+农村合作社运营+带动建档立卡户收益+企业购买产品带动销售+明确收益分配培育企业内生动力"的"小而美"产业帮扶模式，在中国五矿扶持下，当地发展形成了从种植到深加工、销售的菊花全产业链条，成立了专业合作社和合营企业，带动30多户脱贫户100多人稳定就业，人均年增收1万余元。帮助德江县培育金丝皇菊产业是中国五矿定点帮扶工作的一个缩影。自脱贫攻坚以来，中国五矿持续关注，推动定点帮扶和对口支援的云南镇雄、彝良、威信，湖南花垣，贵州沿河、德江，青海祁连七县全部实现高质量脱贫"摘帽"。

自2021年以来，中国五矿领导7次赴帮扶县开展调研，拨付无偿援助资金5811.3万元，选派挂职干部11人，购买已脱贫地区农产品3309.6万元，帮助销售农产品298.63万元，培训干部人才611人次。

2. "期货+保险"模式

2021年7月，在上海期货交易所的支持下，中国五矿所属五矿期货支付297.5万元保费，为云南省西盟佤族自治县2482户胶农的7万亩种植胶（折成干胶3500吨）购买价格保险，开展了天然橡胶"期货+保险"试点项目。近日该项目成功完成了保险赔付，赔付金额381.5万元，总赔付率为116.58%。这是中国五矿在乡村振兴之路上接续开展金融帮扶的一个缩影，"期货+保险"这一金融帮扶模式正在为越来越多的农户和合作社送去"定心丸"。

中国五矿近年来充分利用金融主业优势，以五矿期货这一专业公司为平台，连续五年开展"期货+保险"这一创新业务模式，累计覆盖11个省的10余个县、111.3万余亩次种植面积、23.6万头生猪、11.7万余户次农户，共实现赔付4554.2万元。特别是随着脱贫攻坚向乡村振兴历史性转型以来，2021年中国五矿所属五矿期货"期货+保险"金融帮扶项目已立项11个，项目共惠及新疆、甘肃、陕西、河南、重庆、贵州、云南、海南等地区共计10个县约40000余户农户、60余个合作社，预计覆盖天然橡胶、棉花、苹果、豆粕、生猪等品种，种植面积约32.21万亩、折合现货规模约2.23万吨、生猪约16.02万头（其中豆粕饲料折合生猪约13.9万头）。运用"期货+保险"这一金融帮扶创新模式，中国五矿不断为乡村振兴送去保障和助力。

2017年，中国五矿所属五矿期货积极履行社会责任，在云南省的西盟佤族自治县，面向胶农试点开展了"期货+保险"金融扶贫项目。截至2021年10月，五矿期货已在云南多个边境县、国家乡村重点帮扶县持续开展13个"期货+保险"项目，涉及天然橡胶、白糖、玉米、豆粕、生猪等多个期货品种，累计帮扶约37000户次农户，总赔付金额达2465.33万元。在2021年运作的"期货+保险"项目中，中国五矿继续开展保费帮扶，拨付121.91万元作为保费补贴，重点在国家乡村振兴重点县云南省镇雄县、贵州省沿河县支持脱贫户参保，实现了体系内实体企业、券商、期货共同发力，齐心帮扶的协同工作模式，高效推进项目落地国家重点帮扶地区，切实落实金融服务乡村振兴，以实际行动践行了央企的社会责任。在各方大力支持下，五矿期货在新疆、甘肃、陕西、河南、重庆、贵州、云南、海南等多个脱贫地区，开展了天然橡胶、棉花、苹果、豆粕、生猪等"期货+保险"项目。截至2021年10月，年度累计专业性扶贫支出（保费）889.95万元，4万余农户从中受益。①

（二）华侨城集团有限公司②

华侨城集团有限公司（简称"华侨城集团"），成立于1985年11月11日，总部位于深圳，

---

① 参见中国有色金属报，https://mp.weixin.qq.com/s/OZnC_yLK7bU3BZut3DQ8Ow。
② 参见华侨城集团有限公司官网。

是隶属于国务院国资委管理的大型国有中央企业。作为以旅游业务为主导的大型国有中央企业，华侨城近年来开发出一系列旅游产品，业态覆盖文化主题景区、连锁文化主题公园、旅游度假区、旅游综合体、当代艺术馆群、公众开放空间、创意文化园、儿童职业体验园、星级酒店、经济型连锁酒店等，并针对各路消费群体的不同需求，打造了生态度假、都市娱乐、滨海休闲、养生旅游等。目前，在全国重点城市已开发建设大型旅游综合项目17处，截至2014年底累计接待游客3亿人次，已发展成为中国旅游业第一品牌。

1. 以美育助推乡村振兴

近年来，华侨城集团组织旗下企业高质量推进定点帮扶工作，发挥文化资源优势，坚持扶志与扶智相结合，创新美育帮扶，补充师资及资源短板，开展美术、舞蹈、音乐等美育教育活动，支持帮扶地区青少年儿童全面发展，在他们的心田种下文化艺术的种子，为乡村振兴注入蓬勃不竭的动力。

立足全面推进乡村振兴的新起点，华侨城制定实施《华侨城集团有限公司2021年定点帮扶工作要点》，以创新美育帮扶为抓手，种下乡村发展"常青树"，让美的梦想在大山里、村落间拔节生长。由深圳市华基金生态环保基金会（简称"华基金"）和华侨城华南集团共同发起的"中国自然教室计划"，在华侨城物商集团、北方集团、深西集团/酒店集团支持下，现已相继在贵州三穗县彩虹社区、内蒙古科右中旗五角枫保护区、贵州天柱县水洞小学、贵州天柱县联山街道落成使用，为推进乡村振兴教育帮扶提供更多可能。

依托自然教室，华基金2021年10月在三穗县和天柱县举办了为期五天的"为爱黔行"绘画工作坊活动，一方面，通过捐赠自然绘画本、指导孩子创作自然笔记，帮助他们观察和了解大自然，用画笔记录家乡的美好。另一方面，通过开展一系列师资培训，把儿童心理观察、疗愈的基本原理和教学理念传递给当地教师，为乡村美育的可持续发展培养和积蓄力量。[①]

2. 以"文旅"接续乡村振兴

双旗村历史上是丝绸之路、茶马古道两条千年古道交汇的重要地点，也曾因险要的地理位置成为兵家必争之地。而今，一幅美丽宜人、业兴人和的乡村振兴美好生活画卷在此徐徐展开。人们很难想象，两三年前的双旗村，还面临着人口流失、文化衰败、产业凋零等问题。

为留住乡村的风物人情，保存好乡愁记忆，华侨城及其合作团队扎根双旗村500多天、走访200余位村民、展开深入采访60余次、发掘山村文化40余项。2019年开始，华侨城集团通过深入挖掘蜀道农耕原乡文化，将山村生产、生活、生态方式一一保留转化为体验项目和旅游产品，打造出富有秦巴山区特色的研学教育基地，人们在这里可以体验到原汁原味的风土人情。如今，研学教育基地已经成为外界了解双旗村人文历史的重要窗口。山花烂漫游花艺体验课、自然生态教育课等系列研学课程，不仅复苏了农耕记忆、活化传统文化，还进一步提升了当地生态资源价值。

依托党政村企协同发展，华侨城集团探索出了"党建引领下，实现文旅驱动、农旅示范、社区营造、带动发展"的"1+4"乡村振兴模式。通过建设党建中心、青年会客厅、乡村风物市集、美村研习社等社区空间，推动乡村形成弘扬美德、构筑文明风尚的文化氛围；引入花间堂、剑门印象等企业和品牌，为乡村建设出谋划策，为村民提供培训学习的机会……在这种模式下，村民由旁观者、局外人变成了参与者、受益者，不仅提升了经济收入，还提高了文化素质，村民参与共建、共治的积极性空前高涨。

据了解，双旗美村项目建设期间，累计帮助约500人实现家门口就业，带来直接收益约500

---

① 以美育人润无声：华侨城创新美育帮扶　赋能乡村振兴［EB/OL］．［2022-01-06］．https://finance.china.com/house/pp/37239234.html.

万元，周边新增民宿、农家乐等约 5 家，项目运营后面向村民提供了包括花农、服务员、物业人员、农特产品销售员等 50 余个岗位。①

3. 以乡村振兴助推共同富裕

自 2020 年以来，华侨城集团深化与贵州省黔东南州的战略合作，并将帮扶区域延伸至内蒙古科右中旗、四川马边县、甘肃临夏州等地，围绕产业兴旺、生态宜居、乡风文明、治理有效、生活富裕的乡村振兴总要求，以实际行动增强当地居民的幸福感和获得感，实现社会效益与经济效益的协调发展。"充分利用华侨城文旅融合赋能的独特优势，在产业、文化、生态、机制等方面发力，创新'文旅融合+美丽乡村''产业帮扶+乡村振兴'的特色发展路径，开辟农业文旅'新战场'，打造美丽乡村'新兵种'，这是我们结合企业自身实际走出的华侨城特色乡村振兴之路"。华侨城集团党委副书记、总经理刘凤喜表示。

在"文化+旅游+城镇化""旅游+互联网+金融"创新发展模式引领下，华侨城依托主责主业，充分利用城市综合开发运营、全域旅游、新型城镇化、文博文创等多业务特长和全国布局优势，逐步形成以文旅融合为基础，乡村生态、生产、生活"三生融合"为核心，田园创新产品为支撑的"华侨城模式"。

站在全面推进乡村振兴的新起点，华侨城把乡村振兴纳入企业"十四五"战略规划，致力于形成产业共富、人才共育、文化共兴、生态共享、社区共治的"五共"体系，持续推进产业振兴、人才振兴、文化振兴、生态振兴、组织振兴。同时，华侨城通过导入多产业提升乡村文化价值，并结合可观、可游、可购的乡村生态循环体系，创新技术、管理与合作模式，推动乡村产业体系建设。

到 2021 年 10 月，华侨城已在京津冀、长三角、中西部以及海南、云南等区域，建设和运营近 30 个特色小镇和美丽乡村项目；在建设美丽乡村、特色小镇以及定点帮扶贫困县的资金投入累计达 163.5 亿元，帮助 16 万贫困群众脱贫出列，通过文旅融合赋能乡村振兴所形成的开放式景区年接待游客量达 4000 万人次。

经过多年的持续深耕，华侨城逐步探索出以"三个坚持"为核心导向的乡村振兴可持续发展长效机制，即坚持战略为纲，以人民为中心，在实践中探索乡村振兴的"华侨城模式"；坚持产业为本，文化为魂，践行"两山"论；坚持方法论为要，在探索乡村振兴的实践中及时总结推广有益经验。②

（三）国家电网有限公司③

国家电网有限公司（简称"国家电网"）成立于 2002 年 12 月 29 日，是根据《公司法》规定设立的中央直接管理的国有独资公司，是关系国民经济命脉和国家能源安全的特大型国有重点骨干企业。公司以投资、建设、运营电网为核心业务，承担着保障安全、经济、清洁、可持续电力供应的基本使命。公司经营区域覆盖 26 个省（自治区、直辖市），覆盖国土面积的 88% 以上，供电服务人口超过 11 亿人。公司注册资本 8295 亿元，资产总额 38088.3 亿元，稳健运营在菲律宾、巴西、葡萄牙、澳大利亚、意大利、希腊、中国（香港）等国家和地区。

2019 年 12 月 18 日，《人民日报》发布中国品牌发展指数 100 榜单，国家电网排名第 8 位。2020 年 4 月，入选国务院国资委"科改示范企业"名单。此外，国家电网在 2021 年《财富》

---

① 赋能美丽乡村 华侨城以"文旅"接续乡村振兴 ［EB/OL］. ［2021-05-06］. http://www.sasac.gov.cn/n2588025/n2588119/c18395085/content.html.

② 共生、共创、共享 以乡村振兴助推共同富裕的华侨城实践 ［EB/OL］. ［2021-10-19］. http://finance.china.com.cn/roll/20211019/5675330.shtml.

③ 参见国家电网有限公司官网.

世界 500 强中排名第三，在 2020 年《财富》世界 500 强中排名第二。

据统计，自"十三五"以来，国家电网累计投入农网改造资金 7775 亿元，提前一年完成新一轮农网改造升级，大电网延伸覆盖经营区所有县城。其中，国家电网累计接网光伏扶贫电站 21.73 万座，接入容量 2268 万千瓦，惠及 305 万贫困户；完成 1.03 万个易地扶贫搬迁集中安置点的配套电网建设，惠及 278.88 万搬迁群众。

同时，该公司定点扶贫的湖北省神农架林区、秭归县、巴东县、长阳县和青海省玛多县全部脱贫摘帽。其间，国家电网累计投入 9.3 亿元，实施光伏扶贫、特色产业、教育医疗、基础设施改善等帮扶项目 325 项，助力定点扶贫县（区）36 万贫困人口全部脱贫。此外，国家电网还派驻 7008 人帮助全国 2029 个帮扶点出列，各单位累计投入帮扶资金 6.74 亿元，实施帮扶项目 2968 项，带动 38.56 万贫困群众脱贫。

1. 以乡村电气化助力乡村振兴①

国家电网有限公司党组认真落实党中央、国务院全面建成小康社会和实施乡村振兴战略的总体要求，围绕国家乡村振兴战略规划的重大工程、重大计划、重大行动，自 2019 年起全面实施乡村电气化提升工程，通过改造升级农村电网、提高农村供电服务水平、推广电能替代技术、推动特色用能项目建设、推介新型用电产品等各种方式，着力增强农村用电保障能力，提升农业生产、乡村产业、农村生活电气化水平，积极助力农业更强、农村更美、农民更富。

在山东寿光、浙江安吉、湖北潜江三个县市，国家电网开展乡村电气化试点项目建设，坚持政府主导，开展政企联合，主动对接各级政府，加强沟通汇报，抢抓国家生态环境治理与产业转型升级新机遇，将乡村电气化融入地方乡村振兴发展规划，积极争取各级政府在项目建设、财政补贴、专项奖励等方面的政策支持，推动试点项目实施。国网山东、浙江、湖北电力三家单位以增强客户用能体验、提升项目能效水平、助推农业农村现代化为目标，结合当地农业农村资源禀赋及产业发展现状，紧紧围绕"农业生产""乡村产业""农村生活""乡村供电智慧服务"4 大类别，推动实施 41 个电气化试点项目，惠农富民成效凸显，为乡村电气化高质量发展提供了可复制可推广的模式。

为不断改善学生的学习环境，国网浙江安吉县供电公司联合政府大力推进"空调进校园"项目。2019 年安吉 10 所中小学的 382 间普通教室和专用教室统一安装了 728 台冷暖空调，受益学生共达 1 万余人。2020 年二期工程于 8 月 30 日完工，在 34 所中小学安装了空调，项目在实施中还为学校安装了实时负荷监测设备和 PM2.5 智能传感器，为师生打造更绿色、更环保、更智慧的校园。该项目的实施将为提升学校办学条件、改善教学及学习环境发挥重要作用。同时，可根据智慧用能学校试点经验，为今后所有校园能耗提供精准分析和低碳用能建议，降低学校用能成本。

实施农村生活电气化项目后，乡村生活环境更加整洁优美、人与自然更加和谐。三个试点县市已实施的清洁供暖、光伏发电、车辆油改电项目，合计每年可减少燃煤消耗 1.37 万吨，减少二氧化碳排放 3.41 万吨，为营造绿色宜居乡村环境发挥了重要作用。

2. 科学规划建设农村电网，助力乡村振兴

国网江苏省电力有限公司聚焦新技术，将智慧渔业列入高质量推进乡村电气化行动方案重点项目，大力推广智慧渔业惠民富农项目，服务全省水产养殖行业现代化转型。2020 年，国网江苏电力在全省实施水产养殖惠民富农项目 1000 余个。

国网湖南省电力有限公司在全省建立了"省、市、县、所"纵向业务管理体系，自"新零

---

① 参见《以乡村电气化托起小康梦——国家电网公司推进乡村电气化试点项目建设纪实》（xinhuanet.com）。

售"业务开展以来，国网湖南电力为客户提供看车、试驾、充电、保险"一条龙"服务，提升了农村客户对新能源汽车的认可度，满足了客户差异化购车、用车需求。国网（湖南）电动汽车服务有限公司围绕乡村新能源汽车客户实际需求，在体验营业厅设置新能源汽车展示体验区、试乘试驾区、洽谈受理区三个"新零售"业务区，推出"车辆+有序充电桩+车电包+充电桩一网通办"的一体化套餐产品。

为了加快旅游项目实施，国网朝阳供电公司驻村工作队积极争取配套政策支持。2021年初，朝阳供电公司两次与公营子镇政府相关部门座谈、研讨，并初步形成了切实可行的乡村振兴方案。此前，驻村工作队还加大与涉农高校、职业院校的合作力度，与沈阳农业大学电信学院、林学院和经济管理学院共同研究制定了"一亩田、一头牛、一缕光、一棵树、一村落"的五家村产业振兴目标。

（四）中国储备粮管理集团有限公司①

中国储备粮管理集团有限公司（简称"中储粮集团公司"）是经国务院批准组建的涉及国家安全和国民经济命脉的国有大型重要骨干企业。中储粮集团公司受国务院委托，具体负责中央储备粮棉油的经营管理，同时接受国家委托执行粮棉油购销调存等调控任务，在国家宏观调控和监督管理下，实行自主经营、自负盈亏，确保国有资产保值增值。集团公司成立于2000年5月18日，总部位于北京，在国家计划、财政中实行单列。截至2018年底，集团公司在全国共有23个分公司、6个全资二级管理子公司、1个科研院，机构和业务覆盖全国31个省、自治区、直辖市。截至2018年末，集团公司资产总额14091亿元，员工4.2万人，年营业收入3185亿元。

1. 围绕主责主业，推进乡村振兴

"十三五"期间，中储粮集团公司累计收购政策性粮油2.69亿吨，带动农民直接增收近400亿元。此外，还通过储备粮轮换，促进粮食市场流通和土地集约化种植，优化了种植结构调整，带动农村人口就业，坚决促进农民增收800多亿元。2019~2021年，在新疆伽师和黑龙江百泉、兰溪三个定点帮扶县，中储粮集团公司无偿投入的帮扶资金分别占集团当年净利润的1.22%、2.34%和2.65%。

2019~2020年，中储粮集团公司连续两年共投入1.1亿元在新疆伽师县援建了2所硬件设施好、师资力量强、校园环境美的寄宿制小学，解决了近4000名孩子的就学难题。2021年，集团公司又无偿投入一千万元，实施三年筑基工程，委托北师大对伽师县小学生师资进行培训，着力打造南疆地区教育援疆精品工程。

自2021年以来，针对贫困地区农民对市场信息了解不够，科学种粮、储粮、节粮意识不强等问题，中储粮集团结合党史学习教育、"我为群众办实事"等实践活动，积极推出了中储粮"惠三农"APP，助力农民实现了网上预约踩点卖粮，少排队、多增收。目前，该APP的已注册用户有70余万，预约售粮超3500万吨。此外，中储粮集团还积极开展了储粮技术进万家活动，依托布局全国的直属企业和专业粮油队伍、人才管理队伍，深入田间地头，走村入户开展宣传培训2.3万人次，服务农民47万余人，引导农民从种植环节调整优化种植结构，生产试销对路农产品，在收割、存储等环节科学储粮、促进增收。

2021年，中储粮集团公司在全国18个省、自治区和直辖市启动仓储建设项目120个，建设仓容1085万吨，进一步优化了中央储备粮的布局结构。项目建成后，依托中储粮的粮食储备轮换，吸引上下游企业参与布局，进而打造出了粮食安全生态圈，促进粮食产业链、供应链优化

---

① 参见中国储备粮管理集团有限公司官网。

升级，进而服务经济发展，带动农民增收。结合贯彻落实央企援疆援藏工作会议精神，中储粮集团公司在新疆阿克苏投资 3.73 亿元建设了仓容 3.5 万吨、年中转量 30 万吨的中央储备棉库，积极落实工装援疆行动。2020 年，集团已为伽师县 2 万多名贫困小学生定制了 430 万元的校服。2021 年，进一步加大工装援疆力度，购置 500 万元工装，通过建库、物流中转、工装援疆等措施，助力新疆棉花产业固链补链强链。

2. 突出优势特色服务"三农"助力乡村振兴

中储粮立足与农民联系最紧密、涉及农村人口最多、粮食收储业务与农民增收最为直接的特点，发挥企业优势专长，精心研究制定"我为群众办实事"实践活动措施，列出实事清单，着力解决种粮农民急难愁盼问题。针对种粮农户在产、储两端的技术难题，中储粮依托布局全国的直属企业和专业化粮油管理人才队伍，出台农户储粮节粮减损技术服务工作方案，推进"储粮技术进万家"，前移服务重心，拓展服务内容，建立面向种粮农户的粮食生产、储存等技术服务体系。集团上下密集联动，组织力量深入田间地头、农户中间，为农田管理支招、为家庭储粮解惑，帮助农户优种优储优销、科学生产、增收减损。据统计，目前中储粮全系统分类制定为农服务措施 1132 项，面向种粮农民现场技术服务 661 次。

中储粮新疆分公司因地制宜创新服务内容，推行"直属库+种子公司+农户"小麦订单模式，开展订单收购，引导当地小麦种植规模和品种优化，推动优质小麦品种连片种植。目前已与 143 户种粮大户签订优质小麦收购订单，数量超过 51 万亩，有效调动农民种粮积极性。

（五）中国石油化工集团有限公司[①]

中国石油化工集团有限公司（简称"中国石化"）的前身是成立于 1983 年 7 月的中国石油化工总公司。1998 年 7 月，按照党中央关于实施石油石化行业战略性重组的部署，在原中国石油化工总公司基础上重组成立中国石油化工集团公司，2018 年 8 月，经公司制改制为中国石油化工集团有限公司。公司是特大型石油石化企业集团，注册资本 3265 亿元人民币，董事长为法定代表人，总部设在北京。目前，公司是中国最大的成品油和石化产品供应商、第二大油气生产商，是世界第一大炼油公司、第二大化工公司，加油站总数位居世界第二，在 2020 年《财富》世界 500 强企业中排名第 2 位。

1. "一县一链"助力产业兴旺

中国石化针对 8 个帮扶县产业规模、市场容量和未来发展空间等因素，提出"一县一链"产业帮扶计划，打造具有一定规模的高品质农业产业链，培育一批具有市场竞争力的品牌产品。

在西藏班戈县，中国石化对班戈的牦牛和青稞进行深加工，同时配套建设畜产品交易中心、农畜产品流通综合市场等；在甘肃东乡区，中国石化全力打造藜麦全产业链，开发藜麦饼干、藜麦粥等产品，争取销售收入突破 5 亿元；在新疆岳普湖县，中国石化计划建设沙枣花香产业园，打造岳普湖县沙枣蜂蜜合作加工社，带动农民长期稳定就业，增加收入；在安徽岳西县，中国石化投资打造中药材产业园基地，切实让脱贫群众通过中药材产业项目获得收益；在青海泽库县，中国石化将提升泽库县农畜产品附加值，打造高端产品品牌；在湖南凤凰县，中国石化重点推进猕猴桃种植加工产业，优化提升凤凰伴手礼品牌，打造红心猕猴桃高端果汁品牌，最终引入易捷等渠道推向市场等；中国石化在西藏打造的"易捷卓玛泉"扶贫水，通过易捷的品牌培育和推广，受到了消费者的青睐，已累计实现销售 48.8 亿元，促进和拉动西藏地区就业近 800 人；中国石化进一步利用 2.8 万座易捷便利店的品牌优势、网点优势，帮助"一县一链"的产品打造品牌，将其培育为在市场上"叫得响、立得住、卖得好"的商品，切实帮助乡村产

---

① 参见中国石油化工集团有限公司官网。

业发展壮大、农民群众获得收益。

2.“产业+消费”帮扶，带动乡村振兴

中国石化坚持以产品品质带动消费帮扶，以消费帮扶带动产业帮扶，以产业帮扶带动乡村振兴策略，不断完善“产业+消费”帮扶模式。重点支持东乡区藜麦、岳西县茶叶等帮扶县产品，2021 年上半年助销东乡藜麦 4000 万元。以农产品技术赋能，提升产品价值，2021 年推广种植藜麦 1.6 万余亩。打造帮扶产品品牌，助推帮扶商品品牌化，依托中国石化“易捷万店无假货”品牌承诺，打造岳普湖县“阳光巴扎”枣类品牌，助销 1200 余万元。

中国石化持续扩大帮扶商品销售规模，以市场化方式，推动帮扶产品融入市场。加强内部参与，2020 年直接采购扶贫产品 3.38 亿元。同时，借助所属易捷、易派客、石化团购网等平台，增强产品市场“生存”能力，目前全国已有 23 省、146 个脱贫县、1673 款帮扶商品纳入《中国石化消费帮扶商品目录》。加强渠道合作，依托中国石化帮扶商品展销会等，累计帮助国家乡村振兴局、国务院国资委、国家能源局等 42 家中央定点帮扶单位销售帮扶产品千余种。

（六）中国移动通信集团有限公司①

中国移动通信集团有限公司（简称“中国移动”）是按照国家电信体制改革的总体部署，于 2000 年 4 月 20 日成立的中央企业。2017 年 12 月，中国移动通信集团公司进行公司制改制，企业类型由全民所有制企业变更为国有独资公司，并更名为中国移动通信集团有限公司。中国移动是一家基于 GSM、TDD-LTE、FDD-LTE 制式网络的移动通信运营商。中国移动全资拥有中国移动（香港）集团有限公司，由其控股的中国移动有限公司在国内设立全资子公司，并在中国香港和纽约上市，主要经营移动语音、数据、宽带、IP 电话和多媒体业务，并具有计算机互联网国际联网单位经营权和国际出入口经营权。注册资本 3000 亿元人民币，资产规模近 1.7 万亿元人民币，员工总数近 50 万人。

2019 年 7 月，《财富》世界 500 强排行榜发布，中国移动通信集团有限公司排名第 56 位。2019 年 7 月，中国移动在中国 500 强排名第 8 位，2020 年《财富》世界 500 强排名第 65 位，2021 年《财富》世界 500 强排名第 56 位。

1. 中国移动发布数智乡村振兴计划

2021 年 9 月 23 日，中国移动正式发布《数智乡村振兴计划》白皮书，对外公布中国移动“十四五”期间全面推进乡村振兴的战略目标和行动计划。白皮书提出，未来五年，中国移动将积极发挥网络强国、数字中国、智慧社会建设主力军作用，围绕“巩固脱贫成果、建设数智乡村”两大目标，落实国家乡村振兴战略，承接公司“5G+”行动计划，依托原有“1+3+X”体系框架，将“网络+”扶贫模式全面升级为“网络+”乡村振兴模式，即“1”是指以提升乡村信息基础设施服务能力为主线，“3”是指持续强化组织、人才和资金帮扶，“X”是指将网络信息服务全方位融入“三农”、服务“三农”。中国移动将以“七项帮扶举措”和“七大乡村数智化工程”为实施路径，强化“党建引领、横向协同、上下联动、结对帮扶、内外合作、点面结合”的工作机制，以信息化、数字化、智能化全面推动乡村产业振兴、人才振兴、文化振兴、生态振兴和组织振兴。

中国移动坚持资金帮扶，“十四五”期间捐赠金额不低于“十三五”时期总体水平，其中 2021 年向对口八县捐赠资金 2.76 亿元，较 2020 年稳中有升，实施援建项目 35 个。坚持人才帮扶，继续选派优秀帮扶干部，2021 年在岗帮扶干部 2140 名、累计选派 5080 名。坚持智志帮扶，加强帮扶地区基层干部培训和技术人员培训。坚持消费帮扶，通过食堂消费、员工福利、电商

---

① 参见中国移动官方网站。

平台、线下推广等方式持续发力，2021年消费帮扶金额超过6000万元。坚持产业帮扶，积极推进帮扶地区现代农业产业园区建设，发展乡村特色产业和农村集体经济。坚持民生帮扶，积极完善帮扶地区公共服务设施短板，建设美丽乡村。坚持党团帮扶，深入开展结对共建活动，助力基层党组织和党员队伍建设。

同时，中国移动还发布了《中国移动网络+扶贫纪实报告》，该报告记录了中国移动自承担对口支援和定点扶贫任务以来，18年间为书写"网络+"扶贫答卷做出的积极贡献。

2."平安乡村"工程服务数字社会

为推进农业农村现代化建设，中国移动智慧家庭运营中心针对乡村治理信息化需求，依托移动看家云平台，基于自研核心技术AIoTel、智能视频传输等能力，打造移动看家"平安乡村"工程，助力农村信息化。为村民、村委、政府提供"智能云平台+安防设备+客户端+云存储/通信"等服务的一体化解决方案。

2019年以前，白沙黎族自治县还是海南省内唯一的深度贫困县，现在这里已经成了乡村现代化建设的样板。橡胶是白沙县红旗村的第一大产业，产业收入占农民家庭收入近70%，是农民增收的支柱产业。因橡胶园地处空旷且占地面积较大，如何减少偷盗、破坏现象，维护胶园治安，保护胶农及村民远离各类危险突发事件是村委一直在思考要解决的问题。中国移动智慧家庭运营中心协同海南移动为红旗村定制化设计"视角选点+设备选型+设施安装+平台构建+售后维护"的一体化解决方案，打造基于"移动看家"产品的乡村"智慧大脑"及智能安全防护网。现在，红卫橡胶示范园与橡胶吧都安上了"移动看家"摄像头，村委通过监控中心就能统筹管理胶园与胶吧，及时获知异常告警情况，排查潜在危险，应对各类异常突发事件，守护红旗村的这一命脉产业。

山南隆子县玉麦乡，是我国人口最少的乡，更是中印边境最前沿的哨所。这里地广人稀，乡委想通知大家事情，查看大家的安全往往要挨家挨户走很远的路。但在2021年8月，这一难题得到了解决。为了帮助玉麦乡委提升综合治理能力，中国移动智慧家庭运营中心联合山南移动成立了平安乡村攻坚队，高度重视玉麦乡对于平安乡村建设的需求，针对玉麦乡特点，对"移动看家"平台进行了升级，结合当地特色，上线了智能提醒功能和云播报功能。如今，玉麦乡两个自然村已经安装了15个增设智能喇叭功能的摄像头，玉麦乡委再也不用挨家挨户跑了，乡委通过"和家亲"随时可以掌控全乡情况，乡里现在每天都用智能喇叭向乡民们讲述党史党建知识，还播报村子的综合治理情况，给乡里省了很多时间与力气。

在广西天峨县长安小学安装的"平安校园"工程，以"智能摄像头+云存储平台服务+企业宽带"的方式推进平安校园建设，服务园长（校长）、家长、管理人员三种角色，涵盖出入口人员管控、园所周界防范、公共区域监控、室内安防看护多维场景管理。基于AI人脸识别能力，老师能够快速确认师生的出勤情况，如有学生家长反映该学生放学不按时回家，还可通过该项目确定学生离校时间。还能通过智能警戒功能管理学生校内活动范围，及时提醒学生快速离开相对危险场所。

（七）中粮集团有限公司[①]

中粮集团有限公司（简称"中粮集团"）是与中国同龄的中央直属大型国有企业，中国农粮行业领军者，全球布局、全产业链的国际化大粮商。中粮集团以农粮为核心主业，聚焦粮、油、糖、棉、肉、乳等品类，同时涉及食品、金融、地产领域。截至2020年底，集团资产总额6698亿元，2020年度，集团整体营业总收入5303亿元，利润总额206亿元。

---

① 参见中粮集团有限公司官网。

在中国，中粮集团是最大的粮食市场化经营企业，是大豆、小麦、玉米、食糖等农产品进出口的执行主体。年综合加工能力超过9000万吨，为国人提供日常消费的主要农产品品类。目前，中粮集团是中国油脂加工行业领导者之一，最大的大米加工贸易商、小麦加工商、棉花贸易商，规模最大、技术领先的玉米深加工企业，年食糖进口量约占中国进口总量50%，同时还是中国领先的全产业链肉类企业和乳制品供应商。以农粮食品产业链为依托，中粮集团为农业发展提供金融支持，发展信托、期货、保险、基金等金融业务链，产融结合、服务三农。

1. 助农"神器"助力乡村振兴

为了让农民能够最快地拿到款项，中粮集团与银行机构合作，开发推出"粮闪付"平台，将数字化粮库与银行系统对接起来，实现粮款快速结算。使用该平台后，农民结算粮款的周期从原有的0.5~1.5天缩短到了几秒，最快时仅用了4秒。在不到一年的时间内，"粮闪付"已上线307个库点，累计支付82亿元。当前，该平台已成为助力农民粮食变现的一项利器。

面对农民生产和管理效率提升的需求，中粮集团旗下中粮糖业创办了"农聚通"平台，为农民提供从种到收的全链条信息管理服务，有效提高了农民的种植水平和管理效率，促进了增收。截至目前，已服务覆盖涉及农产品加工的22家工厂，管理土地151.47万亩。该平台的开发使用，在国内率先实现了农业种植的规模化、标准化与信息化。

对于农民来讲，中粮集团开发的"农粮物联"平台成为广受欢迎的另一项"神器"。在该平台上，农民能够实时掌控作物生长、粮食物流、销售等情况，使种粮、卖粮变得更加"轻松"。此外，中粮集团推出的"粮圈儿"APP，由于聚合了农民种粮所需的多种生产资料，拓宽了售粮渠道，强化了种粮产业链条的闭环管理，并促进了金融下乡、农民增信、建造高效资金池等，也已逐渐成为农民高度信赖的数字平台。

2. 帮扶农民勤劳致富

农民是农业农村发展的主体，也是实施乡村振兴战略的主体。尊重广大农民意愿，调动广大农民积极性、主动性、创造性，是乡村振兴的最大动力。

中粮集团下属的中粮粮谷按照"企业+合作社+农户"模式，在河南、山东、内蒙古等地开展订单小麦，并创新开展统一供种、统一播种、统一施肥施药、统一收割、统一回收的"五统一"服务，提高农民种植优质小麦积极性。2018年通过订单农业模式，种植优麦共30万亩，为种植户带来直接经济收入2300万元。与此同时，订单大米也大获成功，2018年订单大米种植面积约73万亩，覆盖黑龙江、辽吉、苏皖、湘鄂赣粤等区域。

在棉花等农作物种植上，中粮集团也积极探索"公司+农户"，有效提高了农户的生产积极性。中粮集团下属的中国纺织利用自身在棉花销售端的优势和影响力，以合作社为单位，向其提供种植资金、生产资料、农事服务等，解决棉花种植中的"痛点"，截至2019年6月，中国纺织在新疆已与5家合作社达成合作意向，计划投入资金6000万元，计划锁定种植面积21.3万亩，预计锁定皮棉3万吨。

钱袋鼓起来的同时，农民的素质技能更需得到强化。为了向农民普及农业知识，2018年9月，中粮信托、中粮期货和中粮贸易共同走进黑龙江宁安市的三个乡镇的田间地头，为农户宣讲中粮集团的产品、服务以及相关的农业金融知识。农户们纷纷感慨"原来粮食还可以这么卖""农业还可以这么搞"。农户积极"充电"，农业技能提升明显。

3. 发行"乡村振兴"票据

2021年3月19日，中粮集团成功发行20亿全国首批、央企首单"乡村振兴"票据。"乡村振兴"债券融资票据是在人民银行指导下，中国银行间市场交易商协会推出的债务融资工具专项产品，旨在支持乡村振兴，通过市场化手段引导鼓励社会资本投资农业农村，募集资金聚焦"三农"发展，助力脱贫攻坚跃向乡村振兴。

中粮集团发行的"乡村振兴"票据期限 2 年，票面利率 3.25%，为 2021 年以来同期限、同评级发行人发行利率最低；为首批"乡村振兴"票据发行成本最低水平，较同评级、同期限市场平均利率低 12bps；较市场同期限银行贷款利率低 25bps。作为中国农粮市场规模最大的市场化流通企业，中粮集团一端连接乡村、一端连接市场，从新粮上市开始到收购季结束，保持"积极收购，始终在市"，不仅满足了农民的卖粮诉求，还积极开展"粮食银行"等业务，在收购季价格波动阶段帮助农民实现粮食保价增值。以玉米为例，在中粮的帮助下，农民种植一公顷玉米的收益由过往的 2000 元左右增加至 5500 元，租地农户的种植回报率高达近 50%。本次"乡村振兴"票据所募集的资金将对粮食主产区农民增收发挥直接作用。

（八）东风汽车集团有限公司①

东风汽车集团有限公司（简称"东风公司"）是中央直管的特大型汽车企业，总部位于"九省通衢"的江城武汉，现有总资产 3256 亿元，员工 16 万多名。东风公司主营业务涵盖全系列商用车、乘用车、新能源汽车、军车、关键汽车总成和零部件、汽车装备以及汽车相关业务。事业分布在武汉、十堰、襄阳、广州等国内 20 多个城市，在瑞典建有海外研发基地，在中东、非洲、东南亚等区域建有海外制造基地，在南美、东欧、西亚等区域建有海外营销平台，拥有法国 PSA 集团 14% 的股份，是 PSA 集团三大股东之一。经营规模超过 400 万辆，居中国汽车行业第 2 位；销售收入超过 6000 亿元，居世界 500 强第 65 位、中国企业 500 强第 15 位、中国制造业 500 强第 3 位。

东风公司对口西藏、新疆、广西、湖北、河北的 9 个县市多领域开展精准扶贫工作，在公益助学、抗灾救困、环境保护等方面积极履行社会责任，获得广泛的社会影响力和一系列荣誉。

1. 精准扶贫，积极履行社会责任

多年来，东风公司持续聚焦精准扶贫，积极履行社会责任。特别是自 2015 年脱贫攻坚战打响以来，东风公司聚焦广西马山县、新疆柯坪县等"4 省区 8 县市"帮扶工作，集结各方力量全力带领当地群众脱贫致富。

自"十三五"规划以来，东风公司作为马山县的定点帮扶央企，累计投入 2749.83 万元，实施扶贫项目 107 个，因地制宜，不断创新，打造了产业扶贫、项目扶贫、消费扶贫、就业扶贫、教育扶贫、文旅扶贫的"东风套餐"，实现全县 11 个乡镇精准覆盖。自 2021 年以来，东风驻马山帮扶工作队，扎实推进定点帮扶各项工作。截至 2021 年底，东风公司投入马山县帮扶资金 980 万元，实施帮扶项目 18 个，涉及产业、教育、基础设施、医疗等方面，不断巩固拓展脱贫攻坚成果，使乡村振兴有效衔接。例如，2021 年东风公司党委、董事会办公室主任张小帆与马山县县长韦佳签订《东风公司—马山县人民政府消费帮扶合作协议》。根据协议，东风公司将继续在集团内大力推介马山县特色农产品，支持更多马山县产品进入东风消费帮扶采购目录和平台，鼓励集团下属各单位积极采购，确保达成年度购买额度。未来，东风驻马山帮扶工作队计划加大对职业技术教育、高中阶段教育的帮扶及产业帮扶力度，大力实施消费扶贫，并依托东风日产的教育体系，提升马山县企业的经营能力。

2. "DFL·魅力新村"赋能计划

2021 年 12 月 4 日，东风汽车集团有限公司与国产汽车公司的合资企业东风汽车有限公司（简称"东风有限"）的"DFL·魅力新村"赋能计划 2021~2025 项目在湖北省恩施市正式启动。未来 5 年内，东风有限将按照党中央工业对口帮扶农业的政策要求，以湖北省"616 工程"为载体，开展"五个一"特色项目，打造立足当前、着眼长远、具有示范意义的新时代魅力新

---

① 参见东风汽车集团有限公司官网。

农村。其中，"五个一"具体为："一所学校"，东风有限将在恩施市大庙村、前山村和横栏村三个村分别支援一所学校，改善教学、学习、运动健康环境，开展"筑梦课堂"教程；"一辆运输工具"，东风有限将向大庙村、前山村和横栏村每个村捐赠一辆皮卡车，为村民提供快捷出行和农产品运输工具；"一条公路"，东风有限将参考借鉴支援前山村修建公路模式，继续在大庙村和横栏村各投资修建一条公路，打造"村民出行、农产品运输、旅游出行"的绿色出行新村；"一批赋能学生"，东风有限将重点支持一批品学兼优的困难学生，在大庙村、前山村和横栏村每村每年资助五名学生，赋能"学生、学校、就业"的人才发展新村；"一个公益消费平台"，东风有限将继续依托东风惠购平台，尝试更多方式和途径，支持对惠农产品的采购，促进优质农产品进餐桌、进食堂、进家庭。

（九）中国建材集团有限公司①

中国建材集团有限公司（简称"中国建材集团"）是经国务院批准，由中国建筑材料集团有限公司与中国中材集团有限公司重组而成，是国务院国有资产监督管理委员会直接管理的中央企业。

中国建材集团是全球最大的综合性建材产业集团、世界领先的新材料开发商和综合服务商，连续 11 年荣登《财富》世界 500 强企业榜单，2021 年排名 177 位。截至 2020 年底，资产总额6100 多亿元，年营业收入 3900 多亿元，员工总数 20 万人。拥有 13 家上市公司，其中境外上市公司 2 家。水泥、商混、石膏板、玻璃纤维、风电叶片、水泥玻璃工程技术服务等七项业务规模居世界第一；超薄电子玻璃、高性能碳纤维、锂电池隔膜、超特高压电瓷等多项新材料业务国内领先。

中国建材集团是一家科技型企业，在我国建筑材料与无机非金属新材料领域拥有最雄厚的科研实力，拥有 3.8 万名科技研发和工程技术人员，26 家国家级科研设计院所，有效专利 15000项，33 个国家行业质检中心，11 个国家重点实验室和工程（技术）研究中心，17 个国家标委会，6 项国家科技进步一等奖，4 项中国工业大奖。

中国建材集团是国有资本投资公司试点单位，目前正按照"4335"指导原则，加快推进管企业向管资本、建筑材料向综合材料、本土市场向全球布局"三大转变"，持续增强集团的竞争力、创新力、控制力、影响力、抗风险能力，加快培育具有全球竞争力的世界一流材料产业投资集团。

1. 高度重视定点扶贫工作

中国建材集团以"材料创造美好世界"为使命，依据自身国有资本投资公司的整体定位，结合混合所有制发展路径统筹推进改革，提升企业核心竞争力。与此同时，中国建材集团践行央企担当，以改革创新助推脱贫攻坚，为实现绿水青山的美好愿景贡献坚实力量，为国家重点工程建设添砖加瓦。

中国建材集团党委始终高度重视定点扶贫工作，勇担脱贫攻坚的政治责任和社会责任，2016～2020 年在安徽石台县，宁夏泾源县，云南昭阳区、永善县、绥江县五个定点帮扶区县投入 2.67 亿元，实施帮扶项目 600 多个，派出扶贫干部 83 名，积极创新探索民生帮扶、产业帮扶、就业帮扶、医疗帮扶、教育帮扶、电商帮扶六大策略，助力安徽石台县、云南昭阳区等五个定点扶贫区县摘掉"贫困帽"，迈向振兴路，圆满完成脱贫攻坚的艰巨任务。中国建材集团有限公司表示要根据定点区县的具体特点，进行精准帮扶、重点帮扶。

---

① 参见中国建材集团有限公司官网。

2. 铸"改革创新之石"，助力铺就乡村振兴路

发挥技术优势，为脱贫攻坚装上"科技之翼"。在河北邯郸市魏县开展的科技扶贫项目中，中国建材集团所属凯盛科技集团与河北君恒药用玻璃制品有限公司对接合作，依靠过硬技术与科研实力，在国内首次实现了高品质中性硼硅玻璃管的稳定量产，用新材料破解"卡脖子"技术。疫情防控期间，中国建材集团依托中硼硅玻璃制造工艺，为国内疫苗研发生产机构免费提供疫苗瓶，解决国内疫苗瓶供应短缺问题。中性硼硅玻璃管的自主创新不仅打破了国外对我国高端医药包装材料的技术垄断和供应控制，也为河北魏县的高质量脱贫贡献了坚实央企力量。

守护绿水青山，贡献"绿色动能"。中国建材集团采用矿渣、钢渣、粉煤灰等工业废渣替代石灰石作为水泥原料，年综合利用达 1 亿吨以上。与此同时，加大复垦、还绿自然工程实施力度，建成 45 座国家级绿色矿山。中国建材集团水泥余热发电装机容量达 2084 兆瓦，年发电量达 90 亿千瓦时，相当于节约 110 万吨标准煤、减少碳排 549 万吨。"十三五"期间，中国建材在万元产值综合能耗、氮氧化物排放量、二氧化硫排放量降幅方面均远超过国家"十三五"规划减排目标，为绿水青山贡献"绿色动能"，助力打造美丽乡村。

以基础材料推动改革创新，为"中国制造"烙上"建材印记"。中国建材集团依托特种水泥材料支持国家重点工程建设，为乡村振兴路保驾护航。2021 年 6 月 28 日，金沙江白鹤滩水电站正式投产发电。白鹤滩水电站是我国"西电东送"重点工程，也是当今世界在建规模最大、技术难度最高的水电工程。白鹤滩"无缝大坝"建成后，将惠及云南、四川两地约 10 万移民，提供了就业机会，带动基础设施改善，助力乡村振兴。在水电站建造过程中，中国建材集团为水电站提供低热微膨胀水泥及混凝土成套应用技术，以央企动能铸就大国重器。

（十）绿维文旅（集团）[①]

绿维文旅（集团），是城乡规划、旅游规划、风景园林工程设计"三甲级"规划设计机构、泛旅游开发运营智库，是文旅康养·特色小镇·乡村振兴创新引领机构和整合服务平台。聚焦泛旅游产业、特色小镇、乡村振兴领域，以"创意经典·落地运营"为理念，以开发运营策划为前提，规划设计为核心，整合顶层设计、投资融资、开发建造、运营管理、人才培训、智慧化等业务板块，通过合资、合伙、战略合作，深度整合领军人才及团队，打造"泛旅游开发运营服务平台"和"泛旅游开发运营生态圈"，为文化、旅游、大健康、体育、农业、教育、亲子、房地产等区域综合开发运营及项目落地建设提供全链全程孵化服务。

在农业农村部、文化和旅游部、发展和改革委、林业和草原局、财政部等部委领导的支持下，绿维文旅牵头组织了中国优质农产品开发服务协会乡村振兴专委会、中国林业与环境促进会乡村振兴产业融合发展委员会、中国农业国际合作促进会乡村振兴委员会，发起成立乡村振兴服务联盟、乡村振兴与文旅康养联合智库，全面打造乡村振兴战略规划与实施综合服务平台。

绿维文旅作为乡村振兴创新引领机构、乡村振兴战略规划与实施综合服务商，参与编制了市、县、示范区、村庄多级乡村振兴规划，在县域乡村振兴、田园综合体、村庄规划、一二三产业融合示范区、现代农业园区、休闲农业、乡村旅游、幸福慢村、田园城市、特色村镇、农庄、酒庄、农场、民宿客栈，以及乡村振兴规划与投资开发运营、乡村振兴高峰论坛与研修培训等方面都具有丰富的经验。可为地方乡村振兴战略实施提供包括前期咨询、规划编制、项目申报、投融资运营、资源对接与导入等系列化解决方案与全方位服务。

自绿维文旅成立以来，从东部的仙境海岸到西北的吐鲁番葡萄沟，从最南端的海南到东北的黑龙江抚远，从大好河山的张家口到丽水乡愁艺术小镇，无论是现代都市还是美丽原乡，都

---

① 参见绿维文旅网，http://bj.lwcj.com/。

留下了绿维文旅的印记，累计完成 3000 余个规划设计项目，500 余个项目已建造完成并落地运营，且得到市场的广泛认可与肯定。绿维文旅及参与项目获得数十项国家级奖励。

1. 山西省长子县项目

随着国家全域旅游和乡村振兴战略的不断推进，县域成为加快战略落地运营的重要单位。绿维文旅基于文旅乡融合发展思维，通过扎根长子县，孵化出了"绿维长子模式"①雏形。长子县拥有一流的文化旅游资源，是最具潜力的未来产业。2020 年 4 月，绿维文旅集团和长子县结成了战略合作伙伴关系，并成立了合资公司山西丹朱创景文化旅游投资开发有限公司，深度投入长子文化旅游及乡村振兴开发运营。绿维文旅调度了多个团队，派出了几十位专家来到长子县，编制了《长子县全域旅游发展规划》《长子县乡村振兴规划》，发鸠山、仙翁山、羊头山、木化石景区、金山银山风景道等规划设计；实施了木化石景区步道提质、接待中心、金山银山风景道等项目，启动了羊头山景区休闲民宿建设、滑雪场建设、环境整治工程；在绿维文旅承办的"中国旅游产业博览会"上和旅发网媒体平台上，全方位推介展示长子文旅资源，开展招商引资。2020 年 8 月，绿维文旅提出了"金山银山节"的创意，依托万亩梨花长廊和 30 万亩人工连翘连片种植优势资源，建设开发大地艺术乡村旅游景区。

"金山银山文化旅游节"由长子县委、县政府主办，北京绿维文旅集团承办，是全国第一个"金山银山节"，是县域"全域旅游+乡村振兴"融合发展的里程碑式活动，也是绿维文旅基于农文旅融合发展思维的又一落地运营案例，实现了"绿维长子模式"的成功探索。"金山银山文化旅游节"是践行习近平总书记"绿水青山就是金山银山"科学论断的创意探索，是长子农文旅融合发展的重头戏，更是乡村振兴与全域旅游开发的落地成果。

2. 四川开江县项目

绿维文旅与四川省开江县委县政府合作，创新编制了全国首个综合性县域乡村振兴规划《四川开江县乡村振兴规划》，将战略规划和城市总体规划纲要融合，中长短期目标和具体措施结合，提出了一批重大工程、重大计划和重大行动实施方案，其规划理念与规划成果，获评审委员会专家及开江相关政府部门领导的高度认可。

在服务开江县乡村振兴规划与实施的同时，进行了"稻田+"经济发展模式的创新研究，全国首创"乡村振兴战略规划+田园综合体+农业供给侧改革+农村综合配套改革"发展新模式，参与投资开发运营"稻田+"田园综合体，编制《开江县省级田园综合体建设试点规划和实施方案》和《开江县"稻田+"现代农业产业园总体规划》，助力开江成功申报省级重点田园综合体，并获省市两级财政连续三年每年 4500 万的扶持资金支持。

（十一）成都市郫都区蜀都乡村振兴投资发展有限公司②

自党的十八大以来，在郫都区委、区政府的领导下，区国资金融局积极推动国有资本向乡村振兴领域加大投入，向重要行业和关键领域集中，撬动社会资本投向乡村振兴领域，带动乡村产业发展；支持区属国企重点参与乡村基础设施建设、集体建设土地开发、农村人居环境整治、农业产业化提升等民生工程；推动投资模式改革，坚持以项目为重点组织经济工作，积极承担并高质量实施一批产业功能区建设、农商文旅体融合发展等重大项目；完善以管资本为主的国资监管体制，根据区属国有企业不同性质开展分类授权放权，完善授权放权清单。多措并

---

① "绿维长子模式"指通过平台合作发展模式、"高标准农田建设+人居环境整治"双结构 PPP 项目模式、F+EPC+O 运营模式、景区托管运营模式、绿色有机旱作农业整县推进模式的五大模式，形成"整县全域旅游+全县乡村振兴"开发模式。

② 国企助推乡村振兴的一个样本——成都市郫都区蜀都乡村振兴投资发展有限公司助推乡村振兴调查［J］. 乡村振兴，2021，34（10）：59-62.

举发挥国有资本引领作用，为郫都乡村振兴注入市场化活力，实现了国有资本保值增值和乡村振兴蓬勃发展的共赢。

2018年2月，为加快建设全国乡村振兴示范区，郫都区成立了全国首个乡村振兴专门国有平台——成都市郫都区蜀都乡村振兴投资发展有限公司（简称"蜀都乡村振兴公司"），作为推进乡村全面振兴的投资和运营主体，统筹整合乡村资源资产，引导集聚各类市场力量，撬动社会大资本，形成了多元主体参与乡村振兴的新格局。

自成立以来，蜀都乡村振兴公司始终坚持以党建为引领，重点实施"党建+企业经营"品牌特色党建行动，着力构建"组织联建、人才联育、产业联促、资源联营、治理联抓"的"五联"工作机制，全力推动乡村产业、人才、文化、生态、组织振兴，走出了一条可推广、可复制的国企助推乡村振兴的"郫都路径"。

1. 组织联建强堡垒

以党支部为核心的农村基层组织建设作用显著。蜀都乡村振兴公司95%以上的项目在乡村，与乡村发展共呼吸、共命运。在创新实施"1211"党组织联席工作机制下①，公司党支部和各镇（街道）、各村（社区）党组织以项目为载体，形成了"眼往一处看、心往一处想、力往一处使"的发展合力，共同解决了资源类、产业类、环境治理等问题100余项，为实现乡村发展治理、集体经济壮大、国有资产保值增值等全方位的"共赢效应"奠定了组织优势。通过组织联建方式，依托联席会议、"三固化·四包干"、"三问三亮"、为民办实事等党建工作模式赋能，从组织协同、先锋带动、项目载体、监督问效等方面凝聚合力，取长补短，抱团发展。

例如，广福村作为蜀都乡村振兴公司"三固化"联系村，广福村党支部与乡村振兴公司党支部进行多次会商，通过"国企+村社"党组织战斗堡垒作用发挥，结合产业实际，导入品牌、技术、团队等要素，促进韭菜标准化种植，把"小韭菜"做成了"大产业"。以构建广福村一链（韭菜全产业链）、三融（一二三产业融合发展）产业格局为目标，按照"延长产业链、提升价值链、完善供应链"思路，完成建设2亩韭黄标准化种植基地，成功试点"国有公司资金和市场支持、科研团队技术指导、村社统一管理、农户参与"的新型农村经营机制建设，形成分工明确、优势互补、风险共担、利益共享的农业产业化"集优"联合体。不断强化韭黄农产品源头管控，搭建"线上+线下"营销平台和田间到餐桌完整链式配套服务体系，实现广福干撕韭黄产销无缝对接，畅销北上广等一线市场。"广福干撕韭黄"品牌影响力不断扩大，产品溢价2~5倍。目前，党员先锋带头实践，积极建设"0农残"绿色韭黄种植试验基地，助推高质高效精品农业发展。2021年4月，广福村被四川省委城乡基层治理委员会评为"四川省首批乡村治理示范村镇"，其中，"基层国有企业+村党组织""党员示范"共建共享机制被列为其中的亮点之一。

2. 人才联育强队伍

推动乡村振兴，人才是关键。蜀都乡村振兴公司从实际出发，以蓄积各类人才为核心，加强科研院所、企业、返乡下乡人员等主体协同，带动资金、技术、智力等新要素流入乡村，依托新产业新业态新模式等相关产业链创新发展，培育城乡融合发展新动能。通过"两挖一留"，聚集"三类人才"，探索出了一条人才振兴的实施路径，切实增强人力资本增长引擎功能，为高质量推进乡村振兴项目实施奠定了基础。

2021年，蜀都乡村振兴公司发起"蓄积乡村振兴各类人才100人行动"（2021~2022年），搭建"高校+科研院所+专业化社会服务商"等智力资源载体，先后与四川党建期刊集团、四川农业大学、四川大学等机构建立起密切联系，力图引进一批有情怀、有技术、有实力、会经营、

---

① "1211"党组织联席工作机制：每月一碰头、每季度一研判、半年一总结、每年一考评。

善管理的"新农人"，切实发挥"领头羊"作用和"先锋"力量，实施优势互补、信息互通、资源共享、合作共建、辅导提升等智力服务，促进新业态新技术新模式落地应用，为服务乡村振兴注入活力和创新力。公司领衔的"乡村人才促进发展中心"正在策划组建，乡村振兴的"朋友圈"正在不断扩大。此外，蜀都乡村振兴公司围绕乡村发展需要，以创业、要素、产品、生活、生态"五大共享"为指引，依托公司打造各类新经济场景等在地项目，推动"党员职工+青年职工+各类专家"开展"人才下乡""人才兴乡"队伍建设，推动乡村人才的本土化进程。同时，联合四川战旗乡村振兴培训学院、蜀都直播产业研究院等机构，对相关项目所在村开展"走出去学""引进来训"等方式，协助村级资产管理运营公司高素质团队搭建。

3. 产业联促强核心

乡村振兴，产业兴旺是重点。蜀都乡村振兴公司贯彻落实农业供给侧结构性改革，组建成都蜀源品牌运营有限公司①（简称"蜀源品牌公司"）作为二级运营实体，坚持质量兴农、品牌强农、科技赋能，以增产导向转向提质导向，以单一发展转向融合发展，植入新经济新技术新模式，高标准塑造天府水源地"公共品牌+地标品牌+产品品牌"的特色农产品区域品牌。以园区建设、基地建设为载体，打造现代化科技农业产业园区、"乡村振兴+数字经济"直播新经济产业园区，促进农业内部融合、延伸农业产业链、拓展农业多种功能、发展农业新产业新业态。三年来，初步形成了"品牌运营孵化+供应链整合者+新经济合伙人"的运营方向，创新"公共品牌+子品牌"集群展销模式，探索品牌自主研发、品牌联合运营、品牌孵化合作等模式，提升农产品附加值，并逐步构建品牌准入标准，通过设定品牌认证门槛，形成公用品牌推广、产品质效提高、经营收益提升的良性循环，推动品牌建设助力产业振兴。

例如，2020年9月，蜀都乡村振兴公司与全国知名MCN机构秀猪传媒共建全国首个直播新经济产业园区落地郫都区（犀浦）。联合淘宝直播、抖音、快手等主流平台，协同高校、协会组织等社会资源，集成直播机构总部、直播培训学院、食品直播基地、村播助农基地等功能，形成完整的直播电商产业生态链。创新"1+N"的建设模式，即建设1个直播产业园，建立N个直播点，推动直播新经济"四进"（进村庄、进社区、进园区、进景区），形成直播点网络，打造具有"乡村振兴+数字经济"特色的新型园区建设模式，助推郫都区一二三产业互动，农商文旅融合，建设国家城乡融合发展试验区。蜀源品牌公司以构建农业产业社会化服务体系为抓手，着力产业链高端、创新链前沿，实施"天府水源地"公共品牌塑造和整体提升，积极推进"蜀都直播产业研究院""蜀都直播电商学院""天府水源地食品直播基地"建设，开展农村电商、直播、短视频等农业农村新教培，逐步形成线上线下营销运作体系，探索出"区域农业形象品牌+地理标志品牌+企业自主品牌"模式。目前，整合合作品牌逾100个，实现品牌价值逾10亿元。

4. 资源联营强集体

蜀都乡村振兴公司以探索建立"国有企业+村集体组织+社会企业+农户"利益联结机制为核心，采取"投资+兜底"的方式加快村集体资源盘活进程，并充分尊重村民、村集体和企业利益诉求，分类探索农用地、农产品和农房、宅基地共享经济新模式，激活了乡村资源价值转化为内生动力，推动郫都乡村从"发展村庄"到"经营村庄"的理念创新。近年来，蜀都乡村振兴公司与安德棋田村、广福村、唐元钓鱼村、新民场兴增村、唐昌西北村等村社签订《农村集体建设用地开发利用投资合作协议》，梳理整合2000余亩农村闲置宅基地和集体建设用地资源，实施重大农业产业项目20余个，构建起土地增值、商业植入平衡生态建设的市场化反哺机制，

---

① 成都蜀源品牌运营有限公司是蜀都乡村振兴公司的全资子公司，是以"天府水源地"公用品牌建设为抓手，推动农业现代化、产业融合互动的综合运营商。

场景营造构建价值延伸机制，助推项目所在村集体经济不断发展壮大。

例如，石羊村因其"天蓝水清路畅通，鸟语花香人和谐"而被评为成都"三美示范村"。2021 年，蜀都乡村振兴公司以石羊村金海棠湿地公园产业项目为载体，多次踏勘梳理周边闲置宅基地资源，与石羊村分类收储农户宅基地资源 30 余宗，投资 600 余万元启动一处农户宅基地改革试点项目——金海棠民宿项目建设，在石羊村建立实施"国有企业+村集体组织+农户"利益联结机制，村集体以宅基地所有权入股参与民宿经营实现分红，实现了农户闲置资源变资产、生态资源价值转化最大化。三道堰镇秦家庙村，在解决了宅基地历史遗留问题之后，吸引了多家企业入驻，一场"新村民计划"融村改革正在步入深水区；友爱镇子云村，"臻里·水碾房"等村集体产业项目先后落地，一个以新模式新场景为核心的产业体系正在成形；唐昌镇锦宁村，依托中国西南地区最大的韭黄种植基地，启动建设初加工及冷链物流一体化项目，一二三产业融合发展按下了"快进键"。

5. 治理联抓强动力

扎根于广袤乡村的蜀都乡村振兴公司，着力强化农村生态宜居"硬环境"和思想文化"软环境"打造，协同推进"善治乡村"综合能力建设，不断满足村民对美好生活的向往。一方面，加大公共投入提升村落人居环境。成立了以党员为骨干的工程项目推进小组，围绕农村人居环境整治、田园绿道、公共服务设施等功能载体建设，发挥国有公司主力军作用，主动参与区域生态自然环境保护修护、川西林盘院落风貌打造、城乡一体化基础设施改造提升等行动，推动城乡人居环境"治理联抓"。另一方面，坚持与各村文化互动。以创建成都市级品牌党建项目为依托，联合组建"党员+职工+专家"志愿者服务团队，共同举办党史教育、乡村音乐会、聆听老兵故事等活动，深度参与"善治乡村"建设。

例如，战旗村位于郫都区唐昌镇西部，是成都市"绿色战旗·幸福安唐"乡村振兴博览园核心区，也是"唐昌国家农业大公园·战旗村景区"组团核心区。自 2018 年以来，在区委区政府的部署下，蜀都乡村振兴公司围绕创建战旗国家 4A 级景区提档升级，完成战旗景区游客中心、战旗村史馆、停车场整改、景区沙西线入口环境提升、唐宝路道路整改及沿线房屋风貌改造等工程建设，系统推进标准化配套旅游公共服务设施建设，支持打造书吧、果铺、文创、咖饮等消费场景，切实提升宜居宜游宜业的综合服务承载能力。2019 年，战旗村成功创建为国家 4A 景区，入选首批全国乡村旅游重点村名单。

（十二）重庆大学产业技术研究院[①]

重庆大学产业技术研究院（简称"产研院"）于 2017 年 8 月注册成立，是校地合作共建的具有独立法人资格的新型科研事业单位。产研院作为学校"1+5"新型科技创新体系建设的重要组成部分，是学校服务重庆市打好"三大攻坚战"和实施"八项行动计划"的重要举措，旨在集聚重庆大学和国内外的优质创新资源，紧扣区域需求，产出一流科研成果，助推经济社会发展，是集科学研究、技术研发、成果转化、企业孵化、人才培养为一体的孵化平台和创新基地。

产研院以服务国家战略、面向重点领域、集聚优势资源、提升创新能力、推动产业发展为宗旨，秉持创新、高效、开放、协同四大理念，加速推动科技成果转化落地，培育战略性新兴产业发展。目前已在新一代信息技术、智慧城市、智能制造、智慧能源与装备、生态环保等产业领域建立了多个研究中心；建立了产业、教学、科研三位一体的教学形式和科技创新模式，促进科技、教育和产业相结合；成功获批重庆市新型高端研发机构、国家技术标准创新基地（重庆）产业技术研究中心、重庆市博士后科研工作站、重庆市技术转移示范机构四大科技创新

---

① 参见重庆大学产业技术研究院网，http://cyjs.cqu.edu.cn/index.htm。

平台；孵化成立了一批极具技术创新优势的优质科技型企业，促进政府、高校、企业、科研机构在产业链、创新链等战略层面的深度融合，为西部（重庆）科学城和重庆大学"双一流"大学建设提供强力支撑。

1. 产业振兴助力乡村

重庆大学产业技术研究院功能农业中心（简称"产研院功能农业中心"）长期致力于为贫困地区的农产品提供精准科技服务，已先后在重庆、贵州、四川、云南、新疆等地开展了功能农业技术应用试验。与此同时，该中心积极推动研发创新，研发出了"妙栽功能农业'有无'技术"。该技术能有效解决农产品因存在农残与有害重金属含量较高而影响产品安全和营养的问题。

为进一步服务于乡村振兴，做好脱贫地区的帮扶工作，产研院功能农业中心在云南省绿春县、甘肃白水、新疆阿克苏、万州区恒合乡、江津区、渝北区千盏村、南川区大观镇、荣昌区清江镇竹林村等地广泛推广"妙栽功能农业'有无'技术"，提供技术培训指导和资金支持，并承诺按标准种植出的农产品，由妙栽科技全部包购包销。在实现农产品提质增效的同时又打通了销售渠道、解决了种植户的后顾之忧，形成了"科技下乡+提质增效+消费帮扶"的闭环式帮扶模式。以新疆阿克苏红旗坡集团公司的功能营养苹果为例，该苹果依靠"妙栽功能农业'有无'技术"种植而成，呈现出原生态自然光泽，是国内首款在取得有机认证基础上，农残与有害重金属铅、汞、砷、镉、铬全部未检出的苹果，同时其叶酸含量达到了 254 微克/千克。叶酸含量的增高，不仅让苹果更具营养，也让其抗氧化能力大幅增强，普通苹果切开几分钟就会氧化变黑，而功能营养苹果却可以实现至少两个小时不变色。

2021 年，重庆大学产业技术研究院功能农业中心发布了"2021·乡村振兴项目第 5 号科技成果"，重庆渝北千盏村"重庆大学服务乡村振兴功能营养玉米示范基地"产出的玉米，成为国内唯一 100 项农残与有害重金属铅汞砷镉铬全部未检出的玉米产品。

2. 乡村人居环境整治

近年来，产研院村镇环境污水治理技术研究中心致力于针对产生的污水量一般小于 500 立方米/天的村镇环境污水治理市场进行技术研究和成套装备产业化研发，相关技术成果已成功转化应用于复合型人工湿地、填料氧化沟设备、户用分散型净化槽、村镇环境及流域水环境综合管理等污水处理成套工艺及设备，项目团队还先后参与完成了悦来智慧生态保育区工程、重庆园博园龙景湖水质保障技术综合示范工程、重庆武隆区山地小城镇（村镇）污水处理示范工程等项目，治理效果明显。

（十三）郑州商品交易所①

郑州商品交易所（简称"郑商所"）成立于 1990 年 10 月，是国务院批准成立的首家期货市场试点单位，由中国证监会管理。郑商所按照《期货交易管理条例》和《期货交易所管理办法》履行职能。依据《郑州商品交易所章程》《郑州商品交易所交易规则》及其实施细则和办法实行自律性管理。遵循公开、公平、公正和诚实信用的原则，为期货合约集中竞价交易提供场所、设施及相关服务，对期货交易进行市场一线监管，防范市场风险，安全组织交易。

郑商所目前上市交易普通小麦、优质强筋小麦、早籼稻、晚籼稻、粳稻、棉花、棉纱、油菜籽、菜籽油、菜籽粕、白糖、苹果、红枣、动力煤、甲醇、精对苯二甲酸（PTA）、玻璃、硅铁、锰硅、尿素、纯碱、短纤、花生 23 个期货品种和白糖、棉花、PTA、甲醇、菜粕、动力煤 6 个期权，范围覆盖粮、棉、油、糖、果和能源、化工、纺织、冶金、建材等多个国民经济重要

---

① 参见郑州商品交易所网，http://www.czce.com.cn/cn/index.htm。

领域。截至 2021 年 11 月底，郑商所当年累计成交量为 23.9 亿手，成交金额为 100.2 万亿元，同比分别增长 64.5% 和 95.8%。郑商所实行保证金制、每日涨跌停板制、每日无负债结算制、实物交割制等期货交易制度。积极适应市场创新发展要求，不断优化制度安排。郑商所拥有功能完善的交易、交割、结算、风险监控、信息发布和会员服务等电子化系统。会员和投资者可以通过远程交易系统进行期货交易。期货交易行情信息通过路透社、彭博资讯、世华信息等多条报价系统向国内外同步发布。

1. 定点支持助力乡村振兴

郑商所按照证监会统一部署，认真落实定点帮扶河南省桐柏县责任，助力特色产业发展，加大志智双扶力度，持续推进消费帮扶，截至 2021 年 8 月，累计投入帮扶资金 4177 万元，引进帮扶资金 1436 万元，动员行业单位捐赠 936 万元，推动桐柏县经济高质量发展。

郑商所为解决当地的基本医疗保障问题，在桐柏县援建 143 个标准化村卫生室，为县、乡、村三级基层医疗机构配备 1500 余件医疗设备，有效提升基层医疗卫生服务能力。2021 年，郑商所提供资金 528 万元，动员期货公司支持资金 130 万元，为桐柏县的医院购置 56 台重要医疗设备，为医疗服务水平提供强有力的硬件保障。

在桐柏县安棚镇李湾村，郑商所充分结合当地"十里茶香十里菌"的产业优势，支持李湾村党群服务中心建设，党群服务中心增设了培训会议室和电商直播间，为群众提供产销两端服务。郑商所组织下属单位党支部与桐柏县 3 个村支部结对共建，提供资金购置茶叶生产加工设备，助力特色茶叶产业发展。同时，为解决产业发展销路难题，郑商所加大宣传动员力度，引导行业力量开展产销对接，2021 年购买和帮助销售桐柏县特色农产品超过 140 万元。郑商所还在桐柏县支持建设毛集镇党建文化广场项目，丰富村民业余文化生活。引进 12 家期货公司投入资金在桐柏县修建 5 座桥梁、6 条道路、4 个绿化及水利设施项目，持续完善农村生活服务设施，帮助改善农村人居环境，助力打造美丽乡村。此外，为减轻困难家庭学生升学压力，郑商所投入 100 万元资助桐柏县 500 名应届大学生，为乡村振兴培育更多人才。

2. "保险+期货"试点

近年来，郑商所累计支持开展"保险+期货"试点 106 个，涉及棉花、白糖、苹果、红枣 4 个品种，累计支持资金 2 亿元，保险理赔金额 2.5 亿元，共有 16.64 万农户受益，覆盖 43 个国家级贫困县，为贫困地区农户应对农产品价格波动风险、稳定增收提供了重要保障。以甘肃省静宁县的苹果为例，在郑商所的大力帮扶下，静宁县设立了甘肃省首批苹果期货交割库，连续实施甘肃唯一的苹果"保险+期货"县域全覆盖项目，走出了一条"金融+产业"扶持苹果产业发展，巩固脱贫攻坚成果，助推乡村振兴的新路子。2021 年，郑商所"保险+期货"试点投入 1.2 亿元，在新疆、甘肃、广西等 8 个省份继续加大支持力度，同时采取引进财政资金补贴等方式，帮助农户降低种植风险，助力特色产业动能提升。在陕西省延安市黄陵县，郑商所首次试点苹果"保险+期货"收入险，为农户增收提供了"双保险"。

（十四）北京山合水易规划设计院有限公司①

北京山合水易规划设计院有限公司（简称"山合水易"）成立于 2005 年，最初是以工作室的形态成立，是国内专注乡村旅游与休闲农业创意规划设计的机构。山合水易将自身定位为基于农业农村产业及乡村产品的休闲化升级服务商，专注乡村旅游与休闲农业，关注美丽乡村建设，助力中国乡村振兴。

山合水易通过融资重组等方式，已发展成为一个综合多元的服务商，为顺应时代的进步和

---

① 参见山合水易网，http://www.shsee.com/。

国家政策变化，山合水易创始人团队在郭帆先生的带领下，集合行业内优秀人才组建望乡（北京）开发建设有限公司，旨在提供乡村田园综合体全产业链解决方案。山合水易秉承着为客户提供全面专业的伴随式服务。提供包括"可行性研究、顶层规划、创意与策划、建设规划设计、建筑景观设计、整合营销、投融资与招商、运营管理"等一站式服务。山合水易机构根据多年的实践经验，创新提出了"农业+文化+旅游+康养+地产"五位一体的打造模式。

山合水易在农业农村产业及乡村产品的休闲化升级领域，通过长期潜心研究，累积了超过5000余个专题研究成果，实时解读最新政策，始终站在行业最前端。重点研究领域包括"乡村振兴、乡村旅游、休闲农业、田园综合体、特色小镇、全域旅游、康养独家、亲子研学、生态旅游、文化旅游地产"等。

1. 浙江省鲁家村项目

鲁家村位于浙江省湖州市安吉县递铺镇的东北部，距离县城约5千米，原本是一个经济欠发达的贫困村，而在山合水易的规划改造下成了全国闻名的美丽乡村。在整个规划过程中，山合水易团队坚持以农为本的自然生态理念，立足安吉县、递铺街道、鲁家村及周边村落实际，有效突出递铺街道鲁家村等4个村落资源特色，以花卉中药材、特色水果两大农业主导产业为引领，发展现代生态循环农业；同时发掘花卉文化、中药文化、养生文化、农耕文化、木艺文化、民俗婚庆文化等，发展休闲农业；通过提高农业综合效益和现代化水平，增强园区村民群众的获得感和幸福感，确保带动农民积极参与与受益，确保村级集体经济发展壮大，确保乡村治理能力有效提升。

鲁家村通过第一、第三产业结合的改造建设，取得了重大的成功：项目每年为当地村民增加工资收入超过2100万元；村民在旅游区中利用自己的住房开设民宿、农家乐，农家乐每年产值预计可达3000万~5000万元。这对浙江省乃至全国其他乡村的转型发展起到了极大的鼓舞作用，成为生态文明建设模范案例。

2. 贵州省双谷村项目

双谷村位于贵州省黔南州福泉市西南部郊区，距市区6千米，总面积39.6平方千米，耕地面积3942亩，辖16个村民组，共有农户1166户，居民4982人。以前的双谷村贫困偏僻，行路难、饮水难、产业结构调整难，群众年人均纯收入不足1000元，贫困程度深、百姓生活苦。经过调研，山合水易团队提出，双谷村应充分挖掘当地生态资源与文化资源潜力，利用好区域区位优势，用好用活国家及地方政策，发展以林果产业为基础的现代农业，并以市场需求为导向，将现代农业与文化、体育、旅游产业相融合，打造集美丽环境、美丽经济、美好生活于一体的乡村田园综合体，以田园综合体为抓手统筹全产业体系构建与发展，带动乡村建设，促进村民增收实现村庄产业、人居环境、生态环境、村民收入水平、社会保障、文化、基层党建等全面发展。

该项目从村庄实际出发，充分利用了当地的自然生态环境，深入挖掘了当地的文化资源并加以开发利用。通过"政府主导、企业运作、合作社和农户参与""园区+企业+合作社+农户"共建模式推动了规划的落地效率，把双谷村打造成了一个依托林果产业，融合农业、体育、休闲、旅游等元素，通过"园区景区社区三区合一"手法，打造出了一个美丽环境、美丽经济、美好生活"三美"融合的乡村田园综合体，带动了当地美丽乡村建设，促进了当地乡村振兴，使其获得了全国"一村一品"示范村，全国农业旅游示范点，贵州省十佳美丽乡村"最具魅力特产乡村"、贵州省生态体育公园、"贵州省新农村建设样板村""黔南州集体经济强村""黔南州基层党建示范点"等众多殊荣。

（十五）北京市总工会①

北京市有 5.6 万个工会组织，涵盖单位 34.4 万家，工会会员总数 600 多万人，社会行业和地区覆盖范围广，社会力量开展消费帮扶潜力大。为此，北京市总工会还印发了《关于开展消费帮扶的通知》，发出了《消费扶贫倡议书》。

1. "工会卡+消费帮扶"模式

北京市总工会联合北京银行、首农食品集团等企事业单位，于 2021 年 5 月开展"爱心帮扶，共享甜蜜"活动，打造"工会卡+消费帮扶"模式，赢得广大会员好评。线上，在京东商城"北京消费扶贫自营旗舰店"、北京银行 APP 端等渠道，实现手机银行及信用卡与特色扶贫产品的对接并开展满减优惠。线下，工会会员在北京市消费扶贫双创中心、消费扶贫智能专柜、工会会员单位扶贫产品展卖会等现场消费，可享受满减优惠。

据统计，从 2020 年 6 月到 2021 年 9 月底，在京工会会员通过北京市消费扶贫双创中心的线下线上渠道，以及上千次企业上门现场服务，共购买帮扶产品 7.8 万笔，消费金额超 850 万元。

"工会卡+消费帮扶"的模式充分调动了建会单位的帮扶热情，也获得了工会会员广泛青睐，形成了正向、积极的社会效应。依托工会卡开展消费帮扶产品满减活动，带动了脱贫地区产品销售，有利于脱贫地区进一步巩固脱贫攻坚成果；同时，活动宣传促进了建会入会，满减活动提高了工会卡的使用率和活力。

2. "国企+工会"模式

2021 年 4 月 21 日，北京市总工会、北京市支援合作办和北京市国资委联合印发了《关于继续深入开展消费帮扶助力巩固脱贫攻坚成果的通知》。2021 年 4 月 28 日，北京市总工会与北京市支援合作办、北京市国资委联合举办"巩固脱贫攻坚成果、有效衔接乡村振兴，'国企+工会'消费帮扶月"活动启动仪式。来自内蒙古、西藏拉萨、新疆和田、青海玉树、河北、湖北、河南等地的帮扶产品，吸引了众多关注。2021 年 5 月 17 日，北京市总工会、北京市支援合作办等 17 个部门联合印发了《北京市消费帮扶工作 2021—2022 年实施方案》。为了进一步落实通知和方案，各国企工会积极对接北京市消费帮扶产业双创平台，并且通过线上线下多种渠道采购脱贫地区产品。以北京电控和首旅集团为例，截至 2021 年 9 月底，北京电控工会慰问采购脱贫地区农产品 450 万元，占工会慰问福利支出约 43%。首旅集团工会采购脱贫地区产品 300.17 万元，占集团采购脱贫地区产品总额的 31.45%。

3. "工会日+慰问"模式

2021 年 9 月 7 日，海淀区总工会召开消费帮扶对口脱贫地区农副产品推介沟通会。此次推介沟通会邀请了北京市消费扶贫双创中心海淀 10 个分中心参展，展示了内蒙古敖汉旗、科右前旗、科右中旗、新疆和田市、皮山农场、湖北省丹江口市 6 个地区百余种农副产品。通过消费帮扶推介沟通会，搭建了海淀区工会与海淀区消费扶贫双创分中心的沟通平台，进一步加深了工会对脱贫地区农副产品的了解，更好地推进消费帮扶工作。

2020 年 9 月，北京消费扶贫市区联动暨消费扶贫工会日活动启动。在启动仪式上，北京市直属机关工会、北京监狱（戒毒）管理局工会、北京首都开发控股（集团）有限公司工会、北京汽车集团有限公司工会的工会代表与北京市消费扶贫双创中心签署扶贫产品采购协议。启动仪式后，各级工会纷纷开展消费帮扶工会日活动。

此外，北京市总工会还把消费扶贫产品和常态化的慰问工作嫁接起来。2020 年，北京市总工会采购 173 万元消费扶贫产品，慰问 30 多家基层单位职工，其中，在档困难职工 415 名、困

---

① 参见 https://www.bjzgh.org/ywdt/ywdt/202201/20220104/j_20220104144052000164127860 49449355.html。

难职工 545 名、一线职工 15399 名。

（十六）中国龙江森林工业集团有限公司[①]

中国龙江森林工业集团有限公司（简称"龙江森工集团"），于 2018 年 6 月 30 日由原中国龙江森林工业集团（总公司）改组成立，为大型国有公益性企业，黑龙江省委省政府赋予生态建设、产业发展和林业投资三项功能。集团公司注册资本 16.8 亿元。

龙江森工集团所辖重点国有林区位于北纬 43°30′至 49°01′、东经 127°01′至 134°05′，包括小兴安岭和完达山、老爷岭、张广才岭等山脉。森林经营总面积 658.56 万公顷，占黑龙江省国土面积的 14.5%，其中有林地面积 557.61 万公顷，活立木总蓄积 6.56 亿立方米，森林覆盖率 84.67%，是东北亚陆地自然生态系统的主体之一，是黑龙江、乌苏里江、松花江、绥芬河四大水系发源地和涵养地，是东北"大粮仓"天然生态屏障，是国家重要的木材战略储备基地和森林工业基地，在保障国家生态安全、国土安全、粮食安全、能源安全以及促进绿色增长中具有重要的战略地位。

龙江森工集团深入贯彻习近平生态文明思想，积极践行"两山"发展理念，坚持把生态建设作为集团首要职责，聚焦人们对优质生态产品的需求，依托森工资源、生态形成的供给优势，统筹布局生态建设、产业发展、林业投资"三大"核心任务，大力发展非林替代产业，加快构建以营林、森林食品、种植养殖、旅游康养、林产工业为主的"五大"产业体系，探索"两山"转换机制，提升生态建设水平，加快推进绿水青山变成金山银山，努力形成生态保护与经济发展良性转换、相互促进的科学经营机制，不断增加绿色优质林产品供给，推动林业产业提质增效、转型升级，增强市场竞争力。

龙江森工集团通过开展"我为群众办实事"实践活动助力乡村振兴。该活动以解决"民生痛点"为基本要求，以"所思所盼"为努力方向，梳理民生项目清单、设立工作台账，用心用情用力办实事。截至 2021 年底，龙江森工集团层面确立的 18 件实事已全部完成，完成率 100%，全系统确定的 1679 件实事已 100% 完成。把实事办好、好事办实，职工群众获得感、满意度、幸福感显著提升。龙江森工集团党委分析制约林区发展问题、聚焦解决职工群众的"急难愁盼"，将林区内的"闹心路"改造升级成为方便群众出行的"便民路"、助推林区高质量发展的"高速路"、展示企业形象和精神面貌的"标志路"。据统计，龙江森工林区累计新建或维修林区公路 2254.96 千米。[②]

1. 打造宜居环境

2021 年，龙江森工集团坚持把美丽林场所建设与产业发展、百姓增收和民生改善紧密结合起来，深入开展"我为群众办实事"实践活动，打造生态宜居环境。2021 年初，龙江森工集团推出"双百"行动，广泛开展了"我为群众办实事，植绿护绿当先锋"义务劳动活动，推进企地共建，支持绿化美化乡村 174 个、提供绿化苗木 107.5 万株，助力乡村振兴。

2. 帮扶困难职工

龙江森工集团采取多种线上方式向林区职工群众推广蔬菜、食用菌、经济林栽培种植技术，积极帮助广大种植户解决选种困难，种植、养殖技术不强等问题。据统计，2021 年集团已开办农业技术培训班 62 期。此外，龙江森工集团对 200 名困难职工实行了建档立卡、对策帮扶，在医疗、就业、助学、培训方面实现了全覆盖。

---

① 参见中国龙江森林工业集团有限公司网，http://www.ljforest.com.cn/。

② 参见人民网，http://hlj.people.com.cn/n2/2022/0106/c220024-35084621.html。

（十七）贵阳市交通投资发展集团有限公司[①]

贵阳市交通投资发展集团有限公司（简称"贵阳市交通集团"）成立于2009年4月，总部位于贵州省贵阳市观山湖区，是一个集公益性、服务型、实体化为一体的贵阳市正县级国有企业，依托国内、国际资本，主要负责市政道路、文教卫生、枢纽站场、高速公路等基础设施投建运工作，产业布局覆盖能源环保、置业开发、智慧停车、商贸物流、职业教育、供应链等板块。集团资产总量约723亿元，国有资本保值增值率100%，国内信用评级2A+，资产负债率48%，有息负债率14%，债务结构总体优良。

为深入贯彻落实贵阳市委、市政府和市国资委安排部署，贵阳市交通集团高度重视助力乡村振兴工作，充分发挥国有企业自身优势，结合帮扶联系村发展实际，扎实做好深入调研摸清底数、完善基础设施建设、大力发展特色产业等工作，精准有效开展帮扶，助力当地做好巩固拓展脱贫攻坚成果同乡村振兴有效衔接。开阳县花梨镇十字村和高寨乡平寨村为贵阳市交通集团的2个结对帮扶村。

1. 产业帮扶

贵阳市交通集团驻平寨村第一书记积极协助村支两委，建强现有菊花产业、蓝莓产业生产基地，因地制宜针对引进吊瓜项目、生姜深加工项目，并由集团公司作为后盾帮扶单位与"黔货出山"相关平台进行对接，为后期平寨村农产品顺利销售，发展集体产业打下根基。

2. 基础设施帮扶

乡村要振兴，基础设施建设是关键。贵阳市交通集团充分发展自身优势，积极主动熟悉掌握村情民意，并充分发挥桥梁纽带作用，为帮扶联系村完善基础设施建设，夯实乡村振兴根基。

（1）助力补齐饮水安全短板，让群众喝上安全水放心水。针对开阳县平寨村上卜、下卜和新寨3个村民组实施人居安全饮水工程项目存在资金缺口问题，贵阳市交通集团及时召开党委会并拨付7.9万元资金用于购买部分主水管及其他管材，帮助平寨村解决193户群众饮水安全问题和56户困难群众水表。

（2）助力硬化入户路，提升群众获得感。贵阳市交通集团组织工作人员实地查看丈量帮扶村部分群众入户路未硬化情况，协调集团项目管理公司帮助40余户群众完善约1.4千米入户道路，由集团项目管理公司提供水泥和砂石等费用，由群众投工投劳自行建设完成，资金投入约7.56万元。

（3）助力完善产业路，兴业富民强经济。2019年，贵阳市交通集团为望谟县大观镇大塘村蛋鸡养殖场修建配套公路，解决蛋鸡场材料运进、产品运出问题，助推农产品出山。2020年，协助开阳县平寨村修建了平寨村"组组通"道路，解决农民出行"最后一公里"；为楠木渡镇新凤村在猕猴桃产业园区修建一条长2.5千米，宽3.5米的园区便道，帮助解决生产运输问题，助力集体经济发展。

贵阳市交通集团充分发挥交通在项目建设、管理、技术等方面优势，在试点村项目实施进度管控、过程管理、成本控制、质量监督等方面加强工作指导，帮助有序推进项目建设，提升建设质量。对于干部群众需求迫切、资金来源暂未落实的部分项目，结对帮扶企业予以适当补助。2021年7月为修文县索桥村的红色美丽乡村建设提供30万元资金支持。

[①] 冉婷林. 彰显国企担当　助力乡村振兴——贵阳市交通集团精准开展帮扶工作速写 [N]. 贵阳日报，2021-10-11（A2）.

（十八）浙江省国际贸易集团有限公司①

浙江省国际贸易集团有限公司（简称"浙江省国贸集团"）是省属企业，于2008年由原荣大集团、中大集团、东方集团合并成立，主要从事商贸流通、金融服务和生命健康三大产业，旗下各级控股企业300余家，控股浙江东方、英特集团、康恩贝、亿利达四家上市公司。

近年来，集团坚持以党建引领发展，以改革释放动能，以创新激发活力，以文化促进融合，经营质量效益大幅提升，主要指标连创历史新高，取得了转型发展突破新成就，全面确立了向上向好的发展态势。2020年，浙江省国贸集团实现营业收入719亿元、利润总额36.08亿元，分别同比增长12.47%、23.05%；年末资产总额达1297.46亿元、净资产达406.55亿元，分别较期初增长30.67%、40.36%，列中国企业500强第289位，浙江省属企业综合考核第3位。

2018年4月，浙江省委启动"千企结千村、消灭薄弱村"工作。为深入推进浙江省消除集体经济薄弱村三年行动计划的实施，充分发挥国有企业主力军作用，助力乡村振兴，2018年7月，浙江省国贸集团成立了"消薄"工作专班，强化对"消薄"工作的组织领导，并安排有乡镇工作经验的同志担任"消薄"驻村干部，负责跟踪协调项目推进，真正做到"驻点式"帮扶。浙江省国贸集团向张村乡捐赠了"消薄"工作首笔启动资金200万元。

浙江省国贸集团主要围绕以下三个方面做实做好结对帮扶工作：

（1）坚持党建先行。集团党委担负起帮扶工作的主体责任，主动将结对帮扶与省委部署的"大学习大调研大抓落实"活动结合起来，认真开展村企党建结对共建活动，抓实抓好，确保高质量推进结对帮扶工作。同时，积极吸收借鉴当地党建工作的优秀做法，推动集团党建工作迈上新台阶。

（2）抓牢帮扶重点。把产业帮扶作为"消薄"首位，明确路径，选好项目，配好资金，整体推进。要立足结对村的生态、产业现状，做好深度开发，做好集团的农副产品出口业务与结对村现有自然资源整合对接，做好结对村农副产品的网络直销和新鲜直运服务，做好适应当地气候的中药材种植培育工作。要加强旅游服务业建设，依托太阳寺、琚源寺祈福圣地等资源，发展好运旅游，依托各结对村的传统文化、自然生态优势，发展休闲文化旅游，依托江浦县委旧址、红岩顶红色革命老区等资源，发展红色旅游，以点带面，点面结合，带动当地民宿、农家乐等旅游经济的发展。

（3）提升帮扶效果。要按照集团党委的统一安排部署，形成"1+5"的帮扶模式，有分有合，统筹开展，实现各结对企业、各结对村资源的协同共享，扩大帮扶的广度；要充分调动村民的主动性与积极性，与衢州、江山各级紧密协作、并肩作战、形成合力，加大帮扶的深度；要发挥自身优势，充分利用企业的人才、资金、信息等优势资源，找准帮扶的契合点，加大帮扶的力度，全力以赴完成"消薄"任务，为谱写乡村振兴的浙江篇章做出省国贸集团应有的贡献。

在开展结对帮扶工作的三年来，浙江省国贸集团取得了阶段性成效。截至2021年10月，浙江省国贸集团捐赠帮扶资金600余万元，项目投资1亿元，争取地方财政资金500余万元，使6个村的经营性收入从结对前的40.35万元提高至2020年底的137.78万元，增长了241.46%，各结对村基础设施不断完善，乡容村貌明显改善，村集体经济稳步壮大，在乡村振兴的道路上向前迈出了坚实的一步。

---

① 参见浙江省国际贸易集团有限公司网，http://www.zjibchina.com/。

（十九）阿里巴巴集团控股有限公司

阿里巴巴集团控股有限公司（简称"阿里"）于 1999 年在浙江省杭州市创立。阿里巴巴集团经营多项业务，另外也从关联公司的业务和服务中取得经营商业生态系统上的支援。业务和关联公司的业务包括淘宝网、天猫、聚划算、全球速卖通、阿里巴巴国际交易市场、1688、阿里妈妈、阿里云、蚂蚁金服、菜鸟网络等。

1. 脱贫基金

2017 年，阿里设立脱贫基金，计划五年内投入 100 亿元，从教育、健康、女性、生态、电商五个方面助力乡村脱贫振兴。近年来，围绕五大领域，阿里取得了阶段性的成果。一是教育方面，"马云乡村教育计划"已服务 327 个贫困县的 600 位乡村教师和 60 位乡村校长，近 15 万学生从中受益；"蔡崇信职业教育计划"服务了 75 个贫困县的 3000 多位老师和 2.3 万余名学生；阿里公益和众多公益机构协同，为 16.6 万乡村学童建起了现代化多功能操场和专业音乐教室；让 236 所乡村学校的 12.3 万师生用上了净水装置。二是健康方面，5 亿网友、200 万商家通过阿里公益平台捐助了 71 亿笔爱心款，助力"顶梁柱健康扶贫公益保险"为建档立卡贫困户提供了 1138.66 万人次的健康保障；通过阿里健康网课平台，贫困县域的医生们得以学习数十堂名医课程，切实提升了医疗服务水平。三是女性方面，"加油木兰"为超过 238.8 万名建档立卡贫困女性提供了教育及健康保障；"魔豆妈妈"累计培训女性 3.19 万人次，带动超过 4.26 万人实现就业，覆盖 25 个省域。四是生态方面，5.5 亿人在"蚂蚁森林"累计种树 2.2 亿棵，累计碳减排 1200 多万吨，为 180 万人次提供绿色就业机会，劳务增收超 2.7 亿元。五是电商方面，2019~2021 年，阿里脱贫基金发起"村播计划"、一县一业等项目，在淘宝开设扶贫专区，并累计培训农村主播超 1.5 万人次。阿里巴巴集团多次组织普安当地商家通过淘宝直播"村播计划"直播卖货，组织电商培训 2000 人次以上，带动 2000 多名脱贫户稳定增收。[1]

2. "热土计划"

2021 年 5 月，阿里发布了"热土计划"，在继续保持投入、巩固乡村脱贫成果的基础上，从科技振兴、产业振兴和人才振兴三个方向推出助力乡村振兴的"热土计划"，并将"阿里巴巴脱贫基金"全面升级为"阿里巴巴乡村振兴基金"，全面保障"热土计划"各项举措不折不扣，确保成效。一是在科技振兴领域，投入专项资金，加大包括智慧育种技术在内的农业技术科研投入，以蚂蚁链技术助力农产品溯源，进一步探索新科技在乡村落地生根。二是在产业振兴领域，重点打造 8 个"十亿级品牌农业产业带"，建设县域生态农产品品牌，并将打造 10 个"乡村旅游标杆县"；与此同时，建设更多菜鸟共配中心和上行物流中心，进一步拓宽乡村产业发展的线上线下通路；辅助 10 个重点县域搭建基层治理平台，并联合平台商家，为 300 所乡村卫生室提供医疗设备，进一步助力提升乡村社会服务水平。三是在人才振兴领域，将重点资助 1600 位乡村校长、教师和师范毕业生，为县域中职学校打造职业人才培养范式；同时将提供 1000 门专业课程，培养 100 万乡村电商从业者；建立 10 个数字产业基地，为欠发达地区女性提供 10 万人次就业机会；在乡村医疗体系建设上，将为 300 家县域医院提供学习培训，提升 7000 位乡村基层医生专业能力。[2]

（二十）中国机械工业集团有限公司[3]

中国机械工业集团有限公司（简称"国机集团"）是中央直接管理的国有重要骨干企业，

---

① 参见经济参考报网，http://dz.jjckb.cn/www/pages/webpage2009/html/2021-05/18/content_74005.htm。

② 参见澎湃网，https://m.thepaper.cn/baijiahao_12749366。

③ 参见中国机械工业集团有限公司网，http://www.sinomach.com.cn/。

发源于第一机械工业部，由原机械工业部 70 多家科研设计院所、装备制造和工贸企业沿革发展而来。国机集团目前拥有 28 家直接管理的二级企业，13 万余从业人员，13 家上市公司，是世界 500 强企业，连续多年位居中国机械工业百强首位。

国机集团是一家多元化、国际化的综合性装备工业集团，致力于提供全球化优质服务，以打造科技驱动的世界一流企业为总体定位，聚焦科技研发与服务、先进装备制造、工程承包与供应链三大主业，重点发展工业基础研发、高端重型装备、高端农林地质装备、高端纺织装备、设计咨询与工程承包、供应链集成服务、汽车与会展、产融投资八大业务板块，积极培育节能环保、新能源等新兴业务。业务涉及机械、能源、交通、汽车、轻工、船舶、冶金、建筑、电子、环保、航空航天等国民经济重要产业，在全球 100 多个国家和地区设有 300 余个驻外机构，业务遍及五大洲。

国机集团秉承"合力同行，创新共赢"的企业理念，致力于"和"文化建设，努力推进以价值、创新、绿色、责任、幸福为核心内涵的"五个国机"建设，坚持走高质量发展道路，发挥中国机械工业科技进步的引领者、中国机械工业行业标准的主要制定者、中国机械工业行业发展的主要规划者、国家重大技术装备产业链安全的重要保障力量、中国装备"走出去"的主力军、中国机电产品供应链集成服务的重要平台"六种作用"，奋力建设具有全球竞争力的世界一流企业。

河南省淮滨县是国机集团四个定点帮扶县（区）中帮扶时间较长的一个县。国机集团坚决贯彻落实习近平总书记重要指示和党中央重大决策部署，把助力脱贫攻坚作为重大政治任务，与淮滨县委、县政府紧密配合，实施 90 多个帮扶项目，累计投入帮扶资金近 5100 万元。自 2016 年以来，先后选派 3 名扶贫干部，与全县广大干部群众一起完成了淮滨县如期脱贫"摘帽"、97 个贫困村全部出列、85684 名建档立卡贫困人口全部脱贫的攻坚任务。淮滨苏美达服装科技发展有限公司①（简称"淮滨苏美达"）荣获"全国脱贫攻坚先进集体"称号。2021 年，集团定点帮扶淮滨县工作在教育扶贫、人才技能培训、改善民生等方面，重点谋划实施了 11 个帮扶项目，涉及特色产业、教育培训、基础设施、公共服务等方面。②

1. 产业帮扶

"用好优势，做强产业"是国机集团在淮滨重要的帮扶工作思路。国机集团继续做大做强淮滨苏美达"一个服装总厂+多个贫困村扶贫车间"的立体化精准扶贫模式。2021 年，淮滨苏美达 1~9 月销售收入同比增长 26%。截至 2021 年 10 月，已累计为当地解决就业 1400 人次，提供了 209 户建档立卡贫困户就业岗位，职工平均月收入 3000 余元，大幅超过当地城乡居民收入水平。此外，淮滨苏美达服装公司职工培训中心面向淮滨县纺织服装产业工人，利用苏美达轻纺行业优势，提供优质资源平台，保证学员接受系统、专业的职业技术培训，提升当地从业人员职业技术水平。淮滨苏美达还注重企业文化建设，组织开展职工技能大比拼、趣味运动会、自强感恩活动等各类活动，对于表现突出的职工张榜表扬，设置宣传栏、报栏、职工活动中心等文化载体和阵地，丰富职工生活，提升幸福感。

2. 教育帮扶

改善教育环境是教育帮扶的重要一环。2021 年，国机集团投入 500 多万元，积极改善淮滨中小学校园环境，深入推进乡村温馨校园建设，让孩子们在家门口就能"上好学"。国机集团帮扶项目提供的智慧黑板、录播教室等电子化教学设备正逐步补齐当地教育硬件建设短板，为师

---

① 苏美达服装科技发展有限公司位于淮滨县产业集聚区淮河大道以北，G328 国道以西，是由对口帮扶淮滨县的中国国机集团子公司江苏苏美达轻纺国际贸易有限公司投资兴建的一家集设计、研发、生产与销售为一体的出口创汇型外贸企业。

② 参见澎湃网，https：//m.thepaper.cn/baijiahao_14915417。

生们优化课堂教学、分享名校名师资源带来便利；新建足球场、师生健身场地、太阳能路灯等设施，为师生们打造更加舒适便捷的学习生活空间。为乡村教育振兴"强筋壮骨""注入活力"，硬件条件上去，园丁培养更不能忽视。2021 年，国机集团采用线上与线下结合的方式，组织淮滨县中学骨干教师和中小学校长 150 人次开展为期七天的能力提升培训，对提升淮滨县整体教育教学水平起到了积极效果。

此外，围绕村委干部巩固拓展脱贫攻坚成果与乡村振兴的有效衔接等内容，国机集团还对三空桥乡 22 个行政村的基层"两委"干部进行教育培育，着力提升村干部基层治理能力和村"两委"干部的整体素质。

（二十一）上海国盛（集团）有限公司①

上海国盛（集团）有限公司（简称"上海国盛集团"）成立于 2007 年 9 月，是市政府批准成立的大型国有资本投资运营平台公司。作为上海经济转型升级和国资国企改革的时代产物，上海国盛集团在创新国资运营体制机制、推进国有股权运作流动、投资培育战略性新兴产业、盘活整合国有存量资产等方面发挥积极作用。

近年来，上海国盛集团紧紧围绕国家和上海经济社会发展要求，深刻领会习近平总书记关于上海发展总体要求的领航指向，牢牢把握"两个大局"，坚持"四个放在"，主动作为、敢于担当，以市场化、专业化、国际化、法治化为导向，在"三四五十"发展战略体系②的引领下，推进"双轮驱动"的平台化发展，夯实"国有资本运营、重大产业投资、基金战略配置"三大基础功能，着力构建具有广泛市场影响力的国资运营平台综合体，奋力创造新时代上海发展新奇迹。

上海国盛集团在乡村振兴领域开展了高强度的战略设计，形成了系统的发展战略体系，取得了丰硕成果。

1. 五位一体

以长三角乡村振兴投资基金为引擎，集团发挥国有资本的带动和示范作用，通过"党建+基金+产业+基地+智库"的运作路径，推动乡村振兴从点上"盆景"加快变成面上"风景"。

2. 六项部署

包括以下内容：①党建引领。围绕"共建、共治、共享"原则开展企村联建，通过设立党支部、派驻村书记，着力夯实基层党建根基。②主线明确。落实关于"乡村振兴既要塑形也要留魂"的指示精神，确立乡村振兴"塑形"与"铸魂"两条主线齐头并进。③产业集聚。根据乡村振兴"产业兴旺"核心要求，导入上海"十四五"重点规划的"五型经济"产业。④资本赋能。贯彻《长江三角洲区域一体化发展规划纲要》及市政府相关文件精神，筹划设立长三角乡村振兴投资基金。⑤试点突破。参与首批市级乡村振兴示范村——上海市奉贤区青村镇吴房村的建设运营，打造三产（一、二、三产业）融合、三区（农区、园区和镇区）联动的产城乡一体化样板。⑥创新发展。探索体制机制、开发建设、集中居住、资本平台、资产管理以及金融服务创新，强化形成集成式创新链。

---

① 参见上海国盛（集团）有限公司网，https://www.sh-gsg.com/。

② 上海国盛集团形成了以"三大基础功能""四大战略取向""五大发展目标""十大推进举措"为主要内容的集团"三四五十"发展战略体系，为更加精准地履行国资运营平台功能、更加全面地推进集团整体发展构建了四梁八柱。三大基础功能：国有资本运营功能、重大产业投资功能、基金战略配置功能。四大战略取向：建设大平台、培育大产业、推动大合作、构建大通道。五大发展目标：做提升上海城市能级和核心竞争力的推进器，做全球高端资源要素配置的生力军，做促进长三角产业创新、产业协同的引领者，做推动科技金融发展的探路人，做探索乡村振兴新模式的先行者。十大推进举措：以"双轮驱动"为引擎的平台化举措、以上市公司为载体的资本化举措、以国改基金为总枢纽的基金群举措、以产业创新为目标的区域化举措、以混改为突破口的主攻拳举措、以跨境并购为重点的国际化举措、以培育战新产业为导向的主力军举措、以提升资源集成能力为基石的集成商举措、以"管资本"为核心的集团管控举措、以人才资源为支撑的强企举措。

3. 三条路径

包括以下内容：①空间塑形，集中居住腾挪产业空间。加强农民相对集中居住与乡村产业发展的统筹谋划，推动构建生产与生活高度融合的乡村空间，将闲置的空间资产变为可承载产业的基地空间。②产业塑形，打造产业社区培育"五型经济"。将"五型经济"产业导入作为带动乡村区域经济发展的重要抓手和引擎，实现乡镇全域产城乡一体化整体开发格局。③人才铸魂，激活人才资源助力辐射推广。发起成立长三角乡村振兴人才发展中心及思尔腾乡村振兴学院，通过人才实训和人才机制建设为乡村振兴"铸魂"。

4. 五种模式

包括以下内容：①投资运营一体化的资本平台创新。长三角乡村振兴投资基金是投资运作、产业运营、资源整合的战略平台。思尔腾科技公司创新业务模式，主导参与乡村振兴全过程。②打包立项的开发建设创新。首创整体规划、打包立项方式，坚持"不策划不规划，不规划不设计，不设计不施工"的原则，乡村风韵得以最大程度保存，乡村特色得以最大化表现。③"就地上楼"的集中居住创新。设计"就地上楼"的集中居住方案，提升节地率的同时，避免了农民离土离乡。④数字科技赋能的资产管理创新。开发乡村数字化资产管理系统，实现"乡村资产+招商运营"数字化闭环的构建，解决乡村资产管理中的资产估值、收益变动、多方分红共赢机制等问题。⑤"投贷证债租"全渠道的金融服务创新。以长三角乡村振兴投资基金为驱动引擎，吸引社会资本与金融机构参与，运用投资驱动、投贷联动、债券融资、融资租赁、资产证券化等多种模式，实现全过程、全渠道的金融服务链联动。

5. 四大样板

包括以下内容：①青村镇"产业社区"样板。突出三产融合"产业社区"作用，"育智、引智、用智"着力打造乡村产业"孵化器、加速器"的核心竞争力，为乡村血脉产业提供温床和发源地。②吕巷镇"村民融合"样板。联动吕巷水果公园的产业资源及白龙湖综合开发的文旅资源，打造白龙湖水果小镇实现村民融合。③石湖荡镇"人才振兴"样板。以松江区石湖荡镇产业升级为切入点，全面深化G60科创走廊建设、"五个新城"发展，打造石湖荡G60菁英小镇实现人才振兴。④南涧县"对口帮扶"样板。携手南涧县于吴房村打造"南涧馆"，作为沪滇交流的窗口，以品牌联名、基地直供的模式帮助南涧特色农产品对接上海大市场，构建"前店（上海）后厂（南涧）"的农业产业链布局；以实地培训、远程指导的模式实现人才交流互动，强化上海大都市乡村振兴与云南大山里乡村振兴的有机结合，共同探索跨越区域空间的产城乡一体化。①

（二十二）山东省鲁信投资控股集团有限公司②

山东省鲁信投资控股集团有限公司（简称"鲁信集团"）初创于1987年，是山东省重要的投融资主体和资产管理平台。2015年改建为国有资本投资公司后，鲁信集团承担贯彻实施省委、省政府战略意图，引导带动全省经济转型发展、创新发展的功能，以金融投资和资产管理为主，兼顾基础设施和战略性新兴产业投资运营，致力于打造项目融资和投资理财综合解决方案提供商。

鲁信集团业务领域涉及金融资产投资与管理、创业投资以及新能源新材料、现代海洋、文化旅游、印务投资、石油天然气等投资运营业务。目前拥有山东省国际信托股份有限公司、山东鲁信实业集团有限公司、鲁信创业投资集团股份有限公司、山东鲁信天一印务有限公司、山东省鲁信金融控股有限公司、山东省金融资产管理股份有限公司、山东石油天然气股份有限公司、鲁信科技股份有限公司等权属机构。

---

① 参见百度，https：//baijiahao.baidu.com/s？id＝1715289715068362145&wfr＝spider&for＝pc。

② 参见山东省鲁信投资控股集团有限公司网，https：//www.luxin.cn/。

在长期发展过程中，鲁信集团不断提升研发创新能力和资产管理能力，积极致力于推动产业转型升级，服务经济社会发展，取得了良好的经济效益和社会效益。鲁信集团是中国投资协会国有投资公司委员会副会长单位、创业投资委员会联席会长单位。鲁信集团（本部）被中央精神文明建设指导委员会授予"全国文明单位"称号。

1. 金融产品促乡村振兴

鲁信集团坚决贯彻落实党中央决策部署和省委、省政府工作要求，紧紧围绕打造乡村振兴齐鲁样板重大政治任务，充分发挥金融牌照优势，以实际行动助推乡村振兴。努力践行以人民为中心的发展思想，不断推进小贷、融资租赁、保理等普惠金融业务做精做优做强，摸清"三农"金融服务需求，更好地满足农民群众对普惠金融的需求。近年来，结合区域农业特色产业，先后推出"牛信宝""鸭信宝""光伏贷""家庭农场贷"等产品，2021 年以来累计服务农户665 户，累计投放金额1.7 亿余元。在第三届"中国普惠金融创新发展峰会"中，鲁信小贷"惠农贷"产品获评"中国普惠金融产品创新典型案例"，全国仅 2 家小贷公司获奖。

2. "第一书记"促乡村振兴

近年来，鲁信集团精心选派第一书记深入山东省西南重点贫困地区，充分发挥自身金融业务优势，以资金扶持项目、以自有资源创新多种模式促进助力脱贫攻坚、推进乡村振兴，推动产业、教育等领域同步发展。鲁信集团累计派出 13 名省派"第一书记"和驻村工作队员，协调投入帮扶资金逾9000 万元，帮助帮包村抓党建、促脱贫，抓产业、谋振兴。在省国资委指导下，管理运作规模2000 万元的"国资惠农·慈善信托"，每年产生固定收益约 150 万元用于增加菏泽巨野县乡村集体收入。设立规模150 万元的奖学金作为公益信托长期存续，用于奖励帮包村当年被高等院校录取的学生，近 5 年累计发放 125.2 万元，460 余名学生受益。设立"鲁信天一班"，为 130 余名初、高中毕业生解决了无学可上或生计没有着落的难题。此外，鲁信公益基金会还通过各种形式在全省开展困难慰问、爱心助学等活动百余次，努力为乡村振兴贡献国企力量，充分展现新时代国企的良好形象与责任担当。①

（二十三）北京网库好单品信息技术有限公司（网库集团）②

1. 企业介绍

北京网库好单品信息技术有限公司（简称"网库集团"），1999 年 8 月成立于北京。公司从经营114 查号台网络平台起步，以产业数字化推动实体产业高质量发展为使命，始终关注企业优势单品的在线供应链应用，以为生产制造及种养殖企业提供单品在线供应链应用为主要服务，服务包括在线采购、在线批发分销、在线定制等，得到了地方政府和单品领域龙头企业的高度认可。凭借网库总平台注册的 2100 万家中小微企业会员（其中认证会员 400 万家），网库集团与地方政府及单品龙头企业联合打造类似于苹果产业平台的近 300 个产业数字化平台和近 10 个产业数字化总部园区，近三年来累计推动企业间在线交易额 6500 亿元以上。

公司2013 年承接实施了工信部"腾计划"项目；连续五年参加世界互联网大会，被《人民日报》《经济日报》等各大媒体重磅报道。至今，网库集团利用在 20 多年的发展中积累的 2100万中小微企业数据，为中小微企业进行数字化赋能，提供有力的数据支撑。①通过开放产业大数据、产业生态服务、产业数字营销系统、产业投资基金和产教融合五大资源，推动地方政府和大量中小微实体企业产业数字化应用；②围绕单品产业平台模式不断提升服务，逐步形成了产业通会员服务、产业合伙人工程、网库优品、中小微企业供应链金融服务、县域特色产业数

---

① 参见 http://paper.dzwww.com/dzrb/PDF/20220107/08.pdf。

② 本案例由北京工商大学洪涛教授推荐，北京网库好单品信息技术有限公司（网库集团）供稿。

字化总部基地五大核心服务，共同打造单品产业数字化平台服务生态系统；③通过开展"腾计划""百县千亿""千品孵化""百城千品"等系列大型工程，为中小实体企业升级转型提供了强大助力。

网库集团以服务广大中小企业为使命，依托网库集团的近300个产业数字化平台网和产业数字化总部园区及20多年的技术和数据优势，大力推进中小微企业的单品产业数字化应用。

2. 项目介绍：中国苹果产业网

（1）项目概况。

2022年，中央一号文件《关于做好2022年全面推进乡村振兴重点工作的意见》提出"聚焦产业促进乡村发展""大力发展县域富民产业""加强县域商业体系建设"。大力发展县域范围内比较优势明显、带动农业农村能力强、就业容量大的产业，推动形成"一县一业"发展格局。加强县域基层创新，强化产业链与创新链融合。加快完善县城产业服务功能，促进产业向园区集中、龙头企业做强做大。

苹果产业网落地于中国革命圣地延安安塞区。安塞地处黄土高原腹地，海拔较高、光照充足，昼夜温差大、空气湿度低，土层深厚、质地疏松，富含钾、钙、镁、锌、硒等多种微量元素，完全符合优质苹果生产的7项气象指标，是世界公认的苹果最佳优生区，也是全国66个苹果重点基地区之一。得天独厚的自然环境孕育出色泽艳丽、含糖量高、风味浓郁、耐贮藏、营养价值丰富的安塞山地苹果。西北农林科技大学教授、苹果专家赵正阳认为，陕西最有特色的是山地苹果，而陕北是最有发展潜力的地区。在安塞，几乎家家户户在种植苹果，安塞先后建成省级生态示范园5个、市级示范园40个、区级示范园147个，示范面积达3万多亩。2011年"安塞山地苹果"取得了国家地理标志证明商标，并通过了8000亩有机苹果生产基地认证。

千山重叠、交通闭塞，阻隔着安塞优势农产品的发展，优质的安塞山地苹果产销成了摆在农民面前的一道难题。当互联网之风吹抵黄土高坡，这里的苹果在销路上有了转机。2017年，为促进革命老区产业发展提升农民收入，延安市安塞区顺应"互联网+"发展大势，与网库集团共同打造"中国苹果产业网"旨在为安塞特色农产品向标准化、集约化、规模化、品牌化发展，拓宽农特产品网络销售渠道，为促进农业增效和农民增收创造条件，为"大众创业、万众创新"搭建平台，为安塞经济社会发展注入新活力、增添新动力，全民推动乡村振兴建设。

（2）取得的成绩。

平台会员方面，目前中国苹果产业网在全国范围注册企业级（包含合作社）会员4293家；延安市范围内458家；安塞区范围内108家。平台注册用户类型包含供应商、采购商、物流、金融及苹果行业相关的第三方服务机构。

产业人才方面，在企业孵化和人才培训方面分别完成了当地213家的平台大数据应用和2258人的人才孵化。在安塞区共计孵化108家企业（合作社），孵化电商人才2258人，开展产业互联网人才培训方面《普及班》10期、《初级班》12期、《中级班》3期、《技能班》2期、《贫困户专项班》3期。

市场情况方面，苹果产业大数据应用项目目前已完成平台搭建及前期数据整合，通过产业链数据应用为部分企业提供了切实可行的生产、加工、营销解决方案。为安塞果业发展及区域品牌的打造和推广做出了较好的成绩，现已与苹果交易市场达成战略合作200余家，北京新发地、河北高碑店、南宁海吉星、福建福州海峡市场、广东运城市场、江西九江、西安雨润市场等客商采购产地采购，交易额5000余万元，苹果产业网与中粮集团、中国建设银行等合作带动了安塞产业发展。

平台交易方面，平台经过推广和宣传已经拥有较大的知名度及忠诚的客户，对平台的客户体验感进行优化、调整，对后台数据库进行数据分析，重点运营指标20个、关键词排名百度首页、全年独立 IP100 万、企业单品通 IP10 万、ALEXA 世界排名 50 万以内，制作产品专题进行有针对性的营销。累计优质会员激活 2360 家、服务外包收入 110 万元、存量交易 3160 万元、增量交易 8140 万元，线上线下累计 GMV18.7 亿元。

（3）具体的运营措施。

一是为平台会员提供五大服务。①入驻专业平台：产业网开通旺铺，一键装修精美店铺，无限量发布商机，支持多种交易方式；帮企业建立自己的移动分销商铺，开展渠道分销和移动管理；专人服务，专业运营人员一对一指导企业开展网上生意，为企业提供；电商运营服务，搭建电商运营体系，解决电商运营问题。②获取精准商机：通过网库联盟推广、店铺收录推广以及百度排名推广，为企业提供多渠道、全方位网络推广，提升企业品牌及知名度；上百套海报及专题模版，多种类型商品标签设置提升曝光度；以平台千万级大数据为基础，智能匹配优质商机，促进交易达成；人工采购撮合精准匹配买家；企业自主填写设置信息，通过订阅主动获取商机；主动向买家发送商品报价。③广告推广、黄金展位：在产业网搜索结果页黄金展位广告位推广。④搜索引擎推广及搜索排名：百度 PC 首页和百度手机端首页推广；在产业网及网库旗下 300 多个产业网上投放关键词，享有搜索固定排名，精准引流。⑤增值服务、线下活动：优先参加 O2O 订货会、买家对接会等，为会员提供产品推广，增加生意机会。

二是为平台运营整合资源推广。①产业链资源整合。整合全国苹果产业链上下游数据，形成苹果产业大数据、终端销售、仓储、物流、金融的全产业链服务，拓宽媒体合作渠道，加强与第三方合作。②建立产业联盟。通过苹果产业协会、商圈、社区等自发机构的合作，联合区域龙头企业、行业专家、政府机构发挥各自职能，确立产业各项标准，建立产业联盟。③产业大数据服务。综合市场需求，通过大数据分析市场竞争趋势，通过供应链应用实现全产业数据共享。线上：产业聚集，开放数据，品牌授权，产品溯源，政府背书；线下：政策扶持，落地服务，培训保障，展览展示，招商服务。④产业平台推广引流。整合行业大数据，利用苹果产业网的平台优势，在日常运营过程中逐步积累并整合了苹果行业的企业会员、供应产品、价格信息、采购趋势、地域特点、行业新闻等各类数据信息，为苹果推介各类专业文章。

三是为企业打造多类型交易平台。打造苹果线上交易大市场，苹果产业网作为线上 B2B 产业数字化平台，依托交易服务、商机撮合、采购定制、信用认证等产品功能体系，构建起了一个苹果行业线上线下交易平台。

四是为苹果产业构建生态。通过政府政策引导、网库技术运营支持、企业参与、第三方配套服务等多方保障，使以苹果产业为中心的上下游企业，依托平台线上化、数据共享化，以安塞为中心辐射全国，形成苹果产业上下游聚集中心，提升县域经济竞争力。立足产业发展及企业经营需要，引入第三方专业服务机构，打造全方位产业服务生态，平台作为中立方构起了集金融服务、认证检测、知产服务、物流仓储、营销推广、包装策划、教育培训等一系列围绕苹果产业的各类服务，带动产业转型升级，是国内单品产业大数据生态服务的首例。

五是为苹果平台整合资源开展活动。通过平台在行业内发布百强评选、十佳企业（如中国苹果产业网最受欢迎供应商评选、最受消费者信赖十佳品牌评选等活动），增加网站知名度及人气。会员优先获得评选资格，当选后获得百强企业专属频道、专属标识、证书、牌匾等权益；同时开展产业发展论坛聚焦产业发展方向，联合学术研究机构制作行业发展研究报告等。

（二十四）湖南惠农科技有限公司（惠农网）①

湖南惠农科技有限公司（简称"惠农网"）创办于 2013 年，根植湖南，辐射全国，是国内

---

① 本案例由北京工商大学洪涛教授推荐、湖南惠农科技有限公司（惠农网）供稿。

领先的农业产业互联网高新技术企业，以农业互联网信息服务平台为基础，深度布局县域农业产业服务及农业大数据和金融服务，致力于用先进的"数字化+农业"技术提升农产品流通效率，赋能赋智农业产业升级。

1. 企业介绍

惠农网线上交易平台囊括水果、蔬菜、畜禽肉蛋、水产、农副加工、粮油米面、种子种苗、农资农机等18大类目、2万多种常规农产品，是农业从业者的必备"新农具"之一；同时，服务下沉产地，精准布局产业链关键节点，构建起县域农业产业服务生态；自主研发"惠农大数据"，打造大数据服务体系，为县域电商和数字农业、智慧农业发展提供大数据和金融服务。

目前，惠农网覆盖全国2821个县级行政区，用户逾3400万，年线上线下交易额超过100亿元，深度开展的服务项目遍布全国20省80余个县域，在促进农产品出村进城、区域农业数字化转型、农业电商助力乡村振兴等方面有着丰富的实操经验和标杆案例。

因业务能力突出，惠农网现为商务部中国电商乡村振兴联盟主席团成员、商务部电子商务公共服务惠民惠企行动伙伴、农业农村部"互联网+农产品出村进城第三批企业"、中央农广校全国农民手机应用技能培训联盟成员、阿里巴巴数字乡村项目服务商、华为云生态优秀解决方案合作伙伴；并获评农业农村部"2021数字农业农村新技术新产品新模式优秀项目"、国务院扶贫办"2019年全国电商精准扶贫典型案例50佳"等40余项荣誉。

2. 具体做法及取得的成绩

秉承"让农民更富裕 让居民更健康"的初创愿景，惠农网充分发挥自身业务优势，与多个县市（区）深度合作，促进产业富农、人才兴农，赋能乡村振兴，推进共同富裕。

（1）农业互联网信息服务平台，为农产品流通提速增效。

线上交易平台是乡村振兴的重要动力和创新载体。惠农网平台覆盖APP、PC站、M站、微信小程序四端，在线交易功能涉及的农产品品种、用户规模、活跃用户数、年交易额等均在业内遥遥领先。基于庞大的供应商和采购商规模，创新推出行情、农技、社群、直播、物流、金融等丰富的产品功能，把"农"字做到专，促进流通效率大幅提升，帮助更多涉农群体"触网"增收。2019年以来，平台用户年均增长83.9%，2021年农产品销售同比净增33.8%。

2020年上半年新冠肺炎疫情防控期间，惠农网连续奋战，累计为贫困地区撮合产销对接近1000万次，达成交易总订单数141.18万笔，带动近3000种农产品销售，其中，销售种苗2.31亿株、禽畜苗3055万只、柑桔1.77万吨、大蒜6710吨、肥料饲料2425吨、农机设备6万台，帮助湖南泸溪、新宁、麻阳等县销售农产品7908.56吨，在有效促进农产品流通、稳价保供方面发挥了重要作用，获商务部感谢信。

（2）县域农业产业服务，助推农业农村现代化发展。

为帮助产业长效发展，2018年起，惠农网农业产业服务下沉产地市场，通过不断完善基础设施服务、供应链标准化、品牌培育、防伪溯源、县域人才培训等整体配套，为涉农企业、个人及政府部门提供电商生态体系"一站式"解决方案，加速产业链条上产、存、运、销、管等关键环节的数字化改造，助力农业农村现代化发展。

目前，惠农网服务县域已由湖南省内走向全国，足迹遍布湖南、陕西、内蒙古、黑龙江、吉林、江西、四川、安徽、浙江、云南、河北、河南等20个省超80个县域，其中2021年新增服务县23个。近年来，惠农网在全国完成各类线下培训超3000场，服务逾20万人；累计打造和服务农业品牌98个，包括"洞口雪峰蜜桔""麻阳冰糖橙"等"网红"品牌。优秀的建设成果和经验方法多次被商务部、农业农村部、原国务院扶贫办、湖南省商务部、原湖南省扶贫办等各级政府部门，《中国扶贫》《农业信息化》等国家重点期刊以及中央电视台、《农民日报》《国际商报》《中国经济导报》《中国县域经济报》《湖南日报》等媒体广泛宣传。

湖南市场方面，惠农网在洞口、新宁、泸溪、麻阳、中方、沅陵、新邵、临澧、衡南、宁远、绥宁、南县、安仁、汝城、江永、东安、临武、长沙、韶山等市县开展驻地服务，有效带动农产品上行，让农村电商成为农村现代化的新动能、新引擎，获得业主方一致好评。2021年，湖南省内"电子商务进农村综合示范"项目市场占有率87%，多个项目在全国验收中获评"优秀"。

全国脱贫攻坚决战时期，惠农网提出并实施"人+货+链"可持续扶贫助农模式，向832个原贫困县脱贫攻坚输送力量，深度开展的驻点扶贫工作遍布全国8省22个国家级贫困县4717个行政村，2020~2021年累计销售贫困地区农产品10.65亿元。

（3）农业大数据与金融服务，为乡村振兴引来"源头活水"。

2016年，惠农网率先布局大数据，全力打造了以农产品电商数据为主的农业专业数据库和农业大数据服务平台——"惠农大数据"，为乡村振兴添"智"提"质"、注入"活水"。惠农大数据辐射地域广、覆盖品类全、数据体量大、真实可追溯，现有标准化农产品及农业投入品数据6亿多条，每日稳定更新的农业电商标准化数据可达20多万条，已在农业生产、交易、服务、金融、保险和政府辅助决策等方面全面应用。

自2018年以来，惠农网为农业农村部、中国农技协、湖南省农业农村厅等独家提供农产品电商行情类专业报告300多份，并被编入农业农村部内刊《信息监测与研究》；为政府、行业协会、数十家涉农企业提供数据定制服务；与湖南工商大学、湖南农业大学、湖南人文科技大学、哈尔滨工业大学等高校广泛开展大数据产学研合作。

针对农业金融服务成本过高、服务下沉渗透不足等问题，惠农网利用自身平台资源及数据优势，构建农产品生产经营主体的电商信用系统，并于2019年起，联合中国工商银行、中国建设银行、网商银行等金融机构为有资金困难的涉农主体推出了"惠农金融"服务，提供便捷的金融产品和服务，帮助解决资金周转问题，助力推进金融支农政策广泛落地。2022年1月，中国工商银行全国首笔"聚富通"线上普惠融资贷款业务在惠农网落地。

自创办以来，惠农网充分发挥自身业务优势，深度参与了中国脱贫攻坚和乡村振兴，始终致力于"三农"服务，是乡村振兴的长期实践者。

2022年初，惠农网进一步升级助农、扶农举措，正式发布乡村振兴整体行动"先蜂计划"，依托惠农网自身平台、产业、大数据等农业产业链综合服务优势和资源，聚焦产业和人才两大乡村振兴关键领域，在农业主产区全力推进"产业先蜂"四个体系、两个平台建设，让产业帮扶在更多县域有效落地，实现县里有产业，乡里有品牌，村里有服务，加速农业产业升级步伐；全力推进"新农先蜂"两个训练营、一个网红工程建设，孵化培育乡村振兴带头人、新型职业农民和"三农"头部网红，实现乡土人才出圈出彩，继续为共同绘就产业旺、农村美、农民富的乡村振兴新画卷贡献"惠农力量"。

3. 深度服务案例

（1）麻阳苗族自治县：发展"人+货+链"模式，构筑电商帮扶"新格局"。

湖南省麻阳苗族自治县（简称"麻阳"）是惠农网深度服务的县域之一，位于湘西边陲，是原国家级贫困县，冰糖橙是当地经济支柱产业。受自然条件、经济基础等影响，其产业发展面临人才缺乏、农产品标准化和品牌化滞后、产销对接不畅等诸多困难。

2017年，惠农网走进麻阳，助力完善冰糖橙、黄桃等主产业供应链，开展产销对接，有效推动当地产品出村进城。2019年10月，惠农网与麻阳开展深度合作，创新运用"人+货+链"可持续发展电商模式，通过完善县乡村三级物流体系建设等基础设施服务、供应链标准化、品牌培育、防伪溯源、县域人才培训等整体配套，以"孵化创业新农人、打造特色新产业、构建营销新链路"为实施路径，助力麻阳产业升级和乡村振兴。

经过三年多的持续帮扶，惠农网为当地培训电商学员 9134 人次，孵化区域品牌 2 个，建设可持续运营的县级电商公共服务中心 1 个、县级农村电商仓储物流配送中心 1 个、村级电商服务站 144 个。2021 年，麻阳电子商务交易额 28.32 亿元，同比增长 31.82%；农村产品网络零售额 4.72 亿元，同比增长 43.03%。惠农网的长期服务，极大地推进了麻阳县域农产品进城及外部资源留乡，也有效地推进了麻阳减贫脱贫和乡村振兴、农村电商工作高质量发展。

（2）泸溪县：实施"百村百红"培训计划，培育本土网红保障"三农"发展。

为培育具有泸溪特色的"网红大 V""带货达人"，惠农网在当地深度落地"百村百红"培训计划，建立"普及+进阶""线上+线下""理论+实操"的电商人才培训机制，并强化训后服务，以比赛代培训、以活动强本领、以游学拓眼界，指导学员在实践中学习与成长。截至 2021 年 12 月，线上线下培训累计开展 152 场，帮助 1800 多人"触网"，孵化网店 1233 家、电商创业精英 500 多名。

与此同时，惠农网与培训学员、拥有 5.4 万粉丝的新晋"湘西网红"舒扬深度合作，打造了当地正式挂牌的第一个网红示范基地"惠农网·湘遇舒扬·网红直播孵化基地"，由惠农网提供直播培训、供应链指导及资源导入，构筑懂电商经营、能玩转视频营销、能带动产业发展的本土网红队伍，推动当地的农业产业向更高质量、更深层次发展。

如今，泸溪已建成包括舒扬在内的 50 余位"实力派"直播达人队伍。电商带头人的影响力渐显，抖音话题"泸溪县首届农旅电商创业大赛""椪柑飘香携手共富"的播放量在短时间内突破了 300 万次，为泸溪的好风景、好产品、好产业吸引了更多关注。舒扬、"蜂妹子""守寨人"杨鹏志、脱贫创业青年李欢、"80 后"养蜂人张明、"油茶大王"陈国富等多个人物获《国际商报》、光明网、新华网、《湖南日报》、湖南卫视等媒体报道。

4. 经验启示

"让农民更富裕，让居民更健康"，是惠农网在初创时提出的愿景，也是一直以来践行电商精准帮扶的初衷和归属。作为农业产业互联网高新技术企业，惠农网从商业模式上便先天性具有扶农助农的基因，一直是乡村振兴的重要力量和创新载体。多年来的帮扶实践，惠农网致力于在探索可"造血"、可复制、可持续的长效机制上下功夫，助力县域农业产业链实现协同发展，产生了良好的经济效益和社会效益，也为社会力量特别是民营企业助力乡村振兴提供了具体样本。

（1）聚焦打造县域发展"尖子生"。

县域经济是乡村发展的关键所在，其发展的方略方式、速度力度、效果效益等对有效推进乡村振兴战略具有关键性作用。惠农网聚合自身业务和资源优势，推进"一县一策"的标杆县域建设，并将电商孵化及运营指导、电商培训、供应链整合、品牌培育、产品营销推广、农技指导、供应链金融等"一站式"综合服务下沉到乡镇、村、户，推动末端服务向农村延伸，加强县域商业体系建设，营造乡村一二三产业融合发展的基础环境，探索更多的标杆县域发展案例和模式，助推乡村振兴。

（2）聚焦农业产业链改造升级。

产业振兴是项系统工程，关键在于把产业链做畅通、做高效、做提升。惠农网立足产业发展源头，加速农业产业链关键环节的重构进程，在"产"的环节，重点做好"非标"农产品的网销供应链标准；在"供"的环节，关键做好渠道对接和供应链提效，为货源匹配合适的渠道，同时降低物流成本和耗损；在"销"的环节，关注品牌及整合营销的作用，系统规划品牌顶层设计、品牌应用管理、品牌保护，同时进行多种形式、多类媒体触点的整合营销，不断提升农产品的品牌知名度和市场竞争力，助推乡村特色产业打造，促进县域经济高质量发展。

（3）聚焦农村本土人才培养。

农村电商人才的培养，不仅要授人以"渔"，也可共撒"一张网"。为给深度服务县域孵化一支懂技术、善经营、过得硬、留得住的带头人队伍，惠农网不仅分类施策、靶向孵化，针对不同群体打磨不同的培训体系，让农村电商人才培养更有成效，更筛选出一批高成长性的培训学员，导入渠道、产品、金融等多元服务与资源，帮助其增强经营能力，让他们成为平台的"利益联结者"，坚定在农村的发展信心，把根扎稳。

（4）"惠农方案"可持续、可参与、可借鉴。

惠农网助力乡村发展，贯彻可持续、可参与、可借鉴的原则。在可持续性上，惠农网联动政府、企业、电商企业、种养殖户、电商带头人等多元产业主体，帮助县域形成良好的产业化协作，增强内生发展动力；在可参与性上，与阿里巴巴、顺丰速运、滴滴橙心优选、美团优选及全国 400 余家中大型商超等产业链下游的龙头企业，中国工商银行、中国建设银行、网商银行等金融机构，湖南工商大学、湖南农业大学、湖南人文科技大学、哈尔滨工业大学等高校达成战略合作，强强携手赋能产业链升级，助推乡村振兴绘就"同心圆"；在可借鉴性上，不只助力具体帮扶项目产生良好的经济效益和社会效益，更注重总结提炼，形成方法论，供全国各地因地制宜的借鉴参考。

（二十五）湖南商务职业技术学院①

乡村教育事业是乡村振兴战略的重要支点，对接和服务好乡村振兴战略，以高质量教育赋能乡村振兴，是教育部门和教育工作者义不容辞的责任与担当。湖南商务职业技术学院以"产教对接，以研促教，以教促学"为目标，汇聚全国职教力量，引入新思想、新方式和新平台，紧密融合"平台链、人才链、产业链、创新链、教育链"，将科研成果、育人成效写在农村大地上，培优赋能，服务社会，助力乡村振兴。

1. 取得的成果

湖南商务职业技术学院协同各方资源力量，于 2018 年搭建跨区域、跨行业、跨学科的职业教育服务乡村振兴的高层协作平台——全国职业院校乡村振兴协作联盟（以下简称"联盟"），由此拉开职业院校共同助力乡村振兴的校际联动、校政联动、校企协同联动的大幕，为乡村振兴国家战略提供人才保障、智力支持和技术支撑。5 年来，主要围绕八大任务实施：为乡村振兴提供人才支撑、为政府决策提供参考、为乡村振兴提供咨询与服务、推动职业院校协同开展乡村振兴工作、推广职业教育乡村振兴经验与案例、组织开展职业教育乡村振兴模式创新、宣传职业院校乡村振兴工作成果、扩大职业教育乡村振兴社会影响。截至 2022 年 3 月，全国职业技术学院乡村振兴协作联盟成员单位由最初的 62 所增加到 238 所，成果丰硕。

（1）乡村振兴服务队伍不断扩大。

1）多元联动创新服务模式。

湖南商务职业技术学院构建了"1+1+N"（即 1 个联盟+1 个中心+N 个主体）的多元联动人才培养模式。牵头成立的全国职业院校乡村振兴协作联盟，涵盖了全国 29 个省、市、自治区 236 家联盟单位；高等职业院校 139 所、中等职业学校 32 所、科研机构 15 所、政府 8 所、区域供销集团 12 家、企业 25 家、协会 5 家。结构上由"高职+中职"向"高职+中职+企业+地方行业+政府+协会"优化。组建乡村振兴人才协同培养中心。注册"全国职业院校乡村振兴协作联盟"微信公众号，公众号包含职教兴农、新农资讯、联盟互通、联盟简讯、精选案例、专家引领等 11 个专栏，截至 2022 年 3 月 11 日推出联盟成员单位服务乡村振兴文章 1928 篇，典型案例 897 个，辐射 29 个省、市、自治区，其中乡村振兴 512 篇、职业教育 439 篇、

乡村治理 169 篇、党建 402 篇、疫情 279 篇、产业振兴 309 篇、"一带一路" 58 篇。与联盟单位、政府、企业、行业等 N 个育人主体形成校际联动、校政联动、校企行联动。2018～2021年共计举办乡村振兴高峰论坛四届，每年度评出由国家一级学会——中国商业经济学会颁发的获奖论文。为乡村振兴国家战略提供人才服务保障、智力服务支持和技术服务支撑。

2）双师双能打造雄厚师资。

湖南商务职业技术学院大力推进"人才强校"战略，积极内培外引优秀人才，教师队伍职称和学历结构合理，教职工 614 人，校内专任教师 334 人，其中，高级职称 124 人，享受国务院特殊津贴专家、湖南省新世纪 121 人才、湘湖智库专家等领军人才 11 人，双师双能型专业教师比例达 80% 以上，涉农商科专业带头人和骨干教师已成为"农职教育的排头兵、农村流通的践行者、热心助农的先锋队"。2018～2022 年，涉农教师职业技能大赛获奖 64 项、一等奖 16 项、二等奖 26 项、三等奖 22 项。

（2）乡村文化振兴育人理念融合推进。

湖南商务职业技术学院在高职领域首开文化育人工程先河，建成了湘商文化院、红色文化馆、湘商创业园，力推湘商文化、红色文化、中国传统文化、创新创业文化融入课程体系，文化育人贯穿于人才培养全过程。围绕流通主导产业，落实立德树人根本任务，以服务乡村振兴人才培养为目标，培养优质涉农商科人才。2022 年根据湖南省社会科学普及宣传活动组委会办公室公布的《2021 年湖南省社科普及基地年度考核结果》，湖南商务职业技术学院湘商文化院被评为"2021 年度优秀社科普及基地"，是全省唯一一所入选的高职院校。湖南商务职业技术学院文化育人成果获省级教学成果一等奖、高校校园文化建设成果一等奖。

（3）乡村振兴科研成果水平稳步提升。

为服务乡村振兴做好科学研究，2018～2022 年，联盟主持省部级及以上乡村振兴类课题 115 项；组织发布高职院校服务乡村振兴典型案例集 4 本、论文集 4 本，主办或承办各层级"乡村振兴高峰论坛" 8 场；为政府积极建言献策，承担政府相关部门委托工作，为"三农"提供咨询服务；做好为农调研指导，制定涉农行业标准 20 余项；推广农业科技新技术；参与打造建设县级电商运营中心 10 余个。

在国家一级学会中国商业经济学会的大力支持下，联盟每年组织全国性的征文评奖活动，将多平台交流研讨和实践成果展示有机结合。2018～2021 年，每年评出获奖论文 42 篇（一等奖 7 篇，二等奖 15 篇，三等奖 20 篇）。

（4）惠农科普培训资源联动，助力乡村人才振兴。

湖南商务职业技术学院依托全国供销合作总社电子商务培训基地、全国新农村现代流通人才培训基地、全国供销合作总社新网工程人才培训基地、全国自治区乡村振兴培训基地，教育培养人才服务乡村人才振兴，打造农业科研创新团队，举办农业农村部高技能人才培训、新型农业人才培训、职业经理人培训、农业经纪人培训、基层农技人员培训等。探索乡村育人模式：理论教学+项目实训+轮岗实习+创业孵化。每年为乡村振兴培训农村电子商务、家政服务等专业人才 1.5 万余人，2021 年被湖南省乡村振兴局公开遴选确定为乡村振兴致富带头人定点培训基地，累计为乡村振兴培育 800 余名"领头雁"；湖南省农业农村厅定点为"湖南省脱贫地区特色产业发展带头人和专业生产及技能服务型人才培育"培训基地。

2. 具体的做法

（1）搭建平台链，筑牢赋能乡村振兴组织保障。

湖南商务职业技术学院构建"1+1+N"（即 1 个联盟+1 个中心+N 个主体）的多元联动人才培养模式。2018 年牵头成立全国职业院校乡村振兴协作联盟，经过 5 年蓬勃发展，现有全国 31 个省（自治区、直辖市）238 个成员单位，结构上实现了由"高职+中职"向"高职+中职+企业+地方行业+政府+协会"的优化。组建乡村振兴人才协同培养中心，与联盟单位、政府、企业、行业等 N 个育人主体形成校际联动、校政联动、校企行联动，着力于农村流通人才、职业农民的协同培养培训，为乡村振兴国家战略提供人才保障、智力支持和技术支撑。

（2）激活人才链，夯实赋能乡村振兴的人才关键。

湖南商务职业技术学院以湖南省乡村振兴人才培养优质学校建设为契机，依托湖南省乡村振兴局确定的"乡村振兴致富带头人"培训基地和湖南省农村农业厅确定的"高素质农民培训"省级示范基地，发挥农村商贸流通专业师资优势，成立了"乡村振兴学院"，新增了农村电子商务、茶艺与茶文化、食用菌生产与加工技术等涉农特色专业，准确把握农产品难买难卖、增产不增收等现实问题，农商结合、精准输送乡村振兴人才，在农产品电商直播、农村冷链物流、农业企业经营管理、乡村文旅项目开发与运营等方面，完成乡村振兴致富带头人、高素质农民培训共 2300 人，深受学员好评。同时，积极响应国家"一带一路"国家倡议，与老挝 AB 学院共建了农村电子商务国际人才培养基地。此外，在前期连续两轮派出干部在邵阳市绥宁县驻村帮扶的基础上，2021 年再次选派 3 名同志组建驻村工作队进驻怀化市溆浦县标东垅村开展帮扶工作，并获怀化市发展壮大村级集体经济"真抓实干"奖。

（3）聚焦产业链，激活赋能乡村振兴内生动力。

跨部门、跨行业、跨学院、跨企业整合资源，政产学研企协深度融合，打造"基础平台+骨干企业（生产、流通、服务等）+社会组织+政府支持+职业院校人才培养＝产业振兴"模式，促进乡村产业振兴。以湖南省供销合作经济学会为纽带，深化对供销行业政策、发展状况的深入了解，加强学院与行业企业的交流合作；以湖南省茶业协会为纽带，引导学院茶学院、茶协、茶业集团共建茶产业学院，协助茶业集团成功申报湖南省产教融合型企业。组团挂帅湘西特聘专家服务团，对接启动湖南省人力资源和社会保障厅"湘才乡连"专家服务乡村振兴行动计划——湘西特聘专家服务团张家界项目。牵手湖南省食用菌研究所、湖南果秀食品有限公司，组建"湘菌产学研合作联盟"，服务湖南千亿"湘菌"产业，协助湖南果秀成功申报湖南省产教融合型企业。创办"湖南红色导游孵化基地"和"雪峰山旅游学院"。成立乡村振兴产业导师库，从行业、企业、科研院所聘请一批有绝招绝技的能工巧匠和专业人士对学生培养实行双带头人制，开展现代学徒制试点和订单班培养，着力服务振兴特色优势产业。

（4）突出创新链，打造赋能乡村振兴科研支撑。

为服务乡村振兴做好科学研究，联盟成功立项湖南省教育科学重大招标（委托）课题"对接'三高四新'战略的湖南现代产业学院建设研究"、湖南省职业院校教育教学改革研究重点项目"职业院校服务脱贫攻坚与乡村振兴战略路径研究"等省部级及以上乡村振兴课题；成功主办现代农村流通体系、互联网+流通、千亿果品流通等高峰论坛 4 次，推出论文集、案例集各 4本，联盟公众号推出联盟单位服务乡村振兴成果优秀案例 1000 多个；为政府积极建言献策，承担政府相关部门委托工作，为"三农"提供咨询服务；做好为农调研指导，制定涉农行业标准20 多个；协助打造县级电商运营中心，推广农业科技新技术，培育新型职业农民。

（5）构筑教育链，注入赋能乡村振兴源头活水。

2021 年，通过中高职衔接、五年贯通和专升本，搭建人才成长立交桥，完善成才通道，就业率达 90.40%，专升本录取人数 568 人。学生技能竞赛成绩逐年提升，获省级以上各类技能大赛奖项 86 个。湖南商务职业技术学院与民盟湖南省委、致公党湖南省委、长沙市委密切合作，遴选来自困难家庭的优秀学子，开设资助、培养、就业"三位一体"的湘商人才共育班级，"民盟同心班"第 3 期顺利开班，每年资助 50% 的学费。认真做好"送培到校，精准培训"工作，持续推进与永顺职业中专、邵阳市计算机学校、平江县职业技术学校、祁阳县职业中等专业学校等结对帮扶，重点扶持教师培训、专业设置等方面。

3. 经验启示与探讨

（1）促进乡村振兴人才培养优质校长足发展。

对照教育部《职业教育提质培优行动计划（2020—2023）》（教职成〔2020〕7号）文件精神，围绕"实体化运行的示范性职教集团（联盟），促进乡村振兴人才培养优质校长足发展"建设目标，加强与教育部职业教育与成人教育区、地方政府业务主管部门、涉农明星企业、联盟成员之间的交流、沟通、合作，为联盟服务乡村振兴注入活力，开展一系列工作。

（2）产学研深度融合，提升人才建设质量。

积极争取乡村振兴职业院校建设、产教融合项目等系统支持及配套资金，发挥财政资金杠杆作用，撬动社会资本、民间资本进入职业教育领域，构建"政府引导、社会参与"的资金引导长效机制。积极将联盟服务乡村振兴成果纳入全国发展大局，以服务乡村振兴重点项目为支撑，推进职业院校服务乡村振兴落地生根。

（3）探索职业院校服务乡村振兴的新创举。

启动农户专业化生产、农民合作社和涉农企业订单经营、消费者需求驱动等运行模式，建立从田园到餐桌的放心农产品、从工厂到农家的优质工业品的双向流通渠道，建设省、市、县三级供销合作社全覆盖的电子商务智慧平台。

二、专家介绍（按姓氏笔画排列）

由于乡村振兴涉及范围广泛，研究乡村振兴领域的专家学者众多，他们为中国的乡村振兴理论研究和实践指导做出了很大贡献。群星璀璨，汇如银河。不过，由于专家学者详细介绍需由本人确认，目前仅有部分专家学者和我们取得联系，所以我们在此仅列示了部分专家学者的介绍，年鉴后续将逐次增加和补充。以下相关内容的信息收集时间截至2021年12月底，专家学者的顺序按姓氏笔画排列。

◇ 1. 于法稳（中国社会科学院农村发展研究所）

现任中国社会科学院农村发展研究所研究员、生态经济研究室主任；中国社会科学院生态环境经济研究中心主任；中国社会科学院大学（研究生院）教授、生态经济学方向博士生导师、博士后合作教授。主要社会兼职有：中国生态经济学学会副理事长兼秘书长、中国水土保持学会常务理事、中国农村发展学会常务理事；《中国生态农业学报》《生态经济》副主编，《重庆社会科学》《中国沼气》编委。先后主持国家社科基金重点项目1项、国家社科基金项目3项，中国社会科学院重大项目、国情调研重大项目等20余项；参与"973"项目、中国社会科学院特大国情调研项目等50余项。在《中国农村经济》《中国人口资源与环境》《中国软科学》《人民日报》《经济日报》等报刊上发表论文300余篇，出版专著30余部（含合著、参编），作为主编出版了生态治理蓝皮书《中国生态治理发展报告》，作为副主编出版了《生态经济建设大辞典》《英汉生态经济词典》等大型工具书，以及中社智库年度报告《中国农村发展报告》。近年来，多篇政策咨询报告获中央主要领导同志的批示，并被国家及相关部委采用；先后荣获中国社会科学院优秀科研成果二等奖1次、三等奖1次；中国社会科学院优秀对策信息对策研究类特等奖1次、一等奖2次、二等奖3次、三等奖3次。2021年1月，荣获"中国社会科学院先进个人"称号。

（1）研究领域和方向。生态经济学理论与方法、资源管理、农村生态治理、农业可持续发展。

（2）乡村振兴领域的成就。①系统提出了乡村生态振兴的内容体系，即农村生态环境保护、农业生产环境系统改善以及农村人居环境整治；其实质是实现上述三大系统的健康，助力健康中国战略的实施。②将农村人居环境整治的本质特征总结为"十六字"：环境优美、系统健康、城乡均衡、社会公平。③明确提出新发展阶段农业绿色发展应秉承"以人为本、健康引领"的理念，紧紧围绕着耕地土壤质量保护、灌溉用水水质保护两大核心问题，确保农产品质量安全，提升绿色供给能力，以满足人民日益增长的美好生活需要。④新发展阶段，农业不仅是国民经济的基础，更是人民群众身体健康的保障。农业绿色发展的地位及作用尤为突出，一是提供优质安全健康的农产品，保障国人身体健康；二是减少各类化学投入品的使用，保障生产环境系统健康；三是减少生产过程中的碳排放，助力大气环境系统健康；四是提升农业绿色发展水平，助力社会经济系统健康。

◇ 2. **王景新**（浙江大学土地与国家发展研究院）

现任浙江大学土地与国家发展研究院教授，湖州师范学院"两山"理念研究院常务副院长，国务院批准享受政府特殊津贴专家。1990年毕业于华中师范大学。出版著作20多部，发表论文130多篇。曾任中国农业经济法研究会副会长、海南省人大常委会农村工委委员、海南省经济学会副会长、浙江省农业经济学会副会长，浙江师范大学工商学院副院长、农村研究中心主任等职，现兼任发展中国论坛副主席、中国农业农村法治研究会常务理事、浙江省乡村治理标准化技术委员会副主任委员等职务。

（1）研究领域和方向。农村土地制度、乡村建设与振兴、村域经济社会变迁。

（2）乡村振兴领域的成就。①长期从事农村土地制度改革和创新研究。代表性成果如：《中国农村土地制度的世纪变革》（中国经济出版社，2001年版）；《现代化进程中的农地制度及其利益格局重构》（中国经济出版社，2005年版）；《赋予农民长期而有保障的土地使用权》（《中国农村经济》，1999年第3期）；《明确所有权、放活使用权、保障收益权、尊重处分权》（《中国国土资源报》2008年版）等。参与《农村土地承包法》等相关法律的立法调研及相关法律条文的论证工作，如农村土地第二轮承包展开期间，与迟福林、唐涛合作的《尽快实现农村土地使用权长期化的建议》政策建议报告（1998），在《人民日报》（1999年1月5日理论版）和中国社会科学院发表论文。上述《建议报告》赶在十五届三中全会前，获得时任国务院温家宝副总理的批示，以及中央财经领导小组办公室副主任段应碧的批示，其批语是"起草十五届三中全会《决定》时参考了此文，并直接采了'赋予农民长期而有保障的土地使用权'这句话"。②乡村建设与振兴研究，代表性成果有：《中国共产党早期乡村建设思想研究》（中国社会科学出版社，2011年6月版）；《民国乡村建设思想研究》（中国社会科学出版社，2013年6月版）；《中国新乡村建设丛书》（一套5本，中国经济出版社，2005年1月版），其中本人著《乡村新型合作经济组织崛起》《村域经济转轨与发展——国内外田野调查》《明日中国，走向城乡一体化》三部；《经略山区：中华民族伟大复兴的重要战略选择》（中国社会科学出版社，2021年6月版）；论文有《乡村建设的历史类型、现实模式和未来发展》（《中国农村观察》，2006年第3期）；《中国乡村社会结构变动与治理体系创新》（《教学与研究》，2018年8月16日第52卷第8期）；《村落公共产品供给机制的历史演变与当代创新》

（《农业经济问题》，2018 年第 8 期）；《"苏区模范乡"建设初心与振兴之路——毛泽东〈才溪乡调查〉中的 8 村回访》（《西北农林科技大学学报》社会科学版，2019 年第 19 卷第 4 期）；《中国乡村振兴及其地域空间重构——特色小镇与美丽乡村同建振兴乡村的案例、经验及未来》（《南京农业大学学报》社会科学版，2018 年 3 月第 18 卷第 2 期），该文被中国人民大学书报资料中心评为 2018 年度"乡村振兴战略研究"20 篇重要文献，位列第 9。③村域经济社会变迁研究方面，主要贡献在于：将中国农村变迁史下沉到村域层面，再把中国村域变迁研究集中于名村变迁的一个较长历史阶段，开拓了一个新交叉学科；系统阐述了"村域""村域经济"等概念，把人类学方法和历史学的方法引进村域经济研究领域，探索和实践"经济人类学"和"经济社会史"相结合的方法，初步建立起"村域变迁与发展"研究框架和方法。参与宋洪远任总主编《近代以来中国农村变迁史论》（任第三卷第一主编）获"第八届张培刚发展经济学优秀成果奖"（2020 年 10 月 31 日）；主持浙江历史文化村落"《千村故事》"五个一行动计划，出版《千村故事》九卷十一册，其中《全村故事精选》（全三卷）获浙江省第十九届哲学社会科学优秀成果三等奖（2017 年 10 月）；开展中共百年不同阶段涌现出来的历史名村系列研究，主持相关课题如："农村改革 30 年与长江三角洲村域经济转型"（国家社会科学基金项目理论经济学一般项目批准号 07BJL037），《村域集体经济：历史变迁与现实发展》（国家社科基金 2010 年度应用经济学类重点项目批准号 10AJY008），《中国共产党一百年乡村建设宝贵经验及经典案例研究》（研究阐释党的十九届五中全会精神国家社科基金重点项目批准号 21AZD086，在研）。代表性论文如：《村域经济转型发展态势与中国经验》（《中国农村经济》，2011 年第 12 期）；《中国农村发展新阶段：村域城镇化》（《中国农村经济》，2015 年第 10 期）；《村集体所有制有效实现形式：理论与现状》（《光明日报》理论·经济学版，2015 年 1 月 17 日）等。

◇ 3. 孔祥智（中国人民大学农业与农村发展学院）

现任中国人民大学农业与农村发展学院二级教授、学术委员会主任，中国人民大学首批杰出学者特聘教授（A 岗），中国合作社研究院院长、中华茶文化研究中心主任、《中国合作经济评论》杂志主编。2015 年获得国务院颁发的政府特殊津贴，入选教育部 2004 年度新世纪人才支持计划。《高校人文社科学者期刊论文排行榜（2006—2018）》农林经济学科排名第一。近年来公开发表学术论文 400 余篇，著作（含合著）50 余部。曾获农业农村部软科学成果一等奖、北京市教学名师奖、北京市优秀教师等，多次获中国农村发展奖、北京市哲学社会科学优秀成果奖。兼任中华全国供销合作总社第七届监事会专家监事、中国标准化专家委员会委员、中国合作经济学会副会长等。

（1）研究领域和方向。农业政策分析、农村合作经济。

（2）乡村振兴领域的成就。①回答了现代化经济体系需要农业农村做什么的重大时代问题。提出农业农村发展应该向包容性发展转变。实现机会平等，需要采用"补偿性"政策，即由政府来消除"环境"因素，让经济增长能够惠及更多的大众，让每个公民都具有平等参与的机会和权利。强调农业农村发展应以"统"与"分"为核心完善农业经营体制。认为农业农村发展应向城乡融合发展转变，党的十九大提出乡村振兴战略，实施的关键还在于保障农民权益，包括财产权、自主经营权以及与城镇居民同等的权益。②对农民组织化和农民专业合作社问题的研究。长期担任中国合作经济学会副会长、中国农村合作经济管理学会副会长，重点关注农民专业合作组织发展问题。曾参与由全国人大农委牵头的《中华人民共和国农民专业合作社法》

的起草和修改工作，并一直对农民专业合作社发展问题展开长期跟踪性研究。近年来，就农民专业合作社问题公开发表了系列性学术成果，在学术界产生了重要影响，部分研究成果被全国人大农委立法所采纳。专著《中国农民专业合作社运行机制与社会效应研究》获北京市第十三届哲学社会科学优秀成果奖二等奖。学术论文《现阶段农民合作经济组织的基本状况、组织管理及政府作用——23省农民合作经济组织调查报告》获《农业经济问题》杂志创刊（1980~2019年）十佳论文称号。③对工农关系问题的研究。据研究结果显示，自改革开放以来，我国农民在劳动力、土地和工农产品价格"剪刀差"三大方面做出的隐性贡献累计高达18.9万亿~23.9万亿元。此外，农村资金净外流累计高达约12.5万亿元，为国家工业化、城镇化提供了巨额资金支持。因此，要坚决贯彻落实新时期中央关于"三农"工作的重大决策部署，健全城乡发展一体化体制机制，加快形成新型工农城乡关系，持续加大对农村发展投入和支持力度，尽快从根本上解决"三农"问题。核心成果获农业农村部软科学研究成果一等奖。④对农业农村现代化问题的研究。长期跟踪研究每一年度的中共中央"一号文件"，对自改革开放以来中国农业发展路径进行深入探讨，认为自改革开放以来中国农业技术变迁的路线符合诱致性变迁理论模型。专著《中国农机购置补贴政策评估与优化研究》获第八届高等学校科学研究优秀成果奖（人文社会科学）二等奖，多项成果被有关领导批示和采纳。

◇ 4. 龙花楼（广西大学/中国科学院地理科学与资源研究所）

现任广西大学公共管理学院二级教授、"三农"问题与乡村振兴岗位教育部长江学者特聘教授，中国科学院大学岗位教授，中国科学院精准扶贫评估研究中心副主任，中国科学院地理科学与资源研究所区域农业与农村发展研究中心副主任。兼任中国地理学会农业地理与乡村发展专业委员会主任，中国土地学会青年工作委员会主任；国际地理联合会乡村系统可持续性委员会（IGU-CSRS）执委，联合国防治荒漠化公约（UNCCD）科学—政策互动组技术报告评审专家；土地利用与城乡发展领域国际SSCI期刊 *Habitat International* 副主编以及 *Land*、*Land Use Policy* 和 *Journal of Rural Studies* 编委，《地理研究》《地理科学进展》《经济地理》《土地经济研究》等CSSCI期刊编委。曾任国家精

准扶贫工作成效第三方评估专家组副组长（2015~2020年）、中国科学院地理科学与资源研究所农业地理与乡村发展研究室主任（2019~2021年）。主持（完成）国家科技支撑计划课题、国家自然科学基金重点和面上项目、国家社会科学基金重点项目等多项国家级项目。获中国青年地理科技奖、中国科学院科技促进发展奖等奖项。出版著（译）作10部，以第一或通讯作者发表学术论文200多篇（SCI/SSCI收录65篇）。连续入选2019~2021年"全球高被引科学家"（社会科学）。

（1）研究领域和方向。主要从事城乡发展与土地利用转型、"三农"问题与乡村振兴等领域研究。主要研究方向：①乡村转型发展与乡村重构；②土地利用变化与土地利用转型；③统筹城乡发展与农村土地整治。

（2）乡村振兴领域的成就。以土地资源这一影响乡村发展的关键要素为切入点，构建了服务"三农"问题与乡村振兴的土地利用转型与乡村重构研究理论体系，开展了基于目标导向的"三农"与乡村振兴问题识别诊断，探讨了空间、经济和社会视角的乡村重构实现路径，提出重构乡村社会经济的政府干预框架。基于土地系统科学视角探讨了土地利用转型影响城乡融合发展的理论框架、作用方式与路径以及促进城乡融合发展的土地利用转型调控途径。

◇ 5. 刘合光（中国农业科学院农业经济与发展研究所）

博士生导师，中国农业科学院农经所研究员，中国农业科学院农经所党委委员、党委办公室主任；中国国外农业经济研究会常务理事、中国农业经济学会理事、中国农村发展研究会理事。主持国家社科基金重点项目、国家自然科学基金面上项目、教育部留学基金委项目、农业农村部软科学项目等多项；在《管理世界》《中国软科学》《农业经济问题》《中国农村经济》及 China Agricultural Economic Review 等国内外期刊上发表学术论文近 100 篇，出版专著 5 部、译著 1 部；获农业农村部软科学优秀研究成果奖一等奖 1 次、二等奖 2 次。主要代表作品：《激活参与主体积极性，大力实施乡村振兴战略》《乡村振兴战略的关键点、发展路径与风险规避》《国际农业政策改革的经济影响研究》（专著）、Changing patterns in comparative advantage for agricultural trade in East Asian Countries、《金砖国家建立 FTA 对五国农业的可能影响及中国对策》《基于投入产出模型的中美农业产业关联效应比较分析》《多哈农业谈判：取消出口补贴的影响分析》《多哈农业改革对发展中国家农业的影响——以欧美日加四国为例》。

（1）研究领域和方向。主要从事农业经济理论与政策研究。主要研究方向：①城乡融合发展理论与政策；②乡村振兴；③农产品国际贸易。

（2）乡村振兴领域的成就。长期致力于农业经济理论与政策研究，在城乡融合发展、乡村振兴研究领域取得了重要进展和显著的社会经济应用效果，多次赴地方宣讲乡村振兴战略与政策并指导乡村振兴战略的实施。2017~2022 年在国内期刊发表高质量乡村振兴论文多篇，其中《乡村振兴战略的关键点、发展路径与风险规避》在中国知网（CNKI）"乡村振兴"主题下论文引用次数排名前十，《乡村振兴的战略关键点及其路径》排名前十九，《激活参与主体积极性，大力实施乡村振兴战略》排名前五十。主要观点有：①乡村振兴是解决我国社会主要矛盾的战略举措。②稳步实施乡村振兴战略，要抓好四大战略关键点，即明确战略目标，矢志不移加油干；落实总体要求，思路明晰踏实干；抓住关键要素，打破瓶颈高效干；聚焦关键难题，有的放矢精准干。③实施乡村振兴战略要踏准四大战略路径，即全面深化农村改革，通过机制创新路径推进农村振兴；加快振兴农村产业，通过产业发展路径助力农村振兴；发挥科技引领作用，通过科技创新路径高效振兴乡村；打造乡村人才队伍，通过人才培育路径引领乡村振兴。④推进乡村振兴战略，要规避战略实施的潜在风险，即避免"大跃进"，乡村振兴要循序渐进；避免无参与，乡村振兴要激活村民；避免太单一，乡村振兴要因地制宜；避免增负担，乡村振兴要精进解压。⑤实施乡村振兴战略必须采取有效措施激活乡村振兴主体的积极性。其中，总设计师是乡村振兴的舵手；人民公仆是党和政府推动乡村振兴战略的坚定执行人；村干部是掌控和推进具体乡村振兴事务的领头人；村民是具体乡村振兴的最重要的利益相关者和建设者；各类智囊是助力乡村振兴事业的思想启发者和方案策划人；其他参与者也是乡村振兴主体的重要组成部分。乡村振兴主体形成了层次性结构，合力推进乡村振兴事业。

◇ 6. 刘彦随（中国科学院地理科学与资源研究所）

发展中国家科学院（TWAS）院士、长江学者特聘教授、研究员（二级）、博导，中国科学院区域可持续发展分析与模拟重点实验室主任、中国科学院精准扶贫评估研究中心主任、中国科学院地理资源研究所区域农业与农村发展研究中心主任，自然资源部科技创新领军人才、自然资源部现代土地工程与乡村振兴创新团队负责人。现任国际地理联合会农业地理与土地工程委员会（IGU-AGLE）主席，"一带一路"减贫与发展联盟（ANSO-APRD）主席，国际科学与教育研究网络（USERN）顾问，中国城乡发展智库联盟理事长，中国农业资源与区划学会、中

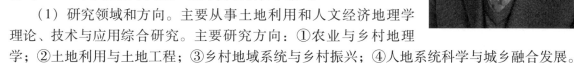

国土地学会副理事长。中国科学院大学、北京师范大学特聘教授，原国务院扶贫开发领导小组专家咨询委员会委员、国家精准扶贫成效第三方评估专家组组长，全国优秀科技工作者，*Land Use Policy* 及《地理科学》《经济地理》《地域研究与开发》等期刊副主编，*Journal of Rural Studies*、*Journal of Geographical Sciences*、*Chinese Geographical Science* 及《自然资源学报》《中国生态农业学报》《人文地理》等期刊客座主编或编委。2015 年以来连获"中国高被引学者"，2018 年以来连年入选"全球高被引科学家"。

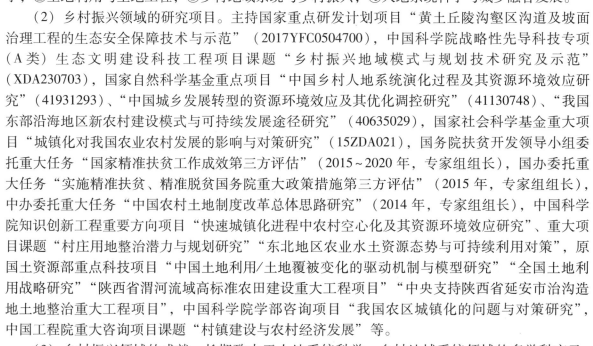

（1）研究领域和方向。主要从事土地利用和人文经济地理学理论、技术与应用综合研究。主要研究方向：①农业与乡村地理学；②土地利用与土地工程；③乡村地域系统与乡村振兴；④人地系统科学与城乡融合发展。

（2）乡村振兴领域的研究项目。主持国家重点研发计划项目"黄土丘陵沟壑区沟道及坡面治理工程的生态安全保障技术与示范"（2017YFC0504700），中国科学院战略性先导科技专项（A 类）生态文明建设科技工程项目课题"乡村振兴地域模式与规划技术研究及示范"（XDA230703），国家自然科学基金重点项目"中国乡村人地系统演化过程及其资源环境效应研究"（41931293）、"中国城乡发展转型的资源环境效应及其优化调控研究"（41130748）、"我国东部沿海地区新农村建设模式与可持续发展途径研究"（40635029），国家社会科学基金重大项目"城镇化对我国农业农村发展的影响与对策研究"（15ZDA021），国务院扶贫开发领导小组委托重大任务"国家精准扶贫工作成效第三方评估"（2015~2020 年，专家组组长），国办委托重大任务"实施精准扶贫、精准脱贫国务院重大政策措施第三方评估"（2015 年，专家组组长），中办委托重大任务"中国农村土地制度改革总体思路研究"（2014 年，专家组组长），中国科学院知识创新工程重要方向项目"快速城镇化进程中农村空心化及其资源环境效应研究"、重大项目课题"村庄用地整治潜力与规划研究""东北地区农业水土资源态势与可持续利用对策"，原国土资源部重点科技项目"中国土地利用/土地覆被变化的驱动机制与模型研究""全国土地利用战略研究""陕西省渭河流域高标准农田建设重大工程项目""中央支持陕西省延安市治沟造地土地整治重大工程项目"，中国科学院学部咨询项目"我国农区城镇化的问题与对策研究"，中国工程院重大咨询项目课题"村镇建设与农村经济发展"等。

（3）乡村振兴领域的成就。长期致力于人地系统科学、乡村地域系统领域的多学科交叉、多技术集成和应用研究。在土地系统与土地优化配置、土地利用与土地整治工程、城乡发展转型与新型城镇化、农村空心化与新农村建设、精准扶贫与乡村振兴等领域研究取得重要进展和显著的应用成效。系统开展土地配置层次论与土地工程体系、乡村空心化节律性与空心村三整合、乡村病机理与乡村振兴论、贫困化"孤岛效应"与成效评估理论及技术研发方面取得了系列重要成果。主持建成全国五大类综合地理工程研究基地，推进土地工程技术研发与工程示范，引领现代农业与土地工程研究国际化。2016 年发起成立国际地理联合会农业地理与土地工程委员会（IGU-AGLE）并任首届主席。主编"现代农业与乡村发展丛书"（十本），出版著作 20 部，发表学术论文 500 余篇，其中发表在 *Nature*、*Science* 等 SCI/SSCI 论文 190 余篇。2017 年 8 月在 *Nature* 发表"振兴世界乡村"；2018~2020 年在《地理学报》发表乡村振兴理论、战略与技术方法的论文"三部曲"，其中《中国新时代城乡融合发展与乡村振兴》在中国知网（CNKI）"乡村振兴"主题下论文引用次数、下载量排名"双第一"，荣获"第六届中国科协优秀论文奖"；获国家科技进步二等奖、国际科学奖各 1 项，省部级科技奖励一等奖 9 项、二等奖 3 项，获国家发明专利 15 项、软件著作权 12 项。2018 年 11 月当选发展中国家科学院（TWAS）院士。

◇ 7. 孙久文（中国人民大学应用经济学院）

经济学博士。中国人民大学应用经济学院教授，博士生导师。教育部"马克思主义理论研究与建设工程"首席专家（区域经济学），全国经济地理研究会名誉会长，中国区域经济学会副会长，中国区域科学协会副会长。受聘担任原国务院扶贫开发领导小组专家咨询委员会委员，自然资源部《全国国土空间规划纲要》（2020~2035年）组专家。作为"马克思主义理论研究与建设工程"首席专家，与安虎森、吴殿廷共同主编"马工程"教材《区域经济学》，获得首届全国优秀教材奖二等奖。孙久文和叶裕民著的《区域经济学教程》（中国人民大学出版社）获评北京市高等教育精品教材，是应用最广的区域经济学教材。完成国家社科重大招标课题两项，国家社科重大专项课题一项，其他国家社科重点课题、一般项目、后期资助项目多项和地方各类研究课题50余项。共出版著作、教材20多部，发表论文300多篇。

（1）研究领域和方向。区域经济理论、区域规划、城市经济学、反贫困问题等。

（2）乡村振兴领域的成就。主持完成国家自然科学基金管理学部应急课题"我国扶贫开发的战略与政策研究"总课题，主编出版专著《中国扶贫开发的战略与政策研究》（科学出版社，2018年）。多次参与国家"精准扶贫"政策问题的研究，提供的研究成果受到国家发改委、国务院扶贫办等部委的应用。研究报告获得李克强、汪洋、胡春华等中央领导的批示。

◇ 8. 李裕瑞（中国科学院地理科学与资源研究所）

中国科学院地理科学与资源研究所研究员、农业地理与乡村发展研究室副主任，中国地理学会农业地理与乡村发展专业委员会副主任、秘书长（兼）。主要从事农业经济地理、土地利用与整治、乡村减贫与发展相关研究，主持国家自然科学基金项目、中国博士后科学基金一类资助和特别资助，以及国家科技支撑、重点研发、先导A类项目子课题等20余项。出版专著1部，在 *Journal of Rural Studies*、*Habitat International*、*Land Use Policy* 及《地理学报》《农业工程学报》《自然资源学报》等国内外学术刊物发表论文100余篇。受邀担任SSCI期刊 *Habitat International*、*Land* 编委，中文核心期刊《地理科学》《农业资源与环境学报》编委。入选自然资源部"杰出青年科技人才"（2018年）、科睿唯安"全球高被引科学家"（社会科学领域，2020年、2021年）。李裕瑞研究员认为相对成功型乡村的转型跃迁往往可细分为"观察评估—激发整合—统筹规划—联合行动"四个过程；乡村能人是激发内部动力、整合外部动力，适时启动前述四个过程、推进集体行动和创新发展的关键主体；推进乡村振兴，需要因地制宜、规划先行，强调能人带动、集体行动。

（1）研究领域和方向。在理论与方法方面，重点开展村镇发展机理与模拟、黄土高原人地系统演化研究；在技术与实践方面，重点探讨土地整治模式与技术、乡村振兴路径与规划等。

（2）乡村振兴领域的研究项目。中国科学院"美丽中国"先导专项子课题（2019~2023年）——乡村振兴地域模式和规划技术示范；国家乡村振兴局招标项目（2021~2022年）——2021年脱贫攻坚和乡村振兴区域案例总结项目（宁夏盐池县）；国家自然科学基金面上项目（2020~2023年）——农村人居环境整治的运行机制与综合效应研究。

◇ **9. 陈美球（江西农业大学研究生院）**

博导，二级教授，享受国务院特殊津贴专家，"赣鄱英才 555 工程"人选，江西省高等学校教学名师，江西省金牌研究生导师。现任江西农业大学研究生院院长兼 MPA 教育中心主任，江西省高校哲学社会科学高水平创新团队"农户行为与农业资源利用保护创新团队"和江西省普通高等学校人文社会科学重点研究基地"江西农业大学农村土地资源利用与保护研究中心"负责人；中国土地学会土地资源分会副主任委员；江西省土地学会副理事长。1988 年毕业于江西农业大学，同年留校从事教研工作。1999 年、2002 年分别获浙江大学的硕士、博士学位。1998 年破格晋升为副教授，2001 年破格晋升为教授。2000 年 8 月至 2020 年 8 月，受聘于国务院体改办中国小城镇改革发展中心，任发展研究处副处长。参与起草了《"十五"城镇化发展专项规划》和"21 世纪初中国可持续发展战略研究"。长期从事自然资源管理研究，先后主持国家自科基金 5 项、国家社科基金 1 项。在 *Land Use Policy*、*Agricultural Economics* 及《中国农村经济》《中国软科学》《中国土地科学》等刊物发表论文 150 余篇，出版《乡村振兴与土地使用制度创新》《农村土地使用制度地方创新与改革思考》等专著 16 部。获江西省社科优秀成果一等奖、国土资源部科技二等奖等各类省部奖 16 项。

（1）研究领域和方向。土地规划，土地经济，耕地保护，国土资源管理。

（2）乡村振兴领域的成就。农村土地制度创新、乡村振兴战略的土地要素保障。

◇ **10. 宋洪远（华中农业大学乡村振兴研究院）**

1983 年 7 月毕业于吉林大学经济系政治经济学专业，先后在国家统计局工业交通统计司、国家体改委中国经济体制改革研究所工作，农业农村部农村经济研究中心原主任、二级研究员，华中农业大学乡村振兴研究院院长、经济管理学院教授，中国农业大学和华中农业大学博士生导师。

受邀担任全国政协参政议政人才库特聘专家，国务院食品安全委员会专家委员会专家，中央农办、农业农村部乡村振兴专家咨询委员会委员、副秘书长，国家粮食安全政策专家咨询委员会委员。山东省人民政府决策咨询特聘专家，中共四川省委、四川省人民政府决策咨询委员会委员，湖北省政协参政议政特聘专家。主持完成国家社会科学基金重大项目和中宣部马工程重大项目、国家自然科学基金应急项目和国家软科学重点项目、中国发展研究基金、中国经济改革研究基金和中华农业科教基金资助项目、国家部委和省级委托课题、世界银行、亚洲开发银行和国际山地中心等课题 66 项。在《经济研究》《管理世界》《经济社会体制比较》《改革》、"农经四大刊"、《人民日报》《经济日报》《光明日报》《经济参考报》和《农民日报》等报刊发表文章 100 多篇。研究成果先后获得"张培刚发展经济学优秀成果奖""中国农村发展研究奖""中国图书奖""农业部软科学研究优秀成果奖""三农研究奖""亚洲开发银行和中国财政部技术援助项目政策推动奖"等。1997 年 8 月被授予部级有突出贡献的中青年专家，2001 年 6 月享受国务院颁发政府特殊津贴专家；1999 年 5 月荣获"科学中国人"称号，2008 年 10 月荣获"中国改革开放 30 年 60 名农村人物"称号。

（1）研究领域和方向。中国农村变迁历史研究，农村发展与政策研究等。

（2）乡村振兴领域的成就。自 1991 年以来一直从事农村发展研究与政策咨询工作，自 1997

年以来连续参加起草中央农村工作会议文件和中央领导同志讲话 40 多件。组织编写《中国农业发展报告》和主持编写《中国农村政策执行报告》，参加起草《粮食法（征求意见稿）》和《中国的粮食安全》白皮书。先后有 38 项科研成果获得国务院和省部级领导批示，有 10 多项科研成果被国家和有关部门制定政策时采纳。中央国家机关党的十九大精神宣讲人。大型纪录片《大国根基》（共 6 集）总策划。中央电视台《中国经济大讲堂》演讲嘉宾。作为主笔和主编出版著作：《当代中国经济转型与农村发展问题研究》《农村全面建成小康社会之路》《中国"三农"重要政策执行情况及实施机制研究》《大国根基——中国农村改革 40 年》《转型的动力——中国农业供给侧结构性改革》《发展探源——如何构建农业现代化政策体系》《近代以来中国农村变迁史论》（全 4 卷）、《新中国 70 年农村发展与制度变迁》《深化与拓展——乡村振兴齐鲁样板青岛模式研究》《决胜全面小康：从脱贫攻坚到乡村振兴》《为乡村振兴提供制度保障和政策支撑》《金融支持脱贫攻坚和乡村振兴理念与实践研究》等 40 部。

◇ **11. 罗必良（华南农业大学国家农业制度与发展研究院）**

现任华南农业大学国家农业制度与发展研究院院长、教授、博士生导师。教育部"长江学者"特聘教授。全国首批"新世纪百千万人才工程"国家级人选、中组部国家高层次人才特殊支持计划之领军人才等，享受国务院政府特殊津贴专家。兼任国务院学位委员会农林经济管理学科评议组成员，国家自然科学基金与国家社会科学基金学科组评审委员，政协广东省委农业和农村委员会副主任委员，中央农办、农业农村部乡村振兴专家咨询委员会委员，广东省政府参事，中国农业经济学会副会长，广东经济学会会长等。

罗必良教授在全国同类学科中较早展开农村经济组织与制度经济方面的前沿性与交叉性研究。在国内外重要期刊发表各类论文 300 余篇，主编或出版学术专著 50 余部，并主编《经济组织与制度经济学》系列丛书、《农业龙头企业系列案例研究》丛书。先后主持国家自然科学基金政策研究重点支持项目、国家自然科学基金重点项目、教育部创新团队发展计划、教育部重大课题攻关项目、国家社会科学基金项目等国家和省部级课题 60 余项。多次参加从中央部委到地方政府的经济发展决策咨询，多项研究报告得到中央与省部有关方面的重视与批示，所倡导并试验的"农业共营制"受到广泛关注。获得的荣誉主要有：广州十大杰出青年、广东青年五四奖章、教育部"高校青年教师奖"、广东省高等学校"教学名师"、广东省"五一劳动奖章"、首届广东省优秀社会科学家、"广东特支计划"宣传思想文化领军人才、全国先进工作者。

研究领域和方向：产权理论、制度经济、农业经济与农村发展。

◇ **12. 周立（中国人民大学农业与农村发展学院）**

中国人民大学农业与农村发展学院教授，博士生导师。清华大学管理科学与工程博士后，复旦大学经济学博士。国家社科基金重大专项"乡村振兴核心机制研究"首席专家，国家社科基金重大招标项目"食品安全社会共治与跨界合作机制研究"首席专家。近些年，在《金融研究》《中国农村经济》《中国农村观察》《求是》《新华文摘》《世界经济》和 *Modern China Journal of Rural Studies* 等学术期刊，以及哈佛大学、巴黎大学、香港中文大学、浸会大学、亚洲研究网络（APRN，马尼拉）、乐施会（香港，Oxfam

HK）等学术会议，以及中央财经领导小组、中国人民银行等决策咨询会议上，共发表论文 300 余篇，出版个人专著 15 部，主编或参与其他著作 10 余部。主持或参与完成教育部、中国人民银行、财政部、国家自然科学基金、国家社会科学基金等课题 20 余项。近几年，在中央党校、北京大学、清华大学、中国人民大学、北京师范大学等高校，以及不同地方政府，做专题讲座。

（1）研究领域和方向。国情研究、乡村振兴、农村金融、农业与农村可持续发展、粮食安全、食品安全与食物主权。

（2）乡村振兴领域的成就。担任国家社科基金重大专项"乡村振兴核心机制研究"首席专家，主持七项乡村振兴项目。在乡村振兴核心机制的研究方面认为：中国发展道路迥异于西方，已经带给了世界若干个"中国之谜"，打赢脱贫攻坚战后，又接续推进乡村振兴，也会再给世界贡献一个乡村振兴的"中国之谜"。在国内外相关研究表明，城乡差距过大、农村发展不足、农业农村现代化滞后等现象，在各国现代化进程中普遍存在。在打赢脱贫攻坚战，推动乡村全面振兴的新时代，需要针对城乡发展不平衡、农村发展不充分、四化不同步这三大问题，展开乡村振兴核心机制的深度研究。用好城乡融合、产业融合和"四化同步"这三大核心机制，能够解决三大问题，带给世界一个推进国家现代化进程中同步实现乡村振兴的"中国之谜"，走出一条中国特色的乡村振兴道路。

◇ **13. 周应恒（江西财经大学经济学院）**

现任江西财经大学经济学院教授、中国农业农村现代化研究院院长。兼任中国农业经济学会副会长及中国农经学会食物经济专业委员会主任委员，中央农办农业农村部乡村振兴专家咨询委员会委员，全球重要农业文化遗产专家委员会委员等；入选全国文化名家暨"四个一批"人才等，为享受国务院特殊津贴专家等。曾任南京农业大学经济管理学院院长、教授、人文社科处处长、江苏省新型高端智库——金善宝农业现代化研究院创院院长、江苏省农业现代化决策咨询重点基地首席专家，中国农业技术经济学会副会长，中国外国农业经济研究会副理事长等。

（1）研究领域和方向。农业农村现代化、涉农产业经济分析、食品质量安全管理。先后担任国际农业政策比较、规制经济学、产业经济实证分析专题、应用经济学前沿专题、农业关联产业经济分析（Agribusiness）、食品经济学等研究生课程以及农产品运销、产业经济学等本科生课程的教学工作。其中，《农产品运销学》先后入选国家级精品课程及中国资源共享课程，《十五亿人的粮食安全》入选教育部精品视频公开课。先后主持国家社科基金重大项目《农村集体产权制度改革深化与经济发展研究》（20ZAD045），《加快构建新型农业经营体系研究》（14ZDA037），教育部哲学社会科学研究重大课题攻关项目《现代农业发展战略研究》（07JZD0007），国家自然科学基金重点项目《新时期农业发展的国家政策支持体系研究》（71333008）以及国家自然科学基金面上及主任基金其他项目 5 项。入选国家现代农业产业技术体系梨产业经济岗位科学家，主持国家梨产业经济与综合研究室；主持或承担其他省部级重要课题 60 多项以及国际合作课题 7 项，发表各种学术论文 260 余篇，专著或共译著 15 部。学术研究成果先后获得中国农村发展研究奖优秀论文及著作奖，教育部第八届高校优秀科研成果二等奖，江苏省哲学社会科学优秀成果奖一等奖、二等奖等各类奖项 8 次。

（2）乡村振兴领域的成就。共著完成《乡村振兴时代农业发展国家支持政策体系研究》《加快构建新型农业经营体系研究》《江苏乡村振兴战略研究》《现代农业发展战略研究》等。2017 年 2 月应邀参加十九大报告"专题战略"的专题研究；承担中央农办农业农村部 2019 年度软科学研究课题《发展壮大村级集体经济研究》，研究报告成果获得优秀；先后承担国家农业农村部委托的天津、湖南、江西、黑龙江等省市的《农村集体产权改革试点评估》任务，承担农业农村部委托的江西、安徽、江苏等省的农村承包地确权颁证工作验收评估以及全国农村改革实验区办公室安排的农村综合改革试验区改革试验评估工作多年。多次应邀中央农办、农业农村部、中国工程院以及江苏、广东、上海、江西、山东等地就农村改革与乡村振兴等专题提供专家咨询意见。政策研究成果先后获得国务院领导可定性批示 2 次，省部级领导肯定性批示 12 次。应邀数十次为全国各地方政府的专题辅导、干部培训，高等学校及科研院所以及国内外学术会议等做乡村振兴相关的专题报告。近期主持完成了安徽省定远县、石台县等地乡村振兴相关规划和南京高淳区、泰州高港区等地农村综合改革试验区试验方案的编制等。

◇ **14. 胡冰川（中国社会科学院农村发展研究所）**

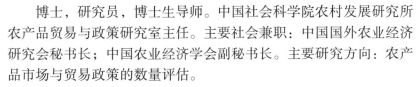

博士，研究员，博士生导师。中国社会科学院农村发展研究所农产品贸易与政策研究室主任。主要社会兼职：中国国外农业经济研究会秘书长；中国农业经济学会副秘书长。主要研究方向：农产品市场与贸易政策的数量评估。

（1）研究领域和方向。食品消费结构与食品价格形成机制，食品消费在城镇化过程中的演进研究，乡村振兴与农业农村现代化研究；农业国际合作的相关热点问题，包括"一带一路"、BIT 的农产品贸易与农业投资；"互联网+农业"中的市场与政府边界问题。

（2）乡村振兴领域的成就。基于当前研究积累，在农业农村现代化领域有如下边际贡献：一是认为农业农村现代化过程中存在农业现代化与农村现代化的空间可分性和发展异步性。对照 20 世纪 60 年代以来发达国家的农业农村发展，能够观察到农业生产方式、农产品供应、农业技术进步以及农村居住形态都发生了很大变化。通过对照发达国家的经验，农业现代化往往大幅领先农村现代化，两者之间存在明显的异步性。显然，生活在"农村"的未必是"农民"。我国正处于向高收入国家的过渡阶段，通过汲取发达国家农业农村现代化的发展经验，需要探索适合中国农业农村现代化的内生演进路径。二是提出包括农产品在内的初级产品市场当中，存在价值容器。《新冠疫情冲击与农业经济学的反思》提出在抽象的商品市场上，并不存在价值容器，即便是存货，存储与折旧费用在商品价值中的份额依然很小，可以忽略不计；但对初级产品而言，价值容器的成本与商品价值的比例关系并不是可以忽略，其并不同于交易成本，而是市场交易的特定载体，这种载体既可以是有形的仓储、物流、市场空间等，也可以是无形的规则、秩序。价值容器的概念引入为农产品和初级产品的市场出清提供了更贴切的解释框架。三是发现自 2012 年以后中国农产品市场从被动接受国际市场价格转向主动影响国际市场，并且影响力在持续增强。《世界农产品的库存变化与中国因素》通过分析中国与全球粮食库存变化差异，认为中国粮食的高库存与全球其他国家低库存形成了市场之间的"水坝效应"。这种效应使国内市场与国际市场有效切割，并对国际粮食价格产生政策影响。《全球农产品价格的阶段特征与中国因素》则加入新冠肺炎疫情以来的观察和证据，进一步强化了中国因素对全球农产品市场的价格影响。

◇ **15. 钟钰（中国农业科学院农业经济与发展研究所）**

中国农业科学院农业经济与发展研究所产业经济研究室主任、研究员、博导、粮食安全与发展政策创新团队首席，中国农业科学院"青年英才"。主持了国家社科基金重大项目、一般项目、青年项目四个基金，以及四项农业农村部软科学及多项部委委托课题。撰写的多篇报告获得中央领导肯定性批示。曾多次参与中央农办、农业农村部、国家发展和改革委员会组织的农

业调研、文件起草工作，具备较高的思维层次与工作视野。在学术刊物和中央农办内参、新华社内参等累计发表粮食文章 100 余篇，多篇文章被新华文摘、人大复印资料转载。研究成果荣获"中国农村发展研究奖"论文提名奖、中央农办软科学优秀成果奖、农业农村部软科学优秀研究成果奖、商务部发展研究成果优秀奖、国家粮食和物资储备局优秀软科学研究成果奖、费孝通田野调查奖等奖项。

（1）研究领域和方向。长期从事粮食安全政策、农业政策等软科学研究类的任务与工作，围绕稳产保供、国内支持（Domestic Support）、流通贸易三个粮食安全的重点领域取得突出成就。

（2）乡村振兴领域的成就。①在粮食稳产保供领域：对粮食稳产保供、区域供需平衡问题开展系统研究，敏锐捕捉到区域供需失衡加剧等问题，及时提出防范新时期粮食安全风险的政策建议，研究成果得到中央领导批示和重视。基于广泛深入调研，发现粮食主销区产销缺口在增加、产销平衡区正在向销区滑落，由此提出国家粮食安全从来不只是几个粮食主产区、几个主产省的责任，而是全国上下通盘谋划的全局性战略，要站在国家粮食安全战略一盘棋的高度统筹安排。报送的《当前粮食生产喜忧思》《粮食"不愁吃"的保障机制存在明显短板》《用实际成果纠正舆论杂音》《生产成本过高亟需有效化解》《完善发展模式提高种粮积极性》获得中央领导的肯定性批示，《粮食主销区自给水平严重下滑趋势待扭转》获得胡春华副总理的肯定性批示。根据粮食区域供需平衡的标准，我们向中央提出平衡区主销区要保持一定自给率、区域口粮自给上升为国家粮食安全战略的建议。②在粮食支持政策领域：粮食主产区为保障国家粮食安全功不可没，但与主销区经济发展水平差距拉大。要强化对粮食主产区的支持力度，加大转移支付和政策倾斜，保证主产区抓粮不吃亏。研究发现最低收购价政策对地方抓粮、农户种粮的边际效益在递减。因此，建议从顶层设计上统筹建立粮食专项发展补偿体系，着力构建中央政府向主产区转移、主销区向主产区转移的"两个转移"发展补偿机制。2020 年 7 月，我们提出坚守"一个目标"，打造"两个机制"，即建立以国内大循环为主，立足国内实现粮食自主的战略目标，打造种粮大县财政上不吃亏机制、种粮农户经济上不吃亏机制。2019 年，陆续提出"推进粮食主产区经济高质量发展""把粮食区域保障上升为国家粮食安全战略""推进粮食优质品种专区种植"等建议。2020 年中央经济会议、2021 年中央一号文件确立建设国家粮食安全产业带。③在粮食流通贸易领域：在辨析明确粮食进口风险理论框架基础上，修正系列经济计量模型，分别从粮食进口调控效率、市场势力、大国效应、贸易便利化等角度，实证分析我国粮食进口风险，有力支撑国家粮食贸易战略决策。分析了出口限制对我国粮食影响，向中央农办报送了《全球疫情蔓延对粮食安全冲击及应对策略》；然后延伸研究了"二战"以来美国对其他国家的粮食禁运，向中央农办报送了《二战以来美国对其他国家的粮食禁运及启示》，提出"'六稳'之前先稳农业"的建议。2020 年"两会"期间，习近平看望政协经济界委员时指出，"做到粮食生产稳字当头"。2020 年中央农村工作会议上，习近平总书记指出，"粮食问题一剑封喉""要牢牢把住粮食安全主动权"。

◇ 16. 郜亮亮（中国社会科学院农村发展研究所）

中国社会科学院农村发展研究所研究员，土地经济研究室主任，中国社会科学院大学博士生导师。2020 年获"中国社会科学院青年英才"荣誉称号；农发所 2016～2020 年度科研岗位先进个人；农发所 2020 年优秀青年。主要社会兼职：中国县镇经济交流促进会秘书长；中国社会科学院城乡发展一体化智库副秘书长、全国社科农经协作网络大会副秘书长；*The China Quarterly*、*Land Use Policy*、*China & World Economy*、*China Agricultural Economic Review* 等英文期刊和《管理世界》《中国农村经济》《中国农村观察》等国内知名期刊的审稿人。在 *Agricultural Eco-*

nomics、*China Economic Review*、*China & World Economy* 及《经济学（季刊）》《管理世界》《中国农村经济》《中国农村观察》《新华文摘》等期刊发表多篇学术论文。出版专著 5 本。主持国家自科基金课题、国家社科基金课题，承担中国社科院、中财办、中农办、农业农村部、科技部、国家乡村振兴局等部门委托交办课题多项，多项决策要报送获得国家领导人批示。

（1）研究领域和方向。主要从事乡村振兴、农业农村现代化、制度变迁等综合研究。具体研究方向：①土地产权制度形成与变迁；②家庭农场等新型农业经营主体发展及其土地利用问题；③农业农村人才；④农业产业化理论与实践；⑤区域经济与县域经济发展。

（2）乡村振兴领域的成就。长期从多个维度研究和推动乡村振兴。一是从"地"的角度研究乡村振兴。对中国农地流转市场的发展现状、特征、交易成本和对农户投资的影响等问题进行了较为深入的研究，相关成果发表在 *Agricultural Economics*、*China Economic Review*、*China & World Economy*、*China Agricultural Economic Review* 及《经济学（季刊）》《中国农村经济》等国内外期刊上；对中国农村土地确权登记颁证、农地"三权分置"改革、集体产权制度改革、集体经营性建设用地和宅基地"三权分置"改革等改革实践进行了深入研究，相关研究得到国家自科基金、国家社科基金、教育部重大项目、农业农村部中农办国家乡村振兴局软科学和中国社会科学院国情调研重大项目的资助。二是从"人"的角度思考乡村振兴。长期对农业农村人才概念与理论、家庭农场、职业农民、第一书记等问题进行理论和实证研究，相关成果发表在 *Journal of Integrative Agriculture* 及《管理世界》《农业经济问题》《改革》等期刊上。三是对乡村振兴战略的理论渊源和实践路径进行研究，相关成果发表在《中国农村经济》上。四是为地方乡村振兴实践提供决策服务。受相关省市县政府委托，对乡村振兴战略规划实施、共同富裕示范区打造、城乡融合发展、农业农村现代化和乡村产业发展等地方实践开展咨询服务研究。

◇ 17. 洪涛（北京工商大学商业经济研究所）

北京工商大学商业经济研究所所长、浙江越秀外国语学院现代经济管理研究院首席专家、北京工商大学经济学院贸易系（含国际贸易）原主任、产业经济学学科带头人，中国农业展览协会农产品电商专业委员会主任会长、中商业经济学会专家委员会副理事长、中国食品（农产品）安全电子商务研究院院长。中国科技进步奖评审专家、国家社科基金评审专家。商务部市场运行调控专家、国内贸易专家、电子商务咨询专家，农业农村部农产品市场流通专家，北京市优秀教师、粮食年度人物，60 年流通领域具有影响力优秀流通专家、中国电子商务优秀专家、2014 年粮食年度人物、G30 成员。

自 1986 年以来，先后在《财贸经济》《中国农村经济》《中国社会科学院研究生院学报》《企业管理》《中国流通经济》《商业经济与管理》《商业经济研究》《中国粮食经济》及《人民日报》《经济日报》报刊等刊物上发表论文 557 篇，有 76 篇论文被中国人民大学报刊复印资料转载。自 1990 年以来出版专著 20 多部，合著 20 多部，有 21 篇（部）获奖。出版了《中国改革开放与贸易发展道路》（国家重点出版基金项目）、《流通基础产业论》《商品交易市场通论》《粮食生产流通消费市场联动效应理论》《北京流通产业结构创新报告》《流通产业经济学（第二版）》《高级电子商务教程（第二版）》《电子商务盈利模式案例》《网络营销》《移动商务模式设计》《物联网经济学》《中国农产品电商发展报告》等。

自 2009 年以来连续举办和主持 23 次中国粮食安全高层研讨会和发布《中国粮食安全发展报告》；自 2013 年以来，每年发布《中国农产品电商发展报告》和举办、主持中国农产品电商高层研讨会；先后 5 次应邀给发展中国家官员讲课，在北京大学、清华大学、中国人民大学、中央财经大学、北京交通大学等演讲 200 多场，接受记者采访 3000 多次；发表多篇有重要影响的论文，有单篇论文引用率超过 205 次，单篇下载率超过 13135 次，抽样的 10 篇论文引用率达 1842 次，下载 42962 次，受到社会的好评。

（1）研究领域和方向。①基本理论：产业经济学、流通产业理论与实践、农产品电商模式、数字农产品供应链、新消费理论与实践、粮食生产流通消费市场联动效应理论。②政策研究：《中国农产品电商发展报告》《中国粮食安全发展报告》《中国粮食市场发展报告》《中国农产品冷链物流发展报告》等。

（2）乡村振兴领域的成就。自 2013 年以来，洪涛教授连续主持发布 13 个中国农产品电商发展报告，举办了 13 次高层研讨会。自 2017 年以来，由每年一次会议一个发展报告增加到两次会议、两个发展报告，即每年在 3 月 15 日、7 月 15 日先后举办两次高层研讨会，分别发布年度报告、半年分析报告。得到农业农村部、商务部、国务院扶贫办、国务院乡村振兴办等政府部门的好评，是商务部市场运行调控专家、农业农村部农产品市场流通专家等。

（3）主要学术思想。①粮食生产流通消费的市场联动论。1996 年在其博士论文中首次提出粮食生产流通消费的市场联动效应理论，他认为，中国乃至全球粮食问题的根本出路在于粮食生产—流通—消费"三位一体"的市场联动发展，即生产是基础，流通是关键，消费是目的，相互关联，联动发展。其粮食"三位一体"市场联动效应理论专著于 1997 年在中国商业出版社出版，并荣获 1998 年北京市第五届哲学社会科学优秀成果专著二等奖。2009 年主持国家发改委全国招标项目"中国粮食安全研究"。②流通基础产业论。他认为，中国流通产业已由末端行业变成先导产业，逐渐成为一个基础性产业，充分发挥大流通产业基础地位具有的重要意义。一是按照大流通产业的概念—建立统一的流通体制；二是加强大流通产业—统一的宏观调控；三是按照开放经济的要求调整大流通产业结构；四是加快培养既懂内贸、又懂外贸的复合型流通产业大军；五是充分发挥大流通产业的先导性和基础性作用；六是加快流通现代企业制度建设。主持商务部全国招标的"中国流通体系发展战略"项目。③商品交易市场交易创新、管理升级论。洪涛教授认为，21 世纪批发市场仍将是我国商品流通的主要渠道，随着我国 GDP 的进一步增长，我国商品流通的规模进一步扩大，商品批发市场将进入创新阶段。20 世纪 90 年代末，他提出了商品交易市场"交易创新、管理升级"的系统理论，他提出的"升级改造、管理创新、诚信规范"是中国商品交易市场升级改造的三大主题，对推进我国 9 万个商品交易市场转型升级具有重要影响。2017 年主编了《中国商品交易市场年鉴》。④数字农产品是乡村振兴的核心。他认为，在农业农村现代化过程中，"数字农产品"比"数字农业"更有意义。一是农业是在农村经济中的一个产业，数字农产品实际上就是跨了好几个产业，如一二三产业的联动，对于农业而言，有一个"接二连三"的联动；对于农产品加工业，有一个"接一连二"的联动；对于农产品休闲观光娱乐，有一个"接二连一"的联动。二是数字农产品是乡村振兴的核心，在农村电商领域，农产品电商是农村电商的核心，农产品电商将农资电商、日用工业品电商、生活服务电商、再生资源电商等，这一些电子商务都会连起来，包括休闲、观光、娱乐、旅游电商都可以连起来。三是通过"数字农产品"，也带了一批新农人出来。如果乡村振兴没有"新农人"参与，新农村建设是不可能搞好的。四是数字农产品与诸多要素相关，如数字农产品交易、数字农产品物流和配送、数字农产品支付和结算、数字农产品供应链、数字农产品管理，以及现在的数字治理，包括政府、行业协会、平台、企业、农村合作组织。五是当前"数字农产品拉式供应链"具有重要意义，即"延长产业链（一二三产业）、提升价值链、连接供应链、整合利益链、应用技术链、培育生态链"。他是农业农村部乡村振兴的讲座专家，也是商务部电商进农村综合示范县的讲座专家，多次组织和主持网上"数字农产品"公益大讲堂和沙龙，听众超过 1000 万人次。

◇ 18. 程国强（中国人民大学农业与农村发展学院）

现任中国人民大学二级教授、杰出学者特聘教授，博士生导师。国家杰出青年科学基金获得者，国家文化名家暨"四个一批"人才（理论界），国务院政府特殊津贴专家等。兼任中央农办、农业农村部"乡村振兴专家咨询委员会"委员，国家粮食安全政策专家咨询委员会委员，中国农业经济学会副会长、中国粮食经济学会副会长、中国粮油协会首席专家。连续 11 年参加中央农村工作会议文件和中央一号文件起草。在《经济研究》《管理世界》《新华文摘》《中国农村经济》等国内外重要期刊以及《人民日报》《经济日报》《光明日报》等重要报刊发表论文 200 多篇。出版学术专著 7 部（独著）。呈送政策研究报告 130 余篇，获得国务院领导批示 80 多件。研究成果获国家科技进步奖二等奖、省部级科技进步奖二等奖、省部级哲学社会科学优秀成果一等奖、中国发展奖二等奖、薛暮桥价格研究奖。

（1）研究领域和方向。农业农村发展理论与政策，粮食安全战略，国际农产品贸易理论与政策，WTO，一带一路。

（2）乡村振兴领域的成就。①系统开展守住乡村振兴"两条底线"研究。自 2021 年初以来，程国强教授团队就提出，实施乡村振兴战略，必须牢牢守住保障国家粮食安全和不发生规模性返贫的两条底线，并开展系统研究。2021 年 12 月召开的中央农村工作会议也提出明确要求。粮食安全是事关人类生存的根本性问题。程国强教授团队认为，守住保障国家粮食安全底线，必须着眼国家战略需要，把粮食安全这根弦绷得更紧，把重农抓粮责任压得更实，把粮食稳产保供根基筑得更牢，把农业基本盘夯得更稳。无论外部环境多么复杂、风险挑战多么严峻，都始终牢牢端稳自己的饭碗、牢牢把住粮食安全的主动权，才能为保持平稳健康的经济环境、国泰民安的社会环境提供更加坚实的支撑。自 2021 年以来就粮食安全问题在《人民日报》发表 3 篇署名文章，分别是：《牢牢把住粮食安全主动权》（2021 年 1 月 27 日第 7 版）、《强化粮食供应链韧性》（2021 年 9 月 13 日第 9 版）、《牢牢守住保障国家粮食安全底线》（2022 年 1 月 14 日第 5 版），在《经济日报》发表《强化粮食安全根基》（2021 年 1 月 8 日第 8 版）。我国虽然取得了脱贫攻坚的伟大成就，但必须清醒地认识到，目前部分脱贫地区农村低收入人口的脱贫基础还不稳固，对政策性收入具有较高依赖度，就业增收能力不强，风险抵御能力也较低，极易因收入波动、刚性支出增加或突发事件冲击而返贫致贫。为此，程国强教授团队承担中国工程院重大战略研究与咨询项目"脱贫攻坚与乡村振兴战略有效衔接研究"，聚焦返贫风险治理问题，赴西南、西北等脱贫地区开展实地调研，已取得初步成果。目前已发表《抓紧做好农村低收入人口识别工作》（《中国发展观察》，2021 年第 3 期）、《新阶段巩固拓展脱贫攻坚成果面临的挑战与政策建议》（《中国工程科学》，2021 年第 5 期）。针对易地扶贫搬迁、超常规医保兜底措施等问题报送的专报政策建议得到中央有关部门采纳，并得到国务院主要领导同志批示。②主持开展"乡村振兴战略实施中政府与市场关系与协调研究"项目（国家自然科学基金重点项目）。程国强教授团队从乡村振兴战略的生产、生态、生活三维功能性实施路径，构建政府与市场的职能定位与协调关系的理论分析框架，通过实证研究与案例分析，以期为我国乡村振兴战略的全面推进提供理论指导和政策建议。一是构建具有创新意义的理论分析框架，研究辨识乡村振兴战略实施中政府与市场的功能边界及相互关系，揭示政府与市场有效汇聚全社会力量与资源的"开放、兼容、匹配"三类协调机制，阐明"生产、生态、生活"三维功能性目标与实施路径，明晰政府与市场的运作重点、体制机制变革与政策调整的可能策略；二是揭示农业生产中政府与市场的职能定位，构建政府与市场的功能及互动机制，以"粮食安全"和"食品安全"为例，研究政府与市场在农业生产中的协调机制与实施路径；三是揭示乡村生态建设中政府与市场关系及协调机制，以"畜禽粪便污染治理"和"乡村文化旅游"为例，对政府与市场的关系进行理论分析和实证检验；四是探索政府和市场在农村生活保障方面的互动机理及协调机制，以"农村人居环境治理"和"农村社会保障"为例，对政府与市场的关系进行典型案例分析和实证分析；五是借鉴国外乡村发展中政府和市场互动关系的经验，提炼我国乡村振兴战略中政府体制机制和市场参与方式的政策方案，为优化乡村振兴的实施策略提供政策建议和决策依据。目前已经取得阶段性成果，已在国内外重要学术期刊发表论文 20 多篇。③参与推进乡村振兴的具体实践。一是自 2012 年起，连续 10 年对四川崇州市农业农村改革发展、乡村振兴定点跟踪调研。继 2014 年总结崇州探索实践的"农业共营制"模式后，近几年持续跟踪崇州推进实施乡村振兴战略，在打造农业共营制升级版、农村金融、农村集体经济、农业高质量发展等方面改革探索实践，并提出指导意见。二是担任"中国农大—腾讯为村乡村 CEO 培养计划"的资深导师。"乡村 CEO 培养计划"旨在培养懂乡村、会经营、为乡村的青年人才，补齐欠发达地区乡村人才匮乏短板，为乡村人才振兴探索实验方案和有效发展路径。担任乡村 CEO 资深导师，有助于推进"面对乡村、沉浸乡村、为了乡村"为特色的乡村职业经理人培育方式，为乡村振兴人才培养提供新思路。三是担任中央农办、农业农村部"乡村振兴专家咨询委员会"委员、国家粮食安全政策专家咨询委员会委员，为全面推进乡村振兴提供咨询服务和政策建议。

第七部分　大事记

1. 2017 年

1 月 9 日，中共中央、国务院印发《关于加强耕地保护和改进占补平衡的意见》。

2 月 5 日，中央一号文件公布，提出深入推进农业供给侧结构性改革。

2 月 7 日，中共中央办公厅、国务院办公厅印发《关于划定并严守生态保护红线的若干意见》。

4 月 26 日，国务院办公厅印发《关于推进医疗联合体建设和发展的指导意见》，要求促进医疗卫生工作重心下移和资源下沉，提升医疗服务体系整体效能。

9 月 20 日，国土资源部、农业部联合召开新闻发布会，对外发布永久基本农田划定成果。截至 2017 年 6 月底，全国有划定任务的 2887 个县级行政区实际划定永久基本农田 15.5 亿亩。

10 月 18 日至 10 月 24 日，中国共产党第十九次全国代表大会在北京召开。党的十九大报告首次提出实施乡村振兴战略。同时还明确，农村土地承包期在第二轮承包到期后再延长三十年。

10 月 25 日，习近平总书记在党的十九届中央政治局常委同中外记者见面时指出，2020 年，我们将全面建成小康社会。全面建成小康社会，一个也不能少；共同富裕路上，一个也不能掉队。

11 月 21 日（新华社电），中共中央办公厅、国务院办公厅印发《关于支持深度贫困地区脱贫攻坚的实施意见》，明确新增的脱贫攻坚资金、项目、举措主要用于"三区三州"等深度贫困地区。

11 月 21 日，习近平总书记作出指示强调，厕所问题不是小事情，要努力补齐这块影响群众生活品质的短板。到 2020 年底，全国农村卫生厕所普及率达 68％以上。

12 月 4 日（新华社电），中共中央办公厅、国务院办公厅印发《关于建立健全村务监督委员会的指导意见》。

12 月 28 日至 12 月 29 日，习近平总书记在中央农村工作会议上强调，实施乡村振兴战略是新时代做好"三农"工作的总抓手。

2. 2018 年

1 月 2 日，中共中央、国务院印发《中共中央　国务院关于实施乡村振兴战略的意见》，自 2018 年 1 月 2 日起实施。

1 月 18 日，国家发展改革委等六部门印发《生态扶贫工作方案》。到 2020 年底，累计从建档立卡贫困人口中选聘 110.2 万名生态护林员，带动 300 多万贫困人口增收脱贫，新增林草资源管护面积近 9 亿亩，实现生态保护和脱贫增收双赢。

2 月 4 日，中共中央、国务院发布 2018 年一号文件，文件题为《中共中央　国务院关于实施乡村振兴战略的意见》，这是改革开放以来第 20 个、21 世纪以来第 15 个指导"三农"工作的中央一号文件。

2月5日（新华社电），中共中央办公厅、国务院办公厅印发《农村人居环境整治三年行动方案》。

4月3日，新组建的农业农村部正式挂牌。

6月15日，中共中央、国务院印发《关于打赢脱贫攻坚战三年行动的指导意见》。

6月16日，中共中央、国务院印发《关于全面加强生态环境保护坚决打好污染防治攻坚战的意见》。

6月26日，中共中央、国务院印发《乡村振兴战略规划（2018—2022年）》，对实施乡村振兴战略第一个五年工作做出具体部署，成为指导各地区各部门分类有序推进乡村振兴的重要依据。

经党中央批准、国务院批复自2018年起，将每年农历秋分设立为"中国农民丰收节"，这是第一个在国家层面专门为农民设立的节日。

10月1日，中共中央、国务院印发《关于保持土地承包关系稳定并长久不变的意见》。

3. 2019 年

4月15日，中共中央、国务院印发《中共中央、国务院关于建立健全城乡融合发展体制机制和政策体系的意见》。

5月2日，中共中央、国务院印发《关于新时代推进西部大开发形成新格局的指导意见》。

5月9日，中共中央、国务院印发《关于建立国土空间规划体系并监督实施的若干意见》。

6月3日，习近平总书记对垃圾分类工作作出指示强调，推行垃圾分类，关键是要加强科学管理、形成长效机制、推动习惯养成。

8月19日，中共中央施行《中国共产党农村工作条例》。对于加强党对农村工作的全面领导，巩固党在农村的执政基础，确保新时代农村工作始终保持正确政治方向具有十分重要的意义。

11月1日（新华社电），中共中央办公厅、国务院办公厅印发《关于在国土空间规划中统筹划定落实三条控制线的指导意见》。

12月30日，国务院公布《保障农民工工资支付条例》，规范农民工工资支付行为，保障农民工按时足额获得工资。

4. 2020 年

1月2日，中共中央、国务院印发《关于抓好"三农"领域重点工作确保如期实现全面小康的意见》。

3月3日（新华社电），中共中央办公厅、国务院办公厅印发《关于构建现代环境治理体系的指导意见》。

3月6日，决战决胜脱贫攻坚座谈会召开。习近平讲话强调，要动员全党全国全社会力量，凝心聚力打赢脱贫攻坚战，确保如期完成脱贫攻坚目标任务，确保全面建成小康社会。11月23日，我国最后9个贫困县实现贫困退出。

3月30日，习近平总书记在浙江考察时强调，"绿水青山就是金山银山"理念已经成为全党全社会的共识和行动，成为新发展理念的重要组成部分。

10月26日至10月29日，中共十九届五中全会召开。通过《中共中央关于制定国民经济和社会发展第十四个五年规划和二〇三五年远景目标的建议》，提出把乡村建设摆在社会主义现代化建设的重要位置。强化县城综合服务能力，把乡镇建成服务农民的区域中心。推进区域协调发展和新型城镇化。

12月16日，中共中央、国务院印发《关于实现巩固拓展脱贫攻坚成果同乡村振兴有效衔接的意见》。提出脱贫攻坚目标任务完成后，设立5年过渡期。

12月28日至12月29日，习近平总书记在中央农村工作会议上讲话强调，全党务必充分认识新发展阶段做好"三农"工作的重要性和紧迫性，坚持把解决好"三农"问题作为全党工作重中之重，举全党全社会之力推动乡村振兴。

5. 2021年

1月4日，中共中央、国务院印发《关于全面推进乡村振兴加快农业农村现代化的意见》。其指出，新发展阶段"三农"工作依然极端重要，须臾不可放松，务必抓紧抓实。要坚持把解决好"三农"问题作为全党工作重中之重，把全面推进乡村振兴作为实现中华民族伟大复兴的一项重大任务，举全党全社会之力加快农业农村现代化，让广大农民过上更加美好的生活。

1月24日，国务院印发《关于新时代支持革命老区振兴发展的意见》。

2月25日，全国脱贫攻坚总结表彰大会召开。习近平总书记宣告，我国脱贫攻坚战取得了全面胜利，现行标准下9899万农村贫困人口全部脱贫，832个贫困县全部"摘帽"，12.8万个贫困村全部出列，区域性整体贫困得到解决，完成了消除绝对贫困的艰巨任务。习近平总书记讲话指出，脱贫攻坚伟大斗争，锻造形成了上下同心、尽锐出战、精准务实、开拓创新、攻坚克难、不负人民的脱贫攻坚精神。我们走出了一条中国特色减贫道路，形成了中国特色反贫困理论。脱贫"摘帽"不是终点，而是新生活、新奋斗的起点。解决发展不平衡不充分问题、缩小城乡区域发展差距、实现人的全面发展和全体人民共同富裕仍然任重道远。要切实做好巩固拓展脱贫攻坚成果同乡村振兴有效衔接各项工作，让脱贫基础更加稳固、成效更可持续。同日，国务院扶贫开发领导小组办公室正式更名为"国家乡村振兴局"，意味着我国三农工作重心从脱贫攻坚转向全面推进乡村振兴。

3月12日，《中华人民共和国国民经济和社会发展第十四个五年规划和2035年远景目标纲要》中提到要坚持农业农村优先发展，全面推进乡村振兴。

3月26日，《中央财政衔接推进乡村振兴补助资金管理办法》对衔接资金使用管理作出全面规定。

4月6日，国务院新闻办发布《人类减贫的中国实践》白皮书。

4月29日，十三届全国人大常委会第二十八次会议通过《中华人民共和国乡村振兴促进法》。

6月1日，《中华人民共和国乡村振兴促进法》正式施行，标志着我国促进乡村振兴有法可依，对于促进乡村振兴和推进城乡融合发展，具有重要的里程碑意义。

7月1日，庆祝中国共产党成立100周年大会举行。习近平总书记宣告，经过全党全国各族人民持续奋斗，我们实现了第一个百年奋斗目标，在中华大地上全面建成了小康社会，历史性地解决了绝对贫困问题，正在意气风发向着全面建成社会主义现代化强国的第二个百年奋斗目标迈进。

第八部分　索引和附录

一、索引

说明：索引中政策全部来自相应国家机关，各省（直辖市）、市、县（市、区、旗）官方网站，文号，索引号全部列示。索引成稿于2021年12月，索引中政策发布单位、文号、索引号当时均可查证；随着时间推移，一些政策进行了修改更替，导致部分政策如今无法通过公开资料查到，但读者可通过发布单位、文号、索引号查询。

（一）国家乡村振兴政策索引

类别	序号	政策名称	颁布单位	时间	文号	索引号	网站中文名称
产业振兴	1	《中华人民共和国乡镇企业法》	全国人民代表大会常务委员会	1996-10-29	—	—	中国人大网
	2	《国务院关于促进乡村产业振兴的指导意见》	国务院	2019-6-17	国发〔2019〕12号	000014349/2019-00068	中华人民共和国中央人民政府
	3	《中华人民共和国农业法》	全国人民代表大会常务委员会	2012-12-28	—	—	中国人大网
	4	《农业农村部关于加快畜牧业机械化发展的意见》	中华人民共和国农业农村部	2019-12-25	农机发〔2019〕6号	07B11030320200053	中华人民共和国农业农村部
	5	《国务院办公厅关于加强农业种质资源保护与利用的意见》	国务院办公厅	2019-12-30	国办发〔2019〕56号	000014349/2019-00147	中华人民共和国中央人民政府

续表

类别	序号	政策名称	颁布单位	时间	文号	索引号	网站中文名称
产业振兴	6	《商务部办公厅 发展改革委办公厅 中华全国供销合作总社办公厅关于进一步推动农商互联助力乡村振兴的通知》	商务部办公厅、发展改革委办公厅、中华全国供销合作总社办公厅	2021-9-28	—	000013223/2021-68988	中华人民共和国商务部
	7	《住房和城乡建设部 农业农村部 国家乡村振兴局关于加快农房和村庄建设现代化的指导意见》	住房和城乡建设部、农业农村部、国家乡村振兴局	2021-6-8	建村〔2021〕47号	000013338/2021-00269	中华人民共和国住房和城乡建设部
	8	《交通运输部关于巩固拓展交通运输脱贫攻坚成果全面推进乡村振兴的实施意见》	中华人民共和国交通运输部	2021-5-28	交规划发〔2021〕51号	00001713004/2021-00105	中华人民共和国交通运输部
基础设施建设	9	《关于在农业农村基础设施建设领域积极推广以工代赈方式的意见》	国家发展改革委、中央农办、财政部、交通运输部、水利部、农业农村部、文化和旅游部、国家林草局、国务院扶贫办	2020-11-3	发改振兴〔2020〕1675号	—	中华人民共和国国家发展和改革委员会
人才发展	10	《中共中央办公厅印发〈关于向重点乡村持续选派驻村第一书记和工作队的意见〉》	中共中央办公厅	2021-5-11	—	—	中华人民共和国中央人民政府
	11	《中共中央办公厅 国务院办公厅印发〈关于加快推进乡村人才振兴的意见〉》	中共中央办公厅、国务院办公厅	2021-2-23	—	—	中华人民共和国中央人民政府
	12	《人力资源和社会保障部 国家发展改革委 财政部 农业农村部 国家乡村振兴局关于切实加强就业帮扶巩固拓展脱贫攻坚成果助力乡村振兴的指导意见》	人力资源和社会保障部、国家发展改革委、财政部、农业农村部、国家乡村振兴局	2021-5-4	人社部发〔2021〕26号	—	中华人民共和国中央人民政府
金融支持	13	《关于印发〈中央财政衔接推进乡村振兴补助资金管理办法〉的通知》	财政部、国家乡村振兴局、国家发展改革委、国家民委、农业农村部、国家林业和草原局	2021-3-26	财农〔2021〕19号	—	中华人民共和国财政部
	14	《财政部贯彻落实实施乡村振兴战略的意见》	财政部	2018-9-27	财办〔2018〕34号	—	中华人民共和国财政部
	15	《关于印发〈财政部深入开展政府采购脱贫地区农副产品工作推进乡村产业振兴的实施意见〉的通知》	财政部、农业农村部、国家乡村振兴局、中华全国供销合作总社	2021-4-24	财库〔2021〕20号	—	中华人民共和国财政部

续表

类别	序号	政策名称	颁布单位	时间	文号	索引号	网站中文名称
特定地区发展	16	《关于推动脱贫地区特色产业可持续发展的指导意见》	农业农村部、国家发展和改革委员会、财政部、商务部、文化和旅游部、中国人民银行、国家银行保险监督管理委员会、国家林业和草原局、国家乡村振兴局、中华全国供销合作总社	2021-4-7	农规发[2021]3号	—	中华人民共和国中央人民政府
	17	《国务院关于新时代支持革命老区振兴发展的意见》	国务院	2021-1-24	国发[2021]3号	000014349/2021-00013	中华人民共和国中央人民政府
法制支持	18	《最高人民法院关于为全面推进乡村振兴加快农业农村现代化提供司法服务和保障的意见》	最高人民法院	2021-7-14	法发[2021]23号	—	中华人民共和国最高人民法院

（二）北京市乡村振兴政策索引

类别	序号	政策名称	颁布单位	时间	文号	索引号	网站中文名称
总体规划	1	《中共北京市大兴区委农村工作领导小组关于印发〈大兴区关于纵深推进乡村振兴战略确保如期高质量实现全面小康的实施方案〉的通知》	中共北京市大兴区委农村工作领导小组	2020-6-2	京兴农组发[2020]1号	11N000/ZK-2020-000012	北京市大兴区人民政府
产业振兴	2	《关于印发〈大兴区关于加强和改进乡村治理的工作方案〉的通知》	北京市大兴区农业农村局	2020-6-2	京兴农发[2020]2号	11N000/ZK-2020-000123	北京市大兴区人民政府
	3	《北京市怀柔区人民政府关于印发〈怀柔区促进乡村旅游提质升级奖励办法（试行）〉的通知》	北京市怀柔区人民政府	2018-7-3	怀政办发[2018]21号	11R000/ZK-2019-001447	北京市怀柔区人民政府
人才发展	4	《北京市丰台区农业农村局关于印发〈2020年新型农民培养工作方案〉的通知》	北京市丰台区农业农村局	2020-6-3	丰政农发[2020]4号	—	北京市丰台区人民政府
基础设施建设	5	《北京市平谷区人民政府关于印发〈平谷区2018年"实施乡村振兴战略 扎实推进美丽乡村建设"专项行动实施方案〉的通知》	北京市平谷区人民政府	2018-5-25	京平政发[2018]17号	11Q000/ZK-2018-100069	北京市平谷区人民政府
	6	《清水镇关于开展"实施乡村振兴战略 扎实推进美丽乡村建设（2018—2020年）实施方案》	北京市门头沟区清水镇人民政府	2018-12-4	—	11J201/ZK-2018-005163	北京市门头沟区清水镇人民政府

续表

类别	序号	政策名称	颁布单位	时间	文号	索引号	网站中文名称
金融支持	7	《中共北京市大兴区委农村工作领导小组办公室关于印发〈大兴区农村集体经济薄弱村增收工作实施方案〉的通知》	北京市大兴区农业农村局	2021-10-13	京兴农组办发〔2021〕10号	11N000/ZK-2021-000143	北京市大兴区人民政府
	8	《中共北京市大兴区委农村工作领导小组办公室关于印发〈大兴区发展壮大农村集体经济实施方案〉的通知》	北京市大兴区农业农村局	2020-8-19	京兴农组办发〔2020〕11号	11N000/ZK-2020-000020	北京市大兴区人民政府
	9	《北京市怀柔区人民政府办公室印发〈关于进一步促进农民专业合作社发展意见〉的通知》	北京市怀柔区人民政府办公室	2020-6-24	怀政办发〔2020〕23号	11R000/ZK-2020-000181	北京市怀柔区人民政府

（三）天津市乡村振兴政策索引

类别	序号	政策名称	颁布单位	时间	文号	索引号	网站中文名称
总体规划	1	《天津市人民政府办公室关于印发天津市推进农业农村现代化"十四五"规划的通知》	天津市人民政府办公厅	2021-5-31	津政办发〔2021〕18号	1112000000012502 29/2021-00076	天津市人民政府
	2	《天津市人民政府关于印发天津市国民经济和社会发展第十四个五年规划和二〇三五年远景目标纲要的通知》	天津市人民政府	2021-2-8	津政发〔2021〕5号	11120000000125014-/2021-00079	天津市人民政府
	3	《天津市宝坻区国民经济和社会发展第十四个五年规划纲要》	天津市宝坻区人民政府	2021-2-19	宝政政发〔2021〕2号	11120224000204716B/2021-00005	天津市宝坻区人民政府
	4	《宝坻区农村厕所改造工作实施方案（2019—2020年）》	天津市宝坻区人民政府	2019-10-24	宝政发〔2019〕18号	1112022400020472 46/2020-01743	天津市宝坻区人民政府
	5	《天津市武清区国民经济和社会发展第十四个五年规划和二〇三五年远景目标纲要》	天津市武清区人民政府	2021-3-12	武清政〔2021〕2号	11120222200019671X7/2021-00043	天津市武清区人民政府
人才发展	6	《天津市人社局 市农村改革委 市发展改革委 市财政局 市合作交流办关于印发助力乡村振兴就业帮扶巩固拓展脱贫攻坚成果实施方案〉的通知》	天津市人力资源和社会保障局	2021-7-28	津人社办发〔2021〕45号	11120000000125 68X5/2021-00279	天津市人力资源和社会保障局

续表

类别	序号	政策名称	颁布单位	时间	文号	索引号	网站中文名称
生态环境治理	7	《天津市静海区人民政府办公室印发静海区关于实施农村全域清洁化工程工作方案的通知》	天津市静海区人民政府办公室	2018-9-7	津静海政办发〔2018〕53号	11120223112022371289628XG/2020-00558	天津市静海区人民政府

（四）河北省乡村振兴政策索引

类别	序号	政策名称	颁布单位	时间	文号	索引号	网站中文名称
总体规划	1	《石家庄市鹿泉区国民经济和社会发展第十四个五年规划和二〇三五年远景目标纲要》	石家庄市鹿泉区人民政府	2021-6-30	—	—	石家庄市鹿泉区人民政府
	2	《深泽县国民经济和社会发展第十四个五年规划和二〇三五年远景目标纲要》	深泽县人民政府	2021-4-15	深政发〔2021〕2号	—	石家庄市深泽县人民政府
	3	《唐山市曹妃甸区国民经济和社会发展第十四个五年规划和二〇三五年远景目标纲要》	唐山市曹妃甸区人民政府	2021-10-11		—	唐山市曹妃甸区人民政府
	4	《卢龙县国民经济和社会发展第十四个五年规划和二〇三五年远景目标纲要》	卢龙县发展和改革委员会	2021-6-30	—	—	唐山市卢龙县人民政府
	5	《关于印发〈广平县加强村庄规划促进乡村振兴实施方案〉的通知》	广平县人民政府办公室	2019-9-20	广政办字〔2019〕13号	gpxzfb/2019-00097	邯郸市广平县人民政府
	6	《馆陶县人民政府关于印发〈馆陶县乡村振兴战略规划（2018—2022年）〉的通知》	馆陶县人民政府	2021-6-19	馆政办字〔2021〕8号	000641043/2021-34303	邯郸市馆陶县人民政府
	7	《魏县人民政府办公室关于印发〈魏县漳河乡村振兴示范带建设工作方案〉的通知》	魏县人民政府办公室	2021-5-28	魏政办字〔2021〕19号	000014348/2021-20704	邯郸市魏县人民政府
	8	《南宫市县城建设提质升级三年行动实施方案（2021—2023年）》	南宫市人民政府办公室	2021-10-9	—	—	邢台南宫市人民政府
	9	《南宫市人民政府办公室关于印发〈南宫市产业扶贫三年规划（2018—2020年）〉的通知》	南宫市人民政府办公室	2018-10-29	—	—	邢台南宫市人民政府
	10	《沙河市国民经济和社会发展第十四个五年规划和二〇三五年远景目标纲要》	沙河市人民政府	2021-9-29	—	—	邢台沙河市人民政府

续表

类别	序号	政策名称	颁布单位	时间	文号	索引号	网站中文名称
总体规划	11	《张家口市万全区国民经济和社会发展第十四个五年规划和二〇三五年远景目标纲要》	张家口市万全区人民政府办公室	2021-9-9	—	—	张家口市万全区人民政府
	12	《北新屯乡巩固提升脱贫成效方案》	张家口市万全区北新屯乡委员会	2018-6-5	北发〔2018〕7号	—	张家口市万全区北新屯乡委员会
	13	《沧县国民经济和社会发展第十四个五年规划和二〇三五年远景目标纲要》	沧县人民政府	2021-8-17	沧县政字〔2021〕23号	—	沧县人民政府
	14	《衡水市人民政府办公室关于印发〈衡水市县域特色产业振兴工作实施方案〉的通知》	衡水市人民政府办公室	2019-4-4	〔2019〕—53	001068824/2019—2444964	衡水市人民政府
	15	《文安县国民经济和社会发展第十四个五年规划纲要》	文安县人民政府	2021-6-30	—	—	文安县人民政府
	16	《河北省人民政府关于加快推进农业机械化和农机装备产业转型升级的实施意见》	河北省人民政府	2019-9-12	冀政发〔2019〕4号	—	河北省人民政府
产业振兴	17	《关于印发辛集市加快电子商务发展行动计划（2018—2020年）推动落实方案的通知》	辛集市人民政府办公室	2018-9-16	辛政办字〔2018〕49号	—	石家庄市辛集市人民政府
	18	《大名县人民政府关于印发〈深化提升大名县电子商务进农村综合示范项目实施方案〉的通知》	大名县人民政府办公室	2020-2-19	大政办〔2020〕6号	000014348/2020—25566	邯郸市大名县人民政府
	19	《关于印发双滦区加快电子商务发展行动计划（2018—2020年）的通知》	承德市双滦区人民政府办公室	2018-9-30	—	SL135001/2018—17181	承德市双滦区人民政府
	20	《尚义县人民政府关于印发〈尚义县电子商务进农村综合示范工作实施方案〉的通知》	尚义县人民政府	2018-1-23	尚政〔2018〕4号	000222316/2018—37121	张家口市尚义县人民政府
	21	《唐山市人民政府办公室关于印发〈唐山市电子商务高质量发展实施意见（2021—2023年）〉的通知》	唐山市人民政府办公室	2021-10-12	唐政办字〔2021〕102号	—	唐山市人民政府

续表

类别	序号	政策名称	颁布单位	时间	文号	索引号	网站中文名称
	22	《滦南县人民政府办公室关于印发〈滦南县加快电子商务发展三年行动计划（2018—2020）〉的通知》	滦南县人民政府办公室	2018-9-14	—	—	唐山市滦南县人民政府
	23	《蔚县人民政府办公室关于印发〈蔚县电商扶贫行动方案〉的通知》	蔚县人民政府办公室	2018-12-24	蔚政办发〔2018〕16号	746899294/2019-34310	张家口市蔚县人民政府
	24	《兴隆县人民政府办公室关于印发〈兴隆县电子商务进农村综合示范工作方案〉的通知》	兴隆县人民政府办公室	2020-11-5	兴政办字〔2020〕40号	13564/2021-13938	承德市兴隆县人民政府
	25	《滦平县人民政府关于印发〈滦平县电子商务进农村综合示范工作实施方案〉的通知》	滦平县人民政府	2020-3-4	滦政〔2020〕25号	zb/15879585865012	承德市滦平县人民政府
	26	《盐山县人民政府关于印发盐山县电子商务进农村综合示范实施方案的通知》	盐山县人民政府	2018-11-29	盐政字〔2018〕116号	329275652/2000000362	盐山县人民政府
产业振兴	27	《新乐市人民政府办公室关于印发新乐市加快电子商务发展实施方案（2018—2020年）的通知》	新乐市人民政府办公室	2018-9-28	新政办字〔2018〕115号	00076155/2018-05043	石家庄市新乐市人民政府
	28	《武强县加快推进产业扶贫工作实施方案》	武强县人民政府	2018-9-14	—	—	武强县人民政府
	29	《石家庄市藁城区人民政府印发〈关于持续深化"四个农业"促进农业高质量发展行动方案（2021—2025年）〉的通知》	石家庄市藁城区人民政府	2021-5-14	—	—	石家庄市藁城区人民政府
	30	《石家庄市鹿泉区人民政府关于推动北部水源保护区农民增收的意见》	石家庄市鹿泉区人民政府	2018-9-26	—	—	石家庄市鹿泉区人民政府
	31	《正定县人民政府关于印发〈正定县持续深化"四个农业"促进农业高质量发展行动方案（2021—2025年）〉的通知》	正定县人民政府	2021-8-4	正政函〔2021〕6号	—	石家庄市正定县人民政府
	32	《正定县人民政府印发〈关于加快农业结构调整促进农民增收实施方案〉的通知》	正定县人民政府	2021-9-26	正政〔2021〕12号	—	石家庄市正定县人民政府
	33	《行唐县人民政府办公室关于印发行唐县乳业产业振兴计划的通知》	行唐县人民政府办公室	2019-8-28	—	—	石家庄市行唐县人民政府

续表

类别	序号	政策名称	颁布单位	时间	文号	索引号	网站中文名称
	34	《行唐县人民政府办公室关于印发行唐县种养循环发展规划（2017—2020 年）的通知》	行唐县人民政府办公室	2018-4-20	—	—	石家庄市行唐县人民政府
	35	《高邑县人民政府办公室关于印发〈高邑县黄瓜产业提质增效实施方案（2019—2022 年）〉的通知》	高邑县人民政府办公室	2019-5-20	—	—	石家庄市高邑县人民政府
	36	《深泽县人民政府印发关于持续深化"四个农业"促进农业高质量发展的行动方案（2021—2025 年）的通知》	深泽县人民政府	2021-6-9	深政函〔2021〕6 号	—	石家庄市深泽县人民政府
	37	《赞皇县人民政府关于印发赞皇县 2021 年农业生产社会化服务项目实施方案的通知》	石家庄市赞皇人民政府	2021-2-26	—	—	石家庄市赞皇县人民政府
	38	《无极县人民政府办公室关于印发〈关于加快发展节水农业的实施方案〉的通知》	无极县人民政府办公室	2021-11-15	无政办函〔2021〕52 号	—	石家庄市无极县人民政府
	39	《赵县人民政府关于印发〈赵县农业供给侧结构性改革三年行动计划（2018—2020 年）〉的通知》	赵县人民政府	2018-5-31	赵政发〔2018〕8 号	—	石家庄市赵县人民政府
	40	《晋州市 2021 年度优质专用葡萄产业集群项目实施方案》	晋州市人民政府	2021-7-15	—	—	石家庄市晋州市人民政府
产业振兴	41	《新乐市人民政府关于深入推进农业供给结构性改革加快发展农业特色产业的意见》	新乐市人民政府	2018-12-21	新政函〔2018〕39 号	00076155/2018-05066	石家庄市新乐市人民政府
	42	《辛集市人民政府关于深入推进农业供给侧结构性改革加快发展农业特色产业的意见》	辛集市人民政府	2018-10-20	辛政字〔2018〕18 号	—	石家庄市辛集市人民政府
	43	《关于印发辛集市农业供给侧结构性改革三年行动计划（2018—2020 年）的通知》	辛集市人民政府	2018-5-15	辛政字〔2018〕11 号	—	石家庄市辛集市人民政府
	44	《唐山市人民政府办公室关于印发〈唐山市关于加快发展节水农业的实施方案〉的通知》	唐山市人民政府办公室	2021-10-12	唐政办字〔2021〕100 号	—	唐山市人民政府
	45	《邯郸市人民政府办公室关于印发关于持续深化"四个农业"促进农业高质量发展行动方案（2021—2025 年）的通知》	邯郸市人民政府办公室	2021-6-18	邯政办字〔2021〕46 号	000014348/2021-57176	邯郸市人民政府

续表

类别	序号	政策名称	颁布单位	时间	文号	索引号	网站中文名称
产业振兴	46	《邯郸市人民政府办公室关于加强农业种质资源保护与利用的实施意见》	邯郸市人民政府办公室	2020-4-29	邯政字〔2020〕28号	000014348/2020-29200	邯郸市人民政府
	47	《邯山区人民政府办公室关于印发〈邯郸市邯山区农业供给侧结构性改革三年行动计划（2018—2020年）〉的通知》	邯郸市邯山区人民政府办公室	2018-10-19	邯山政办〔2018〕100号	000014348/2018-15379	邯郸市邯山区人民政府
	48	《关于持续深化"四个农业"促进农业高质量发展行动方案（2021—2025年）》	邯郸市丛台区人民政府办公室	2021-7-20	—	000014348/2021-67355	邯郸市丛台区人民政府
	49	《复兴区人民政府办公室印发关于持续深化"四个农业"促进农业高质量发展行动方案（2021—2025年）的通知》	邯郸市复兴区人民政府办公室	2021-8-26	复政办〔2021〕40号	000014348/2021-65032	邯郸市复兴区人民政府
	50	《磁县人民政府办公室关于印发磁县现代农业园区建设三年行动方案（2018—2020年）的通知》	磁县人民政府办公室	2018-6-27	磁政办字〔2018〕35号	—	邯郸市磁县人民政府
	51	《关于持续深化"四个农业"促进农业高质量发展行动方案（2021—2025年）》	河北省人民政府	2021-2-4	冀政字〔2021〕7号	—	河北省人民政府
	52	《邯郸市永年区农业农村局2021年推进"四个农业"工作实施方案》	邯郸市永年区人民政府办公室	2021-5-25	永农〔2021〕14号	000014348/2021-58780	邯郸市永年区人民政府
	53	《永年区加快畜牧业发展促进转型升级三年行动计划（2018—2020年）》	邯郸市永年区人民政府办公室	2018-12-5	永政办字〔2018〕59号	000014348/2018-25267	邯郸市永年区人民政府
	54	《广平县人民政府关于印发〈广平县深入推进"四好农村路"建设三年行动计划（2018—2020年）〉的通知》	广平县人民政府	2018-9-28	广政字〔2018〕101号	gpxzfb/2018-04681	邯郸市广平县人民政府
	55	《馆陶县人民政府办公室关于印发馆陶县深入推进农业供给侧结构性改革加快发展农业特色产业实施方案的通知》	馆陶县人民政府办公室	2019-1-16	馆政办字〔2019〕1号	000641043/2019-30417	邯郸市馆陶县人民政府
	56	《武安市加快畜牧业发展促进转型升级三年行动计划（2018—2020年）》	武安市人民政府办公室	2018-11-1	—	000014348/2018-09211	邯郸市武安市人民政府

续表

类别	序号	政策名称	颁布单位	时间	文号	索引号	网站中文名称
	57	《武安市农业供给侧结构性改革三年行动计划（2018—2020年）》	武安市人民政府	2018-6-4	—	000014348/2018-09014	邯郸市武安市人民政府
	58	《邢台市人民政府办公室印发关于加快发展节水农业实施方案的通知》	邢台市人民政府办公室	2021-9-15	邢政办字〔2021〕45号	000014349/2021-00051	邢台市人民政府
	59	《邢台市人民政府办公室关于加快中药材产业发展的实施意见》	邢台市人民政府办公室	2021-11-25	邢政办字〔2021〕58号	000014349/2021-00146	邢台市人民政府
	60	《隆尧县人民政府关于印发扶持农业特色产业发展的实施意见的通知》	隆尧县人民政府	2021-6-23	隆政发〔2021〕1号	—	邢台市隆尧县人民政府
	61	《威县威梨中国特色农产品优势区创建工作方案》	威县人民政府办公室	2020-6-29	—	000226181/2020-10796	邢台市威县人民政府
	62	《临西县深入推进农业供给侧结构性改革加快发展农业特色产业实施方案》	临西县人民政府	2018-12-6	—	—	邢台市临西县人民政府
产业振兴	63	《关于持续深化"四个农业"促进农业高质量发展的行动方案（2021—2025年）》	定州市人民政府	2021-10-28	—	—	保定市定州市人民政府
	64	《定州市人民政府办公室〈关于加快发展节水农业的实施方案〉的通知》	定州市人民政府办公室	2021-11-9	—	—	保定市定州市人民政府
	65	《保定市清苑区人民政府印发〈关于持续深化"四个农业"促进农业高质量发展行动方案（2021—2025年）〉的通知》	保定市清苑区人民政府办公室	2021-8-3	清政办〔2021〕55号	20210813165554899384	保定市清苑区人民政府
	66	《阜平县人民政府办公室关于印发〈食用菌产业发展扶持政策（修订）〉的通知》	阜平县人民政府办公室	2020-3-15	阜政办〔2020〕14号	—	保定市阜平县人民政府
	67	《蠡县人民政府办公室关于进一步加快现代农业园区发展的意见》	蠡县人民政府办公室	2018-4-16	蠡政办字〔2018〕37号	—	保定市蠡县人民政府
	68	《顺平县人民政府办公室关于印发〈关于进一步改进和完善设施农业用地管理的实施意见〉的通知》	顺平县人民政府办公室	2020-11-10	顺政办〔2020〕139号	—	保定市顺平县人民政府

续表

类别	序号	政策名称	颁布单位	时间	文号	索引号	网站中文名称
产业振兴	69	《承德市人民政府办公室印发关于持续深化"四个农业"促进农业高质量发展的行动方案（2021—2025年）的通知》	承德市人民政府办公室	2021-6-11	承市政办字[2021]51号	13502/2021-28043	承德市人民政府
	70	《廊坊市人民政府关于加快推进农业机械化和农机装备产业转型升级的实施意见》	廊坊市人民政府	2020-2-27	—	—	廊坊市人民政府
	71	《衡水市人民政府关于实施"5116"工程加快发展农业特色产业的实施意见》	衡水市人民政府	2018-10-9	衡政字[2018]45号	001068824/2018-2386657	衡水市人民政府
	72	《衡水市人民政府关于印发衡水市高质量绿色农业发展三年行动计划（2018—2020年）的通知》	衡水市人民政府	2018-4-2	衡政字[2018]9号	001068824/2018-2326312	衡水市人民政府
	73	《衡水市人民政府关于加快推进农业供给侧结构性改革大力发展粮食产业经济的实施意见》	衡水市人民政府	2018-4-23	衡政发[2018]3号	001068824/2018-2331591	衡水市人民政府
	74	《关于进一步推进农业产业化发展的意见的通知》	衡水市人民政府办公室	2018-5-18	衡政办字[2018]43号	001068824/2018-2337756	衡水市人民政府
	75	《沽源县持续深化"四个农业"促进农业高质量发展行动方案（2021—2025）》	沽源县人民政府	2021-9-9	—	—	张家口市沽源县人民政府
	76	《沽源县农业供给侧结构性改革三年行动计划（2018—2020年）》	沽源县人民政府办公室	2018-10-30	—	—	张家口市沽源县人民政府
	77	《关于印发〈蔚县持续深化"四个农业"促进农业高质量发展行动方案（2021—2025年）〉的通知》	蔚县人民政府	2021-10-22	—	74689294/2021-35314	张家口市蔚县人民政府
	78	《蔚县人民政府办公室关于印发〈蔚县科技扶贫专项行动实施方案〉的通知》	蔚县人民政府办公室	2018-11-10	蔚政办字[2018]190号	74689294/2018-34251	张家口市蔚县人民政府
	79	《涿鹿县关于促进畜牧业高质量发展的实施方案》	涿鹿县人民政府办公室	2021-3-24	—	—	张家口市涿鹿县人民政府
	80	《怀来县人民政府办公室关于印发〈怀来县建设农业公园工作方案〉的通知》	怀来县人民政府办公室	2019-1-15	怀政办[2019]11号	—	张家口市怀来县人民政府
	81	《双滦区大力发展设施果蔬特色产业实施方案（2018—2022年）》	承德市双滦区人民政府办公室	2018-11-30	—	SL135001/2018-21593	承德市双滦区人民政府

续表

类别	序号	政策名称	颁布单位	时间	文号	索引号	网站中文名称
产业振兴	82	《沧州市人民政府关于加快推进奶业振兴的实施意见》	沧州市人民政府	2020-2-11	沧政发〔2020〕1号	000053149/2000004745	沧州市人民政府
	83	《关于持续深化"四个农业"促进农业高质量发展的行动方案（2021—2025年）》	沧县人民政府	2021-8-3	沧县政字〔2021〕19号	—	沧县人民政府
	84	《永清县人民政府办公室关于印发〈永清县农业供给侧结构性改革三年行动计划（2018—2020年）的实施意见〉的通知》	永清县人民政府办公室	2018-5-16	永政办〔2018〕93号	—	永清县人民政府
	85	《印发关于持续深化"四个农业"促进农业高质量发展行动方案（2021—2025年）的通知》	文安县人民政府	2021-10-18	文政通〔2021〕13号	—	文安县人民政府
	86	《关于印发〈文安县农业供给侧结构性改革三年行动计划的实施意见〉的通知》	文安县人民政府	2018-5-9	文政通〔2018〕9号	—	文安县人民政府
	87	《枣强县人民政府关于印发〈枣强县林业产业化发展的三年规划（2018—2020年）〉的通知》	枣强县人民政府办公室	2018-2-26	—	—	枣强县人民政府
	88	《河北省人民政府办公室关于印发河北省加快推进工业转型升级现代化工业体系的三年行动的指导意见》	河北省人民政府	2018-2-22	冀政发〔2018〕4号	—	河北省人民政府
	89	《邢台市人民政府关于支持制造业重点产业链高质量发展的实施意见》	邢台市人民政府办公室	2021-9-6	邢政发〔2021〕5号	000014349/2021-00047	邢台市人民政府
	90	《邢台市人民政府办公室关于印发邢台市服装产业转型升级行动方案（2018—2020年）的通知》	邢台市人民政府办公室	2018-8-15	邢政办字〔2018〕51号	000014349/2018-00618	邢台市人民政府
	91	《内丘县人民政府办公室关于印发〈内丘县人民政府关于加快推进工业转型升级建设现代化工业体系的落实方案〉的通知》	内丘县人民政府办公室	2018-9-18	—	74018 4538/2018-02414	邢台市内丘县人民政府
	92	《内丘县战略性新兴产业发展三年行动计划（2018—2020年）》	邢台市内丘县人民政府	2018-8-14	—	74018 4538/2018-02395	邢台市内丘县人民政府
	93	《临西县科技创新三年行动计划工作方案（2018—2020年）》	临西县人民政府	2018-11-29	—	—	邢台市临西县人民政府

续表

类别	序号	政策名称	颁布单位	时间	文号	索引号	网站中文名称
产业振兴	94	《定州市人民政府办公室关于印发〈定州市体育用品产业发展工作方案〉的通知》	定州市人民政府办公室	2021-10-12	—	—	保定市定州市人民政府
	95	《蔚县人民政府办公室关于印发〈蔚县战略性新兴产业发展三年行动计划〉的通知》	蔚县人民政府办公室	2018-11-21	蔚政办字〔2018〕192号	74689294/2018-34255	张家口市蔚县人民政府
	96	《蔚县人民政府关于印发〈蔚县科技创新三年行动计划(2018—2020年)〉的通知》	蔚县人民政府	2018-12-7	蔚政字〔2018〕137号	74689294/2018-34253	张家口市蔚县人民政府
	97	《昌黎县人民政府关于印发〈昌黎县科技创新三年行动计划(2018—2020年)〉的通知》	昌黎县人民政府	2018-11-30	—	00038332-0/2019-16717	唐山市昌黎县人民政府
	98	《石家庄市人民政府关于加快推进现代服务业创新发展扩大开放的实施意见》	石家庄市人民政府	2018-9-19	石政发〔2018〕18号	—	石家庄市人民政府
	99	《井陉县人民政府关于印发〈井陉县战略性新兴产业发展三年行动计划〉的通知》	井陉县人民政府	2018-8-15	—	—	石家庄市井陉县人民政府
	100	《正定县人民政府关于印发〈正定县品牌培育和创建三年行动计划(2018—2020年)〉的通知》	正定县人民政府	2019-5-21	正政办函〔2019〕11号	—	石家庄市正定县人民政府
	101	《关于印发辛集旅游质量提升行动计划(2018—2020年)的通知》	辛集市人民政府办公室	2018-7-17	辛政办字〔2018〕38号	—	石家庄市辛集市人民政府
	102	《邢台市人民政府关于加快推进全域旅游发展的实施意见》	邢台市人民政府	2018-11-16	邢政发〔2018〕18号	000014349/2018-07909	邢台市人民政府
	103	《邢台市人民政府关于印发邢台市战略性新兴产业发展三年行动计划的通知》	邢台市人民政府	2018-5-31	邢政发〔2018〕5号	000014349/2018-00367	邢台市人民政府
	104	《内丘县人民政府办公室关于印发〈内丘县进一步扶持电子商务产业发展暂行办法〉的通知》	内丘县人民政府办公室	2019-4-11	内政办字〔2019〕17号	740184538/2019-02817	邢台市内丘县人民政府
	105	《内丘县人民政府办公室关于印发内丘县加快电子商务发展行动计划(2018—2020年)的通知》	内丘县人民政府办公室	2018-10-22	—	740184538/2018-02416	邢台市内丘县人民政府

续表

类别	序号	政策名称	颁布单位	时间	文号	索引号	网站中文名称
产业振兴	106	《关于印发〈衡水市加快电子商务发展三年行动计划（2018—2020年）〉的通知》	衡水市人民政府办公室	2018-8-13	衡政办字[2018]69号	00106824/2018-2374795	衡水市人民政府
	107	《石家庄市人民政府关于印发〈正定数字经济产业园发展规划（2021—2025年）〉的通知》	石家庄市人民政府	2020-12-26	石政发[2020]3号	—	石家庄市人民政府
	108	《关于印发辛集市人才助力产业发展三年行动计划（2018—2020年）的通知》	辛集市人民政府办公室	2018-12-20	辛政办字[2018]84号	—	石家庄市辛集市人民政府
	109	《大名县落实省市人才助力产业发展三年行动计划（2018—2020）实施方案》	大名县人民政府办公室	2019-5-10	大政办[2014]38号	000014348/2019-21891	邯郸市大名县人民政府
	110	《隆尧县人民政府关于进一步加强创新创业解化基地建设鼓励人才入驻的措施》	隆尧县人民政府	2020-9-21	—	—	邢台市隆尧县人民政府
人才发展	111	《临西县人才助力产业发展行动计划（2018—2020年）》	临西县人民政府	2019-7-24	—	—	邢台市临西县人民政府
	112	《沽源县贫困人口生态护林员选聘实施方案》	沽源县人民政府办公室	2018-12-11	—	—	张家口市沽源县人民政府
	113	《蔚县人民政府办公室关于印发〈蔚县人才助力产业发展三年行动计划（2018—2020年）〉的通知》	蔚县人民政府办公室	2019-7-12	蔚政办发[2019]12号	74689294/2019-34537	张家口市蔚县人民政府
生态环境治理	114	《中共行唐县委办公室 行唐县人民政府办公室关于印发〈白洋淀上游流域生态环境治理和保护工作方案〉的通知》	中共行唐县委办公室、行唐县人民政府办公室	2019-5-5	—	—	行唐县人民政府
基础设施建设	115	《井陉矿区人民政府办公室关于印发〈推进"四好农村路"建设的实施方案〉的通知》	井陉矿区人民政府办公室	2018-11-15	矿政办函[2018]143号	—	石家庄市井陉矿区人民政府
	116	《井陉矿区人民政府办公室关于印发〈井陉矿区"四好农村路"示范县实施方案〉的通知》	井陉矿区人民政府办公室	2018-11-15	矿政办函[2018]146号	—	石家庄市井陉矿区人民政府

续表

类别	序号	政策名称	颁布单位	时间	文号	索引号	网站中文名称
	117	《行唐县人民政府办公室关于印发〈行唐县深入推进"四好农村路"建设三年行动计划（2018—2020年）〉的通知》	行唐县人民政府办公室	2018-11-15	—	—	石家庄市行唐县人民政府
	118	《高邑县人民政府办公室关于印发〈高邑县深化农村公路管理养护体制改革实施方案〉的通知》	高邑县人民政府办公室	2021-10-28	高政办发〔2021〕52号	00076155/2021-06398	石家庄市高邑县人民政府
	119	《新乐市人民政府办公室关于印发〈新乐市关于在农业农村基础设施建设领域积极推广以工代赈方式的工作方案〉的通知》	新乐市人民政府办公室	2021-7-16	〔2021〕—29		石家庄市新乐市人民政府
	120	《关于印发辛集市"四好农村路"示范乡（镇）示范村创建实施方案的通知》	辛集市人民政府办公室	2018-10-9	辛政办字〔2018〕73号	—	石家庄市辛集市人民政府
	121	《唐山市人民政府办公室关于加快农村寄递物流体系建设的实施方案》	唐山市人民政府办公室	2021-10-18	唐政办字〔2021〕107号	—	唐山市人民政府
基础设施建设	122	《昌黎县人民政府关于印发〈昌黎县2021年美丽乡村建设项目实施方案〉的通知》	昌黎县人民政府	2021-7-21	—	00038332-0/2021-18517	唐山市昌黎县人民政府
	123	《邯郸市邯山区农村生活污水治理专项规划（2020—2035年）》	邯郸市邯山区人民政府	2020-10-22	邯山政字〔2020〕56号	000014348/2020-62930	邯郸市邯山区人民政府
	124	《广平县人民政府办公室关于印发〈广平县全域美丽农村路建设三年行动方案〉的通知》	广平县人民政府办公室	2020-6-6	〔2020〕—26	gpxzfb/2020-00085	邯郸市广平县人民政府
	125	《武安市人民政府办公室关于印发武安市全域美丽农村路创建三年行动方案的通知》	武安市人民政府办公室	2020-6-15	武政办字〔2020〕38号	000014348/2020-34979	邯郸市武安市人民政府
	126	《邢台市人民政府办公室关于印发关于加快推动农村寄递物流体系建设若干措施的通知》	邢台市人民政府办公室	2021-10-27	邢政办字〔2021〕55号	000014349/2021-00138	邢台市人民政府
	127	《邢台市人民政府办公室关于推进电子商务与快递物流协同发展的实施意见》	邢台市人民政府办公室	2018-9-20	邢政办字〔2018〕68号	000014349/2018-00634	邢台市人民政府
	128	《邢台市人民政府办公室关于创新农村基础设施投融资体制机制的实施意见》	邢台市人民政府办公室	2018-12-15	邢政办字〔2018〕105号	000014349/2018-07959	邢台市人民政府
	129	《南宫市人民政府办公室关于印发〈南宫市进一步推进"四好农村路"建设的实施意见〉的通知》	南宫市人民政府办公室	2019-6-5	—	—	邢台市南宫市人民政府

续表

类别	序号	政策名称	颁布单位	时间	文号	索引号	网站中文名称
基础设施建设	130	《柏乡县加快推进"快递进村"工程工作方案》	柏乡县人民政府办公室	2021-4-29	—	—	邢台市柏乡县人民政府
	131	《任县人民政府关于印发〈美丽农村路创建活动实施方案〉的通知》	任县人民政府	2020-4-20	—	—	邢台市任泽区人民政府
	132	《威县人民政府办公室关于印发威县"美丽城区"创建暨城市品质提升行动实施方案（2020—2022年）的通知》	威县人民政府办公室	2020-4-26	—	000226181/2020-10781	邢台市威县人民政府
	133	《定州市人民政府办公室关于印发〈定州市加快推进城乡客运一体化发展的实施意见〉的通知》	定州市人民政府办公室	2021-9-14	—	—	保定市定州市人民政府
	134	《保定市清苑区人民政府关于印发〈保定市清苑区农村饮水工程专业化管护机构建设实施方案〉的通知》	保定市清苑区人民政府	2020-6-16	清政发[2020]23号	20200706114344346900	保定市清苑区人民政府
	135	《承德市人民政府办公室关于印发承德市2021推进农村厕所革命工作方案的通知》	承德市人民政府办公室	2021-4-7	承市政办字[2021]27号	13502/2021-28005	承德市人民政府
	136	《盐山县人民政府关于印发盐山县深入推进"四好农村路"建设三年行动计划（2018—2020年）的通知》	盐山县人民政府	2019-1-25	盐政字[2019]1号	3292756652/2000000478	盐山县人民政府
	137	《威县人民政府办公室关于印发〈威县2020年"美丽城镇"创建工作实施方案〉的通知》	威县人民政府办公室	2020-3-15	—	000226181/2020-10768	邢台市威县人民政府
	138	《邢台市人民政府办公室关于印发邢台市畜禽养殖废弃物资源化利用行动计划的通知》	邢台市人民政府办公室	2017-12-29	邢市政办字[2017]83号	000014349/2018-00042	邢台市人民政府
生态环境治理	139	《保定市人民政府关于建立健全绿色低碳循环发展经济体系的实施意见》	保定市人民政府	2021-8-15	保政函[2021]33号	—	保定市人民政府
	140	《承德市人民政府关于建立健全绿色低碳循环发展经济体系的落实意见》	承德市人民政府	2021-9-23	承市政字[2021]44号	13502/2021-30132	承德市人民政府
	141	《滦平县人民政府办公室关于印发〈滦平县农村人居环境整治行动方案〉的通知》	滦平县人民政府办公室	2019-2-15	滦政办[2019]20号	58/2019-04674	承德市滦平县人民政府

（五）山西省乡村振兴政策索引

类别	序号	政策名称	颁布单位	时间	文号	索引号	网站中文名称
产业振兴	1	《山西省人民政府办公厅关于印发山西省建设全国优质杂粮产地交易市场工作方案的通知》	山西省人民政府办公厅	2018-5-18	晋政办发〔2018〕50号	012150SX00101/2018-00373	山西省人民政府
	2	《忻州市人民政府办公厅关于印发"忻州杂粮"品牌建设发展规划（2018—2020年）的通知》	忻州市人民政府办公厅	2019-1-19	忻政办发〔2019〕6号	000014347/2019-00249	忻州市人民政府
	3	《关于创建市级现代农业产业园的意见》	大同市人民政府办公厅	2018-4-11	同政办发〔2018〕52号	03520000/2018-00200	大同市人民政府
	4	《长治市人民政府办公厅关于印发长治市关于贯彻落实"山西小米"品牌建设的实施方案的通知》	长治市人民政府办公厅	2018-1-8	长政办发〔2018〕3号	012340096/2018-02847	长治市人民政府
	5	《朔州市人民政府办公室关于印发朔州市创建全省有机旱作农业示范市实施方案的通知》	朔州市人民政府办公室	2019-12-12	朔政办发〔2019〕42号	—	朔州市人民政府
	6	《朔州市人民政府办公厅关于印发加快现代草牧业发展的实施意见》	朔州市人民政府办公厅	2018-1-13	朔政办发〔2018〕1号	—	朔州市人民政府
	7	《晋中市人民政府办公室关于印发晋中市发展壮大农业产业化龙头企业实施意见的通知》	晋中市人民政府办公室	2021-7-5	市政办发〔2021〕25号	jz-zbgs-2021-00361	晋中市人民政府
	8	《临汾市人民政府关于加快有机旱作农业发展的指导意见》	临汾市人民政府	2018-1-25	临政办发〔2018〕2号	1114090001277 5903Q\2018-00001	临汾市人民政府
	9	《印发关于支持农业高质量高速度发展推进乡村产业振兴若干政策措施的通知》	吕梁市人民政府办公室	2021-6-9	吕政办发〔2021〕32号	111423LL00100/2021-00078	吕梁市人民政府
	10	《晋城市城区人民政府办公室关于印发加快现代农业园创建的实施意见》	晋城市城区人民政府办公室	2020-4-4	城政办发〔2020〕5号	—	晋城市城区人民政府
	11	《朔州市朔城区人民政府关于印发朔州市朔城区农牧交错带核心区2018—2020年建设规划的通知》	朔州市朔城区人民政府	2018-3-15	朔区政发〔2018〕11号	—	朔州市朔城区人民政府
	12	《朔州市朔城区人民政府办公室关于印发朔城区2021年设施农业发展实施方案的通知》	朔州市朔城区人民政府办公室	2021-5-8	朔区政办发〔2021〕17号	—	朔州市朔城区人民政府
	13	《关于做优做强黄花产业加快乡村产业振兴助推脱贫攻坚的实施意见》	天镇县人民政府	2019-2-25	天政发〔2019〕6号	—	大同市天镇县人民政府

续表

类别	序号	政策名称	颁布单位	时间	文号	索引号	网站中文名称
产业振兴	14	《平顺县国家现代农业产业园建设规划（2020—2024年）》	平顺县人民政府	2020-3-20	平政发[2020]14号	01236931-5/2020-02207	长治市平顺县人民政府
	15	《黎城县人民政府办公室关于印发黎城县"中国好粮油"行动示范工程实施方案的通知》	黎城县人民政府办公室	2018-2-2	黎政办发[2018]5号	01236931-5/2018-41134	长治市黎城县人民政府
	16	《长子县人民政府办公室关于印发长子县贯彻落实"山西小米"品牌建设实施方案的通知》	长子县人民政府办公室	2018-2-23	长子政办发[2018]9号	01236931-5/2018-00954	长治市长子县人民政府
	17	《武乡县人民政府办公室关于印发武乡县2021年特色农业产业巩固发展行动计划的通知》	武乡县人民政府办公室	2021-6-2	武政办发[2021]22号	01236931-5/2021-15268	长治市武乡县人民政府
	18	《沁源县人民政府办公室关于印发沁源县推进有机旱作农业发展2020年行动计划的通知》	沁源县人民政府办公室	2020-3-12	沁政办发[2020]20号	01236931-5/2020-26864	长治市沁源县人民政府
	19	《沁水县人民政府关于印发沁水县发展现代农业促进农民增收的扶持办法（修订）的通知》	沁水县人民政府办公室	2021-10-9	沁政办发[2021]46号	—	晋城市沁水县人民政府
	20	《泽州县人民政府关于加快现代农业产业园创建的实施意见》	泽州县人民政府办公室	2020-4-1	泽政办发[2020]7号	—	晋城市泽州县人民政府
	21	《阳城县人民政府关于加快推进农业机械化和农业装备产业转型升级的实施意见》	阳城县人民政府	2020-8-4	阳政发[2020]19号	—	晋城市阳城县人民政府
	22	《山阴县人民政府关于印发山阴县雁门关农牧交错带核心区建设实施方案》	山阴县人民政府	2018-8-4	山政发[2018]22号	—	朔州市山阴县人民政府
	23	《右玉县人民政府办公室关于印发右玉县"中国好粮油"行动示范县实施方案的通知》	右玉县人民政府办公室	2018-1-31	右政办发[2018]4号	—	朔州市右玉县人民政府
	24	《定襄县人民政府关于印发定襄县中国好粮油行动示范县实施2019—2020年度的通知》	定襄县人民政府	2020-1-8	定政发[2020]2号	000014347/2020-00365	忻州市定襄县人民政府
	25	《五寨县人民政府办公室关于印发五寨县出口甜糯玉米质量安全示范区建设实施方案的通知》	五寨县人民政府办公室	2020-11-10	五政办发[2020]83号	—	忻州市五寨县人民政府
	26	《保德县人民政府关于印发保德县"中国好粮油"行动示范县实施方案（2019—2020年度）的通知》	保德县人民政府	2020-4-16	保政发[2020]11号	000014347/2020-00155	忻州市保德县人民政府

续表

类别	序号	政策名称	颁布单位	时间	文号	索引号	网站中文名称
产业振兴	27	《关于印发方山县推进中药材产业高质量发展实施方案的通知》	方山县人民政府办公室	2021-5-31	方政办发[2021]19号	—	吕梁市方山县人民政府
	28	《太原市人民政府办公厅关于进一步促进农产品加工业发展的实施意见》	太原市人民政府办公厅	2018-9-29	并政办发[2018]51号	012187001/2018-00264	太原市人民政府
	29	《关于加快推进农产品精深加工十大产业集群发展实施方案的通知》	大同市人民政府	2020-8-21	同政发[2020]54号	035200000/2020-00178	大同市人民政府
	30	《朔州市人民政府办公厅关于进一步加快农产品加工业发展的实施意见》	朔州市人民政府办公厅	2018-1-19	朔政办发[2018]2号	—	朔州市人民政府
	31	《运城市人民政府关于印发运城市打造农产品精深加工十大产业集群实施方案的通知》	运城市人民政府	2020-7-10	运政发[2020]27号	—	运城市人民政府
	32	《山西省人民政府办公厅关于印发山西运城水果出口平台建设规划的通知》	山西省人民政府办公厅	2018-1-22	晋政办发[2018]9号	012150SX00101/2018-00029	山西省人民政府
基础设施建设	33	《运城市盐湖区人民政府办公室关于印发〈盐湖区2021年农产品仓储保鲜冷链设施建设实施方案〉的通知》	运城市盐湖区人民政府办公室	2021-7-2	运盐政发[2021]32号	—	运城市盐湖区人民政府
	34	《武乡县人民政府办公室关于印发武乡县农产品仓储保鲜冷链设施建设实施方案的通知》	武乡县人民政府办公室	2020-11-18	武政办发[2020]69号	01236931-5/2020-02298	长治市武乡县人民政府
	35	《万荣县人民政府办公室关于印发万荣县沿黄美丽乡村示范带建设方案的通知》	万荣县人民政府办公室	2021-1-21	万政办发[2021]8号	YC08210/2021-00042	运城市万荣县人民政府
金融支持	36	《应县人民政府办公室关于印发应县金融服务乡村振兴实施方案的通知》	应县人民政府办公室	2019-10-28	应政办发[2019]38号	—	朔州市应县人民政府

（六）内蒙古自治区乡村振兴政策索引

类别	序号	政策名称	颁布单位	时间	文号	索引号	网站中文名称
总体规划	1	《包头市人民政府关于印发呼包鄂榆城市群发展规划包头市行动计划（2020年—2025年）的通知》	包头市人民政府	2020-9-13	包府发[2020]54号	011536003/2021-00103	包头市人民政府

续表

类别	序号	政策名称	颁布单位	时间	文号	索引号	网站中文名称
	2	《赤峰市人民政府关于印发贯彻落实新一轮东北振兴战略推动赤峰市跨越发展实施方案的通知》	赤峰市人民政府	2017-12-5	赤政字〔2017〕163号	1115040001156341 5C/2021-22675	赤峰市人民政府
	3	《巴彦淖尔市人民政府关于印发〈巴彦淖尔市国民经济和社会发展第十四个五年规划和2035年远景目标纲要〉的通知》	巴彦淖尔市人民政府	2021-5-31	巴政发〔2021〕4号	—	巴彦淖尔市人民政府
	4	《内蒙古自治区人民政府办公厅关于印发〈牧区现代化三年行动方案（2020—2022年）〉的通知》	内蒙古自治区人民政府办公厅	2020-12-10	内政办发〔2020〕44号	—	内蒙古自治区人民政府
总体规划	5	《关于印发锡林郭勒盟国民经济和社会发展第十四个五年规划和2035年远景目标纲要的通知》	锡林郭勒盟行政公署	2021-6-16	锡署发〔2021〕51号	0116591 3-4/2020-00525	锡林郭勒盟行政公署
	6	《呼和浩特市玉泉区国民经济和社会发展第十四个五年规划和2035年远景目标纲要》	呼和浩特市玉泉区人民政府	2021-11-25	—	0001152802XG/2021-01618	呼和浩特市玉泉区人民政府
	7	《青山区国民经济和社会发展第十四个五年规划和二〇三五年远景目标纲要》	包头市青山区人民政府	2021-11-12	—	—	包头市青山区人民政府
	8	《翁牛特旗国民经济和社会发展第十四个五年规划和二〇三五年远景目标纲要》	赤峰市翁牛特旗人民政府	2021-5-19	—	111504260115823683/2022-00172	赤峰市翁牛特旗人民政府
	9	《中共敖汉旗委员会 敖汉旗人民政府关于认真贯彻落实中央一号文件精神确保全旗农村牧区如期实现全面小康的实施意见》	中共敖汉旗委员会、敖汉旗人民政府	2020-4-3	敖党发〔2020〕1号	111504307936478666/2022-00766	赤峰市敖汉旗人民政府
	10	《商都县国民经济和社会发展第十四个五年规划和二〇三五年远景目标纲要》	乌兰察布市商都县人民政府	2021-3-1	—	—	乌兰察布市商都县人民政府
	11	《锡林郭勒盟太仆寺旗国民经济和社会发展第十四个五年规划和二〇三五年远景目标纲要》	太仆寺旗发展和改革委员会	2021-3-15	—	150102/2021-00050	锡林郭勒盟太仆寺旗发展和改革委员会

续表

类别	序号	政策名称	颁布单位	时间	文号	索引号	网站中文名称
	12	《内蒙古自治区人民政府办公厅关于印发〈农业高质量发展三年行动方案（2020年—2022年）〉的通知》	内蒙古自治区人民政府办公厅	2020-10-30	内政办发〔2020〕37号	11150000011151201XD/2020-02293	内蒙古自治区人民政府
	13	《内蒙古自治区人民政府关于加快推进牧业机械化和农机装备产业转型升级的实施意见》	内蒙古自治区人民政府办公厅	2019-10-25	内政发〔2019〕12号	11150000011151201XD/2019-01854	内蒙古自治区人民政府
	14	《正蓝旗人民政府办公室关于印发〈正蓝旗电子商务进农村牧区综合示范工作升级版实施方案〉的通知》	正蓝旗人民政府办公室	2021-5-11	蓝政办发〔2021〕44号	11152530MB16339695/2021-00275	锡林郭勒盟正蓝旗人民政府
	15	《扎赉特旗人民政府办公室关于印发〈扎赉特旗电子商务进农村综合示范项目后续工作实施方案〉的通知》	扎赉特旗人民政府办公室	2019-6-14	扎办字〔2019〕80号	01152200/2021-00038	兴安盟扎赉特旗人民政府
产业振兴	16	《呼和浩特市人民政府办公室关于促进种植类设施农业发展（2021—2025年）的实施意见》	呼和浩特市人民政府	2021-11-3	呼政发〔2021〕22号	1150100011520132 0201320/2021-02081	呼和浩特市人民政府
	17	《呼和浩特市人民政府办公室关于印发〈呼和浩特市农畜产品区域公用品牌建设三年行动方案（2021—2023年）〉的通知》	呼和浩特市人民政府办公室	2021-8-25	呼政办字〔2021〕82号	1150100011520132 0201320/2021-01967	呼和浩特市人民政府
	18	《呼和浩特市人民政府办公室关于印发〈呼和浩特市奶牛良种繁育体系建设实施方案（2020—2025年）〉的通知》	呼和浩特市人民政府办公室	2020-12-3	呼政办字〔2020〕73号	000201320/2020-00859	呼和浩特市人民政府
	19	《呼和浩特市人民政府办公厅关于印发呼和浩特市奶业发展扶持政策实施方案（试行）的通知》	呼和浩特市人民政府办公室	2019-6-6	呼政办字〔2019〕83号	000201320/2019-00115	呼和浩特市人民政府
	20	《呼和浩特市人民政府办公厅关于印发推进乳产业升级三年行动计划（2018—2020年）的通知》	呼和浩特市人民政府办公厅	2018-8-26	呼政办发〔2018〕69号	000201320/2018-00014	呼和浩特市人民政府
	21	《乌海市人民政府办公室关于印发〈乌海市农畜产品区域公用品牌建设三年行动方案（2021—2023年）〉的通知》	乌海市人民政府办公室	2021-6-28	乌海政办发〔2021〕15号	—	乌海市人民政府

续表

类别	序号	政策名称	颁布单位	时间	文号	索引号	网站中文名称
产业振兴	22	《乌海市委、市人民政府关于印发〈乌海市加快推动农牧业高质量发展的实施方案〉的通知》	中共乌海市委员会、乌海市人民政府	2020-10-19	乌党发[2020]16号	11150300011554 3089/2020-05166	乌海市人民政府
	23	《赤峰市人民政府关于推进赤峰市农畜产品品牌建设工作的意见》	赤峰市人民政府	2019-3-18	赤政字[2019]14号	1115040001156 3415C/2021-22680	赤峰市人民政府
	24	《赤峰市人民政府关于促进现代马产业发展的意见》	赤峰市人民政府	2018-3-22	赤政发[2018]13号	1115040001156 3415C/2021-22806	赤峰市人民政府
	25	《通辽市人民政府关于加快推进农牧业机械化和农机装备产业转型升级的实施意见》	通辽市人民政府办公室	2020-4-27	通政发[2020]39号	E000-tlsz/2020-00554	通辽市人民政府
	26	《鄂尔多斯市人民政府办公室关于印发农畜产品区域公用品牌建设三年(2021—2023年)行动方案的通知》	鄂尔多斯市人民政府办公室	2021-7-27	鄂府办发[2021]48号	000014349/2021-02897	鄂尔多斯市人民政府
	27	《鄂尔多斯市人民政府办公室关于印发鄂尔多斯市种业发展五年行动方案(2021—2025年)的通知》	鄂尔多斯市人民政府办公室	2021-5-21	鄂府办发[2021]38号	000014349/2021-01582	鄂尔多斯市人民政府
	28	《鄂尔多斯市人民政府办公室关于印发鄂尔多斯市推动传统奶制品产业发展专项行动工作方案的通知》	鄂尔多斯市人民政府办公室	2021-4-26	鄂府办发[2021]28号	000014349/2021-01272	鄂尔多斯市人民政府
	29	《鄂尔多斯市人民政府关于进一步加强高标准农田建设提升国家粮食安全保障能力的实施意见》	鄂尔多斯市人民政府	2020-12-11	鄂府发[2020]93号	000014349/2020-12067	鄂尔多斯市人民政府
	30	《呼伦贝尔市人民政府办公室关于印发〈呼伦贝尔市岭西奶源基地建设三年行动方案(2021—2023年)〉的通知》	呼伦贝尔市人民政府办公室	2021-4-2	呼政办发[2021]6号	11341600733029 96XP/202104-00026	呼伦贝尔市人民政府
	31	《乌兰察布市人民政府办公室关于印发〈2021年乌兰察布市旱作马铃薯产业发展实施方案〉的通知》	乌兰察布市人民政府办公室	2021-4-6	乌政办字[2021]16号	—	乌兰察布市人民政府
	32	《乌兰察布市人民政府办公室关于印发〈乌兰察布市推动民族传统奶制品产业发展专项行动总体方案〉的通知》	乌兰察布市人民政府办公室	2020-12-11	乌政办字[2020]66号	—	乌兰察布市人民政府

续表

类别	序号	政策名称	颁布单位	时间	文号	索引号	网站中文名称
产业振兴	33	《乌兰察布市人民政府关于印发〈乌兰察布市2019年马铃薯产业发展实施方案〉的通知》	乌兰察布市人民政府	2019-6-4	乌政发〔2019〕60号	—	乌兰察布市人民政府
	34	《乌兰察布市人民政府办公室关于印发马铃薯脱毒种薯补贴实施方案的通知》	乌兰察布市人民政府办公室	2019-3-26	乌政发〔2019〕8号	—	乌兰察布市人民政府
	35	《兴安盟行政公署办公室关于印发〈兴安盟种和发展三年行动方案（2021—2023年）〉的通知》	兴安盟行政公署办公室	2021-7-14	兴署办发〔2021〕15号	01152200/2021-00534	兴安盟行政公署
	36	《兴安盟行政公署办公室关于印发〈农畜产品区域公用品牌建设三年行动方案（2021—2023年）〉的通知》	兴安盟行政公署办公室	2021-4-12	兴署办发〔2021〕10号	01152200/2021-00514	兴安盟行政公署
	37	《关于印发〈锡林郭勒盟优质良种肉牛产业发展扶持办法（2021—2023年）〉的通知》	锡林郭勒盟行政公署	2021-3-9	锡署发〔2021〕21号	01165913-4/2020-00525	锡林郭勒盟行政公署
	38	《锡林郭勒盟行政公署印发〈关于促进全盟民族传统奶制品产业发展的实施意见〉的通知》	锡林郭勒盟行政公署	2020-6-10	锡署发〔2020〕46号	01165913-4/2020-00141	锡林郭勒盟行政公署
	39	《锡林郭勒盟行政公署关于印发〈锡林郭勒优质良种肉牛产业发展扶持办法〉的通知》	锡林郭勒盟行政公署	2018-9-13	锡署发〔2018〕126号	01165913-4/2018-00108	锡林郭勒盟行政公署
	40	《新城区人民政府办公室关于印发〈新城区2021年农畜产品质量安全工作实施方案〉的通知》	新城区人民政府办公室	2021-6-25	新政办发〔2021〕96号	11150102011524643A-020403-2021-00032	呼和浩特市新城区人民政府
	41	《赤峰市红山区人民政府关于印发〈红山区黑土地保护性耕作推进行动方案（2020—2025年）〉的通知》	赤峰市红山区人民政府	2020-12-30	赤红政字〔2020〕155号	1115040201566018H/2021-23573	赤峰市红山区人民政府
	42	《固阳县人民政府关于印发〈固阳县2021年农牧业产业振兴实施办法〉的通知》	固阳县人民政府	2021-4-19	—	—	包头市固阳县人民政府
	43	《关于印发阿鲁科尔沁旗黑土地保护性耕作推进行动方案（2020—2025年）的通知》	阿鲁科尔沁旗人民政府办公室	2020-12-9	阿政办发〔2020〕60号	1115042101572450Y/2022-02074	赤峰市阿鲁科尔沁旗人民政府
	44	《关于印发〈巴林右旗粮食生产功能区和重要农产品生产保护区划定工作方案〉的通知》	巴林右旗人民政府	2018-2-9	—	—	赤峰市巴林右旗人民政府

续表

类别	序号	政策名称	颁布单位	时间	文号	索引号	网站中文名称
	45	《克什克腾旗人民政府关于印发〈克什克腾旗（2021—2025年）现代肉羊产业高质量发展实施意见〉的通知》	克什克腾旗人民政府	2021-8-29	—	—	赤峰市克什克腾旗人民政府
	46	《克什克腾旗人民政府关于印发〈克什克腾旗（2021—2025年）现代肉牛产业高质量发展实施意见〉的通知》	克什克腾旗人民政府	2021-8-29	—	—	赤峰市克什克腾旗人民政府
	47	《喀喇沁旗人民政府办公室于印发〈喀喇沁旗中药材中国特色农产品优势区创建工作方案〉的通知》	喀喇沁旗人民政府办公室	2019-6-27	—	—	赤峰市喀喇沁旗人民政府
	48	《宁城县人民政府办公室关于印发〈宁城县黑土地保护性耕作推进行动方案（2020~2025年）〉的通知》	宁城县人民政府办公室	2020-9-4	—	—	赤峰市宁城县人民政府
产业振兴	49	《关于印发〈敖汉旗推进农畜产品品牌建设工作的意见〉的通知》	敖汉旗人民政府	2019-4-28	敖政发〔2019〕15号	111504307936478666/2022-00724	赤峰市敖汉旗人民政府
	50	《科尔沁左翼后旗人民政府办公室关于印发〈科左后旗2021年黑土地保护性耕作推进行动实施方案〉的通知》	科尔沁左翼后旗人民政府办公室	2021-4-9	后政办字〔2021〕34号	E000-kzhq/2021-00207	通辽市科尔沁左翼后旗人民政府
	51	《科左后旗黑土地保护性耕作推进行动方案（2020~2025年）》	科尔沁左翼后旗人民政府办公室	2020-9-22	后政办字〔2020〕96号	E000-kzhq/2020-00635	通辽市科尔沁左翼后旗人民政府
	52	《扎鲁特旗人民政府办公室关于印发〈扎鲁特旗牛冷配改良三年全覆盖实施方案〉的通知》	扎鲁特旗人民政府办公室	2021-5-14	扎政办字〔2021〕31号	E000-zltq/2021-00279	通辽市扎鲁特旗人民政府
	53	《2021年推进农牧业高质量发展扶持政策》	鄂托克前旗人民政府	2021-2-4	鄂前政发〔2021〕5号	0000014349IRA021/2021-00245	鄂尔多斯市鄂托克前旗人民政府
	54	《推进农牧业产业结构调整加快市场体系建设的实施方案》	鄂托克前旗人民政府	2020-1-1	鄂前政发〔2019〕38号	000014349/2020-14980	鄂尔多斯市鄂托克前旗人民政府

续表

类别	序号	政策名称	颁布单位	时间	文号	索引号	网站中文名称
	55	《鄂托克前旗2020年推进羊绒产业高质量创新发展专项方案（试行）》	鄂托克前旗人民政府	2020-1-1	鄂前政发〔2019〕37号	000014349/2020-14978	鄂尔多斯市鄂托克前旗人民政府
	56	《新巴尔虎右旗人民政府办公室关于印发新巴尔虎右旗农牧业生产经营主体能力提升行动方案的通知》	新巴尔虎右旗人民政府办公室	2020-5-20	新右政办发〔2020〕36号	—	呼伦贝尔市新巴尔虎右旗人民政府
	57	《新巴尔虎右旗人民政府办公室关于印发新巴尔虎右旗畜牧业高质量发展实施方案的通知》	新巴尔虎右旗人民政府办公室	2019-12-25	新右政办发〔2020〕76号	1115291116231234-ZC01-2021-0043	呼伦贝尔市新巴尔虎右旗人民政府
	58	《关于印发〈兴和县粮食生产功能区划定实施方案〉的通知》	兴和县人民政府办公室	2018-2-5	—	—	乌兰察布市兴和县人民政府
产业振兴	59	《乌兰浩特市人民政府办公室关于印发〈乌兰浩特市设施农业园区管理实施方案〉的通知》	乌兰浩特市人民政府办公室	2019-12-9	乌政办发〔2019〕15号	—	乌兰浩特市人民政府
	60	《乌兰浩特市人民政府办公室关于印发〈乌兰浩特市种养殖专业村发展实施方案〉的通知》	乌兰浩特市人民政府办公室	2021-6-8	乌政办发〔2021〕25号	01152200/2022-00018	乌兰浩特市人民政府
	61	《关于印发〈阿尔山市2020年黑土地保护性耕作推进行动实施方案〉的通知》	阿尔山市人民政府办公室	2020-11-5	阿政办发〔2020〕78号	0115220/2022-00125	兴安盟阿尔山市人民政府
	62	《扎赉特旗人民政府办公室关于印发〈扎赉特旗扶持甜菜产业发展实施方案〉的通知》	扎赉特旗人民政府办公室	2020-2-6	扎政办字〔2020〕2号	01152200/2020-00102	兴安盟扎赉特旗人民政府
	63	《扎赉特旗人民政府办公室关于印发"兴安盟大米·扎赉特珍稻"品牌建设政策措施〉的通知》	扎赉特旗人民政府办公室	2020-2-5	扎政办字〔2021〕3号	01152200/2021-00016	兴安盟扎赉特旗人民政府
	64	《锡林浩特市人民政府关于印发〈锡林浩特市嘎查集体畜禽资产管理办法〉的通知》	锡林浩特市人民政府	2020-7-23	锡市政办发〔2020〕51号	01166760-1/2020-00945	锡林郭勒盟锡林浩特市人民政府
	65	《锡林浩特市人民政府关于实施〈锡林浩特市畜牧业高质量发展实施方案（2020—2021年）〉的通知》	锡林浩特市人民政府	2020-8-6	锡市政发〔2020〕56号	01166760-1/2020-00741	锡林郭勒盟锡林浩特市人民政府

续表

类别	序号	政策名称	颁布单位	时间	文号	索引号	网站中文名称
产业振兴	66	《二连浩特市人民政府办公室关于印发〈二连浩特市畜牧业高质量发展实施方案〉的通知》	二连浩特市人民政府办公室	2020-7-6	二政办发[2020]41号	11525010116632052Y/2020-01478	锡林郭勒盟二连浩特市人民政府
	67	《苏尼特左旗人民政府办公室关于印发〈苏尼特左旗关于促进羊驼产业稳定发展的指导意见〉的通知》	苏尼特左旗人民政府办公室	2021-6-1	苏左政发[2021]31号	150102/2021-00063	锡林郭勒盟苏尼特左旗人民政府
	68	《2020年黄牛改良专项推进工作实施方案》的通知	苏尼特左旗人民政府办公室	2020-4-3	苏左政办发[2020]13号	150102/2020-00006	锡林郭勒盟苏尼特左旗人民政府
	69	《东乌旗人民政府关于印发〈东乌旗畜牧业高质量发展实施方案（2020—2021年）〉的通知》	东乌旗人民政府	2020-7-20	东政发[2020]40号	11152525011676612K/2020-00024	锡林郭勒盟东乌珠穆沁旗人民政府
	70	《关于印发〈西乌旗优质良种肉牛产业发展扶持办法〉的通知》	西乌旗人民政府办公室	2018-12-28	西政办发[2018]189号	150102GGA001/2018-00228	锡林郭勒盟西乌珠穆沁旗人民政府
	71	《正镶白旗人民政府办公室关于印发〈2018年正镶白旗羊肉全产业链追溯体系试点工作实施方案〉的通知》	正镶白旗人民政府办公室	2018-12-28	—	—	锡林郭勒盟正镶白旗人民政府
	72	《正镶白旗察哈尔肉羊产业发展实施方案（2018—2020年）》	正镶白旗人民政府	2018-7-5	白政发[2018]99号	—	锡林郭勒盟正镶白旗人民政府
	73	《正镶白旗人民政府关于印发〈正镶白旗肉牛产业发展实施方案（2018—2020年）〉的通知》	正镶白旗人民政府	2018-7-5	白政发[2018]98号	—	锡林郭勒盟正镶白旗人民政府
	74	《内蒙古自治区人民政府办公厅关于推动全区民族传统奶制品产业发展若干措施的通知》	内蒙古自治区人民政府办公厅	2019-12-31	内政办发[2019]36号	11150000011512021XD/2019-02260	内蒙古自治区人民政府
	75	《关于印发〈正蓝旗肉牛产业发展（2019—2021）三年实施方案〉的通知》	正蓝旗人民政府办公室	2019-3-6	蓝政办发[2019]27号	11152530MB1633969S/2019-00202	锡林郭勒盟正蓝旗人民政府
	76	《关于印发〈正蓝旗2019年草原牧鸡养殖工作实施方案〉的通知》	正蓝旗人民政府办公室	2019-3-29	蓝政办发[2019]28号	—	锡林郭勒盟正蓝旗人民政府

续表

类别	序号	政策名称	颁布单位	时间	文号	索引号	网站中文名称
	77	《呼和浩特市人民政府关于印发呼和浩特市打造以乳业为核心的绿色食品加工产业集群三年行动方案（2021—2023年）的通知》	呼和浩特市人民政府	2021-7-14	呼政发〔2021〕7号	11501000115201320201320/2021-01923	呼和浩特市人民政府
	78	《呼和浩特市人民政府办公室关于印发加快工业经济转型升级推动工业高质量发展十条政策措施的通知》	呼和浩特市人民政府办公室	2021-11-4	呼政办发〔2021〕19号	11501000115201320201320/2021-02090	呼和浩特市人民政府
	79	《呼伦贝尔市人民政府办公室关于印发〈呼伦贝尔市推进贸易高质量发展实施意见〉的通知》	呼伦贝尔市人民政府办公室	2021-7-14	呼政办发〔2021〕19号	1134160073302996XP/202107-00006	呼伦贝尔市人民政府
	80	《锡林郭勒盟行政公署印发〈关于促进服务业高质量发展若干政策措施〉的通知》	锡林郭勒盟行政公署	2019-4-18	锡署发〔2019〕31号	01165913-4/2019-00030	锡林郭勒盟行政公署
产业振兴	81	《清水河县人民政府关于加快发展优势特色旅游业带动县域经济高质量发展的意见》的通知》	清水河县人民政府	2019-11-25	清政发〔2019〕79号	000011703510J/2019-00508	呼和浩特市清水河县人民政府
	82	《关于印发〈乌拉特前旗草原旅游发展的实施意见〉的通知》	乌拉特前旗人民政府办公室	2019-8-26	—	—	巴彦淖尔市乌拉特前旗前旗人民政府
	83	《二连浩特市人民政府关于印发〈二连浩特市草原旅游发展管理暂行办法〉的通知》	二连浩特市人民政府	2020-6-17	二政发〔2020〕19号	11525010116632205Y/2020-01224	锡林郭勒盟二连浩特市人民政府
	84	《苏尼特右旗人民政府关于印发〈促进服务业高质量发展若干政策措施〉的通知》	苏尼特右旗人民政府	2020-3-12	苏右政发〔2019〕11号	1115252401167430X8/2020-00011	锡林郭勒盟苏尼特右旗人民政府
	85	《苏尼特右旗人民政府关于印发〈苏尼特右旗推进服务业高质量发展分工方案〉的通知》	苏尼特右旗人民政府	2020-3-12	苏右政发〔2019〕12号	1115252401167430X8/2020-00012	锡林郭勒盟苏尼特右旗人民政府
	86	《正蓝旗人民政府关于印发〈关于促进服务业高质量发展若干政策措施〉的通知》	正蓝旗人民政府	2020-7-9	蓝政发〔2020〕59号	11152530MB16339695/2020-00169	锡林郭勒盟正蓝旗人民政府

续表

类别	序号	政策名称	颁布单位	时间	文号	索引号	网站中文名称
人才发展	87	《内蒙古自治区人民政府办公厅关于促进农村牧区劳动力就业创业的意见》	内蒙古自治区人民政府办公厅	2020-12-21	内政办发〔2020〕50号	1115000001151201XD/2020-166015	内蒙古自治区人民政府
	88	《通辽市人民政府办公室关于印发〈通辽市2021年农牧民转移就业工作方案〉的通知》	通辽市人民政府办公室	2021-3-15	通政办字〔2021〕14号	E000-tlsz/2021-00304	通辽市人民政府
	89	《霍林郭勒市人民政府办公室关于印发〈霍林郭勒市2021年农牧民转移就业工作方案〉的通知》	霍林郭勒市人民政府办公室	2021-4-25	霍政办字〔2021〕19号	E000-hlgl/2021-00001	通辽市霍林郭勒市人民政府
	90	《关于印发〈五原县2020年高素质农牧民培育实施方案〉的通知》	五原县人民政府办公室	2020-11-10	五政办发〔2020〕37号	—	巴彦淖尔市五原县人民政府
组织建设	91	《关于印发〈进一步加强和规范乡镇统计工作的实施意见〉的通知》	五原县人民政府办公室	2020-9-30	五政办发〔2020〕26号	—	巴彦淖尔市五原县人民政府
	92	《内蒙古自治区人民政府办公厅关于深化农村牧区公路管理养护体制改革的实施意见》	内蒙古自治区人民政府办公厅	2020-6-3	内政办发〔2020〕14号	1115000001151201XD/2020-00833	内蒙古自治区人民政府
	93	《呼和浩特市人民政府办公室关于印发深化农村公路管理养护体制改革实施方案的通知》	呼和浩特市人民政府办公室	2020-12-21	呼政办字〔2020〕80号	000201320/2021-00004	呼和浩特市人民政府
	94	《鄂尔多斯市人民政府办公室关于印发深化农村公路养护体制改革推动四好农村路高质量发展实施方案的通知》	鄂尔多斯市人民政府办公室	2021-6-16	鄂府办发〔2021〕45号	000014349/2021-01902	鄂尔多斯市人民政府
基础设施建设	95	《敖汉旗人民政府办公室关于印发〈敖汉旗2019年农村牧区人居环境整治行动实施方案〉的通知》	敖汉旗人民政府办公室	2019-6-13	敖政办发〔2019〕30号	1115043079364786666/2022-00737	赤峰市敖汉旗人民政府
	96	《科左后旗人民政府关于印发〈科左后旗乡村振兴人居环境整治项目实施方案〉的通知》	科尔沁左翼后旗人民政府	2019-12-29	后政字〔2019〕162号	E000-kzhq/2020-00204	通辽市科尔沁左翼后旗人民政府
	97	《库伦旗人民政府办公室关于印发〈库伦旗2020年全面推进农村牧区人居环境整治工作实施方案〉的通知》	库伦旗人民政府办公室	2020-4-23	库政办秘字〔2020〕55号	E000-klq0/2020-03497	通辽市库伦旗人民政府
	98	《鄂托克前旗人民政府关于印发〈鄂托克前旗"数字乡村"试点建设（2021—2023）三年行动方案〉的通知》	鄂托克前旗人民政府	2021-4-30	鄂前政发〔2021〕15号	000014349IRA021/2021-01425	鄂尔多斯市鄂托克前旗人民政府

续表

类别	序号	政策名称	颁布单位	时间	文号	索引号	网站中文名称
基础设施建设	99	《鄂托克前旗人民政府办公室关于印发电子商务进农村综合示范实施方案的通知》	鄂托克前旗人民政府办公室	2020-5-25	鄂前政办发[2020]31号	000014349IRA021/2020-14764	鄂尔多斯市鄂托克前旗人民政府
	100	《二连浩特市人民政府办公室关于印发〈二连浩特市"四好农村路"建设实施工作方案〉的通知》	二连浩特市人民政府办公室	2018-10-8	二浩办发[2018]95号	11525010116632O5Y/2018-00067	锡林郭勒盟二连浩特市人民政府
	101	《呼和浩特市人民政府关于印发〈呼和浩特市绿色矿山建设工作方案〉的通知》	呼和浩特市人民政府	2020-12-31	呼政发[2020]33号	000201320/2021-00018	呼和浩特市人民政府
生态环境治理	102	《呼和浩特市人民政府关于印发〈呼和浩特市"十四五"生态环境保护规划〉的通知》	呼和浩特市人民政府	2021-11-4	呼政发[2021]20号	11501000115201320 201320/2021-02086	呼和浩特市人民政府
	103	《关于印发〈2021年和林格尔县绿色高质高效行动实施方案〉的通知》	和林格尔县农牧局	2021-4-20	—	—	呼和浩特市和林格尔县人民政府
	104	《内蒙古自治区人民政府办公厅关于金融支持乡村振兴战略的指导意见》	内蒙古自治区人民政府办公厅	2018-10-15	内政办发[2018]66号	111500000115201XD/2018-02799	内蒙古自治区人民政府
金融支持	105	《兴安盟行政公署关于金融支持乡村振兴促进产业发展的实施意见》	兴安盟行政公署	2021-9-29	兴署发[2021]63号	01152200/2021-00494	兴安盟行政公署
	106	《赤峰市红山区人民政府关于印发〈红山区2020年乡村振兴产业发展奖补办法〉〈红山区村集体经济增收资金管理办法〉的通知》	赤峰市红山区人民政府	2020-4-1	赤红政字[2020]37号	111504020115660018H/2021-22900	赤峰市红山区人民政府
特定区域发展	107	《内蒙古自治区人民政府办公厅关于促进少数民族聚居地区繁荣发展的意见》	内蒙古自治区人民政府办公厅	2018-7-18	内政办发[2018]1号	111500000115201XD/2018-01968	内蒙古自治区人民政府
	108	《关于印发〈呼和浩特市落实呼包鄂榆城市群发展规划实施方案〉的通知》	呼和浩特市人民政府办公室	2019-10-25	呼政办字[2019]126号	000201320/2019-00264	呼和浩特市人民政府

（七）辽宁省乡村振兴政策索引

类别	序号	政策名称	颁布单位	时间	文号	索引号	网站中文名称
总体规划	1	《辽宁省人民政府关于促进乡村产业振兴的实施意见》	辽宁省人民政府	2019-12-18	辽政发〔2019〕27号	—	辽宁省人民政府
	2	《朝阳市人民政府关于印发朝阳市国民经济和社会发展第十四个五年规划和2035年远景目标纲要的通知》	朝阳市人民政府	2021-8-11	朝政发〔2021〕10号	—	朝阳市人民政府
	3	《朝阳市双塔区人民政府关于印发双塔区特色乡镇建设五年行动计划（2018—2022年）的通知》	朝阳市双塔区人民政府	2018-7-18	朝双政发〔2018〕14号	—	朝阳市双塔区人民政府
	4	《盘山县人民政府办公室关于印发〈盘山县2020年乡村振兴战略实施方案〉的通知》	盘山县人民政府办公室	2020-8-12	盘县政办发〔2020〕71号	—	盘山市盘山县人民政府办公室
	5	《沈阳市于洪区国民经济和社会发展第十四个五年规划和二〇三五年远景目标纲要》	沈阳市于洪区人民政府	2021-6-10	沈于政发〔2021〕18号	—	沈阳市于洪区人民政府
产业振兴	6	《辽宁省人民政府关于加快推进农业机械化和农机装备产业转型升级的实施意见》	辽宁省人民政府	2019-12-31	辽政发〔2019〕29号	—	辽宁省人民政府
	7	《营口市农产品加工集聚区"十四五"发展规划》	营口市人民政府办公室	2021-9-8	营政办发〔2021〕13号	—	营口市人民政府办公室
	8	《营口市人民政府关于印发加快推进农业机械化和农机装备产业转型升级实施方案的通知》	营口市人民政府	2020-7-5	营政发〔2020〕9号	—	营口市人民政府
	9	《盘锦市人民政府办公室关于印发盘锦市科技助推乡村振兴三年行动计划（2018—2020年）的通知》	盘锦市人民政府办公室	2018-8-13	盘政办发〔2018〕47号	—	盘锦市人民政府办公室
	10	《凤城市人民政府办公室关于印发凤城市2018年乡村振兴产业发展项目实施方案的通知》	凤城市人民政府	2019-2-21	凤政办发〔2019〕6号	—	丹东市凤城市人民政府办公室
	11	《关于加快推进灯塔市现代农业高质量发展的政策意见》	灯塔市人民政府	2020-4-24	—	—	辽阳市灯塔市人民政府
	12	《盘山县人民政府办公室关于印发盘山县工业与农业融合发展的实施意见》	盘山县人民政府办公室	2021-8-19	盘县政办发〔2021〕50号	—	盘锦市盘山县人民政府办公室
	13	《绥中县人民政府关于印发绥中县关于促进乡村产业振兴的实施意见的通知》	绥中县人民政府	2020-7-17	绥政发〔2020〕42号	—	葫芦岛市绥中县人民政府

（八）吉林省乡村振兴政策索引

类别	序号	政策名称	颁布单位	时间	文号	索引号	网站中文名称
	1	《吉林省人民政府办公厅关于促进畜牧业高质量发展的实施意见》	吉林省人民政府办公厅	2021-1-13	吉政办发〔2021〕1号	11220000412760890L/2021-04386	吉林省人民政府
	2	《吉林省人民政府关于加快推进农业机械化和农机装备产业转型升级的实施意见》	吉林省人民政府办公厅	2019-3-13	吉政发〔2019〕10号	11220000013544357T/2019-01189	吉林省人民政府
	3	《吉林省人民政府办公厅关于推进人参产业高质量发展的意见》	吉林省人民政府办公厅	2019-1-9	吉政办发〔2019〕5号	11220000013544357T/2019-00218	吉林省人民政府
	4	《长春市人民政府办公厅关于加快推进农业供给侧结构性改革大力发展粮食产业经济的实施意见》	长春市人民政府办公厅	2018-6-5	长府发〔2018〕38号	11220100013828800N/2018-06364	长春市人民政府
	5	《吉林市加快推进家庭农场发展若干政策措施》	吉林市人民政府办公室	2021-5-28	吉市政办发〔2021〕16号	11220200795219742W/2021-05865	吉林市人民政府
	6	《吉林市人民政府办公室关于推进吉林市肉牛产业高质量发展的实施意见》	吉林市人民政府办公室	2020-12-27	吉市政办发〔2020〕22号	11220200795219742W/2020-00188	吉林市人民政府
产业振兴	7	《吉林市人民政府办公室关于印发吉林市大力实施乡村振兴战略加快发展现代畜牧业实施方案的通知》	吉林市人民政府办公室	2019-9-11	吉市政办发〔2019〕23号	11220200795219742W/2019-08297	吉林市人民政府
	8	《辽源市人民政府关于加快发展农业特色产业发展的实施意见》	辽源市人民政府	2019-7-9	辽府发〔2019〕7号	—	辽源市人民政府
	9	《辽源市人民政府办公室关于加快发展棚膜经济促进农民增收的实施意见》	辽源市人民政府办公室	2018-5-9	辽府办发〔2018〕10号	—	辽源市人民政府
	10	《四平市铁西区新型农业经营主体质量提升三年行动实施方案》	四平市铁西区人民政府办公室	2021-4-7	四铁西政办发〔2021〕6号	11220302013626563Q/2021-01156	四平市铁西区人民政府
	11	《四平市铁西区开展"特色农产品优势区"创建、申报认定工作方案》	四平市铁西区人民政府办公室	2018-7-13	四铁西政办发〔2018〕30号	11220302013626563Q/2018-08019	四平市铁西区人民政府
	12	《磐石市人民政府关于磐石市肉牛产业发展的实施意见》	磐石市人民政府	2021-2-16	磐政发〔2021〕2号	—	吉林市磐石市人民政府
	13	《吉林省人民政府办公厅关于印发吉林省"秸秆变肉"工程实施方案的通知》	吉林省人民政府办公厅	2020-10-16	吉政办发〔2020〕28号	11220000013544357T/2020-11783	吉林省人民政府

类别	序号	政策名称	颁布单位	时间	文号	索引号	网站中文名称
	14	《东丰县人民政府办公室关于印发东丰县特色农产品"羊肚菌"、"蓝莓"优势区创建方案的通知》	东丰县人民政府办公室	2020-5-21	东政办发[2020] 17号	—	辽源市东丰县人民政府
	15	《东丰县人民政府关于印发东丰梅花鹿中国特色农产品优势区创建工作方案的通知》	东丰县人民政府	2019-7-18	东丰发[2019] 36号	—	辽源市东丰县人民政府
	16	《靖宇县人民政府办公室关于印发促进畜牧业高质量发展的实施意见》	靖宇县人民政府办公室	2021-7-12	靖政办发[2021] 45号	—	白山市靖宇县人民政府
	17	《吉林省人民政府关于加快农产品加工业和食品产业发展的意见》	吉林省人民政府	2021-3-19	吉政发[2021] 6号	11220000013544357T/2021-01408	吉林省人民政府
	18	《辽源市人民政府关于加快农产品加工业和食品产业发展的实施意见》	辽源市人民政府	2021-8-9	辽府发[2021] 11号	11220400013571750 2/2021-01751	辽源市人民政府
	19	《松原市人民政府关于加快农产品加工业和食品产业发展的意见》	松原市人民政府	2021-8-18	松政发[2021] 10号	11220700013549131 3/2021-03880	松原市人民政府
产业振兴	20	《辽源市人民政府关于推进乡村旅游高质量发展若干措施的通知》	辽源市人民政府	2021-8-5	辽府发[2021] 10号	—	辽源市人民政府
	21	《白山市江源区人民政府办公室关于印发江源区大力发展乡村旅游推进全区乡村旅游提质升级行动方案的通知》	白山市江源区人民政府办公室	2019-9-12	江源政办发[2019] 71号	—	白山市江源区人民政府
	22	《东丰县人民政府办公室关于印发东丰县推进乡村旅游高质量发展的实施意见的通知》	东丰县人民政府办公室	2021-9-20	东政发[2021] 25号	—	辽源市东丰县人民政府
	23	《白城市人民政府关于印发白城市加快发展休闲农业和乡村旅游的实施意见的通知》	白城市人民政府办公室	2018-12-27	白政办发[2018] 27号	11220800726747162 9/2018-02688	白城市人民政府
	24	《大安市人民政府关于印发〈加快发展休闲农业与乡村旅游的实施意见〉的通知》	大安市人民政府	2021-4-22	大政发[2021] 5号	11220882013597707T/2021-02052	白城市大安市人民政府
	25	《扶余市人民政府关于印发〈市属国有粮食企业转型发展保障粮食安全 助推乡村振兴实施意见〉的通知》	扶余市人民政府	2021-2-25	扶政办发[2021] 6号	11220724013551768L/2021-02067	松原市扶余市人民政府

续表

类别	序号	政策名称	颁布单位	时间	文号	索引号	网站中文名称
产业振兴	26	《柳河县人民政府关于印发〈柳河县农村一二三产业融合发展实施方案〉的通知》	柳河县人民政府	2018-11-14	柳政办发〔2018〕72号	11220524691042117x5/2018-15506	通化市柳河县人民政府
	27	《白山市人民政府关于大力发展农村电子商务助力全市"乡村振兴"的意见（试行）》	白山市人民政府	2018-10-18	白山政发〔2018〕18号	—	白山市人民政府
	28	《大安市人民政府关于印发〈大安市国家电子商务进农村综合示范县"升级版"实施方案〉的通知》	大安市人民政府	2019-5-6	大政发〔2019〕14号	11220820135977707T/2019-13334	大安市人民政府
	29	《吉林省人民政府办公厅关于深化农村金融综合改革服务乡村振兴的实施意见》	吉林省人民政府办公厅	2021-6-30	吉政办发〔2021〕26号	11220000013544357T/2021-02889	吉林省人民政府
	30	《吉林省人民政府办公厅关于财政金融支持乡村振兴的实施意见》	吉林省人民政府办公厅	2018-12-5	吉政办发〔2018〕47号	11220000013544357T/2018-06508	吉林省人民政府

（九）黑龙江省乡村振兴政策索引

类别	序号	政策名称	颁布单位	时间	文号	索引号	网站中文名称
总体规划	1	《鸡西市人民政府印发鸡西市国民经济和社会发展第十四个五年规划和二〇三五年远景目标纲要》	鸡西市人民政府	2021-3-19	鸡政发〔2021〕4号	—	鸡西市人民政府
	2	《七台河市人民政府关于印发七台河市国民经济和社会发展第十四个五年规划和二〇三五年远景目标纲要的通知》	七台河市人民政府	2021-3-31	七政发〔2021〕4号	2309016126\2021-04028	七台河市人民政府
	3	《依安县人民政府关于印发依安县国民经济和社会发展第十四个五年规划和二〇三五年远景目标纲要的通知》	依安县人民政府	2021-3-19	依政发〔2021〕6号	—	齐齐哈尔市依安县人民政府
	4	《齐齐哈尔市建华区人民政府关于印发〈建华区国民经济和社会发展第十四个五年规划纲要〉的通知》	齐齐哈尔市建华区人民政府	2021-3-12	齐建政发〔2021〕2号	—	齐齐哈尔市建华区人民政府
	5	《黑龙江省人民政府关于印发黑龙江省国民经济和社会发展第十四个五年规划和二〇三五年远景目标纲要的通知》	黑龙江省人民政府	2021-3-2	黑政发〔2021〕5号	736916952\2021-00028	黑龙江省人民政府

续表

类别	序号	政策名称	颁布单位	时间	文号	索引号	网站中文名称
产业振兴	6	《黑龙江省人民政府办公厅关于切实加强高标准农田建设提升粮食安全保障能力的实施意见》	黑龙江省人民政府办公厅	2021-8-16	黑政办规〔2021〕21号	736916951|2021-00071	黑龙江省人民政府
	7	《黑龙江省人民政府办公厅关于加快农业科技创新推广的实施意见》	黑龙江省人民政府办公厅	2021-7-22	黑政办规〔2021〕17号	736916951|2021-00065	黑龙江省人民政府
	8	《黑龙江省人民政府办公厅关于加强农业种质资源保护与利用的实施意见》	黑龙江省人民政府办公厅	2021-5-3	黑政办规〔2021〕11号	736916951|2021-00048	黑龙江省人民政府

（十）上海市乡村振兴政策索引

类别	序号	政策名称	颁布单位	时间	文号	索引号	网站中文名称
总体规划	1	《上海市人民政府关于印发〈上海市乡村振兴"十四五"规划〉的通知》	上海市人民政府	2021-6-25	沪府发〔2021〕9号	—	上海市人民政府
	2	《关于印发〈上海市乡村振兴固定观察点建设工作方案〉的通知》	上海市农业农村委员会	2021-4-12	沪农委〔2021〕93号	—	上海市农业农村委员会
产业振兴	3	《中共上海市委、上海市人民政府关于全面推进乡村振兴加快农业农村现代化的实施意见》	中共上海市委、上海市人民政府	2021-4-7	—	—	上海市人民政府

（十一）江苏省乡村振兴政策索引

类别	序号	政策名称	颁布单位	时间	文号	索引号	网站中文名称
总体规划	1	《花桥经济开发区国民经济和社会发展第十四个五年规划和二〇三五年远景目标纲要》	昆山市人民政府	2021-9-15	昆政发〔2021〕29号	kss622/2021-00120	昆山市人民政府
	2	《如皋市国民经济和社会发展第十四个五年规划和二〇三五年远景目标纲要》	如皋市人民政府	2021-3-8	皋政发〔2021〕10号	014225972/2021-00721	如皋市人民政府
	3	《关于开展富民强村帮促行动接续推进乡村全面振兴的实施意见》	江苏省政府扶贫工作办公室	2021-3-17	—	11320000MB1764379S/2021-00016	江苏省乡村振兴局
	4	《江苏省国民经济和社会发展第十四个五年规划和二〇三五年远景目标纲要》	江苏省人民政府	2021-2-19	苏政发〔2021〕18号	014000319/2021-00062	江苏省人民政府

续表

类别	序号	政策名称	颁布单位	时间	文号	索引号	网站中文名称
产业振兴	5	《江苏省高邮市国家现代农业产业园建设规划（2020—2025年）》	高邮市人民政府	2020-1-25	邮政发〔2020〕42号	11321084014426 9262-2020-095	高邮市人民政府
	6	《高邮市鸭业产业建设工作方案》	高邮市人民政府办公室	2020-4-15	邮政办发〔2020〕97号	11321084014426 9262-2020-207	扬州市高邮市人民政府办公室
	7	《省政府办公厅关于加快推进渔业高质量发展的意见》	江苏省人民政府办公厅	2020-5-19	苏政办发〔2020〕37号	—	江苏省人民政府办公厅
	8	《关于发展壮大新型农村集体经济　促进农民共同富裕的实施意见》	中共江苏省委农村工作领导小组办公室、江苏省农业农村厅、江苏省乡村振兴局	2021-8-4		—	江苏省农业农村厅
	9	《高邮市创建"四好农村路"全国示范县工作方案》	高邮市人民政府办公室	2020-5-8	邮政办发〔2020〕58号	11321084014426 9262-2020-165	高邮市人民政府
	10	《灌云县畜禽粪污资源化利用巩固提升工作方案》	灌云县人民政府办公室	2021-12-6	灌政办〔2021〕98号	01428913 2/2021-00733	灌云县人民政府

（十二）浙江省乡村振兴政策索引

类别	序号	政策名称	颁布单位	时间	文号	索引号	网站中文名称
总体规划	1	《浙江省农业和农村工作领导小组办公室关于加强山区26县结对帮扶工作促进巩固拓展脱贫攻坚成果同乡村振兴有效衔接的指导意见》	浙江省农业和农村工作领导小组办公室	2021-8-19	—	002489698/2021-262793	中共杭州市委、杭州市人民政府
	2	《大下姜乡村振兴和共同富裕五年行动计划（2021—2025年）》	中共淳安县委、淳安县人民政府	2021-4-12	—	—	中共淳安县委、淳安县人民政府
	3	《村集体经济高质量发展三年行动计划》	淳安县乡村振兴工作领导小组	2021-3-15	淳乡振组〔2021〕1号	—	淳安县人民政府
	4	《关于全面推进乡村振兴率先实现农业农村现代化的实施意见》	安吉县农业农村局	2021-6-1	安委发〔2021〕11号	330523/2021-03382	安吉县人民政府

续表

类别	序号	政策名称	颁布单位	时间	文号	索引号	网站中文名称
总体规划	5	《嘉兴市秀洲区国民经济和社会发展第十四个五年规划和二○三五年远景目标纲要》	嘉兴市秀洲区人民政府	2021-5-20	秀洲政发〔2021〕7号	330411ZF000000/2021-183833	秀洲区人民政府
	6	《浙江省乡村振兴促进条例》	浙江省人民代表大会常务委员会	2021-7-30	浙江省第十三届人民代表大会常务委员会公告第51号	—	浙江省人民政府
产业振兴	7	《金华市影视文化产业全域化发展规划（2020—2025年）》	金华市人民政府办公室	2020-4-13	金政发〔2020〕11号	11330700002592599F/2020-75837	金华市人民政府
	8	《兰溪市梅江烧·杨梅酒行业培育三年提升工程方案》	兰溪市人民政府办公室	2020-10-19	兰政办发〔2020〕36号	11330781734527258H/2020-70341	兰溪市人民政府
	9	《兰溪市乡村振兴"兰江蟹"养殖示范区建设方案》	兰溪市人民政府办公室	2021-1-26	兰政办发〔2021〕3号	11330781734527258H/2021-92589	兰溪市人民政府
	10	《关于加快推进小微企业园区建设的实施意见》	兰溪市人民政府办公室	2018-6-13	兰政发〔2018〕37号	330781000000/2018-34033	兰溪市人民政府
	11	《缙云县关于促进现代服务业综合发展的若干意见》	缙云县人民政府办公室	2020-2-3	缙政办发〔2020〕2号	331122000000/2020-44610	缙云县人民政府
	12	《关于加快小微企业园高质量发展的实施办法（试行）》	缙云县人民政府办公室	2019-9-3	缙政办发〔2019〕38号	331122000000/2019-44222	缙云县人民政府
基础设施建设	13	《关于高水平建设"四好农村路"的实施意见》	金华市人民政府	2018-12-29	金政发〔2018〕52号	11330700002592599F/2018-95522	金华市人民政府

（十三）安徽省乡村振兴政策索引

类别	序号	政策名称	颁布单位	时间	文号	索引号	网站中文名称
总体规划	1	《中共安徽省委 安徽省人民政府关于全面推进乡村振兴加快农业农村现代化的实施意见》	安徽省人民政府办公厅	2021-4-1	—	00298627-2/202104-00001	安徽省人民政府
	2	《长丰县实施乡村振兴战略 全面推进农村宜居宜业三年行动实施意见》	长丰县公共资源交易中心	2021-9-27	—	677568191-202109-00008	长丰县人民政府
	3	《中共安徽省委 安徽省人民政府关于推进乡村振兴战略的实施意见》	中共安徽省委	2018-5-18	皖发〔2018〕1号	00298627-2/201805-00029	安徽省人民政府
	4	《中共安徽省委 安徽省人民政府关于坚持农业农村优先发展做好"三农"工作的实施意见》	安徽省人民政府办公室	2019-1-31	—	00298627-2/201904-00022	安徽省人民政府
	5	《中共阜阳市委办公室 阜阳市人民政府办公室关于巩固拓展脱贫攻坚成果同乡村振兴有效衔接领导干部联系"三类户"的实施意见》	阜阳市人民政府办公室	2021-4-10	—	003158495/202104-00406	阜阳市人民政府
产业振兴	6	《安徽省人民政府关于加快推进农业机械化和农机装备产业转型升级的实施意见》	安徽省人民政府	2019-4-4	皖政〔2019〕27号	00298627-2/201904-00019	安徽省人民政府
	7	《安徽省人民政府办公厅关于促进旅游民宿发展的指导意见》	安徽省人民政府办公厅	2021-2-26	皖政办〔2021〕2号	00298627-2/202103-00023	安徽省人民政府
	8	《安徽省人民政府办公厅关于印发农村电商提质增效工作方案的通知》	安徽省人民政府办公厅	2020-9-29	皖政办〔2020〕12号	00298627-2/202010-00012	安徽省人民政府
	9	《安徽省人民政府办公厅关于切实加强高标准农田建设 提升国家粮食安全保障能力的实施意见》	安徽省人民政府办公厅	2020-5-29	皖政办〔2020〕8号	00298627-2/202006-00020	安徽省人民政府
	10	《安徽省人民政府办公厅关于加强长三角绿色农产品生产加工供应基地建设的实施意见》	安徽省人民政府办公厅	2020-4-30	皖政办〔2020〕6号	00298627-2/202005-00012	安徽省人民政府
	11	《安徽省人民政府办公厅关于实施农产品加工业"五个一批"工程的意见》	安徽省人民政府办公厅	2019-7-22	皖政办〔2019〕21号	00298627-2/201908-00006	安徽省人民政府
	12	《安徽省人民政府办公厅关于加强农业种质资源保护与利用的实施意见》	安徽省人民政府办公厅	2020-10-12	皖政办〔2020〕14号	00298627-2/202010-00020	安徽省人民政府

续表

类别	序号	政策名称	颁布单位	时间	文号	索引号	网站中文名称
产业振兴	13	《安徽省人民政府办公厅关于印发促进特色小镇规范健康发展若干措施的通知》	安徽省人民政府办公厅	2021-3-2	皖政办秘[2021]23号	00298627-2/202103-00048	安徽省人民政府
	14	《安徽省人民政府办公厅关于深入开展消费扶贫助力打赢脱贫攻坚战的实施意见》	安徽省人民政府办公厅	2019-4-30	皖政办[2019]13号	00298627-2/201905-00012	安徽省人民政府
	15	《安徽省人民政府办公厅关于加强农村饮水安全工程长效管理机制建设的指导意见》	安徽省人民政府办公厅	2019-3-13	皖政办秘[2019]37号	00298627-2/201903-00025	安徽省人民政府
	16	《安徽省人民政府办公厅关于印发安徽省淮河行蓄洪区安全建设三年（2019—2021年）分类推进方案的通知》	安徽省人民政府办公厅	2019-1-20	皖政办秘[2019]15号	00298627-2/201901-00067	安徽省人民政府
	17	《安徽省人民政府办公厅关于做优做大做强茶产业助推脱贫攻坚和农民增收的意见》	安徽省人民政府办公厅	2018-3-13	皖政办[2018]7号	00298627-2/201803-00033	安徽省人民政府
	18	《安徽省人民政府办公厅关于印发安徽省畜禽养殖废弃物资源化利用三年行动计划（2018—2020年）等文件的通知》	安徽省人民政府办公厅	2018-8-16	皖政办[2018]35号	00298627-2/201808-00058	安徽省人民政府
人才发展	19	《安徽省人民政府办公厅关于印发安徽省2018年农村义务教育巩固提升行动方案的通知》	安徽省人民政府办公厅	2018-7-2	皖政办秘[2018]161号	00298627-2/201807-00012	安徽省人民政府
	20	《安徽省人民政府办公厅关于印发安徽省2018年农村电网改造巩固提升行动方案的通知》	安徽省人民政府办公厅	2018-6-28	皖政办秘[2018]153号	00298627-2/201807-00008	安徽省人民政府
	21	《安徽省人民政府办公厅关于加快推进农业高新技术产业示范区和农业科技园区建设发展的实施意见》	安徽省人民政府办公厅	2018-6-11	皖政办[2018]24号	00298627-2/201806-00036	安徽省人民政府
基础设施建设	22	《安徽省人民政府办公厅关于印发安徽省2018年度农村饮水安全巩固提升行动方案的通知》	安徽省人民政府办公厅	2018-5-18	皖政办[2018]20号	00298627-2/201806-00003	安徽省人民政府
	23	《安徽省人民政府办公厅关于印发农村电商全覆盖巩固提升行动方案的通知》	安徽省人民政府办公厅	2018-3-30	皖政办[2018]12号	00298627-2/201805-00005	安徽省人民政府

续表

类别	序号	政策名称	颁布单位	时间	文号	索引号	网站中文名称
	24	《安徽省人民政府关于印发淮河行蓄洪区农村环境"三大革命"实施方案的通知》	安徽省人民政府	2018-9-30	皖政〔2018〕86号	00298627-2/201810-00028	安徽省人民政府
生态环境治理	25	《安徽省人民政府办公厅关于印发安徽省县域特色产业集群(基地)建设方案的通知》	安徽省人民政府办公厅	2018-12-22	皖政办〔2018〕57号	00298627-2/201812-00048	安徽省人民政府
	26	《安徽省人民政府办公厅关于印发农业农村污染治理攻坚战实施方案的通知》	安徽省人民政府办公厅	2018-12-29	皖政办秘〔2018〕306号	00298627-2/201901-00020	安徽省人民政府
	27	《安徽省人民政府办公厅关于印发安徽省农作物秸秆综合利用三年行动计划(2018—2020年)等文件的通知》	安徽省人民政府办公厅	2018-8-16	皖政办〔2018〕36号	00298627-2/201808-00059	安徽省人民政府
金融支持	28	《安徽省人民政府关于探索建立涉农资金统筹整合长效机制的实施意见》	安徽省人民政府	2018-6-24	皖政〔2018〕53号	00298627-2/201806-00042	安徽省人民政府
土地规划	29	《安徽省人民政府办公厅关于开展全域土地综合治试点工作的实施意见》	安徽省人民政府办公厅	2020-10-31	皖政办〔2020〕15号	00298627-2/202011-00004	安徽省人民政府
特定区域发展	30	《安徽省人民政府关于印发安徽省淮河行蓄洪区安全建设规划(2018—2025年)的通知》	安徽省人民政府办公厅	2018-9-11	皖政〔2018〕79号	00298627-2/201809-00055	安徽省人民政府

(十四)福建省乡村振兴政策索引

类别	序号	政策名称	颁布单位	时间	文号	索引号	网站中文名称
总体规划	1	《关于深化闽台乡建乡创融合发展若干措施的通知》	福建省住房和城乡建设厅	2021-3-31	闽建村〔2021〕4号	FJ00116-0208-2021-00083	福建省住房和城乡建设厅
	2	《霞浦县人民政府关于印发霞浦县建设国家城乡融合发展试验区工作方案的通知》	霞浦县人民政府	2021-9-28	霞政文〔2021〕217号	ND09100-1301-2021-00107	霞浦县人民政府
	3	《漳州市龙海区人民政府关于印发龙海市国民经济和社会发展第十四个五年规划和二〇三五年远景目标纲要的通知》	漳州市龙海区人民政府	2021-6-1	龙政综〔2021〕93号	ZZ03100-0300-2021-00061	漳州市龙海区人民政府

续表

类别	序号	政策名称	颁布单位	时间	文号	索引号	网站中文名称
总体规划	4	《石狮市人民政府关于印发石狮市国民经济和社会发展第十四个五年规划和二〇三五年远景目标纲要的通知》	石狮市人民政府	2021-8-13	狮政综〔2021〕68号	QZ05101-0300-2021-00044	石狮市人民政府
	5	《晋江市人民政府关于印发晋江市国民经济和社会发展第十四个五年规划和2035年远景目标纲要的通知》	晋江市人民政府	2021-9-22	晋政文〔2021〕279号	QZ06101-0310-2021-00262	晋江市人民政府
	6	《上杭县国民经济和社会发展第十四个五年规划和二〇三五年远景目标纲要》	上杭县人民政府	2021-9-18	杭政〔2021〕16号	LY03100-0301-2021-00001	上杭县人民政府
人才发展	7	《惠安县支持返乡下乡人员创业创新促进农村一二三产业融合发展的实施意见》	惠安县人民政府办公室	2017-11-15	惠政办〔2017〕197号	—	惠安县人民政府
	8	《闽清县人民政府办公室关于印发2018年闽清县新型职业农民培育工作实施方案的通知》	闽清县人民政府办公室	2018-8-10	梅政办〔2018〕156号	FZ10100-2500-2018-00228	福州市闽清县人民政府
组织建设	9	《上街镇关于印发在乡村治理中推广运用积分制的实施方案》	上街镇人民政府	2021-6-28	上政综〔2021〕204号	FZ08906-2500-2021-00004	福州市闽侯县人民政府
	10	《福建省农业农村厅等10部门关于推动脱贫地区特色产业可持续发展的实施意见》	福建省农业农村厅	2021-7-14	闽农综〔2021〕76号	FJ00120-2500-2021-00023	福建省农业农村厅
产业振兴	11	《福建省农业农村厅关于落实省委和省政府2021年农业农村重点工作部署的实施意见》	福建省农业农村厅	2021-1-29	闽农综〔2021〕1号	FJ00120-2500-2021-00008	福建省农业农村厅
	12	《南靖县人民政府关于进一步促进国家现代农业产业园发展的若干意见》	南靖县人民政府办公室	2021-8-26	靖政综〔2021〕89号	ZZ09100-0200-2021-00073	漳州市南靖县人民政府
	13	《莆田市涵江区人民政府关于统筹利用撂荒地促进农业生产发展的实施意见》	莆田市涵江区人民政府	2021-6-1	涵政综〔2021〕50号	PT04100-1700-2021-00031	莆田市涵江区人民政府
	14	《武夷山市民政局关于落实巩固拓展民政领域脱贫攻坚成果同乡村振兴有效衔接的通知》	武夷山市民政局	2021-5-31	武民〔2021〕20号	np03106-2501-2021-0041	武夷山市民政局

续表

类别	序号	政策名称	颁布单位	时间	文号	索引号	网站中文名称
	15	《闽侯县人民政府办公室关于印发闽侯县畜牧业发展规划（2019—2025年）的通知》	闽侯县人民政府办公室	2019-7-30	侯政办〔2019〕102号	FZ08101-1200-2019-00012	福州市闽侯县人民政府
	16	《闽侯县人民政府关于印发〈贯彻落实"数字福州"行动方案〉〈贯彻落实"海上福州"行动方案〉〈贯彻落实"平台福州"行动方案〉的通知》	闽侯县人民政府	2019-6-13	侯政文〔2019〕33号	FZ08100-0300-2019-00039	福州市闽侯县人民政府
	17	《连江县人民政府关于印发连江县落实"数字福州""海上福州""平台福州"行动方案的通知》	连江县人民政府	2019-7-26	连政综〔2019〕89号	FZ09100-0200-2019-00073	福州市连江县人民政府
	18	《龙海市人民政府办公室关于印发龙海市工业园区标准化建设三年行动计划（2020—2022年）的通知》	龙海市人民政府办公室	2020-12-29	龙政办〔2020〕69号	ZZ03101-0300-2020-00047	漳州市龙海区人民政府
	19	《漳浦县人民政府关于印发漳浦闽台农业融合发展（农机）产业园建设实施方案的通知》	漳浦县人民政府	2020-4-30	—	—	漳州市漳浦县人民政府
	20	《漳浦县人民政府关于印发漳浦县推动旅游业高质量发展的六条措施的通知》	漳浦县人民政府	2019-7-12	—	—	漳州市漳浦县人民政府
	21	《漳浦县人民政府关于进一步促进服务业加快提升发展若干措施的通知》	漳浦县人民政府	2018-12-29	—	—	漳州市漳浦县人民政府
	22	《诏安县推动旅游业高质量发展的六条措施》	诏安县人民政府	2019-10-22	—	—	漳州市诏安县人民政府
	23	《诏安县人民政府关于扶持青梅、八仙茶、富硒蛋鸡产业实施意见书无纸定若干措施的通知》	诏安县人民政府	2019-8-26	—	—	漳州市诏安县人民政府
产业振兴	24	《石狮市人民政府办公室关于印发石狮市加快推进跨境电子商务发展若干措施的通知》	石狮市人民政府办公室	2021-3-8	狮政办〔2021〕12号	QZ05101-0200-2021-00012	石狮市人民政府
	25	《石狮市人民政府关于印发〈石狮市进一步支持电子商务转型升级若干措施〉的通知》	石狮市人民政府	2018-8-8	狮政综〔2018〕94号	QZ05101-0200-2018-00122	石狮市人民政府
	26	《石狮市人民政府关于印发石狮市进一步支持和促进海洋经济发展若干措施的通知》	石狮市人民政府	2018-12-2	狮政综〔2018〕154号	QZ05101-0200-2018-00193	石狮市人民政府
	27	《石狮市人民政府印发〈关于促进石狮高新技术产业开发区高质量发展的实施方案〉的通知》	石狮市人民政府	2019-4-1	狮政综〔2019〕18号	QZ05101-3000-2019-00023	石狮市人民政府

续表

类别	序号	政策名称	颁布单位	时间	文号	索引号	网站中文名称
产业振兴	28	《晋江市人民政府关于印发晋江市引领推动制造业高质量发展的若干措施等六份文件的通知》	晋江市人民政府	2021-5-20	晋政文〔2021〕118号	QZ06101-0240-2021-00125	晋江市人民政府
	29	《沙县人民政府关于印发加快推进农业机械化和农机装备升级的实施意见的通知》	沙县人民政府	2020-8-31	沙政〔2020〕87号	SM10100-3001-2020-00086	三明市沙县人民政府
	30	《上杭县人民政府关于印发上杭县促进工业经济高质量发展二十条措施的通知》	上杭县人民政府	2020-8-31	杭政〔2020〕20号	LY03100-0202-2020-00017	上杭县人民政府
	31	《上杭县人民政府办公室关于印发上杭县上杭槐猪中国特色农产品优势区创建工作方案的通知》	上杭县人民政府办公室	2020-6-29	杭政办〔2020〕31号	LY03100-0301-2020-00003	上杭县人民政府
	32	《上杭县人民政府办公室关于印发〈上杭县促进新材料产业发展十条扶持政策（试行）〉的通知》	上杭县人民政府办公室	2019-7-10	杭政〔2019〕39号	LY03100-0202-2019-00003	上杭县人民政府
	33	《上杭县人民政府办公室关于加快推进现代农作物种业促进绿色农业发展的实施意见》	上杭县人民政府办公室	2019-2-15	杭政办〔2019〕13号	LY03100-0700-2019-00001	上杭县人民政府
	34	《古田县人民政府关于印发〈古田县扶持奖励地方特色优秀文化传承保护和发展八条意见〉的通知》	古田县人民政府	2020-8-4	古政文〔2020〕90号	ND02100-1000-2020-00139	古田县人民政府
	35	《古田县人民政府关于印发〈古田县促进旅游产业发展八条意见〉的通知》	古田县人民政府	2020-8-4	古政文〔2020〕91号	ND02100-1000-2020-00140	古田县人民政府
	36	《古田县人民政府办公室关于印发古田县稳定生猪生产促进转型升级三年行动方案（2019—2021年）的通知》	古田县人民政府办公室	2020-4-7	古政办〔2020〕22号	ND02100-1000-2020-00044	古田县人民政府
	37	《福建省人民政府办公厅关于在农业农村基础设施建设领域积极推广以工代赈方式若干措施的通知》	福建省人民政府办公厅	2021-3-18	闽政办〔2021〕16号	FJ00101-0203-2021-00016	福建省人民政府
	38	《开善乡人民政府关于印发〈开善乡2021年农村人居环境整治提升工作要点〉的通知》	泰宁县开善乡人民政府	2021-6-25	泰开善政〔2021〕20号	sm08186-0300-2021-00014	泰宁县人民政府
	39	《屏南县人民政府关于印发2021—2022年屏南县国家级电子商务进农村综合示范工作实施方案的通知》	屏南县人民政府	2021-8-20	屏政综〔2021〕105号	ND03001-0104-2021-00071	屏南县人民政府

续表

类别	序号	政策名称	颁布单位	时间	文号	索引号	网站中文名称
产业振兴	40	《闽清县人民政府办公室关于印发闽清县推进新型基础设施建设行动方案（2020—2022年）的通知》	闽清县人民政府办公室	2020-10-17	梅政办〔2020〕83号	FZ10101-1300-2020-00038	福州市闽清县人民政府
	41	《诏安县人民政府关于印发诏安县电子商务进农村综合示范工作实施方案（修订）的通知》	诏安县人民政府	2020-7-2	诏政综〔2020〕46号	ZZ06100-1800-2020-00017	漳州市诏安县人民政府
	42	《诏安县推进"四好农村路"建设工作实施方案》	诏安县人民政府	2018-11-8	—	—	漳州市诏安县人民政府
	43	《晋江市人民政府办公室关于印发2021年晋江市城乡建设品质提升实施方案的通知》	晋江市人民政府办公室	2021-3-16	晋政办〔2021〕7号	QZ06101-0240-2021-00069	晋江市人民政府
	44	《古田县人民政府办公室关于印发〈古田县2021年农产品产地冷藏保鲜设施建设方案〉的通知》	古田县人民政府	2021-8-3	古政文〔2021〕92号	ND02100-3000-2021-00085	古田县人民政府
生态环境治理	45	《闽侯县人民政府办公室关于印发〈闽侯县畜禽粪污资源化利用整县推进项目实施方案（2019—2020年）〉的通知》	闽侯县人民政府办公室	2019-7-30	侯政办〔2019〕103号	FZ08101-1200-2019-00013	福州市闽侯县人民政府
金融支持	46	《福建省财政厅 福建省发展和改革委员会 福建省民政厅 福建省农业农村厅 福建省林业局关于印发〈福建省级财政衔接推进乡村振兴补助资金管理办法〉的通知》	福建省财政厅	2021-8-12	闽财农〔2021〕15号	FJ00112-1301-2021-00021	福建省财政厅
	47	《关于支持老区基点行政村乡村振兴的七条措施》	宁德市人民政府办公室	2021-6-29	宁政办〔2021〕61号	ND00101-0108-2021-00040	宁德市人民政府
特定区域发展	48	《关于支持少数民族乡村振兴的五条措施》	宁德市人民政府办公室	2021-5-27	宁政办〔2021〕51号	ND00101-0108-2021-00033	宁德市人民政府
	49	《连城县人民政府办公室关于进一步加快建设革命基点村脱贫攻坚全面建成小康社会十六条措施的通知》	连城县人民政府办公室	2020-8-3	连政办〔2020〕50号	LY06100-0200-2020-00007	连城县人民政府
	50	《闽清县人民政府办公室关于印发闽清县建立特殊困难群众帮扶服务工作机制实施方案的通知》	闽清县人民政府办公室	2020-7-10	梅政办〔2020〕63号	FZ10101-0200-2020-00026	福州市闽清县人民政府

（十五）江西省乡村振兴政策索引

类别	序号	政策名称	颁布单位	时间	文号	索引号	网站中文名称
总体规划	1	《九江市人民政府关于印发九江市国民经济和社会发展第十四个五年规划和二〇三五年远景目标纲要的通知》	九江市人民政府	2021-3-23	九府发[2021]3号	000014349/2021-72204	九江市人民政府
	2	《中共上饶市委办公室 上饶市人民政府办公室印发〈关于加强和改进乡村治理的若干措施〉的通知》	中共上饶市委办公室、上饶市人民政府办公室	2020-8-19	饶办发[2020]8号	E00200/2020-00114	上饶市人民政府
产业振兴	3	《江西省人民政府办公厅关于加快推进粮食生产全程机械化的实施意见》	江西省人民政府办公厅	2021-9-8	赣府厅发[2021]19号	014500815/2021-08073	江西省人民政府
	4	《江西省人民政府办公厅关于推动油茶产业高质量发展的实施意见》	江西省人民政府办公厅	2020-12-9	赣府厅发[2020]39号	014500815/2020-21785	江西省人民政府
	5	《江西省人民政府办公厅关于加强农业种质资源保护与利用的实施意见》	江西省人民政府办公厅	2020-8-11	赣府厅发[2020]26号	014500815/2020-14507	江西省人民政府
	6	《江西省人民政府办公厅关于推动我省蔬菜产业高质量发展的实施意见》	江西省人民政府办公厅	2020-3-16	赣府厅发[2020]11号	014500815/2020-03790	江西省人民政府
	7	《江西省人民政府关于加快推进农业机械化和农机装备产业振兴的实施意见》	江西省人民政府	2019-7-8	赣府发[2019]9号	014500815/2019-07587	江西省人民政府
	8	《江西省人民政府关于做大做强农产品加工业推动农业高质量发展的实施意见》	江西省人民政府办公厅	2018-11-15	赣府发[2018]35号	014500815/2018-28950	江西省人民政府
	9	《九江市人民政府办公室关于加快推进现代种业发展的实施意见》	九江市人民政府办公室	2020-8-28	九府办发[2020]32号	000014349/2020-1420847	九江市人民政府
	10	《九江市人民政府办公室关于加快推进全市现代农业产业"一乡一园"建设的实施意见》	九江市人民政府办公室	2020-4-23	九府办发[2020]15号	000014349/2020-385094	九江市人民政府
	11	《上饶市人民政府办公室关于加快发展稻虾共作产业实施意见》	上饶市人民政府办公室	2018-8-29	饶府厅发[2018]25号	E00000/2018-01918	上饶市人民政府
	12	《抚州市人民政府办公室关于推进南丰蜜橘产业发展的实施意见》	抚州市人民政府办公室	2019-11-3	抚府发[2019]17号	FZ0001/2019-24886	抚州市人民政府
	13	《抚州市人民政府办公室关于促进现代农业发展的实施意见》	抚州市人民政府办公室	2021-7-11	抚府办发[2021]31号	FZ0001/2021-39045	抚州市人民政府

续表

类别	序号	政策名称	颁布单位	时间	文号	索引号	网站中文名称
	14	《宜春市人民政府办公室关于加快推进现代种业发展的实施意见》	宜春市人民政府办公室	2020-12-7	宜府办字[2020]101号	01471704500/2020-0005512	宜春市人民政府
	15	《宜春市人民政府办公室关于印发"宜春大米"品牌建设三年行动计划（2020—2022年）的通知》	宜春市人民政府办公室	2020-3-30	宜府办发[2020]8号	01471704500/2020-0005478	宜春市人民政府
	16	《吉安市人民政府办公室关于推动油茶产业高质量发展的实施意见》	吉安市人民政府办公室	2021-4-25	吉府办发[2021]6号	D00000-02-2021-0005	吉安市人民政府
	17	《关于加快赣南脐橙产业发展升级的实施方案的通知》	赣州市人民政府办公室	2019-3-21	赣市府办发[2019]20号	B00010-0202-2021-4307857	赣州市人民政府
	18	《〈赣州市推进农业供给侧结构性改革大力发展粮食产业经济的实施方案〉的通知》	赣州市人民政府办公室	2018-10-11	赣市府办发[2018]37号	B00010-0203-2018-319754	赣州市人民政府
	19	《鹰潭市人民政府办公室关于印发鹰潭市农产品品牌建设实施方案的通知》	鹰潭市人民政府办公室	2020-8-14	鹰府办字[2020]111号	YT0002/2020-04258	鹰潭市人民政府
产业振兴	20	《高安市人民政府办公室印发关于大力推进高安市"高安大米"区域公用品牌建设的实施意见的通知》	高安市人民政府办公室	2018-12-20	高府办发[2018]94号	C24-001-01600101001-20190202-006	高安市人民政府
	21	《丰城市人民政府办公室关于印发丰城市2021年发展绿色有机农业实施意见的通知》	丰城市人民政府办公室	2021-3-23	丰府办发[2021]8号	ZC2-—2021-0426	丰城市人民政府
	22	《乐平市实施蔬菜产业三年振兴计划唱响"江南菜乡"品牌的方案》	中共乐平市委办公室、乐平市人民政府办公室	2018-12-21	—	73637599/2020-663972	乐平市人民政府
	23	《南昌市新建区人民政府办公室关于印发新建区加快蔬菜产业发展实施方案的通知》	南昌市新建区人民政府办公室	2021-1-10	新府办发[2021]5号	L864814-—2021-0230	南昌市新建区人民政府
	24	《南昌市新建区人民政府办公室关于印发关于加快推进现代种业发展的实施意见的通知》	南昌市新建区人民政府办公室	2020-12-19	新府办发[2020]117号	A25010-4887-5937-0912-4518-1390	南昌市新建区人民政府
	25	《南昌市新建区人民政府办公室关于印发新建区关于加强农业种质资源保护与利用实施办法的通知》	南昌市新建区人民政府办公室	2020-12-19	新府办发[2020]114号	A25010-0602-0800-7407-7805-4799	南昌市新建区人民政府
	26	《濂溪区人民政府办公室关于推进全区蔬菜产业高质量发展的实施意见》	濂溪区人民政府办公室	2020-9-10	濂府办字[2020]33号	000014349/2020-1498538	九江市濂溪区人民政府

续表

类别	序号	政策名称	颁布单位	时间	文号	索引号	网站中文名称
	27	《濂溪区人民政府办公室关于印发濂溪区庐山云雾茶中国特色农产品优势区创建工作方案的通知》	濂溪人民政府办公室	2020-7-7	濂府办字〔2020〕22号	000014349/2020-1597804	九江市濂溪区人民政府
	28	《濂溪区人民政府办公室关于加快推进全区现代农业产业园"一乡一园"建设的实施意见》	濂溪人民政府办公室	2020-6-2	濂府办发〔2020〕3号	000014349/2020-1286869	九江市濂溪区人民政府
	29	《赣州市章贡区人民政府办公室关于印发〈章贡区油茶资源高质量培育实施方案〉的通知》	章贡区人民政府办公室	2021-1-18	区府办字〔2021〕2号	B37000-2021-4393203	章贡区人民政府
	30	《县政府办公室关于印发〈南昌县蔬菜产业高质量发展实施意见〉的通知》	南昌县农业农村局	2021-4-21	南办发〔2021〕6号	f751425-2021-0062	南昌县人民政府
	31	《县委办公室 县政府办公室关于印发〈南昌县2021年蔬菜产业发展工作方案〉的通知》	南昌县农业农村局	2021-4-25	南办字〔2021〕14号	f751425-2021-0066	南昌县人民政府
	32	《安义县人民政府关于印发〈安义县果业发展规划〉的通知》	安义县人民政府	2020/11/30	安府发〔2020〕23号	—	安义县人民政府
产业振兴	33	《铅山县"十四五"油茶产业高质量发展实施方案》	铅山县稼轩乡	2021-8-23	—	014781282/2021-00184	铅山县人民政府
	34	《关于印发宜丰县中药材种植三年行动计划（2018—2020年）的通知》	宜丰县人民政府	2018-12-3	宜府发〔2018〕10号	014748255Q/2018-0082502	宜丰县人民政府
	35	《靖安县人民政府办公室关于印发〈关于推进靖安柑橘产业高质量发展三年行动计划〉的通知》	靖安县人民政府办公室	2021-6-11	靖府办字〔2021〕36号	014751032H/2021-0026083	靖安县人民政府
	36	《铜鼓县昌铜高速生态经济带建设有机绿色农业发展规划》	铜鼓县人民政府办公室	2021-4-20	—	014754452E/2021-0033107	铜鼓县人民政府
	37	《铜鼓县人民政府办公室关于印发2021年铜鼓县推进设施蔬菜产业发展实施方案的通知》	铜鼓县人民政府办公室	2021-8-12	铜府办字〔2021〕55号	014754452E/2021-0030920	铜鼓县人民政府
	38	《关于印发定南县低产油茶林改造提升三年行动方案的通知》	定南县人民政府办公室	2021-2-28	定府发〔2021〕1号	360728002-2021-4335133	定南县人民政府
	39	《关于印发〈全南县富硒农业产业发展工作方案〉的通知》	全南县人民政府办公室	2021-7-15	全府办字〔2021〕25号	-2021-4722622	全南县人民政府

续表

类别	序号	政策名称	颁布单位	时间	文号	索引号	网站中文名称
产业振兴	40	《关于印发〈全南县2021年蔬菜产业高质量发展工作方案〉的通知》	赣州市全南县人民政府办公室	2021-4-13	全府办字[2021]12号	-2021-4722658	全南县人民政府
	41	《关于印发〈寻乌县农业种植产业发展规划〉的通知》	中共寻乌县委办公室、寻乌县人民政府办公室	2021-2-10	寻办发[2021]1号	B35010-2021-4183799	寻乌县人民政府
	42	《关于印发〈寻乌县农业种植产业发展扶持政策(试行)〉的通知》	中共寻乌县委办公室、寻乌县人民政府办公室	2021-2-10	寻办发[2021]3号	B35010-2021-4158689	寻乌县人民政府
	43	《关于印发石城县2021年富硒农业产业发展工作方案的通知》	石城县人民政府办公室	2021-9-22	石府办字[2021]45号	B87975-2021-4544122	石城县人民政府
	44	《石城县人民政府办公室关于印发〈石城县2020年蔬菜产业高质量发展方案(试行)〉的通知》	石城县人民政府办公室	2020-4-14	石府办字[2020]17号	B87975-2021-4409931	石城县人民政府
	45	《关于印发〈关于加快推进全县食用菌产业发展的实施方案〉的通知》	上犹县人民政府办公室	2021-3-16	上府办发[2021]13号	B24000-2021-4673343	上犹县人民政府
	46	《关于印发〈上犹县2020年蔬菜产业高质量发展工作实施方案〉的通知》	上犹县人民政府办公室	2020-4-26	上府办发[2020]24号	B24000/2020-91986	上犹县人民政府
	47	《瑞金市人民政府办公室关于印发瑞金市促进民宿健康发展的实施意见的通知》	瑞金市人民政府办公室	2021-8-2	瑞府办发[2021]9号	B33010-2021-4460245	瑞金市人民政府
	48	《江西省人民政府办公厅关于进一步加快江西茶产业发展的实施意见》	江西省人民政府办公厅	2019-10-8	赣府厅发[2019]26号	014500815/2019-12230	江西省人民政府
	49	《安义县人民政府办公室关于印发〈安义县实施绿色食品产业链链长制的工作方案〉的通知》	安义县人民政府办公室	2020-11-12	安府办发[2020]101号	—	安义县人民政府
	50	《鄱阳县人民政府办公室关于印发促进热敏灸产业发展健康发展的实施意见》	鄱阳县人民政府办公室	2020-4-29	鄱府办字[2020]42号	—	鄱阳县人民政府
金融支持	51	《江西省人民政府办公厅关于印发江西省开展美丽乡镇建设五年行动方案的通知》	江西省人民政府办公厅	2021-6-7	赣府厅字[2021]40号	014500815/2021-07993	江西省人民政府
	52	《宜春市人民政府办公室关于印发宜春市开展美丽乡镇建设五年行动工作方案的通知》	宜春市人民政府办公室	2021-7-20	宜府办字[2021]59号	C00800-2021-0591	宜春市人民政府

续表

类别	序号	政策名称	颁布单位	时间	文号	索引号	网站中文名称
金融支持	53	《关于印发赣州市美丽乡镇建设五年行动方案（2021—2025年）的通知》	赣州市人民政府办公室	2021-8-16	赣市府办字[2021]47号	—	赣州市人民政府
	54	《乐平市人民政府关于乐平市普惠金融支持乡村振兴发展战略的指导意见》	乐平市人民政府	2018-3-23	乐府发[2018]2号	73637599/2020-663882	乐平市人民政府
	55	《安义县人民政府办公室印发〈关于进一步深化安义县金融服务乡村振兴工作实施意见〉的通知》	安义县人民政府办公室	2021-7-31	安府办发[2021]79号	—	安义县人民政府
	56	《关于印发宜丰县金融支持乡村振兴战略指导意见的通知》	宜丰县人民政府	2018-7-18	—	C272018-0561	宜丰县人民政府
土地规划	57	《江西省人民政府办公厅关于调整完善土地出让收入使用范围优先支持乡村振兴的实施意见》	江西省人民政府办公厅	2021-6-15	赣府厅发[2021]9号	014500815/2021-08009	江西省人民政府
	58	《江西省人民政府办公厅关于印发优先保障农业农村产业发展用地若干措施的通知》	江西省人民政府办公厅	2021-5-17	赣府厅字[2021]35号	014500815/2021-07141	江西省人民政府

（十六）山东省乡村振兴政策索引

类别	序号	政策名称	颁布单位	时间	文号	索引号	网站中文名称
总体规划	1	《山东省乡村振兴促进条例》	山东省农业农村厅	2021-5-27	—	11370000MB2848646L/2021-07931	山东省农业农村厅（山东省乡村振兴局）
	2	《济南市人民政府关于印发济南市国家城乡融合发展试验区实施方案的通知》	济南市人民政府办公厅	2021-8-15	济政字[2021]60号	1137010000418859XL/2021-00476	济南市人民政府
	3	《关于打造乡村振兴齐鲁样板率先行加快农业农村现代化的意见》	中共青岛市委、青岛市人民政府	2021-3-13	—	—	中共青岛市委、青岛市人民政府
	4	《东营区乡村振兴2021年行动方案》	东营市东营区人民政府办公室	2021-4-15	—	1137050200450782297/2021-02642	东营市东营区人民政府办公室
	5	《平阴县人民政府关于印发平阴县国民经济和社会发展第十四个五年规划和二〇三五年远景目标纲要的通知》	平阴县人民政府	2021-7-11	平政发[2021]3号	37012400000000000/2021-03452	平阴县人民政府

续表

类别	序号	政策名称	颁布单位	时间	文号	索引号	网站中文名称
总体规划	6	《沂源县人民政府关于印发沂源县国民经济和社会发展第十四个五年规划和2035年远景目标纲要的通知》	沂源县人民政府	2021-8-14	源政发〔2021〕2号	11370323313015847/2021-5182585	沂源县人民政府
	7	《利津县人民政府关于印发利津县省级城乡融合发展试验区实施方案的通知》	利津县人民政府	2021-9-2	利政发〔2021〕4号	11370522K2150501R-A/2021-04102	利津县人民政府
	8	《临邑县人民政府关于印发〈临邑县国民经济和社会发展第十四个五年规划和2035年远景目标纲要〉的通知》	临邑县人民政府	2021-8-23	临政发〔2021〕9号	—	临邑县人民政府
	9	《聊城市人民政府关于支持供销合作社增强为农服务能力的实施意见》	聊城市人民政府	2021-7-13	聊政字〔2021〕16号	004220684/2021-00326	聊城市人民政府
产业振兴	10	《鱼台县人民政府关于加快现代农业产业园区建设的指导意见》	鱼台县人民政府办公室	2021-3-12	鱼政字〔2021〕7号	11370827004307600/2021-00752	鱼台县人民政府
	11	《关于印发〈嘉祥县"按揭农业"试点建设工作实施方案〉的通知》	嘉祥县人民政府办公室	2021-7-10	嘉政发〔2021〕17号	—	嘉祥县人民政府
	12	《阳信县人民政府办公室关于印发〈阳信县鸭梨产业高质量发展扶持政策〉的通知》	阳信县人民政府办公室	2021-8-16	阳政办发〔2021〕13号	004380928150502021 0051	阳信县人民政府
	13	《临邑县人民政府办公室关于印发〈临邑县创建全省"两全两高"农业机械化示范县实施方案〉的通知》	临邑县人民政府办公室	2021-6-28	临政办字〔2021〕15号	—	临邑县人民政府
	14	《台儿庄区人民政府办公室关于进一步支持农产品加工业发展的实施意见》	枣庄市台儿庄区人民政府办公室	2021-9-9	台政办发〔2021〕9号	370405/2021-00151	枣庄市台儿庄区人民政府
	15	《关于印发〈即墨区推进乡村产业振兴实施方案〉的通知》	即墨区人民政府	2021-2-2	即政发〔2021〕6号	370215045002021085	即墨区人民政府
	16	《家政兴农行动计划(2021—2025年)》	郓城县商务局	2021-10-18	—	11371725579378879/2021-11039	郓城县人民政府
人才发展	17	《临沂市人力资源和社会保障局 临沂市发展和改革委员会 临沂市财政局 临沂市农业农村局 临沂市乡村振兴局关于实施切实加强就业帮扶巩固拓展脱贫攻坚成果助力乡村振兴的实施意见》	临沂市人力资源和社会保障局	2021-8-26	临人社字〔2021〕88号	1431551610/sbj/2021-0000331	临沂市人民政府

续表

类别	序号	政策名称	颁布单位	时间	文号	索引号	网站中文名称
文化发展	18	《烟台市蓬莱区人民政府办公室印发关于推进文化旅游产业高质量发展三年行动方案的通知》	烟台市蓬莱区人民政府办公室	2021-8-29	烟蓬政办发[2021]25号	11370684K21257521K/2021-03820	蓬莱区人民政府
组织建设	19	《东营市民政局关于巩固拓展民政领域脱贫攻坚成果同乡村振兴有效衔接的实施意见》	东营市民政局	2021-4-28	东民[2021]14号	11370500004505161F/2021-08909	东营市人民政府
基础设施建设	20	《关于开展农村人居环境治提升行动的实施意见》	沂源县中庄镇人民政府	2021-3-3	中委发[2021]7号	11370323004220372XD/2021-5133698	沂源县中庄镇人民政府
金融支持	21	《青州市人民政府办公室关于印发2021年度涉农资金统筹整合实施方案的通知》	青州市人民政府办公室	2021-5-15	青政发[2021]16号	00430508X/2021-88632	青州市人民政府

（十七）河南省乡村振兴政策索引

类别	序号	政策名称	颁布单位	时间	文号	索引号	网站中文名称
总体规划	1	《洛阳市人民政府办公室关于印发洛阳市乡村建设行动实施方案的通知》	洛阳市人民政府办公室	2021-6-18	洛政办[2021]25号	—	洛阳市人民政府
	2	《平顶山市人民政府办公室关于印发平顶山市乡村建设行动实施方案的通知》	平顶山市人民政府办公室	2021-6-15	平政办[2021]17号	00545052065/2021-00011	平顶山市人民政府
	3	《安阳市人民政府关于印发安阳市国民经济和社会发展第十四个五年规划和二〇三五年远景目标纲要的通知》	安阳市人民政府	2021-10-20	安政[2021]10号	E0001-01-2021-00016	安阳市人民政府
	4	《新乡市人民政府办公室关于印发新乡市乡村建设行动实施方案的通知》	新乡市人民政府办公室	2021-7-15	新政办[2021]34号	G0001/2021-00065	新乡市人民政府
	5	《焦作市人民政府关于印发焦作市国民经济和社会发展第十四个五年规划和二〇三五年远景目标纲要的通知》	焦作市人民政府	2021-7-9	焦政[2021]8号	—	焦作市人民政府
	6	《焦作市人民政府关于印发〈促进乡村产业振兴的指导意见〉的通知》	焦作市人民政府	2020-3-11	焦政[2020]8号	—	焦作市人民政府
	7	《驻马店市人民政府办公室关于印发〈驻马店市乡村建设行动实施方案〉等两个文件的通知》	驻马店市人民政府办公室	2021-5-26	驻政办[2021]22号	S0001-0205-2021-01683	驻马店市人民政府

续表

类别	序号	政策名称	颁布单位	时间	文号	索引号	网站中文名称
	8	《平顶山市石龙区人民政府办公室关于印发〈平顶山市石龙区乡村建设行动实施方案〉的通知》	石龙区人民政府办公室	2021-9-1	平龙政办〔2021〕46号	—	石龙区人民政府
	9	《关于印发〈卫辉市乡村建设行动实施方案〉的通知》	卫辉市人民政府办公室	2021-11-9	卫政办〔2021〕61号	—	卫辉市人民政府
	10	《新乡县人民政府办公室关于印发〈新乡县乡村建设行动实施方案〉的通知》	新乡县人民政府办公室	2021-8-2	—	A46-003-2021-00084	新乡市新乡县人民政府
	11	《修武县人民政府关于印发〈修武县国民经济和社会发展第十四个五年规划和2035年远景目标纲要〉的通知》	修武县人民政府	2021-4-26	修政〔2021〕5号	HL10001-0204-2021-00010	焦作市修武县人民政府
总体规划	12	《修武县人民政府办公室关于印发修武县打造乡村建设行动样板县工作实施方案的通知》	修武县人民政府办公室	2021-7-5	修政办〔2021〕43号	HL10001-0205-2021-00014	修武县人民政府
	13	《关于印发台前县国民经济和社会发展第十四个五年规划和二〇三五年远景目标纲要的通知》	台前县人民政府	2021-6-10	台政〔2021〕3号	—	台前县人民政府
	14	《关于印发台前县乡村建设行动实施方案的通知》	台前县人民政府办公室	2021-9-22	台政办〔2021〕28号	—	台前县人民政府
	15	《关于印发台前县乡村振兴示范工程三年行动方案（2020—2022年）的通知》	台前县人民政府办公室	2020-9-30	台政办〔2020〕21号	—	台前县人民政府
	16	《禹州市国民经济和社会发展第十四个五年规划和二〇三五年远景目标纲要》	禹州市人民政府	2021-3-15	禹政〔2021〕1号	11411081764879393M/202103-03969	许昌市人民政府
	17	《临颍县人民政府关于印发临颍县国民经济和社会发展第十四个五年规划和二〇三五年远景目标纲要的通知》	临颍县人民政府	2021-5-24	临政〔2021〕8号	—	临颍县人民政府

续表

类别	序号	政策名称	颁布单位	时间	文号	索引号	网站中文名称
	18	《河南省人民政府办公厅关于印发河南省农业种质资源保护与利用发展规划（2021—2035年）的通知》	河南省人民政府办公厅	2020-12-29	豫政办[2020]51号	10001-01-2021-00011	河南省人民政府
	19	《河南省人民政府办公厅关于加快推进农业机械化和农机装备产业高质量发展的意见》	河南省人民政府办公厅	2020-7-10	豫政办[2020]28号	10001-01-2020-00188	河南省人民政府
	20	《河南省人民政府办公厅关于加快推进畜牧业高质量发展的意见》	河南省人民政府办公厅	2020-7-5	豫政办[2020]26号	10001-01-2020-00187	河南省人民政府
	21	《河南省人民政府办公厅关于加快推进农业信息化和数字乡村建设的实施意见》	河南省人民政府办公厅	2020-4-10	豫政办[2020]10号	10001-01-2020-00090	河南省人民政府
	22	《河南省人民政府办公厅关于深入推进农业供给侧结构性改革大力发展优势特色农业的意见》	河南省人民政府办公厅	2019-8-3	豫政办[2019]44号	10001-01-2019-00171	河南省人民政府
产业振兴	23	《河南省人民政府办公厅关于印发河南省奶业振兴行动计划的通知》	河南省人民政府办公厅	2018-12-18	豫政办[2018]77号	10001-01-2018-00217	河南省人民政府
	24	《郑州市人民政府关于加快推进农业机械化和农机装备产业转型升级的指导意见》	郑州市人民政府	2019-4-16	郑政[2019]14号	747445745/2019-00114	郑州市人民政府
	25	《洛阳市人民政府关于大力发展沟域经济推进农业高质量发展的实施意见》	洛阳市人民政府	2020-10-21	洛政[2020]35号	C001-0137-2020-0041	洛阳市人民政府
	26	《洛阳市人民政府办公室关于大力发展粮食产业经济的实施意见》	洛阳市人民政府办公室	2019-6-25	洛政办[2019]35号	C0001-2019n-2019-00031	洛阳市人民政府
	27	《平顶山市人民政府办公室关于印发平顶山市农业绿色发展先行先试工作方案（2018—2020年）的通知》	平顶山市人民政府办公室	2018-12-27	平政办[2018]57号	005452065/2018-00001	平顶山市人民政府
	28	《平顶山市人民政府办公室关于加快发展现代农作物种业的实施意见》	平顶山市人民政府办公室	2018-6-1	平政办[2018]27号	005452065/2018-00031	平顶山市人民政府
	29	《平顶山市人民政府关于推进肉牛奶牛产业高质量发展的意见》	平顶山市人民政府	2019-6-24	平政[2019]13号	005452065/2019-00017	平顶山市人民政府

续表

类别	序号	政策名称	颁布单位	时间	文号	索引号	网站中文名称
	30	《安阳市人民政府办公室关于加快推进农业机械化和农机装备产业高质量发展的实施意见》	安阳市人民政府办公室	2020-12-3	安政办〔2020〕41号	E0001-0202-2020-00070	安阳市人民政府
	31	《新乡市人民政府办公室关于深入推进农业转型升级大力发展优势特色农业的意见》	新乡市人民政府办公室	2019-9-30	新政办〔2019〕42号	G0001/2019-00088	新乡市人民政府
	32	《周口市人民政府关于加快推进周口国家农业高新技术产业示范区建设的实施意见》	周口市人民政府	2019-11-26	周政〔2019〕20号	—	周口市人民政府
	33	《驻马店市人民政府关于加快推进农业高质量发展的实施意见》	驻马店市人民政府	2020-11-24	驻政〔2020〕35号	S0001-0203-2020-05163	驻马店市人民政府
	34	《驻马店市人民政府关于创新体制机制推进农业绿色发展的实施意见》	驻马店市人民政府	2018-12-13	驻政〔2018〕83号	S0001-0203-2018-00798	驻马店市人民政府
产业振兴	35	《南阳市人民政府关于加快发展现代农业"五特"经济建设八大产业集群的意见》	南阳市人民政府	2021-9-19	宛政〔2021〕18号	N001-2021-0001072	南阳市人民政府
	36	《信阳市人民政府关于加快推进农业高质量发展建设现代农业强市促进乡村产业振兴的实施意见》	信阳市人民政府	2020-12-30	信政〔2020〕23号	-01-2021-00003	信阳市人民政府
	37	《信阳市人民政府办公室关于大力发展粮食产业经济加快建设粮食经济强市的实施意见》	信阳市人民政府办公室	2019-4-18	信政办〔2019〕20号	-2101-2019-20	信阳市人民政府
	38	《关于印发建安区创建全国主要农作物生产全程机械化示范县实施方案的通知》	建安区人民政府办公室	2021-8-9	建安政办〔2021〕8号	11411023071371351L/202108-02278	许昌市人民政府
	39	《关于印发偃师葡萄创建河南省特色农产品优势区工作方案的通知》	偃师市人民政府办公室	2020-6-18	偃政办〔2020〕11号	—	偃师区人民政府
	40	《偃师市人民政府办公室关于偃师市高效种养业转型升级行动方案（2018—2020年）的通知》	偃师市人民政府办公室	2018-6-21	偃政办〔2018〕38号	—	偃师区人民政府
	41	《孟津县人民政府办公室关于支持农业特色优势产业发展的实施意见等三个意见的通知》	孟津县人民政府办公室	2019-8-15	孟政办〔2019〕13号	—	孟津区人民政府

续表

类别	序号	政策名称	颁布单位	时间	文号	索引号	网站中文名称
产业振兴	42	《关于印发新安县创新体制机制推进农业绿色发展的实施方案的通知》	新安县人民政府办公室	2019-12-20	新政办[2019]124号	—	新安县人民政府
	43	《汝州市人民政府办公室关于加快畜牧业高质量发展的意见》	汝州市人民政府办公室	2021-8-13	汝政办[2021]67号	—	汝州市人民政府
	44	《汝州市人民政府办公室关于加快推进富硒农业产业发展的意见》	汝州市人民政府办公室	2020-12-31	汝政办[2020]132号	—	汝州市人民政府
	45	《郏县人民政府办公室关于加快推进农业机械化高质量发展的意见》	郏县人民政府办公室	2021-4-18	郏政办[2021]6号	000jx-00000-2021-00002	郏县人民政府
	46	《林州市人民政府办公室关于加快推进农业机械化和农机装备产业高质量发展的实施意见》	林州市人民政府办公室	2021-2-5	林政办[2021]3号	—	安阳市林州市人民政府
	47	《安阳县人民政府关于加快推进农业高质量发展的意见》	安阳县人民政府	2021-3-24	安县政[2021]4号	X0001-2021-25	安阳县人民政府
	48	《安阳县人民政府关于印发安阳县创建全国绿色食品原料（小麦、玉米）标准化生产基地发展规划（2020—2022年）的通知》	安阳县人民政府	2020-4-29	安县政[2020]6号	—	安阳县人民政府
	49	《温县人民政府关于印发温县创建全国绿色食品原料（小麦、玉米、铁棍山药）标准化生产基地发展规划（2020—2022年）的通知》	温县人民政府	2020-4-20	温政[2020]9号	—	温县人民政府
	50	《清丰县人民政府关于印发清丰县开展河南省特色农产品优势区创建工作方案的通知》	清丰县人民政府	2020-6-16	清政[2020]11号	J0001-2101-2020-01169	清丰县人民政府
	51	《清丰县人民政府关于印发清丰县创建全国绿色食品原料（小麦、红薯）标准化生产基地发展规划（2020—2022年）的通知》	清丰县人民政府	2020-5-6	清政[2020]9号	J0001-2101-2020-00917	清丰县人民政府
	52	《清丰县人民政府关于印发清丰县开展中国特色农产品优势区创建工作方案的通知》	清丰县人民政府	2018-9-4	清政[2018]24号	J0001--2018-01098	清丰县人民政府

续表

类别	序号	政策名称	颁布单位	时间	文号	索引号	网站中文名称
	53	《清丰县人民政府关于印发清丰县加快推进红薯产业发展实施意见的通知》	清丰县人民政府	2018-4-20	清政〔2018〕10号	J0001-0201-2018-00424	清丰县人民政府
	54	《南乐县人民政府办公室关于印发南乐县特色农业保险实施方案的通知》	南乐县人民政府办公室	2020-8-24	乐政办〔2020〕39号	J3001-0-2020-28172	南乐县人民政府
	55	《南乐县人民政府关于印发南乐县2018—2020年现代农业提质增效发展实施方案的通知》	南乐县人民政府	2018-6-28	乐政〔2018〕14号	J3001-0-2018-19102	南乐县人民政府
	56	《关于印发台前县加快推进农业高质量发展建设现代农业强县实施方案的通知》	台前县人民政府	2020-10-13	台政〔2020〕11号	—	台前县人民政府
	57	《关于印发台前县创建全国主要农作物生产全程机械化示范县实施方案的通知》	台前县人民政府办公室	2020-4-1	台政办〔2020〕4号	—	台前县人民政府
	58	《禹州市人民政府关于加快发展现代畜牧业的实施意见》	禹州市人民政府	2018-10-23	禹政〔2018〕39号	114110817648793 93M/201810-00969	许昌市人民政府
	59	《襄城县人民政府办公室关于进一步支持蔬菜产业转型发展的意见》	襄城县人民政府	2018-3-6	襄政办〔2018〕6号	114110250054977 06A/201806-00329	许昌市人民政府
	60	《关于实施永久性基本烟田规划和保护的意见》	灵宝市人民政府办公室	2021-8-20	灵政办〔2021〕27号	M5001-0001-2021-0025	灵宝市人民政府
产业振兴	61	《渑池县人民政府关于印发渑池县"双椒一药"主导产业扶贫发展实施方案的通知》	渑池县人民政府	2018-9-21	渑政〔2018〕31号	—	渑池县人民政府
	62	《渑池县人民政府办公室关于实施永久性基本烟田规划和保护的意见》	渑池县人民政府办公室	2021-9-17	渑政办〔2021〕17号	M2001-0002-2021-0011	渑池县人民政府
	63	《关于印发卢氏县创建全国绿色食品原料（香菇）标准化生产基地发展规划（2020—2022年）的通知》	卢氏县人民政府办公室	2020-9-2	卢政〔2020〕11号	1201-2020-00009	卢氏县人民政府
	64	《关于印发卢氏县2021年烟叶生产工作意见的通知》	卢氏县人民政府办公室	2021-3-10	卢政办〔2021〕6号	M6001-1203-2021-0005	卢氏县人民政府

续表

类别	序号	政策名称	颁布单位	时间	文号	索引号	网站中文名称
	65	《关于印发卢氏县 2020 年烟叶生产工作意见的通知》	卢氏县人民政府办公室	2020-3-17	卢政办〔2020〕7 号	1203-2020-00006	卢氏县人民政府
	66	《关于印发卢氏县 2019 年烟叶生产工作意见的通知》	卢氏县人民政府办公室	2019-3-25	—	—	卢氏县人民政府
	67	《关于印发卢氏县百万亩核桃提质增效实施方案的通知》	卢氏县人民政府办公室	2019-3-12	—	—	卢氏县人民政府
	68	《关于印发永城市创建河南省家庭农场示范县实施方案的通知》	永城市人民政府办公室	2020-11-18	永政办〔2020〕15 号	00588193-5/2020-01506	永城市人民政府
	69	《柘城县人民政府办公室关于印发 2021 年辣椒产业发展 10 项重点工作的通知》	柘城县人民政府办公室	2021-2-25	柘政办〔2021〕2 号	—	商丘市柘城县人民政府
产业振兴	70	《虞城县人民政府办公室关于印发虞城县进一步推进高效种养循环农业试点县项目（2020—2022 年）三年行动方案的通知》	虞城县人民政府办公室	2020-5-28	—	-2021-00000013	虞城县人民政府
	71	《关于印发夏邑县绿色种养循环农业试点县项目推进工作方案的通知》	夏邑县人民政府	2021-7-30	夏政〔2021〕73 号	—	夏邑县人民政府
	72	《关于 2019 年烟叶生产的意见》	夏邑县人民政府	2018-12-20	夏政〔2018〕148 号	—	夏邑县人民政府
	73	《项城市人民政府办公室关于印发项城市 2020 年优质专用小麦生产基地建设项目实施方案的通知》	项城市人民政府办公室	2020-9-22	项政办〔2020〕33 号	—	项城市人民政府
	74	《关于印发鹿邑县高效种养业和绿色食品业转型升级行动方案的通知》	鹿邑县人民政府办公室	2018-4-25	鹿政办〔2018〕23 号	—	鹿邑县人民政府
	75	《大康县人民政府办公室关于印发创建全国主要农作物生产全程机械化示范县工作方案的通知》	大康县人民政府办公室	2020-4-1	大政办〔2020〕5 号	—	大康县人民政府
	76	《新蔡县人民政府办公室关于加快畜牧业高质量发展的实施意见》	新蔡县人民政府办公室	2020-10-20	新政办〔2020〕70 号	—	新蔡县人民政府

续表

类别	序号	政策名称	颁布单位	时间	文号	索引号	网站中文名称
	77	《新蔡县人民政府关于印发新蔡县进一步推进高效种养业转型升级三年行动方案（2020—2022年）的通知》	新蔡县人民政府	2020-10-10	新政办〔2020〕69号	—	新蔡县人民政府
	78	《遂平县人民政府办公室关于印发遂平县2020年烟叶生产工作意见的通知》	遂平县人民政府办公室	2020-6-16	遂政办〔2020〕24号	—	遂平县人民政府
	79	《关于印发确山县瓦岗红薯河南特色农产品优势区创建工作方案的通知》	确山县人民政府办公室	2020-6-23	确政办〔2020〕25号	—	确山县人民政府
	80	《邓州市人民政府办公室关于印发邓州市2021年绿色种养循环农业试点项目实施方案的通知》	邓州市人民政府办公室	2021-9-27	邓政办〔2021〕49号	—	邓州市人民政府
	81	《关于印发邓州市创建全国主要农作物生产全程机械化示范县（市）工作方案的通知》	邓州市人民政府	2020-4-3	邓政〔2020〕12号	—	邓州市人民政府
产业振兴	82	《关于发挥国家农村产业融合发展示范园带动作用进一步做好促生产稳就业工作的通知》	邓州市人民政府办公室	2020-4-7	邓政办〔2020〕8号	—	邓州市人民政府
	83	《西峡县人民政府关于印发西峡县省级食用菌特色农产品优势区创建工作方案的通知》	西峡县人民政府	2020-6-5	西政〔2020〕15号	001/2020-00112	西峡县人民政府
	84	《内乡县人民政府关于2021年促进畜牧业高质量发展的工作意见》	内乡县人民政府	2021-5-12	内政〔2021〕6号	ND001-0-2021-00911	内乡县人民政府
	85	《内乡县人民政府关于大力发展农业特色产业的意见》	内乡县人民政府	2020-3-11	内政〔2020〕6号	ND001-0-2020-02173	内乡县人民政府
	86	《桐柏县人民政府办公室关于印发〈桐柏县级现代农业产业园建设工作方案（2021—2022年）〉的通知》	桐柏县人民政府办公室	2021-6-30	桐政办〔2021〕51号	—	桐柏县人民政府
	87	《桐柏县人民政府关于印发桐柏县创建河南省茶叶特色农产品优势区工作方案的通知》	桐柏县人民政府	2020-5-20	桐政〔2020〕32号	—	桐柏县人民政府

续表

类别	序号	政策名称	颁布单位	时间	文号	索引号	网站中文名称
	88	《罗山县人民政府办公室关于印发罗山县2021年水稻生产和优质水稻推广工作实施方案的通知》	罗山县人民政府办公室	2021-3-6	罗政办〔2021〕5号	—	罗山县人民政府
	89	《光山县人民政府关于支持油茶产业发展的补充意见》	光山县人民政府	2020-3-18	—	—	光山县人民政府
	90	《范县人民政府办公室关于印发范县加快推进农机专业合作社发展实施方案的通知》	范县人民政府办公室	2020-12-27	范政办〔2020〕49号	J0001-2021-11027	范县人民政府
	91	《潢川县人民政府办公室关于印发潢川县"好粮油"示范县项目建设工作实施方案的通知》	潢川县人民政府办公室	2019-11-5	潢政办〔2019〕96号	—	潢川县人民政府
	92	《淮滨县人民政府办公室关于印发淮滨县2020—2021年度弱筋小麦生产指导意见的通知》	淮滨县人民政府办公室	2020-9-16	淮政办〔2020〕31号	123-1405-2020-00012	淮滨县人民政府
产业振兴	93	《关于印发淮滨县2019—2020年度弱筋小麦生产指导意见的通知》	淮滨县人民政府办公室	2019-8-31	淮政办〔2019〕54号	123-1405-2019-00021	淮滨县人民政府
	94	《商城县人民政府关于加快推进农业高质量发展建设现代农业强县促进乡村产业振兴的意见》	商城县人民政府	2021-3-16	商政〔2021〕2号	11411524006117 0312/202103-00020	商城县人民政府
	95	《商城县人民政府办公室关于印发商城县创建农业绿色发展先行区实施意见的通知》	商城县人民政府办公室	2021-3-29	商政办〔2021〕13号	11411524006117 0312/202104-00001	商城县人民政府
	96	《光山县人民政府关于支持羽绒服装产业发展的实施意见》	光山县人民政府	2020-3-23	光政〔2020〕14号	—	光山县人民政府
	97	《河南省人民政府办公厅关于加快乡村旅游发展的意见》	河南省人民政府办公厅	2020-5-10	豫政办〔2020〕18号	10001-01-2020-00132	河南省人民政府
	98	《洛阳市人民政府办公室关于印发洛阳市加快乡村旅游发展实施方案的通知》	洛阳市人民政府办公室	2020-7-10	洛政办〔2020〕28号	C001-0150-2020-0022	洛阳市人民政府
	99	《平顶山市人民政府办公室关于加快乡村旅游发展的意见》	平顶山市人民政府办公室	2020-7-13	平政办〔2020〕17号	005452065/2020-00011	平顶山市人民政府

续表

类别	序号	政策名称	颁布单位	时间	文号	索引号	网站中文名称
	100	《新乡市人民政府办公室关于进一步加快乡村旅游发展的意见》	新乡市人民政府办公室	2020-11-11	新政办[2020]53号	G0001/2020-00074	新乡市人民政府
	101	《焦作市人民政府办公室关于加快推进焦作市优质乡村旅游发展的意见》	焦作市人民政府办公室	2018-3-29	焦政办[2018]25号	—	焦作市人民政府
	102	《许昌市人民政府办公室关于加快乡村旅游发展的实施意见》	许昌市人民政府办公室	2020-12-14	许政办[2020]27号	11411000005747138B/202012-07575	许昌市人民政府
	103	《驻马店市人民政府关于加快乡村旅游发展的实施意见》	驻马店市人民政府	2018-8-6	驻政[2018]52号	S0001-0203-2018-00694	驻马店市人民政府
	104	《关于加快乡村旅游发展的实施意见》	确山县人民政府办公室	2020-9-4	确政办[2020]54号	—	确山县人民政府
	105	《固始县人民政府办公室关于印发固始县发展全域旅游助力乡村振兴奖励办法的通知》	固始县人民政府办公室	2018-12-28	固政办[2018]181号	—	固始县人民政府
产业振兴	106	《平顶山市人民政府关于坚持三链同构加快推进粮食产业高质量发展的实施意见》	平顶山市人民政府	2020-12-17	平政[2020]27号	005452065/2020-00023	平顶山市人民政府
	107	《安阳市人民政府关于坚持三链同构加快推进粮食产业高质量发展的实施意见》	安阳市人民政府	2020-9-21	安政[2020]14号	E0001-0202-2020-00054	安阳市人民政府
	108	《漯河市人民政府关于进一步做好现代农业产业园区创建工作持续推进"三链同构"的实施意见》	漯河市人民政府	2021-1-29	漯政[2021]4号		漯河市人民政府
	109	《漯河市人民政府关于加强"漯"字良种育繁工作助力"三链同构"的实施意见》	漯河市人民政府	2021-9-29	漯政[2021]19号		漯河市人民政府
	110	《南阳市人民政府办公室关于印发南阳艾产业高质量发展倍增计划(2021—2025年)(试行)的通知》	南阳市人民政府办公室	2021-8-11	宛政办[2021]28号	N001-2021-0000986	南阳市人民政府
	111	《南阳市人民政府关于坚持三链同构加快推进粮食产业高质量发展的实施意见》	南阳市人民政府	2021-1-4	宛政[2020]20号	N001-2021-0000351	南阳市人民政府

续表

类别	序号	政策名称	颁布单位	时间	文号	索引号	网站中文名称
产业振兴	112	《新乡县人民政府 关于印发新乡县坚持三链同构加快推进粮食产业高质量发展行动计划的通知》	新乡县人民政府	2021-2-4	—	—	新乡县人民政府
	113	《南乐县人民政府办公室关于印发南乐县数字乡村和"互联网+"农产品出村进城试点建设方案的通知》	南乐县人民政府办公室	2020-6-11	乐政办〔2020〕26号	—	南乐县人民政府
	114	《新蔡县人民政府关于印发坚持三链同构加快推进粮食产业高质量发展实施方案的通知》	新蔡县人民政府	2021-2-22	—	—	新蔡县人民政府
	115	《桐柏县人民政府关于印发〈桐柏县茶产业"十四五"发展意见〉的通知》	桐柏县人民政府	2021-1-12	桐政〔2021〕4号	—	桐柏县人民政府
	116	《关于印发〈新野县创建国家电子商务进农村综合示范县工作方案〉的通知》	新野县人民政府	2021-5-10	新政〔2021〕10号	NH001-0202-2021-01010	新野县人民政府
人才发展	117	《关于支持农民工返乡创业的实施意见》	台前县人民政府	2021-7-10	台政文〔2021〕39号	—	台前县人民政府
	118	《宁陵县人民政府办公室关于支持农民工返乡创业的实施意见》	宁陵县人民政府办公室	2019-8-5	宁政办〔2019〕31号	-2021-00003173	宁陵县人民政府
	119	《关于做好2020年农民教育培训工作的通知》	夏邑县人民政府	2020-7-14	夏政〔2020〕53号	—	夏邑县人民政府
	120	《睢县人民政府关于支持农民工返乡创业的实施意见》	睢县人民政府	2018-3-27	睢政〔2018〕8号	—	睢县人民政府
文化发展	121	《林州市人民政府办公室关于印发林州市乡村振兴红色传承全域旅游实施方案的通知》	林州市人民政府办公室	2020-11-13	林政办〔2020〕36号	—	林州市人民政府

续表

类别	序号	政策名称	颁布单位	时间	文号	索引号	网站中文名称
组织建设	122	《平顶山市人民政府办公室关于加快西部浅山区复合型产业示范带建设的指导意见》	平顶山市人民政府办公室	2020-6-29	平政办〔2020〕11号	005452065/2020-00007	平顶山市人民政府
	123	《长垣县人民政府办公室关于发励规划下乡促进乡村振兴实施的通知》	长垣县人民政府办公室	2019-6-21	长政办〔2019〕46号	G0H001-0202-2019-00044	长垣县人民政府
	124	《渑池县人民政府办公室关于发渑池县农民专业合作社质量提升整县推进试点工作方案的通知》	渑池县人民政府办公室	2021-3-18	渑政办〔2021〕1号	M2001-0002-2021-0001	渑池县人民政府
	125	《邓州市人民政府办公室关于印发邓州市2021年特色产业扶持实施方案的通知》	邓州市人民政府办公室	2021-3-11	邓政办〔2021〕13号	—	邓州市人民政府
	126	《濮阳市人民政府办公室关于发濮阳市乡村建设行动实施方案的通知》	濮阳市人民政府办公室	2021-7-22	濮政办〔2021〕36号	J0001-2101-2021-02812	濮阳市人民政府
	127	《濮阳市人民政府办公室关于发濮阳市乡村振兴示范工程三年行动方案（2020—2022年）的通知》	濮阳市人民政府办公室	2020-8-13	濮政办〔2020〕40号	J0001-0201-2021-00714	濮阳市人民政府
	128	《巩义市人民政府办公室关于加快农村电子商务发展的意见》	巩义市人民政府办公室	2021-5-10	巩政办〔2021〕22号	—	巩义市人民政府
	129	《淇县人民政府关于印发淇县2020年国家级电子商务进农村综合示范（升级版）工作实施方案的通知》	淇县人民政府	2020-9-23	淇政〔2020〕14号	—	淇县人民政府
基础设施建设	130	《博爱县人民政府关于印发博爱县2019年电子商务进农村综合示范工作实施方案的通知》	博爱县人民政府	2020-4-24	博政文〔2020〕14号	—	博爱县人民政府
	131	《范县人民政府办公室关于印发农村基础设施管护机制的通知》	范县人民政府办公室	2020-12-27	范政办〔2020〕50号	J0001-2021-11028	范县人民政府
	132	《关于印发〈灵宝市农产品产地冷藏保鲜设施建设实施方案〉的通知》	灵宝市人民政府办公室	2021-6-23	灵政办〔2021〕18号	M5001-0001-2021-0017	灵宝市人民政府
	133	《关于印发永城市加快城乡交通运输一体化发展实施方案的通知》	永城市人民政府办公室	2021-4-13	永政办〔2021〕3号	005881935/2021-00204	永城市人民政府
	134	《项城市人民政府办公室关于印发项城市高标准农田设施管护办法（试行）的通知》	项城市人民政府办公室	2020-12-31	项政办〔2020〕49号	—	项城市人民政府

续表

类别	序号	政策名称	颁布单位	时间	文号	索引号	网站中文名称
基础设施建设	135	《项城市人民政府办公室关于印发项城市开展农村公路路肩培护环境整治活动实施方案的通知》	项城市人民政府办公室	2020-11-24	项政办〔2020〕40号	—	项城市人民政府
	136	《鹿邑县人民政府办公室关于印发鹿邑县农村公路"百日通村入组"工程实施方案的通知》	鹿邑县人民政府办公室	2019-7-1	鹿政办〔2019〕21号	—	鹿邑县人民政府
	137	《商水县人民政府关于印发商水县高标准农田管护办法的通知》	商水县人民政府	2020-2-3	商政〔2020〕15号	—	商水县人民政府
	138	《商水县人民政府关于印发商水县高标准农田示范区建设工作方案的通知》	商水县人民政府	2020-3-22	商政办〔2020〕16号	—	周口市商水县人民政府
	139	《周口市淮阳区人民政府办公室关于印发淮阳区扶持农村电子商务发展意见的通知》	周口市淮阳区人民政府办公室	2021-3-18	淮政办〔2021〕11号	—	周口市淮阳区人民政府
	140	《邓州市人民政府办公室关于印发邓州市中心村（特色村）美丽乡村建设项目实施方案的通知》	邓州市人民政府办公室	2021-5-17	邓政办〔2021〕16号	—	邓州市人民政府
	141	《淅川县人民政府办公室关于印发淅川县国家电子商务进农村综合示范县工作方案（2020—2022）的通知》	淅川县人民政府办公室	2020-5-26	淅政办〔2020〕19号	XC412927-02-2020-00001	淅川县人民政府
	142	《潢川县人民政府办公室关于印发潢川县2019—2020年度农田水利基本建设实施方案的通知》	潢川县人民政府办公室	2019-12-7	潢政办〔2019〕101号	—	潢川县人民政府
	143	《邓州市人民政府关于大力推进"千村万塘"综合整治工作的指导意见》	邓州市人民政府	2019-6-21	邓政〔2019〕26号	—	邓州市人民政府
生态环境治理	144	《邓州市2020年农村环境综合整治实施方案》	邓州市人民政府办公室	2020-9-7	邓政办〔2020〕35号	—	邓州市人民政府
	145	《范县人民政府办公室关于印发范县农业保险助力乡村振兴实施方案的通知》	范县人民政府办公室	2021-2-5	范政办〔2021〕8号	J0001-2021-11005	范县人民政府
	146	《关于印发〈2021年灵宝市金融支持农业产业高质量发展意见〉的通知》	灵宝市人民政府办公室	2021-3-5	灵政办〔2021〕4号	M5001-0001-2021-0003	灵宝市人民政府

续表

类别	序号	政策名称	颁布单位	时间	文号	索引号	网站中文名称
生态环境治理	147	《灵宝市人民政府办公室关于印发灵宝市现代果业发展奖补办法（2018—2021年）的通知》	灵宝市人民政府办公室	2018-9-14	灵政办〔2018〕34号	—	灵宝市人民政府
	148	《渑池县人民政府办公室关于印发渑池县地方特色农业保险试点工作实施方案的通知》	渑池县人民政府办公室	2020-5-6	渑政办〔2020〕6号	M2001-0002-2020-0005	渑池县人民政府
	149	《遂平县人民政府办公室关于印发遂平县2020年度产油大县奖励资金扶持油料种植类（花生）项目实施方案的通知》	遂平县人民政府办公室	2021-5-7	遂政办〔2021〕14号	—	遂平县人民政府
特定区域发展	150	《郑州市人民政府办公厅关于印发郑州市新时代支持革命老区振兴发展实施方案的通知》	郑州市人民政府办公厅	2021-11-11	郑政办〔2021〕62号	74445745/2021-00290	郑州市人民政府

（十八）湖北省乡村振兴政策索引

类别	序号	政策名称	颁布单位	时间	文号	索引号	网站中文名称
总体规划	1	《市人民政府办公室关于印发〈孝感市乡村振兴战略规划（2018—2020）〉的通知》	孝感市人民政府办公室	2020-1-3	孝感政办发〔2019〕4号	040200/2020-00242	孝感市人民政府
	2	《省民宗委办公室关于印发〈省民宗委支持民族地区巩固拓展脱贫攻坚成果同乡村振兴有效衔接的措施〉的通知》	湖北省民宗委办公室	2021-7-5	鄂民宗办〔2021〕17号	011043719/2021-39648	湖北省民族宗教事务委员会
文化发展	3	《屈原文化传承发展工程实施方案》	中共秭归县委办公室、秭归县人民政府办公室	2019-3-27	秭办发〔2019〕6号	21343123/2019-00033	秭归县人民政府
	4	《秭归县文化小康建设行动计划》	中共秭归县委办公室、秭归县人民政府办公室	2019-2-22	秭办发〔2019〕3号	21343123/2019-00031	秭归县人民政府
组织建设	5	《丹江口市乡村振兴工作问责办法（试行）》	丹江口市乡村振兴局	2021-9-17	丹乡振组发〔2021〕2号	011433020/2021-30529	十堰市丹江口市乡村振兴局

续表

类别	序号	政策名称	颁布单位	时间	文号	索引号	网站中文名称
基础设施建设	6	《秭归县农村人居环境整治村庄清洁行动实施方案》	中共秭归县委办公室、秭归县人民政府办公室	2019-2-2	秭办发[2019]2号	21343123/2019-00030	秭归县人民政府
金融支持	7	《关于做大做强政府性融资担保机构支持小微企业和"三农"发展的实施意见的通知》	孝感市人民政府办公室	2021-10-19	孝感政办发[2021]24号	040200/2021-02465	孝感市人民政府

（十九）湖南省乡村振兴政策索引

类别	序号	政策名称	颁布单位	时间	文号	索引号	网站中文名称
总体规划	1	《湖南省人民政府办公厅关于加强村庄规划工作服务全面推进乡村振兴的通知》	湖南省人民政府办公厅	2021-7-8	湘政办发[2021]29号	430S00/2021-06006802	湖南省人民政府
	2	《湖南省人民政府办公厅关于印发〈湖南省"十四五"农业农村现代化规划〉的通知》	湖南省人民政府办公厅	2021-10-9	湘政办发[2021]64号	430S00/2021-09008505	湖南省人民政府
	3	《怀化市人民政府关于印发〈怀化市国民经济和社会发展第十四个五年规划和二〇三五年远景目标纲要〉的通知》	怀化市人民政府	2021-5-31	怀政发[2021]3号	431200/2021-013933	怀化市人民政府
	4	《长沙市人民政府办公厅关于印发长沙市建设乡村振兴示范市推进现代化农业高质量发展若干政策的通知》	长沙市人民政府办公厅	2021-4-22	长政办发[2021]22号	000014349/2021-00641	长沙市人民政府
	5	《关于印发〈湘阴县电商产业发展三年行动计划(2020—2022年)〉的通知》	湘阴县人民政府办公室	2020-3-20	湘阴政办发[2020]11号	—	湘阴县人民政府
产业振兴	6	《关于印发〈湘阴县服务业高质量发展三年行动方案(2020—2022年)〉的通知》	湘阴县人民政府办公室	2020-10-20	湘阴政办发[2020]48号	—	湘阴县人民政府
	7	《邵东市人民政府办公室关于印发〈邵东市推进黄花菜产业振兴实施方案(2021—2025年)〉的通知》	邵东市人民政府办公室	2021-8-31	邵东政办发[2021]9号	4305210003/2021-55779	邵东市人民政府
	8	《洪江市人民政府关于加快推进中药材产业发展的实施意见》	洪江市人民政府	2018-8-3	洪政发[2018]11号	HJDR-2018-00009	洪江市人民政府

续表

类别	序号	政策名称	颁布单位	时间	文号	索引号	网站中文名称
产业振兴	9	《洪江市人民政府办公室关于加快林下经济发展的实施意见》	洪江市人民政府办公室	2018-1-15	洪政办发〔2018〕1号	HJDR-2018-01001	洪江市人民政府
	10	《洪江市人民政府办公室洪江市加快发展新型林业经营主体的意见》	洪江市人民政府办公室	2018-1-15	洪政办发〔2018〕3号	HJDR-2018-01003	洪江市人民政府
	11	《涟源市人民政府关于印发〈涟源市柑橘产业发展规划〉的通知》	涟源市人民政府	2021-11-25	涟政发〔2021〕9号	lianyuan-2021-11-038162	涟源市人民政府
	12	《关于印发〈关于促进农业产业兴旺的实施方案〉的通知》	涟源市人民政府办公室	2019-2-1	涟政办〔2019〕1号	srmzffzbgs-2019-00016	涟源市人民政府
	13	《浏阳市2021年"六大强农"行动实施方案》	浏阳市人民政府办公室	2021-6-26	—	000014349/2021-03039	长沙市浏阳市人民政府
人才发展	14	《关于印发〈高坪镇实施"金融村官"工作方案〉的通知》	中共高坪镇委员会、高坪镇人民政府	2020-7-7	高发〔2020〕24号	000014349/2020-00105	浏阳市人民政府
组织建设	15	《洪江市民政局关于倡导社会组织积极参与乡村振兴行动的通知》	洪江市民政局	2021-7-24	洪民发〔2021〕14号	—	洪江市人民政府
	16	《涟源市人民政府办公室关于做好农村低收入群体等重点对象住房安全保障工作实施方案〉的通知》	涟源市人民政府办公室	2021-8-17	涟政办函〔2021〕34号	lianyuan-2021-08-026386	涟源市人民政府
基础设施建设	17	《洪江市人民政府办公室关于印发〈洪江市脱贫攻坚自然村水泥路建设实施方案〉的通知》	洪江市人民政府办公室	2018-5-29	洪政办发〔2018〕14号	HJDR-2018-01009	洪江市人民政府
	18	《关于印发〈涟源市电子商务进农村综合示范工作实施方案〉的通知》	涟源市人民政府办公室	2019-2-27	涟政办〔2019〕3号	srmzffzbgs-2019-10089	涟源市人民政府
	19	《绥宁县人民政府办公室关于印发〈绥宁县2020年农村改厕工作实施方案〉的通知》	绥宁县人民政府办公室	2020-9-2	绥政办发〔2020〕38号	—	绥宁县人民政府
金融支持	20	《洽河渡镇实施〈华容县实施"党建+诚信金融"模式、共推乡村振兴三年行动的指导意见〉的方案》	中共洽河渡镇委员会办公室、洽河渡镇人民政府办公室	2021-4-26	洽办发〔2021〕18号	006383196E/2021-1848273	华容县人民政府

（二十）广东省乡村振兴政策索引

类别	序号	政策名称	颁布单位	时间	文号	索引号	网站中文名称
总体规划	1	《肇庆市人民政府关于印发〈肇庆市国民经济和社会发展第十四个五年规划和2035年远景目标纲要〉的通知》	肇庆市人民政府	2021-11-5	—	—	肇庆市人民政府
	2	《中共广东省委 广东省人民政府关于实现巩固拓展脱贫攻坚成果同乡村振兴有效衔接的实施意见》	中共广东省委、广东省人民政府	2021-3-31	—	—	广东省人民政府
	3	《汕尾市人民政府办公室关于印发汕尾市加快全产业链创新发展推动省级现代农业产业园全方位提质实施意见的通知》	汕尾市人民政府办公室	2020-11-15	—	—	汕尾市人民政府
产业振兴	4	《肇庆市人民政府办公室关于印发肇庆市新型乡村助农服务示范体系建设实施方案的通知》	肇庆市人民政府办公室	2019-4-29	肇府办函〔2019〕74号	007141332/2019-14690	肇庆市人民政府
	5	《茂名市人民政府办公室关于印发〈茂名市电子商务发展三年行动计划（2020—2022年）〉的通知》	茂名市人民政府办公室	2020-3-18	茂府办〔2020〕12号	—	茂名市人民政府
	6	《茂名市人民政府办公室关于印发茂名市推进电子商务与快递物流协同发展实施方案的通知》	茂名市人民政府办公室	2018-12-26	—	—	茂名市人民政府
基础设施建设	7	《茂名市人民政府办公室关于印发〈茂名市市区厕所革命三年行动计划实施方案（2018—2020年）〉的通知》	茂名市人民政府办公室	2018-11-20	—	—	茂名市人民政府

（二十一）广西壮族自治区乡村振兴政策索引

类别	序号	政策名称	颁布单位	时间	文号	索引号	网站中文名称
总体规划	1	《广西壮族自治区人民政府关于印发广西新型城镇化规划（2021—2035年）的通知》	广西壮族自治区人民政府	2021-11-1	桂政发〔2021〕38号	11450000007565768W/2021-391658	广西壮族自治区人民政府
	2	《柳州市人民政府办公室关于印发〈柳州市2021年国民经济和社会发展计划〉的通知》	柳州市人民政府办公室	2021-4-13	柳政办〔2021〕34号	11450200007604210R/2021-83225	柳州市人民政府
	3	《柳州市人民政府办公室关于印发柳州市2019年国民经济和社会发展计划的通知》	柳州市人民政府办公室	2019-3-7	柳政办〔2019〕33号	—	柳州市人民政府

续表

类别	序号	政策名称	颁布单位	时间	文号	索引号	网站中文名称
	4	《柳州市人民政府关于印发〈柳州市国民经济和社会发展第十四个五年规划和2035年远景目标纲要〉的通知》	柳州市人民政府	2021-4-19	柳政发〔2021〕16号	11450200007604210R/2021-83212	柳州市人民政府
	5	《防城港市加快向海经济发展推动海洋强市建设三年行动计划（2020—2022年）》	防城港市人民政府办公室	2021-12-23	防政办发〔2020〕19号	—	防城港市人民政府
	6	《防城港市人民政府关于印发〈东兴试验区跨越发展三年行动计划（2020—2022年）〉的通知》	防城港市人民政府	2020-7-28	防政发〔2020〕16号	—	防城港市人民政府
	7	《苍梧县人民政府办公室关于印发苍梧六堡特色小镇建设实施方案的通知》	苍梧县人民政府办公室	2018-12-18	苍政办发〔2018〕171号	—	苍梧县人民政府
	8	《贵港市人民政府关于印发贵港市国民经济和社会发展第十四个五年规划和二〇三五年远景目标纲要的通知》	贵港市人民政府	2021/3/25	贵政发〔2021〕6号	000014349/2021-92632	贵港市人民政府
总体规划	9	《百色市人民政府办公室关于印发百色市落实广西加快县域经济高质量发展三年攻坚行动实施方案（2021—2023年）的通知》	百色市人民政府办公室	2021-11-10	百政办发〔2021〕52号	000014349/2021-418068	百色市人民政府
	10	《百色市人民政府办公室关于印发百色市落实广西加快县域经济高质量发展三年攻坚行动实施方案（2021—2023年）的通知》	百色市人民政府办公室	2021-11-10	百政办发〔2021〕52号	000014349/2021-418068	百色市人民政府
	11	《崇左市人民政府关于印发崇左市国民经济和社会发展第十四个五年规划和2035年远景目标纲要的通知》	崇左市人民政府	2021-7-24	崇政发〔2021〕7号	—	崇左市人民政府
	12	《大新县人民政府关于印发大新县国民经济和社会发展第十四个五年规划和二〇三五年远景目标纲要的通知》	大新县人民政府	2021-11-22	新政发〔2021〕3号	—	大新县人民政府
	13	《天等县人民政府办公室关于印发天等县2021年度巩固拓展脱贫攻坚成果坚持乡村振兴项目实施计划（第二批）的通知》	天等县人民政府办公室	2021-6-18	天政办发〔2021〕11号	—	天等县人民政府

续表

类别	序号	政策名称	颁布单位	时间	文号	索引号	网站中文名称
	14	《凭祥市人民政府关于印发凭祥市国民经济和社会发展第十四个五年规划纲要的通知》	凭祥市人民政府	2021-4-19	凭政发〔2021〕2号	—	凭祥市人民政府
	15	《关于印发崇左市江州区国民经济和社会发展第十四个五年规划和2035年远景目标纲要的通知》	崇左市江州区人民政府	2021-9-18	江政发〔2021〕3号	—	崇左市江州区人民政府
	16	《关于印发〈江南区国民经济和社会发展第十四个五年规划和二〇三五年远景目标纲要〉的通知》	南宁市江南区人民政府办公室	2021-3-26	江府办〔2021〕20号	—	南宁市江南区人民政府
	17	《鱼峰区人民政府关于印发〈鱼峰区国民经济和社会发展第十四个五年规划和2035年远景目标纲要〉的通知》	柳州市鱼峰区人民政府	2021-6-7	鱼政发〔2021〕11号	1145020359324584 6B/2021-114369	柳州市鱼峰区人民政府
总体规划	18	《柳州市柳江区人民政府办公室关于印发〈柳州市柳江区2021年国民经济和社会发展计划〉的通知》	柳州市柳江区人民政府办公室	2021-4-19	江政办发〔2021〕12号	—	柳州市柳江区人民政府
	19	《柳州市柳江区人民政府办公室关于印发〈柳州市柳江区2020年国民经济和社会发展计划〉的通知》	柳州市柳江区人民政府办公室	2020-3-20	江政办发〔2020〕19号	—	柳州市柳江区人民政府
	20	《柳州市柳江区人民政府办公室关于印发〈柳州市柳江区2019年国民经济和社会发展计划〉的通知》	柳州市柳江区人民政府办公室	2019-3-25	江政办发〔2019〕17号	—	柳州市柳江区人民政府
	21	《柳州市柳江区人民政府办公室关于印发〈柳州市柳江区2018年国民经济和社会发展计划〉的通知》	柳州市柳江区人民政府办公室	2018-4-24	江政办发〔2018〕29号	—	柳州市柳江区人民政府
	22	《融水苗族自治县人民政府关于印发〈融水苗族自治县国民经济和社会发展第十四个五年规划和二〇三五年远景目标纲要〉的通知》	融水苗族自治县人民政府	2021-9-27	融政发〔2021〕16号	—	柳州市融水苗族自治县人民政府

续表

类别	序号	政策名称	颁布单位	时间	文号	索引号	网站中文名称
	23	《关于印发〈融水苗族自治县 2021 年国民经济和社会发展计划报告〉的通知》	融水苗族自治县人民政府办公室	2021-4-1	融政办发〔2021〕9 号	—	柳州市融水苗族自治县人民政府
	24	《关于印发〈融水苗族自治县 2020 年国民经济和社会发展计划报告〉的通知》	融水苗族自治县人民政府办公室	2020-3-26	融政办发〔2020〕16 号	—	柳州市融水苗族自治县人民政府
	25	《关于印发〈武鸣区国民经济和社会发展第十四个五年规划和二○三五年远景目标纲要〉的通知》	南宁市武鸣区人民政府	2021-9-6	南武政发〔2021〕14 号	—	南宁市武鸣区人民政府
	26	《南宁市西乡塘区人民政府关于印发〈南宁市西乡塘区国民经济和社会发展第十四个五年规划和二○三五年远景目标纲要〉的通知》	南宁市西乡塘区人民政府	2021-7-28	西府发〔2021〕11 号	—	南宁市西乡塘区人民政府
	27	《桂林市秀峰区人民政府关于印发桂林市秀峰区国民经济和社会发展第十四个五年规划和 2035 年远景目标纲要的通知》	桂林市秀峰区人民政府	2021-9-14	秀政〔2021〕8 号	—	桂林市秀峰区人民政府
总体规划	28	《桂林市七星区人民政府关于印发桂林市七星区国民经济和社会发展第十四个五年规划和 2035 年远景目标纲要的通知》	桂林市七星区人民政府	2021-8-10	星政发〔2021〕18 号	000014349/2022-00482	桂林市七星区人民政府
	29	《印发永福县国民经济和社会发展第十四个五年规划和 2035 年远景目标纲要的通知》	永福县人民政府	2021-9-2	永政发〔2021〕8 号	—	桂林市永福县人民政府
	30	《灵川县人民政府关于印发灵川县国民经济和社会发展第十四个五年规划和 2035 年远景目标纲要的通知》	灵川县人民政府	2021-9-10	灵政发〔2021〕31 号	—	桂林市灵川县人民政府
	31	《龙胜各族自治县人民政府关于印发龙胜各族自治县国民经济和社会发展第十四个五年规划和 2035 年远景目标纲要的通知》	龙胜各族自治县人民政府	2021-8-30	龙政发〔2021〕27 号	—	桂林市龙胜各族自治县人民政府
	32	《苍梧县人民政府关于印发苍梧县国民经济和社会发展第十四个五年规划和 2035 年远景目标纲要的通知》	苍梧县人民政府	2021-5-28	苍政发〔2021〕7 号	—	梧州市苍梧县人民政府

续表

类别	序号	政策名称	颁布单位	时间	文号	索引号	网站中文名称
总体规划	33	《岑溪市人民政府关于印发岑溪市国民经济和社会发展第十四个五年规划和二〇三五年远景目标纲要的通知》	岑溪市人民政府	2021-9-22	岑政发〔2021〕11号	—	梧州市岑溪市人民政府
	34	《梧州市长洲区人民政府关于印发梧州市长洲区国民经济和社会发展第十四个五年规划和二〇三五年远景目标纲要的通知》	梧州市长洲区人民政府	2021-5-28	长政发〔2021〕3号	—	梧州市长洲区人民政府
	35	《东兴区人民政府关于印发〈东兴市国民经济和社会发展第十四个五年规划和二〇三五年远景目标纲要〉的通知》	东兴市人民政府	2021-10-25	东政发〔2021〕6号	—	防城港市东兴市人民政府
	36	《钦州市人民政府关于印发钦州市国民经济和社会发展第十四个五年规划和2035年远景目标纲要的通知》	钦州市人民政府	2021-6-11	钦政发〔2021〕11号	—	钦州市人民政府
	37	《钦南区人民政府关于印发钦南区国民经济和社会发展第十四个五年规划和二〇三五年远景目标纲要的通知》	钦州市钦南区人民政府	2021-8-2	钦南政发〔2021〕9号	11450702008114897H/2021-22755	钦州市钦南区人民政府
	38	《关于印发钦北区国民经济和社会发展第十四个五年规划和2035年远景目标纲要的通知》	钦州市钦北区人民政府办公室	2021-8-9	北政发〔2021〕8号	11450703008110693B/2021-24763	钦州市钦北区人民政府
	39	《灵山县人民政府关于印发灵山县国民经济和社会发展第十四个五年规划和2035年远景目标纲要的通知》	灵山县人民政府	2021-7-1	灵政发〔2021〕6号	11450721008116008W/2021-17468	钦州市灵山县人民政府
	40	《覃塘区人民政府办公室关于印发覃塘区生态环境保护基础设施建设三年作战实施方案（2018—2020年）的通知》	贵港市覃塘区人民政府办公室	2018-12-29	覃政办通〔2018〕84号	000014349/2020-59957	贵港市覃塘区人民政府
	41	《平南县人民政府办公室关于印发平南县县城新型城镇化建设示范方案的通知》	平南县人民政府办公室	2021-8-19	平政办通〔2021〕39号	000014349/2021-307139	贵港市平南县人民政府

续表

类别	序号	政策名称	颁布单位	时间	文号	索引号	网站中文名称
	42	《关于公开发布〈平南县乡村振兴战略规划（2018—2022年）〉的通知》	贵港市平南县委员会、平南县人民政府	2021-5-17	—	—	贵港市平南县人民政府
	43	《田阳县人民政府关于发展壮大村级集体经济规划（2018—2020年）的通知》	田阳县人民政府	2018-7-16	阳政发〔2018〕24号	—	百色市田阳县人民政府
	44	《凌云县人民政府办公室关于印发〈凌云县乡村振兴战略规划（2018—2022年）〉的通知》	凌云县人民政府办公室	2021-3-31	凌政办发〔2021〕17号	—	百色市凌云县人民政府
	45	《德保县人民政府关于印发德保县国民经济和社会发展第十四个五年规划和二〇三五年远景目标纲要的通知》	德保县人民政府	2021-9-28	德政发〔2021〕10号	—	百色市德保县人民政府
总体规划	46	《田林县人民政府关于印发田林县国民经济和社会发展第十四个五年规划和2035年远景目标纲要的通知》	田林县人民政府	2021-6-27	田政发〔2021〕7号	—	百色市田林县人民政府
	47	《田东县人民政府办公室关于印发田东县乡村振兴战略规划（2018—2022年）的通知》	田东县人民政府办公室	2019-10-14	东政办发〔2019〕23号	—	百色市田东县人民政府
	48	《田东县人民政府关于印发田东县国民经济和社会发展第十四个五年规划和二〇三五年远景目标纲要的通知》	田东县人民政府	2021-9-28	东政发〔2021〕11号	—	百色市田东县人民政府
	49	《那坡县人民政府关于印发那坡县国民经济和社会发展第十四个五年规划和二〇三五年远景目标纲要的通知》	那坡县人民政府	2021-9-6	那政发〔2021〕5号	000014349/2021-388730	百色市那坡县人民政府
	50	《贺州市八步区国民经济和社会发展第十四个五年规划和2035年远景目标纲要》	贺州市八步区人民政府	2021-7-30	贺八政发〔2021〕5号	—	贺州市八步区人民政府
	51	《河池市宜州区人民政府关于印发宜州区国民经济和社会发展第十四个五年规划和二〇三五年远景目标纲要的通知》	河池市宜州区人民政府	2021-6-25	宜政发〔2021〕14号	—	河池市宜州区人民政府

续表

类别	序号	政策名称	颁布单位	时间	文号	索引号	网站中文名称
	52	《河池市金城江区人民政府办公室关于印发〈2019年河池市金城江区推进新型城镇化重点工作方案〉的通知》	河池市金城江区人民政府办公室	2019-8-22	金政办发〔2019〕69号	—	河池市金城江区人民政府
	53	《关于印发河池市金城江区国民经济和社会发展第十四个五年规划和二〇三五年远景目标纲要的通知》	河池市金城江区人民政府	2021-7-23	金政发〔2021〕11号	—	河池市金城江区人民政府
	54	《关于印发河池市金城江区2021年国民经济和社会发展计划的通知》	河池市金城江区人民政府	2021-6-8	金政发〔2021〕4号	—	河池市金城江区人民政府
	55	《关于印发河池市金城江区2020年国民经济和社会发展计划的通知》	河池市金城江区人民政府	2020-4-13	金政发〔2020〕5号	—	河池市金城江区人民政府
总体规划	56	《南丹县人民政府办公室关于印发南丹县县域经济发展提升三年行动方案（2021—2023年）的通知》	南丹县人民政府办公室	2021-9-27	丹政办发〔2021〕61号	—	河池市南丹县人民政府
	57	《南丹县人民政府办公室关于印发南丹县扩大农业农村有效投资加快补上"三农"领域突出短板实施方案的通知》	南丹县人民政府办公室	2021-8-31	丹政办发〔2021〕57号	—	河池市南丹县人民政府
	58	《南丹县人民政府办公室关于印发南丹县落实国民经济和社会发展主要目标促进全年经济稳增长实施方案的通知》	南丹县人民政府办公室	2020-9-6	丹政办发〔2020〕69号	—	河池市南丹县人民政府
	59	《关于下达南丹县2020年国民经济和社会发展计划的通知》	南丹县人民政府	2020-3-18	丹政发〔2020〕25号	—	河池市南丹县人民政府
	60	《东兰县人民政府办公室关于印发〈东兰县乡村振兴战略规划（2019—2022年）〉的通知》	东兰县人民政府办公室	2020-3-3	兰政办发〔2020〕4号	—	河池市东兰县人民政府
	61	《都安瑶族自治县人民政府关于印发都安瑶族自治县国民经济和社会发展第十四个五年规划和二〇三五年远景目标纲要的通知》	都安瑶族自治县人民政府	2021-10-24	都政发〔2021〕6号	000014349/2021-362436	河池市都安瑶族自治县人民政府

续表

类别	序号	政策名称	颁布单位	时间	文号	索引号	网站中文名称
总体规划	62	《巴马瑶族自治县人民政府办公室关于印发巴马瑶族自治县国民经济和社会发展第十四个五年规划和二〇三五年远景目标纲要的通知》	巴马瑶族自治县人民政府办公室	2021-3-11	巴政办发〔2021〕16号	—	河池市巴马瑶族自治县人民政府
	63	《大化瑶族自治县人民政府关于印发大化瑶族自治县国民经济和社会发展第十四个五年规划和二〇三五年远景目标纲要的通知》	大化瑶族自治县人民政府	2021-6-15	大政发〔2021〕6号	—	河池市大化瑶族自治县人民政府
	64	《金秀瑶族自治县人民政府关于印发金秀瑶族自治县国民经济和社会发展第十四个五年规划和2035年远景目标纲要的通知》	金秀瑶族自治县人民政府	2021-6-9	金政发〔2021〕6号	000014349/2021-224651	来宾市金秀瑶族自治县人民政府
	65	《广西壮族自治区人民政府关于加快推进农业机械化和农机装备产业转型升级的实施意见》	广西壮族自治区人民政府	2019-8-19	桂政发〔2019〕37号	000014349/2020-406403	广西壮族自治区人民政府
	66	《南宁市人民政府办公室关于印发南宁市中药材产业高质量发展实施方案的通知》	南宁市人民政府办公室	2021-9-27	南府办〔2021〕31号	—	南宁市人民政府
产业振兴	67	《柳州市人民政府办公室关于切实抓好2021年粮食生产工作的通知》	柳州市人民政府办公室	2021-4-7	柳政办〔2021〕28号	11450200007604210R/2021-83219	柳州市人民政府
	68	《柳州市人民政府办公室关于印发〈柳州市糖料蔗良种良法技术推广工作实施方案〉的通知》	柳州市人民政府办公室	2020-6-15	柳政办〔2020〕49号	—	柳州市人民政府
	69	《北海市农科科技创新高质量发展三年行动方案（2021—2023）》	北海市人民政府办公室	2020-10-23	北政办〔2020〕64号	—	北海市人民政府
	70	《钦州市人民政府办公室关于印发钦州市加快推进糖料蔗生产机械化发展实施方案（2018—2022年）的通知》	钦州市人民政府办公室	2018-12-29	钦政办〔2018〕126号	11450700008105237U/2018-01123	钦州市人民政府
	71	《钦州市人民政府办公室关于印发钦州市加快推进农产品品牌建设实施意见的通知》	钦州市人民政府办公室	2018-1-30	钦政办〔2018〕9号	11450700008105237U/2018-27159	钦州市人民政府

续表

类别	序号	政策名称	颁布单位	时间	文号	索引号	网站中文名称
	72	《玉林市人民政府关于认定"北流市邦亿沉香产业示范区"等21个示范区为第一批玉林市现代特色农业县级示范区的决定》	玉林市人民政府	2018-10-28	玉政发〔2018〕18号	123456/2018-02365	玉林市人民政府
	73	《百色市人民政府办公室关于印发百色市加快推进糖料蔗生产机械化发展实施方案（2018—2022年）的通知》	百色市人民政府办公室	2018-9-6	百政办发〔2018〕68号	—	百色市人民政府
	74	《百色市人民政府办公室关于印发百色市特色农产品优势区建设规划（2018—2022年）的通知》	百色市人民政府办公室	2019-1-24	百政办发〔2019〕2号	000014349/2020-527237	百色市人民政府
	75	《百色市人民政府办公室关于印发〈百色市加快推进现代特色农业高质量发展的实施方案〉的通知》	百色市人民政府办公室	2019-5-13	百政办发〔2019〕18号	—	百色市人民政府
产业振兴	76	《百色市人民政府办公室关于印发百色市加快牛羊产业高质量发展助推乡村振兴工作方案的通知》	百色市人民政府办公室	2021-2-5	百政办发〔2021〕6号	000014349/2021-52623	百色市人民政府
	77	《百色市人民政府办公室关于印发百色市加快推进油茶产业"双千"计划工作措施的通知》	百色市人民政府办公室	2021-3-17	百政办发〔2021〕16号	000014349/2021-103575	百色市人民政府
	78	《百色市人民政府关于印发百色市加快推进农业机械化和农机装备产业转型升级工作方案的通知》	百色市人民政府	2019-10-9	百政发〔2019〕20号	000014349/2020-527378	百色市人民政府
	79	《贺州市人民政府办公室关于印发贺州市香芋产业链和万亩设施蔬菜发展扶持政策指导意见的通知》	贺州市人民政府办公室	2021-11-2	贺政规〔2021〕8号	000014349/2021-427359	贺州市人民政府
	80	《河池市人民政府办公室关于印发河池市加快推进农业机械化和农机装备产业转型升级实施方案的通知》	河池市人民政府办公室	2019-12-31	河政办发〔2019〕79号	—	河池市人民政府

续表

类别	序号	政策名称	颁布单位	时间	文号	索引号	网站中文名称
	81	《河池市人民政府关于印发河池市深化糖业体制机制改革加快糖业高质量发展工作方案的通知》	河池市人民政府	2019-3-31	河政发[2019]8号	—	河池市人民政府
	82	《崇左市人民政府办公室关于印发广西崇左市现代林业产业高质量发展三年行动计划（2019—2021年）的通知》	崇左市人民政府办公室	2019-12-9	崇政办发[2019]52号	—	崇左市人民政府
	83	《崇左市人民政府办公室关于印发崇左市中药材壮瑶药材产业高质量发展实施方案的通知》	崇左市人民政府办公室	2021-4-18	崇政办发[2021]14号	—	崇左市人民政府
	84	《宁明县人民政府办公室关于印发2020年宁明县糖料蔗良种良法技术推广工作方案的通知》	宁明县人民政府办公室	2020-6-4	宁政办发[2020]28号	—	崇左市宁明县人民政府
	85	《宁明县人民政府办公室关于印发宁明县2021年油茶产业"双千"计划实施方案的通知》	宁明县人民政府办公室	2021-7-6	宁政办发[2021]19号	—	崇左市宁明县人民政府
产业振兴	86	《大新县2018年水稻绿色高质高效创建项目实施方案》	大新县人民政府办公室	2018-10-12	新政办发[2018]129号	—	崇左市大新县人民政府
	87	《大新县人民政府办公室关于印发大新县2020年甘蔗生产工作方案的通知》	大新县人民政府办公室	2020-3-2	新政发[2020]3号	—	崇左市大新县人民政府
	88	《凭祥市人民政府办公室关于印发凭祥市推进澳洲坚果产业发展实施方案的通知》	凭祥市人民政府办公室	2020-1-3	凭政办规[2020]2号	—	崇左市凭祥市人民政府
	89	《关于印发江州区2020/2021年榨季糖料蔗管理若干规定的通知》	崇左市江州区人民政府	2020-11-30	江政发[2020]6号	—	崇左市江州区人民政府
	90	《象州县人民政府办公室关于印发象州县深化体制机制改革加快糖业高质量发展工作方案的通知》	象州县人民政府办公室	2019-3-31	象政办发[2019]10号	—	来宾市象州县人民政府
	91	《关于印发2020年象州县糖料蔗生产的通知》	象州县人民政府办公室	2020-1-19	象政办发[2020]2号	—	来宾市象州县人民政府
	92	《象州县人民政府关于印发〈2020—2022年象州县甘蔗生产全程机械化作业补贴实施细则〉的通知》	象州县人民政府	2020-12-16	象政办发[2020]50号	—	来宾市象州县人民政府

续表

类别	序号	政策名称	颁布单位	时间	文号	索引号	网站中文名称
	93	《武宣县人民政府办公室关于印发武宣县西江糟"双高"糖料蔗示范区创建自治区级现代特色农业示范区实施方案的通知》	武宣县人民政府办公室	2020-5-8	武政办发[2020]21号	—	来宾市武宣县人民政府
	94	《武宣县人民政府办公室关于印发武宣县螺山泉水富硒稻示范区创建实施方案的通知》	武宣县人民政府办公室	2020-8-5	武政办发[2020]41号	—	来宾市武宣县人民政府
	95	《武宣县人民政府办公室关于印发武宣县2020/2021年度榨季糖料蔗砍运种管工作方案的通知》	武宣县人民政府办公室	2021-1-5	武政发[2021]2号	—	来宾市武宣县人民政府
	96	《忻城县人民政府办公室关于印发〈忻城县2020—2025年度发展油茶花椒产业工作方案〉的通知》	忻城县人民政府办公室	2020-7-31	忻政发[2020]26号	—	来宾市忻城县人民政府
产业振兴	97	《忻城县人民政府办公室关于印发忻城县南方牛都肉牛产业核心示范区建设实施方案的通知》	忻城县人民政府办公室	2020-10-29	—	—	来宾市忻城县人民政府
	98	《隆安县人民政府办公室关于印发隆安县加快畜牧业高质量发展助推乡村振兴方案的通知》	隆安县人民政府办公室	2021-3-12	—	—	南宁市隆安县人民政府
	99	《宾阳县人民政府办公室关于印发宾阳县油茶产业实施方案的通知》	宾阳县人民政府办公室	2020-4-2	宾政办发[2020]8号	—	南宁市宾阳县人民政府
	100	《宾阳县人民政府办公室关于印发宾阳县糖料蔗良种良法技术推广工作实施方案的通知》	宾阳县人民政府办公室	2020-9-27	宾政办发[2020]32号	—	南宁市宾阳县人民政府
	101	《南宁市良庆区人民政府办公室关于印发良庆区现代特色农业示范区建设增点扩面提质升级(2018—2020年)行动方案的通知》	南宁市良庆区人民政府办公室	2018-9-29	良政办[2018]38号	—	南宁市良庆区人民政府
	102	《柳州市城中区人民政府办公室关于印发〈柳州市城中区提升农业产业化水平实施方案〉的通知》	柳州市城中区人民政府办公室	2020-3-27	城中政办[2020]8号	—	柳州市城中区人民政府

续表

类别	序号	政策名称	颁布单位	时间	文号	索引号	网站中文名称
产业振兴	103	《鱼峰区人民政府关于印发〈鱼峰区桉树更新改造助推乡村振兴工作实施方案〉的通知》	柳州市鱼峰区人民政府	2020-12-16	鱼政发〔2020〕38号	11450203593245846B/2021-32238	柳州市鱼峰区人民政府
	104	《鱼峰区人民政府办公室关于印发〈鱼峰区2020—2022年糖料蔗良种良法技术推广工作实施方案〉的通知》	柳州市鱼峰区人民政府办公室	2020-12-17	鱼政办发〔2020〕44号	11450203593245846B/2021-32461	柳州市鱼峰区人民政府
	105	《柳北区人民政府办公室关于印发〈柳北区2019年创建县级现代特色农业示范区项目实施方案〉的通知》	柳州市柳北区人民政府办公室	2019-10-28	柳北政发〔2019〕30号	000014349/2021-53066	柳州市柳北区人民政府
	106	《柳北区人民政府办公室关于印发〈柳北区提升农业产业化水平巩固脱贫攻坚成果实施方案〉的通知》	柳州市柳北区人民政府办公室	2020-4-27	柳北政办发〔2020〕10号	000014349/2021-53082	柳州市柳北区人民政府
	107	《柳州市柳南区人民政府关于印发〈广西柳州市柳南区国家现代农业产业园建设规划（2020—2025年）〉的通知》	柳州市柳南区人民政府	2021-5-28	柳南政发〔2021〕3号	11450204051002903T/2021-87392	柳州市柳南区人民政府
	108	《柳州市柳江区人民政府办公室关于印发〈柳州市柳江晋航休闲农业（核心）示范区创建实施方案〉的通知》	柳州市柳江区人民政府办公室	2018-11-20	江政办发〔2018〕130号	—	柳州市柳江区人民政府
	109	《柳州市柳江区人民政府办公室关于印发〈柳江区虾素鸡蛋生态循环产业（核心）示范区建设实施方案〉等4个实施方案的通知》	柳州市柳江区人民政府办公室	2019-10-21	江政办发〔2019〕75号	—	柳州市柳江区人民政府
	110	《柳州市柳江区人民政府办公室关于印发〈柳州市柳江莲藕广西特色农产品优势区创建项目实施方案〉的通知》	柳州市柳江区人民政府办公室	2020-1-19	江政办发〔2020〕4号	—	柳州市柳江区人民政府
	111	《柳城县人民政府办公室关于印发柳城县古砦仫佬族乡田园综合体建设规划的通知》	柳城县人民政府办公室	2020-5-7	柳城政办〔2020〕25号	—	柳州市柳城县人民政府

续表

类别	序号	政策名称	颁布单位	时间	文号	索引号	网站中文名称
	112	《柳城县人民政府办公室关于印发柳城县稻花飘香田园综合体建设三年实施方案（2021—2023年）的通知》	柳城县人民政府办公室	2021-3-1	柳城政办〔2021〕14号	—	柳州市柳城县人民政府
	113	《柳城县人民政府办公室关于印发柳城县太平镇蔬菜源现代果蔬示范区建设规划的通知》	柳城县人民政府办公室	2018-11-22	柳城政办〔2018〕85号	—	柳州市柳城县人民政府
	114	《柳城县人民政府办公室关于印发柳城县马山镇橘合人生柑桔产业示范区建设规划的通知》	柳城县人民政府办公室	2018-11-22	柳城政办〔2018〕84号	—	柳州市柳城县人民政府
	115	《柳城县人民政府办公室关于印发柳城县2020年糖料蔗绿色高质高效创建项目实施方案的通知》	柳城县人民政府办公室	2020-9-30	柳城政办〔2020〕49号	—	柳州市柳城县人民政府
产业振兴	116	《三江侗族自治县人民政府办公室关于印发〈三江侗族自治县多民族山地稻鱼复合系统管理办法（试行）〉的通知》	三江侗族自治县人民政府办公室	2021-9-30	三政办发〔2021〕75号	11450225007819318G/2021-149971	柳州市三江侗族自治县人民政府
	117	《三江侗族自治县人民政府办公室关于印发〈三江侗族自治县三江高山鲤鱼广西第四批特色农产品优势区创建项目实施方案〉的通知》	三江侗族自治县人民政府办公室	2021-3-29	三政办发〔2021〕28号	—	柳州市三江侗族自治县人民政府
	118	《三江侗族自治县人民政府办公室关于印发〈三江侗族自治县农民专业合作社质量提升整县推进试点实施方案〉的通知》	三江侗族自治县人民政府办公室	2021-3-23	三政办发〔2021〕27号	11450225007819318G/2021-142429	柳州市三江侗族自治县人民政府
	119	《三江侗族自治县人民政府办公室关于印发〈三江侗族自治县2021年油茶"双千"计划实施方案〉的通知》	三江侗族自治县人民政府办公室	2021-1-7	三政办发〔2021〕3号	—	柳州市三江侗族自治县人民政府
	120	《三江侗族自治县人民政府办公室关于印发〈三江侗族自治县2020年（茶叶）国家绿色高质高效创建项目实施方案〉的通知》	三江侗族自治县人民政府办公室	2020-11-15	三政办发〔2020〕105号	—	柳州市三江侗族自治县人民政府
	121	《关于印发〈三江县贯彻落实油茶"双千"计划助推乡村产业振兴实施方案〉的通知》	三江侗族自治县人民政府办公室	2019-9-28	三政办发〔2019〕71号	—	柳州市三江侗族自治县人民政府

续表

类别	序号	政策名称	颁布单位	时间	文号	索引号	网站中文名称
	122	《关于印发〈三江侗族自治县农业兴村强镇示范建设项目实施方案〉的通知》	三江侗族自治县人民政府办公室	2019-8-12	三政办发〔2019〕57号	—	柳州市三江侗族自治县人民政府
	123	《鹿寨县人民政府办公室关于印发〈鹿寨县鹿寨蜜橙产业核心示范区建设实施方案〉的通知》	鹿寨县人民政府办公室	2019-7-8	鹿政办发〔2019〕35号	—	柳州市鹿寨县人民政府
	124	《关于印发〈鹿寨县2018年现代特色农业示范区增点扩面提质升级行动工作方案〉的通知》	鹿寨县人民政府办公室	2018-6-8	鹿政办发〔2018〕42号	—	柳州市鹿寨县人民政府
	125	《南宁市西乡塘区人民政府关于印发〈进一步加快西乡塘农民工创业园建设发展的实施方案〉的通知》	南宁市西乡塘区人民政府	2017-4-18	西府发〔2017〕1号	—	南宁市西乡塘区人民政府
	126	《南宁市西乡塘区人民政府关于印发〈西乡塘区农产品加工集聚区建设两年（2019—2020年）行动方案〉的通知》	南宁市西乡塘区人民政府	2019-5-13	西府办〔2019〕18号	—	南宁市西乡塘区人民政府
产业振兴	127	《永福县人民政府办公室关于印发永福县2018年现代特色农业示范区建设行动方案的通知》	永福县人民政府办公室	2018-5-21	—	—	桂林市永福县人民政府
	128	《灵川县人民政府办公室关于印发灵川县柑桔产业调优做强实施方案的通知》	灵川县人民政府办公室	2021-4-8	灵政办〔2021〕79号	—	桂林市灵川县人民政府
	129	《关于印发荔浦县创建广西特色农产品优势区工作实施方案的通知》	荔浦县人民政府办公室	2018-5-27	—	—	桂林市荔浦市人民政府
	130	《荔浦市人民政府关于印发荔浦市柑橘产业调优做强实施意见的通知》	荔浦市人民政府	2021-3-22	荔政发〔2021〕3号	—	桂林市荔浦市人民政府
	131	《荔浦市人民政府关于印发荔浦市荔浦芋产业技术创新规划（2020—2025年）的通知》	荔浦市人民政府	2021-5-20	荔政发〔2021〕6号	—	桂林市荔浦市人民政府
	132	《荔浦市人民政府办公室关于印发2021年荔浦市油茶"双千"计划实施方案的通知》	荔浦市人民政府办公室	2021-5-31	荔政办发〔2021〕15号	—	桂林市荔浦市人民政府
	133	《灌阳县人民政府关于印发灌阳县"红色记忆·梨李飘香"田园综合体创建实施方案的通知》	灌阳县人民政府	2021-3-5	—	—	桂林市灌阳县人民政府

续表

类别	序号	政策名称	颁布单位	时间	文号	索引号	网站中文名称
产业振兴	134	《灌阳县 2021 年发展特色农业助推乡村振兴奖补方案》	灌阳县人民政府办公室	2021-1-29	灌政办〔2021〕1号	—	桂林市灌阳县人民政府
	135	《灌阳县 2020 年发展现代农业助推乡村振兴工作方案》	灌阳县人民政府办公室	2020-1-8	灌政办〔2020〕1号	—	桂林市灌阳县人民政府
	136	《资源县人民政府办公室关于印发资源县高山特色休闲生态农业核心示范区建设实施方案的通知》	资源县人民政府办公室	2019-11-6	资政发〔2019〕69号	—	桂林市资源县人民政府
	137	《资源县人民政府办公室关于印发资源县资源红提第三批广西特色农产品优势区创建项目实施方案的通知》	资源县人民政府办公室	2019-7-29	资政发〔2019〕47号	—	桂林市资源县人民政府
	138	《龙胜各族自治县人民政府办公室关于印发〈龙胜各族自治县平野河谷生态农业示范区建设实施方案〉的通知》	龙胜各族自治县人民政府办公室	2020-9-17	龙政办发〔2020〕44号	—	桂林市龙胜各族自治县人民政府
	139	《龙胜各族自治县人民政府办公室关于印发龙胜县龙胜翠鸭广西第四批特色农产品优势区创建项目实施方案的通知》	龙胜各族自治县人民政府办公室	2020-7-30	龙政办发〔2020〕35号	—	桂林市龙胜各族自治县人民政府
	140	《龙胜各族自治县人民政府办公室关于印发〈龙胜各族自治县 2020 年油茶"双干"计划实施方案〉的通知》	龙胜各族自治县人民政府办公室	2020-3-18	龙政办发〔2020〕11号	—	桂林市龙胜各族自治县人民政府
	141	《恭城瑶族自治县人民政府办公室关于印发恭城瑶族自治县 2021 年强一产促增长工作方案的通知》	恭城瑶族自治县人民政府办公室	2021-5-26	恭政办〔2021〕14号	—	桂林市恭城瑶族自治县人民政府
	142	《恭城瑶族自治县人民政府办公室关于印发〈恭城瑶族自治县"5+2"特色产业农产品产销对接行动实施方案〉的通知》	恭城瑶族自治县人民政府办公室	2018-11-27	恭政办〔2018〕75号	—	桂林市恭城瑶族自治县人民政府

续表

类别	序号	政策名称	颁布单位	时间	文号	索引号	网站中文名称
产业振兴	143	《苍梧县人民政府办公室关于印发苍梧县六堡茶产业高质量发展三年行动计划（2021—2023年）的通知》	苍梧县人民政府办公室	2021-9-24	苍政发〔2021〕92号	—	梧州市苍梧县人民政府
	144	《苍梧县人民政府办公室关于印发〈广西壮族自治区苍梧县现代农业产业园建设规划（2021—2025年）〉的通知》	苍梧县人民政府办公室	2021-3-15	苍政办发〔2021〕20号	—	梧州市苍梧县人民政府
	145	《2020年苍梧县六堡茶绿色高质高效创建项目实施方案》	苍梧县人民政府办公室	2020-12-20	苍政发〔2020〕148号	—	梧州市苍梧县人民政府
	146	《苍梧县人民政府办公室关于印发梧州市苍梧县鱼苗人和生态渔业示范区建设规划（2020—2022）的通知》	苍梧县人民政府办公室	2020-9-7	苍政发〔2020〕101号	—	梧州市苍梧县人民政府
	147	《苍梧县人民政府办公室关于印发苍梧县促进林业产业高质量发展十条措施的通知》	苍梧县人民政府办公室	2020-4-17	苍政办发〔2020〕29号	—	梧州市苍梧县人民政府
	148	《苍梧县人民政府办公室关于印发苍梧县福森油茶产业示范区创建工作方案的通知》	苍梧县人民政府办公室	2019-10-12	苍政办发〔2019〕121号	—	梧州市苍梧县人民政府
	149	《苍梧县人民政府办公室关于印发苍梧县双贵六堡茶产业现代农业示范区建设规划的通知》	苍梧县人民政府办公室	2019-10-9	苍政办发〔2019〕119号	—	梧州市苍梧县人民政府
	150	《苍梧县人民政府办公室关于印发苍梧县大黎黑木耳种植产业示范区实施方案的通知》	苍梧县人民政府办公室	2018-11-21	苍政办发〔2018〕146号	—	梧州市苍梧县人民政府
	151	《苍梧县人民政府办公室关于印发苍梧县仙迹桃花岛林闲农业核心示范区实施方案的通知》	苍梧县人民政府办公室	2018-11-19	苍政办发〔2018〕154号	—	梧州市苍梧县人民政府
	152	《苍梧县人民政府办公室关于印发〈苍梧县加快现代特色农业示范区建设增点扩面提质升级实施方案〉的通知》	苍梧县人民政府办公室	2018-9-7	苍政办发〔2018〕98号	—	梧州市苍梧县人民政府
	153	《蒙山县人民政府办公室关于印发蒙山县蔬菜产业发展实施方案的通知》	蒙山县人民政府办公室	2021-4-18	蒙政办〔2021〕25号	—	梧州市蒙山县人民政府

续表

类别	序号	政策名称	颁布单位	时间	文号	索引号	网站中文名称
产业振兴	154	《岑溪市岑溪古典鸡广西特色农产品优势区创建项目建设规划》	岑溪市人民政府办公室	2021-10-19	岑政发〔2021〕120号	—	梧州市岑溪市人民政府
	155	《岑溪市人民政府办公室关于印发岑溪市澳洲坚果产业发展科技支撑规划的通知》	岑溪市人民政府办公室	2021-6-5	岑政办发〔2021〕56号	—	梧州市岑溪市人民政府
	156	《岑溪市人民政府办公室关于印发岑溪市马路镇农业产业强镇建设实施方案的通知》	岑溪市人民政府办公室	2021-3-10	岑政办发〔2021〕97号	—	梧州市岑溪市人民政府
	157	梧州市万秀区木材加工业高质量发展三年行动方案（2021—2023年）	梧州市万秀区人民政府办公室	2021-4-29	万政发〔2021〕22号	—	梧州市万秀区人民政府
	158	《梧州市万秀区人民政府办公室关于印发〈万秀区标准化茶园建设工作方案〉的通知》	梧州市万秀区人民政府办公室	2018-10-24	—	—	梧州市万秀区人民政府
	159	《梧州市龙圩区人民政府办公室关于印发〈梧州市龙圩区龙窝生态种养产业示范方案〉的通知》	梧州市龙圩区人民政府办公室	2019-8-30	龙政办发〔2019〕99号	—	梧州市龙圩区人民政府
	160	《龙圩区实施自治区油茶"双千"计划助推乡村产业振兴的意见》	梧州市龙圩区人民政府	2019-6-6	龙政发〔2019〕15号	—	梧州市龙圩区人民政府
	161	《梧州市龙圩区人民政府办公室关于印发梧州市龙圩区现代特色农业（林下养鹿）示范区建设规划的通知》	梧州市龙圩区人民政府办公室	2018-11-9	龙政办发〔2018〕155号	—	梧州市龙圩区人民政府
	162	《关于印发北海市海城区发展大棚果蔬产业项目实施方案（试行）的通知》	北海市海城区人民政府办公室	2020-4-27	北城政办〔2020〕10号	—	北海市海城区人民政府
	163	《北海市铁山港区果蔬设施种植示范区创建实施方案的通知》	北海市铁山港区人民政府办公室	2020-11-24	北铁政办〔2020〕42号	—	北海市铁山港区人民政府
	164	《北海市铁山港区金鲳鱼广西特色农产品优势区创建项目实施方案的通知》	北海市铁山港区人民政府办公室	2020-4-16	北铁政办〔2020〕13号	—	北海市铁山港区人民政府

续表

类别	序号	政策名称	颁布单位	时间	文号	索引号	网站中文名称
产业振兴	165	《合浦县人民政府办公室关于印发合浦县"10+3"现代特色农业产业高质量发展三年提升行动工作方案（2018—2020年）的通知》	合浦县人民政府办公室	2019-3-24	合政办〔2019〕36号	—	北海市合浦县人民政府
	166	《合浦县人民政府办公室关于印发合浦县加快推进糖料蔗生产机械化发展实施方案（2019—2022年）的通知》	合浦县人民政府办公室	2019-5-12	合政办〔2019〕64号	—	北海市合浦县人民政府
	167	《合浦县人民政府办公室关于印发〈合浦县实施油茶助推乡村产业振兴工作方案〉的通知》	合浦县人民政府办公室	2019-11-11	合政办〔2019〕105号	—	北海市合浦县人民政府
	168	《合浦县人民政府办公室关于印发〈合浦县糖料蔗良种良法技术推广工作实施方案〉的通知》	合浦县人民政府办公室	2020-6-1	合政办〔2020〕33号	—	北海市合浦县人民政府
	169	《防城港市防城区人民政府办公室关于印发防城区2021年糖料蔗生产实施意见的通知》	防城港市防城区人民政府办公室	2021-1-15	防区政办发〔2021〕1号	—	防城港市防城区人民政府
	170	《东兴市人民政府办公室关于印发东兴市福多富硒水稻种植示范区创建工作方案的通知》	东兴市人民政府办公室	2020-11-13	东政办发〔2020〕27号	—	防城港市东兴市人民政府
	171	《东兴市人民政府办公室关于印发东兴市创建国家级渔业健康养殖示范县工作方案的通知》	东兴市人民政府办公室	2020-3-27	东政办函〔2020〕3号	—	防城港市东兴市人民政府
	172	《东兴市人民政府办公室关于印发〈东兴农业科技园区建设的实施意见〉的通知》	东兴市人民政府办公室	2018-10-26	东政办发〔2018〕36号	—	防城港市东兴市人民政府
	173	《钦州市钦北区人民政府办公室关于印发钦北区2021年糖料蔗生产实施方案的通知》	钦州市钦北区人民政府办公室	2021-2-2	北政办电〔2021〕1号	11450703008110693B/2021-13027	钦州市钦北区人民政府
	174	《灵山县人民政府办公室关于印发灵山县紫米产业发展实施方案的通知》	灵山县人民政府办公室	2021-4-29	灵政办电〔2021〕14号	11450721008116008W/2021-14682	钦州市灵山县人民政府
	175	《港北区人民政府办公室关于印发港北区2019年现代特色农业示范区建设工作方案的通知》	贵港市港北区人民政府办公室	2019-6-3	港北政办通〔2019〕33号	000014349/2020-134978	贵港市港北区人民政府
	176	《港北区人民政府办公室关于印发港北区特色产业"一村一基地"实施方案的通知》	贵港市港北区人民政府办公室	2019-6-4	港北政办通〔2019〕32号	000014349/2020-134977	贵港市港北区人民政府

类别	序号	政策名称	颁布单位	时间	文号	索引号	网站中文名称
产业振兴	177	《港北区人民政府办公室关于印发港北区及7个乡镇（街道）农业优势产业发展规划（2018—2022）的通知》	贵港区人民政府办公室	2019-3-8	港北政办通〔2019〕17号	000014349/2021-152868	贵港市港北区人民政府
	178	《港南区人民政府办公室关于印发〈贵港市港南区糖料蔗良种良法技术推广（2020—2022年）的通知》	贵港市港南区人民政府办公室	2021-5-31	港南政办通〔2021〕16号	000014349/2021-187177	贵港市港南区人民政府
	179	《港南区人民政府办公室关于印发〈港南区2019—2020年"中国好粮油"行动计划实施方案〉的通知》	贵港港南区人民政府办公室	2019-12-19	—	—	贵港市港南区人民政府
	180	《港南区人民政府办公室关于印发〈港南区林桐农业发展规划（2018—2025年））的通知》	贵港市港南区人民政府办公室	2018-10-22	港南政办通〔2018〕39号	000014349/2020-65684	贵港市港南区人民政府
	181	《港南区人民政府办公室关于印发港南区沃柑产业三年发展计划实施方案的通知》	贵港市港南区人民政府办公室	2018-8-23	港南政办通〔2018〕28号	—	贵港市港南区人民政府
	182	《覃塘区人民政府办公室关于印发覃塘区特色产业农产品产销对接实施方案的通知》	贵港市覃塘区人民政府办公室	2018-10-31	覃政办〔2018〕28号	000014349/2020-59929	贵港市覃塘区人民政府
	183	《桂平市人民政府办公室关于印发桂平市产业发展示范乡镇建设项目实施工作方案的通知》	桂平市人民政府办公室	2021-6-11	浔政办通〔2021〕24号	000014349/2021-199537	贵港市桂平市人民政府
	184	《桂平市人民政府办公室关于印发桂平市2021年高标准农田建设项目实施方案的通知》	桂平市人民政府办公室	2021-3-4	浔政办通〔2021〕10号	000014349/2021-73305	贵港市桂平市人民政府
	185	《桂平市人民政府办公室关于印发桂平市开展新型农业经营主体"建档立卡"工作实施方案的通知》	桂平市人民政府办公室	2020-8-4	浔政办发〔2020〕16号	000014349/2020-1073302	贵港市桂平市人民政府
	186	《平南县人民政府办公室关于印发平南县创建全国水稻生产全程机械化示范县（2019—2020年）实施方案的通知》	平南县人民政府办公室	2020-3-23	平政办通〔2020〕14号	—	贵港市平南县人民政府
	187	《博白县人民政府办公室关于印发博白县富硒农业发展规划（2020—2025年）的通知》	博白县人民政府办公室	2020-12-17	博政办发〔2020〕14号	000014349/2020-1237877	玉林市博白县人民政府

续表

类别	序号	政策名称	颁布单位	时间	文号	索引号	网站中文名称
产业振兴	188	《关于印发百色市右江区"澄湖芒海"田园综合体三年实施方案（2021—2023年）的通知》	百色市右江区人民政府办公室	2021-2-18	右政办发〔2021〕6号	000014349/2021-238524	百色市右江区人民政府
	189	《百色市右江区人民政府办公室关于印发右江区糖业降本增效三年行动计划工作方案的通知》	百色市右江区人民政府办公室	2020-11-13	右政办发〔2020〕60号	000014349/2021-38114	百色市右江区人民政府
	190	《平果市人民政府办公室关于印发平果富鹏鸡产业（核心）示范区建设实施方案的通知》	平果市人民政府办公室	2020-10-21	平政办发〔2020〕208号	000014349/2020-1163815	百色市平果市人民政府
	191	《平果市人民政府办公室关于印发平果市2020年现代特色农业示范区创建实施方案的通知》	平果市人民政府办公室	2020-8-31	平政办发〔2020〕181号	000014349/2020-1094498	百色市平果市人民政府
	192	《平果市人民政府办公室关于印发深圳—百色（平果）农产品供应链建设项目推进工作方案（2020—2022年）的通知》	平果市人民政府办公室	2020-7-24	平政办发〔2020〕151号	000014349/2020-1064475	百色市平果市人民政府
	193	《平果市人民政府办公室关于印发平果市2020年油茶"双千"计划实施方案的通知》	平果市人民政府办公室	2020-7-9	平政办发〔2020〕137号	000014349/2020-1036172	百色市平果市人民政府
	194	《凌云县人民政府办公室关于印发〈凌云县加快牛羊产业高质量发展助推乡村振兴工作方案〉的通知》	凌云县人民政府办公室	2021-5-17	凌政办发〔2021〕20号	000014349/2021-218615	百色市凌云县人民政府
	195	《凌云县人民政府办公室关于印发〈凌云县白毫茶产业提升三年行动方案（2019—2021年）〉的通知》	凌云县人民政府办公室	2019-11-26	凌政办发〔2019〕117号	000014349/2020-284698	百色市凌云县人民政府
	196	《德保县人民政府办公室关于印发〈德保县现代特色农业（核心）示范区2020年度创建工作总体方案〉的通知》	德保县人民政府办公室	2020-10-21	德政办发〔2020〕107号	—	百色市德保县人民政府
	197	《田林县人民政府办公室关于印发田林县永久基本烟稻轮作农田建设促进烟农增收工作方案的通知》	田林县人民政府办公室	2021-11-19	田政办发〔2021〕49号	000014349/2021-447300	百色市田林县人民政府

续表

类别	序号	政策名称	颁布单位	时间	文号	索引号	网站中文名称
	198	《田林县人民政府办公室关于印发田林县2021年高标准农田建设实施方案的通知》	田林县人民政府办公室	2021-8-5	田政办发〔2021〕27号	000014349/2021-251121	百色市田林县人民政府
	199	《田林县人民政府办公室关于印发田林县2021年芒果产业发展实施方案的通知》	田林县人民政府办公室	2021-8-3	田政办发〔2021〕26号	000014349/2021-251102	百色市田林县人民政府
	200	《隆林各族自治县人民政府办公室关于印发隆林各族自治县农产品品牌建设三年（2018—2020）行动计划实施方案的通知》	隆林各族自治县人民政府办公室	2019-5-4	隆政办发〔2019〕8号	000014349/2020-53960	百色市隆林各族自治县人民政府
	201	《隆林各族自治县人民政府办公室关于推进隆林各族自治县农产品品牌建设的指导意见》	隆林各族自治县人民政府办公室	2019-1-21	隆政办发〔2019〕1号	000014349/2020-53950	百色市隆林各族自治县人民政府
产业振兴	202	《贺州市八步区人民政府办公室关于印发贺州市八步区现代设施农业推广应用三年行动方案（2021—2023年）的通知》	贺州市八步区人民政府办公室	2021-11-9	贺八政发〔2021〕36号	000014349/2021-410100	贺州市八步区人民政府
	203	《贺州市八步区人民政府办公室关于印发八步区油茶产业发展实施方案的通知》	贺州市八步区人民政府办公室	2020-6-12	贺八政办发〔2020〕10号	—	贺州市八步区人民政府
	204	《贺州市八步区人民政府办公室关于印发八步区有机产业发展实施方案（2018年—2020年）的通知》	贺州市八步区人民政府办公室	2018-8-29	贺八政办发〔2018〕54号	—	贺州市八步区人民政府
	205	《钟山县人民政府办公室关于印发加快推进钟山县有机产业发展的实施意见的通知》	钟山县人民政府办公室	2020-6-28	钟政办发〔2020〕43号	000014349/2020-1050289	贺州市钟山县人民政府
	206	《钟山县人民政府办公室关于印发钟山贡柑创建广西特色农产品优势区实施方案的通知》	钟山县人民政府办公室	2020-7-28	钟政办发〔2020〕44号	000014349/2020-1074709	贺州市钟山县人民政府
	207	《昭平县人民政府办公室关于印发昭平县油茶产业发展实施方案的通知》	昭平县人民政府办公室	2020-1-17	—	000014349/2020-763472	贺州市昭平县人民政府
	208	《河池市宜州区人民政府办公室关于印发宜州区2021年油茶产业发展实施方案的通知》	河池市宜州区人民政府办公室	2021-4-25	宜政办发〔2021〕19号	000014349/2021-128351	河池市宜州区人民政府

续表

类别	序号	政策名称	颁布单位	时间	文号	索引号	网站中文名称
产业振兴	209	《河池市宜州区人民政府办公室关于印发宜州区2021年核桃产业工作实施方案的通知》	河池市宜州区人民政府办公室	2021-3-19	宜政办发〔2021〕10号	000014349/2021-90205	河池市宜州区人民政府
	210	《河池市宜州区人民政府办公室关于印发宜州区蓝果果蓝莓产业核心示范区建设实施方案的通知》	河池市宜州区人民政府办公室	2020-7-8	宜政办便函〔2020〕37号	000014349/2020-1043230	河池市宜州区人民政府
	211	《河池市宜州区人民政府办公室关于印发宜州区巨人龙洲岛休闲农业核心示范区建设实施方案的通知》	河池市宜州区人民政府办公室	2020-6-22	宜政办便函〔2020〕32号	000014349/2020-1019066	河池市宜州区人民政府
	212	《河池市宜州区人民政府办公室关于印发宜州区辽大生态循环养殖产业示范区建设实施方案的通知》	河池市宜州区人民政府办公室	2020-6-2	宜政办便函〔2020〕28号	000014349/2020-1018004	河池市宜州区人民政府
	213	《河池市宜州区人民政府办公室关于印发宜州区中洲油茶产业（核心）示范区建设实施方案的通知》	河池市宜州区人民政府办公室	2020-4-10	宜政办便函〔2020〕11号	000014349/2020-905524	河池市宜州区人民政府
	214	《河池市宜州区人民政府办公室关于印发宜州区壮歌桑博源农业示范区实施方案的通知》	河池市宜州区人民政府办公室	2019-10-12	宜政办便函〔2019〕71号	000014349/2020-353515	河池市宜州区人民政府
	215	《河池市宜州区人民政府办公室关于印发宜州区洛西镇板栗林农业示范区建设规划的通知》	河池市宜州区人民政府办公室	2019-9-6	宜政办便函〔2019〕62号	000014349/2020-353479	河池市宜州区人民政府
	216	《关于印发河池市金城江区2020年特色产业产销对接实施方案的通知》	河池市金城江区人民政府办公室	2020-6-18	金办发〔2020〕41号	000014349/2020-1010109	河池市金城江区人民政府
	217	《关于印发〈河池市金城江区2020年现代特色农业示范区创建工作方案〉的通知》	河池市金城江区人民政府办公室	2020-6-13	金办发〔2020〕44号	000014349/2020-1042662	河池市金城江区人民政府
	218	《河池市金城江区六甲拉幕砂糖橘产业示范区创建工作方案〉的通知》	河池市金城江区人民政府办公室	2019-9-18	金办发〔2019〕92号	000014349/2020-71742	河池市金城江区人民政府

续表

类别	序号	政策名称	颁布单位	时间	文号	索引号	网站中文名称
产业振兴	219	《河池市金城江区人民政府办公室关于印发〈金城江区小龙虾生态养殖核心示范区创建工作方案〉的通知》	河池市金城江区人民政府办公室	2019-9-18	金政办发〔2019〕89号	000014349/2020-71740	河池市金城江区人民政府
	220	《天峨县人民政府办公室关于印发〈天峨县山百合旱藕产业核心示范区创建工作实施方案〉的通知》	河池市金城江区人民政府	2019-6-17	峨政办发〔2019〕44号	—	河池市金城江区人民政府
	221	《关于印发南丹县芒场镇生态米+"五彩"产业兴村强县示范行动建设工作方案的通知》	南丹县人民政府办公室	2019-2-22	丹政办发〔2019〕7号	—	河池市南丹县人民政府
	222	《关于印发2019年南丹县水稻绿色高质高效创建项目实施方案的通知》	南丹县人民政府办公室	2019-4-29	丹政办发〔2019〕29号	—	河池市南丹县人民政府
	223	《东兰县人民政府办公室关于印发东兰县2020年现代特色农业示范区创建工作方案的通知》	东兰县人民政府办公室	2020-5-14	兰政办发〔2020〕16号	000014349/2020-976448	河池市东兰县人民政府
	224	《东兰县人民政府办公室关于印发东兰县"5+2"特色农产品产销对接方案的通知》	东兰县人民政府办公室	2018-11-28	兰政办发〔2018〕109号	—	河池市东兰县人民政府
	225	《巴马瑶族自治县人民政府办公室关于印发巴马瑶族自治县巴马香猪广西特色农产品优势区创建方案的通知》	巴马瑶族自治县人民政府办公室	2020-7-30	巴政办发〔2020〕120号	000014349/2021-14766	河池市巴马瑶族自治县人民政府
	226	《关于印发巴马瑶族自治县2020—2022年发展生态循环养殖业实施牧草种植工程工作方案的通知》	巴马瑶族自治县人民政府办公室	2020-1-20	巴政办发〔2020〕4号	000014349/2020-246611	河池市巴马瑶族自治县人民政府
	227	《环江毛南族自治县人民政府办公室关于印发环江毛南族自治县2021年糖蔗产业发展工作方案的通知》	环江毛南族自治县人民政府办公室	2021-3-9	环政办发〔2021〕20号	—	河池市环江毛南族自治县人民政府
	228	《环江毛南族自治县人民政府关于印发环江毛南族自治县现代特色农业示范区基础设施建设实施方案的通知》	环江毛南族自治县人民政府	2018-11-6	环政发〔2018〕86号	—	河池市环江毛南族自治县人民政府

续表

类别	序号	政策名称	颁布单位	时间	文号	索引号	网站中文名称
	229	《罗城仫佬族自治县人民政府办公室关于印发自治县 2021 年毛葡萄鲜果销售工作方案的通知》	罗城仫佬族自治县人民政府办公室	2021-8-25	罗政办发〔2021〕64 号	000014349/2021-331145	河池市罗城仫佬族自治县人民政府
	230	《罗城仫佬族自治县人民政府办公室关于印发自治县 2020 年水稻绿色高质高效项目实施方案的通知》	罗城仫佬族自治县人民政府办公室	2020-9-17	罗政办发〔2020〕131 号	000014349/2020-1116729	河池市罗城仫佬族自治县人民政府
	231	《罗城仫佬族自治县人民政府办公室关于印发自治县糖业降本增效三年行动计划工作方案的通知》	罗城仫佬族自治县人民政府办公室	2020-6-29	罗政办发〔2020〕85 号	000014349/2020-1025450	河池市罗城仫佬族自治县人民政府
	232	《罗城仫佬族自治县乡村振兴产业发展基础设施公共服务能力提升三年行动计划 2020 年建设项目实施方案的通知》	罗城仫佬族自治县人民政府办公室	2020-6-24	罗政办发〔2020〕87 号	000014349/2020-1052657	河池市罗城仫佬族自治县人民政府
产业振兴	233	《罗城仫佬族自治县人民政府办公室关于印发自治县 2020 年现代特色农业示范区创建实施方案的通知》	罗城仫佬族自治县人民政府办公室	2020-5-7	罗政办发〔2020〕54 号	000014349/2020-975978	河池市罗城仫佬族自治县人民政府
	234	《罗城仫佬族自治县人民政府办公室关于印发罗城仫佬族自治县 2019—2020 年"中国好粮油"行动计划实施方案的通知》	罗城仫佬族自治县人民政府办公室	2020-5-12	罗政办发〔2020〕59 号	000014349/2020-976674	河池市罗城仫佬族自治县人民政府
	235	《罗城仫佬族自治县人民政府办公室关于印发自治县特色产业农产品产销对接实施方案的通知》	罗城仫佬族自治县人民政府办公室	2020-4-30	罗政办发〔2020〕53 号	000014349/2020-945199	河池市罗城仫佬族自治县人民政府
	236	《罗城仫佬族自治县人民政府办公室关于印发罗城仫佬族自治县露溪谷小龙虾综合种养示范区(2019—2021)发展规划的通知》	罗城仫佬族自治县人民政府办公室	2019-10-6	罗政办发〔2019〕143 号	—	河池市罗城仫佬族自治县人民政府
	237	《罗城仫佬族自治县人民政府办公室关于印发自治县 2020 年糖料蔗生产实施方案的通知》	罗城仫佬族自治县人民政府办公室	2020-2-14	罗政办发〔2020〕14 号	—	河池市罗城仫佬族自治县人民政府

续表

类别	序号	政策名称	颁布单位	时间	文号	索引号	网站中文名称
产业振兴	238	《罗城仫佬族自治县人民政府办公室印发自治县 2019 年现代特色农业示范区创建工作方案的通知》	罗城仫佬族自治县人民政府办公室	2019-6-18	罗政办发〔2019〕90 号	—	河池市罗城仫佬族自治县人民政府
	239	《罗城仫佬族自治县人民政府办公室关于印发罗城仫佬族自治县 2019 年烟叶生产工作方案的通知》	罗城仫佬族自治县人民政府办公室	2019-4-11	罗政办发〔2019〕38 号	—	河池市罗城仫佬族自治县人民政府
	240	《罗城仫佬族自治县人民政府办公室关于印发罗城仫佬族自治县农产品产销对接实施方案的通知》	罗城仫佬族自治县人民政府办公室	2018-11-30	罗政办发〔2018〕230 号	—	河池市罗城仫佬族自治县人民政府
	241	《罗城仫佬族自治县人民政府办公室关于印发罗城仫佬族自治县天河镇"诺乐岛"休闲农业示范区（2017—2023 年）建设规划的通知》	罗城仫佬族自治县人民政府办公室	2018-11-1	罗政办发〔2018〕196 号	—	河池市罗城仫佬族自治县人民政府
	242	《罗城仫佬族自治县人民政府办公室关于印发罗城仫佬族自治县宝坛有机茶种植示范实施方案的通知》	罗城仫佬族自治县人民政府办公室	2018-11-1	罗政办发〔2018〕197 号	—	河池市罗城仫佬族自治县人民政府
	243	《罗城仫佬族自治县人民政府办公室关于印发罗城仫佬族自治县促进食用菌产业发展工作实施方案〉的通知》	罗城仫佬族自治县人民政府办公室	2018-8-30	罗政办发〔2018〕141 号	—	河池市罗城仫佬族自治县人民政府
	244	《罗城仫佬族自治县人民政府办公室关于印发罗城仫佬族自治县现代特色农业示范区增点扩面提质升级（2018—2020 年）行动方案的通知》	罗城仫佬族自治县人民政府办公室	2018-6-7	罗政办发〔2018〕103 号	—	河池市罗城仫佬族自治县人民政府
	245	《罗城仫佬族自治县人民政府办公室关于印发罗城仫佬族自治县 2018 年现代特色农业示范区创建工作实施方案的通知》	罗城仫佬族自治县人民政府办公室	2018-6-7	罗政办发〔2018〕104 号	—	河池市罗城仫佬族自治县人民政府
	246	《罗城仫佬族自治县人民政府办公室关于印发罗城仫佬族自治县畜牧业发展规划（2016—2020 年）的通知》	罗城仫佬族自治县人民政府办公室	2017-12-25	罗政办发〔2017〕213 号	—	河池市罗城仫佬族自治县人民政府

续表

类别	序号	政策名称	颁布单位	时间	文号	索引号	网站中文名称
产业振兴	247	《金秀瑶族自治县人民政府办公室关于印发〈金秀瑶族自治县茶产业发展科技支撑体系建设规划（2021—2024年）〉的通知》	金秀瑶族自治县人民政府办公室	2021-5-26	金政办发〔2021〕33号	000014349/2021-368829	来宾市金秀瑶族自治县人民政府
	248	《金秀瑶族自治县人民政府办公室关于印发中草药产业发展方案的通知》	金秀瑶族自治县人民政府办公室	2021-2-25	金政办发〔2021〕12号	000014349/2021-65791	来宾市金秀瑶族自治县人民政府
	249	《金秀瑶族自治县人民政府办公室关于印发自治县2021年农业农村工作要点的通知》	金秀瑶族自治县人民政府办公室	2021-2-25	金政办发〔2021〕11号	000014349/2021-65764	来宾市金秀瑶族自治县人民政府
	250	《金秀瑶族自治县人民政府办公室关于印发金秀瑶族自治县茶产业高质量发展工作方案的通知》	金秀瑶族自治县人民政府办公室	2021-2-25	金政办发〔2021〕14号	000014349/2021-65782	来宾市金秀瑶族自治县人民政府
	251	《广西壮族自治区人民政府关于印发广西战略性新兴产业发展"十四五"规划的通知》	广西壮族自治区人民政府	2021-9-18	桂政发〔2021〕28号	11450000007565768W/2021-322035	广西壮族自治区人民政府
	252	《广西壮族自治区人民政府关于印发广西工业高质量发展行动计划（2018—2020年）的通知》	广西壮族自治区人民政府	2018-7-4	桂政发〔2018〕30号	000014349/2020-406086	广西壮族自治区人民政府
	253	《南宁市人民政府办公厅关于印发南宁市工业高质量发展行动计划（2018—2020年）的通知》	南宁市人民政府办公厅	2019-1-27	南府发〔2019〕2号	—	南宁市人民政府
	254	《柳州市人民政府办公室关于印发〈柳州市进一步促进农产品加工业发展实施方案〉的通知》	柳州市人民政府办公室	2018-4-9	柳政办〔2018〕53号	—	柳州市人民政府
	255	《河池市人民政府关于印发河池市推动工业高质量发展行动计划（2018—2020年）的通知》	河池市人民政府	2018-9-30	河政发〔2018〕34号	—	河池市人民政府
	256	《河池市人民政府关于加快河池市白酒产业振兴发展的实施意见》	河池市人民政府	2019-5-24	河政发〔2019〕15号	—	河池市人民政府
	257	《河池市人民政府印发关于推进工业振兴若干政策措施的通知》	河池市人民政府	2021-5-13	河政发〔2021〕11号	—	河池市人民政府
	258	《来宾市人民政府办公室关于印发来宾市2021/2022年榨季蔗叶综合利用工作实施方案的通知》	来宾市人民政府办公室	2021-10-14	来政办发〔2021〕38号	11451300007784039E/2021-360833	来宾市人民政府

类别	序号	政策名称	颁布单位	时间	文号	索引号	网站中文名称
	259	《来宾市人民政府办公室关于印发 2021 年来宾市加快木材加工工业发展实施方案的通知》	来宾市人民政府办公室	2021-5-7	来政办发〔2021〕13 号	11451300007784039E/2021-140325	来宾市人民政府
	260	《崇左市人民政府办公室关于印发促进农产品加工业发展实施意见的通知》	崇左市人民政府办公室	2018-4-2	崇政办发〔2018〕33 号	—	崇左市人民政府
	261	《扶绥县人民政府关于加快扶绥县电子信息制造业发展的若干意见（修订版）》	扶绥县人民政府	2020-2-26	扶政规〔2020〕2 号	—	崇左市扶绥县人民政府
	262	《大新县人民政府办公室关于印发〈大新县特色加工工业发展"十三五"规划（2016—2020 年）〉的通知》	大新县人民政府办公室	2018-10-22	新政办发〔2018〕131 号	—	崇左市大新县人民政府
	263	《宾阳县人民政府办公室关于印发南宁市宾阳县自治区级农产品加工集聚区建设工作方案的通知》	宾阳县人民政府办公室	2019-8-16	宾政办发〔2019〕58 号	—	南宁市宾阳县人民政府
产业振兴	264	《柳州市螺蛳粉产业核心示范区争创自治区五星级示范区实施方案》	柳州市鱼峰区人民政府	2019-5-23	鱼政发〔2019〕17 号	11450203593245846B/2021-32187	柳州市鱼峰区人民政府
	265	《柳州市柳南区人民政府办公室关于印发〈柳州市柳南区螺蛳粉加工集聚区工作方案〉的通知》	柳州市柳南区人民政府办公室	2019-9-30	柳南政办发〔2019〕21 号	11450204051002903T/2021-13822	柳州市柳南区人民政府
	266	《关于印发鹿寨县推进工业高质量发展实施方案的通知》	鹿寨县人民政府办公室	2018-12-15	鹿政办发〔2018〕104 号	—	柳州市鹿寨县人民政府
	267	《关于印发〈鹿寨县工业发展规划（2018—2020）〉的通知》	鹿寨县人民政府办公室	2019-3-26	鹿政办发〔2019〕10 号	—	柳州市鹿寨县人民政府
	268	《关于印发〈融安县提升质量安全推动地方特色食品产业高质量发展实施方案〉的通知》	融安县人民政府办公室	2019-6-18	融政办发〔2019〕27 号	—	柳州市融安县人民政府
	269	《关于印发秀峰区农产品加工集聚区建设三年（2018—2020 年）行动方案的通知》	桂林市秀峰区人民政府办公室	2019-6-25	秀政办〔2019〕15 号	—	桂林市秀峰区人民政府
	270	《永福县人民政府办公室关于印发永福县苏桥自治区级农产品（罗汉果）加工集聚区建设工作方案的通知》	永福县人民政府办公室	2020-4-20	永政办电〔2020〕18 号	—	桂林市永福县人民政府

续表

类别	序号	政策名称	颁布单位	时间	文号	索引号	网站中文名称
	271	《永福县人民政府关于印发永福县工业发展规划（2018—2020年）的通知》	永福县人民政府	2018-3-18	永政发〔2019〕4号	—	桂林市永福县人民政府
	272	《中共龙胜各族自治县委员会 自治县人民政府关于印发〈龙胜各族自治县2021年工业振兴实施方案〉的通知》	中共龙胜各族自治县委员会、桂林市龙胜各族自治县人民政府	2021-3-18	龙发〔2021〕7号	—	桂林市龙胜各族自治县人民政府
	273	《苍梧县人民政府办公室关于印发我县木材加工业高质量发展三年行动方案（2021—2023年）的通知》	苍梧县人民政府办公室	2021-4-30	苍政办发〔2021〕43号	—	梧州市苍梧县人民政府
	274	《岑溪市人民政府办公室关于印发我市木材加工业高质量发展三年行动方案（2021—2023年）的通知》	岑溪市人民政府办公室	2021-3-25	岑政办发〔2021〕29号	—	梧州市岑溪市人民政府
	275	《岑溪市人民政府办公室关于印发〈2020年岑溪市农产品加工集聚区建设工作方案〉的通知》	岑溪市人民政府办公室	2020-9-23	岑政发〔2020〕154号	—	梧州市岑溪市人民政府
产业振兴	276	《梧州市长洲区人民政府办公室关于印发木材加工业高质量发展三年行动方案（2021—2023年）的通知》	梧州市长洲区人民政府办公室	2021-3-31	长政办发〔2021〕16号	—	梧州市长洲区人民政府
	277	《合浦县人民政府办公室关于印发合浦县农村科技创新高质量发展三年行动方案（2021—2023）的通知》	合浦县人民政府办公室	2021-1-5	合政办〔2021〕1号	—	北海市合浦县人民政府
	278	《桂平市人民政府办公室关于印发桂平市振兴酒业发展工作方案的通知》	桂平市人民政府办公室	2020-6-9	浔政办通〔2020〕52号	000014349/2020-1001401	贵港市桂平市人民政府
	279	《桂平市人民政府办公室关于印发桂平市振兴纺织服装产业发展工作方案的通知》	桂平市人民政府办公室	2020-6-10	浔政办通〔2020〕57号	000014349/2020-1001453	贵港市桂平市人民政府
	280	《平南县人民政府办公室关于印发平南县工业发展规划（2018—2020年）的通知》	平南县人民政府办公室	2018-12-29	平政办发〔2018〕15号	—	贵港市平南县人民政府

续表

类别	序号	政策名称	颁布单位	时间	文号	索引号	网站中文名称
产业振兴	281	《关于印发右江区提升质量安全推动地方特色食品产业发展实施方案的通知》	百色市右江区人民政府办公室	2020-6-2	右政办发〔2020〕33号	—	百色市右江区人民政府
	282	《田东县人民政府关于印发田东县工业发展规划（2018—2020）的通知》	田东县人民政府	2018-5-23	东政发〔2019〕9号	—	百色市田东县人民政府
	283	《钟山县人民政府办公室关于印发钟山县制造业突破攻坚三年行动方案2021—2023年的通知》	钟山县人民政府办公室	2021-7-8	钟政办发〔2021〕38号	000014349/2021-252839	贺州市钟山县人民政府
	284	《河池市宜州区人民政府办公室关于印发宜州区建设自治区级农产品（桑蚕茧）加工集聚区工作方案的通知》	河池市宜州区人民政府办公室	2020-4-20	宜政办发〔2020〕19号	—	河池市宜州区人民政府
	285	《关于印发〈凤山县推进数字经济发展三年行动计划（2018—2020年）〉的通知》	凤山县人民政府办公室	2019-12-31	凤政办发〔2019〕77号	—	河池市凤山县人民政府
	286	《关于印发南丹县农产品加工集聚区建设两年（2019—2020年）行动方案的通知》	南丹县人民政府办公室	2020-3-6	丹政办发〔2020〕7号	—	河池市南丹县人民政府
	287	《东兰县人民政府办公室关于印发〈东兰县促进"工业振兴"23条〉的通知》	东兰县人民政府办公室	2021-4-6	兰政办发〔2021〕10号	—	河池市东兰县人民政府
	288	《都安瑶族自治县人民政府关于印发都安自治县深化体制机制改革加快糖业高质量发展工作方案的通知》	都安瑶族自治县人民政府	2019-9-30	都政发〔2019〕19号	000014349/2020-168587	河池市都安瑶族自治县人民政府
	289	《广西壮族自治区人民政府关于印发广西现代服务业高质量发展"十四五"规划的通知》	广西壮族自治区人民政府	2021-10-21	桂政发〔2021〕36号	11450000007565768W/2021-373025	广西壮族自治区人民政府
	290	《南宁市人民政府办公厅关于印发南宁市全域旅游总体规划（2017—2025年）的通知》	南宁市人民政府办公厅	2019-1-2	南府办〔2019〕1号	—	南宁市人民政府
	291	《防城港市人民政府关于印发防城港边境旅游试验区文化旅游产业高质量发展扶持奖励办法的通知》	防城港市人民政府	2020-4-1	防政规〔2020〕7号	—	防城港市人民政府

续表

类别	序号	政策名称	颁布单位	时间	文号	索引号	网站中文名称
产业振兴	292	《关于促进乡村旅游高质量发展的若干措施的通知》	钦州市人民政府办公室	2020-11-11	钦政办〔2020〕41号	—	钦州市人民政府
	293	《玉林市人民政府办公室关于印发玉林市乡村旅游高质量发展实施要点的通知》	玉林市人民政府办公室	2021-1-27	玉政办发〔2021〕1号	000014349/2021-37150	玉林市人民政府
	294	《关于印发南宁市武鸣区现代服务业（2020—2025）的通知》	南宁市武鸣区人民政府	2021-4-19	南武政发〔2021〕9号	—	南宁市武鸣区人民政府
	295	《苍梧县人民政府办公室关于印发苍梧县乡村振兴产业发展基础设施公共服务能力提升三年攻坚行动方案2021年实施计划的通知》	苍梧县人民政府办公室	2021-8-5	苍政办发〔2021〕68号	—	梧州市苍梧县人民政府
	296	《关于印发〈2020年万秀区农业产业化与乡村振兴招商引资工作方案〉的通知》	梧州市万秀区人民政府办公室	2020-6-4	—	—	梧州市万秀区人民政府
	297	《玉林市玉州区人民政府办公室关于印发玉州区乡村旅游高质量发展实施要点的通知》	玉林市玉州区人民政府办公室	2021-4-12	玉区政办〔2021〕4号	—	玉林市玉州区人民政府
	298	《昭平县人民政府办公室关于印发昭平县服务业融合发展三年（2021—2023年）行动方案的通知》	昭平县人民政府办公室	2021-6-11	昭政办发〔2021〕26号	—	贺州市昭平县人民政府
	299	《苍梧县人民政府办公室关于印发苍梧六堡特色小镇建设实施方案的通知》	苍梧县人民政府办公室	2018-12-18	苍政办发〔2018〕171号	—	梧州市苍梧县人民政府
	300	《宾阳县人民政府办公室关于印发宾阳县古辣香米全产业链优化升级三年（2020—2022年）行动方案的通知》	宾阳县人民政府办公室	2020-7-2	宾政办发〔2020〕18号	—	南宁市宾阳县人民政府
	301	《平果市人民政府办公室关于印发平果时宜蚕桑产业（核心）示范区建设实施方案的通知》	平果市人民政府办公室	2020-10-21	平政办发〔2020〕209号	—	百色市平果市人民政府
	302	《巴马瑶族自治县人民政府办公室关于印发〈巴马全面对接粤港澳大湾区建设2021年工作要点〉的通知》	巴马瑶族自治县人民政府办公室	2021-6-18	巴政办发〔2021〕66号	—	河池市巴马瑶族自治县人民政府

续表

类别	序号	政策名称	颁布单位	时间	文号	索引号	网站中文名称
产业振兴	303	《合浦县人民政府办公室关于印发完善和落实支持政策促进农民持续增收的实施方案的通知》	合浦县人民政府办公室	2018-9-5	合政办[2018]120号	—	北海市合浦县人民政府
	304	《崇左市人民政府办公室关于印发崇左市推动返乡入乡创业工作实施方案的通知》	崇左市人民政府办公室	2020-6-12	崇政发[2020]16号	—	崇左市人民政府
	305	《柳州市柳江区人民政府办公室关于印发〈柳江区2018年新型职业农民培育工程项目实施方案〉的通知》	柳州市柳江区人民政府办公室	2018-10-24	江政发[2018]110号	—	柳州市柳江区人民政府
	306	《梧州市长洲区人民政府办公室印发〈2018年长洲区新型职业农民培育工程项目实施方案〉的通知》	梧州市长洲区人民政府办公室	2018-12-3	长政发[2018]116号	—	梧州市长洲区人民政府
	307	《西林县人民政府办公室关于印发〈西林县2021年乡村振兴村级公益性岗位工作实施方案〉的通知》	西林县人民政府办公室	2021-6-14	西政办发[2021]59号	—	百色市西林县人民政府
	308	《河池市金城江区2020年高素质农民培育实施方案》	河池市金城江区人民政府办公室	2020-7-17	金政办发[2020]58号	—	河池市金城江人民政府
	309	《罗城仫佬族自治县农村电子商务培训实施方案》	罗城仫佬族自治县人民政府办公室	2018-5-12	罗政办发[2018]58号	—	河池市罗城仫佬族自治县人民政府
文化发展	310	《关于印发永福县创建"中国民间文化艺术之乡"(2021—2023年度)"工作方案的通知》	永福县人民政府办公室	2021-6-8	永政办发[2021]8号	—	桂林市永福县人民政府
	311	《岑溪市人民政府办公室关于印发岑溪市创建2021—2023年度"中国民间文化艺术之乡(岑溪牛娘戏)"工作方案的通知》	岑溪市人民政府办公室	2021-6-21	岑政办发[2021]63号	—	梧州市岑溪市人民政府
	312	《河池市宜州区人民政府办公室关于印发宜州区创建2021—2023年度"中国民间文化艺术之乡"工作方案的通知》	河池市宜州区人民政府办公室	2021-6-15	宜政办发[2021]32号	—	河池市宜州区人民政府

续表

类别	序号	政策名称	颁布单位	时间	文号	索引号	网站中文名称
组织建设	313	《龙胜各族自治县人民政府关于印发〈龙胜各族自治县关于创建乡村振兴示范点的指导意见〉的通知》	龙胜各族自治县人民政府	2021-4-8	龙政发〔2021〕11号	—	桂林市龙胜各族自治县人民政府
	314	《广西壮族自治区人民政府关于印发〈广西综合交通运输发展"十四五"规划〉的通知》	广西壮族自治区人民政府	2021-10-22	桂政发〔2021〕40号	11450000007565768W/2021-404532	广西壮族自治区人民政府
	315	《柳州市人民政府办公室关于印发〈柳州市加快推进广播电视村村通向户户通升级的实施方案〉的通知》	柳州市人民政府办公室	2019-1-18	柳政办〔2019〕10号	—	柳州市人民政府
	316	《柳州市人民政府办公室关于印发〈柳州市少数民族村寨防火提升改造实施方案〉的通知》	柳州市人民政府办公室	2018-11-28	柳政办〔2018〕214号	—	柳州市人民政府
	317	《柳州市人民政府关于印发〈柳州市乡村振兴产业发展基础设施公共服务能力提升三年行动计划（2018—2020年）〉的通知》	柳州市人民政府	2018-8-10	柳政发〔2018〕34号	—	柳州市人民政府
基础设施建设	318	《关于印发乡村振兴产业发展基础设施公共服务能力提升三年行动计划2018年实施方案的通知》	钦州市人民政府办公室	2018-12-24	钦政办〔2018〕116号	—	钦州市人民政府
	319	《百色市人民政府办公室关于印发百色市实施"四好农村路"建设三年攻坚行动方案的通知》	百色市人民政府办公室	2018-8-7	百政办发〔2018〕58号	—	百色市人民政府
	320	《百色市人民政府办公室关于印发百色市深化农村公路管理养护体制改革推进"四好农村路"高质量发展实施方案的通知》	百色市人民政府办公室	2020-12-1	百政办〔2020〕50号	000014349/2020-1238664	百色市人民政府
	321	《河池市人民政府办公室关于印发河池市"十三五"期深入推进"四好农村路"建设工作实施方案的通知》	河池市人民政府办公室	2018-12-7	河政办发〔2018〕104号	—	河池市人民政府
	322	《龙州县人民政府办公室关于印发龙州县深化农村公路管理养护体制改革推进"四好农村路"高质量发展实施方案的通知》	龙州县人民政府办公室	2021-6-28	龙政办发〔2021〕5号	—	崇左市龙州县人民政府

续表

类别	序号	政策名称	颁布单位	时间	文号	索引号	网站中文名称
	323	《凭祥市人民政府办公室关于印发凭祥市创建自治区2019年度"四好农村路"示范县活动实施方案的通知》	凭祥市人民政府办公室	2019-3-20	凭政办发〔2019〕9号	—	崇左市凭祥市人民政府
	324	《凭祥市人民政府办公室关于印发凭祥市农村人居环境整治三年行动实施方案（2018—2020年）的通知》	凭祥市人民政府办公室	2018-12-27	凭政办发〔2018〕138号	—	崇左市凭祥市人民政府
	325	《武宣县人民政府办公室关于印发深入推进"四好农村路"建设实施方案和武宣县创建"四好农村路"示范县活动实施方案的通知》	武宣县人民政府办公室	2018-7-31	武政办发〔2018〕63号	—	来宾市武宣县人民政府
	326	《忻城县人民政府办公室关于印发深入推进"四好农村路"建设实施方案和忻城县创建"四好农村路"达标县活动实施方案的通知》	忻城县人民政府办公室	2020-5-6	忻政办电〔2020〕31号	—	来宾市忻城县人民政府
基础设施建设	327	《柳北区政府关于印发〈柳北区基础设施补短板"五网"建设三年大会战总体方案（2020—2022年）〉的通知》	柳州市柳北区人民政府办公室	2020-9-4	柳北政办发〔2020〕21号	00001349/2021-53086	柳州市柳北区人民政府
	328	《柳州市柳江区人民政府办公室关于印发〈柳江区创建广西壮族自治区2018年度"四好农村路"示范县（区）活动实施方案〉的通知》	柳州市柳江区人民政府办公室	2018-4-24	江政办发〔2018〕28号	—	柳州市柳江区人民政府
	329	《柳城县人民政府办公室关于印发柳城县创建"四好农村路"全国示范县实施方案的通知》	柳城县人民政府办公室	2021-6-8	柳城政办〔2021〕32号	—	柳州市柳城县人民政府
	330	《柳城县人民政府办公室关于印发柳城县深入推进"四好农村路"建设实施方案（2016—2020年）的通知》	柳城县人民政府办公室	2018-6-15	柳城政办〔2018〕47号	—	柳州市柳城县人民政府
	331	《三江侗族自治县人民政府办公室关于印发〈三江侗族自治县乡村振兴"村屯光亮工程"实施方案〉的通知》	三江侗族自治县人民政府办公室	2020-7-23	三政办发〔2020〕70号	—	柳州市三江侗族自治县人民政府

续表

类别	序号	政策名称	颁布单位	时间	文号	索引号	网站中文名称
基础设施建设	332	《融安县人民政府办公室关于印发〈融安县电子商务进农村综合示范工作实施方案（2021—2022年）〉的通知》	融安县人民政府办公室	2021-8-24	融政办发〔2021〕26号	11450224753712133 5/2021-142849	柳州市融安县人民政府
	333	《融安县人民政府办公室关于印发〈融安县乡村振兴交通基础设施能力提升三年行动计划实施方案〉的通知》	融安县人民政府办公室	2019-2-28	融政办发〔2019〕11号	—	柳州市融安县人民政府
	334	《象山区人民政府办公室关于印发2020年象山区信息进村入户工程实施方案的通知》	桂林市象山区人民政府办公室	2020-5-29	象政办〔2020〕35号	—	桂林市象山区人民政府
	335	《象山区人民政府办公室关于印发象山区乡村风貌提升2020年实施方案的通知》	桂林市象山区人民政府办公室	2020-3-23	象政办〔2020〕39号	—	桂林市象山区人民政府
	336	《桂林市七星区人民政府办公室关于印发〈七星区乡村振兴产业发展基础设施公共服务能力提升三年行动计划（2018—2020年）〉的通知》	桂林市七星区人民政府办公室	2018-12-5	—	—	桂林市七星区人民政府
	337	《关于印发荔浦县深入推进"四好农村路"建设实施方案（2018—2020）的通知》	荔浦县人民政府办公室	2018-4-18	—	—	桂林市荔浦市人民政府
	338	《平乐县人民政府关于印发平乐县2020年度电子商务进农村综合示范工作实施方案的通知》	平乐县人民政府	2020-5-27	平政发〔2020〕14号	—	桂林市平乐县人民政府
	339	《藤县人民政府办公室关于印发梧州市藤县农村生活污水治理专项规划（2021—2035）的通知》	藤县人民政府办公室	2021-1-27	藤政办发〔2021〕3号	—	梧州市藤县人民政府
	340	《苍梧县人民政府办公室关于印发我县2021年"壮美广西·智慧广电"工程实施方案的通知》	苍梧县人民政府办公室	2021-10-24	苍政办发〔2021〕102号	—	梧州市苍梧县人民政府
	341	《苍梧县人民政府办公室关于印发我县深入推进"四好农村路"建设工作和创建"四好农村路"示范县实施方案的通知》	苍梧县人民政府办公室	2021-9-13	苍政办发〔2021〕80号	—	梧州市苍梧县人民政府
	342	《苍梧县人民政府办公室关于印发我县2020年"壮美广西·智慧广电"工程实施方案的通知》	苍梧县人民政府办公室	2020-8-10	苍政办发〔2020〕92号	—	梧州市苍梧县人民政府

续表

类别	序号	政策名称	颁布单位	时间	文号	索引号	网站中文名称
	343	《苍梧县人民政府办公室关于印发我县深入推进"四好农村路"建设工作和创建"四好农村路"示范县实施方案的通知》	苍梧县人民政府办公室	2018-6-4	苍政办发[2018]48号	—	梧州市苍梧县人民政府
	344	《岑溪市人民政府办公室关于印发〈梧州岑溪市农村生活污水治理专项规划（2021—2035）〉的通知》	岑溪市人民政府办公室	2021-6-15	岑溪办发[2021]58号	—	梧州市岑溪市人民政府
	345	《梧州市长洲区人民政府办公室关于印发2021年度梧州市长洲区乡村风貌提升工作实施方案的通知》	梧州市长洲区人民政府办公室	2021-6-28	长政办发[2021]29号	—	梧州市长洲区人民政府
	346	《梧州市长洲区深入推进"四好农村路"建设工作和创建梧州市长洲区"四好农村路"示范县实施方案的通知》	梧州市长洲区人民政府办公室	2019-10-30	长政办发[2019]100号	—	梧州市长洲区人民政府
基础设施建设	347	《梧州市长洲区加快实施"四建一通"工程推进梧州市长洲区"四好农村路"高质量发展工作方案（2019—2021年）的通知》	梧州市长洲区人民政府办公室	2019-7-18	长政办发[2019]59号	—	梧州市长洲区人民政府
	348	《北海市铁山港区人民政府办公室关于印发北海市铁山港区"壮美广西·智慧广电"工程实施方案的通知》	北海市铁山港区人民政府办公室	2019-9-10	北铁政办[2019]79号	—	北海市铁山港区人民政府
	349	《合浦县人民政府办公室关于印发2021年合浦县乡村风貌提升攻坚行动方案的通知》	合浦县人民政府办公室	2021-6-30	合政办[2021]40号	—	北海市合浦县人民政府
	350	《防城港市港口区人民政府关于印发〈2021年港口区乡村风貌提升行动方案〉的通知》	防城港市港口区人民政府	2021-4-2	港区政办发[2021]3号	—	防城港市港口区人民政府
	351	《防城港市防城区人民政府关于印发防城港市防城区乡村风貌提升三年行动方案的通知》	防城港市防城区人民政府	2019-8-9	—	—	防城港市防城区人民政府

续表

类别	序号	政策名称	颁布单位	时间	文号	索引号	网站中文名称
	352	《东兴市人民政府办公室关于印发〈2021年东兴市乡村风貌提升工作实施方案〉的通知》	东兴市人民政府办公室	2021-9-2	东政办发〔2021〕9号	—	防城港市东兴市人民政府
	353	《灵山县人民政府办公室关于印发灵山县2021年大浦高速新圩至旅乡村风貌提升示范带农房改造实施方案的通知》	灵山县人民政府办公室	2021-6-10	灵政办电〔2021〕20号	11450721008116008W/2021-25342	钦州市灵山县人民政府
	354	《桂平市人民政府办公室关于印发桂平市深化农村公路管理养护体制改革推进"四好农村路"高质量发展实施方案的通知》	桂平市人民政府办公室	2021-7-2	浔政办通〔2021〕27号	000014349/2021-284924	贵港市桂平市人民政府
	355	《玉林市玉州区人民政府办公室关于印发玉林市区加快实施"四建一通"工程推进"四好农村路"推动美丽乡镇乡村建设高质量发展实施方案(2019—2021年)的通知》	玉林市玉州区人民政府办公室	2019-9-3	玉区政办函〔2019〕36号	—	玉林市玉州区人民政府
基础设施建设	356	《平果市人民政府办公室关于印发〈平果市加快推进美丽乡村建设的实施意见〉的通知》	平果市人民政府办公室	2020-11-30	平政办发〔2020〕230号		百色市平果市人民政府
	357	《平果市人民政府办公室关于印发平果市基础设施补短板"五网"建设三年大会战总体方案(2020—2022年)的通知》	平果市人民政府办公室	2020-7-26	平政办发〔2020〕160号		百色市平果市人民政府
	358	《乐业县人民政府办公室关于印发乐业县基础设施补短板"五网"建设三年大会战总体方案(2020—2022年)的通知》	乐业县人民政府办公室	2020-5-28	乐政办发〔2020〕18号		百色市乐业县人民政府
	359	《德保县人民政府办公室关于印发〈德保县农村生活污水治理专项规划(2021—2035)〉的通知》	德保县人民政府办公室	2020-11-5	德政办发〔2020〕112号		百色市德保县人民政府
	360	《关于印发田林县2021年"壮美广西·智慧广电"工程建设实施方案的通知》	田林县人民政府办公室	2021-10-14	田政办发〔2021〕36号	—	百色市田林县人民政府
	361	《田林县人民政府办公室关于印发田林县2020年"壮美广西·智慧广电"工程建设实施方案的通知》	田林县人民政府办公室	2020-8-12	田政办发〔2020〕55号		百色市田林县人民政府

续表

类别	序号	政策名称	颁布单位	时间	文号	索引号	网站中文名称
	362	《田东县人民政府办公室关于印发田东县"壮美广西·智慧广电"工程实施方案的通知》	田东县人民政府办公室	2019-6-21	东政办发〔2019〕14号	—	百色市田东县人民政府
	363	《关于印发那坡县2020年创建"四好农村路"达标县实施方案的通知》	那坡县人民政府办公室	2020-7-14	那政办发〔2020〕68号	—	百色市那坡县人民政府
	364	《昭平县人民政府办公室关于印发昭平县深化农村公路管理养护体制改革推进"四好农村路"高质量发展实施方案的通知》	昭平县人民政府办公室	2021-6-15	昭政办发〔2021〕27号	—	贺州市昭平县人民政府
	365	《河池市宜州区人民政府办公室关于印发宜州区"壮美广西·智慧广电"工程建设实施方案的通知》	河池市宜州区人民政府办公室	2019-10-20	宜政办发〔2019〕66号		河池市宜州区人民政府
	366	《河池市金城江区人民政府办公室关于印发河池2020年"壮美广西·智慧广电"工程实施方案的通知》	河池市金城江区人民政府办公室	2020-8-19	金政办发〔2020〕67号		河池市金城江区人民政府
基础设施建设	367	《河池市金城江区加快推进农业机械化和农机装备产业转型升级实施方案的通知》	河池市金城江区人民政府办公室	2020-2-21	金政办发〔2020〕5号	—	河池市金城江区人民政府
	368	《河池市金城江区"壮美广电"工程实施方案实施河池市金城江区"壮美广电"工程实施方案的通知》	河池市金城江区人民政府办公室	2019-9-18	金政办发〔2019〕86号		河池市金城江区人民政府
	369	《河池市金城江区人民政府办公室关于印发河池市金城江区乡村风貌提升三年行动实施方案的通知》	河池市金城江区人民政府办公室	2019-9-3	金政办发〔2019〕79号		河池市金城江区人民政府
	370	《关于印发〈凤山县电子商务进农村综合示范项目发展行动计划（2019—2022年）〉的通知》	凤山县人民政府办公室	2019-12-31	凤政办发〔2019〕75号	—	河池市凤山县人民政府
	371	《关于印发凤山县电子商务进农村综合示范项目实施方案的通知》	凤山县人民政府办公室	2019-11-12	凤政办发〔2019〕63号	—	河池市凤山县人民政府
	372	《关于印发凤山县加快实施"四建一通"工程推进"四好农村路"高质量发展工作方案（2019—2021年）的通知》	凤山县人民政府办公室	2019-7-30	凤政办发〔2019〕35号	—	河池市凤山县人民政府

续表

类别	序号	政策名称	颁布单位	时间	文号	索引号	网站中文名称
基础设施建设	373	《关于印发南丹县深入推进"四好农村路"建设实施方案（2019—2020年）的通知》	南丹县人民政府办公室	2019-8-20	丹政办发〔2019〕74号	—	河池市南丹县人民政府
	374	《关于印发南丹县加快实施"四建一通"工程推进"四好农村路"高质量发展工作的通知》	南丹县人民政府办公室	2019-8-20	丹政办发〔2019〕73号	—	河池市南丹县人民政府
	375	《罗城仫佬族自治县人民政府办公室关于印发罗城仫佬族自治县深入推进"四好农村路"建设工作方案和罗城仫佬族自治县创建"四好农村路"示范县活动实施方案的通知》	罗城仫佬族自治县人民政府办公室	2019-3-28	罗政办发〔2019〕27号	—	河池市罗城仫佬族自治县人民政府
	376	《罗城仫佬族自治县人民政府办公室关于印发自治县电子商务进农村运营服务体系规划建设方案的通知》	罗城仫佬族自治县人民政府办公室	2018-5-12	罗政办发〔2018〕62号	—	河池市罗城仫佬族自治县人民政府
	377	《罗城仫佬族自治县人民政府办公室关于印发自治县电子商务进农村物流解决方案的通知》	罗城仫佬族自治县人民政府办公室	2018-5-12	罗政办发〔2018〕60号	—	河池市罗城仫佬族自治县人民政府
	378	《金秀瑶族自治县人民政府办公室关于印发自治县2021年乡村风貌提升"百日大会战"工作实施方案的通知》	金秀瑶族自治县人民政府办公室	2021-6-11	金政办发〔2021〕37号	000014349/2021-370443	来宾市金秀瑶族自治县人民政府
生态环境治理	379	《宾阳县人民政府办公室关于印发宾阳县陈平镇名山村乡村振兴示范村（生态综合示范村）建设实施方案的通知》	宾阳县人民政府办公室	2019-2-2	宾政办发〔2019〕9号	—	南宁市宾阳县人民政府
	380	《宾阳县人民政府办公室关于印发宾阳县古辣香米全产业链优化升级三年（2020—2022年）行动方案的通知》	宾阳县人民政府办公室	2020-7-2	宾政办发〔2020〕18号	—	南宁市宾阳县人民政府
	381	《永福县人民政府办公室关于印发永福县畜禽养殖废弃物资源化利用工作方案的通知》	永福县人民政府办公室	2018-9-30	永政办发〔2018〕39号	—	桂林市永福县人民政府
	382	《梧州市龙圩区人民政府办公室关于印发"美丽龙圩"国土绿化提质三年行动方案（2019—2021年）的通知》	梧州市龙圩区人民政府办公室	2019-2-27	龙政办发〔2019〕14号	—	梧州市龙圩区人民政府

续表

类别	序号	政策名称	颁布单位	时间	文号	索引号	网站中文名称
生态环境治理	383	《平南县人民政府办公室关于印发平南县畜禽养殖废弃物资源化利用工作方案（2018—2020年）的通知》	平南县人民政府办公室	2018-12-26	平政办发〔2018〕14号	—	贵港市平南县人民政府
	384	《罗城仫佬族自治县人民政府办公室关于印发自治县生态环境保护基础设施建设三年作战方案（2018—2020年）的通知》	罗城仫佬族自治县人民政府办公室	2019-4-18	罗政办发〔2019〕46号	—	河池市罗城仫佬族自治县人民政府
	385	《上林县人民政府办公室关于印发上林县2020年市级乡村振兴（生态综合）示范村建设实施方案的通知》	上林县人民政府办公室	2021-3-5	上政办发〔2021〕4号	—	南宁市上林县人民政府
	386	《广西壮族自治区人民政府关于探索建立涉农资金统筹整合长效机制的实施意见》	广西壮族自治区人民政府	2018-4-8	桂政发〔2018〕22号	000014349/2020-409501	广西壮族自治区人民政府
	387	《玉林市人民政府办公室关于印发玉林市农村金融改革"田东模式""六大体系升级建设方案（2021—2023年）的通知》	玉林市人民政府办公室	2021-10-14	玉政办发〔2021〕14号	000014349/2021-404009	玉林市人民政府
金融支持	388	《百色市人民政府办公室关于印发加快推进农业信贷担保体系建设助推乡村振兴实施方案的通知》	百色市人民政府办公室	2019-4-30	百政办发〔2019〕8号	—	百色市人民政府
	389	《关于印发〈江南区推进乡村风貌提升工程项目政府和社会资本合作（PPP）模式工作实施方案〉的通知》	南宁市江南区人民政府办公室	2021-8-25	江府办〔2021〕68号	—	南宁市江南区人民政府
	390	《永福县人民政府办公室关于印发永福县加快推进农业信贷担保体系建设助推乡村振兴工作方案的通知》	永福县人民政府办公室	2020-3-2	永政办电〔2020〕4号	—	桂林市永福县人民政府

续表

类别	序号	政策名称	颁布单位	时间	文号	索引号	网站中文名称
金融支持	391	《龙胜各族自治县人民政府办公室关于印发加快推进全县农业信贷担保体系建设助推乡村振兴工作方案的通知》	龙胜各族自治县人民政府办公室	2020-9-17	龙政办发[2020]43号	—	桂林市龙胜各族自治县人民政府
	392	《苍梧县人民政府办公室关于印发于加快推进苍梧县农业信贷担保体系建设助推乡村振兴实施方案的通知》	苍梧县人民政府办公室	2019-7-31	苍政办发[2019]88号	—	梧州市苍梧县人民政府
	393	《关于印发〈加快推进万秀区农业信贷担保体系建设助推乡村振兴实施工作方案〉的通知》	梧州市万秀区人民政府办公室	2019-5-13	—	—	梧州市万秀区人民政府
	394	《梧州市长洲区人民政府办公室关于印发〈长洲区贯彻落实农业信贷担保体系建设助推乡村振兴〉的实施方案的通知》	梧州市长洲区人民政府办公室	2019-7-8	长政办发[2019]53号	—	梧州市长洲区人民政府
	395	《东兴市人民政府办公室关于印发〈东兴市打造民族团结进步示范村实施方案(2020—2023年)〉的通知》	东兴市人民政府办公室	2020-11-3	东办发[2020]25号	—	防城港市东兴市人民政府
特定区域发展	396	《广西壮族自治区人民政府关于印发于印发促进边境经济合作区高质量发展的若干意见》	广西壮族自治区人民政府	2020-10-8	桂政发[2020]31号	11450000007565768W/2020-1145081	广西壮族自治区人民政府
	397	《广西壮族自治区人民政府关于印发 广东省人民政府 广东省全面对接粤港澳大湾区粤桂联动加快推进江—西江经济带建设三年行动计划(2019—2021年)的通知》	广西壮族自治区人民政府	2019-5-21	桂政发[2019]26号	00001434349/2020-406132	广西壮族自治区人民政府
	398	《东兴市人民政府关于印发〈防城港边境旅游试验区东兴辖区三年行动方案(2018—2020)〉的通知》	东兴市人民政府	2018-10-15	东政发[2018]14号	—	防城港市东兴市人民政府
	399	《凌云县人民政府办公室关于印发〈凌云县贯彻落实广西百色重点开发开放试验区建设实施方案〉的通知》	凌云县人民政府办公室	2021-6-12	凌政办发[2021]32号	—	百色市凌云县人民政府

（二十二）海南省乡村振兴政策索引

类别	序号	政策名称	颁布单位	时间	文号	索引号	网站中文名称
总体规划	1	《中共海南省委　海南省人民政府关于全面推进乡村振兴加快农业农村现代化的实施意见》	中共海南省委，海南省人民政府	2021-1-29	琼发〔2021〕1号	00817365-1/2021-72289	海南省人民政府
	2	《中共海南省委办公厅　海南省人民政府办公厅印发〈关于加强和改进乡村治理的实施意见〉的通知》	中共海南省委办公厅，海南省人民政府办公厅	2020-11-10	琼办发〔2020〕64号	00817365-1/2020-28019	海南省人民政府
	3	《定安县人民政府关于印发〈定安县国民经济和社会发展第十四个五年规划和二〇三五年远景目标纲要〉的通知》	定安县人民政府	2021-3-17	定府〔2021〕12号	57305341-7/2021-00090	定安县人民政府
	4	《海口市人民政府办公室关于印发〈海口市海洋牧场管理办法〉的通知》	海口市人民政府办公室	2021-9-18	海府办规〔2021〕7号	00817804-9/2021-19111	海口市人民政府
	5	《东方市人民政府办公室关于印发东方市农产品公用品牌建设三年行动计划（2021—2023年）的通知》	东方市人民政府办公室	2021-6-18	东府办函〔2021〕90号	00825398-5/2021-00066	东方市人民政府
产业振兴	6	《东方市人民政府办公室关于印发东方市农产品认证和农业品牌奖励暂行办法的通知》	东方市人民政府办公室	2021-3-15	东府办规〔2021〕1号	00825398-5/2021-00043	东方市人民政府
	7	《澄迈县人民政府办公室关于印发〈澄迈县生态循环农业发展实施方案〉的通知》	澄迈县人民政府办公室	2019-6-29	—	—	澄迈县人民政府
	8	《临高县人民政府办公室关于印发临高县"十四五"畜牧业发展规划的通知》	临高县人民政府办公室	2021-10-27	临府办〔2021〕143号	00822501-x/2021-00065	临高县人民政府
	9	《关于印发〈琼山区2020海口火山大山荔枝月活动工作方案〉的通知》	海口市琼山区人民政府办公室	2020-4-3	琼山府办〔2020〕26号	—	海口市琼山区人民政府
文化发展	10	《三亚市人民政府办公室关于印发三亚市少数民族特色村寨建设发展规划（2020—2025年）的通知》	三亚市人民政府办公室	2020-12-31	三府办〔2020〕233号	00833240-4/2021-02038	三亚市人民政府

续表

类别	序号	政策名称	颁布单位	时间	文号	索引号	网站中文名称
基础设施建设	11	《中共海南省委办公厅　海南省人民政府办公厅关于印发〈海南省农村人居环境整治三年行动方案（2018—2020年）〉的通知》	中共海南省委办公厅、海南省人民政府办公厅	2018-5-18	—	—	海南省人民政府
	12	《三亚市人民政府办公室关于印发〈三亚市深化农村公路管理养护体制改革实施方案〉的通知》	三亚市人民政府办公室	2021-5-10	三府办〔2021〕64号	00823240-4/2021-02138	三亚市人民政府
金融支持	13	《中共海南省委办公厅　海南省人民政府办公室印发〈关于大力发展农村市场主体壮大农村集体经济的十八条措施〉的通知》	中共海南省委办公厅、海南省人民政府办公室	2020-10-5	琼办发〔2020〕54号	00817365-1/2020-16742	海南省人民政府
	14	《关于印发〈澄迈县扩大农业农村有效投资加快补上"三农"领域突出短板实施方案（2021—2023）〉的通知》	澄迈县人民政府办公室	2021-4-11	澄府办〔2021〕5号	00228464/2021-13049	澄迈县人民政府

（二十三）重庆市乡村振兴政策索引

类别	序号	政策名称	颁布单位	时间	文号	索引号	网站中文名称
总体规划	1	《重庆市人民政府关于促进乡村产业振兴的实施意见》	重庆市人民政府	2019-12-31	渝府发〔2019〕38号	11500000009275780L/2020-12128	重庆市人民政府
	2	《重庆市涪陵区人民政府关于促进乡村产业振兴的实施意见》	重庆市涪陵区人民政府	2020-5-7	涪陵府发〔2020〕17号	115001020086700333/2020-00012	重庆市涪陵区人民政府
	3	《重庆市江津区人民政府关于印发江津区促进乡村产业振兴实施方案的通知》	重庆市江津区人民政府	2020-7-24	江津府发〔2020〕16号	115003810093202238D/2020-26322	重庆市江津区人民政府
	4	《关于印发重庆市铜梁区乡村振兴西郊示范片2019年建设工作方案的通知》	重庆市铜梁区人民政府办公室	2019-5-6	铜府办〔2019〕51号	115002240093343308/2019-71999	重庆市铜梁区人民政府
	5	《重庆市潼南区人民政府关于促进乡村产业振兴的实施意见》	重庆市潼南区人民政府	2020-7-2	潼南府〔2020〕16号	115002230093300348N/2020-06015	重庆市潼南区人民政府

续表

类别	序号	政策名称	颁布单位	时间	文号	索引号	网站中文名称
产业振兴	6	《重庆市潼南区人民政府关于印发〈重庆市潼南区农业品种品质品牌建设工程实施方案（2019—2022年）〉的通知》	重庆市潼南区人民政府	2019-4-8	潼府发〔2019〕4号	11500223000930348N/2019-05964	重庆市潼南区人民政府
	7	《重庆市黔江区人民政府关于印发黔江加快推进农业机械化和农机装备产业转型升级实施方案的通知》	重庆市黔江区人民政府	2019-9-2	黔江府发〔2019〕33号	11500114009130039C/2019-05247	重庆市黔江区人民政府
	8	《重庆市开州区人民政府办公室关于高质量推动国家农业绿色发展先行区建设的实施意见》	重庆市开州区人民政府办公室	2020-5-21	开州府办发〔2020〕47号	11500234008646033P/2020-00188	重庆市开州区人民政府
	9	《重庆市江津区德感街道办事处关于印发〈江津区德感街道促进农业经济高质量发展激励政策〉的通知》	重庆市江津区德感街道办事处	2021-3-8	德感办发〔2021〕31号	11500381742886525 7/2021-00012	重庆市江津区人民政府
人才发展	10	《重庆市武隆区人民政府办公室关于印发武隆区加快培育新型职业农民实施方案的通知》	重庆市武隆区人民政府办公室	2019-11-22	武隆府办发〔2019〕94号	11500232008690 0349/2019-14283	重庆市武隆区人民政府
基础设施建设	11	《重庆市永川区人民政府办公室关于印发永川区加快发展农村电子商务实施方案的通知》	重庆市永川区人民政府办公室	2018-9-1	永川府办发〔2018〕106号	009336512/2018-46794	重庆市永川区人民政府

（二十四）四川省乡村振兴政策索引

类别	序号	政策名称	颁布单位	时间	文号	索引号	网站中文名称
总体规划	1	《绵阳市游仙区新桥镇复兴社区、胜利村村规划（2019—2035）》	游仙区自然资源局	2020-6-8	—	69696726/202006-00006	绵阳市游仙区人民政府
	2	《四川省人民政府关于印发〈四川省"十四五"推进农业农村现代化规划〉的通知》	四川省人民政府	2021-7-24	川府发〔2021〕11号	00828882/2021-00487	四川省人民政府
	3	《关于实施乡村振兴战略开创新时代"三农"全面发展新局面的意见》	中共四川省委、四川省人民政府	2019-1-9	—	—	蓬溪县新会镇人民政府

续表

类别	序号	政策名称	颁布单位	时间	文号	索引号	网站中文名称
总体规划	4	《川东北经济区"十四五"振兴发展规划》	四川省人民政府	2021-6-9	—	—	四川省人民政府
	5	《川南经济区"十四五"一体化发展规划》	四川省人民政府	2021-6-9	—	—	四川省人民政府
	6	《川西北生态示范区"十四五"发展规划》	四川省人民政府	2021-6-9	—	—	四川省人民政府
	7	《攀西经济区"十四五"转型升级发展规划》	四川省人民政府	2021-6-9	—	—	四川省人民政府
	8	《关于印发〈通川区2021年实施乡村振兴战略实施方案〉的通知》	中共达州市通川区委办公室、达州市通川区人民政府办公室	2021-6-17	—	—	达州市通川区人民政府
	9	《关于印发〈百节镇乡村振兴战略实施方案〉的通知》	中共达州市达川区百节镇委员会、达州市达川区百节镇人民政府	2020-8-5	百委发〔2020〕142号	—	达州市达川区人民政府
	10	《眉山市民政局 眉山市财政局 眉山市乡村振兴局关于进一步做好巩固拓展脱贫攻坚成果同乡村振兴有效衔接工作的通知》	眉山市民政局，眉山市财政局，眉山市乡村振兴局	2021-8-17	眉市民发〔2021〕47号	015425175/2021-00063	眉山市人民政府
	11	《南江县人民政府关于印发〈南江县国民经济和社会发展第十四个五年规划和二〇三五年远景目标纲要〉的通知》	南江县人民政府	2021-10-8	南府发〔2021〕9号	00838035/202110-00002	巴中市南江县人民政府
	12	《凤鸣镇马川井村（2021—2025）乡村振兴规划》	西充县凤鸣镇人民政府	2021-10-29	—	00794917/2021-00051	南充市西充县人民政府
	13	《西充县发布〈西充县乡村振兴战略规划（2018—2022年）〉》	西充县人民政府	2019-10-21	—	00794167/2019-00156	南充市西充县人民政府
	14	《莲池镇关于印发〈莲池镇实施乡村振兴战略考评激励办法〉的通知》	中共西充县莲池镇委员会、南充市西充县莲池镇人民政府	2019-7-19	西莲委发〔2019〕90号	0000000000000000/2019-00085	南充市西充县人民政府
产业振兴	15	《内江市人民政府办公室关于"十四五"时期实施全域绿色高质量发展进一步加快内江百亿水产强市建设的指导意见》	内江市人民政府办公室	2021-6-7	内府办发〔2021〕22号	—	内江市人民政府
	16	《泸州市江阳区人民政府关于加快推进农业绿色发展殖业的意见》	泸州市江阳区人民政府	2019-3-6	泸江府发〔2019〕4号	—	泸州市江阳区人民政府
	17	《泸州市人民政府关于加快推进农业机械化和农机装备产业发展的意见》	泸州市人民政府	2020-3-31	泸市府发〔2020〕8号	—	泸州市人民政府

续表

类别	序号	政策名称	颁布单位	时间	文号	索引号	网站中文名称
产业振兴	18	《省委省政府印发〈关于坚持农业农村优先发展 推动实施乡村振兴战略落地落实的意见〉》	中共四川省委、四川省人民政府	2019-3-7	—	—	四川省人民政府
	19	《中共达州市通川区委 达州市人民政府关于印发〈达州市通川区现代农业园区建设推进方案（2019—2023年）〉的通知》	中共达州市通川区委办公室、达州市通川区人民政府办公室	2019-12-10	通区委办〔2019〕89号	—	达州市通川区人民政府
	20	《巴中市巴州区人民政府办公室关于印发〈巴州区发展道地药材种植九条措施（试行）〉的通知》	巴中市巴州区人民政府办公室	2019-8-29	巴州府办〔2019〕32号	008842034/2019-00161	巴中市巴州区人民政府
	21	《巴中市人民政府办公室关于印发2019年全市特色农业产业发展推进方案的通知》	巴中市人民政府办公室	2019-5-17	巴府办发〔2019〕14号	—	巴中市人民政府
	22	《桃龙藏族乡关于进一步壮大中药材产业发展的十条措施》	北川羌族自治县桃龙藏族乡人民政府	2020-3-9	—	56569485/202003-00008	绵阳市北川羌族自治县人民政府
	23	《峨边彝族自治县人民政府办公室关于印发〈支持山区现代农业产业园区建设的意见〉的通知》	峨边彝族自治县人民政府办公室	2018-12-31	—	—	乐山市峨边彝族自治县人民政府
	24	《渠县创建中国特色农产品优势区工作方案》	渠县人民政府办公室	2020-6-29	渠府办〔2020〕86号	—	达州市渠县人民政府
	25	《汉源县人民政府办公室关于印发〈2019年"汉源甜樱桃"品牌形象提升工作方案〉的通知》	汉源县人民政府办公室	2019-4-23	汉府办发〔2019〕21号	—	雅安市汉源县人民政府
	26	《汉源县人民政府办公室关于加快推进汉源县畜牧业转型升级绿色发展的意见》	汉源县人民政府办公室	2018-8-30	汉府办发〔2018〕55号	—	雅安市汉源县人民政府
	27	《四川省人民政府办公厅关于推进畜牧业转型升级绿色发展的意见》	四川省人民政府办公厅	2017-10-14	川办发〔2017〕97号	00828882/2017-00565	四川省人民政府
	28	《天全县人民政府关于印发〈天全油茶产业发展三年行动实施方案〉的通知》	天全县人民政府	2020-3-5	—	—	雅安市天全县人民政府
	29	《天全县人民政府办公室关于印发〈天全县乡村振兴农业产业奖补办法〉的通知》	天全县人民政府办公室	2019-5-15	—	—	雅安市天全县人民政府

续表

类别	序号	政策名称	颁布单位	时间	文号	索引号	网站中文名称
产业振兴	30	《广安市中药材种植产业发展规划（2018—2022年）》	广安市人民政府办公室	2019-5-21	广安府办发〔2019〕29号	—	广安市人民政府
	31	《关于印发〈绵阳市"沃野绵州"现代生态循环农业发展规划（2016—2030年）〉的通知》	绵阳市人民政府办公室	2018-9-10	绵府办发〔2018〕30号	00841 0557/2018-00211	绵阳市人民政府
	32	《四川省人民政府办公厅关于印发推动四川白酒产业高质量发展的若干措施的通知》	四川省人民政府办公厅	2021-6-11	川办发〔2021〕33号	00828 2882/2021-00366	四川省人民政府
	33	《荥经县人民政府办公室关于印发〈荥经县关于加快农产品加工业发展的实施意见〉的通知》	荥经县人民政府办公室	2018-1-22	—	—	雅安市荥经县人民政府
	34	《雅安市人民政府办公室关于鼓励和促进旅游民宿发展的实施意见》	雅安市人民政府办公室	2019/11/7	—	—	雅安市人民政府
	35	《雅安市人民政府办公室关于印发〈四川省促进川菜走出去三年行动方案（2018—2020年）雅安市贯彻落实方案〉的通知》	雅安市人民政府办公室	2018-7-29	—	—	雅安市人民政府
	36	《四川省人民政府办公厅关于印发四川省促进川菜走出去三年行动方案（2018—2020年）的通知》	四川省人民政府办公厅	2018-3-21	川办发〔2018〕18号	00828 2882/2018-00151	四川省人民政府
人才发展	37	《巴中市巴州区人民政府办公室关于印发〈巴州区大力培育发展特色小镇的实施意见〉的通知》	巴中市巴州区人民政府办公室	2020-5-13	巴州府办发〔2020〕25号	—	巴中市巴州区人民政府
	38	《泸州市江阳区人民政府办公室关于印发〈江阳区促进返乡下乡创业十八条措施〉的通知》	泸州市江阳区人民政府办公室	2019-11-20	泸江府办发〔2019〕26号	—	泸州市江阳区人民政府
	39	《泸州市人民政府办公室关于印发〈促进返乡下乡创业二十五条措施〉的通知》	泸州市人民政府办公室	2019-5-9	泸市府办发〔2019〕30号	—	泸州市人民政府
	40	《巴中市巴州区人民政府办公室关于印发〈巴中市巴州区促进返乡下乡创业二十二条措施〉的通知》	巴中市巴州区人民政府办公室	2019-9-16	巴州府办发〔2019〕37号	00884537/2019-00043	巴中市巴州区人民政府
	41	《盐亭县人民政府办公室关于印发〈盐亭县返乡下乡创业发展措施十五条〉的通知》	盐亭县人民政府办公室	2020-4-23	—	49301097/202004-00005	绵阳市盐亭县人民政府
	42	《广安市人民政府办公室关于印发〈广安市促进返乡下乡创业实施方案〉的通知》	广安市人民政府办公室	2019-2-19	广安府办发〔2019〕12号	—	广安市人民政府

续表

类别	序号	政策名称	颁布单位	时间	文号	索引号	网站中文名称
基础设施建设	43	《泸州市江阳区人民政府办公室关于印发〈泸州市江阳区乡村客运"金通工程"实施方案〉的通知》	泸州市江阳区人民政府办公室	2020-5-11	泸江府办函〔2020〕24号	—	泸州市江阳区人民政府
	44	《巴中市巴州区人民政府办公室关于〈巴州区国家级电子商务进农村综合示范项目实施方案〉的通知》	巴中市巴州区人民政府办公室	2018-3-9	巴州府办〔2018〕36号	—	巴中市巴州区人民政府
	45	《达州市财政局 达州市乡村振兴局 达州市发展和改革委员会 达州市民族宗教事务局 达州市林业局 达州市农业农村局 达州市残疾人联合会关于印发〈达州市财政衔接推进乡村振兴补助资金管理办法〉的通知》	达州市财政局、达州市乡村振兴局、达州市发展和改革委员会、达州市民族宗教事务局、达州市林业局、达州市农业农村局、达州市残疾人联合会	2021-8-6	达市财农〔2021〕36号	—	达州市人民政府
金融支持	46	《广元市昭化区人民政府办公室关于印发〈广元市昭化区乡村振兴产业发展贷款风险补偿金管理暂行办法〉的通知》	广元市昭化区人民政府办公室	2019-3-14	—	—	广元市昭化区人民政府
	47	《关于印发〈三台县农村金融综合改革助力乡村振兴（2018—2022年）行动计划〉的通知》	三台县人民政府办公室	2018-12-6	三府办发〔2018〕74号	34703899/2018-00303	绵阳市三台县人民政府
	48	《盐亭县人民政府办公室关于印发〈盐亭县财政衔接推进乡村振兴补助资金管理办法〉的通知》	盐亭县人民政府办公室	2021-8-19	盐府办发〔2021〕38号	37663350/202110-00002	绵阳市盐亭县人民政府
	49	《北川羌族自治县人民政府办公室关于印发〈北川羌族自治县特色农业保险试点工作实施方案〉的通知》	北川羌族自治县人民政府办公室	2019-12-2	北办发〔2019〕40号	70538774/201912-00001	绵阳市北川羌族自治县人民政府
土地规划	50	《关于印发〈泸州市纳溪区设施农业用地管理办法〉的通知》	泸州市纳溪区人民政府	2020-9-24	泸纳府发〔2020〕69号	—	泸州市纳溪区人民政府
	51	《遂宁市船山区激活农村建设用地资源助推乡村振兴的十条措施（试点）》	遂宁市船山区人民政府办公室	2019-5-28	遂船府办〔2019〕22号	01/2019-00061	遂宁市船山区人民政府
	52	《关于印发〈大英县激活农村建设用地资源助推乡村振兴十条措施（试点）〉的通知》	大英县人民政府办公室	2019-9-8	大府办函〔2019〕115号	00849218/2019-00372	遂宁市大英县人民政府

续表

类别	序号	政策名称	颁布单位	时间	文号	索引号	网站中文名称
特定区域发展	53	《四川省人民政府关于新时代支持革命老区振兴发展的实施意见》	四川省人民政府	2021-8-25	川府发〔2021〕17号	00828882/2021-00579	四川省人民政府
法治支持	54	《关于印发〈广元市昭化区乡村振兴法治建设实施方案（2020—2022年）〉的通知》	中共广元市昭化区委全面依法治区委员会	2020-9-30	—	00845826X/2020-0166	广元市昭化区人民政府
	55	《大英县乡村振兴法治工作规划（2020—2022年）》	中共大英县委全面依法治县委员会	2020-8-18	—	06394965/2020-00104	遂宁市大英县人民政府

（二十五）贵州省乡村振兴政策索引

类别	序号	政策名称	颁布单位	时间	文号	索引号	网站中文名称
总体规划	1	《中共贵州省委 贵州省人民政府关于全面推进乡村振兴加快农业农村现代化的实施意见》	中共贵州省委、贵州省人民政府	2021-3-15	—	000014349/2021-2983473	贵州省人民政府
	2	《中共南明区委 南明区人民政府关于全面推进乡村振兴加快农业农村现代化的实施意见》	中共南明区委 南明区人民政府办公室	2021/7/12	南党发〔2021〕10号	000014349/2021-2056904	贵阳市南明区人民政府
	3	《黔西县人民政府办公室关于印发〈黔西县林下经济发展三年行动方案〉的通知》	黔西县人民政府办公室	2021-4-8	—	—	毕节市黔西县人民政府
产业振兴	4	《赤水市人民政府办公室关于印发赤水市促进竹木家具产业高质量发展的实施意见的通知》	赤水市人民政府办公室	2020-8-9	赤府办发〔2020〕13号	—	遵义市赤水市人民政府
	5	《玉屏侗族自治县人民政府办公室关于印发玉屏侗族自治县农村电子商务发展助推脱贫攻坚行动方案的通知》	玉屏侗族自治县人民政府办公室	2019-5-10	玉府办发〔2019〕48号	000014349/2020-1039291	铜仁市玉屏侗族自治县人民政府
基础设施建设	6	《赤水市人民政府办公室关于印发赤水市"四好农村路"建设实施方案的通知》	赤水市人民政府办公室	2019-7-2	赤府办发〔2019〕15号	—	遵义市赤水市人民政府

（二十六）云南省乡村振兴政策索引

类别	序号	政策名称	颁布单位	时间	文号	索引号	网站中文名称
总体规划	1	《中共云南省委 云南省人民政府关于全面推进乡村振兴加快农业农村现代化的实施意见》	中共云南省委、云南省人民政府	2021-4-21	省委文件	530000414/202100104	云南省人民政府
产业振兴	2	《西山区2021年农业生产指导意见》	昆明市西山区人民政府	2021-6-9	西政办通[2021]34号	015116516-202108-432329	昆明市西山区人民政府

（二十七）西藏自治区乡村振兴政策索引

类别	序号	政策名称	颁布单位	时间	文号	索引号	网站中文名称
产业振兴	1	《西藏自治区人民政府办公厅关于印发畜牧业发展三年行动计划（2020—2022年）的通知》	西藏自治区人民政府办公厅	2020-7-2	藏政办发[2020]19号	00001434349/2020-00298	西藏自治区人民政府
	2	《西藏自治区人民政府办公厅关于加快推进农业机械化发展的实施意见》	西藏自治区人民政府办公厅	2019-10-23	藏政办发[2019]50号	00001434349/2019-00067	西藏自治区人民政府
	3	《西藏自治区人民政府办公室关于创新农村基础设施投融资体制机制的实施意见》	西藏自治区人民政府办公室	2018-6-6	藏政办发[2018]36号	00001434349/2018-00026	西藏自治区人民政府
	4	《日喀则市人民政府办公室关于印发〈日喀则市科技支撑草业发展三年行动计划（2020—2022年）实施方案〉的通知》	日喀则市人民政府办公室	2020-11-4	日政办发[2020]54号	542300000/2020-71856	日喀则市人民政府
	5	《日喀则市人民政府办公室关于印发〈日喀则市科技支撑畜牧业发展三年行动计划（2020—2022年）实施方案〉的通知》	日喀则市人民政府办公室	2020-11-4	日政发[2020]55号	542300000/2021-71857	日喀则市人民政府

（二十八）陕西省乡村振兴政策索引

类别	序号	政策名称	颁布单位	时间	文号	索引号	网站中文名称
总体规划	1	《西安市人民政府办公厅关于印发西安市促进乡村产业振兴实施方案的通知》	西安市人民政府办公厅	2020-4-13	市政办发[2020]10号	116101007502218682E/2020-032002	西安市人民政府
	2	铜川市"十四五"农业农村现代化规划	铜川市人民政府办公室	2021/11/17	铜政发[2021]31号	TCXXGK-2021-009703	铜川市人民政府

续表

类别	序号	政策名称	颁布单位	时间	文号	索引号	网站中文名称
	3	《陕西省人民政府关于加快农业机械化和农机装备产业转型升级的实施意见》	陕西省人民政府	2019-6-13	陕政发〔2019〕10号	116100000160002917/2019-96533	陕西省人民政府
	4	《铜川市人民政府办公室关于支持生态高效畜牧业发展的实施意见》	铜川市人民政府办公室	2019-1-21	铜政办发〔2019〕2号	TCXXGK-2019-001147	铜川市人民政府
	5	《安康市人民政府办公室关于印发安康市农业五大富硒特色产业五年提升行动计划（2021—2025）的通知》	安康市人民政府办公室	2021-3-19	安政办发〔2021〕8号	719776475/2021-0832	安康市人民政府
	6	《关于印发〈中国重要农业文化遗产——临潼石榴种植系统保护管理办法〉（试行）的通知》	西安市临潼区人民政府办公室	2021-8-17	临政办发〔2021〕82号	11610115783598466K/2021-010780	西安市临潼区人民政府
	7	《铜川市王益区人民政府办公室关于印发〈王益区创建现代农业产业园实施方案〉的通知》	铜川市王益区人民政府办公室	2021-5-28	铜王政办发〔2021〕17号	TCSWYQ-2021-001887	铜川市王益区人民政府
产业振兴	8	《榆林市榆阳区人民政府关于印发榆阳区加快推进农业机械化实施方案的通知》	榆林市榆阳区人民政府	2020-2-21	榆区政发〔2020〕3号	2020-007601	榆林市榆阳区人民政府
	9	《汉台区推进畜牧业转型升级绿色发展工作方案》	汉中市汉台区人民政府	2019-12-9	汉区政发〔2019〕25号	01081761-1/2019-001560	汉中市汉台区人民政府
	10	《陇县人民政府关于印发陇县现代农业产业园建设管理办法（试行）的通知》	陇县人民政府	2021-4-9	—	16010377Q/2021-07363	宝鸡市陇县人民政府
	11	《三原县人民政府办公室关于印发〈三原县加快推进农业机械化和农机装备产业转型升级实施意见〉的通知》	三原县人民政府办公室	2020-6-30	三政办发〔2020〕23号	GK_SY-2020-001837	三原县人民政府
	12	《旬邑县人民政府办公室关于印发旬邑县加快推进农业机械化和农机装备产业转型升级实施方案的通知》	旬邑县人民政府办公室	2020-3-17	旬政办发〔2020〕16号	xyxzf11-2020-000096	旬邑县人民政府
	13	《宜君县人民政府办公室关于印发创建陕西省特色农产品优势区实施方案的通知》	宜君县人民政府办公室	2021-7-26	君政办发〔2021〕30号	TCSYJX-2021-003921	宜君县人民政府

续表

类别	序号	政策名称	颁布单位	时间	文号	索引号	网站中文名称
	14	《洛川县人民政府办公室关于印发〈2021年洛川苹果高质量发展实施方案〉的通知》	洛川县人民政府办公室	2021-3-26	洛政办发〔2021〕8号	1161062901608228K/2021-029768	延安市洛川县人民政府
	15	《黄龙县人民政府关于印发〈黄龙县现代乡村产业体系建设奖补办法（试行）〉的通知》	黄龙县人民政府	2021-4-1	黄政发〔2021〕14号	610631000/2021-00396	延安市黄龙县人民政府
	16	《黄陵县人民政府办公室关于印发〈黄陵苹果高质量发展"百千万"示范工程实施方案〉的通知》	黄陵县人民政府办公室	2020-4-24	黄政发〔2020〕34号	FLXX-2020-00000711	延安市黄陵县人民政府
	17	《靖边县人民政府办公室关于印发靖边县家庭农场省级示范县创建工作实施方案的通知》	靖边县人民政府办公室	2021-9-8	靖政办发〔2021〕62号	610828002/2021_17192	榆林市靖边县人民政府
产业振兴	18	《靖边县人民政府办公室关于印发靖边县创建国家（省级）农产品质量安全县和全国农产品质量安全全程控制体系（GAP）示范县工作实施方案的通知》	靖边县人民政府办公室	2018-10-19	靖政办发〔2018〕108号	610828002/2020_67223	榆林市靖边县人民政府
	19	《清涧县人民政府关于印发2021年红枣产业防灾减灾保障增收工作方案》	清涧县人民政府办公室	2021-11-3	清政办发〔2021〕67号	AB-SWSJW--2021-0961	榆林市清涧县人民政府
	20	《关于印发勉县稻渔综合种养实施方案的通知》	勉县人民政府办公室	2021-7-2	勉政办发〔2021〕55号	6107250000/2021-000098	汉中市勉县人民政府
	21	《陇县人民政府办公室关于印发陇县加快食品工业高质量发展实施意见的通知》	陇县人民政府办公室	2021-4-23	陇政办发〔2021〕8号	—	宝鸡市陇县人民政府
	22	《眉县人民政府办公室关于印发眉县乡村旅游助力乡村振兴行动方案（2021—2023年）的通知》	眉县人民政府办公室	2021-10-15	眉政办发〔2021〕40号	6103260004/2021-01624	宝鸡市眉县人民政府
	23	《岐山县人民政府关于印发岐山县加强标准化战略推动高质量发展实施方案的通知》	岐山县人民政府	2021-5-7	—	A41/2021-00852	宝鸡市岐山县人民政府
	24	《黄龙县人民政府关于印发〈黄龙县加快推进生态农业后整理实施意见（试行）〉的通知》	黄龙县人民政府	2018-8-23	黄政发〔2018〕40号	610631000/2018-00661	延安市黄龙县人民政府

续表

类别	序号	政策名称	颁布单位	时间	文号	索引号	网站中文名称
产业振兴	25	《武功县人民政府办公室关于印发〈2021年推进乡村振兴加强农村基础设施建设实施方案〉的通知》	武功县人民政府办公室	2021-9-10	武政办发[2021]56号	wgxsf-2021-000351	咸阳市武功县人民政府
	26	《凤县人民政府办公室关于印发凤县金融支持乡村振兴工作实施细则的通知》	凤县人民政府办公室	2021-9-26	凤政办发[2021]32号	016012479/2021-01381	宝鸡市凤县人民政府
	27	《三原县人民政府关于进一步发展壮大村级集体经济的实施意见》	三原县人民政府	2020-4-30	三政发[2020]12号	GK_SY-2020-001216	咸阳市三原县人民政府
	28	《清涧县人民政府办公室关于印发〈整县推进"三变"改革发展壮大农村集体经济的实施意见〉的通知》	清涧县人民政府办公室	2020-6-9	清政办发[2020]60号	AB-SWSJW---2020-0656	榆林市清涧县人民政府
特定区域发展	29	《陕西省人民政府关于印发新时代支持革命老区振兴发展若干措施的通知》	陕西省人民政府	2021-8-12	陕政发[2021]13号	11610000160002917/2021-00655	陕西省人民政府

（二十九）甘肃省乡村振兴政策索引

类别	序号	政策名称	颁布单位	时间	文号	索引号	网站中文名称
总体规划	1	《甘肃省人民政府关于促进乡村产业振兴的实施意见》	甘肃省人民政府	2020-1-18	甘政发[2020]9号	620000/2020-000110	甘肃省人民政府
	2	《兰州市人民政府关于促进兰州市乡村产业发展的实施意见》	兰州市人民政府	2020-3-20	兰政发[2020]9号	—	兰州市人民政府
	3	《白银市国民经济和社会发展第十四个五年规划和二〇三五年远景目标纲要》	白银市人民政府	2021-4-5	市政发[2021]25号	GSD0/2021-01267	白银市人民政府
	4	《平凉市人民政府办公室关于贯彻落实甘肃省促进乡村产业振兴实施意见若干措施的通知》	平凉市人民政府办公室	2020-4-21	平政办发[2020]28号	620801001/2020-01714	平凉市人民政府
	5	《中共渭源县委办公室　渭源县人民政府办公室关于印发〈渭源县乡村建设行动省级示范县创建实施方案〉的通知》	中共渭源县委办公室、定西市渭源县人民政府办公室	2021-11-2	渭办发[2021]113号	621123/2021-03948	定西市渭源县人民政府

续表

类别	序号	政策名称	颁布单位	时间	文号	索引号	网站中文名称
	6	《嘉峪关市创新体制机制推进农业绿色发展的实施方案》	嘉峪关市人民政府办公室	2019-6-20	嘉办发〔2019〕16号	00001434 8/2019-00067	嘉峪关市人民政府
	7	《中共嘉峪关市委办公室 嘉峪关市人民政府办公室印发〈关于强化农业以奖代补政策加快推进农业产业化发展的实施意见〉的通知》	中共嘉峪关市委办公室、嘉峪关市人民政府办公室	2019-8-12	嘉办发〔2019〕42号	00001434 8/2019-00089	嘉峪关市人民政府
	8	《嘉峪关市人民政府办公室关于印发〈嘉峪关市戈壁农业发展规划（2018—2022年）〉的通知》	嘉峪关市人民政府办公室	2018-2-27	嘉政办发〔2018〕27号	00001434 8/2018-00017	嘉峪关市人民政府
	9	《嘉峪关市人民政府办公室关于印发嘉峪关市循环农业产业发展专项行动方案的通知》	嘉峪关市人民政府办公室	2019-7-29	嘉政办发〔2019〕72号	00001434 8/2019-00083	嘉峪关市人民政府
	10	《酒泉市人民政府办公室关于印发〈2018年酒泉市支壁生态农业产业发展考核验收及资金扶持办法〉的通知》	酒泉市人民政府办公室	2018-11-23	酒政办发〔2018〕343号	—	酒泉市人民政府
产业振兴	11	《酒泉市人民政府办公室关于印发〈酒泉市加快推进农业供给侧结构性改革大力发展粮食产业经济实施方案〉的通知》	酒泉市人民政府办公室	2018-11-23	酒政办发〔2018〕344号	—	酒泉市人民政府
	12	《白银市人民政府办公室关于加快推进农业机械化发展的实施意见》	白银市人民政府	2020-7-30	市政发〔2020〕55号	GSD0/2020-02596	白银市人民政府
	13	《天水市人民政府关于加快推进农业机械化和农机装备产业转型升级的实施意见》	天水市人民政府	2020-2-27	天政发〔2020〕11号	1314629N/2020-02512	天水市人民政府
	14	《武威市人民政府关于印发〈武威市加强农业农村标准化工作实施方案〉的通知》	武威市人民政府办公室	2020-11-26	—	11622300013930944B/2020-08164	武威市人民政府
	15	《山丹县人民政府关于印发山丹县油菜制种产业发展规划（2021—2025年）的通知》	山丹县人民政府办公室	2021-8-26	山政办发〔2021〕30号	6207250037/2021-00188	张掖市山丹县人民政府
	16	《民乐县人民政府办公室关于印发民乐县循环农业产业发展专项行动计划落实方案的通知》	民乐县人民政府办公室	2019-1-16	民政办发〔2019〕15号	620722087/2019-00015	张掖市民乐县人民政府

续表

类别	序号	政策名称	颁布单位	时间	文号	索引号	网站中文名称
产业振兴	17	《民乐县人民政府办公室关于印发民乐县牛产业发展规划（2020—2024）的通知》	民乐县人民政府办公室	2020-3-27	民政办发〔2020〕10号	62072208 7/2020-00098	张掖市民乐县人民政府
	18	《民勤县人民政府关于印发〈民勤县现代丝路寒旱农业优势特色产业三年倍增行动计划总体方案（2021—2023年）〉的通知》	民勤县人民政府	2021-6-21	民政发〔2021〕41号	—	武威市民勤县人民政府
	19	《崇信县人民政府办公室关于印发崇信县蔬菜产业发展规划（2019—2023）的通知》	崇信县人民政府办公室	2019-7-12	—	—	平凉市崇信县人民政府
	20	《清水县人民政府办公室关于大力促进全县文化旅游产业高质量发展的实施意见》	清水县人民政府办公室	2020-12-25	清政办发〔2020〕130号	qsxrmzfbgs/2021-00002	天水市清水县人民政府
	21	《崇信县人民政府办公室关于印发〈崇信县乡村旅游发展扶持奖励办法（暂行）〉的通知》	崇信县人民政府办公室	2021-2-7	—	—	平凉市崇信县人民政府
人才发展	22	《华池县人民政府办公室关于支持返乡下乡人员创业创新促进农村一二三产业融合发展的实施意见》	华池县人民政府办公室	2017-11-21	—	000000000-2017-00922	庆阳市华池县人民政府
组织建设	23	《关于加强和改进乡村治理的实施意见》	嘉峪关市人民政府办公室	2020-1-20	嘉办发〔2020〕3号	00001434 8/2020-00043	嘉峪关市人民政府
	24	《嘉峪关市人民政府办公室关于印发〈嘉峪关市进一步推进特色产业发展贷款工程的实施方案〉的通知》	嘉峪关市人民政府办公室	2019-7-9	嘉政办发〔2019〕65号	00001434 8/2019-00076	嘉峪关市人民政府
金融支持	25	《永昌县人民政府办公室关于印发〈永昌县金融服务乡村振兴示范县创建方案〉的通知》	永昌县人民政府办公室	2020-7-20	—	—	金昌市永昌县人民政府
	26	《永昌县人民政府办公室关于印发〈永昌县金融支持乡村振兴实施意见〉的通知》	永昌县人民政府办公室	2018-10-10	—	—	金昌市永昌县人民政府

（三十）青海省乡村振兴政策索引

类别	序号	政策名称	颁布单位	时间	文号	索引号	网站中文名称
总体规划	1	《关于全面推进乡村振兴加快农业农村现代化的实施意见》	湟源县人民政府	2021-3-25	源农〔2021〕63号	—	西宁市湟源县人民政府
	2	《湟源县 2020 年实施乡村振兴战略"百乡千村"示范工程行动工作方案》	湟源县人民政府	2020-5-29	—	—	西宁市湟源县人民政府
产业振兴	3	《青海省人民政府办公厅关于促进高原特色畜牧业高质量发展的实施意见》	青海省人民政府办公厅	2021-3-18	青政办〔2021〕20号	015000185/2021-00102	青海省人民政府
	4	《青海省人民政府关于加快推进农业机械化和农机装备产业转型升级的实施意见》	青海省人民政府	2019-5-20	青政〔2019〕32号	015000185/2019-00097	青海省人民政府
	5	《青海省人民政府办公厅关于加快推进农畜产品品牌建设的实施意见》	青海省人民政府办公厅	2018-8-8	青政办〔2018〕115号	015000185/2018-00108	青海省人民政府办公厅
	6	《西宁市人民政府办公室印发关于加快推进西宁市藏羊产业转型发展的工作方案的通知》	西宁市人民政府办公室	2020-11-6	宁政办〔2020〕102号	11630100015008152H/2021-00006	西宁市人民政府
	7	《海东市平安区人民政府关于批转海东市平安区创建全国绿色食品燕麦原料标准化生产基地实施方案的通知》	海东市平安区人民政府	2018-7-6	平政〔2018〕55号	1000-20180706-1020	海东市平安区人民政府
	8	《青海省人民政府关于加快促进乡村产业振兴步伐的实施意见》	青海省人民政府	2019-11-20	青政〔2019〕69号	015000185/2019-00249	青海省人民政府

（三十一）宁夏回族自治区乡村振兴政策索引

类别	序号	政策名称	颁布单位	时间	文号	索引号	网站中文名称
总体规划	1	《中共银川市兴庆区委员会　银川市兴庆区人民政府印发〈关于全面推进乡村振兴加快农业农村现代化的实施意见〉的通知》	中共银川市兴庆区委员会、银川市兴庆区人民政府	2021-3-29	银兴党发[2021]19号	640104-001/2021-00008	银川市兴庆区人民政府
	2	《银川市兴庆区人民政府关于印发〈兴庆区乡村振兴战略三年行动计划方案〉的通知》	中共银川市兴庆区委员会、银川市兴庆区人民政府	2018-5-28	银兴党发[2018]25号	640104-001/2018-42436	银川市兴庆区人民政府
	3	《县人民政府关于印发〈平罗县国民经济和社会发展第十四个五年规划和2035年远景目标纲要〉的通知》	平罗县人民政府	2021-6-1	平政发[2021]31号	640221021/2021-00241	石嘴山市平罗县人民政府
	4	《中共贺兰县委员会　贺兰县人民政府关于印发〈关于全面推进乡村振兴加快农业农村现代化的实施意见〉的通知》	中共贺兰县委员会、贺兰县人民政府	2021-6-4	贺党发[2021]23号	640122-000/2021-00097	银川市贺兰县人民政府
	5	《中共盐池县委办公室　盐池县人民政府办公室关于印发〈2018年盐池县实施乡村振兴战略重点工作清单〉的通知》	中共盐池县委办公室、盐池县人民政府办公室	2018-9-3	盐党办发[2018]64号	640323001/2018-94113	吴忠市盐池县人民政府
	6	《西夏区关于加快构建政策体系培育发展新型农业经营主体的实施意见》	中共银川市西夏区党委农村工作领导小组办公室	2018-9-12	—	640105-116/2018-78149	银川市西夏区人民政府
	7	《中共惠农区委员会　惠农区人民政府关于印发〈惠农区全面推进乡村振兴加快农业农村现代化的实施方案〉的通知》	中共惠农区委员会、惠农区人民政府	2021-2-28	惠党发[2021]1号	—	石嘴山市惠农区人民政府
	8	《县人民政府关于印发宁夏平罗优质瓜菜现代农业产业园建设规划（2020—2025）的通知》	平罗县人民政府	2020-3-18	平政发[2020]23号	640221021/2020-00026	石嘴山市平罗县人民政府
产业振兴	9	《关于印发〈利通区2020年农业产业结构调整实施方案〉的通知》	中共吴忠市利通区委办公室、吴忠市利通区人民政府办公室	2020-2-4	吴利党办发[2020]8号	640302001/2020-00569	吴忠市利通区人民政府
	10	《盐池县人民政府办公室关于印发国家黄花菜绿色生产标准化示范区工作方案〉的通知》	盐池县人民政府办公室	2020-8-18	盐政办发[2020]41号	640323001/2020-00220	吴忠市盐池县人民政府
	11	《自治区人民政府办公厅关于印发宁夏建设全国"数字供销"示范区方案（2021年—2025年）的通知》	宁夏回族自治区人民政府办公厅	2021-7-6	宁政办发[2021]35号	640000/2021-00200	宁夏回族自治区人民政府
	12	《关于印发〈宁夏国家葡萄及葡萄酒产业开放发展综合试验区建设总体方案〉的通知》	农业农村部、工业和信息化部、宁夏回族自治区人民政府	2021-5-25	农外发[2021]1号	640000/2021-00162	宁夏回族自治区人民政府

续表

类别	序号	政策名称	颁布单位	时间	文号	索引号	网站中文名称
组织建设	13	《中共贺兰县委会 贺兰县人民政府关于印发〈贺兰县三级书记抓乡村振兴工作制度〉的通知》	中共贺兰县委员会、贺兰县人民政府	2021-7-29	贺党发〔2021〕32号	640122-000/2021-00145	银川市贺兰县人民政府
基础设施建设	14	《吴忠市利通区人民政府办公室关于印发〈2021年利通区高标准高质量美丽宜居镇重点小城镇建设实施方案〉的通知》	吴忠市利通区人民政府办公室	2021-3-26	吴利政办发〔2021〕13号	640302001/2021-00208	吴忠市利通区人民政府
金融支持	15	《吴忠市红寺堡区人民政府办公室关于印发〈红寺堡区扶持发展壮大村集体经济资金管理办法〉的通知》	吴忠市红寺堡区人民政府办公室	2020-5-22	—	640303001/2020-00094	吴忠市红寺堡区人民政府
	16	《中共盐池县委办公室 盐池县人民政府办公室关于印发〈盐池县2020年发展壮大村级集体经济实施方案〉的通知》	中共盐池县委办公室、盐池县人民政府办公室	2020-11-4	盐党办发〔2020〕12号	64032036/2020-00030	吴忠市盐池县人民政府

（三十二）新疆维吾尔自治区乡村振兴政策索引

类别	序号	政策名称	颁布单位	时间	文号	索引号	网站中文名称
总体规划	1	《轮台县国民经济和社会发展第十四个五年规划和二〇三五年远景目标纲要（社会公开稿）》	轮台县人民政府	2021-10-4	—	JF000-3100-2021-00002	巴音郭楞蒙古自治州轮台县人民政府
产业振兴	2	《关于印发进一步完善"两张网"保障林果业有价值利流通领域健康运作的工作方案的通知》	新疆维吾尔自治区人民政府办公厅	2020-4-27	新政办发〔2020〕21号	—	新疆维吾尔自治区人民政府
	3	《关于印发〈克拉玛依市落实关于加快推进特色农业转型升级的指导意见〉的实施方案》	克拉玛依市人民政府	2021-4-14	克政办发〔2021〕17号	—	克拉玛依市人民政府
	4	《关于印发〈克拉玛依市加快推进农业机械化转型升级实施方案〉的通知》	克拉玛依市人民政府	2020-4-26	新克政发〔2020〕27号	—	克拉玛依市人民政府
	5	《关于印发〈库尔勒市推进农产品销售工作方案〉的通知》	库尔勒市人民政府办公室	2021-5-8	库政办发〔2021〕28号	KEL010450638-2021-00025	巴音郭楞蒙古自治州库尔勒市人民政府

二、附录

附表1 第八批全国民主法治示范村（社区）名单

地区	第八批全国民主法治示范村（社区）
北京市	朝阳区小红门乡小红门村
	丰台区花乡纪家庙村
	门头沟区王平镇南涧村
	房山区西潞街道苏庄村
	通州区台湖镇北姚园村
	大兴区安定镇后安定村
	顺义区南法信镇东杜兰村
	昌平区沙河镇保利罗兰香谷社区
	平谷区南独乐河镇北寨村
	怀柔区琉璃庙镇双文铺村
	密云区巨各庄镇豆各庄村
	延庆区珍珠泉乡珍珠泉村
	东城区前门街道草厂社区
	西城区牛街街道牛街西里二区社区
	海淀区海淀街道海淀南路北社区
	石景山区苹果园街道西山枫林第一社区
天津市	东丽区万新街香邑花园社区
	津南区双新街万盈家园社区
	蓟州区文昌街道龙港社区
	滨海新区中塘镇黄房子村
	西青区精武镇付村
	北辰区大张庄镇大张庄村
	武清区豆张庄镇南双庙村
	宝坻区郝各庄镇李台村
	宝坻区林亭口镇白毛庄
	静海区陈官屯镇邹咀村
	宁河区俵口镇自由村
	蓟州区穿芳峪镇小穿芳峪村
河北省	石家庄市桥西区汇通街道塔坛社区
	石家庄市裕华区方村镇东京北村
	石家庄市新华区革新街道天骄社区
	灵寿县三圣院乡同下村
	无极县南流乡东宋村
	晋州市东卓宿镇西卓宿村
	兴隆县蓝旗营镇蛇皮村

续表

地区	第八批全国民主法治示范村（社区）
河北省	隆化县郭家屯镇河北村
	丰宁满族自治县窟窿山乡冒哈气村
	平泉市党坝镇党坝社区
	康保县张纪镇马鞍架村
	沽源县西辛营乡东辛营村
	张北县小二台镇德胜村
	阳原县井儿沟乡上八角村
	张家口市下花园区定方水乡武家庄村
	秦皇岛市海港区文化路街道红旗里社区
	秦皇岛市抚宁区留守营镇张各前村
	青龙满族自治县隔河头镇大森店村
	唐山市路南区女织寨乡西礼尚庄村
	唐山市路北区机场路街道祥富里社区
	唐山市曹妃甸区唐海镇芦井庄
	遵化市团瓢庄乡山里各庄村
	迁安市五重安乡万宝沟村
	滦南县胡各庄镇沈营村
	迁西县滦阳镇铁门关村
	大厂回族自治县邵府镇牛万屯村
	廊坊市安次区光明西道街道瑞河兰乔社区
	霸州市扬芬港镇阙里墅村
	保定市满城区西城社区
	定兴县北河镇东刘家庄村
	高阳县晋庄镇西河村
	望都县固店镇井泉村
	曲阳县孝墓镇柳树沟村
	安国市药都街道门东村
	任丘市石门桥镇史村
	东光县东光镇东安屯村
	孟村回族自治县高寨镇泊北村
	盐山县盐山镇韩桥村
	海兴县赵毛陶镇尤东村
	沧州市新华区道东街道华油社区
	衡水市桃城区河东街道桥东社区
	衡水市冀州区冀州镇岳良村
	饶阳县王同岳镇王同岳村
	阜城县阜城镇冯塔头村
	阜城县建桥乡建阳村
	邢台市任泽区西固城乡赵村
	邢台市南和区河郭乡赵牌村
	新河县白神首乡刘秋口村

地区	第八批全国民主法治示范村（社区）
河北省	广宗县东召乡北苏村
	威县常庄镇牛家寨村
	南宫市西丁街道东乞村
	邯郸市丛台区黄粱梦镇高北村
	邱县邱城镇后段寨村
	磁县磁州镇滏阳社区
	临漳县临漳镇铜雀社区
	馆陶县房寨镇西浒演村
	成安县辛义乡西霍村
	定州市高蓬镇钮店社区
	辛集市南智邱镇朗口村
	雄安新区容城县南张镇野桥营村
山西省	太原市小店区北格镇西蒲村
	太原市万柏林区白家庄街道九院村
	太原市尖草坪区柴村街道优山美郡社区
	太原市晋源区罗城街道开化村
	太原市阳曲县黄寨镇录古咀村
	大同市平城区南关街道柳航里社区
	阳高县龙泉镇花苑村
	左云县云兴镇西街社区
	大同市新荣区西村乡镇河堡村
	天镇县逯家湾镇李二口村
	朔州市平鲁区下木角乡上木角村
	怀仁市云中镇西小寨村
	右玉县李达窑乡薛家堡村
	定襄县居民事务中心北城社区
	五台县居民办事处西米市社区
	神池县龙泉镇荣庄子村
	岢岚县宋家沟乡宋家沟村
	柳林县金家庄镇金家庄村
	汾阳市栗家庄乡栗家庄村
	中阳县宁乡镇阳坡塔村
	介休市北关街道体育路社区
	和顺县义兴镇井玉沟村
	灵石县静升镇苏溪村
	平定县岔口乡甘泉井村
	盂县孙家庄镇王炭咀村
	阳泉市郊区荫营镇三都村
	襄垣县王桥镇洛江沟村
	长治市上党区南宋乡永丰村
	壶关县五龙山乡刘寨村

续表

地区	第八批全国民主法治示范村（社区）
山西省	晋城市城区北街街道中后河社区
	高平市寺庄镇市望村
	阳城县西河乡郭河村
	陵川县崇文镇城南社区
	古县岳阳镇龙岗社区
	曲沃县杨谈乡石桥堡村
	大宁县太德乡龙吉村
	隰县寨子乡中桑峨村
	永和县桑壁镇桑壁村
	运城市盐湖区龙居镇雷家坡村
	永济市栲栳镇正阳村
	河津市下化乡南桑峪村
	临猗县嵋阳镇嵋阳村
	芮城县古魏镇西关村
内蒙古自治区	呼和浩特市赛罕区兴康社区
	包头市昆区阿尔丁街道青八社区
	包头市九原区沙河街道花园社区
	鄂温克族自治旗巴彦托海镇安门社区
	陈巴尔虎旗巴彦库仁镇多蓝社区
	科右中旗巴彦呼舒镇乌逊嘎查
	乌兰浩特市义勒力特镇义勒力特嘎查
	通辽市科尔沁区红星街道新立屯村
	喀喇沁旗河南街道马鞍山村
	赤峰市元宝山区元宝山镇建昌营村
	东乌珠穆沁旗乌里雅斯太镇恩和吉日嘎郎嘎查
	西乌珠穆沁旗巴彦胡舒苏木哈日阿图嘎查
	卓资县卓资山镇五星村
	乌兰察布市集宁区白海子镇泉玉岭村委会张家村
	鄂托克前旗城川镇黄海子村
	鄂尔多斯市康巴什区滨河街道康城社区
	杭锦后旗头道桥镇民建村
	巴彦淖尔市临河区金川街道江林社区
	乌海市乌达区梁家沟街道永昌佳苑社区
	阿拉善左旗温都尔勒图镇德力乌兰嘎查
辽宁省	新民市张家屯镇后大河泡村
	沈阳市于洪区马三家街道边台村
	沈阳市辽中区刘二堡镇皮家堡村
	沈阳市沈北新区财落街道大辛二村
	沈阳市和平区长白街道金沙湾社区

续表

地区	第八批全国民主法治示范村（社区）
辽宁省	庄河市大营镇新房村
	大连市普兰店区杨树房街道战家村
	大连市旅顺口区经济技术开发区太平沟村
	大连市金普新区二十里堡街道二十里村
	鞍山市千山区东鞍山街道獐子窝村
	鞍山市台安县高力房镇乔坨村
	清原满族自治县清原镇马前寨村
	抚顺市东洲区章党镇洼子伙洛村
	桓仁满族自治县黑沟乡六道沟村
	本溪市南芬区思山岭街道甬子峪村
	丹东市振安区楼房镇楼房村
	锦州市凌海市阎家镇山神村
	营口市老边区边城镇孙家村
	阜新蒙古族自治县建设镇德一村
	辽阳市文圣区罗大台镇张书村
	西丰县凉泉镇泉北村
	盘山县得胜街道得胜村
	朝阳市龙城区龙泉街道东三家村
	建昌县小德营子乡新立屯村
吉林省	长春市九台区土们岭乡马鞍山村
	长春市南关区民康街道九圣祠社区
	长春市双阳区太平镇小石村
	蛟河市拉法街道海青村
	磐石市富太镇长岗村
	舒兰市溪河镇松凤村
	伊通满族自治县靠山镇河沿子村
	梨树县梨树镇八里庙村
	东辽县金州乡双福村
	柳河县孤山子镇杨大院村
	长白朝鲜族自治县十四道沟镇望天鹅新村
	前郭尔罗斯蒙古族自治县白依拉嘎乡新艾里村
	和龙市东城镇光东村
	龙井市开山屯镇怀庆村
	图们市石岘镇河北村
	长白山保护开发区管理委员会池北区白山社区
	梅河口市曙光镇东太平村
黑龙江省	宾县宾州镇友联村
	五常市背荫河镇背荫河村
	巴彦县巴彦港镇沿江村

续表

地区	第八批全国民主法治示范村（社区）
黑龙江省	甘南县兴十四镇兴十四村
	泰来县克利镇河北村
	穆棱市兴源镇西村
	宁安市海浪镇盘岭村
	同江市八岔赫哲族乡八岔村
	佳木斯市郊区望江镇佳兴村
	肇源县茂兴镇合心村
	鸡西市鸡冠区红星乡鸡兴村
	集贤县福利镇东兴村
	铁力市铁力镇山头村
	南岔县晨明镇晨明村
	七台河市茄子河区铁山乡四新村
	绥滨县北岗乡永德村
	萝北县肇兴镇裕丰村
	黑河市爱辉区四嘉子乡卡伦山村
	五大连池市兴隆镇兴隆村
	海伦市向荣镇向新村
	望奎县火箭镇正兰三村
	呼玛县呼玛镇荣边村
上海市	浦东新区大团镇赵桥村
	徐汇区田林街道田林十二村居民区
	黄浦区老西门街道小西门居民区
	静安区芷江西路街道城上城居民区
	长宁区虹桥街道荣华居民区
	宝山区罗泾镇塘湾村
	闵行区颛桥镇银都苑第一居民区
	嘉定区马陆镇北管村
	金山区枫泾镇新义村
	松江区小昆山镇翔昆苑居民区
	奉贤区庄行镇存古村
	奉贤区青村镇吴房村
	崇明区竖新镇仙桥村
	普陀区长征镇象源丽都居民区
	虹口区曲阳路街道林云居民区
	杨浦区长白新村街道长白新城居民区
	青浦区金泽镇莲湖村
江苏省	南京市六合区金牛湖街道金山村
	南京市江宁区汤山街道古泉社区
	南京市江北新区大厂街道新庄社区

续表

地区	第八批全国民主法治示范村（社区）
江苏省	南京市浦口区永宁街道侯冲社区
	江阴市璜土镇璜土村
	宜兴市丁蜀镇西望村
	无锡市惠山区玉祁街道玉祁社区
	徐州市铜山区柳泉镇北村
	徐州市贾汪区大吴街道小吴村
	丰县范楼镇齐阁村
	新沂市马陵山镇高原村
	溧阳市戴埠镇戴南村
	常州市武进区湟里镇西墅村
	常州市钟楼区邹区镇杨庄村
	常州市武进区遥观镇勤新村
	苏州高新区狮山街道金色社区
	苏州工业园区玲珑湾社区
	昆山市玉山镇泾河村
	苏州市张家港经济技术开发区（杨舍镇）善港村
	南通市启东市寅阳镇连兴港村
	南通市海门区三厂街道中兴村
	海安市城东镇葛家桥村
	如东县洋口镇洋口村
	连云港市赣榆区柘汪镇西棘荡村
	灌云县侍庄街道侍圩村
	连云港经济技术开发区中云街道五羊社区
	金湖县吕良镇花园村
	盱眙县黄花塘镇旧铺社区
	淮安市淮安区淮城街道恩来社区
	涟水县涟城街道东门社区
	射阳县盘湾镇南沃村
	响水县双港镇老舍中心社区恩覃村
	盐城市盐都区秦南镇泾口村
	仪征市青山镇胥浦家园社区
	高邮市菱塘回族乡清真村
	扬州市邗江区方巷镇沿湖村
	扬中市油坊镇会龙村
	句容市白兔镇中心村
	丹阳市经济开发区高楼社区
	兴化市陈堡镇唐庄村
	泰兴市黄桥镇祁巷村
	泰州市海陵区城南街道新胜社区

续表

地区	第八批全国民主法治示范村（社区）
江苏省	泰州市高港区口岸街道引江社区
	宿迁市宿豫区新庄镇振友社区
	宿迁市宿城区双庄街道靳塘社区
	泗阳县李口镇八堡村
浙江省	杭州市上城区南星街道馒头山社区
	杭州市西湖区转塘街道外桐坞村
	杭州市萧山区河上镇众联村
	杭州市余杭区良渚街道良渚文化村社区
	桐庐县富春江镇芦茨村
	建德市新安江街道府东社区
	杭州市富阳区银湖街道梓树村
	杭州市临安区太湖源镇指南村
	宁波市海曙区高桥镇民乐村
	宁波市江北区慈城镇毛岙村
	宁波市鄞州区云龙镇上李家村
	余姚市马渚镇开元村
	余姚市梁弄镇横坎头村
	慈溪市周巷镇万安庄村
	宁海县岔路镇下畈村
	象山县墙头镇方家岙村
	温州市鹿城区丰门街道丁桥社区
	温州市龙湾区永中街道万顺社区
	瑞安市曹村镇东岙村
	永嘉县沙头镇渔田村
	文成县南田镇武阳村
	平阳县昆阳镇鸣山村
	龙港市华中社区
	湖州市吴兴区东林镇南山村
	湖州市南浔区和孚镇民当村
	德清县新市镇蔡界村
	长兴县虹星桥镇港口村
	安吉县天子湖镇高禹村
	安吉县昌硕街道双一村
	嘉兴市南湖区凤桥镇联丰村
	嘉善县姚庄镇横港村
	平湖市新埭镇星光村
	海宁市周王庙镇博儒桥村
	桐乡市濮院镇永越村
	嘉兴经济技术开发区长水街道府南社区

续表

地区	第八批全国民主法治示范村（社区）
浙江省	绍兴市越城区孙端街道皇甫庄村
	绍兴市柯桥区漓渚镇棠棣村
	绍兴市上虞区东关街道担山村
	诸暨市枫桥镇栎桥村
	新昌县儒岙镇横板桥村
	兰溪市永昌街道夏李村
	东阳市城东街道单良村
	永康市江南街道园周村
	浦江县黄宅镇横山村
	金华经济技术开发区西关街道寺后皇社区
	衢州市柯城区沟溪乡余东村
	衢州市衢江区高家镇湖仁村
	龙游县湖镇镇地圩村
	江山市碗窑乡凤凰村
	常山县金川街道赵家坪社区
	舟山市定海区马岙街道马岙村
	嵊泗县菜园镇东海社区
	玉环市楚门镇蒲田村
	天台县赤城街道田洋陈村
	仙居县淡竹乡下叶村
	三门县沙柳街道曼岙村
	丽水市莲都区黄村乡黄泥墩村
	庆元县屏都街道蔡段村
	庆元县黄田镇东西村
	缙云县壶镇镇陇东村
	遂昌县云峰街道湖边村
安徽省	肥东县长临河镇四顶社区
	肥西县官亭镇张祠村
	濉溪县百善镇黄新庄村
	淮北市相山区渠沟镇钟楼村
	涡阳县西阳镇郭寨社区
	利辛县城关镇向阳社区
	砀山县良梨镇良梨村
	灵璧县虞姬乡虞姬村
	怀远县榴城镇何巷社区
	蚌埠市禹会区长青乡宗洼村
	阜阳市颍泉区闻集镇刘小寨村
	太和县赵集乡东城村
	淮南市八公山区毕家岗街道新建社区

续表

地区	第八批全国民主法治示范村（社区）
安徽省	淮南市潘集区架河镇武庙村
	明光市涧溪镇白沙王村
	滁州市琅琊区琅琊街道凤凰社区
	金寨县油坊店乡周院村
	六安市裕安区苏埠镇南楼村
	当涂县大陇镇塘桥村
	马鞍山市博望区新市镇新禄村
	芜湖市湾沚区湾沚镇桃园村
	芜湖市鸠江区官陡街道星辰社区
	旌德县孙村镇玉屏村
	宁国市南山街道万福村
	枞阳县枞阳镇新丰村
	铜陵市义安区胥坝乡群心村
	东至县香隅镇漕东村
	青阳县新河镇十里岗村
	潜山市黄铺镇黄铺村
	望江县太慈镇白莲洲村
	黄山市屯溪区黎阳镇凤霞村
	歙县郑村镇郑村
福建省	福州市仓山区仓山镇先锋村
	福州市长乐区营前街道长安村
	福清市宏路街道周店村
	厦门市集美区灌口镇田头村
	厦门市同安区莲花镇军营村
	漳浦县佛昙镇轧内村
	平和县霞寨镇高寨村
	云霄县陈岱镇礁美村
	晋江市西滨镇跃进村
	永春县五里街镇大羽村
	泉州市台商投资区张坂镇后蔡村
	尤溪县梅仙镇坪寨村
	大田县广平镇元沙村
	沙县夏茂镇长阜村
	宁化县曹坊镇三黄村
	莆田市城厢区东海镇海头社区
	莆田市荔城区镇海街道镇海社区
	仙游县钟山镇湖亭村
	建瓯市小松镇湖头村
	南平市建阳区麻沙镇水南村

续表

地区	第八批全国民主法治示范村（社区）
福建省	南平市延平区王台镇溪后村
	上杭县才溪镇下才村
	武平县万安镇捷文村
	龙岩市永定区湖坑镇洪坑村
	福安市溪尾镇溪邳村
	霞浦县松城街道龙贤社区
	宁德市蕉城区七都镇北山村
	平潭综合实验区潭城镇城南村
江西省	南昌县武阳镇前进村
	南昌市西湖区桃花镇一村
	南昌市东湖区贤士湖管理处永溪村
	南昌市青云谱区三家店街道祥和社区
	南昌市红谷滩区凤凰洲管理处凤凰花园社区
	九江市濂溪区十里街道新路岭社区
	共青城市茶山街道东湖社区
	九江市浔阳区金鸡坡街道姬公庵村
	九江市柴桑区城门街道兴联村
	乐平市洎阳街道天湖社区
	景德镇市昌江区西郊街道华风社区
	萍乡市安源区凤凰街北桥外社区
	芦溪县宣风镇珠亭村
	分宜县钤山镇下田村
	新余市高新区马洪办事处山南村
	贵溪市雄石街道东街社区
	鹰潭市余江区潢溪镇渡口村
	于都县梓山镇潭头村
	石城县珠坑乡坳背村
	瑞金市泽覃乡安治畲族村
	全南县南迳镇马古塘村
	赣州经济技术开发区三江乡新江村
	大余县青龙镇元龙畲族村
	高安市大城镇古楼村
	万载县株潭镇上坊村
	靖安县仁首镇大团村
	宜春市宜阳新区官园街道宜兴社区
	玉山县仙岩镇黄茅坞村
	上饶市广信区湖村乡茶园村
	上饶市信州区水南街道金山社区
	横峰县司铺乡刘家村

续表

地区	第八批全国民主法治示范村（社区）
江西省	吉水县丁江镇双橹村
	峡江县金坪民族乡移山村
	永丰县佐龙乡富裕村
	遂川县枚江镇邵溪村
	抚州市临川区罗湖镇邹阳村
	宜黄县神岗乡尧坊村
	广昌县盱江镇彭田村
	南城县株良镇城上村
山东省	济南市市中区十六里河街道分水岭村
	济南市槐荫区匡山街道匡山村
	济南市长清区万德街道马套村
	济南市章丘区相公庄街道桑园村
	济南市济阳区回河街道小何村
	济南市莱芜区张家洼街道徐家河社区
	平阴县安城镇小官村
	商河县贾庄镇栾家洼村
	青岛市城阳区惜福镇街道王家盛世社区
	青岛市黄岛区薛家岛街道山里社区
	青岛市即墨区环秀街道王家庄村
	胶州市胶北街道西松园村
	莱西市院上镇姜家许村
	青岛市崂山区金家岭街道金家岭社区
	平度市凤台街道关家庙头村
	淄博市张店区马尚镇九级村
	淄博市博山区城西街道龙泽园社区
	淄博市周村区大街街道和平社区
	淄博市临淄区敬仲镇白丘北村
	桓台县田庄镇大庞村
	滕州市姜屯镇沙东村
	枣庄市山亭区水泉镇东塆城村
	枣庄市台儿庄区泥沟镇红东村
	东营市东营区黄河路街道耿井村
	东营市河口区六合街道河安社区
	利津县陈庄镇堐西村
	烟台市芝罘区凤凰台街道中台社区
	烟台市福山区清洋街道福惠社区
	烟台市牟平养马岛旅游度假区中原村
	海阳市方圆街道北城阳村
	莱阳市团旺镇光山村

续表

地区	第八批全国民主法治示范村（社区）
山东省	龙口市新嘉街道王格庄新村
	烟台市烟台经济技术开发区福莱山街道福星社区
	潍坊市潍城区北关街道齐家庄社区
	潍坊市坊子区坊子经济发展区王家柳沟村
	诸城市枳沟镇乔庄社区
	寿光市洛城街道洛城西村
	安丘市兴安街道永安社区
	高密市夏庄镇张家官庄二村
	昌邑市卜庄镇大陆村
	临朐县城关街道李家庄社区
	曲阜市小雪街道武家村
	鱼台县罗屯镇大闫村
	金乡县鱼山街道金水社区
	嘉祥县嘉祥街道吉祥社区
	汶上县郭楼镇古城村
	梁山县梁山街道邓楼村
	肥城市老城街道乔庄村
	泰安市岱岳区范镇郑寨子村
	东平县银山镇马山头村
	宁阳县文庙街道文成园社区
	威海市文登区龙山街道西凤凰台社区
	荣成市俚岛镇大庄许家村
	乳山市夏村镇南庄村
	日照市岚山区碑廓镇王家庄村
	莒县招贤镇相家官庄社区
	五莲县于里镇窦家官庄村
	临沭县郑山街道新村
	费县薛庄镇聚鑫村
	临沂市罗庄区罗庄街道沈泉庄社区
	兰陵县卞庄街道代村社区
	莒南县十字路街道永和社区
	临沂市河东区汤河镇程子河社区
	沂水县黄山铺镇河北社区
	郯城县新村银杏产业开发区黄村社区
	德州市德城区黄河涯镇耿李杨社区
	禹城市市中街道薛庙村
	宁津县柴胡店镇吕庄社区
	齐河县晏北街道李官社区
	武城县鲁权屯镇国庄村

续表

地区	第八批全国民主法治示范村（社区）
山东省	夏津县新盛店镇东风村
	庆云县渤海路街道范庵村
	莘县燕店镇东孙庄村
	阳谷县阿城镇闫庄村
	聊城市茌平区振兴街道前曹村
	冠县辛集镇前张官屯村
	高唐县清平镇军户李村
	邹平市黛溪街道北关村
	惠民县孙武街道棣州社区
	惠民县清河镇梅集社区
	阳信县翟王镇韩桥村
	博兴县锦秋街道菜园村
	菏泽市牡丹区西城街道民泰社区
	菏泽市定陶区天中街道王洪庙社区
	单县李田楼镇丁庙村
	曹县青菏街道红庙寨村
	巨野县田桥镇王土墩村
	郓城县南赵楼镇六合苑社区
河南省	郑州市管城回族区北下街街道代书胡同社区
	郑州市中原区林山寨街道百花社区
	登封市告成镇曲河村
	新密市苟堂镇小刘寨村
	开封市祥符区罗王镇罗王村
	开封市龙亭区北道门街道北道门社区
	杞县邢口镇杨屯村
	尉氏县庄头镇韩集村
	新安县铁门镇刘杨村
	宜阳县张坞镇平北村
	汝阳县城关镇三角社区
	嵩县黄庄乡三合村
	洛阳市西工区西工街道014中心社区
	宝丰县赵庄镇大黄村
	鲁山县昭平台库区乡东许庄村
	叶县叶邑镇兰庄村
	平顶山市湛河区姚孟街道阳光苑社区
	安阳市文峰区永明路街道汪家店村
	汤阴县白营镇北陈王村
	内黄县后河镇余庄村
	林州市采桑镇涧东村

续表

地区	第八批全国民主法治示范村（社区）
河南省	鹤壁市鹤山区鹤壁集镇王家荒村
	鹤壁市山城区红旗街街道朝阳街南社区
	新乡市凤泉区潞王坟乡五陵村
	新乡市红旗区洪门办事处诚城社区
	新乡市牧野区王村镇善河村
	新乡县翟坡镇东大阳堤村
	沁阳市沁园街道联盟街社区
	焦作市山阳区定和街道丰收社区
	温县温泉街道西南王村
	清丰县固城镇刘张庄村
	南乐县城关镇西街关社区
	台前县侯庙镇许集村
	许昌市建安区新元街道镜湖社区
	禹州市钧台街道三里社区
	长葛市增福镇申店社区
	漯河市源汇区干河陈乡姬崔村
	漯河市郾城区新店镇齐罗村
	三门峡市陕州区西张村镇人马寨村
	灵宝市城关镇西华村
	西峡县莲花街道莲花社区
	方城县拐河镇东大麦沟村
	镇平县雪枫街道大奋庄村
	内乡县城关镇清真寺村
	社旗县李店镇寇楼村
	民权县绿洲街道史村铺村
	宁陵县阳驿乡潘集村
	商丘市睢阳区新城街道金世纪社区
	柘城县长江新城街道北门社区
	信阳市平桥区明港镇清淮移民新村
	罗山县楠杆镇田堰村
	淮滨县谷堆乡朱湾村
	商城县赤城办事处三里桥社区
	太康县老冢镇刘寨村
	沈丘县白集镇张单庄村
	周口市淮阳区城关回族镇从庄村
	郸城县汲冢镇丁寨村
	平舆县西洋店镇尹湾村
	驻马店市驿城区蚁蜂镇彭楼村
	遂平县阳丰镇阳丰村

续表

地区	第八批全国民主法治示范村（社区）
河南省	汝南县宿鸭湖街道十里铺社区
	济源市玉泉街道竹峪新村
	巩义市紫荆路街道政通路社区
	兰考县东坝头镇张庄村
	汝州市风穴路街道塔寺社区
	长垣市常村镇常东村
	永城市高庄镇车集村
	新蔡县李桥回族镇狮子口村
湖北省	武汉市青山区工人村街青和居社区
	武汉市汉阳区琴断口街七里一村社区
	武汉市新洲区潘塘街陈玉村
	武汉市黄陂区姚家集街道杜堂村
	枣阳市吴店镇肖湾村
	宜城市龙头街道紫阳观社区
	谷城县石花镇五家洲村
	当阳市坝陵街道照耀村
	宜昌市夷陵区樟村坪镇黄家台村
	远安县鸣凤镇凤山社区
	大冶市茗山乡彭晚村
	黄石市西塞山区工业园区（河口镇）道士洑村
	阳新县富池镇金堡村
	十堰市郧阳区谭家湾镇龙泉村
	房县青峰镇青峰街村
	郧西县湖北口回族乡坎子山村
	江陵县熊河镇两湖垸村
	公安县麻豪口镇裕公社区
	洪湖市峰口镇土京村
	荆门市东宝区石桥驿镇花园村
	荆门市掇刀区白庙街道官堰社区
	沙洋县沙洋镇洪岭社区
	鄂州市鄂城区长港镇峒山村
	鄂州市华容区段店镇灯塘村
	汉川市杨林沟镇柏枝村
	孝昌县花园镇冯山社区
	大悟县三里城镇望山村
	麻城市鼓楼街道孝感乡社区
	浠水县散花镇叶家桥村
	武穴市大法寺镇梅均村
	通山县南林桥镇石门村

地区	第八批全国民主法治示范村（社区）
湖北省	崇阳县铜钟乡坳上村
	咸宁市咸安区温泉街道肖桥村
	随州市曾都区何店镇桂华村
	广水市应山办事处八一村
	恩施市白杨坪镇洞下槽村
	巴东县沿渡河镇罗溪坝社区
	来凤县绿水镇老寨村
	仙桃市彭场镇共同村
	天门市杨林街道杨林社区
	潜江市熊口镇洪庄村
	神农架林区阳日镇阳日村
湖南省	长沙市望城区白箬铺镇大塘村
	浏阳市沙市镇秧田村
	长沙市开福区捞刀河街道捞刀河社区
	长沙市天心区暮云街道丽发社区
	衡山县开云镇双全新村
	衡阳市南岳区南岳镇延寿村
	衡阳市雁峰区岳屏镇前进村
	衡阳市珠晖区茶山坳镇堰头村
	攸县网岭镇里旺村
	株洲市石峰区清水塘街道大冲村
	醴陵市来龙门街道北门社区
	株洲市渌口区渌口镇松西子社区
	湘潭市岳塘区霞城街道阳塘村
	湘潭市雨湖区雨湖路街道古梁巷社区
	韶山市清溪镇火车站社区
	新邵县潭溪镇玄本村
	洞口县高沙镇社山村
	武冈市邓家铺镇小康村
	邵阳市北塔区状元洲街道柘木社区
	岳阳市云溪区路口镇南太村
	临湘市五里牌街道火炬村
	平江县安定镇横冲村
	华容县三封寺镇三封寺社区
	津市市金鱼岭街道大关山村
	澧县城头山镇牌楼村
	桃源县盘塘镇朱家港村
	石门县永兴街道新厂社区
	慈利县零溪镇百寿村

续表

地区	第八批全国民主法治示范村（社区）
湖南省	桑植县瑞塔铺镇老岩桥村
	张家界市永定区合作桥乡岩口村
	南县南洲镇南山村
	安化县清塘铺镇龙坳村
	益阳市资阳区大码头街道建新里社区
	益阳市赫山区新市渡镇新华社区
	郴州市苏仙区坳上镇田家湾村
	汝城县文明瑶族乡沙洲瑶族村
	安仁县金紫仙镇源田村
	郴州市北湖区燕泉街道阳光苑社区
	祁阳县茅竹镇三家村
	江永县兰溪瑶族乡勾蓝瑶村
	宁远县九嶷山瑶族乡西湾村
	双牌县茶林镇桐子坳村
	芷江侗族自治县禾梨坳乡古冲村
	沅陵县凉水井镇白合村
	靖州苗族侗族自治县渠阳镇飞山社区
	怀化市鹤城区红星街道宏宇社区
	涟源市杨市镇板桥村
	双峰县三塘铺镇相思村
	冷水江市禾青镇里福社区
	保靖县迁陵镇陇木峒村
	保靖县吕洞山镇夯吉村
	龙山县茨岩塘镇甘露村
	泸溪县浦市镇马王溪村
广东省	广州市从化区鳌头镇西塘村
	广州市海珠区江南中街青凤社区
	广州市番禺区石楼镇大岭村
	深圳市福田区福保街道益田社区
	深圳市龙岗区南湾街道南岭村社区
	深圳市坪山区马峦街道坪环社区
	珠海市香洲区拱北街道茂盛社区
	珠海市斗门区井岸镇草朗村
	汕头市潮阳区金灶镇桥陈村
	南澳县云澳镇中柱村
	佛山市禅城区南庄镇龙津村
	佛山市顺德区北滘镇黄龙村
	佛山市高明区明城镇坟典村
	韶关市浈江区东河街道陵西路社区

续表

地区	第八批全国民主法治示范村（社区）
广东省	翁源县龙仙镇青云村
	连平县忠信镇司前村
	龙川县黄布镇宦境村
	兴宁市新圩镇石崖村
	大埔县百侯镇侯南村
	惠州市惠阳区秋长街道周田村
	惠州市惠城区水口街道姚村村
	海丰县附城镇新山村
	陆河县东坑镇共光村
	东莞市莞城街道北隅社区
	东莞市凤岗镇雁田村
	中山市石岐街道东明社区
	中山市古镇镇曹一村
	江门市蓬江区棠下镇良溪村
	江门市江海区礼乐街道英南村
	阳江市阳东区东城镇丹载村
	阳江市海陵试验区闸坡镇双丰村
	湛江市霞山区爱国街道洪屋社区
	雷州市白沙镇符处村
	化州市笪桥镇柑村村
	信宜市东镇街道解放二社区
	肇庆市鼎湖区凤凰镇同古村
	怀集县连麦镇文岗村
	英德市连江口镇连樟村
	阳山县杨梅镇杨梅村
	潮州市湘桥区桥东街道下津村
	潮州市枫溪区詹厝村
	揭阳市榕城区梅云街道何厝村
	揭西县南山镇火炬村
	云浮市云安区石城镇上洞村
	郁南县桂圩镇桂圩村
广西壮族自治区	马山县古零镇羊山村
	南宁市江南区福建园街道淡村
	南宁市青秀区刘圩镇团黄村
	南宁市西乡塘区石埠街道忠良村
	鹿寨县鹿寨镇波井村
	柳州市柳南区潭西街道在水一方社区
	永福县永福镇曾村村
	桂林市临桂区临桂镇环湖社区

续表

地区	第八批全国民主法治示范村（社区）
广西壮族自治区	梧州市长洲区长洲镇泗洲村
	蒙山县新圩镇坝头村
	合浦县石康镇水车村
	北海市海城区中街街道北部湾社区
	东兴市江平镇万尾村
	上思县叫安镇杆青村
	灵山县三海街道新大村
	浦北县白石水镇良江村
	贵港市港南区桥圩镇新华村
	贵港市覃塘区覃塘街道龙凤村
	容县容西镇祖立村
	北流市新圩镇河村
	百色市田阳区那满镇新立村
	乐业县新化镇百坭村
	富川瑶族自治县柳家乡下湾村
	昭平县黄姚镇北莱村
	环江毛南族自治县下南乡波川村
	河池市金城江区东江镇里仁村
	武宣县黄茆镇上额村
	来宾市兴宾区桥巩镇毛塘村
	崇左市江州区新和镇卜花村
	凭祥市上石镇练江村
海南省	海口市秀英区石山镇施茶村
	海口市美兰区海甸街道新安社区
	三亚市吉阳区博后村
	万宁市礼纪镇太阳村
	琼海市中原镇书斋村
	定安县黄竹镇白塘村
	昌江黎族自治县十月田镇好清村
	洋浦经济开发区干冲区儒兰社区
重庆市	涪陵区南沱镇睦和村
	大渡口区跳磴镇石盘村
	江北区五宝镇干坝村
	长寿区龙河镇保合村
	南川区木凉镇汉场坝村
	潼南区塘坝镇天印村
	荣昌区直升镇万宝村
	璧山区福禄镇斑竹村
	城口县东安镇兴田村

续表

地区	第八批全国民主法治示范村（社区）
重庆市	云阳县人和街道千峰村
	巫溪县古路镇观峰村
	綦江区永城镇中华村
	酉阳土家族苗族自治县黑水镇平地坝村
	彭水苗族土家族自治县郁山镇朱砂村
	武隆区后坪苗族土家族乡白石村
	铜梁区土桥镇六赢村
	江津区油溪镇大坡村
	石柱土家族自治县中益乡华溪村
	渝中区上清寺街道新都巷社区
	沙坪坝区石井坡街道光荣坡社区
	永川区中山路街道卧龙凼社区
	万州区百安坝街道天台社区
四川省	成都市天府新区华阳街道麓湖公园社区
	成都市新都区斑竹园街道三河村
	简阳市平泉街道荷桥村
	邛崃市羊安街道界牌村
	成都市新津区普兴街道岳店村
	大邑县王泗镇庙湾村
	蒲江县甘溪镇明月村
	自贡市大安区和平街道金桂社区
	自贡市贡井区龙潭镇中坝村
	自贡市沿滩区黄市镇丰光村
	攀枝花市仁和区平地镇迤沙拉村
	盐边县新九镇安宁村
	合江县尧坝镇白村
	叙永县叙永镇东外社区
	古蔺县箭竹苗族乡富强村
	德阳市旌阳区旌东街道东山社区
	什邡市方亭街道银杏社区
	绵竹市孝德镇年画村
	平武县高村乡民主村
	绵阳市安州区睢水镇白河村
	绵阳市游仙区魏城镇铁炉村
	苍溪县云峰镇云台村
	广元市利州区河西街道东风坪社区
	广元市朝天区中子镇印坪村
	蓬溪县宝梵镇宝梵村
	遂宁市船山区河沙镇凤凰村

地区	第八批全国民主法治示范村（社区）
四川省	遂宁市安居区常理镇海龙村
	隆昌市圣灯镇三台村
	威远县向义镇水口村
	犍为县寿保镇邓坝村
	峨眉山市大为镇楠香村
	峨边彝族自治县五渡镇铜河村
	南充市顺庆区舞凤街道环都路社区
	南充市嘉陵区大通镇芝麻湾村
	营山县望龙湖镇罐坪村
	蓬安县新园乡宽敞沟村
	宜宾市翠屏区牟坪镇龙兴村
	宜宾市南溪区刘家镇大庙村
	高县胜天镇安和村
	邻水县观音桥镇六合寨村
	广安市广安区中桥街道解放社区
	岳池县石垭镇张口楼村
	达州市通川区磐石镇盐井坝村
	开江县长岭镇中山坪村
	渠县渠南街道大山社区
	巴中市巴州区曾口镇书台村
	巴中市恩阳区明阳镇高店子社区
	通江县广纳镇龙家扁村
	汉源县九襄镇三强村
	芦山县飞仙关镇凤禾村
	眉山市东坡区苏祠街道金龙社区
	青神县青竹街道兰沟村
	乐至县双河场乡海慧寺村
	资阳市雁江区保和镇晏家坝村
	阿坝县查理乡神座村
	壤塘县上壤塘乡查卡村
	若尔盖县求吉乡嘎哇村
	汶川县漩口镇震源新村
	白玉县建设镇河东社区
	石渠县呷依乡尼达村
	理塘县甲洼镇卡娘村
	德昌县德州街道彩虹社区
	甘洛县团结乡瓦姑录村
	冕宁县高阳街道长征社区
	昭觉县解放乡火普村

地区	第八批全国民主法治示范村（社区）
贵州省	贵阳市南明区永乐乡水塘村
	贵阳市花溪区高坡苗族乡扰绕村
	贵阳市观山湖区金华园街道金徽社区
	修文县洒坪镇青山村
	遵义市播州区枫香镇花茂村
	桐梓县马鬃乡龙台村
	绥阳县郑场镇卧龙社区
	遵义市新蒲新区永乐镇高粱村
	习水县隆兴镇林滩村
	六盘水市六枝特区九龙街道河湾社区
	六盘水市水城区杨梅乡姬官营村
	六盘水市钟山区红岩街道东风西路社区
	盘州市淤泥彝族乡岩博村
	安顺市平坝区乐平镇塘约村
	关岭自治县龙潭街道落叶新村
	紫云自治县坝羊镇大坡村
	毕节市金海湖新区响水乡青山村
	纳雍县化作乡枪杆岩村
	赫章县德卓镇柏杨村
	威宁彝族回族苗族自治县龙场镇树舍社区
	铜仁市碧江区灯塔街道矮屯社区
	印江土家族苗族自治县板溪镇凯塘村
	思南县塘头镇青杠坝村
	凯里市开怀街道上马石社区
	雷山县丹江镇猫猫河村
	三穗县武笔街道彩虹社区
	黎平县龙额镇登晒村
	三都水族自治县普安镇高硐村
	平塘县者密镇平河村
	瓮安县银盏镇江口坝社区
	兴仁市屯脚镇鲤鱼村
	册亨县秧坝镇福尧村
	黔西南州义龙新区雨樟镇并嘎村
云南省	昆明市五华区护国街道南屏街社区
	昆明市西山区永昌街道永顺里社区
	鲁甸县龙头山镇龙泉社区
	镇雄县中屯镇齐心村
	曲靖市麒麟区益宁街道金江社区
	宣威市西泽乡新建村

续表

地区	第八批全国民主法治示范村（社区）
云南省	玉溪市红塔区玉兴街道北苑社区
	通海县秀山街道大树社区
	弥勒市新哨镇夸竹社区
	砚山县稼依镇大稼依社区
	江城县勐烈镇桥头村
	西盟县中课镇中课村
	勐腊县勐腊镇曼龙代村
	牟定县凤屯镇河节冲村
	元谋县老城乡丙月村
	大理市湾桥镇中庄村
	漾濞县苍山西镇光明村
	丽江市古城区大研街道义尚社区
	德钦县奔子栏镇玉杰村
	腾冲市清水乡三家村村
	梁河县勐养镇帮盖村
	兰坪县通甸镇黄松村
	凤庆县凤山镇安石村
西藏自治区	拉萨市堆龙德庆区羊达街道通嘎社区
	林周县江热夏乡江热夏村
	拉萨市城关区金珠西路社区
	聂拉木县聂拉木镇江岗村
	日喀则市桑珠孜区城北街道幸福社区
	隆子县玉麦乡玉麦村
	浪卡子县浪卡子镇道布龙社区
	米林县南伊珞巴民族乡才召村
	墨脱县墨脱镇玛迪村
	江达县岗托镇矮拉村
	索县加勤乡达雄村
	日土县日松乡甲岗村
陕西省	西安市雁塔区电子城街道二○五所社区
	西安市国际港务区新筑街道于新村
	西安市长安区太乙宫街道四皓村
	西安市灞桥区狄寨街道杜陵村
	西安市高新区草堂街道高冠村
	扶风县绛帐镇凤鸣村
	岐山县凤鸣镇资福村
	宝鸡市陈仓区东关街道巩家泉村
	太白县咀头镇拐里村
	淳化县十里塬镇十里塬村

续表

地区	第八批全国民主法治示范村（社区）
陕西省	彬州市城关街道万人村
	礼泉县烽火镇烽火村
	泾阳县桥底镇阴郭村
	乾县新阳镇白塔村
	宜君县云梦乡南古村
	铜川市王益区王家河街道柿树沟社区
	渭南市临渭区双王街道槐衙社区
	潼关县秦东镇四知村
	澄城县交道镇樊家川村
	合阳县黑池镇五丰社区
	延川县文安驿镇梁家河村
	子长市余家坪镇新寨河村
	洛川县永乡镇阿寺村
	吴起县铁边城镇新寨村
	榆林市榆阳区上郡路街道凌霄塔社区
	神木市麟州街道铧山路社区
	米脂县银州街道高西沟村
	绥德县满堂川镇武平村
	汉台区河东店镇花果村
	勉县周家山镇留旗营社区
	洋县纸坊街道巩家槽社区
	宁强县高寨子街道肖家坝村
	平利县老县镇蒋家坪村
	平利县老县镇锦屏社区
	镇坪县曾家镇阳河村
	白河县卡子镇陈庄社区
	丹凤县竹林关镇丹水社区
	山阳县十里铺街道高一社区
	柞水县小岭镇金米村
	韩城市金城街道晨钟村
	杨凌示范区杨陵区李台街道阳光社区
	西咸新区空港新城底张街道幸福里社区
甘肃省	兰州市红古区平安镇中和村
	永登县武胜驿镇富强堡村
	天水市秦州区皂郊镇下寨子村
	甘谷县大像山镇西关社区
	秦安县西川镇下王峡村
	嘉峪关市钢城街道紫轩社区
	武威市凉州区双城镇南安村

续表

地区	第八批全国民主法治示范村（社区）
甘肃省	永昌县南坝乡何家湾村
	敦煌市郭家堡镇土塔村
	张掖市甘州区碱滩镇普家庄村
	肃南县红湾寺镇隆畅社区
	华池县柔远镇李庄村
	合水县段家集乡北头村
	平凉市崆峒区东关街道东郊社区
	庄浪县韩店镇石桥村
	白银市白银区工农路街道永丰街社区
	白银市平川区兴平路街道德政社区
	通渭县马营镇赤砂村
	临洮县太石镇后地湾村
	渭源县田家河乡元古堆村
	徽县伏家镇贺店村
	西和县石峡镇高河村
	陇南市武都区池坝乡孟家庄村
	康乐县八松乡纳沟村
	临夏市枹罕镇王坪村
	临潭县冶力关镇关街村
	兰州新区秦川镇炮台村
青海省	西宁市城北区马坊街道新村社区
	西宁市城西区西关大街街道贾小社区
	互助土族自治县五十镇班彦村
	海东市乐都区蒲台乡李家台村
	贵南县茫曲镇沙拉村
	德令哈市河西街道建设路社区
	门源回族自治县北山乡沙沟脑村
	泽库县和日镇和日村
	治多县加吉博洛镇改查村
	玛沁县大武镇雪山路南社区
	达日县吉迈镇丹玛社区
宁夏回族自治区	银川市西夏区镇北堡镇昊苑村
	永宁县闽宁镇原隆村
	贺兰县洪广镇广荣村
	石嘴山市惠农区尾闸镇和平村
	吴忠市利通区金星镇金花园社区
	盐池县王乐井乡曾记畔村
	泾源县兴盛乡新旗村
	中宁县宁安镇古城村

续表

地区	第八批全国民主法治示范村（社区）
新疆维吾尔自治区	霍城县芦草沟镇四宫村
	阿勒泰市巴里巴盖乡阔克尔图村
	青河县萨尔托海乡萨尔喀仁村
	博乐市贝林哈日莫墩乡决肯村
	乌苏市头台乡头台二村
	乌鲁木齐市经济技术开发区（头屯河区）两河片区管委会马家庄子村
	阜康市水磨沟乡柳城子西中心村
	克拉玛依市克拉玛依区小拐乡和谐村
	鄯善县辟展镇乔克塔木村
	伊吾县下马崖乡新丝路社区
	和静县哈尔莫敦镇乌兰尕扎尔村
	温宿县托乎拉乡思源村
	乌什县依麻木镇汗都村
	阿克陶县布伦口乡布伦口村
	伽师县铁日木乡幸福村
	疏附县托克扎克镇阿亚格曼干村
	和田市肖尔巴格乡阿克栏干村
新疆生产建设兵团	第一师十六团十一连
	第二师二二三团园一连
	第三师伽师总场三连
	第四师六十九团二连
	第五师九十一团幸福社区
	第六师芳草湖农场二十八连
	第七师胡杨河市一二九团百花街社区
	第八师石河子市向阳街道二十三社区
	第八师石河子市一三六团四连
	第九师一六三团七连
	第十师一八一团三连
	第十二师西山农牧场锦绣家园社区
	第十三师红星二场三连
	第十四师昆玉市皮山农场九连

附表 2 第二批全国乡村治理示范村名单

地区	第二批全国乡村治理示范村
北京市	朝阳区黑庄户乡小鲁店村
	门头沟区清水镇梁家庄村
	房山区大石窝镇王家磨村
	通州区永乐店镇老槐庄村
	顺义区龙湾屯镇柳庄户村
	昌平区延寿镇湖门村

续表

地区	第二批全国乡村治理示范村
北京市	大兴区长子营镇小黑堡村
	平谷区大华山镇梯子峪村
	怀柔区渤海镇北沟村
	密云区河南寨镇套里村
	延庆区张山营镇西大庄科村
天津市	滨海新区海滨街道联盟村
	西青区精武镇付村
	津南区小站镇迎新村
	北辰区青光镇韩家墅村
	武清区河北屯镇李大人庄村
	宝坻区大口屯镇西刘举人庄村
	静海区团泊镇张家房子村
	宁河区七里海镇任凤村
	宁河区东棘坨镇毛毛匠村
	蓟州区穿芳峪镇东水厂村
河北省	石家庄市正定县新安镇吴兴村
	石家庄市井陉县秀林镇南秀林村
	石家庄市高邑县大营镇中大营村
	石家庄市井陉矿区贾庄镇贾庄村
	承德市平泉市桲椤树镇桲椤树村（社区）
	承德市兴隆县半壁山镇靳杖子村
	承德市滦平县平坊满族乡于营村
	承德市丰宁满族自治县胡麻营镇河东村
	承德市承德县新杖子镇苇子峪村
	张家口市张北县小二台镇德胜村
	张家口市万全区安家堡乡第七屯村
	张家口市涿鹿县五堡镇杨窑村
	张家口市蔚县宋家庄镇郑家庄村
	秦皇岛市海港区石门寨镇柳条庄村
	秦皇岛市昌黎县昌黎镇杏树园村
	秦皇岛市卢龙县木井镇邸柏各庄村
	秦皇岛市青龙县隔河头镇大森店村
	唐山市曹妃甸区第三农场北常坨村
	唐山市滦南县胡各庄镇西胡各庄村
	唐山市迁西县东莲花院镇东城峪村
	唐山市丰南区东田庄乡崔庄户村
	廊坊市固安县彭村乡荆垡营东村
	廊坊市霸州市南孟镇田各庄村
	廊坊市三河市杨庄镇中门辛村
	廊坊市大城县南赵扶镇中赵扶村
	保定市易县安格庄乡田岗村

续表

地区	第二批全国乡村治理示范村
河北省	保定市竞秀区大激店镇郄庄村
	保定市满城区于家庄镇庞村
	保定市高碑店市北城街道兴隆屯村
	保定市阜平县龙泉关镇骆驼湾村
	保定市唐县齐家佐乡西胜沟村
	沧州市盐山县盐山镇韩桥村
	沧州市黄骅市齐家务镇西北村
	沧州市吴桥县曹洼乡前李村
	沧州市南皮县刘八里乡双庙村
	沧州市东光县连镇镇小邢村
	衡水市故城县房庄镇董学村
	衡水市冀州区冀州镇双冢村
	衡水市深州市东安庄乡小寺庄村
	邢台市柏乡县内步乡北大江村
	邢台市信都区浆水镇前南峪村
	邢台市清河县油坊镇油坊村
	邢台市隆尧县固城镇小孟村
	邢台市沙河市新城镇前昇村
	邯郸市冀南新区林坛镇裴村
	邯郸市馆陶县寿山寺乡古高庄村
	邯郸市永年区刘营镇朱庄村
	邯郸市成安县道东堡镇曲村
	定州市高蓬镇钮店村（社区）
	雄县雄州镇黄湾村
山西省	太原市尖草坪区向阳镇南翟村
	太原市清徐县孟封镇杨房村
	大同市云冈区口泉乡杨家窑村
	大同市云州区西坪镇坊城新村
	大同市左云县管家堡乡黑土口村
	朔州市山阴县古城镇古城村
	朔州市应县下社镇石庄村
	忻州市忻府区合索镇北合索村
	忻州市河曲县楼子营镇柏鹿泉村
	忻州市原平市大林乡西神头村
	吕梁市离石区信义镇归化村
	吕梁市文水县下曲镇北辛店村
	吕梁市岚县王狮乡蛤蟆神村
	晋中市太谷区范村镇闫村
	晋中市榆社县郝北镇邓峪村
	晋中市平遥县宁固镇左家堡村
	阳泉市郊区河底镇固庄村

续表

地区	第二批全国乡村治理示范村
山西省	阳泉市盂县秀水镇泥河村
	长治市上党区南宋镇东掌村
	长治市平顺县龙溪镇龙镇村
	长治市壶关县龙泉镇谷驼村
	晋城市城区钟家庄街道洞头村
	晋城市陵川县附城镇丈河村
	临汾市襄汾县邓庄镇涧沟村
	临汾市吉县屯里镇太度村
	临汾市蒲县山中乡山中村
	运城市临猗县猗氏镇翟村
	运城市万荣县汉薛镇四望村
	运城市稷山县稷峰镇姚村
	运城市永济市栲栳镇正阳村
内蒙古自治区	呼和浩特市土默特左旗毕克齐镇银匠房村
	呼和浩特市和林格尔县盛乐镇台基营村
	呼和浩特市和林格尔县大红城乡白其夭村
	包头市青山区兴胜镇东达沟村
	包头市土默特右旗将军尧镇白青尧村
	赤峰市元宝山区五家镇望甘池村
	赤峰市松山区哈拉道口镇王家地村
	赤峰市克什克腾旗万合永镇关东车村
	赤峰市宁城县大城子镇瓦南村
	通辽市科尔沁区木里图镇公司村
	通辽市科尔沁区育新镇黄家窝堡村
	通辽市扎鲁特旗鲁北镇渔泡子村
	通辽市扎鲁特旗巴彦塔拉苏木西巴彦塔拉村
	鄂尔多斯市鄂托克旗苏米图苏木苏里格嘎查
	鄂尔多斯市杭锦旗独贵塔拉镇道图嘎查
	鄂尔多斯市乌审旗嘎鲁图镇神水台村
	呼伦贝尔市鄂伦春自治旗大杨树镇多布库尔猎民村
	呼伦贝尔市新巴尔虎右旗克尔伦苏木芒来嘎查
	呼伦贝尔市扎兰屯市南木鄂伦春民族乡大兴村
	巴彦淖尔市临河区狼山镇富强村
	巴彦淖尔市五原县隆兴昌镇义丰村
	乌兰察布市察哈尔右翼后旗乌兰哈达苏木前进村
	乌兰察布市丰镇市巨宝庄镇巨宝庄村
	兴安盟乌兰浩特市乌兰哈达镇稻花村
	兴安盟科尔沁右翼前旗居力很镇红心村
	兴安盟扎赉特旗巴彦高勒镇巨力河村
	锡林郭勒盟东乌珠穆沁旗乌里雅斯太镇恩和吉日嘎朗嘎查

地区	第二批全国乡村治理示范村
内蒙古自治区	锡林郭勒盟太仆寺旗宝昌镇边墙村
	锡林郭勒盟多伦县诺尔镇北村
	阿拉善盟阿拉善右旗巴丹吉林镇额肯呼都格嘎查
辽宁省	沈阳市铁西区四方台镇土耳坨村
	沈阳市苏家屯区永乐街道互助村
	沈阳市浑南区李相街道王士兰村
	沈阳市于洪区马三家街道边台村
	沈阳市辽中区潘家堡镇于家台村
	沈阳市法库县登仕堡子镇张家堡村
	大连市普兰店区杨树房街道赵家村
	大连市庄河市明阳街道大兴城村
	大连市金普新区七顶山街道拉树山村
	大连市金普新区石河街道石河村（社区）
	大连市高新技术产业园区龙王塘街道龙王塘村
	鞍山市海城市西柳镇西柳村
	本溪市南芬区下马塘街道爱国村
	阜新市阜新蒙古族自治县泡子镇怒河土村
	阜新市彰武县丰田乡双龙村
	辽阳市太子河区铁西街道景尔屯村
	辽阳市辽阳县刘二堡镇前杜村
	辽阳市灯塔市佟二堡镇亮子口村
	铁岭市银州区龙山乡七里屯村
	铁岭市清河区杨木林子镇九社村
	铁岭市铁岭县双井子镇范家窝棚村
	铁岭市开原市庆云堡镇高家窝棚村
	朝阳市双塔区长宝营子乡嘎岔村
	朝阳市龙城区联合镇大三家村
	朝阳市建平县喀喇沁镇东村
	朝阳市喀喇沁左翼蒙古族自治县羊角沟镇十八台村
	朝阳市北票市台吉镇东台吉村
	葫芦岛市绥中县加碑岩乡黄木杖子村
	葫芦岛市建昌县黑山科乡姜杖子村
	葫芦岛市兴城市高家岭镇宋斗村
吉林省	长春市双阳区齐家镇张家村
	长春市双阳区鹿乡镇信家村
	长春市九台区上河湾镇石羊村
	长春市榆树市刘家镇永生村
	长春市农安县合隆镇孙家窝堡村
	长春市德惠市米沙子镇太平沟村
	吉林市船营区大绥河镇小绥河村

续表

地区	第二批全国乡村治理示范村
吉林省	吉林市永吉县金家满族乡伊勒门村
	吉林市蛟河市拉法街道海青村
	吉林市桦甸市桦郊乡友谊村
	吉林市磐石市石嘴镇永丰村
	四平市铁西区平西乡东八大村
	四平市梨树县康平街道八里庙村
	四平市梨树县梨树镇高家村
	四平市伊通满族自治县伊通镇建国村
	辽源市东丰县拉拉河镇福安村
	辽源市东辽县金州乡双福村
	通化市辉南县朝阳镇向阳村
	白山市江源区正岔街道立新村
	白山市抚松县仙人桥镇黄家崴子村
	白山市靖宇县三道湖镇白江河村
	白山市长白朝鲜族自治县马鹿沟镇十八道沟村
	白山市临江市桦树镇杨木顶子村
	松原市前郭尔罗斯蒙古族自治县查干湖镇西索恩图村
	松原市长岭县长岭镇山湾村
	白城市通榆县向海蒙古族乡复兴村
	白城市洮南市东升乡福民村
	延边朝鲜族自治州延吉市朝阳川镇八道村
	延边朝鲜族自治州汪清县鸡冠乡影壁村
	延边朝鲜族自治州安图县新合乡七顶子村
黑龙江省	哈尔滨市双城区希勤满族乡希勤村
	哈尔滨市木兰县柳河镇烧锅窝子村
	哈尔滨市通河县浓河镇民权村
	哈尔滨市延寿县六团镇东安村
	齐齐哈尔市富拉尔基区长青乡库勒村
	齐齐哈尔市富裕县龙安桥镇小河东村
	齐齐哈尔市克山县北联镇新兴村
	齐齐哈尔市讷河市龙河镇勇进村
	牡丹江市西安区海南朝鲜族乡中兴村
	牡丹江市东宁市老黑山镇上碱村
	佳木斯市桦南县驼腰子镇愚公村
	佳木斯市桦川县四马架镇会龙村
	佳木斯市桦川县苏家店镇集贤村
	佳木斯市汤原县汤原镇北向阳村
	佳木斯市同江市八岔赫哲族乡八岔村
	大庆市龙凤区龙凤镇前进村
	大庆市肇源县头台镇仁和堡村
	大庆市林甸县鹤鸣湖镇建设村

地区	第二批全国乡村治理示范村
黑龙江省	大庆市林甸县红旗镇永胜村
	鸡西市虎林市虎头镇虎头村
	双鸭山市饶河县五林洞镇西南岔村
	伊春市铁力市双丰镇前进村
	七台河市勃利县青山乡奋斗村
	鹤岗市萝北县东明朝鲜族乡红光村
	黑河市爱辉区坤河乡富拉尔基村
	黑河市爱辉区四嘉子满族乡小乌斯力村
	绥化市青冈县中和镇四排六村
	绥化市庆安县建民乡建发村
	大兴安岭地区塔河县十八站鄂伦春族乡鄂族村
上海市	闵行区浦锦街道芦胜村
	嘉定区南翔镇永乐村
	浦东新区大团镇赵桥村
	金山区朱泾镇待泾村
	松江区石湖荡镇新源村
	青浦区赵巷镇中步村
	奉贤区四团镇五四村
	奉贤区柘林镇迎龙村
	崇明区建设镇虹桥村
江苏省	南京市浦口区永宁街道青山村
	南京市江宁区汤山街道龙尚村
	南京市江宁区谷里街道双塘村
	南京市六合区横梁街道三友湖村
	南京市溧水区白马镇石头寨村
	南京市高淳区固城街道花山村
	无锡市滨湖区胡埭镇马鞍村
	无锡市新吴区鸿山街道大坊桥村
	无锡市江阴市璜土镇璜土村
	无锡市江阴市顾山镇红豆村
	徐州市贾汪区大吴街道建平村
	徐州市丰县大沙河镇宗集村
	徐州市沛县五段镇后六段村
	徐州市新沂市邵店镇沂北村
	徐州市邳州市炮车街道四王村
	徐州市邳州市岔河镇桥北村
	常州市武进区嘉泽镇跃进村
	常州市金坛区西城街道方边村
	常州市溧阳市溧城街道八字桥村
	常州市溧阳市南渡镇庆丰村
	苏州市吴中区临湖镇牛桥村

续表

地区	第二批全国乡村治理示范村
江苏省	苏州市吴江区盛泽镇黄家溪村
	苏州市常熟市梅李镇瞿巷村
	苏州市张家港经济技术开发区（杨舍镇）善港村
	苏州市太仓市沙溪镇半泾村
	南通市海门区余东镇富民村
	南通市海安市李堡镇杨庄村
	南通市如东县掘港街道虹桥村
	南通市启东市东海镇兴旺村
	南通市如皋市白蒲镇朱家桥村
	连云港市连云区宿城街道东崖屋村
	连云港市赣榆区柘汪镇西棘荡村
	连云港市东海县洪庄镇薛团村
	连云港市灌南县新安镇硕项村
	淮安市淮安区车桥镇丰年村
	淮安市淮阴区淮高镇大福村
	淮安市洪泽区岔河镇白马湖村
	淮安市盱眙县天泉湖镇陡山村
	淮安市金湖县银涂镇红湖村
	盐城市亭湖区黄尖镇花川村
	盐城市盐都区尚庄镇塘桥村
	盐城市大丰区刘庄镇友谊村
	盐城市射阳县新坍镇新潮村
	盐城市建湖县九龙口镇收成村
	盐城市东台市安丰镇红安村
	扬州市邗江区方巷镇沿湖村
	扬州市宝应县广洋湖镇鹃家村
	扬州市仪征市刘集镇白羊村
	镇江市丹阳市延陵镇九里村
	镇江市扬中市新坝镇新治村
	镇江市扬中市八桥镇利民村
	镇江市句容市茅山镇何庄村
	泰州市海陵区城东街道唐甸村
	泰州市高港区胡庄镇宗林村
	泰州市靖江市马桥镇徐周村
	泰州市泰兴市黄桥镇祁巷村
	宿迁市宿豫区关庙镇卓水河村
	宿迁市宿豫区曹集乡伍员里村
	宿迁市沭阳县钱集镇槽坊村
	宿迁市泗阳县穿城镇颜圩村

地区	第二批全国乡村治理示范村
浙江省	杭州市西湖区转塘街道上城埭村
	杭州市萧山区益农镇群围村
	杭州市临平区运河街道双桥村
	杭州市富阳区永昌镇唐昌村
	杭州市临安区太湖源镇指南村
	杭州市桐庐县分水镇后岩村
	杭州市淳安县瑶山乡何家村
	宁波市海曙区集士港镇山下庄村
	宁波市镇海区澥浦镇十七房村
	宁波市奉化区西坞街道蒋家池头村
	宁波市余姚市泗门镇谢家路村
	宁波市慈溪市附海镇东海村
	宁波市宁海县力洋镇海头村
	宁波市象山县泗洲头镇墩岙村
	温州市鹿城区七都街道樟里村
	温州市瓯海区瞿溪街道埭头村
	温州市瑞安市陶山镇沙洲村
	温州市永嘉县岩坦镇源头村
	温州市文成县南田镇武阳村
	温州市平阳县怀溪镇水口村
	温州市苍南县马站镇中魁村
	湖州市吴兴区织里镇义皋村
	湖州市南浔区练市镇水口村
	湖州市德清县洛舍镇东衡村
	湖州市长兴县和平镇马家边村
	湖州市安吉县孝丰镇横溪坞村
	嘉兴市嘉善县大云镇缪家村
	嘉兴市平湖市当湖街道通界村
	嘉兴市海盐县秦山街道北团村
	嘉兴市桐乡市濮院镇新联村
	绍兴市柯桥区齐贤街道齐贤村
	绍兴市上虞区小越街道倪梁村
	绍兴市诸暨市山下湖镇枫江村
	绍兴市嵊州市崇仁镇赵马村
	绍兴市新昌县澄潭街道梅渚村
	金华市金东区江东镇雅湖村
	金华市兰溪市黄店镇王家村
	金华市义乌市义亭镇陇头朱村
	金华市永康市唐先镇秀岩村
	金华市武义县履坦镇坛头村
	金华市磐安县方前镇和溪村

续表

地区	第二批全国乡村治理示范村
浙江省	衢州市柯城区新新街道官庄村
	衢州市江山市清湖街道清泉村
	衢州市常山县辉埠镇东乡村
	衢州市开化县音坑乡下淤村
	舟山市普陀区沈家门街道蚂蚁岛村
	舟山市岱山县岱西镇双合村
	台州市椒江区下陈街道下陈村
	台州市黄岩区沙埠镇横溪村
	台州市临海市沿江镇新兴村
	台州市温岭市大溪镇方山村
	台州市玉环市干江镇上栈头村
	台州市仙居县白塔镇东横街村
	丽水市莲都区黄村乡黄泥墩村
	丽水市龙泉市兰巨乡仙仁村
	丽水市青田县方山乡龙现村
	丽水市缙云县壶镇镇联丰村
	丽水市遂昌县蔡源乡蔡和村
	丽水市松阳县新兴镇上安村
	丽水市景宁畲族自治县东坑镇桃源村
安徽省	合肥市庐阳区三十岗乡崔岗村
	合肥市肥西县丰乐镇双枣村（社区）
	合肥市肥西县柿树岗乡新街村（社区）
	合肥市庐江县金牛镇莫堰村
	芜湖市湾沚区花桥镇花桥村
	芜湖市繁昌区峨山镇东岛村
	芜湖市南陵县籍山镇三连村
	蚌埠市怀远县万福镇刘楼村
	蚌埠市五河县沱湖乡大岗村
	蚌埠市固镇县城关镇张桥村
	淮南市凤台县凤凰镇芮集村
	淮南市寿县安丰镇谷贝村
	马鞍山市博望区丹阳镇百峰村
	马鞍山市当涂县护河镇桃花村
	马鞍山市含山县清溪镇白衣村
	淮北市烈山区烈山镇南庄村
	淮北市濉溪县濉溪镇蒙村
	铜陵市郊区铜山镇南泉村
	铜陵市义安区西联镇犁桥村
	铜陵市枞阳县麒麟镇岱鳌村
	安庆市怀宁县平山镇大洼村（社区）
	安庆市怀宁县月山镇复兴村

地区	第二批全国乡村治理示范村
安徽省	安庆市岳西县主簿镇大歇村
	安庆市岳西县菖蒲镇毛畈村
	黄山市屯溪区阳湖镇兖溪村
	黄山市徽州区潜口镇蜀源村
	黄山市休宁县汪村镇田里村
	滁州市天长市汊涧镇张营村
	滁州市来安县新安镇孙桥村
	滁州市全椒县襄河镇八波村
	阜阳市颍州区三合镇三星村
	阜阳市颍东区老庙镇李土桥村
	阜阳市颍泉区闻集镇葛桥村
	阜阳市界首市大黄镇郭店村
	宿州市埇桥区永镇乡关湖村
	宿州市砀山县葛集镇高寨村
	宿州市萧县杨楼镇新廷村（社区）
	宿州市泗县屏山镇老山村
	六安市舒城县干汊河镇西宕村
	亳州市谯城区古井镇减店村
	亳州市蒙城县许疃镇土桥村
	亳州市利辛县城北镇刘染村
	池州市贵池区梅村镇霄坑村
	池州市东至县木塔乡大田村
	宣城市宁国市港口镇山门村
	宣城市郎溪县梅渚镇定埠村
	宣城市绩溪县家朋乡尚村村
福建省	福州市晋安区寿山乡九峰村
	福州市福清市江镜镇南宵村
	福州市闽侯县上街镇侯官村
	福州市连江县丹阳镇新洋村
	福州市罗源县松山镇北山村
	福州市永泰县同安镇洋中村
	厦门市翔安区内厝镇莲塘村
	漳州市芗城区浦南镇双溪村
	漳州市龙文区郭坑镇洛滨村
	漳州市云霄县和平乡桉树村
	漳州市诏安县四都镇西梧村
	漳州市南靖县南坑镇南高村
	泉州市洛江区罗溪镇洪四村
	泉州市泉港区前黄镇前黄村
	泉州市石狮市永宁镇郭坑回族村

地区	第二批全国乡村治理示范村
福建省	泉州市晋江市磁灶镇大埔村
	泉州市南安市梅山镇灯光村
	泉州市惠安县东岭镇许山头村
	泉州市永春县湖洋镇吴岭村
	泉州市德化县三班镇三班村
	三明市永安市贡川镇龙大村
	三明市清流县嵩溪镇元山村
	三明市宁化县泉上镇谢新村
	三明市建宁县濉溪镇高峰村
	三明市泰宁县梅口乡水际村
	三明市将乐县万安镇万安村
	三明市沙县区夏茂镇俞邦村
	三明市大田县吴山镇阳春村
	莆田市荔城区北高镇山前村
	莆田市城厢区华亭镇埔柳村
	南平市武夷山市兴田镇西郊村
	南平市顺昌县双溪街道下沙村
	南平市光泽县李坊乡李坊村
	龙岩市新罗区雁石镇益坑村
	龙岩市上杭县古田镇苏家坡村
	龙岩市武平县东留镇黄坊村
	龙岩市长汀县河田镇露湖村
	龙岩市连城县朋口镇文坊村
	龙岩市漳平市赤水镇香寮村
	宁德市蕉城区金涵畲族乡上金贝村
	宁德市屏南县熙岭乡龙潭村
	宁德市福安市下白石镇下岐村
	宁德市柘荣县东源乡绸岭村
	平潭综合实验区君山片区北港村
江西省	南昌市南昌县蒋巷镇柏岗山村
	南昌市南昌县幽兰镇东田村
	南昌市安义县长均乡观察村
	南昌市青云谱区青云谱镇城南村
	南昌市湾里管理局罗亭镇义坪村
	九江市修水县黄沙镇汤桥村
	九江市武宁县官莲乡东山村
	景德镇市昌江区丽阳镇枫林村
	萍乡市武功山风景名胜区麻田镇石溪村
	新余市渝水区罗坊镇东边村
	新余市渝水区珠珊镇花田村
	鹰潭市余江区平定乡蓝田村

地区	第二批全国乡村治理示范村
江西省	鹰潭市余江区邓埠街道仪凤村
	赣州市大余县新城镇水南村
	赣州市大余县黄龙镇叶墩村
	赣州市上犹县梅水乡园村
	赣州市安远县车头镇车头村
	宜春市丰城市湖塘乡六坊村
	宜春市靖安县仁首镇大团村
	上饶市铅山县永平镇杨家桥村
	上饶市铅山县河口镇檀合村
	上饶市横峰县莲荷乡义门村
	上饶市横峰县港边乡善塘村
	吉安市井冈山市柏露乡长富桥村
	吉安市吉安县桐坪镇枫冈村
	抚州市崇仁县郭圩乡下屋村
	抚州市金溪县对桥镇横源村
山东省	济南市天桥区桑梓店街道小寨村
	济南市长清区万德街道马套村
	济南市章丘区文祖街道文祖北村
	济南市莱芜区牛泉镇西牛泉村
	青岛市黄岛区宝山镇大陡崖村
	青岛市即墨区移风店镇滨河村
	青岛市胶州市洋河镇山洲头村
	青岛市平度市新河镇洪山四甲村
	淄博市博山区八陡镇东顶村
	淄博市临淄区朱台镇西单村
	淄博市桓台县果里镇徐斜村
	枣庄市薛城区邹坞镇刘庄村
	枣庄市峄城区阴平镇斜屋村
	东营市东营区史口镇林家村
	东营市利津县北宋镇高家村
	烟台市蓬莱区北沟镇两铭村
	烟台市长岛海洋生态文明综合试验区黑山乡南庄村
	潍坊市诸城市密州街道西王门庄子村
	潍坊市安丘市新安街道西许戈村
	潍坊市昌邑市柳疃镇青阜村
	潍坊市经济开发区双杨街道前阙庄村
	济宁市兖州区漕河镇管口新村
	济宁市微山县微山岛镇杨村
	济宁市汶上县汶上街道莲花湖村
	济宁市梁山县大路口乡贾堌堆村
	泰安市新泰市泉沟镇高崖头村

续表

地区	第二批全国乡村治理示范村
山东省	泰安市东平县东平街道塘坊村
	威海市文登区泽库镇尹家村
	威海市乳山市白沙滩镇徐家塂村
	日照市东港区涛雒镇下元一村
	日照市岚山区高兴镇南范家村
	临沂市兰山区半程镇艾崮村
	临沂市罗庄区黄山镇蔡村
	临沂市沂南县大庄镇官庄村
	临沂市蒙阴县垛庄镇蒙河村
	德州市陵城区义渡口镇大李新村
	德州市乐陵市杨安镇万安居新村
	德州市齐河县晏北街道谭策屯村
	德州市夏津县苏留庄镇平安湖村
	聊城市东昌府区堂邑镇刘庄新村
	聊城市临清市康庄镇梅井联合新村
	聊城市东阿县姜楼镇陈店新村
	聊城市高唐县三十里铺镇李奇新村
	滨州市邹平市黄山街道侯家村
	滨州市阳信县商店镇毛张村
	滨州市无棣县信阳镇双堠村
	滨州市博兴县兴福镇中毛村
	菏泽市定陶区马集镇梁堂村
	菏泽市单县浮岗镇小王庄村
	菏泽市巨野县田桥镇王土墩村
	菏泽市鄄城县董口镇军屯村
河南省	郑州市荥阳市汜水镇南屯村
	郑州市荥阳市高山镇高山村
	郑州市新密市城关镇高沟村
	郑州市登封市少林街道雷家沟村
	开封市祥符区万隆乡谢庄村
	开封市杞县葛岗镇西云村
	开封市兰考县三义寨乡白云山村
	开封市城乡一体化示范区杏花营农场班村
	洛阳市洛龙区李楼镇夏庄村
	洛阳市新安县南李村镇懈寺村
	洛阳市汝阳县三屯镇东保村
	洛阳市伊川县平等乡张奇庄村
	平顶山市宝丰县石桥镇邢庄村
	平顶山市卫东区蒲城街道任寨村
	平顶山市高新区遵化店镇严村
	平顶山市舞钢市尹集镇姬庄村

续表

地区	第二批全国乡村治理示范村
河南省	安阳市龙安区龙泉镇东上庄村
	安阳市内黄县城关镇李小汪村
	安阳市林州市姚村镇史家河村
	安阳市林州市黄华镇庙荒村
	鹤壁市鹤山区鹤壁集镇后蜀村
	鹤壁市浚县浚州街道甘草庄村
	新乡市凤泉区潞王坟乡五陵村
	新乡市新乡县翟坡镇东大阳堤村
	新乡市辉县市孟庄镇南陈马村
	新乡市平原城乡一体化示范区韩董庄镇杨厂村
	焦作市修武县七贤镇宰湾村
	焦作市博爱县金城乡钟庄村
	焦作市武陟县乔庙镇关王庙村
	焦作市沁阳市紫陵镇坞头村
	濮阳市台前县夹河乡南张庄村
	濮阳市濮阳县鲁河镇后杜堌村
	许昌市襄城县库庄镇北常庄村
	许昌市禹州市花石镇河东张庄村
	漯河市召陵区召陵镇后油李村
	漯河市西城区阴阳赵镇水坑赵村
	三门峡市义马市东区街道程村
	三门峡市城乡一体化示范区大王镇神窝村
	南阳市卧龙区七里园乡达士营村
	南阳市唐河县滨河街道王庄村
	南阳市桐柏县新集乡磨沟村
	南阳市邓州市十林镇习营村
	商丘市梁园区刘口镇当店王村
	商丘市睢阳区冯桥镇曹庄村
	商丘市民权县双塔镇秣坡村
	商丘市夏邑县曹集乡冉庄村
	信阳市光山县晏河乡帅洼村
	信阳市商城县金刚台镇杜畈村
	信阳市潢川县双柳树镇李楼村
	信阳市息县曹黄林镇谢老寨村
	周口市淮阳区四通镇时庄村
	周口市西华县黄桥乡裴庄村
	周口市沈丘县卞路口乡肖门村
	周口市太康县五里口乡五西村
	驻马店市驿城区水屯镇孟庄村
	驻马店市遂平县玉山镇悦庄村

续表

地区	第二批全国乡村治理示范村
河南省	驻马店市泌阳县下碑寺乡大郭庄村
	驻马店市新蔡县砖店镇周寺村
	济源市克井镇柿槟村
	济源市五龙口镇留村
湖北省	武汉市江夏区五里界街道锦绣村
	武汉市黄陂区六指街道新博村
	武汉市新洲区仓埠街道项山村
	黄石市开发区铁山区章山街道龙山村
	十堰市郧西县关防乡沙沟村
	十堰市竹溪县兵营镇四条沟村
	十堰市房县门古寺镇项家河村
	宜昌市夷陵区龙泉镇雷家畈村
	宜昌市兴山县高桥乡大槽村
	宜昌市当阳市玉泉街道合意村
	襄阳市南漳县李庙镇赵店村
	襄阳市保康县马桥镇尧治河村
	鄂州市梁子湖区太和镇陈太村
	鄂州市华容区段店镇百席村
	荆门市高新区掇刀区麻城镇雷集村
	荆门市沙洋县纪山镇郭店村
	荆门市钟祥市柴湖镇前营村
	荆门市漳河新区漳河镇却集村
	孝感市大悟县夏店镇朝阳村
	孝感市云梦县城关镇西王村
	孝感市安陆市洑水镇殷棚村
	荆州市沙市区观音垱镇垱林村
	荆州市公安县杨家厂镇长江村
	荆州市荆州区马山镇蔡桥村
	荆州市松滋市街河市镇新星村
	黄冈市团风县淋山河镇竹林垮村
	黄冈市浠水县兰溪镇盐客树村
	黄冈市麻城市黄土岗镇堰头垸村
	黄冈市武穴市大法寺镇步塘村
	咸宁市咸安区官埠桥镇小泉村
	咸宁市嘉鱼县潘家湾镇四邑村
	咸宁市通城县五里镇尖山村
	咸宁市通山县南林桥镇石门村
	咸宁市赤壁市官塘驿镇张司边村
	随州市广水市关庙镇梅庙村
	恩施土家族苗族自治州恩施市盛家坝镇二官寨村

地区	第二批全国乡村治理示范村
湖北省	恩施土家族苗族自治州建始县高坪镇青里坝村
	恩施土家族苗族自治州鹤峰县下坪乡岩门村
	潜江市熊口镇赵脑村
	天门市黄潭镇七屋岭村
湖南省	长沙市望城区乌山街道团山湖村
	长沙市长沙县春华镇春华山村
	长沙市浏阳市沙市镇东门村
	长沙市宁乡市菁华铺乡陈家桥村
	衡阳市衡南县泉溪镇喇叭堰村
	衡阳市衡阳县西渡镇新桥村
	衡阳市衡东县荣桓镇南湾村
	衡阳市常宁市塔山瑶族乡狮园村
	衡阳市珠晖区和平乡新华村
	株洲市茶陵县火田镇卧龙村
	株洲市醴陵市孙家湾镇孙家湾村
	株洲市石峰区井龙街道茅太新村
	湘潭市湘潭县中路铺镇柳桥村
	湘潭市雨湖区鹤岭镇龙安村
	邵阳市邵东市堡面前乡大羊村
	邵阳市隆回县岩口镇向家村
	邵阳市洞口县竹市镇向阳村
	邵阳市城步苗族自治县丹口镇花龙村
	邵阳市新宁县清江桥乡桃花村
	岳阳市平江县梅仙镇三里村
	岳阳市岳阳县张谷英镇张谷英村
	岳阳市湘阴县鹤龙湖镇新河村
	岳阳市汨罗市汨罗镇瞭家山村
	常德市鼎城区草坪镇枫林口村
	常德市石门县南北镇薛家村
	常德市安乡县安康乡仙桃村
	常德市津市市金鱼岭街道大关山村
	张家界市永定区王家坪镇马头溪村
	张家界市桑植县洪家关白族乡小埠头村
	益阳市安化县小淹镇老安村
	益阳市资阳区张家塞乡富民村
	益阳市沅江市胭脂湖街道三眼塘村
	郴州市北湖区鲁塘镇陂副村
	郴州市宜章县关溪乡东源村
	郴州市汝城县文明瑶族乡沙洲瑶族村
	郴州市安仁县安平镇桥石村

续表

地区	第二批全国乡村治理示范村
湖南省	永州市双牌县麻江镇廖家村
	永州市东安县鹿马桥镇马坪村
	永州市道县梅花镇贵头村
	永州市江永县兰溪瑶族乡勾蓝瑶村
	怀化市芷江侗族自治县禾梨坳乡古冲村
	怀化市中方县中方镇荆坪村
	怀化市会同县堡子镇上坊村
	怀化市靖州苗族侗族自治县渠阳镇林源村
	娄底市娄星区万宝镇石塘村
	娄底市双峰县梓门桥镇黄马洲村
	娄底市新化县天门乡土坪村
	湘西土家族苗族自治州吉首市矮寨镇德夯村
	湘西土家族苗族自治州凤凰县廖家桥镇菖蒲塘村
	湘西土家族苗族自治州古丈县默戎镇牛角山村
广东省	广州市花都区赤坭镇瑞岭村
	广州市番禺区大石街道大山村
	广州市从化区城郊街道西和村
	广州市增城区新塘镇瓜岭村
	珠海市斗门区井岸镇草朗村
	珠海市斗门区斗门镇上洲村
	珠海市金湾区红旗镇沙脊村
	珠海市横琴新区桂山镇桂山村
	汕头市龙湖区外砂街道蓬中村
	汕头市澄海区上华镇菊池村
	汕头市潮南区成田镇大寮村
	汕头市南澳县云澳镇中柱村
	佛山市禅城区张槎街道下朗村
	佛山市顺德区北滘镇黄龙村
	佛山市三水区乐平镇源潭村
	韶关市乐昌市九峰镇茶料村
	韶关市仁化县董塘镇新龙村
	韶关市翁源县龙仙镇桂竹村
	河源市和平县大坝镇水背村
	河源市龙川县佗城镇枫深村
	梅州市梅县区丙村镇芦陵村
	惠州市惠城区马安镇新楼村
	惠州市惠阳区沙田镇东澳村
	惠州市惠东县巽寮滨海旅游度假区渔业村
	惠州市龙门县蓝田瑶族乡上东村
	汕尾市海丰县可塘镇仓前村

地区	第二批全国乡村治理示范村
广东省	东莞市茶山镇南社村
	东莞市常平镇桥梓村
	中山市三乡镇雍陌村
	中山市南朗街道左步村
	江门市新会区崖门镇南合村
	江门市台山市台城街道桂水村
	江门市鹤山市龙口镇青文村
	阳江市江城区岗列街道对岸村
	阳江市阳东区东城镇丹载村
	阳江市阳春市岗美镇潭簕村
	湛江市麻章区麻章镇厚礼北村
	湛江市麻章区麻章镇云头下村
	茂名市高州市根子镇元坝村
	茂名市化州市笪桥镇柑村村
	肇庆市四会市石狗镇程村村
	肇庆市广宁县南街街道江美村
	清远市清城区东城街道新桥村
	清远市英德市连江口镇连樟村
	清远市连州市三水瑶族乡新八村
	潮州市湘桥区桥东街道社光村
	潮州市饶平县东山镇东明村
	揭阳市揭西县金和镇山湖村
	云浮市罗定市附城街道丰盛村
广西壮族自治区	南宁市马山县古零镇乔老村
	南宁市西乡塘区石埠街道忠良村
	南宁市良庆区那陈镇邕乐村
	柳州市城中区静兰街道环江村
	柳州市柳南区太阳村镇山湾村
	桂林市灵川县潭下镇老街村
	桂林市全州县才湾镇南一村
	桂林市荔浦市马岭镇地狮村
	桂林市恭城瑶族自治县平安镇桥头村
	梧州市长洲区长洲镇泗洲村
	北海市合浦县石康镇豹狸村
	防城港市东兴市东兴镇河洲村
	钦州市灵山县佛子镇大芦村
	贵港市平南县官成镇八宝村
	贵港市港南区东津镇石连村
	玉林市北流市新圩镇河村
	玉林市陆川县横山镇石塘村

续表

地区	第二批全国乡村治理示范村
广西壮族自治区	玉林市福绵区福绵镇十丈村
	百色市德保县城关镇那温村
	百色市凌云县下甲镇加西村
	百色市田林县利周瑶族乡福祥村
	贺州市八步区莲塘镇炭冲村
	贺州市平桂区鹅塘镇槽碓村
	河池市宜州区石别镇清潭村
	河池市环江毛南族自治县大才乡新坡村
	河池市东兰县武篆镇东里村
	来宾市武宣县桐岭镇和律村
	崇左市扶绥县中东镇四新村
	崇左市江州区新和镇卜花村
海南省	三亚市吉阳区大茅村
	文昌市会文镇凤会村
	万宁市龙滚镇文渊村
	东方市大田镇乐妹村
	五指山市通什镇番赛村
	澄迈县永发镇卜罗村
	屯昌县乌坡镇美华村
	昌江黎族自治县叉河镇排岸村
	琼中黎族苗族自治县和平镇堑对村
	白沙黎族自治县牙叉镇对俄村
重庆市	大渡口区建胜镇民胜村
	沙坪坝区回龙坝镇回龙坝村
	北碚区柳荫镇东升村
	渝北区木耳镇金刚村
	巴南区花溪街道先锋村
	江津区先锋镇保坪村
	合川区狮滩镇任家村
	永川区永荣镇白云寺村
	南川区木凉镇汉场坝村
	大足区拾万镇长虹村
	璧山区大兴镇高桥村
	铜梁区南城街道黄桷门村
	荣昌区安富街道通安村
	武隆区黄莺乡复兴村
	垫江县沙坪镇毕桥村
	奉节县安坪镇三沱村
	巫山县竹贤乡下庄村
	巫溪县古路镇观峰村

续表

地区	第二批全国乡村治理示范村
重庆市	秀山土家族苗族自治县梅江镇兴隆坳村
	酉阳土家族苗族自治县花田乡何家岩村
四川省	四川天府新区太平街道桃源村
	成都市新都区新繁街道汪家村
	成都市新津区兴义镇张河村
	成都市蒲江县成佳镇麟凤村
	自贡市沿滩区沿滩镇詹井村
	自贡市荣县来牟镇一洞桥村
	自贡市富顺县狮市镇马安村
	泸州市纳溪区天仙镇清凉村
	泸州市泸县喻寺镇谭坝村
	泸州市古蔺县永乐街道麻柳滩村
	德阳市旌阳区德新镇五星村
	德阳市罗江区鄢家镇星光村
	德阳市什邡市雍城街道箭台村
	绵阳市游仙区魏城镇铁炉村
	绵阳市安州区塔水镇七里村
	绵阳市盐亭县富驿镇雄关村
	广元市利州区白朝乡月坝村
	广元市旺苍县东河镇南凤村
	广元市青川县青溪镇阴平村
	遂宁市蓬溪县常乐镇拱市村
	遂宁市大英县蓬莱镇吊脚楼村
	遂宁市射洪市沱牌镇龙泉村
	内江市市中区朝阳镇黄桷桥村
	内江市威远县向义镇水口村
	内江市隆昌市普润镇印坝村
	乐山市市中区悦来镇荔枝湾村
	乐山市沙湾区踏水镇柏林村
	乐山市峨边彝族自治县新林镇茗新村
	南充市营山县黄渡镇兰武村
	南充市蓬安县兴旺镇三青沟村
	南充市仪陇县赛金镇芝兰坝村
	宜宾市翠屏区李庄镇安石村
	宜宾市叙州区柏溪街道喜龙村
	宜宾市高县来复镇大屋村
	广安市前锋区虎城镇水口村
	广安市岳池县白庙镇郑家村
	广安市华蓥市禄市镇凉水井村
	达州市通川区磐石镇谭家沟村

续表

地区	第二批全国乡村治理示范村
四川省	达州市宣汉县三墩土家族乡大窝村
	达州市大竹县团坝镇农华村
	巴中市巴州区大和乡界牌村
	巴中市通江县沙溪镇王坪村
	巴中市南江县赤溪镇西厢村
	雅安市汉源县清溪镇同心村
	雅安市石棉县安顺场镇安顺村
	雅安市芦山县飞仙关镇凤禾村
	眉山市彭山区黄丰镇团结村
	眉山市丹棱县仁美镇桂香村
	眉山市青神县青竹街道兰沟村
	资阳市雁江区丹山镇大佛村
	资阳市安岳县兴隆镇金龙村
	阿坝藏族羌族自治州马尔康市马尔康镇西索村
	阿坝藏族羌族自治州松潘县川主寺镇八十沟村
	阿坝藏族羌族自治州红原县瓦切镇日干村
	甘孜藏族自治州康定市姑咱镇若吉村
	甘孜藏族自治州九龙县魁多镇里伍村
	甘孜藏族自治州乡城县青德镇仲德村
	凉山彝族自治州宁南县宁远镇梓油村
	凉山彝族自治州冕宁县复兴镇建设村
贵州省	贵阳市开阳县禾丰布依族苗族乡穿洞村
	贵阳市修文县六屯镇大木村
	贵阳市息烽县石硐镇大洪村
	遵义市汇川区板桥镇板桥村
	遵义市播州区枫香镇花茂村
	遵义市习水县土城镇青杠坡村
	六盘水市六枝特区牂牁镇西陵村
	六盘水市六枝特区月亮河彝族布依族苗族乡月亮河村
	六盘水市水城区米箩镇倮么村
	安顺市西秀区旧州镇茶岭村
	安顺市镇宁布依族苗族自治县马厂镇茂良村
	安顺经济技术开发区幺铺镇阿歪寨村
	安顺市黄果树旅游区龙宫镇龙潭村
	毕节市七星关区长春堡镇干堰村
	毕节市黔西市新仁乡化屋村
	毕节市金海湖新区响水乡青山村
	铜仁市石阡县大沙坝乡任家寨村
	铜仁市思南县塘头镇青杠坝村
	铜仁市碧江区滑石乡老麻塘村

续表

地区	第二批全国乡村治理示范村
贵州省	黔东南苗族侗族自治州丹寨县南皋乡石桥村
	黔东南苗族侗族自治州从江县高增乡占里村
	黔东南苗族侗族自治州雷山县丹江镇脚猛村
	黔南布依族苗族自治州贵定县沿山镇星溪村
	黔南布依族苗族自治州惠水县涟江街道排楼村
	黔南布依族苗族自治州荔波县黎明关水族乡板寨村
	黔南布依族苗族自治州平塘县克度镇金星村
	黔西南布依族苗族自治州兴义市则戎镇冷洞村
	黔西南布依族苗族自治州晴隆县碧痕镇东风村
	黔西南布依族苗族自治州义龙新区顶效街道楼纳村
云南省	昆明市晋宁区晋城街道福安村
	昆明市宜良县狗街镇高古马村
	曲靖市麒麟区珠街街道中所村
	曲靖市陆良县小百户镇上坝村
	玉溪市红塔区春和街道黄草坝村
	玉溪市江川区雄关乡白石岩村
	玉溪市新平彝族傣族自治县平甸乡桃孔村
	保山市隆阳区蒲缥镇秉塞村
	保山市施甸县老麦乡茨桶村
	保山市腾冲市清水乡三家村村
	昭通市彝良县洛旺乡茶园村
	昭通市威信县双河乡楠木村
	丽江市宁蒗彝族自治县红桥镇黄腊老村
	普洱市宁洱哈尼族彝族自治县黎明乡岔河村
	普洱市景谷傣族彝族自治县益智乡石寨村
	临沧市双江拉祜族佤族布朗族傣族自治县沙河乡允俸村
	楚雄彝族自治州南华县五街镇咪黑们村
	楚雄彝族自治州元谋县老城乡丙月村
	红河哈尼族彝族自治州蒙自市草坝镇富民村
	红河哈尼族彝族自治州泸西县午街铺镇凤舞村
	文山壮族苗族自治州麻栗坡县天保镇天保村
	文山壮族苗族自治州马关县马白镇马洒村
	西双版纳傣族自治州勐海县打洛镇打洛村
	大理白族自治州宾川县拉乌乡箐门口村
	大理白族自治州云龙县诺邓镇天池村
	德宏傣族景颇族自治州梁河县芒东镇清平村
	德宏傣族景颇族自治州盈江县旧城镇东丙村
	怒江傈僳族自治州福贡县鹿马登乡亚坪村
	迪庆藏族自治州香格里拉市小中甸镇联合村
	迪庆藏族自治州德钦县云岭乡西当村
西藏自治区	拉萨市达孜区雪乡扎西岗村

续表

地区	第二批全国乡村治理示范村
西藏自治区	拉萨市林周县强嘎乡曲嘎强村
	昌都市卡若区城关镇通夏村
	昌都市类乌齐县桑多镇扎西贡村
	山南市琼结县拉玉乡强吉村
	日喀则市江孜县紫金乡努堆村
	林芝市米林县南伊珞巴民族乡才召村
	林芝市巴宜区更章门巴民族乡久巴村
	那曲市比如县羊秀乡羊秀村
	阿里地区措勤县磁石乡尼龙村
陕西省	西安市灞桥区狄寨街道杜陵村
	西安市阎良区关山街道北冯村
	西安市临潼区小金街道小金村
	西咸新区泾河新城永乐镇瑞凝村
	宝鸡市陈仓区东关街道西秦村
	宝鸡市凤翔区城关镇周家门前村
	宝鸡市千阳县张家塬镇王家庄村
	咸阳市兴平市西城街道花王村
	咸阳市泾阳县三渠镇白杨村
	铜川市王益区王家河街道南雷村
	铜川市耀州区锦阳路街道水峪村
	渭南市潼关县秦东镇四知村
	渭南市澄城县冯原镇吉安城村
	渭南市合阳县坊镇灵泉村
	延安市宝塔区枣园街道庙沟村
	延安市富县茶坊街道马坊村
	延安市子长市安定镇三十里铺村
	榆林市横山区魏家楼镇王梁村
	榆林市府谷县黄甫镇段寨村
	榆林市米脂县银州街道高西沟村
	汉中市城固县桔园镇刘家营村
	汉中市西乡县城北街道枣园村
	汉中市留坝县紫柏街道小留坝村
	安康市平利县城关镇龙头村
	安康市石泉县池河镇明星村
	安康市汉阴县城关镇三元村
	商洛市镇安县高峰镇渔坪村
	商洛市商南县赵川镇店坊河村
	杨凌示范区杨陵区五泉镇王上村
	杨凌示范区杨陵区揉谷镇田西村
	韩城市龙门镇北潘庄村
	韩城市新城街道五星村

续表

地区	第二批全国乡村治理示范村
甘肃省	兰州市永登县红城镇玉山村
	兰州市榆中县和平镇冯湾村
	金昌市金川区宁远堡镇中牌村
	酒泉市玉门市柳河镇红旗村
	张掖市高台县巷道镇东联村
	武威市古浪县干城乡富民新村
	武威市天祝藏族自治县松山镇德吉新村
	白银市平川区黄峤镇神木头村
	白银市会宁县丁家沟镇线川村
	天水市麦积区麦积镇红崖村
	天水市清水县黄门镇小河村
	平凉市崆峒区四十里铺镇七府村
	平凉市灵台县独店镇张鳌坡村
	庆阳市环县合道镇沈家岭村
	定西市渭源县田家河乡元古堆村
	定西市临洮县太石镇后地湾村
	陇南市康县岸门口镇街道村
	甘南藏族自治州夏河县阿木去乎镇黑力宁巴村
	临夏回族自治州东乡县高山乡布楞沟村
	临夏回族自治州积石山县郭干乡酸梨树村
青海省	西宁市大通回族土族自治县多林镇下浪加村
	西宁市湟源县和平乡小高陵村
	海东市乐都区寿乐镇王佛寺村
	海东市化隆回族自治县扎巴镇本康沟村
	海南藏族自治州共和县铁盖乡上合乐寺村
	海北藏族自治州刚察县沙柳河镇果洛藏贡麻村
	海西蒙古族藏族自治州都兰县巴隆乡托托村
	黄南藏族自治州河南蒙古族自治县优干宁镇德日隆村
	果洛藏族自治州班玛县灯塔乡班前村
	玉树藏族自治州曲麻莱县巴干乡麻秀村
宁夏回族自治区	银川市永宁县闽宁镇原隆村
	银川市灵武市郝家桥镇崔渠口村
	石嘴山市惠农区红果子镇马家湾村
	石嘴山市平罗县陶乐镇庙庙湖村
	吴忠市青铜峡市陈袁滩镇袁滩村
	吴忠市盐池县花马池镇四墩子村
	固原市西吉县偏城乡上马村
	中卫市沙坡头区迎水桥镇何滩村
	中卫市海原县史店乡田拐村
新疆维吾尔自治区	伊犁哈萨克自治州伊宁市克伯克于孜乡阿热买里村
	伊犁哈萨克自治州新源县新源镇恰普河阿吾孜村

地区	第二批全国乡村治理示范村
新疆维吾尔 自治区	塔城地区乌苏市九间楼乡詹家村
	塔城地区裕民县新地乡前进村
	塔城地区和布克赛尔蒙古自治县伊克乌图布拉格牧场伊克乌图布拉格村
	阿勒泰地区布尔津县冲乎尔镇合孜勒哈英村
	克拉玛依市乌尔禾区乌尔禾镇哈克村
	昌吉回族自治州玛纳斯县乐土驿镇郑家庄村
	昌吉回族自治州玛纳斯县包家店镇包家店村
	乌鲁木齐市乌鲁木齐县永丰镇上寺村
	哈密市伊州区二堡镇奥尔达坎儿孜村
	巴音郭楞蒙古自治州博湖县乌兰再格森乡乌兰再格森村
	阿克苏地区阿克苏市喀拉塔勒镇博斯坦村
	阿克苏地区阿克苏市依干其乡巴格其村
	克孜勒苏柯尔克孜自治州阿图什市松他克乡瓦克瓦克村
	喀什地区疏附县塔什米里克乡喀什贝希村
	喀什地区莎车县恰尔巴格乡库特其村
	喀什地区伽师县铁日木乡幸福村
	和田地区民丰县萨勒吾则克乡红旗村

附表3　第二批全国乡村治理示范乡镇名单

地区	第二批全国乡村治理示范乡镇
北京市	门头沟区清水镇
天津市	宝坻区黄庄镇
河北省	石家庄市平山县西柏坡镇
	张家口市万全区宣平堡乡
	唐山市迁安市五重安镇
	廊坊市香河县五百户镇
	邯郸市肥乡区西吕营镇
山西省	忻州市定襄县河边镇
	晋中市昔阳县大寨镇
	临汾市安泽县府城镇
内蒙古自治区	鄂尔多斯市达拉特旗树林召镇
	巴彦淖尔市五原县天吉泰镇
	兴安盟乌兰浩特市义勒力特镇
辽宁省	大连市瓦房店市复州城镇
	丹东市东港市十字街镇
	铁岭市西丰县郜家店镇
吉林省	吉林市磐石市富太镇
	四平市梨树县郭家店镇
	辽源市东丰县黄河镇

地区	第二批全国乡村治理示范乡镇
黑龙江省	佳木斯市桦南县明义乡
	绥化市庆安县庆安镇
	牡丹江市穆棱市穆棱镇
上海市	崇明区横沙乡
江苏省	常州市新北区薛家镇
	苏州市昆山市玉山镇
	南通市海门区常乐镇
	盐城市东台市梁垛镇
	扬州市高邮市菱塘回族乡
	宿迁市宿城区耿车镇
浙江省	杭州市余杭区径山镇
	宁波市鄞州区云龙镇
	湖州市安吉县天荒坪镇
	衢州市衢江区莲花镇
	台州市路桥区横街镇
	丽水市云和县崇头镇
安徽省	合肥市巢湖市炯炀镇
	蚌埠市五河县沱湖乡
	安庆市望江县凉泉乡
	阜阳市阜南县苗集镇
	六安市舒城县棠树乡
福建省	厦门市同安区莲花镇
	三明市将乐县高唐镇
	莆田市仙游县钟山镇
	宁德市寿宁县下党乡
江西省	南昌市南昌县幽兰镇
	九江市永修县梅棠镇
	宜春市铜鼓县棋坪镇
山东省	青岛市黄岛区六汪镇
	济宁市金乡县胡集镇
	临沂市沂水县道托镇
	德州市庆云县尚堂镇
	滨州市滨城区杨柳雪镇
河南省	开封市兰考县仪封镇
	安阳市汤阴县韩庄镇
	南阳市西峡县太平镇
	商丘市永城市高庄镇
	信阳市新县田铺乡
	济源市坡头镇

续表

地区	第二批全国乡村治理示范乡镇
湖北省	十堰市竹山县宝丰镇
	襄阳市枣阳市王城镇
	黄冈市黄州区陈策楼镇
	神农架林区阳日镇
湖南省	长沙市长沙县青山铺镇
	张家界市慈利县东岳观镇
	益阳市赫山区泉交河镇
	郴州市临武县汾市镇
	怀化市芷江侗族自治县三道坑镇
广东省	广州市从化区温泉镇
	佛山市南海区九江镇
	东莞市横沥镇
	肇庆市德庆县官圩镇
	云浮市新兴县簕竹镇
广西壮族自治区	南宁市宾阳县古辣镇
	柳州市柳江区百朋镇
	百色市田东县江城镇
海南省	白沙黎族自治县打安镇
重庆市	南岸区迎龙镇
	石柱土家族自治县中益乡
四川省	成都市大邑县邺江镇
	自贡市大安区何市镇
	攀枝花市米易县撒莲镇
	乐山市井研县集益镇
	宜宾市翠屏区李庄镇
	巴中市恩阳区下八庙镇
贵州省	遵义市赤水市旺隆镇
	毕节市威宁彝族回族苗族自治县石门乡
	黔东南苗族侗族自治州凯里市下司镇
云南省	丽江市玉龙纳西族自治县拉市镇
	西双版纳傣族自治州景洪市普文镇
	怒江傈僳族自治州贡山独龙族怒族自治县独龙江乡
西藏自治区	林芝市米林县南伊珞巴民族乡
陕西省	宝鸡市凤县凤州镇
	延安市安塞区高桥镇
	汉中市留坝县火烧店镇
甘肃省	张掖市高台县骆驼城镇
	甘南藏族自治州临潭县冶力关镇
青海省	海东市互助土族自治县五峰镇

续表

地区	第二批全国乡村治理示范乡镇
宁夏回族自治区	中卫市沙坡头区镇罗镇
新疆维吾尔自治区	昌吉回族自治州玛纳斯县包家店镇
	阿克苏地区阿克苏市喀拉塔勒镇

附表4　第十一批全国"一村一品"示范村镇名单

地区	第十一批全国"一村一品"示范村镇
北京市	顺义区龙湾屯镇山里辛庄村（酥梨）
	顺义区杨镇焦各庄村（草莓）
	平谷区峪口镇东凡各庄村（休闲旅游）
	延庆区井庄镇柳沟村（休闲旅游）
天津市	宝坻区黄庄镇小辛码头村（稻旅）
	滨海新区茶淀街道（葡萄）
	东丽区胡张庄村（葡萄）
	蓟州区罗庄子镇（酥梨）
	武清区崔黄口镇坨尼寺村（西红柿）
河北省	石家庄市藁城区贾市庄镇马邱村（梨文化）
	石家庄市赵县谢庄乡南龙化村（扫帚）
	石家庄市鹿泉区白鹿泉乡谷家峪村（香椿）
	张家口市万全区高庙堡乡於家梁村（肉羊）
	承德市隆化县西阿超满族蒙古族乡碰子沟村（杂粮）
	秦皇岛市昌黎县新集镇（马铃薯）
	秦皇岛市青龙满族自治县肖营子镇（板栗）
	唐山市遵化市团瓢庄乡山里各庄村（休闲旅游）
	唐山市曹妃甸区双井镇李家房子村（休闲旅游）
	廊坊市永清县龙虎庄乡瓦屋辛庄村（瓜果）
	保定市曲阳县孝墓镇（苹果）
	保定市竞秀区江城乡大激店村（驿站文化）
	保定市博野县博野镇杜各庄村（中药材）
	沧州市东光县连镇镇（谷物食品）
	衡水市饶阳县大尹村镇南北岩村（瓜果）
	衡水市景县王谦寺镇马贾庄村（高粱）
	邢台市信都区将军墓镇（板栗）
	邢台市沙河市新城镇小屯桥村（工艺葫芦）
	邢台市临城县东镇镇南孟村（设施蔬菜）
	邯郸市邱县梁二庄镇（文冠果）
山西省	太原市清徐县孟封镇杨房村（食醋）
	朔州市怀仁市海北头乡海子村（肉羊）
	忻州市忻府区董村镇游邀村（红薯）
	吕梁市临县安业乡前青塘村（粽子）

续表

地区	第十一批全国"一村一品"示范村镇
山西省	阳泉市平定县娘子关镇下董寨村（休闲旅游）
	晋城市阳城县北留镇皇城村（休闲旅游）
	临汾市安泽县良马镇小李村（休闲旅游）
	运城市永济市开张镇东开张村（土布）
内蒙古自治区	锡林郭勒盟西乌珠穆沁旗浩勒图高勒镇巴彦胡舒嘎查（草原肉羊）
	兴安盟扎赉特旗好力保镇（水稻）
	赤峰市宁城县小城子镇（苹果）
	赤峰市宁城县一肯中乡万家营子村（尖椒）
	呼和浩特市清水河县韭菜庄乡（花菇）
	呼和浩特市武川县上秃亥乡（马铃薯）
	阿拉善盟额济纳旗巴彦陶来苏木（蜜瓜）
	阿拉善盟阿拉善左旗腾格里额里斯镇乌兰哈达嘎查（休闲旅游）
	巴彦淖尔市乌拉特中旗德岭山镇四义堂村（辣椒）
	通辽市科尔沁左翼中旗胜利乡谢家窑村（血麦）
辽宁省	沈阳市新民市柳河沟镇解放村（西甜瓜）
	丹东市东港市椅圈镇（草莓）
	本溪市桓仁满族自治县古城镇（水稻）
	朝阳市龙城区联合镇（香菇）
	朝阳市朝阳县木头城子镇十家子村（葡萄）
	大连市长海县大长山岛镇小盐场村（海参）
	营口市盖州市榜式堡镇马连峪村（柞蚕）
	营口市盖州市双台镇松树沟村（手工刺绣）
	鞍山市千山区汤岗子镇汤岗子村（酸菜）
	阜新市彰武县双庙镇明水村（甘薯）
	锦州市义县高台子镇后药王庙村（肉牛）
吉林省	延边朝鲜族自治州和龙市八家子镇（桑黄）
	延边朝鲜族自治州敦化市雁鸣湖镇（休闲旅游）
	辽源市东辽县安恕镇曲家村（糯玉米）
	吉林市龙潭区江北乡棋盘村（雷猪）
	吉林市永吉县万昌镇（水稻）
	四平市伊通满族自治县伊通镇二道村（百合）
	长春市双阳区鹿乡镇鹿乡村（梅花鹿）
	松原市长岭县三团乡六十三村（小米）
黑龙江省	哈尔滨市松北区利业街道玉林村（苗木）
	绥化市青冈县祯祥镇兆林村（玉米）
	绥化市肇东市肇东镇石坚村（食用菌）
	绥化市肇东市昌五镇（玉米）
	齐齐哈尔市富裕县友谊达斡尔族满族柯尔克孜族乡三家子村（水稻）
	齐齐哈尔市富拉尔基区长青乡库勒村（休闲旅游）

地区	第十一批全国"一村一品"示范村镇
黑龙江省	齐齐哈尔市铁锋区扎龙镇查罕诺村（休闲旅游）
	齐齐哈尔市泰来县克利镇（水稻）
	大庆市肇源县新站镇（水稻）
	大庆市肇源县民意乡建国村（水稻）
	牡丹江市东宁市绥阳镇细岭村（黑木耳）
	佳木斯市抚远市抚远镇（鲟鳇鱼）
	佳木斯市汤原县汤原镇北靠山村（休闲旅游）
	黑河市北安市红星农场（酸菜）
上海市	奉贤区青村镇吴房村（黄桃）
	金山区枫泾镇中洪村（农民画）
	浦东新区老港镇大河村（种猪）
	松江区叶榭镇井凌桥村（花卉）
江苏省	南京市浦口区永宁街道联合村（青虾）
	南京市高淳区桠溪街道桥李社区（茶叶）
	无锡市锡山区东港镇山联村（休闲旅游）
	无锡市宜兴市丁蜀镇西望村（紫砂）
	徐州市丰县范楼镇（牛蒡）
	徐州市新沂市高流镇老范村（水蜜桃）
	常州市武进区嘉泽镇（苗木）
	苏州市常熟市碧溪街道（蔬菜）
	苏州市吴中区香山街道舟山村（核雕）
	南通市海安市胡集街道周吴村（花卉苗木）
	连云港市赣榆区海头镇海前村（电子商务）
	连云港市东海县曲阳乡薛埠村（水晶）
	淮安市金湖县银涂镇高邮湖村（鱼虾蟹）
	淮安市涟水县高沟镇胡窑村（瓜蒌）
	盐城市盐都区潘黄街道新民村（草莓）
	盐城市滨海县正红镇陈圩村（柳编）
	扬州市高邮市三垛镇（黄羽鸡）
	镇江市丹徒区世业镇（鲜食玉米）
	泰州市兴化市昌荣镇盐北村（河蟹）
	泰州市靖江市生祠镇利珠村（桃）
浙江省	杭州市富阳区里山镇安顶村（云雾茶）
	杭州市余杭区鸬鸟镇（蜜梨）
	湖州市长兴县水口乡顾渚村（休闲旅游）
	嘉兴市平湖市林埭镇（虾）
	金华市武义县新宅镇（香菇）
	金华市兰溪市马涧镇下杜村（杨梅）
	丽水市缙云县前路乡前路村（茭白）

续表

地区	第十一批全国"一村一品"示范村镇
浙江省	宁波市慈溪市新浦镇（葡萄）
	宁波市余姚市泗门镇（榨菜）
	衢州市衢江区岭洋乡（茶叶）
	绍兴市新昌县东茗乡下岩贝村（休闲旅游）
安徽省	合肥市巢湖市槐林镇（渔网制作）
	淮北市烈山区宋疃镇和村社区（苹果）
	宿州市砀山县良梨镇良梨村（酥梨）
	阜阳市阜南县郜台乡刘店村（柳编）
	蚌埠市禹会区马城镇冯嘴村（休闲旅游）
	滁州市南谯区施集镇井楠村（茶叶）
	池州市贵池区梅村镇杨棚村（茶叶）
	黄山市歙县雄村镇卖花渔村（花卉盆景）
	铜陵市义安区天门镇天门村（白姜）
	六安市裕安区独山镇（茶叶）
	马鞍山市当涂县大陇镇（河蟹）
	宣城市绩溪县荆州乡（山核桃）
	安庆市岳西县菖蒲镇（茶叶）
	芜湖市南陵县许镇镇（鳙鱼）
福建省	泉州市安溪县感德镇（铁观音）
	泉州市晋江市东石镇檗谷村（胡萝卜）
	泉州市永春县仙夹镇龙水村（漆篮）
	三明市沙县区夏茂镇（沙县小吃）
	三明市大田县桃源镇（蔬菜）
	龙岩市连城县姑田镇（竹文化）
	龙岩市新罗区适中镇（山麻鸭）
	龙岩市武平县中堡镇梧地村（象洞鸡）
	宁德市福鼎市点头镇（白茶）
	宁德市霞浦县柏洋乡董墩村（葡萄）
	莆田市仙游县书峰乡兰石村（枇杷）
	漳州市高新技术开发区靖城镇郑店村（食用菌）
江西省	南昌市安义县东阳镇（蓝莓）
	南昌市新建区太平镇（民宿）
	宜春市奉新县赤岸镇城下村（猕猴桃）
	抚州市南丰县白舍镇白舍村（瓷器）
	抚州市宜黄县梨溪镇里阴村（食用菌）
	抚州市资溪县乌石镇（白羽肉鸡）
	吉安市泰和县马市镇（乌鸡）
	吉安市遂川县大坑乡（金桔）
	赣州市崇义县上堡乡水南村（水稻）

续表

地区	第十一批全国"一村一品"示范村镇
江西省	赣州市章贡区沙石镇（食用菌）
山东省	济南市莱芜区牛泉镇（山楂）
	济南市商河县贾庄镇（花卉）
	青岛市平度市新河镇（草编）
	枣庄市山亭区城头镇（豆制品）
	东营市广饶县李鹊镇（小麦）
	烟台市栖霞市唐家泊镇肖家夼村（苹果）
	烟台市招远市齐山镇（蜜薯）
	潍坊市临朐县山旺镇（樱桃）
	潍坊市寿光市稻田镇崔岭西村（蔬菜）
	济宁市金乡县马庙镇（大蒜）
	济宁市梁山县杨营镇（肉牛）
	泰安市新泰市刘杜镇（山楂）
	威海市乳山市海阳所镇（牡蛎）
	日照市东港区涛雒镇（对虾）
	聊城市冠县店子镇（灵芝）
	菏泽市曹县大集镇（电子商务）
	菏泽市定陶区半堤镇成海村（胡萝卜）
	淄博市高青县花沟镇三利村（西瓜）
	临沂市沂南县依汶镇（蔬菜）
	临沂市费县上冶镇顺合村（金蛋）
	德州市乐陵市花园镇（甜瓜）
	德州市宁津县柴胡店镇崔杨村（蟋蟀）
	滨州市邹平县长山镇毛张村（山药）
河南省	郑州市荥阳市高村乡枣树沟村（石榴）
	郑州市荥阳市广武镇张庄村（石榴）
	焦作市武陟县乔庙镇（水稻）
	焦作市济源市坡头镇双堂村（核桃）
	焦作市修武县西村乡当阳峪村（绞胎瓷）
	安阳市殷都区都里镇（花椒）
	南阳市卧龙区石桥镇（月季）
	南阳市内乡县灌涨镇杨集村（番茄）
	南阳市邓州市九龙镇舟陂村（梨）
	洛阳市新安县五头镇（樱桃）
	洛阳市孟津区朝阳镇南石山村（唐三彩）
	洛阳市孟津区平乐镇平乐社区（牡丹画）
	鹤壁市浚县善堂镇（花生）
	开封市顺河回族区土柏岗乡齐寨社区（酿酒）
	商丘市民权县西屯村（葡萄）

续表

地区	第十一批全国"一村一品"示范村镇
河南省	濮阳市南乐县元村镇古寺郎村（胡萝卜）
	平顶山市宝丰县大营镇清凉寺村（汝瓷）
	平顶山市叶县龙泉乡草厂街村（食用菌）
	驻马店市平舆县西洋店镇西洋潭村（莲藕）
	驻马店市确山县留庄镇大赵楼村（水稻）
	信阳市浉河区浉河港镇（茶叶）
	信阳市平桥区五里店街道七桥村（蓝莓）
	新乡市平原示范区韩董庄镇杨厂村（食用菌）
湖北省	武汉市黄陂区罗汉寺街道（草莓）
	荆门市钟祥市柴湖镇马南村（娃娃菜）
	荆州市洪湖市小港管理区（小龙虾）
	孝感市大悟县三里城镇望山村（稻鸭米）
	黄石市铁山区大王镇贵湾村（香椿）
	天门市拖市镇何场村（马铃薯）
	恩施土家族苗族自治州宣恩县李家河镇（贡水白柚）
	鄂州市梁子湖区涂家垴镇张远村（蓝莓）
	十堰市房县土城镇（黄酒）
	黄冈市蕲春县漕河镇（蕲艾）
	宜昌市夷陵区邓村乡（茶叶）
	咸宁市咸安区贺胜桥镇（肉鸡）
	襄阳市枣阳市平林镇宋集村（油桃）
	襄阳市襄州区程河镇（柳编）
	仙桃市郑场镇（富硒豆豉）
	随州市广水市武胜关镇（茶叶）
	潜江市老新镇（虾稻）
	神农架林区木鱼镇（茶叶）
湖南省	长沙市望城区白箬铺镇（休闲旅游）
	衡阳市衡东县三樟镇塔冲村（黄贡椒）
	衡阳市衡阳县台源镇东湖寺村（乌莲）
	衡阳市蒸湘区雨母山镇雨母村（鱼）
	株洲市芦淞区白关镇卦石村（白关丝瓜）
	湘潭市湘乡市翻江镇（壶天石羊）
	岳阳市湘阴县三塘镇（藠头）
	岳阳市平江县加义镇杨林街村（苹果梨）
	常德市鼎城区十美堂镇（油菜）
	常德市桃源县杨溪桥镇（茶叶）
	张家界市武陵源区协合乡龙尾巴社区（休闲旅游）
	益阳市安化县马路镇（茶叶）
	益阳市安化县田庄乡高马二溪村（茶叶）

续表

地区	第十一批全国"一村一品"示范村镇
湖南省	郴州市苏仙区良田镇堆上村（食用菌）
	永州市江永县粗石江镇（香柚）
	怀化市沅陵县马底驿乡（茶叶）
	娄底市冷水江市渣渡镇铁山村（杨梅）
	湘西土家族苗族自治州龙山县洗洛镇（百合）
广东省	广州市花都区梯面镇（休闲旅游）
	广州市从化区太平镇井岗村（荔枝）
	肇庆市怀集县冷坑镇（蔬菜）
	中山市神湾镇（菠萝）
	韶关市南雄市珠玑镇（水稻）
	梅州市梅县区石扇镇（金柚）
	梅州市梅江区西阳镇桃坪村（茶叶）
	江门市开平市马冈镇（肉鹅）
	江门市新会区双水镇桥美村（甘蔗）
	潮州市饶平县洪洲镇（大蚝）
	清远市阳山县七拱镇（丝苗米）
	湛江市徐闻县曲界镇（菠萝）
	茂名市滨海新区博贺镇（海洋捕捞）
	茂名市电白区沙琅镇谭儒村（萝卜）
	惠州市惠阳区镇隆镇（荔枝）
	河源市和平县贝墩镇（豆制品）
	河源市连平县高莞镇二联村（花生）
	云浮市云安区白石镇石底村（花卉苗木）
	云浮市罗定市泗纶镇杨绿村（蒸笼）
	汕尾市陆河县河口镇田墩村（油柑）
	阳江市阳西县沙扒镇渡头村（海水鱼苗）
	佛山市顺德区勒流街道稔海村（鳗鱼）
	珠海市斗门区乾务镇湾口村（鳗鱼）
	东莞市大岭山镇（荔枝）
广西壮族自治区	南宁市宾阳县古辣镇（香米）
	桂林市龙胜各族自治县龙脊镇（休闲旅游）
	桂林市全州县才湾镇南一村（葡萄）
	防城港市防城区扶隆镇（肉桂八角）
	贺州市平桂区大平瑶族乡（腐竹）
	崇左市扶绥县昌平乡（坚果）
	柳州市柳江区三都镇觉山村（香葱）
	柳州市融水苗族自治县安太乡元宝村（水稻）
	梧州市苍梧县六堡镇大中村（六堡茶）
	梧州市藤县濛江镇健良村（荔枝）

续表

地区	第十一批全国"一村一品"示范村镇
广西壮族自治区	北海市合浦县公馆镇香山村（荔枝）
	钦州市钦南区久隆镇青草村（五指毛桃）
	贵港市桂平市麻垌镇鹧鸪村（荔枝）
	玉林市福绵区成均镇古城村（蛋鸡）
	百色市田东县平马镇四平村（番茄）
	河池市南丹县城关镇莲花村（黄腊李）
	河池市宜州区德胜镇上坪村（桑蚕）
海南省	东方市三家镇（鳄鱼）
	东方市八所镇罗带村（粽子）
	万宁市北大镇尖岭村（鹧鸪茶）
	保亭黎族苗族自治县六弓乡（肉鹅）
	琼海市大路镇湖仔村（热带树苗）
重庆市	巴南区二圣镇（茶叶）
	黔江区中塘镇兴泉社区（猕猴桃）
	大渡口区跳磴镇石盘村（柑橘）
	开州区临江镇福德村（春橙）
	梁平区蟠龙镇扈槽村（水稻）
	大足区高升镇（芳香植物）
	垫江县砚台镇（青花椒）
	奉节县安坪镇三沱村（脐橙）
	荣昌区河包镇（粉条）
	铜梁区平滩镇（蔬菜）
四川省	自贡市富顺县狮市镇（柑橘）
	自贡市自流井区仲权镇（彩灯）
	攀枝花市盐边县永兴镇（蚕桑）
	泸州市江阳区通滩镇（高粱）
	德阳市绵竹市孝德镇年画村（年画）
	绵阳市安州区秀水镇（水稻）
	绵阳市北川羌族县曲山镇石椅村（羌族歌舞）
	广元市苍溪县黄猫垭镇（白肉枇杷）
	广元市朝天区麻柳乡（麻柳刺绣）
	遂宁市射洪市金华镇西山坪村（生猪）
	内江市市中区凌家镇酒房沟村（柑橘）
	南充市嘉陵区双桂镇三龙场村（桑茶）
	宜宾市翠屏区牟坪镇龙兴村（柑橘）
	宜宾市高县庆岭镇（请春酒）
	广安市前锋区虎城镇（青花椒）
	广安市岳池县白庙镇郑家村（休闲旅游）
	达州市渠县新市镇（蜂糖李）

续表

地区	第十一批全国"一村一品"示范村镇
四川省	巴中市平昌县涵水镇幸福村（江口青鳙）
	雅安市雨城区碧峰峡镇（茶叶）
	眉山市洪雅县中山镇（茶叶）
	乐山市夹江县马村镇石堰村（手工造纸）
	甘孜州理塘县禾尼乡（牦牛）
	凉山州会东县姜州镇郑家坝村（石榴）
贵州省	贵阳市息烽县石硐镇（猕猴桃）
	贵阳市修文县六屯镇都堡村（猕猴桃）
	遵义市凤冈县天桥镇（肉牛）
	遵义市绥阳县郑场镇大楠村（辣椒）
	铜仁市万山区黄道乡（香柚）
	铜仁市德江县稳坪镇金庄村（花椒）
	六盘水市盘州市新民镇旧屯村（红米）
	安顺市普定县化处镇焦家村（韭黄）
	毕节市织金县板桥镇白果村（茶叶）
	毕节市黔西市化屋村（苗绣）
	黔南布依族苗族自治州福泉市龙昌镇（生猪）
	黔南布依族苗族自治州龙里县洗马镇羊昌村（刺梨）
	黔西南布依族苗族自治州兴义市七舍镇革上村（茶叶）
	黔东南苗族侗族自治州施秉县牛大场镇牛大场村（太子参）
	黔东南苗族侗族自治州从江县斗里镇马安村（苗绣）
云南省	丽江市华坪县石龙坝镇临江村（芒果）
	丽江市玉龙纳西族自治县白沙镇玉湖村（休闲旅游）
	西双版纳傣族自治州景洪市勐龙镇勐宋村（茶叶）
	西双版纳傣族自治州景洪市勐罕镇曼听村（休闲旅游）
	昭通市镇雄县碗厂镇（鲜笋）
	保山市昌宁县温泉镇（茶叶）
	普洱市镇沅县按板镇罗家村（茶叶）
	红河哈尼族彝族自治州弥勒市西三镇蚂蚁村（休闲旅游）
	文山壮族苗族自治州麻栗坡县猛硐瑶族乡（茶叶）
	曲靖市麒麟区越州镇大梨树村（蓝莓）
	玉溪市元江县甘庄街道（芒果）
	玉溪市澄江市右所镇吉花社区（休闲旅游）
	楚雄彝族自治州双柏县爱尼山乡（中药材）
	临沧市耿马自治县勐撒镇翁达村（省藤）
	临沧市临翔区博尚镇碗窑村（土陶）
西藏自治区	昌都市芒康县纳西民族乡（葡萄）
	拉萨市曲水县南木乡（瓜果）
	拉萨市当雄县龙仁乡（牦牛）

续表

地区	第十一批全国"一村一品"示范村镇
西藏自治区	拉萨市堆龙德庆区柳梧新区达东村（休闲旅游）
	拉萨市堆龙德庆区古荣镇加入村（花卉）
	拉萨市堆龙德庆区东嘎街道桑木村（罗萨梅朵）
陕西省	西安市高陵区通远街道何村（设施蔬菜）
	西安市西咸新区秦汉新城窑店街道办事处刘家沟村（窑洞文化）
	咸阳市淳化县十里塬镇十里塬村（食用菌）
	铜川市宜君县彭镇西洼村（食用菌）
	延安市甘泉县下寺湾镇闫家沟村（瓜菜）
	汉中市略阳县黑河镇（乌鸡）
	汉中市南郑区黄官镇水井村（藤竹编）
	安康市石泉县后柳镇中坝村（手工作坊文化）
	安康市白河县宋家镇（茶叶）
	宝鸡市陇县东风镇（奶山羊）
	渭南市富平县庄里镇（柿饼）
	渭南市蒲城县龙阳镇（瓜果）
	榆林市府谷县武家庄镇（肉羊）
	商洛市丹凤县峦庄镇（中药材）
甘肃省	兰州市榆中县园子岔乡（百合）
	甘南藏族自治州舟曲县博峪镇恰路诺村（中药材）
	定西市岷县茶埠镇岳家湾村（中药材）
	庆阳市宁县焦村镇（苹果）
	庆阳市环县曲子镇西沟村（紫花苜蓿）
	天水市张家川回族自治县龙山镇马河村（苹果）
	白银市景泰县草窝滩镇（西红柿）
	酒泉市玉门市下西号镇（枸杞）
	陇南市武都区马街镇（花椒）
	武威市凉州区四坝镇（蔬菜）
	武威市民勤县东湖镇（茴香）
	张掖市甘州区乌江镇（蔬菜）
	张掖市肃南裕固族自治县明花乡（牧草）
青海省	西宁市湟中区多巴镇玉拉村（生菜）
	西宁市湟中区鲁沙尔镇阳坡村（金银铜器）
	海东市互助土族自治县东沟乡大庄村（青绣）
	海南藏族自治州兴海县河卡镇五一村（油菜）
	玉树藏族自治州曲麻莱县叶格乡红旗村（种牦牛）
	玉树藏族自治州治多县治渠乡同卡村（种牦牛）
宁夏回族自治区	银川市西夏区镇北堡镇昊苑村（葡萄酒）
	石嘴山市惠农区庙台乡东永固村（枸杞）
	固原市泾源县大湾乡杨岭村（休闲旅游）

续表

地区	第十一批全国"一村一品"示范村镇
宁夏回族自治区	吴忠市红寺堡区新庄集乡杨柳村（葡萄酒）
新疆维吾尔自治区	博尔塔拉蒙古自治州精河县托里镇（枸杞）
	阿克苏地区阿瓦提县三河镇（棉花）
	阿克苏地区阿瓦提县塔木托格拉克镇库吾尔孜村（纳西甘甜瓜）
	阿克苏地区温宿县托乎拉乡（大米）
	和田地区和田县巴格其镇（核桃）
	和田地区策勒县策勒乡阿日希村（红枣）
	喀什地区岳普湖县岳普湖乡（无花果）
	喀什地区麦盖提县央塔克乡（红枣）
	塔城地区沙湾市乌兰乌苏镇（富硒杂粮）
	塔城地区乌苏市八十四户乡（蔬菜）
新疆生产建设兵团	第一师阿拉尔市 6 团双城镇（苹果）
	第三师图木舒克市 54 团兴安镇（油莎豆）
	第五师双河市 83 团园艺 3 连（鸵鸟）
	第十师北屯市 188 团海川镇（葵花）

附表 5　2021 年全国乡村特色产业十亿元镇名单

地区	2021 年全国乡村特色产业十亿元镇
河北省	唐山市乐亭县中堡镇
	唐山市遵化市平安城镇
	保定市定州市大辛庄镇
	沧州市沧县崔尔庄镇
	沧州市东光县连镇镇
	秦皇岛市昌黎县荒佃庄镇
	秦皇岛市昌黎县龙家店镇
	衡水市武强县东孙庄镇
	衡水市饶阳县王同岳乡
内蒙古自治区	赤峰市克什克腾旗浩来呼热苏木
	鄂尔多斯市鄂托克旗阿尔巴斯苏木
辽宁省	大连市庄河市光明山镇
	丹东市东港市椅圈镇
	锦州市北镇市中安镇
	本溪市桓仁满族自治县二棚甸子镇
吉林省	长春市双阳区鹿乡镇
	吉林市舒兰市平安镇
	吉林市蛟河市黄松甸镇
黑龙江省	哈尔滨市尚志市珍珠山乡
	齐齐哈尔市泰来县克利镇

地区	2021 年全国乡村特色产业十亿元镇
黑龙江省	绥化市肇东市昌五镇
	牡丹江市东宁市绥阳镇
上海市	浦东新区宣桥镇
江苏省	南京市高淳区阳江镇
	徐州市贾汪区耿集镇
	徐州市丰县范楼镇
	徐州市邳州市铁富镇
	徐州市邳州市八路镇
	徐州市丰县宋楼镇
	宿迁市泗阳县八集乡
	宿迁市沭阳县颜集镇
	宿迁市沭阳县新河镇
	宿迁市沭阳县庙头镇
	泰州市姜堰区溱潼镇
	泰州市兴化市垛田镇
	泰州市兴化市安丰镇
	常州市金坛区尧塘镇
	常州市武进区嘉泽镇
	淮安市淮安区苏嘴镇
	无锡市滨湖区马山街道
	连云港市灌南县新安镇
	盐城市盐都区楼王镇
	盐城市东台市富安镇
	盐城市东台市三仓镇
浙江省	舟山市普陀区展茅街道
	金华市磐安县新渥镇
	丽水市松阳县新兴镇
安徽省	合肥市巢湖市槐林镇
	合肥市长丰县水湖镇
	芜湖市南陵县许镇镇
	六安市裕安区独山镇
	六安市霍山县太平畈乡
	阜阳市阜南县黄岗镇
	阜阳市太和县李兴镇
福建省	南平市武夷山市星村镇
	泉州市安溪县尚卿乡
	泉州市安溪县感德镇
	三明市沙县夏茂镇
	宁德市福鼎市点头镇
	漳州市诏安县太平镇

续表

地区	2021 年全国乡村特色产业十亿元镇
福建省	漳州市平和县小溪镇
	龙岩市连城县朋口镇
江西省	南昌市进贤县三里乡
	九江市庐山市横塘镇
山东省	济南市历城区唐王镇
	济南市长清区万德街道
	济南市商河县玉皇庙镇
	济南市商河县白桥镇
	济南市济阳区曲堤镇
	青岛市平度市云山镇
	青岛市平度市新河镇
	青岛市平度市明村镇
	青岛市莱西市店埠镇
	淄博市沂源县中庄镇
	枣庄市滕州市界河镇
	枣庄市山亭区城头镇
	东营市广饶县大码头镇
	东营市广饶县大王镇
	东营市利津县盐窝镇
	烟台市蓬莱市大辛店镇
	烟台市牟平区观水镇
	潍坊市寒亭区固堤街道
	潍坊市昌乐县宝都街道
	潍坊市临朐县山旺镇
	潍坊市青州市谭坊镇
	威海市文登区界石镇
	威海市乳山市海阳所镇
	威海市荣成市俚岛镇
	临沂市沂南县辛集镇
	临沂市沂南县铜井镇
	临沂市兰陵县庄坞镇
	临沂市费县胡阳镇
	临沂市费县东蒙镇
	临沂市平邑县地方镇
	临沂市平邑县郑城镇
	临沂市蒙阴县旧寨乡
	临沂市沂水县许家湖镇
	德州市乐陵市黄夹镇
	德州市乐陵市杨安镇

地区	2021 年全国乡村特色产业十亿元镇
山东省	德州市乐陵市朱集镇
	聊城市阳谷县阿城镇
	聊城市莘县燕店镇
	滨州市惠民县皂户李镇
	滨州市惠民县麻店镇
	滨州市博兴县乔庄镇
	滨州市博兴县店子镇
	滨州市沾化区下洼镇
	菏泽市定陶区陈集镇
	菏泽市曹县青堌集镇
	菏泽市曹县大集镇
	菏泽市成武县大田集镇
	济宁市金乡县马庙镇
	济宁市梁山县杨营镇
	日照市岚山区巨峰镇
河南省	开封市杞县苏木乡
	洛阳市新安县五头镇
	鹤壁市浚县善堂镇
	信阳市浉河区浉河港镇
	信阳市浉河区董家河镇
	信阳市潢川县卜塔集镇
	商丘市夏邑县车站镇
	商丘市夏邑县北岭镇
	周口市郸城县汲冢镇
	焦作市博爱县孝敬镇
	漯河市临颍县王岗镇
湖北省	咸宁市赤壁市茶庵镇
	咸宁市咸安区贺胜桥镇
	咸宁市嘉鱼县潘家湾镇
	黄冈市蕲春县漕河镇
	仙桃市张沟镇
	襄阳市襄州区龙王镇
	宜昌市枝江市七星台镇
	荆州市监利县黄歇口镇
	天门市张港镇
	潜江市老新镇
湖南省	湘潭市湘潭县茶恩寺镇
	湘潭市湘潭县花石镇
	岳阳市临湘市羊楼司镇
	常德市桃源县茶庵铺镇

续表

地区	2021 年全国乡村特色产业十亿元镇
广东省	湛江市徐闻县曲界镇
	茂名市信宜市钱排镇
	茂名市茂南区公馆镇
	茂名市电白区博贺镇
	揭阳市揭东区埔田镇
	惠州市惠阳区镇隆镇
	潮州市饶平县洪洲镇
	中山市东升镇
	中山市黄圃镇
广西壮族自治区	南宁市武鸣区双桥镇
	贺州市平桂区羊头镇
	桂林市荔浦市修仁镇
	桂林市阳朔县白沙镇
四川省	成都市金堂县清江镇
	成都市金堂县官仓镇
	成都市简阳市贾家镇
	泸州市江阳区通滩镇
	内江市东兴区田家镇
贵州省	安顺市镇宁布依族苗族自治县六马镇
云南省	丽江市华坪县石龙坝镇
	丽江市华坪县荣将镇
	红河哈尼族彝族自治州蒙自市新安所镇
	大理白族自治州宾川县金牛镇
	昭通市昭阳区洒渔镇
陕西省	西安市蓝田县华胥镇
	咸阳市泾阳县云阳镇
	榆林市定边县白泥井镇
	榆林市靖边县东坑镇
	渭南市韩城市芝阳镇
	宝鸡市眉县金渠镇
甘肃省	平凉市庄浪县万泉镇
新疆生产建设兵团	第一师阿拉尔市 10 团
	第一师阿拉尔市 11 团
	第一师阿拉尔市 13 团
	第三师图木舒克市 50 团

附表6 2021年全国乡村特色产业亿元村名单

地区	2021年全国乡村特色产业亿元村
北京市	房山区大石窝镇南河村
	房山区窦店镇窦店村
	顺义区赵全营镇北郎中村
	延庆区康庄镇小丰营村
	平谷区峪口镇西凡各庄村
天津市	北辰区青光镇韩家墅村
河北省	唐山市遵化市西留村乡朱山庄村
	邢台市内丘县柳林镇东石河村
	邢台市内丘县侯家庄乡岗底村
	邢台市南和区贾宋镇郄村
	邢台市宁晋县苏家庄镇伍烈霍村
	保定市清苑区东闾乡南王庄村
	保定市唐县南店头乡葛堡村
	保定市竞秀区江城乡大汲店村
	沧州市黄骅市滕庄子乡孔店村
	沧州市南皮县大浪淀乡贾九拨村
	廊坊市永清县别古庄镇后刘武营村
	衡水市深州市穆村乡西马庄村
山西省	太原市清徐县孟封镇杨房村
	阳泉市郊区平坦镇桃林沟村
	晋城市阳城县北留镇皇城村
	朔州市怀仁市海北头乡海子村
	朔州市怀仁市亲和乡南小寨村
	吕梁市文水县刘胡兰镇保贤村
	晋中市祁县城赵镇里村
内蒙古自治区	赤峰市宁城县大城子镇瓦南村
辽宁省	沈阳市辽中区刘二堡镇皮家堡村
	沈阳市辽中区冷子堡镇金山堡村
	沈阳市新民市柳河沟镇解放村
	沈阳市新民市大民屯镇方巾牛村
	大连市金州区大魏家街道荞麦山村
	大连市金州区七顶山街道老虎山社区
	大连市庄河市石城乡花山村
	大连市长海县大长山岛镇小盐场村
	大连市瓦房店市复州城镇八里庄村
	大连市普兰店区四平街道费屯村
	营口市盖州市太阳升街道黄大寨村
	营口市盖州市榜式堡镇马连峪村
	营口市大石桥市高坎镇党家村

续表

地区	2021 年全国乡村特色产业亿元村
辽宁省	辽阳市辽阳县刘二堡镇前杜村
	铁岭市昌图县平安堡镇十里村
	丹东市东港市椅圈镇李家店村
	丹东市宽甸满族自治县长甸镇河口村
吉林省	长春市榆树市八号镇北沟村
	白城市洮南市万宝镇西太平村
	吉林市丰满区江南乡孟家村
黑龙江省	哈尔滨市呼兰区利业镇玉林村
	牡丹江市宁安市江南朝鲜族满族乡东安村
	牡丹江市海林市海林镇蔬菜村
	绥化市青冈县祯祥镇兆林村
	齐齐哈尔市昂昂溪区榆树屯镇大五福玛村
	齐齐哈尔市龙沙区大民街道大民村
上海市	浦东新区宣桥镇新安村
	浦东新区老港镇大河村
	金山区廊下镇勇敢村
	松江区叶榭镇井凌桥村
	宝山区罗店镇天平村
江苏省	南京市溧水区东屏街道长乐社区
	南京市溧水区洪蓝镇傅家边村
	南京市溧水区晶桥镇水晶村
	南京市六合区马鞍街道大圣村
	无锡市宜兴市西渚镇白塔村
	无锡市宜兴市湖父镇张阳村
	无锡市宜兴市丁蜀镇西望村
	无锡市惠山区阳山镇桃源村
	徐州市睢宁县邱集镇全海村
	徐州市新沂市阿湖镇桃岭村
	徐州市新沂市高流镇老范村
	徐州市新沂市瓦窑镇街集村
	常州市溧阳市戴埠镇牛场村
	常州市天宁区郑陆镇黄天荡村
	连云港市东海县桃林镇北芹村
	连云港市东海县曲阳乡薛埠村
	连云港市连云区高公岛街道黄窝村
	连云港市赣榆区海头镇海前村
	连云港市赣榆区厉庄镇谢湖村
	连云港市灌南县新集镇周庄村
	盐城市大丰区大中街道恒北村

续表

地区	2021 年全国乡村特色产业亿元村
江苏省	盐城市盐都区潘黄街道新民村
	盐城市建湖县恒济镇苗庄村
	镇江市句容市白兔镇唐庄村
	镇江市句容市白兔镇白兔村
	镇江市句容市茅山镇永兴村
	镇江市句容市茅山镇丁庄村
	镇江市句容市茅山镇丁家边村
	镇江市句容市后白镇西冯村
	宿迁市宿城区耿车镇红卫村
	宿迁市沭阳县庙头镇聚贤村
	南通市如东县南通外向型农业综合开发区何丫村
	南通市如皋市江安镇联络新社区
	南通市海安市李堡镇光明村
	苏州市吴中区香山街道舟山村
	苏州市常熟市董浜镇东盾村
	苏州市常熟市董浜镇里睦村
	苏州市吴中区甪直镇江湾村
	淮安市金湖县银涂镇高邮湖村
	泰州市泰兴市黄桥镇祁巷村
	泰州市兴化市千垛镇东旺村
	泰州市姜堰区三水街道桥头村
	扬州市江都区小纪镇吉东村
	扬州市仪征市马集镇合心村
浙江省	杭州市萧山区益农镇三围村
	台州市临海市涌泉镇梅岘村
	台州市三门县海润街道涛头村
	湖州市南浔区和孚镇新荻村
	湖州市南浔区千金镇东马干村
	湖州市南浔区菱湖镇陈邑村
	湖州市长兴县水口乡顾渚村
	湖州市安吉县天荒坪镇大溪村
	宁波市余姚市陆埠镇裘岙村
	丽水市庆元县竹口镇黄坛村
安徽省	合肥市巢湖市中垾镇小联圩村
	阜阳市颍上县耿棚镇耿棚社区
	阜阳市阜南县郜台乡刘店村
	宿州市埇桥区西二铺乡沟西村
	宿州市埇桥区西二铺乡沈家村
	宿州市埇桥区大泽乡镇幸福村

地区	2021 年全国乡村特色产业亿元村
安徽省	芜湖市芜湖县六郎镇北陶村
	滁州市凤阳县小溪河镇小岗村
	滁州市来安县舜山镇林桥村
	马鞍山市含山县环峰镇祁门村
	宣城市宁国市南极乡梅村村
	淮北市烈山区烈山镇榴园社区
福建省	福州市罗源县起步镇上长治村
	莆田市仙游县度尾镇湘溪村
	三明市尤溪县洋中镇后楼村
	龙岩市漳平市南洋镇梧溪村
	龙岩市新罗区小池镇培斜村
	泉州市晋江市金井镇南江村
	泉州市晋江市金井镇围头村
	宁德市蕉城区虎贝镇黄家村
	漳州市云霄县下河乡下河村
江西省	赣州市于都县梓山镇潭头村
	九江市都昌县周溪镇虬门村
	九江市永修县柘林镇易家河村
	抚州市崇仁县孙坊镇庙上村
山东省	济南市商河县玉皇庙镇瓦西村
	济南市莱芜区牛泉镇庞家庄村
	济宁市梁山县馆驿镇西张庄村
	泰安市泰山区省庄镇小津口村
	泰安市宁阳县乡饮乡南赵庄村
	德州市庆云县徐园子乡张培元村
	聊城市东昌府区堂邑镇路西村
	菏泽市巨野县麒麟镇南曹村
	青岛市即墨区田横镇周戈庄村
	威海市荣成市成山镇西霞口社区
	滨州市博兴县锦秋街道湾头村
	临沂市费县上冶镇顺合村
河南省	开封市杞县葛岗镇孟寨村
	安阳市林州市横水镇新庄村
	商丘市夏邑县罗庄镇孙王庄村
	驻马店市确山县竹沟镇竹沟村
	洛阳市孟津区平乐镇平乐社区
	洛阳市孟津区朝阳镇南石山村
	平顶山市宝丰县大营镇清凉寺村
	许昌市长葛市佛耳湖镇尚庄村

续表

地区	2021 年全国乡村特色产业亿元村
河南省	许昌市建安区灵井镇霍庄村
	焦作市武陟县乔庙镇马宣寨村
湖北省	襄阳市谷城县紫金镇花园村
	荆门市钟祥市柴湖镇罗城村
	恩施土家族苗族自治州恩施市白杨坪镇洞下槽村
	恩施土家族苗族自治州恩施市板桥镇大山顶村
	宜昌市夷陵区小溪塔街道仓屋榜村
	宜昌市秭归县水田坝乡王家桥村
	黄石市阳新县兴国镇宝塔村
	荆州市荆州区川店镇紫荆村
湖南省	岳阳市湘阴县樟树镇文谊新村
	郴州市临武县舜峰镇贝溪村
	衡阳市衡东县霞流镇李花村
	衡阳市衡阳县台源镇东湖寺村
	常德市鼎城区十美堂镇同兴村
	益阳市安化县田庄乡高马二溪村
广东省	广州市花都区赤坭镇瑞岭村
	湛江市徐闻县曲界镇愚公楼村
	河源市东源县上莞镇仙湖村
	揭阳市揭东区玉湖镇坪上村
	惠州市博罗县石坝镇乌坭湖村
	佛山市三水区西南街道青岐村
	云浮市罗定市泗纶镇杨绿村
	珠海市斗门区白蕉镇昭信村
	韶关市仁化县大桥镇长坝村
广西壮族自治区	南宁市横州市校椅镇石井村
	桂林市灵川县潭下镇合群村
	桂林市永福县龙江乡龙山村
	桂林市全州县才湾镇南一村
	桂林市全州县绍水镇柳甲村
	玉林市兴业县大平山镇陈村社区
	贵港市覃塘区覃塘街道龙凤村
	钦州市灵山县武利镇汉塘村
	来宾市武宣县桐岭镇和律村
	柳州市柳江区三都镇觉山村
	柳州市柳城县东泉镇柳城华侨农场
	柳州市鹿寨县鹿寨镇石路村

续表

地区	2021 年全国乡村特色产业亿元村
海南省	海口市秀英区石山镇施茶村
	昌江黎族自治县十月田镇好清村
	儋州市木棠镇铁匠村
	澄迈县桥头镇沙土村
重庆市	梁平区礼让镇川西村
	江津区石门镇李家村
	江津区吴滩镇现龙村
	奉节县永乐镇大坝村
	奉节县安坪镇三沱村
	荣昌区吴家镇双流村
	永川区南大街街道黄瓜山村
四川省	成都市龙泉驿区柏合街道长松村
	成都市邛崃市夹关镇龚店村
	成都市郫都区友爱镇农科村
	成都市青白江区福洪镇杏花村
	攀枝花市盐边县桐子林镇金河社区
	攀枝花市米易县草场镇龙华社区
	广元市旺苍县木门镇三合村
	乐山市夹江县吴场镇三管村
	眉山市东坡区三苏镇鸭池村
	眉山市彭山区观音街道果园村
	眉山市丹棱县齐乐镇梅湾村
	眉山市洪雅县中山镇前锋村
	广安市邻水县柑子镇菜垭村
	巴中市平昌县土兴镇铁城村
	宜宾市筠连县巡司镇银星村
	宜宾市高县来复镇大屋村
	凉山彝族自治州雷波县千万贯乡青杠村
	资阳市安岳县龙台镇花果村
贵州省	贵阳市修文县谷堡镇平滩村
	铜仁市思南县三道水乡周寨村
	遵义市凤冈县永安镇田坝村
	安顺市平坝区天龙镇二官村
	安顺市平坝区天龙镇高田村
云南省	昆明市呈贡区斗南街道斗南社区
	丽江市华坪县荣将镇哲理村
	丽江市华坪县石龙坝镇民主村
	丽江市华坪县石龙坝镇临江村
	丽江市华坪县荣将镇龙头村

续表

地区	2021 年全国乡村特色产业亿元村
云南省	临沧市双江自治县勐库镇冰岛村
	红河哈尼族彝族自治州石屏县龙朋镇甸中村
	楚雄彝族自治州姚安县前场镇新街社区
	德宏傣族景颇族自治州芒市轩岗乡芒棒村
	曲靖市麒麟区珠街街道中所村
	西双版纳傣族自治州勐海县布朗山布朗族乡班章村
陕西省	咸阳市礼泉县烟霞镇袁家村
	咸阳市礼泉县西张堡镇白村
	宝鸡市岐山县蔡家坡镇唐家岭村
	宝鸡市眉县金渠镇年第村
甘肃省	兰州市皋兰县什川镇长坡村
	白银市靖远县东湾镇三合村
	定西市陇西县首阳镇首阳村
	酒泉市瓜州县西湖镇西湖村
宁夏回族自治区	银川市西夏区北堡镇昊苑村
	固原市原州区头营镇杨郎村
	吴忠市利通区上桥镇牛家坊村

附表 7　截至 2019 年特色食品目录

序号	省区市	产品名称
1	天津	蓟县一品烧饼
2	河北	故城龙凤贡面
3	河北	黄骅面花
4	河北	魏县申家榆面饸饹
5	河北	柴沟堡熏肉
6	河北	藁城宫面
7	山西	鑫炳记太谷饼
8	山西	平遥长昇源黄酒
9	山西	寿阳油柿子
10	山西	寿阳韩愈茶食
11	山西	代县黄酒
12	山西	壶关郭氏全羊汤
13	山西	闻喜煮饼
14	山西	永济桑落酒
15	山西	鲁因空心挂面
16	辽宁	牛庄馅饼
17	上海	"农本"崇明草头盐齑
18	上海	颛桥桶蒸糕

续表

序号	省区市	产品名称
19	江苏	常熟桂花酒
20	江苏	常熟叫花鸡
21	江苏	丹阳黄酒
22	江苏	钦工肉圆
23	江苏	江阴黑酒
24	江苏	华西冰油
25	江苏	正仪青团
26	江苏	西亭脆饼
27	江苏	石港新中乳腐
28	江苏	如皋老万和潮糕
29	江苏	如皋三香斋茶干
30	江苏	玉祁双套老酒
31	江苏	靖江猪肉脯
32	浙江	湖州震远同茶食三珍
33	浙江	丰城冻米糖
34	浙江	斜桥榨菜
35	浙江	金华火腿
36	浙江	平湖糟蛋
37	安徽	九华山百善贡酥
38	安徽	横望山米酒
39	安徽	丰乐酱干
40	安徽	三河米酒
41	安徽	宁国笋干
42	安徽	绩溪火腿
43	安徽	五城茶干
44	安徽	五城米酒
45	安徽	怀宁贡糕
46	安徽	涡阳苔干
47	安徽	南丰黄酒
48	安徽	丫山藕糖
49	福建	古田红曲黄酒
50	江西	南安板鸭
51	江西	崇义南酸枣糕
52	山东	胶东鲅鱼饺子
53	山东	保店驴肉
54	山东	杜桥豆腐皮
55	山东	长官包子
56	河南	道口烧鸡
57	河南	沈丘顾家馍

续表

序号	省区市	产品名称
58	河南	老庙牛肉
59	河南	西峡仲景香菇酱
60	湖北	钟祥葛粉
61	湖北	客店葛娃葛粉
62	湖北	房县黄酒
63	湖北	云梦鱼面
64	湖南	靖州雕花蜜饯
65	湖南	攸县米粉
66	湖南	攸县香干豆腐
67	湖南	攸县茶油
68	湖南	衡阳西渡湖之酒
69	湖南	耒阳红薯粉皮
70	湖南	平江酱干
71	湖南	平江辣条
72	湖南	长乐甜酒
73	湖南	永州山苍子油
74	湖南	富田桥游浆豆腐
75	湖南	常宁茶油
76	湖南	邵阳茶油
77	广东	仁化石塘堆花米酒
78	广东	惠州盐焗鸡
79	广东	清化粉
80	广东	观音阁红糖
81	广东	三水芦苞鱼干
82	广东	黄圃腊味
83	广东	东陂腊味
84	广东	皇斋虎嗽金针菜
85	广东	大田柿花
86	广西壮族自治区	梧州龟苓膏
87	广西壮族自治区	三江茶油
88	广西壮族自治区	凤山云片糕
89	广西壮族自治区	柳州螺蛳粉
90	重庆	长寿薄脆
91	重庆	丰都麻辣鸡块
92	重庆	丰都仙家豆腐乳
93	重庆	武隆羊角豆干
94	重庆	涪陵榨菜
95	重庆	合川桃片
96	重庆	合川肉片

续表

序号	省区市	产品名称
97	重庆	永川皮蛋
98	重庆	永川松溉健康醋
99	重庆	石柱倒流水豆腐干
100	重庆	永川松溉盐白菜
101	重庆	长寿血豆腐
102	重庆	永川豆豉
103	重庆	大足冬菜
104	重庆	丰都榨菜
105	四川	成都怀远三绝
106	四川	宜宾思坡醋
107	四川	新都泡菜
108	四川	温江酱油
109	四川	蒲江米花糖
110	四川	自贡火边子牛肉
111	四川	盐边油底肉
112	四川	南溪豆腐干
113	四川	广汉缠丝兔
114	四川	隆昌豆杆
115	四川	隆昌酱油
116	四川	天池藕粉
117	四川	南充冬菜
118	四川	广安盐皮蛋
119	四川	东坡泡菜
120	四川	宜宾碎米芽菜
121	四川	宜宾大头菜
122	四川	仁寿芝麻糕
123	四川	唐场豆腐乳
124	贵州	盘县火腿
125	贵州	印江茗粉
126	贵州	盘州刺梨果脯
127	云南	剥隘七醋
128	云南	石屏豆腐皮
129	云南	东川面条
130	云南	石林乳饼
131	云南	保山蒲缥甜大蒜
132	云南	寻甸牛干巴
133	陕西	富平流曲琼锅糖
134	陕西	富平柿饼
135	甘肃	陇西腊肉

序号	省区市	产品名称
136	甘肃	会宁亚麻油
137	甘肃	高台辣椒干
138	甘肃	靖远文冠果油
139	浙江	奉化千层饼
140	浙江	慈城年糕

附表8　截至2019年特色手工艺品目录

序号	省区市	产品名称
1	河北	兴隆郑氏砂艺
2	河北	雄州黑陶
3	河北	屯头宫灯
4	河北	内丘神码
5	山西	平定冠窑砂器
6	山西	平定刻花瓷
7	山西	河津琉璃工艺品
8	山西	高平潞绸
9	山西	蒲县柳编
10	山西	临汾千层底手工布鞋
11	山西	平定砂器
12	山西	永乐桃木雕刻
13	吉林	长白山草编
14	吉林	镇赉柳编手工艺品
15	黑龙江	赫哲鱼皮衣
16	黑龙江	满族刺绣、渤海靺鞨绣
17	黑龙江	乌鱼绣
18	黑龙江	北林泥河陶
19	上海	奉城木雕
20	上海	奉贤琉璃
21	江苏	马庄香包
22	江苏	南通蓝印花布
23	江苏	扬州江都毛笔
24	江苏	秦淮花灯
25	江苏	兴化小木船
26	江苏	梅村二胡
27	浙江	富阳元书纸
28	浙江	善琏湖笔
29	浙江	永康锡雕
30	浙江	合村绣花鞋

续表

序号	省区市	产品名称
31	浙江	东林柳编
32	浙江	永康根雕
33	浙江	永康钉秤
34	浙江	永康铁锅、铁壶
35	安徽	黄岗柳编
36	安徽	岳西桑皮纸
37	安徽	官庄桑皮纸
38	安徽	万安罗盘
39	安徽	细阳刺绣
40	安徽	淮北泥塑
41	安徽	六安大红袍油纸伞
42	安徽	痘姆古陶
43	安徽	徽州三雕——砖雕
44	安徽	徽州三雕——石雕
45	安徽	徽州三雕——木雕
46	安徽	广德明德折扇
47	安徽	徽竹雕竹刻
48	福建	永春漆篮
49	福建	蕉城竹木蒸笼
50	江西	铅山连四纸
51	江西	东湖赣发绣
52	江西	南昌豫章绣
53	山东	黄县柳条膏
54	山东	黄县窗染花
55	山东	黄县民居雕刻
56	河南	浚县泥咕咕
57	河南	滑县蝈蝈白菜
58	河南	滑县老粗布
59	河南	新安黛眉工艺手织布
60	河南	朱仙镇木版年画
61	河南	沈丘青三彩
62	河南	商城毛底布鞋
63	河南	汝州汝瓷
64	湖北	阳新布贴
65	湖北	洪湖（淡水）贝雕
66	湖北	管窑陶瓷
67	湖北	英山缠花
68	湖北	恩施土家刺绣
69	湖北	宣恩竹编

续表

序号	省区市	产品名称
70	湖北	宣恩滚龙连厢
71	湖南	邵阳蓝印花布
72	湖南	张家界苗银
73	湖南	保靖苗画
74	湖南	通道侗锦织造
75	湖南	隆回县滩头年画
76	湖南	石鼓油纸伞
77	湖南	石市竹雕
78	湖南	祁东草席
79	湖南	土家刺绣
80	湖南	梅山剪纸
81	湖南	凤凰彩扎
82	湖南	界牌陶瓷
83	广东	潮汕大寮嵌瓷
84	广东	吴川泥塑
85	广东	石湾公仔
86	广西壮族自治区	柳江壮族草编
87	重庆	龙水小五金
88	重庆	卧佛竹麻编
89	四川	荥经黑砂
90	四川	达州刘氏竹编
91	四川	眉山云华竹编
92	四川	自贡工艺土陶
93	四川	成都聚源竹雕
94	四川	隆昌夏布
95	四川	隆昌青石雕
96	四川	隆昌土陶
97	四川	自贡龚扇
98	贵州	威宁彝族服饰
99	贵州	黔南水族马尾绣
100	云南	临沧牛肚被
101	云南	祥云土锅
102	云南	宜良竹编
103	云南	宣威猫耳斗
104	云南	剑川梅园石雕
105	云南	华宁陶
106	云南	剑川布扎刺绣
107	云南	户撒刀
108	云南	芒团手工造纸

续表

序号	省区市	产品名称
109	云南	剑川木雕
110	云南	鹤庆银器
111	甘肃	环县皮影
112	甘肃	岷县铜铝铸造
113	西藏自治区	波密易贡藏刀
114	西藏自治区	乃东泽帖尔
115	新疆生产建设兵团	北屯烙画

附表9 截至2019年特色养殖产品目录

序号	省区市	产品名称
1	河北	昌黎貉皮
2	河北	玉田甲鱼
3	山西	沁水刺槐蜂蜜
4	山西	晋城荆条花蜂蜜
5	辽宁	盘锦泥鳅
6	黑龙江	伊春森林猪
7	黑龙江	兰西民猪
8	黑龙江	依安大鹅
9	吉林	东辽黑猪
10	上海	崇明白山羊
11	江苏	海门山羊
12	江苏	京海黄鸡
13	江苏	盱眙龙虾
14	江苏	扬中河豚
15	江苏	扬中江虾
16	浙江	永康灰鹅
17	浙江	平阳鸽蛋
18	浙江	开化清水鱼
19	安徽	黄山黑鸡
20	安徽	明光梅鱼
21	福建	永春白番鸭
22	福建	顺昌闽北花猪
23	江西	兴国灰鹅
24	江西	安义瓦灰鸡
25	山东	莱阳五龙鹅
26	山东	微山麻鸭
27	山东	日照麻鸡
28	山东	梁山黑猪

序号	省区市	产品名称
29	山东	东阿黑毛驴
30	山东	桑岛刺参
31	山东	微山湖乌鳢
32	山东	荣成海参
33	山东	东阿黄河鲤鱼
34	山东	蒙山蜂蜜
35	湖北	洪山鸡
36	湖北	松滋鸡
37	湖北	麻城黑山羊
38	湖北	郧西马头山羊
39	湖北	房县娃娃鱼
40	湖北	通城猪
41	湖北	鄂州武昌鱼
42	湖北	潜江龙虾
43	湖北	监利黄鳝
44	湖南	炎陵白鹅
45	湖南	攸县麻鸭
46	湖南	洪江雪峰乌骨鸡
47	湖南	罗代黑猪
48	湖南	浏阳黑山羊
49	湖南	宁乡花猪
50	湖南	沙子岭猪
51	湖南	永州异蛇
52	湖南	临澧黄花鱼
53	广东	封开杏花鸡
54	广东	白蕉海鲈
55	广东	中山脆肉鲩
56	广东	台山鳗鱼
57	广西壮族自治区	融水香鸭
58	广西壮族自治区	苗寨凤花鸡
59	广西壮族自治区	岑溪古典鸡
60	广西壮族自治区	三江稻田鲤鱼
61	广西壮族自治区	凭祥石龟
62	海南	五指山五脚猪
63	重庆	增福土鸡
64	重庆	南川鸡
65	重庆	大宁河鸡
66	重庆	涪陵黑猪
67	重庆	合川黑猪

续表

序号	省区市	产品名称
68	重庆	合川白山羊
69	重庆	武隆板角山羊
70	重庆	白马蜂蜜
71	重庆	南川金佛山中华蜜蜂
72	四川	沐川乌骨黑鸡
73	四川	兴文山地乌骨鸡
74	四川	旧院黑鸡
75	四川	黑水凤尾鸡
76	四川	邛崃黑猪
77	四川	峨边花牛
78	四川	内江黑猪
79	四川	江安黑山羊
80	四川	蜀宣花牛
81	四川	雷波芭蕉芋猪
82	四川	色湾藏香猪
83	四川	乐至白乌鱼
84	四川	万源蜂桶蜂蜜
85	四川	黑水中蜂蜜
86	贵州	荔波瑶山鸡
87	贵州	榕江小香鸡
88	贵州	赤水乌骨鸡
89	贵州	沿河白山羊
90	云南	撒坝猪
91	云南	广南高峰黄牛
92	云南	圭山山羊
93	甘肃	平川黑驴
94	甘肃	武都崖蜜
95	青海	互助八眉猪
96	青海	互助白牦牛
97	宁夏回族自治区	盐池滩羊
98	宁夏回族自治区	泾源黄牛
99	宁夏回族自治区	涝河桥羊肉
100	宁夏回族自治区	大武口小公鸡
101	宁夏回族自治区	朝那乌鸡
102	宁夏回族自治区	沙湖大鱼头
103	宁夏回族自治区	银川鲤鱼
104	宁夏回族自治区	盐池蜂蜜
105	浙江	象山白鹅

附表10 截至2019年特色种植产品目录

序号	省区市	产品名称
1	北京	平谷大桃
2	北京	北寨红杏
3	北京	张家湾葡萄
4	北京	茅山后佛见喜梨
5	北京	妙峰山玫瑰
6	天津	沙窝萝卜
7	天津	红花峪桑葚
8	天津	盘山磨盘柿
9	天津	蓟县板栗
10	天津	黄花山核桃
11	天津	桑梓西瓜
12	河北	武安小米
13	河北	黄粱梦小米
14	河北	崇礼蚕豆
15	河北	围场胡萝卜
16	河北	馆陶黄瓜
17	河北	鹿泉香椿
18	河北	隆尧泽畔藕
19	河北	隆尧大葱
20	河北	南宫黄韭
21	河北	深州蜜桃
22	河北	高碑店黄桃
23	河北	黄骅冬枣
24	河北	隆化草莓
25	河北	魏县鸭梨
26	河北	安次甜瓜
27	河北	新乐西瓜
28	河北	赞皇大枣
29	河北	巨鹿串枝红杏
30	河北	清河山楂
31	河北	蔚州杏扁
32	河北	平泉香菇
33	河北	蠡县麻山药
34	河北	巨鹿金银花
35	河北	巨鹿枸杞
36	山西	广灵小米
37	山西	北董大蒜
38	山西	曲沃葡萄
39	山西	平遥酥梨

序号	省区市	产品名称
40	山西	绛县大樱桃
41	山西	安泽连翘
42	山西	平遥长山药
43	辽宁	博洛铺小米
44	辽宁	康平花生
45	辽宁	叶茂台花生
46	辽宁	耿庄大蒜
47	辽宁	瑷河青水果萝卜
48	辽宁	大民屯白菜
49	辽宁	康平地瓜
50	辽宁	东港草莓
51	辽宁	凤城板栗
52	辽宁	盘锦碱地柿子
53	辽宁	永乐葡萄
54	辽宁	东陵红树莓
55	辽宁	小梁山西瓜
56	辽宁	新民柳河沟香瓜
57	辽宁	辽中葡萄
58	辽宁	五龙山葡萄
59	辽宁	凌源花卉
60	辽宁	鞍山君子兰
61	辽宁	辽中玫瑰
62	辽宁	宽甸石柱人参
63	吉林	哈拉海珠葱
64	吉林	黄松甸黑木耳
65	黑龙江	桦南紫苏
66	黑龙江	大同区板蓝根
67	黑龙江	红星平贝母
68	黑龙江	勃利红松籽
69	黑龙江	勃利蓝靛果
70	黑龙江	勃利葡萄
71	上海	彭镇青扁豆
72	上海	青浦茭白
73	上海	三林崩瓜
74	上海	马陆葡萄
75	上海	奉贤黄桃
76	上海	皇母蟠桃
77	上海	白鹤草莓
78	上海	崇明水仙

续表

序号	省区市	产品名称
79	江苏	启东绿皮蚕豆
80	江苏	海门大红袍赤豆
81	江苏	启东洋扁豆
82	江苏	董浜筒管玉丝瓜
83	江苏	大丰南阳辣根
84	江苏	沈灶青椒
85	江苏	建昌红香芋
86	江苏	金坛无节水芹
87	江苏	溧阳白芹
88	江苏	邳州苔干
89	江苏	扬中秧草
90	江苏	谢湖大樱桃
91	江苏	丁庄葡萄
92	江苏	白马黑莓
93	江苏	邳州板栗
94	江苏	启东芦稷
95	江苏	龙冈茌梨
96	江苏	天目湖白茶
97	江苏	绿杨春茶
98	江苏	丁伙龙柏、蜀桧、朴树
99	浙江	缙云米仁
100	浙江	南湖菱
101	浙江	杨庙雪菜
102	浙江	海盐大头菜
103	浙江	永康舜芋
104	浙江	永康五指岩生姜
105	浙江	兰溪小萝卜
106	浙江	缙云茭白
107	浙江	永康方山柿
108	浙江	兰溪杨梅
109	浙江	兰溪枇杷
110	浙江	云和雪梨
111	浙江	武阳春雨
112	浙江	缙云黄茶
113	浙江	武义宣莲
114	浙江	遂昌菊米
115	浙江	枫桥香榧
116	浙江	庆元香菇
117	浙江	庆元灰树花

序号	省区市	产品名称
118	浙江	云和黑木耳
119	浙江	常山猴头菇
120	安徽	明光绿豆
121	安徽	大路口山芋
122	安徽	中焯番茄
123	安徽	铜陵白姜
124	安徽	桐城水芹
125	安徽	岳西茭白
126	安徽	塔山石榴
127	安徽	段园葡萄
128	安徽	怀远石榴
129	安徽	金寨猕猴桃
130	安徽	和县黄金瓜
131	安徽	宁国山核桃
132	安徽	怀宁蓝莓
133	安徽	黟县香榧
134	安徽	都督翠茗
135	安徽	滁州滁菊
136	安徽	含眉绿茶
137	安徽	黄花云尖
138	安徽	金山时雨
139	安徽	桐城小花
140	安徽	岳西翠兰
141	安徽	祁门安茶
142	安徽	黄山贡菊
143	安徽	黟县石墨茶
144	安徽	黄山毛峰
145	安徽	天长芡实
146	安徽	宁前胡
147	安徽	天柱山瓜蒌籽
148	福建	岵山晚荔
149	福建	古田油柰
150	福建	柘荣太子参
151	福建	古田银耳
152	江西	广丰马家柚
153	江西	资溪白茶
154	山东	龙山小米
155	山东	蓼坞小米
156	山东	荣成甘薯

续表

序号	省区市	产品名称
157	山东	临沭地瓜
158	山东	荣成大花生
159	山东	临沭花生
160	山东	莱阳芋头
161	山东	金乡大蒜
162	山东	瓦西黑皮冬瓜
163	山东	马踏湖白莲藕
164	山东	张庄香椿
165	山东	微山湖莲藕
166	山东	苍山辣椒
167	山东	诸葛红香椿
168	山东	邹平香椿
169	山东	泗水西瓜
170	山东	高官寨甜瓜
171	山东	烟台大樱桃
172	山东	沂源金黄金桃
173	山东	麻湾西瓜
174	山东	莱阳梨
175	山东	胡集白梨瓜
176	山东	天宝大樱桃
177	山东	荣成无花果
178	山东	五莲樱桃
179	山东	五莲板栗
180	山东	蒙阴蜜桃
181	山东	乐陵金丝小枣
182	山东	南王店西瓜
183	山东	张高水杏
184	山东	泰山茶
185	山东	灵岩御菊
186	山东	莱芜白花丹参
187	山东	莱胡参
188	山东	文登西洋参
189	山东	郯城金银花
190	河南	获嘉黑豆
191	河南	王家迪红油香椿
192	河南	桐柏香椿
193	河南	吴坝大蒜
194	河南	娄店芦笋
195	河南	获嘉太山白菜

续表

序号	省区市	产品名称
196	河南	扶沟辣椒
197	河南	新安樱桃
198	河南	桐柏朱砂红桃
199	河南	西峡猕猴桃
200	河南	仰韶大杏
201	河南	仰韶牛心柿
202	河南	辉县山楂
203	河南	河阴石榴
204	河南	确山板栗
205	河南	济源冬凌草
206	河南	桐柏玉叶茶
207	河南	小相菊花
208	河南	嵩县皂角刺
209	河南	汝阳角里艾
210	河南	汝阳杜仲
211	河南	桐柏桔梗
212	河南	西峡山茱萸
213	河南	渑池丹参
214	河南	卫辉卫红花
215	河南	确山夏枯草
216	河南	西峡香菇
217	湖北	红安苕
218	湖北	洪山菜薹
219	湖北	洪湖莲子
220	湖北	舒安藠头
221	湖北	肖港小香葱
222	湖北	利川莼菜
223	湖北	随州泡泡青
224	湖北	来凤凤头姜
225	湖北	罗田甜柿
226	湖北	罗田板栗
227	湖北	赤壁青砖茶
228	湖北	恩施玉露
229	湖北	来凤藤茶
230	湖北	蕲春艾草
231	湖北	九资河茯苓
232	湖北	罗田苍术
233	湖北	利川黄连
234	湖北	恩施紫油厚朴

续表

序号	省区市	产品名称
235	湖北	麻城福白菊
236	湖北	天门半夏
237	湖北	房县虎杖
238	湖北	房县黑木耳
239	湖北	房县香菇
240	湖南	祁东槟榔芋
241	湖南	麻阳小籽花生
242	湖南	湘潭湘莲
243	湖南	九华红菜薹
244	湖南	湘潭矮脚白
245	湖南	三樟黄贡椒
246	湖南	祁东黄花菜
247	湖南	常宁无渣生姜
248	湖南	湘阴藠头
249	湖南	樟树港辣椒
250	湖南	广兴洲大白菜

附表 11　截至 2019 年乡村能工巧匠目录

序号	省区市	姓名	性别	民族	专长
1	天津	霍庆有	男	汉族	杨柳青年画
2	天津	霍庆顺	男	汉族	杨柳青年画
3	河北	高殿华	男	汉族	面花模子
4	河北	韩宝菊	女	汉族	手工剪纸
5	河北	方士英	女	汉族	方士英石影雕
6	河北	殷俊廷	男	汉族	黑陶
7	山西	杨贵庭	男	汉族	雁门民居营造技艺
8	山西	闫改好	男	汉族	响铜乐器
9	山西	张宏亮	男	汉族	冠窑砂器
10	山西	张文亮	男	汉族	刻花瓷
11	山西	李志纲	男	汉族	石刻、碑、匾等
12	山西	李志鹏	男	汉族	石刻、碑、匾等
13	山西	侯天龙	男	汉族	传统手工布鞋
14	山西	高秋英	女	汉族	黎侯虎
15	山西	刘建军	男	汉族	刘氏老鼓
16	山西	郭国芳	男	汉族	郭氏全羊汤
17	内蒙古自治区	牟春玲	女	蒙古族	孝庄枕等
18	内蒙古自治区	白秀枝	女	蒙古族	炭烤牛肉干
19	吉林	马淑琴	女	汉族	剪纸、布艺
20	吉林	薛艺伟	男	汉族	芦苇画

序号	省区市	姓名	性别	民族	专长
21	吉林	赵国生	男	汉族	梅花鹿鹿茸
22	黑龙江	孙艳玲	女	满族	满族刺绣、渤海靺鞨绣
23	黑龙江	刘雅梅	女	汉族	满洲刺绣
24	黑龙江	尤文凤	女	赫哲族	鱼皮衣
25	黑龙江	王春艳	女	汉族	乌鱼绣、绣品
26	黑龙江	解永亮	男	赫哲族	赫哲族文创产品
27	黑龙江	岑立杰	女	赫哲族	鱼皮画
28	黑龙江	孙玉林	男	赫哲族	鱼骨画
29	黑龙江	吴玉美	女	赫哲族	婚俗工艺
30	江苏	王秀英	女	汉族	香包、虎头鞋等
31	江苏	邹文才	男	汉族	农民画
32	江苏	张西月	男	汉族	贝雕
33	江苏	李大专	男	汉族	黑陶
34	江苏	陈银付	男	汉族	陶瓷雕刻、麦秆画等
35	江苏	王华	女	汉族	尚庄老虎鞋
36	江苏	王秀英	女	汉族	尚庄老虎鞋
37	江苏	孙洪春	男	汉族	龙冈柳编
38	江苏	褚如华	男	汉族	龙冈柳编
39	江苏	李忠良	男	汉族	钦工肉圆
40	江苏	许朝中	男	汉族	丹阳黄酒系列
41	浙江	邱昌明	男	汉族	善琏湖笔
42	浙江	李明焱	男	汉族	传统中药炮制
43	浙江	江安然	男	汉族	竹编制品
44	浙江	黄宽宏	男	汉族	永康根雕
45	浙江	应德印	男	汉族	永康钉秤
46	浙江	应生林	男	汉族	永康钉秤
47	浙江	胡岩献	男	汉族	打铁制作技艺
48	浙江	胡安然	男	汉族	打金打银制作技艺
49	浙江	胡志强	男	汉族	永康铸铁
50	浙江	夏小君	男	汉族	龙舟制作
51	浙江	郑志辉	男	汉族	剪纸礼品、装饰品
52	浙江	杨定升	男	汉族	磐五味等中药材
53	安徽	王文忠	男	汉族	柳编工艺品
54	安徽	程兴红	男	汉族	剪纸
55	安徽	王柏林	男	汉族	岳西桑皮纸
56	安徽	洪观清	男	汉族	徽派盆景
57	安徽	洪建华	男	汉族	竹木雕刻
58	安徽	朱庆国	男	汉族	大救驾
59	安徽	戚良伯	男	汉族	紫金砚
60	安徽	徐修生	男	汉族	大红袍油纸伞

序号	省区市	姓名	性别	民族	专长
61	安徽	徐圣年	男	汉族	翁墩剪纸
62	安徽	王明德	男	汉族	工艺折扇
63	安徽	赵耀祥	男	汉族	皖南竹刻
64	安徽	郑国民	男	汉族	油布伞
65	安徽	吴国华	女	汉族	木梳、木镜及工艺品
66	安徽	涂申友	男	汉族	黑陶制品
67	安徽	汪加林	男	汉族	竹雕
68	安徽	洪定勇	男	汉族	徽派盆景
69	安徽	李明智	男	汉族	黟山石墨茶
70	安徽	方如金	男	汉族	石雕
71	安徽	蒋雨金	男	汉族	徽州楹联
72	安徽	胡时滨	男	汉族	徽州楹联
73	安徽	胡小石	男	汉族	徽州篆刻
74	安徽	查德青	男	汉族	黟县彩绘、壁画
75	安徽	汪德洪	男	汉族	徽州三雕——木雕
76	安徽	王永强	男	汉族	徽州三雕——砖雕
77	安徽	刘德海	男	汉族	黄腊石根雕
78	安徽	张红云	女	汉族	竹木雕刻
79	安徽	朱泓	男	汉族	徽州竹木雕
80	安徽	方继凡	男	汉族	太平猴魁茶
81	安徽	谢四十	男	汉族	黄山毛峰小罐茶
82	安徽	方小龙	男	汉族	藕糖
83	安徽	张学良	男	汉族	水东蜜枣
84	安徽	石其华	男	汉族	涌溪火青绿茶
85	安徽	汪松柏	男	汉族	红茶
86	安徽	程晓祥	男	汉族	红茶
87	安徽	刘会根	男	汉族	岳西翠兰
88	安徽	冯立彬	男	汉族	岳西翠兰
89	安徽	王齐	男	汉族	黄山贡菊
90	福建	孔春霞	女	汉族	剪纸艺术品
91	福建	林长勇	男	汉族	红曲
92	福建	郑道森	男	汉族	红曲
93	福建	黄北贯	男	汉族	竹木蒸笼和竹木工艺品
94	福建	黄晓健	男	汉族	竹木蒸笼和竹木工艺品
95	福建	黄月萍	女	汉族	茶叶
96	江西	刘节明	男	汉族	传统木雕、根雕
97	江西	邹双印	男	汉族	刀笔书法匾额、镇纸等
98	江西	邹双勇	男	汉族	刀笔书法匾额、镇纸等
99	江西	江建鸿	男	汉族	手工红茶
100	山东	樊继美	男	汉族	木旋工艺品

序号	省区市	姓名	性别	民族	专长
101	山东	景永祥	男	汉族	临清贡砖
102	山东	陈素景	女	汉族	曹州面塑
103	山东	李向松	男	汉族	泰岱翠峰纯狼毫类毛笔
104	山东	杨进邦	男	汉族	柳编产品
105	山东	耿延祯	男	汉族	剪纸、蓝印花布
106	山东	郭兰堂	男	汉族	粉丝、粉皮、凉粉等
107	山东	孟昭泰	男	汉族	胶东花饽饽、烤馍片等
108	河南	高水旺	男	汉族	唐三彩
109	河南	王国庆	男	汉族	石猴
110	河南	王君子	男	汉族	汝瓷
111	河南	张同瑞	男	汉族	木板年画
112	河南	朱振	男	汉族	手工铁壶
113	河南	宋学海	男	汉族	泥塑
114	河南	宋学芳	男	汉族	泥塑
115	河南	王学仁	男	汉族	泥塑
116	河南	张中海	男	汉族	道口烧鸡
117	河南	张存有	男	汉族	张存有烧鸡
118	湖北	尹关山	男	汉族	阳新布贴
119	湖北	汪功明	男	汉族	木作和木雕
120	湖北	牟利忠	男	土家族	根雕
121	湖北	刘小红	女	汉族	大冶刺绣
122	湖北	周银菊	女	土家族	土家刺绣
123	湖北	王义芳	男	土家族	宣恩竹编
124	湖北	王宏宣	男	土家族	皮影
125	湖南	余虹	男	汉族	竹藤编织品
126	湖南	梁丰助	男	汉族	竹木雕
127	湖南	凌文武	男	汉族	陶艺
128	湖南	肖求进	男	汉族	稻草龙
129	湖南	刘望龙	男	汉族	工艺扇
130	湖南	胡昌桐	男	侗族	剪纸
131	湖南	易明珍	女	侗族	雕花蜜饯
132	湖南	罗先梅	女	侗族	雕花蜜饯
133	湖南	冯永梅	女	侗族	雕花蜜饯
134	湖南	储吉花	女	汉族	雕花蜜饯
135	广西壮族自治区	韦海洋	男	壮族	鸟笼
136	广西壮族自治区	阳新文	男	汉族	石雕产品
137	广西壮族自治区	韦洁群	女	汉族	六堡茶
138	广西壮族自治区	石濡菲	女	汉族	六堡茶
139	重庆	谢光荣	男	汉族	铁器
140	四川	杨华珍	女	藏族	藏羌刺绣

序号	省区市	姓名	性别	民族	专长
141	四川	赵思进	男	汉族	各类竹编
142	四川	毕六福	男	汉族	油纸伞
143	四川	李芳福	男	汉族	绵竹年画
144	四川	刘嘉峰	男	汉族	刘氏竹编
145	四川	徐兴国	男	汉族	泥彩塑
146	四川	韩进富	男	汉族	陶瓷艺术产品
147	四川	丁志云	男	汉族	竹编装置、艺术品
148	四川	付兰勇	男	汉族	红陶
149	四川	黄斌	男	汉族	土陶
150	四川	庙梁李氏	女	汉族	剪纸
151	四川	李亚雪	女	汉族	剪纸
152	四川	李兴秀	女	羌族	羌族刺绣
153	四川	丁成志	男	回族	藏金属制品
154	四川	呷确曲登	男	藏族	藏族金属锻造技艺
155	四川	根秋丹真	男	藏族	藏族金属锻造技艺
156	四川	扎西绒布	男	藏族	藏族金属锻造技艺
157	四川	罗真	男	藏族	藏族金属锻造技艺
158	四川	陈云华	男	汉族	青神竹编
159	四川	罗嘉发	男	汉族	七佛饼茶、贡茶
160	贵州	潘柔达	男	苗族	苗族传统芦笙
161	贵州	王兴武	男	汉族	迎春纸等系列古纸
162	贵州	吴水银	男	苗族	苗族银饰
163	云南	李成强	男	阿昌族	户撒刀
164	云南	娄四东	男	阿昌族	娄一刀
165	云南	陶美元	女	苗族	苗族服饰
166	云南	俸继明	男	布朗族	蜂桶鼓
167	云南	玉勐嘎	女	傣族	白棉纸
168	云南	哏从国	男	傣族	葫芦丝
169	云南	万光红	男	汉族	乌铜走银
170	云南	李国伟	男	汉族	永子围棋
171	云南	杨有胜	男	汉族	锑锅、锑盆、梯桶
172	云南	虞全希	男	汉族	银器制作
173	云南	吴猛	男	汉族	泥塑制作
174	云南	罗晃兆	男	汉族	土陶制作
175	云南	汪开荣	男	汉族	银器制作
176	云南	杨焕培	男	白族	木雕
177	云南	段德坤	男	白族	石刻
178	云南	段义繁	男	白族	石刻
179	云南	袁昆林	男	汉族	乌铜走银制作
180	云南	唐兰英	女	彝族	刺绣

序号	省区市	姓名	性别	民族	专长
181	云南	陶应贵	男	布朗族	牛腿琴
182	云南	鲁明秀	女	布朗族	牛肚被
183	云南	引弄	女	傣族	白棉纸
184	云南	李存勋	男	汉族	猫耳斗
185	云南	何秀英	女	彝族	彝族服饰
186	云南	白小柏	女	哈尼族	刺绣
187	云南	李宋仙	女	哈尼族	刺绣
188	云南	玉喃囡	女	傣族	傣族慢轮制陶
189	云南	陆存琼	女	彝族	彝族服饰
190	云南	张国庆	男	壮族	桐油伞
191	云南	陆诚	男	壮族	手工银饰制品
192	云南	罗永英	女	苗族	苗族刺绣
193	云南	李忠禄	男	彝族	月琴
194	云南	李贵华	男	汉族	竹编
195	云南	白绍美	女	傣族	土锅、花瓶、烟灰缸
196	云南	杨桂珍	女	傣族	花腰傣服饰
197	云南	罗美英	女	傣族	花腰傣服饰
198	云南	安正雄	男	彝族	月琴演奏
199	陕西	赵广财	男	汉族	栎阳马踏青器山社火
200	陕西	巨让利	男	汉族	岐山油漆绘画技艺
201	陕西	何爱叶	女	汉族	旬邑彩贴剪纸
202	陕西	王改银	女	汉族	宜君剪纸
203	陕西	孙广义	男	汉族	安子头高跷
204	陕西	薛爱玲	女	汉族	富县剪纸
205	陕西	何文满	男	汉族	棕箱及棕制品制作
206	陕西	陈良顺	男	汉族	藤编技艺
207	甘肃	高清旺	男	汉族	皮影雕刻
208	甘肃	梁维珍	女	汉族	剪纸
209	青海	李安言索	女	土族	土族盘绣
210	宁夏回族自治区	田彦兰	女	回族	剪纸
211	宁夏回族自治区	杨佳年	男	汉族	彩塑
212	宁夏回族自治区	卜文俊	男	汉族	砖雕
213	宁夏回族自治区	杨贤龙	男	汉族	泥彩塑
214	宁夏回族自治区	王生贵	男	汉族	剪纸
215	新疆维吾尔自治区	杨秀玉	女	锡伯族	锡伯族刺绣
216	新疆维吾尔自治区	根登加甫	男	蒙古族	骨角雕艺术品
217	新疆生产建设兵团	杨新平	男	汉族	烙画
218	西藏自治区	达加	男	藏族	聂荣塞白皮具制作
219	浙江	杨雪峰	男	汉族	船模制作
220	浙江	谢大本	男	汉族	冯恒大慈城水磨年糕

参考文献

［1］毛锦凰．乡村振兴评价指标体系构建方法的改进及其实证研究［J］．兰州大学学报（社会科学版），2021，49（3）：47-51.

［2］张挺，李闽榕，徐艳梅．乡村振兴评价指标体系构建与实证研究［J］．管理世界，2018（8）：99-105.

［3］费绍金，陆海霞，纪燕霞．乡村振兴战略实施评价指标体系的构建——以江苏省为例［J］．绥化学院学报，2021（9）：23-26.

［4］谢美辉，夏敏峰．产业发展与乡村振兴协调演进及障碍因子诊断——以江西省为例［J］．江西农业学报，2021，33（7）：139-144.

［5］章磷，姜楠．黑龙江省农业农村现代化发展水平综合评价［J］．北方园艺，2021（16）：161-169.

［6］张立新，王翔．基于AHP-熵权法下的装配式建筑项目绿色施工评价研究［J］．佳木斯大学学报（自然科学版），2021，39（6）：24-28.

［7］王佩．基于FAHP与熵权法水资源配置指标权重融合［J］．水电能源科学，2015，33（1）：20-22.

［8］徐鹏．基于多功能农业理论下江西省乡村振兴综合绩效评价研究［D］．江西财经大学硕士学位论文，2021.

［9］杜书栋，关亚楠．基于熵权法改进的综合污染指数的水质评价——以白云湖为例［J］．环境科学学报，2022，42（1）：1-8.

［10］原源，刘长娥，程彬彬．我国乡村振兴的学术研究现状及趋势分析［J］．上海农业科技，2021（5）：1-4，36.

［11］瞿若频，吴永常．乡村价值理论与方法研究进展和展望［J/OL］．中国农业资源与区划［2021-09-02］．https：//kns.cnki.net/kcms/detail/11.3513.s.20210901.1110.021.html.

［12］张鸿钦，廖建军，刘鹏飞．乡村振兴背景下的乡村发展评价指标体系构建［J］．中外建筑，2020（12）：84-86.

［13］陈玉鑫，刘冰．乡村振兴战略背景下农村产业发展脆弱性评估——基于农户调研数据的分析［J］．农业现代化研究，2021，42（6）：1-9.

［14］张鸿，马超，杜凯文．乡村振兴战略下农村高质量发展测度研究——基于陕西951份调研问卷的实证分析［J］．西安财经大学学报，2021，34（4）：27-39.

［15］王磊玲，邢琪瑄．乡村振兴综合评价指标体系构建与评估［J］．河南牧业经济学院学报，2021，34（2）：29-35.

［16］尤杰舜，陈怡晴，杨舒情，刘飞翔．乡村治理绩效评价指标体系构建及测度——基于晋江市54个样本村的实证分析［J］．枣庄学院学报，2021，38（5）：134-144.

［17］国务院发展研究中心农村经济研究部课题组，叶兴庆，程郁．新发展阶段农业农村现

代化的内涵特征和评价体系［J］．改革，2021（9）：1-15.

［18］王永瑜，徐雪．中国新型城镇化、乡村振兴与经济增长的动态关系研究［J］．哈尔滨商业大学学报（社会科学版），2021（4）：63-73+87.

［19］中华人民共和国住房和城乡建设部．中国城乡建设统计年鉴（2020）［M］．北京：中国统计出版社，2020.

［20］国家统计局．中国统计年鉴（2020）［M］．北京：中国统计出版社，2020.

［21］北京市统计局，国家统计局北京调查总队．北京统计年鉴（2020）［M］．北京：中国统计出版社，2020.

［22］国家统计局农村社会经济调查司．中国农村统计年鉴（2020）［M］．北京：中国统计出版社，2020.

［23］全国人民代表大会常务委员会第二十八次会议．中华人民共和国乡村振兴促进法［EB/OL］．中国人大网［2021-04-29］．http：//www. npc. gov. cn/npc/c30834/202104/8777a961929c4757935ed2826ba967fd. shtml.

［24］国务院．国务院关于促进乡村产业振兴的指导意见［EB/OL］．中华人民共和国中央人民政府［2019-06-17］．http：//www. gov. cn/zhengce/zhengceku/2019-06/28/content_ 5404170. htm.

［25］第十一届全国人民代表大会常务委员会．中华人民共和国农业法［EB/OL］．中国人大网［2012-12-28］．http：//www. npc. gov. cn/wxzl/gongbao/2013-04/16/content_ 1811049. htm.

［26］农业农村部．农业农村部关于加快畜牧业机械化发展的意见［EB/OL］．中华人民共和国农业农村部［2019-12-25］．http：//www. moa. gov. cn/govpublic/NYJXHGLS/202002/t20200217_6337222. htm.

［27］国务院办公厅．国务院办公厅关于加强农业种质资源保护与利用的意见［EB/OL］．中华人民共和国中央人民政府［2019-12-30］．http：//www. gov. cn/zhengce/content/2020-02/11/content_5477302. htm.

［28］交通运输部．关于巩固拓展交通运输脱贫攻坚成果全面推进乡村振兴的实施意见［EB/OL］．中华人民共和国交通运输部［2021-05-28］．https：//xxgk. mot. gov. cn/2020/jigou/zhghs/202106/t20210604_3605311. html.

［29］商务部办公厅，发展改革委办公厅，中华全国供销合作总社办公厅．关于进一步推动农商互联助力乡村振兴的通知［EB/OL］．中华人民共和国商务部［2021-09-28］．http：//file. mofcom. gov. cn/article/gkml/202109/20210903204228. shtml.

［30］住房和城乡建设部，农业农村部，国家乡村振兴局．关于加快农房和村庄建设现代化的指导意见［EB/OL］．中华人民共和国住房和城乡建设部［2021-06-08］．http：//www. mohurd. gov. cn/wjfb/202106/t20210621_250525. htm.

［31］中共中央办公厅．关于向重点乡村持续选派驻村第一书记和工作队的意见［EB/OL］．中华人民共和国中央人民政府［2021-05-11］．http：//www. gov. cn/zhengce/2021-05/11/content_5605841. htm.

［32］中共中央办公厅，国务院办公厅．关于加快推进乡村人才振兴的意见［EB/OL］．中华人民共和国中央人民政府［2021-02-23］．http：//www. gov. cn/zhengce/2021-02/23/content_ 5588496. htm.

［33］人力资源和社会保障部，发展改革委，财政部，农业农村部，乡村振兴局．关于切实加强就业帮扶巩固拓展脱贫攻坚成果助力乡村振兴的指导意见［EB/OL］．中华人民共和国中央

人民政府〔2021-05-04〕．http：//www. gov. cn/gongbao/content/2021/content_5616174. htm.

〔34〕财政部．财政部贯彻落实实施乡村振兴战略的意见〔EB/OL〕．中华人民共和国财政部〔2018-09-27〕．http：//www. mof. gov. cn/gkml/caizhengwengao/wg2018/wg201811/201903/t20190301_3180502. htm.

〔35〕农业农村部，发展改革委，财政部，商务部，文化和旅游部，人民银行，银保监会，林草局，乡村振兴局，供销总社．关于推动脱贫地区特色产业可持续发展的指导意见〔EB/OL〕．中华人民共和国中央人民政府〔2021-04-07〕．http：//www. gov. cn/gongbao/content/2021/content_5616175. htm.

〔36〕国务院．关于新时代支持革命老区振兴发展的意见〔EB/OL〕．中华人民共和国中央人民政府〔2021-01-24〕．http：//www. gov. cn/zhengce/content/2021-02/20/content_5587874. htm.

〔37〕最高人民法院．关于为全面推进乡村振兴加快农业农村现代化提供司法服务和保障的意见〔EB/OL〕．中华人民共和国最高人民法院〔2021-07-14〕．http：//www. court. gov. cn/fabu-xiangqing-315551. html.

〔38〕北京市怀柔区人民政府．怀柔区促进乡村旅游提质升级奖励办法（试行）〔EB/OL〕．北京市怀柔区人民政府〔2018-07-03〕．http：//www. bjhr. gov. cn/zwgk/zfwj/qzfwj/201912/t20191210_1014779. html.

〔39〕中共北京市大兴区委农村工作领导小组．大兴区关于加强和改进乡村治理的工作方案〔EB/OL〕．北京市大兴区人民政府〔2020-06-02〕．http：//www. bjdx. gov. cn/bjsdxqrmzf/zwfw/zfwj67/1380045/1380069/2020060215444359339. pdf.

〔40〕中共北京市大兴区委农村工作领导小组办公室．大兴区农村集体经济薄弱村增收工作实施方案〔EB/OL〕．北京市大兴区人民政府〔2021-10-13〕．http：//www. bjdx. gov. cn/bjsdxqrmzf/zwfw/zfwj67/1380045/1863767/index. html.

〔41〕中共北京市大兴区委农村工作领导小组办公室．大兴区发展壮大农村集体经济实施方案〔EB/OL〕．北京市大兴区人民政府〔2020-08-19〕．http：//www. bjdx. gov. cn/bjsdxqrmzf/zwfw/zfwj67/1380045/1388448/index. html.

〔42〕天津市人民政府办公厅．天津市推进农业农村现代化"十四五"规划〔EB/OL〕．天津市人民政府〔2021-05-31〕．http：//www. tj. gov. cn/zwgk/szfwj/tjsrmzfbgt/202106/t20210602_5468631. html.

〔43〕天津市人民政府．天津市国民经济和社会发展第十四个五年规划和二〇三五年远景目标纲要〔EB/OL〕．天津市人民政府〔2021-01-08〕．http：//www. tj. gov. cn/zwgk/szfwj/tjsrmzf/202102/t20210208_5353467. html.

〔44〕天津市人力资源和社会保障局．切实加强就业帮扶巩固拓展脱贫攻坚成果助力乡村振兴实施方案〔EB/OL〕．天津市人力资源和社会保障局〔2021-07-28〕．http：//hrss. tj. gov. cn/zhengwugongkai/zhengcezhinan/zxwjnew/202107/t20210729_5521147. html.

〔45〕天津市静海区人民政府办公室．静海区关于实施农村全域清洁化工程的工作方案〔EB/OL〕．天津市静海区人民政府〔2018-09-07〕．http：//www. tjjh. gov. cn/jhqzf/zwgk_28985/zcwj/jhqzcwj/qbgszcwj/202012/t20201214_4999161. html.

〔46〕唐山市曹妃甸区人民政府．唐山市曹妃甸区国民经济和社会发展第十四个五年规划和二〇三五年远景目标纲要〔EB/OL〕．唐山市曹妃甸区人民政府〔2021-10-11〕．http：//new. tangshan. gov. cn//u/cms/zhengwu/202110/25102447li5l. pdf.

〔47〕衡水市人民政府办公室．衡水市县域特色产业振兴工作实施方案〔EB/OL〕．衡水

市人民政府〔2019-04-04〕. http：//xxgk. hengshui. gov. cn/eportal/ui? pageId=2312805&articleKey=2444964&columnId=792560.

〔48〕唐山市人民政府办公室. 唐山市电子商务高质量发展实施意见（2021-2023年）〔EB/OL〕. 唐山市人民政府〔2021-10-12〕. http：//new. tangshan. gov. cn/zhengwu/zfwj/20211013/1372455. html.

〔49〕张家口市蔚县人民政府办公室. 蔚县电商扶贫行动方案〔EB/OL〕. 张家口市蔚县人民政府〔2019-01-08〕. http：//www. zjkyx. gov. cn/xxgk/content. jsp? code=746899294/2019-34310.

〔50〕石家庄市鹿泉区人民政府. 石家庄市鹿泉区人民政府关于推动北部水源保护区农民增收的意见〔EB/OL〕. 石家庄市鹿泉区人民政府〔2018-09-26〕. http：//www. sjzlq. gov. cn/col/1593758020068/2020/08/10/1597025879844. html.

〔51〕石家庄市深泽县人民政府. 关于持续深化"四个农业"促进农业高质量发展的行动方案（2021-2025年）〔EB/OL〕. 石家庄市深泽县人民政府〔2021-06-09〕. http：//www. shenze. gov. cn/col/1477868976252/2021/06/11/1623379110403. html.

〔52〕邯郸市人民政府办公室. 邯郸市人民政府办公室关于加强农业种质资源保护与利用的实施意见〔EB/OL〕. 邯郸市人民政府〔2020-04-29〕. https：//www. hd. gov. cn/hdzfxxgk/gszbm/auto23692/202005/t20200508_1267387. html.

〔53〕邯郸市磁县人民政府办公室. 磁县现代农业园区建设三年行动方案〔EB/OL〕. 邯郸市磁县人民政府〔2018-06-27〕. http：//39. 96. 6. 242：81/p/9380.

〔54〕邯郸市广平县人民政府. 广平县深入推进"四好农村路"建设三年行动计划（2018-2020年）〔EB/OL〕. 邯郸市广平县人民政府〔2018-09-28〕. http：//www. gpx. gov. cn/front/xxgk/314/4c92c56d352f4806a46937202996bc29. html.

〔55〕唐山市人民政府办公室. 关于加快农村寄递物流体系建设的实施方案〔EB/OL〕. 唐山市人民政府〔2021-10-18〕. http：//new. tangshan. gov. cn/zhengwu/zfwj/20211019/1372512. html.

〔56〕邯郸市邯山区人民政府. 邯山区农村生活污水治理专项规划（2020-2035年）〔EB/OL〕. 邯郸市邯山区人民政府〔2020-10-22〕. http：//xxgk. hdhs. gov. cn/hsq_zfxxgkml/qzf_24754/qzfb_24755/202110/t20211018_1492931. html.

〔57〕保定市人民政府. 保定市人民政府关于建立健全绿色低碳循环发展经济体系的实施意见〔EB/OL〕. 保定市人民政府〔2021-08-17〕. http：//www. baoding. gov. cn/zwgknr-888888711-316565. html.

〔58〕忻州市人民政府办公厅. "忻州杂粮"品牌建设发展规划（2018—2020年）〔EB/OL〕. 忻州市人民政府〔2019-01-19〕. https：//zwgk. sxxz. gov. cn/xzsrmzf/wj/zfwj/xzbf/201901/t20190131_2711227. shtml.

〔59〕长治市人民政府办公厅. 长治市贯彻落实"山西小米"品牌建设的实施方案〔EB/OL〕. 长治市人民政府〔2018-01-08〕. https：//www. changzhi. gov. cn/xxgkml/czsrmzf/zbwj_3466/201804/t20180423_1197940. shtml.

〔60〕临汾市人民政府办公厅. 临汾市人民政府关于加快有机旱作农业发展的指导意见〔EB/OL〕. 临汾市人民政府〔2018-01-25〕. http：//www. linfen. gov. cn/contents/255/46755. html.

〔61〕朔州市山阴县人民政府. 山阴县人民政府关于山阴县雁门关农牧交错带核心区建设实施方案〔EB/OL〕. 朔州市山阴县人民政府〔2018-08-04〕. http：//www. shanyin. gov. cn/xxgk/zfwj/szf/201812/t20181214_226191. html.

［62］长治市武乡县人民政府办公室．武乡县农产品仓储保鲜冷链设施建设实施方案［EB/
OL］．长治市武乡县人民政府［2020－11－18］．http：//www.wuxiang.gov.cn/zwgk/zfxxgk/
zfxxgkml/wjgk/zbwj/202101/t20210119_2242461.html.

［63］内蒙古自治区人民政府办公厅．牧区现代化三年行动方案（2020—2022年）［EB/
OL］．内蒙古自治区人民政府［2020－12－15］．https：//www.nmg.gov.cn/zwgk/zdxxgk/ghjh/
fzgh/202102/t20210202_834037.html.

［64］乌海市人民政府办公室．乌海市农畜产品区域公用品牌建设三年行动方案（2021—
2023年）［EB/OL］．乌海市人民政府［2021－06－28］．http：//www.wuhai.gov.cn/wuhai/
xxgk4/zfxxgk5572/fdzdgknr39/zcwj32/1074813/index.html.

［65］鄂尔多斯市人民政府办公室．鄂尔多斯市推动传统奶制品产业发展专项行动工作方案
［EB/OL］．鄂尔多斯市人民政府［2021－04－26］．http：//www.ordos.gov.cn/ordosml/ordoszf/
202105/t20210508_2890426.html.

［66］乌兰察布市人民政府办公室．乌兰察布市推动民族传统奶制品产业发展专项行动总
体方案［EB/OL］．乌兰察布市人民政府［2020－12－11］．http：//www.wulanchabu.gov.cn/
information/wlcbzfw11662/msg2864958310751.html.

［67］内蒙古自治区人民政府办公厅．内蒙古自治区人民政府办公厅关于促进少数民族聚居
地区繁荣发展的意见［EB/OL］．内蒙古自治区人民政府［2018－07－18］．https://
www.nmg.gov.cn/zwgk/zfxxgk/zfxxgkml/gzxzgfxwj/xzgfxwj/202012/t20201208_313638.html.

［68］营口市人民政府办公室．营口市农产品加工集聚区"十四五"发展规划［EB/OL］.
营口市人民政府［2021－09－08］．http：//www.yingkou.gov.cn/govxxgk/ykszf/2021－09－09/
e0a7c7ea-debb-4387-ae4b-1b13a61f7f24.html.

［69］辽源市人民政府办公室．辽源市人民政府办公室关于加快发展棚膜经济促进农民增收
的实施意见［EB/OL］．辽源市人民政府办公室［2018－05－09］．http：//www.liaoyuan.gov.cn/
xxgk/zwxxgkfl/zfwj/lfbf/201805/t20180523_307148.html.

［70］白城市人民政府办公室．白城市关于加快发展休闲农业和乡村旅游实施意见［EB/
OL］．白城市人民政府［2018－12－27］．http：//xxgk.jlbc.gov.cn/bcsrmzf/szf/xxgkml/201901/
t20190102_749131.html.

［71］上海市农业农村委员会．上海市乡村振兴固定观察点建设工作方案［EB/OL］．上海
市农业农村委员会［2021－04－16］．http：//nyncw.sh.gov.cn/ncshfz/20210416/6dc41954a6
634beb9448a1409c65c165.html.

［72］连云港市灌云县人民政府办公室．灌云县畜禽粪污资源化利用巩固提升工作方案
［EB/OL］．连云港市灌云县人民政府［2021－12－06］．http：//www.guanyun.gov.cn/gyxzf/
zfbgswj/content/23866727-6c29-491d-90bc-a94596b51de0.html.

［73］浙江省人民代表大会常务委员会．浙江省乡村振兴促进条例［EB/OL］．浙江省人民
代表大会［2021－07－30］．https：//www.zjrd.gov.cn/dflf/fggg/202107/t20210730_91796.html.

［74］安徽省人民政府办公厅．安徽省人民政府办公厅关于加强长三角绿色农产品生产加工
供应基地建设的实施意见［EB/OL］．安徽省人民政府［2020－04－30］．https://
www.ah.gov.cn/public/1681/8316751.html.

［75］安徽省人民政府办公厅．安徽省淮河行蓄洪区安全建设三年（2019—2021年）分类
推进方案［EB/OL］．安徽省人民政府［2019－01－20］．https：//www.ah.gov.cn/public/1681/
7939291.html.

［76］安徽省人民政府办公厅．安徽省2018年农村义务教育　巩固提升行动方案［EB/

OL］．安徽省人民政府［2018-07-02］．https：//www. ah. gov. cn/public/1681/7940181. html.

［77］安徽省人民政府办公厅．安徽省2018年农村电网改造巩固提升行动方案［EB/OL］．安徽省人民政府［2018-06-28］．https：//www. ah. gov. cn/public/1681/7940201. html.

［78］安徽省人民政府．淮河行蓄洪区农村环境"三大革命"实施方案［EB/OL］．安徽省人民政府［2018-09-30］．https：//www. ah. gov. cn/public/1681/7926221. html.

［79］安徽省人民政府办公厅．安徽省农业农村污染治理攻坚战实施方案［EB/OL］．安徽省人民政府［2018-12-29］．https：//www. ah. gov. cn/public/1681/7939391. html.

［80］安徽省人民政府．关于探索建立涉农资金统筹整合长效机制的实施意见［EB/OL］．安徽省人民政府［2018-06-24］．https：//www. ah. gov. cn/public/1681/7926681. html.

［81］安徽省人民政府办公厅．关于开展全域土地综合整治试点工作的实施意见［EB/OL］．安徽省人民政府［2020-10-31］．https：//www. ah. gov. cn/public/1681/553918871. html.

［82］宁德市古田县人民政府．古田县扶持奖励地方特色优秀文化传承保护和发展八条意见［EB/OL］．宁德市古田县人民政府［2020-08-04］．http：//www. gutian. cn/zwgk/zfxxgkzl/zfxxgkml/xzfxxgkml/ggsyfpjywsshbzhbaqscyjd/202009/t20200928_1360574. htm.

［83］宁德市人民政府办公室．关于支持老区基点行政村乡村振兴的七条措施［EB/OL］．宁德市人民政府［2021-06-29］．http：//www. ningde. gov. cn/zfxxgkzl/zfxxgkml/fggzhgf/nlsy/202107/t20210715_1498818. htm.

［84］龙岩市连城县人民政府办公室．连城县人民政府办公室关于进一步加快省定革命基点村脱贫攻坚全面建成小康社会十六条措施的通知［EB/OL］．龙岩市连城县人民政府［2020-08-03］．http：//www. fjlylc. gov. cn/xxgk/zfxx/qxzb/zfxxgkml/0200/202008/t20200817_1713345. htm.

［85］福州市闽清县人民政府办公室．闽清县建立特殊困难群众帮扶服务工作机制的实施方案［EB/OL］．福州市闽清县人民政府［2020-07-10］．http：//www. fzmq. gov. cn/xjwz/zwgk/zfxxgkzl/zfjzfzcbm/mqxrmzfbgs/gkml/gfxwj_12693/202007/t20200714_3363719. htm.

［86］中共上饶市委办公室，上饶市人民政府办公室．关于加强和改进乡村治理的若干措施［EB/OL］．上饶市人民政府［2020-08-19］．http：//www. zgsr. gov. cn/nyj/file/uploadfiles/202009/27/20200927105413737 44622. pdf.

［87］九江市人民政府办公室．九江市人民政府办公室关于加快推进全市现代 农业产业园"一乡一园"建设的实施意见［EB/OL］．九江市人民政府［2020-04-24］．https：//www. jiujiang. gov. cn/xxgk/xzwgk/jcgk/zcwj/szfbgswj/202004/t20200424_4234119. html.

［88］江西省人民政府办公厅．江西省人民政府办公厅关于调整完善土地出让收入使用范围优先支持乡村振兴的实施意见［EB/OL］．江西省人民政府［2021-06-15］．http：//www. jiangxi. gov. cn/art/2021/6/23/art_4975_3426719. html. ？xxgkhide＝1.

［89］江西省人民政府办公厅．优先保障农业农村产业发展用地的若干措施［EB/OL］．江西省人民政府［2021-05-17］．http：//www. jiangxi. gov. cn/art/2021/5/21/art_4975_3365636. html. ？xxgkhide＝1.

［90］菏泽市郓城县商务局．家政兴农行动计划（2021-2025年）［EB/OL］．菏泽市郓城县人民政府［2021-10-18］．http：//www. cnyc. gov. cn/art/2021/10/18/art_115749_10311585. html. ？xxgkhide＝1

［91］河南省人民政府办公厅．河南省人民政府办公厅关于加快推进农业信息化和数字乡村建设的实施意见［EB/OL］．河南省人民政府［2020-04-10］．https：//www. henan. gov. cn/2020/04-16/1318713. html.

［92］安阳市林州市人民政府办公室．林州市乡村振兴红色传承全域旅游实施方案［EB/

OL］．安阳市林州市人民政府［2020-11-13］．http：//www. linzhou. gov. cn/sitesources/lzsrmzf/page_pc/zwgk/zc/xzgfxwj/lzb/articlea215830d5e494cfb9e0a134c0099ff42. html.

［93］中共秭归县委办公室，秭归县人民政府办公室．屈原文化传承发展工程实施方案［EB/OL］．秭归县人民政府［2019-03-26］．http：//xxgk. hbzg. gov. cn. ipv6. hbzg. gov. cn/show. html. ？aid=12&id=163066&depid=1104&t=4.

［94］湖南省人民政府办公厅．湖南省人民政府办公厅关于加强村庄规划工作服务全面推进乡村振兴的通知［EB/OL］．湖南省人民政府［2021-07-08］．http：//www. hunan. gov. cn/hnszf/szf/hnzb_18/2021/202114/szfbgtwj_98720_88_1qqcuhkgvehermhkrrgnckumddvqsse/202107/t20210730_20021772. html.

［95］广西壮族自治区人民政府．广西工业高质量发展行动计划（2018—2020年）［EB/OL］．广西壮族自治区人民政府［2018-07-04］．http：//www. gxzf. gov. cn/zfwj/zzqrmzfwj_34845/t1509575. shtml.

［96］柳州市人民政府办公室．柳州市进一步促进农产品加工业发展实施方案［EB/OL］．柳州市人民政府［2018-04-09］．http：//www. liuzhou. gov. cn/zwgk/zcwj/lzb/201806/t20180627_2143606. shtml.

［97］梧州市岑溪市人民政府办公室．岑溪市创建2021—2023年度"中国民间文化艺术之乡（岑溪牛娘戏）"工作方案［EB/OL］．梧州市岑溪市人民政府［2021-06-21］．http：//www. cenxi. gov. cn/zwgk/wjzl/bjwj/t9780663. shtml.

［98］防城港市东兴市人民政府．防城港边境旅游试验区东兴辖区三年行动方案（2018-2020）［EB/OL］．防城港市东兴市人民政府［2018-10-15］．http：//www. dxzf. gov. cn/zwgk/jcxxgk/gfwj/bjwj/201811/t20181115_114499. html.

［99］巴中市巴州区人民政府办公室．巴州区发展道地药材种植九条措施（试行）［EB/OL］．巴中市巴州区人民政府［2019-08-29］．http：//www. bzqzf. gov. cn/zwgk/jbxxgk/zcwj/qzfbgswj/7940731. html.

［100］中共广元市昭化区委全面依法治区委员会．广元市昭化区乡村振兴法治建设实施方案（2020—2022年）［EB/OL］．广元市昭化区人民政府［2020-09-30］．http：//www. cnzh. gov. cn/Open/Detail/20201009100636-28840-00-000. htm.

［101］西安市临潼区人民政府办公室．中国重要农业文化遗产——临潼石榴种植系统保护管理办法［EB/OL］．西安市临潼区人民政府［2021-08-17］．http：//www. lintong. gov. cn/zwgk/xxgkml/zfwj/qzfbwj/613824d9f8fd1c0bdc508ce5. html.

［102］榆林市清涧县人民政府办公室．整县推进"三变"改革发展壮大农村集体经济的实施意见［EB/OL］．榆林市清涧县人民政府［2020-06-09］．http：//www. qjzhf. gov. cn/Government/PublicInfoShow. aspx？ID=14856#.

［103］嘉峪关市人民政府办公室．关于加强和改进乡村治理的实施意见［EB/OL］．嘉峪关市人民政府［2020-01-20］．http：//www. jyg. gov. cn/xxgk/gzwj/lbwj/202004/t20200421_555549. html.

［104］青海省人民政府办公厅．青海省信息进村入户整省推进实施方案［EB/OL］．青海省人民政府［2019-04-08］．http：//www. qinghai. gov. cn/xxgk/xxgk/fd/zfwj/201904/t20190418_33178. html.

［105］青海省人民政府办公厅．关于推进全省农牧民居住条件改善工程的实施方案［EB/OL］．青海省人民政府［2019-03-28］．http：//www. qinghai. gov. cn/xxgk/xxgk/fd/zfwj/201904/t20190416_33166. html.

［106］中共贺兰县委员会，银川市贺兰县人民政府．贺兰县三级书记抓乡村振兴工作制度［EB/OL］．银川市贺兰县人民政府［2021-07-29］．http：//www.nxhl.gov.cn/xxgk_7799/dqbmxxgkml/xwb/xwbwj_21355/202108/t20210830_2996536.html.

［107］天津市统计局，国家统计局天津调查总队．2020年天津市国民经济和社会发展统计公报［EB/OL］．天津市统计局网［2021-03-12］．http：//stats.tj.gov.cn/tjsj_52032/tjgb/202103/t20210317_5386752.html.

［108］天津市人民政府．天津市人民政府关于印发天津市国民经济和社会发展第十四个五年规划和二〇三五年远景目标纲要的通知［EB/OL］．天津市人民政府网［2021-02-08］．http：//www.tj.gov.cn/zwgk/szfwj/tjsrmzf/202102/t20210208_5353467.html.

［109］重庆市统计局，国家统计局重庆调查总队．2020年重庆市国民经济和社会发展统计公报［EB/OL］．重庆市统计局网［2021-03-18］．http：//tjj.cq.gov.cn/zwgk_233/fdzdgknr/tjxx/sjzl_55471/tjgb_55472/202103/t20210318_9008291.html.

［110］重庆市人民政府．重庆市人民政府关于印发重庆市国民经济和社会发展第十四个五年规划和二〇三五年远景目标纲要的通知［EB/OL］．重庆市人民政府网［2021-03-01］．http：//www.cq.gov.cn/zwgk/zfxxgkml/szfwj/qtgw/202103/t20210301_8953012.html.

［111］吉林省2020年国民经济和社会发展统计公报［EB/OL］．吉林省统计局网［2021-04-12］．http：//tjj.jl.gov.cn/tjsj/tjgb/ndgb/202104/t20210415_8027371.html.

［112］吉林省人民政府．吉林省人民政府关于印发吉林省国民经济和社会发展第十四个五年规划和2035年远景目标纲要的通知［EB/OL］．吉林省人民政府网［2021-03-30］．http：//xxgk.jl.gov.cn/szf/gkml/202103/t20210330_7983210.html.

［113］黑龙江省统计局，国家统计局黑龙江调查总队．2020年黑龙江省国民经济和社会发展统计公报［EB/OL］．黑龙江省人民政府网［2021-03-13］．https：//www.hlj.gov.cn/n200/2021/0313/c35-11015484.html.

［114］黑龙江省人民政府．黑龙江省人民政府关于印发黑龙江省国民经济和社会发展第十四个五年规划和二〇三五年远景目标纲要的通知［EB/OL］．黑龙江省人民政府网［2021-03-10］．https：//zwgk.hlj.gov.cn/zwgk/publicInfo/detail？id=449066.

［115］河南省统计局，国家统计局河南调查总队．2020年河南省国民经济和社会发展统计公报［EB/OL］．河南省统计局网［2021-03-07］．http：//tjj.henan.gov.cn/2021/05-06/2138973.html.

［116］河南省人民政府．河南省人民政府关于印发河南省国民经济和社会发展第十四个五年规划和二〇三五年远景目标纲要的通知［EB/OL］．河南省人民政府网［2021-04-13］．https：//www.henan.gov.cn/2021/04-13/2124914.html.

［117］江西省统计局，国家统计局江西调查总队．江西省2020年国民经济和社会发展统计公报［EB/OL］．江西省统计局网［2021-03-23］．http：//tjj.jiangxi.gov.cn/module/download/downfile.jsp？classid=0&showname=%E6%B1%9F%E8%A5%BF%E7%9C%812020%E5%B9%B4%E5%9B%BD%E6%B0%91%E7%BB%8F%E6%B5%8E%E5%92%8C%E7%A4%BE%E4%BC%9A%E5%8F%91%E5%B1%95%E7%BB%9F%E8%AE%A1%E5%85%AC%E6%8A%A5.pdf&filename=2b375c5abacd44aea26d7ffebff40ca7.pdf.

［118］江西省发展改革委．江西省国民经济和社会发展第十四个五年规划和二〇三五年远景目标纲要［EB/OL］．江西省人民政府网［2021-02-18］．http：//www.jiangxi.gov.cn/art/2021/2/18/art_396_3192909.html.？xxgkhide=1.

［119］甘肃省统计局，国家统计局甘肃调查总队．2020年甘肃省国民经济和社会发展统计

公报［EB/OL］. 甘肃省统计局网［2021－03－23］. http：//tjj. gansu. gov. cn/tjj/c109457/202103/cd61d395ffef4a6e8cf326775037d495. shtml.

［120］甘肃省人民政府办公厅. 甘肃省人民政府关于印发甘肃省国民经济和社会发展第十四个五年规划和二〇三五年远景目标纲要的通知［EB/OL］. 甘肃省人民政府网［2021－03－02］. http：//www. gansu. gov. cn/gsszf/c100054/202103/1367563. shtml.

［121］青海省统计局，国家统计局青海调查总队. 青海省2020年国民经济和社会发展统计公报［EB/OL］. 青海省统计局网［2021－03－01］. http：//tjj. qinghai. gov. cn/tjData/yearBulletin/202103/t20210304_71860. html.

［122］青海省国民经济和社会发展第十四个五年规划和二〇三五年远景目标纲要［EB/OL］. 国家发展和改革委员会网［2021－06－17］. https：//www. ndrc. gov. cn/fggz/fzzlgh/dffzgh/202106/P020210617663445978340. pdf.

［123］陕西省统计局，国家统计局陕西调查总队. 2020年陕西省国民经济和社会发展统计公报［EB/OL］. 陕西省统计局网［2021－03－05］. http：//tjj. shaanxi. gov. cn/tjsj/ndsj/tjgb/qs_444/202103/t20210305_2155332. html.

［124］江西省发展改革委. 江西省国民经济和社会发展第十四个五年规划和二〇三五年远景目标纲要［EB/OL］. 江西省人民政府网［2021－02－18］. http：//www. jiangxi. gov. cn/art/2021/2/18/art_396_3192909. html. ？xxgkhide＝1.

［125］宁夏回族自治区统计局，国家统计局宁夏调查总队. 宁夏回族自治区2020年国民经济和社会发展统计公报［EB/OL］. 宁夏回族自治区统计局网［2021－05－24］. http：//tj. nx. gov. cn/tjsj_htr/tjgb_htr/202105/t20210524_2852265. html.

［126］宁夏回族自治区人民政府. 自治区人民政府关于印发宁夏回族自治区国民经济和社会发展第十四个五年规划和2035年远景目标纲要的通知［EB/OL］. 宁夏回族自治区人民政府网［2021－03－09］. http：//www. nx. gov. cn/zwgk/qzfwj/202103/t20210309_2620843. html. ？from＝singlemessage.

［127］新疆维吾尔自治区统计局，国家统计局新疆调查总队. 新疆维吾尔自治区2020年国民经济和社会发展统计公报［EB/OL］. 新疆维吾尔自治区统计局网［2021－03－13］. http：//www. xinjiang. gov. cn/xinjiang/tjgb/202106/5037ac528c58479dbaabddce9050a284. shtml.

［128］新疆维吾尔自治区国民经济和社会发展第十四个五年规划和2035年远景目标纲要［EB/OL］. 新疆维吾尔自治区人民政府网［2021－02－05］. http：//www. xinjiang. gov. cn/xinjiang/ghxx/202106/34c93dfab5bc477bbde161bedb646d2b. shtml.

［129］方春英. 瞄准特色高效　优化产业布局［N］. 贵州日报，2021－05－10（8）.

［130］杜涛. 贵州朝天椒优势特色产业集群建设成效显著［N］. 中国食品报，2021－05－20（2）.

［131］张伟. 贵州省黔东南州：非遗助力精准扶贫为乡村振兴赋能［EB/OL］. 中新网贵州［2021－05－15］. http：//www. gz. chinanews. com. cn/szfc/qiandongnan/2021－05－15/doc-ihamkkth4304563. shtml.

［132］王龙飞. 产业转型：山西在"老传统""新花样"上下功夫［EB/OL］. 山西经济网［2020－12－23］. http：//www. sxjjb. cn/zz/jbsd/news231200. htm.

［133］郝东伟. 全国50个优势特色产业集群建设名单出炉　河北两集群上榜［EB/OL］. 河北新闻网［2020－05－02］. http：//hebei. hebnews. cn/2020－05／02/content_7823539. htm.

［134］潘文静. 河北践行嘱托全面打赢脱贫攻坚战：旗帜展处梦成真［EB/OL］. 中共河北省委党校（河北行政学院）［2021－04－30］. http：//www. hebdx. com/2021－04－30/content_

8490468. htm.

［135］高雷，卢增晖，王娅楠.河北景县持续巩固拓展脱贫攻坚成果［EB/OL］.河北乡村振兴局［2021-12-15］. http：//fp. hebei. gov. cn/2021-12/15/content_8689131. htm.

［136］刘雅静.河北蔚县"古堡（村）+"旅居产业助农增收［EB/OL］.河北农网［2021-11-30］. http：//fp. hebei. gov. cn/2021-11/30/content_8678157. htm.

［137］农牧厅召开全区优势特色产业集群建设推进调度视频会议［EB/OL］.内蒙古自治区人民政府［2021-09-06］. https：//www. nmg. gov. cn/zwyw/gzdt/bmdt/202109/t20210903_1874905. html.

［138］内蒙古农牧业产业化龙头企业协会肉类专业委员会.2020年度内蒙古肉行业分析报告［EB/OL］.中国牛羊肉产业网［2021-02-03］. http：//www. chinanycy. com. cn/index. php?c=content&a=show&id=10040.

［139］内蒙古自治区乡村振兴局.国家优势特色产业集群项目为河套向日葵产业插上翅膀［EB/OL］.内蒙古自治区乡村振兴局［2021-09-01］. http：//fpb. nmg. gov. cn/fpxw/msqxfp/202109/t20210901_1868945. html.

［140］胡光磊，杨玲.南宁：在新的起点上谱写乡村振兴新篇章［N］.南宁日报，2021-06-01.

［141］许媛媛，王棣.聚焦海南"十三五"建设发展成就——三大主导产业成为经济增长重要支撑［EB/OL］.中国网［2021-01-14］. http：//hainan. china. com. cn/2021-01-14/content_41427758. html.

［142］王茜.长沙昂首阔步迈向乡村振兴新征程［EB/OL］.湖南日报·华声在线［2021-11-28］. https：//xczx. voc. com. cn/article/202111/202111291047236435. html.

［143］华凌.集聚优质资源，北京生物医药健康产业加速发展［EB/OL］.科技日报［2019-11-29］. http：//kw. beijing. gov. cn/art/2019/11/29/art_1136_453720. html.

［144］杨少明.大连深化农村"三变"改革为乡村振兴赋能［N］.辽宁日报，2021-04-15（3）.

后 记

一部著作的完成需要很多人的默默奉献，闪耀着的是集体的智慧光芒，其中铭刻着许多艰辛的付出，凝结着许多辛勤的劳动和汗水，我们在此表示感谢。

首先，感谢中国社会科学院、中国科学院、中国农业科学院、中国人民大学、华中农业大学、江西农业大学、华南农业大学、江西财经大学、北京工商大学、中国区域经济学会等单位的专家学者支持，同时感谢众多的乡村振兴研究机构专家学者的支持，感谢投身于乡村振兴一线的政府工作人员、企事业单位工作人员及相关服务机构的支持，感谢新闻媒体同仁的参与。

其次，《年鉴》在编写过程中引用了一些专家学者的学术成果，引用了部分媒体网站的资料。凡是被《年鉴》选用的材料，我们都将按照国家版权局、国家发改委颁布的《使用文字作品支付报酬办法》向原作者支付稿酬。由于有些作者或者供稿单位通讯地址不详或者变更，我们尚未取得联系，敬请您看到《年鉴》后及时和我们联系，我们会尽快办理相关事宜。

再次，《年鉴》编辑部内部具体分工如下：第一部分"中国乡村振兴的总体现状"由杨雪撰写。第二部分"中国乡村振兴的政策体系"由王慧编撰。第三部分"中国乡村振兴的理论成果"由杨雪整理资料并编撰。第四部分"中国乡村振兴的地区概览"中的北京、广西、贵州、海南、河北、湖南、辽宁、内蒙古、山西、西藏十省（市、自治区）由王慧编撰，天津、吉林、黑龙江、江西、河南、重庆、陕西、甘肃、青海、宁夏、新疆十一省（市、自治区）由王蕾编撰，湖北、云南、江苏、安徽、四川、浙江、上海、山东、广东、福建十省（市、自治区）由付姝怡编撰。第五部分"中国乡村振兴的典型案例"由杨雪、王慧、王蕾、付姝怡整理资料。第六部分"中国乡村振兴的机构和专家介绍"由王慧、王蕾整理资料。第七部分"大事记"由王慧编撰。第八部分"索引和附录"中"索引"由付姝怡编撰，"附录"由杨雪整理资料。

最后，《年鉴》编辑部的全体成员感谢经济管理出版社的领导和同事在《年鉴》编纂过程中给予的指导和帮助。

由于乡村振兴意义深远、内容广泛，而《年鉴》的编写尚属首次尝试，受编写时间和编者水平等限制，书中难免有不足之处，很多地方尚待完善，恳请广大读者批评指正。

《中国乡村振兴年鉴》编辑部

湖南师范大学中国乡村振兴研究院简介

　　湖南师范大学中国乡村振兴研究院(简称"研究院")于2019年9月发文成立,由全国人大农业与农村委员会主任陈锡文担任首席专家,国内知名学者担任专家委员,湖南师范大学潇湘学者特聘教授、中央农办乡村振兴专家委员、中共湖南省委"三农"工作领导小组"三农"专家组组长陈文胜教授担任首任院长。研究院以当好乡村振兴的智囊团和思想库为己任,按照新型智库建设的要求,创新智库研究组织形式,利用学科、科研、平台、人才等优势资源以及国家、地方政府和企业等方面的政策,推进优势互补、要素协同、资源共享,多学科交叉融合,跨区域协同创新,致力于创建集决策咨询、学术交流、人才培训、成果运用于一体的研究机构。

　　研究院编写的决策参考《农村发展要报》主要刊发乡村发展前沿研究的智库成果,为"三农"工作提供决策咨询服务,产出了一批高质量的研究报告和决策咨询件,获得党和国家领导人肯定性批示9人次,获得省部级领导肯定性批示70余人次。为湖南省委、省政府起草各种文件和规划50多个,为地方市县区起草各类经济社会五年发展规划和专项规划60余项,得到了各级党委政府的信任和好评。研究院每年发布一本智库报告《湖南乡村振兴报告》蓝皮书和湖南省乡村振兴"十大典型案例",持续跟踪观察湖南乡村发展状况。

　　拥有"湖南省中国乡村振兴研究基地",校长刘起军教授担任基地负责人,潇湘学者陈文胜教授担任首席专家。乡村品牌刊物《中国乡村发现》在"三农"学术界和农村基层产生较为广泛影响,已经成为当前国内研究"三农"问题颇具知名度的理论读物,被评为2012年"湖南省第二届优秀社科普及读物"。乡村研究门户网站"中国乡村发现网"及"乡村发现"官方微信,在社会各界人士的大力支持下,成为"三农"实践的推介平台、学术成果的展示平台以及理论研究的交流平台,2007年荣获"中国农业百强网站"光荣称号,现发展成为名副其实的全国"三农"研究门户网站。为培养一批爱农业、爱农村、爱农民的其他专业学生,研究院发起成立了湖南师范大学"大学生乡村振兴研究会"。为实现人才培养、学科建设和服务社会的有机互动,研究院优化要素组合,推进校内协同共建与校外协同共建相结合,培养和打造了一支多学科与多单位协同组成的学术团队。

　　团队成员获国家社科基金一般项目15项、获得省社科基金重大项目8项、省社科基金重点及一般项目64项。在人民出版社、中国社会科学出版社、社会科学文献出版社、湖南人民出版社等出版了《大国小村》《大国村庄的进路》《论中国乡村变迁》《论道大国"三农"》《论大国农业转型》等"三农"方面的专著达100多部。在《求是》《人民日报》《光明日报》《经济日报》《政治学》《中国农村经济》等报刊杂志发表论文300多篇,其中被《中国社会科学文摘》《新华文摘》、人大复印资料全文转载30余篇。先后获得湖南省第十四届社会科学优秀成果奖二等奖、第十五届湖南省社会科学优秀成果奖一等奖。

　　研究院以协同创建乡村振兴专业智库为目标,整合校内外研究资源,建立了多方参与的协同共建研究机构。协调共建了湖南建工集团乡村振兴研究院、长沙市乡村振兴研究院、湖南海星区域公共品牌研究院、湘潭雨湖乡村振兴学院、乡村法律研究所、数字乡村研究所、乡村规划研究所、乡村产业研究院等研究机构。与基层一线合作,拓展基地建设,先后建立了武冈市新时代文明实践中心教育培训基地、湘潭县乌石镇研究基地、长沙县新云村研究基地、浏阳市东门村研究基地、浏阳石灰嘴村研究基地、隆回县向家村研究基地、桃源县新跃村研究基地、茶陵县万樟研究基地等,不断推动乡村振兴的理论研究与基层实践紧密结合,为全面推进乡村振兴提供智力支持。

广州云蝶科技有限公司

公司简介

广州云蝶科技有限公司（简称为"云蝶科技"）成立于2019年，是碧桂园集团在数字科技领域的重要布局，总部位于广州市海珠区，是国家高新技术企业和广州"未来独角兽"创新企业。

云蝶科技作为国内领先的数字科技公司，依托清华大学、香港科技大学、北京师范大学等高等学府的研究力量，目前拥有超过500项专利和知识产权。公司专注于用大数据及人工智能技术为用户提供专业、可信赖的数字教育和数字乡村解决方案，以数字科技助力教育发展和乡村振兴，用数字科技创造美好生活。

发挥资源优势，助力乡村振兴

从2018年开始，碧桂园在全国16省57县开展乡村振兴帮扶工作，推出"1+5+N"的碧桂园乡村振兴模式，在乡村五大振兴与新型城镇化建设领域积累了丰富的项目实施经验。依托碧桂园在乡村振兴方面的沉淀与资源，云蝶科技按照数实融合的思路，在推动城市发展与乡村振兴等领域已具备顶层设计、内外资源整合、全产业链实施、示范效益打造、全周期项目管理与服务的综合竞争力。

围绕五大振兴，服务数字乡村

随着乡村振兴战略的逐步推进，在碧桂园集团的带领下，云蝶乡村振兴解决方案从国家对乡村振兴的要求出发，逐渐摸索出一套数字乡村"1+5+N"模式，即以课题为牵引，围绕组织、产业、人才、生态和文化五大振兴需求，为数字乡村建设提供因地制宜的解决方案。

数字乡村整体方案

规范与标准　纵横对接	课题牵引（规划咨询+领导培训+案例宣传）					本地化运营　专业服务
	组织振兴	产业振兴	人才振兴	文化振兴	生态振兴	
	党建管理 乡村治理 村民服务 安全应急 …	农业数字化生产 农民社会化服务 农村电商与溯源 文旅产业互联网 …	专家智库咨询 技能人才培训 职教产业学院 基础教育提升 …	科普研学 文遗管理 电子图书 数字藏品 …	自然资源管理 生态环境监测 环保预警指挥 碳中和与新能源 …	
	数字乡村大脑（数据能力、物联能力、AI能力、数字孪生、产业图谱...）					
	服务中心	示范基地	乡振学院	乡村客厅	生态设施	

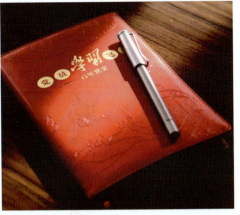

在组织振兴方面,云蝶探索推进党建扶志,打造数字党建系统、党建实体空间、党建虚拟空间、党员学习智慧纸笔套装等内容,在党建工作数字化、信息化、智能化、可视化方面发挥关键作用。提供积分制乡村治理平台,实现"积分+奖励""积分+荣誉""积分+金融""积分+供销"于一体的积分应用通路,推动乡村积分制工作的顺利开展。

在产业振兴方面,建设无人农场,打造现代农业示范性产业基地;积极为当地引入农产品深加工企业、农业服务企业,开展农业社会化托管服务;探索线上线下融合的科普研学、云农场、认养农业、创意农业、农文旅等新业态;接入电商系统,对接销售渠道,实现订单农业;打造旅游产业互联网,实现旅游数据本地化、旅游消费本地化、旅游税收透明化、旅游产业整体化的效果。

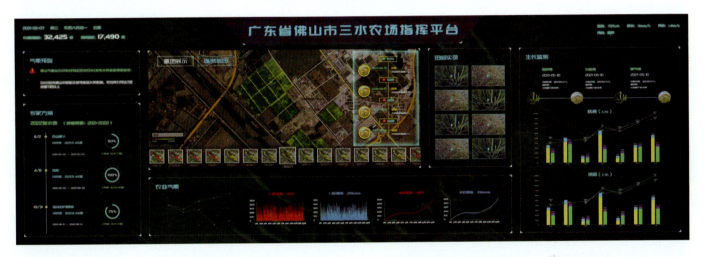

在人才振兴方面,依托专家智库,融合线上线下资源,建设乡村振兴学院,开展领头雁、致富带头人、新农人等培训项目,全方位多层次培养乡村振兴人才。在基础教育领域实现教育均衡与教育提质,大幅提高当地高考、中考水平。在职业教育方面,对接碧桂园集团丰富的产业链资源,开展产教融合、高水平专业建设和产业学院建设。

在文化振兴方面,引入现代科技,建设科普研学科技馆、图书馆、乡村书法中心、乡村文化展示中心、影视展播中心等,推动乡村IP打造、非遗文化传承、数字藏品等工作,推动文化下乡、文化进城,建设乡村文化传承与传播的窗口。

在生态振兴方面,借助物联监测手段,实时监测乡村土壤、水文、气候等多项重要指标,实现区域生态环境的及时预警与优化。通过与北京大学、中山大学等高校的知名专家合作,为当地提供碳中和与碳达峰咨询服务和数字化解决方案。与国家林业和草原局合作,共同挖掘国家公园的潜力,发展林业研学等新业态新模式,推动林业资源的保护与开发。

▶ 达成多方合作,赢得市场认可

经过三年多的发展,云蝶科技陆续与江西省丰城市、贵州省贵定县、江西省修水县等地政府达成数字乡村战略合作。同时在此期间也屡获殊荣,2019年"创新中国"颁奖盛典"希望之光—创新型潜力企业"荣誉称号,2019年、2020年连续两年获乌镇互联网大会教育科技创新奖,以及2020年、2021年连续两年获广州"未来独角兽"创新企业称号。

碧乡科技发展有限公司

公司简介

　　碧乡科技发展有限公司(简称"碧乡公司")创立于2018年,隶属于国强基金会,是碧桂园旗下核心联盟企业,中国金牌社企。

　　从脱贫攻坚到乡村振兴,公司响应国家政策,践行碧桂园集团、国强基金会慈善理念,以产业振兴为核心,集乡村建设、乡村治理、产业运营、人才赋能为一体,截至2022年,公司已助力全国108个村完成美丽乡村建设及产业孵化,转化富农产品超700余款。

　　未来,公司将持续致力于打造乡村振兴"共富模式",成为全国领先的乡村振兴综合解决方案的供应商。